中国农机市场发展报告

（2014—2015）

中国农业机械流通协会　编

中国财富出版社

图书在版编目（CIP）数据

中国农机市场发展报告．2014—2015／中国农业机械流通协会编．—北京：中国财富出版社，2015.9
ISBN 978－7－5047－5877－4

Ⅰ．①中…　Ⅱ．①中…　Ⅲ．①农机市场—研究报告—中国—2014～2015　Ⅳ．①F323.7

中国版本图书馆 CIP 数据核字（2015）第 220143 号

策划编辑	葛晓雯	**责任编辑**	葛晓雯		
责任印制	方朋远	**责任校对**	梁　凡　饶莉莉	**责任发行**	斯　琴

出版发行	中国财富出版社		
社　　址	北京市丰台区南四环西路 188 号 5 区 20 楼	**邮政编码**	100070
电　　话	010－52227568（发行部）		010－52227588 转 307（总编室）
	010－68589540（读者服务部）		010－52227588 转 305（质检部）
网　　址	http：//www.cfpress.com.cn		
经　　销	新华书店		
印　　刷	北京京都六环印刷厂		
书　　号	ISBN 978－7－5047－5877－4/F·2470		
开　　本	880mm×1230mm　1/16	**版　　次**	2015 年 9 月第 1 版
印　　张	32.75　**插　页**　28	**印　　次**	2015 年 9 月第 1 次印刷
字　　数	954 千字	**定　　价**	350.00 元

《中国农机市场发展报告》
（2014—2015）

编　委　会

《中国农机市场发展报告》
（2014—2015）

专 业 团 队

（排名不分先后）

许国明　常州东风农机集团有限公司
孙战胜　一拖（洛阳）柴油机有限公司
张　宁　江苏三农农业装备股份有限公司
陈岐山　黑龙江省农业机械流通协会
邵仁恩　中国内燃机工业协会单缸机分会、多缸小柴油机及缸垫分会
周洪信　福田雷沃国际重工潍坊农业装备事业部
郑振华　山东国丰机械有限公司
胡　越　四川现代农机产业园开发建设有限公司
胡尊云　常林机械集团农业装备股份有限公司
洪暹国　中国农业机械工业协会
贾晶霞　中机美诺科技股份有限公司
徐海港　山东时风（集团）有限责任公司
寇海峰　第一拖拉机股份有限公司
赫志飞　中机美诺科技股份有限公司

《中国农机市场发展报告》
(2014—2015)
编辑出版工作人员

主　　编　张华光
执行主编　马　春
编　　辑　张文博
策划编辑　葛晓雯
地　　址　北京市西城区月坛南街 26 号（邮编 100825）
编 辑 部　电话（010）68596528　68530027　传真（010）68596528
发 行 部　电话（010）52227568
邮　　箱　camdaxxzxb@163. com

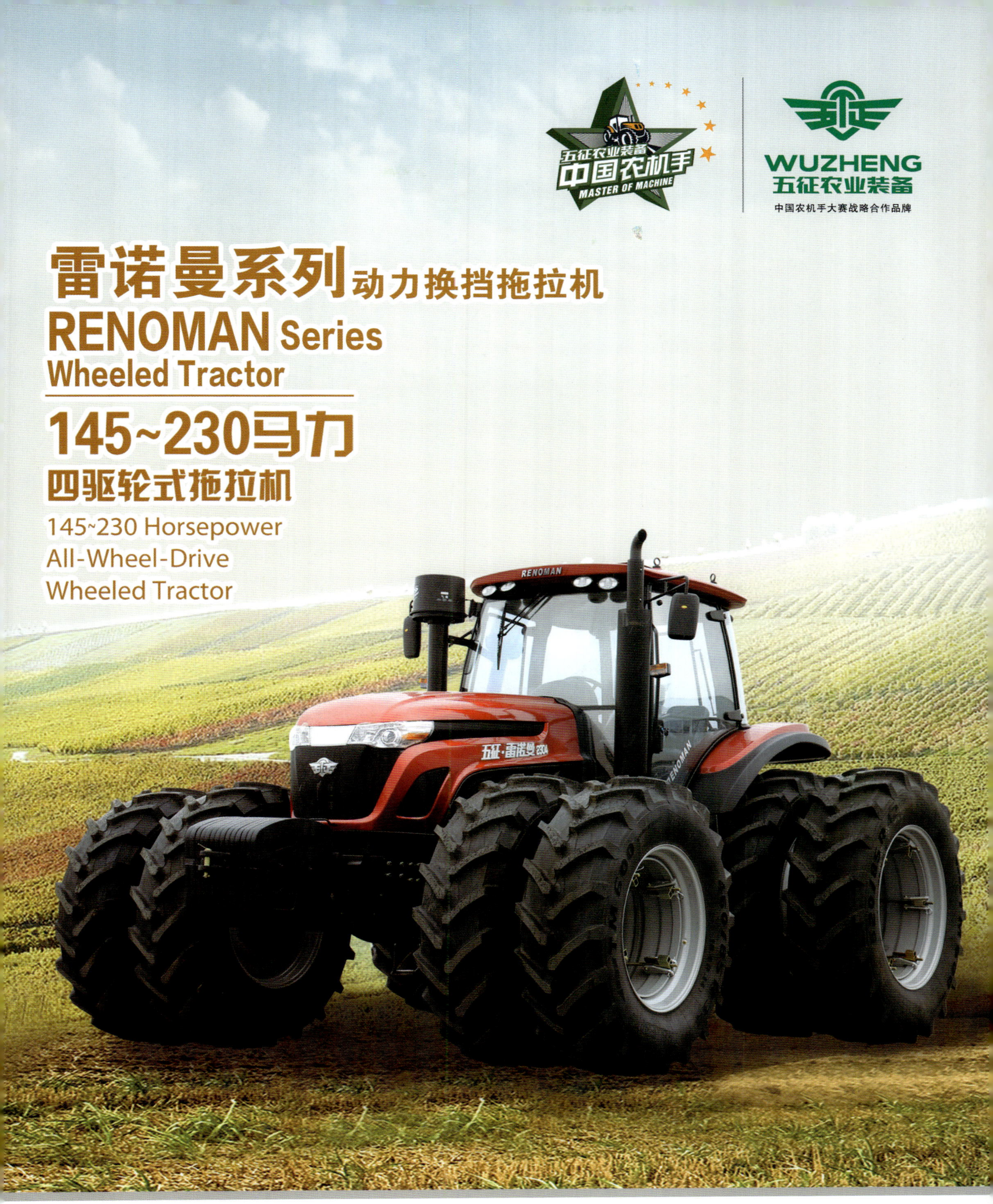

五征农业装备
中国农机手
MASTER OF MACHINE
WUZHENG
五征农业装备
中国农机手大赛战略合作品牌
雷诺曼系列动力换挡拖拉机
RENOMAN Series
Wheeled Tractor
145~230马力
四驱轮式拖拉机
145~230 Horsepower
All-Wheel-Drive
Wheeled Tractor
RENOMAN

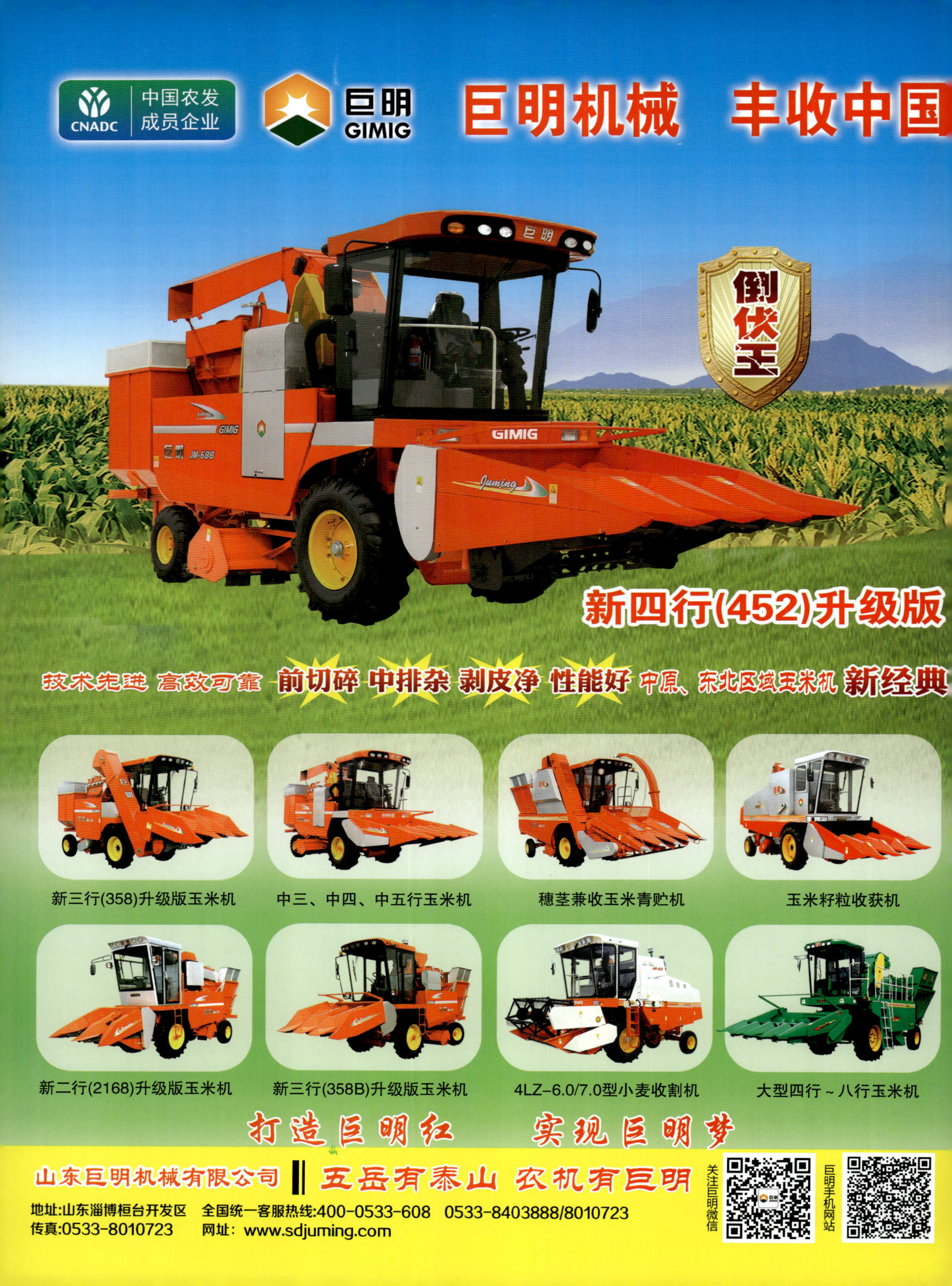

中国农发
成员企业
CNADC
巨明
GIMIG
巨明机械 丰收中国
倒伏王
GIMIG
新四行(452)升级版
技术先进 高效可靠 前切碎 中排杂 剥皮净 性能好 中原、东北区域玉米机 新经典
新三行(358)升级版玉米机
中三、中四、中五行玉米机
穗茎兼收玉米青贮机
玉米籽粒收获机
新二行(2168)升级版玉米机
新三行(358B)升级版玉米机
4LZ-6.0/7.0型小麦收割机
大型四行～八行玉米机
打造巨明红 实现巨明梦
山东巨明机械有限公司
五岳有泰山 农机有巨明
地址:山东淄博桓台开发区 全国统一客服热线:400-0533-608 0533-8403888/8010723
传真:0533-8010723 网址: www.sdjuming.com
关注巨明微信
巨明手机网站

重庆汇田机械制造有限公司
CHONGQING HUITIAN MACHINERY MANUFACTURING CO.,LTD

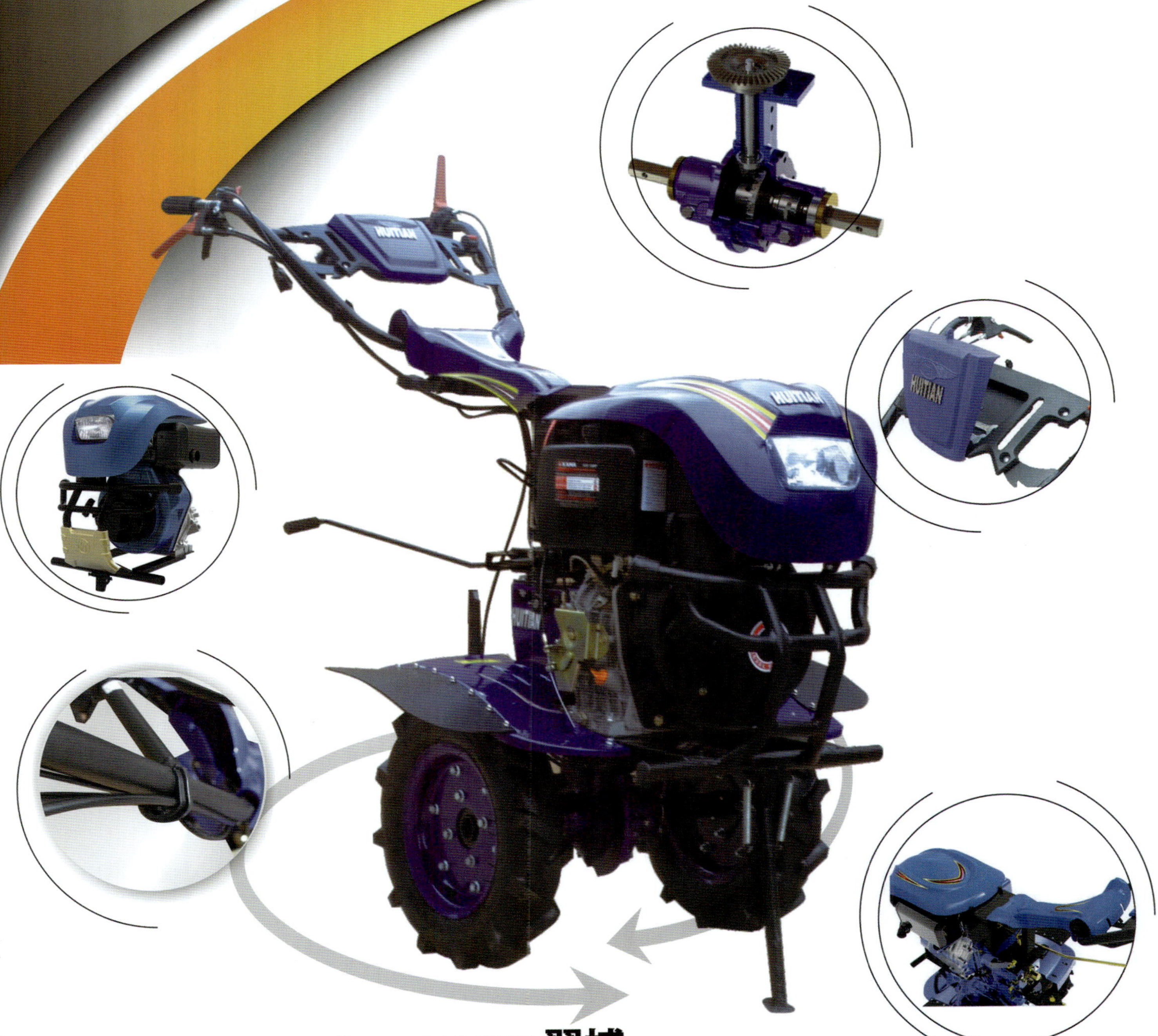

(1WG6.3-105FCE-ZC) HT135FE 翼搏

汇田微耕机
省力更省心

汇田工业
HUITIAN

AGRICULTURAL
MACHINERY

序
新常态、新思维、新战略

新常态不仅会成为2015年中国经济领域的第一热词，更为重要的是将成为判断2015年以及今后一个相当长时期中国经济走向的至关重要的特征。

三百六十行，行行都在谈新常态，新常态是什么

要想弄清楚中国经济“新常态”，就要先说“三期叠加”这个名词。“三期叠加”最早来自新华社一篇关于十八大以来习近平总书记关于经济工作的重要论述的文章，这篇文章中提及以习近平为总书记的党中央对经济形势做出了经济增长速度换挡期、结构调整阵痛期、前期刺激政策消化期三期叠加的重要判断。有人将“三期叠加”概括为“习近平常态”，亦即一是增长速度的新常态，即从高速增长向中高速增长换挡；二是结构调整的新常态，即从结构失衡到优化再平衡；三是宏观政策的新常态，即保持政策定力，消化前期刺激政策，从总量宽松、粗放刺激转向总量稳定、结构优化。

伴随中国经济进入新常态，农机市场也步入新常态

首先，农机市场新常态意味着农机需求由高速增长向中低速转变。我国农机市场经过10余年的高速运行，至2014年，与粮食作物相关的耕种收环节已基本实现机械化（水稻机插与玉米机收除外），而蓝海市场尚未发育成熟，由此产生的换挡必然影响整个市场的增速，调速换挡将成为今后农机市场的新常态。

从2014年至今年上半年，主营业务收入、利润、出口等各项指标结束了以往两位数的增幅，进入个位数增长的时代，有些指标甚至出现负增长。这一点也不奇怪，增幅趋缓、需求转移、竞争加剧、企业拉伸产业链等，将成为新常态下的主要元素。

其次，农机市场新常态的第二个突出表现，是市场需求出现结构性调整，即我们常说的市场需求的转移。这种转移表现在：小麦、水稻、玉米三大粮食作物的耕种收环节向全程机械化转移；由粮食作物向经济作物转移；由“大众”产品向“小众”产品转移；以单个购买者向农业合作社、农机合作社、农机大户、家庭农场等群体组织转移；由主机向农机具转移；表现在由平原向丘陵山区转移；由过去增量向存量调整方向转移；由化学农业生产方式向生态农业生产方式转移等。转型将成为农机市场今后发展的新特征。

新常态推动市场需求走向大型化、多样化、高端化

大型化突出表现为功率段不断向上延伸，譬如拖拉机市场，出现大型大增、中型小增、小型下滑的特点。喂入量持续向大喂入量拓展，譬如收割机市场，今年前5个月，6kg/s≤喂入量＜7kg/s（横轴流）的收割机同比增长283.52%，创下历史增幅之最。插秧机、植保机械市场的大型化趋势也表现得十分抢眼。

与之对应的是市场需求的多样化趋势凸显。表现为市场热点不再仅仅局限于少数几个子行业，大家趋之若鹜的热点市场正在降温。一些新的热点市场浮出水面，譬如大型深松机械、烘干设备、植保机械、畜牧机械、经济作物种植和收获机械等市场，呈现出快速增长的势头，甘蔗收获机械、棉花收获机械在政府大力扶持下，也开始了破冰之旅。农机市场正呈现出多点开花的特点，一些“小众”市场正由“冷”变“热”。

农机市场新常态第三个突出特征表现在市场发展动力的“新”上。过去，市场的动力主要来自政策驱动、市场需求拉动、营销促动、管理联动等。新常态下，市场动力主要来自创新的驱动。从技术创新、产品创新、模式创新到企业方方面面的创新，将成为市场动力的源泉。一个没有创新的企业，行之不远；一个没有强大产品力支撑的企业，没有希望；创新将成为农机市场新常态的一个主要动力源。

行业加速整合、升级，将成为新常态持续发展的必然逻辑

新常态下，随着中低端产品的严重过剩，刚性需求的减弱，市场竞争将变得更加激烈甚至残酷，企业的阵痛期随之而来。一大批小企业将在新常态下出局，市场整合的步伐将加快，行业升级随之到来。当然，这需要一个过程，竞争加剧、整合加速将成为新常态的开端。

新常态加速了企业分化，农机市场的两大趋势十分抢眼：一是以福田雷沃、中国一拖、五征、东风等为代表的一些大型生产企业不断推出新产品，拉伸产业链，由原来的拖拉机、收获机械产业延伸到畜牧机械、烘干设备等各个领域，此动向引起我们的关注，向行业发出一个强烈信号：大型企业开始重新定位其发展战略。随着大型企业产业链的延伸，一些产业不再是小型专业企业的天堂，大型企业凭借其规模、品牌优势抢占市场高地，不断压缩小型企业生存空间，小型企业面临着更加严峻的生存危机，行业资源整合“战争”率先在农机生产领域打响。大型企业的推土机式的推进最终将重新瓜分细分市场，改变市场竞争格局。二是中小型企业开始寻求联合。进入2015年以来，我国农机行业继续其整合脚步，山东巨明与中农发、山东大华与库恩的整合突出反映了我国农机行业整合的特点。这种趋势一方面加速行业的分化，淘汰落后企业；另一方面随着大型企业集团的形成，行业将迎来新一轮的升级。

流通企业面临的竞争环境更加复杂，一方面来自生产企业不断推进的终端融合战略的挤压，另一方面来自流通企业内部的无序竞争，尤其是连年不绝的价格战，导致利润薄如纸。迫使流通企业开始思考新常态下如何突围、如何拓展生存空间的问题，一些企业开始进军生产领域，寻求新的发展机遇；一些企业开始考虑扩大代理产品的范围，由大众产品向小众产品转移；一些企业开始探索新的利润增长点，加速与金融、服务、电子商务的融合；一些企业开始关注顶层设计，构建新的商业模式……

新常态下，企业如何树立新思维，构筑新方略

农机市场新常态告诉我们什么？企业需要新思维，尽快适应新常态，尽快理解新常态，尽快找出应对新常态的方略。我们要从过去市场高速增长的思维中走出来，从过去浮躁中走出来，从过去陈旧的经营模式、盈利模式中走出来，尽快完成由营销为中心向以生产、技术、创新为中心的迭变，真正扑下身子，练好内功。一切从创新开始，做好企业从模式、技术到产品的全方位创新，真正以创新驱动发展，以质量赢得企业生存。

中小型企业，思考更多的是寻找生存空间和生存的根本理由。即在产品上要做到小而精、小而专，所谓“精”，一是精巧，二是精干。在市场运作上要精巧，在内部管理上要精干。所谓专，一是专心，二是专注。在产品定位上要专心，在目标市场构筑上要专注。

一方面，与龙头企业或者强势品牌在市场上形成互补，最大限度通过学习和创新缩小差距。另一方面，要找到并且专注于自己的目标市场，形成局部优势。建立稳固的根据地，使之成为属于自己独具特色的区域利基，形成局部优势，然后才能“星星之火，可以燎原”。

对于中小型企业来说，必须放弃一夜暴富思想，对于大企业，恰恰相反，必须去追求超额利润。而只有那些市场的塑造者、机会的创造者、超级价值的提供者，才能获取超额利润。

当某一个厂商率先采用纵轴流新技术，掀起了一场收割机革命的时候，他们的超额利润随之而来；当一个企业因拥有大品牌权利，掀起品牌旋风的时候，市场销售随之逆势上扬；当一个厂商推进低成本管理，而价格却高于其他厂商的时候，便获得了高于行业的超额利润……今后农机企业奇迹的诞生，除了培育以上的创造能力，大企业没有其他出路。没有创造力，企业越大，死得越快，死得越惨。

创造什么？创造新的市场机会；创造具有中国元素的、有别于西方的、新的经营方式；研发与上述要求相对应的、具有竞争优势的产品；创立让上述一切成为可能的经营理念。

回溯10余年中国农机市场激情燃烧的岁月，行业为什么迟迟不能完成产业升级，其中一个重要原因是农机主流消费群体还处于弱势，消费个体并无足够的购买力，只能消费大众产品。企业无足够的利润，自然无法完成产业升级。而随着农机合作组织、家庭农场、农机大户的崛起，这种局面将被彻底颠覆，大中型企业要适时而动，培养谋取超额利润的能力，要敢与跨国公司分食高端市场。否则，农机行业要完成产业升级将成为无源之水，无本之木。

新常态呈现的一个突出特点：快速迭代。新常态创业的逻辑是：确定正确的市场趋势、产品、用户群体后，立刻搭起架子开干，然后在干的过程中，逐渐地重组、优化，不断地接近完善。这没啥新鲜的，但凡创业者或者有成就的企业基本都具备这种品质。之所以旧话重提，实在是新常态决定了一个新时代的到来。之前，也许三思一下还有可能成功，可如今，三思的结果可能就是三振出局！慢吞吞的裹足不前者，被披坚执锐的新行业执戈者颠覆实在是顺理成章得很。许多企业很多产品都死在过度选择上，以致机会殆尽。

不再讨论了，先做再说！这是新常态的基本逻辑。

毛洪

中国物流与采购联合会副会长

中国农业机械流通协会党委书记、会长

2015年7月

目　录

第一部分　综述篇

第二部分　专题篇

第三部分　企业篇

第四部分　数据篇

第一部分

综　述　篇

2014—2015 年农机市场发展环境

一、宏观经济环境

（一）国际经济形势

2014 年，世界经济复苏依旧艰难曲折，全球经济增长缓慢，国际货币基金组织（IMF）公布的预期增长率逐步调低。预计 2015 年世界经济形势有望好于上年，全球经济复苏将继续，但动力不足，势头较弱，不确定因素增多，发达经济体走势不一，不少新兴经济体也面临增速下滑的挑战。IMF 预测 2015 年全球经济将增长 3.5%，仅比上年提高 0.2 个百分点。

1. 美、欧、日等发达国家经济复苏格局分化

美国通过三轮 QE（量化宽松政策）释放流动性，压低国债收益率，推升房市股市价格，并通过财富效应促进经济增长，页岩油技术革新带来的原油生产放量也导致其能源进口依赖度下降，贸易逆差的收窄使其经济走上稳健复苏的轨道。2014 年，美国经济温和复苏，增速创四年高位，预计 2015 年仍将保持较强的复苏态势。欧元区和欧盟 2014 年下半年经济形势稍有改善，仍处于衰退边缘，欧洲经济很大程度上依然受到货币周期驱动，内生增长动力严重不足，但不排除 2015 年走出低迷的可能性。2014 年，日本经济走势与美国相反，投资需求减弱，经济陷入停滞甚至衰退的泥潭，国际货币基金组织、世界银行等国际机构分别下调日本经济增长预期，经济复苏基础仍不牢固，安倍经济学宽松货币政策对日本经济提振作用将继续减弱。

2. 新兴经济体增速继续放缓

2014 年，受金融动荡及乌克兰危机影响，新兴经济体增速进一步放缓，但改革力度较大的印度经济表现较好；就业市场出现积极变化，但青年失业率仍处于较高水平；发达国家物价低位徘徊，新兴经济体仍存在较大通胀压力。2015 年，受发达经济体需求带动，新兴市场经济增速将略有回升，但由于自身潜在增长率和大宗商品价格下降，以及资金外流等影响，回升势头依然脆弱。

3. 影响全球经济稳定的不确定因素

纵观全球经济，世界各国经济走势分化、结构分化、周期分化将导致政策进一步分化。美联储退出量宽、美元步入升值周期，以及主要经济体货币政策分化意味着资金在各个经济体中出现“大进大出”的压力将增大，将会加剧导致市场波动率以及多重经济金融风险。欧元区逼近通缩和希腊“退欧”引发的欧洲主权债务危机风险升高。全球主要新兴经济体均受到内部结构调整滞后的困扰，“回溢效应”风险突出。另外，2014 年存在的地缘政治风险目前仍没有减轻的迹象，2015 年不排除出现新的风险。

（二）国内经济形势

当前，中国经济正面临一个调整转型期。2014 年的主要经济数据，显示出中国经济面临下行压力加大，经济增长呈现速度略有下降但质量效益稳步提高的新常态。在经济增速放缓的同时，2014 年中国经济增长的质量、效益有所提高，消费、投资、出口“三驾马车”的动力逐步实现均衡发展，这些都是新常态下的积极变化。在新常态下，中国经济发展将告别过去传统粗放的高速增长阶段，进入高效率、低成本、可持续的中高速增长阶段。

1. 中国经济转型“新常态”

2014 年，中国经济发展总体平稳，经济运行处于合理区间，国内生产总值（GDP）达到 63. 6 万亿元，实际增长 7. 4%，较上年下降了 0. 3 个百分点，是 2000 年以来的最低速增长，投资增速的下降导致了 GDP 的下滑。然而，中国经济增长虽然“换挡降速”，但是改革“快马加鞭”。从数量发展到质量发展、从投资驱动到消费拉动、从增长奇迹到常规平稳，“新常态”成为描绘经济发展的关键词。中共十八届四中全会在公报中评价过去一年执政成绩时提到了“新常态”，6 个月后的亚太经合组织（APEC）工商领导人峰会上习近平首次系统阐述了“新常态”，他指出“新常态”将给中国带来新的发展机遇，这包括：经济增速虽然放缓，实际增量依然可观；经济增长更趋平稳，增长动力更为多元；经济结构优化升级，发展前景更加稳定；政府大力简政放权，市场活力进一步释放。

农业新常态的三个特点：

（1）两板挤压：产品价格的天花板，成本价格的地板；

（2）双打限行：世贸的黄灯，资本环境的红灯；

（3）六产开拓：一产、二产、三产，一加二加三等于六。

地板不断抬升，指的是农产品的成本价格不断抬升，这是由许多原因造成的：劳动力价格不断抬升；土地租金不断抬升；农药、化肥、种子价格居高不下，使用量却在不断提高；农机服务成本不断抬升。

黄红“双灯限行”。一个红灯，一个黄灯。“黄灯”指的是世贸设置的“黄箱政策”，中国加入世贸组织之后必须遵循世贸组织的规则。“红灯”指的是资源环境，资源环境红灯已经亮起。农业资源紧张，环境污染严重。中国农业资源最吃紧的三大要素：首先是耕地；其次是水资源；最后是农业劳动力资源越来越紧张。离农、厌农、弃农现象在全社会蔓延。

这些资源与环境问题成为“紧箍咒”，严重影响我国农产品量与质的提升，国外农产品的廉价与高质形成强势竞争态势，使我国农业面临前所未有的新挑战。

第六产业开拓。把农业打造成“第六产业”是关键，是核心，当务之急是拉长产业链，注入现代元素，改造一产，紧扣四品主题，提升二产，致力创新突破，发展三产。

第一，应该注入现代元素，在改造一产上做好四篇文章。

一是做好“地”的文章。在确权登记领证的基础上推进土地的适度规模经营。我国国情决定农业经营规模必须适度。二是做好“人”的文章。首先要培养现代化的职业农民。其次就是农民的组织化问题。三是做好“钱”的文章。缺少资金是农村发展的最大障碍。四是做好“绿箱”的文章。“黄箱”已经关闭，“绿箱”应全面打开，像土地整理、农田水利、农村道路、扶贫开发等都应该加大投资力度。

第二，紧扣“四品”主题，提升二产。

提升二产首先应完整地打造几条产业链。一是粮食及农副产品的生产加工产业链；二是畜牧及水产的生产加工产业链；三是林业及林产品的生产加工产业链；四是秸秆的综合利用产业链。“四品”即农产品的品相、品质、品位和品牌。

第三，致力创新突破，提升三产。

农业服务业发展前景广阔，越是发达国家，农业服务业越成为热门职业。美国农民占总人口的百分之一点多，而为农服务的服务业却占总人口的20%。中国这一行待挖掘的潜力十分巨大。一是创新研发。特别是种子，现在社会对待转基因问题分歧很大，但是，转基因技术一定要深入研究下去。此外，研发还应跟踪未来农业发展趋势，与国际接轨。二是创新服务。应创新全产业链的服务，应规模化服务，最典型的就是农机服务。应提升“傻瓜式”服务，现在农业一家一户需要做这种服务很复杂，可以创造一个模式，打一个电话，企业就可以提供所有需要的农业服务。三是创新业态。在云计算大数据的互联网背景下许多不可思议的新业态很快就会以出人意料的方式横空出世。今天的互联网思维就是打掉一切中间环节，厂家东西拿来直接销给用户，这就是新业态。

2. 中央工作会议提出2015年经济工作五大任务

（1）努力保持经济稳定增长。关键是保持稳增长和调结构之间的平衡，坚持宏观政策要稳、微观政策要活、社会政策要托底的总体思路，保持宏观政策的连续性和稳定性，继续实施积极的财政政策和稳健的货币政策。积极的财政政策要有力度，货币政策要更加注重松紧适度。要促进“三驾马车”更均衡地拉动增长。要切实把经济工作的着力点放到转方式调结构上来，推进新型工业化、信息化、城镇化、农业现代化同步发展，逐步增强战略性新兴产业和服务业的支撑作用，着力推动传统产业向中高端迈进。要高度关注风险发生发展趋势，按照严控增量、区别对待、分类施策、逐步化解的原则，有序加以化解。

（2）积极发现培育新增长点。一是市场要活，使市场在资源配置中起决定性作用，主要靠市场发现和培育新的增长点；二是创新要实，推动全面创新，更多靠产业化的创新来培育和形成新的增长点，创新必须落实到创造新的增长点上，把创新成果变成实实在在的产业活动；三是政策要宽，营造有利于大众创业、市场主体创新的政策环境和制度环境，政府要加快转变职能，创造更好的市场竞争环境，培育市场化的创新机制，在保护产权、维护公平、改善金融支持、强化激励机制、集聚优秀人才等方面积极作为。

（3）加快转变农业发展方式。坚定不移加快转变农业发展方式，尽快转到数量质量效益并重、注重提高竞争力、注重农业技术创新、注重可持续的集约发展上来，走产出高效、产品安全、资源节约、环境友好的现代农业发展道路。要深化农村各项改革，完善强农惠农政策，完善农产品价格形成机制，完善农业补贴办法，强化金融服务。要完善农村土地经营权流转政策，搞好土地承包经营权确权登记颁证工作，健全公开规范的土地流转市场。要完善职业培训政策，提高培训质量，造就一支适应现代农业发展的高素质职业农民队伍。

（4）优化经济发展空间格局。要完善区域政策，促进各地区协调发展、协同发展、共同发展。西部开发、东北振兴、中部崛起、东部率先的区域发展总体战略，要继续实施。各地区要找准主体功能区定位和自身优势，确定工作着力点。

（5）加强保障和改善民生工作。坚持守住底线、突出重点、完善制度、引导舆论的基本思路，多些雪中送炭，更加注重保障基本民生，更加关注低收入群众生活，更加重视社会大局稳定。

3. 2015 年宏观经济走势判断

根据国际经济发展环境分析和 2015 年中国经济政策导向，2015 年中国经济虽然仍面临着下行压力，但有望保持基本稳定。

（1）国民经济在“新常态”下平稳运行。2015 年，经济工作的总体要求是：要坚持稳中求进工作总基调，坚持以提高经济发展质量和效益为中心，主动适应经济发展新常态，保持经济运行在合理区间，把转方式调结构放到更加重要位置，狠抓改革攻坚，突出创新驱动，强化风险防控，加强民生保障，促进经济持续健康发展和社会和谐稳定。在把握好总体要求的同时，经济发展还要着眼于保持中高速增长和迈向中高端水平“双目标”，2015 年中国 GDP 预期目标为 7% 左右。

（2）经济发展的基础条件依然较好。一是一些新的增长拉动因素正在形成，虽然我国面临劳动力人口绝对量减少、储蓄率下降等趋势性变化，但是人力资本、资本存量等要素供给的质量在提高；二是目前就业形势良好，居民收入增速超过了经济增速，为消费持续增长和提升消费占比创造了有利条件；三是投资稳定增长，“十二五”规划即将收官，一些规划的在建工程和尚未动工的大项目，建设进度将有所加快，出口回暖也将带动相关的固定资产投资增长，这些都有利于促进 2015 年投资增长；四是改革红利将逐步显现，2014 年政府推出一系列改革措施，包括加大简政放权的力度，允许民间资本创办金融机构，放宽市场主体准入，以及以充分发挥市场决定性作用为核心的价格改革等，2015 年还将实施一批重大改革。这些改革对经济增长潜力的提高作用将在未来一段时期逐步显现出来，对 2015 年的经济增长具有一定作用。

（3）影响经济发展的不利因素仍然存在。一是世界经济中的风险性不确定性因素仍较多，全球经济总体未恢复到危机前增长水平，主要发达经济体宏观政策分化和转换带来的冲击和地缘政治形势更加动荡；二是房地产市场短期难以出现强劲回升，其行业前后向产业关联度高，与钢铁、建材、家电、装饰材料等多个行业紧密相关，且房地产投资占固定资产投资比重达 1/4，房地产市场低迷将严重掣肘投资及相关行业的增长；三是环保指标造成的强约束，为了确保节能环保指标在“十二五”后两年达标，国家将“实施最严格的资源节约和生态环境保护制度”，有些地方为完成环保指标，可能会采取强制措施；四是供给因素约束还将不断加强，劳动力、土地、资本等供给因素进一步趋紧，对经济增长的约束不断加强。

二、中观环境

（一）农机化发展水平再上新台阶

“十二五”规划实施进展顺利，全面提前超额完成“十二五”规划的各项任务，为农村经济保持良好发展势头提供了强有力的支撑。

一是农机装备总量稳步增长，增速度、调结构并重发展特征显现。农机总动力突破 10 亿千瓦，达到 10.76 亿千瓦，年均增长 5%。

二是主要作物薄弱环节生产机械化加速，农机作业领域向全程、全面发展启动。全国农作物耕种收综合机械化水平达到 61.66%，年均提高 2.25 个百分点；水稻机播水平和玉米收获机械化水平分别达到 39.56% 和 57.96%，年均分别提高 3.46 个和 6.39 个百分点，分别进入提速和高速发展阶段；马铃薯产后加工机械化提上日程。油菜、棉花、花生、茶叶等主要经济作物生产机械化取得突破性进展；畜牧水产养殖业、林果业、设施农业及农产品初加工等机械化全面发展，病死畜禽处理机械化技术开始起步；丘陵山区农业机械化加速发展。

三是农业机械化科技与推广取得重大突破，转方式、提质量态势明显。大功率、高性能、智能化农机装备及优势经济作物生产机具研发取得一批重要成果；扎实推进农机农艺融合，初步探索形成适宜不同区域主要农作物生产全程机械化模式；保护性耕作、农机深松整地、高效植保、秸秆还田等资源节约、环境友好型农业机械化技术与装备在农业生产中广泛应用，2014 年累计完成农机深松整地作业面积 1.5 亿亩，超额完成 2014 年政府工作报告提出的 1 亿亩目标任务；用于大面积植保作业的无人机开始兴起；农田单位面积机械作业燃油消耗由 2010 年年末的 3.15 千克/亩降至 2.76 千克/亩；农机鉴定检测、质量投诉监督、标准化等农机质量保障体系日益完善。

四是农机合作社等新型社会化服务组织不断壮大，服务能力显著增强。

——综合实力显著增强。各级农机化主管部门积极争取项目资金和扶持政策，推动农机合作社不断发展壮大。2014 年全国农机合作社拥有农机具 315.3 万台（套），比上年增加 36.3 万台（套），其中，大中型马力拖拉机、联合收获机、插秧机、粮食烘干机分别达到 48.2 万台、33.8 万台、14.1 万台、1.2 万台，占社会保有量的 1/4。农机原值达到 845.3 亿元，较上年增长 34.9%。江苏省新增加的插秧机、大中型拖拉机、联合收割机以及高效植保机中，由农机合作社购买的超过 2/3。黑龙江、湖南、陕西等省份共争取地方财政资金 41.5 亿元，扶持农机合作社机库、维修间等基础设施建设，推出了一批场院整洁、布局合理、装备优良的农机合作社。

——服务能力大幅提升。全国农机合作社作业服务总面积达到 7.75 亿亩，约占全国农机化作业总面积的 13%；服务农户数超过 4500 万余户，平均每个合作社服务农户数量 985 户。山东省农机合作社作业服务总面积达到 8448 万亩，较上年增加 636 万亩。江苏省农机合作社服务范围已覆盖全省所有涉农乡镇，服务领域进一步拓展，由原来单一的农田作业发展到现在的农机销售、维修和配件供应、农业运输、农机培训、跨区作业、农产品初加工、林果蔬菜生产等多种经营。

——经营效益不断增加。全国农机合作社经营活动总收入达到 757 亿元，比上年增长 201 亿元，社均收入达到 168 万元，比上年增长 33 万元。农机化服务依然是农机合作社的主营业务，其收入达到 534 亿元，比上年增长 142 亿元，其中田间作业收入 411 亿元，修理服务收入 77 亿元，分别较上年增长 70 亿元和 59 亿元。据测算，农机合作社社员收入平均较单机分散作业农机户收入增加 30% 以上。

——经营管理不断规范。各地继续深入开展全国农机合作社示范社创建活动，不断创新服务模式。北京、江苏、福建等省农机局制定了《农机合作社规范化建设指南》（或标准），指导合作社经营管理规范化。湖北、四川、安徽等省开展农机合作社理事长培训，提升理事长的能力素质。河北等省还开展农机合作社建设年活动，培育典型，进一步规范合作社内部管理机制。

五是农机工业与流通业加快转型升级，对农业机械化的支撑保障能力持续增强。农机工业产业组织结构不断优化，产业集群初步形成，农机工业总产值突破 4000 亿元大关，基本建立了适应我国农业生产的农机工业体系；农机流通市场体系逐步完善，电子商务、连锁经营、农机大市场、物流配送等现代流通方式得到发展，形成了以民营农机流通企业为主体，多种经济成分、经营方式、流通渠道、流通业态并存的流通格局。

六是农业机械化配套支持政策机制体制改革锐意推进，扶持政策体系逐步完善。全面实行“全价购

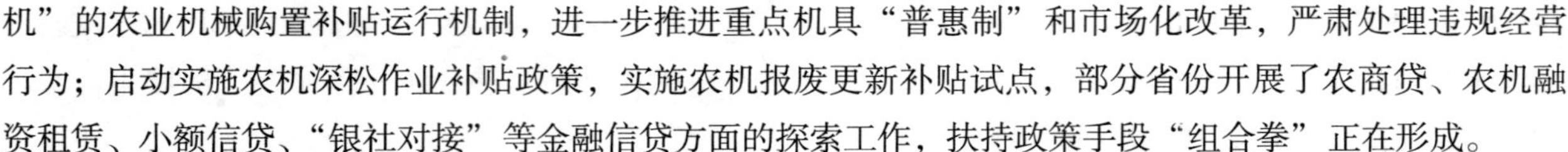

机”的农业机械购置补贴运行机制，进一步推进重点机具“普惠制”和市场化改革，严肃处理违规经营行为；启动实施农机深松作业补贴政策，实施农机报废更新补贴试点，部分省份开展了农商贷、农机融资租赁、小额信贷、“银社对接”等金融信贷方面的探索工作，扶持政策手段“组合拳”正在形成。

（二）农机市场面临着良好的发展机遇

1. 农机化面临良好的发展机遇

党的十八大提出，坚持走中国特色新型工业化、信息化、城镇化、农业现代化道路，推动信息化和工业化深度融合、工业化和城镇化良性互动、城镇化和农业现代化相互协调。要求加快发展现代农业，增强农业综合生产能力，确保国家粮食安全和重要农产品有效供给；构建集约化、专业化、组织化、社会化相结合的新型农业经营体系，为农业机械化发展创造了良好的环境条件。未来一段时期，农产品需求刚性增长，资源硬约束趋紧，粮食等农产品供求长期处于紧平衡状态；农业生产成本上升，比较效益下降，极大影响农民的生产积极性；农村劳动力结构性短缺，家庭规模经营小，农业兼业化、农村空心化、农民老龄化的问题日趋严重，化肥农药过度使用，农业生态环境不断恶化，农业生态环境面临前所未有的压力和挑战。“谁来种地”“怎么种地”及实现绿色增产、促进农业可持续发展方面，农业机械化大有作为。

2. 中央农村工作会议加快推进农业现代化

2014 年 12 月 22 日至 23 日，中央农村工作会议在北京召开。在我国经济步入新常态、农业农村发展进入新阶段的背景下，会议对推进农业现代化做出重大部署。会议强调，推进农业现代化，要坚持把保障国家粮食安全作为首要任务，确保谷物基本自给、口粮绝对安全。要创新机制、完善政策，努力做好各项工作。一是大力发展农业产业化；二是积极发展多种形式适度规模经营；三是建设资源节约、环境友好农业；四是加大农业政策和资金投入力度；五是用好两个市场两种资源。会议首提“农业必须强、农村必须美、农民必须富”。坚持工业反哺农业、城市支持农村和多予少取放活方针。

3. 2015 年中央一号文件再次聚焦“三农”

2015 年 2 月 1 日，新华社受权发布 2015 年中央一号文件《关于加大改革创新力度加快农业现代化建设的若干意见》（以下简称《意见》）。这是自 2004 年以来，中央一号文件连续第 12 次聚焦“三农”。

综观 2015 年的一号文件，共涉及 5 大方面，分别是：①围绕建设现代农业，加快转变农业发展方式；②围绕促进农民增收，加大惠农政策力度；③围绕城乡发展一体化，深入推进新农村建设；④围绕增添农村发展活力，全面深化农村改革；⑤围绕做好“三农”工作，加强农村法治建设。这 5 大方面又被分为 32 个小点，其中，首要的仍然是粮食安全问题。怎么能保证中国人的饭够吃？一号文件针对增强粮食生产能力提出了许多细化的要求，包括永久农田划定、高标准农田建设、耕地质量保护与提升以及投融资等。

三、微观环境

（一）农机购置补贴政策环境

1. 购机补贴取得成效

自 2004 年开始实施农机购置补贴政策以来，为了进一步鼓励和支持农民购买使用先进适用的农业机械，加快推进农业机械化，提高农业综合生产力，促进农业增产增效、农民节本增收，中央财政资金投入量快速增加，由2004年的7000万元增加到2014年的237.5亿元，11年来共安排补贴资金1199.1亿元，带动地方和农民直接投入近5000亿元。农机购置补贴不仅是一项农民直接受益的补贴政策，更是当前工业反哺农业，统筹城乡经济，促进农机制造业、农机流通业、农业机械化发展和提高粮食综合生产能力的最直接最有效的政策措施，并且推动了农机市场繁荣增长。

2. 2014年购机补贴基本情况

2014年中央财政农机购置补贴由2013年倡导的各地实行“全价购机、县级结算、直补到卡”增加了“定额补贴”，克服了过去同型号的农机具因定价不同而享受的补贴额度差异较大的不合理现象，体现了政策的严谨性，堵住了以往补贴政策执行过程中的漏洞。同时，补贴的监管力度也进一步加大，规定：地、县级农机化主管部门要对农民投诉多、“三包”服务不到位、价格虚高、采取不正当竞争、出厂编号及铭牌不规范等问题进行调查核实，并报省级农机化主管部门；省级农机化主管部门应对有关农机生产企业或经销商进行约谈告诫，提出整改意见，对整改不力的可暂停或取消补贴资格。对于存在降低配置、以次充好、骗补套补等违法违规行为的产销企业，按规定取消经销补贴产品资格或补贴产品的补贴资格。2014年农机购置补贴的机具涵盖12大类48个小类175个品目，在此基础上各省（区、市）还可在12大类内自行增加不超过30个其他品目的机具列入中央资金补贴范围；补贴资金水平超过了2013年的217.5亿元，达到237.5亿元，拉动农机市场销售份额超过750亿元，满足了农民购买农业机械的需求和农业生产需要。

3. 2015年购机补贴政策进一步完善

2015年的农机购置补贴政策进一步加大了改革创新力度，更加体现了尊重农民的自主权、顺应市场化需求的原则，体现了公共财政政策的普惠与产业发展政策的重点导向，在政策实施格局上坚持简政放权，在政策操作层面上坚持删繁就简，着力推进政策实施的针对性、稳定性、普惠性、安全性，切实保障资金安全和干部安全，确保补贴政策高效安全实施。主要体现在4个方面：

一是注重突出重点，加快推进粮棉油糖等主要农作物生产全程机械化，提高政策的指向性和精准性。《意见》规定，按照“谷物基本自给、口粮绝对安全”的目标要求，中央财政资金重点补贴粮棉油糖等主要农作物生产关键环节所需机具，兼顾畜牧业、渔业、设施农业、林果业及农产品初加工发展所需机具，力争用3年左右时间着力提升粮棉油糖等主要农作物生产全程机械化水平。

二是注重改革完善，优化制度设计，体现惠民公平和便民高效，突出政策的普惠性、稳定性。《意见》规定，各省要根据当地优势主导产业发展需要和补贴资金规模，选择部分关键环节机具实行敞开补贴；粮食主产省（区）要选择粮食生产关键环节急需的部分机具品目敞开补贴；有条件的省份，围绕主导产业，按照补贴资金规模与购机需求量匹配较一致的原则，选择机具品目试行全部敞开补贴。同时，《意见》执行期为2015—2017年，补贴范围、补贴标准、操作方式等3年保持不变，进一步稳定预期，保持政策连续性。

三是注重规范实施，加强过程监管，[illegible]信息公开、绩效考核和廉政风险防控，保障资金安全。《意见》规定，农机购置补贴政策实施方式实行自主购机、定额补贴、县级结算、直补到卡（户），推进规范实施，防控廉政风险。要求各级农机化主管部门、财政部门进一步提高思想认识，加强组织领导，密切沟通配合，建立工作责任制，深入开展绩效管理，在信息公开、阳光操作、简化程序、便民服务、加强监管、严惩违规等方面进一步细化和强化有关措施。

四是注重市场化原则，通过市场机制发挥补贴政策对农机化发展的引导作用，保障购机者选机购机自主权，促进农机产品科技进步。《意见》规定，在2014年试点基础上，继续选择个别省份开展补贴产品市场化改革试点；为引导和鼓励农机生产企业加强研发创新，选择若干省份开展农机新产品中央财政资金购置补贴试点；农民可自主选择经销商购机，经销商由生产企业自主确定、自主发布，并逐步使补贴政策实施操作过程与农机产品经销企业脱钩，过渡期3年。

五是中央财政农机购置补贴资金继续实行定额补贴，即同一种类、同一档次农业机械原则上在省域内实行统一的补贴标准，不允许对省内外企业生产的同类产品实行差别对待。

为切实解决一些重点环节的机械化，适当提高了部分机具的单机补贴限额，如大型甘蔗收获机由25万元提高到40万元、大型采棉机由40万元提高到60万元。在此基础上，积极探索开展大型农机金融租赁试点。但这是最高补贴额，具体补多少，由各省农机化主管部门结合本地农机产品市场售价情况，原则上按不超过该档产品上年平均销售价格的30%测算，并在最高补贴额、政策的普惠性和资金使用效益等因素基础上，负责确定本省农机产品的补贴额。

为防止地区间补贴额差距过大，取消了重点血防区和地震受灾严重地区补贴额测算比例不超过50%的规定（国务院另有规定的，按相关规定执行）。

六是在对农机购置补贴产品产销企业的管理上充分体现了“简政放权、放管结合”的原则，主要有3个方面的新举措：

首先，为避免造成行政部门对补贴经销商进行审核认可的错觉，除继续实行补贴产品经销企业由农机生产企业自主确定外，还规定补贴产品经销企业由农机生产企业向社会公布，但省级农机化主管部门要及时公布已列入黑名单的经销企业和个人名单。

其次，为了进一步强化公平竞争和政策规范实施，补贴对象可以自主选择补贴产品经销商购机（不再规定省域内），也可通过企业直销等方式购机；原则上，补贴对象应到当地政府确定的主管部门办理所有补贴手续，要逐步使补贴政策实施操作过程与农机产品经销企业脱钩，过渡期为3年。

最后，进一步明确了相关责任和义务。购机者和农机产销企业分别对其提交的农机购置补贴相关申请资料和购买机具的真实性承担法律责任；农机生产和经销企业产品补贴资格或经销补贴产品的资格被暂停、取消，所引起的纠纷和经济损失由违规农机生产或经销企业自行承担。

总之，要通过农机购置补贴政策实施，充分调动和保护农民购买使用农机的积极性，促进农机装备结构优化、农机化作业能力和水平提升，推进农业发展方式转变，切实保障主要农产品有效供给。

（二）农机化与农机工业发展环境

1. 农机化工作向“全程、全面、高质、高效”推进

农作物耕种收综合机械化水平是衡量一个国家农业机械化程度的主要指标。2014年，我国农机化工作向“全程、全面、高质、高效”推进，全国农作物耕、种、收综合机械水平达到61.66%，同比提高1.16个百分点，提前一年实现“十二五”规划目标。目前，我国三大粮食作物耕种收综合机械化率均超过75%，小麦生产基本实现全过程机械化（见下表）。

2014 年主要农作物机械化水平一览表

单位：%

农作物	耕种收机械化水平	机耕水平	机播水平	机收水平
总水平	61.66	79.62	48.78	50.58
小麦	94.17	100.00	86.81	93.12
水稻	76.00	98.04	39.56	83.05
玉米	83.28	100.00	85.72	57.96
大豆	62.78	64.16	64.84	58.86
油菜	40.78	68.47	19.61	25.04
马铃薯	35.39	54.14	23.51	22.26
花生	47.09	65.45	40.47	29.23
棉花	72.11	100.00	84.08	15.21

2. 农机装备结构进一步优化

2014 年，农机装备实现了总量增长、结构优化的特点。农业部数据显示，2014 年全国农机总动力达到 10.8 亿千瓦，同比增长 3.99%，装备结构加快向大马力、多功能、高性能方向发展。

3. 农机工业增长换挡降速

2014 年，农机工业累计实现主营业务收入 4180.6 亿元，同比增长 8.79%，低于全国机械工业销售产值（9.41%）0.62 个百分点，增幅位居 13 个行业第七位。从主要生产企业的经济效益分析，2014 年，2310 家规模农机工业企业实现利润 234.9 亿元，同比下滑 3.42 个百分点，低于全国机械工业平均增幅 7.91%。虽然各项经济指标表明 2014 年农机工业增速放缓，利润下滑，但这一年行业结构调整取得了一定的进步，总体看行业发展稳中有进。回顾 2012 年之前的“黄金十年”，农机工业的快速发展以粗放的量增为主，然而当前在中国经济新常态的大环境下，随着农村劳动力的转移、农业规模的扩大、人民生活水平的提高、农机服务组织的发展以及市场竞争的加强，对低端产品需求减弱，对先进适用、高科技含量和大型农业机械的需求将不断增加，农机工业的发展更需要向量增质升的方向转型。

4. 农机出口贸易快速增长，国际竞争力明显增强

惠农政策推动了国内农机市场转型升级，农机产品核心竞争力得到快速提升，国际竞争力明显增强，推动我国农机不断扩大出口区域和出口品种。统计显示，2014 年实现农机出口交货值 318.9 亿元，同比增长 2.92%。

5. 矛盾挑战愈加凸显

农机装备结构不合理、发展不平衡、效益不高、不可持续等问题逐步显现，“质量”和“效益”方面的问题日益突出，部分地区、部分环节发展后劲乏力，一些潜在的、深层次矛盾正在凸显，保持农业机械化持续、健康发展面临不少困难和挑战。

——结构性矛盾仍然突出。中低端产品过剩，高端产品不足；农机装备数量增长快，质量、性能不稳定的现象仍然存在。农田单位面积农机动力、燃油消耗明显高于发达国家；先进适用农机装备和技术有效供给严重不足，低技术含量、低效率的农业机械仍大量应用；部分农业生产环节机具正趋于饱和或已经饱和，局部存在保有量过剩、利用率显著下降的趋势。

——主要农作物生产全程机械化技术体系仍未构建。农机农艺结合不紧密，农业机械化技术与装备不能适应农艺制度变革的需要。与农艺制度相配合的技术参数跟踪研究不足，农机与水、肥、种、药等因素协调作用的机理研究尚待进一步加强；全程全面机械化生产技术体系尚未形成，各类农业生产系统机械化发展模式不明确，缺乏系统设计与试验示范。

——鼓励创新和勇于创新的氛围仍未形成。农业机械化科技创新公益性地位不明确，难以缩短与发达国家的差距。农业机械化科研项目缺乏系统性和全局性，科研力量分散，难以形成突破重大关键技术问题的创新能力，部分高端产品受制于国外企业。我国农机研发多为结构设计，知识产权难于保护，企业不愿承担技术创新风险。农机研发的复杂性、区域性和季节性特征显著且周期长，企业不敢增加创新投入。现阶段我国农机企业还难以发挥技术创新的主体作用。

——农机社会化服务效益仍有待提升。跨区作业半径缩短，机手雇工工资及机具购置折旧成本持续上涨，单机经营利润空间缩小。农机从业人员素质亟待提升，熟练机手及高素质的合作社领头人紧缺，难以适应先进农机化技术和农机装备的有效利用。多数作业服务组织还属于松散型合作，空壳化现象严重；经营管理能力不强，交易成本、服务成本较高，效益呈递减趋势。

——农机工业大而不强。农机行业以中小企业居多，产品集中度低，低端产品产能过剩，高端、换代产品不能跟上市场发展需要。自主创新能力不强，行业利润率较低，创新投入少。农机装备技术还有很多短板，甚至是空白，还不能完全满足农业发展的迫切需求。适应农业规模化生产的高效率、多功能、精准化农机装备比较缺乏，成为制约产业发展的瓶颈。甘蔗、棉花产业没有经济适用的成熟机械，导致用工多、生产成本高，产业丧失竞争力。一些机械化率低的薄弱环节、落后地区发展缓慢，不仅受制于适用机具研发，更源于品种、农艺、加工工艺、地块条件等综合因素缺乏有机衔接，系统性解决难度大。

——资源环境承载力约束趋紧。我国每公顷土地使用的化肥是世界平均水平的 4 倍以上，农药利用率不到 30%，每年使用的塑料薄膜回收率不到 60%，土壤和水体污染不断加剧，农业生态环境面临前所未有的压力和挑战。高能耗高排放老旧农机仍在超期服役，千家万户购买小型、低技术含量农业机械的情况仍大量存在，节能降耗新型农机装备供给严重不足。2013 年万元农机化田间作业收入能耗达到 2. 7195 吨标准煤，远高于当年全国万元 GDP 能耗水平（0. 737 吨标煤）。农业机械化发展的速度、力度与资源环境承载力还不匹配。

——农业机械化配套政策措施仍有待完善。围绕农机社会化服务配套措施不足，农机“看病难、行路难、住房难”问题突出。农机作业补助、农机报废更新补贴、农用燃油补贴和燃油税减免，以及农业机械化技术试验示范推广、安全监管、技术培训政策，农机企业技改和科技创新，农机金融信贷等配套扶持政策仍有待完善。

综观农业机械化发展环境，健康、稳步发展仍然是主旋律，我国农业机械化仍处于大有可为的黄金机遇期，但其内涵和条件正在发生深刻变化，只有攻坚克难、奋发作为，才能用好和维护好宝贵的黄金机遇期。随着外部环境、装备结构、产业体系、技术体系、生产体系、经营体系、科技创新、组织变革、约束条件、配套措施等的深刻变化，我国农业机械化发展进入新常态，正向提高薄弱环节机械化生产的农机装备数量、加速机械替代农业劳动力的步伐、全面提升农业综合生产能力、科学合理配置农机装备、提高农机装备使用效率、改善农业生态环境、实现农业机械化可持续发展方向转变；农机装备应用与生产将向数量质量并重，机械化作业将向全程、全面发展，整体上将向优质、高效转型升级，以适应中国经济运行和农业发展进入“新常态”的要求。

（三）农机市场进入新常态

1. 农机化发展进入调整、转型新阶段

随着农业发展方式的转变、新一轮农业产业结构的加快调整及8亿亩集中连片、旱涝保收的高标准农田建设，农民合作社、农机服务组织、家庭农场等逐渐成为农业机械应用的新型经营主体，对配套化、高端化、多样化、个性化的农机装备和服务需求日趋旺盛，必将对农业机械化发展产生更大的推动力，激发新的活力和动力。

2. 农机市场发展进入新常态

农机市场新常态意味着农机需求由高速增长向中低速转变。我国农机市场经过10余年的高速运行，行至今天，与粮食相关的耕种收环节已基本实现机械化（水稻机插与玉米机收除外），而蓝海市场尚未发育成熟，由此产生的换挡必然影响整个市场的增速，调速将成为今后农机市场的新常态。

农机市场新常态的第二个突出表现，市场需求出现结构性调整，即我们常说的市场需求的转移。这种转移表现在：小麦、水稻、玉米三大粮食作物的耕种收环节向全程机械化转移；由粮食作物向经济作物转移；由大众产品向小众产品转移；以单个购买者向农机合作社、农机大户、家庭农场等群体组织转移；由小型低端产品向大型高端产品转移；由主机向农机具转移；由化学化为主要特征的农业生产方式向现代农业生产方式转移等。转型将成为农机市场今后发展的新常态。

3. 创新驱动成为新常态的新动力

农机市场新常态第三个突出特征表现在市场发展动力的“新”上。过去，市场的动力主要来自政策驱动、市场需求拉动、营销促动、管理联动等。新常态下，市场动力主要来自创新的驱动。从技术创新、产品创新、模式创新到企业方方面面的创新，将成为市场动力的源泉。一个没有创新的企业，行之不远；一个没有强大产品力支撑的企业，没有希望；创新将成为农机市场新常态的一个主要动力源。

2014—2015 年农机市场回顾与展望

一、2014 年农机市场概述

（一）2014 年农机市场综述

2014 年农机市场发生重大变化，从基本面分析，主营业务继续保持快速增长，但利润出现小幅滑坡。农机市场各个子行业，如拖拉机、插秧机、低速汽车等多数市场出现滑坡，收获机行业中除玉米收割机市场出现大幅度增长外，小麦、水稻收割机也出现较大幅度下滑。

1. 耕种收综合机械化水平达到 61.66%

中国农机化耕种收综合机械化水平近十年来一直保持年均两位数的增长，如图 1 所示，2014 年较 2013 年提高 2.18 个百分点，达到 61.66%。

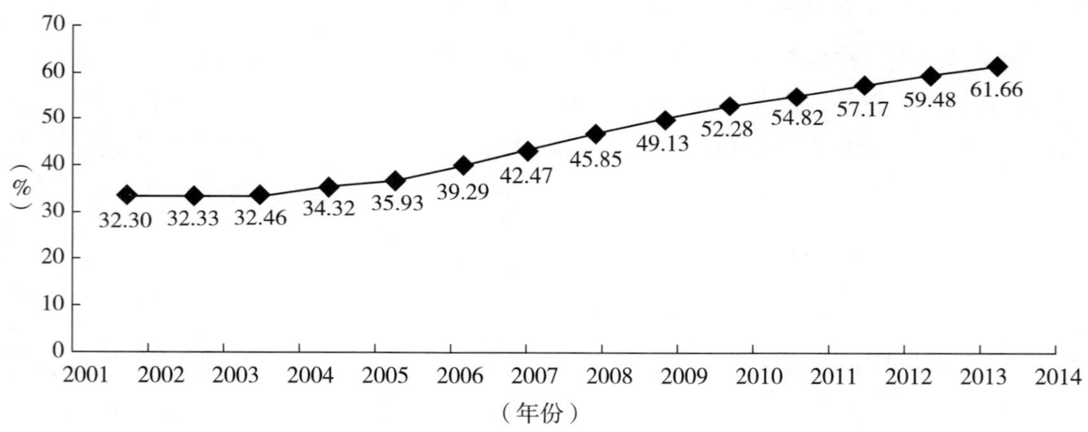

图 1　2001—2014 年全国耕种收综合机械化水平走势

2. 农机市场呈现新特点

2014 年农机市场呈现出的一个突出特点为调整、转型与升级，市场增速调整，由往年大幅度增长调整至中低速增长，由业务与利润同步增长调整为业务增长，利润下滑；转型是指市场需求正要转移，表现为由传统大众化产品需求向小众产品转移，由围绕粮食作物的耕种收的农机需求向收获后处理机械转移，由与粮食作物相关联的农机需求向经济作物农机需求转移，由中低端产品需求向高端产品需求转移，由主机需求向农机具需求转移。升级主要指消费者需求升级。这些变化具体表现在以下几点。

其一，市场需求出现重大变化，个别市场的增长（譬如玉米收割机市场）并不能掩盖整体市场需求疲软，一些市场甚至出现量价齐跌的现象，譬如拖拉机市场。其二，农机补贴作为市场的“发动机”，正在探索新模式。市场刚需从幕后走到前台，成为研判市场动力的首要因素。其三，从区域板块看，市场需求两端倾向更加突出，在平原区域，以大型化、智能化、自动化为特征的高端产品越来越热；在山区丘陵区域，小型化产品备受关注。从需求的链条看，以烘干设备为代表的收获后处理机械“预热”逐渐完成，正在变成热点产品；甘蔗、棉花、油菜、马铃薯、园林、蔬菜等经济类作物的播种、收获市场呼之欲出。其四，产品为王成为价格战、渠道、营销、宣传、终端、服务……为王的有力终结者，以包含功能先进、技术领先、舒适耐用等多重元素的高端产品市场浮出水面，引领市场潮流。其五，消费回归理性，在传统产品过剩的年代，在农机补贴逐渐敞开的今天，消费者的购买行为变得更加从容理性，他们不再为农机补贴而争抢、而提前购买、而不计品牌或质量，他们似乎变得更加“挑剔”，我们的“上帝”已经成熟，理性消费成为这一转变的重要标志。其六，作为撬动农机市场杠杆之一的农机优惠政策正在发生重大变化，正由农机补贴向报废更新补贴、农机深松整地作业补贴等多元化方向发展。我们坚信，随着我国农机化重点的转移，农机扶持政策在引导方向、方式、方法等各个方面还会发生更多的积极变化，虽然无法预测各种变化，但有一点是可以肯定的：农机化薄弱环节将成为今后农机扶持政策的重点。其七，金融与农机市场融合更加密切，银行、融资租赁、金融信贷、信用担保等大批的金融机构进军农机行业，使农机商业模式创新成为可能，金融作为撬动现代工业的重要手段，正成为推动农机行业转型的重要力量。其八，农机疆域不断扩展，由过去狭隘的农机正一步步走向广义的大农机，农机与农业、环境、能耗、水利、工程、物流、电子商务等联系更加密切……

凡此种种，都在提醒我们：农机市场已今是昨非。促成转身的原因固然很多，但10余年农机市场的高速运行，直接导致三大粮食作物的耕种收（除个别环节外）基本实现机械化，以此为中心形成的传统农机市场自然走到了尽头，由增量到存量、由低端到高端、自粮食至经济作物转变成为历史的必然。

3. 经济效益换挡回落

从经济指标分析，呈现出下滑—换挡的特点：第一，增速明显趋缓，在七项指标中，增速同比均呈现下滑之势，利润大幅度下滑；第二，经营成本增幅下滑；第三，企业经营谨慎，扩张步伐明显放慢；第四，运营质量有所提高，应收账款和负债增幅下降（见表1）。

表1　2014年农机行业经济效益一览表*　　单位：亿元

项　目	2014年	2013年	同比（%）
主营业务收入	4180.6	3843.0	8.79
主营业务成本	3597.3	3276.0	9.81
销售费用（营业）	117.3	106.4	10.26
利润总额	234.9	243.2	-3.42
资产总计	2509.0	2200.9	14.00
负债合计	1270.8	1136.3	11.83
应收账款	363.5	305.1	19.11
产成品	178.2	161.2	10.56
流动资产合计	1406.4	1266.6	11.04

注：*由2310家企业相关数据统计得出。

导致2014年企业利润下滑的主要原因：

第一，农机补贴单台额度下降，是导致利润下滑的一个重要因素；

第二，主营业务、财务成本尤其是劳动力成本居高不下，是导致利润下滑的关键因素；

第三，市场竞争激烈，许多企业的库存压力较大，导致利润缩水；

第四，产品同质化严重，低端产品泛滥，高端产品不足，导致企业缺乏核心竞争力，反映在市场上，采取低价竞争策略，利润获取能力低；

第五，农机企业众多，扎堆于一些传统产业，难以形成规模效益，拉低了整个行业的利润率。

4. 市场整合，抱团取暖

市场需求降温，加速了行业整合脚步，一些企业走向抱团取暖的道路，下属两家企业的整合反映了这种行业特点。

2014年1月23日，山东金亿机械制造有限公司与德国克拉斯集团在经历了2年7个月零21天的艰难谈判后终于修成正果。自此，克拉斯真正开始了他们的中国农机市场之旅，金亿转身成为一家合资股份公司。

异业联盟的抱团取暖。中联重科在工程机械市场连续数年不景气的背景下，出于战略发展需要，实现产业突围，伺机进入农机行业。而奇瑞重工经过多年艰难的创业，在多重因素影响下对产业重新定位。由此，国内最大的农机并购案浮出水面，即奇瑞重工、弘毅投资、中联重科联姻，重新组成中联重机。

5. 竞争加剧，洗牌加速

2014年，农机市场的竞争突出表现为集中度依然偏低。从我国农机市场竞争度分析，虽然诸如大中型拖拉机市场的竞争度较大，但并不能改变农机市场集中度偏低的现实，10000多家农机制造企业中每年生产不足4000亿元的农机工业产值，产值前五位的大型农机企业产值之和仅仅占22.9%。加之近年实施的农机补贴政策又在某种程度上削弱了竞争的强度，成为部分小型企业生存的最后一根稻草。随着农机市场环境的巨大变化，市场竞争将变得更加充分，部分中小企业将在激烈的市场竞争中被淘汰出局，市场集中度的提高成为必然。激烈竞争的直接后果：加速行业洗牌。

首先，技术研发能力成为竞争的焦点。2014年中国农机市场的竞争围绕“产品”展开，在战略层面上突出表现为“生产什么产品”，在战术层面上依然是“生产什么产品”。前者讨论的是产业进入问题，即是继续生产传统的农机产品，还是寻求蓝海，延伸产业链，扩大战略纵深；后者讨论的是产品的竞争力问题，生产同样的产品，有的企业越做越大，有的企业却黯然退市，其根本区别在于“产品竞争力”。两条路线孰优孰劣，在这个较长的转型期并不会呈现出必然结果。但有一点是肯定的，无论走哪条道路，其成功的关键都取决于能否生产出适合消费者需求的高质量产品。

其次，品牌竞争将成为市场竞争的关键。回溯中国农机行业的发展历程，最为震撼的莫过于“价格战”。“价格战”在中国农机市场发展历程中有其存在的必然性，它有助于完成一个行业在中国农机市场的快速“启蒙”，让收入普遍不高的中国农民能够“买得起”，有位企业家喊出“做穷人的经济”正是基于此。同时，也是行业整合最有力的武器，它的基本作用就是让那些不具备竞争力的企业消失。但我们必须看到，市场发展到2014年，“价格战”早已是“明日黄花”，吸引消费者眼球的不再只是“价格”，更多的是产品的品质、功能、效率、舒适性甚至外观，而这些都反映在品牌之中。

最后，市场竞争层次进一步提高。随着行业的快速发展，消费者消费理念出现颠覆改变，我们不仅选择的空间越来越大，而且对产品的要求也变得更高甚至苛刻。由此决定了市场的竞争层次进一步提高。创新、技术、品质成为企业竞争的核心元素。一些有前瞻性眼光的企业大声喊出，“我们掌握了核心技术”，以张扬其产品优势；一些企业开始延请国外专家，以“外脑”完成产业升级；一些企业开始将研发中心搬到国外，以整合世界一流技术与产品资源；一些企业开始走上了当年日、韩产业升级中从工业设计上找“突破口”的道路，以加速转型升级。

6. 农机市场新常态

（1）增速趋缓，利润下降。传统的大众农机产品产能严重过剩，刚性需求急剧走弱，商业利润大幅度缩水，一批小型企业开始逐渐退市或倒闭。这不仅对大家耳熟能详的拖拉机、小麦、水稻收割机市场如此，即使对处于成长期的玉米收割机市场也不例外；市场需求发生转移：大众—小众；主机—农机具；粮食—经济；平原—山区……

（2）市场下行压力较大，结构调整阵痛显现，企业生产经营困难增多，部分市场风险显现；

（3）生产小型化、智能化、专业化将成为产业组织新特征；

（4）竞争加剧，企业兼并重组、生产相对集中不可避免，竞争的焦点正逐步转向质量型、差异化为主的竞争；

（5）消费理性化，农村组织渐成主体；

（6）低成本比较优势发生了转化，同时出口竞争优势依然存在，高水平引进来、大规模走出去正在同步发生。

7. 玉米收割机市场需求旺盛

2014 年累计销售各种玉米收割机 8.29 万台，同比增长 20%。其中，销售自走式玉米收割机 8.15 万台，同比增长 16.6%。背负机几近退出市场，仅销售 1400 余台，同比下降近 60%。

从月度同比分析，上半年 2 月、3 月、4 月出现较大幅度增长，说明生产企业渠道压货突出；下半年，8 月、9 月同比虽然出现一定的滑坡，但从月度出货量看，依然是全年出货高峰月份。从月度环比分析，起伏较大，除 6 月、10 月、11 月出现下滑外，其他月份均呈现出不同程度的增长（见图 2）。

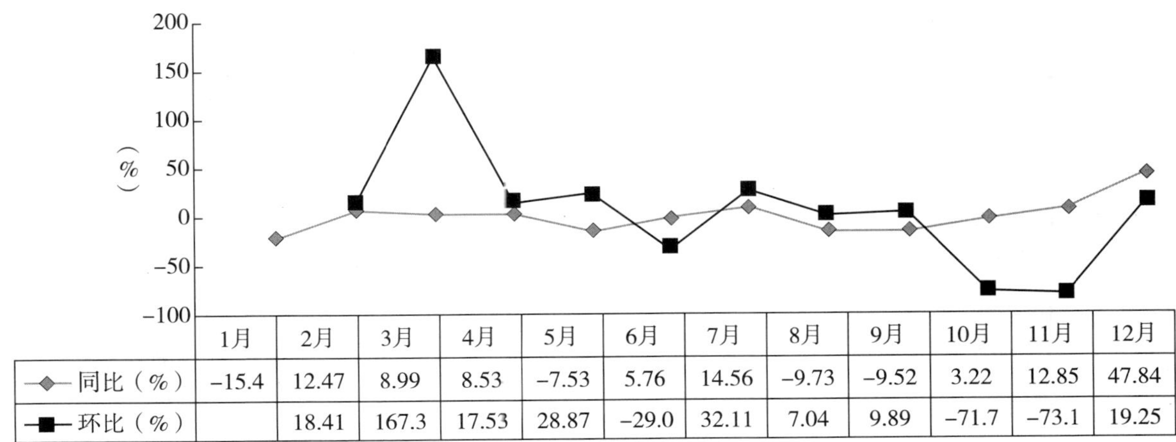

	1月	2月	3月	4月	5月	6月	7月	8月	9月	10月	11月	12月
同比（%）	−15.4	12.47	8.99	8.53	−7.53	5.76	14.56	−9.73	−9.52	3.22	12.85	47.84
环比（%）		18.41	167.3	17.53	28.87	−29.0	32.11	7.04	9.89	−71.7	−73.1	19.25

图 2　2014 年玉米收割机月度走势

8. 农机市场推动商业、盈利模式不断进步

农机市场的快速发展推动农机商业模式的发展与进步。突出表现在以下几点：第一，农机大市场快速发展，逐渐成为主要商业模式之一，涌现出青园集团、河北省庞口汽车农机配件市场、徐州银地农机大市场等大市场典型模式；第二，农机连锁快速发展，以吉峰农机股份有限公司、苏欣连锁农机有限公司为代表的农机连锁经营成为连锁销售模式的代表；第三，农机专卖店、品牌店、4S 店成为农机市场发展的重要模式，近年来，随着农机市场的快速发展，以中国一拖、福田雷沃、约翰迪尔、久保田等为代表的农机生产企业基于市场竞争需要，各自推出新的销售模式，以品牌专卖为主的各种专卖店、品牌店、4S 店等销售模式进入快速成长期，并成为农机销售的重要模式之一；第四，金融与农机市场融合更加密切，银行、融资租赁、金融信贷、信用担保等大批的金融机构进军农机行业，使农机商业模式创新成为可能，金融作为撬动现代工业的重要手段，正成为推动农机行业转型的重要力量。第五，农机销售与农机终端进一步融合。随着农机市场竞争的加剧，各个生产企业更加注重与市场终端的高度融合，一些大型企业首先在企业内部的组织结构上进行了改进，成立了大客户部，以适应不断发展的农机合作社、农机大户、家庭农场等；更有一些企业直接与农机结成联盟，市场销售直插终端；第六，农机电商崭露头角。电子商务在农机流通领域发挥应有更大的作用。近年来，我国农机流通企业的电子商务有所发展，很多企业拥有自己的网站，开展宣传活动，主要以信息发布和宣传为主，并没有网上购物的功能，一些农机流通企业开始尝试电子商务，诸如号称第五代电子商务市场——东北农机大市场，就开设了东北最大的农机电子商务交易平台——东北农机网。该平台开通了 400 个农机服务热线，消费者可足不出户完成农机咨询、网上订购、送货上门的商务交易新模式。又如中国农业机械化信息网推出的河北庞口农机配件市场，经营农用车、收割机等 6 大类 20 万余种农机配件，年成交额达 20. 3 亿元。河南长葛也开始筹建农机零部件采购的电子商务市场。目前，我国一些农机专业网站也开始打造网上电子商务平台，这将进一步推动农机电子商务的发展。

9. 消费群体构成重组

农民工浪潮改变了农村劳动力结构，农机化成为农村必由之路，农机市场消费群体正以年均 10% 的速度由个体向群体转移，这股浪潮最终将彻底改变农机市场消费对象。

权威部门调查显示，2014 年农村外出务工劳动力 2. 69 亿人，同比增加 169 万人，增长 1. 0% 。外出务工劳动力月均收入 2797 元，增长 10. 0% 。2014 年年底，全国家庭承包经营耕地流转面积达 3. 4 亿亩，流转比例达到 26% 。

伴随变化而来的是我国农机消费群体构成的重组。随着农业现代化的快速推进以及波澜壮阔的农村改革，农村组织结构随之发生重大变化。

目前，我国经营规模 100 亩以上的专业大户 270 多万户，各类家庭农场 87. 7 万家，农民合作社超过 95 万家，农业产业化经营组织超过 30 万个，农机作业服务组织 17 万个，农机合作社达到 4. 2 万个，农村组织加速了农业的规模化与集约化进程，改变了农机消费群体，颠覆了传统的农机购买模式，宣布了一个调结构、转型升级的新兴农机市场时代的到来。

由此决定了农机市场消费主体一个新时代的到来，即农机合作社、农机大户和家庭农场主宰的时代。这是政府引导的方向，也是市场发展的必然。玉米收割机市场需求主体随之发生重大变化，2015 年的玉米收割机市场这一特点或将更加突出。

10. 农机出口趋稳，进口不振

2014 年，我国农机进出口贸易显示的最突出的特点：出口趋稳，进口不振。

从我国出口交货值分析，2014 年，我国 2310 家规模以上企业累计实现出口交货值 318.35 亿元，同比增长 2.92%。从 13 个子行业分析，除机械化农业及园艺机具制造、饲料生产专用设备制造、渔业机械制造三个行业出现不同程度的下滑外，其他行业均呈现出增长的态势（见表 2）。

表 2　　2014 年 1—12 月出口交货值统计

名　称	同比分析			占比分析（%）		
	2014 年（亿元）	2013 年（亿元）	同比（%）	2014 年	2013 年	增减
合计	318.35	309.31	2.92	100.0	100.0	0.0
拖拉机制造	30.49	26.92	13.26	9.6	8.7	0.9
机械化农业及园艺机具制造	132.04	142.51	-7.35	41.5	46.1	-4.6
农副食品加工专用设备制造	22.69	19.98	13.56	7.1	6.5	0.7
营林及木竹采伐机械制造	0.14	0.01	1031.92	0.0	0.0	0.0
饲料生产专用设备制造	2.29	2.34	-1.95	0.7	0.8	0.0
畜牧机械制造	14.14	9.53	48.36	4.4	3.1	1.4
渔业机械制造	0.35	0.78	-54.42	0.1	0.3	-0.1
水资源专用机械制造	5.74	4.63	23.84	1.8	1.5	0.3
农林牧渔机械配件制造	7.87	6.94	13.47	2.5	2.2	0.2
其他农林牧渔业机械制造	2.32	1.94	19.46	0.7	0.6	0.1
其他未列明运输设备制造	32.44	31.00	4.65	10.2	10.0	0.2
农用及园林用金属工具制造	66.84	61.87	8.03	21.0	20.0	1.0
棉花加工机械制造	1.00	0.86	16.26	0.3	0.3	0.0

从我国进出口额分析，2014 年，我国累计实现进出口额 130.49 亿美元，其中进口额 24.82 亿美元，出口 105.66 亿美元，同比分别增长 9.38%、-2.75% 和 12.68%，高出我国机械工业平均出口增幅 1.31 个、-10.91 个、4.67 个百分点，实现贸易顺差 80.84 亿美元（见表 3）。

表 3　　2014 年农机进出口额一览表

行　业	进出口额（亿美元）	同比（%）	进口额（亿美元）	同比（%）	出口额（亿美元）	同比（%）	差额（亿美元）
进出口总值合计	7254.85	8.07	3231.97	8.16	4022.88	8.01	790.91
农业机械行业	130.49	9.38	24.82	-2.75	105.66	12.68	80.84
内燃机械行业	193.51	9.16	100.62	4.62	92.89	14.55	-7.73
工程机械行业	222.59	3.79	40.75	-3.26	181.84	5.51	141.09
仪器仪表行业	863.72	7.56	505.20	6.5	358.53	9.09	-146.67
文化办公设备行业	433.33	-2.2	148.46	-6.38	284.87	0.13	136.41

续 表

行 业	进出口额（亿美元）	同比（%）	进口额（亿美元）	同比（%）	出口额（亿美元）	同比（%）	差额（亿美元）
石化通用行业	983. 11	5. 3	309. 07	1. 05	674. 05	7. 37	364. 98
重型矿山行业	181. 36	2. 56	61. 97	7. 49	119. 39	0. 17	57. 42
机床工具行业	281. 31	15. 54	172. 48	12. 52	108. 83	20. 67	-63. 65
电工电器行业	1648. 54	5. 07	573. 52	1. 73	1075. 02	6. 95	501. 51
机械基础件行业	397. 68	9. 41	165. 02	7. 36	232. 66	10. 91	67. 63
食品包装机械行业	63. 58	2. 14	30. 40	-4. 64	33. 18	9. 26	2. 78
汽车行业	1420. 90	16. 01	885. 41	20. 81	535. 49	8. 86	-349. 92
其他	434. 73	13. 73	214. 25	11. 39	220. 48	16. 11	6. 23

（二）农机市场区域分析

2014 年，我国耕整机械市场累计销售 169. 83 万台，同比下降 25. 6%。从区域市场分析，需求前 10 位的区域市场累计销售 133. 86 万台，同比下降 26. 7%，占比下降 1. 2 个百分点。2014 年我国耕整机械市场主要集中在西南区域，云南、湖南、川渝市场位居前三（见表 4）。

表 4　　耕整机械市场区域销售一览表

序号	省、自治区	同比分析			占比分析（%）		
		2014 年（万台）	2013 年（万台）	同比（%）	2014 年	2013 年	增减
1	云南	21. 97	20. 21	8. 7	12. 9	8. 9	4. 1
2	湖南	20. 81	18. 63	11. 7	12. 3	8. 2	4. 1
3	川渝	18. 58	53. 62	-65. 4	10. 9	23. 5	-12. 6
4	广西	15. 79	16. 21	-2. 6	9. 3	7. 1	2. 2
5	贵州	11. 17	20. 52	-45. 6	6. 6	9. 0	-2. 4
6	陕西	10. 49	7. 85	33. 7	6. 2	3. 4	2. 7
7	江西	9. 65	14. 35	-32. 8	5. 7	6. 3	-0. 6
8	山东	9. 07	11. 12	-18. 4	5. 3	4. 9	0. 5
9	甘肃	8. 57	10. 60	-19. 1	5. 0	4. 6	0. 4
10	湖北	7. 77	9. 62	-19. 2	4. 6	4. 2	0. 4
小计		133. 86	182. 72	-26. 7	78. 8	80. 1	-1. 2
其他		35. 97	45. 49	-20. 9	21. 2	19. 9	1. 2
总计		169. 83	228. 21	-25. 6	100. 0	100. 0	0. 0

2014 年，我国畜牧机械市场出现小幅下滑，全年累计销售 46. 92 万台，同比下降 3. 6%。排在前

10 的区域，累计销售 42 万台，同比增长 12.5%，占比较之去年提高了 12.9 个百分点，市场集中度进一步集中，湖北依然占据着较大的市场份额（见表 5）。

表 5　　2014 年畜牧水产养殖机械市场区域销售一览表

序号	省、自治区	同比分析			占比分析（%）		
		2014 年（万台）	2013 年（万台）	同比（%）	2014 年	2013 年	增减
1	湖北	13.04	9.03	44.5	27.8	18.5	9.3
2	川渝	6.48	2.37	173.7	13.8	4.9	8.9
3	粤琼	5.14	5.89	-12.8	10.9	12.1	-1.1
4	苏沪	4.89	7.11	-31.3	10.4	14.6	-4.2
5	广西	2.96	1.16	154.6	6.3	2.4	3.9
6	甘肃	2.54	2.84	-10.6	5.4	5.8	-0.4
7	浙江	2.34	3.54	-34.0	5.0	7.3	-2.3
8	陕西	2.00	1.21	65.4	4.3	2.5	1.8
9	宁夏	1.59	0.75	111.1	3.4	1.5	1.8
10	福建	1.02	3.42	-70.1	2.2	7.0	-4.8
小计		42.00	37.32	12.5	89.5	76.7	12.9
其他		4.92	11.37	-56.7	10.5	23.3	-12.9
总计		46.92	48.69	-3.6	100.0	100.0	0.0

2014 年，我国排灌机械市场出现较大幅度下滑，全年累计销售 37.11 万台，同比下降 51%。排名前 10 的区域累计销售 34.36%，同比下降 10.8%，占比 92.6%，同比增长 41.8%。市场高度集中，年度需求稳定性较差。这个市场主要受偶然因素影响较大，年度波动性很大。2014 年市场下滑主要因为 2013 年市场受各种自然灾害影响，需求大增，形成市场高地，导致 2014 年同比下降（见表 6）。

表 6　　2014 年排灌机械市场区域销售一览表

序号	省、自治区	同比分析			占比分析（%）		
		2014 年（万台）	2013 年（万台）	同比（%）	2014 年	2013 年	增减
1	川渝	14.61	8.87	64.8	39.4	11.7	27.7
2	湖北	6.26	20.21	-69.0	16.9	26.7	-9.8
3	粤琼	4.45	3.31	34.2	12.0	4.4	7.6
4	陕西	3.55	0.62	470.6	9.6	0.8	8.7
5	辽宁	2.06	0.11	1768.5	5.6	0.1	5.4
6	苏沪	1.21	1.39	-12.7	3.3	1.8	1.4
7	山东	0.72	3.24	-78.0	1.9	4.3	-2.4
8	甘肃	0.56	0.49	13.8	1.5	0.6	0.9

续　表

序号	省、自治区	同比分析			占比分析（%）		
		2014 年（万台）	2013 年（万台）	同比（%）	2014 年	2013 年	增减
9	新疆	0.47	0.13	269.2	1.3	0.2	1.1
10	广西	0.47	0.13	249.0	1.3	0.2	1.1
小计		34.36	38.50	-10.8	92.6	50.8	41.8
其他		2.75	37.26	-92.6	7.4	49.2	-41.8
总计		37.11	75.76	-51.0	100.0	100.0	0.0

（三）拖拉机专题分析

2014 年，拖拉机市场突然变脸，创下多年未有的最差业绩，大中小拖拉机全面下滑，其下滑幅度之大，市场之惨烈多年未遇，着实让业内人士措手不及，大跌眼镜。市场调查显示，累计销售各种型号拖拉机 188.49 万台，同比下降 11.37%，其中，大中拖、小拖分别销售 47.36 万台、141.13 万台，同比分别下降 8.66%、12.24%。从拖拉机的月度走势看，同比在经历了 1 月、2 月小幅增长后，开始了长达 10 个月的下滑之旅；环比虽有起伏，从其波动中依然感到市场之冷（见图 3）。

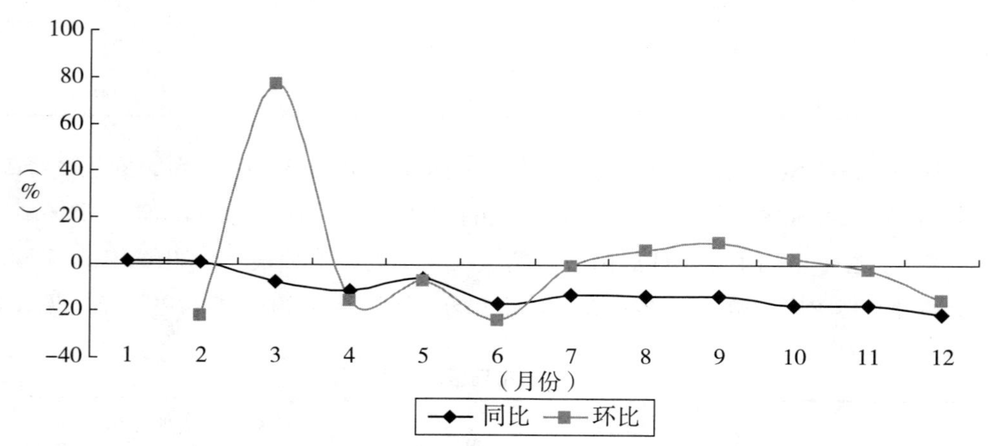

图 3　2014 年拖拉机月度走势

1. 大拖小幅度增长，中拖大幅度滑坡

从大中型拖拉机市场需求结构分析，各个马力的市场表现出较大差异，80 马力以下的中型拖拉机出现较大幅度下滑，市场调查显示，规模企业累计销售 31.6 万台，同比下降 11.94%；其中，25～50 马力拖拉机累计销售 22.79 万台，同比下降 14.39%。而 80 马力以上大型拖拉机市场出现小幅下滑，累计销售 15.76 万台，同比下降 1.29%，其中，80～100 马力销售 8.49 万台，同比下降 5.03%；100～130 马力同比下滑 1.96%；130～160 马力同比增长 24.13%；160 马力以上同比下降 7.79%（见图 4）。

随着各个马力段需求量发生此起彼伏的变化，大中型拖拉机内部各个马力段的占比也出现一定的调整，80 马力以下的中型拖拉机占比下降了 2.49 个百分点，其中，25～50 马力中型拖拉机占比下降

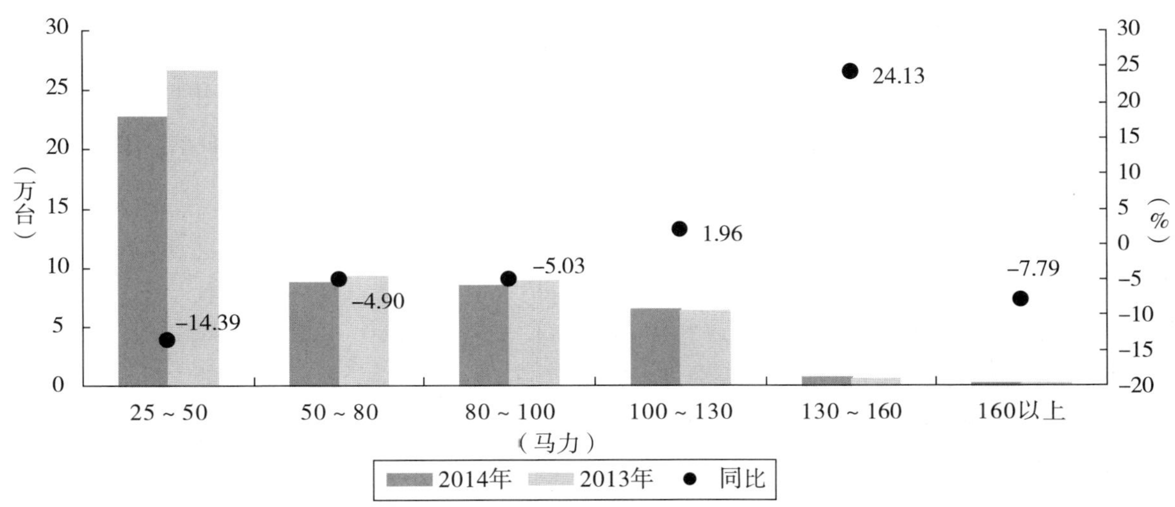

图4 2014年大中型拖拉机需求结构同比

3.22个百分点；50～80马力下降0.74个百分点。80马力以上出现不同程度的增长，其中，80～100马力增长0.68个百分点；100～130马力增长1.41个百分点；130～160马力增长0.39个百分点；160马力以上的与去年基本持平。

2. 主流区域“旱涝不均”，非主流市场大幅度滑坡

从区域市场分析，2014年，大中型拖拉机市场的区域需求呈现出两个突出特点：其一，主流区域小幅攀升，区域集中度大幅度提高。市场调查显示，排在前10位的主流需求区域累计销售各种型号的大中拖35.48万台，同比下降0.92%，占比为74.91%，较之上年同期增长5.85个百分点。其二，区域发展不平衡。前10位的主流需求市场“四增六降”，其中，需求量最大的新疆市场同比下降11.3%、吉林市场下降幅度高达34.56%，河北、河南出现小幅下降。与之形成鲜明对比的是四成区域出现不同程度的增长，尤其是内蒙古、江苏、湖南、安徽均出现两位数以上增幅，同比分别增长21.09%、18.31%、39.02%和174.97%，其占比也出现不同程度的攀升（见图5）。

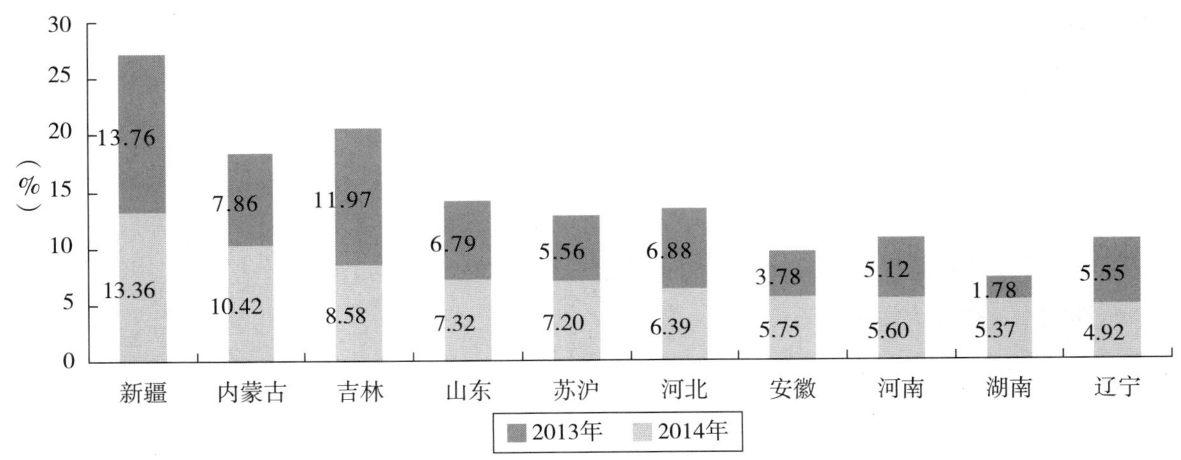

图5 2014年与2013年大中型拖拉机主流区域占比对照

3. 需求结构调整，多重因素催生市场变局

2014 年大中型拖拉机市场变脸看似在预料之外，其实在情理之中。如果我们仔细分析大中型拖拉机的基本发展现状与 2014 年面临的各种客观环境，不难看出市场已经早于 2010 年即出现拐点迹象，突出表现为内生性需求因饱和开始减弱，需求结构发生较大变化，大型拖拉机尚有增长空间，中型拖拉机已经严重饱和，具体表现为以下几个方面。

第一，刚性需求降低，市场趋于饱和。大中型拖拉机市场在农机补贴政策的刺激下，连续多年保持高位运行。年度需求量从 2001 年的 3. 5 万台猛增至 2013 年的 42. 1 万台，尤其自 2004 年之后，年度需求量逐年提高，年度同比增幅最高时达到 91. 4%。大中型拖拉机保有量也水涨船高，2013 年高达 527. 02 万台，同比增长 8. 6%。机耕水平随之攀升至 76%，在平原区域基本实现耕作机械化。拖拉机市场需求动力由刚性需求逐渐过渡到市场更新的拉动。

第二，农机补贴变化，持币待购气氛浓厚。2014 年单台农机补贴的额度出现较大幅度的下降，消费者寄希望于拖拉机的降价，许多区域出现持币待购现象，也是导致拖拉机市场出现较大幅度滑坡的一个重要因素。

第三，区域自然灾害传导至市场终端，导致购买力下降。近年，我国自然灾害严重影响拖拉机市场购买力，如黑龙江市场，由于连续两年的洪涝灾害，导致粮食作物减产，农民收入锐减，购买力下降。

第四，收益下滑，拉力削弱。保有量的持续扩张带来的直接后果是拖拉机作业竞争加剧，拖拉机经营收益出现较大幅度滑坡，对拖拉机市场潜在消费者产生较大的负面影响。

第五，土地流转导致需求转型。农业合作社、农机合作社、家庭农场、农机大户的崛起，尤其是土地流转的加速，导致我国拖拉机市场需求进一步向大型化方向发展，需求结构出现较大变化，大型拖拉机的增长，从数量上降低了拖拉机市场的需求。

4. 竞争格局渐趋稳定，主力品牌量价齐跌

大中型拖拉机市场经过多年的激烈竞争，主力品牌企业利用其巨大的竞争优势以及品牌资源，不断扩张和巩固了其市场统治地位，占据着主要的市场份额，形成了日趋稳定的竞争格局。

市场调查显示，七大主力品牌累计销售 26. 96 万台，同比下降 16. 4%；占比 56. 93%，较之去年同期小幅下滑 5. 24 个百分点。从七大品牌个案分析，除时风小幅增长外，其他品牌均呈现出不同程度的下降（见图 6）。

从竞争焦点看，大中型拖拉机市场的竞争由过去围绕价格、服务、渠道等的竞争进一步回归到以产品为中心的性能稳定性、使用可靠性、高效和技术先进等核心价值竞争，2014 年受市场下滑因素影响，一些企业又开始擎起价格大旗，导致整个拖拉机行业效益大幅度滑坡。

5. 利润缩水，效益大幅度滑坡

2014 年，181 家规模企业经济统计数据显示，拖拉机效益大幅度滑坡，实现利润 24. 26 亿元，同比下降 20. 76%，实现主营业务收入 662. 23 亿元，同比下降 0. 24%。与之同时，负债与应收账款同比出现 13. 03% 和 18. 2% 的增长（见表 7）。应收账款与应付账款的增幅较之 2013 年缩小，反映出企业市场运作质量较之过去有所提高，许多企业在拖拉机市场大环境滑坡的情势下，都不约而同地选择了谨慎为先的操作理念。

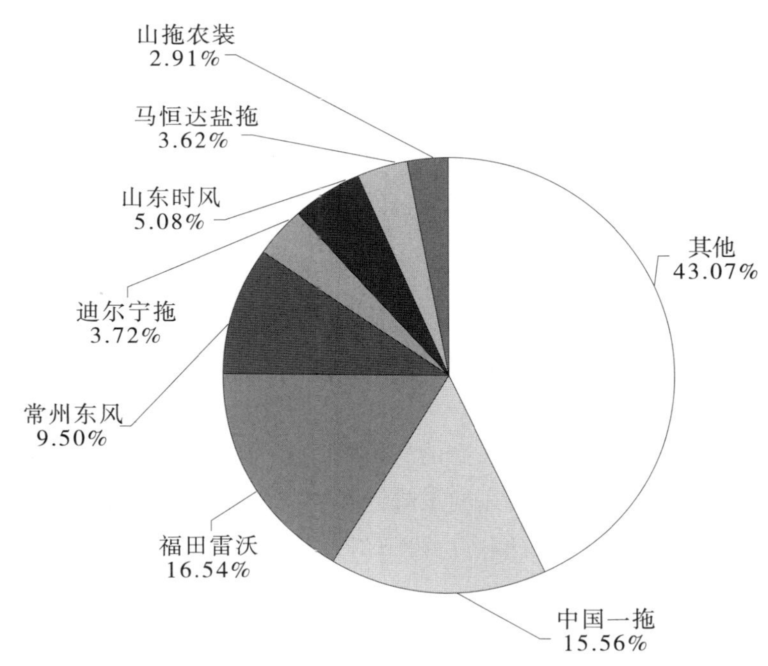

图6 2014年大中型拖拉机市场竞争

表7 2014年1—12月拖拉机工业企业主要经济指标月报表

项　目	2014年（万元）	2013年（万元）	同比（%）
主营业务收入	662.23	663.83	-0.24
主营业务成本	578.72	581.77	-0.52
利润总额	24.26	30.62	-20.76
资产总计	533.52	472.03	13.03
负债合计	331.80	292.43	13.46
应收账款	83.12	70.32	18.20

6. 出口结构调整，主力出口市场大幅度增长

2014年我国拖拉机出口市场增势良好，海关统计显示，全年累计出口各种拖拉机16.3万台，实现出口额4.56亿美元，同比分别增长12.23%和-4.62%。出口额同比连续两年出现下降，出现量增额下跌的原因主要是出口单价出现下滑，较之上年轮式拖拉机单台均价下滑了0.26万美元。说明2014年我国轮式拖拉机出口较2013年趋于小型化，预示着我国拖拉机出口呈现出新特点（见表8）。

表8 2014年拖拉机出口额一览表

名　称	出口数量			出口金额		
	2014年（台）	2013年（台）	同比（%）	累计金额（万美元）	累计金额（万美元）	同比（%）
履带式牵引车、拖拉机	166	63	163.49	595.45	118.04	404.45
轮式拖拉机	56881	47360	20.10	33891.88	37928.69	-10.64

续 表

名 称	出口数量			出口金额		
	2014 年（台）	2013 年（台）	同比（%）	累计金额（万美元）	累计金额（万美元）	同比（%）
其他拖拉机	466	210	121.90	334.37	105.88	215.80
手扶拖拉机	105975	98043	8.09	10754.99	9629.86	11.68
合计	163488	145676	12.23	45576.69	47782.47	-4.62

7. 周期性需求变化影响市场，2015 年或将小幅上扬

大中型拖拉机市场经过多年高速发展，自 2010 年开始进入成熟期，增速放缓，结构调整特点突出，2014 年总体运行正是在这种大气候中发生的。虽然 2014 年补贴资金较去年明显增多，但由于刚性需求不足，大中型拖拉机全年需求呈现明显的下降趋势。产品需求结构进一步升级，100 马力及以上大拖或将实现小幅增长，80 马力以下中型拖拉机下滑已成定局，接下来的两个月不会出现根本性变化，只是对下滑幅度大小产生一定影响。

随着土地流转以及购机政策的引导，终端客户构成发生明显的变化，以合作社、农机大户、种植大户为代表的大客户比重明显上升。由此决定了客户需求快速升级：小拖发展至中拖，水田作业马力升级至 70~90 马力，中原区域客户向 120 马力、四驱机型发展。以上这些变化，进一步诠释了我国未来拖拉机市场需求的新变化。

从区域市场判断，“三北”作为我国大中型拖拉机的主流市场，近年不会发生根本性变化，如果有变化，也只是内部之间的随机性调整。从 2015 年市场分析，东北区域或将出现反弹，中原区域由于拖拉机作业功能单一化，拖拉机收益下降，市场需求动力不足，产品动力升级较明显；以新疆为代表的西北区域或将出现小幅滑坡。

从大中拖的需求结构分析，大型拖拉机将成为今后几年最有希望增长的拖拉机板块，内部需求结构继续向大马力段方向发展。由于大马力拖拉机的增量有限，同时又消化了部分 70~100 马力的数量，决定了未来几年或将呈现出企稳走势。

预计 2015 年 100 马力以上大型拖拉机市场销售或将达到 5.5 万台左右，以 4% 左右的增幅小幅反弹。这种判断主要取决于以下几点：

第一，随着农村土地流转的加速，将不断为大马力拖拉机拓展成长空间；

第二，农业、农机合作组织、家庭农场的快速崛起，将为 2015 年的大马力拖拉机市场发展培植肥沃的土壤；

第三，以大中拖为主的巨大保有量的更新将成为大马力拖拉机需求的主要动力；

第四，深松作业的蓬勃发展，为大型拖拉机市场带来发展机会；

第五，周期性需求和区域市场（如黑龙江市场）为市场反弹提供机会。

中型拖拉机市场主要受市场周期性需求影响，呈现出规律性的变化。预计 2015 年或将出现小幅反弹，基于其坚实的基础——1800 多万台的小型拖拉机的梯度更新。销量或将达到 25 万台左右，增幅徘徊在 5% 上下。

小型拖拉机受整体环境的影响，2015 年或将出现小幅反弹，达到 175 万台，增幅在 3% ~5% 徘徊。

第一，小型拖拉机早已进入衰退期，尤其是小四轮拖拉机，随着农村土地结构的变化，大中型拖拉机将进一步挤压小四轮拖拉机的生存空间；

第二，手扶拖拉机包括微耕机，近年在农机补贴的刺激下，出现了较快的发展，带来的直接结果是市场日趋饱和，在机耕水平不断提高的大环境下，其下滑趋势将逐渐显现。

（四）收获机械市场分析

2014 年，农机行业成为 10 余年以来最为特殊的年份，其突出特点表现为主营业务量增利跌，统计显示，2014 年，在我国 2310 家规模以上主营业务收入同比增长 8.79% 的情况下，利润收入下滑了 3.42 个百分点。出人意料的不仅这些，还有拖拉机行业结束了连续多年增长，进入拐点，2014 年同比下跌 11.37%，插秧机市场跌幅达到了 28.5% 以上。在行业跌声一片的大环境下，我国收获机械市场却稳住了阵脚，出现稳健推进，进退有据的发展局面。2014 年，我国累计销售各种型号的收获机械 74.03 万台，同比增长 8.41%。这是近三年来增幅最大的一年，是继 2013 年小幅增长后的再次较大幅度的攀升。其中，联合收割机销售 30.7 万台，同比小幅增长 4.86%。

如图 7 所示，从月度走势分析，月度同比稳健特点突出，第四季度逐月攀高。从月度环比看，月度走势跌宕起伏，尤其是第一季度和第四季度，振幅较大。

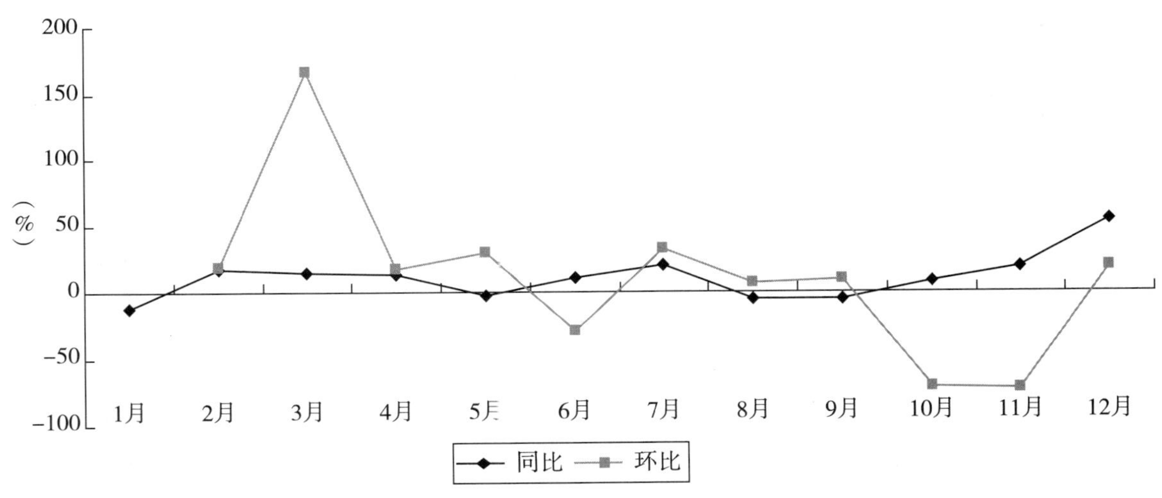

图 7　2014 年联合收割机月度走势

如图 8 所示，收割机市场需求结构分析，在联合收割机全系列中，三大粮食作物收割机依然占据绝对数量，市场占有率达到 91.74%。三大粮食作物收割机“两降一升”，其中，小麦、水稻收割机销售 5.35 万台、7.02 万台，同比分别下降 3.2% 和 13.2%，自走式玉米收割机继续保持强劲增长势头，累计销售 8.15 万台，同比增长 17%，其他作物收获机械销售 1.7 万台，同比增长 22.42%。

2014 年收割机市场主要需求区域集中在江苏、山东、河南等省，市场调查显示，排在前 10 位的需求区域占 78.46%。其中，江苏、山东、河南、安徽、湖南分别占 12.1%、11.4%、11.0%、

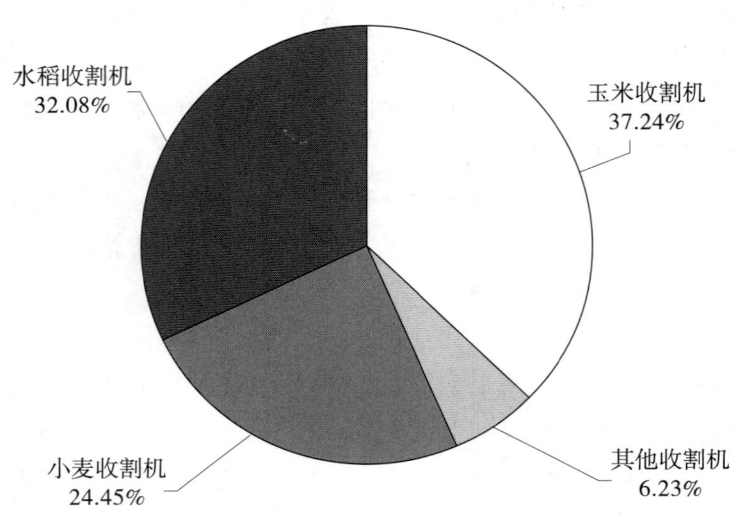

图 8　2014 年收割机市场需求结构

10. 7% 和 7. 8% （见表 9）。

表 9　2014 年收割机市场区域分布一览表

序号	省、自治区	销量（万台）	占比（%）
1	江苏	3. 71	12. 10
2	山东	3. 51	11. 40
3	河南	3. 38	11. 00
4	安徽	3. 29	10. 70
5	湖南	2. 39	7. 80
6	河北	1. 79	5. 80
7	湖北	1. 58	5. 20
8	内蒙古	1. 56	5. 10
9	江西	1. 26	4. 10
10	吉林	1. 2	3. 90
其他		7. 03	22. 90
小计		23. 67	77. 10
合计		30. 7	100. 00

纵观我国收获机械市场近年走势特点，我们会发现自 2005—2014 年经历了两个重要发展阶段，第一阶段发生在 2005—2007 年，此阶段的基本特点表现为市场需求不稳定，增幅大起大落特征突出，2006 年增幅高达 85. 8%，次年跌至 -46. 3%，演绎了“从将军到奴隶”的巨大变迁。之后自 2008—2014 年，市场进入快速发展期，增幅始终保持两位数。2014 年成为我国联合收割机市场的拐点，即由增量进入存量，这个阶段呈现出的突出特点：高位运行，增幅趋缓（见图 9）。

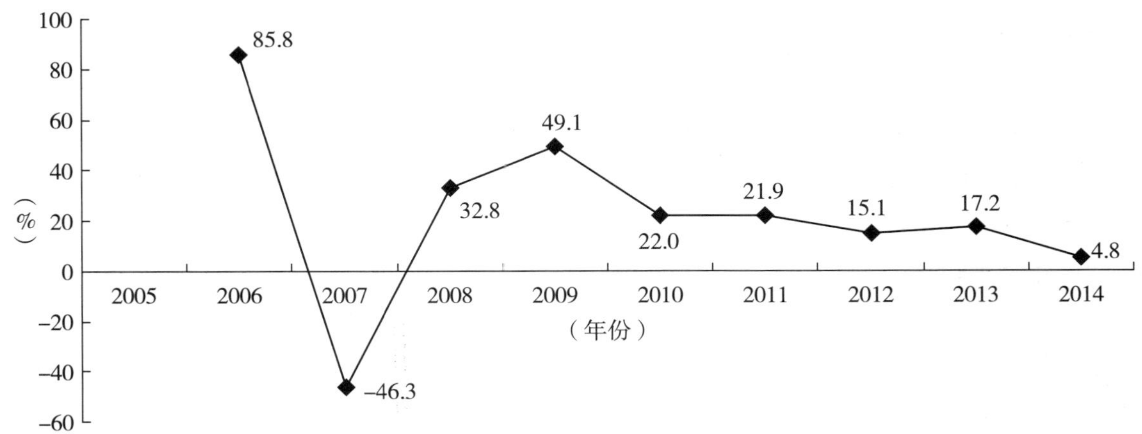

图 9　2005—2014 年联合收割机销售走势

1. 集中度提高，市场竞争凸显新特征

我国收获机械领域广泛，品种众多，直接影响市场集中度。但在现阶段，收获机械市场竞争主要还是集中在以三大粮食作物相关联的收获机械市场展开。其他收割机市场领域近年虽有较大的增长，但对收获机械市场整体竞争态势的影响还是微乎其微，基于此，2014 年，我国排名前 6 位的主流品牌累计销售各种型号的收获机械 14. 72 万台，同比增长 6. 95%。占全部市场的 47. 96%，较之 2013 年同期提高了 0. 97 个百分点。

从竞争特点分析，突出表现为：一是市场集中度较为分散，市场调查显示，销量超过 1 万台的品牌有 6 家，占比 47. 96%；二是主流品牌除个别品牌出现较大滑坡外，多数企业均呈现不同程度的增长，占比较之上年同期也有一定的提高；三是市场竞争围绕产品品质、作业效率、功能等展开；四是竞争位次取决于不同品牌在各个品类的综合表现（见图 10）。

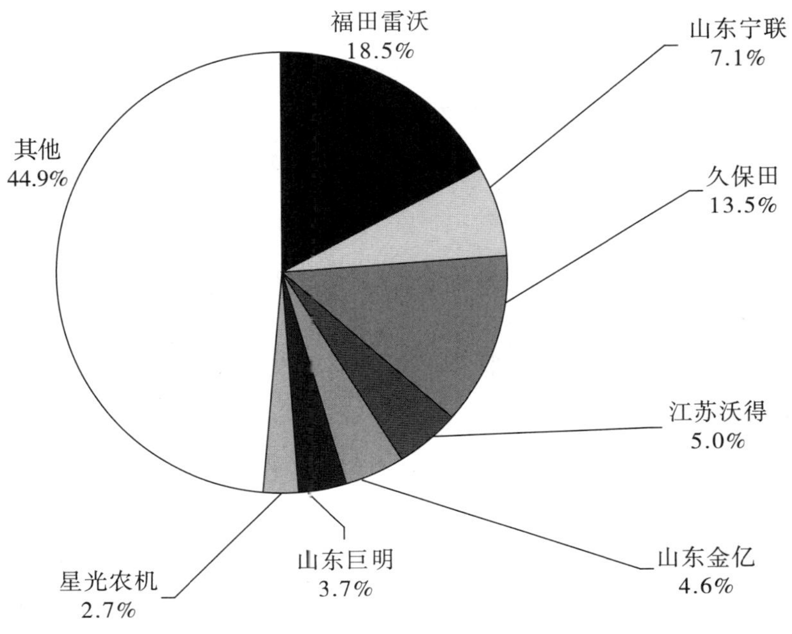

图 10　2014 年联合收割机市场竞争态势

2. 进出口冰火同炉，农机外贸呈现新变化

2014 年收割机出口表现出良好的发展态势，出口量与出口额双双出现两位数增长，海关统计显示，2014 年累计出口各种收获机械 8507067 台，实现出口金额 97342.12 万美元，同比分别增长 19.5% 和 16.6%。从各个出口品类的出口量分析，除其他草坪、公园或运动场地割草机同比出现小幅增长外，其他同比增幅均达到两位数，甘蔗和棉花收获机械甚至达到了 3 位数增幅。从其对应的出口额分析，棉花采摘机、其他未列明收割机和其他草坪、公园或运动场地割草机场均出现了不同程度的下滑，这种量增额降的现象说明这三类出口收获机小型化趋势突出。

在我国各类出口收获机械中，割刀水平旋转草坪、公园或运动场机动割草机、其他草坪、公园或运动场地割草机、联合收割机分别占据着 55.5%、24.7% 和 17.9% 的份额，占全部出口额的 98.1%，说明我国收获机械出口依然以小型为主（见表 10）。

表 10 **2014 年收获机械出口一览表**

名称	出口数量			出口金额					
				出口额同比			出口额占比（%）		
	2014 年（台）	2013 年（台）	同比（%）	2014 年（万美元）	2013 年（万美元）	同比（%）	2014 年	2013 年	增减
草料打包机	2561	1672	53.2	721.09	434.35	66.0	0.7	0.5	0.2
联合收割机	11421	9081	25.8	17395.49	13255.64	31.2	17.9	15.9	2.0
根茎或块茎收获机	2310	1658	39.3	139.09	110.15	26.3	0.1	0.1	0.0
甘蔗收获机	100	42	138.1	147.46	65.9	123.8	0.2	0.1	0.1
棉花采摘机	2437	971	151.0	238.28	299.23	-20.4	0.2	0.4	-0.1
其他未列名收割机	19257	11346	69.7	604.32	666.58	-9.3	0.6	0.8	-0.2
割草机①	5627747	4333162	29.9	54013.03	44216.23	22.2	55.5	53.0	2.5
其他割草机②	2841234	2759882	2.9	24083.36	24400.34	-1.3	24.7	29.2	-4.5
合计	8507067	7117814	19.5	97342.12	83448.42	16.6	100	100.0	0.0

注：①割刀水平旋转草坪、公园或运动场机动割草机；
②其他草坪、公园或运动场地割草机。

2014 年我国联合收割机的出口区域分析，延续了往年的特征，出口区域高度集中，主要集中在亚洲。海关统计显示，出口前 10 的国家累计出口联合收割机 10739 台，实现出口额 16018.5 万美元，同比增长 33.6% 和 38.6%，出口额占比达到了 92.1%，较之上年同期提高了 4.9 个百分点。从出口国家看，伊朗、菲律宾、印度尼西亚和缅甸位列出口前 4，伊朗和菲律宾出口同比出现爆发式增长，出口量与出口额增幅双双达到 3 位数（见表 11）。

2014 年，我国收获机械的进口也呈现出新特点。海关统计显示，累计进口各种型号收获机械 12223 台，实现进口额 32594.2 万美元，同比分别下降 13% 和 3.1%。从出口品类占比分析，棉花采摘机、其他未列明收割机和联合收割机依然占据较大的进口额，占比分别达到了 41.9%、52.7% 和 19.4%，但与 2013 年相比，联合收割机下降了 22.6 个百分点，其他增幅均达到两位数，由此可以看出，我国大型收割机和经济类收割机依然是薄弱环节，但这种状况正在快速改变（见表 12）。

表 11　　2014 年联合收割机出口一览表

序号	国家（或地区）	出口数量（台）			出口金额					
					出口金额同比			出口金额占比（%）		
		2014 年（台）	2013 年（台）	同比（%）	2014 年（万美元）	2013 年（万美元）	同比（%）	2014 年	2013 年	同比
1	伊朗	3177	1188	167.4	4232.1	1626.9	160.1	24.3	12.3	12.1
2	菲律宾	2202	965	128.2	4009.0	1684.0	138.1	23.0	12.7	10.3
3	印度尼西亚	1613	942	71.2	2324.5	1306.5	77.9	13.4	9.9	3.5
4	缅甸	1537	582	164.1	1268.9	353.0	259.4	7.3	2.7	4.6
5	越南	878	2532	-65.3	1104.1	3557.1	-69.0	6.3	26.8	-20.5
6	韩国	680	472	44.1	2298.2	1550.2	48.3	13.2	11.7	1.5
7	斯里兰卡	212	885	-76.0	276.0	999.4	-72.4	1.6	7.5	-6.0
8	厄瓜多尔	168	193	-13.0	154.1	153.4	0.5	0.9	1.2	-0.3
9	秘鲁	149	285	-47.7	202.6	315.8	-35.8	1.2	2.4	-1.2
10	阿拉伯联合酋长国	123	10	1130.0	149.0	11.0	1259.1	0.9	0.1	0.8
小计		10739	8054	33.3	16018.5	11557.3	38.6	92.1	87.2	4.9
其他		682	1027	-33.6	1377.0	1698.4	-18.9	7.9	12.8	-4.9
合计		11421	9081	25.8	17395.5	13255.6	31.2	100.0	100.0	0.0

表 12　　2014 年收获机械进口数据汇总表（分产品）

名　称	进口数量			进口金额					
				进口额同比			进口额占比（%）		
	2014 年（台）	2013 年（台）	同比（%）	2014 年（万美元）	2013 年（万美元）	同比（%）	2014 年	2013 年	增减
草料打包机	2119	2759	-23.2	4083.2	3382.4	20.7	12.5	10.1	2.5
联合收割机	732	2114	-65.4	6307.7	14107.7	-55.3	19.4	41.9	-22.6
根茎或块茎收获机	200	140	42.9	946.1	1005.9	-5.9	2.9	3.0	-0.1
甘蔗收获机	75	32	134.4	950.8	437.1	117.5	2.9	1.3	1.6
棉花采摘机	313	217	44.2	9905.9	6983.4	41.9	30.4	20.8	9.6
其他未列名收割机	899	1411	-36.3	8155.7	5339.7	52.7	25.0	15.9	9.1
割草机①	4262	4684	-9.0	1449.5	1309.4	10.7	4.4	3.9	0.6
其他割草机②	3623	2699	34.2	795.3	1069.9	-25.7	2.4	3.2	-0.7
合计	12223	14056	-13.0	32594.2	33635.5	-3.1	100	100	0.0

注：①割刀水平旋转草坪、公园或运动场机动割草机；
②其他草坪、公园或运动场地割草机。

（五）低速汽车市场分析

我国低速汽车市场呈现出稳健小幅增长的特点，市场调查显示，2014 年我国累计销售各种低速汽车 292. 35 万辆，同比增长 0. 88%。

从月度走势看，全年上半年出现较大波动，进入下半年，基本处在上升通道中。从季度走势看，在经历两季度的下滑之后，自第三季度开始走高，第四季度除 10 月出现小幅滑坡，11 月、12 月再度出现反弹行情（见图 11）。

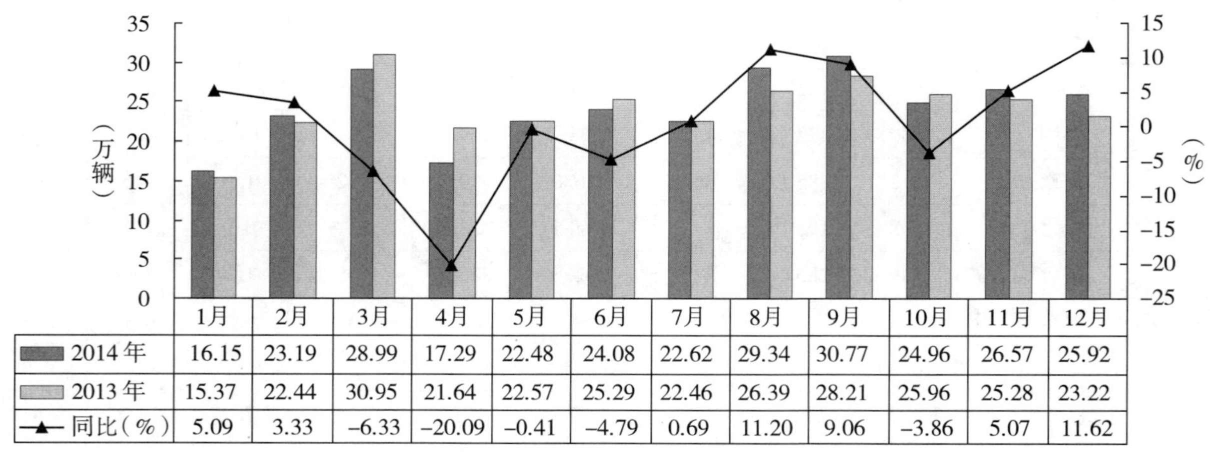

	1月	2月	3月	4月	5月	6月	7月	8月	9月	10月	11月	12月
2014 年	16.15	23.19	28.99	17.29	22.48	24.08	22.62	29.34	30.77	24.96	26.57	25.92
2013 年	15.37	22.44	30.95	21.64	22.57	25.29	22.46	26.39	28.21	25.96	25.28	23.22
同比（%）	5.09	3.33	−6.33	−20.09	−0.41	−4.79	0.69	11.20	9.06	−3.86	5.07	11.62

图 11　2014 年低速汽车月度销售走势

1. 低速汽车市场需求分析

（1）低速货车月度走势分析

2014 年，我国累计销售低速货车 42. 26 万辆，同比增长 5%。低速货车月度同比走势呈现出较为稳定的发展趋势，第一季度月度同比起伏较大，第二季度均在下滑通道中运行，第三季度开始复苏，呈现逐月增长的特点，第四季度开始沿上行通道运行（见图 12）。

（2）三轮汽车月度走势分析

2014 年，我国累计销售三轮汽车 250. 09 万辆，同比增长 0. 2%。从月度走势分析，除 3 月、4 月

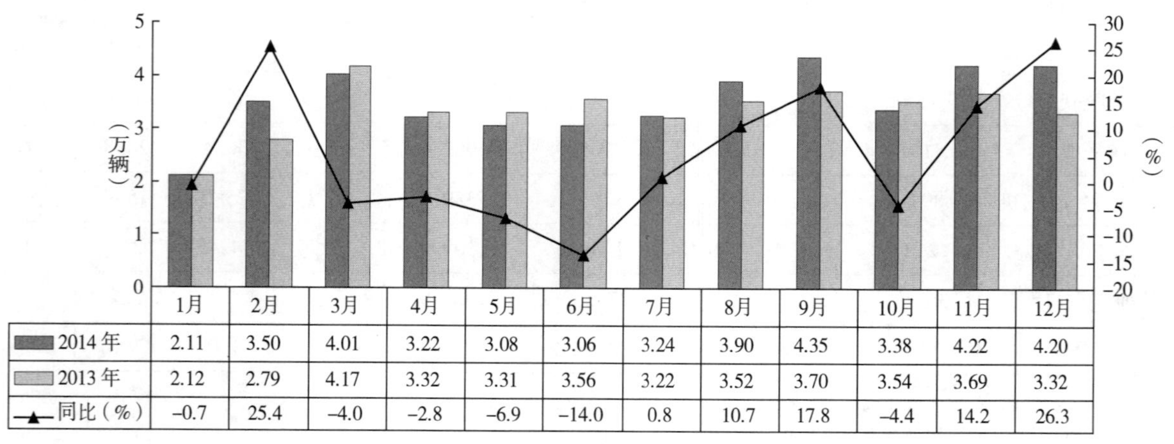

	1月	2月	3月	4月	5月	6月	7月	8月	9月	10月	11月	12月
2014 年	2.11	3.50	4.01	3.22	3.08	3.06	3.24	3.90	4.35	3.38	4.22	4.20
2013 年	2.12	2.79	4.17	3.32	3.31	3.56	3.22	3.52	3.70	3.54	3.69	3.32
同比（%）	−0.7	25.4	−4.0	−2.8	−6.9	−14.0	0.8	10.7	17.8	−4.4	14.2	26.3

图 12　2014 年低速货车月度销售走势

出现不同程度的下滑外，其他月度均有不同程度的增长，呈现出企稳向上的发展特点。从月度环比分析，月度起伏较大，尤其4月，出现大幅度滑坡，之后进入较为稳定的轨道（见图13）。

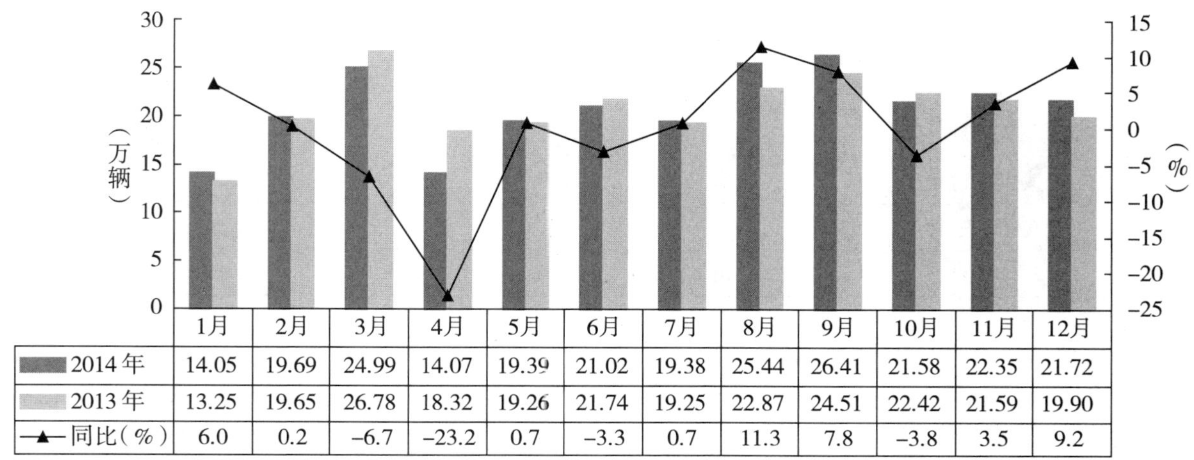

图13　2014年三轮汽车月度销售走势

2. 低速汽车需求结构分析

（1）三轮汽车市场需求结构分析

从额定载质量看，500kg是市场需求主流，同比出现小幅增长，占比增长0.29个百分点，进一步强化了该型号的市场需求；从驾驶室角度分析，半封闭型占据71.95%的主导需求，同比与2013年基本持平，占比提高了0.02个百分点；从卸货方式看，自卸占据主导，较之上年提高了2个百分点，说明市场需求进一步向自动化方向转变；从操纵方式、启动方式、传动方式看，方向盘、电启动、皮带加连体成为市场主流需求，说明市场进一步向舒适性方向转变（见表13）。

表13　2014年三轮汽车各型号产销量情况

型号		同比			占比（%）		
		2014年（万辆）	2013年（万辆）	同比（%）	2014年	2013年	增减
按额定载质量分	300kg	6.66	7.38	-9.78	2.66	2.96	-0.30
	500kg	226.60	225.37	0.55	90.61	90.31	0.29
	750kg	16.83	16.79	0.23	6.73	6.73	0.00
按驾驶室分	半封闭	179.93	179.49	0.24	71.95	71.93	0.02
	简易棚	3.83	3.52	8.92	1.53	1.41	0.12
	全封闭	66.33	66.52	-0.30	26.52	26.66	-0.14
按卸货方式分	自　卸	185.48	180.09	2.99	74.17	72.17	2.00
	非自卸	64.61	69.45	-6.97	25.83	27.83	-2.00
按操纵方式分	方向把	40.24	43.76	-8.04	16.09	17.53	-1.45
	方向盘	209.85	205.78	1.98	83.91	82.47	1.45

续 表

型 号		同比			占比（%）		
		2014 年（万辆）	2013 年（万辆）	同比（%）	2014 年	2013 年	增减
按启动方式分	手摇启动	75.83	82.05	-7.58	30.32	32.88	-2.56
	电启动	174.26	167.49	4.05	69.68	67.12	2.56
按传动方式分	皮带+链条	0.77	0.77	0.62	0.31	0.31	0.00
	皮带+连体	233.13	233.34	-0.09	93.22	93.51	-0.29
	轴传动	16.19	15.42	4.95	6.47	6.18	0.29

（2）低速货车市场需求结构分析

从低速货车市场需求结构看，货车依然以94.44%的市场份额稳居主导地位，较之2013年提高了3.58个百分点。从额定载质量看，1500kg载质量型号以48.21%的增幅稳居首位，市场占比较之上年同期提高了1.55个百分点；平头、自卸、一排座、4缸机占据主流市场，说明市场进一步向自动化、舒适性、大型化方向转移（见表14）。

表14　　2014年低速货车各型号产销量情况

型 号		同比			占比（%）		
		2014 年（万辆）	2013 年（万辆）	同比（%）	2014 年	2013 年	增减
货 车		39.91	36.58	9.11	94.44	90.86	3.58
其中	500kg	0.80	0.25	217.00	2.00	0.69	1.31
	750kg	1.79	1.92	-6.96	4.48	5.25	-0.77
	1000kg	10.96	9.98	9.81	27.45	27.28	0.18
	1500kg	19.24	17.07	12.73	48.21	46.66	1.55
	2000kg	7.12	7.36	-3.17	17.85	20.11	-2.26
	长 头	3.84	3.42	12.21	9.62	9.35	0.27
	平 头	36.07	33.16	8.79	90.38	90.64	-0.26
其中	自 卸	25.00	22.79	9.72	62.64	62.29	0.35
	非自卸	14.91	13.79	8.10	37.36	37.71	-0.35
	单排座	10.56	9.42	12.09	26.46	25.75	0.70
	一排半	24.45	21.70	12.69	61.27	59.32	1.95
	双排座	4.90	5.46	-10.26	12.28	14.93	-2.65
	单缸机	2.87	4.32	-33.55	7.20	11.82	-4.62
	双缸机	1.87	2.06	-9.35	4.68	5.63	-0.95
	3缸机	1.56	1.25	24.88	3.91	3.41	0.49
	4缸机	33.61	28.95	16.11	84.22	79.14	5.08

续 表

型号		同比			占比（%）		
		2014 年（万辆）	2013 年（万辆）	同比（%）	2014 年	2013 年	增减
“运输机”		2.35	3.67	-36.00	5.56	9.13	-3.56
其中	单缸机	0.23	0.29	-21.03	0.55	0.73	-0.18
	双缸机	1.20	2.39	-49.87	2.83	5.93	-3.10
	3 缸机	0.04	0.08	-45.25	0.10	0.19	-0.09
	4 缸机	0.88	0.92	-3.97	2.09	2.28	-0.19
其他型		0.0014	0.0023	-39.13	0.00	0.01	0.00

3. 低速汽车需求区域分析

（1）低速货车区域市场分析

从低速货车区域市场分析，市场需求主要集中在前 9 个市场，占比 70.26%，较之 2013 年同期降低了 2.9 个百分点。从个案分析，河南、云南、四川、山东同比出现不同程度的增长，其中，云南同比增幅高达 102.65%，占比较之上年同期提高了 4.96 个百分点，成为成长性最好的市场。另外，江西、山西、湖北、河北、内蒙古出现不同程度的下滑，其中，湖北与内蒙古下滑幅度达到 10.89% 和 16.87%，成为前 9 大市场中下滑幅度最大的市场（见表 15）。

表 15　　2014 年低速货车按销售比例分布的前 9 个省市　　单位：%

省、自治区		河南	云南	四川	山东	山西	江西	湖北	河北	内蒙古	其他	合计
同比分析	2014 年	7.81	4.35	3.89	2.82	2.74	2.38	2.18	2.01	1.50	12.57	42.26
	2013 年	7.47	2.15	3.41	2.50	2.91	2.42	2.45	2.03	1.80	13.14	40.26
	同比	4.63	102.65	14.27	12.92	-5.65	-1.49	-10.89	-0.67	-16.87	-4.36	4.97
占比分析	2014 年	18.49	10.29	9.21	6.67	6.49	5.64	5.17	4.76	3.54	29.74	100
	2013 年	18.55	5.33	8.46	6.20	7.22	6.01	6.09	5.03	4.47	32.64	100
	增减	-0.06	4.96	0.75	0.47	-0.73	-0.37	-0.92	-0.27	-0.93	-2.90	0

（2）三轮汽车市场需求结构分析

从三轮汽车区域市场分析，排名前 10 的市场，占比 90.86%，较之 2013 年小幅下滑 0.66 个百分点。从前 10 大市场的个案分析，河南、山东、山西、陕西、辽宁、江苏市场出现不同程度的增长，河南市场成为增幅最大的市场，同比增长 7.68%，其他市场均小幅上扬；其他市场出现不同程度的下滑，河北市场下滑幅度达到 10.52%，成为下滑幅度最大的市场（见表 16）。

表 16　　三轮汽车按销售比例分布的前 10 个省市　　单位：%

省、自治区		河南	甘肃	河北	山东	山西	陕西	辽宁	安徽	江苏	内蒙古	其他	合计
同比	2014 年	48.74	30.24	29.59	29.16	22.56	21.56	18.38	12.43	7.48	7.10	22.86	250.09
	2013 年	45.27	32.44	33.06	27.27	21.78	20.36	18.04	13.33	6.84	6.69	24.45	249.54
	同比	7.68	-6.80	-10.52	6.91	3.55	5.87	1.88	-6.72	9.36	6.20	-6.53	0.22

续 表

省、自治区		河南	甘肃	河北	山东	山西	陕西	辽宁	安徽	江苏	内蒙古	其他	合计
占比	2014 年	19.49	12.09	11.83	11.66	9.02	8.62	7.35	4.97	2.99	2.84	9.14	100
	2013 年	18.14	13.00	13.25	10.93	8.73	8.16	7.23	5.34	2.74	2.68	9.80	100
	增减	1.35	-0.91	-1.42	0.73	0.29	0.46	0.12	-0.37	0.25	0.16	-0.66	0

4. 低速汽车市场竞争分析

（1）低速货车市场竞争

低速货车市场排名前 8 的企业累计销售 31.87 万辆，同比增长 2.8%，占比 75.4%，较之 2013 年同期下降了 1.6 个百分点，市场集中度基本稳定。从各个品牌的表现看，除山东东方曼、北汽福田同比出现 48.6%、33.4% 的大幅度下滑外，其他品牌均呈现出不同程度的上扬。其中山东五征同比增幅 47.9%，成为成长性最好的品牌。由此说明，低速货车市场前 8 名的竞争依然十分激烈（见表 17）。

表 17　低速汽车 2014 年主要品牌销量一览表

品牌	同比			占比（%）		
	2014 年（万辆）	2013 年（万辆）	同比（%）	2014 年	2013 年	增减
山东时风	9.06	8.80	3.0	21.4	21.9	-0.4
河南奔马	7.12	6.99	1.8	16.9	17.4	-0.5
山东五征	4.75	3.21	47.9	11.2	8.0	3.3
云南力帆	3.88	3.18	22.2	9.2	7.9	1.3
江西英田	2.26	2.19	3.3	5.3	5.4	-0.1
四川南骏	2.20	2.09	5.4	5.2	5.2	0.0
山东东方曼	1.45	2.82	-48.6	3.4	7.0	-3.6
北汽福田	1.15	1.72	-33.4	2.7	4.3	-1.6
小计	31.87	30.99	2.8	75.4	77.0	-1.6
其他	10.40	9.27	12.2	24.6	23.0	1.6
合计	42.26	40.26	5.0	100.0	100.0	0.0

（2）三轮汽车市场竞争分析

从三轮汽车市场竞争特点分析，排名前 10 的品牌累计销售 247.61 万辆，同比增长 0.6%，占比 99%，较之 2013 年同期增长了 0.3 个百分点。说明三轮汽车市场集中度很高，并且进一步强化了这种竞争趋势。

从各个品牌的表现分析，山东时风以 39.4% 的份额占据着绝对的市场份额，2014 年同比与占比均小幅下降。山东五征依然保持着快速增长的发展态势，同比增长 16.1%，占比提高了 4.7 个百分点，成为前 10 大品牌中最具成长性的品牌（见表 18）。

表 18　　三轮汽车 2014 年前 10 名品牌销量

品　牌	同比			占比（%）		
	2014 年（万辆）	2013 年（万辆）	同比（%）	2014 年	2013 年	增减
山东时风	98.59	100.63	-2.0	39.4	40.3	-0.9
山东五征	86.17	74.22	16.1	34.5	29.7	4.7
河南奔马	39.86	43.83	-9.1	15.9	17.6	-1.6
福田雷沃	9.86	11.70	-15.7	3.9	4.7	-0.7
长葛市世英	5.09	6.04	-15.7	2.0	2.4	-0.4
汝南县广源	2.55	2.50	2.1	1.0	1.0	0.0
山东双力车	2.16	3.24	-33.4	0.9	1.3	-0.4
山西卓里	1.65	1.58	4.5	0.7	0.6	0.0
河南葛天	1.03	1.48	-30.2	0.4	0.6	-0.2
山东东方曼	0.66	1.03	-35.6	0.3	0.4	-0.1
小计	247.61	246.24	0.6	99.0	98.7	0.3
其他	2.47	3.29	-24.9	1.0	1.3	-0.3
合计	250.09	249.54	0.2	100.0	100.0	0.0

（六）插秧机市场分析

1. 市场需求大幅度滑坡

2014 年插秧机市场销售 6.2 万台，同比下滑 25.8% 左右。手扶式插秧机市场 4 行机出现大幅度下滑，同比下降 42.32%；与之相反，6 行、8 行机出现较大幅度增长，同比分别增长 203.85% 和 38.08%。乘坐式插秧机也出现类似现象，4 行机下滑幅度高达 62.87%，6 行、8 行机同比分别增长 29.2% 和 18.34%。插秧机市场需求大型化趋势特点突出。

2. 区域需求

从 2014 年插秧机市场的区域需求分析，需求前 10 的区域市场累计销售 58830 台，同比下降 23.9%，占比为 95%，较之 2013 年提高了 2.4 个百分点。从主力市场分析，苏沪、“两湖”区域依然是我国主流需求区域，苏沪区域市场出现 11.1% 的滑坡，湖南市场出现 33.3% 大幅度下滑，湖北出现小幅增长（见表 19）。

表 19　　2014 年插秧机市场区域销售一览表

序号	省、自治区	同比分析			占比分析（%）		
		2014 年（台）	2013 年（台）	同比（%）	2014 年	2013 年	增减
1	江苏、上海	20618	23188	-11.1	33.3	27.8	5.5
2	湖北	11759	11533	2.0	19.0	13.8	5.2
3	湖南	7437	11144	-33.3	12.0	13.4	-1.3

续 表

序号	省、自治区	同比分析			占比分析（%）		
		2014 年（台）	2013 年（台）	同比（%）	2014 年	2013 年	增减
4	吉林	4323	8004	-46.0	7.0	9.6	-2.6
5	黑龙江	3491	8258	-57.7	5.6	9.9	-4.3
6	江西	3151	1047	201.0	5.1	1.3	3.8
7	辽宁	2478	8139	-69.6	4.0	9.8	-5.8
8	安徽	2438	3283	-25.8	3.9	3.9	0.0
9	浙江	1655	1853	-10.7	2.7	2.2	0.5
10	广西	1482	830	78.6	2.4	1.0	1.4
小计		58830	77279	-23.9	95.0	92.6	2.4
其他		3089	6183	-50.0	5.0	7.4	-2.4
总计		61919	83462	-25.8	100.0	100.0	0.0

二、2015 年第一季度农机市场简述

（一）2015 年一季度农机市场综述

1. 效益稳健运行，利润走出低谷

2015 年一季度，农机行业在全国 13 个子行业中，利润增幅排名第四位，高出平均增幅 7.64 个百分点。主营业务收入增幅排名第六位，高出平均增幅 0.75 个百分点（见表 20）。

表 20　　机械行业 2015 年一季度经济效益对照

序号	行业名称	主营业务收入			利润总额		
		2015 年（亿元）	2014 年（亿元）	同比（%）	2015 年（亿元）	2014 年（亿元）	同比（%）
	全国合计	49694.8	47525.2	4.57	3140.1	3096.0	1.42
1	食品包装机械行业	156.2	137.7	13.41	8.4	6.3	32.71
2	机床工具行业	2215.3	2039.5	8.62	127.0	107.6	18.08
3	仪器仪表行业	1744.6	1594.8	9.39	115.1	105.3	9.26
4	农业机械行业	943.7	896.0	5.32	53.8	49.3	9.06
5	其他民用机械行业	2801.7	2699.6	3.78	144.3	136.5	5.75
6	重型矿山行业	2567.3	2529.3	1.50	130.4	124.0	5.17
7	文化办公设备行业	408.5	425.5	-4.00	14.3	13.7	4.23
8	电工电器行业	11466.6	10845.7	5.72	584.7	561.3	4.17

续 表

序号	行业名称	主营业务收入			利润总额		
		2015 年（亿元）	2014 年（亿元）	同比（%）	2015 年（亿元）	2014 年（亿元）	同比（%）
9	机械基础件行业	4214.4	3964.9	6.29	234.3	226.7	3.34
10	石化通用行业	4624.0	4454.0	3.82	271.3	270.1	0.42
11	汽车行业	16915.7	16129.0	4.88	1373.1	1378.6	-0.40
12	内燃机行业	517.7	516.9	0.15	37.4	39.4	-4.94
13	工程机械行业	1119.2	1292.2	-13.39	46.0	77.1	-40.40

2. 主营业务小幅上扬，利润总额回暖

2015 年一季度，我国农机行业呈现新常态下的鲜明特征，各项经济指标均呈现出稳步发展小幅上扬的特点。2372 家规模企业统计显示，过去三个月，累计实现主营业务收入 943.68 亿元，利润 53.78 亿元，同比分别增长 5.32% 和 9.06%。尤其是利润回暖，结束了去年主营业务增长，利润负增长的尴尬局面（见表 21）。

表 21　2015 年 1—3 月农机工业企业主要经济指标月报表

项　目	2015 年（亿元）	2014 年（亿元）	同比（%）
主营业务收入	943.68	896.00	5.32
主营业务成本	807.53	769.43	4.95
利润总额	53.78	49.31	9.06
资产总计	2419.86	2242.70	7.90
负债合计	1281.45	1166.54	9.85
应收账款	335.90	329.14	2.05
流动资产合计	1352.31	1297.09	4.26

3. 农机行业内冷热不均

从 13 个子行业看，今年一季度，主营业务收入有 10 个子行业出现不同程度的增长，拖拉机制造、其他农、林、牧、渔业机械制造、棉花加工机械制造三个子行业出现下滑。10 个子行业的利润总额同比出现不同程度的增长，饲料生产专用设备制造、棉花加工机械制造、其他农、林、牧、渔业机械制造出现不同程度的滑坡。在这些下滑的子行业中，其他农、林、牧、渔业机械，棉花加工机械制造两个行业出现主营业务与利润双双下滑的情况．而拖拉机行业主营业务下滑，利润增长；饲料生产专用设备制造与之相反（见表 22）。

导致拖拉机利润增长主营业务下滑的主要原因是今年一季度大型拖拉机出现较大幅度增长，中小拖出现较大幅度下滑，由于大拖利润空间大，出现了主营业务下滑利润增长的特殊现象。

表 22　　2015 年 1—3 月农机工业企业主要经济指标全国汇总表

序号	名　称	主营业务收入			利润总额		
		2015 年（亿元）	2014 年（亿元）	同比（%）	2015 年（亿元）	2014 年（亿元）	同比（%）
	农机行业总计	943.7	896.0	5.32	53.8	49.3	9.06
1	机械化农业及园艺机具制造	272.1	253.4	7.37	16.2	14.3	13.18
2	拖拉机制造	153.6	162.3	-5.36	6.3	5.8	8.84
3	农林牧渔机械配件制造	143.7	127.0	13.18	8.9	8.4	6.03
4	农副食品加工专用设备制造	141.4	129.7	9.06	10.6	9.9	7.33
5	农用及园林用金属工具制造	48.8	45.3	7.69	2.6	2.1	22.21
6	其他未列明运输设备制造	47.5	45.2	5.11	1.3	1.2	9.13
7	水资源专用机械制造	45.0	39.8	13.11	2.3	1.6	40.40
8	其他农、林、牧、渔业机械	34.5	41.0	-15.89	2.8	3.6	-21.44
9	畜牧机械制造	25.2	23.9	5.58	1.4	1.2	13.22
10	饲料生产专用设备制造	23.0	20.7	10.70	1.2	1.3	-1.09
11	渔业机械制造	3.6	2.9	23.60	0.2	0.1	42.32
12	营林及木竹采伐机械制造	2.8	1.8	56.42	0.2	0.1	201.93
13	棉花加工机械制造	2.5	3.0	-16.73	-0.1	-0.1	-14.38

4. 农机出口增势良好，进口出现小幅下滑

今年一季度，我国农机进出口呈现出稳健发展的态势，海关统计显示，前三个月累计实现进出口额 34.13 亿美元，其中，进口 5.19 亿美元、出口 28.95 亿美元，同比分别增长 6.32%、-4.96% 和 8.64%。分别高出平均增幅 6.59%、2.79%、2.79%（见表 23）。出口顺差 23.76 亿美元。在 13 个子行业中，农机出口排名第六位。

表 23　　2015 年一季度机械工业出口一览表

序号	行业名称	进出口总额		进口额		出口额		差额（亿美元）
		金额（亿美元）	同比（%）	金额（亿美元）	同比（%）	金额（亿美元）	同比（%）	
	进出口总值合计	1601.88	-0.27	667.20	-7.75	934.68	5.85	267.47
1	食品包装机械行业	14.68	13.46	6.22	5.53	8.45	20.11	2.23
2	机床工具行业	59.34	2.09	34.45	-5.22	24.89	14.29	-9.57
3	石化通用行业	234.58	5.64	66.00	-6.61	168.58	11.37	102.58
4	内燃机械行业	42.30	-4.28	19.76	-16.03	22.54	9.1	2.78
5	重型矿山行业	42.35	6.84	14.15	3.21	28.20	8.75	14.06
6	农业机械行业	34.13	6.32	5.19	-4.96	28.95	8.64	23.76
7	机械基础件行业	89.76	1.97	36.37	-5.79	53.39	8.03	17.02

续 表

序号	行业名称	进出口总额		进口额		出口额		差额（亿美元）
		金额（亿美元）	同比（%）	金额（亿美元）	同比（%）	金额（亿美元）	同比（%）	
8	汽车行业	287.21	-8.91	163.51	-17.35	123.70	5.31	-39.81
9	其他	101.38	2.8	51.42	0.61	49.95	5.17	-1.47
10	仪器仪表行业	188.54	2.13	108.67	0.03	79.87	5.13	-28.79
11	电工电器行业	363.60	0.84	121.22	-4.38	242.38	3.66	121.16
12	工程机械行业	50.37	-3.47	9.26	-18.36	41.10	0.66	31.84
13	文化办公设备行业	93.65	-4.35	30.98	-7.07	62.66	-2.95	31.68

（二）拖拉机专题分析

1. 大拖大幅度增长，中小拖大幅度滑坡

在经历了2014年拖拉机市场大变脸之后，进入今年一季度，拖拉机市场出现新的情况。

市场调查显示，一季度，我国累计销售各种型号拖拉机44.92万台，同比下降12.42%。从月度同比分析，除2月增长外，其他月份均呈现出较大滑坡。导致今年拖拉机下滑的主要原因：

第一，2014年一季度拖拉机市场呈现较好的增长，形成一个高平台；

第二，拖拉机市场需求结构出现较大调整，大型拖拉机出现大幅度增长，市场调查显示，一季度，大型拖拉机销售1.57万台，同比增长22.5%；中型拖拉机和小型拖拉机分别销售14.66万台和32.69万台，同比分别下降10.16%和16.78%。这种状况导致两个结果：一是从数量上看，大拖市场需求放量增长进一步压缩了中小拖市场上升空间，从绝对量上拉低了市场需求总量；二是从效能上分析，大拖工作效率要远远高于中小型拖拉机，拖拉机终端工作效率进一步整合到大拖旗下，也是拉低拖拉机总量不可忽视的一个重要原因。

今年一季度大型拖拉机市场需求的快速增长，重要动力来自以下几个方面：

第一，深松刺激大拖市场快速发展。近年，中央和地方政府大力推进土地深松作业，尤其是今年年初，农业部对部分重点农业大省下达了深松任务，并从政策上对深松机农机具和深松作业给予补贴，拉动深松机市场高速发展，带动大型拖拉机市场走强。

第二，农机合作社、农机大户、家庭农场、种植专业户等农村组织需求改变了拖拉机的需求结构。今年，随着土地流转的深入进行，我国农村合作组织快速发展，改变了拖拉机的市场需求结构。农村组织作为拖拉机的新型需求主体，其需求主要直指大型拖拉机，遏制了中小型拖拉机市场需求。

第三，政策引导。从今年农机具补贴政策分析，大型拖拉机单台补贴额度远远大于中型拖拉机，小四轮拖拉机早已去掉了农机补贴。譬如20~25马力四轮驱动拖拉机，国补单台补贴额度为6900元；而80~85马力四轮驱动拖拉机，单台补贴额度高达29800元，巨大的补贴差额有力地推动我国拖拉机市场升级，大型拖拉机市场逐渐成为市场需求主流。

2. 中型拖拉机需求占据主流，大型拖拉机增速迅猛

从今年一季度我国大中型拖拉机市场各个马力段销售占比分析，25～80马力拖拉机依然占据市场主流，占市场需求总量的68.25%；尤其是30～39马力、40～49马力拖拉机，占比分别达到了19.9%和22.7%。大型拖拉机占比集中在90～99马力、100～129马力（见图14）。

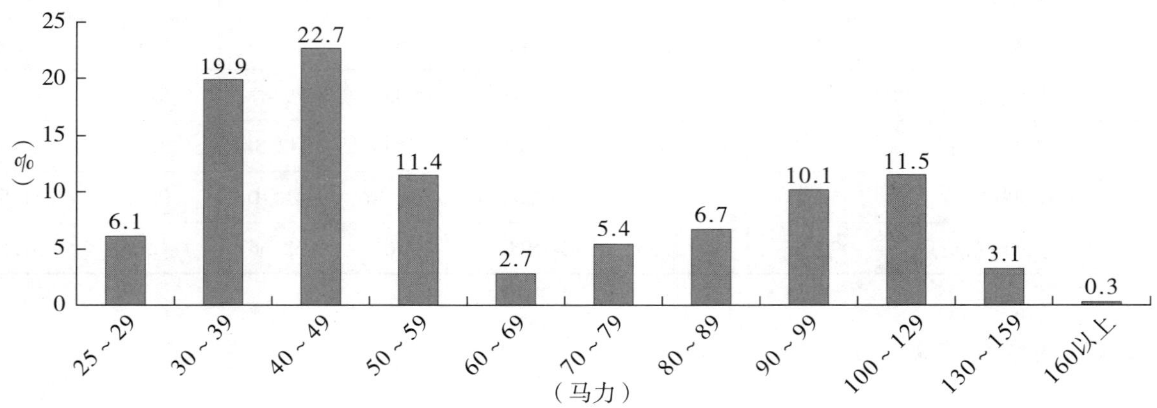

图14　2015年一季度大中型拖拉机市场马力需求

但从发展态势分析，一季度中型拖拉机60～69马力出现35.9%的增幅外，其他各个马力均呈现出不同程度的下滑。与之形成鲜明对比的是大型拖拉机除80～89马力、160马力以上的马力出现下滑外，其他各个马力均呈现出不同程度的增长，尤其是100～129马力和130～159马力，出现了39.8%和138.7%的大幅度增长。由此我们可以看出，我国大中型拖拉机市场需求正加速向大马力转移（见图15）。

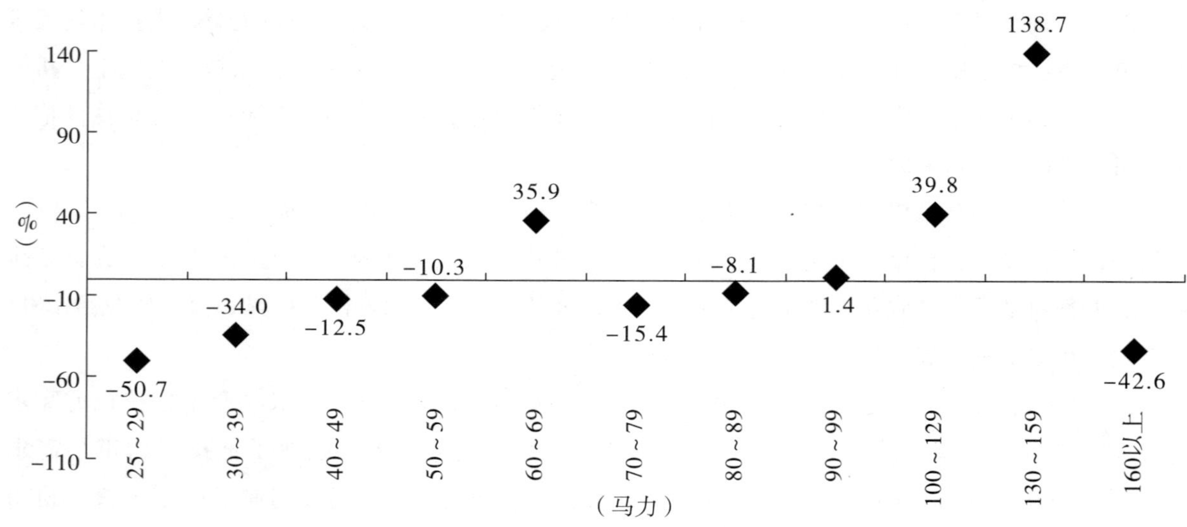

图15　2015年一季度大中型拖拉机市场马力增幅

3. 大中型拖拉机市场区域分析

从一季度中型拖拉机市场的区域需求分析，主流需求区域依然集中在东北、西北和华北的“三北”区域，其中，新疆、辽吉、陕甘宁、内蒙古、山东占据较大的市场份额（见图16）。

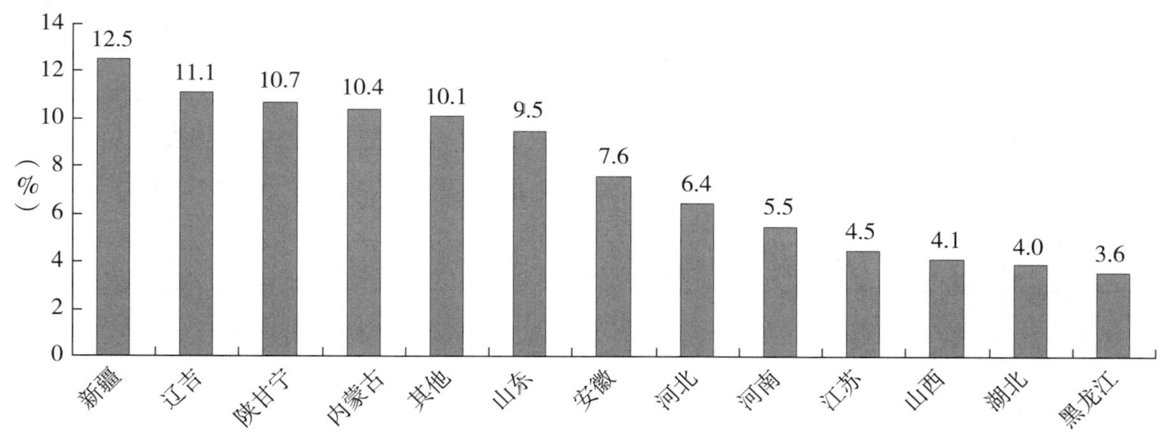

图 16　2015 年一季度拖拉机市场区域需求

4. 大中型拖拉机市场竞争分析

根据对我国 16 家主要大中型拖拉机生产企业的监测发现，今年一季度大中型拖拉机市场的竞争格局依然较为稳定。一拖、福田雷沃和常州东风位居前三甲，占比高达 64.2%。从各个品牌的表现看，主流品牌除时风外，其他均呈现出不同程度的滑坡。其中，一拖、东风、约翰迪尔、马恒达、山拖农装均呈现出两位数的降幅。从占比看，一拖、福田、约翰迪尔、山东时风占比增长，其他品牌呈现不同程度的下滑。这种变化主要与各个品牌的优势马力段关系密切，如常州东风，其产品优势主要集中在中拖系列，今年一季度中拖市场的滑坡大致占比呈现下降。与之相反，一拖、福田、迪尔的大拖优势明显，占比自然呈现增长（见表 24）。

表 24　　2015 年大中型拖拉机市场竞争一览表

序号	企业名称	同比			占比（%）		
		2015 年（台）	2014 年（台）	同比（%）	2015 年	2014 年	增减
	合计	96266	112616	-14.52	100.0	100.0	0.0
1	中国一拖	25143	27206	-7.58	26.1	24.2	2.0
2	福田雷沃	21363	22994	-7.09	22.2	20.4	1.8
3	常州东风	15349	19190	-20.02	15.9	17.0	-1.1
4	约翰迪尔	14903	16363	-8.92	15.5	14.5	1.0
5	约翰迪尔	5330	6576	-18.95	5.5	5.8	-0.3
6	山东时风	8858	8463	4.67	9.2	7.5	1.7
7	马恒达盐拖	3393	7206	-52.91	3.5	6.4	-2.9
8	山拖农装	4149	7664	-45.86	4.3	6.8	-2.5
9	其他	9573	9786.6	-2.18	9.9	8.7	1.3

5. 拖拉机行业效益

国家统计局统计显示，2015 年一季度 179 家规模拖拉机生产企业累计实现主营业务收入和利润

153.6 亿元、6.3 亿元，同比分别增长 -5.36%、8.84%。主营业务收入增速较之去年同期下降了 15.97%；与之相反，利润增速增长了 14.64%。资产总计、负债、应收账款、流动资产和应交增值税均出现不同程度的下滑。这种现象折射出两个基本事实：第一，随着中小型拖拉机市场的下滑，大拖市场的迅猛增长，企业的利润空间迅速扩大；第二，新常态下，企业面临的市场变数更多。为规避风险，企业经营更加谨慎，应收账款、负债的大幅度下降正是这种经营心态的反应（见表 25）。

表 25　　2015 年 1—3 月拖拉机工业企业主要经济指标月报表

项　目	2015 年（亿元）	2014 年（亿元）	2015 年同比（%）	2014 年同比（%）	增速（%）
主营业务收入	153.6	162.3	-5.36	10.61	-15.97
利润总额	6.3	5.8	8.84	-5.80	14.64
资产总计	523.1	497.9	5.05	22.23	-17.18
负债合计	331.6	310.9	6.63	29.95	-23.32
应收账款	83.9	91.1	-7.89	35.35	-43.24
流动资产合计	307.4	292.4	5.13	22.94	-17.81
应交增值税	2.1	2.1	1.92	15.13	-13.21

6. 拖拉机进出口市场分析

2015 年一季度，我国拖拉机出口出现量、额同跌，海关统计显示，截至 3 月底，累计出口各种拖拉机 26117 台，实现出口额 8381.24 万美元，同比分别下降 23.89% 和 7.69%。从轮式和手扶两大出口拖拉机分析，出口量的滑坡远远大于出口额，说明我国拖拉机出口结构正在发生急剧调整，出口大型化趋势表现十分突出（见表 26）。

表 26　　2015 年一季度拖拉机出口量与金额一览表

出口品类	出口数量			出口金额		
	2015 年（台）	2014 年（台）	同比（%）	2015 年（万美元）	2014 年（万美元）	同比（%）
轮式拖拉机	9957	14597	-31.79	6863.01	7382.61	-7.04
手扶拖拉机	16092	19417	-17.12	1476.45	1544.54	-4.41
其他拖拉机	57	288	-80.21	23.41	127.29	-81.61
履带式牵引车、拖拉机	11	12	-8.33	18.37	25.22	-27.16
合计	26117	34314	-23.89	8381.24	9079.66	-7.69

今年一季度出口下滑的原因是多方面的，其中，一个重要原因是出口主力目的地国如俄罗斯、乌克兰、澳大利亚同比出现较大幅度滑坡，尤其是去年出口额度位居第六的尼日尔（出口量 164 台、出口额 230.13 亿美元）今年未实现出口。今年出口的国家数量虽然与去年基本持平，但新增出口国的出口份额较小，从而拉低了一季度整个拖拉机市场的出口（见表 27）。

表 27　　2015 年一季度拖拉机出口国一览表

序号	出口国	同比分析			占比分析（%）		
		2015 年（台）	2014 年（台）	同比（%）	2015 年	2014 年	增减
1	埃及	1653	1150	43.7	16.6	7.9	8.7
2	俄罗斯联邦	1642	2251	-27.1	16.5	15.4	1.1
3	乌克兰	1402	5942	-76.4	14.1	40.7	-26.6
4	缅甸	1167	678	72.1	11.7	4.6	7.1
5	澳大利亚	277	300	-7.7	2.8	2.1	0.7
6	土耳其	189	68	177.9	1.9	0.5	1.4
7	格鲁吉亚	161	255	-36.9	1.6	1.7	-0.1
8	马来西亚	155	169	-8.3	1.6	1.2	0.4
9	法国	144	18	700.0	1.4	0.1	1.3
10	墨西哥	111	2	5450.0	1.1	0.0	1.1
11	德国	100	191	-47.6	1.0	1.3	-0.3
12	泰国	98	125	-21.6	1.0	0.9	0.1
13	埃塞俄比亚	86	2	4200.0	0.9	0.0	0.9
14	塔吉克斯坦	59	24	145.8	0.6	0.2	0.4
15	印度尼西亚	57	102	-44.1	0.6	0.7	-0.1
16	南非	22	91	-75.8	0.2	0.6	-0.4
17	巴西	9	211	-95.7	0.1	1.4	-1.4
小计		7332	11579	-36.7	73.6	79.3	-5.7
总计		9957	14597	-31.8	100.0	100.0	0.0

2015 年一季度，我国拖拉机累计进口拖拉机 569 台，进口额 2539.36 万美元，同比分别增长 -17.77%、41.4%。进口量下滑，进口金额却大幅度攀升的主要原因是我国市场需求大型化所致（见表 28）。

表 28　　2015 年一季度拖拉机出口量与金额一览表

出口品类	出口数量			出口金额		
	2015 年（台）	2014 年（台）	同比（%）	2015 年（万美元）	2014 年（万美元）	同比（%）
轮式拖拉机	562	680	-17.35	2413.14	1685.91	43.14
手扶拖拉机	6	5	20.00	125.55	95.1	32.02
其他拖拉机	1	5	-80.00	0.67	14.66	-95.43
履带式牵引车、拖拉机		2	-100.00		0.23	-100.00
合计	569	692	-17.77	2539.36	1795.9	41.40

（三）收获机械市场分析

1. 一季度收获机械市场综述

2015 年一季度，是我国农机市场传统销售淡季，受春季、销售淡季以及农机补贴未到位等多重因素影响，我国收获机械市场基本面呈现出小幅下滑的特点。市场调查显示，前 3 个月我国累计销售各种型号的收获机械 14. 94 万台，同比下降 5. 03%。从月度同比走势看，增幅呈现逐月增大的特点，这与去年收获市场形成的高平台关系密切；从月度环比分析，在经历了 1 月、2 月大幅度下跌后，3 月出现强势反弹，环比不仅转正，而且增幅高达 63. 54%，预示着今年收获机械的旺季序幕已经拉开（见图 17）。

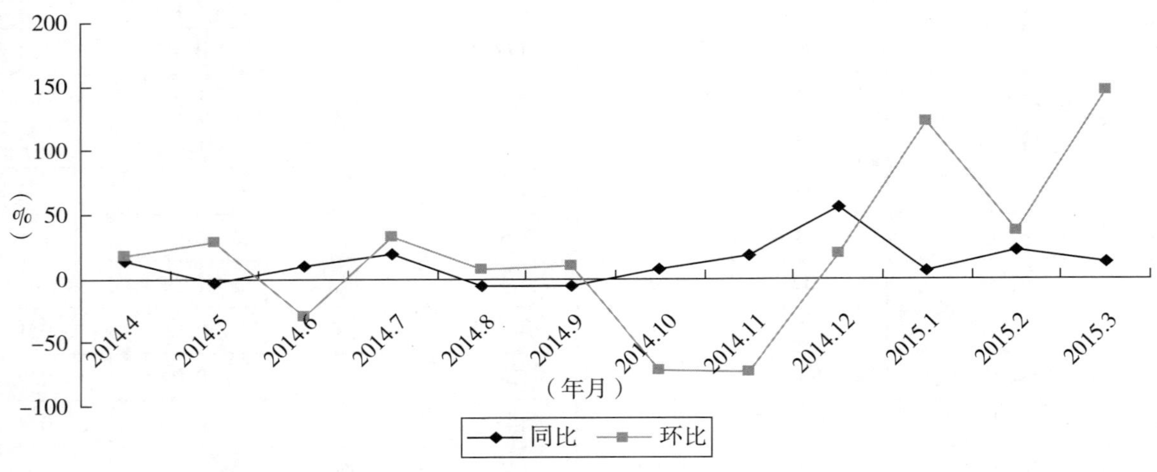

图 17　2014 年 4 月—2015 年 3 月联合收割机月度走势

2. 一季度联合收割机市场分析

第一季度，我国联合收割机市场在经历了 2014 年低迷状态后，出现逐月向上的发展特点。市场调查显示，前 3 个月累计销售各种联合收割机 38658 台，同比增长 3. 26%。从月度同比分析，在经历了 1 月、2 月下滑之后，进入 3 月转正，增幅冲到 10. 37%。月度环比呈现强劲的发展势头，1 月、2 月、3 月分别增长 94. 8%、29. 8% 和 197. 7%（见图 18）。

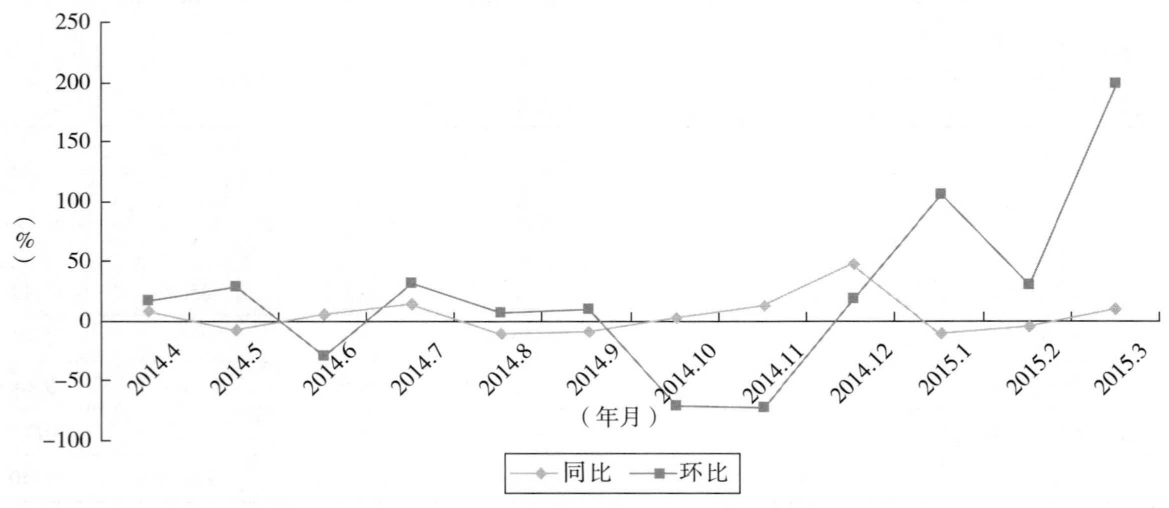

图 18　2014 年 1 月—2015 年 3 月联合收割机月度走势

（1）小麦收割机市场

①市场需求分析

进入今年以来，小麦收割机市场迅速升温。市场调查显示，前 3 个月，我国累计销售自走势小麦收割机 14715 台，同比增长 10.05%。从月度同比看，1 月、2 月增幅都达到了两位数，3 月回落到 3.65%。从月度环比看，在经历了 2 月低潮之后，3 月又拉高了增幅，由此，我们判断，4 月、5 月或将呈现小高潮（见图 19）。

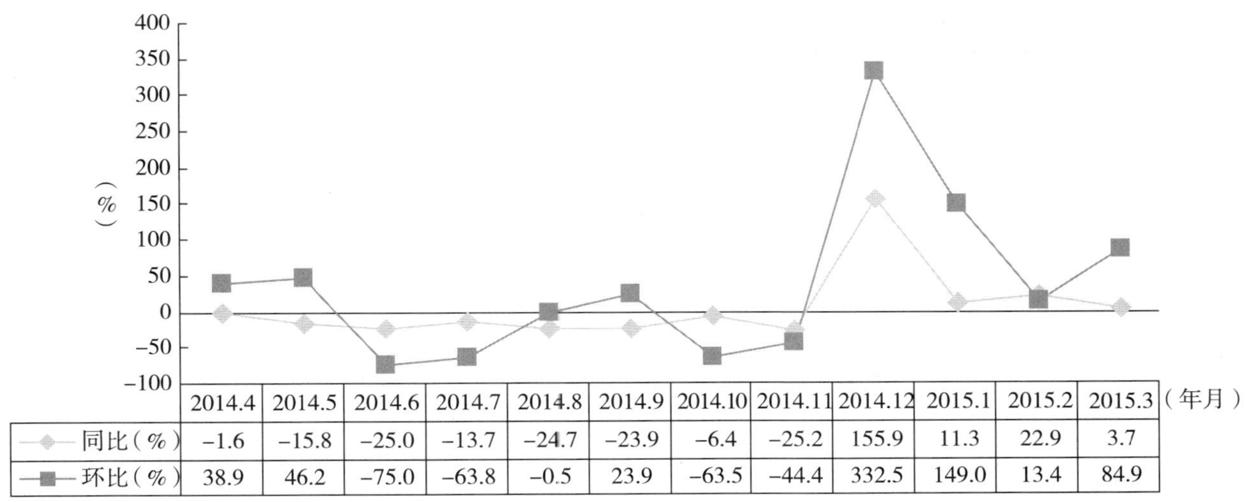

	2014.4	2014.5	2014.6	2014.7	2014.8	2014.9	2014.10	2014.11	2014.12	2015.1	2015.2	2015.3
同比（%）	−1.6	−15.8	−25.0	−13.7	−24.7	−23.9	−6.4	−25.2	155.9	11.3	22.9	3.7
环比（%）	38.9	46.2	−75.0	−63.8	−0.5	23.9	−63.5	−44.4	332.5	149.0	13.4	84.9

图 19　2014 年 4 月—2015 年 3 月小麦联合收割机月度走势

②自走势小麦收割机市场需求结构分析

2015 年一季度，自走势小麦收割机市场需求结构出现较大变化，市场调查显示，喂入量 < 4kg/s 仅仅销售 13 台，同比下降 98.16%，占比下挫 4.3 个点，几近退出市场；4kg/s≤喂入量 < 5kg/s 销售 3596 台，同比下降 74.43%，市场占比以 68.65% 的幅度下降；5kg/s≤喂入量 < 6kg/s 销售 13930 台，同比增长 8.59 倍；占全部销量的 69.74%，占比上扬 60.79%；喂入量≥7kg/s（横轴流）销售 2436 台，同比增长 347 倍，但占比仅为 12.2%。由此我们看出，今年我国小麦收割机市场需求喂入量继续向上延伸，主流需求定格在 5kg/s≤喂入量 < 6kg/s（见表 29）。

表 29　　2015 年一季度小麦收割机市场需求结构一览表

喂入量	同比分析			占比分析（%）		
	2015 年（台）	2014 年（台）	同比（%）	2015 年	2014 年	增减
喂入量 < 4kg/s	13	708	−98.16	0.07	4.36	−4.30
4kg/s≤喂入量 < 5kg/s	3596	14064	−74.43	18.00	86.65	−68.65
5kg/s≤喂入量 < 6kg/s	13930	1452	859.37	69.74	8.95	60.79
喂入量≥7kg/s（横轴流）	2436	7	34700.00	12.20	0.04	12.15
合计	19975	16231	23.07	100.00	100.00	0.00

③自走势小麦收割机市场竞争分析

自走势小麦收割机市场竞争格局相对稳定，福田雷沃占据半壁江山，中联重机冲击力十分强劲。今年一季度主流品牌除金亿出现小幅下滑外，其他品牌均呈现出不同程度的增长。福田雷沃小幅增长7.02%，占比下降了7.82个百分点；中联重机同比大幅攀升，增幅高达80.09%，占比提高了6.45个百分点；山东巨明、山东宁联依然保持较强的增势，同比分别增长38.28%和33.33%，占比小幅提升（见表30）。

表30　　2015年一季度自走轮式谷物收获机市场需求一览表

序号	品牌	同比分析			占比分析（%）		
		2015年（台）	2014年（台）	同比（%）	2015年	2014年	增减
1	福田雷沃	10416	9733	7.02	52.15	59.97	-7.82
2	中联重机	4070	2260	80.09	20.38	13.92	6.45
3	山东巨明	1322	956	38.28	6.62	5.89	0.73
4	山东宁联	1000	750	33.33	5.01	4.62	0.39
5	洛阳中收	986	601	64.06	4.94	3.70	1.23
6	山东金亿	891	937	-4.91	4.46	5.77	-1.31
7	其他	1290	994	29.78	6.46	6.12	0.33
合计		19975	16231	23.07	100	100	0

（2）玉米收割机市场

①市场需求分析

今年一季度，我国玉米收割机市场继续保持快速增势的特点，市场调查显示，前3个月，我国累计销售各种型号的玉米联合收割机5010台，同比增长34.32%。

从月度同比走势看，市场自2月开始即启动，同比高达128.17%；3月增幅有所回落。从月度环比看，呈现出逐月增长的特点，反映出今年玉米收割机市场较强的发展后劲（见图20）。

今年玉米收割机市场启动早有两个关键因素：第一，企业促销。一些企业通过降价、让利等方式进行渠道铺货，许多玉米机停留在渠道上；第二，一些地方提前操作补贴，拉动市场需求增长。

②玉米收割机市场需求结构分析

今年一季度，玉米收割机市场需求结构与去年较为接近，2行机继续下滑，累计销售431台，同比下降9.07%，占比下降4.1个百分点；3行机继续保持14.25%的同比增幅，但占比较之去年下降了8.75个点；4行机出现较大幅度增长，累计销售1627台，同比增长281.92%，占比提高了21.06个百分点；5行以上的机型基本未产生销量（见表31）。

由此我们看出，今年3行、4行机型将成为热销机型。

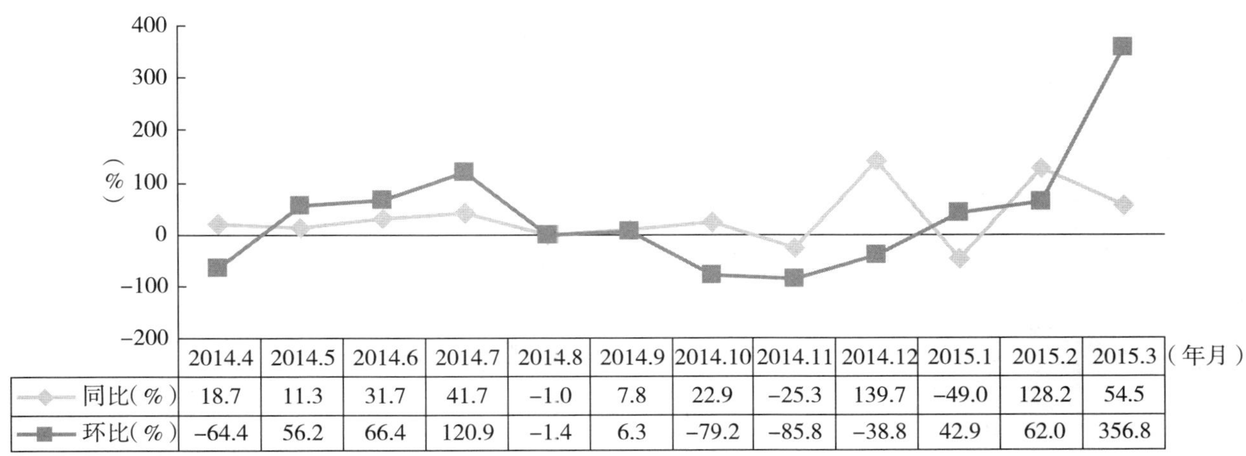

图 20 2014 年 4 月—2015 年 3 月玉米联合收割机月度走势

表 31　　2015 年第一季度玉米收割机市场需求结构一览表

类别	行数	同比			占比（%）		
		2015 年（台）	2014 年（台）	同比（%）	2015 年	2014 年	增减
自走机	≤2	431	474	−9.07	8.60	12.70	−4.10
	3	2501	2189	14.25	49.92	58.67	−8.75
	4	1627	426	281.92	32.48	11.42	21.06
	≤5	1	32	−96.88	0.02	0.86	−0.84
背负机		450	610	−26.23	8.98	16.35	−7.37
合计		5010	3731	34.28	100	100	0.00

③玉米收割机市场竞争分析

今年一季度，玉米收割机市场竞争呈现中小型企业启动早，销量增长幅度大的特点。市场调查显示，前 3 个月，销售前 10 的品牌累计销售 3900 台，同比增长 46.84%，占比 77.84%，较之去年同期提高 6.66 个百分点。

从品牌个案分析，山东巨明、山东宁联、山东国丰率先发力，销售位居前三。分别销售 1099 台、900 台和 851 台，同比分别增长 212.22.%、32.35%和 11.97%（见表 32）。

表 32　　2015 年第一季度玉米收割机品牌销售一览表

序号	品牌	同比			占比（%）		
		2015 年（台）	2014 年（台）	同比（%）	2015 年	2014 年	增减
1	山东巨明	1099	352	212.22	21.94	9.43	12.50
2	山东宁联	900	680	32.35	17.96	18.23	−0.26
3	山东国丰	851	760	11.97	16.99	20.37	−3.38
4	山东大丰	720	203	254.68	14.37	5.44	8.93

续 表

序号	品牌	同比			占比（%）		
		2015 年（台）	2014 年（台）	同比（%）	2015 年	2014 年	增减
5	福田雷沃	152	90	68.89	3.03	2.41	0.62
6	中联重机	128	110	16.36	2.55	2.95	-0.39
7	山东金亿	28	457	-93.87	0.56	12.25	-11.69
8	中农博远	18	-23	178.26	0.36	-0.62	0.98
9	迪尔佳联	4	27	-85.19	0.08	0.72	-0.64
10	其他	1110	1075	3.26	22.16	28.81	-6.66
合计		5010	3731	34.28	100	100	0

（3）水稻收割机市场

①市场需求分析

在三大粮食作物收割机市场中，水稻收割机市场是增幅最小的市场。市场调查显示，一季度，累计销售各种水稻收割机10159台，同比增长0.88%。从月度同比看，呈现出逐月增长的特点，3月成为市场的拐点，由负增长到30.41%的高增幅。从月度环比看，呈现出逐月增高之势，3月较之2月增长了5.74倍，市场呈现后市发力的特点（见图21）。

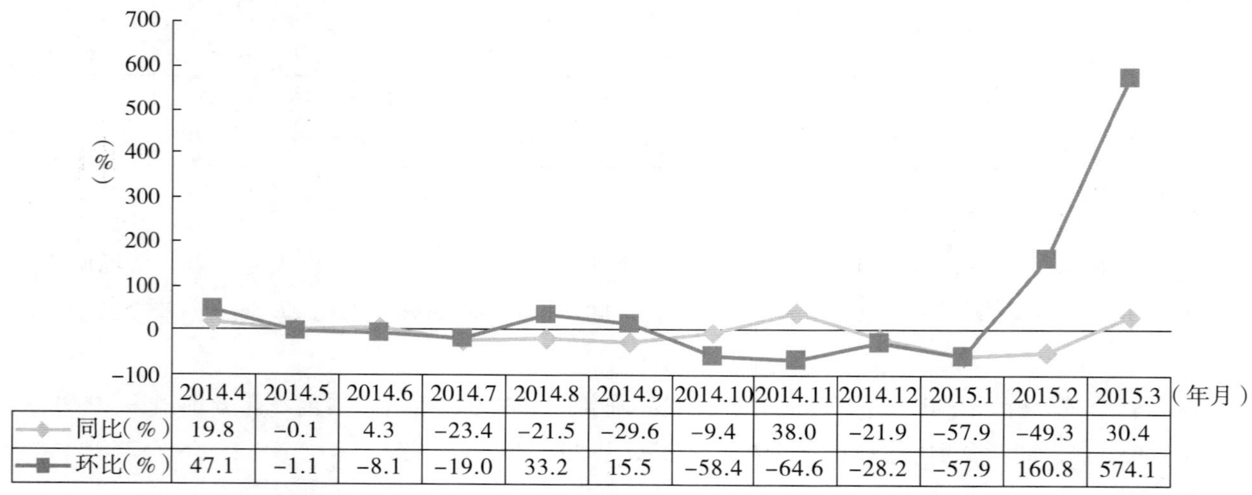

	2014.4	2014.5	2014.6	2014.7	2014.8	2014.9	2014.10	2014.11	2014.12	2015.1	2015.2	2015.3
同比（%）	19.8	-0.1	4.3	-23.4	-21.5	-29.6	-9.4	38.0	-21.9	-57.9	-49.3	30.4
环比（%）	47.1	-1.1	-8.1	-19.0	33.2	15.5	-58.4	-64.6	-28.2	-57.9	160.8	574.1

图21 2014年4月—2015年3月水稻联合收割机月度走势

②水稻收割机市场需求结构分析

今年一季度，水稻收割机市场需求结构发生较大变化。

——喂入量<2kg/s累计销售386台，同比增长11.2%，占比3.8%，增长0.4个百分点。

——2kg/s≤喂入量<3kg/s出现大幅度下滑，累计销售3554台，同比下降36.5%，占比35%，下降20.6%。因为这个喂入量的市场主要由久保田品牌控制，去年同期，久保田产品供不应求，出现排队等机的现象，今年却出现较大幅度下滑。

——3kg/s≤喂入量<4kg/s，呈现出较好的增长，累计销售1285台，同比增长19.5%，占比提高了2个百分点。

—— 4kg/s≤喂入量<5kg/s增势较快，累计销售4632台，同比增长65.1%，占比提高了17.7个百分点。

——半喂入收割机呈现较好增长，累计销售302台，同比增长24.8%，占比提高了1.3个百分点。

由此，我们可以看出今年一季度水稻收割机市场呈现出两个突出特点：第一，市场需求结构向大喂入量发展；第二，半喂入收割机市场有所抬头（见表33）。

表33　　2015年第一季度水稻收割机市场需求结构一览表

喂入量	同比分析			占比分析（%）		
	2015年（台）	2014年（台）	同比（%）	2015年	2014年	增减
<2kg/s	386	347	11.2	3.8	3.4	0.4
2kg/s≤喂入量<3kg/s	3554	5601	-36.5	35.0	55.6	-20.6
3kg/s≤喂入量<4kg/s	1285	1075	19.5	12.6	10.7	2.0
4kg/s≤喂入量<5kg/s	4632	2806	65.1	45.6	27.9	17.7
半喂入	302	242	24.8	3.0	2.4	0.6
合计	10159	10071	0.9	100.0	100.0	0.0

③水稻收割机市场竞争分析

今年一季度，水稻收割机市场前10位的品牌累计销售8883台，同比下降32.25%；占比2.5%，下挫3个百分点。

从水稻收割机市场的个案表现分析，水稻收割机市场出现“寡头”现象，久保田以33.8%的市场份额成为销售第一名，形成“三分天下有其一”的竞争格局，并远远甩开竞争对手。也是因为它们的影响，决定了一季度水稻收割机市场的基本走势。市场调查显示，一季度久保田累计销售3431台，同比下降19.46%。

除了久保田之外，一季度销售上量的品牌就是星光农机、福田雷沃、江苏沃得，分别销售1522台、1441台和1322台，同比分别增长12.4%、-9.43%和24.25%，占比分别提高了5.3%、2.9%和5.5%（见表34）。

表34　　2015年第一季度水稻收割机品牌销售一览表

品牌	同比分析			占比分析（%）		
	2015年（台）	2014年（台）	同比（%）	2015年	2014年	增减
久保田（苏州）	3431	4260	-19.46	33.8	42.3	-8.5
星光农机	1522	1356	12.24	15.0	13.5	1.5
福田雷沃	1441	1591	-9.43	14.2	15.8	-1.6
江苏沃得	1322	1064	24.25	13.0	10.6	2.4

续 表

品牌	同比分析			占比分析（%）		
	2015 年（台）	2014 年（台）	同比（%）	2015 年	2014 年	增减
中联重机	680	530	28.30	6.7	5.3	1.4
江淮动力	173	35	394.29	1.7	0.3	1.4
东风农机	171	51	235.29	1.7	0.5	1.2
浙江四方	86	147	-41.50	0.8	1.5	-0.6
洋马	48	35	37.14	0.5	0.3	0.1
中机南方	9	42	-78.57	0.1	0.4	-0.3
小计	8883	9111	-2.50	87.4	90.5	-3.0
其他	1276	960	32.92	12.6	9.5	3.0
合计	10159	10071	0.87	100.0	100.0	0.0

三、2015 年农机市场前瞻

2014 年我国农机市场进入转型深水区，传统产品诸如拖拉机、收获机械、插秧机均出现不同程度的下滑。其他子行业将进入转型期，即向大型、高端需求转化，向经济作物、收获后处理机械、山区丘陵机械等转化，这种转化将经历一个漫长的发展过程。2015 年，将继续延续这种发展态势。

（一）拖拉机市场预测

1. 大中型拖拉机市场预测分析

2014 年大中型拖拉机市场面临多年未有的严峻形势，刚性需求降低，市场趋于饱和。我国大中型拖拉机市场在农机补贴政策的刺激下，连续多年保持高位运行。年度需求量从 2001 年的 3.5 万台猛增至 2013 年的 42.1 万台，尤其自 2004 年之后，年度需求量逐年提高，年度同比增幅最高时达到 91.4%。大中型拖拉机保有量也随之快速增长，截至 2014 年，我国大中型拖拉机保有量高达 527.02 万台，同比增长 8.6%。机耕水平也随之攀升至 76%，在平原区域基本实现耕作机械化。拖拉机市场需求动力由刚性需求逐渐过渡到市场更新的拉动。

大型拖拉机从需求量判断，今后几年增幅会在 12 万台左右徘徊，内部需求结构继续向大马力方向发展，由于大马力拖拉机的增量有限，同时又消化了部分 70 ~ 100 马力的数量，决定了未来几年或将呈现出企稳走势。预计 2015 年或将出现恢复性增长，并逐年递增（见图 22、图 23）。

中型拖拉机市场主要受市场周期性需求影响，呈现出规律性的变化。2015 年或将出现小幅反弹，降幅收窄，预计销量达到 25 万台左右，增幅徘徊在 5% 上下（见图 24）。

2. 小型拖拉机市场预测分析

2014 年小型拖拉机受整体环境的影响，全年销售达到 170 万台左右，同比下降 16% 左右；2015 年或将出现小幅反弹，达到 175 万台，增幅在 3% ~5% 徘徊。

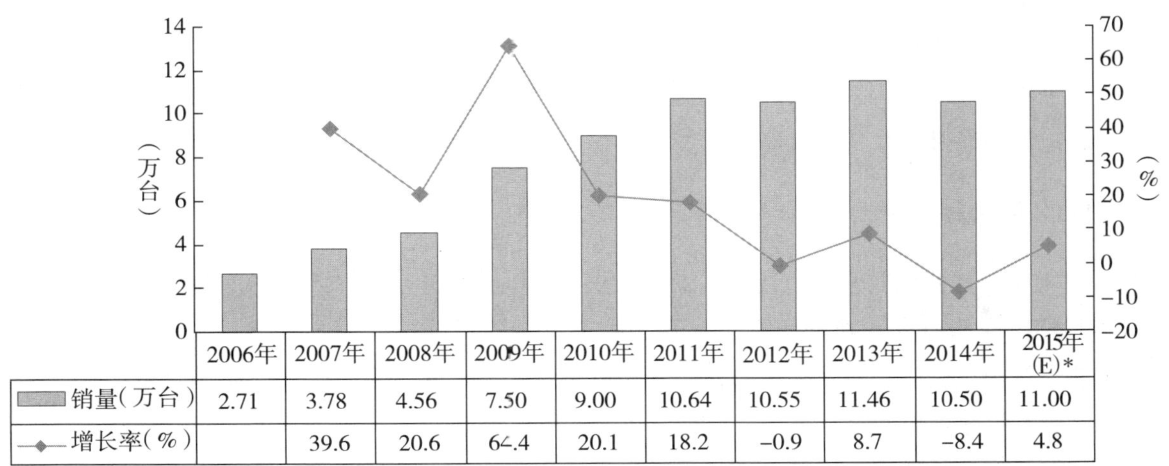

	2006年	2007年	2008年	2009年	2010年	2011年	2012年	2013年	2014年	2015年(E)*
销量（万台）	2.71	3.78	4.56	7.50	9.00	10.64	10.55	11.46	10.50	11.00
增长率（%）		39.6	20.6	64.4	20.1	18.2	−0.9	8.7	−8.4	4.8

图 22　80 马力以上拖拉机（大拖）总量预测

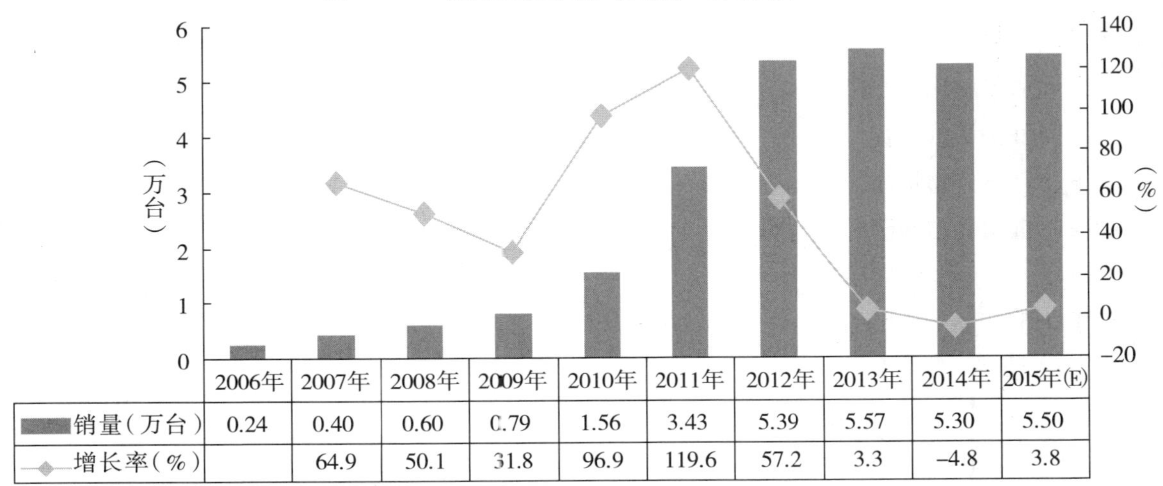

	2006年	2007年	2008年	2009年	2010年	2011年	2012年	2013年	2014年	2015年(E)
销量（万台）	0.24	0.40	0.60	0.79	1.56	3.43	5.39	5.57	5.30	5.50
增长率（%）		64.9	50.1	31.8	96.9	119.6	57.2	3.3	−4.8	3.8

图 23　100 马力以上拖拉机需求预测

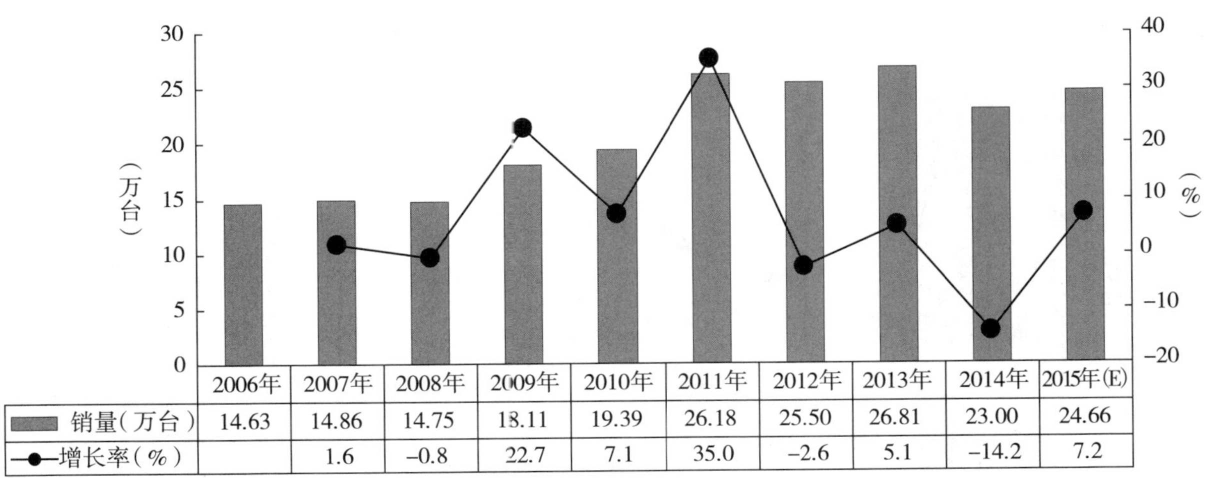

	2006年	2007年	2008年	2009年	2010年	2011年	2012年	2013年	2014年	2015年(E)
销量（万台）	14.63	14.86	14.75	18.11	19.39	26.18	25.50	26.81	23.00	24.66
增长率（%）		1.6	−0.8	22.7	7.1	35.0	−2.6	5.1	−14.2	7.2

图 24　25～80 马力（中拖）拖拉机总量预测

* E 为预测值，全书同。

第一，小型拖拉机早已进入衰退期，尤其是小四轮拖拉机，随着农村土地结构的变化，大中型拖拉机将进一步挤压小四轮拖拉机的生存空间；

第二，手扶拖拉机包括微耕机，近年在农机补贴的刺激下，出现了较快的发展，带来的直接结果是市场日趋饱和，在机耕水平不断提高的大环境下，其下滑趋势将逐渐显现。

（二）收获机械市场预测分析

2015 年上半年，我国收割机市场主要受小麦收割机以及南方双稻区等市场的拉动，加之上年市场的大幅度下滑，为 2015 年市场的反弹提供了较为充足的动能。

从主要农作物收获机械的保有量看，稻麦保有量达到 113.4 万台，已经完全满足市场需求；玉米收割机保有量近年呈现快速增长态势，预计 3 年左右的时间也将进入饱和期。而牧草、花生等经济作物的保有量偏低，尤其甘蔗、棉花、甜菜、蔬菜等种植面积较大的经济作物，其保有量更低，由此可以得出这样的结论：未来的收割机市场向经济作物转移成为一种必然，也将成为政府政策扶持的重点。

从我国主要农作物耕种收三个环节可以发现，我国机收水平依然是较为薄弱的环节。尤其是经济作物表现的更加突出。由此可以看出，未来收获机械的重点表现在两个方面：一方面，粮食作物收获机械市场将由过去增量向存量转化，向调结构、提品质方面转化；另一方面，收获机械市场在农机政策的引导下，经济作物将成为下一个热点。

有关研究机构发布的研究报告显示，“单位稻麦收获机动力平均收获面积”指标，2013 年，除新疆等于 1 以外，其他区域均小于 1，特别是东北地区、华北平原、长江中下游平原、黄土高原及西北高原区均小于 0.5，虽然考虑到跨区作业的存在，部分省份测算可能失真，但全国的测算值只有 0.24，这表明目前稻麦联合收获机在全国范围内保有量呈严重过剩状态，特别是专用于收获小麦的联合收获机的总量。此外，与 2012 年相比，东北地区、华北平原、长江中下游平原、黄土高原及西北高原区等小麦主产区，稻麦联合收割机的利用率均进一步下降。

从我国近年联合收割机市场走势分析，市场在 2011 年之后增幅趋缓，2013 年已经进入平台期，增幅逐年下降。预计 2015 年，增幅会进一步下降，估计销量在 50 万台左右，增幅在 5% 上下（见图 25）。

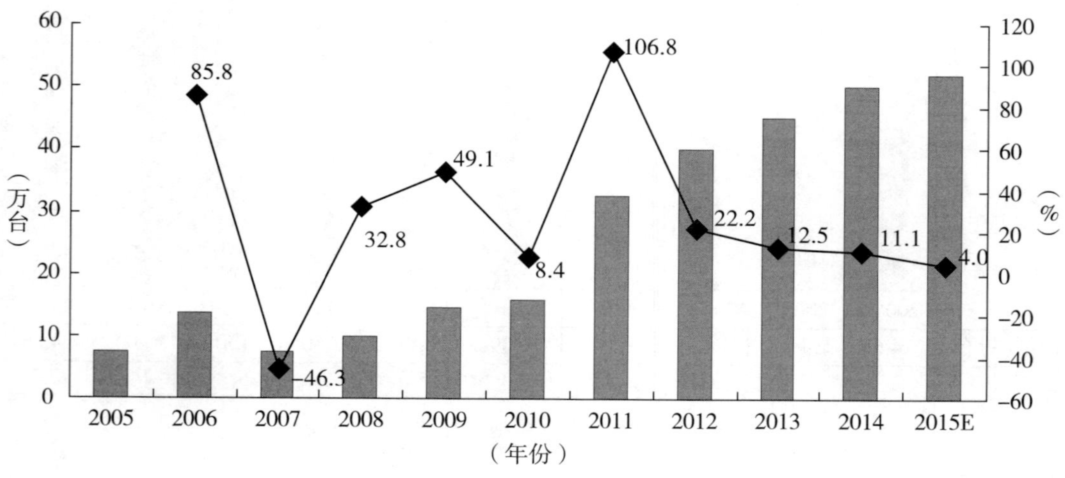

图 25　2015 年联合收割机产销预测

（三）插秧机市场预测

2014 年插秧机市场销售 7.7 万台，同比下降 28.7%，成为近年少有的较大滑坡。2015 年，插秧机市场克服了今年的某些不利因素后，或将出现强势反弹，估计销量可望达到 8.5 万台，增幅在 10% 左右（见图 26）。

第一，需求量继续保持增长态势，或将出现较大幅度增长；

第二，需求以步行式为主流，乘坐式在东北和江苏等市场进一步有所增长；

第三，品牌依然会成为市场竞争的焦点，洋品牌会继续控制高端市场。

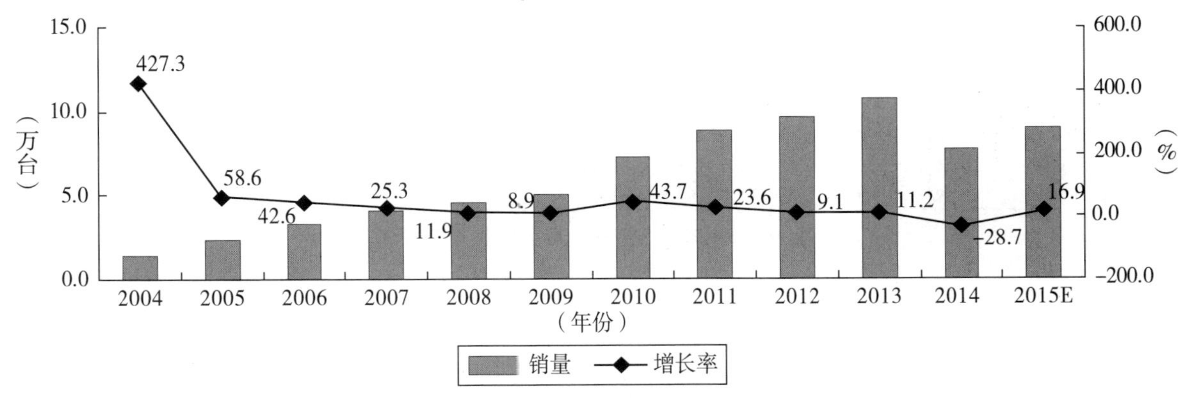

图 26　2015 年插秧机市场预测

（四）低速汽车市场预测分析

2015 年上半年，低速汽车市场呈现小幅增长的特点，统计显示，截至 6 月底，累计销售各种低速货车 20.22 万辆，同比增长 6.53%。

每年的三季度，均是低速货车市场跌宕起伏的一个时期，四季度或将出现较好的增长。因为四季度，随着农忙的结束，低速货车运输功能得以发挥，从而拉动市场走强（见图 27）。

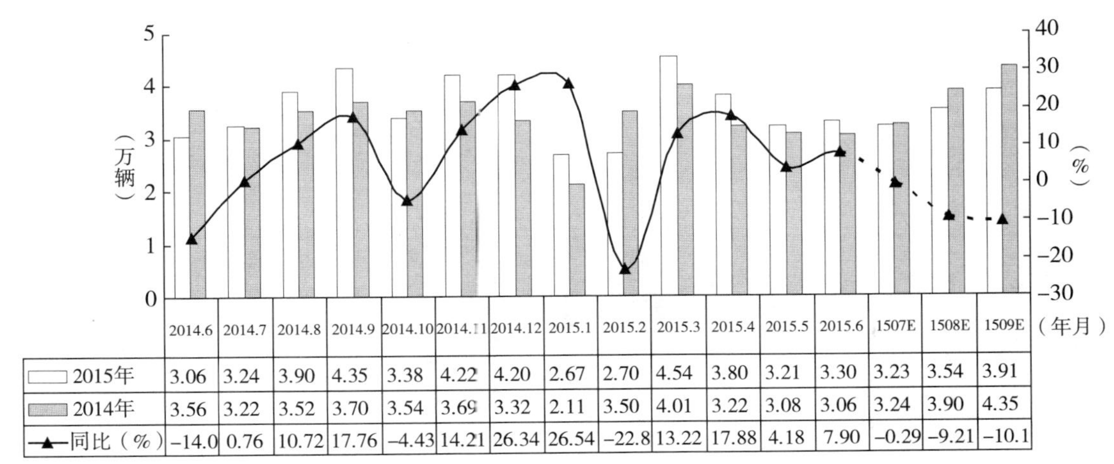

	2014.6	2014.7	2014.8	2014.9	2014.10	2014.11	2014.12	2015.1	2015.2	2015.3	2015.4	2015.5	2015.6	1507E	1508E	1509E
2015年	3.06	3.24	3.90	4.35	3.38	4.22	4.20	2.67	2.70	4.54	3.80	3.21	3.30	3.23	3.54	3.91
2014年	3.56	3.22	3.52	3.70	3.54	3.69	3.32	2.11	3.50	4.01	3.22	3.08	3.06	3.24	3.90	4.35
同比（%）	−14.0	0.76	10.72	17.76	−4.43	14.21	26.34	26.54	−22.8	13.22	17.88	4.18	7.90	−0.29	−9.21	−10.1

图 27　2015 年低速货车月度销售走势

三轮汽车市场进入 2015 年增势稳健，统计显示，截至 6 月底，销售各种三轮汽车 113. 96 万辆，同比分别增长 0. 67%，月度走势虽有起伏，但始终没有脱离增长通道。

三季度的农忙，将发挥三轮汽车田间运输功能，从而推动市场增长；四季度农闲季节，短途运输或将成为支撑市场走高的主要因素（见图 28）。

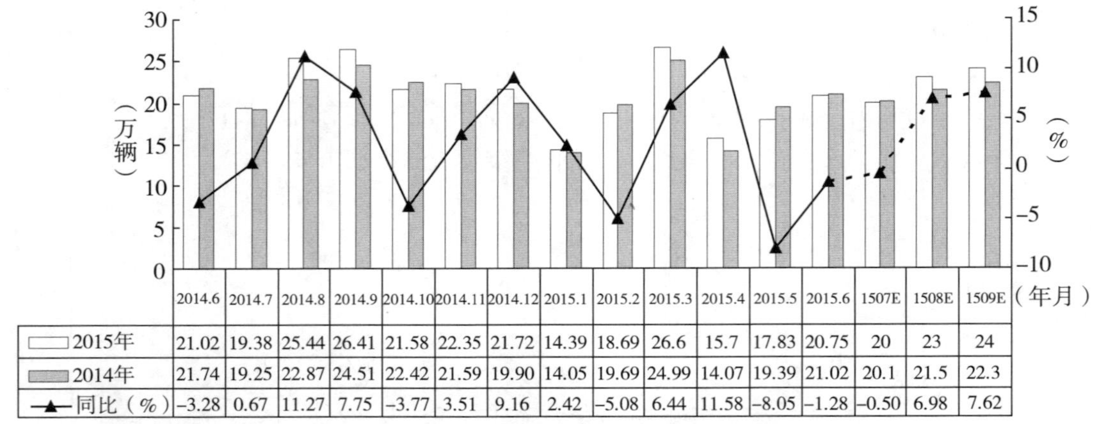

	2014.6	2014.7	2014.8	2014.9	2014.10	2014.11	2014.12	2015.1	2015.2	2015.3	2015.4	2015.5	2015.6	1507E	1508E	1509E
2015年	21.02	19.38	25.44	26.41	21.58	22.35	21.72	14.39	18.69	26.6	15.7	17.83	20.75	20	23	24
2014年	21.74	19.25	22.87	24.51	22.42	21.59	19.90	14.05	19.69	24.99	14.07	19.39	21.02	20.1	21.5	22.3
同比（%）	−3.28	0.67	11.27	7.75	−3.77	3.51	9.16	2.42	−5.08	6.44	11.58	−8.05	−1.28	−0.50	6.98	7.62

图 28　2015 年三轮汽车月度销售走势预测

（五）2015 年农机出口交货值预测

纵观 10 年来我国农机出口所发生的巨大变化，突出表现为以下几个特点：第一，农机出口额快速增长。我国海关统计显示，农机出口额（不含内燃机出口）由农机补贴前 2003 年的 23. 61 亿美元增至 2014 年的 105. 67 亿美元，10 年间增长近 4 倍。第二，农机出口品种增多。2004 年之前，我国农机出口品种还较少，到 2014 年出口品种增加到 83 种。第三，出口量也得到快速发展。譬如轮式拖拉机、联合收割机 2003 年出口 14512 台、219 台；经过 10 年发展，2014 年出口分别达到了 56881 台和 11421 台。第四，出口区域不断扩展。2014 年拖拉机出口达到了 155 家，联合收割机出口也逐渐由亚洲走向其他各大洲。第五，出口结构不断优化。从以小型产品为主向大、中、小型产品相结合转变，大中型产品所占份额逐步提高。第六，出口贡献率增高。

基于对 2014 年农机出口环境及农机出口交货值走势规律，2014 年出口交货值 318. 4 亿元，同比增长 2. 9%。2015 年，我国出口形势利好因素强烈，可望实现 380 亿元出口交货值，增幅在 10%左右（见图 29）。

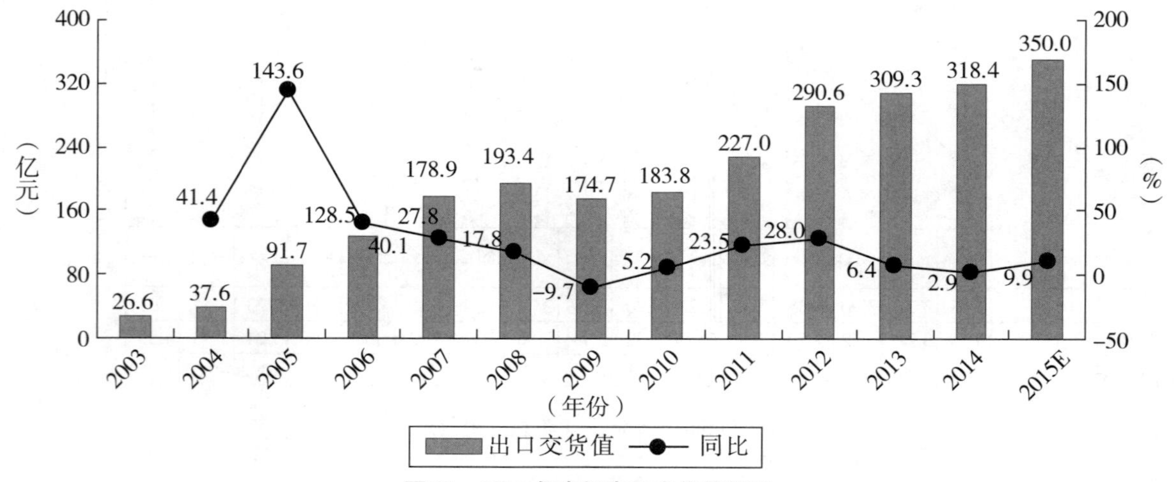

图 29　2015 年农机出口净化值预测

2014 年农机市场十大关键词

过去一年的农机市场，有许多方面需要我们总结与回顾，那些事、那些人、那些企业……并不会随着时间消失，而将成为人们永久的记忆，成为未来农机市场发展的先导，给我们更多的回味与启示。

盘点 2014 年的农机市场，有十大关键词充分展示了一年来农机战线所取得的成绩和亮点。

一、耕种收综合机械化水平达到 61.66%

2014 年，我国耕种收综合机械化水平达到 61.66%，提前一年实现“十二五”规划目标。按照农机化发展初级、中级和高级三个阶段划分，60% ~70% 是我国农机化发展中级阶段第三期（中级阶段的最后一个时期），拉开了农机化发展第二个黄金 10 年的序幕。这是一个质的飞跃，意味着农机市场进入一个崭新的发展阶段。

这个阶段将是农机化发展过程中最为关键和艰难的一个阶段，农机化水平在跨越 60% 的门槛之后，面临着众多的突破。第一，解决丘陵山区农机化薄弱环节将成为今后农机政策扶持的重点，占全国国土总面积 69.1% 的山区农机化水平很低，提高机械化水平成为今后农机化发展的一个重点。第二，将加速粮食作物的全程机械化，在小麦、水稻、玉米三大粮食作物耕种收环节基本实现机械化后（水稻机播、玉米机收除外），种子的加工、粮食的烘干等环节成为突破的重点。第三，在解决粮食作物机械化之后，解决经济作物机械化水平偏低的问题将成为农机化发展下一个 10 年的重中之重，也是农机化发展的难点。农机化发展重点的转移，将为今后农机市场打开另一扇大门。

毋庸置疑，农机市场在经历了“第一个”10 年黄金期后正大踏步进入“第二个”黄金期。这种判断基于中国农机化水平发展的不平衡，即落后区域的农机化水平依然偏低，经济作物的农业机械化刚刚起步，三大粮食作物耕种收环节之外的环节尚存在巨大的发展空间，农业始终是国家发展战略的“重中之重”，农机扶持政策将持续加强……而这些必然衍生出新的市场需求，为行业注入新的能量，引领行业进入“第二个”黄金发展期。

二、调整—转型—升级

结构调整、市场转型，成为 2014 年的热词。如果我们从纷繁复杂的农机市场个案中走出来，如果不再以某个现象作为判断市场的依据，会发现当年的农机市场再次诠释了我们的一个基本判断：农机市场进入结构调整、市场转型升级的“深水区”。转型之急、转型之深、转型之痛、转型之难都是前所未有，让一些企业始料未及。

这种转型突出表现为市场需求加速转型，拖拉机、小麦、水稻收割机等多年高位运行的市场已戛然而止，取而代之的是不约而同地进入下滑通道；而随之而来的马铃薯、青贮收获机械进入发展的黄金期。经济作物收获市场也出现良好的转机，采棉机市场增势良好。农机市场转型不仅体现在农机品类需求方面，还集中表现在需求升级方面，消费者不再满足于产品的一般使用功能，他们开始追求产品的使用品质、功能、外观等各个方面，需求升级成为司空见惯的事。

伴随着中国农机市场的转型升级，生产企业为适应市场转型需要，加大了制造硬件的投入。时下，人们随便走进一家大中型企业都可以看到他们新进的先进生产设备、新的生产线、新的管理和营销理念，机器人过去还是人们憧憬的生产工具，现在走进了生产现场，成为农机企业较为普遍的生产工具之一。

未来 5 年，我国农机行业发展的着力点不在于追求更高的增速，而在于正确处理好增长速度与结构、质量、效益、环境保护等的重大关系，改善和提升产业整体素质，着力提高技术创新能力、国际竞争力和可持续发展能力。

三、下滑一换挡

2014 年我国农机行业运行呈现出市场需求下滑，发展增速趋缓态势的特点，在拖拉机，小麦、水稻收割机，播种机等市场出现不同程度下滑的同时，传统市场结束了持续多年的高速运行，转入常态化，增速趋缓成为市场的重要特征。

市场需求下滑似乎成为过去一年业内人士谈论最多的话题。2014 年一个最为突出的特点是农机企业的利润出现滑坡，这是 10 余年来的首次，也使 2014 年成为最受人们关注的特殊年份。这种下滑不是全面的滑坡，而是主营业务增长，利润下滑。值得注意的是，即使主营业务依旧增长，但增速换挡，已明显趋缓。这种没有“温度”的冷增长让企业经营谨慎，扩张步伐明显放慢，负债、应收账款、流动资产等指标的增速下降，还对企业经营产生了深刻影响。

如果说整体市场定位为“没有温度的增长”，有些子市场则是量价齐跌。拖拉机市场首当其冲，进入 2014 年以来，拖拉机市场突然变脸，创下多年未有的最差业绩。大中型拖拉机虽然年初形势尚可，之后产量却逐月下行。1—12 月累计大型拖拉机同比增长 6.64%，12 月当月产量负增长 1.13%，中小型拖拉机累计产量均为负增长（分别为 -9.29%、-13.92%）。拖拉机市场下滑幅度之大，市场之惨烈多年未遇，着实让业内人士措手不及，大跌眼镜。

伴随而来的还有惨不忍睹的效益，2014 年 181 家规模农机企业累计实现利润 24.26 亿元，同比下降 20.76%，是近 10 余年没有过的。与之遥相呼应的还有插秧机市场，该市场是近年来下滑幅度最大的一年。收割机市场虽不像前两者那样悲催，但下滑也成为主流。在三大粮食作物收获机市场中，除玉米收割机市场逆势增长外，水稻、小麦收割机市场同时下滑。

过去一年，在整体市场主营业务稳步推升的同时，一些传统强势的子市场正演绎下滑大戏，2014 年的农机市场就是这样“任性”！

四、新常态化

2014 年，低迷的农机市场强化了行业竞争的烈度。在短缺背景下发展起来的中国农机行业，过热之后必然出现供给过剩。当市场增幅回归常态后，必然有许多企业或者转变经营模式，或者主动退出竞争，否则，就有可能“一夜回到解放前”。

中国农机行业在经历前 10 年那个激情燃烧的岁月之后，已进入后 10 年的常态化发展时期。常态化在市场需求方面所延伸出来的一个突出特征为：传统的大众农机产品产能严重过剩，刚性需求急剧走弱，商业利润大幅度缩水，一批小型企业开始逐渐退市或倒闭。不仅大家耳熟能详的拖拉机，小麦、水稻收割机市场如此，即使对处于成长期的玉米收割机市场也不例外。

在新常态下，农机市场需求结构将不断优化升级，农机化的薄弱环节和短板行业将成为今后农机政策扶持的重点，刚性需求的此消彼长及多元化将催生出农机市场的新特点：一是作为“小众产品”的经济类作物的种植与收获机械在刚性需求的驱动下将获得长足发展；二是畜牧机械等随着产品的逐渐成熟将稳步推进；三是大型深松机械在作业补贴政策的刺激下将出现快速发展；四是市场需求由增量期进入存量期，年度增幅将在低位徘徊；五是农机工业从要素驱动、投资驱动转向创新驱动。

在农机市场以平稳增长、提质增效收官后，人们不难发现，市场需求结构调整从容有序、步伐坚定，新常态下的农机市场精彩纷呈。

五、整合—抱团取暖

在当前全球经济疲软、需求预期被削弱的背景之下，市场信心遭遇重创，走整合之路，抱团取暖不失一个好决策。

事实上，回顾中国农机行业近 10 余年的发展历史，行业整合的脚步一天也没有停止过。20 世纪 90 年代，世界农机巨头约翰迪尔、凯斯、马恒达曾通过整合跨进中国农机市场大门。而当下的爱科、久保田、国机则通过或同业或异业的整合，使产业规模不断壮大。

细数发生在 2014 年农机行业内的大大小小整合之事，最夺人眼球的要数克拉斯与金亿联姻和中联重科与奇瑞重工结盟。2014 年 1 月 23 日，有 55 年文化底蕴的金亿公司与有 100 年收获机械技术的克拉斯集团的联姻被行业称之为最完美的结合。自此，克拉斯真正开始了它们的中国农机市场之旅，金亿转身成为一家合资股份公司。

另一影响巨大的整合事件属于异业联盟的抱团取暖。中联重科在工程机械市场连续数年不景气的背景下，出于战略发展需要，实现产业突围，伺机进入农机行业。而奇瑞重工经过多年艰难的创业，在多重因素影响下对产业重新定位。由此在 2014 年 8 月 20 日国内最大农机并购案浮出水面，即奇瑞重工、弘毅投资、中联重科联姻，重新组成中联重机。此次并购标志着中联重科拓展农业机械业务板块的战略正式落地，而备受行业关注。

中国农机制造业正面临着前所未有的压力，无论是传统产业还是新兴产业，首先都必须面对产能过剩的问题；随着中国人力成本的增长，中国农机制造业过去的成本优势已经变为微利时代；同时中国企业的管理水平和专业化程度也有较大提升空间。农机产业未来的希望来自于产业升级，中国在农机研发与制造等高端领域的水平还比较落后，从世界农机产业发展历史看，奉行整合发展战略或将被越来越多的企业所选择，因为通过跨界产业整合，形成强大的竞争力，才能取得更好的生存与发展，这或将成为我国农机产业转型的模板，值得期待。

六、竞争加剧，洗牌加速

竞争是推动行业进步的第一动力，是实现行业升级的关键要素。2014 年，农机行业竞争呈现出的突出特点是竞争加剧；导致的直接后果则是洗牌加速。

随着农机市场需求、消费主体、价格、产品、促销等诸多元素的变化，我国农机市场竞争出现重大转变。首先，技术研发能力成为竞争的焦点，究其原因，以下几点至关重要：第一，随着大众传统农机品类刚性需求的削弱，“小众产品”需求客观上要求生产企业研发新产品以适应需求的变化，没有强大研发能力的企业将逐渐失去竞争优势，最终淡出市场竞争；第二，丘陵山区农机市场崛起，需要与之相对应的农机新产品，这就要求生产企业加大该类机型的研发；第三，农机市场需求向经济作物方向转变，需要企业研发相关的产品，而经济作物的耕种收产品一般技术研发难度较大，尤其是播种与收获机械，这也需要与之匹配的强大的研发能力。

其次，品牌竞争将成为市场竞争的关键，随着市场消费的理性化，消费者由过去关注价格将进一步向品牌转化，他们对品牌所包含的产品品质、技术含量、服务保障有了更深刻的理解，消费回归理性成为历史的必然。这就要求企业在生产经营过程中更加关注品牌建设和传播。

再次，市场竞争层次进一步提高，农机市场成为机械工业的热点市场，随着国内企业产能不断扩容，国际农机巨头相继进入，非农机行业（诸如汽车行业、工程机械行业）的参与，金融资本市场的介入，都提升了农机市场竞争的层次，农机行业竞争质量的升级将进一步推动农机产业结构升级。

最后，集中度提高。从我国农机市场竞争度分析，虽然诸如大中型拖拉机市场的竞争度较大，但并不能改变农机市场集中度偏低的现实，近 10000 家农机制造企业中每年生产不足 4000 亿元的农机工业产值，产值居于前五位的大型农机企业产值之和仅仅占 22.9%。而近年实施的农机补贴政策又在某种程度上削弱了竞争的强度，成为部分小型企业生存的最后一根稻草，随着农机市场环境的巨大变化，市场竞争将变得更加充分，部分中小企业将在激烈的市场竞争中被淘汰出局，市场集中度的提高成为必然。

激烈的竞争加速了行业洗牌。据悉，2014 年河北省有 80 多家玉米收割机企业“退市”。必须看到，这只是洗牌的开始。在市场进入常态化后，那种既无创新能力，又不能确保产品品质，依靠复制生存的企业最终将被淘汰出局。

竞争带来的另一个后果是企业的发展机遇正被压缩在狭小的空间里，留给企业的只有一条路：拼实力、拼管理、拼创新，最终体现到拼产品质量与品质上。当市场风光不再，热度退去之后，仅靠公关和销售再也无法独善其身。如果一些企业浑然不知，依然躺在已有成功经验的温床上继续其春秋大梦，最终的结果不言而喻。

传统农机消费市场战略纵深正在逐渐被压缩，落后的生产与经营手段发挥的空间越来越小，本土企业与跨国公司以及本土企业之间的“正面对抗”正成为市场竞争的主战场。这些自 2012 年即已开始的变迁在 2014 年表现得更加淋漓尽致，预示着中国农机行业开始回归市场核心要素——产品。譬如玉米收割机市场，2012 年某些企业因为定位黄淮海市场而生产 2 行机，赚的是盘满钵满，而次年却地盘尽失，不得不进行战略收缩。究其根本，一个企业可以因市场短期需求而兴旺，却难以保持持久发展。我们可以大胆的预言：未来 10 年，决定企业能走多远的不是你生产什么产品，而是你的产品品质是否过硬，没有质量支撑的产品无异于将企业建于“沙丘之上”。

七、新需求、新产业、新市场

2014 年，中央财政农机购置补贴资金达到 237.5 亿元，同比增加 20 亿元。全国农机购置补贴受益农户预计超过 400 万个，补贴农机（具）超过 540 万台（套）。在购机补贴政策的支持下，我国农机装备总量平稳增长，装备结构持续优化。这一年，与传统市场低迷相伴而行的是新市场的崛起。突出表现在三大领域：

首先，大型深松机成为市场的亮点。2014 年我国大型深松机械市场在各项利好因素的综合作用下渐成市场亮点，市场调查显示，全年同比增幅有望超过 10%。土地深松将改善耕层结构，增强土壤的蓄水保墒能力和农作物的抗倒伏能力，提高单产量，得到了中央到地方政府的高度重视。无论是农业部办公厅印发的《关于开展农机深松整地作业补助试点工作的通知》，还是地方政府随之政策的跟进，均刺激了大型深松机市场的快速发展，深刻地改变了我国耕作机械市场的需求结构，使大型深松机械逐渐成为市场的主流，这在东北、黄淮海平原区域表现得尤其突出。

其次，经济类收获机械初露端倪。在三大粮食作物收获机械市场，除玉米收割机市场尚有较大发展空间之外，小麦、水稻收割机市场均出现不同程度的下滑。与之相反，经济类收获机械出现强势增长。从我国农机化发展趋势分析，今后我国将集中力量提升水稻育插秧、玉米收获、马铃薯播种和收获、棉花育苗移栽和收获、油菜播种和收获、甘蔗和甜菜收获及主要农作物产后处理等环节机械化水平，并由耕种收环节机械化向产前、产中、产后全过程机械化延伸，由此决定我国经济类收获机械市场开始发力，成为未来农机市场的热点。

最后，烘干设备逆势增长。2014 年，土地流转加速了土地规模和集约化经营进程，粮食烘干成为新形势下的迫切需要，我国烘干设备市场随之快速跟进，上海三久、中联重机、台州一鸣等烘干设备生产企业销售业绩同比均呈较大幅度增长。随着玉米籽粒收割机市场的崛起，烘干设备市场或将以几何基数快速增长。烘干设备生产的快速增长与中央和地方政府的政策扶持密切相关。许多省份在中央 30% 的补贴基础上再追加 30% 的补贴，有些区域补贴额度达到 80%。随着补贴力度的不断加大，催生市场快速发展。

除上述三大领域外，2014 年我国畜牧机械尤其是大型青贮机械市场也快速升温，预计全年同比增幅将达到 15% 以上。笔者注意到，在购机补贴等利好政策助推下，不仅良好的利益和市场使我国畜牧机械市场出现了前所未有的发展势头，国家进一步加大对沙尘暴的治理投入也决定了我国畜牧机械市场将迎来发展的春天。

八、热点

在传统市场出现下滑的形势下，玉米收割机市场却逆势增长，成为农机市场一道亮丽的风景线。

截至 2014 年 11 月，玉米收获机械大幅增长 40.86%，保持了两位数增长。

2014 年以来，玉米收割机市场需求逐月增强，在经历 1 月同比下降 10.6% 之后，市场很快进入增长快车道；环比也出现两位数的增长，发展后劲十足。

从自走式玉米收割机市场需求结构分析，由于受区域市场的影响，整体市场以 4 行及以下机型为主流。3 行机累计销售 3.9 万台，同比增长 72.96%，占比高达 48.26%；2 行机销售 1.77 万台，同比下降 14.29%，占比 21.7%；4 行机销量达到了 2 万余台，同比增长 24.96%，占比 24.62%；5 行以上机型销售近 2700 台，同比增长 43.46%，但占比仅为 3.31%。

2014 年我国玉米收割机需求主要集中在前 8 大市场，占比高达 90.4%，较之上年提高了 10.7 个百分点。从大的区域分布看，市场主要集中在山东、吉林、河北、河南四大市场，占全国总量的 67%。但这四个市场表现差异较大，山东、吉林同比增长均超过 100%；与之相反，河北、河南出现不同程度的滑坡，市场占比分别下滑。

玉米收割机市场的竞争格局并没有完全形成，据不完全统计，全国有近 130 余家玉米收割机生产企业，竞争激烈，市场集中度低。市场调查显示，销量前五的品牌占比为 61.6%。其中，福田雷沃依然领跑玉米收割机市场；科乐收金亿、宁联、巨明、勇猛等均实现了快速增长。

九、消费由个体到集群

2014 年农机市场消费主体悄然生变，过去分散的个体消费群体进一步被农机合作组织、家庭农场、农机专业大户、农民合作社等消费集群所取代。调查显示，这类集群在消费主体中的比重以 15% 的年均速度快速增长，推动农机市场主体内部发生深层次结构性调整，对传统销售模式形成强大冲击。

随着土地流转的加速，农村组织结构正发生巨大变化，新兴农民组织蓬勃发展，预计到 2014 年年底，全国家庭承包经营耕地流转面积达 3.4 亿亩，流转比例达到 26%。

农村各类经济联合体的蓬勃发展将成为我国新农村、城镇化建设深厚的组织基础，进一步推动农村经营模式、土地耕作模式、机械作业方式的改变，从根本上动摇自 1978 年以来形成的分散的单个农机消费主体基础，对我国未来农机市场的需求、经营模式等产生实质性影响。

不久前，中央审议通过了有关农民股份合作和农村集体资产股份权能改革试点方案，标志着我国布局农村集体资产产权试点工作即将全面展开，未来农村土地改革的力度将更大，将在保证农民的既得利益不损失的前提下，建立农村土地使用权的经营流转制度。未来 5～10 年我国农村土地使用权将实现全面流转，农机行业快速发展的“触点”已经启动。

十、出口趋稳，进口不振

2014 年，我国农机外贸呈现出出口趋稳，进口不振的特点。1—11 月，我国农机外贸市场实现进出口额 117.28 亿美元，其中，出口 94.32 亿美元、进口 22.96 亿美元，同比分别增长 8.38%、11.5% 和 -2.79%。实现贸易顺差超 71.37 亿美元。在 13 个机械行业中，出口额位居第 11 位，增幅位居第 5 位。

从农机出口看，过去 11 个月，耕整施肥机械、收获机械、播种插秧机械同比出现 16.62%、

14.88%和29.29%的增长，而拖拉机出现较大幅度下滑。从进口看，耕整施肥机械同比出现37.92%的大幅增长，收获机械同比基本持平，拖拉机、播种插秧机械同比则出现23.41%、29.66%的大幅度下滑。

近年来，中国农机出口竞争力出现了一些趋势性变化。随着研发能力、品牌竞争力、成本管理能力的集聚和人工素质的提高，农机出口竞争新优势从无到有缓慢成长，出口竞争力将迎来由弱转稳的拐点。中国出口农机的性价比优势为农机出口市场提供了强大的支撑，中国农机出口竞争力正在经历由弱转稳的转变，中国支持外贸出口的便利化措施，以及支持综合服务业的发展措施，也对提高出口竞争力提供了支持。鉴于此，伴随着农机出口增长的由弱转稳，大批外来订单有望支持出口提升，2015年出口增速将继续保持在10%以上的水平。

2014 年全球农机经济发展简报

一、农业经济情况和总体氛围

（一）农业市场的大幅下滑影响了整个行业的经济形势

2014 年主要的农业商品价格大幅下滑，并且下滑趋势持续到现在。2015 年 4 月，全球食品价格指数由联合国粮农组织每月计算，比去年的水平下降了 20%。在过去的几个月，奶制品和食糖的价格下滑的比例高于平均水平，股市上粮食和油菜籽的价格也丧失了许多阵地。肉类价格由于消费的持续增长表现出小幅稳定上涨。价格降低自然给生产者，也就是农民的收入带来压力，如果他们不能通过规模经济进行对冲的话。这就是 2014 年的情形，尽管取得了丰收，尽管从长期的比较来看，这种收入水平仍然不错，但收入下降还是导致了农业机械投资的减少。

（二）粮食产量稳定在 20 亿吨

如果现在对 2015 年 7 月至 2016 年 6 月年度收获的预测是正确的，那么同一地区的粮食、玉米和粗粮将连续第三年取得近 20 亿吨的好收成。2014 年大豆收成也有显著增长。在美国和欧洲，大豆是动物养殖蛋白质的重要来源。

欧盟是粮食的最大生产地，独联体紧随其后。贸易主要由欧洲（包括俄罗斯和乌克兰）和北美占据。主要的进口商位于赤道和北纬 35 度之间的地区，埃及位于最顶端。在东欧，小麦的出口价格和出口数量一直都是一个政治问题，在收获后如果相关决策仍未确定或公布，这将在几个月内持续影响全球价格。2015 年全球小麦收成预计在 7 亿 ~ 7.2 亿吨，这意味着尽管消费持续增长，供应仍将保持稳定。

食用玉米在食品工业中作为饲料、燃料和淀粉或其他用途的生产主要集中在美国和中国（2014 年分别占全球产量的 36% 和 22%）。贸易不太重要，尤其是考虑到上述两个国家的巨大需求都来自于国内市场。欧盟是一个净进口地区，但波动较大。在 2014 年取得创纪录的收成后，美国中西部 2015 年玉米的种植面积预计减少 100 万公顷，用于种植大豆。由于库存较高，出口压力仍然存在。然而令人惊奇的是，在近期油价大幅下跌期间，乙醇工业购买玉米仍然保持在一定的水平，有些地方甚至有所增加，这导致 2015 年年初出现了亏损。现在利润又有所回升，但仍然远远达不到一年前的创纪录水平。

在全球范围内进行比较，按照目前的预测，2015 年欧盟的粮食产量将低于平均水平。法国和匈牙利去年玉米收成情况良好，由于受天气的影响，这些主要产区的产量将回到正常水平。小麦已经安全过冬，并有望再次获得丰收，特别是在欧洲西部地区。

牛奶生产是欧洲另一重要农业领域。全球每年加工的奶量约为7亿吨，其中欧盟约为1.54亿吨（占22%），到目前为止通过政治手段一直保持在最高水平。经过了31年后，牛奶配额被废除。这一长期的市场控制手段带来的总体后果最终令人醒悟：市场管制除了带来巨大成本，例如扩大规模的农户需要购买额外的配额，希望长期稳定市场的效果却难以实现。实际上，过去十年间已经出现了一个全球范围的牛奶市场，这意味着通过地区性限制供应并不能实现期望的价格管控。过去几年，欧洲最大产区牛奶价格的波动性与粮食的波动性一样高。

然而，出口的发展令人惊叹。欧洲的奶产品大多数采用绿色饲料生产，具有良好的声誉，适合不断增长的消费者，包括那些亚洲消费者的口味，也打开了东欧地区巨大的市场，该地区自从苏联时期结束以来，自给水平已经降低到了100%以下。

期待欧盟结束牛奶配额会对未来牛奶产量带来哪些影响将是令人兴奋的。在主要产区，准备工作已经进行了很长时间，现在已经预期每个农场的潜在产量将有所增加。根据对农户进行的调查表明，超过1/3的乳业农户有意提高产量，仅在一年的时间里就平均增长了25%。同时，现有的大型农场将通过大量增加养殖数量实现持续增长的规模经济。在区域方面，这意味着更加向德国北部集中，同时德国南部的一些小型农场将进一步缩小，现在农场增长的分水岭为略少于100头奶牛的养殖数量。

（三）总体情况稍有恶化

农产品价格的下降给欧洲农民的情绪带来了影响。

在德国进行的调查结果显示出一种状况，就是农户对德国经济情况长期持乐观态度，但目前或至少短期内对投资持谨慎态度。特别是在肉品和牛奶价格方面，该调查显示出比三个月前更高的打分值。尽管对牛奶价格的打分只有相对较低的3.6分（从1到6进行打分，6分最高），并且只是比农场租金的打分差，乳业农户明显把农场交货价格（最近稳定在每公斤30欧元）当成一个指标，说明市场情况不太可能以2008年的形势发展，当时价格跌到了20欧分。德国北部和东部的农场总体上将继续提高产能。在回答有关财务流动性方面的问题时，德国的农户继续认为情况相当宽松。唯一略有上升的是，农户对这种情形在农产品价格波动的情况下能否继续保持乐观持怀疑态度。

法国农业联盟最近一次在2015年3月实施的意见调查（包括1500个访问）表明，六个月前极端负面的发展趋势仍在持续，三个农户中就有一个农户表达了他们的不满意。就像农产品低价格的影响一样，欧盟的共同农业政策（CAP）也产生了负面影响。有60%的受调查农户认为“绿色”（即新的环保指引）的影响很大，或认为至少该法则是不利的。另外，法国的农户认为耕种主要作物和特种作物的气候条件是非常有利的。法国的结构化调整仍未结束：近期所有的调查中都有近10%的农户说他们来年将不再耕种。有1/4的农户由于到了退休年龄或由于没有继承者而计划不再耕种。对其中1/2的农户来说，出于经济考虑和由于农场利润减少也是考虑的因素。统计数据确定了法国农业正在经历结构化调整，但没能确定调整的程度。法国与德国和意大利处于同样的水平，每年都有3%～4%的农场关闭。

意大利是调查国家中第三大农业国。尽管目前的业务情况相对负面，意大利农户的预期已经好转。酒业酿造者非常乐观，就像在法国和西班牙一样。乳业农户在满意度方面则处于另一端。水果和蔬菜种植户在2014年明显非常糟糕，可以预期他们对经济状况的评价会是负面的，然而他们对2015年的收成非常乐观。意大利的肉品生产者已经稳步从一年前悲观的情绪中恢复过来，并在中期上对他们的未来充满信心。然而，意大利的农业有一个非常清楚的事实，那就是他们需要从整体上提高利润率。不断增加的成本仍然对利润带来太多的负面影响。

客观来说，去年欧盟农业生产者的经济状况只是在利润上有所减少，根据欧盟统计局的数据，尽管每个农场工人的收入和农业总增加值在大多数成员国总体上下降了 2%，关键数据仍好于过去十年的情况。2015 年，由于粮食、油菜籽和牛奶价格较低，收入水平将进一步降低，这将导致来年的消费能力下降。

二、农业机械行业的生产和商业环境

（一）全球销售下降 10%

农业机械行业 2013 年在产量和销售方面达到了历史最高水平，全球销售收入达到 1030 亿欧元（相当于 1370 亿美元）。经历了 2014 年的少量下降后，2015 年预期下降 10 个百分点。决定因素主要是本行业在美国和欧洲正处于疲软的经济周期，部分是由于亚洲，尤其是印度的原因。

全球农业机械的生产以及大部分的国际贸易主要集中在北美和西欧。南美、印度和土耳其的生产仍然主要是满足国内的市场需求。某些领域出口的份额正快速增长，尤其是来自发展中国家和刚刚工业化国家的需求，这些国家的农业机械化带来了巨大的市场潜力。日本和韩国是成熟的高科技低马力特种机械，例如水稻生产机械的生产基地。但是，在拖拉机方面，它们长期以来一直向欧洲和美国等成熟市场出口了可观的数量。在包括俄罗斯、乌克兰和白俄罗斯在内的独联体生产区域，过去二十年以来不断减少产量，并通过保护主义措施进行支持，但机械的竞争力有待进一步提升。

（二）德国技术领先

作为一个生产地区，德国在欧洲和全球的竞争中确立了自己稳固的地位。其在欧盟的销售份额达到了 27%，在全球的份额达到了 8%。在欧洲，过去 10 年更取得了增长 2～3 个百分点的业绩。在销售方面，重点是拖拉机，市场份额占到了 40%，并进一步集中在 120 马力以上的产品。收获机械处于第二的位置，包括所有自走式机械，如联合收割机、牧草收获机和马铃薯收获机。总体上，德国工厂继续生产各种耕种和畜牧机械。由于国内市场需求强劲，过去几年的出口比例一直稳定在 70%～75%。

随着全球经济的下滑，2015 年的产量相应减少。在第一季度，销售收入和订单数量同比下降了 15%，低于去年的水平。2015 年全年销售预期下降 10%，销售收入将略低于 70 亿欧元，相当于 2011 年的水平。未来一年没有明显的恢复迹象。主要的问题是欧洲和美国等成熟市场已经饱和。因此，我们预期在 2017 年主要市场再次开始增加投资之前，2016 年将是进一步缩减的一年。

（三）行业预期基本上保持乐观

从过去几个月经济增长疲弱的情况来看，全球范围内农业机械行业的商业环境已经恶化。尽管如此，今年第一季度仍然存在一丝乐观的情绪，这主要是由于销售增长预期上升，同时比较的基数下降。

尽管从过去 6 个月销售的大幅下滑来看，保持乐观态度是不切实际的，但是对近期好转的预期仍然存在。在日本，过去一年事情又再次发生了完全不同的转变，2013—2014 年周期市场好转的时间只持续了几个月。过去几个月，销售再次下滑，整个行业的商业环境相应地受到限制。然而，订单数量现在看来又开始增加，整个 2015 年的销售预计可以达到去年的水平。

大多数西欧农业机械生产商认为他们的状况不能令人满意。大部分公司报告说过去几个月的订单数量持续减少，销售下滑了约 10%。由于大部分销售收入来自于欧洲市场，几个最大市场中法国和最近的德国的差劲表现对整体商业状况产生了直接的影响。东欧市场，过去几年尤其是德国生产商关注的重点，现在被所有人认为是极其具有挑战性的。预期销售还有进一步两位数百分比的下滑。在目前的萧条时期，CEMA 在 5 月进行的一次调查表明，首次出现了所有欧洲大型市场都没有增长潜力的情况，至少是直到秋季的短时间内。这种最糟糕的情况有可能在进行下一次调查时得到改善，尽管如此，这确实显示出目前经理们跟踪市场发展情况的着急程度。

目前，欧洲生产商的订单数量只够他们忙 8 个星期（去年是 10 个星期）。在全球范围内，积压的订单也减少了，只有土耳其和日本除外，它们报告的积压订单数量增加了。

目前，整个行业的情绪是较为低落的。但是，很明显，目前经济下滑和情绪低落的状况还没有达到上一次，即 2009 年那么糟糕的程度，当时整个行业几乎一夜之间进入萧条，一些地方销售下滑创纪录的超过了 30 个百分点。目前下滑期间一些客户的经济状况要平和的多，也更为有利，现在市场不可能进一步下滑，或者长时间进一步大幅下滑。尽管如此，许多公司对需求减少做出了非常迅速的反应，再次对成本管理进行密切关注，这包括进行裁员的可能性。

三、全球市场发展情况

（一）欧洲和美国确定了全球市场发展的基调

根据全球生产数量，2014 年全球市场总计约 1000 亿欧元，只少于 2015 年创纪录的数值。欧洲和北美不仅仅是世界上农业机械最大的生产地区，也是最大的销售市场，从而决定了本行业在全球范围内如何发展。

（二）美国新的底线在哪里

北美自由贸易协定（NAFTA）的市场规模接近 230 亿欧元，该组织主要关注的是美国市场。这些发展主要是在过去几年取得巨大增长的基础上做出的预期。但是，经济的下滑幅度并不亚于以前的增长幅度，这将把今年的市场打回到三年前的状况。主要的问题并非是由于客户缺少购买力，而是较低水平的投资需求。多年来，政治家们试图通过对购买新机械进行减税等激励措施，以便农户能通过大量的税收补贴降低购买价格来解决这些问题。

这些措施，加上较好的收入，首先来自于种植业，其次来自于乳业，使得联合收割机、拖拉机和其他机械的销售数据多年来急剧上升，并且翻番。结果是，现在经销商手上有大量的二手机械，必须以相对较低的价格进行销售。这种做法将增加新机销售的成本，并且不清楚这些影响还会持续多长时间。新机和二手机械之间的价格差异 2014 年已经扩大了好几个百分点，这挫伤了生产商的情绪。目前还不能确定这种情况是否反转或何时反转。总的来说，预计 2016 年市场仍将萧条。

2015 年整年美国农业机械市场的下滑情况：领先的农机公司预计下滑的最大幅度将达到 30%。100 马力以上拖拉机的销售已经下降了 17%，联合收割机下降了 42%。

（三）作为地区性动力的巴西正在丢失阵地

过去十年，巴西一直是拉动拉美国家经济发展的动力。然而，由于整个经济，尤其是在农业领域明显减速，使得巴西难以继续担当此任。政府部门正忙于处理过去的腐败案件，主要是上市能源公司 Petrobras 卷入了这些案件。巴西雷亚尔大幅贬值，这可以刺激出口，也使得进口变得极其昂贵，并且意味着巴西不再受到债权人的青睐。那些能给巴西经济带来增长的外国投资者也因此更受欢迎。

巴西农机市场也因此明显下滑。在 2014 年拖拉机市场下降 15% 之后，联合收割机市场也下滑了 26%（下滑至 6300 台），今年前 4 个月的销售数据表现：与去年相比拖拉机下降 18%，联合收割机下滑 42%。因此，巴西成为前景预期最差的国家。另外，针对进口机械的保护措施可能进一步削弱欧洲生产商的优势。除此之外，根据近期的经济周期来判断的话，巴西将再次进入一个强劲增长的时期，这个农业大国农机市场的下一次繁荣只是一个时间的问题。

其他拉美地区的农机市场都相对较小，目前可能更具有吸引力。从类似的贸易壁垒来看，这说的可能不是巴西的邻国阿根廷，阿根廷是该地区第二大市场。更具吸引力的可能是安第斯北部地区的新兴国家，如巴拉圭和智利。巴西的机械生产商至少可以通过对这些国家的稳定销售来弥补国内市场的下滑。但是，他们很自然的认为主要的发展机会还是在亚洲，不过还没有取得多少进步。巴西农业机械在非洲的销售增长比较可观，去年也一样。

（中国农业机械工业协会　林明、洪暹国）

第二部分

专　题　篇

2014 年全球拖拉机经济报告

一、2014 年拖拉机市场全球趋势

2014 年，新型拖拉机的销量估计为 210 万辆（25 马力以上拖拉机）。虽然世界市场趋势略有下滑，但不同区域的市场情况却存在很大差别。“最大市场”仍然在中国和印度，其销量占全球的 50%。

与主要农业国家使用的拖拉机相比，如美国、巴西、俄罗斯或西欧集约经营的农业地区，这些地区大部分具备大规模的农业产业结构，多数新型拖拉机平均功率（和价格）更低。在全球行业销售中，欧洲市场占有相当大的比重。初步计算，2014 年欧盟拖拉机的交易额是 82 亿欧元（2013 年为 87 亿欧元），这相当于全球拖拉机行业交易额的 20% ~25%。另外，欧盟市场只占全球总销量的 8%。一个欧盟拖拉机经销商的平均销售额是 43000 欧元——远高于大多数其他市场，比估算的全球平均销售额的两倍还多。

二、2014 年全球主要拖拉机市场发展

（一）美洲拖拉机市场情况

2014 年，美国拖拉机市场的上升势头停止。北美（美国和加拿大）销售了超过 23.5 万辆拖拉机，这个数量接近有记录以来最高的年度销量。在两个国家中，40 马力以下的“半专业化产品”大约分别都占市场销量的 50%。从 2009 年至 2011 年，即在金融危机和次贷危机的过程中，虽然这些低功率型号拖拉机的需求相对平淡，但从过去两年销售情况可以清晰地看到市场的复苏，仅仅美国市场销量就突破了 100000 辆大关。

整个加拿大拖拉机市场发展“平缓”。2013 年和 2014 年销售 28000 辆，明显高于以往多年的平均销量，这些销量分别是 24500 辆（5 年）和 23500 辆（10 年）。因为投资需求应该远低于前几年，而且即使 2014 年农作物获得丰收，但由于价格下跌使耕地收入变得更少，所以，对 2015 年的市场前景应保持谨慎。从美国市场来看，大功率拖拉机销售出现明显下滑趋势（2013 年大于 100 马力拖拉机销售了 32200 辆，占总销量的 34%），但必须承认，这么高的销售量以前从未达到过。在过去 10 年里，这类产品的平均年销售数量为 25000 辆。

比较现实地估计，与往年相比，整个北美市场 2015 年销量将会减少 1/15。现在美国税收优惠大幅减少，但主要障碍是过度的供应市场，所以这在很大程度上取决于高位二手机械股的市场洗牌。

巴西与美国专业农耕阶段相似，这个市场的最后销售高峰也出现在 2013 年，共售出 6 万多台拖拉

机。由于政府出台特殊补贴计划，所以许多家庭小农场都使用较小型的发动机。2014年，市场退回到2010—2012年水平，销量大约为5.5万辆，其中，1/3使用100马力以上的发动机。巴西市场主要通过贷款补贴计划，仍然享受高额补贴（只针对国内需求生产机器）。

尽管市场总体状况比较有利，但2015年应仍会出现市场疲软趋势。巴西综合经济可能遇到困难，拖拉机行业也面临一定的障碍，但农业领域将会继续增长。因此，拖拉机2015年销量“仅仅”下滑5%～10%是现实的。

（二）欧洲拖拉机市场情况

过去几年中，美洲和亚洲以令人惊奇的销售速度增长，而欧洲大陆在大多数情况下“表现不佳”。我们观察整个欧洲的销售情况，制造商总在寻找国与国之间不同的市场环境，不断使增长速度得到平衡。然而，随着销售业绩下滑8%，过去一年的趋势变得十分明朗。另外，2015年可能不会出现需求的急剧下降。

法国以前是最大的市场，一直维持相对较高的潜在客户数量（45万个以上）。2013年，拖拉机的销售数量下降至3.3万辆（30马力以上为3万辆），降幅达20%以上。所以，在2014年世界主要的拖拉机市场上，法国市场可能下滑最大。不过，比较起来，这些销量还是出奇的高。从2008年到2013年整个时期，除了2010年，法国农民大量投资机械设备停车场，拖拉机销售数量达到4万辆。在未来一段时间内，这个数据几乎不会再次达到。2015年，很有可能再次发生10%市场下滑，这要看总体市场趋势，如商品价格，以及在新的农业政策方案下，对农业环境变革的影响。

从邻近国家疲弱的市场趋势来看，2014年德国已经成为欧洲最大的拖拉机市场。在欧洲市场环境下，德国市场下滑仅仅5%的趋势就显得更加平缓，市场明显需要低于100马力的拖拉机。需要说明，在牛奶制品价格下跌时期，中型奶牛场已经变得更加谨慎。在德国销售新型农用拖拉机的平均功率是155马力，其中，1/5发动机的使用功率超过200马力。从客户调查情况来看，2015年新型拖拉机的需求量将下降10%，这将使德国成为今年欧洲市场下滑率最高的国家。

意大利市场在2014年经营惨淡。特别是11月和12月，非常令人失望，销售记录仅仅有1000多辆。事实上，全年销售18000辆。

过去几年，市场趋势不断下滑，许多市场分析师也在扪心自问，市场的底线到底在哪里。2014年，德国20%的拖拉机配备了至少200马力的发动机，与其相比，意大利的比例是4%。在过去的一年里，大功率拖拉机的下滑趋势甚至超过拖拉机总体趋势。更多需求集中在强劲的多元化小规模农业领域，包括水果蔬菜的栽培和葡萄酒。

与2013年的下降趋势相反，英国2014年的拖拉机销售保持“平缓”。2015年上半年，强势上升之后，下半年出现疲软的态势，这些可以从农产品价格下跌的情况反映出来。200马力以上的拖拉机占17%（2013年为15%）。有人假设，2015年英国市场将不会与欧洲市场的微小下滑趋势偏离太多。

2014年，西班牙市场出现了一些复苏迹象，销售数量再次突破1万辆大关。波兰再次经历5%下滑，销量为14000辆。奥地利令人惊奇地下滑了19%，新型拖拉机全年仅仅销售6500辆。欧盟2015年的下滑幅度估计为7%，销售15.8万辆。

2014年，俄罗斯拖拉机销量减少6%，为37500辆。但销售总量并不能反映专业农业的市场发展状况。尤其在下半年，50～100马力拖拉机的数量大幅减少，降幅超过30%，超小型30马力以下功率拖拉机的销售数量有所增加。另外，最高功率范围拖拉机“表现平平”，当然，更多销售的是白俄罗斯生产的拖拉机（功率范围通常在120马力内）。

（三）亚洲拖拉机市场情况

2013年，在农业机械和拖拉机市场，日本仅仅经历了一个短暂繁荣。2014年春天过后，拖拉机销售情况急剧下降。最终，2014年度销售下滑15%，但前3个月完成了年销售额40%！

印度代表经常自豪地说，其已经处于全球拖拉机市场的领先地位。事实上，数字总是令人印象深刻。2014年，印度销售59.3万辆拖拉机。上半年强劲势头过后，销售业绩逐月下滑，特别是在2014年第四季度。但超小型的拖拉机畅销，这些产品处于市场主导地位。看来，印度市场2015年将再次达到类似的销售水平。

（中国农业机械工业协会　洪暹国、林明）

大中型拖拉机市场回顾与展望

一、2014 年大中型拖拉机市场回顾

当前，世界经济仍处在深度调整期，我国经济发展进入了速度变化、结构优化、动力转换的新常态。新常态下，农机行业坚持创新驱动发展的理念和战略，推动产业结构的转型升级，实现了有质量的增长。

（一）2014 年大中型拖拉机市场发展环境分析

1. “三农”建设不断加强，主要绩效稳中有进

2014 年国民经济运行在新常态下实现了稳中有进、进中提质。面对多种自然灾害和错综复杂的国内外经济形势，中央高度重视“三农”建设，实现了粮食生产“十一连增”、农民增收“十一连快”、耕种收综合机械化水平“十一连长”的历史最好局面。农业形势成为经济社会发展的一个突出亮点，全年全国粮食总产量达到 60710 万吨，同比增长 0.9%。农民全年人均纯收入达到 9282 元，扣除价格因素实际增长 9.2%。耕种收综合机械化水平连创新高达到 61%，持续增长时间达到 11 年。

2. 惠农政策着力推进，发展环境继续利好

我国惠农政策已经进入制度化、规范化、常态化运行阶段。2014 年，全国人大农委与农业部联合举办了《农业机械化促进法》实施 10 周年座谈会，张宝文副委员长、韩长赋部长出席会议并作重要讲话，各省区市也相继组织了高规格的纪念活动和专题宣传，为法律的深入实施和法定政策措施的进一步落实营造了良好环境。2014 年国家及有关部委先后出台了《国家深化农村改革、支持粮食生产、促进农民增收政策措施》《2014 年农业机械购置补贴实施指导意见》《关于金融服务“三农”发展的若干意见》《关于进一步支持设施农业健康发展的通知》等一系列惠农、强农政策，为全面加强“三农”建设提供了有力支撑。

3. “三农”投入稳步增长，补贴金额持续提高

农业现代化是国家现代化的基础和支撑。中央连续 11 年出台涉农一号文件，党的十八大报告明确提出解决好“三农”问题是全党工作重中之重。中央农村会议指出，全面建成小康社会的重点难点仍然在农村。我国经济发展进入新常态，加快推进农业现代化，对稳增长、调结构、惠民生意义重大。农业持续稳定发展面临的挑战前所未有。目前，国内主要农产品价格超过进口价格，而生产成本在不断上升。农业生态环境受损，耕地、淡水等资源紧张。必须加快转变农业发展方式，不断提高土地产出率、资源利用率、劳动生产率，实现集约发展、可持续发展。为此，国家已经建立健全“三农”投入的长效机制，连续 11 年加大对“三农”的投入，2014 年中央财政用于“三农”的资金预计达到

14000 亿元。农机具购置补贴达到 237.5 亿元，补贴金额再创历史新高，同比增加 20 亿元。其中，大中型拖拉机享受补贴 32.56 万台，占国补资金比例的 33% 左右（见表 1）。

表 1　　2012—2014 年补贴资金、大中拖数量一览表

补贴类别	补贴资金（亿元）	大中拖（台）	资金比重（%）
2014 年	237.5	325450	33
所占资金	—	80	
2013 年	217.5	325638	35
所占资金	—	77	
2012 年	200	309911	37
所占资金	—	74	

4. 农机补贴成效显著，运作模式特点鲜明

2014 年农机购置补贴制度创新力度加大，政策实施更加高效规范。农业部、财政部大力推进补贴制度改革创新，着力过程管理，强化落实监管。一是着力减少寻租可能，进一步推行“全价购机、定额补贴、县级结算、直补到卡”，提高补贴分类分档和最高限额测定的科学性及合理性；二是着力缓解供求矛盾，进一步推进政策普惠，21 个省份选择部分急需机具实行敞开补贴，其中江苏、吉林、青岛等地大幅度缩小补贴品目范围，重点机具的补贴购置量显著提升，推动农机产品向大马力、多功能、高性能方向发展；三是着力便民利民，进一步简政放权，在部分省份开展农民先购机后申请补贴试点和补贴产品市场化改革试点，减少不必要管理流程；四是着力正风肃纪，狠抓依法行政、廉洁行政，推进省市县政策信息公开，专项督导、重拳打击弄虚作假、严重失信、虚报套取补贴等违规行为；五是着力完善顶层设计，通过深入调查研究、广泛征求意见，基本厘清了今后一个时期补贴制度改革完善的思路和措施，为补贴制度稳定化、补贴工作常态化打下了较好基础。

5. 企业材料价格走低，企业经营压力略降

2014 年以来，原材料、燃料和动力购进价格呈现出下降趋势，三季度虽然呈现出阶段性小幅上涨趋势，但整体上仍处于下降趋势。

在中国经济转型进入常态的背景下，钢铁工业也进入了一种新常态。2014 年，能源、非能源价格比上年分别下跌 7.2% 和 4.6%，均连续 3 年下跌（见图 1）。其中，农产品价格下跌 3.4%，肥料下跌 11.6%，金属和矿产下跌 6.6%。粮农组织食品价格指数 2014 年全年平均为 202 点，比上年回落 3.7%；12 月同比下跌 8.5%。2014 年，关口钢材期货弱势难改，创出 2009 年上市以来新低；进口铁矿石价格大幅下滑，钢厂成本支撑减弱，钢材价格持续下跌。

农机市场从高速增长转为适度平稳增长，市场竞争进一步加剧，农机企业促销力度加大，企业利润进一步降低。纷纷通过积极创新商业模式、优化资源配置、调整产品结构、提高产品附加值、利用金融工具等手段提高经营能力，寻求新的发展机遇。

6. 国际经济开始复苏，不确定因素增加

从全球经济增长态势来看，金融危机至今已有 6 年多时间，如果不考虑新兴市场尤其是中国，全球经济还没有恢复到危机爆发时的状态。近两年来全球贸易增长量持续低于经济增长量，全球的利率

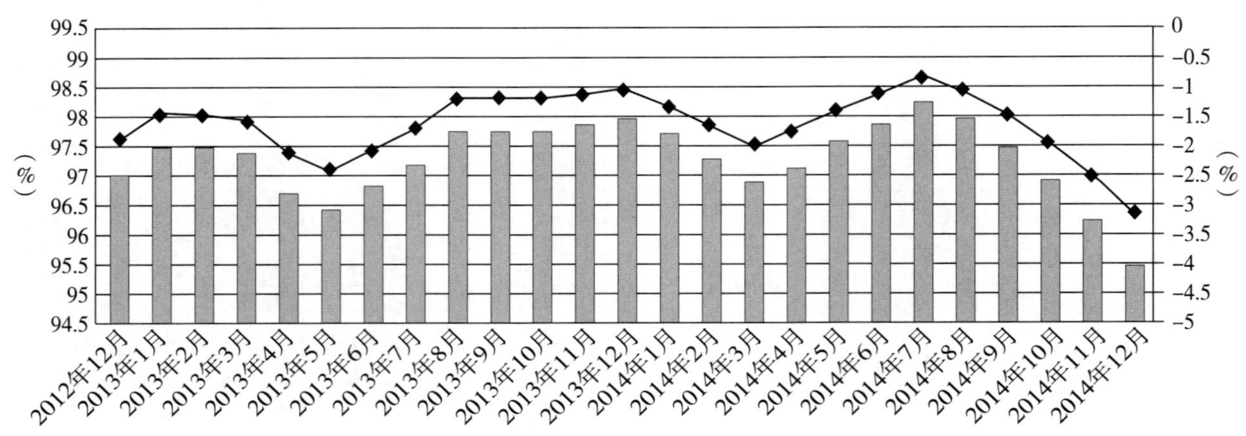

图 1　我国原材料、燃料和动力购进价格趋势

水平也处于第二次世界大战以来的最低水平。此外，当前地缘政治对经济的影响，是冷战结束以来最为直接和复杂的。世界经济增长起伏不定、复苏历经波折，西方一些农机制造业仍处于低迷期。

全球农机工业产值走势基本稳定，呈上行通道运行。欧洲仍然保持着拖拉机市场的领导者地位，对产品的认证要求越来越严格；中亚部分国家没有农机生产能力，政府对农业的高度重视以及农业方面的投入加大。2014 年全球农机总产值预计将达 1300 亿美元，中国农机以 4000 亿元人民币总产值位居第一（见图 2）。

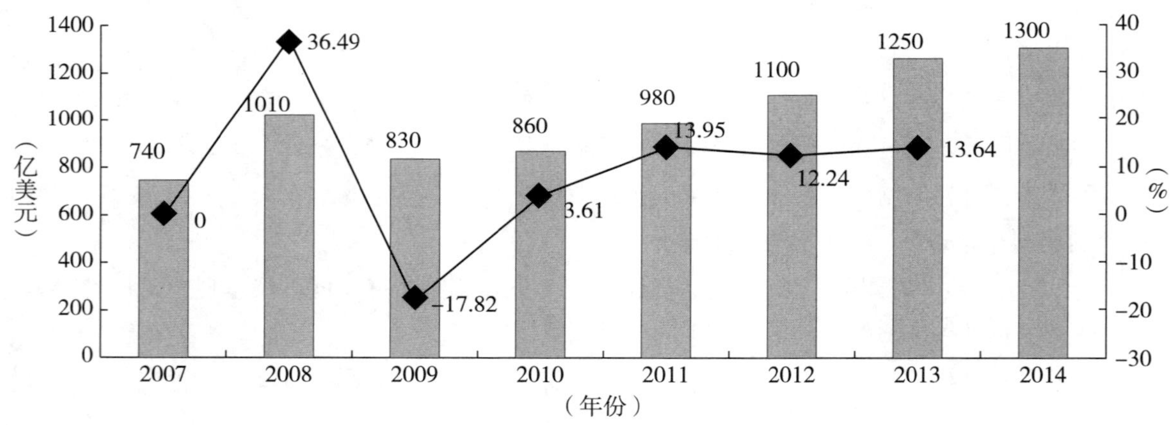

图 2　2007—2014 年全球农机工业总产值

（二）2014 年大中型拖拉机市场发展现状分析

2014 年，拖拉机市场出现动力增长、结构优化、销量下滑的趋势，大中拖市场进入阶段性调整期，进入了有序发展、需求升级、结构调整的“新常态”。

近年来，随着农业机械化的迅猛增长，大中型拖拉机市场显现出明显的刚性需求，大中轮拖行业处在成长发展阶段，产业转型、产品升级步伐加快，市场需求高位震荡。

大中型拖拉机自 2004 年以来市场需求逐年稳步增长，2007 年突破 20 万台，2010 年突破 30 万台，2014 年达到 30. 85 万台，出现高位震荡态势（见图 3）。

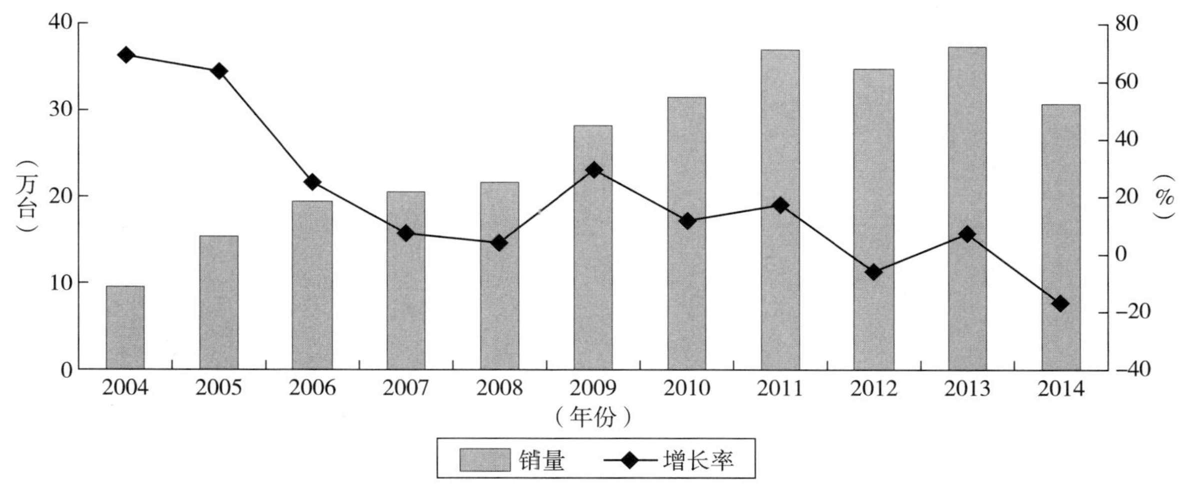

图 3　2004—2014 年大中型拖拉机销量及增长率

25～70 马力中轮拖从 2004 年的 6.5 万台增长到 2014 年的 19.5 万台，增长了 3 倍。中轮拖在 2005 年、2011 年出现大幅度增长，经过市场调整，当前呈现高位调整态势，2014 年同比下降 19.8%（见图 4）。

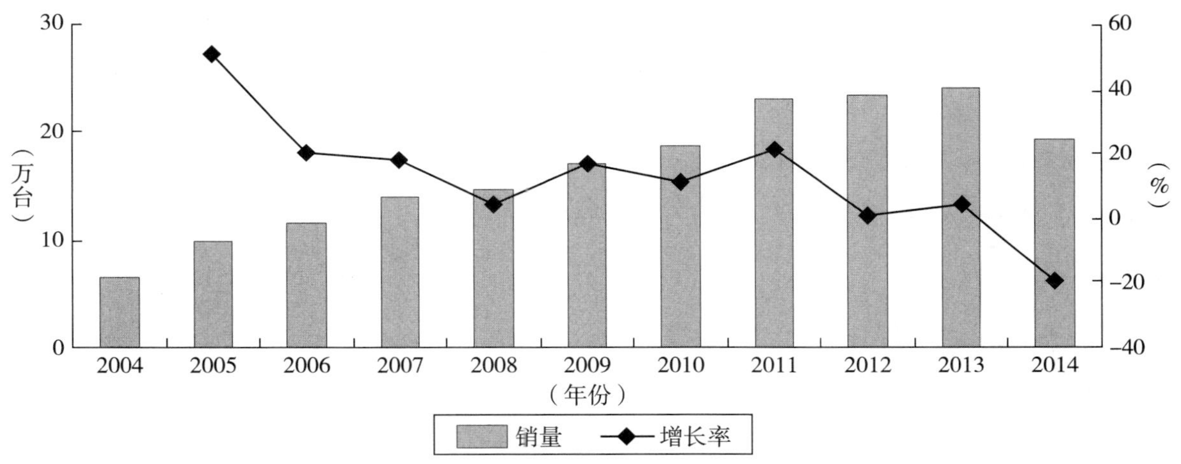

图 4　2004—2014 年中轮拖销量及增长率

70 马力以上大拖由 2004 年的 2.9 万台增长到 2014 年的 11.3 万台，增长了 3.9 倍。大轮拖近年来增幅变化较大，受社会保有量、作业收益、购买能力、补贴政策导向的影响很大。2007 年、2012 年、2014 年出现负增长，整体增长动力减弱（见图 5）。

履带拖拉机受补贴导向、替代品影响和自身盈利能力等因素的影响，继续保持弱势状态。但在农田改造、砖窑施工和鱼虾塘工程领域仍有部分需求。今后随着我国加大现代农业建设等，尤其是受《农业部办公厅关于印发水稻机械化生产技术指导意见的通知》，明确倡导在南方地区使用橡胶履带拖拉机等政策，将拉动履拖部分市场空间。

（三）2014 年大中型拖拉机市场基本特征

1. 补贴依然是拉动市场需求的关键因素

农机购置补贴政策继续覆盖全国所有农牧业县（场）。补贴种类达到 12 大类 48 个小类 175 个品目

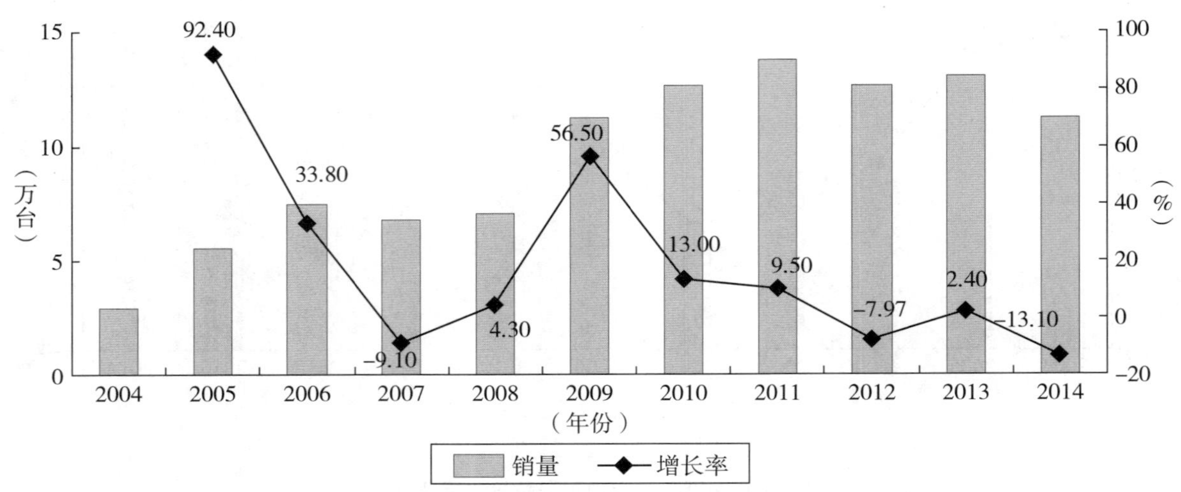

图 5　2004—2014 年大轮拖销量及增长率

机具，除上述 175 个品目外，各地可在 12 大类内自行增加不超过 30 个其他品目的机具列入中央资金补贴范围。补贴种类基本覆盖了农林牧渔业生产主要的机械设备，满足了中国农业机械化协调、全面、持续发展的需求。政策引导对新型、大型农机产品倾斜力度加大，100 马力以上大型拖拉机、200 马力以上拖拉机等产品单机补贴限额继续提高，为农机企业加快产业结构调整、研发先进实用产品提供了目标和方向。

2014 年国内市场大中拖销量达到 30. 85 万台，同比下降 17. 4%。其中，70 马力以上大轮拖实现销售 11. 3 万台，同比下降 13. 1%；25 ~ 70 马力中轮拖实现销售 19. 5 万台，同比下降 19. 8%（见图6）。

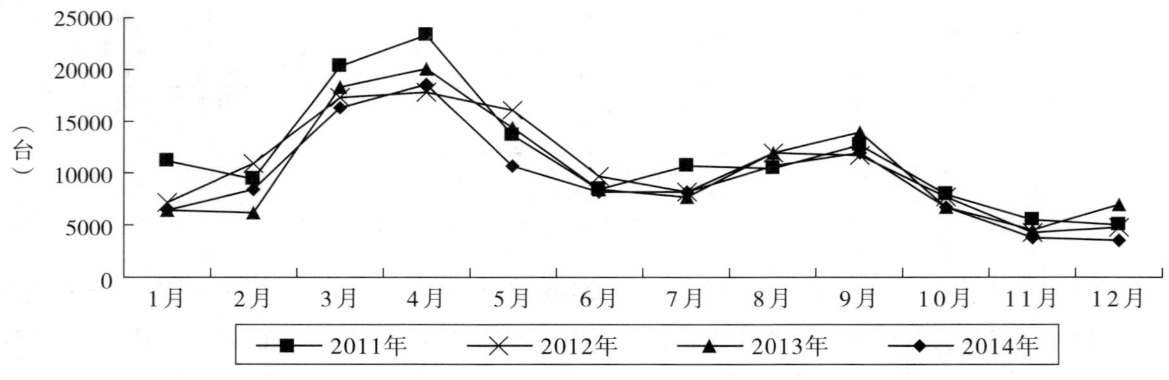

图 6　2011—2014 年大轮拖分年分月销售趋势

从图 6 可以看出，2014 年大轮拖销量出现两个“峰谷”拐点。“峰”主要集中在 3 月、4 月和 8 月、9 月，是年度销量的主要组成部分。“谷”主要集中在 1 月、2 月、5 月、6 月、7 月、10 月、11 月、12 月。销量显示上半年销售总量远远高于下半年。上半年主要需求是春耕、春播地区，下半年主要是秋季作业区域的需求拉动。

2014 年国补资金主要向玉米收获机械、深松机械、设施农业倾斜；受社会保有量过大、用户收益下降、自然灾害、补贴导向等因素影响，部分区域产品销量出现较大幅度的下滑。

从图 7 可以看出，中轮拖全年 2 月、3 月、4 月保持较大销量，4 月、5 月走势与往年不尽相同，

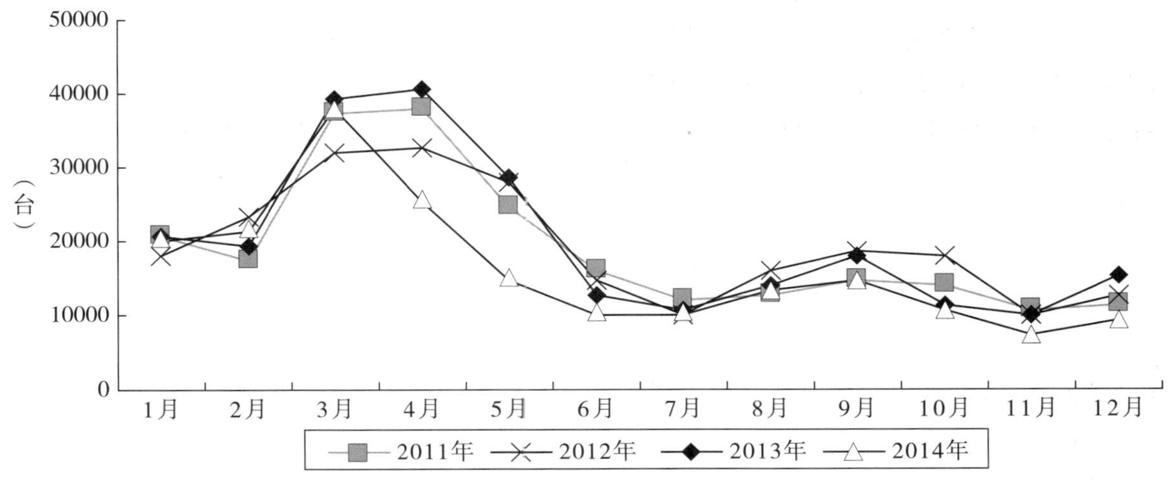

图7 2011—2014年中轮拖分年分月销售趋势

用户购机需求提前。主要农机企业从2月开始加大社会存货，进行全力促销，满足市场需求。下半年销量走势较为平稳，主要集中在8月、9月、10月。中轮拖上半年销量主要是水田型产品的拉动，全年需求“峰谷”特征逐步平缓。

2. 区域市场需求热点转移

从大中轮拖市场细分来看，2014年区域市场需求发生了较为明显的变化，整体需求降低，热点市场转移。

湖南、江西、内蒙古、安徽、陕西、山西、苏沪等省、自治区大中拖销量明显增长。吉林、黑龙江、辽宁等大轮拖主销区域市场需求能力有所减弱（见图8）。25～70马力南方水田区域湖南、江西、安徽、湖北等省需求增加，浙江、广东等省需求减少。

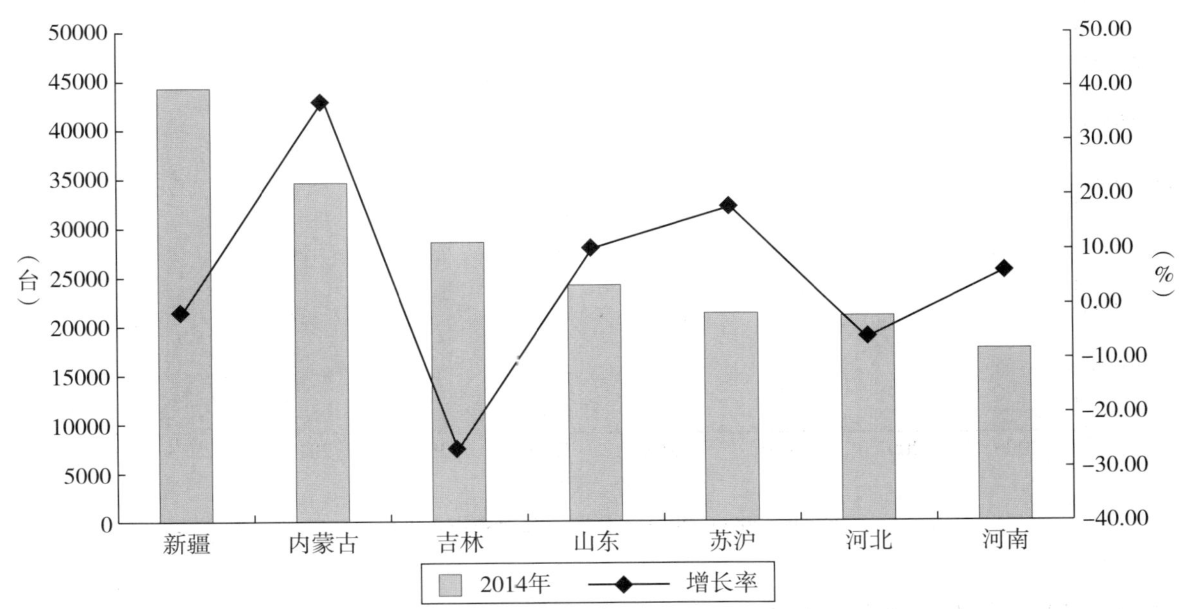

图8 2014年省域大中型拖拉机销售情况

3. 出口结构调整，保持恢复性趋势

中国农机工业协会企业管理委员会统计的23家规模企业2014年实现出口交货值42亿元，同比降幅20.1%。我国农机产品技术逐渐成熟，在发展中国家有一定的性价比优势，与发达国家产品有互补性，拖拉机海外市场开拓成效显著，2014年大中型拖拉机出口2.68万台，同比下滑12.29%（见图9）。

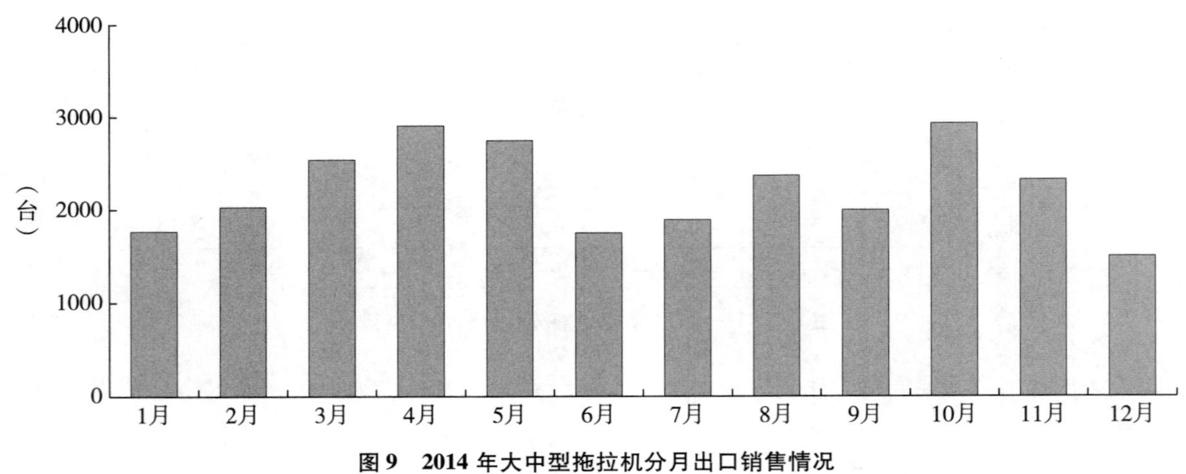

图9　2014年大中型拖拉机分月出口销售情况

从图9可以看出，全年3月、4月、5月、8月、10月、11月出口销量较大。从全年看，下半年出口销量高于上半年。尽管2014年面对欧美经济增长乏力、欧债危机等复杂多变的国际经济形势，我国拖拉机出口整体保持高位运行趋势。我国农机产品在技术上逐渐成熟，同国外企业相比具有一定的性价比互补优势，各企业在国外市场网络的不断拓展，出口得到逐渐恢复，销量回升（见图10）。

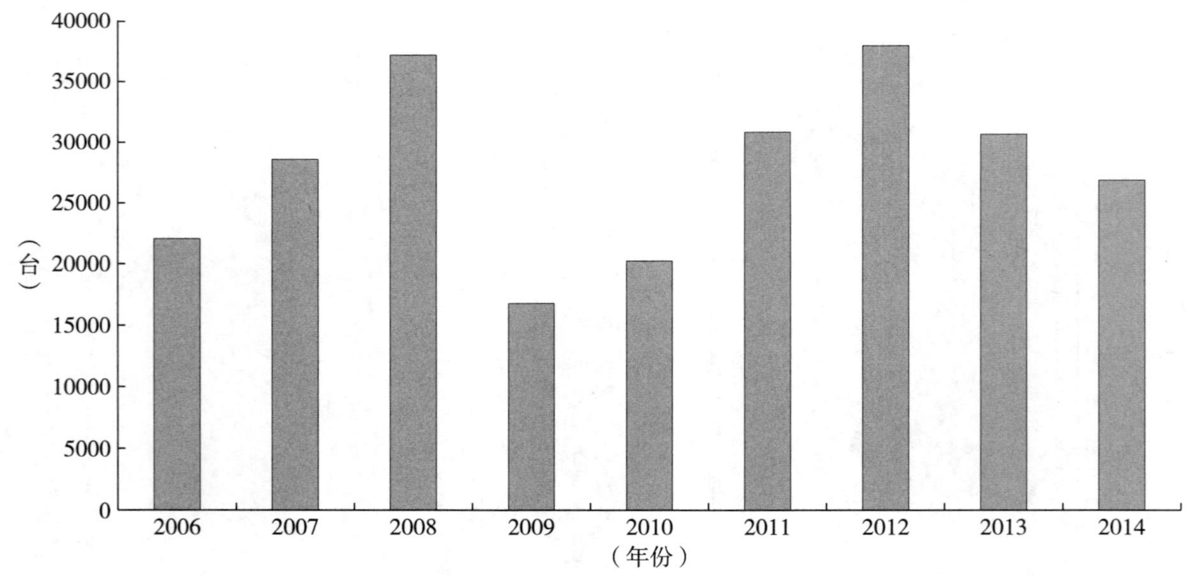

图10　2006—2014年我国出口大中拖发展趋势

（四）2014年大中型拖拉机市场需求分析

大中型拖拉机市场需求受“三农”建设、惠农政策、种植模式、产业转型、产品升级等因素影响，连续多年保持稳健发展、区间调整的趋势。国产大中马力拖拉机研发水平、制造能力、技术品质、功能性能等快速成熟，为大中马力拖拉机的发展奠定了基础。农机合作社、家庭农场、农机大户、示范农场等新型农机服务组织的蓬勃发展，加快了产品的发展，促进产业结构的调整和升级。

1. 市场需求结构发展变化

区域农业种植模式、农艺和补贴导向决定了大中型拖拉机的驱动方式。大中型拖拉机从驱动方式分为两驱型拖拉机和四驱型拖拉机。两驱型拖拉机主要适应负载需求相对较小的冬麦区和平作旱田种植区域，四驱型拖拉机市场主要适应负载需求相对较大的东北垄作区、西北、水田种植区域，受补贴政策造成的价格倒挂影响，120 马力四驱拖拉机在冬麦区销量增加。

2014 年大中型拖拉机两驱、四驱比例约为 2.5∶7.5（见图 11）。大型拖拉机中的两驱型拖拉机与四驱型拖拉机的市场构成比约为 3∶7；中型拖拉机两驱型拖拉机与四驱型拖拉机的市场构成比约为 2.2∶7.8。四驱拖拉机继续保持增长趋势。近年来，在加强深松作业、保护性耕作、购机补贴导向、提高水田区农机化水平等政策引导下，四驱型拖拉机所占比重呈逐年增长趋势，两驱型拖拉机市场份额继续减少。

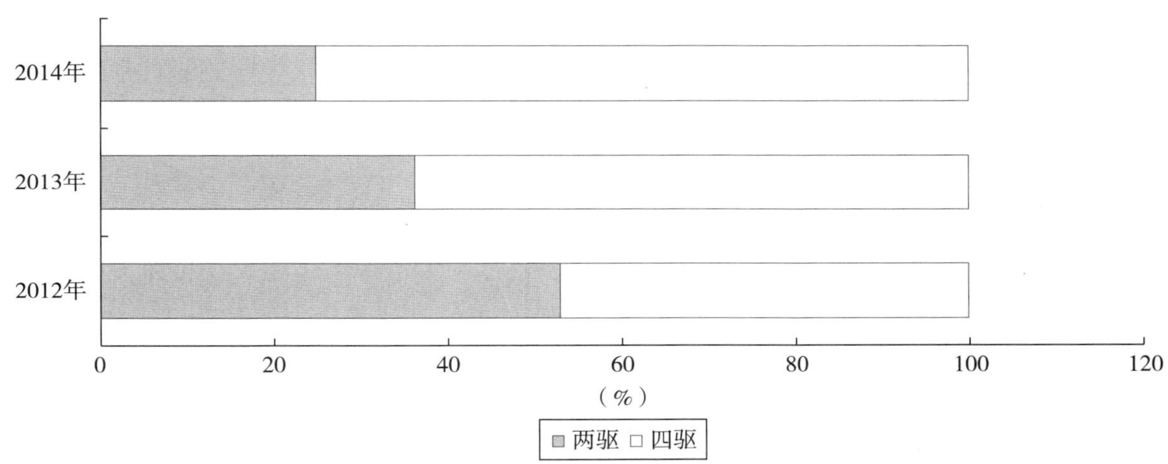

图 11　2012—2014 年我国大中型拖拉机四驱、两驱变化情况

受农村从业青年减少、人工成本上升、土地流转加快、种植模式调整等综合因素的影响，以及农机购置补贴等政策引导，拖拉机市场需求结构不断优化，中型拖拉机替代小型拖拉机、大型拖拉机替代中型拖拉机的趋势越发明显。近年来，在大中轮拖市场结构中，25～70 马力中轮拖在 63%～66% 的比重范围内波动，且有增加趋势，主要原因是水田型拖拉机的拉动。

如表 2 所示，70 马力以上大轮拖所占比重在 34%～37% 范围内波动，呈现出高位调整趋势，100 马力以上机型需求增加（见图 12）。

表 2　2012—2014 年大中轮拖所占比重变化一览表

产品	年份	2012	2013	2014
25～70 马力中轮拖	销量（台）	233754	242947	194804
	比重（%）	64.84	65.21	63.13

续　表

产品	年份	2012	2013	2014
70 马力以上大拖	销量（台）	126768	129582	113160
	比重（%）	35. 16	34. 79	36. 87
大中型轮式拖拉机合计		360522	372529	308541

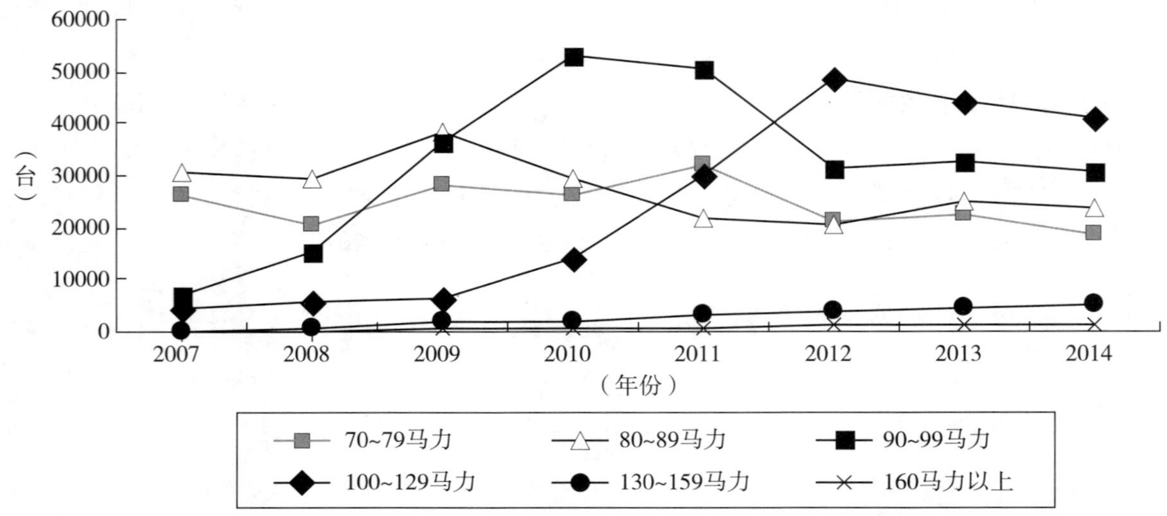

图 12　70 马力以上大轮拖各功率市场结构变化

近年来，大轮拖向大功率升级的趋势日益凸显。2007 年、2008 年 70 ~ 89 马力大轮拖市场占有率最高；2010 年、2011 年 90 ~ 99 马力产品得到快速成长，并成为市场占有率最高的产品；2012 年、2013 年、2014 年 100 ~ 129 马力大轮拖市场占有率稳居第一（见图 13）。受土地集中、农机合作社建设等因素影响，130 ~ 159 马力大轮拖连续多年保持稳步发展的趋势。

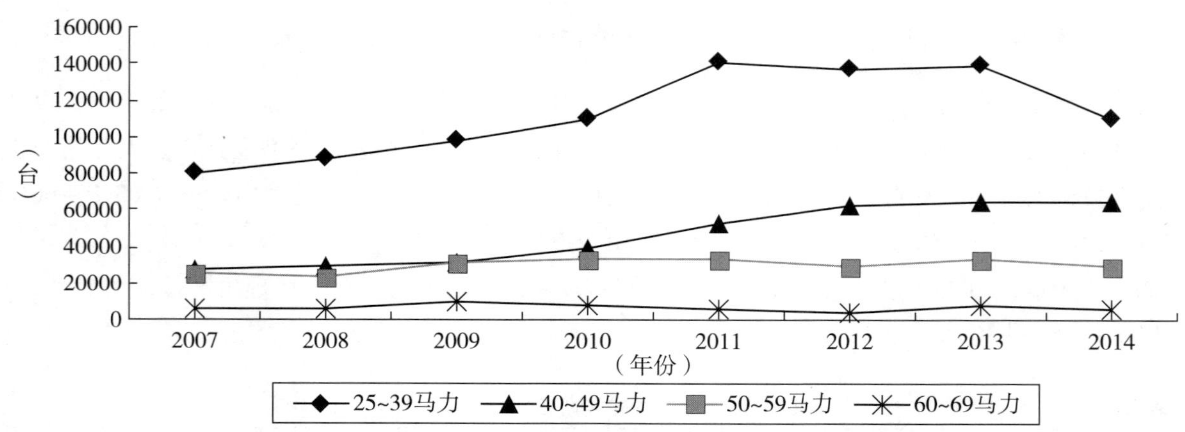

图 13　25 ~ 70 马力以上大轮拖各功率市场结构变化

如图 13 所示，25 ~ 39 马力、40 ~ 49 马力产品市场占有率较高，呈现较好的发展态势，是中轮拖的重要组成部分；50 ~ 59 马力需求基本稳定，其中 55 马力水田拖拉机占据主要市场份额；60 ~ 69 马力中轮拖销量小，显示其由中功率向大功率拖拉机过渡性产品特点，随着轻量化水田型产品的投放，未来将替代部分小马力水田拖拉机产品。

2. 大轮拖需求趋向理性，品质决定发展步伐

从区域上看，东北、冬麦区、西北及兵团、农垦、农场是大轮拖的主销市场。从用户需求看，农业合作社、农机合作社、家庭农场、种粮大户等是大轮拖的主要客户。高端用户对拖拉机的驾驶舒适性、操作人性化、产品可靠性要求提高，需求向节能环保、复式作业的机型产品转移，直接推动拖拉机向大型、广度化发展，向成套、系列化发展，向节能、智能化发展。随着深松作业补贴、保护性耕作及补贴引导向大型农机倾斜等，对100马力以上大马力拖拉机需求不断增强。

粮食安全已经上升到国家的战略层面，黑龙江省、新疆维吾尔自治区作为国家重要的商品粮基地，是160马力及以上轮拖的目标市场，动力换挡拖拉机、无级变速拖拉机等高端产品需求增长。尤其是黑龙江现代农机合作社，农机产品补贴占比高达60%左右，是200马力以上重型拖拉机的主要目标市场。跨国公司重型拖拉机产品利用贴息贷款等方式进行让利销售，加快向国内渗透，基本垄断高端产品市场。国内农机制造企业加快210马力及以上拖拉机的品质提升、性能适应和市场推广步伐，市场份额开始进一步扩大。

3. 中轮拖需求稳步发展，实用性推动产品发展

中轮拖作为一种成熟的农机产品，能够适应用户多种作业需求，具有较高的性价比。同时，受惠农政策拉动，中轮拖市场需求仍保持较大的市场空间。

长江中下游单季稻区、南方双季稻区、西南稻区、北方稻区、黑龙江旱改水等区域水田中轮拖需求不断增长，用户要求产品具有轻量化、密封性、小转角、性能可靠等实用性较好的产品。冬麦区、西北等平作区域对中轮拖继续保持刚性需求。丘陵山区、设施农业、果园管理、中耕管理用户主要需要结构紧凑、功能齐全、农艺符合性较强的产品。

4. 出口产品性价比提高、互补性增强

我国大中型拖拉机出口主要面向东欧、非洲、拉美、北美及周边俄罗斯、中亚五国、东南亚、印度等国家和地区，随着发达国家经济缓慢复苏，以及世界新兴市场发展对农业重视不断加大投入，农机需求恢复增长。出口产品的需求特点是要适应出口国区域使用特点、农艺需求，具备较高性价比、可靠性、舒适性、操作便利性等特质。中国大中拖产品在发达国家具有一定的互补性，在发展中国家具有较高的性价比。渠道开拓、备件供应和售后服务推动中国产品持续获得订单。随着我国农机产品品质不断提升，开始形成中国制造影响力，越来越多的企业不断加快国际化发展步伐。

（五）2014年大中型拖拉机市场竞争分析

近年来我国大中拖市场由传统的价格主导向价值主导转变，低端、低效产品退出步伐加快，中高端产品及企业集中度稳步提升。我国大中拖市场主要由中国一拖、雷沃重工、东风农机、约翰迪尔、山东时风主导，市场占有率达到81%，同比下降3个百分点（见图14）。

2014年70马力以上大轮拖由中国一拖、福田重工、约翰迪尔占据前3名。前五家大轮拖企业市场占有率超过80%，市场集中度仍然较高，呈现紧密寡头的竞争格局。

25~70马力中轮拖由中国一拖、福田亘工、东风农机、约翰迪尔、山东时风占据前五位，五家的市场份额占到中拖总量的70.5%，表现为紧密寡头的竞争格局。目前中轮拖竞争强度激烈，各家市场集中度仍然偏低。中轮拖保持较快增长，不断有机械企业等进入该领域，竞争更趋激烈。我国的大中

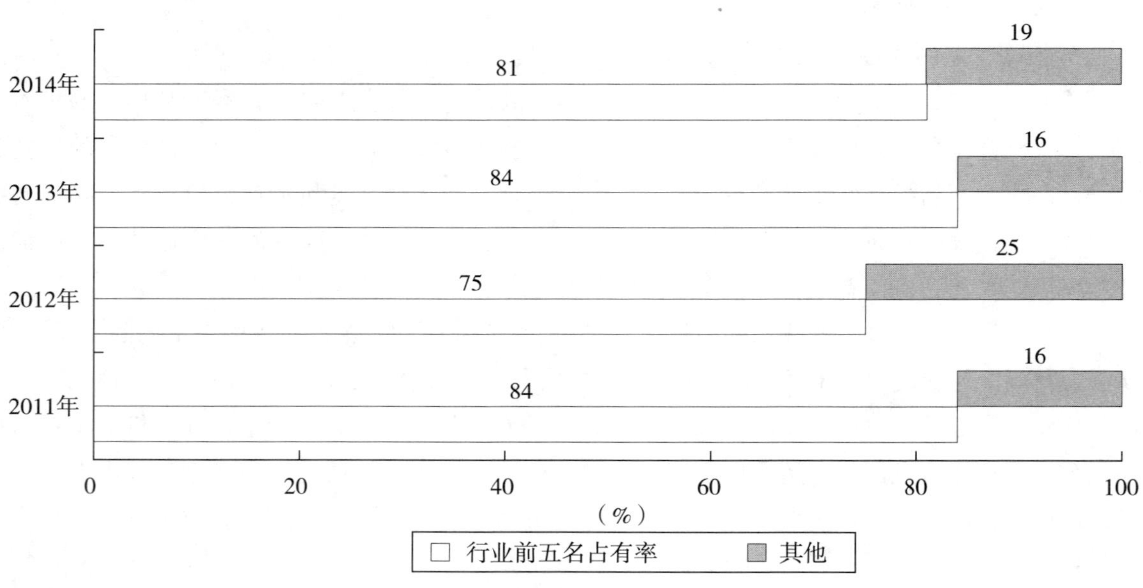

图 14　行业前五名市场占有率

拖市场行业不断洗牌，跨国公司和业界外企业不断进入，国内市场竞争呈现国际化产品竞争的特点。

传统的主导企业为巩固业已形成的竞争优势，在企业内部，持续优化资源，加速技术升级、品质提升、强化管理，强化核心竞争力；在企业外部，进行重组合作，加快产业和市场布局，谋求新的竞争支点。中国一拖、福田雷沃、东风农机等具有较强竞争力的企业集团，利用其强大的市场优势和健全的营销网络，加大对大中拖市场的竞争布局，拓展大中拖市场空间。中联重机、博马等新企业，以价格、服务、促销等差异化优势和宣传手段，全力提高产品销量。同时，世界前五大农机企业纷纷进入中国，加快国内市场布局，利用自身优势，实施研发、管理、人才的“本土化战略”，通过合资、独资等方式，快速抢占拖拉机高端市场并辐射中端市场，谋求中低端产品的“通吃”。

近年来，随着拖拉机市场的持续向好，大批企业与资金迅速涌入拖拉机行业，拖拉机生产企业及生产品种不断增加，处于生产能力过剩状态。

（六）2014 年大中型拖拉机典型区域市场分析

1. 大中型拖拉机市场需求地域性特点显著

从国内市场看，农机化水平较高省、自治区主要在黑龙江和新疆、冬麦区等农业大省和粮食主产区；冬麦区和东北、西北成为大中型拖拉机重要的目标市场，产品需求逐步向大型化、多功能、节能环保方向发展，产品多用于农田耕作，大中型拖拉机市场呈现出水田型、旱地型、丘陵型、果园型等产品需求分化的趋势。我国农机企业根据区域市场需求特点，结合企业制造资源形成的水田产品、旱田产品等已经形成专属的区域目标市场。

2. 大中拖区域市场需求特点

从我国拖拉机区域需求分布分析，我国大中型拖拉机需求主要集中在东北、西北区域；华东、华南区域同比出现增长（见图 15）。湖南、内蒙古、江苏、陕西、安徽等省、自治区同比增幅领先，新疆、吉林、黑龙江等传统需求大省出现负增长，影响区域市场需求变化的原因主要有：一是受中央及地方政府补贴政策影响，拖拉机补贴重点向四驱倾斜、大型倾斜，大中拖需求发生变化。如东北部分区域已经取消100马力以下大中拖补贴；水田区域取消45马力以下中拖补贴。2005—2014年我国大中型拖拉机补贴品牌及品种数量变化情况详见图16。二是受各省区农机综合机械化水平、农业种植结构和农艺的影响，对拖拉机需求的功率、功能、性能、配置等变化提出不同要求。三是拖拉机的更新换代和现代农业的需求，对拖拉机发展产生较大的影响。四是部分区域受自然灾害影响，用户购买能力下降。

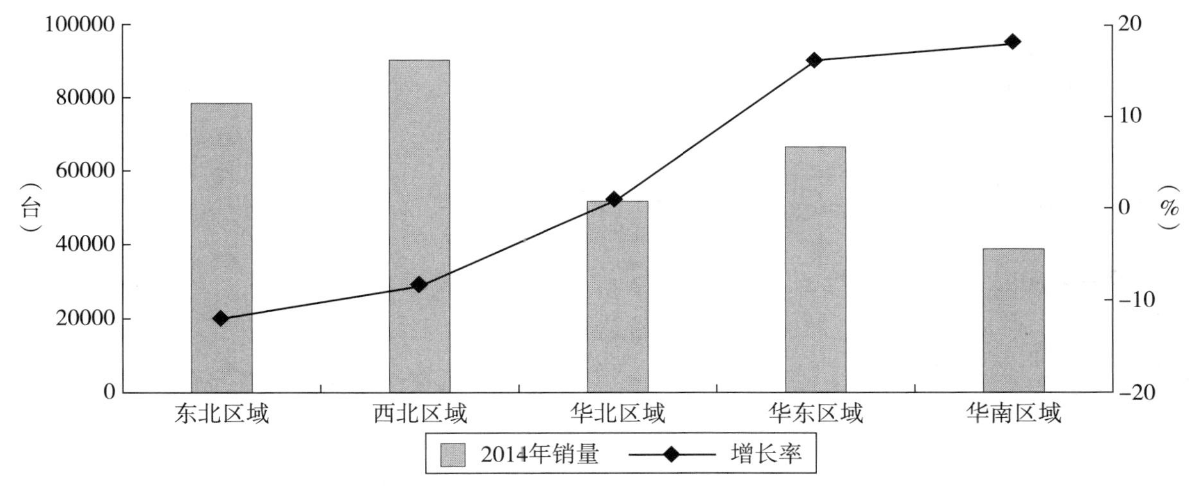

图15 2014年重要目标区域拖拉机销售情况

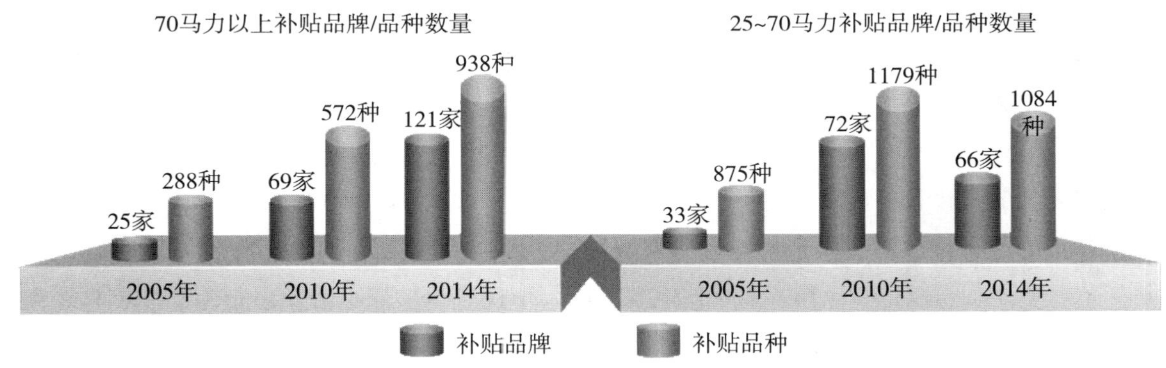

图16 2005—2014年我国大中型拖拉机补贴品牌/品种数量

70马力以上大轮拖目标市场主要在新疆、吉林、辽宁、内蒙古、黑龙江以及河北、山东、河南等省、自治区。东北、新疆、华南农场等用户需求功率上延到130～180马力。200马力及以上拖拉机目标市场在黑龙江现代农机合作社、农垦和建设兵团，该马力段产品受政策影响较大。用户更加注重动力换挡产品，多选择凯斯、约翰迪尔、中国一拖等品牌。河南、山东、河北、山西等农业大省大轮拖主要需求产品已上延到130马力。在产品升级上，东北、新疆垦区用户对大型高端拖拉机、动力换挡拖拉机等产品需求强烈。受社会保有量大、用户收益下降等因素影响，冬麦区市场接近饱和，两驱产品销量下滑；受补贴导向、深松作业、保护耕作政策、升级换代、经营导向的引导，四驱型产品需求呈现增长。

25～70马力中轮拖在东北、西北、冬麦区、水田区域等需求不断增长，需求向主机的性能优越、可靠性高、乘驾舒适等转变，四驱型轻量化、适宜南方耕作条件的紧凑型中轮拖增长很快。山区、丘陵、蔬菜和果园种植户对结构紧凑、功能齐全、适应农艺要求的中轮拖产品的需求量不断增加。中拖功率、性能的梯度升级更新，使功率需求呈现升级趋势。

3. 国际市场需求各区域表现不同

海外市场广阔，西欧、北美等高端市场的果园机、园艺机潜力巨大；发展中国家与欠发达国家中的拉美、东南亚、东欧、俄罗斯、中亚五国、非洲等对中低端产品有着较大的市场空间。欧美仍是重要农机市场，对北美和欧洲的出口比重缓步提升，对中小型中档次拖拉机有需求潜力。2014 年欧盟、美国拖拉机市场保持稳定的态势。

中国农业“走出去”战略带动农业装备出口，扩大与国内“走出去”农业企业的合作，为大型种植园提供解决方案是推动企业出口业务模式升级的有效途径。

（七）2014 年大中型拖拉机市场消费者特征分析

1. 用户结构变化加快，购机主体发生变化

随着农业专业化、标准化、规模化、集约化经营发展加快，种植专业户、农机经营专业户、农机合作社等得到了快速发展，购买能力不断增强。农机合作社作为农村专业性服务组织，经过近几年的发展不断扩大，涵盖了农机作业的全过程，农机化经营收入持续增高。

据国家农业部方面预测，2014 年我国农机合作社数量已经达到 4.7 万个，比上年增加 5100 多个，服务农户数超过 4500 万余户。目前把土地部分或全部流转给他人使用的农户接近 6000 万户，占全部承包农户总量的 26%。全国农村承包耕地流转面积达 3.8 亿亩，占承包耕地总面积的 28.8%。

2014 年农机大户、农机合作社购机占总量的比例在 38% 左右。随着国家政策的大力扶持，农机合作社、家庭农场所占购机比重越来越大，黑龙江现代农机合作社购置农机资金达到 50% 以上。河南、山东、河北农机合作社组织购置农机占用补贴资金在 40% ~50%，已经成为农机市场客户资源的重要组成部分。

从消费者构成变化看，农机合作社、农机大户、家庭农场群体逐渐崛起（见表 3）。受大轮拖产品补贴额下降、生产资料价格上涨及全额购机政策大面积实施等因素影响，用户购机成本增加。首先，随着国家农补政策的持续执行，用户购机紧迫性下降，拖拉机市场供求关系也将由卖方市场逐步向买方市场变化，用户购机过程中议价成为常态；其次，用户将产品经营能力和收益回报作为是否购机的主要因素；最后，由于拖拉机保有量巨大，作业期大幅缩短，用户对于产品可靠性和服务质量提出了更高要求。

表 3　农机用户结构变化一览表

	个体	农机合作社	农机大户	其他
2014 年（%）	50	25	13	12
2010 年（%）	86	8	4	2
变化（%）	-36	17	9	10

如图 17 所示，从购买方式看，经销商、老机手推荐成为首要选择，加强行销建设、客户维护成为企业的重要工作。服务态度、补贴激励成为用户考虑的重要因素，性能因素、厂家促销等因素影响降低。

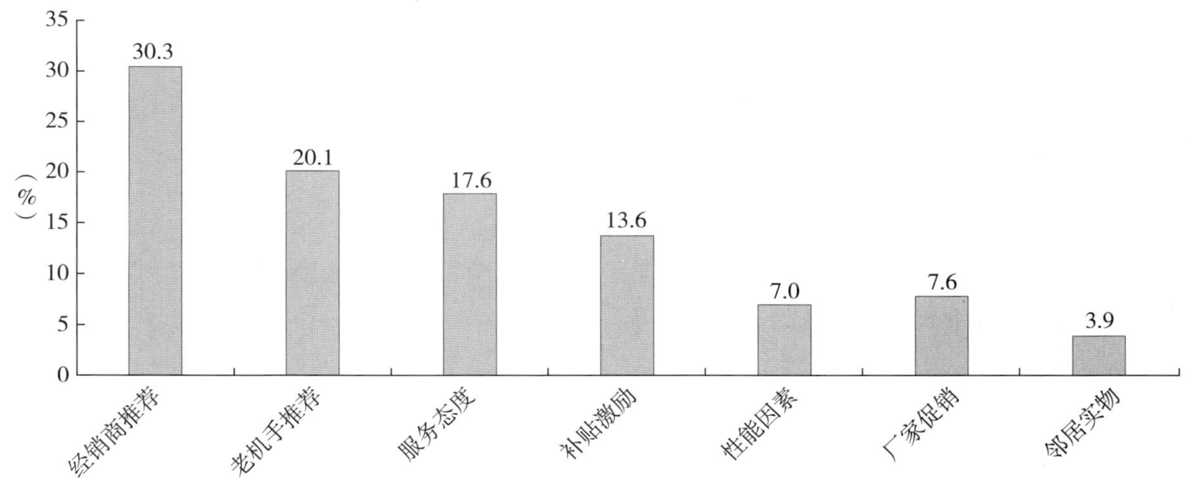

图 17　2014 年用户购买产品影响因素排名

2. 用户消费需求特征明显

用户购买农机产品，个体购买的中小型产品主要是自用，种粮大户、农机经营专业户、农机合作社等购买的大中型农机产品主要是自用和经营；农机合作社和农垦等购买的大型农机产品主要用于经营。

3. 用户产品选择关注的焦点发生变化

我国农机消费者主体消费理念发生变化，由过去的感性趋向理性选择。消费者购机更加关注的是舒适性和品牌，其次是价格，最后是售后服务（见图 18）。

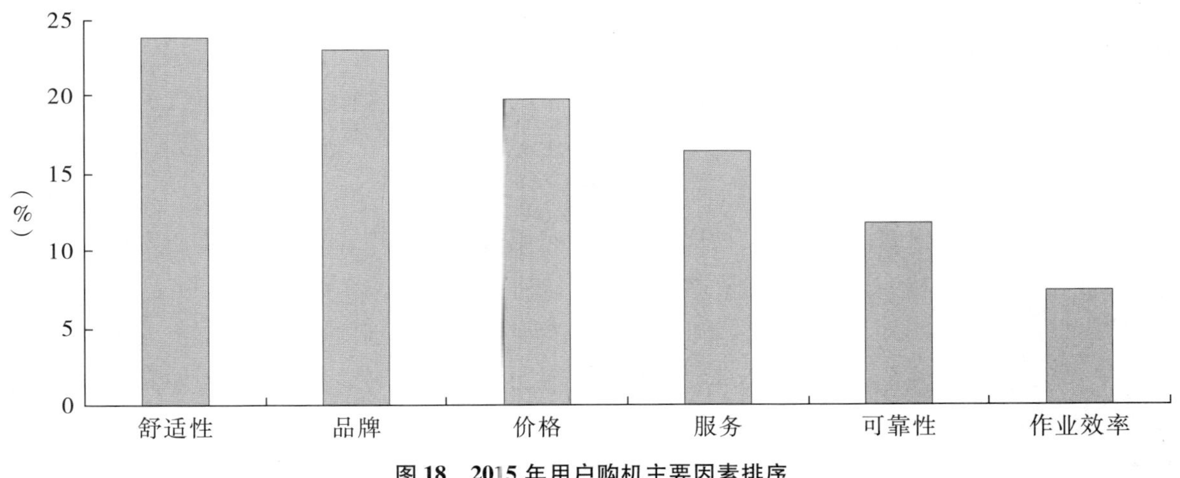

图 18　2015 年用户购机主要因素排序

（八）主要生产企业运营状况分析

据中国农机工业协会企业管理委员会 22 家规模拖拉机生产企业运行绩效显示，主要经济指标回落。一是销售规模缩小。2014 年大中型拖拉机共实现工业总产值 171.3 亿元，同比增长 13.8%；实现工业销售总产值 182.4 亿元，同比增长 14%。二是运行质量明显提升。大中拖制造企业年实现销售利润 30 亿元，同比降幅 8% 左右，利润降幅明显低于产品销售降幅。三是管理能力提升。农机企业通过管理提升、技术进步、优化产品组合、产销协同、管控库存、利用金融工具等手段不断提高企业适应市场的能力。

（九）2014 年大中型拖拉机市场价格走势分析

2014 年，从我国大中型拖拉机价格指数走势分析，基本面走势平稳，波动较小。大中型拖拉机已经进入品质竞争时代，大型拖拉机价格基本稳定，走势贯穿全年；中型拖拉机价格走出“V”形曲线，主要是由于年中各企业促销、价格竞争所致（见图 19）。

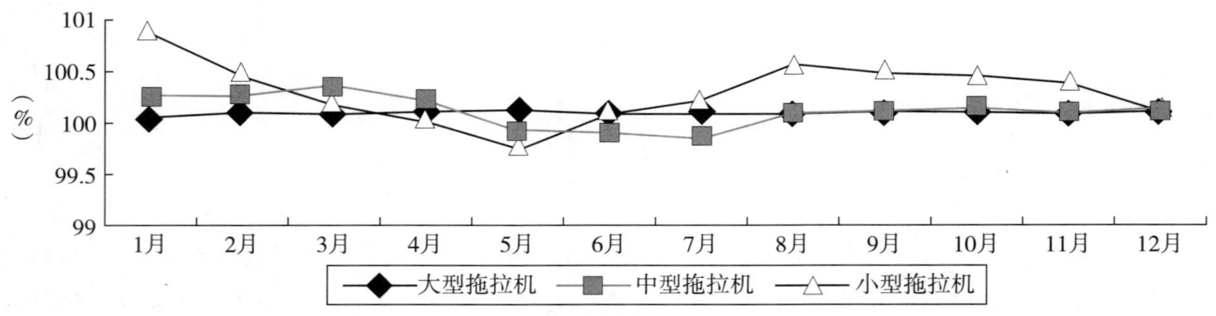

图 19　2014 年我国大中型拖拉机分月价格系数走势

（十）2014 年大中型拖拉机产品、技术发展趋势分析

2014 年，农机企业战略重组、产业转型、产品升级步伐加快，产品品质得到进一步提升。200 马力以上系列拖拉机动力换挡变速箱、拖拉机智能控制系统等拖拉机的关键技术得到不断丰富和完善；同步器制造技术成熟，市场份额得到拓展。

从大中型拖拉机产品、技术发展看，中国一拖、雷沃重工、东风农机、中联重机等大中拖企业在发达国家组建研发中心，着眼于全球市场中高端产品开发和关键技术，进行核心技术和专利战略布局，高起点进行高端农业装备的研发。

大轮拖方面，随着冬麦区两驱产品向四驱发展，区域内用户对产品的需求逐步向 120 马力以上产品转移。四驱产品受深耕、深翻、保护性耕作政策的拉动，在冬麦区市场需求增长强劲。中国一拖 90 马力、95 马力、150 马力动力换挡产品等得到用户高度认可。目前国内 100 马力以上大轮拖高端市场日益成熟，随着近几年政策的鼓励和引导，130 ~ 200 马力拖拉机市场需求具有较大空间，特别是在新疆兵团、东北农垦、内蒙古等市场，国内拖拉机产品的作业效果和可靠性得到了用户认可。在东北等国家粮食主产区，黑龙江旱田现代农机合作社主要需求 200 马力以上大轮拖。中国一拖已经掌握动力换挡核心技术，核心部件实现自制。

中轮拖方面，其动力匹配性、外接工作装置接口多、体积紧凑、通过性好，能满足多种农作需要，具有较高的性价比。尤其是 55 ~ 70 马力水田产品轻量化、防水等性能取得实质性突破。目前国内中轮产品的适应性、可靠性、操纵舒适性、特殊用途机型的开发等方面不断改进提升，同步器换挡、HST 传动技术、电液操纵技术等在中小功率拖拉机上的应用得到进一步增强，提高了国产中轮拖的整体技术水平。

二、2015 年大中型拖拉机市场展望

（一）2015 年大中型拖拉机需求预测

中国农业装备制造业在新常态下面临着加速转型升级和创新驱动问题的大环境下，受国内外经济环境复杂多变的影响，我国农业装备制造业整体趋势向好，有望呈现整体平稳、略有上升的趋势。大中型拖拉机市场发展机遇与挑战并存，整体上机遇大于挑战。预计拖拉机市场将会在高位运行，震荡调整。

影响 2015 年拖拉机市场的有利因素：

1. 宏观形势减速增效

我国经济发展进入稳中求进、结构调整、提质增效的“新常态”。正从高速增长转向中高速增长，经济发展方式正从规模速度型粗放增长转向质量效率型集约增长，经济结构正从增量扩能为主转向调整存量、做优增量并存的深度调整，经济发展动力正从传统增长点转向新的增长点。

2. 粮食安全更加突出

粮食安全成为基本国策的重中之重，中央提出了今年粮食产量要稳定在 1.1 万亿斤以上的战略目标。中央农村工作会明确提出必须实施以我为主、立足国内、确保产能、适度进口、科技支撑的国家粮食安全战略。要依靠自己保口粮，集中国内资源保重点，做到谷物基本自给、口粮绝对安全。更加注重农产品质量和食品安全，转变农业发展方式，抓好粮食安全保障能力建设。

3. 一号文件持续聚焦“三农”

2015 年中央一号文件继续聚焦“三农”，成为自 2004 年以来的第十二个“一号文件”。中央坚持把解决好“三农”问题作为全党工作重中之重，决定了我国农机市场政策红利依然会延续。

4. 政策红利持续给力

《全国高标准农田建设总体规划》，提出到 2020 年建成旱涝保收高标准农田 8 亿亩，将促进农机产品发展。国家将加大对专业大户、家庭农场和农民合作社等新型农业经营主体的支持力度，实行新增补贴向专业大户、家庭农场和农民合作社倾斜政策。中央财政继续安排 2340 万元财政资金补助农业标准化实施示范工作，在全国范围内，依托“三园两场”“三品一标”集中度高的县（区）创建农业标准化示范县 44 个。推动落实涉农建设项目、财政补贴、税收优惠、信贷支持、抵押担保、农业保险、设施用地等相关政策，帮助解决家庭农场发展中遇到的困难和问题。

5. 报废更新步伐加快

农机报废更新补贴标准按报废拖拉机、联合收割机的机型和类别确定。此举将促进农业机械更新换代，转变农机化发展方式，优化农机装备结构，提高农业机械技术水平和作业效率，促进农业机械化可持续发展。

6. 出口环境值得预期

由于我国农机产品具有较高的性价比，对发达国家有互补性，对发展中国家有较大的价格优势，为我国农机出口营造了较大的比较优势。2015 年农机出口将呈现稳健向上的特点，对整体农机市场的贡献率将进一步提高。

影响 2015 年拖拉机市场的不利因素：

1. 压力和挑战并存

2015 年国内经济形势面临来自国内外的多方面挑战，世界经济正处于深度调整之中，复苏动力不足，地缘政治影响加重，不确定因素增多，推动增长、增加就业、调整结构成为国际社会共识。我国经济下行压力还在加大，发展中深层次矛盾凸显。

2. 国际经济不确定性因素增多

发达国家经济增长乏力，新兴经济体和发展中国家通胀压力加大。人民币升值，导致出口利润缩水，增加生产企业出口压力。产品竞争力偏弱，产品结构有待继续优化。

3. 市场增量压力较大

部分区域大中型拖拉机正趋于饱和或已经饱和，局部存在保有量过剩，出现利用率显著下降的趋势。用户经营收益低于预期，会影响对拖拉机的内在需求。市场销量由高速增长阶段进入到高位调整、平稳发展期。

4. 补贴模式调整

全面实施全额购机的补贴模式，运营风险进一步加大。2015 年国家全面实施全额购机，但用户的购机习惯仍是差额购买，企业和流通环节仍需垫付补贴资金；流通环节与用户结算的矛盾，将会导致企业和流通环节补贴资金的风险加大。

5. 整体制造能力偏低

多数农机企业高端农机产品核心部件所需的液压、电控、传动、发动机等核心零部件依赖进口的问题，不掌握核心制造能力。中端产品同步器换挡核心部件制造仍未完全成熟。

6. 市场竞争加剧

先进适用农机装备和技术有效供给严重不足，低技术含量、低效率的农业机械还在大量应用，拖拉机行业技术同质化日趋严重，一线品牌企业选择品质竞争，延长服务期。二三线品牌企业选择低价竞争，市场竞争加剧。

大中拖主要用于耕整地，从全国机耕发展水平看，大中拖仍将保持一定的需求空间。预计，2015 年我国大中型拖拉机有望实现恢复性增长，实现 3.7% 左右的增长，达到 32 万台左右（见图 20）。其中，70 马力以上大轮拖在 12 万台左右，25～70 马力中轮拖在 20 万台左右。大中型拖拉机继续向大型化、广度化、成套化、智能化、精准化发展，技术升级与结构优化步伐进一步加快。

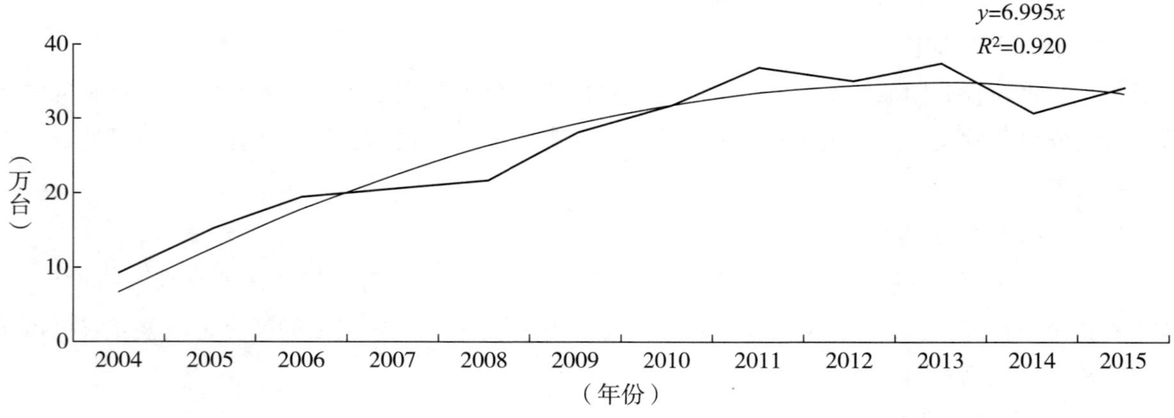

图 20　2015 年大中型拖拉机市场预测趋势

（二）2015 年大中型拖拉机市场竞争形势预测

我国农机市场在惠农政策支持下连续多年保持稳健发展的趋势。现阶段，农机行业正处于第二个黄金十年的发展机遇期，处于成长阶段。广阔的市场前景和发展空间使农机市场仍具有较大的发展空间。

政策环境持续向好，农机购置补贴持续拉动中国农机市场。国内外农机企业纷纷看好这一市场，不断加大资金、技术、人才、营销等资源要素的投入。农机企业将围绕补贴项目销售和终端需求，不断加大市场竞争力度。为摆脱产品同质化带来的激烈市场竞争，国内产品升级步伐加快，低端低效产品将加快退出，中高端系列化产品不断推出，为用户提供最佳的产品解决方案。为拓展更多的市场份额，一些企业将结合不同地域、农艺特点和城乡建设需要，开发更多个性化和差异化的产品，占领细分市场，开辟新的“蓝海”市场。在企业营销上，由传统的产品、价格竞争向以体系为支撑的全套解决方案的现代竞争模式转变，客户成为企业价值的传递者和拥有者，信息引导、体系支撑、系统对抗、精兵作战将成为新的竞争特点。在渠道建设上，向专营店、品牌店方向发展，更加关注渠道的管理标准和下沉力度。

在国家政策鼓励和中国农机企业发展壮大的背景下，企业整合、集聚步伐加快。资源整合、品牌整合成为企业应对挑战、发展壮大的一种趋势。

示范农场、家庭农场、农机合作社等新型客户群体发展壮大将给企业传统的营销模式变革带来新的机遇；国内企业的国外市场开拓力度加大，趋向理性化发展。

跨国农机公司加快中国市场战略布局。约翰迪尔、凯斯纽荷兰、爱科、久保田等国际著名农机企业相继建立并形成新的产品链、供应链、营销链的布局，占据资本、管理和品质的领先优势，开始抢占中国农机中高端市场。我国农机市场的竞争呈现出“国内竞争国际化”的特征。

预计，2015 年大轮拖市场前五家企业总体销量不会出现大的变化，集中度格局继续维持，整体市场保持稳定。中轮拖竞争更趋激烈，部分企业产业位势会发生改变，将有新的企业加入第一方阵。

（三）2015 年大中型拖拉机典型区域市场分析与预测

西北、东北、冬麦区是我国大中型拖拉机重要的目标市场。东北、西北、南方等区域市场粮食主产区在粮食增产规划、农机化快速发展、补贴政策影响下，具有一定的增量空间。

东北、新疆、兵团及农垦仍然是四驱大轮拖的主销市场；冬麦区由于近年来大中轮拖高速增长，社会保有量激增，由原来的刚性需求向柔性需求转变，市场发展由增量拉动向优量带动转变，受国家深耕、深松政策的带动，四驱产品将会逐步成为未来需求趋势。

西北、冬麦区、南方水田、东北水田等用户对中轮拖需求不断增长，需求特征更偏向于主机的性能、可靠性、舒适性等方面。山区、丘陵、蔬菜和果园种植对结构紧凑、功能齐全、适应农艺要求的中轮拖产品需求量不断增加。国家政策会促进丘陵山地区域的农机化发展，将激发这些区域潜在的市场需求。

（四）2015 年大中型拖拉机产品、技术发展趋势

我国大中马力轮拖产品品质不断提升，谱系逐步完善。不断融合先进设计和制造技术，关键技术

与装备、加工成套技术装备等取得实质性突破，推动拖拉机产品向中高端、功能化、智能化方向稳步发展，满足用户的需求。

大轮拖方面，受惠农政策、土地集中和经营需求的影响，用户功率需求增大。大轮拖整体市场需求仍主要集中在70～100马力；受补贴倒挂影响，120～130马力将会继续增长；130马力以上产品需求受政策拉动和刚性需求影响，仍具有较强的增长动力，其中，200马力以上拖拉机受现代农机合作社建设力度影响较大。同步器换挡拖拉机市场比重增加，动力换挡成为产品发展的主要趋势。

中轮拖方面随着产品功率段上延，25～30马力、30～40马力中轮拖有望继续保持增长；40～50马力、50～60马力产品受水田拖拉机需求影响，将有一定的增量。60～70马力段销量继续下滑。受农艺要求、种植结构、地形限制等因素限制，受农艺、园艺等因素影响，果园型、高地隙、宽/窄轮距、带爬行挡等特种需求将会是今后中拖发展的新的亮点。

拖拉机产品出口将实现四个转变。一是产品结构逐渐以中小型、中低端为主向大中型、中高端过渡发展。二是由价格主导的数量竞争向品质主导的价值竞争转变。三是由传统的非发达国家出口为主逐步向发展中、发达国家转变。四是由传统的出口贸易模式向国际化经营转变，企业国际化渠道与服务网络、品牌建设加快。

拖拉机技术发展趋势表现为：一是整机可靠性不断提高。发动机、传动系统、液压系统、电器系统和其他底盘部件的可靠性技术进一步发展。二是新材料、新工艺得到广泛应用。主要以工程塑料、奥贝球铁、蠕墨铸铁等新材料在拖拉机上的应用范围增大。水田拖拉机轻量化设计和制造技术将得到稳步提高。三是传动系技术日臻成熟。实现机械传动、动力换挡、无级变速模块化多种配置，其中，国内同步器换挡取代啮合套换挡步伐进一步加快；动力换挡、动力换向技术将得到有效应用，开始无级变速的应用研究；同步器换挡、HST传动技术、电液操纵技术等，将在中小轮拖产品上进一步发展和应用。四是国内电控悬挂将进一步扩大应用范围，闭心负荷传感液压技术将得到进一步应用。五是驾驶室安全性、密封性、舒适性进一步改善，噪声降低，悬架技术广泛应用，人机环境更加和谐。六是拖拉机产品进一步向控制智能化、操作自动化发展。与精确农业及农艺需求相适应，采用地理信息系统（GIS）、遥感技术（RS）与全球卫星定位系统（GPS）等高新技术的拖拉机得到广泛普及。

（五）2015年大中型拖拉机市场价格走势分析

农机企业是钢材消耗大户，由于铁矿石价格低迷，预计2015年钢材、原材料等价格稳中有降，拖拉机制造成本将相对降低。由于一些机械企业进入农机领域，二三线企业的价格策略，市场竞争进一步加剧。预计，2015年拖拉机产品价格将稳中有降。150马力以下动力换挡拖拉机、同步器换挡拖拉机、轻量化水田型拖拉机批量进入目标市场，将取代部分传统拖拉机市场，价格战在不同区域展开已经不可避免，给企业竞争增添了较多变数。

（中国一拖集团有限公司　寇海峰、王超安）

大中型拖拉机市场运行与预测

一、2014 年大中型拖拉机市场运行

近几年，大中型拖拉机市场在补贴政策拉动下，连续多年保持高位运行，市场保有量快速增加，到 2014 年全国大中型拖拉机市场保有量达到 557 万台左右，从近几年的销量走势看，大中型拖拉机市场已进入存量结构调整期，虽然市场销量保持高位运行，但年度需求波动明显，结构调整以及技术升级需求开始显现。

2014 年农机购置补贴资金进一步增长，达到 237. 5 亿元（见图 1），但大中型拖拉机市场需求不增反降，全年销售 30 万台，销量同比下降幅度超过 10%（见图 2），市场销量与补贴资金再次出现背离，这一现象说明，大中型拖拉机市场依靠补贴资金的增量拉动市场需求的力量不断减弱，也说明大中型拖拉机市场刚性需求在不断下降。

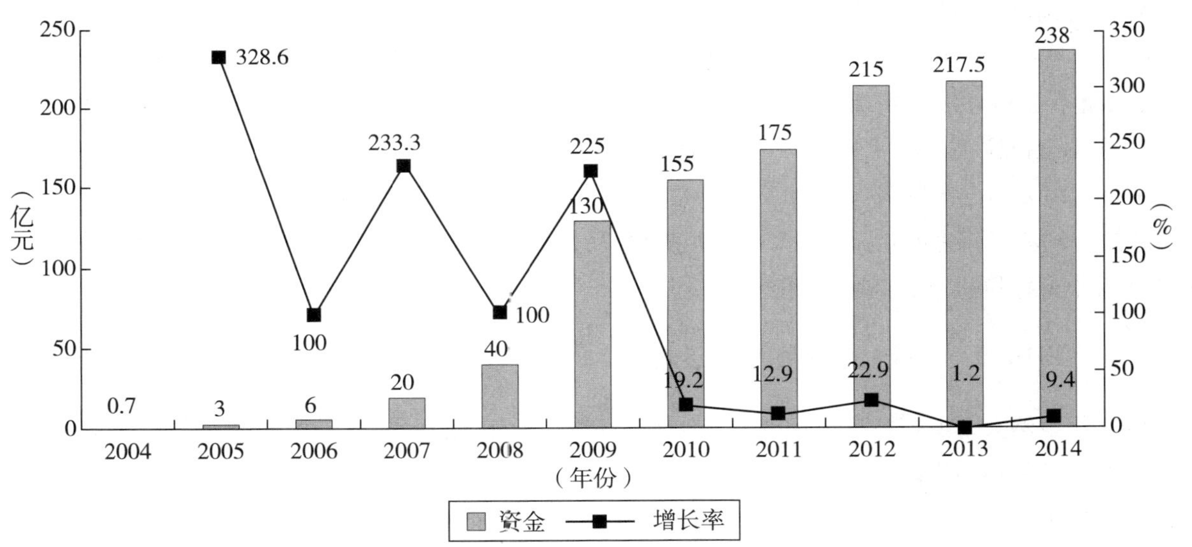

图 1　2004—2014 年农机购置补贴资金变化情况

（一）影响 2014 年大中型拖拉机市场需求的主要因素

1. 客户收益不足，购买力下降

2013 年西北区域（主要为新疆）棉花等经济作物价格较低，种植成本却不断上升，导致农民收益下降；黑龙江地区受春涝影响，玉米大幅减产，部分地区甚至绝产，导致农民收益大幅下降，严重影

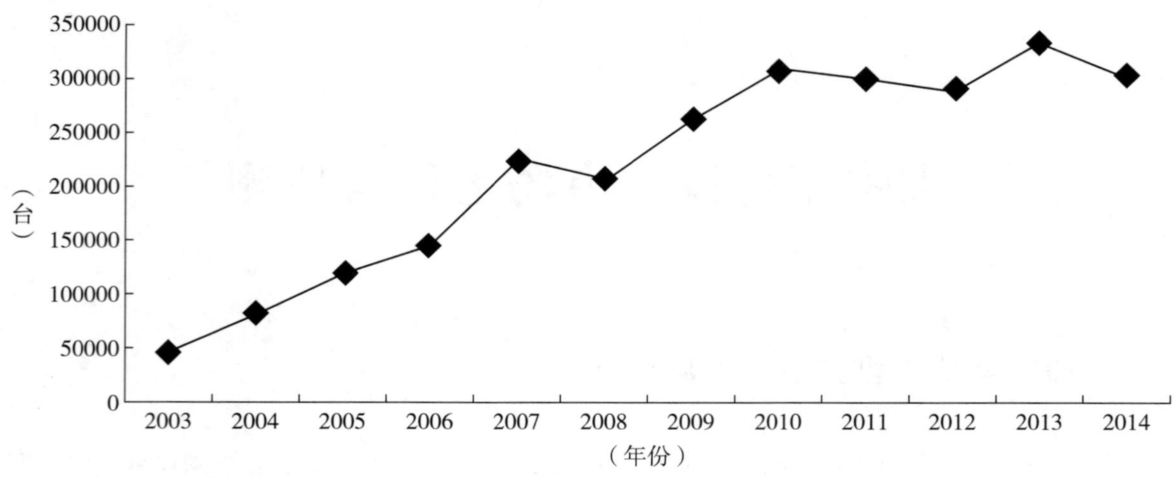

图 2　2003—2014 年大中型拖拉机市场销量走势

响了客户的购买力。黑龙江和新疆市场成为大中型拖拉机市场的两大主力需求市场，受客户收益下降、购买力不足影响，2014 年市场需求出现明显下降。

2. 补贴政策调整，抑制市场需求

2014 年全额购机政策开始全面实施，个别地区客户对此还不适应，导致购机意愿下降。与此同时，局部地区补贴额度下调，对市场需求的抑制作用较明显，如吉林地区 40 马力以下拖拉机补贴取消，而本地区市场需求大部分集中在该马力段，受此影响市场需求大幅下降。

3. 部分地区市场趋于饱和，刚性需求下降

中原区域市场前期销量增长较快，近两年由于作业形式单一化，客户收益不断下降，导致刚性需求明显不足，需求主要以更新换代为主，原来的 70 ~ 100 马力客户群升级购买 100 马力及以上产品，2014 年在小型拖拉机客户需求升级至中型拖拉机的拉动下，中型拖拉机市场需求较好，致使总体销量趋于平稳。南方两湖区域 2013 年市场需求达到峰值，2014 年需求出现明显下降，市场需求也呈现明显的更新换代趋势，原来的 45 马力、50 马力及 55 马力四驱客户升级至 70 ~ 90 马力四驱产品。图 3 为 2014 年大中型拖拉机市场区域销量变化情况。

（二）2014 年大中型拖拉机市场运行特征

2014 年虽然大中型拖拉机市场销量出现明显下降，但市场运行特征较为明显，主要体现为：

1. 补贴实施相对较晚

2014 年虽然首批资金在 2013 年年底下发，但各省补贴实施进度并未提前，反而相对 2013 年更晚，导致农民前期持币观望，后期集中提机，对企业的供货能力带来一定的压力。

2. 结构调整

在土地流转、地方政策调整以及深松、深耕政策推动下，100 马力以上大型拖拉机的销量出现小幅增长，结构比重明显提升，同时四轮驱动高附加值产品占比进一步提升。

3. 客户需求升级

在外资品牌高端产品的引导下，客户对同步器换挡产品和动力换挡产品的认知越来越高，黑龙江农垦、新疆兵团以及合作社等购买力较强的大客户需求升级尤为明显。

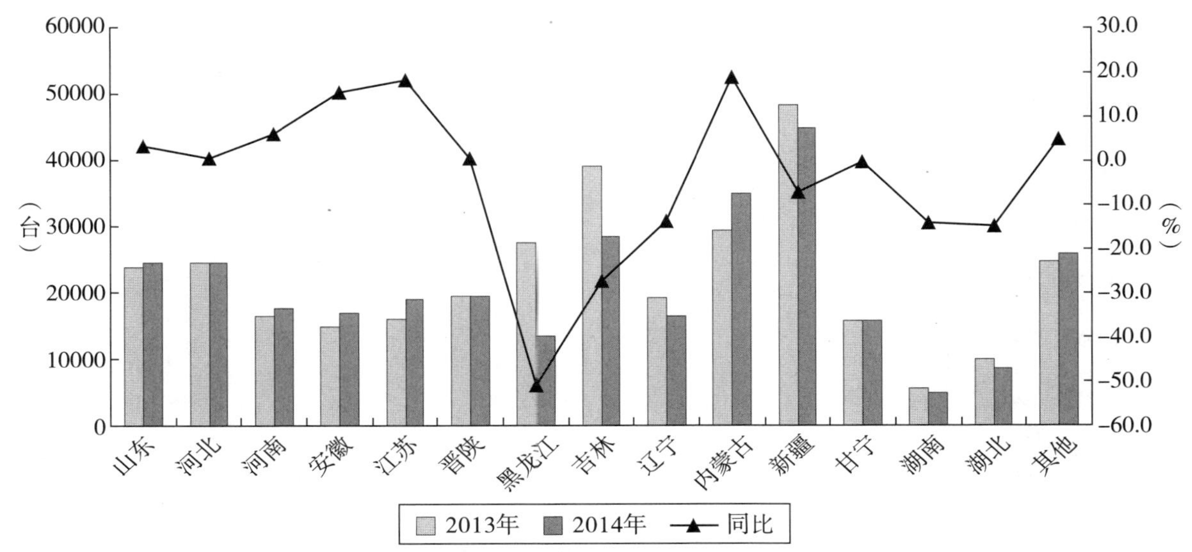

图3 2014年大中型拖拉机区域销量变化情况

4. 农民购机更加理性化

农机补贴已成为常态化，冲动型购机客户大幅减少，同时随着大中型拖拉机市场保有量的增长，导致作业时间缩短，作业收益下降，使得农民对大中型拖拉机投资的积极性下降，从而购机心理更加理性，他们对产品的价格、品质、功能、性能以及企业服务能力等综合指标关注度较高。

5. 国内企业产品升级

随着客户需求的不断升级，客户对产品的功能和质量的要求越来越高，国内大中型拖拉机生产企业不断推出高端产品及专用型产品，如同步器产品和动力换挡产品、低矮型国林拖拉机、水田专用轻型拖拉机等。

二、2015年大中型拖拉机市场形势预测

（一）补贴政策红利持续向好

2015年农机购置补贴首批资金达到209亿元，较去年首批资金大幅增长，预计全年资金总量将明显高于2014年全年。从资金分配来看，资金重点向农业大省以及往年资金匮乏的省份倾斜，资金分配更加合理化，这将对大中型拖拉机市场起到积极的促进作用。

（二）从业务生命周期判断

自2004年农机购置补贴实施以来，大中型拖拉机市场年度需求呈现快速增长，到2010年年度销量突破30万台，而后出现连续调整两年，2013年再次突破新高，2014年在诸多因素影响下，年度销量出现明显下降。从近几年销量走势看，大中型拖拉机市场已进入成熟期，高速增长难以再现，除非补贴政策出现重大调整。2015年，预计整体市场容量在28万台，同比继续小幅下降（见图4）。

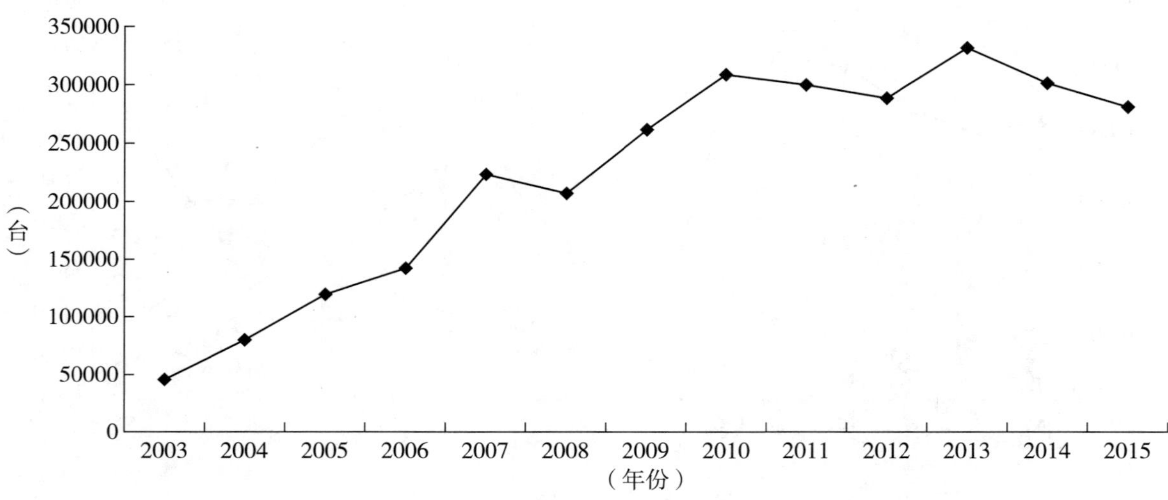

图4　2014年大中型拖拉机市场销量预测

（三）更新需求代替刚性需求

随着保有量的快速增加，部分地区市场已接近饱和，刚性需求快速下降，更新需求升级开始凸显。

（四）客户需求持续升级，结构调整依然是主线

2015年大中型拖拉机市场总量不仅将出现小幅下降，产品结构调整也会出现明显变化。近几年，土地流转政策呼声较高，农业部对深松、深耕等保护性耕作模式推广，合作社、家庭农场及农机大客户的崛起，以上这部分客户对大马力、高效率产品需求迫切，势必拉动100马力以上大型拖拉机市场需求。

（福田雷沃重工农业装备事业部　周洪信）

小型拖拉机市场回顾与展望

本文所指的小型拖拉机，是指配套动力在25马力（不含）以下的拖拉机，广义的应该包括小四轮拖拉机（含25马力以下直联式轮式拖拉机、皮带传动四轮拖拉机包括25马力以上的产品）、手扶拖拉机、微耕机、耕整机、田园管理机、运输型拖拉机等产品。据国家统计局提供的资料表明，2011年我国共生产大中型拖拉机40.2万台，同比增长19.3%；生产小型拖拉机237.5万台，同比增长5.1%。2012年共生产大型拖拉机（配套动力大于等于73.5kW）56004台，同比增长42.44%；生产中型拖拉机（配套动力为18.4～73.5kW）407266台，同比增长10.68%；生产小型拖拉机（配套动力小于18.4kW）178.72万台，同比下降13.2%。2013年生产大型拖拉机63255台，同比增长12.9%；生产中型拖拉机521309台，同比增长28%；生产小型拖拉机193.64万台，同比增长8.3%。2014年生产大型拖拉机69876台，同比增长6.6%；生产中型拖拉机573840台，同比下降9.3%；生产小型拖拉机167.8万台，同比下降13.9%。2015年1—3月共生产大型拖拉机17445台，同比增长22.5%；生产中型拖拉机162941台，同比下降10.2%；生产小型拖拉机36.3万台，同比下降16.9%。

本文所指的小型拖拉机主要包括前面两种产品，即小四轮拖拉机（含直联式轮式拖拉机，皮带传动四轮拖拉机）、手扶拖拉机。

一、2014年小型拖拉机市场回顾

（一）2014年小型拖拉机市场发展环境分析

我国从2004年开始实施农机购置补贴政策已经11年，补贴总额从2004年的7000万元发展到2014年的237.5亿元，其中，小型拖拉机也享受或部分享受了农机购置补贴政策，这促进了小型拖拉机行业和市场的发展。

1. 手扶拖拉机补贴政策

2011年农业部和财政部联合出台的《2011年农业机械购置补贴实施指导意见》明确，我国在丘陵山区和血防区实施手扶拖拉机的补贴，从8马力开始补，小于12马力的每台补1300元、12马力手扶拖拉机单台补1600元、15马力手扶拖拉机单台补1700元；按补贴政策规定，血防区的单台补贴额度可以提高到50%。在补贴实施过程中，各地根据实际情况进行适当调整，如江西省2011年度血防区手扶拖拉机的单台补贴额度为3000元/台（含配套旋耕机），非血防区的单台补贴额度为2200元（含配套旋耕机）。

根据农业部和财政部出台的《2012 年农业机械购置补贴实施指导意见》，手扶拖拉机单台补贴额度的变化情况不大，2012 年 8 ~ 12 马力手扶拖拉机单台补贴 1300 元，与 2011 年持平；12/15 马力手扶拖拉机单台补贴 1600 元；2012 年新增了 11 ~ 15 马力直联传动手扶拖拉机，单台补贴 3000 元，该产品主要销售地区为广东、海南等区域性市场，这是一个政策利好。另外，各地手扶拖拉机补贴政策的差异也越来越大，如河南省规定，手扶拖拉机仅限于 17 个山区县和 26 个丘陵县进行补贴；再如江西省 2012 年手扶拖拉机补贴的单台额度有所降低，血防区手扶拖拉机的单台补贴额度为 2700 元/台（含配套旋耕机），非血防区的单台补贴额度为 2100 元（含配套旋耕机）。

根据农业部和财政部出台的《2013 年农业机械购置补贴实施指导意见》，手扶拖拉机单台补贴额度没有变化，2013 年 8 ~ 12 马力手扶拖拉机单台补贴 1300 元，12/15 马力手扶拖拉机单台补贴 1600 元，11 ~ 15 马力直联传动手扶拖拉机单台补贴 3000 元。但各省手扶拖拉机的补贴额度有较大差异，如吉林省手扶单台只补 900 元，江西省血防区单台补 2450 元（含旋耕机），而非血防区单台补 2050 元（含旋耕机）等，给手扶拖拉机的补贴销售带来一定的影响。

2014 年全国手扶拖拉机单台补贴额度统一调整为 1350 元/台，江西省血防区单台补 2450 元（含旋耕机），而非血防区单台补 1950 元（含旋耕机），吉林省取消了手扶拖拉机的补贴，这种补贴额度的微调将会给市场带来一定的变化。

2. 小四轮拖拉机补贴政策

小四轮拖拉机补贴政策方面，2011 年 20 ~ 25 马力的直联式轮式拖拉机单台补 7000 元。尽管我国明确皮带传动拖拉机不在 2011 年中央财政补贴范围内，但一些省份考虑到实际使用情况，利用地方财政资金用于皮带传动小四轮拖拉机补贴。据不完全统计，2011 年我国对皮带传动小四轮拖拉机补贴的省份有：河北省单台补贴 4200 元；四川省对皮带传动小四轮运输型单台补 3500 元，全能型小四轮单台补 9500 元；内蒙古对 200/240 型小四轮拖拉机单台补贴 4300 元，对 244 型小四轮拖拉机单台补贴 5200 元；山西省单台补贴 4000 元；重庆市单台补贴 2300 元；甘肃省单台补贴 3000 元。这些补贴政策也促进了这些区域小四轮拖拉机市场的发展。

2012 年小四轮产品的补贴政策有了一些微调，20 马力以下直联式拖拉机不再是国家通用类产品目录，20 ~ 25 系列两驱拖拉机由 2011 年单台补贴 7000 元下调为 6500 元，25 马力以下四轮驱动小四轮单台补贴 7700 元。与此同时，对皮带传动小四轮拖拉机进行补贴的省份越来越少，而且即使有补贴，单台的补贴额度也有所降低，这对于小四轮拖拉机市场来讲是一个压力，四川、山西、重庆等省、直辖市 2012 年取消了小四轮拖拉机的补贴；内蒙古 2012 年 200/240 型小四轮拖拉机单台补贴为 3400 元，比 2011 年单台补贴 4300 元减少 900 元，244 型小四轮拖拉机单台补贴为 5200 元，与 2011 年持平；仅甘肃 2012 年小四轮单台补贴 3000 元，与 2011 年持平。

2013 年和 2014 年 25 马力以下直联式拖拉机的补贴政策保持不变，但皮带传动小四轮补贴的省份也越来越少，如内蒙古取消小四轮拖拉机的补贴。

2012 年我国新增农机更新报废补贴，当年我国小型拖拉机保有量为 1797.2 万台、大中型拖拉机保有量为 485.2 万台。2012 年 9 月，农业部、财政部、商务部联合出台了《关于印发〈2012 年农机报废更新补贴试点工作实施指导意见〉的通知》。2012 年，在山西、江苏、浙江、安徽、山东、河南、新疆、宁波、青岛、新疆生产建设兵团、黑龙江省农垦总局等区域启动农机报废更新补贴试点，总的资金规模为 15 亿元。通知要求各有关省（区、市、兵团、农垦）要科学合理地确定本辖区内农机报废更新补贴试点县（区、场）的投入规模，重点向农机保有量较大、农机作业量较多的县（区、场）倾斜。根据《拖拉机禁用与报废标准》（GB/T 16877—2008），小型拖拉机报废年限为10年。更新报废补贴的具体标准如下：皮带传动的手扶拖拉机报废更新每台补贴500元，直联式手扶拖拉机报废更新每台补贴800元，20马力以下小型拖拉机报废更新每台补贴1000元。该政策的实施对2012年、2013年小型拖拉机市场有一定的拉动作用，尤其是在没有小型拖拉机补贴的区域起到一定的拉动作用。这一政策2014年保持延续。

（二）2011—2014年小型拖拉机市场发展现状分析

1. 手扶拖拉机市场

手扶拖拉机一直是我国传统的农机产品之一，生产的时间可以追溯到20世纪60年代，使用的时间长达半个多世纪，也是目前保有量最大的农机产品之一，保有量超过1000万台。目前约有手扶拖拉机生产企业100多个（可以统计到数据的是122个企业），年生产能力在150万台左右。

2014年手扶拖拉机市场比2013年有较大幅度的下降。机械工业拖拉机行业统计学会提供的资料表明，2011年7个手扶拖拉机生产企业共实现工业销售产值24.17亿元，同比20.44亿元增长18.26%；生产手扶拖拉机882838台，同比818144台增长7.9%；实现销售889304台，同比806803台增长10.2%，呈现稳定增长的态势。2012年手扶拖拉机市场则有较大下降，据统计，2012年行业实现销售产值14.64亿元，同比下降39.4%；生产手扶拖拉机594753台，同比下降32.6%；销售手扶拖拉机588679台，同比下降33.8%。2013年手扶拖拉机行业销售产值19.2亿元，同比增长48.9%；生产手扶拖拉机580756台，同比增长7.7%；销售手扶拖拉机571200台，同比增长6.4%。2014年生产手扶拖拉机376674台，同比下降35.1%；销售手扶拖拉机373664台，同比下降34.6%。由此可见，2014年手扶拖拉机市场与2013年相比下降幅度较大，从数据可以看出，这几年手扶拖拉机的市场呈现逐年下降的发展态势，2014年的市场总量只有2011年的一半还不到。

2. 小四轮拖拉机市场（含部分25马力以上皮带传动小四轮）

小四轮拖拉机也是有中国特色的农机产品之一，皮带传动的小四轮拖拉机开发于20世纪80年代，一度曾是遍及全国的畅销产品之一，也是保有量较大的产品之一，目前年生产能力在100万台以上，但目前批量生产的企业并不是太多（可以统计到数据的是127个企业）。

2014年小四轮拖拉机市场持续下滑。根据机械工业拖拉机行业统计学会提供的资料，2011年10个小四轮拖拉机行业实现工业产值44.38亿元，同比36.86亿元增长20.4%；生产小四轮拖拉机386827台，同比355006台增长8.96%；实现销售384309台，同比353118台增长8.83%，呈现了稳定增长的态势。2012年小四轮行业实现销售产值45.57亿元，同比增长3.1%；生产小四轮拖拉机356080台，同比下降7.3%；销售小四轮拖拉机355828台，同比下降6.8%。2013年小四轮行业实现销售产值44.13亿元，同比下降6.1%；生产小四轮拖拉机328526台，同比下降7.4%；销售小四轮拖拉机331866台，同比下降6.4%。2014年生产小四轮拖拉机274076台，同比下降16.5%；销售小四轮拖拉机274970台，同比下降17.1%。由此可见，2014年小四轮拖拉机市场在2013年有所下降的情况下继续呈现稳定下降的态势，市场已经从2012年起连续3年下降。

（三）2011—2014 年小型拖拉机市场基本特征

1. 小型拖拉机分季度市场特征

2011 年小型拖拉机的市场高开走低，在高位增幅逐季下滑。从国家统计局提供的统计资料分季度来看，2011 年生产小型拖拉机 237.5 万台，同比增长 5.1%，其中，一季度生产小型拖拉机 59 万台，同比增长 13%；二季度生产小型拖拉机 72.2 万台，同比增长 8.2%；三季度生产小型拖拉机 53.2 万台，同比增长 3.6%；四季度生产小型拖拉机 53.19 万台，同比下降 4.3%。2011 年的增长率由一季度的增长 13% 到四季度的 -4.3%，2011 年小型拖拉机市场走出了一波高开之后逐季走低的行情。

2012 年小型拖拉机市场的发展呈现前低后高、逐步回升的波浪形态势。2012 年共生产小型拖拉机 178.7 万台，同比下降 13.2%，其中，一季度生产小型拖拉机 41 万台，同比下降 11.4%；二季度生产小型拖拉机 46.2 万台，同比下降 2.9%；三季度生产小型拖拉机 42.7 万台，同比下降 35.8%；四季度生产小型拖拉机 48.8 万台，同比增长 7.3%。从统计数据来看，2012 年平均每个季度的产量均在 40 多万台，而且发展并不平衡，呈现波浪式的运行轨迹，即一季度下降，二季度降幅有所减缓，三季度则出现了较大幅度的下降，四季度则呈现了增长的态势（由于 2012 年与 2011 年统计口径有区别，因此数据上有一些出入）。

2013 年小型拖拉机市场总体回暖。2013 年共生产小型拖拉机 193.6 万台，同比增长 8.3%，其中，一季度生产小型拖拉机 46.3 万台，同比增长 10.2%；二季度生产小型拖拉机 51.8 万台，同比增长 7.5%；三季度生产小型拖拉机 45.1 万台，同比增长 0.9%；四季度生产小型拖拉机 50.7 万台，同比增长 15.8%。从数据来看，全年每季每月均保持增长，季度之间产量的差异也不大，这说明市场平稳发展均衡。由于 2012 年前三季度均出现生产下降的情况，可以视为 2013 年小型拖拉机市场总体回暖。

2014 年小型拖拉机市场持续低迷。2014 年 131 个企业共生产小型拖拉机 167.8 万台，同比下降 13.9%，其中，一季度生产小型拖拉机 44 万台，同比下降 6.9%；二季度生产小型拖拉机 42.8 万台，同比下降 17.2%；三季度生产小型拖拉机 38.9 万台，同比下降 15.8%；四季度生产小型拖拉机 41.2 万台，同比下降 18.2%。从数据来分析，全年每个季度都在下降，除一季度降幅低于 10%，其余每月、每季的降幅都在两位数，而且每个季度的产量均低于上年同季，可以看出，2014 年小型拖拉机市场整体低迷。

2. 手扶拖拉机市场特征

2014 年手扶拖拉机市场总体下降较大。不仅仅从产销数据看，从全国农机产品订货会的手扶拖拉机参展企业的情况来看，也充分说明了这一点。2014 年参加武汉全国农机产品订货会的手扶拖拉机生产企业 51 个，但展出的样机仅 298 台，参展产品中包括适应丘陵山区用的山地式手扶拖拉机、履带式手扶拖拉机；2013 年参加青岛全国农机产品订货会企业 44 个，参展样机 390 台；2012 年参加沈阳全国农机产品订货会的企业 42 个，参展样机 306 台；2011 年参加郑州全国农机展的手扶拖拉机企业数共计 67 个，参展样机 419 台。从这几年的参展企业数量来看，基本稳定，但从参展的样机来看，下降的幅度较大，这基本上也体现了近几年手扶拖拉机市场的基本特征。

农机购置补贴政策仍是手扶拖拉机市场发展的主要驱动力之一，手扶拖拉机是我国农机购置补贴通用类产品，在丘陵山区和血防区进行补贴。据不完全统计，2011 年全国共有 25 个省市区对手扶拖拉机进行了补贴，总量超过了 36 万台，约比 2010 年增长 5%；2012 年全国 25 个省市区对手扶拖拉机进行补贴，总量达42万余台，比2011年增长16.7%，2012年补贴数量增长的一个很重要原因，就是由于2011年一些省份采取全额购机的方式，因此，对前期未补贴产品应补尽补；2013年由于多种原因作用，全国24个省市区补贴手扶拖拉机31万余台，同比下降25.6%，比2012年少补10多万台；2014年全国21个省市区补贴手扶拖拉机21万余台，同比下降33.3%，值得一提的是，2014年除陕西外其他省份手扶拖拉机补贴数量都是下降的。

从主要销售品种来看，水田、血防区以121/151型手扶拖拉机为主，如江西、安徽、湖南、西北等地区域；而丘陵山区则以81/91/101型手扶拖拉机产品为主。从全国农机产品订货会参展的品种数说明了这一点。据不完全统计，2009年参展的101型手扶拖拉机产品占51%左右的比例，2010年则提高到54%，2011年的比例提高到55.6%，连续几年占据半壁多江山。101型手扶拖拉机产品保持在高位的一个重要原因是山东生产企业较多。当然，该系列产品由于价格较低、适应性广仍是市场主销产品。与此同时，121/151型手扶拖拉机则是另外一个市场较大的品种，2011年参展的样机数量占比达到了30%，虽然低于2010年34%的占比，但高于2009年的水平。目前，仍基本维持这一市场格局。

3. 小四轮市场特征

近几年小四轮市场总体平稳下降。从全国农机产品订货会的企业参展情况来看，2014年参加武汉全国会的小四轮生产企业仅16个，展出样机48台，下降较大；2013年参加青岛全国农机产品订货会的小四轮企业共26个，展出样机72台；2012年参加沈阳全国农机展的小四轮企业共计26个，参展样机85台次；2011年参展的28个企业，参展样机84台次，比2010年和2009年略有减少。由于我国从一开始就明确皮带传动小四轮拖拉机不再进入通用类产品的补贴目录，因此这几年小四轮市场受到大中拖补贴和手扶拖拉机补贴的双重打压，市场总体呈现稳定下降的格局。

小四轮拖拉机产品功率明显向上延伸。从近几年小四轮拖拉机参展企业的产品马力段来分析，功率继续向上延伸十分明显。据机械工业拖拉机行业提供的统计资料分析表明，2011年18马力以下小四轮拖拉机销售12202台，同比下降20.6%，占整个小四轮的比重由2010年的4.4%下降为3.2%；18~20马力小四轮拖拉机销售18950台，同比下降14.2%，占比由2010年的6.3%下降为4.9%；20~25马力小四轮销售量为319110台，同比增长5.5%，占比由2010年的85.7%下降为83%；25马力以上小四轮销售34037台，同比增长159.8%，占比由2010年的3.6%上升为8.9%，25马力以上产品成为2011年唯一总量和市场占比均上升的品种。2012年这种趋势更为明显，18马力以下销售8595台，同比下降11.4%；18~20马力销售16375台，同比下降13.6%；20~25马力销售184846台，下降42.1%；25马力以上销售146012台，同比增长329%，占比达到41%。2013年18马力以下销售7532台，同比下降14.7%；18~20马力销售10908台，同比下降36.6%；20~25马力销售85895台，同比下降47.6%；25马力以上销售224191台，同比增长26%。由此可见，25马力以上的产品连续三年大幅度增长。2014年18马力以下销售4536台，同比下降39.9%；18~20马力销售3686台，同比下降69.4%；20~25马力销售51603台，同比下降40.9%；25马力以上销售215145台，同比仅下降4.3%，25马力以上产品所占的比例由2013年的67.8%上升到2014年的78.2%。由此可见，25马力以上的产品这几年占比持续增长，目前已经成为小四轮拖拉机主销品种。

（四）2014年小型拖拉机市场需求分析

从2011年小型拖拉机的市场需求情况来看，小型拖拉机生产总量超过了230万台，呈现出有农机购置补贴的手扶拖拉机市场需求数量相对较多，而补贴数量较少的小四轮拖拉机市场则存在着更新的需求。2012 年小型拖拉机总量出现了下降，而且手扶拖拉机和小四轮拖拉机的市场双双出现下降；2013 年市场则在 2012 年大幅下降的基础上有所回升；2014 年则又出现了双双大幅下降的格局。

1. 手扶拖拉机市场

手扶拖拉机是以小地块作业为主的产品，其市场分成两大块，一块是丘陵和山区市场，主要以山东、河南等地企业生产的 101 系列手扶拖拉机产品为主，如山东、河南、东北等地市场；另外一块就是传统稻麦（或稻油）两熟水旱兼作区域，则以东风 121/151 型手扶拖拉机为主，如江苏、安徽、江西等地市场。

补贴政策仍是手扶拖拉机市场的主要驱动力。2014 年全国共有 21 个省市区对手扶拖拉机进行了补贴，这几年对手扶拖拉机补贴的省份每年都有所减少；2013 年全国共有 24 个省市区对手扶拖拉机进行了补贴；2011 年和 2012 年全国共有 25 个省市区对手扶拖拉机实施了补贴，占 31 个省市区的 81%。2011 年手扶拖拉机的补贴总量达 36 万多台；2012 年补贴达到 42 万多台；2013 年补贴量减少到了 31 万多台；2014 年补贴量更是减少到 21 万多台。2011 年手扶拖拉机补贴省份中，15 个省份的补贴数量是增长的，10 个省份的补贴数量是下降的；2012 年 25 个省份中，有 18 个省份是增长的，7 个省份是下降的；2013 年 24 个有补贴的省市区中，仅有 6 个省份是增长的，有 18 个省份是下降的；2014 年 21 个有补贴的省份中，只有陕西省是增长的，其余 20 个省份均是下降的，说明 2014 年手扶拖拉机补贴整体不理想，也说明了手扶拖拉机市场发展的整体下行。这也表明，由于各地农艺的变化，以及使用习惯等情况，特别是大中型拖拉机越来越多，复式机具的使用越来越多，导致手扶拖拉机的用武之地越来越少，因此手扶拖拉机的销售量逐年下降。

手扶拖拉机在市场需求上有一个传统的使用习惯问题。以江西省为例，近几年手扶拖拉机的需求量很大，很多用户是一家两台，一台放在田间专门用于耕作，另一台用于短途的运输和作业。

我国手扶拖拉机在东南亚地区市场一直享有盛誉，每年的出口量较大。据机械工业拖拉机行业统计学会的统计，2011 年我国出口手扶拖拉机 133947 台，同比 125694 台增长 6.6%；2012 年受东南亚政局不稳、农业受灾和货币贬值的影响，出口受到了很大的影响，当年手扶拖拉机出口 82807 台，同比下降 38%；2013 年出口又有明显的回升，出口手扶拖拉机 95012 台，同比增长 20.6%；2014 年手扶拖拉机出口量为 93019 台，同比略减少 2.1%，说明 2014 年手扶拖拉机的出口仍在高位运行。

2. 小四轮拖拉机市场

小四轮拖拉机是以运输型作业兼用型的产品，在农田作业中是以运输、播种、中耕灌溉、收获等农田辅助作业为主，用户以单户购买使用为主，因此是对大中型拖拉机市场的一个补充，前几年由于补贴资金不多，因此小四轮的市场销售相对较好；随着补贴资金的逐年增加，受到有补贴的中型拖拉机销售的影响，小四轮拖拉机这几年市场需求呈现逐年平稳下滑的局面。

小四轮拖拉机的市场主要集中在中原和东北、西北市场。从目前的市场格局来看，中原市场和西北市场以东方红系列产品为主，东北市场和山东市场则以山东系列产品为主，河北市场则以山东和河北本地产品为主。由于小四轮生产企业越来越少，因此市场集中度越来越高。2012—2014 年中原的市场销售变化不大，但东北地区的销售由于受到小四轮补贴取消和秋涝灾害的影响，销售量有所下降。

小四轮拖拉机的出口市场相对狭窄，总量也不大，但出口区域差异很大，因此出口的产品品种之间的差异也很大。据机械工业拖拉机行业统计学会的统计，2011 年出口小四轮拖拉机 3499 台，同比

5656 台下降 38.1%；2012 年小四轮拖拉机出口持续下降，共出口 2788 台，同比下降 20.3%；2013 年小四轮的出口则有所回升，共出口小四轮拖拉机 3183 台，同比增长 16.6%；2014 年出口 2324 台，同比下降 29.4%，为近几年的最低水平。

（五）2011—2014 年小型拖拉机市场竞争分析

2011 年小型拖拉机的市场竞争呈现出两种格局，一方面从企业数量、产品技术发展、市场发展、新产品开发等方面来看，呈现出一个基本稳定的格局；另一方面这几年小型拖拉机市场竞争十分激烈，从 2011 年全国农机产品订货会的展出情况就可以反映出市场竞争的激烈程度，行业已经进入洗牌阶段。2012 年、2013 年、2014 年小型拖拉机市场持续保持这一格局。

1. 手扶拖拉机的市场竞争分析

这几年手扶拖拉机市场受到微耕机产品冲击的情况越来越明显。据全国农机产品订货会的资料，2006 年手扶拖拉机参展企业达到最高峰，共有 93 个企业的 656 台样机参展，平均每个企业参展的样机数达到 7 台之多，应该是市场最好的一年，之后每年逐渐走低，2014 年手扶拖拉机共 51 个企业参展，样机 298 台，十年来企业数减少了近一半。手扶拖拉机市场的走低则更多地受到来自微耕机（包括微耕机、田园管理机、耕整机等产品）替代的影响，在丘陵山区尤为明显。统计资料表明，2004 年参加全国农机产品订货会的微耕机生产企业仅为 22 个，参展样机数不到 100 台，而 2011 年参加展会的企业达 178 个，参展的样机数量达到了 1073 个，几年间企业数量和样机数量均呈现几倍的增长。2012 年全国会在沈阳召开，尽管东北的微耕机市场很小，但参展的企业仍然达到了 151 个，参展样机数量近 1000 台。2013 年青岛全国农机展上参展企业达到了 168 个，参展样机超过了 1100 台。2014 年武汉全国农机展上，参展企业为 147 个，参展样机 905 台。丘陵山区已经成为手扶拖拉机和微耕机竞争的主战场，尤其是在长江以南的丘陵山区，据了解，在四川、贵州、云南、重庆等地，微耕机最高一年的销售量超过 5 万台。

产品同质化竞争严重。手扶拖拉机的生产企业众多，但绝大部分企业的实力和规模都不大，研发能力也不强，这几年，很多企业也推出区域适用型、运输型等产品进行差异化竞争，但很多都是市场同类产品的复制品。因此，虽然市场总量较大，但产品同质化竞争十分严重。

产品同质化竞争，最典型的就是傍名牌现象横行。山东临沂有很多企业以“山东常凌”、“潍坊常林”、苏河、常河、沂河、涑河、沭拖等名称来与“山东常林”的“沭河”牌手扶拖拉机进行混淆；另外在江苏常州，如“常”字头的手扶拖拉机、柴油机生产企业越来越多，都是以“中国常州”“常州拖拉机”“常州手扶拖拉机”等招牌来傍“常州东风农机”等名牌进行销售；另外一个现象就是一些手扶拖拉机生产企业以进出口公司的名义来忽悠用户，而且个别产品的铭牌以英文的形式出现，以此来达到鱼目混珠的目的。这表明手扶拖拉机行业品牌经营整体还处于两极分化的水平。

价格竞争十分激烈。从目前的市场情况来看，由于产品同质化严重，加上市场实际销售量远远低于行业的产能，因此价格竞争成为常用的手段，而价格也是产品品质的客观体现。除少数标杆企业产品的价格较高之外，绝大部分企业都是在同一个低价格水平上竞争，以江苏地区的 15 型手扶拖拉机为例，最高的价格与最低的价格相差 500 元/台，约差 15% ~20%。

渠道竞争同样激烈。手扶拖拉机的渠道竞争已经下沉到乡镇一级市场。从目前的情况来看，手扶拖拉机的销售网络已经基本下沉到乡镇一级，以我国最大的手扶拖拉机市场之一的江西省市场为例，一般市场较大的县级区域都有 10 多个经销网络，一些县级区域大一点的乡镇都有 3～4 个经销商，由此可见竞争十分激烈。另外，由于经销手扶拖拉机的利润较低，很多县级经销商只重视大中型拖拉机、联合收割机的销售和服务，也是导致手扶拖拉机的渠道下沉到乡镇一级网络的一个重要因素。

产业集群已经基本形成。由于手扶拖拉机补贴的覆盖面较广，因此在《2012—2014 年国家支持推广的农业机械产品目录》及 2013 年增补目录中，共有 114 家企业的 256 个品种列入补贴目录，覆盖全国 19 个省市区，其中江苏生产企业最多达 26 家，山东有 21 家企业，江西有 17 家企业，广西有 13 家企业，这 4 个省共有 77 家企业列入产品目录，占企业数的 67.5%，说明手扶拖拉机行业 2/3 的企业出自于这 4 个省。2013 年增补的国家支持推广目录的企业和品种数量不多，仅增加 14 家企业的 18 个品种，同时减少 7 家企业的 10 个品种，其中江苏增加 2 家企业减少 1 家企业、山东增加 1 家企业、江西增加 1 家企业。值得一提的是，广西增加 5 家企业和 7 个品种，说明广西手扶拖拉机的市场形势较好。2014 年的增补目录中，共有 15 家企业增加了 24 个品种，但同时有 11 家企业减少 15 个品种，净增 9 个品种，这也说明手扶拖拉机市场竞争激烈，行业企业也是有进有退，洗牌已经开始。

2. 小四轮拖拉机的市场竞争分析

这几年受到大中型拖拉机产品享受补贴后购买价格与同马力的小四轮价格相差不大的影响，小四轮拖拉机的市场逐渐在萎缩。从全国农机产品订货会小四轮参展企业的情况来看，小四轮行业在 2005 年达到鼎盛，当年参展的企业数达到了 48 家，参展的产品数达到了 236 台，平均每个企业参展的样机数达到了近 5 台；而 2008 年起小四轮行业开始实施 3C 强制认证，当年全国共有 71 家企业小四轮及相关拖拉机产品获得了 3C 认证证书；2012 年共有 127 个企业参加或曾经参加了 3C 认证，这也从另外一个方面证实了小四轮行业的曾经辉煌。自此之后，小四轮行业逐步走低，参展的企业数和样机数量逐年减少。从统计数据来看，2012 年及之前参加 3C 认证的企业中有 25 家企业被注销、撤销或暂停使用认证证书，说明部分企业退出小四轮市场，主销品种减少，市场在谷底徘徊。

产品系列之争。小四轮拖拉机的产品竞争主要集中在山东潍坊系列产品和东方红系列产品的竞争。据统计，2011 年全国农机产品订货会有 28 家企业参展，山东省共有 15 家企业参展，而河南省共有 5 家企业参加展览；2014 年参展的 18 家企业中，山东省企业有 8 家，河南、河北两省的企业各 3 家，基本上维持这一市场格局。从 3C 认证的情况来看，也说明了这一点。127 个通过 3C 认证的企业之中，山东的企业共 53 家，占 42%；河南的企业有 20 家，占 16%。说明在这几年市场优胜劣汰洗牌的过程中，山东企业的适应市场变化的能力明显要比河南企业略高一筹。

傍名牌现象突出。小四轮行业傍名牌现象以山东潍坊地区尤为严重。举一些例子，宁波拖拉机集团有限公司、宁波中策拖拉机（集团）有限公司、沈阳东风小型拖拉机制造有限公司、中国长拖沃野国际重工集团有限公司等似乎很熟悉的名称，实际上都是山东潍坊一些小四轮生产企业在香港或在一些知名企业所在地注册的名称，以此来鱼目混珠，一些企业甚至每年换一个品牌来傍名牌。

价格竞争激烈。由于产品同质化严重，加上市场总量的萎缩，因此产品价格已经成为竞争的主要手段。除了中国一拖的东方红牌、山东五征牌小四轮在市场上的销售价格较高外，其他产品的价格一般都比较低。

渠道竞争下沉。小四轮拖拉机的网络已经覆盖到县域一级，个别区域也已经覆盖到乡镇一级网络。另据一些经销商反映，现在一些区域经销商经销小四轮拖拉机根本不赚钱，而如果要三包服务的话，甚至还会赔钱，因此经销商的积极性普遍不高。

市场集中度持续提高。由于小四轮拖拉机的市场总量在低位徘徊，因此主要企业的集中度越来越高，目前以山东时风、中国一拖、五征集团、福田雷沃等企业的小四轮产品在市场上占据主要地位。据机械工业拖拉机行业统计学会的统计，2014 年上述四个企业的市场集中度在 80% 以上。

从上述分析可以判断，自 2011 年之后，小型拖拉机市场已经进入衰退期。表现在以下几个方面：第一，小拖行业产能严重过剩，每年 250 万台的产能，100 多家企业目前的实际产出只有 170 万台，并且市场还在下降；第二，小型拖拉机企业开始恶性竞争并互相压价，导致利润空间严重压缩；第三，一些企业已经开始转型、退出小拖市场。

（六）2012—2014 年小型拖拉机市场典型区域市场分析

1. 江西市场

江西市场是我国典型的南方水田血防区域，这几年手扶拖拉机的单台补贴额度高于全国标准，因此江西成为手扶拖拉机最大的市场之一，2011 年的销售超过了 6 万多台，从数量上来看低于 2010 年的总量水平；2012 年尽管单台补贴额度略有下调，但补贴的销售量达到了近 8 万台，创历史新高；2013 年由于补贴额度的下调，加上审计的因素，导致江西手扶拖拉机补贴数量的下降，补贴量仍超过了 5 万台，说明江西市场仍是我国最大的手扶拖拉机市场之一。但是，由于江西省加快了土地流转，大中拖市场的快速发展也给手扶拖拉机市场带来了冲击，2014 年江西省手扶拖拉机的补贴量仅 20395 台，同比下降 61.4%，而 2014 年大中型拖拉机的补贴量达到了 4547 台，同比增长 55.2%。江西市场由于以水稻种植为主，手扶拖拉机销售以 15 马力为主。《2012—2014 年国家支持推广的农业机械产品目录》中，江西省共有 16 家企业的 16 个品种列入目录，2013 年又增加一家企业。尽管如此，江西本地的手扶拖拉机生产量并不太大，据国家统计局的统计，2012 年江西省共生产小型拖拉机 14787 台，同比下降 13%；2013 年受补贴的影响，江西共生产小型拖拉机 1.15 万台，同比下降 22.3%；2014 年 3 个企业共生产小型拖拉机 1.16 万台，基本持平。

2. 山东市场

山东是我国手扶拖拉机和小四轮拖拉机的主要生产和销售区域之一。据统计，2011 年山东小型拖拉机的产量高达 133 万台，同比增长 3.5%，占全国小拖总产量的 56.1%；2012 年山东省小型拖拉机的产量为 70.87 万台，同比下降 30.6%，仍占全国产量的近 40%；2013 年山东生产小型拖拉机 73.96 万台，同比增长 4.4%，占全国产量的 38.2%；2014 年 15 个企业生产 53.71 万台，同比下降 27.4%，占全国产量的 32%。从 2011 年全国农机产品订货会参展的情况来看，2011 年共有 15 家小四轮拖拉机生产企业、27 家手扶拖拉机企业参展；2014 年共有 26 家手扶拖拉机生产企业、8 家小四轮拖拉机生产企业参展。山东也是手扶拖拉机的主销售市场之一，其销售也享受补贴，2011 年补贴销售手扶拖拉机 51160 台，同比增长 28%；2012 年补贴销售手扶拖拉机 5.86 万台，同比增长 14.5%；2013 年补贴销售 4.57 万台，比 2012 年下降 22%；2014 年补贴销售 3.087 万台，比 2013 年下降 32.5%，山东市场手扶拖拉机销售连续两年增长后出现了连续两年下降。

3. 河南市场

河南市场是我国小四轮拖拉机和手扶拖拉机的主要生产区域之一，也是主要的销售市场之一。据统计，河南省的小型拖拉机产量仅次于山东省。2011 年生产 26.85 万台；2012 年生产 29.36 台，同比增长 9.4%；2013 年生产 30.95 万台；2014 年河南省 11 个企业生产小型拖拉机 34.19 万台，这几年小型拖拉机的产量持续增长。河南省手扶拖拉机只在丘陵和山区县享受补贴，因此补贴数量较少，2013年为6108台，2014年为4351台。

4. 广西市场

广西市场是一个典型的丘陵山区市场。广西也是农机化水平相对较低、农机市场起步相对较晚的一个区域，这两年在农机购置补贴政策的拉动下，手扶拖拉机的补贴总量也比较大，2011年手扶拖拉机的补贴数量达到34078台，增幅为12%；2012年补贴手扶拖拉机数量为2.6万台，同比下降22.6%；2013年手扶拖拉机补贴18613台，比2012年又有所下降；2014年补贴销售17143台。值得一提的是，这两年广西手扶拖拉机的生产企业数量也在快速增加。2012年列入国家支持推广目录的广西手扶拖拉机生产企业有8家，2013年广西又有5家企业7个品种列入国家支持推广目录，广西的手扶拖拉机生产企业达到13家。2012年广西生产小型拖拉机23.33万台，同比增长7%；2013年生产小型拖拉机22.49台，同比略有下降；2014年25家企业共生产小型拖拉机18.55万台，同比下降17.5%。

5. 江苏市场

江苏是一个手扶拖拉机的传统生产和销售大市场。江苏自2006年之后，手扶拖拉机已经不再享受补贴，但由于传统使用习惯的因素，加上江苏手扶拖拉机的保有量较大，因此每年的销售总量超过6万台，而且市场基本以本省企业生产的产品为主。2012年江苏省共生产小型拖拉机83376台，同比下降31%；2013年共生产小型拖拉机8.35万台，同比基本持平；2014年有6家企业共生产小型拖拉机6.71万台。江苏市场手扶拖拉机销售下降的主要原因是2012年起江苏省推出秸秆禁烧“百分制”考核各地方政府，得分高者给予奖励，得分低者将取消省级资金补助，由于秸秆还田这一农艺要求只有80马力以上大中型拖拉机才能做到并能做好，因此2012年江苏省大中拖补贴销售量超过1万台；2013年之后江苏省又推出了每亩10元以上秸秆还田作业补贴，加上地方累计作业补贴，极大地拉动了大中拖配套秸秆还田机的销售。据统计，2014年江苏补贴的大中拖超过了2万台，因此也在一定程度上影响了手扶拖拉机的销售。

6. 黑龙江市场

黑龙江市场一直是小四轮拖拉机销售量较大的省份之一，而黑龙江省汽车农机大市场又是黑龙江省小四轮拖拉机的市场集散地之一，因此该市场的销售量的变化也反映了黑龙江省小四轮拖拉机的销售情况。据统计，2014年该市场销售小四轮拖拉机仅836台；2013年该市场销售小四轮拖拉机2962台，同比下降39.6%；2012年该市场共销售小四轮拖拉机4902台，与2011年的7748台相比下降36.7%，从而也间接证明了黑龙江市场小四轮销售连续四年下降。

7. 广东、海南市场

这里提一提广东、海南市场的原因是2012年国家对直联式手扶拖拉机进行了补贴，单台补贴额度为3000元，大大高于传统的皮带传动手扶拖拉机，而该种手扶拖拉机主要在广东生产，在广东和海南销售。据国家统计局的资料，2012年广东省共生产小型拖拉机22548台，同比下降11%，而2012年广东的手扶拖拉机补贴数量为1.22万台，同比增长31%；海南的手扶拖拉机补贴数量为4558台，同比增长150%，说明当年补贴的拉动作用还是十分明显的。2013年广东补贴10660台，海南补贴2422台；2014年广东补贴7057台，海南补贴671台。由于2012年增长较大，因此2013年、2014年连续两年下降也在情理之中。

8. 浙江市场

浙江市场属于典型的更新市场，补贴的标准也高于全国标准。2012 年，浙江省财政厅、农业厅联合制定高耗能农业机械报废经济补偿办法，自 2012 年开始，先行对高耗能拖拉机实施报废补偿。具体标准为：14.7kW 以下拖拉机 1500 元/台，补偿资金省与县（市、区）财政按以下比例承担：欠发达地区补偿资金由省财政承担 70%，县（市、区）财政承担 30%；其他地区由省财政承担 40%，县（市、区）财政承担 60%。有条件的地区财政还可再安排资金提高补偿标准。这一政策的出台，促进了小型拖拉机的销售。2012 年浙江省补贴手扶拖拉机 3475 台，同比增长 10.2%；2013 年补贴量 3531 台，略有增长；2014 年补贴 2039 台。2012 年浙江省共生产小型拖拉机 71674 台，同比下降 15.9%；2013 年共生产小型拖拉机 7.57 万台，同比增长 5.6%；2014 年 4 家企业共生产小型拖拉机 7.8 万台，略有增长，表明这几年的生产一直比较稳定。

（七）2014 年小型拖拉机市场消费者特征分析

小型拖拉机市场是一个典型的更新市场。我国小型拖拉机的保有量很大，据统计，2014 年年底我国小型拖拉机保有量为 1762.8 万台，按照我国规定的小型拖拉机的报废更新年限为十年的要求，2005 年我国小型拖拉机的保有量就高达 1539.8 万台，数量庞大的保有量所产生的更新需求将促进小型拖拉机市场销售。

小型拖拉机的消费主体还是农村用户。据了解，农村经营规模比较小、消费习惯比较传统的用户会持续更新购买。另外丘陵、山区尚属于农机化起步、发展阶段的区域，小型拖拉机由于轻便、实用、价格低，也是丘陵山区农机化水平提升的主要动力产品，在今后较长的时间内有较为稳定的需求量，这也是小型拖拉机的主要消费特征。由于手扶拖拉机农田作业使用的时间很短，用户对产品价格的要求不再十分敏感，而对小四轮拖拉机的要求仍然是作业与运输兼用。

（八）2014 年小型拖拉机市场主要生产企业运营状况分析

1. 时风

时风拖拉机经过十余年的发展，小四轮拖拉机产销量稳居行业第一。为适应国家农机补贴政策，提高小拖产品竞争力，时风在现有皮带传动十挡小拖的基础上成功开发出单缸直联机型，该机型是时风小拖的升级换代产品，将发挥公司的规模制造优势，并进一步巩固时风在小拖市场的领先地位。2013 年生产销售小四轮拖拉机 22 万台，2014 年生产 21 万台，保持行业领先。据了解，2015 年时风集团将持续在农机行业发力。

2. 五征

2011 年是五征农业装备全面丰收的一年，农机销量达 6.2 万台，销售收入同比增加了 62%。五征农业装备营销业绩之所以达到历史最好水平，归功于公司将全系列雷诺曼、山拖泰山雪豹、纽豹、奥虎、致富星等拖拉机产品，马铃薯收获机，2 行、4 行玉米机作为市场上主推重点产品。2013 年 7 月，五征 18 款小四轮拖拉机产品通过 3C 认证审核。据悉 2013 年五征的小四轮拖拉机产销平稳。五征集团在 2014 年中国民营企业 500 强评选中榜上有名，名列总排名第 252 位，中国民营企业制造业 165 位。2015 年一季度，五征农业装备在全国市场热销，内蒙古、东北等多个地区出现了供不应求的好局面，农装事业部全力以赴赶订单，3 月生产各类拖拉机 7300 余台，仍欠市场订单 5000 多台。

3. 常林

山东常林集团旗下的山东常林农装公司、山东常林道依茨法尔机械公司、山东英格索兰机械公司分别生产国内外著名品牌“沭河”系列手扶拖拉机、“沭河·小耕牛”微耕机、“常林·谷丰”系列稻麦联合收割（打捆）机、玉米、花生收获机、“沭河”迷你型四轮拖拉机、“沭河”及“道依茨法尔”系列拖拉机。2013 年沭河 151Q 四驱手扶、121A 型手扶通过了产品鉴定，推出 120 型微型小四轮拖拉机等。据了解，2014 年常林的手扶拖拉机产销量超过了 17 万台。

4. 湖南湘拖集团挂牌

2014 年 8 月 15 日，湖南湘拖集团在湘潭九华农机产业园挂牌，标志着湖南拖拉机产业“航母”正式起航。目前，湘拖集团已整合集聚了中立集团、湖南至诚、长沙佳宁、衡阳衡拖等省内 10 家拖拉机生产企业，注册资本 5000 万元。预计 3 年内，集团年生产能力达到 7 万台，年产值过 20 亿元，将成为湖南最大的现代农业装备产业集团。湖南生产的小型拖拉机，历来深受山区农民欢迎，其自主研发的四轮驱动小型拖拉机，主销南方各省，享有“爬山虎”和“农用越野车”的美誉。“湘字号”盘式拖拉机每年出口东南亚、非洲等地。目前，湖南省拖拉机生产企业有 34 家，2014 年产销各类小型拖拉机约 4 万台。湘拖集团董事长朱洪超介绍，湘拖集团将统一运营，在衡阳、长沙、常德 3 个区域总装产品，其他厂家做配套，充分发挥规模优势。集团已与湖南农大、中南林科大共建研发基地，参与中俄两江合作，积极探索集约、外向、创新发展之路。

（九）2014 年小型拖拉机市场价格走势分析

由于小型拖拉机产品属于低附加值的产品，因此产品受原材料价格波动的影响很大。2011 年小型拖拉机的价格走势呈现高开走低的态势。一季度由于受到原辅材料价格上涨、用工荒及补贴方案下达较迟等因素的影响，价格上涨 5% 左右，但到了二季度时受原材料价格回落的影响，小型拖拉机产品的价格也有所回调，四季度由于小型拖拉机的市场销售受阻，价格则滑落到正常水平。2012 年受原辅材料价格逐步下滑的影响，小型拖拉机的价格也略有下降。2013 年、2014 年由于原辅材料价格仍处于下降通道，加上竞争激烈，价格连续两年稳中有降。

（十）2014 年小型拖拉机市场产品、技术发展趋势分析

这几年由于小型拖拉机的市场和生存发展空间越来越小，很多小型拖拉机生产企业已经转向开发大中型拖拉机或收获机械等其他农机产品，一些企业已经转型为全程机械化的生产企业。

1. 手扶拖拉机

由于 2011 年、2012 年微耕机（含耕整机、田园管理机等）补贴额度在一些区域相对较高，对这些区域的手扶拖拉机销售产生了一定的影响。以四川省补贴目录为例，2012 年微耕机的补贴额度在 1000/1100/1700/1900/2600 元，而手扶拖拉机的补贴额度在 1300～1700 元/台，因此山东一些手扶拖拉机厂开始转向生产耕整机，其实产品基本是一样的，只是更换了一个名称。从 2011 年全国农机产品订货会的参展情况来看，仅山东潍坊地区就有 19 家手扶拖拉机企业推出了耕整机，2012 年、2013 年山东生产的手扶拖拉机基本全面转向以微耕机或耕整机的名称进入市场；2014 年山东一些企业推出了山地用的履带式拖拉机，还有如收获生姜等特色农副产品的专用型拖拉机。

手扶拖拉机产品的操纵性和适应性越来越好。由于手扶拖拉机的不断普及，目前在全国 21 个省市

区有补贴，因此对手扶拖拉机产品的适用性要求的改进越来越高，如针对老人妇女使用的电启动型拖拉机、防乱挡型拖拉机、舒适型的乘坐式犁耕旋耕装置等。2012 年一些水田区域又开始推广配套橡胶防滑轮的手扶拖拉机，2013 年一些企业推出了配套水田轮胎的拖拉机，2014 年一些企业推出了水田防缠草装置，等等，不断地在延长产品使用的生命周期。

手扶拖拉机配套农机具更加广泛。在吉林等一些区域手扶拖拉机开始配套单行的玉米收割机进行作业，另外还有配套开沟机、葡萄埋藤机等机具，以拓展旱地区域、果园和蔬菜大棚等区域的市场。

手扶拖拉机生产企业正在延伸产品线。一是延伸手扶拖拉机的产品线，开发耕整机产品，如江西、山东的一些手扶拖拉机生产企业；二是拓展其他农机产品领域，开发中大型拖拉机、收获机械、配套农机具等非手扶拖拉机产品，向全程机械化方向转移，如山东常林集团、浙江四方集团等企业。2014 年武汉的全国农机展上，一些手扶拖拉机生产企业开始生产电动车、植保机械等行业外产品。

2. 小四轮拖拉机

小四轮拖拉机产品马力段持续向上延伸，向更大马力发展。从 2011 年全国农机产品订货会上可以看出，2011 年小四轮生产企业推进了功率更大的产品，有 5 家企业推出了 30 马力及以上皮带传动小四轮的样机 8 台，其中有 3 台是四轮驱动型的产品。而推出的 25 马力及以上小四轮样机数量达到 37 台，占参展样机总量的 44%，2012 年之后继续保持这一发展趋势。

小四轮拖拉机产品更加适应农田作业，这是在延长小四轮的市场生命周期。据了解，小四轮拖拉机生产企业开发了四轮驱动型的产品、大棚王产品、灌溉型产品、工程机械用产品等，一些产品也与玉米收割机配套，在东北、河北、安徽等部分玉米生产区域销售情况较好。从 2014 年的发展趋势来看，一些企业推出了 12 马力的微型小四轮，如山东常林等一些山东企业，其在果园、丘陵等有一定的销售。

小四轮行业的企业根据单缸直联式产品可以享受补贴的情况，产品开发也在往直联驱动型的方向发展，如山东时风、常发集团等企业开发了该系列产品，据了解，其他小四轮企业也开发了直联式的小四轮产品。

小四轮生产企业更多的是往大中型轮拖产品方向转型，如山东潍坊的一些小四轮生产企业，再如河南洛阳周边的一些小四轮生产企业。据统计，在《2012—2014 年国家支持推广的农业机械产品目录》中，山东有 14 家原以生产小四轮拖拉机产品为主的企业推出的大中型拖拉机产品并列入了该目录，2013 年山东又新增 3 家这样的企业；2014 年山东新增 5 家小四轮或手扶拖拉机生产企业共 26 个大中拖品种，河南新增 4 家企业共 25 个大中拖品种，小四轮拖拉机企业向大中拖转型已经全面开始。从 2014 年的情况来看，这种势头更加迅猛，这些企业以价格低、经营手段灵活占据了一定的市场份额，但产品同质化、山寨货是这些企业产品的代名词。

二、2015 年小型拖拉机市场展望

（一）2015 年小型拖拉机需求预测

1. 2015 年小型拖拉机市场环境

补贴政策环境仍然是决定小型拖拉机市场发展的主要因素。2015 年首批农机购置补贴资金额度达

到200亿元，全年有望达到240亿元。但对于小型拖拉机行业来讲，2015年市场受政策调整的影响较大，机遇与挑战并存。

小四轮拖拉机方面，补贴的省份越来越少。从目前的情况来看，2015年的补贴政策与2014年一样，2014年增加了20马力以下直联式两驱拖拉机补贴3000元/台，四驱补贴3500元/台，其他情况暂与2013年相同。皮带传动小四轮拖拉机补贴的省份越来越少，这对于小四轮拖拉机市场来讲是一个压力。从不完全统计的情况来看，一是甘肃省2013年对皮带传动两轮驱动功率大于14.7kW的小四轮拖拉机单台补贴3000元，与2012年持平。二是西藏自治区有补贴，对15～20马力皮带传动小四轮拖拉机补贴4600元/台，对手扶拖拉机、小四轮拖拉机、大中型拖拉机的配套拖车也有补贴。三是河北省2013年在中央补贴范围外，把18马力非皮带传动轮式拖拉机作为补贴产品。

手扶拖拉机方面，一是补贴政策有所调整，二是从多种补贴因素来分析，机遇和挑战并存。2015年沿用了2014年的补贴政策，农业部统一了手扶拖拉机的补贴额度，皮带传动式手扶拖拉机统一补1350元/台，直联式手扶统一补贴3000元/台，这样一来，对于小马力来讲补贴略有增加，而对于12/15马力来讲则是补贴额度减少。而且各地手扶拖拉机补贴政策的差异也越来越大，如河南省2012年规定，手扶拖拉机仅限于17个山区县和26个丘陵县进行补贴，由于区域受限，2012年河南省手扶拖拉机的补贴量为8200多台，同比下降43%，2013年和2014年持续下降，由此可见补贴政策的影响力。再如江西省2014年之前作为血防区有加补贴，2013年手扶拖拉机补贴的单台额度为2450元/台（含配套旋耕机），非血防区的单台补贴额度为2050元（含配套旋耕机）。再如吉林省手扶拖拉机单台补贴900元/台。值得一提的是，内蒙古区2013年取消了手扶拖拉机的补贴，不过从该区2012年的补贴数量较少的情况来看，对全局的影响微乎其微。据了解，2015年一些省份由于补贴资金不足，还将在农业部的单台补贴额度的基础上降低单台补贴额度，另外湖南、江西、湖北等一些区域将取消血防区的补贴额度，这将给手扶拖拉机的市场带来影响。

对于手扶拖拉机来讲，还有一个影响因素，2015年我国统一了微耕机或田园管理机的单台补贴额度，分别为600元（4kW以下）、800元（4kW以上），比前几年的额度有所下调。由于此前一些区域的微耕机的补贴额度远远高于手扶拖拉机，最高的单台补贴额度达2600元，而微耕机产品的马力和重量一般都小于手扶拖拉机，因此正常售价一般低于手扶拖拉机，扣除补贴额后微耕机的价格竞争力更高，因此微耕机一直是影响手扶拖拉机销售的一个重要产品。2015年微耕机补贴额度的下调，将给部分区域的手扶拖拉机销售带来机遇。

从手扶拖拉机补贴本身来讲，可能还会有一些省份将手扶拖拉机排除在补贴目录之外，这将在一定程度上影响手扶拖拉机的销售。

2015年我国继续实施更新报废补贴政策。2012年9月，农业部、财政部、商务部出台了《关于印发〈2012年农机报废更新补贴试点工作实施指导意见〉的通知》。通知决定，2012年在山西、江苏、浙江、安徽、山东、河南、新疆、宁波、青岛、新疆生产建设兵团、黑龙江省农垦总局启动农机报废更新补贴试点，总的规模为15亿元。皮带传动的手扶拖拉机报废更新每台补贴500元，直联式手扶拖拉机报废更新每台补贴800元，20马力以下小型拖拉机报废更新每台补贴1000元。2015年报废更新政策扩大到河北、山西、黑龙江、江苏、浙江、安徽、江西、山东、河南、湖北、湖南、广西、陕西、甘肃、新疆、宁波、青岛等区域，这对2015年小型拖拉机市场有一定的拉动作用，尤其是小型拖拉机没有补贴的一些区域。

2015 年可能还将出台《农业机械以旧换新办法》《农业机械报废回收管理办法》等政策，将加快产品的升级换代和梯度更新，对于小型拖拉机行业来讲，有喜也有忧，喜的是报废更新将加快小型拖拉机的更新，忧的是更新时可更换的小型拖拉机产品将越来越少。

2. 2015 年小型拖拉机市场需求预测

2015 年的市场情况会怎么样呢？据国家统计局提供的最新统计资料表明，2015 年一季度全国共生产小型拖拉机 36.3 万台，同比下降 16.9%，其中，2 月下降 11.5%；3 月当月下降 20.3%。而 2014 年一季度生产 44 万台，同比下降 6.9%，3 月当月下降 9%。从 2015 年开局来分析，结合上述政策及市场情况，预计 2015 年小型拖拉机的市场总体下降，其中小四轮拖拉机市场总量将会下降，而手扶拖拉机也将出现大幅下降，全年小型拖拉机总量预计还将下降 20% 以上。

从拖拉机行业的统计情况来看，2015 年小型拖拉机市场开局不利，产销均有两位数以上的下降。据对 6 家手扶拖拉机生产企业的统计，2015 年 1—3 月共实现工业产值 10950 万元，同比下降 57.3%；生产手扶拖拉机 52756 台，同比下降 61.8%；销售 47617 台，同比下降 63%，2015 年开局呈现大幅下滑的局面。小四轮拖拉机 2015 年开局也有一定的下降。据对行业 7 家小四轮拖拉机生产企业的统计，2015 年 1—3 月共实现工业产值 103316 万元，同比下降 7.4%；生产小四轮拖拉机 71512 台，同比下降 9%；销售 70731 台，同比下降 9.2%。

从当前市场情况来综合分析，有以下几点原因：

一是小型拖拉机本身就是衰退型的市场，以报废更新为主，其需求新增销量的空间本就不是太大；二是农机购置补贴政策稳定调整，也决定了小型拖拉机市场的总体以调整为主。根据 2015 年农业部和财政部两部委颁布的《2014 年农业机械购置补贴指导意见》的相关情况，与 2014 年补贴的变化不大，但各地区重视推广大中型农业机械的力度明显高于小型农业机械。

小四轮拖拉机没有列入国家通用类补贴目录，而有地方补贴的省份也在逐渐减少，一些有补贴的省份的单台补贴额度也在减少，因此小四轮拖拉机的总量还可能下降。

2015 年手扶拖拉机的补贴政策和补贴额度总体与 2014 年持平，除了江西、湖北、安徽等地血防区政策取消，单台补贴额度减少外，内蒙古、吉林等地取消手扶拖拉机补贴之外，其他省份基本不变。从这一点来讲，手扶拖拉机的市场将受到较大的影响。

从 2015 年宏观经济环境来看，也对小型拖拉机市场产生一定的影响，如环境保护力度的加强，秸秆禁烧，大型机具（如大型拖拉机、大型收割机）的下地作业，对土壤的压实作用导致小型机具作业效果不佳，作为纯农田作业的手扶拖拉机下降幅度更大。另外，对于一些污染较大的钢铁、建材等整治力度的加大，也将影响小型拖拉机作为其运输机械作用的发挥，从而影响销售。

2015 年还有很重要的一条政策环境影响，即土地流转越来越受到用户的欢迎，而土地流转越多，用户的购机积极性就会往大马力综合性的机具方向发展，小型机具的销售将受到较大的影响，尤其是小型拖拉机。

（二）2015 年小型拖拉机市场竞争形势预测

市场竞争十分激烈，持续洗牌。以手扶拖拉机为例，从公布的《2012—2014 年国家支持推广的农业机械产品目录》及 2013 年、2014 年增补目录来看，共有 116 家企业的 264 个品种列入了国家支持推广的目录。按 2014 年全国手扶拖拉机补贴数量 21 万台计算，平均每个企业的数量不到 2000 台，市场竞争激烈由此可见一斑。因此，2015 年市场竞争将更加激烈，不排除将有一些企业退出市场。

市场差异变化越来越大。由于 2015 年各地农机购置补贴政策的差异化越来越大，一方面农机购置补贴的程序与 2014 年相比有较大的变化，如全额购机的全面推行；另一方面资金的结算或支付方式也有了较大的变化，都是县级或乡镇结算，各地农机购置补贴的启动时间有早有晚，而资金的安排也会存在不平衡，加上一些区域小四轮、手扶拖拉机、微耕机等单台额度的调整和变化，使得市场存在一定的变数，因此 2015 年各省的市场将会有一定的差异，而且差异可能会越来越大。

2015 年小型拖拉机行业两极分化将会更加严重。一方面，一些大企业由于综合竞争力强，产品质量稳定，市场份额还将稳定增长；另一方面，一批小众企业由于受到品牌、市场、资金、产品质量等诸多因素的困扰，市场份额将可能出现下降，一些企业甚至可能被淘汰出市场。

（三）2015 年小型拖拉机市场典型区域市场分析与预测

1. 江西市场

江西市场还将会下降。2015 年作为手扶拖拉机主市场之一的江西对手扶拖拉机的单台补贴额度作了下调，这几年江西血防区的政策一直在变化，如单台补贴额度由 2012 年的 2700 元/台调降为 2013 年的 2450 元/台，非血防区的手扶拖拉机的补贴由 2012 年的 2100 元/台调整为 2013 年的 2050 元/台。2014 年单台补贴额度也略有下调。2015 年取消了血防区补贴，加上土地整合向纵深发展，大中型拖拉机逐渐受到市场的欢迎。因此，2015 年江西市场的手扶拖拉机销售将出现下降。

2. 南方市场

南方市场应该保持稳定。南方区域使用的是手扶拖拉机中的一个直联式品种即工农 12K 系列，由于单台补贴度的增加，会带来市场需求的增长。从 2014 年补贴数据来看，广东、海南等地小型拖拉机的补贴数量虽然有所下降，但 2015 年应该保持稳定。

3. 东北市场

东北市场的小四轮下降。小四轮在东北地区主要是进行运输和播种等辅助作业，受 2012 年和 2013 年秋涝灾害的影响，小四轮下地作业受到较大的影响，加上内蒙古区 2013 年取消了小四轮拖拉机的牧区补贴，因此前几年东北市场出现下滑。从今年黑龙江省农机大市场小四轮拖拉机的销量来看，在 2014 年全年下降的情况下，2015 年一季度销售量为 142 台，高于去年同期的市场。因此，东北的小四轮市场在连续两年出现下滑的情况之后，2015 年出现回升，包括内蒙古等地的市场。

4. 出口市场

2015 年小型拖拉机出口市场将出现下降。2014 年小型拖拉机出口量与 2013 年相比持平。就当前国际经济形势及区域来判断，由于东南亚局势不稳定，经济形势不佳，货币贬值，加上尼泊尔强烈地震影响周边地区，因此手扶拖拉机的出口和小四轮拖拉机出口将呈现下降的局面。

（四）2015 年小型拖拉机市场产品、技术发展趋势

小型拖拉机行业技术发展变化不大。由于小型拖拉机在农机行业内属门槛较低的低端行业，除了几个大型拖拉机生产企业兼产小型拖拉机外，其他企业相对弱小，新产品开发的能力相对较弱，当然一些适应性的产品改进还在加快。

从当前的市场情况来看，很多小型拖拉机生产企业面临转型，在小型拖拉机技术发展方面投入不

多。2015 年小型拖拉机市场产品技术还会延续 2013 年、2014 年的发展趋势，一是产品更加可靠；二是产品更加适应多种作业；三是降本提升产品的竞争力，也是行业整体发展的一个方向。

（五）2015 年小型拖拉机市场价格趋势分析

1. 成本的因素

从目前的多个成本影响因素来看，2015 年小型拖拉机产品的价格以稳定略降为主调，有以下几点：一是用工成本的上升。农机行业原来的用工成本比较低，但目前已经逐步与社会接轨。二是从多种原因来分析，目前农机产品使用大宗原辅材料的价格，与 2014 年年底的价格水平差不多，还处于较低水平。从发展趋势来看，2015 年原辅材料的价格整体稳中有降的格局将继续维持，小型拖拉机的价格也是稳中有降的趋势。三是从农机用油成本来看，目前整体还处于低位。

2. 竞争的因素

2015 年小型拖拉机的市场竞争依然十分激烈，因此小型拖拉机的价格竞争也十分激烈，一旦小型拖拉机市场总量出现下降，小型拖拉机产品的价格也会有所下降。

从上述情况来判断，2015 年小型拖拉机的价格总体下降。

综合上述众多因素分析，2015 年小型拖拉机市场将呈下降的趋势，具体表现为手扶拖拉机下降幅度较大，小四轮拖拉机下滑相对较缓。

（常州东风农机集团有限公司　王虹、王晓梅、刘雷、许国明）

收获机市场

收获机械市场回顾与展望

一、轮式谷物收获机械2014年市场回顾与2015年展望

（一）2014年轮式谷物收获机械市场运行回顾

1. 市场需求总量

我国轮式谷物收割机市场经过了十多年的快速发展，中小喂入量收割机不论从市场维度还是产业维度看，自2010年开始已经进入了成熟期，但由于今年补贴分档调整，用户需求升级，产品结构发生较大变化，中原5～6kg/s产品占据主导地位；大喂入量收割机从市场维度看基本成熟，但从产业维度看还有待进一步发展。总体来看，轮式谷物收割机市场已经进入了成熟期，成熟市场的一个显著特点，就是市场需求基本趋于稳定，年度销量走势基本平稳或仅有小幅波动。

由近十年我国轮式谷物收获机械销量走势曲线可以看出，2009年是一个“转折点”，之前轮式谷物收割机年销量呈现“跌宕起伏”的特点，但整体需求仍然呈现上升趋势，自2010年开始轮式谷物收割机市场基本趋于平稳，仅仅出现“小幅震荡”，维持在年销量4万台左右的一个存量调整期（见图1）。

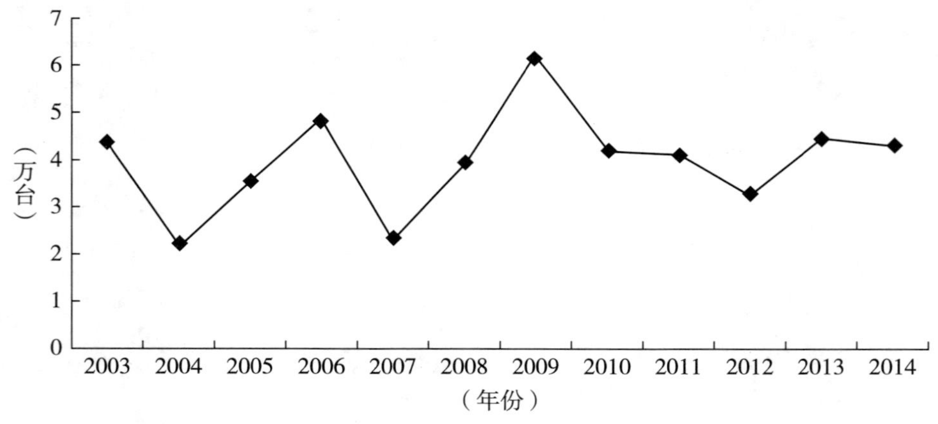

图1 近十年我国轮式谷物收获机械销量走势

2014年轮式谷物收割机市场需求总量在4.3万台，与2013年相比有小幅度下滑，但是相比2010年、2011年两年基本持平。2014年轮式谷物收割机市场主要有以下几个明显特征：

一是补贴政策拉动。2014 年由于补贴分档调整，对 5kg/s 以下产品补贴减少及对中原部分地区 6kg/s 产品国家补贴 4.5 万元，拉动市场需求快速升级，5～6kg/s 产品市场份额达到 92%，占据绝对市场份额；

二是用户需求升级。因土地流转、用户群体结构的变化及满足多种作物的收获需求，从客户源发性需求上看，用户对高性能、多功能、大喂入量的收获机械需求进一步增加；

三是产品升级。2014 年主要生产厂家在传统机型的基础上进行了重大的技术改进，推出籽粒直收、静液压驱动、同步器换挡、驾驶室空调机型，提高作业效率、舒适性，拉动了用户购买和更新换代需求。

2. 区域市场需求

（1）中原区域

中原市场销售主要集中在山东、河南、河北、江苏、陕西及皖北地区，2014 年虽然有部分地区存在 6kg 产品较高补贴额度拉动的情况，促进了部分产品更新换代，但绝对量的增加缺少动力。从各区域来看，江苏由于实行普惠制及 2013 年用户收益较好；安徽、河北地区补贴额度发生有利变化，拉动需求同比增长；山东、陕西、山西因补贴政策调整及补贴资金不足的影响，再加上区域市场保有量大，导致用户新增需求及更新换代需求出现不同程度的下降（见图 2）。

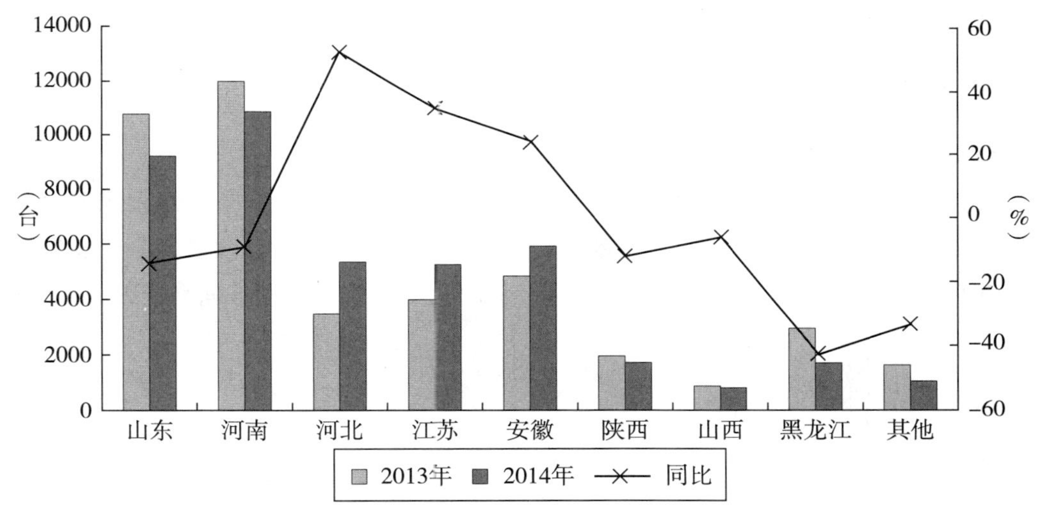

图 2 轮式谷物收获机械区域市场需求变化趋势

（2）东北、西北区域

主要集中在黑龙江地区，需求群体以农垦及合作社客户为主，区域市场经过前几年的高位运行，保有量大增，作业量难以保障，导致用户收益不佳，整体市场刚性需求明显下降。

3. 产品结构变化

2011 年以前，中原地区由 2009 年的 2kg/s 产品逐渐发展为 2.5/3/3.5/4kg/s 产品，东北地区由 3～4kg/s 产品发展为 6kg/s；从 2011 年开始，中原 5～6kg/s 产品开始成为市场主导，特别是 2013 年开始，中原 5～6kg/s 产品市场比重迅速扩大，到 2014 年比重超过 92%；东北地区也继续向大型机发展，8 千克及以上产品需求明显增长（见图 3）。

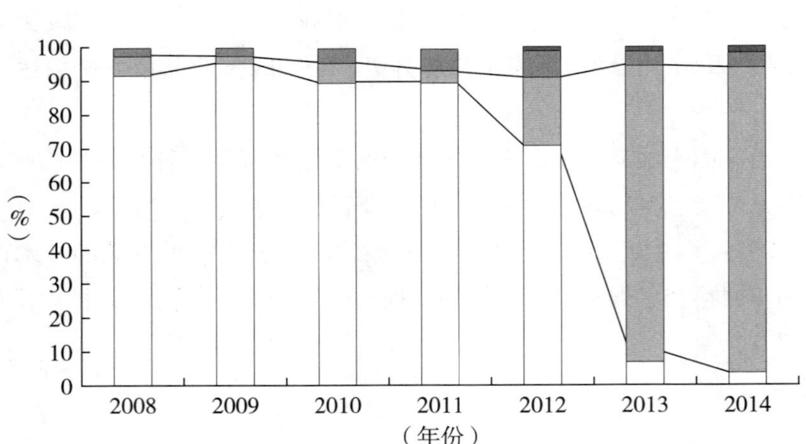

图3　近几年我国轮式谷物收获机械产品结构变化趋势

4. 新技术应用

在新技术应用方面，2014 年各个生产厂家均将传统产品进行了技术升级，并加大了新产品的研发和推广力度，产品作业效率明显升级，驾乘舒适性以及外观也有较大升级，如纵轴流脱分技术产品在东北、西北地区需求快速增长。

（二）2015 年轮式谷物收获机械市场形势预测

1. 从市场与产业成熟度判断

轮式谷物收割机市场经过多年发展，从"市场发展"和"产业发展"两个维度来看，中小喂入量收割机已经进入市场成熟、产业成熟期；大喂入量收割机则处于市场成熟阶段，但产业还有待进一步发展。预计 2015 年整体市场需求量会有一定下滑（见图 4），但产品结构方面会继续优化调整。

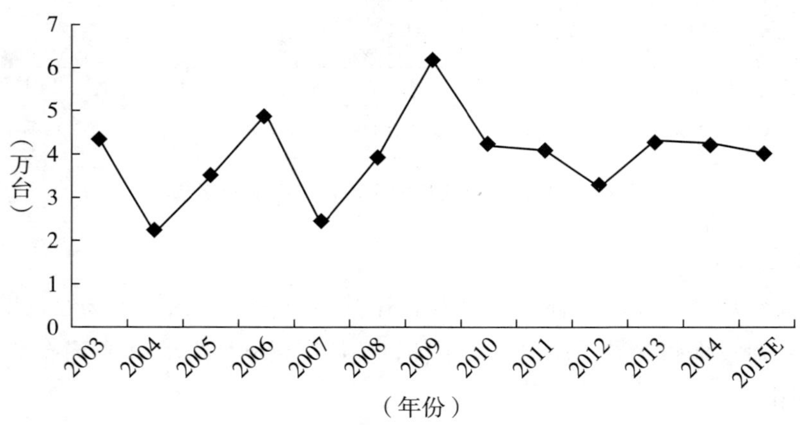

图4　2015 年轮式谷物收获机械销量走势预测

2. 从客户需求判断

2014 年轮式谷物收割机整体作业收益不佳，对用户 2015 年投资农机积极性会产生一定的负面影响。目前，轮式谷物收割机客户群体已经比较成熟，老用户占主导，需求主要是更新换代，品牌消费意识强，对产品性能、质量等方面的要求也越来越高。

3. 从总体市场发展看，仍有诸多机会

一是补贴政策。从近几年的补贴政策变化可以看出，国家及地方对大喂入量产品补贴倾向更加明确，政策拉动用户需求明显；第一批补贴资金达到209亿元，较2014年增加39亿元，增幅达23%；在补贴额度上，市场主销的6kg/s产品国补38300元，较上年的45000元，同比下降14.9%，部分区域6kg/s产品与5kg/s产品统补33000元，这在一定程度上影响了用户购机积极性；

二是更新换代。在轮式谷物收获机械市场饱和的情况下，随着用户需求升级及补贴政策的导向，对产品的要求越来越高，小喂入量产品面临升级换代的情况促进更大喂入量产品的用户购买度；受二手机交易价格偏低的影响，在一定程度上阻碍了用户更新换代的进度；

三是产品升级。补贴政策变化，为高性能、大功率、节能环保产品的快速发展提供了契机，各个生产企业的新产品也不断推出，新技术的应用和新产品的推出势必会促进收获机械市场的健康、快速发展；

四是客户升级。目前，需求客户群体出现明显变化，土地流转在加速，以合作社、农机大户、家庭农场、种植大户等为代表的大客户群体快速增长，个体客户需求比重明显下降，客户群体的改变，对产品和服务也提出了更高的要求，给企业发展提供了新的机会。

4. 产品需求结构变化

（1）中原区域

2015年各区域市场产品需求不会发生太大变化，但由于用户需求不断升级及补贴政策拉动，产品结构将进一步向5～6kg/s，甚至更大喂入量发展，同时客户对产品功性能需求的升级也将在一定程度上刺激新产品的不断推出。

（2）东北、西北区域

随着籽粒收获市场的兴起，8kg/s及以上纵轴流产品成为发展方向，客户群体仍然以合作社、农垦和兵团为主，产品需求结构将进一步升级，8～12kg/s产品需求比重将明显增长。

5. 新技术应用及发展趋势

未来几年，用户需求将明显向作业效率更高、驾驶更舒适、质量更可靠等方向发展，如同步器换挡、静液压驱动、纵轴流脱分技术等。

二、自走式玉米机2014年市场回顾与2015年展望

（一）2014年自走式玉米收获机市场运行回顾

1. 市场需求总量

目前，无论从产业环境还是市场环境看，自走式玉米机仍属于成长最快、发展空间较大的热点市场，但是发展的“高铁时代”已经过去，很难再现前两年的40%以上的增幅。

综合宏观、行业、政策环境分析，虽然在2014年遭受了自然灾害影响（7—8月的干旱，9月中原区域的连续降雨），但是受市场刚性需求的拉动，2014年3行及以上自走式玉米机市场需求总量达到3.5万台，较2013年增长23%左右。2行机在黄淮海区域依然有需求，东北区域的需求增加，但加速

向小3行机过渡，2行机和小3行机需求量也达到3.5万台。这样，总量将达到7万台，较2013年增长25%左右。2009年以来，我国自走式玉米机产品结构变化情况见图5。

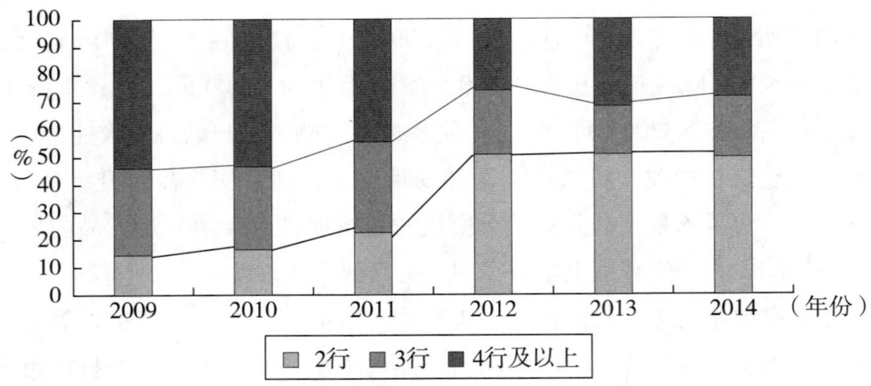

图5 近几年我国自走式玉米机产品结构变化趋势

目前，虽然我国在农机农艺融合的示范及推广上开始加强，但我国玉米种植农艺很不规范，仍是多种多样、百花齐放，不同地区对自走式玉米机产品需求的特征差异非常大。

随着外部环境的发展，农村经营组织将会发生重大变化，由个体农民向合作社、种粮大户、示范农场等新型经营组织转变；而随着需求群体的变化，农机产品需求将进一步升级，向大动力、高效率、可靠性、舒适性、经济燃油性、智能化发展。

2. 区域产品需求

（1）中原区域

2014年势必会成为自走式玉米机市场发展的拐点，其产品需求特点更加凸显，中原地区小3行产品快速发展，逐步取代2行机市场的同时，进一步分食大3行市场；随着土地的流转，用户对产品性能及作业效率的追求，如图6所示，中原地区用户购机积极性较高，并且对标准4行机产品的需求也在快速增长。

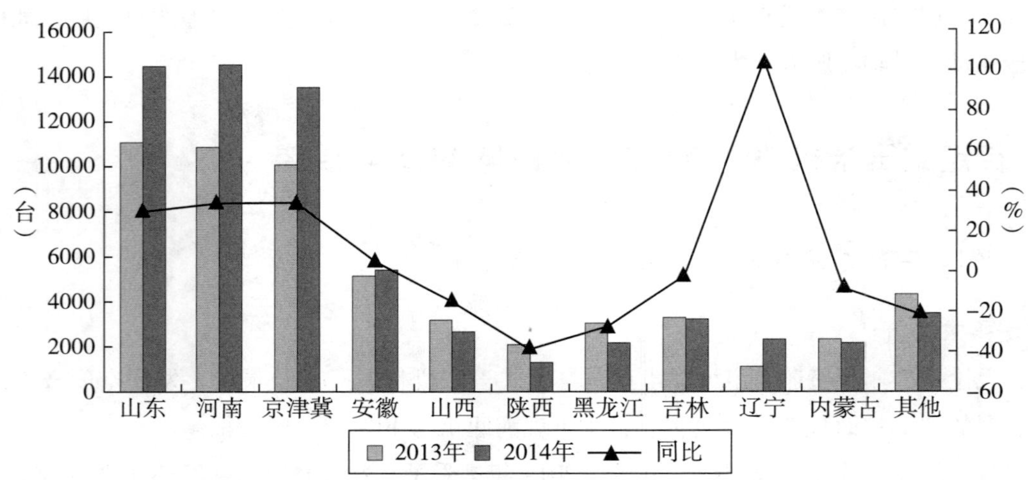

图6 2013—2014年自走式玉米机区域市场销售对比

（2）东北、西北区域

东北、西北产品结构需求变化不大，仍然以大4行产品为主，5行及以上为辅。同时，玉米籽粒直收机型在东北、西北地区的需求继续保持快速增长。

3. 功能配置需求

无论中原区域还是三北区域，剥皮功能将成为自走式玉米机的标准配置，不带剥皮功能的产品在2014年将逐步退出市场。而在高端配置上，以福田雷沃重工为首的企业，四轮驱动技术、静液压驱动技术、无级变速技术开始在玉米机上应用和推广，势必进一步引领高端产品的快速发展。

（二）2015年自走式玉米收获机市场形势预测

自走式玉米机市场目前还处在“市场成长期”阶段，随着近几年玉米机保有量的不断增加，以及土地流转规模的加速和用户需求结构的变化，预计在2015年自走式玉米机市场整体上将继续在高位盘整，产品结构将持续进行调整。

1. 产品结构需求

（1）2行和小3行

市场需求主要集中在中原区域，近几年受2行机可靠性差、作业效率相对较低等因素影响，客户群体将需求目光转向了小3行及3行机型，2行机市场需求数量急剧下降（见图7）。

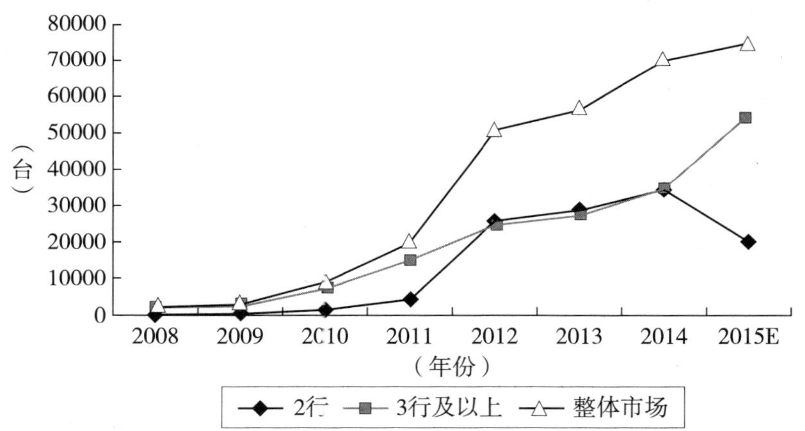

图7　我国自走式玉米机产品结构变化趋势预测

（2）3行、小4行机型及衍生机型

市场需求主要集中在中原及西北部分区域，随着近几年玉米机产品的不断改进升级，该平台产品以其良好的适应性及作业性能，被广大客户认可，如福田雷沃的CB03机型等。受各级政府对玉米机补贴重视程度的不断提高以及目前玉米机机收率相对较低的影响，中原区域市场需求将继续呈上升势头，产品将以3行机和小4行机型为主。

（3）4行及以上机型

市场需求主要集中在东北及西北部分区域，该区域为自走式玉米机最早的销售市场，机型以4行和5行机为主，客户注重作业效率高、适应性好及可靠性高等。随着大型联合收获机械技术的不断发展，玉米籽粒直收技术快速得到应用及推广，部分区域对玉米籽粒直收机型需求迅速增多，如黑龙江区域，籽粒直收机型被客户快速接受，市场需求不断增多，果穗收获机型需求将呈下降趋势。

2. 区域市场需求

中原区域依然是主力市场，虽然部分区域（安徽及河南部分区域）在2014年秋收时遭受了连续降雨影响，客户收益低于预期，其他市场如山东、京津冀、江苏、山西等市场用户收益较为理想，将会拉动潜在客户踊跃购机；

西北区域受养殖业及当地农艺的影响，市场容量变化不大；

东北区域的黑龙江市场受籽粒机型需求增多，果穗收获机型需求相应减少；吉林和辽宁两区域受用户去年收益增加的带动，预计市场需求会明显增长。

三、全喂入水稻机2014年市场回顾与2015年展望

（一）2014年全喂入水稻机市场运行回顾

1. 市场需求总量

我国全喂入水稻机市场在产品技术升级变革及补贴政策持续利好的双轮驱动下，在2012年销量达到历史顶峰，之后虽维持高位运行但呈现了逐年下滑的趋势，预计未来几年仍将持续。

2014年全喂入水稻机市场延续了高位运行，小幅下滑的趋势，整体市场销售6.5万台，同比下降7.1%，其下降因素主要有以下几个方面：

一是刚性需求下降。近几年全喂入水稻机市场持续保持高位运行，透支了部分潜在需求，市场趋于饱和。统计显示，2014年水稻机收水平已超过81%，其中，黑龙江、江苏、安徽、湖北等大平原地区的水稻机收水平均超90%，已基本实现了水稻收获机械化，水稻机需求动力由刚性需求向存量更新转变。

二是东北市场需求大幅下降。特别是黑龙江市场需求受当年降雨丰润情况影响较大，由于2014年收获期未出现持续的降雨天气，大型轮式收获机械大范围作业，影响了履带机的需求；另外，近两年全喂入水稻机保有量增速过快，而农户收入持续下降、跨区作业数量持续增多等也是造成需求大幅下降的主要因素。

三是单机作业量的大幅提升影响个体需求。随着全喂入水稻机跨区作业队伍的不断壮大，单机作业效率及作业量大幅提升，影响了个体用户的属地作业量，致使部分个体用户不再投资购买水稻机，而是等待跨区作业的收割机进行收获，造成小范围作业或者自用的个体需求大幅减少。

四是周期性更新需求下降。全喂入水稻机的使用寿命一般为3～4年，而2014年恰逢更新低潮。

2. 区域市场需求

（1）稻麦轮作区

稻麦轮作区市场销售主要集中在江苏、安徽、湖北、河南南部及山东部分等中原区域。2014年由于部分主销产品受到补贴政策变化影响，市场终端售价较高，部分用户选择推迟购机；此外该区域受近两年保有量增长过快影响，刚性需求大幅减少，市场销量呈小幅回落的态势。

（2）东北单季稻区

东北单季稻区市场受用户收入大幅降低、刚性需求大幅减少、属地水稻机作业量减少等多重因素影响，全喂入水稻机市场销量跌入“冰点”。

（3）南方双季稻区

南方双季稻区销售主要集中在湖南、江西等区域，在补贴额度变化及作业期降雨偏多等因素拉动下，产品更新加快，市场需求增长（见图8）。

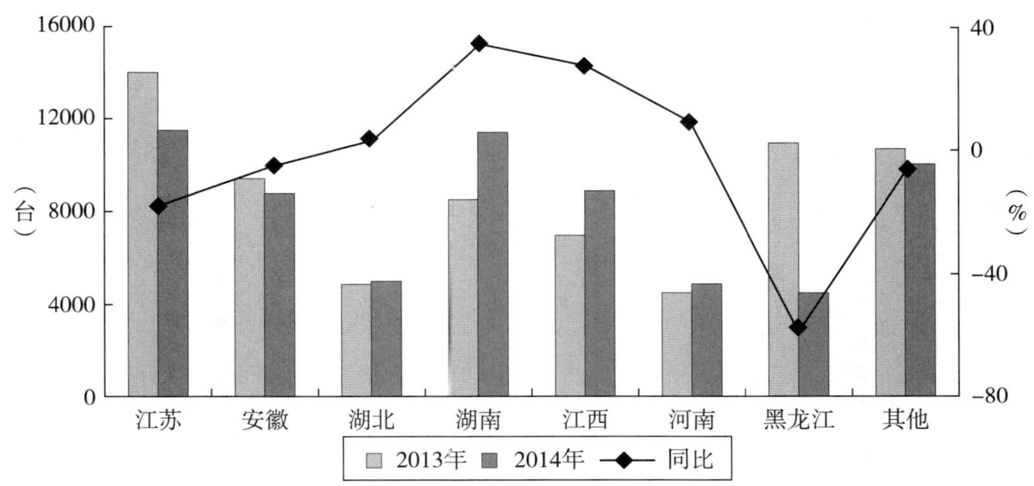

图8　2014年全喂入水稻机市场销量变化趋势

3. 产品结构需求

由于2米割幅的产品转运方便，作业性能满足各区域需求，且产品技术成熟，逐渐成为市场主导产品；而1.9米割幅以下的产品由于产品技术升级缓慢，补贴额度相对较低，市场份额快速萎缩；2.5米割幅以上的大喂入量产品受刚性需求下降影响较大，销量持续低迷（见图9）。

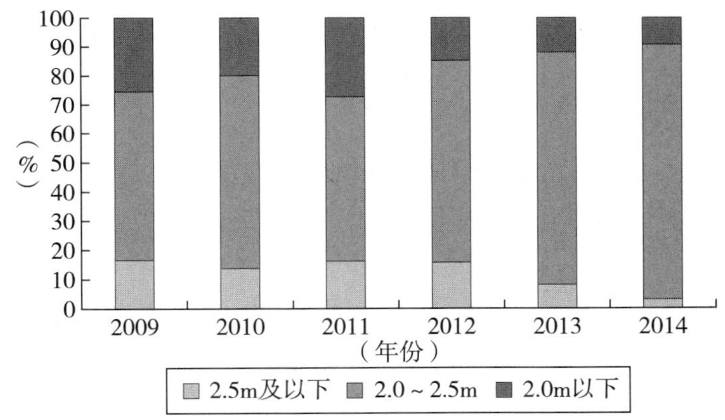

图9　近几年我国全喂入水稻机产品结构变化趋势

4. 技术发展趋势

2014年纵轴流产品销售比重将近70%，保持了快速增长的态势，并逐渐成为市场主流，反之，双滚筒及单横轴流滚筒的产品销量持续快速下滑，而各个生产厂家也均将纵轴流产品作为研发重点，从而推动纵轴流技术快速升级。

（二）2015年全喂入水稻机市场形势预测

2015年全喂入水稻机市场仍将延续下滑趋势（见图10），预计整体市场需求6万台，同比下滑

7.7%，主要原因分析如下：

1. 整体市场发展趋势

一是补贴政策稳定。从近几年的补贴政策变化可以看出，全喂入水稻机补贴政策相对稳定，同比变化不大，对用户需求的拉动相对较小；

二是刚性需求下降。随着全喂入水稻机保有量的快速增长，用户通过水稻收获作业获得的收益不确定因素增多，投入风险加大，造成新增用户群体大量减少，而老用户延迟换机；

三是产品升级拉动减小。近几年产品技术趋于成熟，不会再出现大的技术变革，降低了用户旧机更新的驱动力。

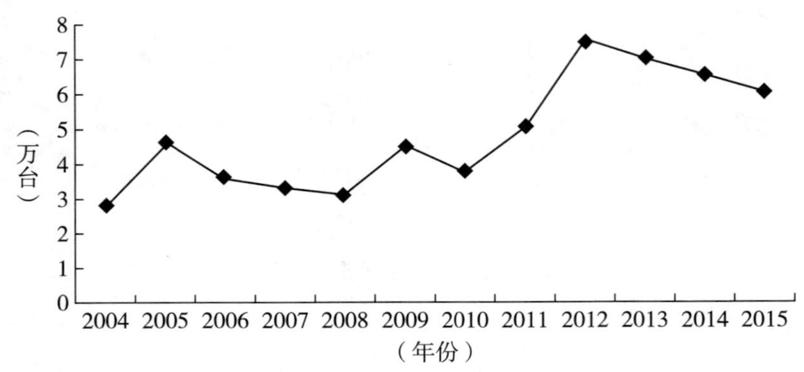

图 10　2015 年全喂入水稻机销量走势预测

2. 区域市场需求

（1）稻麦轮作区

此区域需求受跨区作业影响较大，一方面属地个体用户的持续减少，另一方面跨区作业收益的不确定因素增加，造成用户需求持续下降。

（2）东北单季稻区

随着 2014 年用户收入大幅增长，市场需求将小幅反弹，受保有量高、跨区作业车辆多及天气等不确定因素的影响，不会出现如 2012 年的销量“井喷”现象。

（3）南方双季稻区

南方双季稻区市场需求较为稳定，但在 2014 年快速增长后 2015 年将出现小幅回落。首先，2015 年补贴额度变化不大，而血防区等叠加补贴减少，补贴拉动效应降低；其次，2014 年的快速增长透支了部分潜在用户需求，预计需求总量将回落至 2013 年以前的水平。

3. 新技术应用及发展趋势

未来几年，用户需求仍将以纵轴流产品为主，但产品拓展加快。如割幅不再拘泥于 2m，大割幅 2.3m、2.5m 及小割幅 1.8m、1.6m 机型不断出现；在切碎器、空调等配置不断增加的影响下，发动机向大马力发展；而用户购机也更加理性，对产品可靠性、作业效率、操纵方便性及舒适性等方面提出了更高的要求。

（福田雷沃重工农业装备事业部　周洪信）

浅析未来三年玉米机发展形势

引 言

国家主席习近平强调，中国人的饭碗要始终牢牢端在自己手上，而且饭碗里主要装中国粮。粮食安全事关社稷，兹事体大，不可不察也。美国前国务卿亨利·基辛格说：控制了石油，你就控制了国家；而控制了粮食，你就控制了人类。

在世界能源格局中，原本俄罗斯具备重要的油气等能源输出能力，这是俄罗斯崛起的武器和与其他国家博弈的利器。而美国通过两次石油战争成为世界石油市场的操盘者，阻碍中国和俄罗斯的发展：左手涨价，打击中国、欧洲等进口原油的国家；右手降价，打击俄罗斯等出口石油的国家。美国在能源战方面向来攻势凌厉，让石油价格拦腰一刀，普京政府“压力山大”。更重要的是，根据石油公司BP的报告，美国将在2018年成为能源净出口国，这意味着美国将在能源市场左右逢源、纵横捭阖。美国能源独立的观念也催生了玉米乙醇的发展，2005年的能源法案第一次奠定了生物能源战略，2007年的新能源法案则把这一战略推入了爆发期。美国曾公开叫嚣，能源大举进军农业，2020年用玉米统治世界。

2015年“两会”期间，农业部副部长余欣荣表示，在粮食高位丰收时期，近年来我国粮食进口量不断增加，2014年达到最高，主要是因为国际市场的粮食品种价格普遍低于国内。余欣荣引用数据称，2014年我国粮食进口总量1亿吨里面70%以上进口的是大豆，达到了7140万吨。谷物类去年的进口量只有1952万吨，仅占当年粮食总产量的3.2%。2014年的玉米进口量是下降的，下降到20.4%；小麦进口量也是下降的。只有大米以及一些像高粱、大麦的工业用粮有所增加。

一、玉米种植——国家粮食安全战略的“斯大林格勒保卫战”

大豆，我国古称“菽”，五谷之一，包括黄豆、青豆、黑豆等，原产于我国，从历史记载中可以看出世界各国栽培的大豆都是直接或间接由我国传播出去的。悠久的历史，却未能躲过灰色的2004年。2001年我国加入WTO、2002年取消大豆进口关税和配额限制之后，国外大豆潮水般涌入中国。2004年，国际粮商得知当年3月中国采购团到美国采购大豆的消息，芝加哥期货交易所大豆价格从220美元/吨暴涨至391美元/吨，创15年来新高。中国采购团在此背景下硬着头皮签署了购买合同，随后大豆价格跌至266美元/吨，国内大豆产业遭受重创，压榨行业巨幅亏损。国际粮商乘机兼并中国大豆加工骨干企业，控制其大豆采购权。

如大连华农曾经是我国最大的大豆压榨企业集团，但由于在2004年价格波动中损失惨重，不得不将广东东莞的压榨厂转让给嘉吉，将广东湛江压榨厂部分股权转让给德国托福，将南京华农的部分股权转让给邦吉；山东三维集团不得不将日照大海油脂企业转让给邦吉。一年间中国1000家规模以上大豆压榨企业被压缩到90家，其中64家被外资控制，占据中国榨油总量份额的85%，从此我国大豆产业链被外资打断，并形成“南美人种大豆、中国人买大豆、美国人卖大豆并决定价格”的格局。

现实告诉我们，即使没有战争，世界也不是和平的。大豆在一夜之间全线溃败，转基因产品全线涌进，人心惶惶。大豆之后，美国又加速催生了能源独立观念下的玉米乙醇概念，宣布“2020年玉米统治世界”，一时间全球惊动。中国知耻后勇，在玉米种植问题上寸土必争，正面交锋。大豆沦陷“伤不起”，玉米已经“输不起”。无论是国际格局下的粮食战略安全，还是国内形势下的种植推广，旨在步步为营，殊死搏斗，看起来简单的玉米种植，暗流涌动，风云际会。

农业部韩长赋部长在《玉米论略》中指出：随着工业化、城镇化快速发展和人民生活水平不断提高，我国已进入玉米消费快速增长阶段。从未来发展看，玉米将是我国需求增长最快，也将是增产潜力最大的粮食品种。抓好玉米生产，就抓住了粮食持续稳定发展的关键。如何挖掘生产潜力、加快玉米发展、保持玉米能够基本自给，是确保国家粮食安全的一件大事。我国玉米生产发展有两大潜力：一是提高单产有潜力；二是扩大面积有潜力。据专家测算，到2020年我国玉米种植面积将达到5.5亿亩，比目前增加5000万亩是有可能的。

二、玉米摘棒机进入第二次“产品和市场的迭代时期”

从产销量来看。笔者在研究玉米机发展的过程中，看到一组数据：2003年全国的玉米机产销量在900台左右，其中，背负式800余台，自走式仅为70台左右。2004年全国的玉米机产销量在2000台左右，其中背负式1700多台，自走式300余台。十年时间，玉米收获机械产业一路高歌猛进，取得了长足的发展，蔚然大观。数据显示，2014年累计销售各种玉米收割机8.29万台，同比增长20%，其中，销售自走式玉米收割机8.15万台，同比增长24.3%。背负机几近退出市场，仅销售1400余台，同比下降近60%，其中，3行机累计销售3.9万台，同比增长72.96%，占比高达48.26%；2行机销售1.77万台，同比下降14.29%，占比21.7%；4行机销量达到了2万余台，同比增长24.96%，占比24.62%；5行机以上机型销售近2700台，同比增长43.46%，但占比仅为3.31%。

从市场需求来看。4行机的增量在逐步快速减缓。黑、吉、辽、蒙是4行机的主力市场，由于近几年的增量比较大，造成了保有量逐年加大、用户收益逐年下降的情况。东北市场有的区域从大4行向小4行发展，充分说明收益下降引起了连锁反应。在保证不了收益的前提下，小4行明显可以快速回本，比大4行更加具有优势。这也是这个市场中2行机、3行机暴增的主要原因之一。另外，2行机只能处于边缘化地带，3行机在未来有很大发展空间。而中原的市场需求正在从小机型向大机型发展，这和东北区域4行机增量下降、小型机快速上升正好相反。中原的地块在流转，一方面是千亩地的大流转，这个比较慢；但是在村里一家人的地并成一块地，这种并地行为比较快，催生了较大的种植区域，催生了小型机向大型机转变的过程。大小总是相对的，中原的需求，3行机是一道分水岭。有合适的大地块后，就需要高效作业。2行机已经快速边缘化，中原3行机在2014年取得了井喷式增长也恰恰说明这个道理。

从未来变化来看。毋庸置疑，未来玉米机的增量市场必定是黄淮海区域，而且小麦机底盘嫁接的玉米机是中原需求的最高呼声。小麦机在中原市场有根深蒂固的保有量和应用度，现在的玉米机机手大部分正从小麦机过渡而来。因此，满足用户需求，贴近用户需求，搞小麦机底盘的玉米机，正是特劳特定位理论的最好应用。因此，小麦机底盘的 3 行机、4 行机，是未来中原市场的主力需求。我们应当看到，玉米机除上面阐述的量变之外，更有深层次的质变发生。随着互联网时代的深入，指数式增长也将在农机行业初现端倪。小麦机市场在 20 年时间里成长为成熟市场，但玉米机的成熟速度非常快，利用不到十年的时间达到了基本稳固：剥皮从一开始的选配到现在变为标配，形成了前切中还并加装苞叶粉碎的变形路线。我们更应当看到，液压驱动技术成为当前市场需求的主流增长机会，而智能化产品将是打下未来市场的又一法宝。

三、玉米种业培育迎来全新发展机遇

最新出版的《十八大以来重要文献选编》上册收录了若干篇此前未公开的习近平讲话文稿。有一篇是 2013 年 12 月 23 日习近平在中央农村工作会议上的讲话，这也是该文首次公开发表。在这篇讲话中，习近平回忆自己曾经饿肚子的经历，并谈了他对转基因问题的看法。习近平主席表示，转基因是一项新技术，也是一个新产业，具有广阔的发展前景。作为一个新生事物，社会对转基因技术有争议、有疑虑，这是正常的。对这个问题，他强调两点：一是确保安全，二是要自主创新。也就是说，在研究上要大胆，在推广上要慎重。转基因农作物产业化、商业化推广，要严格按照国家制定的技术规程规范进行，稳打稳扎，确保不出闪失，涉及安全的因素都要考虑到。要大胆创新研究，占领转基因技术制高点，不能把转基因农产品市场都让外国大公司占领了。

在玉米种业方面，山东、河南、陕西的一些地区培育了诸多玉米新品种，普遍具有早熟、脱水快、产量高，轴硬、秆硬、籽粒硬的特点，适合籽粒直收。期待国家快速推进转基因技术的研究和试验，在玉米品种方面取得质的突破。

另外，需要重视农机、农艺的融合问题。我国农业已经处于更加依靠科技突破资源环境约束、实现持续发展的新阶段，农业发展的根本出路在科技，农艺（农业科技）是确保国家粮食安全的基础支撑，是加快现代农业建设的决定力量；农机（农业机械）是农艺的物化和重要载体。

四、玉米籽粒直收将在中原地区快速形成气候

中原市场还有一个非常重要的趋势就是籽粒直收，尽管东北地区，尤其黑龙江正在逐步实现玉米的籽粒直收作业，但中原籽粒直收的市场需求来的比东北市场更快速、更猛烈。中原地区一般是小麦、玉米两季种植，两者的种植区域基本相同。在小麦收获方面，横轴流技术路线的收割机已经不能满足市场需求，在 5 千克的喂入量上受到多种限制停滞不前。在玉米收获方面，不少地区利用这种横轴流产品改制后收玉米籽粒也是勉为其难，但这个趋势正在逐步快速形成。单纵轴流产品恰到好处地解决了玉米、小麦的联合机收问题。我们需要注意到久保田 PRO100 产品，虽然目前来看是一款小麦机，但挂接玉米割台后完全可以实现玉米籽粒直收作业，这可不单单是小麦机的问题，而完全是未来中原市场籽粒机的雏形。再展开来说，如果这种机型在部分区域加装履带作业，小麦、玉米、水稻的收获将三位一体，其竞争力不言而喻。目前，收获机械的一大通病就是机器利用效率较低，水稻还可以两

到三季，小麦、玉米一年一季，一季只有30天左右作业时间。如果能够实现中原地区的小麦、玉米的籽粒收获，这才是真正意义上的联合收割机。而且，小型通用产品比大型通用产品（凯斯纽荷兰、约翰·迪尔、克拉斯等）更加具有冲击中原旱田以及南方水田的竞争优势，势必将引起谷物收获机械行业的革命性变化。

另外，粮食烘干是打通粮食全程机械化生产“最后一公里”的关键，发展粮食烘干机械对保障国家粮食安全具有重要战略意义。目前来看，粮食烘干机的快速增长有力地支持了玉米籽粒直收的发展。

题外话：商业的生态环境将是未来竞争的主要着力点

经济学中讲选择，战略必须讲抉择。企业一定要选择自己的目标客户，不能多多益善；一定要选择自己的竞争方式，不能轻启战端；一定要选择自己的竞争对手，不能非我即敌。企业竞争不能跑马圈地，也不能信马由缰，一定要选择好自己的目标客户。竞争的出路在于修建自己的壁垒，以特殊的价值满足一定的用户需求，坚决杜绝竞争趋同。

竞争趋同将使竞争对手之间的差异相继淡化，彼此之间日益相似，价格成为唯一的决策依据。类似价格战的低级竞争手段，给国产农机的市场竞争带来了毁灭性的灾难。价格战没有受益方，用户虽然得到了一定低价格产品，但是没有得到相应的服务，甚至得到了偷梁换柱的伪劣产品。企业要想生存和发展，产品的价值必须大于价格、大于成本，接近或者低于成本的自杀式价格策略是断然不行的。合适的利润空间是维持服务活动的重要保证，没有服务的营利就是抢劫，失去营利的服务就是摆设，这是行业铁的法则。更重要的是，这种恶劣的商业竞争环境只给国内农机企业带来极坏影响，并没有波及国外农机产品进军中国市场，甚至将给后者带来一定的利好因素。也就是说，国内农机产品在恶性竞争的穹顶之下内斗，将加速中国农机工业被“拉美化”的噩梦来到。

我们呼吁，有关企业重视谋定后动、妙算而胜，注重可持续的特色优势，多研究伐谋、伐交，多研究如何为目标用户创造非凡价值。我们呼吁，行业应当理性竞争，正确理解市场经济原理，坚决避免极左化的商战思维。我们呼吁，以管理节流，以创新开源，激活企业发展的内动力，加快转型升级和结构优化，真正步入内涵增长、内核竞争的新时代。

（哈克（邯郸）农业机械装备制造有限公司　党延德）

玉米收割机市场回顾与展望

流年不利，2014 年成为我国农机市场 10 余年以来最为惨淡的年份。难看的数据让业内人士着实不适应。统计显示，去年，主营业务收入 4180.6 亿元，同比虽增长 8.79%，但增速较之 2013 年下跌了 5.88 个百分点；利润 234.9 亿元同比下降 3.42%，与 2013 年增速放缓 10.4 个百分点。从子行业看，也出现了近年少有的大面积下滑，诸如拖拉机、小麦和水稻收割机、水稻插秧机、排灌机械、耕整地机械等多数市场不约而同地出现不同程度的滑坡。市场并非乏善可陈，譬如玉米收割机市场。在行业普遍走低的大形势下，玉米收割机市场逆势增长，一枝独秀，足以彰显其有增长空间就任性的特征。

一、2014 年玉米收割机市场回顾

（一）市场高歌猛进，需求跑出 8 万台成绩

在整个行业增幅趋缓，多数子市场出现滑坡的大环境下，玉米收割机市场的增长显得更为耀眼。2014 年累计销售各种玉米收割机 8.29 万台，同比增长 20%。其中，销售自走式玉米收割机 8.15 万台，同比增长 16.6%。背负机几近退出市场，仅销售 1400 余台，同比下降近 60%。

如图 1 所示，月度同比走势稳定，始终在增长通道中运行，7 月、8 月、9 月、10 月成为出货高峰期。从月度环比看，虽有起伏，但增长月度占据主流，说明玉米收割机市场需求持续保持旺盛态势。

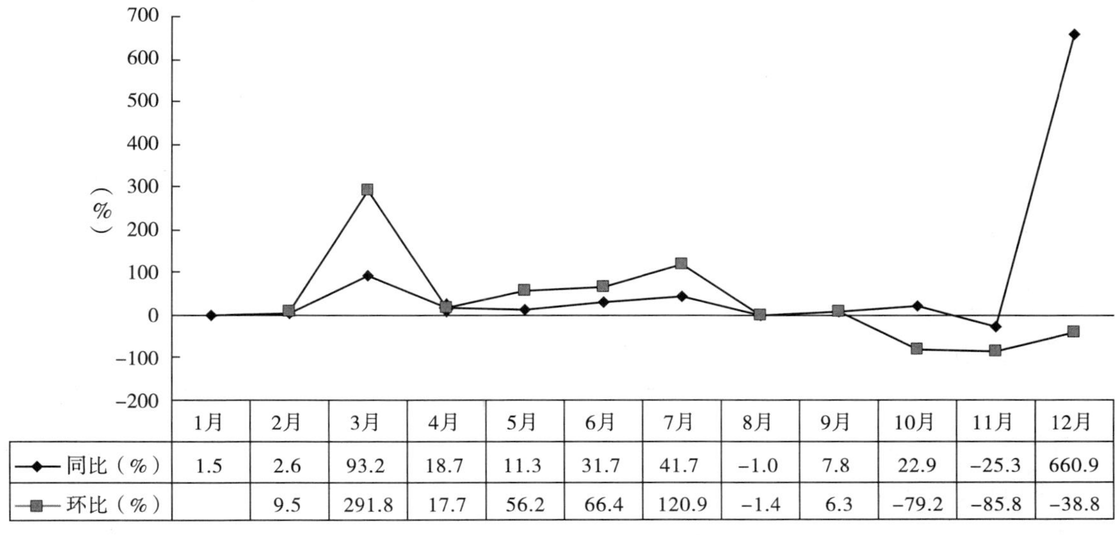

	1月	2月	3月	4月	5月	6月	7月	8月	9月	10月	11月	12月
同比（%）	1.5	2.6	93.2	18.7	11.3	31.7	41.7	−1.0	7.8	22.9	−25.3	660.9
环比（%）		9.5	291.8	17.7	56.2	66.4	120.9	−1.4	6.3	−79.2	−85.8	−38.8

图 1　2014 年玉米联合收割机月度走势

2014 年玉米收割机市场的高歌猛进不是偶然原因所致，综合因素推动市场快速发展。第一，刚性需求成为推动市场的第一动力，我国玉米收割机市场是继小麦实现全程机械化、水稻基本实现收割机械化后遗留下来的大容量市场，其粮食作物中最大种植面积加上保有量、机收率较低，决定了其刚性需求的强劲；第二，农机补贴成为推动玉米收割机市场的发动机，有效解决了农民购买力较弱的问题；第三，热点轮动，由于玉米收割机市场范围广大，市场发展不平衡，形成热点轮动的发展特点，确保了整体市场的稳步推进；第四，投资回报率高，激活潜在消费市场。由于玉米收割机存量相对较低，决定了消费者能够较快回收成本并且取得较高的收益，成为激活潜在市场的强大动力；第五，竞争激烈，价格走低。激烈的市场竞争导致一些企业库存压力骤增，去库存虽然使企业损失惨重，却推动了市场快速发展。

（二）主流市场凸显优势，3 行机占领制高点

从自走式玉米收割机市场需求结构分析，由于受区域市场的影响，整体市场以 4 行及以下机型为主流。3 行机累计销售 3. 9 万台，同比增长 72. 96%，占比高达 48. 26%，较之全年同期猛增 13. 58 个百分点；2 行机销售 1. 77 万台，同比下降 14. 29%，占比 21. 7%，较之去年同期下降 9. 77 个百分点；4 行机销量达到了 2 万余台，同比增长 24. 96%，占比 24. 62%，但较之去年下降了 0. 6 个百分点；5 行机以上机型销售近 2700 台，同比增长 43. 46%，但占比仅仅 3. 31%，较之去年同期提高了 0. 44 个百分点（见图 2）。

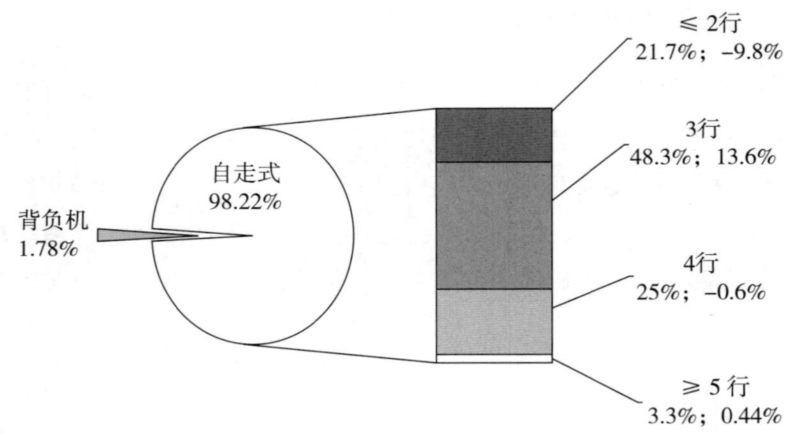

图 2　2014 年玉米收割机市场需求结构

（三）区域差异巨大，黄淮海依然占据主导

2014 年我国玉米收割机区域需求主要集中在黄淮海区域，占据市场半壁江山。从需求前 8 大市场分析，区域集中度依然很高，占比高达 84. 07%，较之 2013 年提高了 9. 13 个百分点。从大的区域分布看，2014 年市场主要集中在山东、河南、河北、吉林四大市场，占全国总量的 57. 97%。但这四个市场表现差异较大，山东、吉林同比增长均超过三位数，河南市场增幅也达到了 42. 5%；与之相反，河北出现 5% 的滑坡，市场占比下滑了 3. 75 个百分点。

内蒙古、辽宁市场增势强劲，同比分别增长 111% 和 84. 9%，占比分别提高了 2. 56 个和 1. 87 个

百分点。与之相反，安徽、山西、黑龙江市场出现不同程度的滑坡，尤其是需求大省——黑龙江市场连续三年出现下滑（见下表）。

2014 年玉米收割机区域市场需求一览表

单位：%

序号	省、自治区	同比	2014 年	2013 年	增减
1	山东	120.0	21.00	11.87	9.13
2	河南	42.5	12.87	11.23	1.64
3	河北	-5.0	12.19	15.94	-3.75
4	吉林	181.7	11.91	5.25	6.65
5	内蒙古	111.0	6.22	3.66	2.56
6	辽宁	84.9	5.70	3.83	1.87
7	安徽	-8.1	4.92	6.65	-1.73
8	山西	-11.8	4.79	6.75	-1.96
9	陕西	-1.0	2.29	2.88	-0.58
10	黑龙江	-71.4	2.18	9.48	-7.30
小计		34.7	84.07	77.55	6.52
其他		-11.8	15.93	22.45	-6.52
合计		24.3	100.00	100.00	0.00

（四）集中度低，竞争格局尚在形成中

玉米收割机市场的竞争格局并没有完全形成，据不完全统计，全国有近 130 余家玉米收割机生产企业，竞争激烈，市场集中度低。市场调查显示，销量前五的品牌占比 55.17%（见图 3），较之去年同期提高 7.68 个百分点，但与我国的拖拉机、小麦和水稻收割机等市场相比，集中度十分低，诠释了我国玉米收割机市场成长期的突出特点。从主要品牌的变现看，福田雷沃销售 1.38 万余台，同比增长 34.54%。科乐收金亿 1.15 万台，同比增长 55.16%。宁联、巨明、勇猛同比分别增长 86.11%、33.71% 和 10.02%。

纵观 2014 年我国玉米收割机市场竞争特点，突出表现为：

第一，竞争加剧，分食者众。因为我国玉米收割机市场处于成长期，市场上升空间大，吸引众多企业加入竞争行列。随着竞争的加剧，众多中小型企业出局，仅河北市场，出局的就达 70 余家。

第二，市场回归“原点”，竞争聚焦质量。

第三，产品定位很重要，2012 年的 2 行机、2013 年、2014 年的 3 行机都是佐证。

第四，产品舒适性要求很高，一些企业产生库存的原因竟然是因为没有安装驾驶室，由此可以窥见舒适性在产品营销元素组合中的作用。

第五，产品外观设计，外观看似小事，其实反映了一个企业的综合竞争实力，也是大型企业与中小型企业的重要产品区隔。

第六，区域需求成为影响市场竞争实力的关键力量。由于黄淮海区域市场率先启动，此区域的主要需求机型为 3 行机和 2 行机，导致一些以适应东北、内蒙古市场的 4 行及 4 行以上的机型上攻受阻，

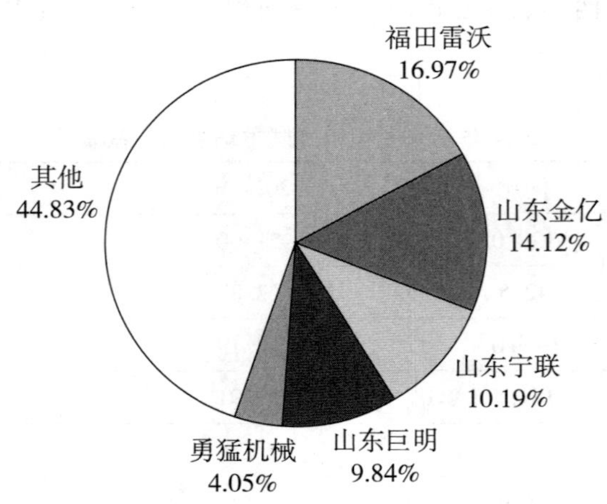

图 3　2014 年玉米收割机市场竞争态势

而山东金亿、山东巨明、福田雷沃、山东宁联凭借其机型优势，抢占市场竞争高地。

二、2015 年玉米收割机市场预测

我国玉米收割机市场 10 余年的增长，尤其是近年的快速增长后，2015 年市场会否出现拐点，市场需求将往何处去，成为行业关注的焦点。笔者认为，玉米收割机市场依然处于成长期，市场需求将高位运行，但增幅会趋缓。这种判断主要来自玉米收割机市场面临的基本环境和发展现状。

（一）保有量偏低，市场处于黄金发展期

从主要农作物收获机械的保有量分析，玉米收割机市场刚性需求依然会保持强劲发展势头。我们从小麦、水稻和玉米三大粮食作物的保有量的比较看，2013 年，稻麦保有量达到 113.4 万台，已经完全满足市场需求；而玉米收割机的社会保有量仅仅 28.7 万台，近年虽呈快速增长之势，但与稻麦收割机相比，依然存在较大差距（见图 4）。如果以现在的增速发展，玉米收割机市场尚有 3 年的黄金发展期。

这与牧草、花生等经济作物的保有量是有本质差别的，经济作物收割机不仅保有量偏低（尤其甘蔗、棉花、甜菜、蔬菜等种植面积较大的经济作物，其保有量更低），而且发展一直较为缓慢，要实现机械化尚有很长路程要走。

由此可以得出这样的结论：玉米收割机市场尚有 3 年的黄金发展期，2015 年正处于这个时期。如果说 2015 年玉米收割机市场或将出现变化，那么最大的变化就是增幅放缓。

（二）发展进入第三阶段，刚性需求依然强劲

从玉米收割机市场发展阶段分析，我们依然会得出玉米收割机市场处于黄金发展期的结论。通过对我国玉米收割机市场 20 余年的发展历程的回顾及未来发展趋势的研究，不难发现，我国玉米收割机市场将顺势经历四个发展阶段。

第一阶段：缓慢发展阶段（2004 年之前）。这个阶段我国玉米收割机市场发展缓慢，产品不成熟，

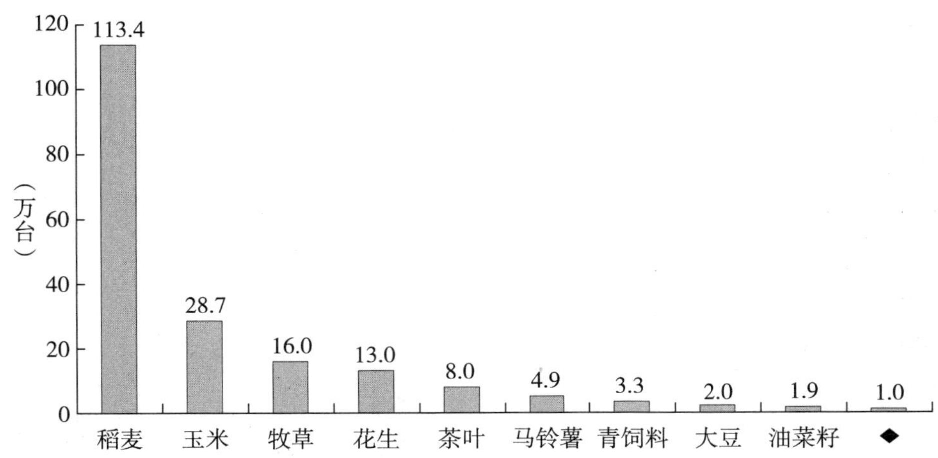

图4　2013年收获机械保有量

注：◆棉花、蔬菜、甜菜。

市场存量与增量都很小，且主流产品以小型背负式为主流，处于市场的导入期。

第二阶段：快速成长阶段（2004—2012年）。此阶段，正是我国农机补贴政策如日中天的时期，玉米收割机市场在农机补贴的推动下，成为农机市场的一匹黑马，形成一日千里的发展局面。市场需求如喷泉一般涌出，背负式产品已经成熟，自走式产品逐渐成为主流，市场存量与增量快速增长。

第三阶段：升级转型阶段（2013—2018年）。玉米收割机市场经过多年的快速增长，刚性需求有所减弱，在2012年构筑一个需求高平台后，市场进入增速放缓的发展阶段。此阶段呈现的主要特点：市场需求保持高位，但增速会逐年下降。2015年的市场正处于此发展阶段。

第四阶段：高级阶段（2018年后）。从玉米收割机市场未来发展趋势判断，需求结构调整、升级将成为未来市场主要动力，这个过程主要伴随着籽粒收割机市场的崛起和大型收割机占据主流。

回溯2014年玉米收割机市场，出现较大增长，全年达到8.2万余台，增幅在24.3%左右。2015年，玉米收割机市场会呈现两个突出特点：第一，高位运行，全年有望继续保持8.5万台左右的需求量；第二，增幅会继续下降，预计与今年持平（见图5）。

（三）市场需求转型升级，籽粒机市场呼之欲出

2015年玉米收割机市场需求结构面临两个基本走势：籽粒机和大型化。

籽粒收割机市场呼之欲出。从其面临的农艺条件分析，市场已经成熟。

（1）玉米种子改良，成熟期由过去105天到现在95天，解决了黄淮海市场籽粒收割过程中最大的难题——玉米的含水量问题。

（2）分工细化，烘干专业户产生。我们在对农业合作社调查中发现，一些区域的农业合作社的分工越来越细，出现了专司粮食烘干和粮食周转中心，这个组织可以解决小型籽粒收割机的烘干和粮食贮存、转销难题。

（3）土地流转加速，家庭农场、农机大户、农机合作社快速崛起。农村组织化程度越来越高，随着土地流转以及农村组织的茁壮成长，农业规模化、集约化经营在经济发达的农村已经波浪壮阔的展开，为籽粒收割机市场的推进增添了肥沃的土壤。

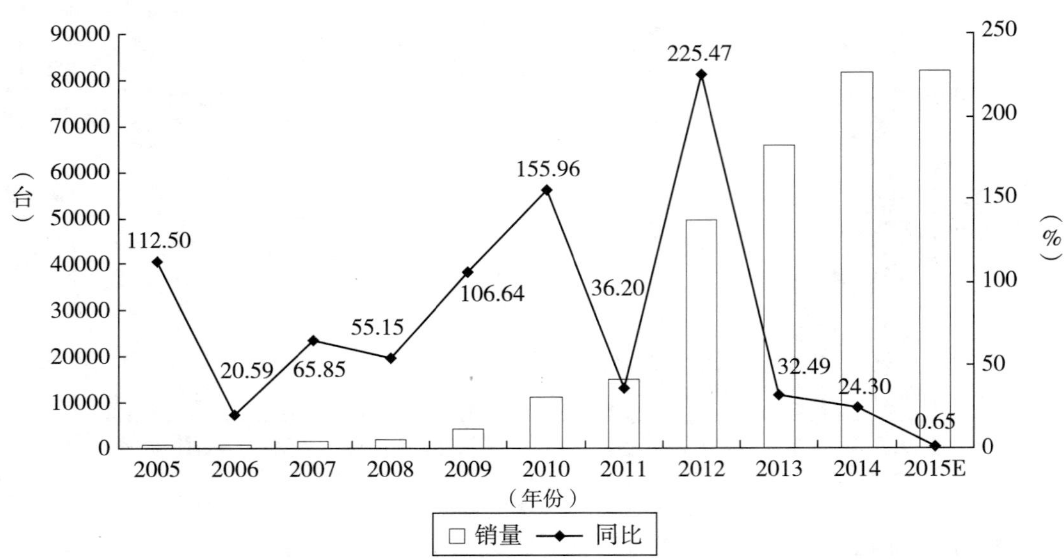

图 5　2005—2015 年玉米收割机市场趋势与预测

（4）小型产品容易成型，大型产品较为成熟。从我国农机市场过往的发展历程判断，我国黄淮海区域籽粒收割机市场必将经历由小型向大型转变的过程，且这个过程至少需要三年完成，这种判断不仅基于小麦、水稻收割机发展历程，玉米收割机本身也证明了这一发展特点。从我们对市场调查中发现，一些企业推出的小型玉米籽粒收产品不仅质量符合使用要求，而且试销很顺利。从东北三省、内蒙古等北方玉米种植区域分析，籽粒收的条件是天然形成的，况且需求伊始就是大型化。

（5）适中的价格杠杆撬动市场，消费者能够接受。小型籽粒收割机成本低，市场价格低，由此决定了更容易获得市场认可，经验证明，新产品初期，价格的杠杆作用更强大。

（6）投资回收快，回报率高。籽粒收割机市场形成初期，跨区作业将给投资者更为丰厚的回报，进一步引导市场快速增长。

区域差异：①小型籽粒机（2 行和 3 行）首先将在黄淮海区域市场渐次铺开；2015 年最大的变数可能是小型籽粒收割机市场作为过渡性产品迅速崛起。②大型籽粒收割机在黑龙江市场将成为首选。

（四）3 行机依然占据主流，大型化依然定格在趋势上

与籽粒收割机同行的变化自走式玉米收割机（摘穗式）依然占据主流市场。这种判断基于两个理由：其一，玉米收割机需求区域依然以黄淮海区域为主导；其二，籽粒收割机市场处于市场爆发的前夜。因此，2015 年玉米收割机市场需求或将呈现出以下四个较为突出的特点。

（1）3 行机依然是黄淮海区域的市场主流，但会有所变化，按照产品引导市场的一般规律，中 3 行或将成为市场主流，小 3 行依然具有较大的发展空间，但市场比重会降低；

（2）东北三省、内蒙古、宁夏等区域大型化趋势更加明显，在黄淮海区域或因籽粒收割机的崛起和土地流转尚需时日，从而延缓大型化进程；

（3）农机合作社、家庭农场、农机专业户、大型农场、兵团等农村组织将成为推进大型化需求的主导力量，但必须清醒地看到，这些崛起的新生力量近年还不足以颠覆传统消费群体；

（4）玉米收割机市场发展阶段决定了大型化时代还没有真正到来，但作为发展趋势，它不会停下脚步。

（五）热点轮动，区域市场需求或将调整

从区域机收率的不平衡看，山东基本实现机械化，而河北、河南、内蒙古、山西、安徽及东北三省近年随着玉米收割机保有量增加，机收水平得到快速提升，但距离收获机械化尚有较长的路程，丘陵山区的玉米机收水平还不足10%，由此决定了我国玉米收割机市场成长空间巨大。

（1）区域市场增长或下滑以小幅为主要特征，整体市场会稳步推进；

（2）黄淮海区域依然会主力市场，占据60%以上的份额。山东、河北、河南市场成为该区域的主力市场，河北市场或将出现较大增长；安徽、山西、陕西或将出现增长；山东、河南或将出现小幅滑坡；

（3）东北三省，黑龙江市场在沉寂两年后，明年或将触底反弹；内蒙古、辽宁、吉林市场在经过今年大幅增长后，明年或将出现滑坡；

（4）丘陵区域依然是市场的空白区域，需求主要集中在小型化方面。

这就要求，专业玉米生产企业要尽快完成产业的战略定位，一是以玉米收割机为圆心，同圆扩张；二是以玉米机为中心，拉伸产业链；三是精耕老市场，拓展新市场，不断扩大市场占有率；四是谨慎操作，量力而行，规避市场风险，尤其是库存风险；五是加大产品的创新与质量控制，由过去基于营销的经营转移到基于产品的经营上来。

（六）竞争加剧，洗牌加速

玉米收割机市场的蓝海过程是十分短暂的，它就像当今的中国一样，用“日新月异、一日千里”来形容并不为过。从2012年市场爆发式增长到2014年市场需求调整、转型，进入红海，仅仅三年时间。2015年随着市场由增量到存量的转化、刚性需求的下降、农机行业增速趋缓，玉米收割机市场作为需求容量大、市场进入门槛低的市场，会得到更多的“照顾”，市场竞争也会呈现出新的特点。

第一，竞争加剧，洗牌加速。因为我国玉米收割机市场处于成长期，市场上升空间大，吸引众多国内外大型企业进入。市场调查显示，市场占有率位居前10的企业占据着全国60%以上的市场份额，而其他近40%的市场份额为100余家中小型企业分食。市场成长初期的集中度低，竞争激烈。2014年众多小企业在激烈的竞争中已经出局，明年将更多。

第二，集中度进一步提高。从玉米收割机品牌竞争态势分析，福田雷沃、勇猛、迪尔、科乐收金亿、牧神等企业同比增势强劲，占有率步步攀升，共同构成中国玉米收割机市场强势品牌的第一阵营。行业竞争必然带来洗牌，决定了我国玉米收割机市场整合步伐加速。

第三，价格战箭在弦上。从产品上分析，我国玉米收割机产业在经过10年的磨砺之后，产品基本成熟，产品区隔正被抹平；从产能上分析，我国玉米收割机产能在经历了2012年供不应求之后，扩充产能成为众多企业的共同选择，产能过剩已经成为困扰行业的一大问题，明年价格战或将成为许多企业的一个重要选项。

第四，产品品质成为竞争焦点。回溯过去几年玉米收割机市场竞争，我们可以得出结论：①产品定位很重要，2012年的2行机、2013年、2014年的3行机都是佐证。②竞争焦点将围绕产品展开，即以产品质量为中心，以产品性能、设计、售后服务三大竞争元素为基本点。消费者理性化消费改变了竞争方向，过硬的产品质量、先进的使用功能、高效率、大品牌等成为用户选择的首先考虑的因素。

③舒适性、产品外观设计美观也成为近年影响玉米收割机市场竞争的不可忽视的重要力量。

市场的回归诠释了玉米收割机市场的进步，也要求企业从过去的营销思维中走出来，专业、专心的把产品做好，只有这样，企业才能压缩经营、服务成本，才能挟产品以令用户，才能形成核心竞争力，才能立于不败之地。

三、展望玉米收割机市场趋势

玉米收割机市场的黄金发展期远没有终结。在发展的长河中，未来那些具有创新智慧的企业家们或将开启一个更加辉煌的玉米收割机市场新时代，无论是产品创新还是营销模式的推进，无论是智能化生产还是企业战略的定位。而这些都扎根于市场需求及其对未来市场发展趋势的判断上。综合玉米收割机市场发展历程，我国玉米收割机市场的未来或将呈现六大趋势。

趋势一：刚性需求减弱，更新成为市场新动力

我国玉米收割机市场动力或将出现较大变化，由过去的刚性需求为主向更新需求转移。主要表现在以下几个方面。第一，刚性需求减弱，绝对过剩与相对不足矛盾突出，更新需求或将成为传统市场的主要动力；第二，政策对市场影响较深，农机补贴依然是新兴市场增长的发动机；第三，农机收益决定市场走势，随着农机收益的减少，对市场会产生较大的负面影响。

趋势二：容量大，市场需求锁定高位

未来的玉米收割机市场依然会保持高位运行的特点，市场容量大决定了这一判断。

第一，机收率偏低。玉米作为我国三大粮食作物之一，种植面积最大，但机收率最低，2013 年仅达到 49%，2014 年或将达到 53% 左右，但同小麦和水稻机收水平相比相差甚远，较低的机收率决定了未来市场较高的发展空间。

第二，政策支持。玉米机械化收获已经成为我国农业机械化发展的短板，国家和地方对玉米收获机械发展的重点支持将是持续的。

第三，产品更新换代；购机群体在不断增加。由于玉米收获人工作业强度大，人工作业成本高，用户对机械化作业依赖性高，随着玉米机产品的逐步成熟，市场空间大、收益保障率较高的自走式玉米机已经成为用户的投资热点。

第四，新产品产生新需求，推动市场扩容。

第五，农机农艺融合度不断提高。

第六，土地流转加速、家庭农场以及农机合作社快速发展，玉米收获机成为合作社、家庭农场投资农机的首选，为玉米机大型化提供了可能。

趋势三：需求结构转型、升级，增幅走向式微

未来玉米收割机市场增幅将走到边际效益递减规律上，呈现逐年递减的特点。这是因为：第一，市场需求形成高平台；玉米收割机市场的传统热点市场黄淮海、东北市场经过近年的高速增长，市场形成一个高平台，随着刚性需求的下降，并不支持未来市场的高速增长。

第二，空白市场产品依然断档。由于多数企业将关注点集中于传统市场，鲜有企业将产品研发重点放到地域广大的山区丘陵区域，这种状况的改变尚需时日。我国玉米收割机市场的丘陵山区依然会处于断档阶段，由此决定了在玉米收割机市场需求全面开花之前，市场增幅难以再现往年大幅增长的旧事。

第三，保有量的不断提高，经营收入下滑。随着传统市场保有量的快速增长，跨区作业经营竞争会变得激烈起来，势必影响投资者收益，其最终成为玉米收割机市场增长的羁绊。

第四，大型化导致需求数量的相对下降。玉米收割机市场走向大型化直接带动作业效率的提高，影响玉米收割机市场需求数量成为必然。

趋势四：传统区域需求转移，区域布局走向扩散

我国玉米种植广泛，分布在全国31个省市自治区，分布在三个主要区域，占全部种植面积的80%（见图6）。但玉米收获机械化水平发展不平衡，未来市场需求空间存在较大差异。由此决定了玉米收割机市场将由过去东北、黄淮海区域进一步扩散到其他区域。

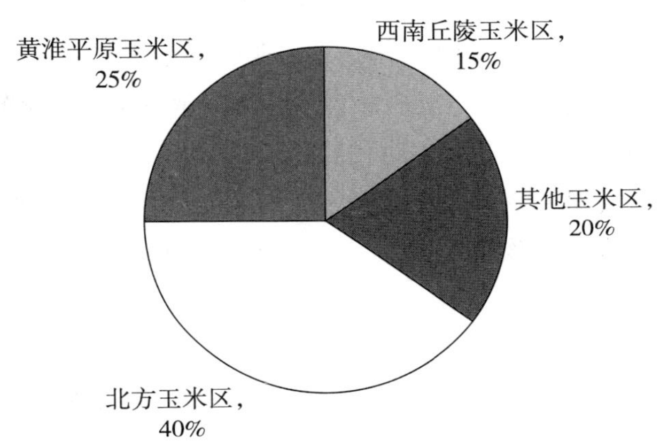

图6　玉米种植区域分布

（1）北方玉米区，包括东北三省、内蒙古等区域，这些市场尚处于快速发展期，尤其是吉林、辽宁和内蒙古市场，未来几年还将呈现出较快势头，黑龙江市场机收率较高，保有量大，市场需求正处于转型升级阶段，大型籽粒收割机或将成为市场的领跑者。

（2）黄淮平原玉米区，包括鲁冀豫、晋陕、苏皖等广大区域，该区域市场近年发展迅猛，山东已实现玉米收获机械化，其他区域迅速跟进，市场需求进入一个较高的平台期，未来市场正急剧向籽粒机转移。

（3）西南丘陵玉米区，包括云南、贵州等地区。该区域市场玉米收割机市场的空白区域，玉米种植面积较大，但丘陵山区自然环境限制了市场的扩容，到目前尚未受到多数企业的关注。随着上述两大区域市场的逐渐饱和以及激烈的市场竞争，未来将有越来越多大的企业将关注点转移至该区域，这个市场或将成为下一个热点。

（4）其他区域约占20%。该区域玉米种植面积虽然较大，但市场依然是空白。市场需求空间较大，或将与第三类区域一起成为市场下一个热点区域。

趋势五：挟产品以令市场，集中度将加速提高

市场竞争加剧，洗牌加速，市场集中度提高，是玉米收割机市场的必然发展趋势。这是因为：

激烈的市场竞争将成为淘汰中小型企业的主要利器；未来玉米收割机市场的竞争将进入白热化状态，竞争的焦点将围绕产品展开，稳定的产品质量、个性张扬的产品外观设计、智能化的产品结构、先进多功能的产品内涵等都将成为优秀企业斩获市场份额的优势。而竞争的结果：第一，淘汰落后产能，直接带来玉米收割机产业的升级；第二，强势企业的收割战略将进一步压缩小企业的生存空间；第三，品牌竞争将成为竞争的利器，缺乏知名度品牌将被忽略；第四，优良的产品品质与产品、商业模式、盈利模式创新将形成大型企业强大的竞争优势；第五，消费者理性消费将推动市场加速集中。

趋势六：需求群体渐变，消费集群化趋势突出

伴随变化而来的是我国农机消费群体构成的重组。随着农业现代化的快速推进以及波澜壮阔的农村改革，农村组织结构随之发生重大变化。

目前，我国经营规模 100 亩以上的专业大户 270 多万户，各类家庭农场 87.7 万家，农民合作社超过 95 万家，农业产业化经营组织超过 30 万个，农机作业服务组织 17 万个，农机合作社达到 4.2 万个，农村组织加速了农业的规模化与集约化进程，改变了农机消费群体，颠覆了传统的农机购买模式，宣布了一个调结构、转型升级的新兴农机市场时代的到来。

由此决定了农机市场消费主体一个新时代的到来，即农机合作社、农机大户和家庭农场主宰的时代。这是政府引导的方向，也是市场发展的必然。玉米收割机市场需求主体随之发生重大变化，2015 年的玉米收割机市场这一特点或将更加突出。

（山东兖州国丰机械有限公司　郑振华）

马铃薯收获机市场回顾与展望

一、概述

（一）世界马铃薯生产现状

马铃薯是世界上第四大粮食作物，全世界有156个国家种植马铃薯，近几十年来，世界马铃薯的面积一直保持在2000万公顷上下，产量达到3亿多吨。世界马铃薯种植主要集中在欧洲和亚洲，仅中国、俄罗斯、乌克兰、印度四大生产国占世界种植面积的一半。据联合国粮农组织统计，从2010年以后，欧洲的马铃薯产量有所下降，但中国和印度等发展中国家则呈现较快增长趋势，使得过去20年来全球马铃薯产量几乎翻了一番。由于目前发展中国家的马铃薯平均摄入量不到欧洲和北美摄入量的1/4，因此，自20世纪60年代初以来，发展中国家用于马铃薯生产的面积增幅超过了所有其他粮食产品，对马铃薯的需求长期处于增长区间。

根据世界联合国粮农组织（FAO）统计，2013年全世界种植马铃薯的国家有156个。种植面积位居前11位的国家见表1。从马铃薯种植面积来看，中国马铃薯种植面积位居第一，远远超过分别位列第2位、第3位和第4位的俄罗斯、印度和乌克兰。

表1　2013年世界马铃薯种植面积前11位的国家

国家	收获面积（万公顷）	排名	产量（万吨）	排名	单产（吨/公顷）	排名
中国	585.6	1	10380.0	1	17.7	85
俄罗斯	220.3	2	3268.2	3	14.8	97
印度	186.3	3	4233.9	2	22.7	52
乌克兰	144.3	4	2424.8	4	16.8	79
孟加拉国	46.0	5	8326.4	7	18.1	71
美国	45.9	6	1936.2	5	42.2	7
波兰	40.1	7	8196.7	8	20.5	63
白俄罗斯	34.1	8	7721.0	10	22.6	53
秘鲁	29.7	9	4073.6	19	13.7	110
尼日利亚	26.0	10	9500.0	44	36.5	148
德国	25.9	11	1180.0	6	45.6	6

数据来源：世界联合国粮农组织（FAO）资料。

从总产量来看，中国居世界第1位。由于中国、俄罗斯、印度和乌克兰种植面积远超过其他国家，虽然其单产水平较低，但总产量仍居世界前4位（见表2）。

表2　　2013年世界马铃薯总产量前11位国家

国家	收获面积（万公顷）	排名	产量（万吨）	排名	单产（吨/公顷）	排名
中国	585.6	1	10380.0	1	17.7	85
印度	186.3	3	4234.0	2	22.7	52
俄罗斯	220.3	2	3268.2	3	14.8	97
乌克兰	144.3	4	2424.8	4	16.8	79
美国	45.9	6	1936.2	5	42.2	7
德国	25.9	11	1180.0	6	45.6	6
孟加拉国	46.0	5	832.6	7	18.1	71
波兰	40.1	7	819.7	8	20.5	63
法国	16.5	19	801.6	9	48.6	3
白俄罗斯	34.1	8	772.1	10	22.6	53
荷兰	15.9	23	733.4	11	46.1	4

数据来源：世界联合国粮农组织（FAO）资料。

从单产水平看，中国低于平均水平，更低于单产水平较高国家。我国平均单产仅为17.7吨/公顷，低于世界平均单产19.05吨/公顷的水平，位列第85位，更低于前八位平均单产43.6吨/公顷的水平，仅为其单产的40.6%。

（二）我国马铃薯生产现状

我国是马铃薯种植大国，近几年，我国马铃薯种植面积稳定在500万公顷以上，2013年达到585.6万公顷，总产量达到10380万吨，种植面积和总产量居世界第一，主要分布在西南、东北、西北等地区。

据历年中国农业年鉴统计数据（见表3）可以看出，自20世纪90年代初，马铃薯的种植面积和总产量上升较快，1982—2013年的30多年间，种植面积增加了1.4倍，总产量增加了4.4倍，单产水平在小幅波动情况下总体也有较大幅度的提高，是1982年的1.8倍。这主要与近几年国家重视马铃薯产业发展密切相关。

表3　　1982—2013年我国马铃薯生产情况

年度	种植面积（万公顷）	总产量（万吨）	平均单产（吨·公顷）
1982	245.4	2382.5	9.7
1983	256.2	2527.5	9.9
1984	256.2	2840.0	11.1
1985	247.8	2675.0	10.8
1986	251.0	2652.0	10.6

续 表

年度	种植面积（万公顷）	总产量（万吨）	平均单产（吨·公顷）
1987	259. 0	2668. 5	10. 3
1988	274. 7	3162. 0	11. 5
1989	282. 3	3105. 5	11. 0
1990	286. 5	3455. 0	12. 1
1991	287. 9	3156. 5	11. 0
1992	299. 5	3743. 5	12. 5
1993	308. 7	4604. 0	14. 9
1994	320. 8	4380. 0	13. 7
1995	343. 4	4573. 5	13. 3
1996	373. 6	5299. 5	14. 2
1997	382. 3	4956. 0	13. 0
1998	406. 2	5626. 3	13. 9
1999	441. 8	5609. 6	12. 7
2000	472. 3	6628. 2	14. 0
2001	471. 9	6456. 4	13. 7
2002	466. 8	7008. 0	15. 0
2003	452. 0	6810. 0	15. 1
2004	460. 0	7208. 0	15. 7
2005	488. 0	7086. 0	14. 5
2006	421. 1	6449. 0	15. 3
2007	443. 0	6479. 0	14. 6
2008	466. 3	7078. 0	15. 2
2009	508. 1	7323. 0	14. 4
2010	520. 5	8154. 0	15. 7
2011	542. 4	8829. 0	16. 3
2012	568. 7	9754. 5	17. 2
2013	585. 6	10380. 0	17. 7

数据来源：《中国农业年鉴》，结合世界联合国粮农组织（FAO）数据。

综合分析中国的马铃薯生产情况，种植面积和总产量位居世界第一，但是马铃薯的单产水平却达不到世界的平均单产水平，与欧美发达国家相去甚远，落后的生产方式和技术是造成马铃薯单产水平低的主要因素。中国马铃薯种植面积最大的4个省（自治区）是内蒙古、贵州、甘肃和四川，2013年种植面积均在50万公顷以上（见表4）。中国马铃薯种植面积前7位的省（自治区）均超过了世界种植面积第11位的德国。

表 4　　2013 年中国各地马铃薯种植面积、总产量和单产

地区	种植面积（万公顷）	排名	总产量（万吨）	排名	每公顷产量（吨）	排名
内蒙古	68.1	1	167.3	3	2.5	19
贵州	64.6	2	141.4	5	2.2	21
甘肃	64.6	3	185.2	2	2.9	18
四川	57.5	4	235.6	1	4.1	9
云南	49.3	5	152.9	4	3.1	15
重庆	33.6	6	112.1	7	3.3	12
陕西	27.6	7	60.9	10	2.2	20
黑龙江	24.0	8	123.3	6	5.1	6
宁夏	22.2	9	42.5	12	1.9	22
湖北	19.2	10	61.6	9	3.2	13
山西	17.0	11	21.2	18	1.2	23
河北	15.5	12	45	11	2.9	17
湖南	9.7	13	36.4	14	3.8	10
青海	8.7	14	36.6	13	4.2	8
吉林	8.6	15	72.5	8	8.4	1
福建	7.4	16	26.5	16	3.6	11
浙江	5.8	17	18.6	20	3.2	14
辽宁	5.4	18	34.9	15	6.4	3
广东	4.5	19	21.8	17	4.9	7
新疆	3.3	20	19.2	19	5.8	5
广西	3.1	21	9.3	21	3.0	16
安徽	0.9	22	5.6	22	6.4	4
西藏	0.1	23	0.4	23	6.5	2

数据来源：农科院马铃薯农艺专家。

二、马铃薯的市场需求

（一）休闲食品市场

薯片食品需求旺盛。目前，马铃薯的休闲食品主要有薯片和薯条两种。其中，薯片是我国目前市场上最为常见的一种马铃薯食品，分油炸薯片和复合薯片两种，百事食品公司的乐事薯片、上海晨光食品工业有限公司的上好佳薯片和北京联化食品工业有限公司的卡迪娜薯片等具有典型的代表性。2012—2013 年度，我国薯片市场销量为 250 亿元，其中复合薯片的市场年销售量在 1.0 万～1.5 万吨左右，约合 120 亿元；鲜切油炸薯片 50 亿元、饼干型薯片 40 亿元、蒸煮薯片 10 亿元。

（二）速冻与半成品市场

在速冻薯条的需求方面，目前，我国的快餐公司有800多家，连锁快餐企业不下5000多家，快餐网点40多万个，对薯条的年需求量正以5%～10%的速度猛增。麦肯食品（哈尔滨）有限公司、美国辛普劳公司在北京建立的分公司等是国内目前较大的冷冻薯条生产商。另外，在主产区内蒙古、甘肃、山西、河北也相继建厂生产。2013年，我国马铃薯冷冻薯条产量16.7万吨，比2010年增加5.4万吨；2012年，受到薯产量及价格影响，国产薯条量降为11万吨左右。国内薯条市场为20万吨，需要专用薯40万～60万吨。虽然马铃薯全粉刚刚兴起，市场加工量仅6万吨左右，但每年都以较快速度增长，这是一个具有较大潜力的市场，其优点是把马铃薯全价利用，生产的全粉能够贮存，可望成为弥补粮食缺口耐贮应急的主要方向。随着半成品方便菜用马铃薯研发技术的成熟，内蒙古、山西、河北等主产区企业开始集中化、专业化生产销售袋装的鲜马铃薯切片、切丁、切丝产品，形成新兴的配送市场，将是我国马铃薯加工业新的经济增长点，改变长期以来的家庭厨房模式，已成为大型配送公司和餐饮连锁企业转变经营方式的首选。

美国的马铃薯食品占有着整个美国食品市场约31.7%的份额，品种多达70～80种。美国马铃薯的食品加工率在80%以上，其中50%以上用于速冻薯条加工生产。美国人均马铃薯食品年消耗量约为60kg，其中人均油炸薯片消费量为9kg左右。我国目前在马铃薯休闲食品人均年耗量上与国外先进国家相比，尚存在巨大的差距。若按13亿人口中70%已达小康水平的人们人均年耗马铃薯休闲食品5斤计，则年需马铃薯食品约65万吨，可见，市场存在巨大需求潜力。

（三）淀粉加工市场

马铃薯淀粉因其颗粒大、类脂化合物及蛋白质含量低、抗切割等优点，广泛应用于食品工业中，制作挂面、干粉调制剂、各种小吃、饼干、面食、肉制品和酵母滤液等。变性淀粉及其衍生物广泛用于纺织、造纸、医药等行业。到目前为止，我国马铃薯淀粉生产装机能力达到150万吨，但实际加工产能一直徘徊在40万～50万吨，关键问题是鲜薯产量和价格波动，鲜销市场持续增加，加工产生的废渣、水污染等原因制约。目前国内马铃薯淀粉年需求量为70多万吨，每年需进口20万～30万吨。我国马铃薯淀粉加工企业大部分规模小、技术水平较差，产品附加值低、污染严重，行业面临优化升级，部分产区政府已经出台相关政策，引导马铃薯淀粉企业加大废水废渣处理、走规模化环保高效的发展道路。

从人均消费淀粉量上看，目前我国只有2.5kg，而欧洲和日本为10kg，美国在50kg以上，我国人均水平还比较低，增长潜力较大。另外，从行业利用上看，发达国家80%的马铃薯淀粉用于医药、纺织、造纸及石油工业等领域，而我国目前90%的马铃薯淀粉是用于食品工业，随着市场经济的发展和国际化的推进，食品工业以外的行业对马铃薯淀粉的需求将不断增加。我国未来的马铃薯淀粉市场将会有较大的发展空间。

三、2014年马铃薯收获机市场回顾

（一）2014年马铃薯收获机市场发展环境分析

我国从2004年开始重视马铃薯的生产，主要是粮食危机逐步加重，政府相继出台了一系列优惠政

策，这些政策贯穿了整个马铃薯的生产过程，2006 年农业部出台了《农业部关于加快马铃薯产业发展的意见》，成立马铃薯生产专家指导组；2007 年，农业部、财政部共同启动了现代农业产业技术体系建设，国家现代农业马铃薯产业技术体系是其中的重要组成部分；2008 年发布了《马铃薯优势农产品区域布局》规划，提出了中长期发展目标；2009 年，国务院常务会议通过了马铃薯原种繁育补贴的意见；从 2010 年开始对马铃薯原种生产进行补贴，农业综合开发种薯基地建设项目对各主产区适宜建设了种薯基地，农机补贴和贮藏库（窖）补贴促进了机械化发展和贮藏库建设；2012 年，工信部发布了《马铃薯加工业“十二五”发展规划》（以下简称《规划》），《规划》提出：到 2015 年，规模化马铃薯加工企业达到 200 家以上，培育 20 家具有较强竞争力的、销售收入达 3 亿元以上的马铃薯加工企业。同时，“十二五”期间，我国马铃薯国际化自主品牌建设也将提速。《规划》指出，到 2015 年，马铃薯种植面积达到 800 万公顷，单产达到 18.75 吨/公顷，总产量达到 1.5 亿吨，马铃薯加工业总产值达到 350 亿元，实现利税 45 亿元，年加工转化马铃薯 1400 万吨。我国马铃薯产业发展存在良好的外部环境和诸多优惠政策，这为马铃薯收获机械的发展提供了良好平台。

在马铃薯收获机械方面，优惠政策重点在农机补贴方面，无论是小型马铃薯挖掘机、中型马铃薯收获机，还是大型马铃薯联合收获机均无一例外的享受国家农机补贴，2014 年中央财政安排补贴资金在 2013 年 250 多亿元的基础上又有所增加，且农机补贴方向正在不断发生变化，逐渐向经济作物与山区丘陵区域机械转移，这对拉动马铃薯收获机械市场发展有重要作用。2013 年，马铃薯收购价格回升，马铃薯收获机械经营收入提高，也使得 2014 年的马铃薯收获机市场出现转机。

（二）2014 年马铃薯收获机市场发展现状

马铃薯收获机械装备市场具有以下特点：

（1）与 2013 年相比马铃薯生产机械市场有所扩大。因 2013 年主产区马铃薯市场价格较好（1.6～1.95 元/公斤），种植户收入提高，购买力提升，一些地方存在扩大面积的冲动，导致 2014 年种植面积略有增加；

（2）市场竞争日趋激烈，销售价格有所下降。多数生产厂家开始进行直销，销售人员直接走进田间、地头向种植户直接推介相关产品；

（3）国外高端产品已经进入中国市场。随着我国马铃薯种植大户、农机合作社的增多，产自欧美等发达国家的高端品牌逐步进入中国市场，主产区有实力的薯业公司开始尝试先进的生产方式；

（4）欧美发达国家诸多马铃薯设备品牌开始在我国建厂或设立办事处，可以使销售更有效率并享受中国政府的补贴；

（5）补贴制度对市场刺激效果开始下降。随着种植户收入的增加，现在购机者开始重点考虑产品质量，对补贴需求开始弱化，甚至一些厂家产品质量过关，种植户没有补贴也考虑采购；

（6）随着市场竞争的加剧，出现了分化现象。一些厂家没有研发能力出现了库存开始退出马铃薯设备市场，而研发水平较高的厂家出现了断货现象。

（三）2014 年马铃薯收获机市场竞争分析

2014 年马铃薯收获机市场竞争十分激烈，呈现以下特征：

（1）马铃薯行业内国内生产企业同类产品竞争加剧，2013 年生产马铃薯收获机械产品的企业相继推出了各种型号的马铃薯收获机产品，从结构形式和功能看，由于企业之间相互仿制，多数产品大同小异，相差不大，因此，产品价格成为竞争的焦点；

（2）由于看到国内马铃薯行业的商机，国内非农机行业的企业也选择性地加入，使得市场竞争更加激烈，工程机械企业、汽车企业、内燃机企业等纷纷进军农机行业，开辟农机板块，不断向农机行业渗透；

（3）国外农机企业十分看好中国的马铃薯收获机械市场，不断有先进的产品涌入中国，使得国内外企业之间竞争也十分激烈，如德国著名的 GRIIME 公司、美国 KS 公司、荷兰 APH 公司等；

（4）在激烈的市场竞争下，强势品牌浮出水面。从 2014 年马铃薯收获机品牌竞争态势分析，中机美诺市场占有率较高，中机美诺作为国内最早消化吸收国际马铃薯生产机械先进理念的企业之一，近几年在马铃薯机械的研发上取得了较大的业绩。

（四）2014 年马铃薯收获机产品技术现状

（1）生产厂家越来越多，中低端产品国内品牌所占比重越来越大，部分厂家如美诺、德沃、乐陵等已经意识到品牌的重要性；

（2）品质有所提升，主要体现在产品外观、可靠性和先进性上提升较快；

（3）知识产权保护方面得到了重视，有大量的马铃薯生产专用机械产品专利获批；

（4）售后服务质量提升较快，国内厂家逐渐意识到售后服务质量是产品品质的一部分；

（5）联合收获机技术逐渐得到认可，在美诺推出相关产品之后多数厂家开始研发探索联合收获技术；

（6）农机农艺结合更加紧密；

（7）相关产品研发不仅限于播种、收获两个环节，而且已经延伸到马铃薯生产的各个环节，如田间转运、分级和仓储等，基本实现了全程机械化。

四、2015 年马铃薯收获机市场展望

（一）2015 年马铃薯收获机市场需求预测

一方面，随着国内马铃薯产业发展的不断深入，马铃薯作为适宜的有效增加我国粮食生产的作物，作为蔬菜的消费量将增加，城市人口中可支配收入上升、工作时间变长和空闲时间缩短将迫使人们选择方便快餐食品和半成品，如加工的土豆丝、土豆片、薯块等；脱水制品如全粉等产品除了应用于食品加工外，还可作为蔬菜、主食等进入千家万户；冷冻薯条消费将有所增加；符合中国饮食习惯的马铃薯食品，如粉条、粉皮、粉丝、面条、面包和切片将会增加；2015 年，国内马铃薯的需求将持续增加。

另一方面，2015 年 1 月 6 日，中国农业科学院、国家食物与营养咨询委员会、中国种子协会在京举办马铃薯主粮化发展战略研讨会，以马铃薯主粮化与国家粮食安全为主题，深入研讨马铃薯主粮化的战略意义、发展思路、目标任务和推进途径。这预示着我国将启动马铃薯主粮化战略，推进把马铃薯加工成馒头、面条、米粉等主食，马铃薯将成为稻米、小麦、玉米外又一主粮。预计 2020 年 50% 以上的马铃薯将作为主粮消费，这将对马铃薯收获市场起到一定的刺激作用。

（二）2015 年马铃薯收获机市场竞争形势预测

市场竞争是一个逐步发展的过程，2015 年马铃薯收获机市场竞争形势将会更加严峻，从国内市场

看，现在正处于马铃薯收获机械快速发展的时期，各主要生产企业均在加大产品研发力度，进行产品创新，提高产品成熟度，同时提高生产能力，强化售后服务能力，其他国内非农机行业的企业加入速度正在加快，产品宣传和广告力度较大，改型和贴牌现象频繁。国外著名的马铃薯收获机械生产企业进入中国已经成为潮流，这种趋势无法阻挡，国内的马铃薯生产企业只能加速产品的研发和改进速度，以应对这种激烈的市场竞争，否则将会被市场淘汰。

一方面，从政策环境层面看，国外的马铃薯生产企业在中国建立组装厂，与国内产品同等享受农机补贴，在此形势下，国内产品的成本优势越来越不明显；另一方面，2014 年农机补贴政策的刺激作用减弱过程已经凸显，以上两个方面将会使得 2015 年的马铃薯收获机市场竞争更加激烈。

（三）2015 年马铃薯收获机产品、技术发展趋势

目前，马铃薯的消费者对商品薯的质量要求越来越高，为了保证产品质量，在马铃薯收获机械的技术研发方面，中机美诺科技股份有限公司的产品处于领先地位，2014 年，马铃薯块茎下落的高度自动控制系统研发成功，并进行了试验测试，试验情况良好，该装置能够实现马铃薯收获时的薯块下降高度实时监控，可有效降低马铃薯收获机升运装车作业过程中的马铃薯损伤，减轻了机手作业强度，生产效率高，机动性好。预计公司将在 2014 年将该装置投入小批量试生产，进行试用。因此，伤薯率控制技术依然是 2015 年的研发和改进重点，公司争取在 2015 年对该套装置进行完善，以期更加完善马铃薯收获机的性能。

国外马铃薯收获机械产品多数为大型，具备完善的挖掘、输送、分离、清选、升运、分拣、装车功能，目前，国内的产品收获技术停留在挖掘、输送、分离、清选、升运阶段，还不具备分拣功能，在未来几年内，国内的马铃薯生产企业和科研机构将在分拣功能上进行相关的设计和开发，以期完善马铃薯收获机械的功能。

（四）2015 年马铃薯收获机市场价格走势分析

在经历了 2014 年的马铃薯收获机市场小幅上扬后，2015 年，马铃薯收获机市场应还处于恢复期，目前市场走势仍不明显，大部分马铃薯收获机械生产企业对市场还没有足够的把握和信心，在此情况下，马铃薯收获机械的销售价格大幅调整的可能性较小。考虑到 2015 年的马铃薯收获机械生产成本仍将增加，因此，马铃薯收获机械市场的销售价格出现小幅上扬的趋势也有可能。当然，这属于保守估计，如果 2015 年的马铃薯收获机械市场发生突变，销售量出现大幅上升，不排除出现市场价格上调现象发生。因此，生产马铃薯收获机械的企业应当充分考虑到以上因素，合理制订 2015 年的生产和销售计划，避免出现 2012 年的盲目生产导致企业经营亏损的情况发生。

五、结束语

（一）马铃薯生产的发展趋势

1. 种植面积进一步扩大

20 世纪 80 年代后期，随着人们生活节奏的加快，西式快餐大量兴起，马铃薯种植面积开始有所

增加。目前全国有麦当劳1500家、肯德基3000家左右。以马铃薯作为方便食品的城市和沿海地区人口将达到总人口的10%左右，即1.3亿人左右，相当于德、荷、英、法、丹麦五国的消费量。马铃薯由于耐旱、利用效率高、与其他大田作物比较效益高，在全国范围内种植面积增加是必然趋势。

2. 单产和总产将大幅度提高

据专家估计，马铃薯的理论产量为120吨/公顷，这说明集成技术的协同性具有提高单产的潜力。目前，发展中国家要从每公顷15吨提高到30吨，只需把现有品种产量潜力发挥30%就可达到，而荷兰全国平均单产已达43吨/公顷。我国山东省及南方冬作区的大面积平均单产已达25～30吨/公顷。到2020年，全国通过推广新品种及配套技术，特别是脱毒技术、水肥一体化技术、抗旱、抗寒设施技术、病虫害防治技术，可以达到30吨/公顷。

3. 用途呈多样化

在发达国家马铃薯生产中30%～40%的产量为鲜食，30%～40%的产量为食品加工用，10%～20%作淀粉及其他加工用，5%留作种薯，5%为正常损耗。在我国马铃薯主要作淀粉和饲料约为50%，到2020年作淀粉用的比重将会增加，作饲料用的比重将会减少，鲜食和加工用的比重会增加，各种方便食品的品种和数量将会呈直线上升。

4. 专用品种生产将进一步扩大

随着马铃薯食品加工业的发展和研究方向的调整，不同用途的专用品种将应用于生产，如高淀粉品种，炸条、炸片品种，菜用品种、食用品种和特殊用途的品种将在我国马铃薯主产区推广应用，通过“公司+农户”等方式走农工贸一体化的马铃薯发展之路。

随着我国人口刚性增长、水土资源紧缺加剧、大宗粮食作物比较效益降低和居民膳食结构改变，中国粮食安全问题日益受到关注。大力发展马铃薯生产，是开辟中国粮食与食物有效供给的新途径。中国马铃薯生产必须走稳步扩大种植面积，大幅度提高单产水平，不断改善品质和促进加工业升级的发展道路。第一，依靠政策支持。进一步完善现行的强农惠农政策，加大对农民的政策性支持和保护力度，调动和保护农民生产积极性；第二，依靠科技支撑。科技创新与进步是提高中国马铃薯综合生产能力，促进产业健康发展之本；第三，走集约化、标准化发展之路。立足标准育种改善薯种提升良种覆盖率，规模推广既要高产又要优质的栽培技术稳定产量，集中完善工程化保障设施实现持续增产，架通信息网络增强流通增效。马铃薯产业将是中国农业发展中崛起的一项具有强大生命力的产业，发展空间巨大，前景广阔，小马铃薯大文章、小马铃薯管大用。

（二）我国马铃薯收获机械发展展望

政府应当进一步扶持马铃薯收获机械生产企业的发展，支持企业改造升级；民族农机企业正在发展壮大，研发能力不断增强；具有一定自主研发能力和生产批量的马铃薯机械制造企业大量涌现。

政府方面正在联合产学研推部门，开展马铃薯收获机具研发，成为马铃薯收获机械化技术创新的重要渠道；不断建立机械化示范点（区、片），反复试验验证马铃薯机械化新技术装备的适应性、可靠性，并对技术进行集成、配套和熟化，示范带动农民运用先进机械化技术装备开展生产；紧紧抓住农业规模化经营、新型农业经营主体快速发展的有利时机，以马铃薯种植企业、农机专业合作社、种植大户为重点，通过开展技术宣传培训、田间作业技术指导与服务等方式，将经过试验验证成熟的技术和机具推荐给种植企业和广大农民，极大地推动了马铃薯收获机械化技术的普及应用；在制定出台农业宏观政策（如农机化“十三五”规划）时，进一步提高了马铃薯收获机械化的重要战略地位，明确马铃薯收获机械化中长期发展目标，采取行之有效的举措推进马铃薯机械化快速发展。

（中机美诺科技股份有限公司　贾晶霞）

青贮饲料收获机市场回顾与展望

一、前言

青贮饲料是以青饲料为原料，在密闭的青贮设备中，压实后经乳酸菌厌氧发酵作用而调制成的柔软多汁、气味芳香、营养丰富、长久贮藏的多汁饲料，基本上保持了青饲料原有的一些重要特性，是青饲料在冬春季节延续利用的一种最好形式。

随着我国农业产业结构的调整，奶牛业作为“朝阳”产业得到蓬勃发展。但在北方地区寒冷季节，奶牛必需的青饲料不能全年均衡供应，从而制约着奶牛产奶量的提高。为了维持奶牛稳定高产，冬春季节利用青贮饲料就成为必然，使夏秋季节大量的青绿饲料保存下来，到缺乏青饲料时饲喂奶牛，在奶牛生产中具有重大的经济意义。在奶牛的日粮组成中，以青贮饲料、优质干草、玉米秸秆和紫花苜蓿为主组成的粗饲料，其产奶量提高10%左右，若年产奶量为8000kg鲜奶的高产奶牛，则每年可增产800kg鲜奶，大幅度提高经济效益。同时，乳脂率也可提高0.2～0.3个百分点，其主要原因是日粮中粗精比例合理（一般高产奶牛在泌乳早期的粗精比为40:60），所含可消化性粗纤维较多，在瘤胃中产生的挥发性脂肪酸中乙酸含量增多，而丙酸相对减少，且比例适宜（乙酸∶丙酸>2∶1）。由于奶牛采食量大，青贮饲料，优质干草中粗纤维易消化分解，蛋白质含量高，能使奶牛发挥较高的生产性能，产奶量也就大幅度提高了，尤其在北方地区寒冷季节更为明显和重要。全株玉米青贮和苜蓿青贮的营养价值更高。在奶牛日粮中，苜蓿青贮添加过瘤胃蛋白比苜蓿干草添加过瘤胃蛋白效果更好，饲料报酬也高。相对乳蛋白分泌量较大，如果将全株玉米青贮料和苜蓿青贮料混合饲喂奶牛，玉米青贮料应占奶牛粗饲料的1/3～2/3，可提高奶牛产奶量。另外，在青贮饲料中喷洒纤维素酶和半纤维素酶，饲喂奶牛可明显提高生产性能。饲喂加酶玉米青贮后，奶牛采食量提高，同时产奶量提高10.8%，乳脂率也会相应提高。

西欧人与美国人的食物结构中，奶、奶制品和牛羊肉占的比例较大，所以畜牧业比较发达，95%的奶牛都吃全株青贮，这些国家的青贮玉米种植面积占整个玉米种植面积的比重很大，都很重视青贮玉米的种植和生产，青贮饲料全部采用机械化手段生产，玉米青贮是一项早已成熟的技术，为其服务的青贮玉米收获机械品种多、技术先进，保有量和销售量仅次于谷物联合收割机。据Anon统计，近几年美国青贮玉米种植面积已达355万公顷，占玉米种植总面积的12%以上；法国青贮玉米种植面积已超过144万公顷，占玉米播种面积的80%以上；德国作为欧洲最大的乳制品生产国，每年生产近3000万吨牛奶，青贮玉米的年需求量也很大，青饲（青贮）玉米占玉米种植总面积的75%。目前，欧美畜牧业发达的国家仍将保持较大比例的青贮玉米种植面积，且机械化收获程度较高。

我国70%以上的玉米用于饲料生产，但目前农业上种植的玉米品种绝大多数是粮用品种，其籽粒和秸秆蛋白含量较低，饲用价值差，不能满足快速发展的畜牧业对优质饲料的需求。我国青贮玉米生产模式还很不成熟，在品种、种植、收获等环节差异较大，特别是收获环节。虽然近几年青贮饲料收获方面有了跨越式的发展，但与欧美畜牧业发达的国家相比仍然还有很大的差距。

二、2014 年青贮饲料收获机市场回顾

（一）2014 年青贮饲料收获机市场发展环境分析

青贮饲料收获机主要是用于收获全株玉米、高粱等高秆青贮作物及燕麦、大麦等矮秆青贮作物作为奶牛等牲畜的粗饲料，因此青贮饲料收获机的市场发展依托于我国奶业的发展。经过不断地改革和发展，当前中国奶业发展平稳、转型升级明显加快，整体素质不断提升，现代奶业的格局初步形成，发展态势良好，已站在新的起点，正向世界一流奶业迈进。从数量上看，牛奶产量 3531 万吨，奶牛存栏 1400 多万头，乳品产量 2698 万吨，乳品进口接近 200 万吨，中国已是名副其实的世界产奶大国和消费大国。从政策上看，奶业是国家优先发展的产业，为规范和推动奶业发展，颁布了一系列法规、标准，奶业实现了有法可依、有规可循。中央政府和地方政府出台了一系列扶持政策，如良种补贴、标准化规模养殖补贴、奶牛生产性能测定补贴、购牛补贴、粪污处理补贴、基本建设补贴、苜蓿种植与加工补贴等。目前，奶业发展备受国内外同行的关注，社会宏观大环境非常有利于奶业的发展，多方面投资奶业，从业者的积极性高涨。2014 年农业部印发的《2014 年畜牧业工作要点》中提出要加快建设现代奶业，加快推进奶业生产转型升级。加强对奶牛养殖场建设的规范和指导，推动优质奶源基地建设。争取将存栏 100～300 头的养殖小区纳入奶牛标准化规模养殖项目支持范围，优先支持乳品企业自建自控养殖场和小区改善生产条件。目前我国奶牛的规模化养殖比例为 37%，由于散户奶牛养殖产奶率低，质量较差，未来必然会被规模化养殖取代，而规模化养殖需要相应的青贮饲料的供应。2014 年的“中央一号”文件指出，鼓励有条件的农户流转承包土地的经营权，为实现适度规模经营开拓发展空间。近几年来，土地流转的速度不断加快，大的土地租户的土地面积在不断扩大，各大牧场及草业公司也在逐渐扩大自己的青贮种植面积。

同时，国家也颁布了一系列有利于青贮饲料收获机市场的农机政策，2014 年，国家农机补贴资金由 2004 年的 7000 万元增加到 200 多亿元。在补贴政策基础上，《2014 年农业机械购置补贴实施指导意见》中提出：100 马力以上高性能青饲料收获机设备单机补贴限额可提高到 15 万元。各个地方也根据自身情况对青贮饲料收获机进行了相应的地方补贴。

（二）2014 年青贮饲料收获机市场发展现状分析

青贮饲料是喂养奶牛、肉牛和羊等大牲畜的理想饲料。青贮饲料及其收获机械则是这一发展过程中的重要环节。目前制作青贮饲料有 3 种方法：人工作业、半机械化作业和机械化作业。机械化作业是由青贮饲料收获机在田间直接收割、切碎、收集，由饲料挂车运输，用拖拉机压实和人工封窖。有资料表明，半机械化作业（用机动铡草机切碎、拖拉机压实、人工封窖，其他各项人工作业）的生产效率是人工作业的 5 倍，机械化作业是半机械化作业的 4 倍，而作业成本恰好相反，人工、半机械化和机械化作业的成本比例为 1∶0.75∶0.45，在制作青贮饲料的过程中机械化作业具有功效最高、成本

最低的特点。因此目前大部分牛场均采用机械化作业的方式进行青贮收割。

青饲收获机械可分为自走式、牵引式和悬挂式 3 种类型。其中自走式机型有独立的行走底盘。主机可配带不同的割台对多种作物进行收获，具有生产效率高、机动性能好、适应性广等特点，适合大型奶牛场及农牧场使用。牵引式机型是以拖拉机为配套动力，主机可以配带多种割台作业．具有适应性广、使用成本低、收获后不占用动力等特点，适合在较大的田地作业。悬挂式机型与拖拉机配套使用，主机一般只配带高秆作物割台收获青饲玉米和高粱，具有结构紧凑、转弯半径小、机动灵活等特点，适合小型奶牛场、农牧场及个体农户使用。从 2014 年的情况看，自走式青贮饲料收获机的需求最为旺盛，牵引及悬挂机型只在丘陵山区等地块较小的地区有所应用。

（三）2014 年青贮饲料收获机市场需求分析

近几年来青贮饲料收获机市场一直处于稳步增长的阶段，而 2014 年的青贮饲料收获机市场更是迎来了爆发性的增长。随着中国奶业的蓬勃发展，近些年在全国各地新建了许多牛场，同时，奶业转型升级步伐明显加快。家庭散养加快退出，规模养殖快速跟进，标准化规模养殖大幅提升。100 头以上奶牛存栏比重超过 40%。而规模化养殖奶牛均需要进行青贮饲料的饲喂，因此青贮饲料收获机的市场需求十分旺盛，各大青贮机生产厂家生产的大型青贮机销量均较往年有了很大提高。2014 年 200 马力以上的青贮饲料收获机销售将近 2000 台，其中进口大型青贮饲料收获机销售约 400 台。

（四）2014 年青贮饲料收获机市场竞争分析

2014 年青贮饲料收获机市场相比去年又有了很大的增长，同时随着市场的发展，生产青贮饲料收获机的厂家也越来越多。但是，从市场上看，新近加入青贮饲料收获机生产的一些老牌玉米收获机厂家并没有成熟的机型推向市场，目前市场上竞争比较激烈的依然是美诺、牧神、美迪等生产青贮饲料收获机时间较长，机型较为成熟的机器。由于目前青贮饲料收获机的保有量比之前有很大提高，用户已经不再满足于简单的收获，而是更多的比较机器的收获效率、收获青贮饲料的质量（切段长短、破碎程度）以及损失率的指标。目前国产机型的收获效率都基本差不多，配备往复式割台的机型由于尺寸较小、转弯掉头灵活，适合小地块作业，但是拨禾轮容易将玉米打落到地上无法喂入进机器中，损失率相对较大。而配备圆盘割台的机型尺寸较大，在小地块转弯不便，较为浪费时间，更适合大地块作业，并且圆盘割台收获青贮损失率相对较小。用户往往根据自己的实际情况进行机型的选择。另外，由于青贮饲料收获期很短，机器一旦出问题不能及时修复，对用户的损失是巨大的，因此 2014 年各个生产企业一方面提高机器的可靠性，降低机器的故障率；另一方面也加大了售后服务的力度，不仅在机器集中的地区设置配件库及安排专门的售后服务人员，有的企业还配备了服务车，以便于服务人员及时对机器进行修理。

另外，大型的国外青贮饲料收获机由于割幅大、效率高且切碎质量好等特点受到了大型养牛企业的青睐，2014 年国内机器销售飘红的同时进口机器也有了大幅度的增长，仅辉山乳业 2014 年就一次性购买了 CLAAS 青贮机 73 台。

（五）2014 年青贮饲料收获机市场典型区域市场分析

2014 年青贮饲料收获机市场十分火爆，尤其是在辽宁、河北、河南等新兴市场的销量都实现了翻番。在这些地区由于需求十分旺盛，各个厂家的竞争也十分激烈。但是由于本身保有量有限，用户对机器收获的质量要求不高，机器的效率及价格是该地区用户的主要考虑因素。内蒙古地区使用青贮饲料收获机较早，市场十分成熟，2014 年仅呼和浩特市保有量就达到了 240 台，同时在内蒙古地区收获时外地跨区作业的机器也会到该地区作业，在这种情况下，内蒙古地区对机器的收获质量要求较高，部分收获质量较差的国内小型青贮机就退出了该地区的市场。山东地区与内蒙古类似，对收获质量要求较高，因此国外大型的青贮饲料收获机在山东地区销售较多。

（六）2014 年青贮饲料收获机产品、技术发展趋势分析

2014 年市场销售的青贮饲料收获机产品与往年的技术有所不同的主要有以下几点：

1. 行走静液压驱动

今年许多厂家都推出了部分增加行走静液压驱动的机型，行走静液压驱动的优点主要有如下几个方面：

提高收获质量：静液压驱动在一定速度范围内实现无级变速，调速范围宽，可使发动机在规定工况下工作，保证其他部件的恒速工作，并稳定低速行驶速度，对于收获不同长势及倒伏作物时可对机器随时进行连续的速度调整，提高收获质量。

提高驾驶舒适度：对于驾驶员来说，不需要较高的驾驶水平，驾驶简单，增减速平稳且不需要中断动力，前进及倒退挡可无间断下进行，满载工况平稳起动。

减少机械制动的频率：闭式系统本身具有一定的液压制动功能，减少机械制动的应用频率。必要时便于实现紧急停车。

提高生产效率：采用静液压驱动的青贮饲料收获机比机械传动的青贮饲料收获机工作效率高及辅助工作时间少，机器速度可连续调节，不需频繁换挡和离合，降低驾驶员疲劳，提高生产效率。

2. 驾驶室空调

由于青贮玉米收获时天气较热，为了降低驾驶室内的温度，提高驾驶员的驾驶舒适度，许多厂家都在驾驶室内增加了空调装置。

（七）2014 年青贮饲料收获机市场消费者特征分析

2014 年青贮饲料收获机市场消费者主要分为以下三类：

1. 大中型奶牛养殖场

大中型奶牛养殖场一般自身种植有较大规模的青贮玉米或提前和大的种植户签订收购协议，统一进行青贮饲料的收获。该类用户的特点是对青贮饲料的品质要求较高（包括收获期的选择、青贮饲料的切碎质量和玉米籽粒的破碎情况等），经济实力较强，通常以使用国外进口或国内高端的青贮饲料收获机为主。

2. 个人经营用户

个人经营用户主要为种植户提供青贮饲料收获机进行收获作业，以作业亩数或收获青贮饲料吨数收取作业费用。该类用户通常以购买国产机器为主，因为进口机器价格较贵，成本回收较慢。国产机器一般售价 40 万元左右，国家补贴 12 万元，而青贮收获每亩可获利 100 元左右，青贮机一个作业季可作业约 2000 亩，以此计算两年内可以收回成本。

3. 专业农机合作社

专业农机合作社通常与大型奶牛养殖场签订协议进行青贮饲料收获作业，并可以根据不同地区收获时间的差异进行跨区作业。该类用户专业性较强，并且由于要进行跨区作业，对机器本身的作业效率有较高的要求，通常以使用国外进口的大型青贮饲料收获机为主，也有的合作社采用购买多台国产机器以提高工作效率。

三、2015 年青贮饲料收获机市场展望

（一）2015 年青贮饲料收获机市场需求预测

目前，我国奶业发展虽取得显著成效，但与国外奶业发达国家相比，与乳品消费需求增长相比，我国奶业发展仍是新兴产业、朝阳产业，未来发展潜力巨大、前景广阔。从青贮饲料收获机的市场需求看，2015 年依然会有较大的需求量，但由于 2014 年青贮饲料收获机的销售过于火爆，预计 2015 年的销量应该与 2014 年持平或略有下降。

（二）2015 年青贮饲料收获机市场竞争形势预测

近几年青贮饲料收获机的快速发展及良好的销售情况让越来越多的生产厂家开始进入，同时老牌的青贮饲料收获机厂家也根据市场情况在不断地对现有机器机型进行改进。在此情况下，2015 年青贮饲料收获机的市场竞争将会非常激烈。竞争的焦点主要为切碎质量、收获效率、机器质量及价格因素，只有切碎质量好、收获效率高、机器可靠性高且价格合适的机器才能最终被用户接受。

（三）2015 年青贮饲料收获机产品、技术发展趋势

从现在的市场情况看，青贮饲料收获机未来的技术发展趋势主要有以下几点：

1. 大型宽割幅自走式青贮机

近几年来，土地流转的速度不断加快，大的土地租户的土地面积也在不断扩大，各大牧场及草业公司也在逐渐扩大自己的青贮种植面积。在此前提下，从事机械收获青贮饲料的用户（包括一些牧场）需要一些大型的更有效率的青贮机进行收获作业，这种趋势从近年来进口机器的销售情况也可看出端倪。目前，进口机器在中国销售的主力机型均为 400 马力左右，4.5 米或 6 米割幅的大型青贮机。而国产机型在超过 3 米割幅的大型自走式青贮机方面还是空白，因此，研制宽割幅大型的自走式青贮机是今后国内厂商发展的趋势。

2. 籽粒破碎器

近年来，随着养牛企业的发展，对青贮饲料的要求也越来越高，目前我国青贮饲料收获主要集中在乳熟期至蜡熟期，当玉米到达蜡熟期后玉米籽粒变硬，普通青贮饲料收获机无法将玉米籽粒外部的表皮破掉，而没有破皮的籽粒无法被牛羊吸收，因此青贮机需要增加能够将籽粒破皮的装置。目前，国产机器通常采用在切碎滚筒凹版上增加凸台或动刀座下增加纹杆来对青贮饲料进行揉搓，该装置可以将籽粒及秸秆进行部分揉搓，但无法完全将籽粒破碎。因此，还需要国产机器对籽粒破碎装置进行研究，以达到用户对玉米籽粒破碎的要求。

3. 集中润滑

由于青贮饲料收获机中有许多高速部件，每天需要大量时间进行打油润滑保养，集中润滑器的设置能够减少维护人员的工作强度，增加青贮机的使用时间，也可有效防止由于漏打油而造成的机器损坏。但是由于整个系统比较精密，一个部位出现问题都可能导致整个系统无法工作，因此集中润滑系统还需要继续进行研究。

4. 青贮饲料添加剂喷洒系统

为了更好地制作青贮饲料，用户会在收获青贮饲料的同时加入一些青贮饲料添加剂，通常的做法是在青贮窖内进行，一层一层进行喷洒。这种方法不仅浪费，均匀性也不好。国外机型有设置青贮添加剂喷洒系统，在喂入装置及抛送部位增加喷头，收获的过程中进行青贮饲料添加剂的喷洒，这样对青贮饲料添加剂进行了合理的利用并且喷洒均匀，入窖后青贮效果很好。

（中机美诺科技股份有限公司　赫志飞）

发动机市场

中小农用柴油机市场回顾与展望

一、行业背景

我国是世界上中小柴油机的生产大国，年产销量单缸机500万~600万台，≤4缸多缸机300万台。我国也是世界上中小柴油机的使用大国，其配套的农用社会保有量（含机组）单缸约达4200万台，≤4缸多缸约1250万台（其中中小型拖拉机500万台，低速汽车500万台，联收机130万台，整地工程机械30万台，船用70万台）。我国还是世界单缸柴油机配套应用的主要供应国，中国制造的单缸柴油机年供境外150万~200万台（含出口机组配套）。小型移动机械、小型相对固定机组、小型运输机械、小型船舶配套的不可或缺、不可替代属性，决定了中小型柴油机品种结构随市场需求而调整，节能减排性能随环保法规苛严而升级。

（一）农机化情况概述

2014年，全国内燃机主机及配附件工业销售收入、全国农机大行业销售收入总额均超过了4000亿元。据2013年年末统计，土地流转面积已超过3.4亿亩，占承包耕地面积20.4%，全国农机化作业服务组织16.8万个，其中，农机合作社4.22万个，共完成农机社会化服务面积约40亿亩，占农机化作业面积2/3。家庭农场+合作社是世界现代农业经济组织的重要组元，2013年年末，中国农业合作社已达98.24万家，涉及农户7400万户，占中国农户总数1/4，2013年耕种收综合机械化水平已达59.48%，同比增加2.31个点，2014年已经达到61%，提前完成“十二五”目标（发达国家水平为>80%），但发展前景仍很广。

目前农机市场消费主体由个体向农机合作组织、家庭农场、专业大户取代转移；丘陵山区产品市场崛起，考量企业对“小众”个体产品匹配技术；马铃薯、甘蔗、棉花、甜菜、油菜籽等经济作物耕种收机械需求提到行动上；深层化加工、烘干设备成为藏粮于民、富民的必备手段；西部高原地区的免耕型、植保和牧草机械多样化需求；大型智能化、绿色化、精量化、多功能、高效率的保护性耕作、复式作业、精细农业等需求；高性价比、可靠性、安全性、舒适性的高端转移。

总之，农机产品中，粮食作物相关产品由中小型向大型转移，粮食作物相关产品由耕种环节向后处理加工转移，粮食作物相关产品向经济作物相关产品转移，补贴目录产品由“大众”类向“缺门”“小众”“高端”倾斜。农机购机补贴机具大类、小类品目年年滚动变异。2013年为12大类50小类

170 品目，2014 年为 12 大类 48 小类 175 品目，2015 年则定为 11 大类 43 小类 137 品目（农业部、财政部《2015—2017 年农业机械购置补贴实施指导意见》）。

2015 年中共中央发布《关于进一步深化农村改革加快推进农业现代化的若干意见》，这是连续 12 年聚焦“三农”的“中央一号文件”，强调顺应新常态的要求，农机行业已进入“后补贴时代”，内生需求逐渐主导市场，现有装备升级换代将决定中长期行业走向，土地流转向规模经营组织，无疑将大幅提升群体的购买力水平，助推落后农机淘汰，高效、高端、高科技产品导入，农业机械化仍是农业现代化的主要内容。落后农机的加速淘汰，剑指量大、低效、高污染，低档、低水平、高能耗、品牌不知名、竞争力低的一些现产品。因此，2014 年小柴行业进入了转型升级的加速期、节能、减排达标的阵痛期、夯实力、练内功求生存的转折期。

（二）相关术语界定

本文所述中小农用柴油机系指≤4 缸的“三农”用道路与非道路、移动与相对固定（定置 <2 年）机组配套的动力机。其中道路车辆即低速汽车含四轮的低速货车、三轮的三轮汽车，而非道路移动机械含中小型拖拉机、中小型收割机、中小整地工程机械（装载机、挖掘机、推土机、挖坑机、打夯机等）、微耕机（管理机）、插秧机、排灌和喷灌及发电机组、渔业机械（增氧机、池塘挖掘机等）、≤37kW 船用（渔船主机、客货船辅机等）。本报告将对 2014 年行业的运行提出调研报告，对市场的发展作出相应的预测，对行业步入健康发展，对主管部门科学制定“十三五”发展规划中的中小柴油机产业政策提出相关的建议。

二、中小农用柴油机发展历史及现状

（一）发展历史

单缸柴油机 95% 左右配套用于农用（含出口、三轮汽车、农用工程机械等），产销之沉浮依赖于农业经营规模的大小和其发展趋向。20 世纪改革开放后，户营经济带来了单缸柴油机产销持续走高的大势。随着农业经营的规模化发展，进入 21 世纪以来，单缸柴油机产销量明显地步入了波浪下降的趋势。十八届三中全会前召开的“全国农民合作社发展部标联席会议”“全国农机社会化服务现场会议”都为全会后实施农村土地管理制度改革、推进土地流转、重视农业合作社发展、推动农机社会化服务提供了举措，无疑农业的集约化、组织化、专业化、社会化发展对农机产品结构调整不仅指出了方向，还提出了相应的技术要求和内容。面对发展的新常态，传统产品产销规划下降是必然的，2014 年行业统计的基本数据是产销 540 万台，同比回落 11. 9 个百分点。

如下图所示，单缸柴油机产销经历了 2000—2005 年（6 年）的持续上升，经历了 2006—2009 年（4 年）的波浪式发展，现在是持续五年的下行。

多缸小柴油机（≤4 缸）75% 左右配套于车用（含低速货车），其余则配套用于工程农机等领域，市场需求的变化让小柴各品种产销显现了不同的沉浮实绩。2014 年，多缸小柴产销情况：按业内企业统计，产销 270 万台，同比下降 18. 5 个百分点。

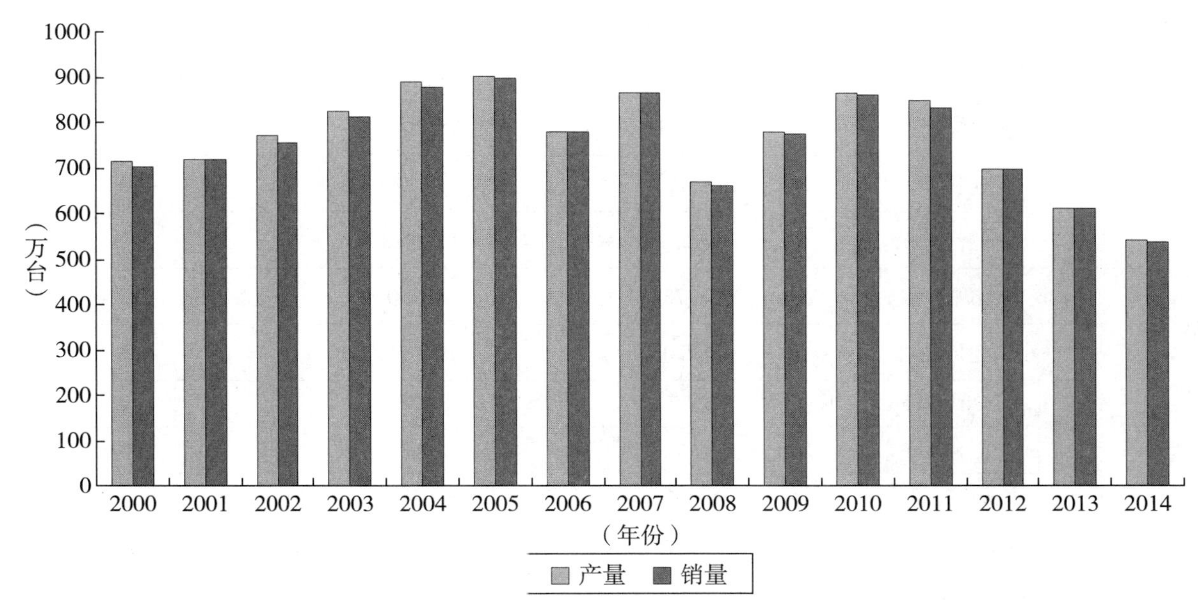

2000—2014 年单缸柴油机产销统计

表 1 **2007—2014 年多缸（≤4 缸）销量统计表** 单位：台

缸数	2007 年	2008 年	2009 年	2010 年	2011 年	2012 年	2013 年	2014 年
2 缸销量	133726	150565	247632	286349	309891	239549	213995	171172
3 缸销量	103651	107246	106874	133188	147093	139375	153227	115443
4 缸销量	1864181	1783094	2599901	2906760	2822558	2807561	2946829	2388326
合计	2101558	2040905	2954407	3326297	3279542	3186485	3314051	2674941

由表 1 可见，多缸（≤4 缸）销售总量经历了 2007—2010 年的高速增长，经历了 2010—2012 年（3 年）高量 330 万台上下的持平期，2014 年则在产品转型升级中销量步入下行。

随着轻型车用机 2015. 1. 1 进入 G4 排放限值，非道路移动机械用机 2014. 1. 1 与轻型货车排放限值接轨，三轮汽车将于 2016 年 7 月 1 日实施 G3 排放限值考核。2015 年小柴行业是产销旺季不旺、淡季更淡，在加速转型的阵痛之后，阳光必将普照（表列 2007—2013 年各数均系中国内燃机工业年鉴颁布值），“十三五”期间还会有所上升。

（二）现状

1. 产销同比下滑

2014 年，多缸小柴产销情况：按业内企业统计，产销 270 万台，同比 331 万台，同比下降 18. 5 个百分点。表 2 是 2014 年单缸柴油机、多缸（≤4 缸）柴油机涉农配套主要流向终端的产量、同比值及沉浮评估。表中，小型拖拉机和小四轮拖拉机均指≤30 马力机，中小型拖拉机直联传动≥25 马力，但<90 马力机。收割机分别指自走式喂入量<6 千克/秒的谷物联合收割机、履带式全喂入量<6 千克/秒的水稻联合收割机、5 行及以上自走式玉米联合收割机。中拖中 25～30hp、30～40hp、40～50hp、50～60hp 指≥25hp、<30hp，≥30hp、<40hp，≥40hp、<50hp，≥50hp、<60hp 之意。小四轮拖中 20～25hp，>25hp 指≥20hp、<25hp，及≥25hp、<30hp 之意，2013 年全国微耕机计销 2106500 台。

表 2　　　　2013—2014 年单、多缸柴油机配量情况

项目				2013 年配量（台）	2014 年配量（台）	同比增减（%）
单缸机	低速汽车			2545613	2534545	-0.4
单缸机	其中	低速货车		46381	32127	-30.7
单缸机	其中	三轮汽车		2499232	2502418	0.1
单缸机	小型拖拉机			908976	650750	-28.4
单缸机	其中	小四轮拖拉机		328220	274076	-16.5
单缸机	其中	其中	20～25hp	85589	51290	-40.1
单缸机	其中	其中	>25hp	224191	214684	-4.2
单缸机	其中	手扶拖拉机		580756	376674	-35.1
单缸机	插秧机			109000		
单缸机	柴油微耕机			800000		
多缸机	低速汽车			358764	390518	8.9
多缸机	收割机			128976	115868	-10.2
多缸机	其中	谷物联合收割机		43563	28743	-34.0
多缸机	其中	水稻联合收割机		45618	34175	-25.1
多缸机	其中	玉米联合收割机		39795	52950	33.1
多缸机	中小型拖拉机			295310	236316	-20.0
多缸机	其中	20～25hp		46925	36246	-22.8
多缸机	其中	30～40hp		90547	60565	-33.1
多缸机	其中	40～50hp		65829	55574	-15.6
多缸机	其中	50～60hp		33119	26047	-21.4

表 3 为 2014 年 34 个企业单缸柴油机的销量及同比销量，表中常万公司销量合并到母公司常柴，合计值中不重复计，由表可见 34 个企业 2014 年计销 5394968 台，同比为 6322342 台，同比下降 14.7 个百分点。

表 3　　　　单缸柴油机主要品牌 2014 年销量一览表　　　　单位：台

序号	企业名称	同比分析			占比分析（%）		
		2014 年	2013 年	同比增减（%）	2014 年	2013 年	占比变化
1	时风	799824	797889	0.24	14.71	12.62	2.09
2	常柴（含常万）	770496	991500	-22.29	14.17	15.68	-1.51
3	常发	442123	610123	-27.54	8.13	9.65	-1.52

续 表

序号	企业名称	同比分析			占比分析（%）		
		2014 年	2013 年	同比增减(%)	2014 年	2013 年	占比变化
4	江动	403060	510814	-21.09	7.41	8.08	-0.67
5	三环	232637	235907	-1.39	4.28	3.73	0.55
6	鑫田	210734	205660	2.47	3.88	3.25	0.62
7	亚美柯	209823	248028	-15.40	3.86	3.92	-0.06
8	金柴	184864	215000	-14.02	3.40	3.40	0.00
9	金动	181769	220207	-17.46	3.34	3.48	-0.14
10	常工	172819	169331	2.06	3.18	2.68	0.50
11	金飞鱼	170557	202222	-15.66	3.14	3.20	-0.06
12	五菱	169065	176991	-4.48	3.11	2.80	0.31
13	凯马	155000	120000	29.17	2.85	1.90	0.95
14	常林	150000	243878	-38.49	2.76	3.86	-1.10
15	金坛峨嵋	149278	172274	-13.35	2.75	2.72	0.02
16	莱动	131742	181736	-27.51	2.42	2.87	-0.45
17	凯米尔	127901	167228	-23.52	2.35	2.65	-0.29
18	四方	126234	118987	6.09	2.32	1.88	0.44
19	常兴	96508	94300	2.34	1.78	1.49	0.28
20	双鸟	71966	69000	4.30	1.32	1.09	0.23
21	宜州	61902	74964	-17.42	1.14	1.19	-0.05
22	常富	56782	49300	15.18	1.04	0.78	0.26
23	德力	50252	58665	-14.34	0.92	0.93	0.00
24	捷华	47062	49380	-4.69	0.87	0.78	0.08
25	常万	41919			0.77	0.00	0.77
26	常扬	40823	37532	8.77	0.75	0.59	0.16
27	常运	39372	45950	-14.32	0.72	0.73	0.00
28	莱柴	31314	40000	-21.72	0.58	0.63	-0.06
29	金凤凰	28935	25000	15.74	0.53	0.40	0.14
30	巨菱	28450	36492	-22.04	0.52	0.58	-0.05
31	洋马	26366	28889	-8.73	0.48	0.46	0.03
32	莱恩	20740	100500	-79.36	0.38	1.59	-1.21
33	南机	5470	24095	-77.30	0.10	0.38	-0.28
34	三人	1100	500	120.00	0.02	0.01	0.01
总计		5436887	6322342	-14.01	100.00	100.00	

表 4 为 2014 年 26 家企业多缸（≤4 缸）柴油机的销量及同比销量。2014 年计销 2674941 台，同

比值3198976台，同比下降16.3个百分点。其中，江苏境内8个厂，计销650092台，市场占有率24.3%，加上安徽、江西、福建各1个企业，浙江、山东各2个企业，华东6省地区合计有15个企业，计销1631993台，市场占有率为61%。综上所述，华东尤其是江苏是全国中小型柴油机的当之无愧的基地。

表4　　多缸柴油机主要品牌2014年销量一览表　　单位：台

序号	企业名称	同比分析（%）			占比分析（%）		
		2014年	2013年	同比增减	2014年	2013年	占比变化
1	玉柴	425406	483440	-12.00	15.90	15.11	0.79
2	全柴	339007	475263	-28.67	12.67	14.86	-2.18
3	江铃	268514	239529	12.10	10.04	7.49	2.55
4	云内	213275	232429	-8.24	7.97	7.27	0.71
5	新昌	205356	225974	-9.12	7.68	7.06	0.61
6	锡柴	194373	209976	-7.43	7.27	6.56	0.70
7	莱动	117288	163687	-28.35	4.38	5.12	-0.73
8	常柴	116763	153192	-23.78	4.37	4.79	-0.42
9	扬柴	98567	170276	-42.11	3.68	5.32	-1.64
10	洛拖	80382	102006	-21.20	3.01	3.19	-0.18
11	大柴	75442	80274	-6.02	2.82	2.51	0.31
12	朝柴	71457	132033	-45.88	2.67	4.13	-1.46
13	四达	70008	88005	-20.45	2.62	2.75	-0.13
14	福田	63774	46100	38.34	2.38	1.44	0.94
15	江动	58500	68325	-14.38	2.19	2.14	0.05
16	姜堰	55000	61840	-11.06	2.06	1.93	0.12
17	南汽	48281	42587	13.37	1.80	1.33	0.47
18	力佳	44031	78020	-43.56	1.65	2.44	-0.79
19	雷沃	34500	35246	-2.12	1.29	1.10	0.19
20	一汽四环	26129	14450	80.82	0.98	0.45	0.53
21	新晨	23517	19663	19.60	0.88	0.61	0.26
22	东风商用	19212	14468	32.79	0.72	0.45	0.27
23	成发	9854	17076	-42.29	0.37	0.53	-0.17
24	常发	8600	13793	-37.65	0.32	0.43	-0.11
25	莱恩	4650	24600	-81.10	0.17	0.77	-0.60
26	山拖	3055	6724	-54.57	0.11	0.21	-0.10
总计		2674941	3198976	-16.38	100.00	100.00	

2. 需求变化改变企业群体

市场需求的改变，带来了从业企业群体的变动。动力生产基地——江苏常州板块，又一大户联凯出局，以小功率柴油机品种产销为主的常州科普、金凤凰、常迈稳定得到发展；金坛四大家因浙江、湖南板块的产销下滑而在全国同品种产销所占份额上升，稳固了全国领先的地位；全国小四轮拖、三轮汽车产销第一的时风、全国手拖产销第一的常林，分别在立式水冷、立式风冷开发和批产上找到新支持。以凯米尔为代表的重庆板块近几年发展主要在高精度、高档次卧式水冷机型上，出口形势持续上升，展现了国外用户购机要求的提高。另外重庆微耕机柴油机被重庆汽油机挤出了一些市场，外地运输配套量也进一步缩小，重庆拓普公司多年从事的汽油机改造为柴油机也取得扩大投放的成效。

表5为单缸柴油机企业分布的市场占有率情况，江苏及常州周边地区、山东、浙江是行业企业的密布区。其他地域6个企业为广西2家，福建、重庆、广东、山西各1家。

表5　2014年单缸柴油机销售市场占有率分布

地域	企业数量（家）	2014年销量（台）	占行业百分比（%）
江苏	15	3681979	60. 66
山东	6	1167696	21. 64
浙江	6	499739	9. 26
其他	6	455454	8. 44
合计	33	5804868	100

多缸（≤4缸）柴油机业内主要企业有归属一汽的锡柴、大柴，归属东汽的朝柴、北汽的福田、广汽的吉奥，归属洛拖的洛拖发及姜堰；汽车企业的发机分厂如南汽、江淮汽车、江铃和庆铃；还有自成集团的同拖发、时风、常发、成发、莱恩。不少企业是独立于终端的OEM供应，如全柴、玉柴、云内、新昌、潍柴、扬柴、常柴、莱动、四达、力佳、江动、五菱。很多企业兼产6缸，不少兼产单缸柴油机，还有兼产小型通用汽油机。

3. 中小农用柴油机发展动向

2014年武汉全国农机展1670家参展企业展示了动向。参展全国农机展的单缸柴油机企业大大多于多缸机产销企业，共计47家，从地域分布看，常州市（含金坛）企业合计27家（其中主要会员主流企业11家），江苏无锡、盐城、如皋、徐州计5家。因此，江苏合计32家，其余省市是：山东7家，川渝4家，浙江3家，福建1家；国内多缸柴油机企业计16家，分别是：玉柴、潍柴、锡柴、全柴、一拖、莱动、上柴、力佳、四达、常柴、常发、江动、潍坊华丰、潍坊华东、潍坊华恒、马鞍山常立等。其中产销2缸的有玉柴（动力）、全柴、力佳、常柴、江动、常立计6家，产销3缸的有全柴、莱动、力佳、常柴、江动、常发计6家。多年产销3、4缸机，峰值产销计4万台的时风集团有限责任公司已停产多缸机自产自配工作。

随着车用G4、非道路G3排放限值和可靠性有效寿命考核的实施，低速货车与轻型货车节能、减排要求的接轨，三轮汽车G3法规的即将颁布，主机生产企业的产品线拓展，步步为营，向终端的产品发展都一一取得成效，点滴动向贴近发展主要有（不分先后）：

常柴：以“一体两翼”（发动机为主体、零部件及终端为两翼）全方位开展转型升级。从展出电控现1105升级单缸柴油机后，启发了同行对现产品电控升级的动向，意义重大。以4C33 G4平台机获展会金奖，获欧盟37kW以下排放认证为契机列入“节能环保型非道路多缸柴油机关键技术开发”项目获市级及以上项目资助211万元。4G33（495）是一款进军联收机农用工程机械的车用国四平台机，

D×S 为 95×115mm，2400～3200rpm，是常柴 2014 年开发成效大的产品。常柴公司经历过“进军汽车”的配套企业自行上马自行配套车用机的过程，“立足农机”仍是公司多缸机开发的主要内容，V 型轻型 2 缸机、2V80 自 2011 年小批 112 台后连年上量，2014 年已销 1690 台，轻型 3M78，2014 年销量也从同比 382 台增至 689 台。

时风：以五大产业园（运输机、农装、汽车、电动车、化纤轮胎）规划千亿销收集团。单缸柴油机中立式直联传动水冷机已从小批配自产升级版小四轮拖到年配 3 万的批产阶段。三轮汽车配套发动机则进入电控研发流程，立式 138、148、168、188 机系，1110、1115、1120、1125 机，其行程均为 115mm，12h 功率依次为 13.5kW、14.7kW、16.2kW、18.6 kW，转速均为 2200rpm，排量依次为 1.09 升、1.19 升、1.30 升、1.41 升。

其他：江淮的亮点是 6 行、8 行高速插秧机，5 行、6 行半喂入收割机、2 行、小 3 行、小 4 行、大 4 行玉米收割机、微耕机及水泵机组。常林则展示了大马力轮拖、收割机、微耕机、液压泵等开拓领域的产品。与道依茨合作的多缸柴油机也正在研制。四方公司展出了配 1125 卧式机的 4LZ－1.0 联收机，12～20 寸幅宽配 4.2 kW 柴油机的耕整机，配 55 kW 柴油机的履带式自走旋耕机。浙江奔野拖拉机公司展出配力佳 2100、2105、2108 的 28、30、32、35 系列拖拉机。重庆拓普公司展出已累计出厂 3 万多台的汽油机改柴油机的 TP168FA、TP170FA、TP173FA、TP176FA 斜置风冷产品，均为涡流室，3000rpm 时依次 2.42kW、3.68kW、4.41kW、5.15 kW，2600rpm 时依次 2.65kW、4.05kW、4.85kW、5.66kW，主配微耕机、水泵及发电机组。

作为单缸柴油机产品转型升级关注的电控单缸柴油机，今年的亮点是常州亚美柯机械设备公司、山东鑫亚工业股份公司会同清华大学合作研制的 DK25、DK32 系列电控、卧式、水冷、四冲程、四气门直喷柴油机，D×S 为 113×140mm，1.403 升，功率依次为 25hp/220rpm 及 32hp/2500rpm。该机拥用 48 项专利，其中，18 项为发明专利，经济南检测站排放检测，CO 为 1.34NHC＋NOX 为 6.5，PM 为 0.374，大大优于非道路 G3 限值要求，首批 7 台样机已安排有效寿命考核、配现有三轮汽车的路试等工作。今年在非道路移动机械用柴油机升级 G3 的申报中，业内常柴、时风、江动、常发，金坛各厂都将电控技术路线列上。

多缸企业有：新昌公司在集团外围建立了一家拖拉机生产企业。玉柴公司农装动力 2014 年计供 8.4 万台，在联收机中，小麦机、玉米机市场份额已占据半壁江山。锡柴公司 2014 年叉车配套、出口总量均分别超过了 3 万台。四达公司 2014 年增压中冷及以上大机销计 36468 台，占当年总销量 52.1%，G4 车用配单体系，WP 原产品年销达到万台，4102 同比销量大降但 4105、4108 置换配玉米、水稻联收机保住了市场份额，这是该公司 2014 年三大看点。

综上可见，中小功率主机生产企业从独立的 OEM 供应商向终端生产延伸，常柴、江动、新昌均迈开了步伐。盐城江动新厂内“东禾机械有限公司”系江动与韩国合资公司，定位于高端水田机械，已投产了 4LZ－2.8Z、4LZ－4.0Z 全喂入联收机及 C805GT 半喂入联收机，正在研发的则有高速插秧机、石家庄“江同公司”则从小四轮拖外延投 4YZP3/4/5 行玉米联收机依次配 92 Kw/103 kW/140 kW 2200～2300rpm 发动机。自成配套内部自供的时风、常发则在自产发动机品种上作出调整，如时风开展了皮带传动小四轮拖转向直联传动的升级，取得了自成体系的底盘与发动机（立式）产销双赢实效，常发公司则在做精品的驱动下，将金冠系列从柴油机拓至轮式拖拉机。大量的主机企业作为 OEM 供应商拓展联收机市场、工机市场、船电市场安全则更多。

三、相关行业发展研讨

（一）大功率单缸机型

大功率单缸机型系指 S195 扩缸后增大功率发展的 1100 及以上各机型。所指大缸径单缸系与主管部门认定的缸径 115 毫米及以上各机型。2014 年，单缸柴油机品种结构的动向之一是大缸径、大功率单缸机产销的增加，具体表现在该品种配套领域的需求实绩。在低速汽车和小四轮拖领域，近 4 年，1115、1105、1100、1110 及 1125 等配套总量变迁详见表 6。

表 6　2011—2014 年三轮汽车及低速货车配套量　单位：台

年份	1115	1105	1100	1110	1125	合计
2011	739488	602270	352401	135667	14002	1843828
2012	578251	608154	344510	205004	19534	1755453
2013	718057	665049	283162	156952	18272	1841492
2014	720196	664142	248240	194394	25121	1852093

2011—2014 年低速汽车（含三轮汽车、低速货车）配套单缸机总量依次为 214 万台、241 万台、255 万台、253.5 万台，配 1115 及以上大功率机量依次是 1491219 台、1410943 台、1562330 台、1603853 台，占同年含 1100 配套总量份额依次是 80.88%、80.38%、84.66%、86.60%，呈份额持续上升态势（其中 2012 年呈持平）。

表 7　2011—2014 年小四轮拖拉机单缸柴油机配套量　单位：台

配发动机	1105 各机	1110	1115	1125 及以上	合计
拖拉机	>18hp	18hp，<20hp	20hp，<25hp	25hp	
2011 年	12202	18950	319010	34037	384199
2012 年	8818	16693	163370	165674	354555
2013 年	7532	10908	85589	224191	328220
2014 年	4521	3581	51290	214684	274076

表 8　2011—2014 年单缸柴油机配套总量　单位：台

年份	1105	1110	1115	1125 及以上	合计
2011	966874	154617	1058498	48039	2228028
2012	961482	221697	741621	185208	2110008
2013	955743	167860	803646	242463	2169712
2014	916903	197975	771486	239805	2126169

所以，大功率、大缸径单缸机在低速汽车和小四轮拖领域近四年中配套总量变动是波浪式下行，但考虑近四年单缸总量持续下行，因而大功率、大缸径单缸机在单缸总量中份额有所上升，2014 年占

行业总量几近40%。≥1125机型在大型化小四轮拖的高速增量并未改变2014年全国小四轮拖同比销量仍然下行的趋向。以直联传动取代皮带传动，改变产品机型、机能、性能单一，短缺果园管理、节水灌溉、旱作农业、水田作业、设施农业专用机型；无故障，工作时间仅达到国外同类产品的2/3，可靠性差，耗能高，安全防护不到位，均是小四轮拖拉机加快转型升级的必跨栏杆，自2013年时风配立式机直联传动小四轮拖上市后，底盘已升级为中拖范畴，2014年扩产显示了技术的趋于成熟、转型升级将带来可以燎原之势。在低速汽车大类行将取消之时，低速货车则与轻型货车接轨，三轮汽车是列入农机部门管理还是仍列入汽车部门管，或者与年产销也有260万台的汽油正三轮摩托并驾称为柴油正三轮摩托都是未知数，然而其未来配套发动机功率趋小也许是必然的。

（二）微耕机

微耕机为功率≤7.5kW可直接用驱动轴驱动旋转工作的旱田耕整、田园管理、设施农业、耕耘作业的机动微型机具。若更换安装其他配套机具，还可进行犁耕、播种、抽水、喷药、覆膜、粉碎（碎草）、开沟、覆土等作业。随着农业产业结构的不断深入，农业劳动力转移带来的农作成本增加，大棚、果（菜）园及山地丘陵地区需求将进一步增加，但微耕机结构不紧凑、零部件标准化及通用化不足、操作不够方便、维修成本低，改进方向也已凸显，体现在机构部件的紧凑设计、轻量化设计。

微耕机目前2.2～5.9kW汽柴油机兼配，主要需求前十个地区情况见表9。

表9　微耕机区域需求情况

省市	2012年销量（台）	2013年销量（台）	同比（%）
四川	388303	373586	-3.79
贵州	147473	189394	28.43
云南	175690	186575	6.20
湖南	185030	171947	-7.07
广西	157970	149652	-5.27
江西	171458	132427	-22.76
重庆	131423	121380	-7.64
山东	85740	98978	15.44
甘肃	79386	97804	23.20
湖北	96544	88818	-8.00
全国合计	1619017	1610561	-0.52

2014年中央台就微耕机的安全问题作了曝光，就机组重心配置看，预示了微耕机配卧式水冷皮带传动柴油机方案走向尽头。就作业的适应性，装置的完善性看，大功率微耕机与小功率手扶拖拉机自然走向融合的阶段。关于配套的汽柴油机比例，重庆这一微耕机生产基地又是小型通用汽油机的生产基地，近几年重庆的微耕机配地产的汽油机份额增加了，配地产汽改柴油机的轻量机份额增加了，配地产立式风冷直联传动机的份额也增加了，然而山东、江苏生产的微耕机则不一定步此技术路线，山东常林等公司依然产配178F、186F等机的微耕机产品。他们认为作为耕作机具柴油机的低速大扭矩（相当于汽油机）性能是高效驱动机具作业所必需的，何况大棚作业时，汽油机CO、CO_2排放危害高

于柴油机的 NOX 及 PM。因此，微耕机中汽油机的部分取代，正如小功率手提被微耕机取代，是部分的不是全盘的一样。

在微耕机行业，产品升级是永恒的主题，无锡凯马柴油机公司兼产微耕机，致力于高端产品的产销，如该公司产销的 KDT910 微耕机 8.5 马力，自投放市场以来销量不断在扩大。

（三）联收机

1. 玉米联收机

2014 年玉米种植面积已达 3500 万公顷，在不断挤占小麦、大豆种植面积后，已超越水稻种植面积，跃居我国第一大农作物。同比增加了 300 万公顷（4500 万亩）。其中机收面积约 3 亿亩，机收率 56%，种植面积和机收率的提高，表明 2015—2017 年的农业部、财政部的农机补贴对玉米机的倾斜是及时和必要的。

玉米联收机 2004—2014 年销万台数依次为：0.16 万台、0.35 万台、0.61 万台、0.93 万台、1.26 万台、2.54 万台、2.92 万台、3.13 万台、4.0 万台、4.3 万台、5.6 万台（均含背负式，但近年背负式已被自走式取代，产销趋微，如 2013 年、2014 年玉米机销总量依次为 43211 台及 56153 台，其中背负式 2013 年为 4036 台，2014 年降至 1448 台）。

玉米机的产品结构，2 行机将继 2014 年急剧下降而下滑，份额预计将降至 15% 以内，3 行、4 行机仍是黄举证地区主销品种，小 3 行、大 3 行、小 4 行为主，东北和新疆则因土地流转的加快，9 行、12 行仍将旺销。从竞争趋势看，6 行以上高端机仍将由进口品牌垄断，东北的迪尔 Y120、Y215，黄淮海的久保田 PR0106Y 是广受青睐的品牌。国产机的升级，青贮、黄贮玉米机中鲜食玉米收获及秸秆回收装置均是需求的改进处。目前，山东、冀京津、郑洛依次为玉米机产业集群地，雷沃重工、中农博远、勇猛机械新疆牧神、金亿春雨占第一阵营，2013 年计产 3 万，雷沃就产 1 万。巨明、宁联、中丰、大丰属第二阵营，其余上百家则为第三阵营。2015 年雷沃仍是麦、稻、玉米联收机全面发力，勇猛仍在 4 行机上保持优势，而中农博远则在冀、豫、鲁保持夏播收 3 行机优势外向东北、新疆渗透。另外，金亿春雨在并入克拉斯体系后，从 2 行为主向 3、4 行机发展。

2. 南方适用的水稻联收机

我国是民以食大米为主的国家，按水稻种植农艺条件，水稻联收机市场划分为单季稻区、双季稻区、稻麦油轮作区。

我国南方泛指长江流域及以南地区、平原、盆地、高原、水田、丘陵交错分布、地块小且分散，一般都有一定高差，且泥脚较深。2013 年水稻机耕、收、播率依次为 95.09%、80.91%、36.10%，综合机械化水平为 73.14%。其中机播率远低于小麦（86.69%）、玉米（84.08%），比全国平均 48.78% 低 12.68 个百分点。显然南方是水稻机收、机播（插）提高机械化率的主攻市场。

目前水稻联收机是全喂入式占 97% 左右，喂入量（kg/s）<2 的 2014 年占 2.7%，≥2、3<3 的 2014 年占 27.44%，≥3、<4 的 2014 年占 41.72%，≥4、<5 的 2014 年占 28.14%（均按销量计），大型化的倾向表明了南方适用的履带式水稻联收机的短缺。

半喂入机虽具收割损失率低、含杂率低、能保留整秆稻草等优点，但性价比低、效率低、经营效益低，“三低”劣势依然为现实的消费者所弃，产销徘徊于万台左右。

南方需求的 1.5 米以下小型机市场拓展还有工作要做。

3. 发动机配套

主机生产企业必须关注联收机的市场发展和配套要求，在动力安装舱位限制条件下提供适配外形尺寸及重量的发动机，在联收机冷却迎风面有限，工作速度低的工况下冷却可靠性。目前全国联收机2012年、2013年保有量见表10。

表10　近年全国联收机保有量一览表

品种	2012年			2013年		
	保有量（万台）	总功率（万千瓦）	台均功率（万千瓦）	保有量（万台）	总功率（万千瓦）	台均功率（万千瓦）
稻麦收割机	94.37	3987.91	42.26	104.55	4535.46	43.38
3行及以下玉米联收机	17	743.06	43.71	23.3	1135.08	48.72
油菜籽联收机	1.41	62.82	44.55	1.65	78.44	47.54

2014年全国联收机保有量已达142.1万台，其中稻麦机113.43万台，玉米28.68万台。全国畜牧机械保有686.47万台，其中牧草收割机16.01万台。全国林果机械保有33.6万台，这些情况均为农村的种植业发展提供参考。适应粮食作物联收机台均功率现状和发展，多缸（≤4缸）柴油机用武之地值得付出精力。

（四）中小功率拖拉机

20~40马力中拖，过去现在都是拖拉机中量大面广的产品区段，该功率区段又是1缸、2缸、3缸、4缸发动机混配的区域，近五年2缸、3缸、4缸配套总量是：2010年112684台，2011年145272台，2012年119073台，2013年138171台，2014年96811台。足见，2014年总量是下行，自然配套2缸、3缸、4缸也下降。

20~40马力中拖中，也是单缸机配套的一大流向。近五年，单缸配套的这一块中拖量是直线上升的。其量是：2010年21342台，2011年34037台，2012年175100台，2013年211987台，2014年266748台。值得注意的是，上述大型小轮拖从2013年以来，配大功率的大缸径立式水冷柴油机的量，从2000多台已猛增至2万余台，既体现了皮带传动小四轮拖结构向直联传动的转型升级，也大幅挑战现有装2缸及小量3缸的中拖现产品。显然在中拖领域，2缸、3缸的配套量必然下降了，而490也不会独善其身。

在一定的功率、扭矩或牵引功率基本要求与发动机工作容积等量下，1缸、2缸、3缸、4缸各缸柴油机都有特定的用户需求，各有市场决定了各自存在的价值。

表11中，D×S为缸径、行程，V_h为排量。从缸数看，发动机的缸径大燃烧过程组织优于小缸径，如1125优于295，1135优于2100，同排量机单缸价低于2缸，而490价则不高于2118、2120等。

表11　柴油机相关机型一览表

机型	285	380	1125	1125	295	1125	385	295	1130
$D \times S$（mm）	85×95	80×90	125×120	125×125	95×105	125×130	85×95	95×115	130×130
V_h（L）	1.078	1.357	1.427	1.486	1.488	1.545	1.614	1.629	1.672

续 表

机型	1130	480	2100	1135	1140	2105	390	485	2110
$D \times S$（mm）	130×135	80×90	100×117	135×135	140×135	105×117	90×110	85×95	110×127
V_h（L）	1.736	1.81	1.838	1.873	2.014	2.026	2.1	2.156	2.224
机型	485	2115	490	2118	2120	3100	495	3105	
$D \times S$（mm）	85×100	115×120	90×100	118×120	120×120	100×117	95×100	105×117	
V_h（L）	2.269	2.493	2.544	2.625	2.714	2.757	2.835	3.039	

小四轮拖拉机功率突破25马力，下限小于20马力机纷纷出局，再加上加速进行的由皮带传动向直联传动的转型，使中小轮拖领域原25～35马力轮拖生产者受到挑战，原2缸机的配套需求受到挤压，如表12所示，2014年2缸柴油机主要企业销量下滑，7个企业全年销售171172台，同比下降了17.6个百分点。

表12　　2缸柴油机主要品牌销量一览表

序号	企业名称	2013年（台）	2014年（台）	同比增减（%）
1	玉动	87171	90162	3.43
2	力佳	67784	37126	-45.23
3	江动	24606	24000	-2.46
4	全柴	8748	10408	18.98
5	常柴	9922	5927	-40.26
6	山拖	6559	2949	-55.04
7	莱恩	3000	600	-80.00
合计		207790	171172	-17.62

（五）渔业机械

作为农业的重要组成部分，我国渔业同样步入从传统向现代渔业的转型期。受生产力水平的限制和捕捞资源衰退的影响，我国的渔船装备在20世纪80年代迅猛发展后，许多渔船船龄已老，其中大于10年的占40%，5～10年的占50%，小于5年的仅占10%，主机机械效率进入了衰退期，不合理的匹配、不规范的船型，使阻力下降空间达30%～50%，节能减排潜力很大。按农业部统计，2012年年末全国渔船保有量150万艘，其中非机动船占比很高。船型的不规范，安全、高效生产的不足，对更新换代提出了强制性的要求，如广东深圳出台了限制使用船龄3年以上钢质，钢丝网水泥，玻璃钢船及5年以上木质老旧渔船的工作安排。

2012年渔船船检船用柴油机计221037台，生产商为32家（含两家境外企业）：北车大连柴、济南柴、潍柴动力、潍柴动力、潍柴扬柴、潍柴道依茨、淄博柴、青岛缁柴博洋柴、潍坊华东柴、胜利油田动力机、兖州山拖发、潍柴华丰、安庆中船柴、南通柴、上海柴、锡动、南通淄柴、常发、上海美敏内燃机、杭汽发、中策动力机、宁波江北华峰柴、力佳、玉柴机器、玉柴动力、河南柴、恒天动力、重庆康明斯、重庆潍柴、陕西柴计30家。目前，船用柴油机存在功率"大标"个别现象，年渔船用机（含未全面通过船检）不少于25万台，船检取证花费不少，因而生产企业比较集中，型号也较集中，很少有企业为少量分散生产，因而生产企业比较集中，型号也较集中，很少有企业为少量分散订单，去开发船用机型，因而船用机是典型的、个性化突出的“小众产品”。2013年渔船检规定了批量抽检的办法，减少了一些重复劳动支出。

由表13可见，围绕渤海、东海、南海渔区及洞庭、鄱阳、太湖等湖区相关省区的机动渔船平均拥有的吨位、功率配置情况，对未来的船用主机开拓市场有所支撑。

表13　2012年主要省市机动渔船拥有量一览表

省、自治区	数量（艘）	质量（t）	功率（kW）	均艘（t）	均艘功率（kW）
全国	695555	9542349	21735732	13.72	31.25
江苏	131106	985840	3169760	7.52	24.18
广东	66615	883435	2443419	13.26	36.68
山东	65304	1061661	2225971	16.25	34.09
福建	63014	994307	2408140	15.78	38.22
湖北	50685	115236	421328	2.27	8.31
浙江	49640	2686820	4558649	54.13	91.83
辽宁	44058	754313	1575586	17.12	35.76
湖南	42666	90755	302109	2.13	7.08
江西	32272	181178	448755	5.61	13.91
安徽	31294	319381	430082	10.21	13.74
海南	27469	439074	1244938	15.99	45.32
广西	26887	364105	865265	13.54	32.18
河北	13202	236128	534214	17.89	40.47
黑龙江	11647	16014	104812	1.38	9

2013年全国渔业机械保有量为375.39万台，各省排序及其增速详见表14。

表14　2013年主要省市渔业机械保有量及增速一览表

序号	省份	保有量（万台）	增速（%）
1	广东	95.24	2.23
2	江苏	85.90	16.92
3	湖北	38.89	8.66
4	浙江	24.86	5.61
5	福建	19.05	17.88
6	湖南	13.96	9.40
7	山东	13.37	5.80
8	安徽	7.88	26.08
9	辽宁	7.70	5.91
10	四川	5.60	5.12

（六）运输机具

2014 年 10 月 30 日，十二个部委联合发布《加强“车油路”统筹加快推进机动车污染综合防治方案》，规定 2017 年起新生产的低速货车实施第三阶段轻型载货汽车排放标准，为业内外人士认为是一个文件规格高于单个部委，较接地气靠谱的规定。作为养家糊口的生产资料、脱贫工具的持有者是支持低投入的。目前低速货车的主销车型是：载重 1 ~1. 5t 平头、排半、自卸、4 缸动力，在农村运输量还以年增 10% 的增量下，农村机能车保有量仅能完成农村运输量之半，为此，他们需求的低档卡车注定要在乡下非等级道路上驰骋。

低速汽车大类产品即将告别，低速货车作为低档轻卡只要排放等达标生存也存有悬念，低速货车主要企业早就准备的一车两牌方案也让大部分企业较顺当地进入车企，而对于三轮汽车，不久公示的《三轮汽车中国第三阶段排放限值及测量方法》标准预计即将实施，对于其主管部门是谁，定论还难说，对于这一产品的存在，只要看我国摩托车行业，正三轮汽油摩托车这一品种存在的长期性，则对正三轮柴油摩托车存在的长期性就不该怀疑了。2014 年全国产销摩托车依次为 2126. 78 万辆及 2129. 44 万辆，其中含正三轮汽油摩托车 265 万辆，内销正三轮汽车摩托车为 205. 56 万辆。由于受微车替代的影响，预计未来其量也必减少，然而“三农”和中小城镇非禁摩区域，它现在和未来仍将担当出行和运输的工具，未来的三轮汽车，或称之为正三轮柴油摩托车也将担当同样的功能，至于产品结构的调整，则始终是转型升级的内容。

四、发展建议

农机工业是现代机械装备工业一个重要的组成部分，是一个非投资类行业（如工程机械、重型机械、发电设备等），非纯消费类机电产品（家电、乘用车等）生产的特殊行业，它与战略物资“民以食为天”的主副食生产紧密相关，又与国家的现代化进程——城镇化建设、劳动力转移、解放劳力、缩小工农、城乡差别、战略发展密切相关。因此，它是国民经济中具有特殊地位的重要行业，所以称为记法锭的朝阳产业。中小功率柴油机作为农机的移动动力源，作为特定使用配套领域永远的需求，在新常态中，发展改革建议如下：

（一）改变低质、低档、低值生产资料的生产方式

表 15 反映了 2013 年柴油机行业内 5 家上市公司经营状况，2014 年低迷的市场，苛严的节能减排达标投入，5 家公司的业绩并不乐观（浩物股份最初名为内江峨柴）。

表 15　　2013 年行业内 5 家上市公司运行状况一览表

序号	上市公司	总资产（万元）	净利润（万元）	净利润率（%）	三年利率增速（%）
1	苏常柴(A 股和 B 股)	304284. 93	7580. 11	2. 59	36. 54
2	浩物股份	51577. 44	5506. 66	12. 44	49. 29
3	江淮动力	542556. 52	8078. 36	2. 91	-15. 15
4	全柴动力	252107. 88	3514. 99	1. 1	80. 74
5	云内动力	553504. 29	13082. 84	5. 09	209. 11

2014 年我国内燃机大行业，农机大行业销售收入双双超 4000 亿元，按内燃机产品功率与售价关系约 150 元/千瓦，与国外同量价位差 4 ~ 6 倍，常言道“一分价钱一分货”，便宜没好货，因而中国产品的可靠性寿命就是比国外同类差，中国绝非做不出好东西，但价廉、可用、短命的现状必须加速改变。

随着排放限值的减持及降燃油耗要求，加速新产品投放，附加的配置购置成本已大大超出按传统工艺材料制造的数百种零件组成的裸机成本了，在要求有效寿命（按排量不同中小柴油机依次为 3000 ~ 8000 小时）期内排放劣化仍在限值及 22 种主要件不得更换的要求下，低质低精度件要升级，部件结构强度要提高，达标之大限就是从低质、低档、低值生产资料阵地突围的大限，不达标产品不得产销速决的军令既下，唯有背水一战了。

（二）创高效、高质、高档产品的持久战

2014 年，我国柴油机产销、农机产销双双进入低迷状态，购买力、役用善的平衡协调引出了市场容量饱和、刚性需求下降、更新，特别是不符合节能减排限值、超标的“黄标”机的加速淘汰，面对装各种“黄标”单缸机的 4200 万机组，多缸机（≤4 缸）的 1250 万台机组逐批出局，投放置换的高效、高质、高档产品的市场空间大，时间不会短，但政策助推则不能缺。

中国目前仅有 9 个省市农机化水平达 70%，还有 4 个省区低于 40%，如贵州还达不到 20%。小麦生产机械化已很高，但水稻、玉米还差，甘蔗、棉花、油菜等经济作物机收更差，高效植保、初加工环节机械化才刚起步，结构不平衡，短缺空白适用的机械又在哪里？农机产品研发、转型升级要围绕农民“买得起、用得好、有效益”展开，也涉及政策补贴引导消费，用得好则涉及农机使用可靠性、适应性、安全性；有效益则是培育作业市场、壮大市场主体，跨区作业是协调机械化生产与分散农户经营的方式，开发资助燃油补贴、新品免税购置优惠补贴政策都应配套。

产品创新升级除贴近更新，适应市场开拓外还必须明确定位与国外同类接轨，圆一个做好、做精、做强中国产品的强国梦，无疑是一项系统性工程，是一场持之以恒的持久战。

（三）加速转型是企业繁荣的起步点

党的十八届三中全会指出了走好改革开放大路的方向，在政府将市场之手调控经济放在优先位置的大势下，向产品升级、管理创新、变型设计、贴近服务要红利，特别是要以服务来换市场。在节能减排法规要求下，产品必然转型升级，必须让高档、高水平、优质产品大量投放，补贴推动。做比说难多了。企业要做用户培训，企业要让用户体会到新产品不仅达标，而且有实用、经济、可靠、耐用的亮点。内燃机作为中间产品，其产销与配套终端相依为命的关系，表明了企业必须深耕市场、步步为营、技术升级、无缝过渡，“大众”与“小众”量身定制。企业必须自觉实施由竞争导向向客户导向转变，由技术导向向价值导向转向，由制造导向向销售导向转变，由销售导向向服务导向转变。束缚于传统，则无“救世主”会引导你走向自主开发、自行发展、自成体系的良性发展境界。

（四）苦练内功，扎实、创新是发展的立足点

对中国经济发展的预期和开拓市场看好的基本点，让业内人士把工作转向加强先进适用、安全、

可靠、节能减排、生产急需的农业机械产品的研发和工业化生产。科技创新虽然是“以市场为引导”，但实际仍以“做课题”方式支持创新的活动。在走精品、走高档化道路上步步为营，实施节约资源，延长使用寿命，告别低档、低价、低值生产资料属性的目标。只有这样，才能扬中国制造之名，圆走强之梦。

（中内协单缸、多缸小柴两个分会　邵仁恩）

多缸柴油机市场回顾与展望

一、多缸柴油机总体产销形势

2014 年，面对复杂多变的国际环境和艰巨繁重的国内发展改革稳定任务，党中央、国务院坚持稳中求进工作总基调，牢牢把握发展大势，全力深化改革开放，着力创新宏观调控，奋力激发市场活力，努力培育创新动力，国民经济在新常态下保持平稳运行，呈现出增长平稳、结构优化、质量提升、民生改善的良好态势。2014 年中国 GDP 增长 7.4%，创近 24 年来新低，机械行业更不容乐观，在行业整体不景气的态势下，多缸柴油机行业与同期相比下滑幅度较大，2014 年全年多缸柴油机产销分别累计完成 319.7846 万台和 323.4434 万台，与上年同期比较，产销量分别减少 10.25% 和 9.69%。

从 2014 年全年的柴油机生产量来看：玉柴、潍柴（含扬柴）、中国一汽、全柴、江铃控股、云内动力、北汽、东风汽车、一拖东方红柴油机、山东华源莱动，名列柴油机累计生产前十位，产量分别为 466855 台、441676 台、383141 台、318021 台、269290 台、224648 台、198224 台、193762 台、169605 台、118444 台、96117 台。上述 10 家企业共生产 287.978 万台，占柴油机累计生产总量的 90.05%，而同期 2013 年前 10 家企业共生产 311.582 万台，占柴油机累计生产总量的 87.45%，数据显示行业集中度进一步提升。行业前四甲全部出现不同幅度的下滑，但全柴下滑幅度最大，下滑达 33.49%，跌至行业第 4 位。同时朝柴 2014 年全年只生产了 74174 台，下滑 42.45%，跌出行业前十，至第 14 位（见图 1 和表 1）。

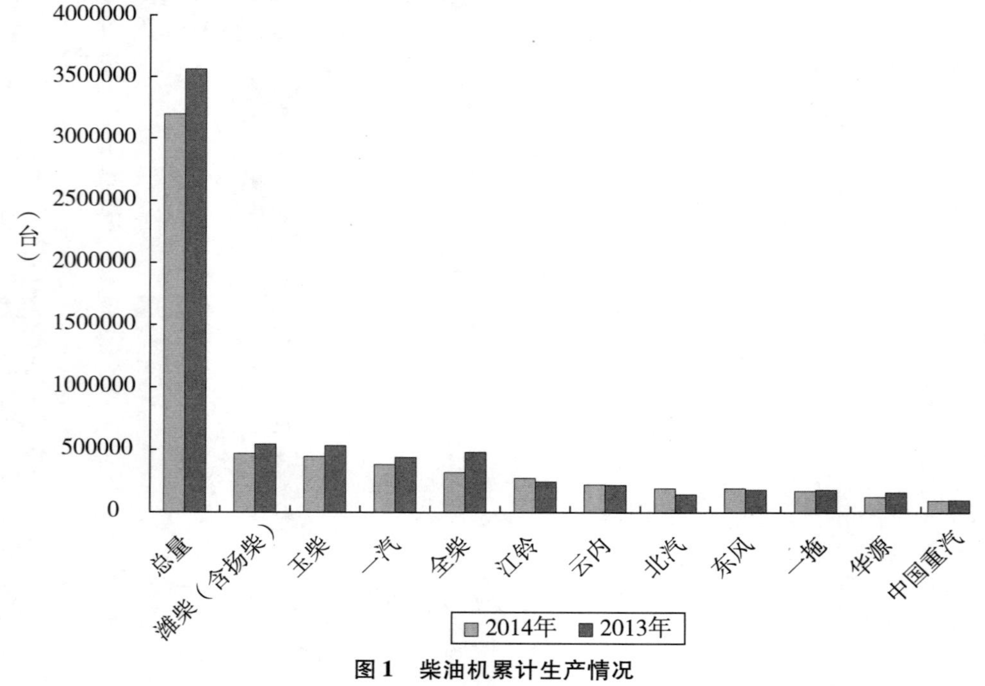

图 1　柴油机累计生产情况

表 1　　2014 年及 2013 年柴油机行业各家企业产量

品牌	2014 年（台）	2013 年（台）	增长率（%）
总量	3197846	3563052	-10.25
玉柴	466855	531842	-12.22
潍柴（含扬柴）	441676	530136	-16.69
一汽	383141	438520	-12.63
全柴	318021	478157	-33.49
江铃	269290	239379	12.50
云内	224648	220495	1.88
北汽	198224	151158	31.14
东风	193762	181146	6.96
一拖	169605	182153	-6.89
华源	118444	162833	-27.26
中国重汽	96117	94799	1.39

从 2014 年全年的柴油机销售量来看：玉柴、潍柴（含扬柴）、中国一汽、全柴、江铃控股、云内动力、北汽、东风汽车、一拖东方红柴油机、山东华源莱动，名列柴油机累计销售前十位，销量分别为 510841 台、452329 台、387940 台、316591 台、268514 台、213275 台、196172 台、192876 台、166823 台、117286 台、96496 台。上述 10 家企业共生产 291.924 万台，占柴油机累计销售总量的 90.25%（见图 2 和表 2）。

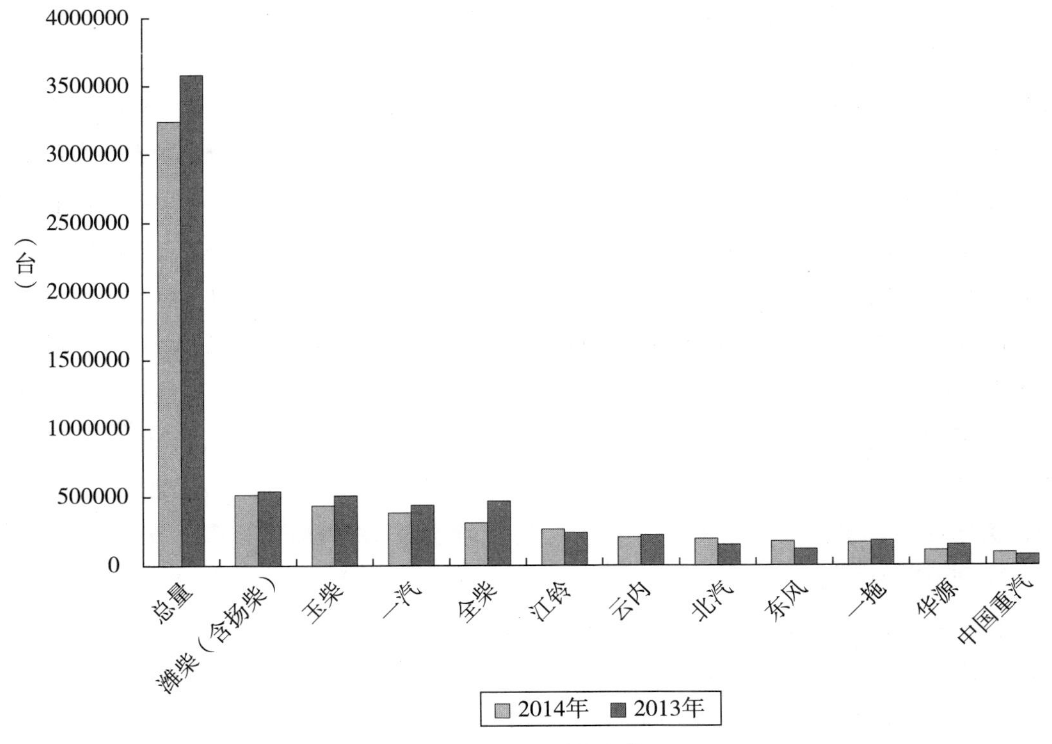

图 2　柴油机累计销售情况

表 2　　2014 年及 2013 年柴油机行业各家企业销量

品牌	2014 年（台）	2013 年（台）	增长率（%）
总量	3234434	3581618	-9.69
玉柴	510841	549572	-7.05
潍柴（含扬柴）	452329	516000	-12.34
一汽	387940	440352	-11.90
全柴	316591	476224	-33.52
江铃	268514	239529	12.10
云内	213275	232429	-8.24
北汽	196172	151467	29.51
东风	192876	132033	46.08
一拖	166823	182981	-8.83
华源	117286	163687	-28.35
中国重汽	96496	92572	4.24

2014 年，受房地产转折性变化影响，经济下行压力进一步加大。党中央、国务院坚持底线思维，对短期经济波动表现出足够定力，对以改革促转型展现出较大决心，采取一系列宏观调控和体制改革举措，经济运行基本平稳，全年经济增长处在预期目标区间。2014 年全年全国粮食总产量达到 60710 万吨，比上年增加 516 万吨，增长 0.9%。其中，夏粮产量 13660 万吨，增长 3.6%；早稻产量 3401 万吨，下降 0.4%；秋粮产量 43649 万吨，增长 0.1%。谷物产量 55727 万吨，比上年增长 0.8%。全年棉花产量 616 万吨，比上年下降 2.2%。全年全国规模以上工业增加值按可比价格计算比上年增长 8.3%。分经济类型看，国有及国有控股企业增加值比上年增长 4.9%，集体企业增长 1.7%，股份制企业增长 9.7%，外商及中国港澳台商投资企业增长 6.3%。分三大门类看，采矿业增加值比上年增长 4.5%，制造业增长 9.4%，电力、热力、燃气及水生产和供应业增长 3.2%。分地区看，东部地区增加值比上年增长 7.6%，中部地区增长 8.4%，西部地区增长 10.6%。分产品看，464 种产品中有 329 种产品产量比上年增长。全年规模以上工业企业产销率达到 97.8%。规模以上工业企业实现出口交货值 120933 亿元，比上年增长 6.4%。12 月，规模以上工业增加值同比增长 7.9%，环比增长 0.75%。

多缸柴油机行业销量排名前三甲位置有所改变，玉柴虽然仍居第一，但销量仍有小幅下滑，下滑 7.05%；潍柴和扬柴合并报表，仍旧排名第二，但出现较大下滑，下滑达到 12.34%；全柴出现较大下滑，下滑高达 33.52%，排名继续下滑，2013 年排名从第二位下降到第三位，2014 年下滑到第四位；一汽销量虽然也有下滑，下滑 11.09%，但下滑幅度低于全柴，2012 年的排名从第二位下降到第三位，2013 年下滑为第四位，2014 年又升至第三位；江铃继续增长 12.01%，排名升至第五位；东风增长 46.08%，增长幅度最大，2012 年的排名从第五位下降到第八位，2013 年跌至第十位，2014 年升至第八位；云内和华源均有不同幅度的下滑，分别下滑 8.24% 和 28.35%；受拖拉机行业下滑和工程机械行业下滑的影响，一拖东方红销量下滑 8.83%，排名仍旧保持不变；朝柴 2014 年全年只销售了 74488 台，下滑 43.58%，跌出行业前十，至第 14 位。中国重汽小幅增长，排名升至第十位。

2014 年是转折之年。国际上标志性事件，是美联储缩减购债到最终退出量化宽松，国内标志性事件是房价出现趋势性拐点，房地产投资急剧下滑，经济转入新常态。展望2015年，可以肯定，经济的很多方面，将会延续现在的趋势，发展或强化。中国经济发展进入新常态，增长速度有所回落，但缓中有稳、稳中有进，结构优化趋势明显。国家继续巩固“三农”重中之重地位，持续实施强农惠农政策，进一步调动粮农生产积极性。据调查，2015年全国稻谷意向种植面积增长0.2%，小麦增长0.7%，玉米增长1.9%，棉花减少11.2%。受市场需求乏力、化解部分制造业过剩产能等因素影响，工业生产增速放缓，但企业创新和转型升级步伐加快。国家加快投融资体制改革，放宽市场准入，新的市场主体大量涌现，激发了民间投资活力。中国政府将坚持稳中求进的总基调，保持定力、灵活施策，加大区间调控、结构调控、定向调控力度，保持经济运行在预期合理区间。面对全球经济深度调整和国内经济下行的压力，中国政府坚持稳中求进，主动引领经济发展新常态，以提高质量效益为中心，着力调结构转方式，深化改革开放，充分激发市场活力，持续推进民生改善。同时，着力深化改革开放，加大简政放权、放管结合力度，着力促进大众创业、万众创新，加大公共产品、公共服务投入，以“双引擎”塑造经济发展新格局。

根据近年来经济结构调整的趋势和节奏，新阶段均衡增长点有望逐步确立，2015年增长预期目标确定为7%左右比较适宜。宏观政策应顺势而为，坚守底线，坚持速度服从质量，注重改革释放活力，为我国经济平稳转入新常态和“十三五”顺利开局奠定良好基础。据此，我们判断，2015年经济运行有望在复杂环境中保持基本稳定，经济将进一步触底，总体状况将略差于2014年。预计2015年全年柴油机产销分别累计完成305万台和310万台，与上年同期比较，产销量分别上升4.62%和4.16%。

二、配套农机用多缸柴油机宏观环境

配套农机用多缸柴油机的环境与农机工业的发展密不可分。在过去的一年里，农机行业最明显的变化就是告别了长达十年高速增长的“黄金时代”，迈入了“新常态”。2014年整个农机行业在十几年来是下滑比较大的一年，前十年的年均增长能到20%，而2014年，农机行业的主营业务收入同比增长9.11%，比去年同期下降了近7个百分点，预计2015年全年的增长不会高于8%。

事实上，产能过剩与供不应求并存已经成为农机行业的一个特点：一方面中小马力拖拉机等中低端农机产品同质化严重、市场饱和、库存压力增大；另一方面，大马力拖拉机、大型联合收割机等中高端产品的需求在迅速增加；而类似甘蔗、棉花收获机等“专精特”农机产品则近乎处于无法满足需求的尴尬境地。洪暹国指出，虽然2014年农机行业的发展速度总体放缓，但玉米机的产销量增长近40%；虽然大中马力的拖拉机市场总体在下降，但大马力拖拉机市场取得了一定增长，特别是120～130马力拖拉机市场增长了50%以上。“放缓中的高增长”显示出农机行业可拓展的空间十分巨大。

2014年，农机工业增速降到9%以下，在全国机械工业中，农机工业从多年的“排头兵”下滑到了机械行业平均线以下。目前支撑农机行业快速增长的主要条件仍在，农机工业主要经济数据走软是结构调整和产品集中盘整的表现，表明国内农机工业需要转换增长动力。对于农机产业来说，过去10年是中国农机工业发展的“黄金十年”，农机工业总产值已经达到3500多亿元。但是，过去农机工业的快速发展是以粗放的量的增长为主，也包括非市场化刺激带来的不理性消费增长。现实问题是，我国农机产品结构虽然不断优化，但是产品结构仍不合理，高端产品缺乏，导致行业出现结构性萎缩。

从整体上来看，我国农业机械已经形成的大中小结合的产品结构，品种和供应数量基本能满足国内大多数市场的需求，但是同质化竞争严重，如拖拉机产值约占农机行业18%的份额，包括收获机械在内的“农业及园艺机具”占31%的份额，这两类产品在农机工业中权重最大，而200马力以上拖拉机、喂入量10公斤以上谷物收割机、采棉机、甘蔗收获机等产品缺乏，缺少具有竞争力的产品，这是农机工业的一个顽疾。

随着农村劳动力的转移、农业规模的扩大、人民生活水平的提高、农机服务组织的发展以及市场竞争的加强，对低端产品需求减弱，对先进、高科技含量和大型农业机械的需求将不断增加，以前过分追求农机数量的增长将逐步向追求农机质量转型。来自农业部的统计数据显示，截至2014年年底，我国农机合作社的数量达到4.74万个，比上年增加了5100多个。土地规模化、集约化程度的提高必然要求更高水平的机械化，从而将释放出更多层次的产品需求，为农机企业的发展带来新机遇。当然，新机遇的到来必然伴随着行业的优化整合，或许因持续高速增长而滋生的“浮躁之心”将逐渐在业内褪去，企业必须在这种整合淘汰中找准自己的位置，静心“苦练内功”。

多年来，国家出台一系列政策，支持和促进农业机械化发展，特别是农机购置补贴政策，推动了农机市场总量的持续增长和产业结构的不断升级，也造就了农机产业发展的“黄金十年”。但是，农机补贴政策作为一种刺激农机工业发展的行政手段，受制于操作层面的不规范，在一定程度上放大了非市场行为的影响力。创新能力不足是当前我国农机工业发展的软肋。近年来，我国农机工业虽然在自主创新方面取得了较大突破，但是与国外农机制造业的差距仍然很大。如200以上马力为代表的大型拖拉机、大型自走式谷物联合收获机、大型联合播种机、遥控无人驾驶撒药机、低量农药喷洒、机械采棉、甘蔗机械收获等仍然是未来需要重点攻克的难题。

国内外农机产品差距巨大的现实，让国内一些具有全球化视野的农机制造企业把目光投向了欧美等国。中国一拖在2011年成功收购了法国拖拉机制造企业McCormick公司，大大提高了动力换挡拖拉机研发水平。福田雷沃重工近年来通过在欧洲、日本建立研发中心，进一步提升科技创新能力，在推进产品技术升级的同时，重点突破高端新技术和新产品。国内农机制造企业在欧美建立研发中心，这是中国农机企业打造智力引擎，逐步将重心转向全球研发的重要路径，是未来中国农机企业走向全球的重要战略方向。与此同时，中联重科等业外巨头的进入已经为行业的优化整合注入了活力。与国际巨头们当年的进入相比，中联重科等国内其他行业巨头的介入，对农机行业的影响要来得更加强烈和深刻。国外企业基本上都是一些高端的产品，但这些高端产品大部分暂时难以适应本土，因为本土市场还没有达到那种需求的程度，这使得国外巨头暂时难以发挥自身优势；而如果他们收购国内企业去做中低端产品，价格又比较高；但中联等业外巨头和国内企业竞争的起点是一样的，他们又有一定的实力去发力高端产品。真正了解国内农业作业特点、农民需求的还是中国企业，农机行业应认真对待中联这种巨头企业的进入。当然，业外巨头的加入带给其更多的是希望，因为这些业外巨头更具备实力在高端领域发力，从而有可能打破国外巨头在高端市场上的垄断，促进中国农机行业整体竞争力的提升，并在业内奠定“新格局”的基础。

2004年实施补贴政策以来，促进了农机工业的快速发展，农机用柴油机也迅猛增长，2014年达到10.8亿千瓦，较2004年增长67.1%；2014年全国耕种收综合机械化水平预计达到62%，较2004年提高25.6个百分点，小麦已基本实现全部机械化收获，水稻机收率也已达到78%，玉米机收率达到51%；规模以上农机企业达到2040家。

（一）2014 年政策环境回顾

中央一号文件继续聚焦“三农”，成为自 2004 年以来的第十个“一号文件”；国家继续加大农机补贴资金投入，补贴资金 237. 5 亿元，创历史新高，比上年度增长 9. 19%，而且上半年第一批补贴资金 170 亿元，下半年第二批补贴资金 66. 5 亿元，补贴资金上下半年比较合理。政策红利仍是产业发展助推器；国家补贴政策稳定，持续拉动市场增长，同时，农业部、财政部进一步推进补贴制度改革创新，全面推行“全价购机、定额补贴、县级结算、直补到卡”，21 个省份选择部分急需机具实行敞开补贴。进一步简政放权、简化程序，开展了补贴产品市场化改革试点。加强补贴实施监管，大力推进政策信息公开，重拳打击违规违纪行为（见表 3 和图 3）。

表 3　2009—2014 年中央财政投入农机购置补贴资金

年份	补贴资金（亿元）	增长率（%）
2009	130	225
2010	155	19. 20
2011	175	12. 90
2012	215	22. 90
2013	217. 5	1. 20
2014	237. 5	9. 19

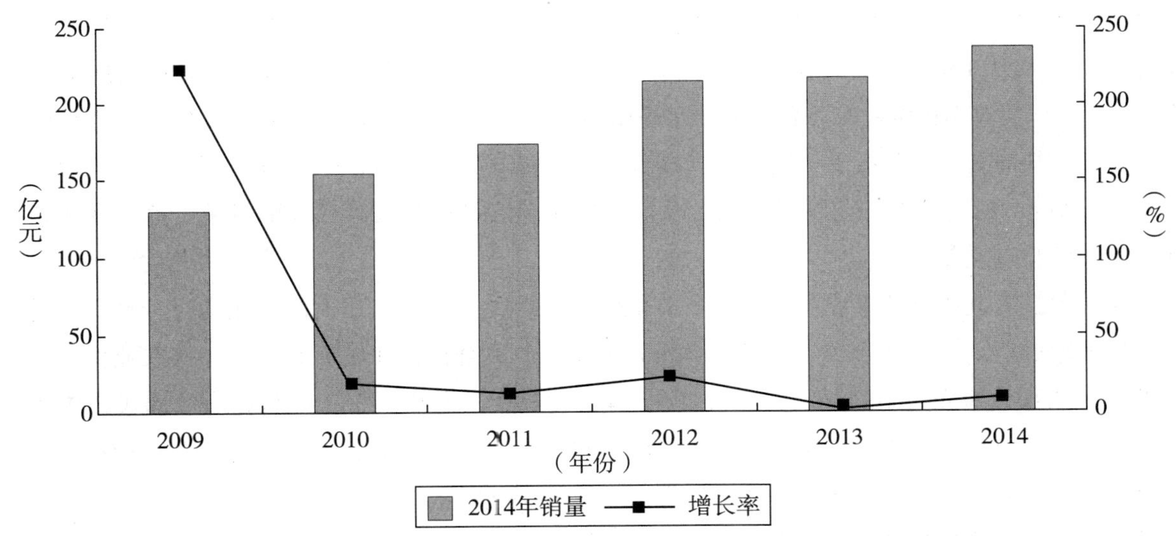

图 3　2009—2013 年中央财政投入农机购置补贴资金

近年来补贴金额虽然在不断增加，但补贴机具数量和受益农户逐年降低，也表明补贴引导向大型、高效、高端产品转移，向农机合作社和农机大户转移的趋势较为明显（见表 4）。

（二）2015 年政策环境分析

2004 年 11 月 1 日农业机械化促进法实施以来，我国农业机械化迎来跨越式发展的“黄金十年”。

表 4　　近四年上半年与下半年补贴额度占比对比表

项目		全年	第一批资金	第二批资金	上半年实际执行	下半年剩余	上半年补贴农机具（万台套）	上半年受益农户（万户）
2011年	补贴额度（亿元）	175	115.9	59.1	104.8	70.2	350.2	263.2
	占全年额度比例（%）	—	66	34	60	40	—	—
2012年	补贴额度（亿元）	215	136.9	78.1	112.8	102.2	348.9	249.7
	占全年额度比例（%）	—	64	36	52	48	—	—
2013年	补贴额度（亿元）	217.5	200	17.5	133	84.5	320	218.5
	占全年额度比例（%）	—	90	10	61	39	—	—
2014年	补贴额度（亿元）	236.5	170	66.5	126	110.5	359	282.3
	占全年额度比例（%）	—	72	28	53	47	—	—

据统计，2004—2014 年中央财政共安排农机购置补贴资金 1200 亿元，补贴购置各类农机具超过 3500 万台（套）。全国农作物耕种收综合机械化水平由 2003 年的 33% 提高到 2014 年的 61%，为保障我国粮食安全、加快农业现代化提供了坚实的支撑。《2015—2017 年农业机械购置补贴实施指导意见》（以下简称《意见》）已经公布，与往年相比，今后三年我国农机补贴政策在补贴对象、范围和流程等方面作了一些调整和创新。

补贴对象扩大到所有从事农业生产的个人和组织。此次《意见》最大的变化是对补贴对象进行了修改，将补贴对象从“农牧渔民、农场（林场）职工、农民合作社和从事农机作业的农业生产经营组织”改为“直接从事农业生产的个人和农业生产经营组织”。其中，个人既包括农牧渔民、农场（林场）职工，也包括直接从事农业生产的其他居民；农业生产经营组织的界定可与农业法衔接，既包括农民合作社、家庭农场，也包括直接从事农业生产的农业企业等。

补贴品类向粮棉油糖等主要农作物集中。与往年相比，2015—2017 年中央财政资金补贴机具范围由 2014 年 175 个品目压缩到 137 个品目，补贴品类之所以会变少，主要是为了突出重点，加快推进粮棉油糖等主要农作物生产全程机械化，提高政策的指向性和精准性。《意见》规定，按照“谷物基本自给、口粮绝对安全”的目标要求，中央财政资金重点补贴粮棉油糖等主要农作物生产关键环节所需机具，兼顾畜牧业、渔业、设施农业、林果业及农产品初加工发展所需机具，力争用 3 年左右时间着力提升粮棉油糖等主要农作物生产全程机械化水平。《意见》中还有一个亮点，即对重点品目敞开补贴。实行重点品目敞开补贴、普惠制，一方面能集中资金补重点，提升主要农作物生产全程机械化，提升我国主要农产品的生产能力。另一方面，能简化手续，减少确定补贴对象等审批环节，防范权力寻租。补贴标准的确定，要由各省农机化主管部门结合本地农机产品市场售价情况，原则上按不超过该档产品上年平均销售价格的30%测算。为切实解决一些重点环节的机械化，《意见》还适当提高了部分机具的单机补贴限额。

补贴流程更简便信息更公开。与往年相比，补贴流程也更简便。《意见》要求各地在保证资金安全的前提下，进一步简化手续，减少农民申领奔波的次数。提倡补贴对象先购机再申请补贴，鼓励县乡在购机集中地或当地政务大厅等开展受理申请、核实登记“一站式”服务。同时，还要进一步加快资金结算进度，让农民购机后尽快领到补贴。

三、配套自走式小麦机用多缸柴油机回顾与预测

2014 年配套主要企业自走式小麦机用多缸柴油机生产了 44035 台，同比减少 9.44%，销售配套自走式小麦机用多刚柴油机 42121 台，产销率为 95.7%。市场已趋于饱和，需求主要来自更新换代。细分产品看到，用户需求升级带来产品结构变化，5～6 公斤产品用多缸柴油机比重达到 96%，成为市场主流。2014 年各区域受补贴政策、保有量等因素的影响，总体呈现中原市场相对平稳运行，而三北大喂入量市场同比下降幅度较大的特点。河北、安徽、江苏地区同比增幅较大；山东、河南、山陕等区域不同程度出现下滑（见表 5 和图 4）。

表 5　　2014 年及 2013 年配套自走式小麦收割机用多缸柴油机主要企业产量

公司名称	2014 年（台）	2013 年（台）	同比增减（%）
福田雷沃	19702	27601	-28.62
中联重机	12000	4500	166.67
山东巨明	3350	3595	-6.82
洛阳中收	2900	2310	25.54
山东金亿	2179	3180	-31.48
山东宁联	1520	1250	21.60
迪尔佳联	1218	2701	-54.91
郑州中联	615	709	-13.26
常发佳联	505	1201	-57.95
江苏沃得	46	1576	-97.08
合计	44035	48623	-9.44

补贴政策加快了小麦机的产品升级，与其配套的多缸柴油机也相应升级。用户对产品换代升级的需求旺盛，早期进入市场的、超期服役的新疆 2 型机占了很大比重，专家认为达到报废年限的有 20 多万台，迫切需要性价比更好的收割机替代之。据小麦收割机主要企业统计，2014 年购买轮式小麦机的用户中老机手超过了 65%。国家继续在江苏等 11 个稻麦主产区推进农机报废更新补贴政策试点，对大配套喂入量小麦机用多缸柴油机的销售是很好的推手。2014 年小麦收割机的销量主要集中在 5 公斤、6 公斤，2015 年的台阶补贴差额仍然集中在 5 公斤以上的小麦机，5 公斤、6 公斤小麦机仍然是市场需

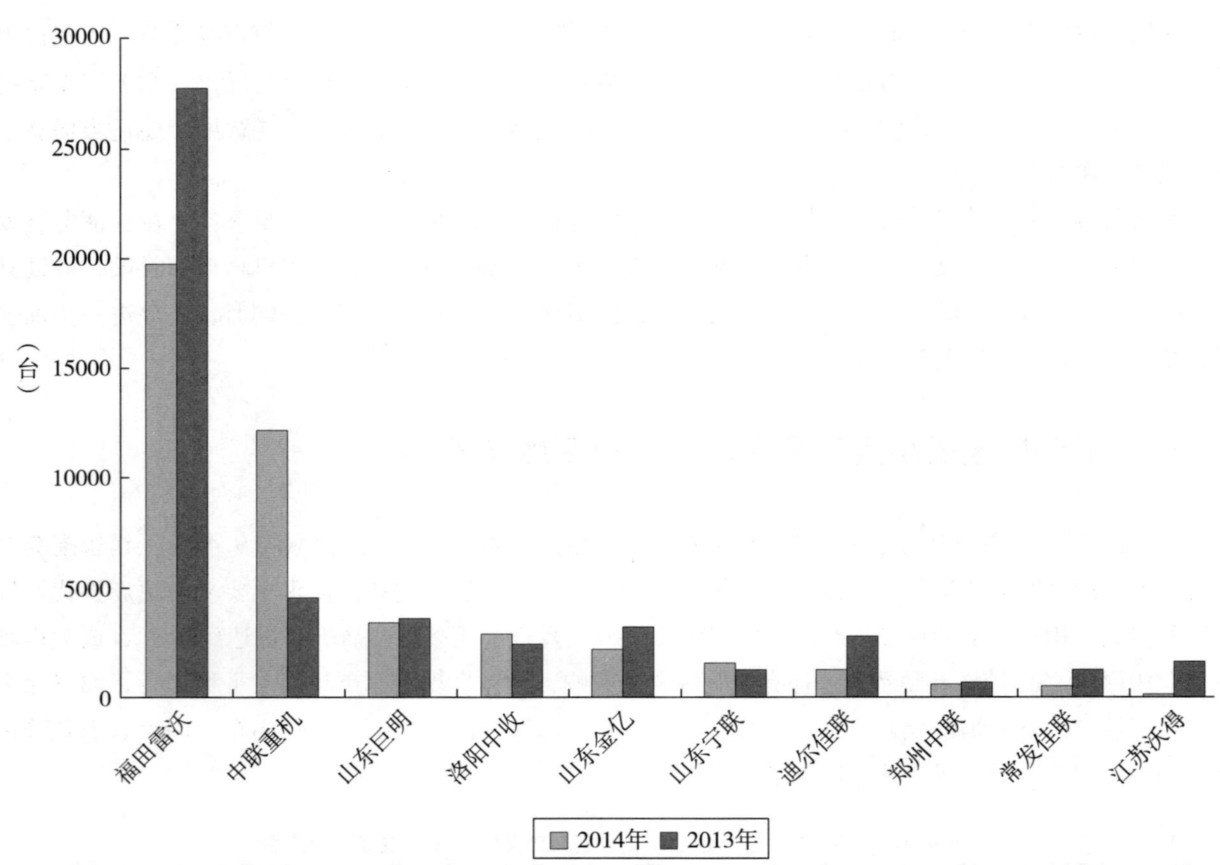

图4　2014 年及 2013 年配套自走式小麦收割机用多缸柴油机主要企业产量趋势

求的主流，但是由于 7 公斤的补贴金额高，市场增量将在 7 公斤的档次。5 公斤、6 公斤需求的动力在 140 ~ 150 马力，7 公斤的动力需求也在 140 ~ 150 马力，动力需求不变，但补贴金额大幅提高，7 公斤的市场需求将会大幅增量。8 公斤的动力需求在 180 马力以上，需要进一步加大市场开发力度（见表 6 和图 5）。

表 6　　2014 年及 2015 年配套自走式小麦收割机用多缸柴油机补贴情况　　单位：元

配套自走式小麦收获机用柴油机	2014 年	2015 年	差额
2kg/s≤喂入量 < 3kg/s	13000	13000	0
3kg/s≤喂入量 < 4kg/s	16000	14400	-1600
4kg/s≤喂入量 < 5kg/s	20000	15100	-4900
5kg/s≤喂入量 < 6kg/s	33000	33000	0
6kg/s≤喂入量 < 7kg/s	45000	38300	-6700
7kg/s≤喂入量 < 8kg/s	60000	60000	0
喂入量≥8kg/s	100000	100000	0

因 2014 年用户收益下降，用户投资积极性受到一定影响，而主销机型补贴额度调整，用户购机成本进一步提高，同时随着产品性能的提升，以及土地流转和用户群体的改变，轮式谷物收割机整体市场将会呈现总量回落但结构升级调整的特点。综合以上分析，预计 2015 年配套小麦收割机用柴油机会有一定下降，幅度在 12% 左右，总量在 3.8 万 ~4 万台（见图 6 和表 7）。

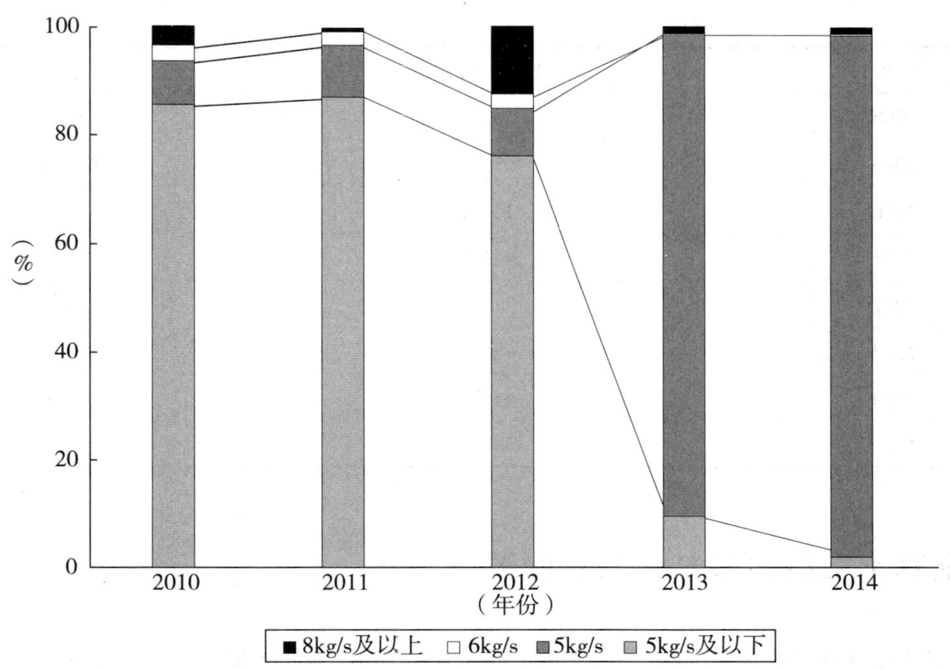

图5 配套自走式小麦收割机用多缸柴油机连续五年市场产品结构变化趋势

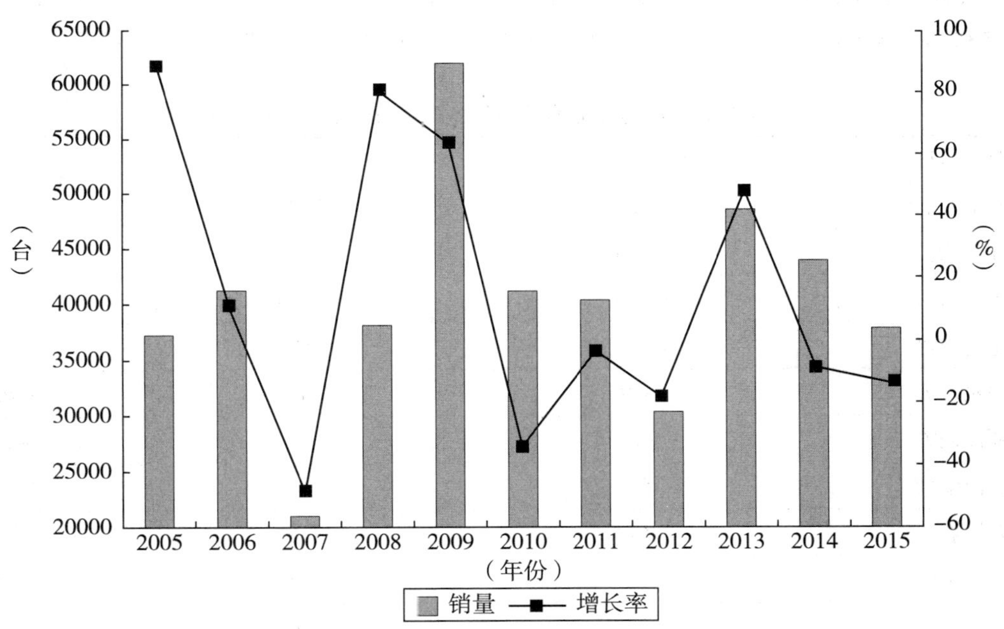

图6 配套自走式小麦收割机用多缸柴油机近10年产量趋势

表7 配套自走式小麦收割机用多缸柴油机近10年产量

年份	销量（台）	增长率（%）
2005	37112	87.31
2006	41135	10.84
2007	21050	-48.83

续 表

年份	销量（台）	增长率（%）
2008	38201	81.48
2009	62039	62.40
2010	41182	-33.62
2011	40302	-2.14
2012	32806	-18.60
2013	48623	48.21
2014	44035	-9.44
2015E	38000	-13.7

四、配套水稻机用多缸柴油机回顾与预测

2014 年主要企业生产配套履带水稻收割机用柴油机 58310 台，下降 13.61%。2013 年同期增长为 11.67%，2013 年出现较大下降。东北市场受洪涝灾害影响大幅下滑，南方市场受更新换代拉动需求稳步增长。久保田重获补贴后，增量较大，产量居行业第一；沃得和福田雷沃用柴油机均有较大下滑，分别为 28.58% 和 25.65%；中机南方用柴油机则出现较大下滑，下滑 40.6%（见图 7 和表 8）。

表 8　2014 年及 2013 年配套水稻机用多缸柴油机主要企业产量

公司名称	2014 年（台）	2013 年（台）	同比增减（%）
久保田（苏州）	19826	18199	8.94
江苏沃得	14398	20161	-28.58
福田雷沃	12453	16750	-25.65
星光农机	8106	8236	-1.58
中机南方	1419	2389	-40.60
浙江四方	942	963	-2.18
江淮动力	804	4	20000.00
东风农机	267	136	96.32
韶市闽韶	95	348	-72.70
山东宁联	0	300	-100.00
山东巨明	0	8	-100.00
洛阳中收	0	2	-100.00
合计	58310	67496	-13.61

2014 年配套喂入量 2 公斤以下的下降 6.95%，配套 4～5 公斤的增长了 11.33%。配套水稻机用柴油机和配套小麦机用柴油机相同，大喂入量机具增长较快。半喂入水稻收割机销售 3239 台，比上年同期下降 15.87%。配套水稻机用柴油机销售 58310 台，产销率为 88.64%。半喂入水稻收割机产销率仅

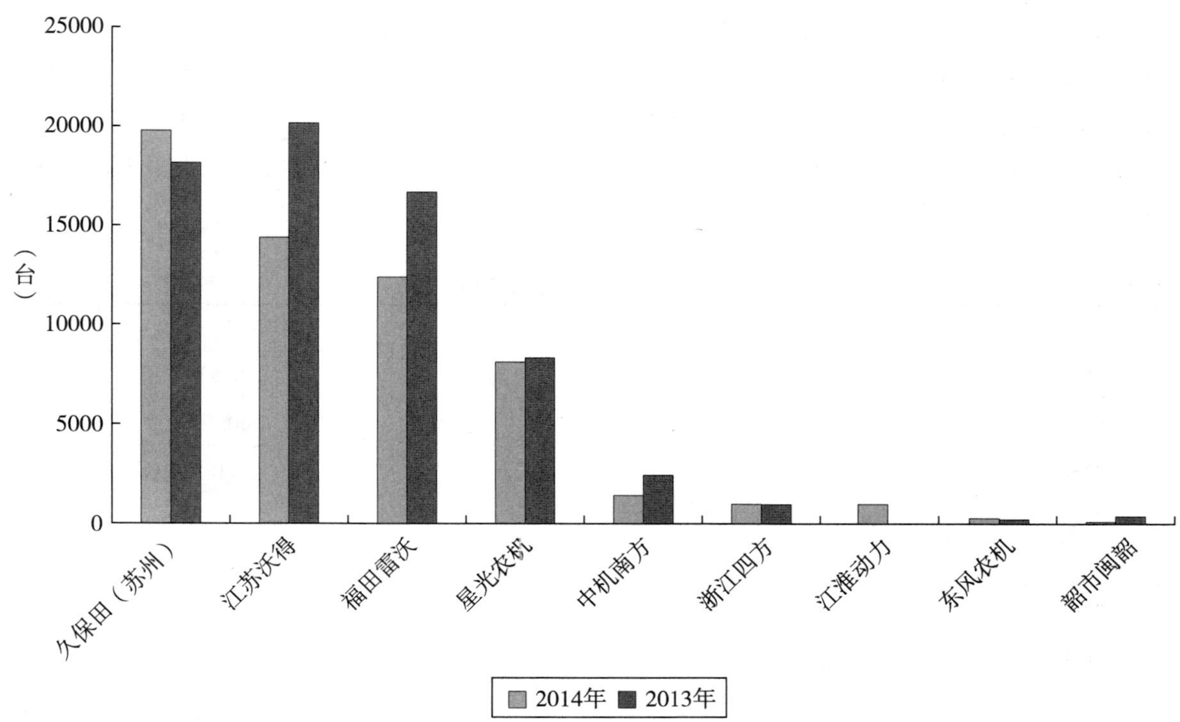

图 7　2014 年及 2013 年配套水稻机用多缸柴油机主要企业产量趋势

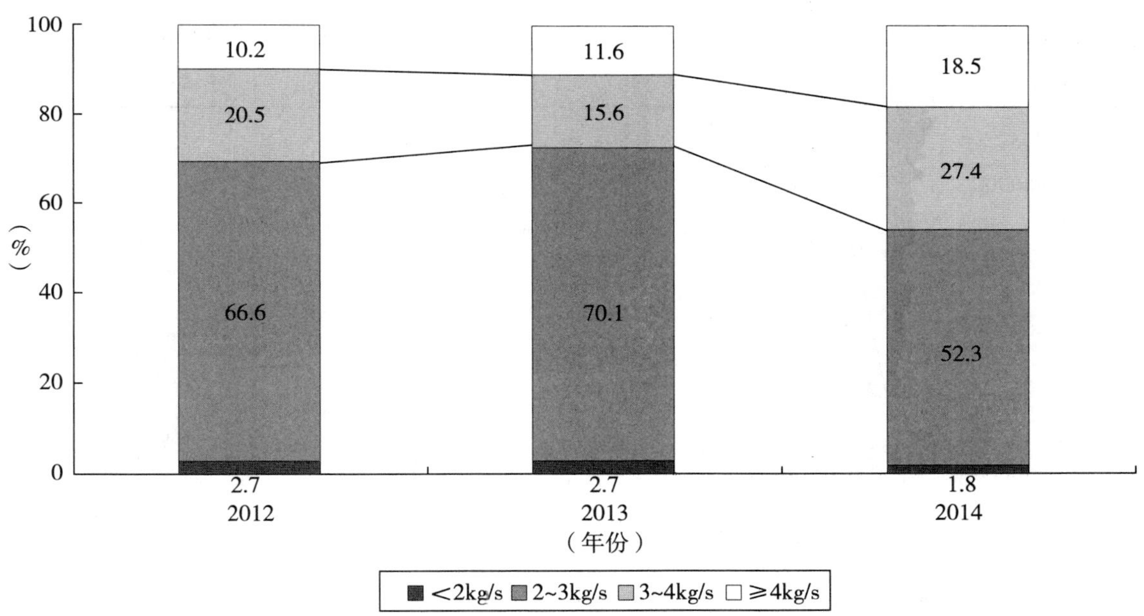

图 8　配套水稻收获机用多缸柴油机连续三年市场产品结构变化趋势

为 66.33%。水稻机企业产品库存较大，2015 年的生产计划需要谨慎（见图 8）。

虽然全喂入水稻机市场已经进入高位运行，但从“市场”和“产业”两个维度来看，全喂入水稻机仍然没有进入成熟期，未来几年市场格局和产业竞争格局仍在发生着较大变化，与其配套的多缸柴油机发展空间很大。

预计 2015 年配套履带式全喂入水稻机用柴油机市场需求总量在 6.9 万台左右，逆势增长。从产品结构来看，纵轴流机型需求比重将进一步提高，2014 年纵轴流销售比重达到了 54%，预计 2015 年将达到 70%，而双滚筒及传统的单横轴流机型需求比重大幅下降。区域性需求特点更加明显，丘陵、山区对小割幅的小型产品需求比重上升，稻麦油轮作区、东北地区对大割幅产品需求比重上升。动力需求将向上发展，125 马力和 140 马力需求将越来越多。水稻机的品牌集中度将进一步集中，企业对市场的争夺更加不易（见图 9 和表 9）。

表 9　配套水稻机用多缸柴油机近 10 年产量

年份	销量（台）	增长率（%）
2004	27600	6.52
2005	44200	60.14
2006	39100	-11.54
2007	37200	-4.86
2008	35300	-5.11
2009	47200	33.71
2010	41000	-13.14
2011	38413	-6.31
2012	60442	57.35
2013	67496	11.67
2014	58310	-13.61
2015E	69000	18.33

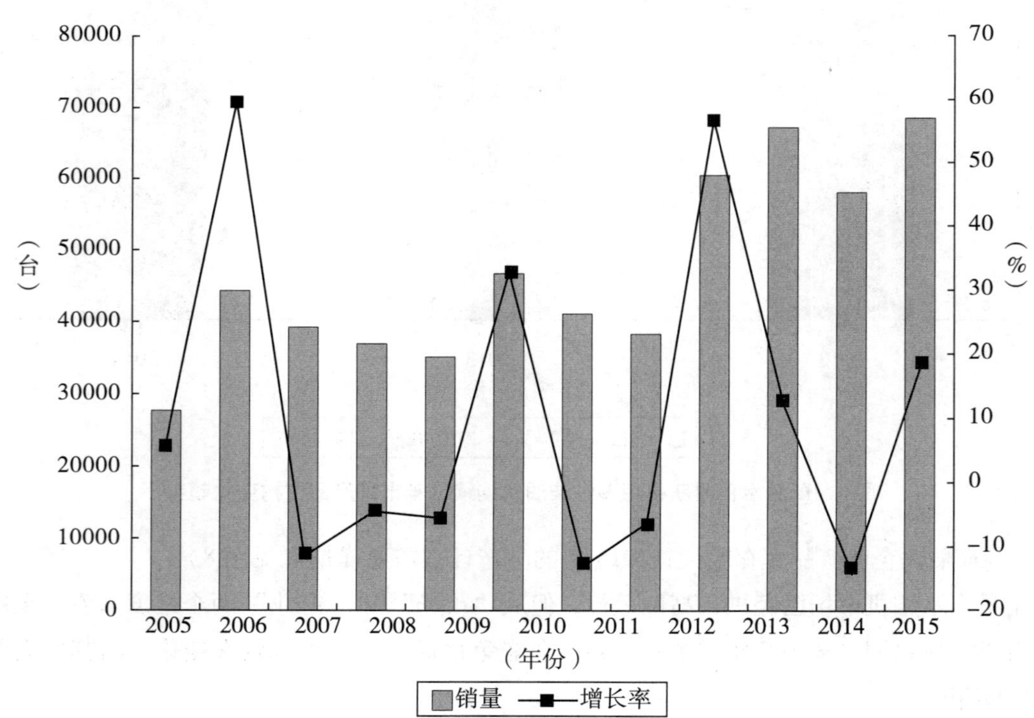

图 9　配套水稻机用多缸柴油机近 10 年产量趋势

五、配套玉米机用多缸柴油机回顾与预测

自走式玉米机市场继续保持高速运行，但增速明显收窄；2014 年受补贴政策及刚性需求拉动，整体市场销售 6.8 万台，同比增长 23%，中原型 3 行机和 4 行机需求占据主导地位，增幅超过 30%。配套 3 行玉米机用多缸柴油机，增速较大，以金亿、巨明、中收为代表，增长幅度都很大（见图 10 和表 10）。

表 10　2014 年及 2013 年配套 3 行玉米机用多缸柴油机主要企业产量

公司名称	2014 年（台）	2013 年（台）	同比增减（%）
福田雷沃	9082	5079	78.81
五征农装	496	0	
迪尔佳联	137	0	
山东金亿	8238	66	12381.82
山东巨明	5110	2926	74.64
山东宁联	3200	1400	128.57
洛阳中收	1631	300	443.67
中农博远	834	1420	-41.27
中联重机	890	0	
江淮动力	661	1	
合计	29389	11192	162.59

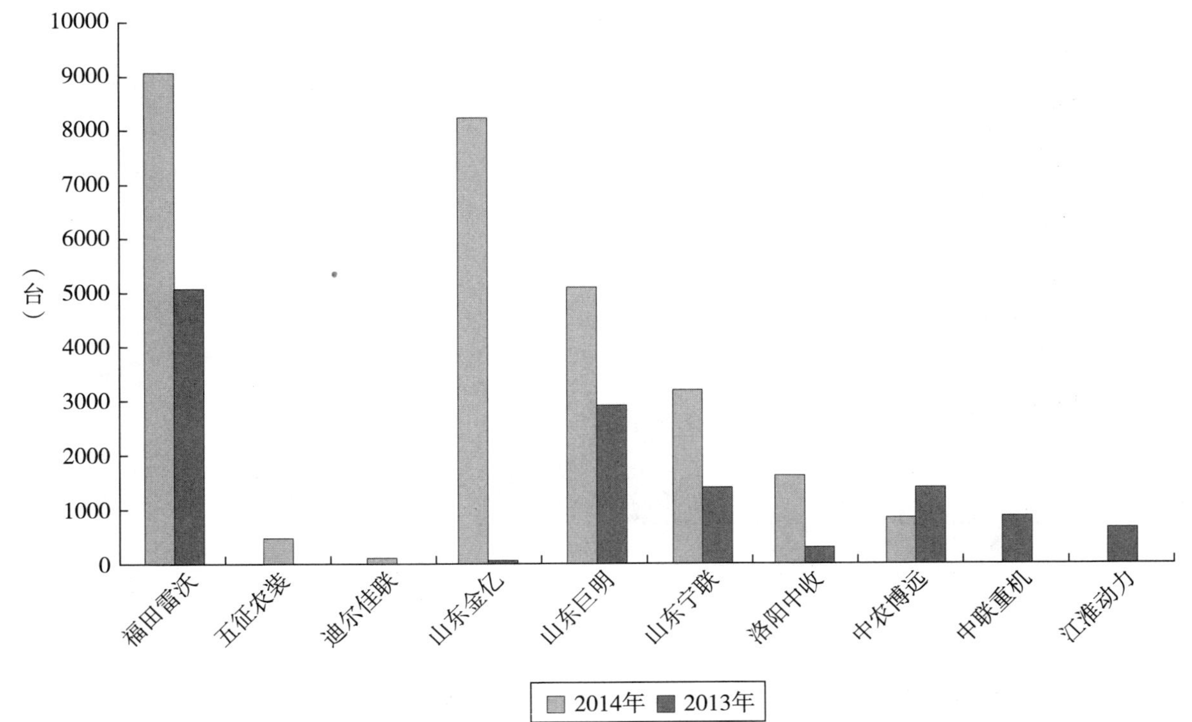

图 10　2014 年及 2013 年配套 3 行玉米收割机用多缸柴油机主要企业产量趋势

配套4行玉米收用柴油机，主要是6缸柴油机，功率集中在180马力左右，仍有上升趋势。4行玉米收因其售价高，技术含量高，一直是各家争夺的制高点（见图11和表11）。

表11　　2014年及2013年配套4行以上玉米机用多缸柴油机主要企业产量

公司名称	2014年（台）	2013年（台）	同比增减（%）
福田雷沃	3527	3768	-6.40
五征农装	523	223	134.53
江苏沃得	80	240	-66.67
迪尔佳联	0	1754	-100.00
山东金亿	542	656	-17.38
山东巨明	1980	1740	13.79
山东宁联	2950	600	391.67
洛阳中收	711	459	54.90
中联重机	200	0	
勇猛机械	3328	3025	10.02
中农博远	2212	1959	12.91
常发佳联	0	210	-100.00
江淮动力	5	0	
新研股份	339	818	-58.56
合计	16397	15452	6.12

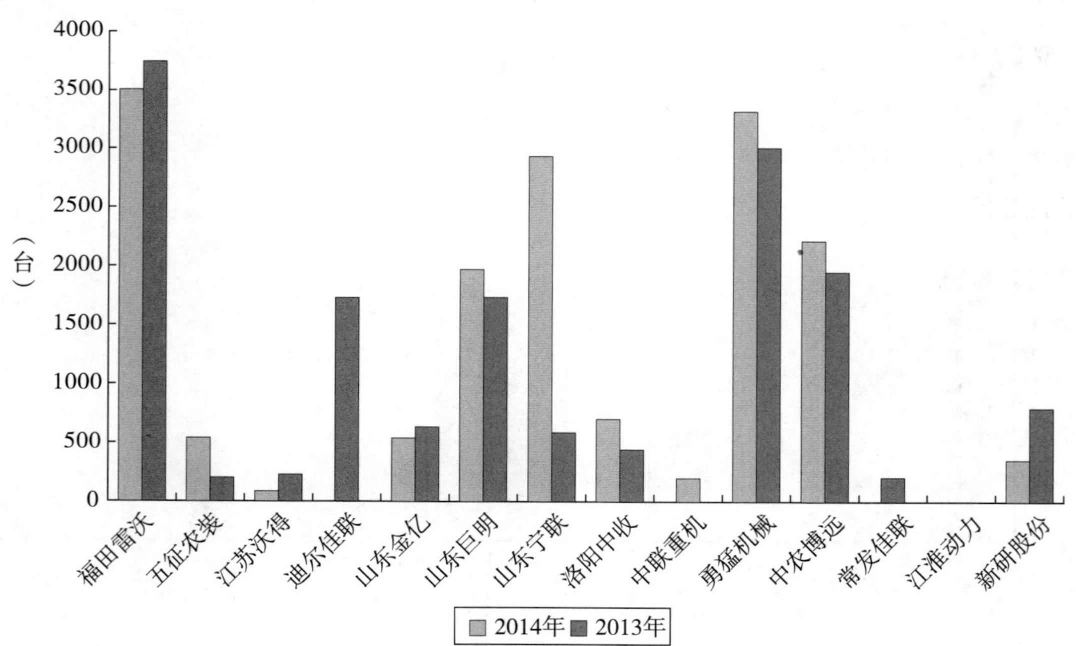

图11　2014年及2013年配套4行玉米收割机用多缸柴油机主要企业产量趋势

2014 年，自走式玉米机在各地区仍属于成长最快、发展空间较大的热点市场，但各地区需求热度不一，黄淮海地区需求增长强劲，但东北地区需求下降。黄淮海区域：市场需求依旧强劲，但产品结构需求调整加速，2 行产品需求热度快速降温；山东、河南、京津冀三个区域容量占总量的一半（见图 12）。

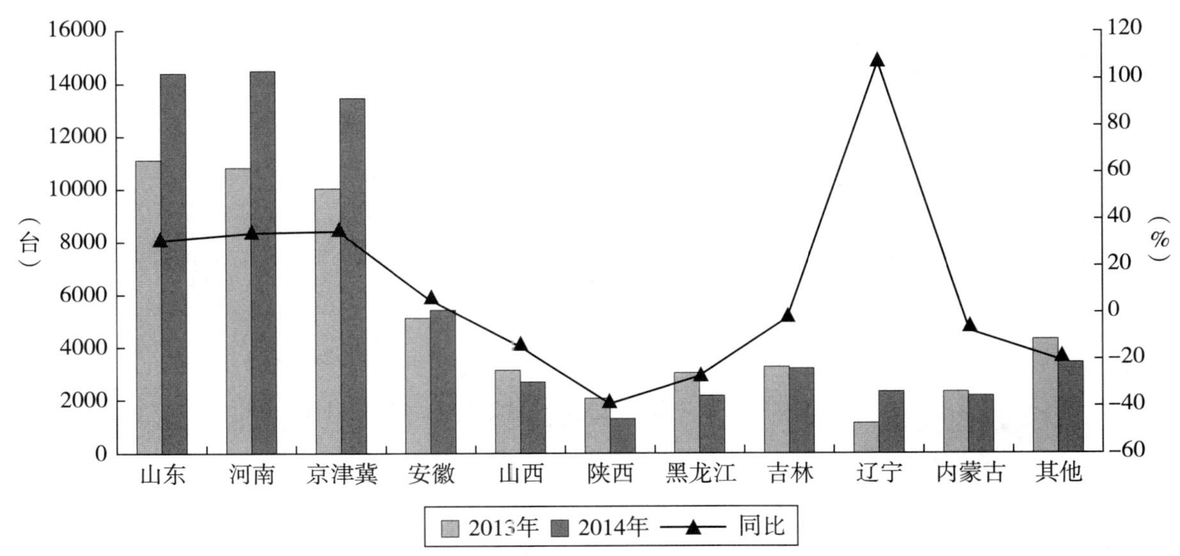

图 12　2014 年及 2013 年配套玉米收割机用多缸柴油机各省销量趋势

目前，玉米的机收率在三大粮食作物中是最低的，是国家和各地重点补贴、累加补贴的产品。但 2014 年市场销售增长率低于往年，销售价格也有所下降，个别企业甚至有产品压库。分析其原因首先是购机补贴资金不足。玉米机属于大型机具，30% 以上的补贴资金对用户的支持是很给力的。玉米机下半年开始补贴时，吉林、河南、河北等地补贴资金缺口较大，无法满足购机者的需求。预计 2015 年国家补贴标准相比去年变化不大，只有对 3 行和 4 行摘穗剥皮机型的额度略有下调，与 2014 年额度调整两位数的幅度来比，预计 2015 年的降幅明显收窄，对客户需求产生积极拉动作用。不论从市场维度、产业维度还是客户维度来看，自走式玉米机仍属于成长最快、发展空间较大的热点市场；但发展的“高铁时代”已经过去，不会再有大幅增长的现象，增幅将逐步收窄（见表 12 和图 13）。

表 12　2014 年及 2015 年玉米机补贴金额的差异　　单位：元

序号	分档名称	2014 年国补	2015 年国补	变化
1	2 行摘穗	14000	14000	0
2	3 行摘穗	38400	38400	0
3	4 行摘穗	43600	43600	0
4	5 行及以上摘穗	84000	84000	0
5	2 行摘穗剥皮	24000	24000	0
6	3 行摘穗剥皮	44800	42300	－2500
7	4 行摘穗剥皮	74400	70500	－3900
8	5 行及以上摘穗剥皮	84000	84000	0
9	3 行及以下籽粒收获	21000	21000	0
10	4 行籽粒收获	34000	34000	0
11	5 行及以上籽粒收获	81000	81000	0

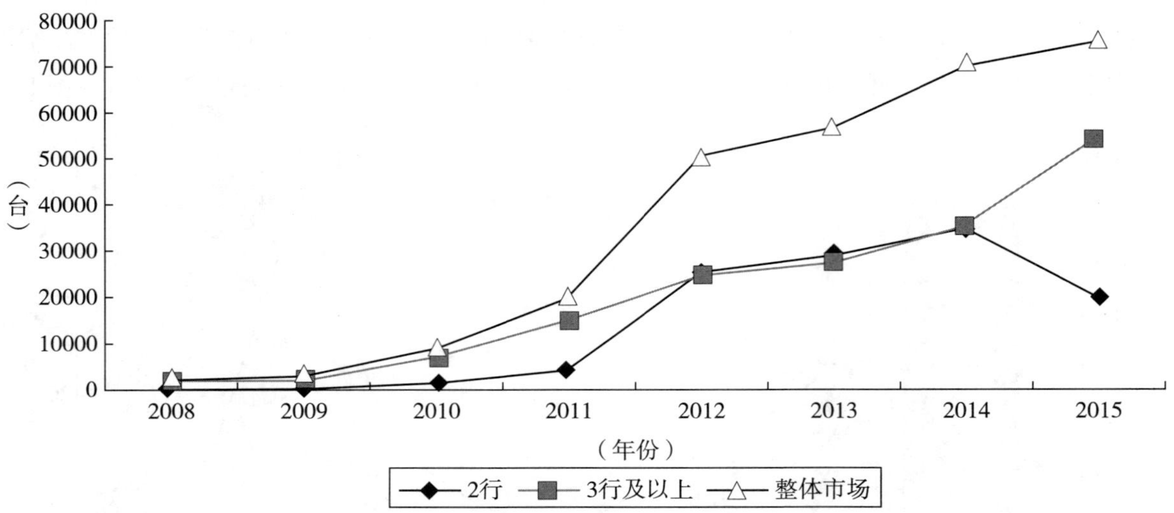

图 13　2008—2014 年自走式玉米机市场发展周期预测趋势

不论从产业环境还是市场环境看，配套玉米机用柴油机仍属于成长最快、发展空间较大的热点市场，但是“快速时代”已经过去，不会再翻着番的增长了。2015 年自走式玉米机仍然会在刚需及政策的拉动下，继续保持稳步增长，中原区域依然是主力市场；西北区域受养殖业及当地农艺的影响，市场容量变化不大；东北区域的黑龙江主要受籽粒机型需求增多，果穗收获机型需求相应减少；吉林和辽宁两区域受用户去年收益增加的带动，预计市场需求会明显增长。由于全国各地玉米种植农艺的差异化，导致自走式玉米机产品需求继续呈现多样性特点。2015 年市场总量需求预计 7. 5 万台。其中 3 行及以上市场需求总量约 4. 9 万台，增长 35% 以上；2 行机和短车身的小 3 行在黄淮海区域需求总量约 2. 2 万台，降幅预计超过 30% （见图 14 和表 13）。

表 13　　配套玉米收割机用多缸柴油机近 8 年产量

年份	销量（台）	增长率（%）
2007	3000	15. 3
2008	3500	16. 67
2009	4700	34. 29
2010	12000	155. 32
2011	26200	118. 33
2012	49000	87. 02
2013	58000	18. 37
2014	68500	9. 48
2015E	75000	20. 69

六、配套拖拉机用多缸柴油机回顾与预测

从行业的产销量来看，这几年的市场总体在高位运行，据全国拖拉机行业的统计，2014 年共生产

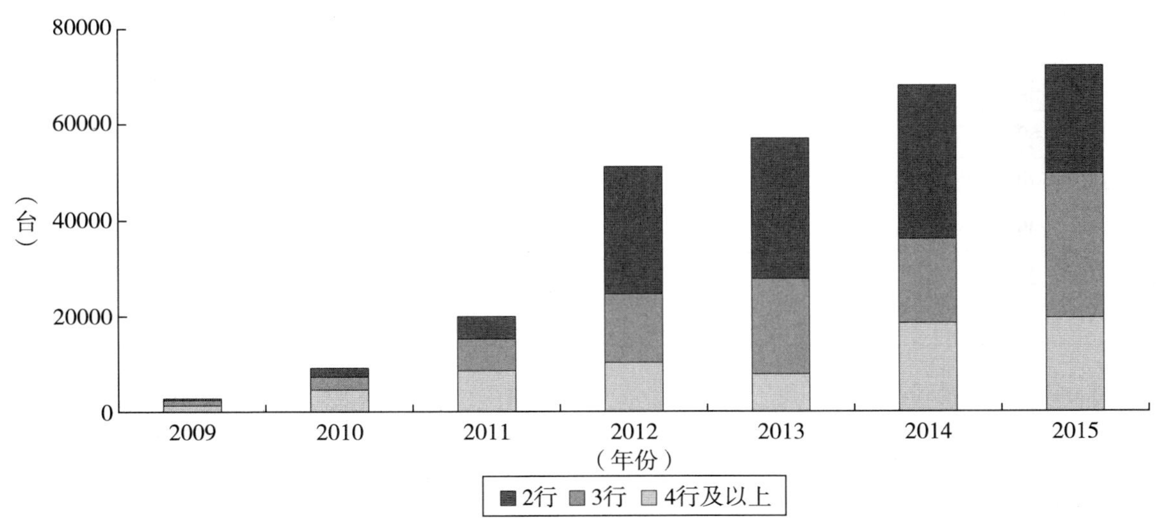

图 14 配套玉米收割机用多缸柴油机近 7 年产量趋势

大中型拖拉机 297404 台，同比下降 20.7%，销售 308541 台，同比下降 17.1%；受全球经济低靡的影响，加上我国农机产品主要出口国家货币的贬值幅度大，出口量下降。据统计资料，2014 年全行业出口大中型拖拉机 26788 台，同比下降 12.3%；从农业部颁布的通用类农机购置补贴产品信息表来看，我国目前共有 100 个企业生产大中型拖拉机，品种高达 2390 个；按大中拖的月产超过 8 万多台来看，全国全年的产能超过 80 万台，产能严重过剩。按照 2014 年补贴 35 万台计算，平均摊到每个企业才 3500 台。从农业部公布的拖拉机单台补贴额度每年都有所下调的情况来看，拖拉机产品的价格每年都有一定的下调，山东省近期下调了部分产品补贴额度，如 400 下浮 1400 元、404 下浮 3200 元、1204 下浮 3300 元、1354 下浮 2000 元等，一方面是由于低价产品较多，另一方面是由于众多产品价格下调所致（见表 14 和图 15）。

表 14　2014 年与 2013 年配套大中马力拖拉机用多缸柴油机对比表

马力段（马力）	2014 年（台）	2013 年（台）	增长率（%）
25～29	36246	46925	-22.76
30～39	60565	90547	-33.11
40～49	55574	65829	-15.58
50～59	26047	33119	-21.35
60～69	6228	7384	-15.66
70～79	16598	21362	-22.30
80～89	21001	23535	-10.77
90～99	27662	32245	-14.21
100～109	19228	25766	-25.37
110～119	7537	15886	-52.56
120～129	13197	5102	158.66
130～139	4228	3293	28.39

续　表

马力段（马力）	2014 年（台）	2013 年（台）	增长率（%）
140 ~ 149	1054	1189	-11.35
150 ~ 159	231	147	57.14
160 ~ 179	411	376	9.31
180 ~ 199	450	738	-39.02
200 以上	518	497	4.23
合计	296775	373940	-20.64

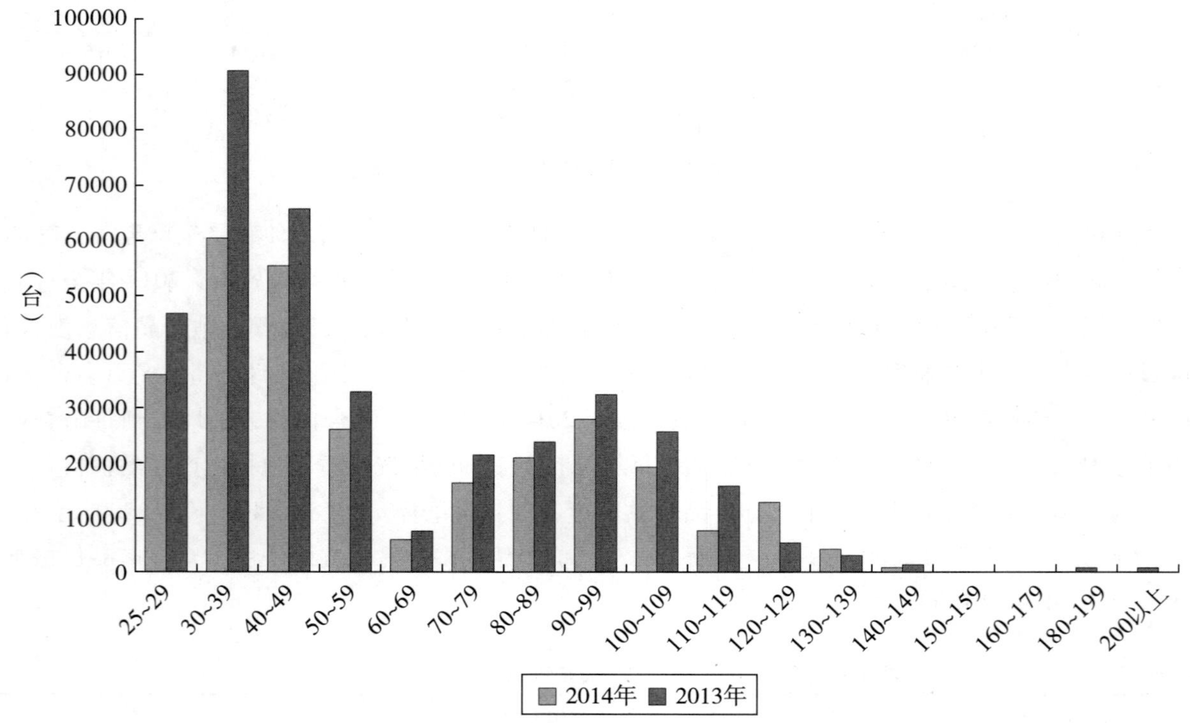

图 15　2014 年与 2013 年配套大中马力拖拉机用多缸柴油机对比

2014 年配套大中马力拖拉机用多缸柴油机市场下滑幅度较大，创下多年未有的最差业绩，大中拖拉机全面下滑，其下滑幅度之大，市场之惨烈多年未遇。从配套大中型拖拉机用多缸柴油机市场需求结构分析，各个马力段的市场表现出较大差异，80 马力以下的中型拖拉机出现较大幅度下滑，同比下降 12.63%；而 80 马力以上大型拖拉机市场出现小幅下滑，同比下降 0.6%。2014 年大中型拖拉机市场突然下滑，仔细分析大中型拖拉机的基本发展现状与今年面临的各种客观环境，不难看出市场早于 2010 年即出现拐点迹象，突出表现为内生性需求因饱和开始减弱，需求结构发生较大变化，大型拖拉机尚有增长空间，中型拖拉机已经严重饱和，具体表现为以下几个方面：刚性需求降低，市场趋于饱和。大中型拖拉机市场在农机补贴政策的刺激下，连续多年保持高位运行。年度需求量从 2001 年的 3.5 万台猛增至 2013 年的 42.1 万台，尤其自 2004 年之后，年度需求量逐年提高，年度同比增幅最高时达到 91.4%。大中型拖拉机保有量也水涨船高，2013 年高达 527.02 万台，同比增长 8.6%。机耕水平随之攀升至 76%，在平原区域基本实现耕作机械化。拖拉机市场需求动力由刚性需求逐渐过渡到市场更新的拉动。农机补贴变化，持币待购气氛浓厚。今年单台农机补贴的额度出现较大幅度的下降，消费者寄希望于拖拉机的降价，许多区域出现持币待购现象，也是导致拖拉机市场出现较大幅度滑坡的一个重要因素。区域自然灾害传导至市场终端，导致购买力下降。近年，我国自然灾害严重影响拖拉机市场购买力，如黑龙江市场，由于连续两年的洪涝灾害，导致粮食作物减产，农民收入锐减，购买力下降。收益下滑，拉力削弱。保有量的持续扩张带来的直接后果是拖拉机作业竞争加剧，拖拉机经营收益出现较大幅度滑坡，对拖拉机市场潜在消费者产生较大的负面影响。土地流转导致需求转型。农业合作社、农机合作社、家庭农场、农机大户的崛起，尤其是土地流转的加速，导致我国拖拉机市场需求进一步向大型化方向发展，需求结构出现较大变化，大型拖拉机的增长，从数量上降低了拖拉机市场的需求。

主力品牌量价齐跌，效益大幅度滑坡。大中型拖拉机市场经过多年的激烈竞争，主力品牌企业利用其巨大的竞争优势以及品牌资源，不断扩张和巩固了其市场统治地位，占据着主要的市场份额，形成了日趋稳定的竞争格局。从竞争焦点看，大中型拖拉机市场的竞争由过去围绕价格、服务、渠道等的竞争进一步回归到以产品为中心的性能稳定性、使用可靠性、高效和技术先进等核心价值竞争，2014 年受市场下滑因素影响，一些企业又开始擎起价格大旗，导致整个拖拉机行业效益大幅度滑坡。

周期性需求变化影响市场，明年或将小幅上扬。大中型拖拉机市场经过多年高速发展，自 2010 年开始进入了成熟期，增速放缓，结构调整特点突出，今年总体运行正是在这种大气候中发生的。虽然今年补贴资金较去年明显增多，但由于刚性需求不足，大中型拖拉机全年需求呈现明显的下降趋势。产品需求结构进一步升级，100 马力及以上大拖或将实现增长，80 马力以下中型拖拉机下滑。

随着土地流转以及购机政策的引导，终端客户构成发生明显的变化，以合作社、农机大户、种植大户为代表的大客户比重明显上升，由此决定了客户需求快速升级，小拖发展至中拖、水田作业马力升级至 70 ~ 90 马力、中原区域客户向 120 马力、四驱机型发展。从区域市场判断，三北作为我国大中型拖拉机的主流市场，近年不会发生根本性变化，如果有变化，也只是内部之间的随机性调整。从明年市场分析，东北区域或将出现反弹，中原区域由于拖拉机作业功能单一化，拖拉机收益下降，市场需求动力不足，产品动力升级较明显；以新疆为代表的西北区域或将出现小幅滑坡。

从大中拖的需求结构分析，大型拖拉机将成为今后几年最有希望增长的拖拉机板块，预计年度需求或将在 12 万台左右徘徊，内部需求结构继续向大马力段方向发展。由于大马力拖拉机的增量有限，同时又消化了部分 70 ~ 100 马力段之间的数量，决定了未来几年或将呈现出企稳走势。

拖拉机行业经过近几年快速增长，现处于高位调整阶段，用户购机趋于理性，随着农村土地流转的加速，将不断为大马力拖拉机拓展成长空间。农业、农机合作组织、家庭农场的快速崛起，将为 2015 年的大马力拖拉机市场发展培植肥沃的土壤。以大中拖为主的巨大保有量的更新将成为大马力拖拉机需求的主要动力。深松作业的蓬勃发展，为大型拖拉机市场带来发展机会。周期性需求和区域市场如黑龙江市场为市场反弹提供机会。预计 2015 年大中型拖拉机行业销量仍将有 5% 左右的下降，其中大轮拖同比增长 10% 左右，中轮拖同比有 7% 左右的下滑（见图 16）。

配套大轮拖行业 100 ~ 129 马力拖拉机用柴油机成为销量最大的产品，130 ~ 159 马力产品增长显著。大轮拖功率持续上延，两驱型拖拉机向四驱型发展，两驱型向 120 马力以上发展。90 马力以上四驱型产品占比持续提高，130 马力以上四驱产品大幅增长。用户对舒适性和可靠性要求更高（见图 17）。

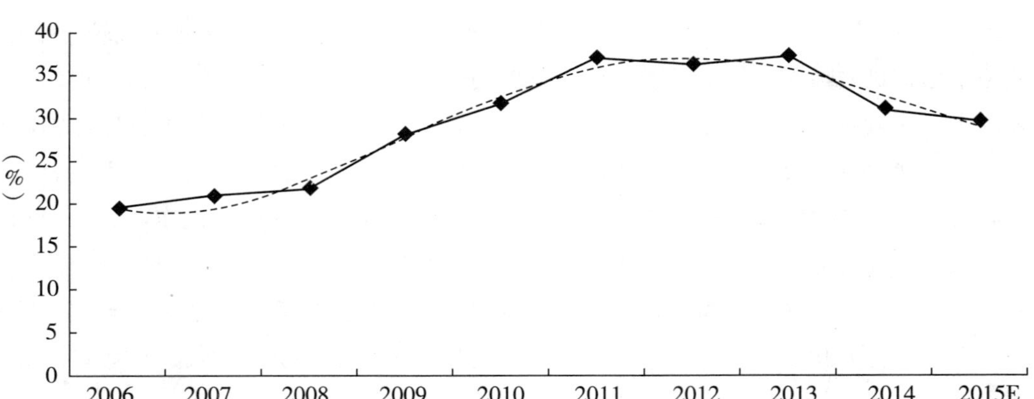

图 16　2006—2015 年配套拖拉机用多缸柴油机产量趋势

（台）	2007年	2008年	2009年	2010年	2011年	2012年	2013年	2014年	2015年E
70~79马力	26366	20522	28369	26109	32020	21284	22224	16191	15000
80~89马力	30331	29053	38086	29453	21924	20180	24762	21011	19000
90~99马力	7229	15162	36398	53214	50199	31365	32745	27928	29000
100~129马力	4457	5851	6502	14307	29833	48694	44494	42003	48000
130~159马力	0	651	1825	2100	3195	3677	4215	4867	8000
160马力以上	33	136	490	952	950	1568	1331	1160	1200

图 17　2007—2015 年配套大马力拖拉机用多缸柴油机产量趋势

配套中轮拖行业 25 ~ 49 马力拖拉机仍为主销产品，且将持续下滑，50 ~ 59 马力、60 ~ 69 马力呈现波动上行。中轮拖向个性化方向发展，如宽/窄轮距、高地隙、果园型等，水田四驱型由 50 ~ 60 马力向80 ~ 100 马力升级（见图 18）。

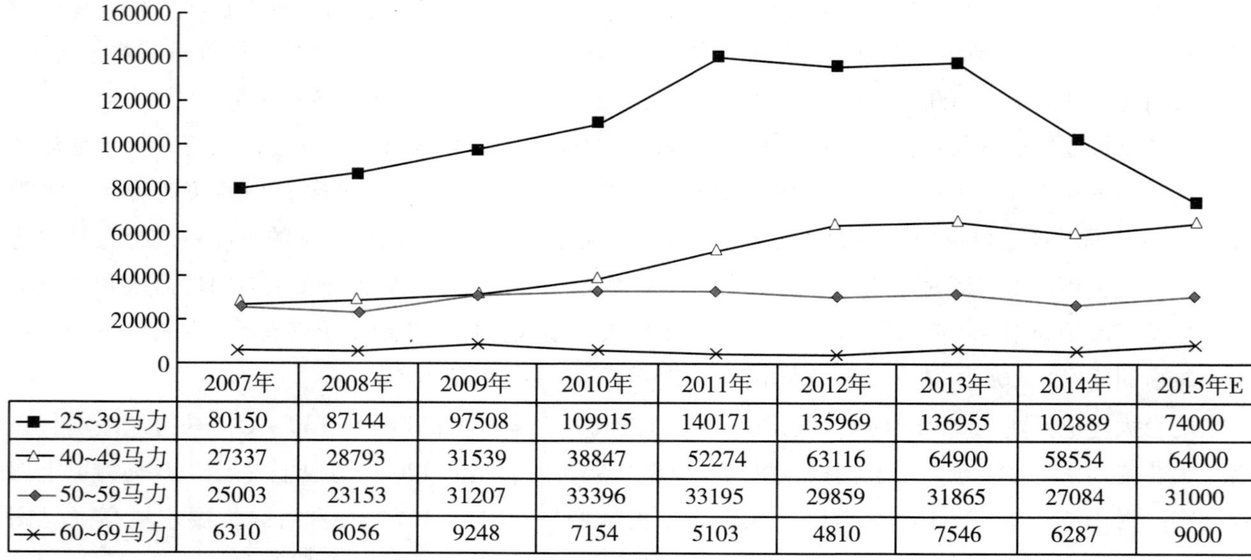

	2007年	2008年	2009年	2010年	2011年	2012年	2013年	2014年	2015年E
25~39马力	80150	87144	97508	109915	140171	135969	136955	102889	74000
40~49马力	27337	28793	31539	38847	52274	63116	64900	58554	64000
50~59马力	25003	23153	31207	33396	33195	29859	31865	27084	31000
60~69马力	6310	6056	9248	7154	5103	4810	7546	6287	9000

图 18　2007—2015 年配套中马力拖拉机用多缸柴油机产量趋势

七、非道路国三切换

非道路领域与车用领域相比，排放要求较晚、技术力量薄弱、资金投入不足（产值和效益与道路用发动机生产厂相比差距较大）、厂家自有检测设备不足、终端使用对象购买力低等劣势；但我国非道路领域发动机排放要求也要在较短时间内与世界接轨，虽然困难很大，但这是非道路发动机生产企业的职责所在，也是提高中国非道路发动机技术水平的契机。随着中国环境污染越来越严重，在2014年，国家环保部正式发布了非道路用柴油机国三排放标准。GB 20891—2014《非道路移动机械用柴油机排气污染物排放限值及测量方法（中国第三、四阶段）》。颁布日期：2014年5月16日。2015年10月1日起停止制造和销售国二柴油机；所有制造和销售必须为国三柴油机。2016年4月1日起停止制造、进口和销售装用国二柴油机的主机产品；所有制造、进口和销售的主机产品必须装用国三柴油机（见表15）。

表15　　非道路移动机械用柴油机排气污染物限值

阶段	额定净功率（P_{max}）（kW）	CO（g/kWh）	HC（g/kWh）	NO_x（g/kWh）	HC + NO_x（g/kWh）	PM（g/kWh）
第三阶段	$P_{max}>560$	3.5	—	—	6.4	0.20
	$130\leqslant P_{max}\leqslant560$	3.5	—	—	4.0	0.20
	$75\leqslant P_{max}\leqslant130$	5.0	—	—	4.0	0.30
	$37\leqslant P_{max}<75$	5.0	—	—	4.7	0.40
	$P_{max}<37$	5.5	—	—	7.5	0.60
第四阶段	$P_{max}>560$	3.5	0.40	3.5，0.67*	—	0.10
	$130\leqslant P_{max}\leqslant560$	3.5	0.19	2.0	—	0.025
	$75\leqslant P_{max}<130$	5.0	0.19	3.3	—	0.025
	$56\leqslant P_{max}<75$	5.0	0.19	3.3	—	0.025
	$37\leqslant P_{max}<56$	5.0	—	—	4.7	0.025
	$P_{max}<37$	5.5	—	—	7.5	0.60

注：*适用于可移动式发电机组用 $P_{max}>900$kW 的柴油机。

针对国三排放，东方红柴油机推出了多种技术路线，多种技术路线共存，适应不同的功率段，不同的机型平台；根据国三阶段不同功率段的柴油机排放限值不同，我公司综合国三排放标准限值、目前非道路柴油机领域的技术状态、目前国二的阶段各功率段所用技术路线以及中国非道路行业，特别是农机行业的实际状况，推出适合中国国情的非道路国三排放技术路线。并且同一功率段也有针对不同客户群的高中低技术路线。国三发动机升级，优化了喷油泵与喷油器性能；优化燃烧室结构；优化了进气系统。工艺与质量要求、生产一致性要求较国二阶段更加复杂和严格。所有机型都增加了电控EGR系统以满足国三法规要求。大部分机型采用了新设计的机体、缸盖、活塞、进排气管等关键零部件。关键使用了结构强度更高，散热效率更好的新型缸体；采用新型缸体，机油冷却器内置，经过合理的冷却水套设计、CAE 分析计算优化，确保增加 EGR 后冷却系统工作可靠。

总之，在新常态的经济环境下，2015 年竞争将更加激烈，市场竞争转向以品牌营销、价值营销为支撑的企业综合实力的竞争、企业价值创造的竞争。创新力的竞争将越来越重要，“互联网 + 农机”的新型商业模式将成为一种新常态，农机行业电子商务运用的加快，将借助互联网对农机行业产生重大而深远的影响。用户变得越来越成熟，越来越理性，市场的选择，一定是优胜劣汰，没有核心竞争力的公司在新一轮的竞争中必将被淘汰，行业将更加集中，强者更强。

（一拖（洛阳）柴油机有限公司　常亚洲、孙战胜）

其他机械市场

插秧机市场回顾与展望

2014 年是我国农机市场新常态下极为不平凡的一年，有太多的事情需要我们梳理与回顾，譬如插秧机市场。从我国玉米、水稻、小麦三大粮食作物耕种收机械化分析，小麦基本实现全程机械化，玉米机收水平与水稻机插水平偏低，成为短板。在各项惠农政策尤其是农机补贴政策的推动下，玉米收割机市场呈现出高位运行快速增长的特点，机收水平也随之水涨船高，玉米机收水平预计超过 57.96%，已连续 6 年增幅超过 5 个百分点。与之相比，水稻的机插水平呈现出增长，但其增幅与玉米机收水平的增幅相比依然稍嫌不足，这与息息相关的插秧机市场不无关系。

一、高台跳水，插秧机市场遭遇寒流

我国插秧机市场在经历了 10 余年的增长之后，2013 年，市场增幅戛然而止，同比出现 13.5% 的下滑，2014 年出现了更为难堪的数据，同比增幅下滑达到 26.2%，这是 10 余年来未曾出现过的现象。一方面，我国机插水平和插秧机保有量偏低，刚性需求强劲，理应呈现快速增长才符合常理；另一方面，从中央到地方政府不遗余力地推动水稻种植机械化，很多水稻主产区在国补的同时，还给予较高的地方补贴，不可谓力度不大，插秧机的政策冲击力够大。但市场需求疲态不断显现，为何出现这种反常现象?

（一）需求大幅度滑坡，出货高度集中

2014 年，我国插秧机市场受各种因素影响，遭遇多年未有的滑铁卢，出现大幅度下滑。市场调查显示，全年累计各种型号插秧机销售 6.2 万台，同比下滑 26.2% 左右。从市场月度走势分析，全年跌宕起伏，市场出货高峰集中在 6 月、7 月。环比增幅最大值发生在 5 月，正是我国农机补贴在全国铺开之时，由此可以看出我国插秧机市场受补贴影响之深（见图 1）。

造成 2014 年插秧机市场大幅度滑坡的原因是多方面的。从围绕插秧机市场需求环境因素分析，主要有以下几点：

第一，大田小户制约插秧机的应用。机械化插秧更适宜于种粮大户，不适合一家一户的小面积作业。而目前我国农村的现实以整片大田分割成多家小田，分属不同的农户的形式存在，导致作业进出、转弯以及转场效率低下问题，制约了插秧机推广使用。

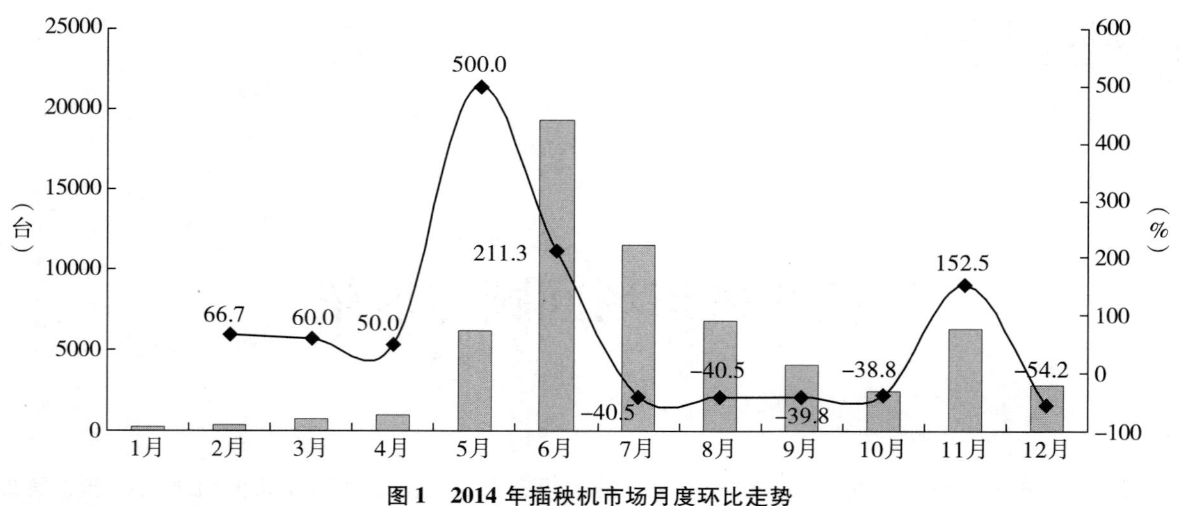

图1　2014年插秧机市场月度环比走势

第二，市场教育不到位。随着农村劳动力的转移，“386199”部队成为留守农村人员的真实写照。造成务农者非老人即妇女的现状，他们认为机械插秧技术既烦又难，还不如手工抛秧、直播简单，对插秧机技术的接受有较多思想顾虑，导致插秧机市场发展缓慢。

第三，机插秧质量差，禾苗返青期长，也是制约水稻插秧机推广的瓶颈。机插过程中因秧龄超长、秧苗超高等原因，伤秧、断秧现象较为常见，加上机插秧苗返青期普遍延长，特别是二晚栽插期间返青期延长了2~3天，影响二晚的高产目标，对插秧机推广产生较大负面影响。

第四，机插秧苗需要特定的育秧盘，在目前水稻生产方式下，一家一户使用塑盘育秧，秧苗质量很难得到保证。在适度规模条件下，虽然塑盘水育旱管是一种低成本、高效益的方法，育秧过程中的营养土、装盘、播种质量等都能通过机械化较快的控制，但种子的质量、播种均度、降雨频率和降雨量等都对育秧质量产生很大影响。近年土地流转加速，但大多农村依然处于一家一户小田块状态，势必增加育秧成本，造成插秧机市场举步维艰。

第五，经营收入低，使用效益低。受耕种环境的制约，目前大部分乡村农户，只种植一季稻，部分农户购买插秧机后，一年累计作业时间不到20天，大部分时间处于“闲置”状态。一年要闲置10个月左右，造成了农机化经营服务困难，效益不高，利用率低，有的县购置插秧机的农机大户和农机合作组织靠跨区作业维持服务经营，从而影响了农民购买插秧机和推广育插秧机械化技术的积极性。

第六，插秧机价格昂贵，成本高风险大。尽管群众普遍反映现在推广的插秧机比20世纪七八十年代推广的机器要好，可价格太贵，成本太高，风险太大。虽然政府补大头，农户投资还是较大。购买一台好点的插秧机除政府补贴外，农民还要投资2万~3万元，加之农民收入低，作业服务不能有效开展，农民购买机具风险太大，从而造成农民持有观望态度，制约了机具的推广和应用。

第七，技术保障力量薄弱，售后服务跟不上。由于现在推广的插秧机都是一些新型高性能插秧机，其性能和技术要求较高，如操作不当易出故障或影响机插质量。再说刚开始在农村中推广使用，缺修理技术力量和零配件供应。如发生较大故障，只好请厂方来人修理，既误农时，又费力。

第八，区域市场影响。2014年传统强势需求市场出现不同程度的下滑，尤其是江苏、黑龙江、湖南等需求量较大的市场，拉低全国市场。黑龙江市场由于受自然灾害影响，连续3年出现大幅度滑坡。而江苏市场经过持续多年的大幅度增长，机插水平已经较高，刚性需求有所下降。

第九，强势品牌大幅度滑坡，拉低整体市场。2014 年，因补贴因素，久保田销售市场出现大面积下滑，同比下滑幅度超过 60%，而其品牌市场占有率在 30% 以上，难以充填其留下的空白，市场出现持币待购现象，一些市场需求出现"塌方式"下跌，对 2014 年的整体市场需求产生深刻影响。

通过对以上原因分析，我们不难发现，我国插秧机市场既有推广问题，也有产品问题；既有市场培育问题，也有市场年度个性问题。但根本的问题是市场的推广问题，刚性需求虽然存在，如何将之开发出来就是推广问题。就目前我国插秧机市场推进，可以看出插秧机市场七分取决于推广，三分取决于产品。只有解决推广过程中存在的各种问题，只要让消费者接受机插秧，才能从根本上唤醒沉睡的需求。从江苏等地推动机插秧的实践不难看出，地方政府不仅要关注插秧机补贴，通过层层补贴解决农民购买力不足的问题。更要通过各种方式解决专业化育秧、推动农业生产走上规模集约化、大力培育专业技术队伍。同时，要逐渐实现政府—农民—企业的有机结合，以此推动我国水稻机械化快步发展。

（二）需求结构调整，凸显大型化趋势

2014 年，我国插秧机市场需求结构出现较大调整，市场调查显示，在我国插秧机需求结构中，手扶式插秧机依然是市场需求主流，占比 76.44%，乘坐式 23.56%，与 2013 年基本持平。

从乘坐式插秧机需求结构分析，4 行机同比下降 62.87%，6 行、8 行机同比分别增长 29.2% 和 18.34%。从市场占比分析，4 行机占比 41.06%，较之上年下降了 29.12%，6 行、8 行机占比分别达到了 39.69% 和 19.25%，较之上年同期分别增长 20.19% 和 8.93%（见图 2）。

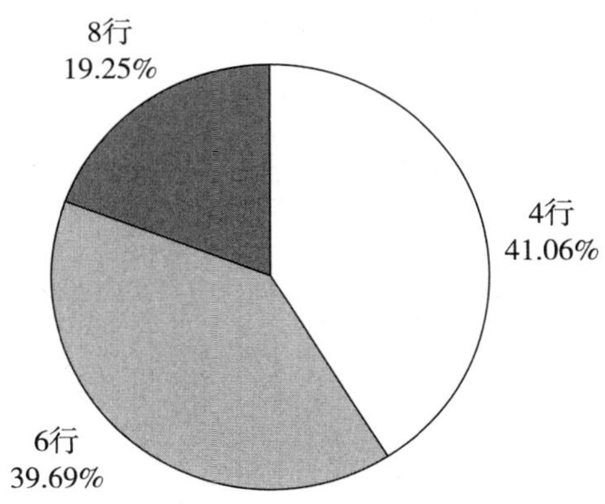

图 2　2014 年乘坐式插秧机需求结构

从手扶式插秧机市场分析，2014 年我国累计销售各种型号手扶式插秧机 4.86 万台，同比下降 25.99%，占比 76.44%，较之 2013 年增长 0.65%。从需求机型分析，与乘坐式插秧机市场需求一样，4 行机出现 42.32% 的大幅度下滑，6 行、8 行同比分别增长 203.85% 和 38.08%。占比也出现较大调整，4 行机下挫 20 个百分点，6 行、8 行分别上扬 19.76 和 0.24 个百分点（见图 3）。

2014 年，插秧机市场需求大型化趋势十分明显，这种趋势与近年农村土地流转加速以及家庭农场、农机大户、农机合作社、农业专业合作社的崛起密切相关。

（三）主流区域跌声一片，区域集中度进一步提高

2014 年，我国插秧机市场区域集中度进一步提高，市场调查显示，2014 年插秧机市场需求前 10 的区

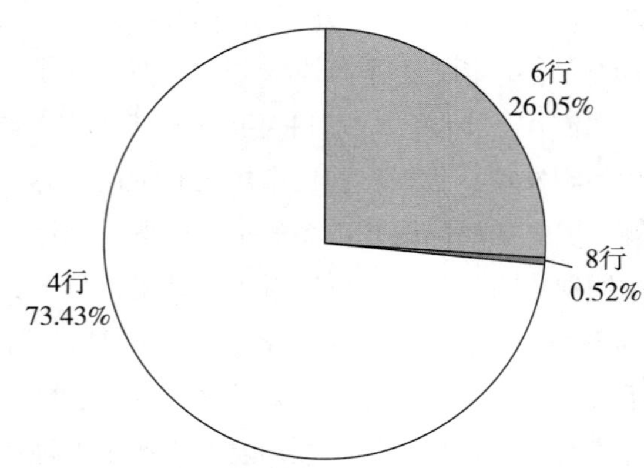

图3　2014年手扶式插秧机需求结构

域市场累计销售58830台，同比下降23.9%，占比为95%，较之2013年提高了2.4个百分点。从主力市场分析，苏沪、“两湖”区域依然是我国主流需求区域，苏沪区域市场出现11.1%的滑坡，湖南市场出现33.3%大幅度下滑，湖北出现小幅增长（见表1）。

从区域占比变化分析，苏沪市场占比高达33.3%，形成三分天下有其一的区域需求格局，较之上年同期增长了5.65个百分点；湖北市场成为2014年表现较好的区域，不仅同比出现小幅增长，而且占比增长了5.24个百分点。江西市场需求体量虽不大，但高达200.96%甚为抢眼，占比攀升至5.09%，较之上年同期提高了3.84个百分点。东北的黑吉辽市场同声下跌，跌幅最小的都超过45%，但下跌原因却各有不同，黑龙江市场下滑主要因为自然灾害因素引起，辽宁、吉林市场与品牌下滑密切相关。

表1　2014年插秧机市场区域销售一览表　单位：台

序号	省、市、自治区	同比分析			占比分析		
		2014年（台）	2013年（台）	同比（%）	2014年（%）	2013年（%）	增减（%）
1	苏沪	20618	23188	-11.08	33.30	27.65	5.65
2	湖北	11759	11533	1.96	18.99	13.75	5.24
3	湖南	7437	11144	-33.26	12.01	13.29	-1.28
4	吉林	4323	8004	-45.99	6.98	9.54	-2.56
5	黑龙江	3491	8258	-57.73	5.64	9.85	-4.21
6	江西	3151	1047	200.96	5.09	1.25	3.84
7	辽宁	2478	8139	-69.55	4.00	9.71	-5.70
8	安徽	2438	3283	-25.74	3.94	3.91	0.02
9	浙江	1655	1853	-10.69	2.67	2.21	0.46
10	广西	1482	830	78.55	2.39	0.99	1.40
小计		58830	77279	-23.87	95.01	92.15	2.86
其他		3089	6583	-53.08	4.99	7.85	-2.86
总计		61919	83862	-26.17	100.00	100.00	0.00

二、低端竞争激烈，高端日资垄断

2014 年插秧机市场竞争依然十分激烈，手扶式插秧机的竞争主要集中在中日企业之间，市场调查显示，销售前 5 的品牌累计销售各种型号的手扶插秧机 3.5 万台，同比下降 25.36%，占比 55.2%，较之上年同期增长 0.92 个百分点。从主流品牌看，久保田以 59.66% 的下滑幅度占据下滑首位，占比也出现了 13.19% 的下滑。常发同比出现 37.81% 大幅度增长，占比也提高了 5.33%。富来威、福尔沃、鑫华裕同比分别增长 16.74%、-25.73% 和 74.21%，市场占比较之上年同期分别增长 3.64 个、0.11 个和 5.04 个百分点（见图 4）。

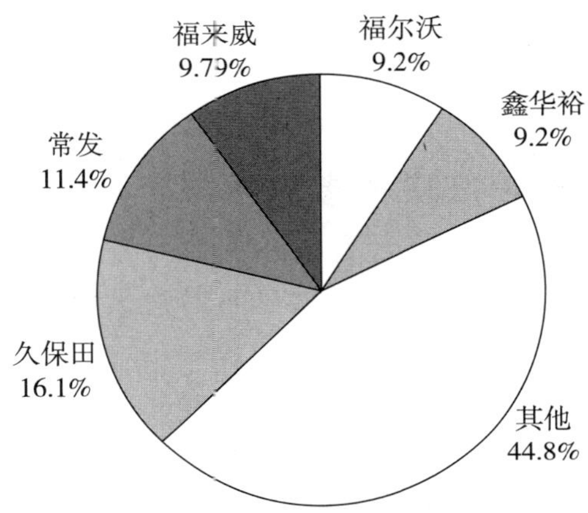

图 4　2014 年手扶插秧机市场竞争态势

手扶式插秧机市场的竞争主要取决于三个关键因素：一是农机补贴，农机补贴对竞争格局产生深刻影响，一旦失去补贴，插秧机市场寸步难行，因为插秧机正处于推广阶段，没有政府的补贴推动，单纯靠消费者需求的力量在短时间内很难撬动市场；二是市场价格，手扶式插秧机属于低端产品，价格优势对市场竞争力具有较大影响力；三是品牌，良好的品牌和口碑对竞争会产生强大冲击力，尤其在成熟的市场，消费者的理性将决定品牌的扩张或萎缩。

乘坐式插秧机市场的较量主要集中在日资企业之间，2014 年三大日资品牌久保田、洋马和井关累计销售各种型号乘坐式插秧机 1.15 万台，同比下降 17.58%，占比 84.4%，较之上年同期增长 19.41%。从品牌个案表现看，久保田同比下降 74.61%，占比 9.33%，较之上年同期下降 13.98 个百分点；洋马同比与上年基本持平，占比 33.91%，较之上年同期提高了 12.39 个百分点；井关同比出现 29.72% 大幅度攀升，占比 41.14%，较之上年同期提高了 21.01 个百分点（见图 5）。

插秧机市场的竞争焦点主要围绕品牌展开，农机补贴对插秧机市场竞争具有决定性的影响，即使强势品牌也难以“幸免”。2014 年因补贴原因，久保田的插秧机市场陷入塌方式下滑，同时也触动插秧机市场竞争格局，尤其是乘坐式插秧机，井关趁势崛起。但久保田的品牌影响力依然强大，尤其在其传统“地盘”势力范围内，其他品牌依然难以撼动其统治地位。

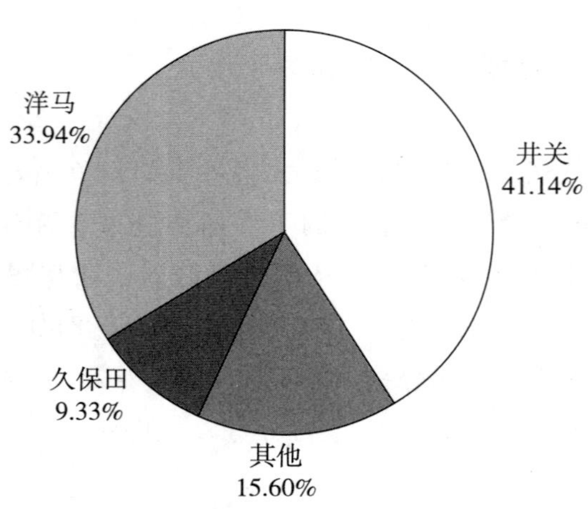

图 5　2014 年乘坐式插秧机竞争态势

三、出口强劲攀升，集中度进一步集中

国内市场出现大幅度下滑之际，插秧机出口贸易却出现较大幅度增长，正应验了“东方不亮西方亮，黑了南方有北方”那句老话。

2014 年插秧机出口呈现以下几个特点：第一，出口区域进一步扩大。据海关统计，2014 年，我国插秧机出口遍布亚洲、非洲、欧洲和南美洲中的 38 个国家或地区，较之 2013 年多出 9 个国家或地区，出口区域出现扩容；第二，出口区域高度集中。我国插秧机出口区域主要集中在亚洲，2014 年亚洲出口各种型号插秧机 6656 台，实现出口金额 2306. 39 万美元，其中出口额占比高达 98. 78%；第三，出口前 10 个国家的出口额有所下降。海关统计，2014 年出口额前 10 的国家，累计实现出口额 2207. 42 万美元，同比增长 15. 21%；占比 95. 7%，较之上年同期下降 2. 59%，出口主流国家的集中度有所下降。

从出口国家看，2014 年，泰国累计实现出口额 580. 55 万美元，同比下降 7. 64%，占比 25. 17%，较之上年同期下降 7. 08 个百分点；印度、韩国作为 2014 年出口额第二位、第三位的国家，同比分别增长 16. 75%、-5. 68%，占比 23. 63% 和 19. 33%，较之上年同期分别下降了 0. 32% 和 4. 92%（见表 2）。

表 2　　2014 年与 2013 年插秧机主要出口国出口金额对照　　单位：万美元

序号	国家（或地区）	同比			占比		
		2014 年（万美元）	2013 年（万美元）	同比增减（%）	2014 年（%）	2013 年（%）	同比增减（%）
1	泰国	580. 55	628. 55	-7. 64	25. 17	32. 25	-7. 08
2	印度	544. 94	466. 76	16. 75	23. 63	23. 95	-0. 32
3	韩国	445. 74	472. 59	-5. 68	19. 33	24. 25	-4. 92
4	印度尼西亚	175. 61	106. 56	64. 80	7. 61	5. 47	2. 15
5	越南	140. 4	81. 33	72. 63	6. 09	4. 17	1. 91

续 表

序号	国家（或地区）	同比			占比		
		2014 年（万美元）	2013 年（万美元）	同比增减（%）	2014 年（%）	2013 年（%）	同比增减（%）
6	伊朗	60.23	52.74	14.20	2.61	2.71	-0.09
7	日本	38.28	27.16	40.94	1.66	1.39	0.27
8	菲律宾	35.8	27.65	29.48	1.55	1.42	0.13
9	朝鲜	44.79	9.85	354.72	1.94	0.51	1.44
10	斯里兰卡	20.22	18.71	8.07	0.88	0.96	-0.08
小计		2086.56	1891.9	10.29	90.47	97.06	-6.59
其他		219.83	57.24	284.05	9.53	2.94	6.59
合计		2306.39	1949.14	18.33	100.00	100.00	0.00

2014 年，我国插秧机出口市场表现虽然出色，我们依然要看到插秧机出口的隐忧，首先出口产品主要是低端产品，附加值低，尤其出口到泰国、印度的机型。其次，出口区域依然狭窄，主要集中在亚洲区域，说明我国插秧机国际竞争力还有待于进一步提升。最后，出口企业依然较少。这就要求中国企业要在产品质量上下工夫，在拓展国际市场上做文章，实施走出去战略。

四、刚性需求强劲，或将演绎绝地反击大戏

2015 年我国插秧机市场面临着良好的发展环境，一些影响市场发展的不利因素或者正在改善，或者在消失。譬如主流品牌之一的久保田恢复的农机补贴，譬如农村土地流转加速，规模化集约化经营呈现出良好的发展势头，这些因素将从不同方面，对 2015 年的插秧机市场产生利好影响。当然，更重要的还是插秧机市场的刚性需求强劲，成长空间大，产品正逐渐走向成熟。

（一）环境利好，成长空间大

1. 保有量低，插秧机市场刚性需求强劲

从插秧机保有量分析，2014 年插秧机保有量达到 66.5 万台，与拖拉机、收割机的保有量依然存在较大差距，由此决定了市场刚性需求强劲（见图 6）。近年，插秧机保有量一直保持高位运行，但增幅趋缓。由此我们可以判断我国插秧机市场进入常态化后，2015 年我国插秧机市场需求或将呈现出以下突出特点：第一，市场稳健推进；第二，市场刚性需求强劲。

2. 机植水平偏低，区域发展不平衡，插秧机市场成长空间大

2014 年，预计我国水稻机植水平达到 39.56%，较 2013 年提高 3.46 个百分点。从 2009 年至今，水稻机植水平沿着向上的方向保持了较快的发展速度，但与水稻的机耕、机收水平相比还十分低，成为水稻全程机械化的瓶颈，由此我们可以得出两个结论：第一，未来插秧机市场具有较大的成长空间；第二，插秧机市场依然会成为国补和地补的重点产品之一。

从区域机植水平分析，我国水稻主产区机植发展水平不平衡，黑龙江机植水平超过 90%，江苏机

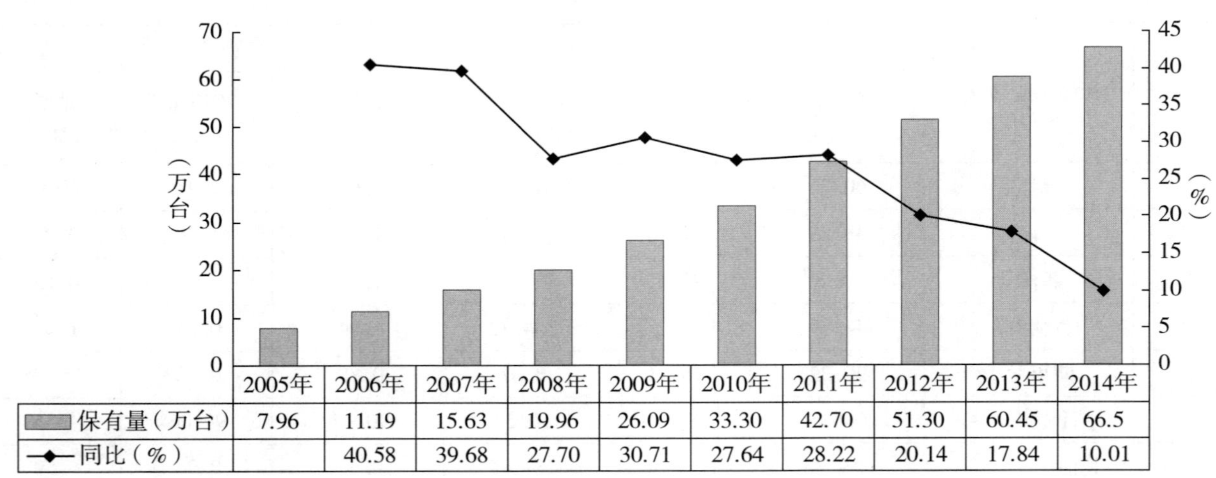

图 6　2005—2014 年全国插秧机保有量走势

植水平也达到了 70% 以上，但“两湖”、两广、云贵川等机植水平依然十分低，由此决定了我国 2015 年乃至未来的插秧机市场发展区域刚性需求将出现较大差别，市场也将表现出较大的不平衡性。

3. 补贴政策为 2015 年水稻插秧机市场提供强大动力

与我国农机市场息息相关的农业依然是我国今后工作的重中之重，2015 年中央一号文件继续锁定“三农”，成为自 2004 年以来的第十二个“一号文”。由此决定了我国农机市场政策红利依然成为拉动市场的第一驱动力。农机补贴作为拉动农机市场的第一驱动力，对 2015 年的农机市场将继续产生深刻的影响。我们预计，未来农机补贴在补贴形式、操作方式方面将会发生较大调整，但补贴总量不会产生太大变化，预计 2015 年补贴量或将达到 240 亿 ~245 亿元，增幅在 1% ~3% 。

插秧机依然是 2015 年农机补贴的重点产品，从与 2014 年单台补贴额度对照中可以看出今年个别品种的补贴额度较之 2014 年出现一些微调，4 行手扶步进式下调了 300 元，8 行及以上四轮乘坐式下调 1800 元，其他品种保持了与 2014 年一样的补贴额度（见表 3）。从现在一些水稻主产区公布的插秧机补贴信息分析，他们继续沿用了过去一贯的补贴政策，在国补的同时地方政府追加补贴，以推动水稻机插水平的提升，譬如广西。

表 3　　2015 年与 2014 年插秧机农机补贴对照一览表　　单位：元/台

序号	品类	2015 年	2014 年	变化
1	2 行手扶步进式	3000	3000	0
2	4 行及以上手扶步进式（简易型）	3800	3800	0
3	4 行手扶步进式	4500	4800	-300
4	6 行及以上手扶步进式	7500	7500	0
5	6 行及以上独轮乘坐式	3900	3900	0
6	4 行四轮乘坐式	18700	18700	0
7	6 ~7 行四轮乘坐式	30000	30000	0
8	8 行及以上四轮乘坐式	46200	48000	-1800

4. 农机服务产业化的兴盛：推动我国插秧机市场向广度深度进军

消费群体由个体走向集群，插秧机市场需求瓶颈逐渐被破解。以农机大户为主的各种服务组织迅速发展，以育秧大户、育秧公司、机插大户、机插公司等为代表的各类专业户和专业组织近年在我国主要稻产区蓬蓬勃勃地发展起来。他们逐渐成为插秧机服务的主体，服务模式也在探索中不断创新，尤其是育插秧拓展，在跨区育插秧上取得了成功的经验，这些社会化服务实践，有力地推动了插秧机市场的推广和发展，推动我国插秧机市场向广度和深度进军。

目前，我国经营规模100亩以上的专业大户270多万户，各类家庭农场87.7万家，农民合作社超过95万家，农业产业化经营组织超过30万个，农机作业服务组织17万个，农机合作社达到4.2万个，农村组织加速了农业的规模化与集约化进程，改变了农机消费群体，颠覆了传统的农机购买模式，宣布了一个调结构、转型升级的新兴农机市场时代的到来。

由此，决定了农机市场消费主体一个新时代的到来，即农机合作社、农机大户和家庭农场主宰的时代。这是政府引导的方向，政府要给予他们一定的政策优惠，正确引导他们成立组织、协会、公司，帮助他们形成推广和使用机械化插秧技术的能力，并让他们赚到钱，通过他们去推广和影响农民将会使机械化插秧形成事半功倍的效果。同时鼓励在农村种植业大户、农机大户农机合作组织向农村散户推广“育、耕、插、割”包干服务模型，实行规模经营，提高经营效益，利用租赁、承包等形式实行土地流转，使田亩成片，减少机插中的中间环节，节省时间，降低成本。

插秧机市场需求主体随之发生重大变化，2015年的插秧机市场这一特点或将更加突出。插秧机市场推广瓶颈将逐渐被打破，为其发展提供了十分有利的条件。

5. 震荡蓄势，恢复性增长

我国插秧机市场已经连续两年同比出现下滑，尤其是2014年大幅度滑坡，形成市场需求“凹地”，一些持币待购区域或将发力。同时，插秧机刚性需求强劲，去年市场下滑现象只是诸多偶然因素所致，当诸如自然灾害、品牌大幅度下跌、周期性需求影响等偶发性因素消失之后，市场需求能量将得到释放，为2015年的恢复性增长提供动力。

6. 跨区作业的勃兴：刺激市场需求的重要因子

插秧机跨区作业正在各地兴起，插秧机手经营效益不断提高，这种示范作用将成为拉升市场的重要动力；插秧机跨区作业正在各地兴起。近年，我国插秧机消费者的购买用途正在经历由过去自用为主到以经营为主的转变。插秧机农机合作组织和农机大户开始进行跨区作业，并且收益颇丰，市场调查显示，一般插秧机消费者2年的时间即可收回购买成本，有效刺激农民购机积极性。

（二）2015年插秧机市场增长不是梦

1. 需求反弹，步行式依然是主流

2014年插秧机市场遭遇滑铁卢，演绎出近年少有的较大滑坡。2015年，插秧机市场克服了某些不利因素后，或将出现强势反弹，估计销量可望达到7万台，增幅在10%左右（见图7）。

第一，需求量继续保持增长的态势，或将出现两位数增幅；

第二，需求以步行式为主流，乘坐式在东北和江苏等市场进一步有所增长；

第三，需求进一步趋向大型化，4行机继续向5行以上机型转移。

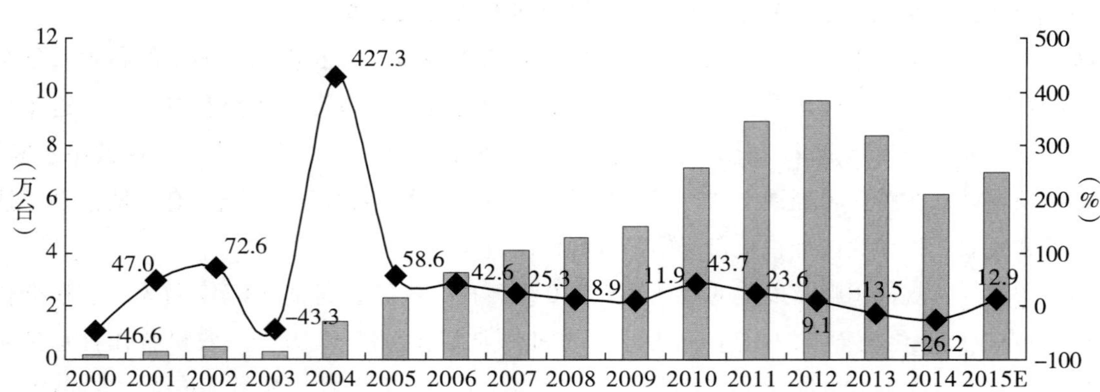

图 7　2015 年插秧机市场走势与预测

2. 竞争激烈，渠道下沉

插秧机市场竞争将围绕技术研发能力、品牌展开，竞争市场竞争层次进一步提高。2015 年我国插秧机市场竞争将呈现出如下几个特点：

第一，洋品牌垄断插秧机高端市场的局面在短时间内难以改变，未来可能出现，高速乘坐式插秧机依然是日系品牌的高地，手扶式插秧机将呈现出战国格局。

第二，产品质量、服务与价格将成为未来插秧机市场竞争的三大焦点。比较我国拖拉机、收获机械发展的历程就可以看到我国插秧机可能出现的竞争景象，高端市场拼质量和品牌，低端市场拼价格与服务。在我国低端产品占据主流的情况下，价格战与服务比拼不可避免。

第三，渠道竞争主要集中在网络覆盖与渠道下沉两个方面，各个品牌之间将打响渠道争夺战，通过密集的网络覆盖和终端渠道下沉，获取渠道优势，抢占竞争高地。

3. 区域发展不平衡的特点将更加突出

从 2014 年我国插秧机市场主流需求区域依然将集中于南方，基于市场周期性需求特点，2015 年，主流需求或将呈现不同程度的增长，尤其是“两湖”市场或将演绎强势反弹大戏，以黑、吉、辽为代表的北方市场在经历了连年下跌后，将迎来增长的曙光。

4. 出口市场值得期待

我国插秧机面临着良好的出口环境：一是美欧经济复苏，带动外需改善延续；二是人民币兑美元汇率出现一定幅度的贬值，对出口也有一定的支持作用，这一点对劳动密集型的插秧机商品出口具有明显的正向影响作用；三是我国插秧机具有较高的性价比，尤其在亚洲区域，竞争力在逐渐增强；四是插秧机出口近年呈现出持续增长的发展态势，说明我国插秧机出口企业拓展国际市场的能力正在逐年增强。基于以上分析，我们不难发现，2015 年插秧机出口利好因素强烈，预计 2015 年插秧机出口区域将进一步拓展，出口品种会有所增加，出口额或将达到 2800 万美元左右，同比增幅 20% 上下。

综合上述影响插秧机市场的各种因素，2015 年，或将成为我国插秧机市场由降转升的拐点。

（第一拖拉机股份有限公司　许予永）

低速汽车市场回顾与展望

低速汽车是以单缸或多缸柴油机为动力的适于我国农村地区和城乡道路的运载工具，包括三轮汽车和低速货车，依据《机动车运行安全技术条件》（GB 7258—2012）定义，三轮汽车最高设计车速≤50km/h，低速货车最高设计车速≤70km/h。

一、2014 年低速汽车市场回顾

（一）2014 年低速汽车市场发展环境分析

低速汽车的发展与国家对农业农村的相关政策和整体宏观经济发展密切相关，与农村经济结构的调整密不可分，因此分析其发展环境对于产业的趋势和展望至关重要。

1. 中国宏观经济形势

2014 年是我国全面深化改革的重要一年，在国际市场需求不振和国内经济结构调整的双重作用下，前两个月，实体经济增速放缓，特别是制造业投资调整、投资消费结构转换，国内市场需求乏力，主业投资意愿明显下降。农村经济环境面临下行压力，低速汽车区域市场出现需求下滑，总体延续上年年底的态势。特别是一些房地产项目和基建项目的增速放缓致使一些承担矿产采掘、建材转运、功能的车辆需求减少。三季度，国家统筹处理稳增长、促改革、调结构、惠民生、防风险的关系，实体经济回暖，保持宏观政策的连续性和稳定性。

2. 原材料价格趋势

钢铁、煤炭、化工等大宗原材料市场价格大幅波动，造成下游企业运营风险加剧。2014 年 1 月底，国内钢材综合指数报收 3470 元/吨，市价开始转入跌势，1—12 月价格持续下跌，降幅达到了 550 元/吨左右，低速汽车企业是钢铁使用大户，也面临用工成本相对上升、利润率下降、需求跟进不足的考验。

3. 农村联片整理治政策拉动区域市场销售

以治理村镇生活污染、村屯小作坊污染、农业生产污染为主要内容的农村环境综合整治联合行动初见成效，沼气抽渣车、多功能吸污车、垃圾清运车、自卸运输车等专用低速汽车纳入政府采购，有机地拉动了区域市场，实施农业清洁生产，进一步改善了农村环境和农民的生活质量。

4. 土地流转加速，导致需求转型

许多地方已经具备了发展土地适度规模经营的条件，必须因势利导，顺势而为，引导土地有序流转和集中。截至 2014 年 6 月底，全国家庭承包经营耕地流转面积 3. 8 亿亩，占家庭承包耕地总面积的

28. 8%。农业合作社、农机合作社、家庭农场、农机大户的崛起，尤其是土地流转的加速，导致我国低速汽车市场需求进一步变化，向大型化专用装备方向发展，需求结构出现较大变化，从数量上降低了低速汽车市场的需求。

（二）2014 年低速汽车市场发展现状分析

1. 全年产销情况分析

2014 年，低速汽车总产销量分别达到 2926147 辆和 2923534 辆，同比分别增长了 0. 75% 和 0. 88%。其中三轮汽车产销量分别为 2502418 辆和 2500889 辆，同比分别增长了 0. 13% 和 0. 06%；低速货车产销量分别为 423729 辆和 422645 辆，同比分别上升了 4. 59% 和 4. 98%。如图 1 所示，2008 年以来三轮汽车总产销量保持连年递增的态势，2014 年的总产量达到 13 年来的峰值。如图 2 所示，2013 年我国低速货车的总产量达到 10 年来的最低值，与 2012 年相比下降幅度达到 5. 84%。

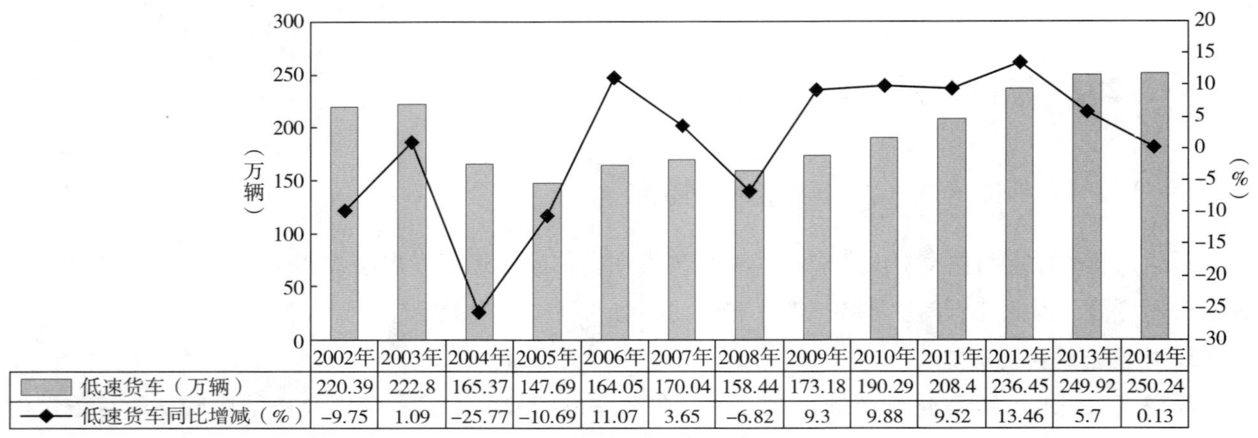

	2002年	2003年	2004年	2005年	2006年	2007年	2008年	2009年	2010年	2011年	2012年	2013年	2014年
低速货车（万辆）	220.39	222.8	165.37	147.69	164.05	170.04	158.44	173.18	190.29	208.4	236.45	249.92	250.24
低速货车同比增减（%）	-9.75	1.09	-25.77	-10.69	11.07	3.65	-6.82	9.3	9.88	9.52	13.46	5.7	0.13

图 1 2002—2014 年三轮汽车产销量及同比增减走势

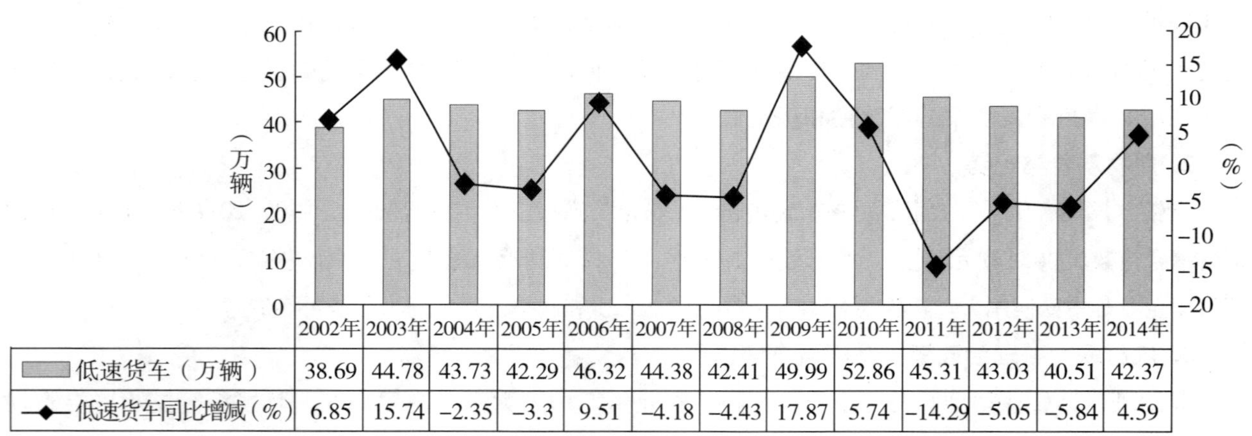

	2002年	2003年	2004年	2005年	2006年	2007年	2008年	2009年	2010年	2011年	2012年	2013年	2014年
低速货车（万辆）	38.69	44.78	43.73	42.29	46.32	44.38	42.41	49.99	52.86	45.31	43.03	40.51	42.37
低速货车同比增减（%）	6.85	15.74	-2.35	-3.3	9.51	-4.18	-4.43	17.87	5.74	-14.29	-5.05	-5.84	4.59

图 2 2002—2014 年低速货车产销量及同比增减走势

2. 产销量月度情况分析

（1）三轮汽车

2014 年同比保持了较高位的运行，淡旺季变化不明显，月度产销量趋势与 2013 年同期接近，如图

3 所示，最旺季销售月份均为 3 月、8 月和 9 月。1 月三轮汽车产量达到 14.28 万辆，同比增长 6.5%，迎来新的产销开局。进入销售旺季的 2 月，三轮汽车市场消费需求出现波动，产销量分别达到 19.78 万辆和 19.69 万辆，与上年同期产销量基本持平。9 月三轮汽车产销量持续增长，创造了全年单月销量最高值。进入到 5 月、6 月，三轮汽车市场又掀起了新一轮的销售高潮，产销量分别达到 21.06 万辆和 21.02 万辆，同时本应进入销售淡季的 8 月，三轮汽车市场却有不俗的表现，产销量达到 25.64 万辆和 25.44 万辆，同比分别增长 11.74% 和 11.2%。特别是进入 9 月后，三轮汽车市场延续了 8 月的良好态势，呈现出淡季不淡的市场格局，单月产销量均在 20 万辆以上，12 月较 2013 年同期生产小幅增长，从而确保了全年的三轮汽车产销量增长。

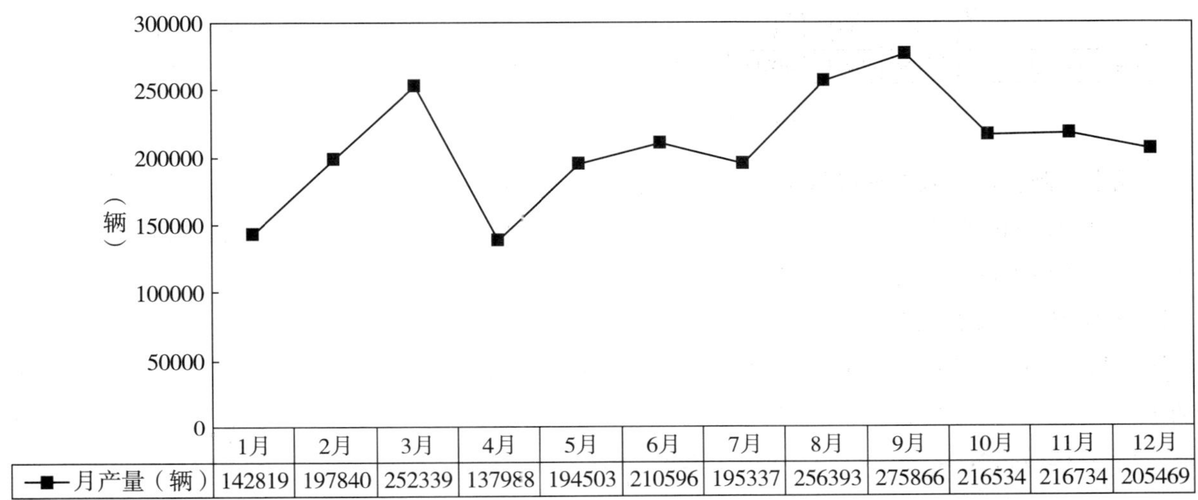

图 3　2014 年 1—12 月三轮汽车月度产量

（2）低速货车

2014 年低速货车产销量止跌回升，接近 2012 年的水平。1 月与 2013 年基本持平，2 月销量达到了 3.50 万辆，同比上年上升了 25.3%，全年单月销量最高值出现在 9 月，达 4.35 万辆，较 2013 年的 3.70 万辆上升了 17.6%。如图 4 所示，进入 4 月后，低速货车市场产销量低位运行。进入下半年以来，除 10 月与上年同期一样下降外，其余 5 个月份产量均高于 2013 年同期，9 月、11 月、12 月销量均在 4 万辆以上。

（三）2014 年低速汽车市场基本特征

1. 低速汽车具备较强的环境适应性

在汽车使用环境方面，一般来讲，农村路况较为复杂：弯道、坑洼路、泥土路等都很常见，这使农民对车辆通过性要求较高，相对速度较低。需要用途较多：能载人，能载物，能方便自家出行，又要能干一些农活。这决定了农村用车在简化结构、降低成本的同时，还要具有生资、粮食、水果、蔬菜转运和大棚、设施农业专用等多种功能，变型品种多，城乡、农村环境适应性极强。

2. 具有明显价格优势

低速汽车始终定位于服务“三农”，以其实用、廉价为基本特征，走的是一条符合中国国情和市场经济规律，能极大地满足农村市场和农民需求的发展道路。各生产制造企业立足“三农”事业，特

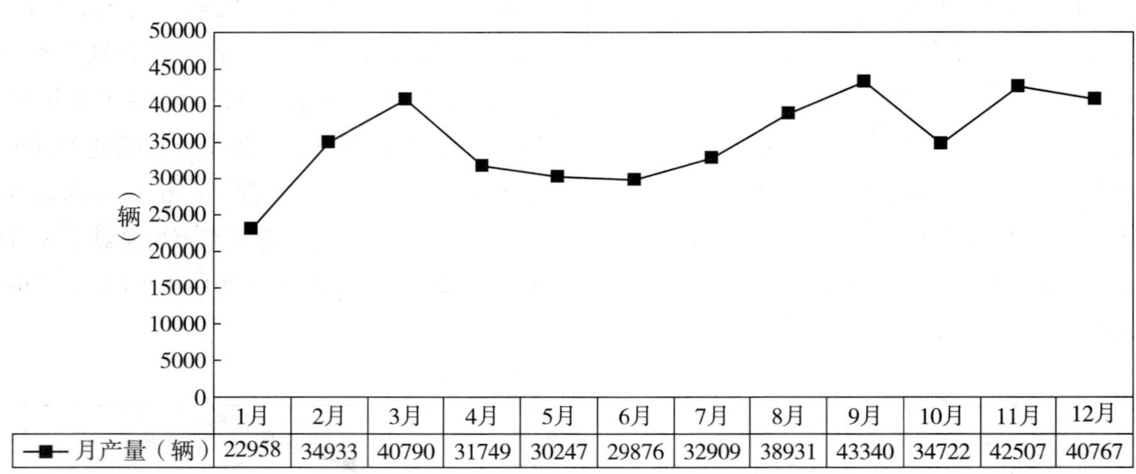

图 4　2014 年 1—12 月低速货车月度产量

别注重成本控制，最大限度地降低生产成本和附加利润，保持了低速汽车相对低价位，其价格从几千元到两三万元，而一般载货汽车售价 4 万 ~8 万元。在当前农民整体收入水平不高，特别是西部地区、山地和相对落后地区，低速汽车在农村市场凭借其独有的性价比优势仍成为发家致富的首选。

3. 市场细分，专用特征凸显

随着高聚集度农村清洁乡村集约规划设计和小康住宅的建设实施，农村专用的垃圾清运车、沼渣沼液抽排车、畜禽粪便回用车、蔬菜转运车、简易装载车、清扫环卫车等多功能三轮汽车产品，成为我国低速汽车市场的新宏，这些产品扩大了新型农民的活动半径，改善了农村生产、生活的环境和条件。

（四）2014 年低速货车市场需求分析

三轮汽车按额定质量一般分为 200kg、300kg、500kg、750kg 四种；按驾驶室型式分为半封闭、全封闭、简易棚驾驶室三种；按驾驶室座位排分为单排座、一排半两种；按传动方式可分为轴传动、皮带 + 联体、皮带 + 链条三种传动；按启动方式分为手摇启动和电启动两种；按卸货方式分为自卸和非自卸两种。

三轮汽车产品结构继续沿袭以往的主要型式，额定载质量为 500kg 的三轮车为主导，半封闭、简易棚、全封闭结构型式所占比例与 2013 年基本不变。如表 1 所示，自卸三轮汽车市场需求也进一步增长，达到了 74. 17%，同比增长了 2 个百分点。方向盘、皮带 + 连体、配装大缸径柴油机的三轮汽车依然是 2014 年的主导产品。

表 1　　2014 年三轮汽车各型号产销量情况

型号		产量（辆）	产量所占比率（%）	销量（辆）	销量所占比率（%）
按额定载质量分	200kg	—	—	—	—
	300kg	72261	3. 05	65567	2. 66
	500kg	2252762	90. 02	2266024	90. 61
	750kg	173395	6. 93	168298	6. 73

续 表

型号		产量（辆）	产量所占比率（%）	销量（辆）	销量所占比率（%）
按驾驶室分	半封闭	1806456	72.19	1799282	71.95
	简易棚	39949	1.60	38336	1.53
	全封闭	656013	26.22	663271	26.52
按卸货方式分	自　卸	1909290	76.30	1854812	74.17
	非自卸	593128	23.70	646077	25.83
按操纵方式分	方向把	391644	15.65	402358	16.09
	方向盘	2110774	84.35	2098531	83.91
按启动方式分	手摇启动	754340	30.14	758259	30.32
	电启动	1748073	69.86	1742630	69.68
按传动方式分	皮带＋链条	8490	0.34	7743	0.31
	皮带＋连体	2328366	93.04	2331269	93.22
	轴传动	165562	6.62	161877	6.47

低速货车按额定质量一般分为500kg、750kg、1000kg、1500kg、2000kg五种；按驾驶室型式分为长头、平头驾驶室两种；按驾驶室座位排分为单排座、一排半、双排座三种；按传动方式分为轴传动、皮带＋联体传动；按配套发动机型式分为单缸、2缸、3缸和4缸柴油机。

低速货车近几年产品结构基本保持稳定，还是以1～2吨载质量、平头驾驶室、自卸式、4缸机柴油机的低速货车为主导，所占比例变化不大。如表2所示，排半、单排型式低速货车比例较之去年有小幅增加，单缸机比例迫于油耗、排放的压力，比例降至7.2%，受国四排放轻卡价位高的影响，4缸机所长比例达84.22%，很好地满足了一部分城乡区域市场的需求。

表2　　2014年低速货车各型号产销量情况

型号		产量（辆）	产量所占比率（%）	销量（辆）	销量所占比率（%）
货车		400049	94.41	399115	94.43
其中	500kg	7689	1.92	8001	2.00
	750kg	18210	4.55	17885	4.48
	1000kg	107918	26.98	109563	27.45
	1500kg	194734	48.68	192421	48.21
	2000kg	71498	17.87	71245	17.85
	长　头	40073	10.02	38397	9.62
	平　头	359976	89.98	360718	90.38
	自　卸	249422	62.35	250008	62.64
	非自卸	150627	37.65	149107	37.36
	单排座	105376	26.34	105585	26.45
	一排半	244744	61.18	244530	61.27

型号		产量（辆）	产量所占比率（%）	销量（辆）	销量所占比率（%）
货车		400049	94.41	399115	94.43
其中	双排座	49929	12.48	49000	12.28
	单缸机	29965	7.49	28725	7.20
	双缸机	20672	5.17	18663	4.68
	3 缸机	15627	3.91	15587	3.91
	4 缸机	333785	83.44	336140	84.22
“运输机”		23680	5.59	23516	5.57
其中	单缸机	2162	9.13	2320	9.86
	双缸机	12078	51.01	11960	50.84
	3 缸机	431	1.82	421	1.83
	4 缸机	9009	38.04	8815	37.47
其他型		—	—	14	0.00

（五）2014 年低速汽车市场竞争分析

综观三轮汽车市场，优胜劣汰的激烈竞争使一些企业淘汰出局，优强企业保持优势，产业集中度不断提高。

在三轮汽车方面，2014 年三轮汽车前 10 名企业产量之和占全行业的 99%，较之 2013 年略有增加，排名前 10 名的生产企业位次并未发生改变，占据市场份额的优势地位已比较稳固。除山东五征集团有限公司、山西卓里集团有限公司产销量同比出现上升外，其余企业均出现负增长。如表 3 所示，时风集团仍以 98.6 万辆的总销量高居榜首，占据全国 39.4% 的市场份额，彰显行业排头兵的实力。

表 3　2014 年三轮汽车产量排名前 10 名企业产销量

序号	企业名称	产量	销量
1	山东时风（集团）有限责任公司	985858	985859
2	山东五征集团有限公司	861483	861681
3	河南奔马股份有限公司	398584	398584
4	福田雷沃国际重工股份有限公司	94184	98608
5	长葛市世英机械有限公司	52755	50878
6	山东双力车辆有限公司	27966	25512
7	汝南县广源车辆有限公司	21622	21591
8	山西卓里集团有限公司	18052	16515
9	河南葛天车辆有限公司	10299	10298
10	山东东方曼商用车有限公司	6491	6615

2014 年我国低速货车的市场集中度前 10 名企业产量之和占全行业的 84.76%，较 2013 年增长了 0.95 个百分点。

如表4所示，从企业的生产排名情况看，前10位的企业的竞争格局与2013年相比基本没变，时风集团凭借90622辆的产销业绩，仍高居行业之首。从当年的总体形势看，低速货车行业面临向轻型载货汽车转型的形势，行业内实力较强的企业阵容已经基本稳定。

表4　2014年低速货车产量排名前10名企业产销量

序号	企业名称	产量	销量
1	山东时风（集团）有限责任公司	90622	90622
2	河南奔马股份有限公司	71214	71214
3	云南力帆骏马车辆有限公司	47573	47475
4	山东五征集团有限公司	36691	38845
5	山东东方曼商用车有限公司	27232	27827
6	江西英田汽车制造有限公司	22975	22583
7	四川南骏汽车集团有限公司	21756	21977
8	北汽福田汽车股份有限公司	14894	14631
9	山东凯马汽车制造有限公司	14590	14480
10	广西钦州力顺机械有限公司	11604	11457

（六）2014年低速汽车典型区域市场分析

三轮汽车产地相对集中，如表5所示，山东省作为三轮汽车的生产大省，产量一直占有绝对优势，稳居龙头位置，达到了78.9%，较2013年上升2.31个百分点。河南生产量排名全国第二，较上年下降2.12个百分点。其余几个省份三轮汽车的产量所占比例非常有限，排名顺序同2013年。

表5　三轮汽车按生产比例分布的7个省市

省市	山东	河南	山西	湖南	甘肃	湖北	安徽
比率（%）	78.92	19.80	C.72	0.30	0.13	0.08	0.05

低速货车生产企业较为分散，生产集中度偏低。如表6所示，山东、河南、四川、云南、江苏五省低速货车的生产规模稳居前五，其中山东省的产量约占总量的49.17%。河南省的产量占总量的17.38%。四川省从2013年的第4位上升到2014年的第3位。其他前10名低速货车生产省份产量同比变化不大。

表6　低速货车按生产比例分布的前10个省

省、市、自治区	山东	河南	四川	云南	江苏	北京	广西	浙江	河北	福建	其他
比率（%）	49.17	17.38	8.86	8.66	5.66	2.74	2.28	2.09	1.20	0.77	1.19

三轮汽车销售地区相对集中，如表7所示，2014年河南、甘肃、河北和山东四个省份销量之和超过三轮汽车总销量的50%。陕西、山西和辽宁等地区销量约占总销量的25%，其他所有省份销量总和不到20%。河南、河北、甘肃是我国三轮汽车的三大销售市场，其产量、销量均居全国前列。由于西

部大开发的推进，甘肃以12.09%的销售比例，从上年的第3位上升为第2位。前10名的省份销售份额的竞争基本稳定。

表7　三轮汽车按销售比例分布的前10个省

省、自治区	河南	甘肃	河北	山东	山西	陕西	辽宁	安徽	江苏	内蒙古	其他
比率(%)	19.49	12.09	11.83	11.66	9.02	8.62	7.35	4.97	2.99	2.84	9.14

从低速货车销售市场看，其销售地区依然分散，如表8所示，排名前10名的省份中，前6名的省份的销量占据了半壁江山，超过了50%。四川、山西、湖北省低速货车的销售有一定降幅，受区域销售政策影响，云南有较大增幅，从上年的第7位，升至2014年第2位，占据10.29%的市场份额，增幅4.96%。安徽省跌出了前10名。贵州以3.56%的占比位列全国第9。

表8　低速货车按销售比例分布的前10个省

省、自治区	河南	云南	四川	山东	山西	江西	湖北	河北	贵州	内蒙古	其他
比率(%)	18.49	10.29	9.21	6.67	6.49	5.64	5.17	4.76	3.56	3.54	26.18

（七）2014年低速汽车市场消费者特征分析

根据国家统计局的数据显示及城乡一体化住户调查，2014年全年全国居民人均可支配收入20167元，比上年名义增长10.1%，扣除价格因素实际增长8.0%。按常住地分，城镇居民人均可支配收入28844元，比上年增长9.0%，扣除价格因素实际增长6.8%；农村居民人均可支配收入10489元，比上年增长11.2%，扣除价格因素实际增长9.2%（见表9）。

表9　2008—2013年我国城镇和农村居民收入变化

地域分布	指标	2008年	2009年	2010年	2011年	2012年	2013年	2014年
城镇居民	人均纯收入（元）	15781	17175	19109	23979	24565	26955	28844
	增长率（%）	8.4	8.8	11	8.4	15	7.0	6.8
农村居民	人均纯收入（元）	4761	5176.9	5919	6977	7917	8896	10489
	增长率（%）	8	8.7	10.9	17	13.5	9.3	9.2

注：增长率是扣除价格因素后的数值。

从2008年到2014年我国居民可支配收入的变化情况来看，城镇居民和农村居民的收入都呈现出高速增长的态势。2014年保持平稳的态势，我国农村居民收入的持续增长为低速汽车的发展带来了积极影响。

低速汽车在农村市场经过了成长期、发展期到成熟期，作为农民发家致富的过渡产品发挥了重要的作用，随着消费群体购买力的提升，产品结构升级、技术升级将成为必然的发展趋势，但作为性价比高的三轮汽车、低速货车以其鲜明的时代特征成为目前农民重要的生产工具。尤其是一些专用车如自卸车、矿用车、抽渣车、环卫车特别适合农村及城乡市场。党的十八大报告明确提出，2020年全面建成小康社会，实现国内生产总值和城乡居民人均收入比2010年翻一番的目标。中国农村城镇化，农民的购买力实现倍增，将迎来交通运输工具的真正升级换代。同时，随着环保法规的顺利实施，低速汽车的节能和减排技术不断升级，仍占据一定的农村市场，但其发展趋势呈现多元化，建设美丽乡村，将固化农用汽车新的使用属性和技术特性，只有这样才能真正服务于城乡一体化建设。

（八）2014 年低速汽车市场主要生产企业运营状况分析

山东时风（集团）有限责任公司系全国最大的低速汽车生产企业，拥有三轮汽车和低速货车公告资质。2014 年实现主营业务收入 322.9 亿元，实现利税 17.2 亿元，其中三轮汽车 98.58 万辆，低速货车产销 9.06 万辆，实现低速汽车行业的十九连冠，继续保持全国同行业的排头兵地位。时风集团特别注重采用高新技术装备改造提升传统产业，落实了“工艺技术提升产品质量、工艺装备保障产品质量”的制造理念。2014 年新建自动化铸造线、涂装线、总装线，大幅提升了零部件精度和整车质量。坚持创新驱动，开发适应市场需求的新产品，三轮汽车重点优化风骏系列车型，开发钩臂式垃圾车、挂桶式垃圾车、系列多功能环卫车、沼渣吸污车等专用车辆，拓宽了产品系列。低速载货车抢抓需求新机遇，新增扩展 68 个车型，在西藏、江西、贵州等市场销售实现翻番增长。

山东五征集团有限公司 2014 年实现销售收入 151.65 亿元，三轮汽车产销 86.14 万辆，低速货车产销 3.67 万辆。三轮汽车产业着力升级产品质量，全年开发车型 83 个，开发电动车车型 7 个，开发改进零部件 500 余项。与五征奥驰汽车属于同一平台开发的环卫车型，在箱体涂装工艺上，采用了特殊的防腐蚀措施，成为环卫车新卖点。农业装备产业全年共开展 10 个重点研发项目、240 个产品设计改进升级项目。专用车产业异军突起，全年开发新产品 49 款，创造了发展新优势。

河南奔马股份有限公司 2014 年产销三轮汽车 39.85 万辆，排名全国第 3 位；低速货车 7.12 万辆，排名全国第 2 位。奔马股份有限公司拥有 3 个专业制造公司、8 个专业生产厂、20 多条专业化生产线，具有年产三轮汽车、低速货车、中/轻型卡车、专用汽车、电动车 30 万辆生产能力。其产品系列全，品种多，主要包括混凝土泵车、汽车起重机、混凝土搅拌运输车、洒水车、压缩式垃圾车、摆臂式垃圾车、自装卸式垃圾车、餐厨垃圾车、沼气池吸污车、洗扫车、扫路车、随车起重运输车、检修车、自卸汽车等专用汽车产品，区域市场有较强的竞争力。

福田雷沃国际重工股份有限公司 2014 年全年销售收入 113.99 亿元，旗下福田五星汽车是三轮汽车、低速货车、载货车辆产业研发、生产厂，拥有五星福星、五星 ATX、五星驭翔、多功能专用车等系列产品。2014 年产销三轮汽车 9.41 万辆，排名全国第 4 位。2014 年五星汽车厂针对南方市场开发的高端简易棚车型，ATX1000 简易棚满足南方市场用户对高品质产品的需求，车架结构升级优化，三轮汽车加重型低货台矿用车。针对西北地区的重载需求，全新凌翔 1305 车身三轮汽车，满足了城乡物流多拉快跑的用户需求，适应了市场变化。

（九）2014 年低速汽车市场价格走势分析

受世界经济缓慢增长的影响，国际和国内需求不足，2014 年钢材、橡胶、煤炭等大宗物资市价转入跌势，一直持续到 9 月，型材、线材、型钢、中厚板、热轧带卷、冷轧带卷平均价格较年初下降了 500 元以上，下半年铁路投资已确认加速，以及棚户区改造、污染防治等民生类投资也在继续加快，后期随着政策转化为市场效益的带动下，10 月后半期市价或有所好转，但整体反弹幅度有限。

天然橡胶价格下跌了 3000～5000 元/吨，从轮胎供求关系及轮胎相对橡胶等原材料的下降幅度和时间分析，2014 年轮胎价格探底。

受原材料价格下跌的影响，整车制造成本下跌。但迫于用工压力，多数企业员工工资与 2013 年基本持平或略有增长，人工成本的强势增长基本抵消了部分原材料采购下降的成本，因此，从市场上看，低速汽车整车售价与 2013 年年底相当，下降 300 ~ 500 元，多以让利、营销政策、提高返利等形式出现，但企业的利润率相对下滑。

2014 年全国农民人均现金收入实增 8.0%，持续的收入增加强化了农民对低速汽车价格的承受能力，因此整机售价的小幅波动不会对需求市场产生很大影响。值得注意的是，中西部地区农村居民收入增长都明显高于东部地区，在很大程度上，东西部城乡的统筹发展将催生出对低速汽车新的消费需求。

（十）2014 年低速汽车产品、技术发展趋势分析

1. 低速货车加速了与轻型载货车并轨步伐

由于低速货车和轻型载货车在农村市场基本重叠，区别在于排放控制和最高车速上，其消费总量和市场保有量持续下滑。新增需求中，受用户消费水平的影响，低速货车的驾驶舒适性、操控性上均有了大幅提高，如铆接车架、气刹制动、液压助力、冷暖空调等方面均采用轻型载货车先进结构。载质量 500kg 低速货车被微卡取代，2014 年产销仅 7689 辆，所占比例 1.92%。因单缸柴油机油耗排放指标低，影响低速货车的活动半径，有的区域禁止进城，配装 3 缸机、4 缸机车型均有一定增幅，特别是三缸机从 2013 年的 12615 台增加到 2014 年的 15627 台，增幅 23.4%。从发动机类型的销量比重分析，4 缸机是市场发展的主流，占市场销量 83% 以上的比重，单缸机和双缸机配套比例持续下滑。

2. 三轮汽车产品结构变化快，新车型满足新需求

从额定载质量分析，受电动车辆的影响，300kg 载质量的产品进一步降低销量，500kg 的三轮车占主导地位，从而表现出三轮车使用特性发生了微妙变化，一方面缘于超载现象的治理，另一方面随着农村道路条件的改善，重载运输的任务由四轮载货车承担。自卸三轮汽车市场需求也进一步增长，总量增加 5.58 万辆，自卸车型占总销量的 76.30%，同比上升了 2.14 个百分点。方向盘、皮带 + 连体、大缸径的三轮汽车依然是 2014 年的主导产品。从产品功用方面分析，洒水车、压缩式垃圾车、摆臂式垃圾车、自装卸式垃圾车、餐厨垃圾车、沼气池吸污车、洗扫车、扫路车、随车起重运输车、检修车、矿用车、果园、大棚、设施农业专用车等品种齐全，迎合了新农村建设农民的多样化需求。

二、2015 年低速汽车市场展望

（一）2015 年低速汽车需求预测

1. 不利因素分析

（1）世界经济中的风险性不确定性因素仍较多

首先，全球经济总体未恢复到危机前增长水平，国际贸易保护主义不断抬头以及由于土地、劳动力等综合成本上升造成我国出口国际竞争力有所下降，这些因素仍持续对我国外贸出口造成不利影响；

其次，主要发达经济体宏观政策分化和转换带来的冲击；最后，地缘政治形势更加动荡。

（2）房地产市场短期难以出现强劲回升

今年以来房地产市场景气度不断下降，虽然已出台了解除限购、放宽首套房贷款认定标准和降息等政策，这些政策可能在边际上改善房地产市场形势，但受房地产市场阶段性过剩严重、房价下行预期强等因素影响难以很快扭转低迷态势。房地产行业前后向产业关联度高，与钢铁、建材、家电、装饰材料等多个行业紧密相关，且房地产投资占固定资产投资比重达 1/4，房地产市场低迷将严重掣肘投资及相关行业的增长。

（3）环保指标造成的强约束

"十二五"规划中期评估显示，环保指标完成进度滞后，规划中 4 个节能环保的约束性指标都未能达标。为了确保节能环保指标在"十二五"后两年达标，国家将"实施最严格的资源节约和生态环境保护制度"。2015 年是"十二五"规划的收官之年，有些地方为完成环保指标，可能会采取强制措施。

受雾霾天气的影响，国务院印发了《大气污染防治行动计划》，加大综合治理力度，减少污染物排放，特别强调移动源污染防治，加快淘汰黄标车和老旧车辆，在 2017 年年底前，全国供应符合国家第五阶段标准的车用汽、柴油。明确提出：加快推进低速汽车升级换代。不断提高低速汽车（三轮汽车、低速货车）节能环保要求，减少污染排放，促进相关产业和产品技术升级换代。自 2017 年起，新生产的低速货车执行与轻型载货车同等的节能与排放标准。苛刻的环保法规，迫使低速汽车快速的转型升级，新产品、新技术、新工艺的应用在一定程度上加速了节能与排放性能的提升，但对于整个行业来讲，仍受到较大冲击，总产销量会呈现下滑趋势。

（4）供给因素约束不断加强

劳动力、土地、资本等供给因素进一步趋紧，对经济增长的约束不断加强。部分企业生产经营困难，竞争乏力，据不完全统计，低速汽车行业内企业，因用工成本居高不下，生产成本难以控制，生产经营困难，有的资金链断裂，不仅影响当期生产，更重要的影响到企业对未来发展的预期，为避免损失，有些相应减少生产、压缩投资。导致的结果，优强企业继续领跑，集中度越来越高，竞争乏力的企业被市场淘汰，削减了行业的整体实力。

2. 有利因素分析

（1）宏观经济总体稳定，消费者信心增强

世界经济将持续复苏但难以有大的改善。据国家统计局发布《2014 年世界经济形势回顾与 2015 年展望》报告，受全球货币政策总体宽松、原油价格大幅下跌、全球外需逐渐回暖等因素影响，预计 2015 年世界经济形势可能好于上年，各机构普遍预计 2015 年全球经济增长将继续保持复苏态势，增速较 2014 年有所提高。国际货币基金组织（IMF）预测 2015 年全球经济增长 3.8%，较 2014 年提高 0.5 个百分点。

（2）政策效应逐步释放，持续拉动经济增长

一方面，为应对今年经济下行的压力，中央出台了一系列定向调控政策措施。内容涵盖定向降准、结构性减税、棚户区改造、中西部铁路建设、稳定外贸、扩大信息体育消费，以及在近期实施的全面降息和基础设施领域推出一批鼓励社会资本参与的项目（PPP）等。这些政策多需跨年度操作，政策效应将继续释放。另一方面，在我国当前的财政状况和通胀形势下，积极的财政政策和稳健的货币政策还具备较大的运用空间，政府可能继续围绕促进就业、提高居民收入、加强公共（基础）设施建设

等方面出台力度更大的新政策，政策效应也将会集中体现为通过扩大内需进而拉动经济增长。

（3）居民收入增长，功能性消费拉动对低速汽车新的需求

我国经济发展的基础条件依然较好。我国经济的基本面仍然良好，内需增长具备有利条件。供给方面，虽然我国面临劳动力人口绝对量减少、储蓄率下降等趋势性变化，但是人力资本、资本存量等要素供给的质量在提高，一些新的增长拉动因素正在形成。消费方面，目前就业形势良好，居民收入增速超过了经济增速，为消费持续增长和提升消费占比创造了有利条件。投资方面，“十二五”规划即将收官，一些规划尚未完工的在建工程和尚未动工的大项目，建材、石料等采掘、转运量加大，势必带动低速汽车新需求。

（4）城镇化和美丽乡村建设会进一步促进对低速汽车消费的需求

随着我国新型城镇化进程的发展，小型城市基础设施与公共设施的投入，新住宅项目的建设，农村土地的拆迁，大型公共服务设施的建设、城市物流的运输，环卫、市政工程等都增加了对低速汽车的需求。

综合有利和不利因素，预计2015年三轮汽车与2014年基本持平，呈现下滑趋势，受益于国Ⅳ轻型载货汽车排放转型升级的市场、价格的双重压力，低速货车总产销量上升，低速汽车总量将保持一个趋于稳定的发展态势。

（二）2015年低速汽车市场趋势预测

1. 三轮汽车仍保持淡季不淡的行情和走势

中国经济渡过结构调整的过渡期，铁路投资加速，以及棚户区改造、污染防治等民生类投资继续加快，水利工程建设、城市基础设施建设等项目提速，微刺激项目存在追赶进度的刚性需求，户外工程项目将带来更多的三轮汽车的需求，这种刚性需求将再次迎来终端市场集中释放，三轮汽车市场总量将保持与2014年持平的态势。

2. 低速货车迎来发展新机遇

2014年5月28日工信部授权中汽协会召集12家国内主要轻卡生产企业在京召开了轻型柴油车国四排放升级约谈工作会议，要求各生产企业严格按照环保部的要求，杜绝国Ⅲ及以下排放标准车辆套用国Ⅳ合格证销售行为，重申2015年1月起载货汽车执行国Ⅳ标准。国Ⅳ机型成本大幅增加，一般会增加2万元左右，高昂的购车价格用户对国四车是否会接受？轻型载货类汽车的调整期可能会更长。而四轮低速货车在城乡和二元化市场上与轻型载货类汽车功能和结构上接近或重叠，低速货车仅凭借价格上的优势将迎来难得的发展机遇，这种增势将持续到2016年。

未来两年将成为低速汽车转型发展的黄金期，一些具备低速货车资质的载货汽车企业，受环保法规的制约，快速转战低速货车市场，迎合市场、用户需求，抢占市场份额，以解国Ⅳ产品成本高、购买力不足、经营困难的燃眉之急。一方面低速货车的产销量迅速增长，另一方面市场格局面临新的洗牌，一些竞争力差的企业被淘汰出局，新兴企业异军突起，引领新一轮的产品升级。

（三）低速汽车产品、技术发展趋势

1. 三轮汽车朝“轻量化、绿色化、专用化、多功能”方向发展

三轮汽车具备机动灵活、运量小、利用率高和使用经济性好的特点，仍然以田间作业和农村生资、

作物转运为主。额定载质量低于1000kg的三轮汽车底盘将通过轻量化设计，保证承载强度的基础上，采用轻质结构材料，降低能源消耗。

环保部颁布的《大气污染防治行动计划》给三轮汽车也提出了时间表，对节能环保、减少污染排放提出更高要求，要求柴油机生产企业和主机厂围绕排放和环保指标控制实施技术攻关，如采用增压中冷、电子控制、排放后处理等技术，使烟度、排放、噪声等指标提前达到轻型载货车同等标准，不断推进产品技术升级换代，使三轮汽车绿色化。

为满足如西南地区矿山开采的需要，专门开发矿用自卸车，转向灵便；为建设美丽乡村和现代化城镇开发环卫清扫车、垃圾清运车、洒水车、沼气池吸污等特色产品；为设施农业专门开发的果园采摘车、大棚作业车、生资用品转运车；用于城镇基础设施建设需开发随车起重运输车、检修车；用于运输蔬菜、鲜果、水产、畜产等具有保鲜功能的专用车辆；用于集贸市场中，既能运输货物，又能进行货架销售的专用车，以满足城乡市场多元化的需求。

2. 从产品技术发展趋势看，低速货车产品不断升级换代

从产品技术发展趋势看，越来越多的商用车结构和技术将嫁接应用在低速货车上，配套动力也采用轻型载货汽车达排放标准柴油机，豪华驾驶室选装冷暖空调、电动门窗、中控等装置不断提高驾乘的舒适性；消费需求的升级要求各生产企业在产品研发中进行优化设计，提高传动效率，减少振动，进而提高产品的可靠性和性能的稳定性。气刹、断气刹、直联轴传动、自卸放大架结构将不断提高产品的安全性，从而加速低速货车的整体升级。

3. 低排放快递、物流配送车辆将会增加

已经完成公告的厢式、仓栅等物流专用车辆，接轨铁路货运终端。随着铁路货运改革基本到位，如今的铁路货运已经更新到公路货运的各种方式，加上低廉的运输价格，以及免受公路运输的各类困扰，货运的终端连接集散地、周转库等，短程物流加快推进低排放快递、物流配送车辆转型升级。

（四）2015年市场价格走势分析

受2014年GDP、CPI和外贸增幅等数据公布影响，市场对中国经济增速放缓、通缩风险加大等预期增强，推动了看空人民币的力量。加上受欧版量化宽松以及全球多国央行降息的影响，美元总体走强，综合导致人民币贬值压力加大，这一趋势或将维持一段时间。虽然淘汰落后产能初见成效，但大宗商品市场供大于求，整体价格水平依然在高位运行，不会出现深幅跌落。

从国际上看，全球经济总体未恢复到2008年经济危机前增长水平，国际贸易保护主义不断抬头，土地、劳动力等综合成本上升造成产品国际竞争力下降，将影响出口业务。从国内来看，受大宗工业产品价格下降影响，企业去库存压力加大，经营效益将继续下降。另一方面，除了传统的资金、用工、土地、运输成本上升外，企业围绕结构调整升级、环保和节能减排等方面的投入持续增加，企业经营将面临前所未有的压力。

近几年来，我国企业用工成本呈现出持续、较大幅度的上升趋势。2015年一些企业为了积极应对日益加剧的竞争，有效解决“招工难”现象，或者为了抢占科技人才、技术工人的优势，都采取了提高工资、改善福利待遇这一有效的手段。用工成本的增加，为企业运行带来较高的生产制造成本压力。

原油价格大幅下跌。世界银行预测全年原油均价将比上年降低44.8%。油价下跌对全球经济增长总体利好，通过降低进口成本，将石油净出口国的收入再分配至石油净进口国，收入完成转移，相当于净进口国变相减税。关联制造业而言，生产成本能够得到有效控制，利润空间相对稳定或增加。

2015 年 3 月在第十二届全国人民代表大会第三次会议上国务院总理李克强在政府工作报告中提出今年经济社会发展的主要预期目标是：国内生产总值增长 7% 左右，居民消费价格涨幅控制在 3% 左右，加强对增长、就业、物价、国际收支等主要目标的统筹平衡。据此预测，全年的价格水平将趋稳，降价空间有限。

与低速汽车价格密切相关的钢材、橡胶等大宗物资，以钢材为例作深度分析，预计 2015 年国内钢价运行区间在 2600 ~ 3300 元/吨，全年均价 2950 元/吨，较 2014 年全年均价下跌 7%。天然橡胶在开市时依然会弱势难改，1 月天然橡胶整体呈现下跌的变化趋势，月末均价 12170 元/吨。预测 2015 年受合成胶及储存量的影响，很难出现大幅度反弹。

综合低速汽车生产成本、人工成本、制造成本、运输成本、管理成本、经营费用等因素影响，初步预测 2015 年低速汽车售价将出现小幅下跌，三轮汽车单台车降幅在 300 元左右，低速货车单台车降幅在 500 元以内，低速汽车终端不会出现大的价格波动。

（山东时风（集团）有限责任公司　徐海港）

微耕机市场回顾与展望

微型耕耘机，是指功率不大于7.5kW、可以直接用驱动轮轴驱动旋转工作部件（如旋耕），主要用于水、旱田整地、田园管理及设施农业等耕耘作业为主的机器，可称之为耕耘机（或微型耕耘机、微耕机、管理机等）。2014年以微耕机为代表的小型农机具迎来了快速发展的机遇期。微耕机、田园管理机械具有轻便、灵活、一机多用等特点，对提升山区丘陵机械化水平作用巨大。随着该机型制造工艺、技术水平的提升，产品应用性不断增强。

据了解，近年我国微耕机年度需求在150万~180万台，2015年将迎来良好发展机遇。虽然有众多工程机械企业开始转型升级发力农业机械，但农机市场在被这么多工程机械企业攻陷了之后，已经开始逐渐走向饱和状态，但就当前来看，短时间内，我国农机市场仍面临诸多有利的发展环境，在惠农政策的推动下将保持稳健快速发展的趋势。

一、2014年微耕机市场回顾

（一）2014年微耕机市场现状分析及产品、技术发展趋势

1. 国外微耕机的发展状况

国外微耕机也称为万能管理机，是专门为果园、菜地、温室大棚、丘陵坡地和小块地（水、旱田）作业而设计的农机产品。该机配套机具二十余种，可从事近四十项农田作业。

独、双轮微耕机，包括机架、可调高低扶手，机架上设有柴油机或汽油机、机架和扶手上设置有变速箱，变速箱的输出轴上设置有能够沿轴移动的驱动轮。该机具有重量轻、油耗低、相对功率大、结构紧凑、机动性强、操纵轻便灵活的特点。可爬坡、越埂、阶梯性强。广泛适用于平原、山区、丘陵的旱地、水田、果园、菜地、烟地的深旋耕、浅旋耕、犁耕。配上相应机具可进行抽水、发电、喷药、喷淋、收割、起垄、铺膜、打孔、碎草、根茎收获、复土、培土、开深沟、施底肥、除草碎土、偏培土、埋葡萄藤等作业，还可牵引拖车进行短途运输，是大中型农机无法媲美的多功能微耕农机，具有工作稳定可靠、使用寿命长、维修方便等特点，是进入农民家庭最理想的微耕机。

国外小型微耕机械发展较早，目前主要以日本、韩国、意大利、法国和美国等国家的产品为代表，配套动力为1.47~5.88kW汽油机或柴油机，普遍采用2.2~5.1kW动力。欧洲国家的产品以园艺作业为主，主要功能有旋耕、剪草、清雪、粉碎、短距离运输等，而亚洲国家的产品则以农业作业为主，如日本、韩国和我国台湾的产品。日本机型兼顾水旱地两用，可进行翻地、旋耕、起垄、铺膜、开沟、播种及水田平整等；韩国和中国台湾机型则以旱地（果园、菜地、温室大棚及其他小块地）作业为

主，韩国机型的显著特点体现在多功能方面，其典型代表机型为亚细亚多功能管理机。该机除了可进行耕整地、栽植、开沟、起垄、铺膜、中耕锄草、施肥培土、抽水、喷药及短途运输作业外，还可进行粉碎、稻麦收割、根茎收获等20多项作业。

欧洲机型的发动机动力轴多向后输出，通过一对伞齿轮与轮（刀）轴齿轮箱连接，并通过传动轴驱动剪草机、清雪机和粉碎机等园艺机具，这时扶手转到发动机前面，其优点是整机结构紧凑，但驱动一些农用机具时传动不太方便，工作部件安装位置不好布置。日本、韩国和我国台湾机型的发动机输出轴向一侧布置，通过两根胶带与轮（刀）轴齿轮箱连接，并利用胶带或链条驱动各种作业机具。台湾机型结构相对简单，外观也较日本和韩国产品有些差异。亚洲3.7kW以上机型在旱地深旋作业时多采用搅刀，这种刀的特点是松土性能好，旋土深，碰到石头或硬物能避让，不会损坏刀具。但其缺点一是碎土性能稍差（在一定转速和前进速度下方可达到碎土性能要求），二是功率消耗较大，所以动力小的机型不宜采用这种刀型。

国外机型大部分都具有以下主要特点：小巧、灵活，外形美观，操作方便（操向手把能旋转并可调节高低）；采用排放量低的小型汽油机或柴油机为动力；可方便、简单、快速地更换多种工作部件，完成多项作业。

2. 国内微耕机的发展阶段

（1）起步阶段

我国很早就开始了微耕机的开发，但由于多种原因没有形成产品，20世纪80年代末至90年代中期，随着土地联产承包责任制的发展、农民收入的提高及我国小型柴油机和汽油机趋于成熟等，我国多功能微耕机的发展开始起步。这一时期，主要是仿照国外产品，但由于材料、热处理工艺和国外的差距，所以刚开始时齿轮箱和刀具部分存在的问题比较多，微耕机工作不长时间，齿轮箱就发热严重、漏油或齿轮损坏，还有旋刀不入土、刀片易断裂等故障。

（2）发展阶段

20世纪90年代中期至2001年，随着我国农村种植结构的调整，工厂化设施农业的迅猛发展，经济类作物种植面积的增加和农民收入的提高，多功能微耕机有了较大的发展。这一阶段，除了许多农机厂和农机研究所外，一些发动机厂、拖拉机厂、机床厂、林业机械厂、汽车配件厂和摩托车厂等也都纷纷涉足微耕机行业。如：安徽长江农业装备股份有限公司（安徽六安手扶拖拉机厂）生产长江系列田园管理机，山东常林集团（山东手扶拖拉机厂）生产沭河系列耕耘机，浙江四方集团公司（浙江省永康拖拉机厂）生产四方系列管理机，东风农机集团公司（常州拖拉机厂）、福建拖拉机厂、广西南宁手扶拖拉机厂等也开始生产微耕机，就连重庆的3大摩托车生产厂（嘉陵、隆鑫和宗盛）也都先后涉足微耕机。据估计，仅山东省2000年生产微耕机的企业就超过了30家，到2001年年底全国生产微耕机的厂家达100多家。众多厂家依据自身的特点开发和生产不同类型的微耕机，有的还根据当地农作物的种植特点给微耕机增加了一些新功能，比如开发了一些用于套种的配套机具等。

（3）成熟阶段

从2002年起的10多年内，我国的微耕机的发展应该处于成熟阶段。机型和质量基本稳定，生产厂家的数量也趋于稳定。

目前，国内厂家生产的微耕机产品从地域上可分为南方型和北方型。南方机型结构形式以参照欧洲的机型为主，在旋耕刀具方面又吸取了日本产品的特点，初期以水田作业为主，逐步发展成水旱兼用。代表机型为广西蓝天和重庆合盛等厂家生产的微耕机产品。北方机型以参照韩国和中国台湾的机型为主，代表机型有山东宁津通达机械厂生产的3WG－4型多功能微耕机、山东华兴机械集团生产的TG系列多功能田园管理机、北京多力多公司生产的DWG系列微耕机等。

从性能和功能上分也有两种类型：一类是功能少（动力小于3.7kW、配套机具少）、操作不够方便（手把不能调节、无转向离合器、前进和后退挡位少等）的机型，称之为简易型微耕机，因其价格低（主机售价低于3000元/台），销售量逐步增加；另一类机型功能较多（可配套机具多），使用可靠性高，操作方便，称之为标准型微耕机（主机售价为4000～7000元/台）。售价低于3000元/台的微耕机多配水冷柴油机，3.7kW以上的多配风冷柴油机或汽油机。风冷发动机外形美观（机体为铝压铸），拉绳（带恢复器）启动，但对燃油的品质和维护保养要求较高；水冷发动机外形稍大且显粗糙，摇把启动，但相对故障率低。柴油机动力强、经济，汽油机排放少，适于棚内作业。

（二）2014年微耕机市场基本特征

近年来，在国家政策与市场需求扩张的推动下，我国农机行业迎来了新的转型期，与传统作物机械化发展相比，今后几年，我国农机市场的重点将开始由三大粮食作物向经济作物转移，经济类作物机械将成为今后一个时期市场蓝海，同时，未来我国农机市场将由过去的大众产品向个性突出的小众产品发展。农机需求数量可能会变小，但质量、性能、配套等均需满足特殊要求，农机产品的智能、节能、环保、舒适都会越来越受到关注，小型农机将获得良好的发展机遇。2014年我国小型农机销量继续保持180万台的需求量。

我国耕地存在田块零散狭小，耕地细碎化，使用权分散及交通不便，通行性、进入性较差，机械无法下地。以上现状，决定了我国小型农业机械在相当长时间将依然占据主导。

2014年我国小型农机呈现以下特点：

1. 持续快速发展

统计显示，自2004年实施农机购置补贴以来，我国的田园管理机、微耕机以及与之相配套的小型配套农机具每年以两位数的增幅快速增长，特别是2009—2012年呈现快速增长态势，同比分别增长25%、45%、15%和20%。

2. 小型农机市场将出现联动效应

在小型拖拉机快速发展的同时，与之配套使用的旋耕机、灭茬机、深松机，充分延伸了我国小型拖拉机的使用功能。微耕机为保有量为1780余万台的小型拖拉机提供了用武之地，也延长了小型拖拉机的使用周期。近年来，我国小型拖拉机以每年200多万台的销量和近10%的增幅增长，诠释了这种发展的趋势。

3. 微耕机将快速发展

田园管理机、微耕机广泛适用于山岭、蔬菜大棚、林果管理、花卉管理及各种高效农作物田间管理。它具有轻便、灵活、省油、环保、一机多用和可靠耐用等优点。配备2.94～6.62KW发动机，配套相关农机具可完成旋耕松土、除草、喷药灭虫、开沟培土、犁耕、收割、施肥、播种、起垄及短途运输等多种作业。因易操作，被广大农民所认可，并被农机部门列为重点推广产品。根据市场调查，2014年我国微耕机年度需求在150万～180万台，销售区域多分布在云贵川、两湖、两广等区域。

从生产格局分析，我国微耕机生产企业主要集中在重庆、四川和山东等省市，其中仅重庆生产企业即达到100余家，占全国60%以上，年产销量100余万台，占总销量的55%以上，并且涌现出合盛、鑫源、耀虎、豪野和威马等知名品牌。

我国微耕机经过十多年的发展，市场容量趋于饱和。微耕机市场从2013年下半年开始下滑之后，进入了调整期。主要表现为生产量下降，价格下降，销售量大幅下滑，利润大幅减少，但是，企业劳动力和资金成本却上升，产品同质化明显，低端产品低价，无序竞争严重，很多知名的农机大企业举步维艰。

不可否认，我国微耕机企业正面临着前所未有的危机，这危机源于很多方面：包括微耕机市场的饱和，巨大的产能过剩，微耕机的使用场所——耕地面积的减少，导致最终用户的减少；新型多功能机械的崛起对单一功能微耕机的冲击；低价、无序的市场竞争以及跨国企业的竞争压力等。未来，尤其是单纯依靠国家补贴政策的企业，将面临更大的生存压力。

（三）2014年微耕机市场需求及市场消费者特征分析

2014年，中央财政安排农机购置补贴资金237.5亿元，比上年增加20亿元，增幅达10.9%。农业部、财政部精心组织，密切配合，促进农机购置补贴政策顺利实施。目前，全国补贴资金实施进度已超过99%，共补贴购置各类农机具超过3500万台（套），比上年增加近2905万台（套），受益农户达到2234万户。在农机购置补贴政策的推动下，农民购机用机积极性高涨，农机工业产销两旺，农机装备水平和农机作业水平快速提高，为实现粮食安全生产和农民增收，促进现代农业建设提供了有力支撑，做出了重要贡献。

山区是全面建设小康社会、发展现代企业、建设社会主义新农村的重中之重、难中之难。今年国家必将提升农业机械水平的重点放在山区。

（四）2014年微耕机市场竞争分析

随着国内土地集约化和农村合作社的加速实施，大型农业作业机械越来越受到用户的青睐，尤其随着国家农机补贴的不断深入和加大，对大型农机作业机械补贴力度逐年增加，这也极大地刺激了农民的购买积极性。但小地块、山区、丘陵地区和大棚、果园种植等用户对微耕机的需求也在不断增加，国家补贴也相应对此补贴，因而2014年市场竞争更加激烈和多元化。同时，工程机械巨头有意到农机行业分一杯羹。未来农机产业集中度提高，竞争更加激烈是必然的。根据市场调查，2014年我国微耕机年度需求在150万~180万台，销售区域多分布在云贵川、两湖、两广等区域。

随着配套小型作业机械农机具的不断增加和技术的改进，微耕机相应的配套农机具也越来越多地刺激了市场的需求。尤其是农民对经济作物的种植的增加和多样化、生产规模和种植结构分散等因素，对农机具的不同需求也相应增加。当前，农机具生产企业将目光瞄准了小型作业机械配套机具这一竞争相对较少的市场，加大了对农机具技术开发和配套设计，从而带动提高了微耕机市场的需求量。在整个手扶拖拉机市场竞争严峻的形势下，许多手扶农机企业也纷纷将市场转向微耕机市场，出现生产企业越来越多，但上规模的企业很少。由于行业进入壁垒低，行业发展速度快，产品同质化较严重。大多生产企业都是采取拿来主义、跟随战略，所以产品基本趋同，没有差异化，因而面对销售狭窄的区域，竞争将会异常激烈，价格是目前竞争的唯一调节杠杆。只有大力投入技术研发和技术改进，开发更加适宜不同区域、不同作物的产品，才能在竞争日益加剧的市场中获得市场份额和发展空间。

2014年，全行业首先面临的一个问题就是如何努力加强和细化管理水平，以提高自身获利能力。

另一个问题则是产品同质化严重，以及由此导致的企业间竞争愈演愈烈。尽管各类资本纷纷涌入农机行业，但资金的投入重点多在增加产能，而非新技术、新产品的开发。这势必造成产品同质化现象越发严重。行业内多数企业缺乏研发能力和创新积极性，只能采取简单制造、低价跟进的市场策略，最终带来竞争压力与日俱增，影响行业的健康发展。因而，好的企业应进行战略研究，认真制定和实施技术、产品、人才战略，以贯彻清晰、持续的发展目标，避免目光短浅和盲目跟从。

行业共性技术缺乏，是农机行业发展面临的第三个问题。我们要想缩短与农机制造强国之间的差距，就必须在重大技术和关键零部件的研发制造上有所突破。但行业目前却面临着共性技术研发短缺的窘境，很多共性技术都在吃老本。缺乏研究共性、关键、核心技术的创新体系和组织，这是一个重要原因。

农机企业的竞争也正在由传统的低价格竞争向以体系为支撑的全套解决方案的高价值竞争转变。因此，农机企业应提高产品研发、制造能力，加快产品升级步伐，以市场需求为导向，推进产业转型，不断融合液压、自动控制、微电子、信息与生物等新技术，向大型化、一体化、智能化方向发展。同时，紧密跟踪、主动服务，努力抓住农机合作社、家庭农场、种粮大户、竞品客户等实际需求，比竞争对手更近一步抓住市场机遇。

（五）2014年微耕机典型区域市场分析

我国土地资源类型多样，丘陵、山地和高原的面积约占全国土地面积的2/3，平地约占1/3。2006年全国耕地面积约122047 khm^2，主要集中在淮河流域及其以北地区，约占近2/3，其他分布在长江流域及其以南地区，占1/3多。自然地形和气候的不同，形成了农业和农业机械化的区域特色，不同自然和经济条件的地区，对农业机械的需求呈现出明显的差异性。为了研究不同区域农民对农业机械的需求，2007年笔者采用调查问卷的形式，在全国26个省区市的225个县对农民购置农业机械的意向及选择条件等相关问题进行了调查，共回收有效问卷196份，有效率达87.1%。根据自然条件，按照地形地貌将被调查县分为平原、丘陵山区及丘陵山区平原交错区3类区域，不同的区域对农业机械及其购置补贴的比例也不同。

1. 平原地区

本次调查的县中共有62个属于该区域。由于平原地区地势平坦，面积大，自然条件明显优于山区，非常适合机械化作业，因此农业机械化发展较快，水平较高。从调查结果可以看出，目前农民最愿意购买的农业机械种类依次分别是大型拖拉机、旋耕机、中小型谷物联合收割机、秸秆粉碎机、中型拖拉机、植保机械、小四轮拖拉机；最愿意购买上述机械的县的数量分别占调查县总量的85%、53%、47%、42%、34%、32%和26%。此外，麦草打捆机、投饲机、采棉机、棉花播种机等经济作物作业机具也深受农民的欢迎。总体上看，现阶段大中型拖拉机、收获机械、耕作机械等粮食作物生产机械仍是平原地区农民需求的重点，但适合平原地区农民多种经营的小四轮拖拉机也有一定的市场。同时，该类地区希望获得30%~40%的购置补贴比例的县占32.2%、40%~50%和50%以上的比例均占21.4%。

2. 丘陵山区

丘陵山区的农业机械化问题一直是我国农业机械化发展进程中最亟须解决的一大难题。本次调查有92个县属于丘陵山区。从调查结果来看，目前该地区农民最愿意购买的农业机械种类依次分别是旋耕机、手扶拖拉机、微耕机、小四轮拖拉机、植保机械、大型拖拉机、中型拖拉机、全喂入式水稻收割机；最愿意购买上述机械的县的数量分别占调查县总量的66%，60%，55%，52%，42%，41%，33%和33%。除了小马力拖拉机、微型耕作机械等是丘陵山区农民首选的农机具外，像挖藕机、花生播种机、茶叶机械、烤烟起垄机、甘蔗收割机、大姜机械等适合经济作物生产的小型农业机械也受到了农民的普遍欢迎。此外，小马力变型（多功能）拖拉机、深耕犁、排灌机械在丘陵山区也有一定的市场需求。同时，该类地区希望获得30%～40%的购置补贴比例的县占23.7%，40%～50%和50%以上补贴的比例分别占31.2%和40.0%。

3. 丘陵山区平原交错地区

属于该类地区的县共有42个，由于该类地区集合了丘陵山区、平原这两大不同地貌的特点，因此其对农业机械的需求既有平原地区农业机械需求的特点，又有丘陵山区农业机械发展的特色。调查结果显示，该类地区农民最愿意购买的农机具种类依次分别是大型拖拉机、旋耕机、小四轮拖拉机、手扶拖拉机、中型拖拉机、中小型谷物联合收割机；最愿意购买上述机械的县的数量分别占调查县总量的79%，76%，50%，48%，48%和33%。丘陵山区平原交错地区对农业机械的需求范围较广，从大中型拖拉机到小型拖拉机，从旋耕作业机械到小型收获机械，以及如花生播种及收获机、茶叶机械、大姜和大蒜收获机等特色农业机械都有较大的需求市场。同时，该地区希望获得30%～40%的购置补贴比例的县占37.2%，40%～50%和50%以上补贴的比例分别占30.2%和18.6%。

可见，不同区域对农业机械及其购置补贴比例的需求是不同的，既有共性又有个性。共性是现阶段3类区域对大中型拖拉机、旋耕机等耕作机械、植保机械、谷物联合收割机等收获机械都有大量需求，特别是平原地区，由于主要是粮食作物生产，这类机械的需求量还是比较大的；个性主要体现在丘陵山区和交错地区对小型农业机械需求迫切，特别是丘陵山区，由于地块小，作物品种及种植多样化，对适合作业的手扶拖拉机及配套农具、微耕机等多功能小型农机具需求旺盛。各区域对农业机械购置补贴比例要求也不尽相同，一般来讲，平原地区各方面发展较快，经济条件较好，对补贴比例要求相对低一些。丘陵山区各方面发展缓慢，经济条件落后，对补贴比例要求相对高一些。

所以应因地制宜推进区域农业机械化协调发展，同时上述分析客观地反映了全国农业机械需求及其发展趋势。了解区域需求，掌握客观规律，优化农业机械资源配置，才能不断地满足农业生产和农民需求，发挥农业机械化节本增效的作用，达到发展生产力的目的。

（六）2014年微耕机市场主要生产企业运营状况分析

重庆的微耕机制造业近几年得到了快速和健康的发展，在国内行业中遥遥领先。2011年，重庆市微耕机生产企业100家左右，总产量达70多万台，约占全国微耕机总产量的1/2。合盛、威马、巴山、宗申等品牌的年销售量均超过5万台。2012年，重庆有49家企业的微耕机产品进入了《2012—2014年国家支持推广的农业机械产品目录》，非常抢眼。

重庆的微耕机有两个非常突出的特点，一是起步不凡，二是产品华丽，常自喻为带有皇家贵族血统。主要原因在于重庆是摩托车、小型发动机的生产基地、出口基地和零部件配套基地。随着国家农机补贴政策的实施和受农村劳动力结构性短缺的影响，微耕机市场需求迅速增大。在这种形势下，重庆的一些摩托车企业和小汽油动力机企业抓住市场机遇，利用自己的优势，开始生产销售微耕机。这些企业在进入农机行业之前，就已经有了比较先进、较为完善的制造装备和加工能力，微耕机的小型发动机和传动箱两大核心部件多是自己生产，生产的主动权完全掌控在自己手中。企业不论产能大小，大部分都在敞亮厂房里的装配线上生产，很少见到地摊式的作坊生产，从而保证了产品的产能和装配质量。由于有比较好的制造基础，其产品的钣金件和外饰、外视件都采用电镀或烤漆生产，见不到喷漆和手工刷涂漆，产品的外表非常的美观。这些企业多数都形成了完善的企业管理制度和质量保证体系，有成熟的配套供应链，甚至采用零部件条码标签管理生产，这在其他小型农机行业是很难见到的。他们说，我们是在用生产奢侈品摩托车的装备来生产微耕机，产品的起点一定高。

重庆微耕机企业还汇集了一批研发人员，不断开发新的产品。在某企业的样品展览室，微耕机就有 20 多个品种。汽油、柴油、电动多种动力供应；动力机横置、竖置多种传动形式；水田用的、旱地用的、丘陵用的、设施内用的，琳琅满目。这里也存在产品的同质化问题，但各企业的创新意识表现得很强烈，总是刻意展示其产品的每一处创新和与众不同之处。

重庆微耕机制造业的另一个亮点是对国际市场的开拓很成功。摩托车产业培养的外贸业务人才在农机外销时发挥了作用，重庆微耕机出口量以很快的速度在增长，已经出口到意大利、东欧、中东、俄罗斯、东南亚等地。其中，重庆威马农业机械有限公司 2011 年生产微耕机 12 万台，出口就达到 9 万台。

重庆市人民政府对微耕机的发展给予高度的重视和支持。2013 年，市农机产业园开始建设，按照规划，该产业园“十二五”期间将投资 200 亿元。市政府在微耕机的出口、科技创新等许多方面都给予资金和政策的支持。政府组织研究微耕机配套专用节能发动机的核心技术，开发微耕机专用动力用油，助推行业的不断提升。重庆市农机办提出微耕机要以小搏大，抱团发展，要“走出高山跨过海洋”，叫响国内外。今年，农机办将组织企业组团参加全国农机展览会，扩大重庆品牌的影响。他们还提出利用自己的优势，打造“中国微耕机之都”，做大做强微耕机产业。

重庆作为“中国微耕机之都”，从它的发展境况，可以窥探出我国微耕机行业整体的发展态势。重庆微耕机生产源于 20 世纪 90 年代后期，从 2003 年起，随着《农机化促进法》的颁布实施，特别是中央和地方对购机补贴力度加大，重庆市微耕机企业进入快速发展期。

但是，问题也随之而来，在 2009 年前后，重庆地区的许多从事摩托车和配件生产的企业，看到微耕机行业发展火热，“一窝蜂”都进入了微耕机领域。他们中的大部分是为了获得国家补贴，一味扩大生产规模，不注重产品创新和技术升级，这为市场巨大的产能过剩留下隐患。

在微耕机市场进入调整期间，企业应该走通过技术创新，改进产品质量和提高企业效益之路。比如，可以开展整机企业与供应商共同“合作研发”新产品的模式，或者采用“集成创新”的办法，即企业自己完成整体结构设计，然后直接购买相关的通用零部件，把这些外协件装配起来，形成了自己的产品。如今，“集成创新”已经成为国际通用的做法。

二、2015 年微耕机市场展望

经过多年的发展，我国微耕机生产在经历了起步—发展—成熟三个阶段后，市场格局已基本形成一种定式，特别是近年来随着噪声低、排放少、动力强劲和适应性强的发动机被应用于微耕机，使国产微耕机产品正趋向于多功能化，操作也更加简单。而技术的不断进步，也带动了市场的快速发展。

2015 年微耕机发展趋势更加明朗。

目前，我国微耕机市场之所以得到快速发展，有赖于三个动因：一是从地理形势来说，我国处于丘陵和山区的耕地面积占较大比例，且地块小，起伏不平，适宜使用小型机具；二是农村的经营规模多以家庭为主，需要小型机具；三是随着农业种植结构的进一步调整，经济类作物种植面积的不断增加，尤其是温室大棚的迅猛发展等，这些都决定了我国多功能微耕机的潜在市场是巨大的。

据专家分析，倘若我国每年有 1% 的农户购买微耕机，需求量将超过 100 万台；若是有 10% 的农户拥有微耕机，将会使我国微耕机的保有量超过 1000 万台。从目前来看，尽管农民收入比以前有了一定提高，但仍未达到快速启动市场的程度。因此，为进一步促进微耕机业的发展，生产企业必须有足够的耐心和信心，认真进行市场调研，积极培育市场。

原因主要有，农机购置补贴不会减少，农机购置补贴政策实施 10 年来，资金规模逐年加大，已经成为拉动农机市场的主要因素。多位行业人士据此解读称，2015 年农机购置补贴水平将超过 2014 年的 237. 5 亿元，预计达到 273. 13 亿元规模，拉动农机市场销售份额将超过 884 亿元。

中国经济进入新常态，中央和地方的财政收入下降不少，财政支出的方向也会做出相应调整。这种情况下，中央明确对农业农村的投入处于优先保障的地位。2014 年，国家惠农扶持资金超过 1. 4 万亿元，如果按照每年国家惠农扶持资金递增 15% 来算，2015 年国家的惠农扶持资金将超过 1. 6 万亿元。

同时，国务院《关于促进农业机械化和农机工业又好又快发展的意见》的深入落实和全国农机化发展“十二五”进入关键发展阶段，将极大提升农机市场活跃度和农机化发展水平。

2014 年，我国粮食产量达到了 12142 亿斤，实现了“十一连增”，也是连续两年跨上 1. 2 万亿斤的台阶。农业部种植业司司长曾衍德说，能够实现连年增产，高产创建和增产模式攻关功不可没。据专家测产，全国 1. 1 万个粮食万亩示范片平均亩产 1260 斤，比全国平均亩产高 75% 。

政府工作报告提出，要坚持以家庭承包经营为基础，支持发展多种形式新型农民合作组织和多层改的农业社会化服务组织，逐步构建集约化、专业化、组织化、社会化相结合的新型农业经营体系，张桃林告诉记者，构建新型农业经营体系，要着力抓体制和机制的创新，尤其要注意空间的布局，资源的整合、优化和配置。目前，我国农业机械化发展存在不平衡问题，尤其是丘陵山区农业机械化是一个难点，对此，张桃林副部长表示，农业机械化发展有它的条件，有些条件是天然的条件，有些条件需要我们去创造，农业机械化现在主要是在平原地区，相对来讲，丘陵山区的经济作物、林果业和畜牧业的机械化是将来农业机械化需要加强的地方，这既是空间，也是潜力，新机具的研发需要适应丘陵山区。

随着城镇化发展，农村劳动力大量向城镇转移，农村出现了“空巢”现象，耕地该由谁种的问题日益突出，传统的机械化作业已不能满足现代农业的发展需要，而要解决这些问题就要依靠技术更为先进、集成化水平更高的农业机械装备。

2014 年 3 月 5 日，第十二届全国人民代表大会第二次会议在北京人民大会堂开幕。李克强总理代表国务院向大会作政府工作报告。报告指出：“促进农业现代化和农村改革发展”农业是扩内需调结构的重要领域，更是安天下稳民心的产业。要坚持把解决好“三农”问题放在全部工作的重中之重，以保障国家粮食安全和促进农民增收为核心，推进农业现代化。坚守耕地红线，提高耕地质量，增强农业综合生产能力，确保谷物基本自给、口粮绝对安全，把 13 亿中国人的饭碗牢牢端在自己手中。

强化农业支持保护政策。提高小麦、稻谷最低收购价格，继续执行玉米、油菜籽、食糖临时收储政策。探索建立农产品目标价格制度，市场价格过低时对生产者进行补贴，过高时对低收入消费者进行补贴。农业新增补贴向粮食等重要农产品、新型农业经营主体、主产区倾斜。

2014 年，我国耕种收综合机械化水平达到61%以上，提前一年实现“十二五”规划目标。按照农机化发展初级、中级和高级三个阶段划分，60%～70%是我国农机化发展中级阶段第三期（中级阶段的最后一个时期），拉开了农机化发展第二个黄金 10 年的序幕。这是一个质的飞跃，意味着农机市场进入一个崭新的发展阶段。

这个阶段将是农机化发展过程中最为关键和艰难的一个阶段，农机化水平在跨越 60%的门槛之后，面临着众多的突破。第一，解决丘陵山区农机化薄弱环节将成为今后农机政策扶持的重点，占全国国土总面积 69. 1%的山区农机化水平很低，提高机械化水平成为今后农机化发展的一个重点；第二，将加速粮食作物的全程机械化，在小麦、水稻、玉米三大粮食作物耕种收环节基本实现机械化后（水稻机播、玉米机收除外），种子的加工、粮食的烘干等环节成为突破的重点；第三，在解决粮食作物机械化之后，解决经济作物机械化水平偏低的问题将成为农机化发展下一个 10 年的重中之重，也是农机化发展的难点。农机化发展重点的转移，将为今后农机市场打开另一扇大门。

今后，农机产品将明显向大型化、专业化发展，畜牧机械、设施农业装备、深加工设备等“大农业”产品的市场份额将持续扩大，行业总体产能和制造水平将继续提升，与农机先进国家之间的差距将进一步缩小。国产农机质量和性能会有新的突破，市场满意度也将不断提高。社会各领域对农机的投资热情持续上涨，农机工业仍是“热钱”流入的重点。

（一）2015 年微耕机需求预测

当前我国农机行业的发展水平远远落后于发达国家。2014 年，我国耕种收综合机械化水平为 61%，平原机械化水平估计在 70%左右，达到农机化发展中级阶段，而丘陵山区的农机化水平在部分省份仍不足 40%。在欧美日等国家，农机化水平已经达到 90%。

国家统计局数据显示，2014 年全国大型拖拉机的产量是 5 万台，增长了 6. 64%；中拖生产 57 万台，下降了 9. 29%；小拖生产 195 万台，同比下降了 13. 92%。规模以上拖拉机企业主营业务收入下降了 0. 24%，利润总额下降了 20. 76%，利息支出增长了 20. 4%，亏损额增加了 65. 41%。2014 年拖拉机市场是低迷的，它将很快影响到产业的调整和企业的转型。

中国农机工业协会统计，拖拉机骨干企业的产量同比下降了 21. 04%。其中，手扶拖拉机产量下降了 35. 14%；小四轮拖拉机下降了 16. 5%；大中型拖拉机产量下降了 20. 69%。收割机骨干企业累计生产谷物联合收割机 14. 3 万台，同比下降了 4. 06%。其中，轮式小麦机生产了 4 万台，同比下降了 12. 08%；玉米联合收获机 5. 5 万台，增长 33. 01%，履带式水稻收获机 3. 4 万台，同比下降了 25. 08%，半喂入水稻收割机更是下降了 81. 77%。小麦机和水稻机的市场饱和度已处于高位，预计未来小麦和水稻收获机“以旧换新”市场将会逐渐活跃。

进出口方面，2014 年 1—12 月，全国农机行业累计完成出口交货值 318. 35 亿元，累计同比增长 2. 92%。

预计，2015 年农机产销增速将逐渐回落，但大型高端农机产品市场仍将较旺。其中，大中型田间作业机械、精深加工和成套装备将成为未来的产品发展方向。

大型需求放缓小型快速发展，据有关统计资料显示，自2004年农机购置补贴实施以来，我国的田园管理机、微耕机以及与之相配套的小型配套农机具每年都以两位数的增幅快速增长。特别是2009—2014年呈现快速增长之势，同比分别增长25%、45%、15%和20%、2.2%。同时，与手扶拖拉机配套使用的旋耕机、灭茬机、深松机，充分增加了我国小型拖拉机的使用功能，为拥有量1780多万台的小型拖拉机提供了用武之地。

（二）2015年微耕机典型区域市场分析与预测

针对丘陵山区调查结果显示，对农业机械的需求范围较小，针对丘陵山区种植制度多样、规模小、种植分散的特点，应大力研发推广小型、轻简型农机化技术与装备小型微耕机，从旋耕作业机械到小型收获机械，以及如花生播种及收获机、茶叶机械、大姜和大蒜收获机等特色农业机械都有较大的需求市场。

（三）2015年微耕机产品、技术发展趋势

在农业机械化水平高速发展的今天，机械已经在一定程度上代替了人力，现有农机装备业已覆盖农业生产的全过程，“耕、种、管、收、运、储”全程机械化的作业模式已经在全国各地蔚然成风，并带来了降低生产成本、集成农业技术、提高农产品竞争力等诸多经济社会效益。农业部副部长张桃林在全国农机化工作会议上曾指出，随着农民老龄化、土地流转加快，农机化对解决“谁来种地”问题大有可为。

为了适应市场需求，企业应该针对不同作业对象和环境开发专用的微耕机机型。比如，重庆新三农业机械设备有限公司有针对性地开发出了低成本，易用的微耕机产品，它使用柴油动力，设置了五挡位变速系统，12～65岁的人都能操作，试验结果表明，劳动强度减轻了约30%，耕作成本（油耗）降低了15%。这样的产品非常适合我国农村劳动力空心化的现状。

2015年更要围绕满足农业生产实际需求，着力加快“三型”农机化装备技术研发推广。针对丘陵山区种植制度多样、规模小、种植分散的特点，大力研发推广小型、轻简型农机化技术与装备等。

我国微耕机市场已经进入调整期，微耕机产品要向以下几方面发展：

（1）多功能化。不断配套新机具，增加新功能，在完善农用功能的基础上，逐步向城市园林、园艺领域扩展，如配套剪草、清雪、枝叶粉碎机具等。目前，山东华兴机械集团正与中国农业机械化科学研究院合作开发与其生产的主导机型TG4型配套的多种园艺机具。

（2）选用适应性强的发动机。低噪声、排放少、动力强劲和适应性强的发动机将更多地被应用。

（3）操作更加简单。操向手柄、前进和后退速度的调节更加方便。

（4）更换工作部件快速化。为了减轻操作者的劳动强度和节约更换偿同农机具的时间，微耕机与配套机具的挂接采用快速挂接装置，拆换农具简单、快速。

（5）根据特定市场开发的垂直轴蜗杆传动微耕机。

（6）概念的微耕机。目前重庆新三农业机械设备有限公司正在开发机器人概念的微耕机，它将利用北斗系统和遥测技术，可以24小时连续作业。功效比现在的提高了约30%，从刀具上和土壤方面进行了系统化设计。在资金保障情况下，预计今年10月可以看到样机。

当前，我国正处于从传统农业向现代农业转变的关键时期，也是农机工业发展的重要战略机遇期，

国际资本正加速进入，我国农机发展速度明显加快。近年来我国农机工业总产值年均一直保持20%以上的增速。我国农机研发及产业化虽然经历了几十年的发展历程，但大型、高效、复杂农业装备及核心零部件依然依赖进口，智能化与精准作业产品缺失。"研发推广一批新型高效农业机械"任重道远。

经历了几年的发展，如今的微耕机在安全生产方面已经得到了改进。其中，一种被称为"手离停"的设计得到了迅速推广。重庆农机推广部门表示，目前，微耕机在操作的安全性、轻便性上已经有了很大提升。

在微耕机安全及操作便利性方面，今年进入市场的重庆嘉陵本田公司似乎更具优势。嘉陵本田公司营业部特约店营业课课长毛学明表示，本田公司的微耕机产品在日本占有相当大的市场份额，甚至被誉为"微耕机领域的久保田"，关键在于其产品在安全性及操作性上总能占得先机。如今，嘉陵本田微耕机已经申请了20多项国家专利，并从今年3月开始在全国各地进行了上百场演示。有业内人士预计，嘉陵本田的微耕机产品，或将成为行业技术改进的新标杆。

中国农业机械化科学研究院科技部部长杨炳南表示，目前看来，微耕机各项参数已逐渐趋于稳定，但产品在科技含量和制造工艺上仍有上升的空间。"国内小型发动机制造工艺同国际水平还有差距，很多还只能使用铸铁材料，体积也比国外同等马力发动机大20%左右。同时，国内企业在自主创新方面仍有差距，产品科技含量和附加值较低。"

杨炳南还指出，推进山区丘陵地区机械化水平，做大微耕机市场，只靠生产企业努力远远不够。据了解，目前国际上最轻便的微耕机，自重也在60公斤左右，如果机耕道、索道建设跟不上，机器仍然"上不了山"。

"山区的耕作环境比较复杂，不同的山头，同样的机器很可能无法适应。"杨炳南说，"目前国际上比较主流的方式是以山头为单位，逐个进行整体规划。在机耕道、灌溉设备的建造以及种植方式、工艺的选择上进行统一规划、整体开发。这样或许更有利于丘陵、山地地区微耕机的推广和农机化水平的提高。"

（四）2015年微耕机市场走势分析

2015年，以微耕机为代表的小型农机具将迎来快速发展的机遇。微耕机、田园管理机械具有轻便、灵活、一机多用等特点，对提升山区丘陵机械化水平作用巨大。随着该机型制造工艺、技术水平的提升，产品应用性不断增强。

日前从中国机械工业联合会了解到，在购机补贴政策的强力刺激下，2014年农机行业产销两旺。由于相关政策还将在2015年持续，业内普遍看好明年农机市场。

随着世界经济形势的复苏，我国农机出口也迎来春天。数据显示，2014年1—12月，全国农机行业累计实现出口交货值318.35亿元，累计同比增长2.92%。

2014年亏损企业个数增加了27.21%，农机行业亏损额增加了138.78%，经营压力明显增大。

农机行业全年累计完成资产投资1352.2C亿元，同比增长10.16%。值得关注的是，外商直接投资额下降了83.27%。但外资企业在中国的投资增幅下滑是相对的，他们对中国市场依然有很高的期望。

农机行业的繁荣与农业补贴政策有密切关系。2014农机购置补贴为237.5亿元，按照1∶4.35的拉动比例来算，2014年将拉动农机需求1033.125亿元，相当于2010年农机工业总产值2838.1亿元的36.4%。农机化水平从2004年的33%提高到2014年的61%。

从主要统计的产品看，1—12 月，农机行业的主要产品产量有升有落。收获机械增速最快，为 8.41%。小型拖拉机下降幅度最大，为 13.92%。其次是中型拖拉机，累计同比下降 9.29%。

据了解，目前在实现农业现代化的发达国家，农作物耕种收综合机械化率接近 100%，相比较而言，2014 年我们实现的全国农作物耕种收综合机械化水平 61.66% 与发达国家存在很大差距。

自从 2004 年推出农机购置补贴，我国农机行业已经走过了黄金十年。现代农业生产方式的转型升级为农业机械发展带来重大机遇，根据行业当前增长速度来看，到 2015 年，总产值有望突破 4500 亿元。

各涉农企业应注重提高中国农业的整体竞争力、注重农业技术创新、注重可持续的集约发展，走产出高效、产品安全、资源节约、环境友好的现代农业发展道路。

总之，未来我国微耕机的整体发展方向，应该是能够减轻农民的劳动强度，注重用户体验和满足市场需求。企业应该开发出舒适、高效、耐用的微耕机，当然，智能化也是一个重要的发展方向。

（山东常林机械集团股份有限公司　胡尊云、王波）

区域市场

黑龙江省农机市场回顾与展望

一、2014 年黑龙江农机市场回顾

（一）2014 年黑龙江农机市场发展环境分析

1. 影响 2014 年黑龙江农机市场的有利因素

（1）三中全会的《中共中央关于全面深化改革若干重大问题的决定》，明确提出了对农村改革任务和举措，以赋予农民更多权利和利益，推进城乡一体化发展。

（2）在中央经济工作会议上，首次将粮食问题放在经济问题的第一位，提出“切实保障国家粮食安全”，“要依靠自己保口粮，集中国内资源保重点，做到谷物基本自给、口粮绝对安全”。

（3）中央农村工作会议所作的“最薄弱、最突出、最严重”的判断，道出农业、农村经济面临的突出问题和紧迫形势，传递中央强农的坚定决心。会议指出，解决好吃饭问题始终是治国理政的头等大事。中国人的饭碗任何时候都要牢牢端在自己手上。我们的饭碗应该主要装中国粮。

（4）中央一号文件将农业机械化的发展提到了前所未有的高度。一是提出“加大农机购置补贴力度，完善补贴办法，继续推进农机报废更新补贴试点”。二是提出“建设以农业物联网和精准装备为重点的农业全程信息化和机械化技术体系，推进以设施农业和农产品精深加工为重点的新兴产业技术研发”，并要“加强农用航空建设”。三是要“加快推进大田作物生产全程机械化，主攻机插秧、机采棉、甘蔗机收等薄弱环节，实现作物品种、栽培技术和机械装备的集成配套”。四是“积极发展农机作业、维修、租赁等社会化服务，支持发展农机合作社等服务组织”。五是提出“分区域规模化推进高效节水灌溉行动。大力推进机械化深松整地和秸秆还田等综合利用”。

（5）2013 年我省粮食总产跃上 1200 亿斤新台阶，比上年增加 48.5 亿斤，增长 4.2%，实现粮食总产量 1200.8 亿斤，取得了历史上最好收成，这是我省在连续五年粮食特大丰收基础上创造的新历史记录，全国第一产粮大省的地位更加稳固。

（6）新型农业经营主体壮大。2014 年，全省农民合作社达到 6.9 万个，家庭农场（大户）达到 10.5 万个，分别新增 2 万多个和 4000 多个；新组建现代农机合作社 245 个，总数达到 1107 个（整合后），新命名农机规范社 50 个，农机合作社规范化水平和带动力进一步增强。

（7）2014 年黑龙江省拟建 920 万亩高标准基本农田，其中，农业综合开发建设项目落实 210 万亩，通过“千亿斤粮食产能工程”等项目落实 243 万亩，通过以田间水利工程为重点的土地整治落实

467 万亩。

（8）水稻育秧设施建设加快。整合资金 6.4 亿多元，新建 2.78 万多栋高标准水稻育秧大棚和 200 个小型水稻智能化催芽车间，全省水稻育秧大棚达到 84.8 万栋，智能化催芽车间达到 1023 个。

（9）继续开展玉米“双增二百”、超级稻“双增一百”科技行动和粮油高产创建活动，推广五大作物模式化栽培面积 1.8 亿亩。

（10）我省继续加大农机装备资金的投入。2014 年，一是全面实施“全价购机、定额补贴、先购后补、县级结算、直补到卡”的农机购置补贴方式，4.84 亿元专项支持散户的购置农机补贴资金，帮助 1.9 万户农户购置农机装备 1.98 万台套；二是新建了 245 个农机合作社，其中旱田社 143 个，水田社 102 个，农机装备投资 14.44 亿元，配备农机装备 1.1 万台套；三是上年投建的 99 个农机合作社的装备资金 5.64 亿元，结转在 2014 年市场采购；四是农垦系统建设现代农机装备区的农机更新投入 21.2 亿元。

（11）农机装备制造业稳步发展。2014 年 6 个农机产业园区投入 6.7 亿元进行基础设施建设，完善配套设施，增强园区吸附力。新落户园区企业 5 家，新落地项目 20 个，全省新型农机装备制造产业完成固定资产投资 32.2 亿元，99 家规模以上农机制造企业实现主营业务收入 115.9 亿元。

2014 年，垦区的两个省级农机产业园区（松花江园区和宾西产业园）主要农机制造企业预计完成销售收入 5.43 亿元。垦区农机骨干企业 26 家，预计实现农机制造业销售总收入 12.3 亿元。

（12）2014 年，黑龙江省装备现代大农机，组建现代农机装备作业区和大型合作社，发展农机制造业，使农机化实现了跨越发展。与上年同比，一是农机装备总量持续增长，全省（农村 + 农垦，以下同）农机总动力达 5155.5 万千瓦，比上年增长 5.5%。如拖拉机总量增长 2.74 万台，增速 1.5%。其中，大中型拖拉机增长 4.87 万台，20 马力以下的小型拖拉机负增长 2.13 万台。二是农机作业水平稳步提高，全省耕种收综合机械化水平达 93.75%，比上年增长 0.78 个百分点，位居全国第一。水稻机械种植和机械收获程度分别达到 94.7% 和 95.3%，分别较上年提高了 2.7 个和 4.4 个百分点；玉米机械播种和机械收获程度分别达到 99.6% 和 75.1%，分别较上年提高 0 个和 10.8 个百分点。

2. 2014 年农机市场受到不利因素的影响

（1）农机行业经历前 10 年的火红之后进入常态化，市场进入弯道，大众化农机产能严重过剩，刚性需求走弱，增速放缓。我省的主流产品如拖拉机和机动水稻插秧机，2014 年的增幅较上年分别下降了 1.6 个、8.3 个百分点。

（2）购机补贴进入“前期刺激政策消化期”——之前补贴大大推动了农民购机，导致社会保有量激增，部分产品趋于饱和；国补政策改变，促使大多数农民持币待购，不贸然购买农机具；有些农机细分领域即使仍有补贴政策的刺激，仍然难以形成较强的购买驱动力。2014 年，全省农机产品总销售额较上年下降了 14.9%。其中零售下降幅度超过了 30%。

（二）2013 年黑龙江农机市场发展现状分析

1. 黑龙江农机流通现状分析

（1）“小、散、弱”的现状没有明显改变。流通组织化程度低，经营集中度不高。年经销额在 5 亿～10 亿元以上的十几家农机大市场和农机公司，其销售额仅占全省农机产品总销售额的 1/3，而另 2/3 则被总数量占绝对优势的个体经济农机经销店（公司），以及遍布消费基层的夫妻店所瓜分，但因其处于“散兵游勇”状态，单打独斗，各自为政，分散经营，无序竞争，绝大多数经营规模小，经济效益差。

（2）流通现代化程度较低，流通效率低下。绝大部分农机流通业仍维持传统的经营模式，除省农机公司在总代理、物流配送和集中售后服务等新型农机流通业态上初创局面，并有几十家初级二网点连锁经营之外，其余最好的也就是成为某一品牌的代理商，新的流通业态发展缓慢。农机市场绝大多数限于价格竞争，淡漠品牌、忽视质量。

（3）经济效益差，资本积累少，抗风险能力弱，发展后劲不足。大量的农机经营店经营设施简陋，专业化素质不高，售后服务能力不强。一些经济效益较好的经销商大都靠经营汽车、工程机械或钢材等其他产品。2014 年上半年受市场冷淡的冲击，一些小型商家已退出竞争。

（4）市场秩序不规范，假冒伪劣时有发生。农机营销特别是整机经营没有门槛，谁都可以开公司卖农机，经销商鱼龙混杂、参差不齐的现象还不能有效遏制。在全省约 3000 家个体农机经销店中，多数是家庭店，经营企业小而分散，进货渠道和销售价格混乱，尤其是卖真货赔钱，卖假货赚钱，所以鱼目混珠、假冒伪劣商品屡禁不止。另外，二手农机（车）交易比较混乱，个别经销商回收废旧农机拆零件充当新品出售，成为引发事故的重大隐患。缺乏行为规范的状况所带来的直接后果是市场秩序混乱以及信誉低下，直接受害者是广大农民和用户。

2. 黑龙江农机市场历年经销回顾

“九五”时期，由于农村经营体制改革全国农机市场处于低谷，其“九五”之末全省农机产品市场总销量在 25 亿元上下。“十五”期间，自 2004 年后中央一号文件迭年发布，借助于购机补贴等政策因素、市场因素等的推动，我省农机市场已进入了真正意义上的发展时期，尽管有自然灾情、粮价和物价等因素对农民购买力的影响，但随着中央及各级政府对农机投入的逐年加大，农业发展、农民收入和购买力的逐年提高，农机市场日渐火红。尤其是我省自 2008 年实施“千亿斤粮食产能工程”以来，大型现代农机合作社发展迅速，带动了大型农业机械及市场销售量的飙升。全省（含垦区、林区）农机产品市场总销量连续四年超百亿元。进入 2014 年刚性需求走弱，增速放缓，购机补贴进入“前期刺激政策消化期”，全省农机产品总销售额较上年下降了 14.9%，其中零售下降幅度超过了 30%（见图 1）。

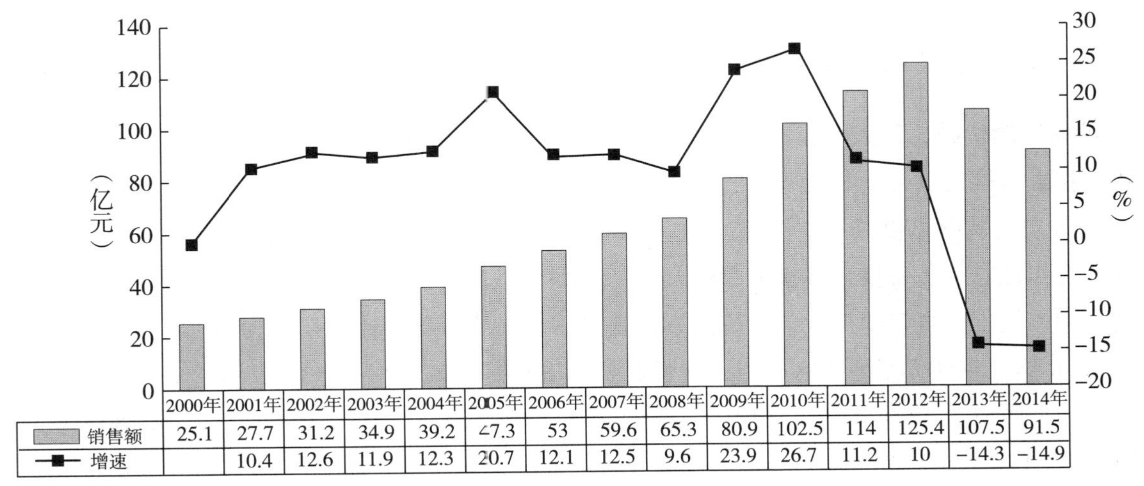

	2000年	2001年	2002年	2003年	2004年	2005年	2006年	2007年	2008年	2009年	2010年	2011年	2012年	2013年	2014年
销售额	25.1	27.7	31.2	34.9	39.2	47.3	53	59.6	65.3	80.9	102.5	114	125.4	107.5	91.5
增速		10.4	12.6	11.9	12.3	20.7	12.1	12.5	9.6	23.9	26.7	11.2	10	−14.3	−14.9

图 1　2000—2014 年黑龙江省农机产品销售

3. 农机流通业竞争分析

我省原国有农机公司最多时达 107 家，有省农机总公司、13 个地（市）农机公司和 93 个县级农机公司，另外还有 73 个乡镇农机供应站。自农村实行家庭联产承包改革开放以后，原来农机流通的 4 级体制被市场击破，绝大部分企业关停并转，改制后仅存的只有 7 家，其中省公司 1 家（黑龙江省农业机械有限责任公司），地（市）公司 4 家，县（市）公司 2 家。其余的全为个体农机经销店（公司）。农机大市场、股份制农机公司及个体经营户群体瓜分天下。现股份制农机公司经营的有 30 余家，中心造势较强的有省公司、佳木斯公司、齐齐哈尔农机市场、绥化欧亚达农机市场、龙哈公司、哈市工程农机公司等，约占全省市场份额的 1/3，星罗棋布撒播在全省的个体经营者占 2/3。

黑龙江省汽车农机大市场销售额 2010 年达到巅峰，年销 41. 1 亿元，独占当年全省总销售额的 40%。其后下降，2011 年为 31 亿元，2012 年为 18. 7 亿元，2013 年为 19. 7 亿元，2014 年则降到 15. 3 亿元，分别占全省当年总销量的 27. 2%、14. 9%、18. 3% 和 14. 2%（见图 2）。主要原因：因农机合作社及购机补贴等项目供应商政策的调整，农机大市场的主干省农机公司在政府集中采购额中占比下降。

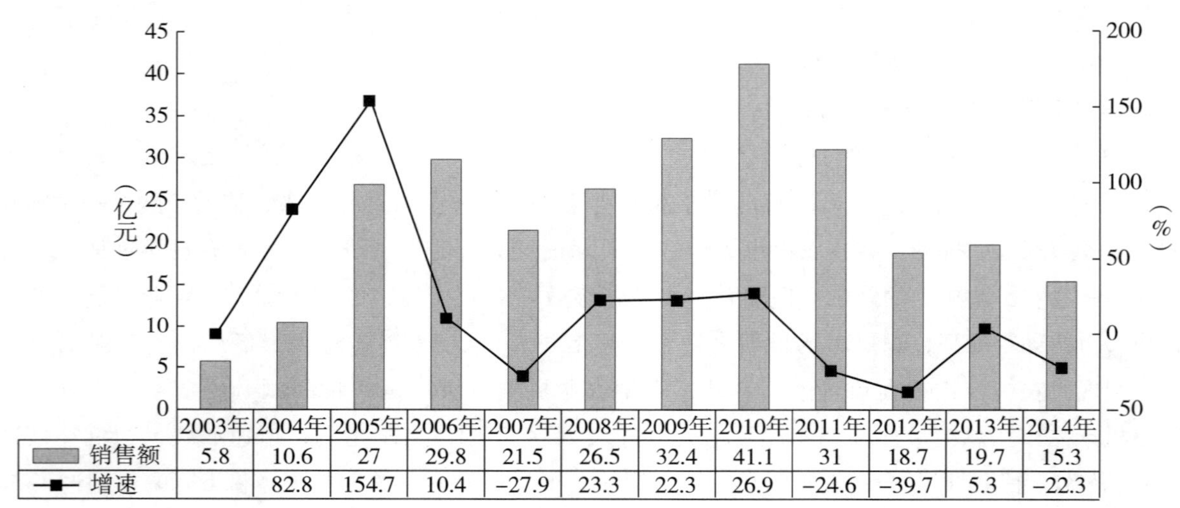

	2003年	2004年	2005年	2006年	2007年	2008年	2009年	2010年	2011年	2012年	2013年	2014年
销售额	5.8	10.6	27	29.8	21.5	26.5	32.4	41.1	31	18.7	19.7	15.3
增速		82.8	154.7	10.4	−27.9	23.3	22.3	26.9	−24.6	−39.7	5.3	−22.3

图 2　2003—2014 年黑龙江省汽车农机大市场销售

（三）2014 年黑龙江农机市场基本特征

1. 政策环境优越，两大平原建设目标诱人

我省在大力推进三江、松嫩两大平原现代农业综合配套改革试验区农机合作社建设中，计划至 2020 年投入农机装备总投资 310 亿元，每个旱田农机专业合作社农机装备投入规模为 1500 万元，水田农机专业合作社农机装备投入规模为 500 万元，按照全程作业配备农机具，建成运营后，随着入社成员的增加和入社土地规模的扩大，可按国家和省里的相关政策逐步补充农机装备。

到 2020 年，在两大平原地区新组建现代农机专业合作社 4300 个（旱田 1000 个、水田 3300 个）。其中，松嫩平原所含 33 个县新组建现代农机专业合作社 2500 个（旱田 700 个、水田 1800 个）；三江平原所含 18 个县新组建现代农机专业合作社 1800 个（旱田 300 个、水田 1500 个）。两大平原区域农机合作社发展到 5000 个，综合机械化程度达到 98% 以上，合作社辐射区域内粮食亩产比全省平均水平高出20%左右、农民人均收入达到2.4万元以上，合作社自主经营土地面积达到7000万亩。

2. 大型农机合作社和农机装备作业区引领消费潮流，高、新、大产品走红

我省从2008年开始，在实施“粮食产能建设现代农机装备项目”中组建农机装备投资千万元规模的现代农机合作社。截至2014年年底，全省建设农机合作社1107家，分布在除绥芬河市、漠河县、塔河县外的全省各县（市），总投入131.4亿元，其中，农机装备投入104.1亿元，配备大型先进农机装备4.9万台（套）。其中，拖拉机9072台，大型收获机10564台，整地机1546台，精量播种机4386台，高速插秧机3486台，植保机械962台，配套机械5470台，这些大型农机装备在农业生产中起到了重要作用。

农机装备的配备重点突出大马力拖拉机、深松整地和玉米收获机，兼顾马铃薯和保护性耕作机具，机具配备充分考虑作物轮作的通用性。玉米合作社配备大型先进拖拉机、收获机、植保机械、深松整地机械、气吸式播种机、秸秆打捆机、灭茬机等；马铃薯合作社配备大中型拖拉机、耕整地机械、马铃薯播种机、中耕机、喷药机、打秧机、挖掘机、收获机和运输车等；保护性耕作合作社配备适合保护性耕作技术要求的农机具。2014年新建农机合作社245个，其中旱田社143个，水田社102个，农机装备投资14.44亿元，配备农机装备1.1万台（套），并为原有的61个省级规范社补充播种机179台，建设烘干塔35个，年处理能力142万吨，建设仓储设施22个，仓储能力30万吨。

2014年国家安排给我省农机购置补贴资金18亿元，其中5亿元用于面上农民的散户补贴，其余13亿元纳入我省“两大平原”综合改革配套试验资金整合范畴。购置补贴继续向粮食主产区倾斜，着重补贴水稻插秧机、收获机械等几大类农机产品，全面实施“全价购机、定额补贴、先购后补、县级结算、直补到卡”的农机购置补贴工作方式，已经使用国补资金4.84亿元，补贴购置农机装备1.98万台套。

当前，我省农机消费潮流的特点，一是反映出现代农机化发展的大趋势，如拖拉机以及与之配套的农具，使用机型从中小型向大中型，尤其是向100马力以上的大型拖拉机及大型农机具发展；二是大力普及的玉米收获和秸秆粉碎还田、秸秆打包机械，提升防控作业能力的高秆作物喷雾机械，系列节能型的秸秆切碎玉米收割台、智能化寒地玉米籽粒联合收获机械，以及黏重土壤马铃薯联合收获机等新型农机装备，则为农机合作社尤其关注的商品；三是新亮点频闪。随着农业结构调整、土地流转、土地连片种植、农机合作社所需，向复式作业机具发展，向精准农业机械发展，最大的亮点是向大型机械智能化方向发展，如GPS卫星定位、自动导航仪等。

截至2014年年底，全省（农村）拖拉机保有量已达145.3万台，其中大中型拖拉机83.5万台，占57.5%。大型拖拉机保有量居全国第1位。机动水稻插秧机15.6万台。大中型配套农具108.5万台，其保有量居全国第2位。收获机械9.1万台，联合收割机保有量居全国第4位。水稻插秧机、玉米联合收获机、节水灌溉设备、节能环保型水田拖拉机、大中型动力机械配套机具、保护性耕作机具、高效植保机械等新产品不断走出市场武装了农民。至2014年年底，全省农村农机总动力达4290.1万千瓦。水稻机械种植、机械收获程度分别达到92.5%、92.9%；玉米机播、机收程度分别达到99.6%、71.9%；耕种收综合机械化程度达92.35%。

2014年，我省垦区在重点推广应用十大农机新技术和新机具中，紧紧围绕种植业结构调整，坚持农机农艺融合，共推广大马力拖拉机138台，大型免耕精量播种机210台，卫星定位、自动导航设备

285 台套，水稻高性能插秧机 1000 台，大型智能化浸种催芽设备 66 套，大型水稻收割机 2000 台等新机具，并积极研制和装备抗涝灾防陷半履带装置、后驱动装置、水稻侧深施肥装置等，为农业丰产丰收提供坚强的物质基础，发挥了重要的保障作用。

2014 年，垦区紧紧围绕建设现代化大农业，积极充分利用好国家农机购置补贴政策，加大更新投入力度，全年实现农机更新总投入达 21.2 亿元，新增国内外各类机械 3.5 万余台件，其中，争取和落实国家农机购置补贴 5.8 亿元，比上年增加 0.8 亿元；继续从国外引进先进大型、特大型农业机械 320 台件；投资 3.3 亿元，引进国际先进的农用飞机 27 架。垦区旱田动力机械、收获机械装备力量进一步增强，水稻生产全程机械化装备质量进一步提高，畜牧业机械化快速发展。全年田间综合机械化率旱田水田均达到 98%。截至目前，北大荒通用航空公司拥有飞机 87 架，为垦区 68 个农（牧）场进行了航化作业服务，全年实现农业航化作业面积 2244 万亩，为粮食丰产丰收提供了有力的保障。

2014 年，垦区新建农机专业合作社 105 个，新增农机具 7000 余台件，农机具原值增加约 3.1 亿元。截至目前，垦区共有农机专业合作社 234 个，农机具保有量 4.16 万台件，农机原值 26.16 亿元。农机合作社的发展有力地促进了场县区域经济协调化，充分发挥了农垦在全省农业现代化和城乡经济发展一体化中的示范带动作用。

3. 特有的区位优势和产业基础，推动了新型农机装备制造业的结构优化

素有先进制造“联合国”称号的我省农机装备生产具有悠久的历史，产业基础较好，加之地处国家粮食主产区，消费市场需求的地缘优势十分突出。自 2010 年省委、省政府将新型农机装备制造业列入全省“十大重点产业”、实施粮食千亿斤产能工程加以重点推进以来，我省农机产业呈现出农机装备制造业加快发展、农机装备对农业发展贡献不断提高的强劲势头，其主要标志一是特有的区位优势和产业基础吸引国内外一流农机具制造商落户黑龙江。五年来，全省共引进约翰迪尔、凯斯纽荷兰、一拖、福田雷沃等 32 家国内外知名农机制造企业在我省投资建厂。全省农机制造产业累计完成固定资产投资 136.6 亿元。二是农业土地流转和适度规模化经营为繁荣我省农机市场需求提供了内在动力。三是创新驱动和优惠的农机具购机补贴政策促进了本土农机产业快速发展，产业结构优化升级成效显著，产品制造由小型向大型转变，由传统向高端转变，由单机生产为主向多功能配套转变。2014 年全省农机制造产业完成固定资产投资 32.2 亿元，全省规模以上农机制造企业实现主营业务收入 115.9 亿元。

垦区按照“高标准起步，全方位开局，快节奏推进”的“三年强工攻坚战”要求，进一步推进农机制造业的发展。2014 年，垦区的两个省级农机产业园区（松花江园区和宾西产业园）主要农机制造企业预计完成销售收入 5.43 亿元，园区建设投产运行良好，管理水平进一步提高，对制造产业引领效果显著。红兴隆机械有限公司异地新建项目一期工程已全部完成，已完成投资额 1 亿元，预计年底实现销售收入 2300 万元。2014 年，垦区有农机骨干企业 26 家，预计全年实现农机制造业销售收入 12.3 亿元。

4. 会展经济活跃，产销对接尽显展会平台功能

（1）经过 5 天紧张热烈的展览、商务、外事和人文交流活动，首届中国—俄罗斯博览会暨第 25 届“哈洽会”于 2014 年 7 月 4 日圆满落幕。共有来自世界五大洲 67 个国家和地区的 11000 多名国外客商参会，其中，俄罗斯近 5000 名、大企业 356 家，包括俄罗斯前百强企业近 40 家，100 多家俄代表性企业亮相核心展区俄罗斯馆。滨海边疆区、萨哈林州、鞑靼斯坦共和国等25个州区齐聚国家形象展出。博览会共签订进出口合同31.5亿美元，签订经济技术合作项目260项，合同利用外资及省外资金683.35亿元人民币。本届博览会既是中俄两国务实合作的新平台，又是一个开放包容的国际合作平台，更是我省推动对俄全方位交流合作进而提升对外经贸交流层次的宝贵机遇和重要平台，博览会展览展示亮点纷呈，商务活动层次跃升，交易洽谈深入务实，取得了丰硕的成果。国内外农机大鳄约翰迪尔、中国一拖等企业高科技产品参加了展出。

（2）由中国机电产品进出口商会、中俄机电商会、黑龙江省人民政府、俄罗斯联邦哈巴罗夫斯克边疆区政府、俄罗斯联邦犹太自治州政府、俄罗斯联邦阿穆尔州政府主办的2014中俄（佳木斯）农机产品展销洽谈会于2014年7月24—26日在佳木斯市天润国际农机具博览中心隆重举行，来自国家、省有关部门领导及参展代表团、企业精英，俄罗斯、日本、韩国等国外参会企业代表逾千人云集开幕式现场，共同见证展会盛况。本届展会设佳木斯农机展区、境外农机产品展区、国内农机产品展区和工程机械展区4个，展出农业种植机械、收获机械、动力机械、工程机械、农副产品加工机械、畜牧机械、农用汽车、配件、农业生产资料、农机仪器十大品类、近千种商品。

（3）由黑龙江省人民政府、哈尔滨市人民政府主办，科隆展览中国有限公司、哈尔滨冰城国际展览有限公司承办的2014哈尔滨世界农业博览会于9月11—14日，在素有“东方小巴黎”之称的哈尔滨市“哈尔滨国际会展体育中心”举行，同期举办“世界农业发展论坛”。本届展会吸引德、法、意、澳、韩和西班牙、马来西亚、中国台湾等9个国家和地区展团参展，国内知名企业及黑龙江省、哈尔滨市、黑龙江省农垦、黑龙江省森工的农业发展成果进行了集中展示。展会期间共接待观众25.5万人次，其中农业和农机专业观众6万人次。展会总成交额90亿元人民币。

（4）在3月7—9日由黑龙江省农机流通协会主办的2014黑龙江农机产品订货交易会上，尤其体现出黑龙江省的“大农业、大农机、大市场、大发展”的特点 。一是迎合黑龙江第一产粮大省和绿色食品基地的需求，展品呈现出“大、新、高”产品特点，即大功率强、新品种多、科技含量高的特征；二是商机汹涌、人脉丰厚，有300家中外客商参会、参展，有5万人次入会交易、参观，总成交额逾10亿元人民币。

我省的专业农机大展已成为一个国内知名的投资洽谈、贸易对接、产销交流和传播友谊的大平台，成为中外客商开拓黑龙江大市场的风向标，展示出农业机械需求热点与发展趋势。从市场交易分析，我省主要需求热点是玉米收、水稻收和插秧机、节水灌溉设备，大型联合整地机、100马力以上大型拖拉机、50~70马力节能环保型水田拖拉机，大中型动力机械配套机具、保护性耕作机具、高效植保机械等。

（四）2014年黑龙江农机市场需求与竞争分析

1. 商品板块布局

拖拉机尤其是大中拖主要集中在哈尔滨、齐齐哈尔、绥化、佳木斯、黑河和农垦区域，占全省（含农垦，以下同）总销量近90%，其中偏重于农机专业合作社和农机装备作业区。2014年，由于农村部分新建344个农机合作社（其中上年结转99个）、农垦新建105个农机合作社及农机装备作业区的机械更新，大中马力拖拉机总量较上年增高了4.98%，其中实现两位数增长的50~100马力、100~210马力、210~300马力分别增长了12.3%、11.4%和18.2%。

农机具以哈尔滨、三江和嫩江两大平原、黑河区域销售为重，占全省总销量的1/2强。2014年，全省处于市场热门的机动水稻插秧机销售量继续上升，其年末保有量较上年纯增16737台，但增幅仅为2.28%，较上年的10.6%收缩了8.3个百分点；大中型配套农机具依然坚挺，年末保有量较上年纯增12.4万台，但增幅收缩了2.9个百分点；小型配套农具市场继续萎缩，年末存量较上年下降3.6万台，3.6%的降幅较上年加大了2.7个百分点。收获机械市场依然看好，年末保有量较上年纯增1.7万台，增幅为17%，其中玉米收获机火爆，年增0.94万台，增幅达39.5%；稻麦联合收获机年增0.79万台，增幅为12%；大豆收获机下降5.1%。

低速货车哈尔滨区域以绝对优势得天独厚，约占总销量的75%；三轮车哈尔滨、齐齐哈尔统揽半壁江山以上。但是，自2009年农用汽车在我省达到销售高峰之后，从2010年起已连续5年一直下滑，2014年与上年同比，低速货车销量下降了20%。

三轮车受国家政策调整、货币政策紧缩、房地产调控等诸多不利因素的影响，各厂家整体销售量下滑。黑龙江省从2010年至2014年，每年销量分别为1.07万台、1.03万台、1.01万台、0.98万台、0.69万台。2014年三轮车销量比上年下降了29.6%。

柴油机由哈尔滨、佳木斯、齐齐哈尔和绥化领军，占75%。2014年柴油机销售2.8万台，同比下降22.3%；发电机组销售0.95万套，同比下降44.1%。

在农副产品加工机械中，粮、油机械佳木斯、牡丹江及虎林、哈尔滨一带占80%，饲料机械齐齐哈尔、大庆、双城占70%。因当前我省农业基本仍以抓粮产为主，同时受补贴品类的局限，2014年，全省农副产品加工机械销0.95万台，比上年下降7.8%；粮食加工成套设备基本趋于饱和，2014年销约150套，同比下降16.7%。

农用工程机械市场竞争尤其激烈，2014年因农田基本建设的牵动，全省销量约0.4万台，同比上升17.7%。

维修配件哈尔滨、佳木斯区域占80%以上。2014年销售1.55亿元，同比下降10%。

2. 销售品种布局

大型拖拉机国产部分以一拖东方红、雷沃、久保田为主打品牌，占2/3；进口大拖品牌则为迪尔、凯斯、爱科。中拖以35~70马力畅销，依次为迪尔·奔野、东方红、雷沃、常州东风，统揽市场2/3；小四轮拖拉机为时风、五征、马恒达见长，占60%以上。

农具类精密播种机系列销量以小型为主，在十几个生产厂家竞争中，以勃农兴达为首的“勃字牌”地域产品销量始终居于首位，约占25%以上；因水田合作社扩大及购机补贴惠农，机动水稻插秧机保有量年增1.67万台，但升幅仅为2.3%，其中手扶步行式占80%。品牌市场久保田独揽半壁江山。水稻收割机亦有增长，以久保田和沃得两大品牌领先。水田机械主要集中在哈尔滨、绥化和齐齐哈尔。整地机械中的旋耕灭茬机以绥化运科、北林以及勃农、连云港品牌兜揽；犁、耙类为佳木斯融拓北方和勃农等企业所瓜分。

稻麦联合收割机以凯斯、克拉斯、迪尔·佳联、沃得、久保田为主。玉米收获机械在20多个品牌竞争中，以迪尔、勇猛、中收、亨运通、雷沃谷神、金亿见好，仅迪尔约占35%的份额。

低速货车热点为福田、五征、金杯、唐骏，约占全省总销量的70%；农用三轮车以时风为亮点，该品牌市场虽较前几年下滑，但仍占50%。

农用工程机械中的犀牛挖掘机，莱工、鲁工、鲁宁的装载机在品牌竞争中较为胜出。

（五）2014 年黑龙江农机市场典型区域分析

1. 农村：主导市场消费潮流的大型农机合作社，催生出新的农业经营主体

我省自2008 年实施“千亿斤粮食产能工程”以来的七年间，农机装备投入明显加大，农业基础建设取得了重大突破，现代农业水平有了新提升。农机手已成为种地主力军，机械化生产已成为种地方式的主导，农机合作社成为最典型的农业经营主体，发展合作社已经成为从事农业生产者的共识。

截至2014 年年底，全省农机装备投入104.1 亿元，建设农机合作社1107 家，配备大型先进农机装备4.9 万台（套），这些大型农机装备在农业生产中发挥了重要作用，而农机合作社在现代农业建设中的引领示范作用日渐显现。

一是促进了粮食增产农民增收。2014 年农机合作社粮食种植面积1043.7 万亩，总产量129.2 亿斤，增长9.6 亿斤，亩增产8%。合作社2014 年户均收益3.8 万元，国投每户分配5722 元，入社土地每亩分配450 元，入社资金分配15.9 亿元，共提取公积金7.2 亿元。农机合作社平均每社30 人，解放劳动力15 万多人；二是推动了大型先进农机装备的应用。2014 年农机作业量7121 万亩，秋整地2465 万亩，玉米籽粒收获342 万亩；三是推动了农机技术的集成应用。农机合作社全程机械化生产999.7 万亩，占自主经济的96%。玉米大豆深松72.5%，精量播种90.4%，机械收获96.5%，机械植保72.1%。玉米大垄双行31%。水稻搅浆平地88.8%，智能催芽63.9%，机插95%，机收88.4%；四是培育和壮大了新型农业经营主体。农机合作社发展成综合性合作社，建立了以土地为核心，以现代化农机为载体，集种植、土地、农机和购销等专业合作社于一身的，直接从事农业生产的农机合作社，成为大户、家庭农场和农民专业合作社、农业龙头企业等新型农业经营主体的龙头骨干；五是促进了现代农业发展。农机合作社建设以松嫩、三江“两大平原”为重点，构建了我省现代农业重要的战略支撑点，分布在全省主要产粮县（市），成为先进科学技术和生产要素装备农业的重要载体。

2. 农垦：十大农机新技术和新机具，凸显对现代化大农业科技的支撑作用

2014 年，农垦紧紧围绕种植业结构调整，坚持农机农艺融合，重点推广应用十大农机新技术和新机具：①大马力深松技术；②保护性耕作技术，重点是玉米、大豆免耕精量播种技术；③水稻生产全程机械化关键环节技术；④卫星导航和农机信息化管理技术；⑤节水灌溉技术；⑥青贮玉米收获和饲料搅拌饲喂（TMR）技术，机械化榨乳技术；⑦经济作物关键环节机械化技术；⑧农作物秸秆处理技术；⑨植保机械化和农业航化作业技术；⑩粮食烘干和仓储技术与设施等新技术、新机具，成效显著。其中，共推广大马力拖拉机138 台，大型免耕精量播种机210 台，卫星定位、自动导航设备285 台套，水稻高性能插秧机1000 台，大型智能化浸种催芽设备66 套，大型水稻收割机2000 台等新机具，并积极研制和装备抗涝灾防陷半履带装置、后驱动装置、水稻侧深施肥装置等，为农业丰产丰收提供坚强物质基础，发挥了重要的保障作用。全年实现农机化新技术新机械推广应用节本增效达10 亿元以上。

2014 年，垦区实现了农业特大丰收，粮食生产夺取了“十一连增”。全年总播种面积4326 万亩，全年粮食总产达到436.1 亿斤，较上年新增11.9 亿斤，增长2.8%；粮食作物平均单产达到亩产515 公斤，较上年新增10.45 公斤，增长2.1%。“北大荒”品牌连续11 年入选中国500 最具价值品牌榜，稳居中国农业第一品牌。实现农场人均纯收入25226 元，同比增长10.2%。

截至2014 年年底，农垦拥有拖拉机9.32 万台，同比下降2.38%，其中50～100 马力中拖纯增4998 台，增速达12.69%；大轮拖100～210 马力纯增344 台，增幅7.54%；210～300 马力纯增204

台，增幅27.98%；300马力以上纯增21台，增幅12.28%。机动水稻插秧机保有量9.25万台，同比增长2.09%；大中型配套农具21.9万台，小型配套农具4.48万台，同比分别增长5.67%和-5.01%。联合收获机保有量3.3万台，同比增长7.29%，其中稻麦联合收获机2.99万台，大豆收获机783台，玉米收获机2388台，同比分别增长8.05%、-4.51%和2.36%。田间作业综合机械化程度达99.48%，比上年提高1.38个百分点。截至目前，北大荒通用航空公司拥有飞机87架，为垦区68个农（牧）场进行了航化作业服务，全年实现农业航化作业面积2244万亩，为粮食丰产丰收提供了有力的保障。

2014年全省（农村+农垦）农业机械原值702.25亿元，农业机械总动力5155.52万千瓦，较上年分别增长9.88%、5.54%。全省拥有拖拉机154.6万台，同比增长1.5%；机动水稻插秧机24.87万台，同比增长2.28%；大中型配套农具130.35万台，小型配套农具114.93万台，同比分别增长10%、-3.59%；联合收获机12.45万台，同比增长16.96%，其中稻麦联合收获机7.57万台，大豆收获机1.58万台，玉米收获机3.29万台，同比分别增长12.02%、-5.1%和39.52%。全省耕种收综合机械化程度达93.75%，同比增长0.78个百分点。

（六）2014年黑龙江农机市场消费者特征分析（农村部分）

1. 农机消费者现状

消费者年龄以30~40岁青壮年为主，年轻化趋势明显；消费者文化以初中程度为主，稍高一点学历的进城务工；消费者主体以个体为主，农机合作社和农机大户发展迅猛，代表了我国农机消费群体的发展方向。

（1）年龄结构

30~39岁者占55.2%，50岁以上者占18.4%，30岁以下者占15.3%，40~49岁者占11.1%。

（2）文化结构

初中占56%，小学占30.2%，高中占11.7%，中专占2.1%。

（3）群体结构

个体农民占57.8%，农机合作社占35.1%，返乡农民工占4.3%，工商个体户占2.8%。

2. 农机消费者购买模式

以机械化取代体力劳动仍为当前消费者购买的主要动机和目的；自有资金仍然是消费者购机的主要资金来源；消费者选择购机喜欢到有较大选择空间的公司或大市场去购买；品牌、安全性和作业效率成为影响消费者选择的三大关键因素，消费市场步入理性化阶段；经销商推荐和使用性能成为影响消费者购买决策的两个主要因素；绝大多数消费者一般选择在农忙前购机，农机补贴开始时也是一个重要的购机时间。

（1）购买目的

自家干活占60.4%，经营农机创收占19.8%，提高工作效率占15.6%，更新换代占4.2%。

（2）购买资金来源

自有资金占90.6%，银行贷款占6.25%，个人积蓄+借贷占3.15%。

（3）购买地点

农机大市场占54.8%，农机经销公司占33.1%，近距离农机销售公司占4.4%，农机超市占4.4%，品牌专卖店占1.1%，连锁公司占1.1%，生产厂购买占1.1%。

（4）影响购买元素

品牌占33.8%，安全性占17.6%，作业效率占16.3%，售后服务占13.2%，价格占8.8%，可靠性占8.8%，配套性占1.5%。

（5）影响购买决策因素

经销商推荐占41.6%，性能因素占16.9%，老机手推荐占12.4%，看邻里实物占11.5%，补贴政策激励占10.4%，厂家促销占6.2%，补贴单位推荐占1%。

（6）购机时间

农忙前占70%，补贴开始时占18%，农忙后占12%。

3. 消费者满意度

产品基本符合要求，满意是主流。

售后服务重点在及时性和增值服务方面应做到位。

产品的舒适性成为用户关注的热点和焦点。

（1）产品满意度

满意占98%，一般占2%。

（2）售后服务满意度

满意占91%，一般占6.4%，不满意占2.6%。

（3）最不满意度

舒适性差占52.2%，效率低占30.4%，质量差占13%，维修或配件供应不及时占4.4%。

（4）对服务的期望值

维修及时占70.8%，配件齐全占23%，提供增值服务占3.1%，培训机手占3.1%。

4. 消费者收入

消费者总收入增加；农机经营者是社会的弱势群体；农机总收入增加。

（1）消费者总收入

增加占81%，持平占17.7%，减少占1.3%。

（2）农机经营收入

1万~5万元占66.8%，5万~10万元以上占30%，10万元占3.2%。

提高者占70.4%，持平者占25.9%，下降者占3.7%。

5. 农机市场发展趋势

收回成本的时间较短，农机经营者的创收空间较强，超半数收回成本的时间为3年；5成以上的消费者选择“继续投资农机”，这将促进我国农机市场的持续发展；我省个体农户机械拥有量较全国为高，村里机械够用的用户占到了近6成，说明从一个较长时期看，我国农机市场开始步入饱和期，但我省家庭农场、农机大户、合作经营组织至2020年将有较大的发展，所以农机市场期待值依然较高。市场需求层次性鲜明，大中型拖拉机、玉米收割机、水稻收割机的需求市场容量逐步细化。

（1）收回成本的时间

3年占55.8%，2年占23.8%，5年以上占18.6%，4年占1.8%。

（2）投资取向

继续投资农机占59.9%，种植业占23.5%，改善生活占10.7%，做生意占5.9%。

（3）周围邻居购机意向

有者占67.8%，没有者占32.2%。

（4）村里农机是否够用

够用者占79%，不够用者占21%。

6. 农机补贴及相关政策

（1）“如果没有农机补贴，你是否会购买”

会者占85.2%，不会者占14.8%。

（2）补贴开始的时间

认为不及时者占90.2%，认为及时者占9.8%。

（3）争取农机补贴的名额是否容易

认为较难者占97.1%，认为容易者占2.9%。

（4）补贴经销商服务满意度

满意者占95.4%，不满意者占4.6%。

（5）补贴改制建议

普惠制占75.6%，全额购机再就地补贴占19.2%，现行方式占5.2%。

（6）是否希望国家出台“旧机报废补贴政策”

希望者占86.2%，无所谓者占12.1%，不希望者占1.7%。

（七）2014年黑龙江省农机装备制造业运营状况

2014年，我省新型农机装备制造围绕产业项目，加大招商引资力度，不断扩大产业规模，继续完善产业园区基础设施建设，通过招商推介会、配套会等，提高产业信誉度，提升本地配套能力，加强对俄远东贸易往来，使新型农机装备制造产业保持了健康的发展势头。一是项目建设进展顺利。2014年全省共引进宁波盛野、江苏华源排灌等10家农机制造企业在我省投资建厂，开工率达80%，计划总投资11.55亿元，已完成投资5.4亿元。主要生产拖拉机、插秧机及排灌设备等。2014年全省农机制造产业完成固定资产投资32.2亿元，全省规模以上农机制造企业实现主营业务收入115.9亿元；二是企业规模迅速壮大。全省新发展规模以上农机装备制造企业总数达到99家，其中2014年新增规模以上企业18家，同比增长了22%，其中年产值1亿元以上企业达到33家，新增加6家，约翰迪尔（佳木斯）、凯斯纽荷兰（哈尔滨）、东金集团3家企业突破5亿元，实现历史性突破。约翰迪尔（佳木斯）、凯斯纽荷兰（哈尔滨）、约翰迪尔（哈尔滨）、一拖（黑龙江）和东金集团前5家企业实现主营业务收入24.8亿元，占全省规模以上企业的21.4%；三是产品结构不断优化。2010年以前，省内不能生产100马力以上拖拉机，只能生产80马力以下中小型拖拉机，随着约翰迪尔、凯斯纽荷兰等一大批大型农机生产企业的进入，生产100~380马力拖拉机、大型收获机、播种机及整地机械等高端农机装备成为现实，同时，引领世界农机先进水平的GPCS系统、液压传动、站杆收获、免耕播种、联合作业等技术得到广泛应用，年产能都在1000台以上，产品制造不仅由小型向大型转变，而且由传统向高端、由单机生产为主向多功能配套转变，产业结构进一步优化并发生根本性变化。4YL-8、4YZ-6型玉米籽粒收获机、JD2204、JD2154型拖拉机、大型精量播种机、多功能整地机械等都是落户我省农机企业生产的先进农业装备，新技术、新机型实现了本地化，创新使我省农机产业焕发新的活力。几年来，新投项目企业累计完成研发投入13100万元，获得专利93项，专业科研队伍达200多人，适用产品迅速投放我省市场，不仅带动本地企业创新发展，同时吸收了专业毕业生和有关人才进入我省农机企业，促进了企业创新能力和科研队伍的不断壮大。全省已经建立起以拖拉机、收获机械和农副产品加工机械为主导的产业体系；四是产业集聚水平提升。全省建成了水、电、气、路等基础设施较为完善、功能齐全的哈尔滨、佳木斯等六个农机产业园区，规划建设面积1200万平方米，已开发713万平方米，其中2014年开发35万平方米。目前，产业园区共落户农机制造企业71家，其中2014年落户园区企业5家，农机产业发展呈现出明显的集聚发展效应；五是对俄贸易势头良好。通过2014年中俄大项目推介会及中俄（佳木斯）农机产品展销洽谈会等交流平台，省内农机制造企业纷纷主动出击，谋求合作，努力拓展俄远东地区农机市场，并取得一定成效。2014年包括凯斯纽荷兰、常发佳联、同江五谷丰等一批农机主机生产企业将产品销往俄远东地区，销售总额达5720万元。

虽然我省农机产业发展势头很好，但存在着不可忽视的问题。2014年主营业务收入只占全国2207家规模以上农机企业主营业务收入的2.9%，与山东、江苏等农机制造大省相比差距悬殊，产业发展本身还存在一些亟待破解的问题：一是提高本地配套难度大。从迪尔、凯斯配套看，经过一年的努力，本地配套分别从1%、2%提高到1.5%、3%，省内配套企业以中小农机企业配套为主，为大型农机装备配套很少，配套产品多是小型、零散部件，结构不合理，种类单一。目前主机企业只能在省内配套一些通用的标准件，技术含量低，可替代性强，比较关键的配套部件和装配服务难以在省内找到合格供应商；二是部分企业的先进工艺及核心技术还未在我省落地。几年来所引进的国外大型农机企业，现阶段大部分还以国外进口、大部件组装为主，如格兰、爱科等公司，使得部分农机产品的制造工艺和核心技术还未能真正在我省落地。

（八）2014年黑龙江农机市场价格走势分析

2014年，国内外经济环境更加错综复杂，我国经济发展进入“三期叠加”的新常态，其经济结构及资源约束性等矛盾凸显，钢材等原材料和能源价格疲软，运输和劳动力成本上升，CPI上扬，GDP下滑，大众化低端的农机产能过剩，刚性需求走弱，增速放缓，企业的利润空间被挤压。受产品相对饱和及市场竞争的客观影响，价格一般或波澜不惊，或只降不涨。其降价一是生产企业产品库存积压，出厂价即走；二是生产企业出厂价不变，而经销商为了争夺市场而压价销售。2014年，在我省销售的大中轮拖价格变化不大，小四轮降价5%。因产品过剩玉米收获机降价约15%，水稻插秧机价格下降10%～15%，水稻收获机降价5%，一般农具价格趋平。柴油机和发电机组价格变化不大。农副产品加工机械从单机到成套设备涨落均在5%以内。而低速汽车和三轮车随着市场行情时有走低，但幅度很小。农用工程机械平均价格下降3%～5%。

（九）2014年黑龙江农机市场产品、技术发展趋势分析

我国大中马力轮式拖拉机及与之配套的农机具日益丰富，国内外各生产厂家以不断提高产品技术水平，提高产品品质和产品配置，更加注重以人性化、精细化、适应性的产品拓宽黑龙江市场。以大轮拖为例，迎合我省遍地开花的大型农机专业合作社、农机装备作业区，以及家庭农场、农机大户企求，尤其注重更大功率、更高作业效率，乃至更安全更舒适的广泛需求。

水稻插秧机受价格和购买力的制约，市场80%为手扶两行机，乘坐式高速插秧机虽效率高，但因

价格因素近期很难全面普及开来。

水稻收割机发展趋势为全喂入纵向轴流式，效率高，损失低。半喂入式虽然效率较全喂入式效率低，但却为水田农机合作社的首选。

低速货车产品一是结构向多元化、个性化，多功能变形车、专用车发展；二是更注重人性化，越来越多的商用车结构和技术嫁接应用在低速货车上，不断提高其舒适性、稳定性和安全性。

二、2015 年黑龙江农机市场展望

（一）2015 年农机市场生态环境分析

1. 政策环境对农机化的影响

（1）中央经济工作会议提出经济发展新常态，市场竞争特点是逐步转向质量型、差异化为主的竞争。要“更加注意市场和消费心理分析”，“加快转变农业发展方式”。

（2）中央农村工作会议提出，农业已成四化“短板”，推进农业现代化刻不容缓。大力发展农业产业化，在稳定粮食生产基础上，积极推进农业结构调整，依靠科技支撑，由“生产导向”向“消费导向”转变。农业由单纯的农作物生产向农产品加工和流通及休闲服务业等领域交融发展，产业链得以延伸，实现农业附加值的增加和农民的增收。

（3）今年中央一号文件提出“如何在经济增速放缓背景下，继续强化农业基础地位，促进农民持续增收”这样一个重大课题，提出“如何在‘双重挤压’下创新农业支持保护政策，提高农业竞争力”等。农机化面临新的挑战。

（4）农业部副部长张桃林在全国农业机械化工作会议指出，今后一个时期，我国农业机械化仍处于大有作为的战略机遇期，可期待又一个“黄金十年”。提高农机装备数量是加快机械替代劳力步伐、全面提升农业综合生产能力的迫切之需；提高农机装备的使用效率，农机作业领域向全程、全面发展提速，农业机械化向高质、高效转型升级，将是我国农业机械化发展的新常态。今年要毫不松懈地实施好农机购置补贴政策，集中力量开展主要农作物生产全程机械化推进行动，有力有序组织好重要农时的机械化生产活动，多措并举培育新型农机社会化服务市场主体等重点抓好的七个方面工作，树立发展“机械化农业”的理念，推动农业机械化向“全面、全程、高质、高效”发展。

（5）李克强总理在今年的《政府工作报告》中提到“加快新技术、新品种、新农机研发推广应用”，成为农机化领域的一个不折不扣的“大礼包”。

2. 农业环境对农机需求的影响

（1）国内主要农产品价格超过进口价格，而生产成本在不断上升。农业生态环境受损，耕地、淡水等资源紧张。在粮食连年丰收的背后，我国农业持续发展的压力明显加大。

（2）农业现代化处于成长阶段。机械化、良种化将成为中国现代农业的发展趋势。土地新政为农机市场发展带来先机。

（3）发展适度规模经营是实现农业现代化的必由之路。土地流转已成为实现农业适度规模经营的重要方式。政策红利成为发展的助推器。

（4）随着农业发展方式的转变和新一轮农业产业结构的加快调整，农民合作社、农机服务组织、

家庭农场等逐渐成为农机化应用新型主体，对配套化、高端化、多样化、个性化的农机装备和服务需求日趋旺盛，必将对农机化发展产生新的推动。

3. 行业环境对农机市场的影响

（1）我国经济正处在经济增长速度换挡期、结构调整阵痛期、前期刺激政策消化期的“三期叠加”阶段。

（2）中国农机行业在经历前10年那个火红年代之后，进入常态化。在短缺背景下发展起来的中国农机行业，过热之后必然出现供给过剩。发展机遇正被压缩在狭小的空间里。常态化所表现出的一个突出特征即市场进入弯道，大众化农机产能严重过剩，刚性需求走弱，增速放缓，进入中速发展期利润下降，行业开始大规模洗牌，马太效应集中体现，绝大多数机会型企业将成批倒下。主流产品如大中马力拖拉机、水稻插秧机和收割机，需求仍具刚性，还会高速运行，但不会再出现爆发式增长，增幅也会下降。

（3）在新常态下我国农业机械化发展还将呈现出四大特点：一是适应稳增长的要求，农业机械化发展速度将在新的合理区间运行；二是适应质量提升的要求，农业机械化发展将更加注重发展质量和效益；三是适应克服资源、环境制约的要求，农业机械化发展将更加注重推进和保障可持续发展；四是适应惠民生的要求，农业机械化发展将更加注重发展成果让更多人分享，惠及民生。

（4）农机行业未来发展存在的主要挑战：一是缺乏核心技术，产品同质化。制造水平差距大，产品可靠性低；二是行业结构散乱，过度竞争；三是国外企业抢滩，高端市场被占；四是用户更加理性化，品牌意识越来越强；五是补贴政策延续，但市场化程度会越来越高，行业将回归商业本质。

（5）农机化水平超60%——进入中级发展阶段。市场价格运行平稳。关键元素变化，农机面临新的生态环境——城镇化，劳动力转移，土地流转。

（6）农机市场进入转型深水区——农村多重元素的深刻变化将最终改变我国农机市场需求方向，冲击传统的农机消费模式，市场需求进入关节点，引爆新的需求；平台特征凸显，创新面临困局。竞争日趋激烈，市场洗牌成为趋势。

（7）农机市场迎来新契机——市场需求趋于大型化；经济类作物机械化将成为今后一个时期农机市场的蓝海；“大众产品”向“小众产品”转移，由共性需求向个性需求转移，由低端产品向高端产品转移。

（8）竞争日趋激烈，市场洗牌成为趋势——随着农机市场环境的巨大变化，市场竞争将变得更加充分，“散乱弱小”局面积重难返，部分中小企业将在激烈的市场竞争中被淘汰出局，市场集中度的提高将成为必然。

（9）流通创新的四大模式同行：农机连锁、农机大市场、农机品牌（专卖、专营、4S）店、农机电子商务。新常态下将会促使经销商积极优化商业模式，过去那种单纯依靠赚代理品牌的差价的模式或许日益难以走得通了。

4. 地域环境对农机市场的影响

（1）我省经济增长乏力，对农机化投入掣肘。

（2）国补政策的改变，促使大多数农民持币待购，购买驱动力不足。

（3）今年购机补贴突出重点，补齐短板，加快提升玉米、水稻收获等薄弱环节的机械化水平。重点解决玉米标杆综合利用问题，对搂草机、压捆机、捡拾压捆机、秸秆粉碎还田机、深松机、带深松功能的联合整地机、翻转犁、圆盘耙和免耕播种机进行“敞开补贴”，即对购置上述9个品目机具的购机者全部给予补贴。

（4）项目市场变数大。我省今年采取“先建后补、自主采购、定额补贴、县级结算、直补到位”的方式建设农机合作社。按照成熟一个建设一个、建设一个规范一个的总体思路，严格审查，不搞“一刀切”，不限定数量。

（5）我省农机化向高质高效环保型迈进。

一是我省今年将着力加快解决农机更新换代问题，引导农民更多地购置使用大中型、高性能、多功能复式作业农机装备，加快淘汰能耗高、污染重、马力小的老旧农业机械，努力实现大中小型、高中低档的动力机械与配套农具合理配置，发挥农机装备的整体效用；重点围绕玉米秸秆处理，推广高效节能、环境友好型农机化技术装备，推进秸秆机械还田和综合利用。

二是今后将着重在农机与农艺融合程度上下工夫，努力做到农艺新技术与现有农机化水平相适应，农机新产品的研发适应现代化农业的发展需求，避免农艺技术与农机产品脱节。

（6）我省在“十三五”规划的农机化重大项目和重大工程中，为农机制造业提供了更加广阔的发展空间。其中：①到2020年现代农机合作社总数发展到5500个，共需农机装备购置资金300亿元；②全省规划在现代农机合作社规范社建设粮食烘干设施1000套，粮食仓储设施3000套，规划总投资136亿元；③到2020年建设5个农用航空服务站，并购置400架农用飞机，共需投资30亿元。仅上述三项即达466亿元。

（二）2015年黑龙江农机市场需求预测

1. 农机市场的基本特点

（1）当前在农业机械发展新常态的“后补贴”时代，购机补贴进入了“前期刺激政策消化期”——之前补贴大大推动了农民购机，导致社会保有量激增，部分产品趋于饱和；国补政策的改变，促使大多数农民不敢贸然购买农机具；有些农机细分领域，如对搂草机、压捆机、捡拾压捆机、秸秆粉碎还田机、深松机、带深松功能的联合整地机、翻转犁、圆盘耙和免耕播种机9个品目机具即使有“敞开补贴”政策的刺激，仍然难以形成较强的购买驱动力。

（2）农机合作社建设趋于谨慎。我省今年采取“先建后补、自主采购、定额补贴、县级结算、直补到位”的方式建设农机合作社。按照成熟一个建设一个、建设一个规范一个的总体思路，严格审查，不搞“一刀切”，不限定数量。

（3）政策倾斜性产品仍然会得到发展，如水稻插秧机、玉米联合收获机、节水灌溉设备、100马力以上大型拖拉机、50～70马力节能环保型水田拖拉机，大中型动力机械配套机具、保护性耕作机具、高效植保机械，以及粮食仓储烘干设施等，但增幅肯定会下降。粮食仓储烘干设施可能会例外。

（4）在农机装备制造业中，所引进的约翰迪尔、凯斯纽荷兰、一拖、福田雷沃等32家国内外知名农机制造企业，以及所建成的哈尔滨市、佳木斯市等六个农机产业园区，将在扩大招商引资成果、产业结构优化升级、提高产品质量性能上等，为2015年的市场供应发挥质的提升作用。

（5）农垦计划投入20亿元进行农机更新，购置更新装备各类农业机械3万台件，农业综合机械化率保持在98%以上，农机总动力达到820万千瓦，实现农用飞机航化作业2300万亩，农机跨区作业力争达到5000万亩，将调高市场需求。

（6）2015年我省农业发展方向：①全省农村粮食面积稳定在2亿亩，玉米、水稻面积分别稳定在1亿亩和6000万亩以上，全省主要经济作物面积发展到1000万亩以上。在俄境外农业开发合作面积达到810万亩。②开展超高地隙自走式喷杆喷雾机、系列节能型秸秆切碎玉米收割台、智能化寒地玉米籽粒联合收获机、水稻育秧基质生产技术装备及黏重土壤马铃薯联合收获机等新型农机装备研发。③开展半自动和全自动玉米育秧机械滤水移栽成套技术装备、指夹式玉米免耕精量播种机及水稻覆膜插秧复合作业机的示范推广。④在加强植保能力建设中，加快配备直升机、高秆作物喷雾机、加农炮等大型喷药设备，提升防控作业能力。以上种种，将有助于农机市场发育。

（7）随着农业发展方式的转变和新一轮农业产业结构的加快调整，农民合作社、农机服务组织、家庭农场等逐渐成为农机化应用的新型主体，对配套化、高端化、多样化、个性化的农机装备和服务需求日趋旺盛，将对农机化发展产生新的推动力。但这一渐进性行为对2015年的农机市场不会产生大幅度的刺激。

2. 农机市场的需求及典型区域市场预测

（1）按照近年来的惯例，购机补贴投入我省17亿元上下。其中5亿元用于一般散户农民的购机补贴，5亿元用于搂草机、压捆机等9个品目机具的“敞开补贴”，按照1∶3.37的拉动比率，可拉动市场投资33.7亿元左右。另外7亿元或用于两大平原现代农业综合配套改革中的农机合作社建设，按照省投60%、合作社自筹40%的比率，可拉动市场投资11.7亿元。购机补贴和合作社建设两项市场购买容量约45亿元。

（2）其他小项目如农发办、扶贫办、发改委等传统项目农机装备投资亦将继续实施。

（3）2015年农垦农机更新计划投入20亿元，更新装备各类农业机械3万台件。

（4）全省零售约20亿元上下（不包括国补项目匹配的市场拉动额）。

2015年黑龙江省农机产品总销量预计在85亿元上下，比上年下降7%左右。销售区域主要集中在三江平原、松嫩平原和黑河地区。因2015年我省农机合作社主要以加强规范化建设和经营能力建设的整顿提高为主，在继续组建新的农机合作社中，按照“先建后补、自主采购、定额补贴、县级结算、直补到社”的原则，在全省选择2~3个县（市、区）进行试点，通过试点探索农机合作社自采农机装备方式方法，且以成熟一个、批建一个的方式进行，所以，2015年我省的农机市场不会产生大的、集中的销售高峰。

3. 农机装备制造业

2015年新型农机装备制造产业，一是继续加大招商引资力度。围绕项目扩大产业规模，继续引进符合产业发展布局和发展重点的生态、环保、节能、高效的产业项目，如青贮、植保、畜牧水产、农产品加工等企业项目，引进小型农用飞机、青贮收获机、大型植保机械及粮食加工机械等；二是努力提高配套水平。重点引进电控动力换挡变速箱、液压提升器、轮胎等配套零部件，促进企业增加本地配套，拉动产业链发展；三是积极挖掘新项目，扩大农机产业规模；四是进一步为企业做好服务。积极为符合条件的农机企业争取省产业项目结构调整资金，支持企业提档升级，扩大规模；五是加强园区建设，增强农机产业园区吸引力；六是进一步扩大对俄远东地区销售市场。

农垦农机制造产业园区建设坚持“抓园区，争政策，扩招商，强指导”工作方针，提高垦区现有农机制造产业园区和农机骨干企业产品竞争力和市场占有率。加强对两个省级园区后期建设的跟踪管理，进一步完善基础设施建设，为园区企业发展营造良好的发展环境，为进一步招商引资做好铺垫。

（三）2015 年黑龙江农机市场竞争形势预测

1. 大中型拖拉机及农机具小幅上扬，增速降低

大中型拖拉机及其配套农具为我省大型农机合作社和现代农机装备区的中坚，其在农业生产中增产增效的作用越来越被更多的农民所认知。由于农业新技术的全面普及推广，复式作业机械、大中型深松机、灭茬松耙联合整地机、精少量播种机、秸秆还田机、地膜覆盖机、化肥深松机、旱作节水种植机具以及水稻和玉米收获机尤为广大农民所青睐。随着保护性耕作、旱作农业复式作业的推广、联合收割机需求扩大及土地连片承包经营，100 马力以上大型拖拉机仍会有需求，但市场主销 20 ~ 50 马力、70 ~ 100 马力为多。当前拖拉机大体上供过于求，黑龙江成为国内外大拖制造厂家角逐的主战场，雷沃、一拖东方红、迪尔、凯斯、时风会继续谱写出竞争新曲。中拖仍会以迪尔·奔野、东方红、雷沃、常州东风的品牌高出一筹。水稻插秧机全省销量会在 1. 5 万台之下，久保田、东洋和井关跻身于前三名。

2. 小四轮拖拉机功成隐退

可以一机多用，在小地块上整地、播种、中耕、收获及运输、农副加工等作业中大展翼长的小四轮拖拉机，随着现代大农业建设所牵引的土地连片种植、农机合作社和农机大户、家庭农场的迅速发展，以及政府农机购置补贴力度的加大、农民个体购买力的跃升，其已经幸福地完成了当初农村生产体制改革时期小型机械化的历史使命，市场消费空间绝大部分被大中型拖拉机所挤压。从市场走势看，我省从2007 年7. 5 万台的消费高峰，已逐年减少到2014 年的0. 75 万台。全省20 马力以下的小型拖拉机保有量较上年减少 2. 1 万台，负增长 3. 26% 。

3. 低速汽车和三轮车基本退到底线

农用运输车当初作为城乡发展个体经济的主要运输工具，在我省的消费市场现已连续 5 年呈下降态势，其主要原因为：一是农村及农路基本建设工程锐减；二是对农民汽车下乡的优惠政策早已是风光不再；三是个体运输户的车型向大型化发展。但由于轻卡的不断改进变形，三轮车向多缸提升马力段，今后两年亦会维持一个比较稳定的消费局面。低速汽车的年销售量约为 1. 0 万 ~ 1. 2 万台，三轮车会在 0. 8 万 ~ 1 万台徘徊。

4. 动力排灌机械需求减缓

由于大面积的“旱改水”已是明日黄花，我省柴油机销售由 2007 年的 14. 8 万台，逐年下降到2012 年的 3. 5 万台，2013 年虽略有抬头，2014 年又回落到 2. 8 万台。每年用于抗旱、排涝的动力机械虽然有一定需要量，但大体不会有太大的上扬。单缸柴油机年仍以“常”字号为首。多缸柴油机增长较为明显，但总量不大。水泵、发电机组有所需求但同比亦是负增长。

5. 玉米联合收获机依然会持续上扬

大中型联合收获机在我省已连续 5 年销售超万台。玉米收、水稻收更是一路朝阳，玉米收获机仍处于快速成长期，2014 年全省（含农垦）保有量纯增 9424 台，增幅达 39. 5% ，玉米机收程度达75. 1% ，增速超 10 个百分点。2015 年尽管增速会降低但需求仍会有较大空间，成为勇猛、迪尔、牧神、雷沃谷神、天人、迪马、中收各大品牌竞争的焦点，并将凸显出自走式时代的垄断和玉米收获摘棒机的热销，4 行机增长迅速，6 行以上机在农机合作社及农机装备区会有上升，2 行机在农机作业户中也会保有一定的市场空间。另外，牧草收获及捆绑机械将会抬头；小型履带式水稻收获机也会有一定的成长空间。

小麦机市场经过长期快速发展，产品保有量几近饱和，而更新换代又受限于国家“报以补贴”政策尚未铺开，其进程亦较缓慢。同时，农村小麦种植面积在大大缩减，农民投资趋于理性，转移玉米收为投资方向。但垦区的小麦机仍有较大的需求空间，品牌当属凯斯、迪尔、克拉斯、雷沃谷神、常发佳联、奇瑞谷王。2014 年我省水稻机收程度已达 95.3%，较上年增长 4.4 个百分点，估计 2015 年水稻收割机市场消费不会超出上年，全喂入式因其效率高等优势会继续替代半喂入式，主打市场为久保田、沃得、奇瑞谷王、洋马、雷沃谷神各大品牌。随着农业种植结构的调整，大豆收获机械锐减，2014 年保有量呈负增长 5.1% 的态势。

6. 农副产品加工机械类会有烘干、仓储设施新亮点

鉴于当前农业生产仍偏重于提高粮食产能，对原粮的深加工潜力尚未深度发掘，我省农副产品加工机械销量已从三年前的 2 万台下降了一半，年销 1 万台上下。但从 2013 年开始，我省将在烘干机项目上有大的动作，原拟投入 26 亿元，为全省的 797 个旱田现代农机合作社和 1.57 万个种植合作社给予政策扶持和资金上的补贴，建设 1997 个大型烘干设备。但在实施中，2013 年，全省农机合作社建设烘干塔 112 个；2014 年为省级规范社建设烘干塔 35 个，年处理能力 142 万吨，建设仓储设施 22 个，仓储能力 30 万吨。到 2020 年全省规划在现代农机合作社规范社建设粮食烘干设施 1000 套，粮食仓储设施 3000 套，规划总投资 136 亿元。这是提高和保证粮食品质的重要环节和手段，也是保障国家粮食生产安全的需要。

（四）2015 年黑龙江农机市场产品、技术发展趋势

用户追求更大功率、更高作业效率、安全系数更大、舒适性更强的产品，2015 年，在农村大型农机合作社和农垦现代农机装备作业区建设的牵动下，大功率拖拉机及其配套农具需求依然明显，但是增幅将有所回落。100 马力以上的大轮拖的需求比上年减弱，70～100 马力段仍是需求市场的主体，130 马力以上的只会在农垦的作业区农机更新中稍有体现；中轮拖在更新换代中功率将陆续上延，30～50 马力段为一般用户的市场消费主流。在种植结构调整、创建水田农机合作社中，专业化的中马力拖拉机将呈批量性的增长，而小四轮拖拉机，尤其是手扶拖拉机则发展受限，2015 年还会继续跌落。另外，微耕机需求将有所抬头。

拖拉机的技术需求表现为：对可靠性指标期盼较大，节能减排将会进一步引起重视。对可实现机械传动、动力换挡、无极变速模块化多种配置的传动系统技术；电控悬挂，以及采用综合电控技术的智能化、自动化程度较高的产品需求渴望，以实现其节能高效；安全性、创造性和维修保养方便性的产品将获得青睐。

高性能、大功率、复式作业的农机具，以及精准农业需求产品增长迅速。如高科技的“人性”化、智能化农机产品，即实现计算机及全球卫星定位系统（GPS）、地理信息系统（GIS）、卫星遥感系统（RS），高精度的机、电、液（气）智能一体化等与拖拉机及农机具有机结合的产品，以及农用飞机或航空器将逐步获得推广。

我省收获机械需求向大喂入、大功率方向发展，尤其是通过更换割台或部分工作部件，实现一机多用。同时，消费者在对舒适性和操作的方便性及节能减排上亦会有新的注意。例如，更换割台可进行玉米、大豆、水稻、小谷物等多种作物收割的迪尔新款 S 系列（S660）收获机有许多新增的特点：

豪华宽大驾驶室、舒适的操控系统、新型 PBST 智能按钮换挡系统，以及最先进理念和性能优越的脱粒系统、清选系统、卸粮系统乃至发动机系统等，使之更注重效率、轻松便捷，增加其安全性、舒适性与控制性，其巨大的潜力或将成为大型农机合作社和现代农机装备区的买点。

我省玉米播种面积已连年突破 1 亿亩，玉米收用户群体一再增长，受补贴政策支持及农机专业合作社建设新增装备的需要，2014 年全省新增玉米联合收获机 9400 多台（含农垦），2015 玉米收获机市场仍会在高位运行，但较上年必然降低。用户一是将会把追求安全性、可靠性放在重要位置，要求厂家努力提高零部件质量、装配质量，消除部分结构设计存在的缺陷；二是对种植行距、小地块、成熟度及倒伏程度的适用性能要求较高；三是市场需要多样性供用户选择，即直收籽粒型的、带皮脱与不带皮脱的、秸秆粉碎型与还田型的、青贮型的，以及茎穗兼收型的产品。2015 年玉米籽粒收获机将成为需求的热点。

水稻收割机的更新换代将加速，“单向轴流”及“双滚筒”产品凭借工作效率高、性能好、可靠性高等特点仍将成为主流消费。

低速货车依然会向多元化、多功能变形车的方向发展，在加速升级换代中会有新动作，轻卡的品种有可能继续增多，如消防车、环卫车、冷藏车、水泥罐车和起重车等。同时，会更加注重人性化，在技术的应用嫁接中，进一步提高使用的可靠性、舒适性、稳定性和安全性。重要的是，注重节能减排及噪声控制的产品，会有更大的市场空间。

农用工程机械在前两年市场低迷的情况下，各生产厂家更加注重提升产品品质和成本的控制，走“由低向高，由粗到精”的多元化、系列化方向发展的路子，以提高产品的市场竞争力。

另外，我省在大农业产业化的进程中，亦不同程度地拉长了产品服务链的需求，即由产中向产前、产后延伸，如产前的种子处理设备和水稻育秧设备，产后的如粮食烘干仓储和农副产品初加工机械。如 2014 年我省农村部分新建 2.78 万栋高标准水稻育秧大棚和 200 个小型水稻智能化催芽车间，全省农村水稻育秧大棚达 84.8 万栋，智能化催芽车间达 1023 个。并为 61 个省级规范农机合作社建设烘干塔 35 个，年处理能力 142 万吨，建设仓储设施 22 个，仓储能力 30 万吨。由种植业向畜牧业、水产业、林果业、农副产品加工业和设施农业等全方位拓展。

（五）2015 年黑龙江农机市场价格走势分析

2014 年国内经济进入“三期叠加”的新常态时期，经济增长的下行压力进一步加大，2015 年 GDP 则下调到 7%。另外，十八大三中全会之后的宏观调控政策、居民消费潜力、货币政策和生态环境的变化，甚至周边的安全环境都在影响着中国的经济增长。这些因素也左右着农机市场的价格走势。

预计，2015 年农机产品价格将出现小幅下降，其中一些品牌还会有季节性的降价促销，主要原因为：一是农机产品的主要原材料价格走低，钢材跌到了白菜价，煤炭、柴汽油、橡胶的价格在低位徘徊，尽管人力成本在不断地上升，但对总体价格的牵动不是太大；二是农机工业生产尽管增幅降低但仍呈上升走势，市场总的形势是供大于求，一些产品的相对饱和，消费理性市场主体的变化，也会促使厂家采用低价位竞争的策略。

（黑龙江省农业机械流通协会　陈岐山）

江苏省农机市场回顾与展望

一、2014 年江苏省农机市场回顾

（一）2014 年江苏省农机市场发展环境分析

党的十八大以来，中央和地方各级党委政府对“三农”工作的重视程度前所未有，投入力度前所未有，社会关注度前所未有，可谓是“三度”空前。当前和今后一段时期，注定将是“三农”工作的又一个黄金发展期。2014 年，习近平总书记在江苏视察时发出了“迈上新台阶，建设新江苏”的动员令，要求发达地区在推进农业现代化方面带好头、领好向，按照“生产技术先进、经营规模适度、市场竞争力强、生态环境可持续”四个方面特征和“加快培育农业经营主体、加快构建现代农业产业体系、加快提高农业物质装备和技术水平”三个实现路径，推动江苏现代农业迈上新台阶，在全国率先基本实现农业现代化，特别强调要提高物质装备水平，加快推进农业机械化，这为我们进一步做好农机化工作明确了思路，指明了方向，增添了动力。省委省政府在安排部署江苏实现五个迈上新台阶各项任务中，将实现“农业现代化建设迈上新台阶”放在了第一项。在 2014 年 12 月的全省农村工作会议暨推动现代农业建设迈上新台阶部署会议上，罗志军书记提出要加快转变农业发展方式，力争在全国率先实现农业现代化，要求用更大力度提高农业装备和技术水平，推进农业生产条件和生产技术现代化，更加注重产业全程机械化，积极改善农机结构，研发推广不同产品、不同环节的农机装备，重点抓好粮食作物的烘干、仓储等设施建设，抓好经济作物产后处理设施配备。李学勇省长要求要着力推广农业机械化新技术、新机具，加快主要农作物生产全程机械化进程，大力发展设施农业机械，扩大农产品保鲜、加工、烘干机械应用，以农业机械化来引领支撑农业现代化。徐鸣副省长提出要围绕“耕地良田化、装备农机化、科技实用化、服务社会化”，更加注重农机适用性、经济性和安全性，推动农业产业全程机械化。这些新目标新任务，必将为推动农机化全面快速发展奠定坚实的基础。

经过多年来的快速发展，江苏农机化已经在全国率先步入了高级阶段。按照农机化发展的客观规律，进入这一阶段以后，农机化发展将更加注重速度和质量的统一，更加突出产中环节和产前产后环节机械化同步推进，更加强化主要农作物和设施农业机械化水平的协调发展。与此同时，农机化发展不平衡、装备结构不合理、效益不高等粗放式发展积累的矛盾逐步凸显，农机化发展“质”的方面问题日益显现，这就迫切需要农业机械化顺应新形势，迎接新挑战，明确新任务，落实新举措，将“转方式、调结构、增效益”作为当前特别是“十三五”全省农机化发展的主旋律和新常态，在发展中促转变、在转变中谋发展，全面开创江苏省农业机械化新局面。

（二）2014 年江苏省农机市场发展现状分析

1. 农机装备量增质提

农业装备开始向大功率、高性能、一体化方向发展。2014 年年底，全省农业机械总保有量超过 300 万台（套）。其中，大中型拖拉机 13 万台（75 马力以上拖拉机达到 12 万台），联合收割机 13 万台，插秧机超过 11 万台。全省农业综合机械化水平超过 80%，其中水稻机插率达到 75%。2014 年，江苏省销售大中型拖拉机 2.3 万台，其中 75 马力以上达 1.95 万台；耕翻、施肥、播种、镇压等一体化复式作业机械发展加快；销售插秧机 1.75 万台，其中乘坐式插秧机 3644 台；销售烘干机 1568 台套，超过了上年保有量的总和；设施农业装备大幅增长，新增设施农业机械 10 万多台套。

2. 农机化作业水平稳步提升

全省农业机械化水平稳步增长，预计达到 80%，比上年增长 2 个百分点。粮食生产机械化迈出新步伐。其中水稻机插秧面积超过 2430 万亩，机插率达到 75%，比上年增长 5 个百分点，提前一年实现既定目标任务。纯作玉米的机播、机收水平分别达到 82%、75%，均同比增长 7%。农用无人植保机试验示范取得突破性进展，农用航空作业面积超过 150 万亩。设施农业主要生产环节机械化水平快速提高。秸秆机械化还田扎实推进，全省夏秋稻麦秸秆还田面积超过 3800 万亩，超额完成省政府确定的目标任务。

3. 农机社会化服务能力不断增强

全省农机合作社总数达到 5006 个，耕、种、收、植保等作业服务面积超过 2500 万亩，农机合作社等服务主体作业面积占整个农机作业面积的 50% 以上，其中机插秧和秸秆机械化还田约有 60% 的作业量由农机合作社完成。全省农机经营服务总收入超过 250 亿元。

（三）2014 年江苏省农机市场基本特征

1. 加强了惠农政策落实

2014 年江苏省各级财政用于农机化发展的资金投入超过 35 亿元，其中中央和省级财政达 23 亿元，初步形成了覆盖购机和作业补贴、研发推广、管理服务、技能培训等多个环节的政策支持体系。不断创新工作思路，强化项目和资金管理，确保各项扶持政策不折不扣的落实到位。在落实农机购置补贴政策方面，开展了以“全价购机、县级结算、普惠补贴、额定比例”为重点的创新试点，强化综合服务，加大监管力度，进一步放大了农机购置补贴的政策效应。在推进秸秆机械化还田等作业补助方面，探索建立了第三方核查、行政督查和社会监督等紧密结合的多层次监督体系，促进了秸秆机械化还田工作取得预期的效果。同时，各地还不断加大水稻机插秧等作业补贴力度，调动广大农民的购机用机积极性。在推进农机报废更新试点方面，不断探索完善农机报废更新补贴制度，积极鼓励农机以旧换新，加快了节能、环保、安全农业机械的推广应用。江阴、常熟、武进、张家港等市县还配套安排专项资金提高报废更新补贴标准，扩大报废更新范围。在推进农机政策性保险方面，加快了拖拉机交强险、联合收割机第三者责任险、农机驾驶人员意外伤害保险实施进度，探索了农机财产保险。全省参保农业机械 8.2 万台，累计保费达 5400 多万元。

2. 大力推广农机化先进适用技术

全省先后组织开展了秸秆机械化还田、水稻机插秧、玉米油菜机收、花生香芋收获、高效设施农业机械化现场演示会，组织有关专家深入基层开展技术指导，举办多期粮食烘干、秸秆机械化还田、高效设施农业机械化等技术培训班，推动了关键技术的推广应用。

3. 推进示范区建设

全省30个基本实现农业机械化创建县（市、区）按照修订完善后的评价指标体系，加强统筹协调，落实工作责任，强化政策扶持，创建工作呈现出争先进位、竞相发展的新局面。一是坚持统筹规划，分步实施。溧阳、金坛、吴江、海安、高邮、丹阳等已经组织论证的县（市、区）按照时序进度，强化组织领导，加大考核力度，明确推进措施，加快了实施要求。江阴、武进两市（区）农业机械化水平已超过90%，通过了基本实现农业机械化考核评价。二是坚持典型引路，示范带动。注重发挥典型示范作用，以点促面带动农业机械化整体水平提升。各地按照省局要求，积极组织开展示范乡镇、示范基地创建活动，取得了积极成效。三是坚持加大投入，提强补弱。各创建县积极拓展投入渠道，争取金融支持，加快了示范区建设步伐。武进、张家港、常熟、丹阳等地县级财政每年投入超千万元，常熟连续三年投入超过3000万元，靖江、海门、姜堰等地投入超过2000万元。据统计，各创建县用于农机化发展的财政投入比全省平均水平高20%以上，为农机化持续快速发展提供了资金保障。

4. 加快培育新型农机作业经营主体

以组织实施农机合作社提升年活动为契机，加快服务载体建设，创新管理服务方式，强化主体培育，不断提高农机社会化服务水平。一是加大扶持力度。协调资金、项目、信贷、土地等资源，对运作机制较好、规模较大的合作社建造机库、购置设备、拓展领域等进行重点扶持，提高农机合作社服务能力。2014年，省级机库和维修点建设项目资金分别达2004万元、480万元，分别扶持了169个合作社、48个农机维修点。常州、淮安、盐城、泰州等地还安排扶持资金，加大农机合作社奖补投入，推动了农机合作社的快速发展。二是促进规范发展。各地按照规范化建设意见，加强农机合作社财务和机务管理，引导农机合作社开展标准化服务，提高了农机合作社规范化建设水平。南通全托管、盐城联耕联种等统一服务面积不断增加，在提高作业效率的同时，也加快了粮食生产全程机械化步伐。三是加强人员培训。全省先后举办了农机合作社维修和机务管理人员培训班、苏北五市农机合作社负责人培训班，不断提高合作社管理服务和维修水平。各地将提升农机合作社管理服务能力和维修保障能力作为提高农机合作社发展质量的关键，通过层层开展技术培训，不断提高农机合作社经营管理水平。

5. 大力推进秸秆还田

2014年，全省各级农机系统认真贯彻落实省政府办公厅《关于加快推进秸秆综合利用若干政策措施的通知》（苏政办发〔2013〕184号）文件精神，围绕省政府确定的年度工作目标，加大行政、技术、经济、服务等工作力度，创新工作思路，强化监管等措施，发挥作业补助的政策效应，大力推广秸秆机械化还田技术，着力提高稻麦为主的秸秆机械化还田作业质量，取得了显著成效，初步建立起有效发展机制，为促进秸秆综合利用、生态环境建设和农业可持续发展发挥了积极作用。

据统计，全省夏秋两季分别投入加装切碎抛撒装置的联合收割机9.3万台，75马力以上拖拉机及配套秸秆还田机械6.7万台套，4000多个农机服务组织13万个农机户参加还田作业，印发政策宣传明白纸3万余份，开展技术培训1600多期，组织技术指导4万人次。据县级第三方夏秋两季核查和政府核定上报以及省级第三方核查机构抽查核验，全省实施作业面积共3827.7万亩，还田率达51.5%。其中，夏季完成作业面积2606.31万亩，秋季完成作业面积1221.4万亩，省级作业补助资金将超过8.4

亿元。通过麦秸秆还田加快了机插秧集成技术的推广，集成技术应用面积达1800万亩。

二、2015年江苏省农机市场展望

（一）2015年江苏省农机需求预测

2015年江苏省农机化工作的总体要求是：全面贯彻落实党的十八大和十八届三中、四中全会精神，紧紧围绕习近平总书记对江苏三农工作的新要求，积极适应经济发展新常态，坚持以改革创新为动力，以提高农机化发展质量效益为中心，以转方式调结构为主线，进一步完善扶持政策、加强主体培育、强化公共服务，加快提高农机装备水平、作业水平、管理服务水平，为现代农业建设提供坚强的物质装备支撑。全省农业机械化水平力争达到81%，其中，水稻机插秧水平稳定在75%，纯作玉米机种、机收水平分别超过85%、78%，全省基本实现粮食生产机械化。设施农业主要生产环节机械化水平力争达到53%。全省农机服务经营收入稳定在250亿元。

（二）2015年江苏省农机工作主要特点

1. 巩固提升主要农作物全程机械化水平

（1）坚定不移地推进水稻机插秧

全省各地要按照省委、省政府的部署要求，认真开展“三改一创建”，将提高水稻机插秧水平作为全年工作的重中之重，通过整合粮食高产创建、三新工程等项目，扩大规模化集中育秧、强化社会化统一服务等一系列措施，稳步提高水稻机插秧水平。今年育插秧期间，省农机局将加大检查考核力度，对达不到基本实现水稻种植机械化要求的县（市、区）进行通报。

（2）加快提高玉米生产机械化水平

强化农机与农艺融合，加强政策扶持，加大整体推进力度，培育玉米机收服务主体，通过召开现场会、举办培训班等形式，做好宣传发动和技术培训，让广大农民群众看有典型、干有榜样、学有经验，引导玉米标准化生产、规模化种植，力争今年基本实现玉米生产机械化。

（3）巩固提高小麦生产机械化水平

加快小麦精少量和复式、联合作业机械的推广步伐，加强秸秆机械化还田与三麦机条播技术的集成应用，稳步提高小麦种植机械化水平。

（4）加快推进粮食烘干能力建设

针对土地流转速度不断加快、规模经营水平不断提升的现状，综合运用购机补贴、烘干能力补助、场库建设项目等措施，进一步加快粮食烘干机械的示范推广步伐，努力突破粮食生产安全新瓶颈，着力解决全程机械化的“最后一公里”问题。

（5）加快高效植保机械化技术推广

借力统防统治项目，完善服务机制，发挥购机补贴政策带动作用，加快高地隙自走式喷杆植保机的示范推广，稳步推进农用航空技术应用，不断提高高效植保机械化水平。

2. 加快新机具新技术推广，大力推进设施农业机械化

突出设施蔬菜机械化的发展，加快提升棚室内灌溉、耕整地、起垄、育苗、植保、搬运等关键环节机械化水平，加强播种、移栽、收获等环节机械化技术的试验示范。要坚持点面结合，以项目为载体，以示范基地和园区为平台，加大机械装备技术的集成配套，建立农机农艺融合的全程机械化试点，探索形成科学的机具配置方案和全程机械化生产技术路线。要根据设施农业生产不同的组织形式，培育自我服务、租赁服务、社会化服务主体，不断提高社会化服务水平。

3. 继续推广秸秆机械化还田

进一步完善秸秆机械化还田作业补助办法，根据2014年实施情况，综合各方意见，目前首批资金已预拨各地，各地要加大地方财政配套作业补助力度，及时制订年度秸秆机械化还田实施方案。进一步完善适合本地的秸秆还田技术路线，继续按照“夏季为主、秋季适度”的原则，强化技术培训指导，不断提高秸秆机械化还田的技术到位率。进一步加强农机与农艺融合，建立健全农机与农艺相结合的工作机制，加大秸秆机械化还田与水稻机插秧、三麦机播集成技术的推广应用力度，提高农机化新技术新机具集成应用水平。进一步落实督查检查，继续采取“行政检查、社会监督和第三方核查相结合”的考核机制，强化监督管理，确保补助资金及时、安全使用到位。省财政厅已提前预拨秸秆机械化还田作业补助资金和秸秆多种形式利用项目资金6亿元；省农机局、省农委和省财厅协商一致，2015年全省秸秆机械化还田和多种形式利用省级资金实行市县政府包干使用，对秸秆机械化还田继续实行直补，由市县政府结合当地实际确定工作目标，制定技术路线、作业标准、补助操作程序、第三方核查办法和管理措施，编制实施方案，报省有关部门审核备案。

（江苏三农农业装备股份有限公司　张宁）

第三部分

企　业　篇

中国一拖集团有限公司

中国一拖集团有限公司（以下简称中国一拖）是国家“一五”时期156个重点建设项目之一，1955年开工建设，1959年建成投产，现为中国机械工业集团有限公司子公司。新中国第一台拖拉机、第一辆军用越野载重汽车在这里诞生。建成投产50余年来，为国家农业机械化提供拖拉机、柴油机等各种装备360多万台，拥有的“东方红”商标为中国“驰名商标”。

“十五”以来，中国一拖抓住国家振兴装备制造业、加快社会主义新农村建设的机遇，坚持以加快结构调整、转变发展方式为主线，通过加大重点产品研发、技改投入力度，基本形成了农业机械、动力机械及零部件等多元结构发展的格局。农业机械业务具有国内最完整的拖拉机产品系列，拥有国际先进、国内领先的具有自主知识产权的产品技术。其中，大功率拖拉机国内市场份额第一，动力机械业务在国内非道路用柴油机行业排名第一。近年来，企业销售收入每年以20%的幅度递增。

“十二五”期间，中国一拖坚持以科学发展观为指导，全面实施“聚核铸强”发展战略，扎实推进“产品升级、研发创新、国际化经营、人才兴企、资本运作、精细化管理”六大卓越工程，不断加强“执行、文化和作风”三大保障体系建设，努力把中国一拖建设成为卓越的全球农业装备供应商。

山东常林道依茨法尔机械有限公司

山东常林道依茨法尔机械有限公司致力于“道依茨法尔”和“沭河”两大品牌的拖拉机制造与销售。

公司成立于2011年11月，是由山东常林集团与意大利赛迈道依茨法尔集团共同出资成立的合资公司，致力于打造高端智能农业装备产品，采用德国和意大利等国成熟的静液压、电液压、动力换挡，无级变速，发动机高压共轨技术，满足配带大型农机具的作业要求，同时带动中国农业机械制造水平的再升级。

公司坚持以“以人为本、优质服务、安全环保、和谐共赢”的企业文化理念，制造同步器换挡、动力换挡、无级变速拖拉机，服务于社会。

爱科中国

美国爱科集团（纽约证交所交易代码：AGCO）是世界领先的专注于农机设备的制造商，致力于农业机械设备的设计、生产和销售。爱科集团一直以提高农业生产力为己任，为用户提供全套的农机产品，包括拖拉机、收获机械、牧草与饲料设备、播种与耕作设备、喷药机、发电机组、谷物仓储和蛋白质业务以及各种配件。爱科集团旗下拥有五大核心品牌：麦赛福格森、维美德、芬特、挑战者和谷瑞，并在140多个国家和地区设立3100个独立经销商和分销商。成立于1990年，爱科集团总部设在美国乔治亚州德卢斯。2014年，集团净销售额达97亿美元。

目前，爱科集团在中国设有五个工厂：常州工厂、常州谷瑞工厂、大庆工厂、兖州工厂和上海工厂。位于美丽富饶的长江金三角地区的江苏常州工厂主要生产麦赛福格森中低马力拖拉机、爱科动力柴油发动机以及动力传动系统。同样位于常州的谷瑞工厂生产谷物仓储设备和自动化家畜家禽养殖设备。而坐落在中国最大农业地区之一的黑龙江大庆工厂，主要生产麦赛福格森及维美德大马力拖拉机、麦赛福格森联合收割机和牧草设备。山东兖州工厂主要生产麦赛福格森及大丰王品牌玉米、水稻、小麦联合收割机、打捆机以及其他牧草机械。生产爱科劲魄能柴油发电机组的上海工厂也为爱科在中国的全套产品线提供支持。

为了能够更好地满足中国市场及广大用户需求，爱科集团的其他职能部门也发挥着巨大作用，如售后服务、技术培训、用户调查、信息反馈、零部件储备和金融支持等，尽最大可能贴近市场、贴近用户。爱科集团以国际技术、国内决策和国内生产的形式为中国用户提供更优质的产品、服务以及全套高科技解决方案，为中国农业现代化做出巨大贡献。

常州东风农机集团有限公司

常州东风农机集团有限公司始建于1952年，2003年8月改制为民营企业。改制10多年来，东风农机致力于灵活的机制，市场的拓展，管理的深化，效率的提升，在风云变幻的市场竞争形势中，企业以转型升级和实施质量振兴活动为抓手，抓紧抓好新品开发，巩固市场和品牌效应；以做精“一主两翼”放在突出位置，发展轮拖和机具，产品水平具有国际市场竞争能力。

东风农机通过与高等院校、科研院所开展产学研合作，企业的研发、制造能力得到显著提升，企业自主创新能力不断增强。现已发展成大中型轮式拖拉机、手扶拖拉机、插秧机、稻麦、油菜联合收割机、玉米联合收割机、农田中耕机械、车辆传动机械为一体的综合大型农业机械研发、制造的专业公司。目前东风牌大中型轮式拖拉机年产销量达6万台，位居行业第三位，市场占有率达15%；东风牌25~60马力中型轮式拖拉机产销量和出口量均居行业前茅，特别是100马力以上大拖销售首次进入行业第三。

公司组织拖拉机及配套农机具生产已有近60多年历史，主要产品累计产销超过300万台，遍及国内31个省、市、自治区，远销世界135个国家和地区，年出口创汇突破6000万美元。

东风农机已经明确发展目标和路径，参与国际化，助推大产业整合，并将紧紧抓住行业转型升级的历史机遇，主动适应、把握经济发展的新常态，专注农机制造业。以市场为中心，走创新驱动发展之路，通过持续投入和技术创新，不断推出新产品，形成产品系列化，实现产品升级，重点发展符合国家产业政策的大马力轮式拖拉机、插秧机、植保机械、联合收割机等高效、节能现代农业机械，为我国的农业现代化、农业机械化做出新的贡献！

企业法人：徐小林（总经理）　　企业地址：常州市钟楼区新冶路328号（邮编：213012）

企业网址：www. dfamgc. com　　企业电话：0519－83260234　传真：0519－83260445

企业邮箱：dfam@ dfamgc. com　　服务热线：400－828－1717　传真：0519－83261717

一拖（洛阳）柴油机有限公司

一拖（洛阳）柴油机有限公司，专业设计、生产多缸多系列柴油机。公司成立于1958年，经过50多年的发展，目前已拥有四家发动机制造厂和一家燃油喷射厂，产品涵盖二、三、四、六缸柴油机和油泵、油嘴。公司始终把目光定位在行业发展的前沿，携手英国里卡多公司、美国西南研究院等国际著名的一流研发机构，保持着核心技术与国际的同步化。

公司目前生产的著名品牌为“东方红”的柴油机，共有四大产品平台、十九大系列（YM重型产品平台包括S、H、K三大系列；LR中型产品平台包括V、N、M、B、A、R六大系列；YT中型产品平台包括A、B两大系列；YD轻中型产品平台包括380、385、480、485、490、495、4100、4102八大系列），形成从2~12升排量，10~405千瓦功率段的黄金产品链，年制造能力30万台。

东方红柴油机在中国非道路用动力中，系列和品种最全，可以全面满足拖拉机、收割机、工程机械、发电机组、船机、固定机组、青储机械、钻井机械等主机的动力配套需求。东方红柴油机具有功率强劲、扭矩储备大、可靠耐用、低耗经济的显著优势。减振降噪的双轴平衡；节能减排的电控喷射、四气门、废气后处理等技术，都在非道路用动力中处于领先地位。

勇猛机械股份有限公司

勇猛机械股份有限公司（以下简称勇猛机械）创立于2010年，是北京亨运通机械有限公司顺应市场发展，为进一步扩大产能，在美丽的海滨城市天津市宝坻九园工业开发区建设的玉米收获机械制造基地。勇猛机械是国内领先的集自主研发、制造、销售、服务为一体的玉米收获机械专业制造商。勇猛机械被认定为“国家火炬计划重点高新技术企业”，公司技术中心被认定为“天津市企业技术中心”。

公司始终致力于玉米收获机械前沿科技的研究，注重产品品质的升级，关注终端用户需求。其主导产品“勇猛”系列自走式玉米收获机一路引领国内玉米收获机械产品技术发展方向，拥有国家专利四十余项。目前已形成3行、4行、5行、6行、7行、8行等收获行数，几十个品种资源；各项性能指标经国家权威机构检测，均达到或优于国家标准要求，产品性能稳定，质量可靠，使用维修方便，受到广大农机推广部门和用户的推崇，市场占有率及用户满意度不断提升，连续两年位居大型自走式玉米收获机国内第一品牌。

未来，公司将继续专业、专注于玉米收获机械的研发和制造，时刻关注用户需求变化，以优质服务感动用户，并不断吸收国际先进技术，加快产品品质升级。勇猛机械将厚积薄发，锐意进取，矢志不渝的打造技术一流、工艺一流、管理一流的大型农业装备制造企业。

久保田农业机械（苏州）有限公司

久保田农业机械（苏州）有限公司是日本最大的农业机械制造商——株式会社久保田出资的日商独资企业。目前主要生产和销售半喂入联合收割机、履带全喂入联合收割机、轮式全喂入联合收割机、油菜收获机、玉米收获机、水稻插秧机、大中型轮式拖拉机、育秧播种机、蔬菜烟草移栽机等产品。是一家综合性农机制造企业。

公司自1998年创业以来，以客户利益为最优先考虑来开展业务运营。以卓越的产品品质，领先的技术性能，健全的销售网络，完善的服务体系在中国市场取得了巨大的成就，实现了厂家、经销商和用户的“共赢”。在各级农机管理推广部门、经销商、用户和厂家的共同努力下，久保田农业机械得到了社会各界的广泛认可，受到了广大农民的信赖与青睐。久保田已成为国内水稻机械行业的领导品牌。

行业一流的工厂总投资额达5800万美元，占地面积达127000m^2，一期建筑面积38000m^2。公司以“顾客第一、以人为本、贡献社会”为经营理念，以“一流的产品、一流的技术、一流的信誉”为依托，期望成为中国第一强的企业。同时，日本久保田将一如既往地将国际先进的经营理念、生产技术、管理经验和一整套技术解决方案引入中国农机市场，致力于在中国建设其亚洲制造和业务发展基地，希望通过与各级政府、行业协会、商业合作伙伴等单位的精诚合作，携手促进中国农机化事业取得新进展、新成就，与中国农业机械化共发展。

地址：中国江苏省苏州工业园区苏虹东路77号

传真：0512－67168082

销售热线：0512－67163907

网址：http：//www. kubota. com. cn/kams/

北京弗雷森拖拉机有限公司

北京弗雷森拖拉机有限公司，地处北京市丰台区，是一家集研发、生产、销售、服务为一体的高新农机装备企业。

多年来，公司致力于提升农业机械的装配水平、技术层次和使用性能；着力以新技术推动产品的更新换代，打造优势名牌产品；采用国际先进的开发、设计理念和生产工艺，形成了年产大中马力轮式拖拉机、玉米联合收获机械、大型配套农机具、特种牵引机械、变型机械等3.5万台套的综合生产能力。有着完善的销售网络和售后服务体系，产品畅销全国20多个省市，并成功进入南亚、非洲等国际市场，赢得了国内外市场的广泛好评。

企业先后被授予质量管理先进企业、质量信得过单位、重合同守信用单位、优质服务单位等荣誉称号；产品被评为名牌产品、免检产品、高新技术产品；是中国工商银行AA+级信用单位，拥有中华人民共和国进出口自营权，通过了ISO 9001国际质量管理体系认证。

“优秀源于细节与责任，精品出自标准和流程”是我们质量管理与控制的理念。“追求卓越、用户至上”是我们产品发展的一贯原则，我们不断探索和总结先进的管理经验，形成了具有弗雷森特色的管理模式和企业文化。

真诚期待与您合作，共赢、发展！

黑龙江省农业机械有限责任公司

黑龙江省农机公司史前为全国第一个国营农场物资供应站——东北公营农场管理局哈尔滨物资供应站，创立于1950年3月，负责东北区的辽宁、吉林、黑龙江三省和内蒙古自治区的国营农场物资供应。其后于1962年更名为黑龙江省农业机械公司，1994年改为黑龙江省农业机械总公司。2000年进行股份制改造，成立黑龙江省农业机械有限责任公司。

黑龙江省农业机械有限责任公司为国内最大的农机专营公司，具有国家一级农机营销企业资质，且承担全省农机公司系统的行业管理工作。公司位于哈尔滨松北区松北大道76号。交通十分便利，技术装备精良，市场规模宏大，服务设施齐全。主营各种农牧业机械、汽车和工程机械，已与国内外上百家生产企业建立了长期的贸易伙伴关系，成为约翰·迪尔、爱科、克拉斯、久保田、井关等一批世界重量级农机巨头的代理商，与中国一拖、东风集团、天津勇猛、上海世达尔、江苏沃得、科乐收·金亿、青岛迪马、厦工集团、徐工集团、江淮汽车、融拓北方、上海三久、辽宁立达、佳木斯圣凯等几十家重点企业集团建立了总经销、总代理和物流业务，以大批发、大流通所形成的农机商品销售网络遍布黑龙江省和内蒙古自治区东北部地区。

公司现有员工500人，下设4个控股子公司、1个参股公司、7个营销（服务）分公司和9个部室。物流装备配套，仓储面积10万平方米，年货物周转量6000万吨千米；技术服务中心和汽车售后服务中心设备精良，“三包”服务迅捷周到。其独资兴建的黑龙江省汽车农机大市场，占地36万平方米，它以创造一个品牌市场带动一方经济的发展理念，以大市场促进大流通、带动大发展的运营机制，已成为集会展交易、物流配送、电子商务、技术培训、信息发布、“三包”维修及生活服务等多功能为一体的、国内最大的有形农机专业交易大市场。年销售额突破50亿元，其中进出口业务突破10亿元。

公司开通电子商务业务，在公司官网、农机360网、淘宝网、慧聪网等实现线上线下交易，为广大农机用户提供更为便捷的服务。

在经济发展进入新常态的形势下，公司以全省农机流通龙头企业的渠道优势、品牌优势，合作单位哈尔滨银行金融租赁公司以其资金优势，联手开拓农机金融租赁服务，在农机后补贴时代，为农机纵深发展提供新动力。

公司历年荣获黑龙江企业100强、全国“五一”劳动奖状、全国农机流通十大创新企业和杰出贡献单位、全国农机流通百强企业、全国十大农机交易市场，并被授予唯一的全国农机示范市场等光荣称号。

省农机公司董事长、总经理申佩怀兼任中国农机流通协会副会长、黑龙江省农机流通协会会长、相继被授予黑龙江省十大杰出青年、省特等劳动模范，黑龙江省重大科技效益奖，首批省级领导直接联系高层次人才，全国农机体系建设十大功勋人物、全国农机流通行业终身荣誉奖、全国推进流通现代化杰出企业家，国务院政府特殊津贴获得者，国家级有突出贡献的优秀中青年专家和全国劳动模范。

山东五征集团

山东五征集团前身是成立于1961年的县级拖拉机站，历经近半个世纪的发展，现已形成农用车、汽车、专用车、农业装备和现代农业五大主导产业，拥有三大制造事业部，总资产89亿元，员工14000人，是中国机械制造重点骨干企业之一。

“十五”期间（2001—2005年），五征全力提升产品水平、技术水平和管理水平，企业销售收入连年增长、经济效益成倍增长，各项经济指标均处于同行业前列，五征“以小博大”，迅速成为行业龙头企业，创造了发展优势。“十一五”期间（2006—2010年），五征积极推进科技进步与发展，加强人才队伍建设，全力提升研发能力和制造水平，实现了由传统制造业向现代制造业的转变，产品和产业竞争优势更加突出。2013年，实现销售收入160亿元。公司先后荣获“全国五一劳动奖状”、“中国机械工业现代化管理企业”、“山东省质量管理奖”、“山东省省长质量奖”等荣誉称号；五征技术中心被认定为“国家认定企业技术中心”，2011年综合排名列全国729家企业技术中心第246位；“奥驰”载货汽车荣获“2010年中国卡车年度车型轻卡奖”；姜卫东董事长被评为“全国劳动模范”，是中国农机工业协会副会长、中国农业机械学会副理事长、中国农用运输车分会会长；员工张念利在第五届全国青年职业技能大赛中获涂装工第一名，并荣获“全国技术能手”荣誉称号。

目前，五征正实施“十二五”发展战略规划，大力实施国际化发展战略，瞄准国际先进水平，加强国际合作与交流，全面提升企业及产品的国内外竞争优势，把五征打造成国内著名、国际知名的现代化机械制造企业

四川现代农机产业园开发建设有限公司

四川现代农机产业园是经四川省政府和成都市政府批准成立的农机产业特色园区，纳入2010年国家农业部、四川省人民政府、成都市人民政府“共建统筹城乡现代农业综合示范区”合作备忘录。2015年，产业园获农业部“中国农业机械化创新示范园区”、“四川省特色产业基地”称号。园区核心区占地1500亩，拓展区10000亩，以农业装备制造为核心，以产品展销、科研、鉴定、农机检测、成果转化、技术培训、企业总部为产业高端整合配套的“产”、“学”、“研”、“推”、“用”有效结合的全产业链农机产业高端平台。

四川现代农机产业园开发建设有限公司是由四川现代农业园区投资经营有限公司、成都盛丰邦瑞投资有限公司、四川昊昇投资有限公司和四川川龙农业装备有限公司共同发起组建，成立于2011年12月29日，注册资本金1.5亿元人民币，地址位于成都市新都区四川现代农机产业园。公司汇集国有公司资本优势、上市公司专业运作优势、农机制造龙头企业优势、当地政府政策导向优势。公司管理规范、定位高端，拥有一支高素质、高效率的经营管理团队。

公司开发的中国农机（成都）国际展示交易中心（英文简称：AMC）。规划净用地358亩，计划总投资18亿元，建筑面积43万平方米，建设期3～5年，建成后预计实现年交易额100亿元，税收8亿元，吸纳就业人口5000人。AMC项目依托四川现代农机产业园雄厚的产业实力，实行行业聚集工贸联动，是园区最重要的功能支撑和产业聚集载体，集品牌农机交易、新机具和新技术展示、物流配送、售后服务、信息交流、电子商务、金融服务等多功能于一体的综合性项目。以“六区、四平台、两心、一馆”的格局，打造中国品类最全的、具有丘陵山地特色的现代农机国际展示交易中心。“六区”：品牌农机展示区、农机配件展示交易区、精品旗舰店、维修仓储区、生活配套区、会议培训区；“四平台”：电子商务平台、金融服务平台、会展交流平台、仓储物流平台；“两心”：一站式政务服务中心、综合配套服务中心；“一馆”：农机博物馆。

项目区地处成都经济区发展轴上的重要节点城市，是主要的物流商贸聚集基地和高端装备制造产业基地。项目区毗邻成都城北高端市场区、龙泉产业制造功能区，紧靠青白江亚洲最大铁路集装箱集散基地，距成都东客站15千米，双流国际机场35千米。周边5条干线公路、4条高速公路、2条铁路干线，青白江集装箱物流集散中心是蓉欧快铁的起始站，货运直达欧洲，为企业跨区域国际贸易提供强有力的物流支撑。

中国农机（成都）国际展示交易中心及综合配套项目将以“产业聚集、产城一体、综合配套、高端布局”的发展理念，超越传统市场，引领行业整合，催生行业升级。一个更具专业化、市场化、国际化的西部农机产业聚集高地和高端服务平台正在成都，正在西部加速形成，展示出强大的行业集聚效应和巨大的发展潜力。

地址：四川省成都市新都区石板滩镇石木路

电话：028－69923222，83072818

传真：028－69922122

AMC 微信公众号二维码。扫一扫，添加关注：

福田雷沃国际重工股份有限公司

福田雷沃国际重工股份有限公司（以下简称福田雷沃重工）是一家以工程机械、农业装备、车辆、核心零部件为主体业务的大型产业装备制造企业，2014 年实现销售收入 219.8 亿元。福田雷沃重工凭借在“内涵增长、结构调整、全球化”方面的卓越表现，2015 年“雷沃”品牌评估价值攀升至 335.56 亿元。公司被认定为“国家重点高新技术企业”，公司工程技术研究院被认定为“国家认定企业技术中心”。

福田雷沃重工主导产品雷沃谷神联合收割机销量连续 14 年居行业首位，市场占有率达 70%；雷沃大中型拖拉机连续 10 年市场占有率行业领先。福田五星三轮摩托车连续 10 年销量、市场占有率行业第一；以雷沃装载机、挖掘机、旋挖钻机为代表的雷沃工程机械业务高速、健康发展，市场竞争力持续攀升，成为行业内成长最快的品牌之一。

近年来，公司在“内涵增长、结构调整、全球化”经营方针指引下，采用“全球研发、中国制造、全球分销”的发展模式，积极搭建基于未来国际化发展的业务管理和运行平台，旗下工程机械、农业装备、车辆三大产业均衡快速发展。

在国内多个市场领域获得领先地位的基础上，福田雷沃重工积极开拓国际市场。目前，公司已建成了由 300 多家销售服务商组成的覆盖全球 120 多个国家和地区的集“销售、服务、配件供应、用户培训与信息反馈”五位一体的全球营销服务网络体系，出口产品涵盖农业装备、工程机械、车辆三大产业。

面向未来，福田雷沃重工将以中国为中心，保持中国市场领导者地位，把中国打造成全球非公路业务产业中心，在全球三个重点国家实现产业化，在两个发达地区市场取得市场突破，实现从区域性企业向全球性企业转变。力争通过 10 年努力，把福田雷沃重工打造成世界非公路行走机械装备领导者。

山东巨明集团

山东巨明集团是一家长期致力于研发、制造、销售、服务为一体的现代农机装备制造企业。收获机械以规模、市场占有率、企业效益在中国居同行业前列。

巨明集团现有职工1600余人，其中，专业技术人员300余人，总资产10亿元，占地面积60万平方米。主要产品有：小麦联合收割机、玉米联合收获机、水稻联合收割机、大豆联合收割机、油菜联合收割机、大型饲料青贮机六大自主创新系列产品，80多个品种；巨明收割机系列产品是中国老百姓用出来的名牌产品。

巨明集团有重信誉创名牌的历史传统，有良好的管理基础，有优秀的人才队伍，有干事创业、拼搏创新的勇气和信心，产品先后荣获“中国驰名商标”、“产品质量国家免检”、“山东名牌”、“山东省著名商标”、“全国农民满意农机产品”等荣誉称号。企业被评为“重合同守信用企业”、“行业信用AAA企业”、“中国农机具50强企业”；是收割机行业率先通过ISO 9001国际质量体系认证企业。

巨明集团具有自主创新的研发实力，与中国农机院、中国农大、山东理工大等科研院校建立了产学研基地。企业被定为“山东省收获机械工程科研开发中心”、“国家认定科技星火计划企业”、“山东省高新技术企业”，“中国专利明星企业”，设有“院士工作站”，承担国家“十一五”“十二五”重大科技支撑项目、国家863计划课题。

巨明集团恪守诚实守信的经营理念，与经销商建立有良好的合作关系，市场份额不断扩大，产品遍布山东、河南、河北、陕西、山西、安徽、江苏、甘肃、内蒙古自治区、东北三省等麦稻或玉米种植区，并出口东南亚、中东、非洲、南美等。

未来，巨明集团将继续坚持科学发展，贴近百姓，面向市场，承担起振兴民族工业，产业报国，造福亿万百姓的光荣使命。将积极展开与国内外科研机构以及制造商的合作，引进国内外先进技术，研制开发适于中国和世界需要的先进农机具，努力争创国家级研发中心，全力打造中国农机装备制造基地，进一步开拓国际市场，成为国际农机市场有影响力的知名品牌。

重庆汇田机械制造有限公司

重庆汇田机械制造有限公司是一家集小型农业机械及相关终端产品专业化研发、制造和销售为一体的创新型企业。公司成立于1994年，坐落于重庆市九龙坡区陶家工业园，工厂占地面积38000多平方米，配备生产流水线11条，具有微耕机年生产能力15台套。拥有高、中、级职称人员22人，员工230余人。

公司是中国农业机械流通协会理常务事单位，与西南大学有长期的研发合作关系，拥有自主研发和生产微耕机箱体和刀具的车间，可针对不同地形、地质研发生产适应性强的产品。公司配备了五十多台冲压、焊接、板材等机械加工设备。公司进行了ISO 9001：2008的国际质量管理体系认证及欧洲CE认证。公司已有微耕机三大系列共23规格号的产品。

公司产品系列中有1WG3.8－95FQ－D、1WG4.0－105FC－Z、1WG6.3－135FC－Z、1GZ－100FV1、1WG3.5－95FC－ZC、1WG4.1－95FQ－ZC、1WG4.2－95SC－D等8个型号的产品获得了国家部级及省级农业机械推广许可证书。

汇田公司生产的汇田牌微耕机产品已销往国内24各省、市和自治区，从2008年开始产品出口到美洲、欧洲、亚洲、非洲等地区并取得了出口产品STC认证证书。已在国内21个省、市（自治区）申请了农机补贴目录。汇田公司已经与国内90多个一级经销商及与国内外十几个进口代理商建立了较稳固的合作伙伴关系。

汇田微耕机已连续3年在贵州、甘肃、四川、广东、陕西等地区的农机购机补贴销量市场占有率排列1～3名。公司的专业机具（烟草专用机械和蚕桑专用机械）在贵州、四川地区一直是烟农和桑农最值得信赖的品牌之一。公司一直致力于满足国内外客户需求，秉承“以质量求生存，以信誉求发展”的宗旨，倾力营造厂、商之间互利共赢的长期合作伙伴关系、并始终力争使“汇田”牌成为国家知名品牌，“汇田工业”成为一流企业。

山东宁联机械制造有限公司

山东宁联机械制造有限公司始建于1995年，现已发展成集科研开发、机械制造、国际贸易、职业培训为一体的国家级高新技术企业，农业机械制造龙头企业，设有省级企业技术中心、工程技术研究中心、国际科技合作研究中心，被山东大学定为社会实践基地并联合开展职业培训。下设八个子公司，现有员工1800多人，总资产5.2亿元。拥有现代化机械制造设备1000余台套，形成高标准整机装配流水线、磷化脱脂除锈电泳涂漆线、封闭式半自动喷涂烤漆线、自动化开卷校平剪切成型线、机器人自动焊接线、整机试验检测线、自动化铸造生产线、刀片生产线、精锻齿轮生产线。公司已通过ISO国际质量管理体系认证，现有150多项科研成果获国家专利，宁联牌商标被评为山东省著名商标，宁联产品被评为山东省名牌产品。被山东大学定为社会实践基地，并联合开展职业培训。

目前公司主要产品有：自走式玉米、谷物联合收获机等现代化农业机械及数控机械制造装备，同时生产收割机刀片、液压油缸、精锻齿轮等40多个系列4000多个种类的机械配件。有60多种产品列入国家农业机械购置补贴目录。其先进性、可靠性、适应性、安全性及种类数量居全国同行业前列。产品畅销全国，并出口40多个国家和地区。

公司始终坚持“以市场为导向，以质量求生存，以科技促发展，以诚信树形象”的发展理念，奉行“用户至上、质量第一、服务周到、诚信为本”的经营宗旨，先后被上级授予“全国创名牌重点企业”、“中国机械工业AAA级信用企业”、“中国专利明星企业”、“山东省诚信守法企业”、“山东省用户信得过满意单位”、“机械行业文明单位”、“AA标准化管理企业”、“质量管理先进单位”等荣誉称号。

哈克（邯郸）农业机械装备制造有限公司

哈克（邯郸）农业机械装备制造有限公司（以下简称哈克农装），是荷兰夸特纳斯（QuaTernes）集团与中国合资设立的首个项目，注册资本5000万欧元，规划占地面积730亩，总投资2.5亿欧元。主要从事农业及食品机械装备的制造、引进、研发、销售，相关技术的咨询服务和展示推广，相关产品的进出口业务。

哈克农装一期工程占地348亩，已投入使用，它将成为国内技术水平最高的农业机械生产基地之一。哈克农装可提供3000个就业岗位，自建立以来，一直视人才资源为第一资源，崇尚以人为本，竭力为员工提供广阔的发展空间。

哈克农装规划生产制造玉米收获机、甘蔗收割机、青贮机、籽粒机、植保机械和大马力拖拉机。哈克农装与世界知名企业开发合作各种农机产品，哈克农装拥有自主知识产权，将成为国内第一家该产品的制造企业。哈克农装将世界先进技术引进哈克农装产业园，推动产业升级。哈克农装项目的建设，得到农业部、河北省和邯郸市等各级领导的大力支持。成为河北省重点企业。

哈克农装机械设备选用各领域内全球一流品牌，如瑞士百超的激光切割机，日本村田的数控转塔冲，日本小池酸素的精细等离子切割机，韩国现代立式加工中心，正在安装的电泳、静电、喷粉涂装流水线，瑞典阿特拉斯定扭设备，日本松下的焊接机器人等，工艺装备引用汽车行业的焊接工装，装配工艺采用世界先进的流水线作业，年装配能力达到15000台套，彻底改变农业机械不能够精致的传统概念，确保在产业升级过程中，使哈克农装担当起领军责任。

哈克农装的研发团队汇集世界一流的工程技术人员，严格按照PDP开发流程，使每一款产品都经过严格的田间试验。采用ERP和PLM（产品生命周期）管理软件，确保先进技术的积累和有效传承，避免因人员变动导致的技术流失等问题，从而不断提升企业的技术和研发能力。机械设计应用3D绘图软件，经过严格的工艺审核和模拟验证，使工艺流程制定理念与世界同步，采用先进工艺，结合中国的农技和农艺，充分考虑节能、环保要求，为企业永续经营打好坚实基础。

哈克农装始终致力于农业收获机械前沿科技的研究，注重产品品质的升级，关注终端用户需求，本着“国内领先，世界一流”的企业定位，把“成就客户，成就员工”作为企业的最高经营目标，通过高执行力和创造力，向用户提供一流的产品和服务，持续为用户创造更大的价值。

中航力源液压股份有限公司

中航力源液压股份有限公司（以下简称中航力源液压）隶属于中国航空工业集团中航重机股份有限公司，是从事高压轴向柱塞式液压泵/马达及静液压传动装置（HST）研发、生产的专业化企业，于1996年在上交所成功上市，被誉为“航空工业第一股”。公司坐落于贵州省贵阳市国家高新技术产业开发区，占地面积23.3万平方米，拥有各类加工、检测等设备1600余台，年产液压泵/马达、静液压传动装置（HST）能力达8万余台。

作为专业化企业，中航力源液压拥有强大的科技研发和技术创新能力，坚持自主开发和引进、消化、吸收再创新相结合的发展道路，公司不仅引进国外专利技术，还大力与国内知名大学、研究院所开展“产学研”合作，并且承担了多项国家部委和省市科技项目，如国家重点新产品项目“农业机械及成型静压传动装置产业化”研究、国家科技支撑计划项目“高性能液压轴向柱塞泵/马达开发及产业化”研究、国家863计划先进制造技术领域的“全断面掘进机关键技术”项目中的“土压平衡盾构大排量液压泵”研究等。近几年，先后有28个技术创新项目获得国家专利证书及专利授权通知，部分产品获“国家自主创新产品”奖，公司被贵州省授予知识产权试点示范工作先进单位。

中航力源液压的产品广泛与航空航天、民用领域配套。在民用领域，研制了40多个系列600多个型号的液压泵/马达、静液压传动装置（HST），应用于工程机械、农业机械、建筑机械、矿山机械、冶金机械、船舶机械、工业机械、铁路机车等领域。在国内同行业中，产品的型号、规格、市场覆盖面及市场占有率均居于领先地位，已成为国内液压核心精密件研发生产基地，并在行业中保持了三个第一：高压轴向柱塞式液压泵/马达/静液压传动装置（HST）销售量第一、国内同行相比市场占有率第一、整台液压泵/马达出口和创汇第一。

中航力源液压致力于推进我国农业机械化水平的提升。20世纪末，公司投入到农机液压核心部件——静液压传动装置（HST）的研制中，承担了国家“大型农机具重点开发项目”计划中的“水稻联合收割机液压系统”项目，获得了国债技改投资。近年来，得益于国家对农机市场的扶持和自身的不断辛勤耕耘，公司快速提升制造水平和产品质量，在农机收获机械领域取得了不俗的成绩，支持了农业机械化率的快速提高。

公司自主研制了近10种规格的静液压传动装置（HST），广泛应用于各类稻麦/玉米/甘蔗收获机械、乘坐式高速插秧机、割草机、园林拖拉机等领域，这些产品具有体积小、重量轻、传动效率高、寿命长的特点，技术、质量处于国内领先地位，超过了部分国家进口件的水平，国内市场占有率第一。公司的售后服务体系完善，每年派出专业的售后服务人员深入田间地头，对用户进行零距离服务，服务完毕对出现的问题归零处理，持续不断改进产品及服务，多次被主机企业授予“用户满意产品”称号。

中航力源液压静液压传动装置（HST）发展历程：

1998 年，国家机械工业局组织开发自走式水稻联合收割机等大型农机具，被确定为静液压传动装置（HST）配套厂。

1999 年，公司成功开发静液压传动装置（HST），配套水稻联合收割机实地作业。

2001 年，国家经贸委组织对公司承担的“水稻联合收割机液压操作系统和液压传动系统”项目关键配件“HST 液压传动装置”进行新产品鉴定，认为公司成功开发的 HST“填补了国内空白，达到了当代国际水平，为农机发展解决了一大关键”。同年，被国家经贸委评为“九五国家技术创新优秀项目”。

2003 年，公司成立民品公司，布置了农机液压件生产线，加快了静液压传动装置（HST）的产业化及新产品的开发。

2007 年，公司“农业机械集成型静液压传动装置”列入国家火炬计划及重点新产品计划。

2009 年，火炬计划项目“农业机械集成型静压驱动桥”通过验收；静液压驱动装置（HST）大批量配套履带式半喂入、全喂入收割机。

2010 年，成为“中国农机流通协会”和“中国农业机械工业协会收获及场上作业分会”常务理事单位；静液压传动装置（HST）生产、销售突破一万台；被中国农业机械工业协会评定为信用等级 AAA 企业，力源液压（苏州）公司首批 HST 产品下线。

2011 年，公司研发生产的 HST 荣获贵州省科技成果二等奖。

2012 年，当选为中国农业机械工业协会第五届理事会理事单位；28cc 排量 HST 荣获 2012 中国国际农业机械展览会金奖；被中国农业机械工业协会授予中国农机部件（液压件）龙头企业；HST 销售收入突破亿元。

从 1965 年兴建至今，中航力源液压经过 47 年的积淀与发展，产品销售收入实现了快速增长，并从国内市场向国际市场拓展。面对未来，中航力源液压的全体员工将以全球化的视野，继续践行“卓越执行，激情工作，争创一流”的企业作风，以“报效国家，致富员工”为使命，弘扬“永远的压力，不竭的动力”的企业精神，为创建世界一流的液压传动控制企业而不懈奋斗！

中机美诺科技股份有限公司

中机美诺科技股份有限公司（以下简称“公司”）是中国农业机械化科学研究院下属高新技术企业，专注于大马力拖拉机配套农机具的研发、生产制造与销售，注册资金5000万元人民币。公司主要产品包括马铃薯全程机械化装备、畜牧饲料收获机械、植保机械三大系列，已通过ISO 9001质量体系认证。

公司在河北省固安县及邯郸市建有现代化的生产制造基地，其中固安厂区占地156亩，总投资1.8亿人民币，工厂按国内领先、国际一流的标准设计和建设，拥有激光切割机、数控折弯机、焊接机器人、五轴加工中心、柔性生产线、大小件涂装生产线等先进设备。公司以“技术创造价值、品质成就完美”的宗旨为经营理念，不断增加投入，提高产品的制造能力和制造水平。

公司成立以来，共承担完成10多项国家科技攻关计划项目、行业公益性科研专项经费项目、农业部“948”项目、农业部科技成果转化项目，获国家授权专利30多项，多次参与制定和修订国家和农业行业标准；先后有20多项成果获得国家科技进步奖、机械工业科学技术奖等，部分成果处于国际领先水平。

2009年10月，公司承建了“中国—津巴布韦农业技术示范中心”援非项目，中心2011年6月投入运营，中心位于津巴布韦首都哈拉雷西北23千米处的圭比农校，占地109公顷，是援助非洲农业技术示范中心中建筑及示范面积最大的中心之一，示范中心的主要职能是试验示范推广中国先进的农业生产技术，扶持津巴布韦中小农户的发展，中心的建设受到中津两国政府和人民的高度赞赏。

公司不断完善销售和服务网络，并在国内发展了120多家经销商和服务商，建立了高效、密集、标准的销售及服务网络，公司同时也在开发国际市场，并在苏丹、贝宁、津巴布韦等非洲国家建立了经销和服务网络，公司始终把满足客户不断变化、不断提高的需求作为企业发展的推动力和目标。公司在国内外拥有近百家长期合作的供应商伙伴，关键部件通过全球采购，确保为用户提供性能领先、质量可靠的产品，公司设有客户服务中心，中心以公司经销、服务网络为依托，全方位为新老客户提供优质、高效的服务。

品牌是我们对所有用户最高承诺的标志。

山东国丰机械有限公司

山东国丰机械有限公司位于兖州经济开发区，是一家专业从事玉米收获机研发制造的现代化农机企业，我国玉米收获机行业骨干生产单位；产品已形成："大型自走式、中型自走式、小型自走式、大型背负式、穗茎兼收型及青贮型"6大系列十几个规格型号，年产万台生产能力，产品覆盖我国各大玉米主产区，产销规模和市场占有率连续多年位居行业前列，是目前我国产品线最丰富的玉米收获机专业生产供应商；先后被授予"全国农民满意农机品牌""山东省消费者满意单位""农机市场用户服务标兵企业""农机市场质量服务信得过单位"等殊荣；2013年农业部公布的"农机使用满意度调查——满意度高的自走式玉米收获机品牌"共2个，国丰占据1席，产品质量和服务水平得到了广大用户的一致认可。2014年，国丰产品被山东省质量技术监督局认定为"山东名牌"。

公司已通过ISO 9001∶2008国际质量管理体系认证，并应用浪潮ERP管理系统，建立了内部局域网，并使完善健全的企业管控体系贯穿生产和服务的全过程，有效地保证了产品品质；建设了高标准柔性装配流水线2条和自动涂装流水线1条，购置了数控压力机、激光切割机和焊接机器人等先进设备，具备高品质产品的制造实力；科技创新是国丰的立业之本，公司组建的技术研发中心是山东省唯一的"玉米收获机工程技术研究中心"，在云南德宏、海南三亚建立了两个"反季节作业中试基地"，同时，研发中心在坚持自主创新基础上积极进行产学研合作，先后与中国农业大学、山东省机械设计研究院、山东理工大学、青岛农业大学等科研院所、高校建立了紧密合作关系，目前共获得专利、科技成果、核心技术等近百项，企业先后被认定为"国家级高新技术企业"、"中国专利山东明星企业"、"山东省产学研创新优秀中小企业"、"济宁市十佳科技企业""济宁市优秀创新团队"等。

面对未来山东国丰信心满怀，广阔的市场前景，优惠的产业政策，为公司的发展创造了良好的外部环境；公司制定了"一核两翼、四轮驱动"的发展战略，一核：坚持玉米收获机为主业，不断提高企业核心竞争力；两翼：一是坚持科技创新提高产品技术含量，二是适应市场发展和产业政策，积极拓展企业新的赢利增长点；"四轮驱动"企业发展新模式：第一，做强做大自走式玉米收获机业务，第二，做专做精青贮机业务，第三，开拓智能农业装备业务，第四，拓展全液压高效路面清理装备产业；通过"一核两翼、四轮驱动"企业发展新模式，实现国丰又好又快发展，成为我国具有较强影响力的机械工业集团。

北京德邦大为科技有限公司

北京德邦大为科技有限公司是专业从事现代农业生产全过程的系统集成商，主要业务包括提供农业生产解决方案、设备供应、农业工程承包、农业项目运营等服务。公司是国家高新技术企业，通过ISO 9001质量管理体系认证，公司总部在北京经济技术开发区，下设农业机械、灌溉机械、烟草机械和海外农业工程四个事业部；在黑龙江省佳木斯市和天津市设有两家制造工厂。

农业机械事业部能为各种农作物生产提供农机化系统解决方案，并提供各种农业机械产品。公司自主研发的主要产品包括：DEBONT系列气吸式高速精量播种机、水稻覆土直播机、自走式割晒机等。我公司是德国克拉斯和法国库恩公司系列产品在中国的经销商，主要产品包括：拖拉机、收获机、各种农具等。事业部职责是为客户提供技术领先和质量可靠的农业机械产品及高效、快捷、贴心的售后服务和配件供应。

灌溉机械事业部是专业的农业田间系列喷灌设备供应商，为客户提供高效的喷灌设备、承接农业灌溉工程设计、施工和管理项目；主要产品包括：大型自走式圆形喷灌机、平移式喷灌机、卷盘式喷灌机、滚移式喷灌机、微喷和滴灌系统等。

烟草机械事业部能为烟草农业生产提供全过程解决方案和供应全套设备，并代理全球先进的烟草设备。主要产品包括：系列烟草移栽机、起垄机、切顶机、收获机、装烟台、集群堆积式烤烟房等。

海外农业工程事业部作为海外农业工程系统集成商。主要工作职能是为农业开发提供系统解决方案包括农业规划设计、农机装备供应、农田水利建设、种子加工、农产品储运、农产品加工、农业技术输出和农业项目管理等。

公司凭借丰富的技术人才资源、先进的生产制造和较强的资源整合优势；以“秉德兴邦，大为天下”为宗旨；秉承“诚信、质优、创新、合作”的理念，为客户提供高品质的产品和最专业的技术和工程承包服务；“品质改变生活”是我们不变的追求。全体员工愿同各界同人、新老客户竭诚合作，共同为世界粮食安全做出更大贡献。

山东大华机械有限公司

山东大华机械有限公司坐落于古九州之一的兖州区境内。公司成立于 1996 年，是集农机具的研发、生产、销售和服务于一体的农机企业，是全国几家较大规模的耕种机械生产企业之一。

产品包括耕整地机械、种植施肥机械、收获后处理机械、农田基本建设机械四大类一百三十余个品种，目前已有近百种产品在全国范围内享受农机购置补贴，部分产品远销俄罗斯、印度及东南亚各国，年均产销三万余台套各类农机具。公司旗下“大华宝来”品牌为山东省著名商标，分别被中国农机工业协会和山东省农机局评为“农民满意农机产品”荣誉称号，部分产品被中国国际农产品交易会评为金奖。于 2011—2014 年连续四年被国内权威媒体农机 360 网、农民日报社、中国农业新闻网评选为“中国用户最喜爱的耕种机械农机品牌”，荣获由中国农机三大协会联合举办的第六届全国农机用户满意品牌，其中耕整地机械产品被 2014（第一届）中国农机手精英选拔大赛选为唯一指定农机具。

公司是全国保护性耕作机具研发基地、山东省保护性耕作技术研发中心、山东农业工程学会保护性耕作专业委员会副理事长单位、“农业部青岛市持续高产高效保护性耕作研发项目组”成员单位、中国农业机械工业协会理事单位、中国农业机械流通协会理事单位。

公司始终以提供安全、高效的农机具产品和卓越服务为使命，为提高产品科技含量和市场竞争力，公司与全球农机行业排名第六、农机具行业排名第一的法国库恩集团达成战略合作，同时与中国农业大学、东北农业大学、山东省农业大学、青岛农业大学、中国农机科学研究院、山东省农机科学研究院、农业部南京农机化研究所等多家高等院校、科研院所达成研发合作协议。公司将不断努力开拓，制造出更多更好的农业机械，立足于农业、服务于农民，推动我国农业机械化事业又好又快发展，为农业增效、农民增收做出我们应有的贡献！

山东大丰机械有限公司

山东大丰机械有限公司位于兖州市经济开发区，是一家长期致力于农机研发、制造、销售与服务为一体的农机装备制造企业。其前身是山东大丰集团，具有20年的收获机械专业研发与制造历史，同步见证了国内收获机市场的起步与发展。注册资金2000万元，占地200亩，生产车间36000平方米，办公楼3000平方米，拥有总资产22000万元，主要生产设备、检验仪器360台套。

大丰机械拥有员工400余人，其中工程技术人员80余人，中高级职称23人。公司下设销售公司、制造部、工程部、采购部、工艺质量部、人力资源部、行政部和财务部等。公司管理团队关键部门人员来自合资公司前的关键岗位，皆具有10多年从事收获机械研发生产的知识与经验，为公司的发展提供了强有力的技术支持与保障。

该公司2011年开始逐步向产品的高端化发展，专注于高效玉米收获机的研发与制造，目前的主导产品包括金大丰牌高效三行自走式玉米收获机、金大丰牌高效四行自走式玉米收获机，以上产品已通过国家推广鉴定，进入支持推广目录。同时，新一代金大丰牌玉米籽粒收获机、玉米青贮饲料机已通过研发和测试，即将推向市场。

山东大丰机械有限公司具有一流的高效玉米收获机研发和制造实力。拥有先进的数控激光切割机、数控等离子切割机、三维切割机器人、全自动开平线、焊接机器人、电泳烤漆、柔性装配线等360台套关键生产设备；质量部拥有三维坐标测量仪、动平衡试验机、超声波探伤仪、理化实验室、红外线测温仪、漆膜测厚仪等关键检测仪器200台套，计量器具齐全，检测手段完善。强大的研发、生产与检测能力，确保金大丰牌高效玉米收获机精密化程度高、可靠性强、作业效率大幅提升。

大丰机械一致秉承诚信、共赢的经营理念，与供应商、经销商建立了友好的合作关系。公司建立了强大、稳定的供应配套体系，现有供应商共计160家，其中生产能力达到规模化的专业厂家有110余家；销售及24小时售后服务网络遍及山东、河南、安徽、山西、陕西、河北、江苏、内蒙古自治区、东三省等主要玉米产区。

未来，山东大丰机械有限公司将继续秉承自主创新的企业理念，力争五年内销售收入突破10亿元，将大丰机械打造成国内一流的玉米收割机专业制造企业，铸造金质大丰，为中国的农业现代化进程做出应有的贡献。

天津国际联合轮胎橡胶股份有限公司

天津国际联合轮胎橡胶股份有限公司是世界上仅有的十几家全系列专业生产工程机械轮胎和特种轮胎的厂家之一，在国际工程轮胎及特种工程轮胎制造领域享有良好声誉。在国内是唯一系列化、规模化生产工程机械轮胎的中外合资企业。公司持续保持着国内非公路用轮胎的规格品种的领先优势，大、巨型特种工程轮胎的产销量居全国领先，全部非公路用轮胎销售量在国内名列前茅。

公司于1988年10月25日开业，现有员工1400余人，其中工程技术人员占8.63%。公司年生产能力为3.5万吨各种工程机械轮胎和特种轮胎。公司坚持以人为本的管理理念，以高效的产品设计和开发制造能力作为企业的核心竞争力。通过引进国外全套工程轮胎生产设备和技术软件，经吸收改进和持续创新自主研发，已形成了先进完善的设计、生产、试验、检测手段和一支经过专业培训，熟练掌握非公路用轮胎设计和制造的员工队伍。生产的产品符合美国TRA标准和国家标准，具有自主知识产权，拥有专利23项。为天津市认定企业技术中心。“天力牌”非公路用轮胎连续获得“天津市用户满意产品”“全国用户满意产品”“天津市名牌产品”称号。公司开发的许多产品填补了国内空白，质量水平国内领先，有的产品达到国外同类产品的先进水平。

农业轮胎作为公司重点产品，特别是农业子午线轮胎已形成系列化生产，生产品种多达119种。所有产品符合欧盟REACH法规要求，是绿色、环保、无污染、无致癌物轮胎，为包括约翰迪尔、凯斯纽荷兰等多家国内、外农机主机厂配套，产品远销欧洲及北美等农业发达国家。“天力”牌农业子午线轮胎（前身“海豚”牌）始于2005年，是国内生产的第一条农业子午线轮胎，其秉承“海豚”轮胎优良品质，并经过进一步结构改进、产品升级，最终使子午线轮胎形成系列化。与国际高效农业机械行业接轨，适用于国内外各种机型。

公司一贯以“持续改进，持续创新，以一流产品，一流服务，满足顾客需要”为宗旨。拥有一套完整的销售服务网络，已形成以8大钢铁公司、25家工程及农业机械、车辆生产厂、12大矿山基地和国家重点工程项目为主体的销售网络，产品覆盖30个省市、自治区。同时“天力”牌商标已在15个国家通过了马德里国际注册，产品销往北美、南美、中东、欧洲、东南亚、澳洲等30多个国家和地区。

公司始终以技术领先，可持续发展为主旋律，走高端化、高新化、高质化发展道路，将全面实现低碳、节能、绿色、环保作为特种轮胎永续发展的目标。近年来公司发展再次提速，正在我国经济发展第三极的天津滨海新区临港经济区投资20多亿元，建设年产3万条全钢工程子午线轮胎，6万条农业子午线轮胎、12万套高技术含量特种斜交工程轮胎项目。一个全新经济增长模式、全新产品结构，每年20亿元人民币销售收入的特种轮胎研发、制造基地即将诞生。

大同农机（安徽）有限公司

大同农机（安徽）有限公司成立于2010年1月，同时与大同农机（南京）有限公司进行了合并，现坐落在安徽省全椒县经济开发区。

大同农机（安徽）有限公司属于韩国大同工业集团独家投资公司，占地面积190亩，标准化厂房建筑面积3.3万平方米，注册资金680万美元，总投资1200万美元。韩国大同工业集团成立于1947年，是韩国农业机械制造一流企业。根据中国市场的需求，从1998年开始在中国建立大同农机代理店，向多家农机生产企业提供半喂入联合收割机总成部件。

大同农机（安徽）有限公司是一家集专业生产、销售、服务、配件供应于一体的综合性农机制造企业，主要产品有半喂入联合收割机、步行手扶式和乘坐式高速插秧机，并且在国内20多个水稻主产区销售，深受用户的欢迎和好评。公司一贯秉承“创新产品、创新管理、创新服务”的经营理念，以提供高性能、高质量、高效率的农业机械为己任，为中国农业机械化的发展和农民生活水平的提高作出应有的贡献。

第四部分

数　据　篇

2014年主要农机产品产量汇总表

	产品名称	单位	企业数	本月完成	本月止累计	同期完成	同期累计	同期比（±%）	同期累计比（±%）
	农机行业								
1	大型拖拉机	台	30	3499	69876	3539	65528	-1.13	6.64
2	中型拖拉机	台	58	43917	573840	58668	632616	-25.14	-9.29
3	小型拖拉机	台	131	141022	1678398	181434	1949846	-22.27	-13.92
4	收获机械	台	143	83514	925355	78270	853566	6.70	8.41
5	饲料生产专用设备	台	36	40823	647039	53628	640596	-23.88	1.01
	内燃机行业								
6	发动机	千瓦	182	214235898	2141052029	199168433	2015481791	7.57	6.23
7	其中：汽车用发动机	千瓦	73	186816345	1828784232	171756329	1694338473	8.77	7.94
	工程机械行业								
8	挖掘、铲土运输机械	台	169	31175	371205	40388	427465	-22.81	-13.16
9	其中：挖掘机	台	69	8909	125301	13445	145393	-33.74	-13.82
	石化行业								
10	泵	台	884	13075454	124025781	11739363	117365690	11.38	5.67

2014 年各地区主要农机产品产量

序号	产品名称	单位	企业数	2014 年	2013 年	同比（±%）
	农机行业					
	大型拖拉机	台	30	69876	65528	6.64
1	天津市	台	1	98	185	-47.03
2	吉林省	台	1	760	607	25.21
3	黑龙江省	台	6	1156	909	27.17
4	上海市	台	1	213	941	-77.36
5	江苏省	台	4	7732	660	1071.52
6	浙江省	台	1	0	1	-100.00
7	安徽省	台	1	0	7688	-100.00
8	山东省	台	10	41197	34852	18.21
9	河南省	台	2	16350	17182	-4.84
10	宁夏回族自治区	台	1	515	442	16.52
11	新疆维吾尔自治区	台	2	1855	2061	-10.00
	中型拖拉机	台	58	573840	632616	-9.29
1	天津市	台	2	12383	14345	-13.68
2	河北省	台	1	68	280	-75.71
3	吉林省	台	1	921	808	13.99
4	黑龙江省	台	5	8698	12244	-28.96
5	上海市	台	1	1349	3342	-59.63
6	江苏省	台	4	72583	98563	-26.36
7	浙江省	台	11	34320	50383	-31.88
8	安徽省	台	1	2670	2083	28.18
9	江西省	台	2	422	577	-26.86
10	山东省	台	12	130041	147592	-11.89
11	河南省	台	6	93188	119824	-22.23
12	湖北省	台	1	28	543	-94.84
13	湖南省	台	2	16453	12510	31.52
14	重庆市	台	2	112412	93827	19.81
15	四川省	台	1	0	0	
16	云南省	台	3	84051	68881	22.02
17	宁夏回族自治区	台	1	1425	1338	6.50
18	新疆维吾尔自治区	台	2	2828	5476	-48.36

续 表

序号	产品名称	单位	企业数	2014 年	2013 年	同比（±%）
	小型拖拉机	台	131	1678398	1949846	-13.92
1	天津市	台	1	972	738	31.71
2	河北省	台	5	20383	17720	15.03
3	山西省	台	1	21555	18093	19.13
4	内蒙古自治区	台	1	2450	2430	0.82
5	吉林省	台	3	10461	10203	2.53
6	黑龙江省	台	4	527	1619	-67.45
7	江苏省	台	5	67072	83495	-19.67
8	浙江省	台	4	77978	75425	3.38
9	安徽省	台	5	23932	24192	-1.07
10	福建省	台	5	7006	6612	5.96
11	江西省	台	3	11622	11538	0.73
12	山东省	台	15	537063	739557	-27.38
13	河南省	台	11	341900	309484	10.47
14	湖北省	台	6	59973	108606	-44.78
15	湖南省	台	9	45560	44567	2.23
16	广东省	台	6	14244	25373	-43.86
17	广西壮族自治区	台	25	185544	219055	-15.30
18	海南省	台	1	1252	1850	-32.32
19	重庆市	台	3	26442	23341	13.29
20	四川省	台	6	160243	151665	5.66
21	贵州省	台	3	5190	12314	-57.85
22	云南省	台	4	46591	51894	-10.22
23	甘肃省	台	1	10438	10075	3.60
24	新疆维吾尔自治区	台	1	0	0	
	收获机械	台	143	925355	853566	8.41
1	北京市	台	3	414	479	-13.57
2	天津市	台	3	38957	1207	3127.59
3	河北省	台	7	22663	22441	0.99
4	内蒙古自治区	台	2	9978	8316	19.99
5	辽宁省	台	2	9609	11269	-14.73
6	吉林省	台	2	8511	6764	25.83
7	黑龙江省	台	12	6665	10887	-38.78
8	江苏省	台	7	57174	49723	14.99

续　表

序号	产品名称	单位	企业数	2014 年	2013 年	同比（±%）
9	浙江省	台	12	34102	31749	7.41
10	安徽省	台	5	45390	22077	105.60
11	福建省	台	1	0	0	
12	江西省	台	1	3362	2840	18.38
13	山东省	台	22	123744	119806	3.29
14	河南省	台	23	315642	313337	0.74
15	湖北省	台	2	4172	7280	-42.69
16	湖南省	台	12	80095	101737	-21.27
17	广东省	台	2	145	1131	-87.18
18	广西壮族自治区	台	6	7190	2570	179.77
19	重庆市	台	3	30975	31736	-2.40
20	四川省	台	7	85304	63907	33.48
21	贵州省	台	4	24114	27066	-10.91
22	云南省	台	1	0	8074	-100.00
23	陕西省	台	1	14500	6075	138.68
24	新疆维吾尔自治区	台	3	2649	3095	-14.41
饲料生产专用设备		台	36	647039	640596	1.01
1	河北省	台	1	4392	4030	8.98
2	辽宁省	台	2	130665	106422	22.78
3	黑龙江省	台	1	53	2349	-97.74
4	江苏省	台	6	50051	55445	-9.73
5	浙江省	台	2	69	67	2.99
6	安徽省	台	1	22387	20046	11.68
7	江西省	台	1	5567	5452	2.11
8	山东省	台	1	17661	13749	28.45
9	河南省	台	7	137140	132562	3.45
10	湖北省	台	4	12280	10342	18.74
11	广东省	台	3	6724	7593	-11.44
12	广西壮族自治区	台	2	13306	16503	-19.37
13	四川省	台	5	246744	266036	-7.25
内燃机行业						
发动机		千瓦	182	2141052029	2015481791	6.23
1	北京市	千瓦	6	126162700	108702969	16.06
2	天津市	千瓦	3	39244234	34463641	13.87

续 表

序号	产品名称	单位	企业数	2014 年	2013 年	同比（±%）
3	河北省	千瓦	2	16247720	11880466	36. 76
4	山西省	千瓦	1	113355	305505	-62. 90
5	内蒙古自治区	千瓦	1	42054	32847	28. 03
6	辽宁省	千瓦	9	169995032	145813532	16. 58
7	吉林省	千瓦	3	287488460	263714662	9. 01
8	黑龙江省	千瓦	2	27646573	23673258	16. 78
9	上海市	千瓦	11	247012669	226560948	9. 03
10	江苏省	千瓦	17	93889473	102108107	-8. 05
11	浙江省	千瓦	15	47123057	56711847	-16. 91
12	安徽省	千瓦	10	83655698	81565223	2. 56
13	福建省	千瓦	3	1199566	2160553	-44. 48
14	江西省	千瓦	1	193308	244899	-21. 07
15	山东省	千瓦	35	232608037	229715295	1. 26
16	河南省	千瓦	1	8893505	9818559	-9. 42
17	湖北省	千瓦	5	106811159	87502514	22. 07
18	湖南省	千瓦	6	724528	766106	-5. 43
19	广东省	千瓦	8	176278623	182918577	-3. 63
20	广西壮族自治区	千瓦	7	169733740	167301068	1. 45
21	海南省	千瓦	1	7253695	9237961	-21. 48
22	重庆市	千瓦	26	228784716	218900134	4. 52
23	四川省	千瓦	5	51979266	32517427	59. 85
24	云南省	千瓦	2	14665730	15478572	-5. 25
25	陕西省	千瓦	2	3305132	3387121	-2. 42
其中：汽车用发动机		千瓦	73	1828784232	1694338473	7. 94
1	北京市	千瓦	5	125876496	108416665	16. 10
2	天津市	千瓦	2	37112734	31630241	17. 33
3	河北省	千瓦	1	5499648	0	
4	内蒙古自治区	千瓦	1	42054	32847	28. 03
5	辽宁省	千瓦	5	163287697	138446005	17. 94
6	吉林省	千瓦	2	287398164	263714662	8. 98
7	黑龙江省	千瓦	1	4754137	4530690	4. 93
8	上海市	千瓦	5	235496617	213541140	10. 28
9	江苏省	千瓦	7	65683031	73784944	-10. 98
10	浙江省	千瓦	6	30314208	38447759	-21. 15

续 表

序号	产品名称	单位	企业数	2014 年	2013 年	同比（±%）
11	安徽省	千瓦	5	78253875	76061644	2. 88
12	山东省	千瓦	6	184368820	181024061	1. 85
13	湖北省	千瓦	4	105004837	84684732	24. 00
14	湖南省	千瓦	1	144941	125520	15. 47
15	广东省	千瓦	3	175396248	182068834	-3. 66
16	广西壮族自治区	千瓦	2	115400139	108579456	6. 28
17	海南省	千瓦	1	7253695	9237961	-21. 48
18	重庆市	千瓦	8	141026964	132008192	6. 83
19	四川省	千瓦	4	48499066	29137427	66. 45
20	云南省	千瓦	2	14665730	15478572	-5. 25
21	陕西省	千瓦	2	3305132	3387121	-2. 42
工程机械行业						
挖掘、铲土运输机械		台	169	371205	427465	-13. 16
1	北京市	台	2	1862	2750	-32. 29
2	天津市	台	4	6406	1247	413. 71
3	河北省	台	6	7891	8335	-5. 33
4	内蒙古自治区	台	1	292	328	-10. 98
5	辽宁省	台	4	1261	1331	-5. 26
6	黑龙江省	台	1	159	917	-82. 66
7	上海市	台	12	20707	26760	-22. 62
8	江苏省	台	19	46225	56818	-18. 64
9	浙江省	台	3	4379	4264	2. 70
10	安徽省	台	13	19645	21728	-9. 59
11	福建省	台	9	27668	31739	-12. 83
12	江西省	台	3	4864	4541	7. 11
13	山东省	台	43	133320	147858	-9. 83
14	河南省	台	10	21066	23250	-9. 39
15	湖北省	台	4	3058	3051	0. 23
16	湖南省	台	14	33718	40253	-16. 23
17	广西壮族自治区	台	6	25045	34584	-27. 58
18	重庆市	台	2	1271	1729	-26. 49
19	四川省	台	5	8463	10239	-17. 35
20	贵州省	台	2	640	865	-26. 01
21	云南省	台	1	95	85	11. 76

续 表

序号	产品名称	单位	企业数	2014 年	2013 年	同比（±%）
22	陕西省	台	3	3052	4115	-25.83
23	甘肃省	台	1	29	45	-35.56
24	新疆维吾尔自治区	台	1	89	633	-85.94
其中：挖掘机		台	69	125301	145393	-13.82
1	北京市	台	2	1862	2750	-32.29
2	天津市	台	1	206	481	-57.17
3	河北省	台	2	2767	3652	-24.23
4	辽宁省	台	2	1187	1166	1.80
5	上海市	台	8	9254	12518	-26.07
6	江苏省	台	12	26699	28948	-7.77
7	浙江省	台	1	2994	3286	-8.89
8	安徽省	台	3	12127	11565	4.86
9	福建省	台	3	1659	2043	-18.80
10	山东省	台	11	28907	33590	-13.94
11	河南省	台	5	1032	812	27.09
12	湖北省	台	1	197	621	-68.28
13	湖南省	台	8	23065	28598	-19.35
14	广西壮族自治区	台	3	8493	8795	-3.43
15	重庆市	台	1	141	99	42.42
16	四川省	台	2	3866	3874	-0.21
17	贵州省	台	1	463	735	-37.01
18	云南省	台	1	83	77	7.79
19	陕西省	台	1	212	1150	-81.57
20	新疆维吾尔自治区	台	1	87	633	-86.26
泵		台	884	124025781	117365690	5.67
1	北京市	台	16	666445	619563	7.57
2	天津市	台	13	9980164	8862344	12.61
3	河北省	台	48	830897	751249	10.60
4	山西省	台	11	139016	133867	3.85
5	内蒙古自治区	台	3	129222	129350	-0.10
6	辽宁省	台	116	1827123	1925183	-5.09
7	吉林省	台	3	152850	776921	-80.33
8	黑龙江省	台	5	4141	4185	-1.05
9	上海市	台	48	2272167	2039220	11.42

续　表

序号	产品名称	单位	企业数	2014 年	2013 年	同比（±%）
10	江苏省	台	101	6604126	6424904	2.79
11	浙江省	台	194	50145957	45323200	10.64
12	安徽省	台	45	1751063	1478703	18.42
13	福建省	台	29	8933422	9789528	-8.75
14	江西省	台	5	119665	183931	-34.94
15	山东省	台	65	1226715	1156707	6.05
16	河南省	台	28	1638939	1364967	20.07
17	湖北省	台	22	285722	279502	2.23
18	湖南省	台	36	1079653	963243	12.09
19	广东省	台	34	33636172	32545805	3.35
20	广西壮族自治区	台	3	8020	11685	-31.36
21	重庆市	台	15	641723	607208	5.68
22	四川省	台	30	1650132	1744199	-5.39
23	贵州省	台	1	16103	17845	-9.76
24	云南省	台	2	5676	6554	-13.40
25	陕西省	台	7	262955	212471	23.76
26	甘肃省	台	4	17713	13356	32.62

2014 年农机工业企业主要经济指标一览表

单位：亿元

序号	名 称	农机行业（2310 家企业）		
		2014 年	2013 年	同比（%）
1	主营业务收入	4180.6	3843.0	8.79
2	主营业务成本	3597.3	3276.0	9.81
3	销售费用（营业）	117.3	106.4	10.26
4	主营业务税金及附加	25.7	22.1	16.54
5	管理费用	167.8	150.9	11.17
6	财务费用	34.5	29.0	18.95
7	利息支出	25.6	23.0	11.55
8	利润总额	234.9	243.2	-3.42
9	资产总计	2509.0	2200.9	14.00
10	负债合计	1270.8	1136.3	11.83
11	应收账款	363.5	305.1	19.11
12	产成品	178.2	161.2	10.56
13	流动资产合计	1406.4	1266.6	11.04
14	应交增值税	88.7	81.0	9.46

2014年农机工业利润一览表

表1　2014年农机工业利润一览表（分行业）　单位：千元

行业名称	企业数（个）	主营业务收入			利润总额		
		2014年	2013年	同比（±%）	2014年	2013年	同比（±%）
总计	2310	418064524	384299941	8.79	23489526	24321804	-3.42
农用及园林用金属工具制造	190	21582382	20142251	7.15	1457660	1202785	21.19
农副食品加工专用设备制造	371	59514034	52940227	12.42	4619444	4216014	9.57
饲料生产专用设备制造	56	9747766	8669364	12.44	609248	644769	-5.51
拖拉机制造	181	66223369	66382789	-0.24	2426449	3062148	-20.76
机械化农业及园艺机具制造	670	122865492	113595172	8.16	6338059	7834431	-19.10
营林及木竹采伐机械制造	7	739500	622031	18.88	34075	23061	47.76
畜牧机械制造	81	11346221	10355854	9.56	744380	778302	-4.36
渔业机械制造	17	2625694	2219277	18.31	273996	215151	27.35
农林牧渔机械配件制造	351	64495641	55793944	15.60	4040475	3576056	12.99
其他农、林、牧、渔业机械制造	141	17047271	15993977	6.59	1124540	1071048	4.99
水资源专用机械制造	126	17446165	15737740	10.86	1070028	922553	15.99
其他未列明运输设备制造	103	22836947	20198297	13.06	674071	661748	1.86
棉花加工机械制造	16	1594042	1649018	-3.33	77101	113738	-32.21

表2　2014年各地区农用及园林金属工具制造行业利润表　单位：千元

地区	企业数（个）	主营业务收入			利润总额		
		2014年	2013年	同比（±%）	2014年	2013年	同比（±%）
全国	190	21582382	20142251	7.15	1457660	1202785	21.19
北京市							
天津市							
河北省	24	1958326	2049674	-4.46	135470	120114	12.78
山西省							
内蒙古自治区	1	304735	234580	29.91	-47902	-12312	289.07
辽宁省	14	1934477	1940194	-0.29	91053	127926	-28.82
吉林省	2	34744	123663	-71.90	1076	2851	-62.26
黑龙江省	3	221466	92962	138.23	13927	5441	155.96
上海市	3	258467	267644	-3.43	33416	29814	12.08
江苏省	14	2585616	2209748	17.01	57614	73014	-21.09

续 表

地区	企业数（个）	主营业务收入			利润总额		
		2014 年	2013 年	同比（±%）	2014 年	2013 年	同比（±%）
浙江省	59	3576321	3451550	3.61	151058	142237	6.20
安徽省	3	260812	218995	19.09	16310	18657	-12.58
福建省	2	109297	125206	-12.71	2245	1482	51.48
江西省	1	166998	155571	7.35	10129	17815	-43.14
山东省	25	2739834	2324860	17.85	164993	166564	-0.94
河南省	10	1087845	1116266	-2.55	117349	127743	-8.14
湖北省	1	80174	0		10125	0	
湖南省	8	1555376	1593494	-2.39	105755	103237	2.44
广东省	7	2668655	2491951	7.09	501535	205256	144.35
广西壮族自治区	1	502382	483658	3.87	8642	11859	-27.13
海南省							
重庆市	3	242155	201250	20.33	29699	17559	69.14
四川省	5	1141570	944099	20.92	45742	39262	16.50
贵州省	2	106107	44626	137.77	6444	2215	190.93
云南省							
西藏自治区							
陕西省	1	26025	24760	5.11	2030	0	
甘肃省	1	21000	47500	-55.79	950	2051	-53.68
青海省							
宁夏回族自治区							
新疆维吾尔自治区							

表 3　　2014 年各地区农副食品加工专用设备制造行业利润表　　单位：千元

地区	企业数（个）	主营业务收入			利润总额		
		2014 年	2013 年	同比（±%）	2014 年	2013 年	同比（±%）
全国	371	59514034	52940227	12.42	4619444	4216014	9.57
北京市	4	206907	193996	6.66	6246	-5557	-212.40
天津市							
河北省	12	3253965	3190917	1.98	320564	354320	-9.53
山西省							
内蒙古自治区	2	739537	373223	98.15	60947	45338	34.43
辽宁省	16	1540075	2555425	-39.73	98817	147918	-33.19

续 表

地区	企业数（个）	主营业务收入			利润总额		
		2014 年	2013 年	同比（±%）	2014 年	2013 年	同比（±%）
吉林省	8	1263005	1023415	23.41	72011	81850	-12.02
黑龙江省	12	714181	631795	13.04	30919	24056	28.53
上海市	8	436865	477446	-8.50	49178	60148	-18.24
江苏省	37	11995755	10796541	11.11	1015091	854986	18.73
浙江省	6	189608	177689	6.71	13647	13812	-1.19
安徽省	25	2006747	1994584	0.61	207620	283872	-26.86
福建省	10	437542	238744	83.27	40347	10358	289.53
江西省	1	102860	66042	55.75	9189	2702	240.08
山东省	45	7281505	6128534	18.81	487211	389754	25.00
河南省	62	13345808	11542498	15.62	1284744	1116879	15.03
湖北省	39	5207020	4686215	11.11	319937	290849	10.00
湖南省	21	3406687	2776293	22.71	158479	118397	33.85
广东省	10	1887835	996460	89.45	33663	34795	-3.25
广西壮族自治区	12	1913778	1571960	21.74	184199	148388	24.13
海南省							
重庆市	3	336717	540195	-37.67	21483	74028	-70.98
四川省	27	2159660	2207571	-2.17	153686	132958	15.59
贵州省							
云南省	3	420720	322377	30.51	45890	32430	41.50
西藏自治区							
陕西省	8	667257	448307	48.84	5576	3733	49.37
甘肃省							
青海省							
宁夏回族自治区							
新疆维吾尔自治区							

表 4　　2014 年各地区饲料生产专用设备制造行业利润表　　单位：千元

地区	企业数（个）	主营业务收入			利润总额		
		2014 年	2013 年	同比（±%）	2014 年	2013 年	同比（±%）
全国	56	9747766	8669364	12.44	609248	644769	-5.51
北京市							

续 表

地区	企业数（个）	主营业务收入			利润总额		
		2014 年	2013 年	同比（±%）	2014 年	2013 年	同比（±%）
天津市	1	73399	55601	32.01	927	414	123.91
河北省	2	404074	226374	78.50	18147	12767	42.14
山西省							
内蒙古自治区	1	243569	228516	6.59	1222	2776	-55.98
辽宁省	7	1706077	1460327	16.83	122684	114231	7.40
吉林省							
黑龙江省	1	19625	975815	-97.99	4523	124678	-96.37
上海市	1	166772	124479	33.98	7716	6515	18.43
江苏省	6	390881	390202	0.17	30963	27492	12.63
浙江省	4	248641	231815	7.26	7925	19265	-58.86
安徽省							
福建省	1	43816	43286	1.22	739	714	3.50
江西省	1	87462	85637	2.13	10867	14740	-26.28
山东省	10	2453631	1777666	38.03	160564	122348	31.24
河南省	5	851516	727985	16.97	66495	60772	9.42
湖北省	4	708660	573034	23.67	48895	46501	5.15
湖南省	1	243373	25447	856.39	6090	4215	
广东省	5	1181625	990095	19.34	59920	36275	65.18
广西壮族自治区	1	31174	39543	-21.16	187	976	-80.84
海南省							
重庆市							
四川省	5	893471	713542	25.22	61384	50090	22.55
贵州省							
云南省							
西藏自治区							
陕西省							
甘肃省							
青海省							
宁夏回族自治区							
新疆维吾尔自治区							

表 5　**2014 年各地区拖拉机制造行业利润表**　单位：千元

地区	企业数（个）	主营业务收入			利润总额		
		2014 年	2013 年	同比（±%）	2014 年	2013 年	同比（±%）
全国	181	66223369	66382789	-0.24	2426449	3062148	-20.76
北京市							
天津市	2	2171476	2315351	-6.21	-175319	-73577	138.28
河北省	5	380036	286855	32.48	-13853	-2582	436.52
山西省	1	475004	406375	16.89	33547	25117	33.56
内蒙古自治区	2	162147	112109	44.63	1842	1007	82.92
辽宁省	2	263611	270207	-2.44	21775	23117	-5.81
吉林省	3	1456422	725858	100.65	89010	74906	18.83
黑龙江省	10	2398740	2655719	-9.68	-39126	5433	-820.15
上海市	1	113517	408129	-72.19	-67155	-38758	73.27
江苏省	9	1874688	1620040	15.72	-136116	-107618	26.48
浙江省	12	2359297	2839402	-16.91	2674	80692	-96.69
安徽省	9	1236054	1056921	16.95	59757	60704	-1.56
福建省	9	975478	903187	8.00	30624	56751	-46.04
江西省	4	174847	146766	19.13	5699	-23177	-124.59
山东省	25	9796717	10036439	-2.39	317992	581029	-45.27
河南省	19	24607389	25234867	-2.49	1012466	1165322	-13.12
湖北省	7	862780	1333413	-35.30	19857	20401	-2.67
湖南省	15	2545215	2579209	-1.32	140982	141334	-0.25
广东省	7	238417	298940	-20.25	2958	-13947	-121.21
广西壮族自治区	19	3481227	3966580	-12.24	134270	184682	-27.30
海南省	1	45973	60140	-23.56	-3683	-1773	107.73
重庆市	2	208397	297016	-29.84	14103	28859	-51.13
四川省	5	5581350	4285277	30.24	601148	513897	16.98
贵州省	2	127645	135340	-5.69	1696	1862	-8.92
云南省	6	3723706	3285436	13.34	287421	283790	1.28
西藏自治区							
陕西省							
甘肃省	1	119398	113103	5.57	201	271	-25.83
青海省							
宁夏回族自治区							
新疆维吾尔自治区	3	843838	1010110	-16.46	83679	74406	12.46

表6　2014年各地区机械化农业及园艺机具制造行业利润表　单位：千元

地区	企业数（个）	主营业务收入			利润总额		
		2014年	2013年	同比（±%）	2014年	2013年	同比（±%）
全国	670	122865492	113595172	8.16	6338059	7834431	-19.10
北京市	8	969009	1308455	-25.94	-55769	121070	-146.06
天津市	6	852667	484328	76.05	105268	45053	133.65
河北省	27	5421478	4665501	16.20	309657	353688	-12.45
山西省	1	58657	23501	149.59	121	102	18.63
内蒙古自治区	10	928780	997129	-6.85	79457	149822	-46.97
辽宁省	29	4269824	4383854	-2.60	172070	220472	-21.95
吉林省	30	6207310	6873459	-9.69	358554	372831	-3.83
黑龙江省	43	4773409	5454957	-12.49	-79036	360669	-121.91
上海市	6	913012	893270	2.21	52227	44843	16.47
江苏省	58	14090022	14074686	0.11	605296	1099403	-44.94
浙江省	74	8315389	7480358	11.16	414133	416761	-0.63
安徽省	24	6709551	5021658	33.61	-209416	338192	-161.92
福建省	11	1972708	1942207	1.57	44896	74125	-39.43
江西省	6	1027940	1053008	-2.38	76035	61012	24.62
山东省	91	25740085	22962934	12.09	1213258	1149084	5.58
河南省	77	17192694	15208640	13.05	1494512	1346515	10.99
湖北省	18	1321153	1260589	4.80	110993	112877	-1.67
湖南省	39	8049973	7206005	11.71	543906	580652	-6.33
广东省	13	2299251	2198108	4.60	58264	86505	-32.65
广西壮族自治区	17	1579088	1488065	6.12	70798	93933	-24.63
海南省							
重庆市	19	3044365	2728415	11.58	226306	152426	48.47
四川省	19	2521507	2141186	17.76	200512	146766	36.62
贵州省	8	849349	326999	159.74	82033	22652	262.14
云南省	5	399699	428446	-6.71	8370	7488	11.78
西藏自治区							
陕西省	8	1158139	956108	21.13	228325	190817	19.66
甘肃省	9	586197	624181	-6.09	33382	71492	-53.31
青海省	1	104957	60365		6232	4669	
宁夏回族自治区	4	162894	135803	19.95	12491	12643	-1.20
新疆维吾尔自治区	9	1346385	1212957	11.00	175184	197869	-11.46

表 7　**2014 年各地区营林及木竹采伐机械制造行业利润表**　单位：千元

地区	企业数（个）	主营业务收入			利润总额		
		2014 年	2013 年	同比（±%）	2014 年	2013 年	同比（±%）
全国	7	739500	622031	18.88	34075	23061	47.76
北京市							
天津市							
河北省							
山西省							
内蒙古自治区	1	83398	88959	-6.25	1491	812	83.62
辽宁省							
吉林省							
黑龙江省	1	24929	25366	-1.72	-13	100	-113.00
上海市							
江苏省							
浙江省	1	101461	81234	24.90	10275	7336	40.06
安徽省	1	233230	161361	44.54	8168	6012	35.86
福建省							
江西省							
山东省	1	55307	46560	18.79	5024	2855	75.97
河南省							
湖北省							
湖南省							
广东省	1	219675	197854	11.03	9126	5898	54.73
广西壮族自治区	1	21500	20697	3.88	4	48	-91.67
海南省							
重庆市							
四川省							
贵州省							
云南省							
西藏自治区							
陕西省							
甘肃省							
青海省							
宁夏回族自治区							
新疆维吾尔自治区							

表 8　　**2014 年各地区畜牧机械制造行业利润表**　　单位：千元

地区	企业数（个）	主营业务收入			利润总额		
		2014 年	2013 年	同比（±%）	2014 年	2013 年	同比（±%）
全国	81	11346221	10355854	9.56	744380	778302	−4.36
北京市	3	470176	311869	50.76	52129	27730	87.99
天津市	3	540984	353033	53.24	6752	−11221	−160.17
河北省	10	1165930	1003440	16.19	151422	136308	11.09
山西省							
内蒙古自治区	1	32230	35901	−10.23	430	316	36.08
辽宁省	6	1354683	1337096	1.32	49384	67211	−26.52
吉林省							
黑龙江省							
上海市	5	227783	535641	−57.47	−30691	−17141	79.05
江苏省	5	544241	575275	−5.39	15124	36101	−58.11
浙江省	2	202473	148863	36.01	2104	991	112.31
安徽省	5	1153528	1019177	13.18	18020	15531	16.03
福建省							
江西省	1	70442	62683	12.38	1813	2765	−34.43
山东省	23	4389555	3839962	14.31	382476	413108	−7.42
河南省	3	473997	370498	27.94	60122	57865	3.90
湖北省	4	243636	315295	−22.73	2708	20459	−86.76
湖南省	1	52157	0		2771	0	
广东省	2	156876	189993	−17.43	16822	17211	−2.26
广西壮族自治区							
海南省							
重庆市	1	34958	64865	−46.11	2208	4375	−49.53
四川省	3	133312	106620	25.03	5229	1629	220.99
贵州省							
云南省							
西藏自治区							
陕西省	3	99260	85643	15.90	5557	5064	9.74
甘肃省							
青海省							
宁夏回族自治区							
新疆维吾尔自治区							

表 9　　**2014 年各地区渔业机械制造行业利润表**　　单位：千元

地区	企业数（个）	主营业务收入			利润总额		
		2014 年	2013 年	同比（±%）	2014 年	2013 年	同比（±%）
全国	17	2625694	2219277	18. 31	273996	215151	27. 35
北京市							
天津市	1	53777	37496	43. 42	1960	744	163. 44
河北省							
山西省							
内蒙古自治区							
辽宁省							
吉林省							
黑龙江省							
上海市	1	97776	79499	22. 99	5895	988	496. 66
江苏省	4	442362	417185	6. 03	80922	40170	101. 45
浙江省	2	68369	61716	10. 78	2482	1226	102. 45
安徽省							
福建省	2	177633	190127	－6. 57	27943	31595	－11. 56
江西省							
山东省	4	1594719	1292127	23. 42	145815	134648	8. 29
河南省							
湖北省	1	47089	40717	15. 65	479	587	－18. 40
湖南省							
广东省	2	143969	100410	43. 38	8500	5193	63. 68
广西壮族自治区							
海南省							
重庆市							
四川省							
贵州省							
云南省							
西藏自治区							
陕西省							
甘肃省							
青海省							
宁夏回族自治区							
新疆维吾尔自治区							

表 10　**2014 年各地区农、林、牧、渔机械配件制造行业利润表**　单位：千元

地区	企业数（个）	主营业务收入			利润总额		
		2014 年	2013 年	同比（±%）	2014 年	2013 年	同比（±%）
全国	351	64495641	55793944	15.60	4040475	3576056	12.99
北京市							
天津市	1	73941	139672	-47.06	-144	599	-124.04
河北省	13	3451401	3105316	11.14	285912	209668	36.36
山西省	1	164425	179441	-8.37	4959	1916	158.82
内蒙古自治区	3	399449	390309	2.34	31911	16343	95.26
辽宁省	14	1984824	2059364	-3.62	82877	110700	-25.13
吉林省	7	1474673	1181367	24.83	11543	36897	-68.72
黑龙江省	12	1190135	1045219	13.86	47081	54224	-13.17
上海市	3	201566	232874	-13.44	8359	6949	20.29
江苏省	51	7231597	6321107	14.40	462136	415813	11.14
浙江省	18	798106	796149	0.25	32908	33568	-1.97
安徽省	4	298493	142088	110.08	24780	2121	1068.32
福建省	5	790306	548053	44.20	40475	29104	39.07
江西省							
山东省	123	21255119	18129402	17.24	1546427	1288473	20.02
河南省	54	19592376	17264138	13.49	1024013	1083941	-5.53
湖北省	8	1068388	848537	25.91	65777	38315	71.67
湖南省	8	857627	933044	-8.08	28494	29086	-2.04
广东省	2	63654	67092	-5.12	5292	9114	-41.94
广西壮族自治区	2	188653	60258	213.08	5516	-325	-1797.23
海南省							
重庆市	13	1503675	1064805	41.22	205722	129951	58.31
四川省	5	1226000	1027745	19.29	68858	60891	13.08
贵州省	1	379712	0		5695	0	
云南省							
西藏自治区							
陕西省	1	26585	20292	31.01	707	323	118.89
甘肃省							
青海省	1	178236	156687	13.75	25052	12424	101.64
宁夏回族自治区							
新疆维吾尔自治区	1	96700	80985	19.40	26125	5961	338.27

表 11　　2014 年各地区其他农、林、牧、渔机械制造行业利润表　　单位：千元

地区	企业数（个）	主营业务收入			利润总额		
		2014 年	2013 年	同比（±%）	2014 年	2013 年	同比（±%）
全国	141	17047271	15993977	6. 59	1124540	1071048	4. 99
北京市							
天津市	3	177862	189661	－6. 22	－10780	－12496	－13. 73
河北省	3	356046	331975	7. 25	9033	7459	21. 10
山西省	1	43783	82574	－46. 98	4879	4391	11. 11
内蒙古自治区	6	1889492	1094364	72. 66	189025	152840	23. 68
辽宁省	8	1016933	1649043	－38. 33	42948	82951	－48. 22
吉林省	6	948631	1178476	－19. 50	52262	60594	－13. 75
黑龙江省	4	653927	501741	30. 33	35706	25016	42. 73
上海市	1	196490	148385	32. 42	3987	3367	18. 41
江苏省	5	519551	536093	－3. 09	31188	43760	－28. 73
浙江省	4	146130	167944	－12. 99	7036	8680	－18. 94
安徽省	12	776491	587417	32. 19	40396	32334	24. 93
福建省	12	1349033	1428216	－5. 54	194233	184624	5. 20
江西省							
山东省	10	1658070	1412710	17. 37	134538	126063	6. 72
河南省	15	2420232	2090166	15. 79	119839	97562	22. 83
湖北省	11	1420517	1128729	25. 85	79936	67900	17. 73
湖南省	10	486565	946834	－48. 61	35916	43749	－17. 90
广东省	3	205907	143068	43. 92	4891	2226	119. 72
广西壮族自治区	4	170639	149202	14. 37	8610	13176	－34. 65
海南省							
重庆市	3	322439	324081	－0. 51	14819	11733	26. 30
四川省	11	1667202	1409294	18. 30	110449	89992	22. 73
贵州省	1	107728	0		2695	0	
云南省	3	208823	171585	21. 70	6110	3816	60. 12
西藏自治区							
陕西省	1	63175	43488	45. 27	3255	2513	29. 53
甘肃省	2	52857	40924	29. 16	1048	858	22. 14
青海省							
宁夏回族自治区							
新疆维吾尔自治区	2	188748	238007	－20. 70	2521	17940	－85. 95

表 12　　2014 年各地区水资源专用机械制造行业利润表　　单位：千元

地区	企业数（个）	主营业务收入			利润总额		
		2013 年	2012 年	同比（±%）	2013 年	2012 年	同比（±%）
全国	126	17446165	15737740	10.86	1070028	922553	15.99
北京市	2	185210	75131	146.52	6359	1186	436.17
天津市	4	683171	589394	15.91	113245	91775	23.39
河北省	9	1218908	1242671	-1.91	56571	55330	2.24
山西省	1	36380	43290	-15.96	-1071	-863	24.10
内蒙古自治区							
辽宁省	5	487729	387624	25.83	5975	9398	-36.42
吉林省	2	227969	250901	-9.14	28436	39190	-27.44
黑龙江省	1	20955	41759	-49.82	227	1322	-82.83
上海市	6	780809	765313	2.02	96016	89327	7.49
江苏省	17	1845743	1524185	21.10	110523	71550	54.47
浙江省	9	620343	692207	-10.38	17296	27671	-37.49
安徽省	3	401972	699874	-42.57	14045	20744	-32.29
福建省	2	168637	100046	68.56	2250	1907	17.99
江西省	1	89719	67564	32.79	3875	3108	24.68
山东省	16	2771299	2346179	18.12	163789	67892	141.25
河南省	15	3654113	2820182	29.57	171316	156559	9.43
湖北省	7	699990	652515	7.28	8249	14748	-44.07
湖南省	3	174339	222685	-21.71	-2412	4554	-152.96
广东省	7	566566	425770	33.07	20815	9465	119.92
广西壮族自治区							
海南省	1	132427	139847	-5.31	28138	32954	-14.61
重庆市	2	82225	58717	40.04	472	1474	-67.98
四川省	7	1965971	2057236	-4.44	173717	171958	1.02
贵州省							
云南省	2	92786	57426	61.57	625	-3154	-119.82
西藏自治区							
陕西省	3	491289	429808	14.30	42557	44345	-4.03
甘肃省							
青海省							
宁夏回族自治区	1	47615	47416	0.42	9015	10113	-10.86
新疆维吾尔自治区							

表 13　**2014 年各地区其他未列明运输设备制造行业利润表**　单位：千元

地区	企业数（个）	主营业务收入			利润总额		
		2014 年	2013 年	同比（±%）	2014 年	2013 年	同比（±%）
全国	103	22836947	20198297	13.06	674071	661748	1.86
北京市	1	103572	99483	4.11	5749	4753	20.96
天津市	8	3581498	3146335	13.83	9957	-13815	-172.07
河北省	3	220492	274900	-19.79	10588	4361	142.79
山西省	1	142689	116355	22.63	3313	-20460	-116.19
内蒙古自治区							
辽宁省	2	496694	389864	27.40	46161	41119	12.26
吉林省							
黑龙江省							
上海市	4	407737	380539	7.15	862	-15973	-105.40
江苏省	8	578906	489759	18.20	34501	22756	51.61
浙江省	8	392812	313830	25.17	4422	2708	63.29
安徽省	10	1062870	1030688	3.12	58064	66468	-12.64
福建省	2	72067	84891	-15.11	2887	2418	19.40
江西省	1	49251	38034	29.49	2706	902	200.00
山东省	38	12349956	11167190	10.59	348524	361111	-3.49
河南省	4	257600	199889	28.87	15286	13385	14.20
湖北省	3	368790	180443	104.38	2702	3082	-12.33
湖南省	5	1596026	1351448	18.10	61116	81883	-25.36
广东省	2	384231	307847	24.81	32470	33500	-3.07
广西壮族自治区							
海南省							
重庆市	1	76199	60588	25.77	9505	4921	93.15
四川省							
贵州省	1	644940	525626	22.70	7800	52930	-85.26
云南省							
西藏自治区							
陕西省							
甘肃省							
青海省							
宁夏回族自治区	1	50617	40588	24.71	17458	15699	11.20
新疆维吾尔自治区							

表 14　　**2014 年各地区棉花加工机械制造行业利润表**　　单位：千元

地区	企业数（个）	主营业务收入			利润总额		
		2014 年	2013 年	同比（±%）	2014 年	2013 年	同比（±%）
全国	16	1594042	1649018	-3.33	77101	113738	-32.21
北京市							
天津市							
河北省	1	153658	173939	-11.66	-4823	5059	-195.34
山西省							
内蒙古自治区							
辽宁省	2	263564	242638	8.62	7938	13423	-40.86
吉林省							
黑龙江省							
上海市							
江苏省	2	162995	205797	-20.80	-8538	14054	-160.75
浙江省	1	34497	33729	2.28	4958	4914	0.90
安徽省	1	82478	62640	31.67	3536	5223	-32.30
福建省							
江西省							
山东省	3	595315	593866	0.24	64542	58104	11.08
河南省							
湖北省	4	260409	231774	12.35	9510	4949	92.16
湖南省							
广东省	1	26297	21101	24.62	154	97	58.76
广西壮族自治区							
海南省							
重庆市							
四川省							
贵州省							
云南省							
西藏自治区							
陕西省							
甘肃省							
青海省							
宁夏回族自治区							
新疆维吾尔自治区	1	14829	83534	-82.25	-176	7915	-102.22

2014 年农机工业出口交货值汇总表

单位：千元

行业名称	企业数（个）	出口交货值		
		2014 年	2013 年	同比（±%）
总　计	2310	31835326	30931380	2. 92
农用及园林用金属工具制造	190	6684274	6187278	8. 03
农副食品加工专用设备制造	371	2269281	1998343	13. 56
饲料生产专用设备制造	56	228949	233513	-1. 95
拖拉机制造	181	3048548	2691546	13. 26
机械化农业及园艺机具制造	670	13203848	14251449	-7. 35
营林及木竹采伐机械制造	7	13900	1228	1031. 92
畜牧机械制造	81	1414394	953359	48. 36
渔业机械制造	17	35392	77656	-54. 42
农、林、牧、渔机械配件制造	351	787239	693768	13. 47
其他农、林、牧、渔业机械制造	141	231572	193841	19. 46
水资源专用机械制造	126	573847	463388	23. 84
其他未列明运输设备制造	103	3243719	3099684	4. 65
棉花加工机械制造	16	100363	86327	16. 26

2014 年各地区农机工业出口交货值

单位：千元

地区	企业数（个）	出口交货值		
		2014 年	2013 年	同比（±%）
全国	2310	31835326	30931380	2. 92
北京市	18	143067	83183	71. 99
天津市	29	2627155	2475854	6. 11
河北省	109	1364626	946860	44. 12
山西省	6	22375	30542	－26. 74
内蒙古自治区	27	0	0	
辽宁省	105	73445	68565	7. 12
吉林省	58	8252	14635	－43. 61
黑龙江省	87	14995	19204	－21. 92
上海市	39	1053022	1127556	－6. 61
江苏省	216	5350311	6497772	－17. 66
浙江省	200	8917005	8202066	8. 72
安徽省	97	493450	740152	－33. 33
福建省	56	618499	586228	5. 50
江西省	16	343236	296340	15. 83
山东省	414	3955961	3319079	19. 19
河南省	264	387754	658406	－41. 11
湖北省	107	65475	139090	－52. 93
湖南省	111	318212	389414	－18. 28
广东省	62	4287864	4096461	4. 67
广西壮族自治区	57	274167	164017	67. 16
海南省	2	2960	8120	－63. 55
重庆市	47	953212	771357	23. 58
四川省	87	144805	63037	129. 71
贵州省	15	0	0	
云南省	19	384488	209411	83. 60
西藏自治区	0	0	0	
陕西省	25	24982	16899	47. 83
甘肃省	13	1189	2635	－54. 88
青海省	2	0	0	
宁夏回族自治区	6	0	0	
新疆维吾尔自治区	16	4819	4497	7. 16

2014 年农机产品进出口情况

单位：万美元

序号	名称	单位	1月				2月			
			出口		进口		出口		进口	
			本月数量	本月金额	本月数量	本月金额	本月数量	本月金额	本月数量	本月金额
1	草料打包机，包括收集打包机	台	233	78.73	128	177.02	35	14.21	6152	193.5
2	草坪及运动场地滚压机	台	7630	21.38	1	0.22	2355	8.72	0	0
3	蛋类、水果等农产品的清洁、分选、分级	台	29	139.63	25	207.49	7	2.13	5	101.36
4	动物饲料配制机	台	1743	859.36	61	130.57	1546	504.25	92	46.96
5	非自推进的钻探或凿井机械	台	348	12017.36	3	35.74	342	11508.25	3	207.91
6	甘蔗收获机	台	3	9.93	9	103.42	42	52.42	0	0
7	割刀水平旋转草坪、公园或运动场机动割	台	868897	8901.31	266	130.49	613112	6345.82	105	102.02
8	根茎或块茎收获机	台	122	7.9	1	0.04	98	2.66	0	0
9	谷物播种机	台	250619	78.14	224	616.5	22169	17.85	102	229.83
10	谷物磨粉业加工机器或谷物、干豆加工机	台	55061	1418.34	22	223.93	21662	399.82	49	3.95
11	光学色差颗粒选别机（色选机）	台	366	1054.78	3	28.46	91	308.24	1	4
12	挤奶机	台	1100	46.21	11	531.71	1049	37.37	4	177.27
13	家禽孵卵器及育雏器	台	19245	259.16	6	3.23	4178	80.75	61	5.07
14	家禽饲养机器	台	29717	512.22	1030	67.06	95407	271.7	245	117.88
15	犁	台	27277	268.73	347	555.5	16183	133.14	168	235.79
16	联合收割机	台	917	1427.41	102	281.51	1051	1513.48	4	6.02
17	马铃薯种植机	台	56	3.36	1	0.09	1103	10.86	6	10.71
18	棉花采摘机	台	11	113.38	0	0	0	0	0	0
19	奶油分离器	台	2494	14.09	0	0	0	0	1	1.08
20	农产品干燥器	台	232	282.87	4	228.83	76	85.14	4	17.61

续 表

序号	名称	单位	1月				2月			
			出口		进口		出口		进口	
			本月数量	本月金额	本月数量	本月金额	本月数量	本月金额	本月数量	本月金额
21	农用液体或粉末的喷射、散布或喷雾机械	台	16450902	5160.42	54876	194.45	10262727	3222.93	63192	104.06
22	其他播种机	台	39182	62.91	3	3.82	8322	23.72	22	24.81
23	其他草坪、公园或运动场地割草机	台	464980	3725.32	517	52.81	314601	2794.92	27	22.12
24	其他干草切割、翻晒机器	台	1674	71.55	1	0.13	50	12.84	0	0
25	其他割草机，包括牵引装置用的刀具杆	台	304891	1910.44	130	21.03	182511	1133.02	78	75.55
26	其他农、林业机器	台	194752	1061.19	3034	282.52	67546	533.47	1610	123.06
27	其他耙、松土机、中耕机、除草机及耕耘	台	338492	4706.02	183	86.39	165207	3477.43	290	86.18
28	其他食品、饮料工业用生产或加工机器	台	44518	2371.06	981	3185.71	13514	1210.84	1107	374.41
29	其他脱粒机	台	2187	76.03	3	0.47	2050	116.74	4	6.09
30	其他未列名收割机	台	8406	121.66	5	2.13	530	24.83	11	23.48
31	其他移植机（栽植机）	台	5	5.26	3	3.23	2	2.53	2	3.1
32	其他种植机	台	42	0.23	2	13.58	0	0	3	14.37
33	其他种子、谷物或干豆的清洁、分选或分级机器	台	990	368.71	38	102.13	571	197.39	23	177.83
34	施肥机	台	16932	47.38	45	54.88	3871	21.53	160	63.51
35	水稻插秧机	台	573	245.44	520	182.51	703	249.39	463	249.85
36	水果、坚果或蔬菜加工机器	台	5793	228.08	251	70.28	4558	119.36	139	49.05
37	提取、加工动物油脂或固定植物油脂机	台	942	679.05	13	49.94	495	220.96	2	45.67
38	未列名农业、园艺及林业用整地或耕作机	台	104545	1817.64	20	20.2	48727	887.01	14	18.71
39	烟草加工及制作机器	台	10628	169.15	9	1875.67	304	311.71	4	1649.07
40	圆盘耙	台	959	45.17	71	138.67	263	10.92	1	0.19
41	半挂车用的公路牵引车	辆	1808	7502.19	77	753.2	785	3266.51	73	693.26

续 表

序号	名称	单位	1月				2月			
			出口		进口		出口		进口	
			本月数量	本月金额	本月数量	本月金额	本月数量	本月金额	本月数量	本月金额
42	轮式拖拉机	辆	5607	3103. 39	53	130. 58	3590	1399. 7	316	589. 82
43	履带式牵引车、拖拉机	辆	3	7. 95	3	54. 46	0	0	2	40. 64
44	农用自装或自卸式挂车及半挂车	辆	1458	88. 54	2	5. 61	2118	43. 5	0	0
45	其他拖拉机	辆	129	60. 76	0	0	7	4. 21	5	14. 66
46	手扶拖拉机	辆	9608	665. 5	0	0	3285	283. 87	0	0
47	未列名挂车及半挂车	辆	71849	1057. 54	6	93. 38	19111	749. 15	2	118. 41
48	未列名牵引车	辆	20	138	0	0	9	65. 81	3	143. 79
49	挖泥船	艘	11	1831. 56	0	0	10	2423. 22	1	367. 91
50	带有天然或合成金刚石、立方氮化硼制的圆锯片	千克/片	2002544	2373. 61	5159	27. 9	786429	1022. 68	4860	28. 72
51	斧子、钩刀及类似砍伐工具	千克/把	3400572	756. 94	4411	3. 93	1104132	271. 55	27	0. 02
52	镐、锄及耙	千克/把	8962163	2078. 59	29	0. 24	3086299	722. 96	454	0. 59
53	其他用于农业、园艺或林业未列名手工工具	千克/把	3227825	1110. 72	2983	2. 22	1773476	583. 86	65	2. 73
54	锹及铲	千克/把	12418103	2445. 85	5755	3. 24	5337340	1132. 45	1659	2. 67
55	树篱剪、双手修枝剪及类似双手操作剪刀	千克/把	2310915	852. 96	14751	4. 02	1179552	453. 12	2172	1. 63
56	修枝剪及类似的单手操作剪刀	千克/把	1281697	750. 85	5662	18. 68	701896	424. 39	6898	19. 87
57	未列名圆锯片，包括部件	千克/片	3785263	3462. 56	94944	155. 07	1332252	1399. 27	59364	132. 4
58	叉（2012）	千克/把	848101	252. 87	6394	2. 06	420564	124. 14	0	0
59	8432 所列机械的零件	千克	11731499	3148. 01	331816	520. 25	5621151	1780. 06	498424	785. 1
60	8436 所列其他机械的零件	千克	1905054	936. 57	11349	25. 65	863572	506. 39	5278	5. 75
61	8437 所列机械的零件	千克	2041038	550. 29	6438	48. 92	828493	339. 38	15694	49. 05
62	8701 所列车辆用车轮及其零件、附件	千克	13012169	2064. 21	31407	18. 19	7568683	1162. 58	29956	9. 45

续 表

序号	名称	单位	1月				2月			
			出口		进口		出口		进口	
			本月数量	本月金额	本月数量	本月金额	本月数量	本月金额	本月数量	本月金额
63	非公路用自卸车用非驱动桥及其零件	千克	3491	3. 34	0	0	0	0	1783	3. 43
64	非公路用自卸车用离合器及其零件	千克	45658	25. 94	623	2. 09	7280	7. 25	1224	4. 93
65	非公路用自卸车用其他制动器及零件	千克	145298	100. 1	10096	22. 6	65877	48. 24	6186	6. 84
66	非公路自卸车用车轮及其零件、附件	千克	2486948	521. 42	27935	31. 77	952242	220. 88	4100	4. 9
67	挤奶机及乳品加工机器的零件	千克	156734	216. 01	7783	42. 36	49308	67. 69	10154	46. 05
68	家禽饲养、孵卵及育雏机器的零件	千克	692687	298. 2	76814	30. 45	138891	60. 73	16206	22. 23
69	联合收割机的零件	千克	2468604	1103. 04	75616	90. 52	1181045	535. 11	42625	75. 46
70	其他 8433 所列机械的零件	千克	8149720	3453. 3	217124	285. 76	3961732	1675	169649	348. 3
71	其他机动车辆用非驱动桥及其零件	千克	3107002	1105. 7	1785644	998. 92	1311245	452. 7	1271237	727. 62
72	牵引车、拖拉机用非驱动桥及其零件	千克	4098869	970. 12	27832	23. 29	1123849	302. 07	10518	11. 07
73	牵引车、拖拉机用其他制动器及零件	千克	2427942	813. 63	64941	60. 24	1115364	334. 91	40759	44. 43
74	牵引车、拖拉机用转向盘、柱、器及零件	千克	817137	562. 37	18499	28. 33	277295	306. 54	28776	40. 38
75	牵引车拖拉机用离合器及其零件	千克	490645	216. 67	148262	116. 81	353737	121. 4	98333	74. 77
76	土壤加热器及加热电阻器用零件	千克	104690	190. 04	14928	79. 02	79386	184. 4	10202	42. 66
77	烟草加工及制作机器的零件	千克	815	13. 17	0	0	9359	17. 68	0	0
78	牵引车、拖拉机用变速箱及其零件	个/千克	67203	1307. 58	2185	356. 81	39852	600. 72	29682	151. 38
79	牵引车、拖拉机用装有差速器的驱动桥	个/千克	299547	1012. 38	1146	260. 89	147445	961	13543	291. 49
80	电气土壤加热器	个	9235	35. 92	0	0	15	0. 02	0	0
81	离合器及联轴器（包括万向节）	个	8814652	3097. 26	978501	2518. 34	4251838	1653. 06	893697	1588. 47
82	内燃发动机的进气过滤器	个	8025745	2500. 36	435761	589. 03	3400632	908. 22	211383	389. 83
83	内燃发动机的燃油过滤器	个	39501357	7612. 6	4356623	2293. 09	16377590	3447. 41	2706105	1675. 71

续 表

序号	名称	单位	3月				4月			
			出口		进口		出口		进口	
			本月数量	本月金额	本月数量	本月金额	本月数量	本月金额	本月数量	本月金额
1	草料打包机，包括收集打包机	台	110	53. 09	202	316. 79	244	71. 37	161	384. 14
2	草坪及运动场地滚压机	台	5076	14. 24	1	0. 37	2621	11. 36	12	11. 43
3	蛋类、水果等农产品的清洁、分选、分级	台	34	76. 38	30	414	30	53. 01	14	45
4	动物饲料配制机	台	372	592. 03	71	484. 62	1991	1303. 47	43	436. 56
5	非自推进的钻探或凿井机械	台	523	9770. 1	3	9. 71	323	10460. 93	7	196. 53
6	甘蔗收获机	台	1	0. 56	0	0	0	0	9	117
7	割刀水平旋转草坪、公园或运动场机动割	台	723075	7214. 73	321	45. 89	772840	6871. 87	233	200. 45
8	根茎或块茎收获机	台	234	11. 04	1	0. 23	225	15. 36	7	4. 51
9	谷物播种机	台	38661	51. 6	262	887. 32	26993	382. 59	376	1334. 09
10	谷物磨粉业加工机器或谷物、干豆加工机	台	21027	1088. 03	22	94. 89	44117	1991. 89	192	259. 39
11	光学色差颗粒选别机（色选机）	台	224	785. 96	3	25. 02	216	811. 12	7	93. 83
12	挤奶机	台	985	59. 18	4	86. 41	1762	70. 52	5	288. 44
13	家禽孵卵器及育雏器	台	8836	125. 48	255	14. 15	10159	133. 81	0	0
14	家禽饲养机器	台	14417	522. 65	939	198. 55	153512	654. 17	1310	95. 84
15	犁	台	18214	269. 11	280	426. 43	13634	276. 62	108	188. 27
16	联合收割机	台	1412	1834. 76	4	18. 5	898	1208. 72	9	89. 06
17	马铃薯种植机	台	85	9. 08	36	75. 95	84	6. 82	18	71. 39
18	棉花采摘机	台	3	2. 66	0	0	8	2. 69	0	0
19	奶油分离器	台	1	0. 2	1	27. 63	2481	13. 5	0	0
20	农产品干燥器	台	68	80. 97	10	7. 71	63	135. 05	7	50. 26
21	农用液体或粉末的喷射、散布或喷雾机械	台	15936265	5045. 92	41151	384. 73	16858800	6266. 02	134278	316. 34

续 表

序号	名称	单位	3月				4月			
			出口		进口		出口		进口	
			本月数量	本月金额	本月数量	本月金额	本月数量	本月金额	本月数量	本月金额
22	其他播种机	台	16578	80.95	1546	24.64	13036	37.58	138	31.88
23	其他草坪、公园或运动场地割草机	台	340187	3092.45	435	7.67	310913	2541.68	84	19.21
24	其他干草切割、翻晒机器	台	551	27.01	57	29.62	1468	59.74	48	48.98
25	其他割草机，包括牵引装置用的刀具杆	台	217333	1417.08	1208	157.08	140859	1070.13	754	367.22
26	其他农、林业机器	台	133368	834.37	5567	253.95	132416	873.49	2931	476.6
27	其他耙、松土机、中耕机、除草机及耕耘	台	137996	2740.18	129	83.6	108407	2431.01	154	115.66
28	其他食品、饮料工业用生产或加工机器	台	23186	1452.71	1897	1409.38	37323	1509.74	834	1635.8
29	其他脱粒机	台	2102	28.65	7	1.59	12852	38.99	28	2.48
30	其他未列名收割机	台	409	19.9	104	66.93	1547	44.65	24	338.55
31	其他移植机（栽植机）	台	50	0.42	17	16.04	0	0	4	23.07
32	其他种植机	台	51	0.44	0	0	61	1.03	1	1.3
33	其他种子、谷物或干豆的清洁、分选或分级机器	台	786	358.88	46	13.8	1062	508.96	55	129.87
34	施肥机	台	2977	23.74	86	99.27	4782	22.2	459	103.51
35	水稻插秧机	台	1242	510.27	868	511.96	533	236.02	532	273.5
36	水果、坚果或蔬菜加工机器	台	4534	265.43	618	230.5	33560	202.41	194	88.93
37	提取、加工动物油脂或固定植物油脂机	台	232	452.88	3	4.92	531	386.89	10	13.68
38	未列名农业、园艺及林业用整地或耕作机	台	65397	1061.84	141	89.21	24481	591.86	205	78.11
39	烟草加工及制作机器	台	20164	37.81	10	4072.59	39926	84.65	3	1076.99
40	圆盘耙	台	2143	92.12	7	13.03	2827	234.78	4	5.92
41	半挂车用的公路牵引车	辆	1916	7812.13	153	1292.74	1997	8149.77	250	2150.5
42	轮式拖拉机	辆	5400	2879.57	311	965.5	5136	3365.1	305	1318.18

续 表

序号	名称	单位	3月				4月			
			出口		进口		出口		进口	
			本月数量	本月金额	本月数量	本月金额	本月数量	本月金额	本月数量	本月金额
43	履带式牵引车、拖拉机	辆	9	17.27	0	0	9	11.03	2	60.75
44	农用自装或自卸式挂车及半挂车	辆	1028	98.3	0	0	894	94.65	0	0
45	其他拖拉机	辆	152	62.32	0	0	11	5.72	0	0
46	手扶拖拉机	辆	6524	595.14	2	0.23	10963	1184.02	0	0
47	未列名挂车及半挂车	辆	72948	1259.74	1	5.86	56258	1083.32	2	3.44
48	未列名牵引车	辆	15	99.64	2	58.97	37	255.07	1	39.19
49	挖泥船	艘	7	3554.67	0	0	9	1157.73	0	0
50	带有天然或合成金刚石、立方氮化硼制的圆锯片	千克/片	1517526	2102.88	9932	46.03	1859432	2590.28	3119	36.33
51	斧子、钩刀及类似砍伐工具	千克/把	1929031	424.4	1493	0.79	2291850	537.52	685	1.93
52	镐、锄及耙	千克/把	4962487	1140.87	8025	1.78	6359654	1309.83	720	0.41
53	其他用于农业、园艺或林业未列名手工工具	千克/把	1721362	617.9	22197	9.06	1901190	611.34	11783	4.02
54	锹及铲	千克/把	7479778	1468.1	462	0.56	9797763	1928.31	536	0.85
55	树篱剪、双手修枝剪及类似双手操作剪刀	千克/把	1451513	563.02	73140	17.55	1534678	586.3	24617	6.97
56	修枝剪及类似的单手操作剪刀	千克/把	715714	501.48	67758	34.82	726634	439.99	30068	31.31
57	未列名圆锯片，包括部件	千克 /片	2382108	2442.62	74624	176.4	3605693	3179.29	72497	173.8
58	叉（2012）	千克 /把	515379	142.02	10	0	660541	203.36	0	0
59	8432 所列机械的零件	千克	8152794	2357.53	368410	599.39	8126097	2265.04	269517	578.25
60	8436 所列其他机械的零件	千克	1909095	935.71	29437	41.65	2345976	1103.31	15880	26.48
61	8437 所列机械的零件	千克	1430643	453.88	4933	50.73	1766707	1250.54	10956	61.83
62	8701 所列车辆用车轮及其零件、附件	千克	11579759	1765.18	39220	12.14	13002993	1974.31	167595	53.37
63	非公路用自卸车用非驱动桥及其零件	千克	14976	19.11	0	0	34416	25.32	0	0

续 表

序号	名称	单位	3月				4月			
			出口		进口		出口		进口	
			本月数量	本月金额	本月数量	本月金额	本月数量	本月金额	本月数量	本月金额
64	非公路用自卸车用离合器及其零件	千克	62648	33.73	582	3.46	22238	18.33	1675	6.83
65	非公路用自卸车用其他制动器及零件	千克	97097	89.25	13258	16.6	118605	95.06	24672	45.7
66	非公路自卸车用车轮及其零件、附件	千克	1752049	400.04	5826	8.16	1798133	411.82	59086	69.67
67	挤奶机及乳品加工机器的零件	千克	64450	96.3	7855	51.05	140259	191.7	12822	69.4
68	家禽饲养、孵卵及育雏机器的零件	千克	409681	165.73	37505	28.6	447235	163.33	17679	17.52
69	联合收割机的零件	千克	2313994	1025.64	130077	180.11	1930683	844.3	191404	247.12
70	其他 8433 所列机械的零件	千克	6309835	2729.95	154014	223.05	6286269	2775.53	184251	373.6
71	其他机动车辆用非驱动桥及其零件	千克	2984861	720.54	1800633	987.92	3098086	756.97	1643742	948.83
72	牵引车、拖拉机用非驱动桥及其零件	千克	2954320	670.67	36789	27.97	4104648	928.97	21584	11.56
73	牵引车、拖拉机用其他制动器及零件	千克	1671131	531.28	48951	57.71	1985242	677.26	48804	53.87
74	牵引车、拖拉机用转向盘、柱、器及零件	千克	694067	551.98	52880	67.69	646288	474.2	18997	28.9
75	牵引车拖拉机用离合器及其零件	千克	318227	136.1	149859	118.28	450437	182.82	133773	106.49
76	土壤加热器及加热电阻器用零件	千克	100560	245.78	24137	78.84	147555	307.67	21680	81.73
77	烟草加工及制作机器的零件	千克	825	7.13	3	1.73	3230	13.34	0	0
78	牵引车、拖拉机用变速箱及其零件	个/千克	180992	1127.98	40383	451.1	275838	1039.39	66059	325.82
79	牵引车、拖拉机用装有差速器的驱动桥	个/千克	342904	996.79	19950	244.2	313863	925.53	22453	390.4
80	电气土壤加热器	个	3502	27.52	1	3.89	4200	27.23	0	0
81	离合器及联轴器（包括万向节）	个	6244566	2460.02	1013943	2775.9	7659237	2732.44	1281719	2903.01
82	内燃发动机的进气过滤器	个	5475797	1499.37	296330	485.52	8706336	2139.93	252784	560.17
83	内燃发动机的燃油过滤器	个	24356118	4839.79	4078208	2309.71	31469688	5645.13	3766266	2376.04

续 表

序号	名称	单位	5月				6月			
			出口		进口		出口		进口	
			本月数量	本月金额	本月数量	本月金额	本月数量	本月金额	本月数量	本月金额
1	草料打包机，包括收集打包机	台	340	86.88	217	678.3	645	87.92	255	442.71
2	草坪及运动场地滚压机	台	742	2.74	3	2.65	4355	9.87	4	5.36
3	蛋类、水果等农产品的清洁、分选、分级	台	54	50.25	31	279.87	8055	33.78	23	303.86
4	动物饲料配制机	台	3302	889.65	60	120.19	8778	475.54	215	159.49
5	非自推进的钻探或凿井机械	台	423	2045.23	5	19.95	317	11999.95	4	61.07
6	甘蔗收获机	台	0	0	0	0	6	1.89	6	66.79
7	割刀水平旋转草坪、公园或运动场机动割	台	438680	4141.45	239	113.87	328516	3089.26	199	153.05
8	根茎或块茎收获机	台	352	16.44	0	0	398	30.87	1	7.96
9	谷物播种机	台	10556	60.76	92	315.15	274	11.03	22	79.4
10	谷物磨粉业加工机器或谷物、干豆加工机	台	20661	1120.24	16	55.37	36318	1680.16	47	23.62
11	光学色差颗粒选别机（色选机）	台	233	918.07	7	50.03	277	896.24	11	55.37
12	挤奶机	台	4630	127.31	2	12.31	1130	69.36	9	40.47
13	家禽孵卵器及育雏器	台	11788	140.36	351	260.97	21077	128.23	446	30.16
14	家禽饲养机器	台	28488	595.58	673	405.86	22770	490.13	1729	185.96
15	犁	台	15082	194.82	61	98.06	14615	165.77	60	81.53
16	联合收割机	台	1279	1578.94	97	1121.83	893	1470.82	25	272.28
17	马铃薯种植机	台	175	7.21	2	6.76	85	4.8	0	0
18	棉花采摘机	台	20	6.65	1	19.69	7	9.75	86	3274.61
19	奶油分离器	台	0	0	0	0	2446	12.41	0	0
20	农产品干燥器	台	41	58.7	29	211.26	69	36.81	24	111.29
21	农用液体或粉末的喷射、散布或喷雾机械	台	12616787	6037.51	97437	746.54	11300322	4903.35	155824	333.05

续 表

序号	名称	单位	5月				6月			
			出口		进口		出口		进口	
			本月数量	本月金额	本月数量	本月金额	本月数量	本月金额	本月数量	本月金额
22	其他播种机	台	8640	28.65	360	46.87	10031	21.57	27	29.54
23	其他草坪、公园或运动场地割草机	台	257244	2090.06	448	63.91	162155	1102.49	1228	159.35
24	其他干草切割、翻晒机器	台	790	24.8	108	103.79	532	48.11	17	23.64
25	其他割草机，包括牵引装置用的刀具杆	台	81130	722.93	566	498.35	76716	595.83	450	154.34
26	其他农、林业机器	台	121091	786	338	530.36	168267	943.97	382	350.74
27	其他耙、松土机、中耕机、除草机及耕耘	台	87496	1823.16	111	45.96	93935	1852.73	58	56.19
28	其他食品、饮料工业用生产或加工机器	台	24763	1657.82	1175	1905.44	27651	2426.94	1543	1085.71
29	其他脱粒机	台	9536	31.18	91	14.51	10556	28.53	52	2.47
30	其他未列名收割机	台	706	59.52	71	923.65	210	26.83	186	1062.59
31	其他移植机（栽植机）	台	2	0.62	6	10.65	1	0.49	0	0
32	其他种植机	台	10	0.11	0	0	194	2.34	0	0
33	其他种子、谷物或干豆的清洁、分选或分级机器	台	1614	316.58	59	69.03	813	270.64	24	43.83
34	施肥机	台	3592	16.67	742	118.6	3974	19.25	175	98.83
35	水稻插秧机	台	906	157.51	467	211.72	270	154.57	57	28.25
36	水果、坚果或蔬菜加工机器	台	11918	273.78	224	162.81	22483	295.48	342	103.43
37	提取、加工动物油脂或固定植物油脂机	台	519	426.33	8	55.87	796	729.68	3	16.49
38	未列名农业、园艺及林业用整地或耕作机	台	24559	556.3	138	54.41	19285	432.39	210	63.49
39	烟草加工及制作机器	台	19076	88.34	10	1505.64	2508	331.88	11	1463.52
40	圆盘耙	台	3543	64.95	8	15.19	956	72.38	2	4.42
41	半挂车用的公路牵引车	辆	1830	7477.06	227	2032.33	1999	7924.99	125	1119.91
42	轮式拖拉机	辆	5311	3188.34	223	1554.08	5481	3018.44	103	616.02

续 表

序号	名称	单位	5月				6月			
			出口		进口		出口		进口	
			本月数量	本月金额	本月数量	本月金额	本月数量	本月金额	本月数量	本月金额
43	履带式牵引车、拖拉机	辆	7	30.96	0	0	0	0	0	0
44	农用自装或自卸式挂车及半挂车	辆	1385	160.41	0	0	960	85.2	1	5.13
45	其他拖拉机	辆	26	17.99	0	0	31	15.94	0	0
46	手扶拖拉机	辆	13465	1424.17	0	0	10778	1278.34	0	0
47	未列名挂车及半挂车	辆	79710	1010.62	2	4.39	38183	1458.71	3	0.07
48	未列名牵引车	辆	22	91.69	2	51.31	10	55.01	1	15.43
49	挖泥船	艘	15	986.87	1	5.6	14	1065.18	0	0
50	带有天然或合成金刚石、立方氮化硼制的圆锯片	千克/片	2066590	2597.02	2761	32.92	1936376	2481.1	2789	31.47
51	斧子、钩刀及类似砍伐工具	千克/把	2583225	558.63	1291	2.87	2589337	585.35	2360	1.79
52	镐、锄及耙	千克/把	7133608	1384.42	8664	4.49	6179977	1137.02	36	0.11
53	其他用于农业、园艺或林业未列名手工工具	千克/把	1879267	621.07	6891	2.96	1570691	565.34	2579	1.33
54	锹及铲	千克/把	10378870	1983.56	490	1	8490968	1595.7	2950	4.95
55	树篱剪、双手修枝剪及类似双手操作剪刀	千克/把	2209887	755.15	30243	9.65	1344738	525.97	76121	18.62
56	修枝剪及类似的单手操作剪刀	千克/把	633638	371.95	20408	25.04	488625	354.08	5364	4.72
57	未列名圆锯片，包括部件	千克/片	3201438	2841.13	143304	198.46	3462238	2747.43	76305	168.22
58	叉（2012）	千克/把	626113	175.65	0	0	486191	145.78	80	0.13
59	8432 所列机械的零件	千克	8575963	2158.47	148076	195.95	7681736	1810.89	77949	100.34
60	8436 所列其他机械的零件	千克	2222851	1047.11	40424	31.3	2021915	1032.09	19275	28.94
61	8437 所列机械的零件	千克	1677726	499.03	6715	45.8	1731152	556.52	3677	22.61
62	8701 所列车辆用车轮及其零件、附件	千克	14449994	2127.55	80598	27.2	12256183	1894.4	76847	20.86
63	非公路用自卸车用非驱动桥及其零件	千克	15238	13.41	0	0	1496	0.43	6070	8.09

续 表

序号	名称	单位	5月				6月			
			出口		进口		出口		进口	
			本月数量	本月金额	本月数量	本月金额	本月数量	本月金额	本月数量	本月金额
64	非公路用自卸车用离合器及其零件	千克	55818	32. 6	1794	6. 69	44902	32. 89	2412	6. 52
65	非公路用自卸车用其他制动器及零件	千克	160488	128. 13	16919	33. 73	195335	162. 07	51070	77. 22
66	非公路自卸车用车轮及其零件、附件	千克	1810177	415. 06	31392	55. 43	1664132	379. 12	7619	35. 7
67	挤奶机及乳品加工机器的零件	千克	110537	158. 81	7513	60. 21	118542	156. 26	39031	107. 65
68	家禽饲养、孵卵及育雏机器的零件	千克	400700	202. 59	29023	39. 97	364809	159. 17	35769	44. 85
69	联合收割机的零件	千克	2205830	1013. 58	251318	292. 9	1879208	854. 43	812663	974. 83
70	其他 8433 所列机械的零件	千克	5450544	2205. 18	276756	485. 28	4426772	1805. 91	342782	632. 92
71	其他机动车辆用非驱动桥及其零件	千克	2743952	688. 87	1404222	876. 48	3315754	792. 77	1598630	943. 42
72	牵引车、拖拉机用非驱动桥及其零件	千克	3649029	819. 81	24318	20. 82	3140439	775. 75	25464	33. 27
73	牵引车、拖拉机用其他制动器及零件	千克	2247240	720. 71	21418	46. 84	2036976	634. 03	29380	52. 28
74	牵引车、拖拉机用转向盘、柱、器及零件	千克	767684	714. 55	8813	19. 92	765438	497. 1	4607	15. 22
75	牵引车拖拉机用离合器及其零件	千克	449914	177. 32	126293	89. 2	411896	171. 94	47172	43. 52
76	土壤加热器及加热电阻器用零件	千克	115834	237. 98	26083	63. 45	105215	166. 23	20990	56. 6
77	烟草加工及制作机器的零件	千克	98	5. 05	0	0	8020	18. 2	0	0
78	牵引车、拖拉机用变速箱及其零件	个/千克	248038	1084. 24	48631	340. 92	363269	1180. 53	35087	638. 55
79	牵引车、拖拉机用装有差速器的驱动桥	个/千克	481144	1084. 58	15847	296. 79	325827	961. 68	9151	271. 83
80	电气土壤加热器	个	25160	58. 3	20	0. 14	21371	44. 95	0	0
81	离合器及联轴器（包括万向节）	个	7933700	3011. 98	1197153	2807. 38	7421563	2934. 77	1197311	2617. 02
82	内燃发动机的进气过滤器	个	9807206	2508. 98	198590	516. 44	9327621	2483. 58	221323	383. 8
83	内燃发动机的燃油过滤器	个	34198383	5971. 83	3772584	2010. 95	31757963	5932. 61	3712936	1909. 44

续 表

序号	名称	单位	7月				8月			
			出口		进口		出口		进口	
			本月数量	本月金额	本月数量	本月金额	本月数量	本月金额	本月数量	本月金额
1	草料打包机，包括收集打包机	台	220	54.95	320	620.83	141	47.96	155	452.17
2	草坪及运动场地滚压机	台	775	3.87	6	5.01	2369	6.06	2	2.1
3	蛋类、水果等农产品的清洁、分选、分级	台	67	112.24	41	260.54	49	72.46	50	258.09
4	动物饲料配制机	台	1397	1146.05	145	226.26	760	940.41	56	116.6
5	非自推进的钻探或凿井机械	台	257	8205.02	8	250.22	436	5703.63	5	22.66
6	甘蔗收获机	台	1	30.86	9	100.1	4	0.3	0	0
7	割刀水平旋转草坪、公园或运动场机动割	台	287802	2961.46	1714	128.27	176692	1773.03	196	162.16
8	根茎或块茎收获机	台	238	15.57	33	149.24	271	18.19	93	492.21
9	谷物播种机	台	8581	19.36	11	37.77	1473	35.36	2	9.69
10	谷物磨粉业加工机器或谷物、干豆加工机	台	23668	1444.37	91	24.1	18303	1455.79	69	26.15
11	光学色差颗粒选别机（色选机）	台	276	943.12	15	135.31	297	1051.33	12	128.42
12	挤奶机	台	2159	84.47	6	193	1882	69.95	6	121.56
13	家禽孵卵器及育雏器	台	21090	196.09	310	13.16	12816	154.2	132	21.1
14	家禽饲养机器	台	17413	798.84	144	869.68	45087	634.08	91	358.77
15	犁	台	17244	192.14	81	97.76	17329	153.01	131	226.57
16	联合收割机	台	1079	1748.32	122	1807.21	1030	1918.18	101	998.17
17	马铃薯种植机	台	18	1.93	0	0	11	1.2	0	0
18	棉花采摘机	台	7	13.24	182	5888.4	2337	11	40	650.85
19	奶油分离器	台	35	2.12	0	0	5	0.04	1	25.24
20	农产品干燥器	台	69	151.81	47	125.31	111	90.05	6	18.41
21	农用液体或粉末的喷射、散布或喷雾机械	台	9760061	5031.51	79325	122.52	9392582	4817.97	123998	178.46

续 表

序号	名称	单位	7月				8月			
			出口		进口		出口		进口	
			本月数量	本月金额	本月数量	本月金额	本月数量	本月金额	本月数量	本月金额
22	其他播种机	台	7413	17	130	43.99	6246	32.87	182	6.25
23	其他草坪、公园或运动场地割草机	台	169546	1048.49	195	113.94	104334	759.69	112	76.54
24	其他干草切割、翻晒机器	台	800	45.09	39	339.64	141	12.09	33	7.56
25	其他割草机，包括牵引装置用的刀具杆	台	34405	511.93	269	218.02	21604	341.3	25	94.26
26	其他农、林业机器	台	304112	1689.9	3339	551.91	97270	720.42	1488	475.28
27	其他耙、松土机、中耕机、除草机及耕耘	台	76974	1614.99	64	37.31	61829	1619.28	106	115.1
28	其他食品、饮料工业用生产或加工机器	台	48806	2440.08	1017	926.31	35570	1831.15	1012	1365.06
29	其他脱粒机	台	10642	62.73	59	53.17	7395	121.6	47	30.53
30	其他未列名收割机	台	1527	23.13	359	4040.15	866	77.73	113	1400.24
31	其他移植机（栽植机）	台	0	0	4	7.54	1	0.2	24	13.96
32	其他种植机	台	274	2.51	2	3.94	489	6.16	0	0
33	其他种子、谷物或干豆的清洁、分选或分级机器	台	1070	286.81	33	21.68	997	304.85	43	106.49
34	施肥机	台	4847	23.32	249	113.14	2382	11.37	101	44.79
35	水稻插秧机	台	552	126.6	99	39.31	386	30.21	6	2.6
36	水果、坚果或蔬菜加工机器	台	14050	306.94	200	66.69	5447	234.43	630	149.13
37	提取、加工动物油脂或固定植物油脂机	台	423	688	5	2.09	419	514.52	7	78.85
38	未列名农业、园艺及林业用整地或耕作机	台	29602	446.64	139	145.72	16860	330.86	216	140.65
39	烟草加工及制作机器	台	2573	14.36	9	449.28	3	44.62	24	4055.41
40	圆盘耙	台	3001	45.13	3	5.99	595	52.91	0	0
41	半挂车用的公路牵引车	辆	2196	8688.43	322	2971.26	2048	8053.03	108	967.84
42	轮式拖拉机	辆	5581	3288.13	217	1098.52	4963	3113.25	159	385.23

续 表

序号	名称	单位	7月				8月			
			出口		进口		出口		进口	
			本月数量	本月金额	本月数量	本月金额	本月数量	本月金额	本月数量	本月金额
43	履带式牵引车、拖拉机	辆	18	79.16	1	20.8	107	424.36	0	0
44	农用自装或自卸式挂车及半挂车	辆	930	70.27	0	0	1179	73.38	0	0
45	其他拖拉机	辆	26	23.13	0	0	10	11	0	0
46	手扶拖拉机	辆	6876	748.67	1	0.87	7113	750.78	50	3.01
47	未列名挂车及半挂车	辆	40260	920.59	2	0.03	18412	786.67	3	0.04
48	未列名牵引车	辆	8	50.88	4	147	25	189.08	0	0
49	挖泥船	艘	47	2611.45	0	0	21	52.84	0	0
50	带有天然或合成金刚石、立方氮化硼制的圆锯片	千克/片	2037486	2493.01	2312	27.2	1926540	2465.6	1653	20.29
51	斧子、钩刀及类似砍伐工具	千克/把	2982346	661.54	416	0.7	2317020	517.52	4591	3.29
52	镐、锄及耙	千克/把	7259393	1555.21	622	0.31	6096283	1200.82	229	0.47
53	其他用于农业、园艺或林业未列名手工工具	千克/把	1492296	519.1	2402	1.96	1286106	424.65	9964	4.72
54	锹及铲	千克/把	8587954	1771.13	7450	6.38	8635677	1814.96	7082	15.6
55	树篱剪、双手修枝剪及类似双手操作剪刀	千克/把	1744549	646.55	28844	8.32	944155	388	21841	6.5
56	修枝剪及类似的单手操作剪刀	千克/把	697615	430.07	32913	38.94	471429	290.57	5355	16.41
57	未列名圆锯片，包括部件	千克/片	3666344	2947.77	97389	211.7	3478585	2890.3	84988	140.96
58	叉（2012）	千克/把	383277	119.25	6195	1.05	427672	136.89	0	0
59	8432 所列机械的零件	千克	9168294	2257.69	94115	101.44	8974300	2221.44	53881	63.03
60	8436 所列其他机械的零件	千克	1849195	890.98	24741	50.65	1900793	982.8	16629	30.88
61	8437 所列机械的零件	千克	1438573	403.08	9726	96.55	1625135	492.12	7323	57.49
62	8701 所列车辆用车轮及其零件、附件	千克	15003406	2160.92	96367	29.71	13895330	2086.76	94388	27.81
63	非公路用自卸车用非驱动桥及其零件	千克	2978	1.12	347	2.33	4555	2.47	3467	10.92

续 表

序号	名称	单位	7月				8月			
			出口		进口		出口		进口	
			本月数量	本月金额	本月数量	本月金额	本月数量	本月金额	本月数量	本月金额
64	非公路用自卸车用离合器及其零件	千克	37766	27.88	3980	8.02	38158	24.67	1102	6.4
65	非公路用自卸车用其他制动器及零件	千克	145802	122.5	94190	113.29	120466	134.82	22120	28.03
66	非公路自卸车用车轮及其零件、附件	千克	2181640	474.89	23496	38.19	2263096	464.28	3093	4.21
67	挤奶机及乳品加工机器的零件	千克	136774	176.43	68915	144.48	113952	162.34	22310	171.38
68	家禽饲养、孵卵及育雏机器的零件	千克	410047	223.37	26352	24.25	567889	246.99	3602	28.46
69	联合收割机的零件	千克	1930776	838.45	495894	553.97	2213425	975.59	178509	247.56
70	其他 8433 所列机械的零件	千克	4623439	1828.38	350057	557.4	5296753	1926.04	181130	280.92
71	其他机动车辆用非驱动桥及其零件	千克	3143024	799.52	1721837	1023.84	2835817	785.87	2076233	1293.52
72	牵引车、拖拉机用非驱动桥及其零件	千克	3224721	746.04	34945	32.08	3224824	736.36	60948	50.97
73	牵引车、拖拉机用其他制动器及零件	千克	1891603	642.08	23712	49.06	2200077	683.85	27827	56.35
74	牵引车、拖拉机用转向盘、柱、器及零件	千克	570425	391.98	5499	17.32	474550	325.69	3550	9.59
75	牵引车拖拉机用离合器及其零件	千克	447767	239.76	73859	71.63	440833	192.92	101561	74.92
76	土壤加热器及加热电阻器用零件	千克	223493	253.1	53847	104.55	197354	270.53	53930	68.6
77	烟草加工及制作机器的零件	千克	2103	14.94	7	1.38	1065	12.03	0	0
78	牵引车、拖拉机用变速箱及其零件	个/千克	362688	1364.45	30596	433.54	321240	1120.11	31135	258.42
79	牵引车、拖拉机用装有差速器的驱动桥	个/千克	400221	934.32	5625	401.62	447956	963.08	7031	323.12
80	电气土壤加热器	个	2980	9.88	1	0.2	38422	56.17	6	0.02
81	离合器及联轴器（包括万向节）	个	8487630	3338.53	1047975	2854.26	8561633	3375.19	1116432	2731.87
82	内燃发动机的进气过滤器	个	11058092	2896.05	226714	504.69	9667773	2936.4	216002	436.65
83	内燃发动机的燃油过滤器	个	37170956	6541.58	3976468	2240.76	35375230	6581.3	3625422	2247.2

续 表

序号	名称	单位	9月				10月			
			出口		进口		出口		进口	
			本月数量	本月金额	本月数量	本月金额	本月数量	本月金额	本月数量	本月金额
1	草料打包机，包括收集打包机	台	366091	24.92	143	199.24	103	37.63	145	195.91
2	草坪及运动场地滚压机	台	1645	3.79	5	4.64	357	2.1	1	0.65
3	蛋类、水果等农产品的清洁、分选、分级	台	127	61.14	37	420.49	42	54.63	22	356.34
4	动物饲料配制机	台	6465	1101.64	48	131.36	4784	1141.07	93	179.95
5	非自推进的钻探或凿井机械	台	297	7078.93	3	5.66	2406	5259.01	0	0
6	甘蔗收获机	台	0	0	6	81.83	16	8.32	15	187.14
7	割刀水平旋转草坪、公园或运动场机动割	台	143588	1566.9	469	111.11	206148	1803.69	212	77.56
8	根茎或块茎收获机	台	119	5.12	56	286.33	87	4.42	6	5.1
9	谷物播种机	台	119	11.39	4	1.87	1175	31.55	8	22.75
10	谷物磨粉业加工机器或谷物、干豆加工机	台	17843	989.52	344	144.18	20099	1063.85	91	260.69
11	光学色差颗粒选别机（色选机）	台	295	1027.73	7	51.83	297	1091.48	6	85.72
12	挤奶机	台	1200	70.74	24	968.64	1215	43.22	6	131.58
13	家禽孵卵器及育雏器	台	14242	130.17	585	33.86	29010	166.91	485	28.55
14	家禽饲养机器	台	23085	676.55	270	132.52	14812	523.74	247	219.69
15	犁	台	6797	128.06	150	264.25	8907	167.96	50	61.12
16	联合收割机	台	585	1016.26	105	771.39	631	966.92	62	819.47
17	马铃薯种植机	台	8	1.22	0	0	104	2.99	0	0
18	棉花采摘机	台	13	78.52	4	72.39	5	4.47	0	0
19	奶油分离器	台	50	0.33	0	0	2042	0.91	0	0
20	农产品干燥器	台	818	204.5	41	103.96	35	201.53	19	46.36
21	农用液体或粉末的喷射、散布或喷雾机械	台	7666575	4357.26	49319	235.04	8404875	3915.25	56914	268.7

续 表

序号	名称	单位	9月				10月			
			出口		进口		出口		进口	
			本月数量	本月金额	本月数量	本月金额	本月数量	本月金额	本月数量	本月金额
22	其他播种机	台	8680	22.32	281	59.59	5286	29.78	12	11.12
23	其他草坪、公园或运动场地割草机	台	77048	490.53	155	78.33	102998	797.01	126	87.73
24	其他干草切割、翻晒机器	台	1735	83.6	3	1.3	128	7.19	4	5.41
25	其他割草机，包括牵引装置用的刀具杆	台	13163	230.15	54	38.75	20657	230.52	7	11.16
26	其他农、林业机器	台	114617	774.4	1825	713.8	112340	729.89	327	636.93
27	其他耙、松土机、中耕机、除草机及耕耘	台	45088	1079.07	257	111.75	51132	978.81	72	27.98
28	其他食品、饮料工业用生产或加工机器	台	36240	2215.23	1474	1233.31	27167	2917.97	1580	1034.75
29	其他脱粒机	台	13530	156.56	53	3.13	18652	173.3	164	11.21
30	其他未列名收割机	台	492	54.13	12	214.88	1690	53.15	7	21.16
31	其他移植机（栽植机）	台	6001	1.77	1	27.15	0	0	8	7.61
32	其他种植机	台	206	8.37	21	7.77	84	1.13	3	5.78
33	其他种子、谷物或干豆的清洁、分选或分级机器	台	1068	333.32	43	23.2	1309	250.63	67	55.46
34	施肥机	台	819	7.73	33	45.3	1402	36.79	139	27.36
35	水稻插秧机	台	127	63.05	4	1.4	423	110.37	25	10.78
36	水果、坚果或蔬菜加工机器	台	11798	252.87	723	140.24	18221	276.32	556	210.37
37	提取、加工动物油脂或固定植物油脂机	台	514	259.89	7	226.48	307	677.79	6	133.87
38	未列名农业、园艺及林业用整地或耕作机	台	9079	291.8	442	213.64	21058	381.41	48	31.33
39	烟草加工及制作机器	台	4350	0.47	3	896.57	8263	11.94	32	4773.08
40	圆盘耙	台	465	37.95	22	44.98	1592	27.78	21	43.22
41	半挂车用的公路牵引车	辆	3511	14728.25	71	649.31	3239	13660.19	109	1020.24
42	轮式拖拉机	辆	3541	2412.05	58	272.47	4254	2767.03	20	132.35

续 表

序号	名称	单位	9月				10月			
			出口		进口		出口		进口	
			本月数量	本月金额	本月数量	本月金额	本月数量	本月金额	本月数量	本月金额
43	履带式牵引车、拖拉机	辆	5	4.89	1	17.92	4	10.26	5	103.75
44	农用自装或自卸式挂车及半挂车	辆	829	66.12	0	0	488	69.67	6	28.93
45	其他拖拉机	辆	9	13.8	0	0	29	18.92	0	0
46	手扶拖拉机	辆	8346	906.7	2	0.48	9918	975.75	0	0
47	未列名挂车及半挂车	辆	14994	1207.81	9	7.99	8473	496.85	1	0.42
48	未列名牵引车	辆	15	156.5	5	165.71	17	164.78	4	115.53
49	挖泥船	艘	21	7038.17	1	3.87	17	947.08	1	97.57
50	带有天然或合成金刚石、立方氮化硼制的圆锯片	千克/片	1759017	2250.9	1423	34.8	1726360	2576.14	2389	24.92
51	斧子、钩刀及类似砍伐工具	千克/把	2338392	541.99	405	0.67	2292370	568.71	2395	1.96
52	镐、锄及耙	千克/把	5944207	1373.24	7528	3.72	5872390	1097.24	757	0.4
53	其他用于农业、园艺或林业未列名手工工具	千克/把	1574999	614.28	6604	3.04	1347074	475.61	8806	2.65
54	锹及铲	千克/把	8250287	1670.62	1274	2.64	6818876	1495.37	3254	7.01
55	树篱剪、双手修枝剪及类似双手操作剪刀	千克/把	755759	302.07	24346	8.87	759809	297.7	83094	23.51
56	修枝剪及类似的单手操作剪刀	千克/把	400049	257.65	10415	35.18	458885	287.35	11541	28.48
57	未列名圆锯片，包括部件	千克 /片	2938320	2479.72	117137	186.4	2649744	2456.54	71227	133.16
58	叉（2012）	千克 /把	489279	145.09	0	0	313639	91.28	1	0
59	8432 所列机械的零件	千克	8258740	2180.3	127593	144.25	8379816	1960.87	160508	142.9
60	8436 所列其他机械的零件	千克	1771406	855.23	26655	32.27	1682956	811.16	19936	17.44
61	8437 所列机械的零件	千克	1759558	547.15	8488	37.2	1629785	474.79	16065	78.03
62	8701 所列车辆用车轮及其零件、附件	千克	11028406	1672.19	28686	15.7	10867132	1680.76	4084	5.05
63	非公路用自卸车用非驱动桥及其零件	千克	1679	2.16	981	2.65	1758	2.21	0	0

续 表

序号	名称	单位	9月				10月			
			出口		进口		出口		进口	
			本月数量	本月金额	本月数量	本月金额	本月数量	本月金额	本月数量	本月金额
64	非公路用自卸车用离合器及其零件	千克	27895	20. 84	3096	9. 77	61166	36. 8	1164	4. 92
65	非公路用自卸车用其他制动器及零件	千克	197929	138. 56	7391	20. 05	95924	49. 77	15533	19. 73
66	非公路自卸车用车轮及其零件、附件	千克	2565410	539. 31	6029	19. 23	2134816	469. 82	5014	3. 1
67	挤奶机及乳品加工机器的零件	千克	134597	191. 24	214181	453. 2	112584	162. 3	98945	182. 64
68	家禽饲养、孵卵及育雏机器的零件	千克	492025	219. 81	7301	18. 89	412133	196. 67	83210	60. 47
69	联合收割机的零件	千克	1659534	722. 91	117208	157. 24	1598189	730. 74	30735	43. 58
70	其他 8433 所列机械的零件	千克	5206071	2089. 52	154364	235. 09	4966057	2062. 56	89540	141. 86
71	其他机动车辆用非驱动桥及其零件	千克	2651774	711. 11	1902750	987. 64	2468297	645. 26	1977633	1137. 67
72	牵引车、拖拉机用非驱动桥及其零件	千克	3626679	832. 8	50752	39. 56	2847461	684. 78	46465	29. 92
73	牵引车、拖拉机用其他制动器及零件	千克	2198464	658. 43	44857	68. 31	1890575	635. 05	16159	46. 67
74	牵引车、拖拉机用转向盘、柱、器及零件	千克	503482	346. 33	6791	19. 21	546813	367. 65	9257	23. 52
75	牵引车拖拉机用离合器及其零件	千克	568237	251. 52	48349	53. 87	534359	272. 72	58872	47. 76
76	土壤加热器及加热电阻器用零件	千克	143388	234. 75	60803	107. 23	170543	229. 16	59431	92. 69
77	烟草加工及制作机器的零件	千克	324	6. 3	405	25. 46	1004	15. 21	612	40. 93
78	牵引车、拖拉机用变速箱及其零件	个/千克	360946	1298. 05	80379	747. 35	276706	1472. 33	33721	399. 72
79	牵引车、拖拉机用装有差速器的驱动桥	个/千克	380981	994. 56	6883	339. 74	369918	1219. 84	8083	188. 45
80	电气土壤加热器	个	29621	48. 58	0	0	4157	20. 94	4	0. 04
81	离合器及联轴器（包括万向节）	个	8229381	3079. 39	1157295	3344. 2	6874814	2857. 03	1114725	2335. 48
82	内燃发动机的进气过滤器	个	7916958	2390. 13	268006	552. 11	7254513	1994. 69	231715	422. 3
83	内燃发动机的燃油过滤器	个	33658812	6303. 04	3479309	1999. 14	34056174	5951. 35	3167102	1561. 75

续 表

序号	名称	单位	11月				12月			
			出口		进口		出口		进口	
			本月数量	本月金额	本月数量	本月金额	本月数量	本月金额	本月数量	本月金额
1	草料打包机，包括收集打包机	台	154	90.81	67	166.45	236	72.89	174	256.19
2	草坪及运动场地滚压机	台	5776	8.23	4	3.07	13901	30.97	1	0.57
3	蛋类、水果等农产品的清洁、分选、分级	台	50	54.02	12	85	52	124.1	24	173.55
4	动物饲料配制机	台	2141	1224.7	70	183.01	1999	1529.25	111	256.29
5	非自推进的钻探或凿井机械	台	382	6278.31	1	5.67	973	10835.68	2	196.33
6	甘蔗收获机	台	25	7.58	13	197.5	2	35.61	8	97.04
7	割刀水平旋转草坪、公园或运动场机动割	台	323652	2723.28	142	132.07	746782	6862.24	166	92.58
8	根茎或块茎收获机	台	69	7.57	2	0.51	97	3.99	0	0
9	谷物播种机	台	116	15.51	45	94.69	2935	31.63	57	234.4
10	谷物磨粉业加工机器或谷物、干豆加工机	台	21778	1535.69	73	28.81	14730	1357.23	288	57.73
11	光学色差颗粒选别机（色选机）	台	307	1168.39	4	35.86	356	1278.36	3	6.24
12	挤奶机	台	762	52.7	6	108.89	1296	47.77	5	147.34
13	家禽孵卵器及育雏器	台	24331	302.66	181	11.1	21837	222.35	309	15.78
14	家禽饲养机器	台	12244	849.05	285	459.31	46873	743.84	775	152.31
15	犁	台	13423	184.37	51	49.27	19448	317.32	245	254.72
16	联合收割机	台	649	1000.18	30	45.81	997	1706.02	71	75.26
17	马铃薯种植机	台	23	4.69	2	0.43	35	1.71	1	4.4
18	棉花采摘机	台	25	0.11	0	0	4	0.2	0	0
19	奶油分离器	台	0	0	0	0	3	27.44	1	6.59
20	农产品干燥器	台	47	144.51	28	12.7	61	167.82	21	516.86
21	农用液体或粉末的喷射、散布或喷雾机械	台	10490539	4718.85	22325	178.71	17299039	7146.91	8237	106.28

续 表

序号	名称	单位	11月				12月			
			出口		进口		出口		进口	
			本月数量	本月金额	本月数量	本月金额	本月数量	本月金额	本月数量	本月金额
22	其他播种机	台	14855	46.33	10	7.97	21339	60.27	9	19.84
23	其他草坪、公园或运动场地割草机	台	187801	1742.55	182	92.41	351513	3905.46	114	21.22
24	其他干草切割、翻晒机器	台	264	22.63	10	5.85	332	23.4	6	5.61
25	其他割草机，包括牵引装置用的刀具杆	台	93184	683.77	5	5.33	211561	1512.52	29	47.13
26	其他农、林业机器	台	91772	660.82	2280	198.81	172727	975.46	2862	622.09
27	其他耙、松土机、中耕机、除草机及耕耘	台	136016	1902.29	92	57.71	309046	3609.47	101	53.97
28	其他食品、饮料工业用生产或加工机器	台	31910	2629.22	1160	609.35	29785	3320.56	2027	938.08
29	其他脱粒机	台	4501	87.15	49	3.58	2847	83.73	105	7.81
30	其他未列名收割机	台	1020	71.54	4	26.15	2054	27.71	3	27.34
31	其他移植机（栽植机）	台	0	0	0	0	0	0	4	2.55
32	其他种植机	台	51	0.5	2	9.43	10	0.09	5	24.29
33	其他种子、谷物或干豆的清洁、分选或分级机器	台	1128	330.95	47	128.83	906	415.35	24	17.08
34	施肥机	台	3800	29.69	86	59.28	6981	58.19	134	54.45
35	水稻插秧机	台	528	278.38	10	3.5	413	144.6	226	73.25
36	水果、坚果或蔬菜加工机器	台	9861	315.82	765	118.35	5616	321.45	826	116.26
37	提取、加工动物油脂或固定植物油脂机	台	513	213.67	5	49.78	566	374.71	2	3.39
38	未列名农业、园艺及林业用整地或耕作机	台	33339	710.27	88	72.5	78186	1419.68	30	25.7
39	烟草加工及制作机器	台	3572	9.35	11	1188.85	152	100.63	9	2208.95
40	圆盘耙	台	656	49.33	2	2.73	670	34.76	0	0
41	半挂车用的公路牵引车	辆	3375	14405.57	136	1212.98	3888	15704.5	172	1572.14
42	轮式拖拉机	辆	3685	2613.22	65	363.97	4340	2757.16	123	617.97

续 表

序号	名称	单位	11月				12月			
			出口		进口		出口		进口	
			本月数量	本月金额	本月数量	本月金额	本月数量	本月金额	本月数量	本月金额
43	履带式牵引车、拖拉机	辆	1	3.35	10	145.7	3	6.22	7	63.87
44	农用自装或自卸式挂车及半挂车	辆	625	84.83	0	0	2939	80.26	0	0
45	其他拖拉机	辆	18	50.6	0	0	18	53.2	0	0
46	手扶拖拉机	辆	9443	1067.08	0	0	9656	884.09	0	0
47	未列名挂车及半挂车	辆	30523	1073.95	0	0	61058	1376.23	2	117.33
48	未列名牵引车	辆	43	272.93	7	122.78	16	135.29	4	121.83
49	挖泥船	艘	10	402.28	1	1536.56	11	249.72	1	93.49
50	带有天然或合成金刚石、立方氮化硼制的圆锯片	千克/片	1960337	3221.84	5660	28.4	2077243	3258.15	3189	28.14
51	斧子、钩刀及类似砍伐工具	千克/把	2027680	507.3	4494	2.02	2480016	622.99	412	1.17
52	镐、锄及耙	千克/把	5621404	1172.48	76	0.13	8047738	1961.03	6051	2.05
53	其他用于农业、园艺或林业未列名手工工具	千克/把	1984108	632.39	3837	6.87	2707853	916.47	3354	4.07
54	锹及铲	千克/把	7514292	1599.1	5157	9.98	9648726	2438.78	716	1.16
55	树篱剪、双手修枝剪及类似双手操作剪刀	千克/把	1209467	458.25	28173	6.65	3297777	1225.01	45120	12.5
56	修枝剪及类似的单手操作剪刀	千克/把	508809	319	9259	23.92	1490719	919.94	18723	31.7
57	未列名圆锯片，包括部件	千克/片	3198045	2759.32	55339	122.64	3496833	2777.23	84489	158.22
58	叉（2012）	千克/把	525162	151.97	19	0.06	740377	212.26	0	0
59	8432 所列机械的零件	千克	7235236	1988.44	127523	108.28	10280165	2697.1	109321	115.78
60	8436 所列其他机械的零件	千克	1703781	850.74	34884	77.79	2103083	993.21	50728	44.98
61	8437 所列机械的零件	千克	1516171	457.46	10830	48.53	1773257	522.2	8046	25.63
62	8701 所列车辆用车轮及其零件、附件	千克	9190969	1407.95	22197	11.71	12304632	1933.96	38467	23.66
63	非公路用自卸车用非驱动桥及其零件	千克	150	0.14	2951	7.84	4283	2.58	745	0.72

续 表

序号	名称	单位	11月				12月			
			出口		进口		出口		进口	
			本月数量	本月金额	本月数量	本月金额	本月数量	本月金额	本月数量	本月金额
64	非公路用自卸车用离合器及其零件	千克	18680	19.97	615	2.63	23171	15.26	2088	6.67
65	非公路用自卸车用其他制动器及零件	千克	90541	72.87	18901	29.86	161623	108.14	9195	22.4
66	非公路自卸车用车轮及其零件、附件	千克	2376338	555.07	29511	66.18	2294780	516.36	8633	7.83
67	挤奶机及乳品加工机器的零件	千克	124802	183.83	159233	344.86	126600	177.34	44819	161.88
68	家禽饲养、孵卵及育雏机器的零件	千克	323241	210.63	8856	38.36	680112	342.11	63981	45.72
69	联合收割机的零件	千克	1491250	633.85	63425	69.82	1760965	724.51	75077	71.17
70	其他 8433 所列机械的零件	千克	5855237	2182.4	120205	146.73	7626844	3088.02	141034	217.49
71	其他机动车辆用非驱动桥及其零件	千克	2683191	779.32	1913562	1043.59	2931805	1000.68	2026344	913.16
72	牵引车、拖拉机用非驱动桥及其零件	千克	3301418	759.88	26725	27.48	3646121	838.31	73592	49.6
73	牵引车、拖拉机用其他制动器及零件	千克	1988197	587.29	21871	41.87	2642678	744.92	19479	45.74
74	牵引车、拖拉机用转向盘、柱、器及零件	千克	459546	321.3	6525	12.13	561535	340.91	6975	14.59
75	牵引车拖拉机用离合器及其零件	千克	627302	293.51	102090	73.36	450728	236.6	90468	61.91
76	土壤加热器及加热电阻器用零件	千克	145768	285.88	16830	63.49	168359	306.6	50743	105.62
77	烟草加工及制作机器的零件	千克	3022	30.36	1231	86.03	1193	4.7	2807	378.02
78	牵引车、拖拉机用变速箱及其零件	个/千克	214314	1156.87	39069	892.18	168790	933.51	38978	898.33
79	牵引车、拖拉机用装有差速器的驱动桥	个/千克	380602	1078.15	2164	186.83	388335	985.97	8559	282.6
80	电气土壤加热器	个	4629	31.85	0	0	511	5.94	0	0
81	离合器及联轴器（包括万向节）	个	7912379	2902.59	1109863	1918.48	7606749	2911.7	1426292	2745.47
82	内燃发动机的进气过滤器	个	7452549	2401.66	244609	377	8780794	2887.01	372568	513.96
83	内燃发动机的燃油过滤器	个	36070528	6395.35	3297462	1784.05	35399605	6569.35	3611976	2176.02

2014 年全国机械行业及农业机械进出口情况

单位：万美元

月份	类别	进出口总额				进口额			
		当月金额	同比增长（%）	累计金额	同比增长（%）	当月金额	同比增长（%）	累计金额	同比增长（%）
1	全国机械行业合计	6283194	1.22	6283194	1.22	2648004	1.19	2648004	1.19
	农业机械行业	130146	1.23	130146	1.23	19360	0.99	19360	0.99
2	全国机械行业合计	4041923	1.30	10325117	12.93	1968277	17.41	4616281	18.09
	农业机械行业	79061	-3.89	209207	11.26	13128	-11.52	32489	-5.80
3	全国机械行业合计	5739497	5.93	16062541	9.67	2617781	4.73	7232577	12.42
	农业机械行业	111814	13.27	321032	11.97	22040	6.27	54581	-1.14
4	全国机械行业合计	6362705	12.31	22423739	10.40	2846631	11.82	10079308	12.24
	农业机械行业	117457	21.62	438361	14.33	22178	-24.17	76677	-9.38
5	全国机械行业合计	6343230	9.34	28763296	10.16	2776404	7.21	12854411	11.11
	农业机械行业	103111	3.28	541191	11.99	23144	6.58	99821	-6.14
6	全国机械行业合计	6003764	10.18	34759825	8.87	2734341	14.26	15588691	10.96
	农业机械行业	106890	8.32	648055	11.37	21448	1.56	121278	-4.90
7	全国机械行业合计	6653908	11.84	41413687	9.34	2973411	9.94	18562098	10.79
	农业机械行业	119978	12.92	768030	11.62	32225	20.09	153503	-0.54
8	全国机械行业合计	6281832	6.77	47688719	8.98	2786641	4.36	21346499	9.89
	农业机械行业	99849	-0.58	867775	10.08	22505	-6.82	175995	-1.37
9	全国机械行业合计	6256697	8.37	53942495	8.91	2879910	8.42	24226262	9.71
	农业机械行业	106327	-2.79	974056	8.52	18925	-26.52	194900	-4.52
10	全国机械行业合计	5902493	7.82	59840032	8.80	2628518	7.19	26851088	9.45
	农业机械行业	96485	7.69	1070520	8.44	18841	30.62	213777	-2.21
11	全国机械行业合计	5944053	-0.32	65778327	7.90	2512232	-4.85	29360168	8.04
	农业机械行业	102019	7.62	1172800	8.38	15481	-11.08	229552	-2.79

续 表

月份	类别	进出口总额				进口额			
		当月金额	同比增长（%）	累计金额	同比增长（%）	当月金额	同比增长（%）	累计金额	同比增长（%）
12	全国机械行业合计	6770196	9.80	72548471	8.07	2959506	9.42	32319666	8.16
	农业机械行业	132071	19.66	1304870	9.38	18674	2.89	248227	-2.75

月份	类别	出口额				去年同期				贸易差额	
		当月金额	同比增长（%）	累计金额	同比增长（%）	当月出口额	当月进口额	累计出口额	累计进口额）	当月差额	累计差额
1	全国机械行业合计	3635191	1.24	3635191	1.24	2919992	2232560	2919992	2232560	987187	987187
	农业机械行业	110786	1.29	110786	1.29	86121	19651	86121	19651	91425	91425
2	全国机械行业合计	2073645	-10.37	5708836	9.08	2313576	1676454	5233568	3909014	105368	1092555
	农业机械行业	65932	-2.21	176718	15.09	67425	14839	153546	34490	52804	144229
3	全国机械行业合计	3121716	6.96	8829965	7.51	2918710	2499572	8213138	6433632	503935	1597388
	农业机械行业	89774	15.14	266451	15.09	77972	20740	231510	55212	67734	211869
4	全国机械行业合计	3516075	12.70	12344432	8.94	3119741	2545744	11331488	8979759	669444	2265124
	农业机械行业	95279	41.51	361684	21.05	67330	29245	298798	84618	73101	285007
5	全国机械行业合计	3566826	11.06	15908885	9.40	3211481	2589794	14541333	11569184	790423	3054473
	农业机械行业	79967	2.37	441370	17.11	78117	21715	376891	106355	56822	341549
6	全国机械行业合计	3269423	6.99	19171134	7.22	3055896	2393129	17879819	14048661	535081	3582443
	农业机械行业	85442	10.16	526777	15.93	77558	21119	454375	127524	63994	405499
7	全国机械行业合计	3680497	13.42	22851589	8.18	3245021	2704671	21123019	16754388	707086	4289492
	农业机械行业	87753	10.50	614528	15.14	79418	26833	533724	154334	55528	461025
8	全国机械行业合计	3495191	8.78	26342220	8.26	3213107	2670225	24332281	19425375	708550	4995721
	农业机械行业	77344	1.40	691780	13.43	76276	24153	609874	178447	54839	515784
9	全国机械行业合计	3376787	8.33	29716232	8.26	3117259	2656365	27447734	22081212	496876	5489970
	农业机械行业	87402	4.51	779156	12.36	83628	25754	693475	204134	68477	584256
10	全国机械行业合计	3273975	8.34	32988943	8.27	3022050	2452294	30468726	24532946	645457	6137855
	农业机械行业	77644	3.29	856743	11.47	75171	14424	768568	218601	58803	642967
11	全国机械行业合计	3431820	3.29	36418159	7.79	3322547	2640351	33787425	27174724	919588	7057991
	农业机械行业	86538	11.83	943248	11.50	77384	17410	845936	236139	71057	713696
12	全国机械行业合计	3810690	10.11	40228805	8.01	3460946	2704733	37246565	29881823	851183	7909139
	农业机械行业	113397	22.96	1056643	12.68	92220	18150	937736	255257	94723	808417

2014 年 10 类农业机械商品月度出口走势

表 1　　2014 年犁月度出口数量一览表　　单位：台/万美元

序号	品类			1 月	2 月	3 月	4 月	5 月	6 月	7 月	8 月	9 月	10 月	11 月	12 月	累计
1	犁	出口数量	2014 年	27277	16183	18214	13634	15082	14615	17244	17329	6797	8907	13423	19448	188153
			2013 年	17474	15813	10108	8000	15371	8769	11705	15206	10879	9533	14189	24677	161724
			同比（%）	56. 1	2. 3	80. 2	70. 4	－1. 9	66. 7	47. 3	14. 0	－37. 5	－6. 6	－5. 4	－21. 2	16. 3
			环比（%）		－40. 7	12. 6	－25. 1	10. 6	－3. 1	18. 0	0. 5	－60. 8	31. 0	50. 7	44. 9	—
		出口金额	2014 年	268. 7	133. 1	269. 1	276. 6	194. 8	165. 8	192. 1	153. 0	128. 1	168. 0	184. 4	317. 3	2451. 1
			2013 年	169. 4	149. 0	132. 6	120. 9	140. 4	89. 9	130. 6	117. 3	132. 5	155. 5	169. 0	243. 7	1750. 8
			同比（%）	58. 6	－10. 7	103. 0	128. 8	38. 7	84. 5	47. 2	30. 4	－3. 4	8. 0	9. 1	30. 2	40. 0
			环比（%）		－50. 5	102. 1	2. 8	－29. 6	－14. 9	15. 9	－20. 4	－16. 3	31. 2	9. 8	72. 1	—

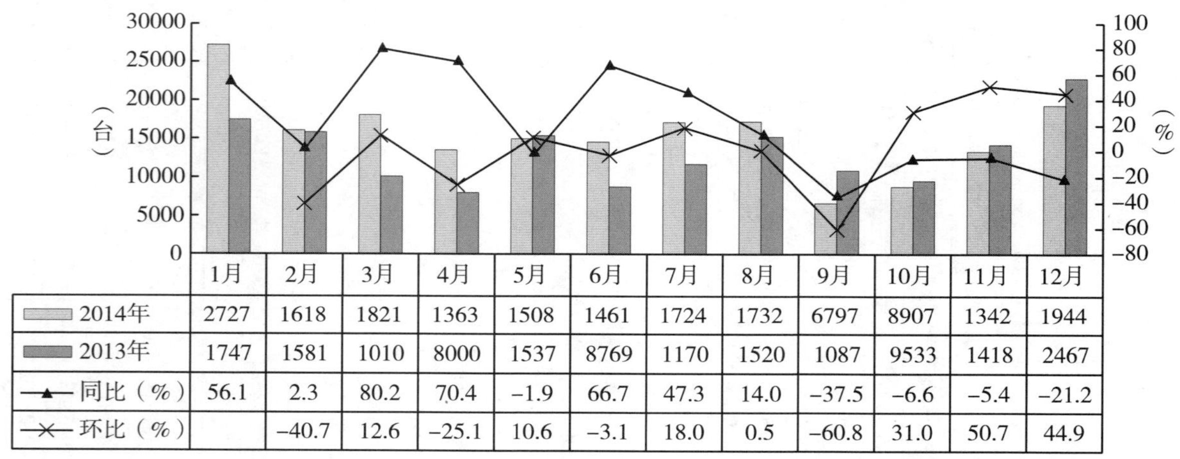

图 1　2014 年犁出口量月度走势

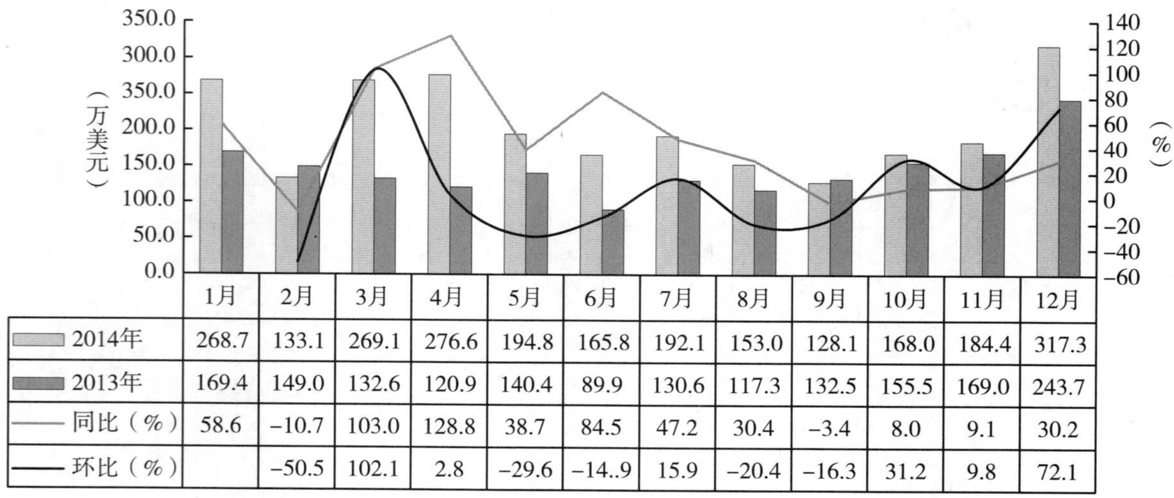

图 2　2014 年犁出口金额月度走势

表 2　　2014 年圆盘耙月度出口数量一览表　　单位：台/万美元

序号	品类			1 月	2 月	3 月	4 月	5 月	6 月	7 月	8 月	9 月	10 月	11 月	12 月	累计
2	圆盘耙	出口数量	2014 年	959	263	2143	2827	3543	956	3001	595	465	1592	656	670	17670
			2013 年	511	422	1113	336	3869	441	1293	10402	862	610	659	1283	21801
			同比（%）	87.7	−37.7	92.5	741.4	−8.4	116.8	132.1	−94.3	−46.1	161.0	−0.5	−47.8	−18.9
			环比（%）		−72.6	714.8	31.9	25.3	−73.0	213.9	−80.2	−21.8	242.4	−58.8	2.1	—
		出口金额	2014 年	45.2	10.9	92.1	234.8	65.0	72.4	45.1	52.9	38.0	27.8	49.3	34.8	768.2
			2013 年	30.0	25.0	88.5	32.6	67.6	30.5	62.9	62.3	56.4	33.0	38.9	57.1	584.8
			同比（%）	50.7	−56.3	4.1	619.3	−4.0	137.7	−28.2	−15.1	−32.8	−15.8	27.0	−39.1	31.4
			环比（%）		−75.8	743.6	154.9	−72.3	11.4	−37.6	17.2	−28.3	−26.8	77.6	−29.5	—

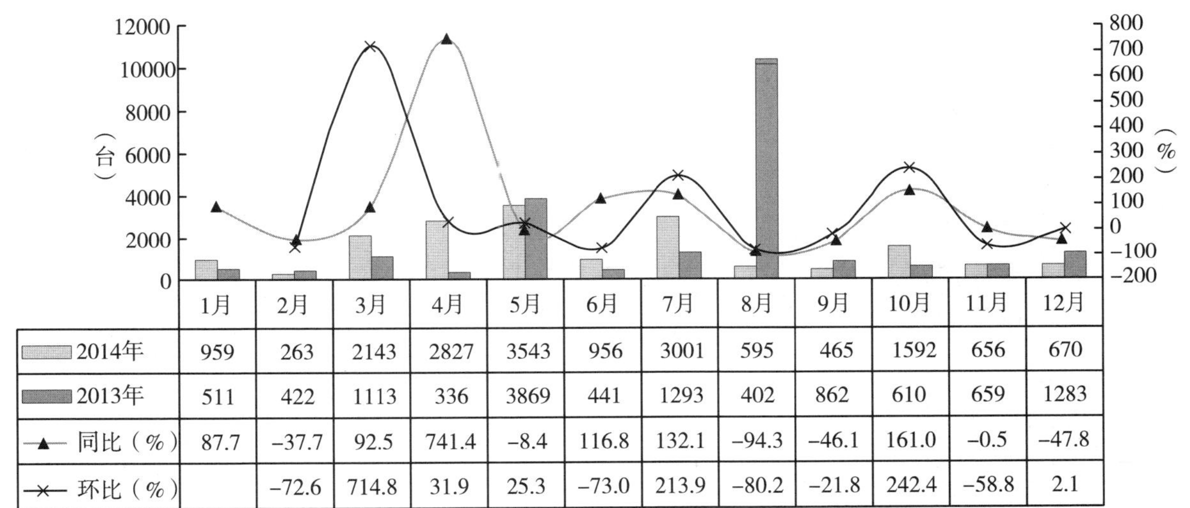

图 3　2014 年圆盘耙出口量月度走势

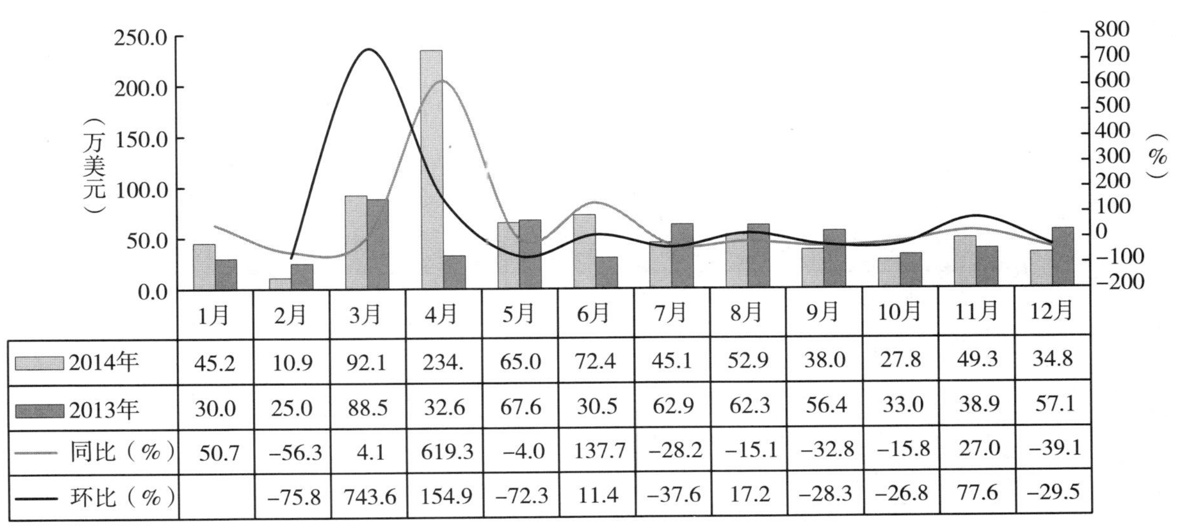

图 4　2014 年圆盘耙出口金额月度走势

表 3　　2014 年施肥机月度出口数量一览表　　单位：台/万美元

序号	品类			1 月	2 月	3 月	4 月	5 月	6 月	7 月	8 月	9 月	10 月	11 月	12 月	累计
3	施肥机	出口数量	2014 年	16932	3871	2977	4782	3592	3974	4847	2382	819	1402	3800	6981	56359
			2013 年	7273	2907	3563	2980	1362	1844	1474	1598	1461	5589	3248	2740	36039
			同比（%）	132. 8	33. 2	－16. 4	60. 5	163. 7	115. 5	228. 8	49. 1	－43. 9	－74. 9	17. 0	154. 8	56. 4
			环比（%）		－77. 1	－23. 1	60. 6	－24. 9	10. 6	22. 0	－50. 9	－65. 6	71. 2	171. 0	83. 7	—
		出口金额	2014 年	47. 4	21. 5	23. 7	22. 2	16. 7	19. 3	23. 3	11. 4	7. 7	36. 8	29. 7	58. 2	317. 9
			2013 年	33. 4	31. 4	33. 5	43. 0	19. 9	17. 3	22. 7	30. 5	41. 0	40. 1	31. 2	42. 5	386. 4
			同比（%）	41. 9	－31. 3	－29. 0	－48. 3	－16. 3	11. 0	2. 8	－62. 7	－81. 2	－8. 2	－4. 9	37. 0	－17. 7
			环比（%）		－54. 6	10. 3	－6. 5	－24. 9	15. 5	21. 1	－51. 2	－32. 0	375. 9	－19. 3	96. 0	—

图 5　2014 年施肥机出口量月度走势

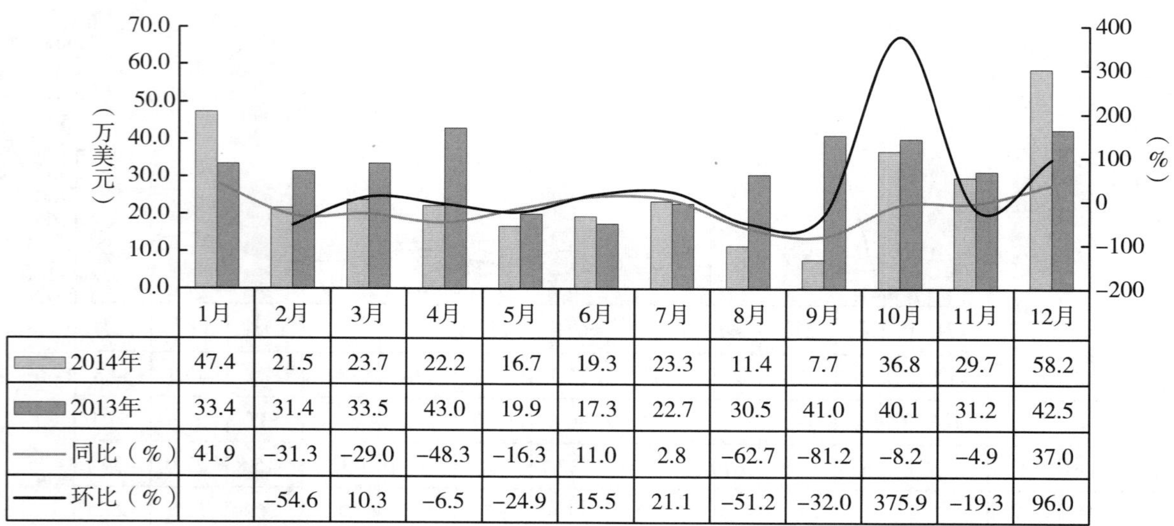

图 6　2014 年施肥机出口金额月度走势

表 4　　2014 年联合收割机月度出口数量一览表　　单位：台/万美元

序号	品类			1 月	2 月	3 月	4 月	5 月	6 月	7 月	8 月	9 月	10 月	11 月	12 月	累计
4	联合收割机	出口数量	2014 年	917	1051	1412	898	1279	893	1079	1030	585	631	649	997	11421
			2013 年	655	589	1072	702	1017	969	769	881	892	406	591	538	9081
			同比（%）	40. 0	78. 4	31. 7	27. 9	25. 8	－7. 8	40. 3	16. 9	－34. 4	55. 4	9. 8	85. 3	25. 8
			环比（%）		14. 6	34. 3	－36. 4	42. 4	－30. 2	20. 8	－4. 5	－43. 2	7. 9	2. 9	53. 6	—
		出口金额	2014 年	1427. 4	1513. 5	1834. 8	1208. 7	1578. 9	1470. 8	1748. 3	1918. 2	1016. 3	966. 9	1000. 2	1706. 0	17390. 0
			2013 年	1070. 3	922. 8	1666. 6	1019. 2	977. 3	1445. 9	1206. 7	1428. 0	1176. 0	611. 6	916. 4	810. 0	13250. 8
			同比（%）	33. 4	64. 0	10. 1	18. 6	61. 6	1. 7	44. 9	34. 3	－13. 6	58. 1	9. 1	110. 6	31. 2
			环比（%）		6. 0	21. 2	－34. 1	30. 6	－6. 8	18. 9	9. 7	－47. 0	－4. 9	3. 4	70. 6	—

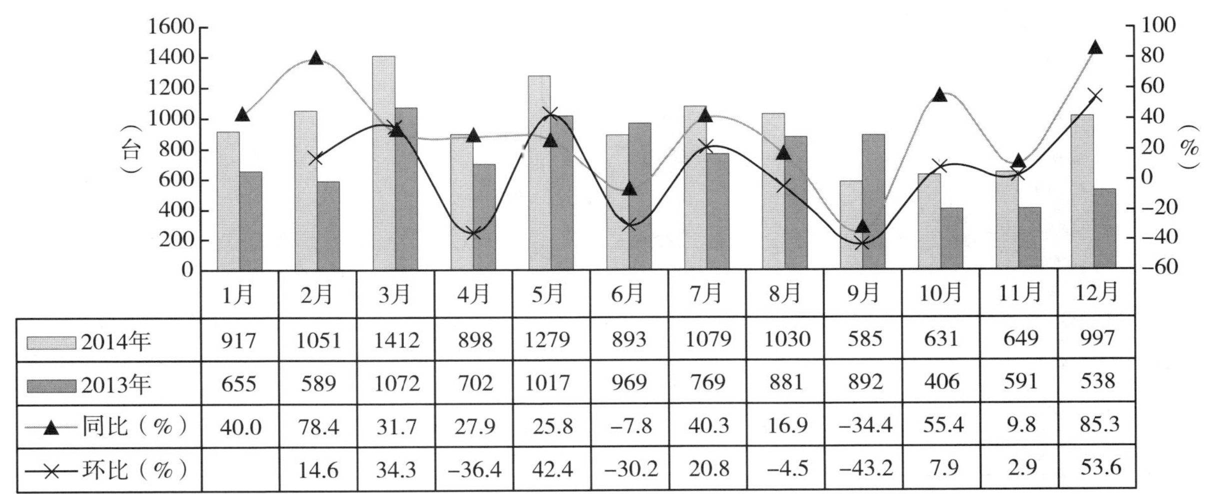

图 7　2014 年联合收割机出口量月度走势

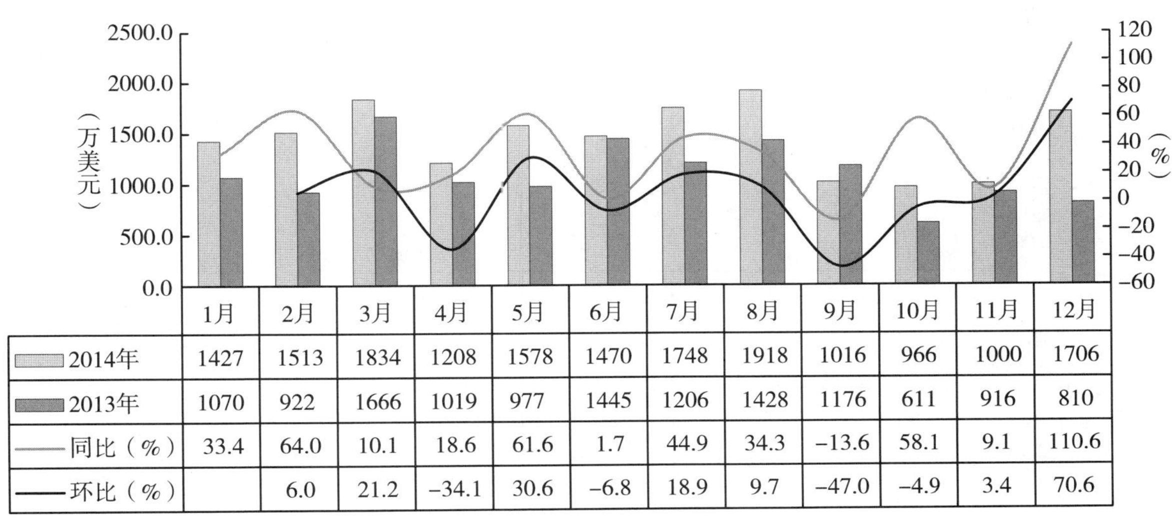

图 8　2014 年联合收割机出口金额月度走势

表 5　　2014 年手扶拖拉机月度出口数量一览表　　单位：台/万美元

序号	品类			1 月	2 月	3 月	4 月	5 月	6 月	7 月	8 月	9 月	10 月	11 月	12 月	累计
5	手扶拖拉机	出口数量	2014 年	9608	3285	6524	10963	13465	10778	6876	7113	8346	9918	9443	9656	105975
			2013 年	5652	5347	7388	7821	8189	8382	11011	8876	10859	7246	8757	8316	97844
			同比（%）	70. 0	－38. 6	－11. 7	40. 2	64. 4	28. 6	－37. 6	－19. 9	－23. 1	36. 9	7. 8	16. 1	8. 3
			环比（%）		－65. 8	98. 6	68. 0	22. 8	－20. 0	－36. 2	3. 4	17. 3	18. 8	－4. 8	2. 3	—
		出口金额	2014 年	665. 5	283. 9	595. 1	1184. 0	1424. 2	1278. 3	748. 7	750. 8	906. 7	975. 8	1067. 1	884. 1	10764. 1
			2013 年	486. 5	405. 1	595. 1	754. 3	8189. 0	8382. 0	1186. 7	836. 5	1096. 1	794. 4	939. 8	791. 1	24456. 5
			同比（%）	36. 8	－29. 9	0	57. 0	－82. 6	－84. 7	－36. 9	－10. 2	－17. 3	22. 8	13. 5	11. 8	－56. 0
			环比（%）		－57. 3	109. 7	98. 9	20. 3	－10. 2	－41. 4	0. 3	20. 8	7. 6	9. 4	－17. 1	—

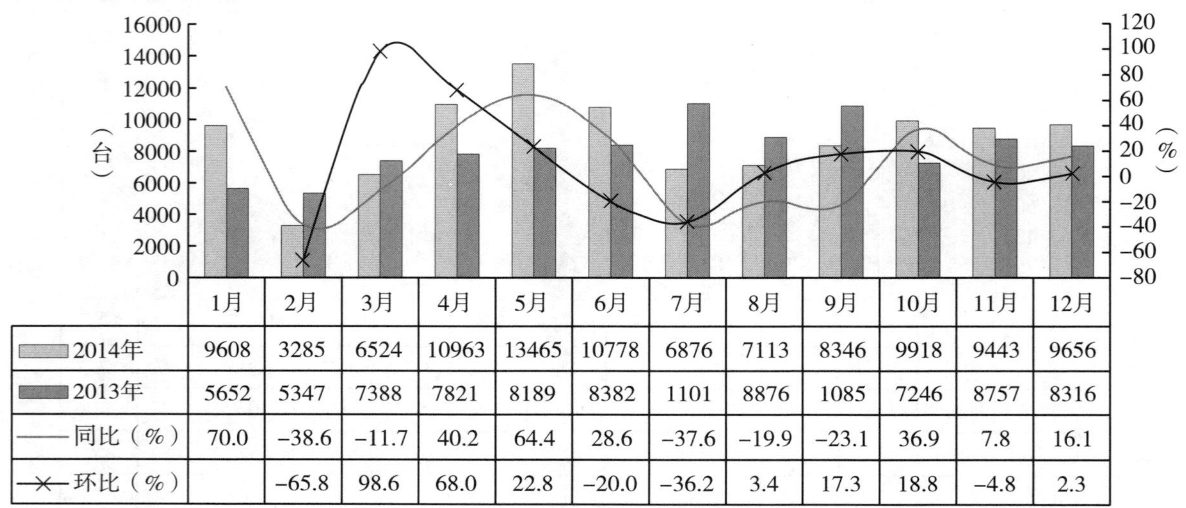

图 9　2014 年手扶拖拉机出口量月度走势

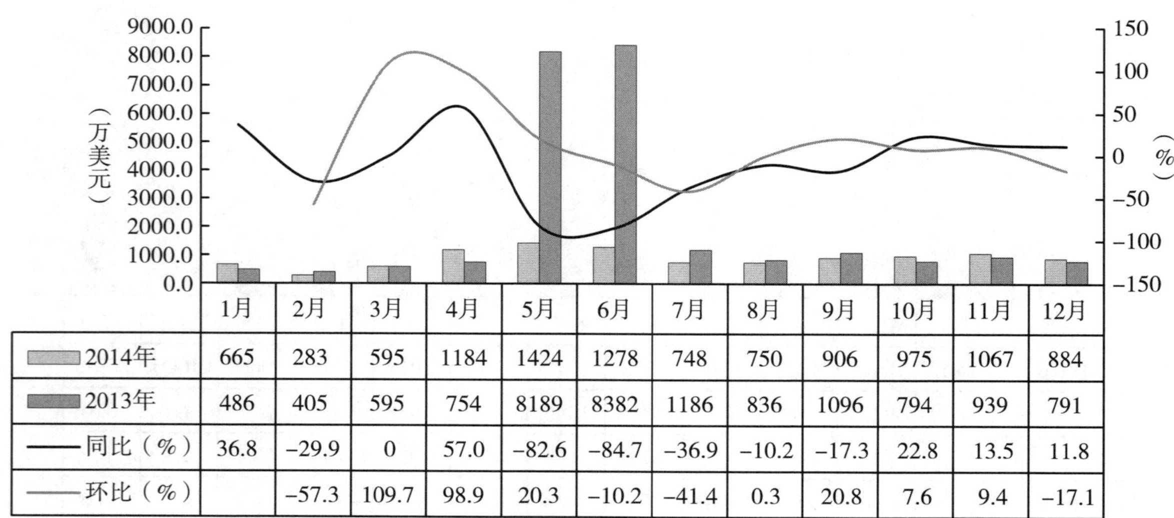

图 10　2014 年手扶拖拉机出口金额月度走势

表 6　　2014 年轮式拖拉机月度出口数量一览表　　单位：台/万美元

序号	品类			1 月	2 月	3 月	4 月	5 月	6 月	7 月	8 月	9 月	10 月	11 月	12 月	累计
6	轮式拖拉机	出口数量	2014 年	5607	3590	5400	5136	5311	5481	5581	4963	3541	4254	3685	4340	56889
			2013 年	2798	2896	3478	4472	3786	3646	3702	7674	4693	3751	2564	3956	47416
			同比（%）	100. 4	24. 0	55. 3	14. 8	40. 3	50. 3	50. 8	-35. 3	-24. 5	13. 4	43. 7	9. 7	20. 0
			环比（%）		-36. 0	50. 4	-4. 9	3. 4	3. 2	1. 8	-11. 1	-28. 7	20. 1	-13. 4	17. 8	—
		出口金额	2014 年	3103. 39	1399. 7	2879. 57	3365. 1	3188. 34	3018. 44	3288. 13	3113. 25	2412. 05	2767. 03	2613. 22	2757. 16	33905. 4
			2013 年	1745. 7	1937. 9	2124. 9	3035. 2	2981. 0	2813. 3	2452. 3	10152. 0	3868. 1	2292. 0	2184. 6	2370. 0	37957. 1
			同比（%）	77. 8	-27. 8	35. 5	10. 9	7. 0	7. 3	34. 1	-69. 3	-37. 6	20. 7	19. 6	16. 3	-10. 7
			环比（%）		-54. 9	105. 7	16. 9	-5. 3	-5. 3	8. 9	-5. 3	-22. 5	14. 7	-5. 6	5. 5	—

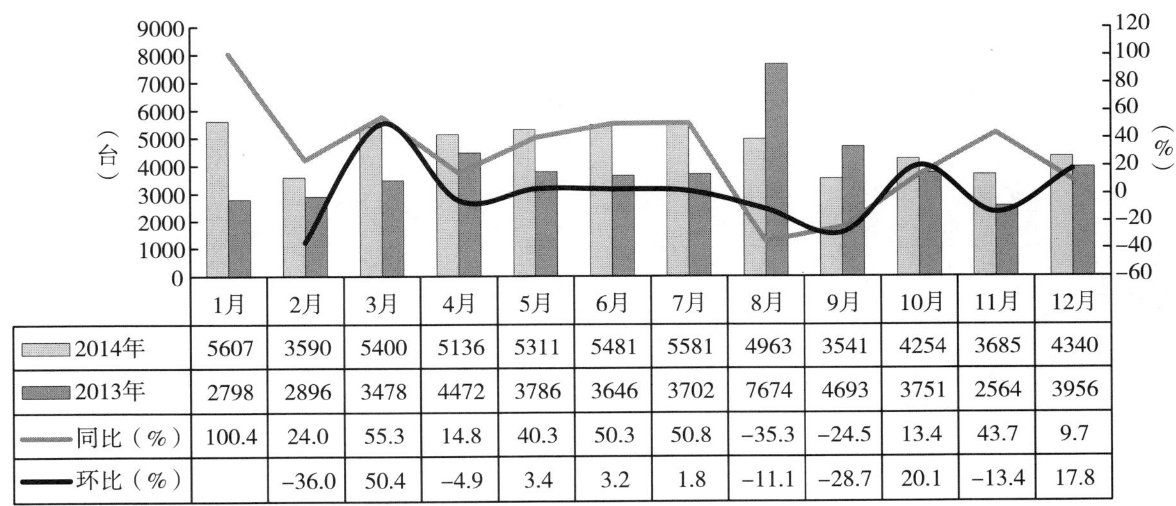

图 11　2014 年轮式拖拉机出口量月度走势

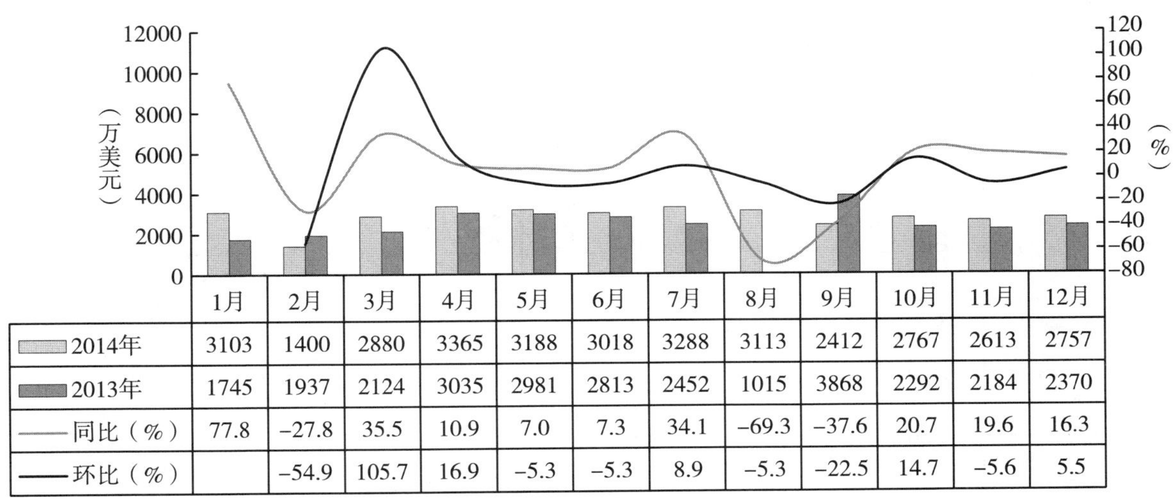

图 12　2014 年轮式拖拉机出口金额月度走势

表 7　　2014 年根茎或块茎收获机月度出口数量一览表　　单位：台/万美元

序号	品类			1月	2月	3月	4月	5月	6月	7月	8月	9月	10月	11月	12月	累计
7	根茎或块茎收获机	出口数量	2014 年	122	98	234	225	352	398	238	271	119	87	69	97	2310
			2013 年	50	113	207	199	124	289	105	159	97	41	146	128	1658
			同比（%）	144.0	-13.3	13.0	13.1	183.9	37.7	126.7	70.4	22.7	112.2	-52.7	-24.2	39.3
			环比（%）		-19.7	138.8	-3.8	56.4	13.1	-40.2	13.9	-56.1	-26.9	-20.7	40.6	—
		出口金额	2014 年	7.9	2.7	11.0	15.4	16.4	30.9	15.6	18.2	5.1	4.4	7.6	4.0	139.1
			2013 年	2.9	6.3	13.9	7.5	5.8	22.5	9.3	13.8	7.0	9.0	6.5	5.8	110
			同比（%）	169.6	-57.8	-20.6	104.8	185.9	37.4	66.9	31.4	-26.9	-50.7	17.4	-30.8	26.3
			环比（%）		-66.3	315.0	39.1	7.0	87.8	-49.6	16.8	-71.9	-13.7	71.3	-47.3	—

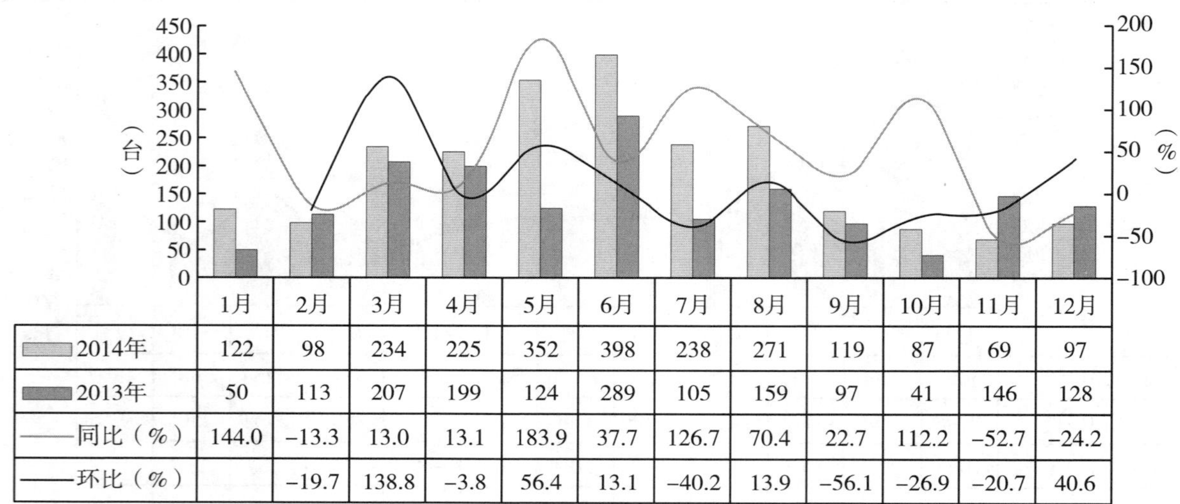

	1月	2月	3月	4月	5月	6月	7月	8月	9月	10月	11月	12月
2014年	122	98	234	225	352	398	238	271	119	87	69	97
2013年	50	113	207	199	124	289	105	159	97	41	146	128
同比（%）	144.0	-13.3	13.0	13.1	183.9	37.7	126.7	70.4	22.7	112.2	-52.7	-24.2
环比（%）		-19.7	138.8	-3.8	56.4	13.1	-40.2	13.9	-56.1	-26.9	-20.7	40.6

图 13　2014 年根茎或块茎收获机出口量月度走势

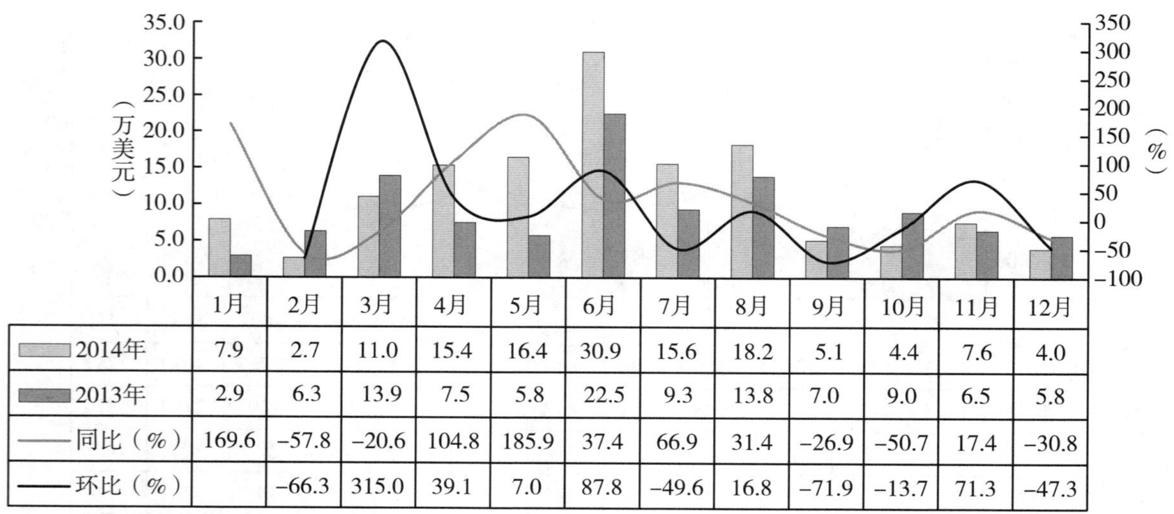

	1月	2月	3月	4月	5月	6月	7月	8月	9月	10月	11月	12月
2014年	7.9	2.7	11.0	15.4	16.4	30.9	15.6	18.2	5.1	4.4	7.6	4.0
2013年	2.9	6.3	13.9	7.5	5.8	22.5	9.3	13.8	7.0	9.0	6.5	5.8
同比（%）	169.6	-57.8	-20.6	104.8	185.9	37.4	66.9	31.4	-26.9	-50.7	17.4	-30.8
环比（%）		-66.3	315.0	39.1	7.0	87.8	-49.6	16.8	-71.9	-13.7	71.3	-47.3

图 14　2014 年根茎或块茎收获机出口金额月度走势

表 8　　　　2014 年插秧机月度出口数量一览表　　　　单位：台/万美元

序号	品类			1 月	2 月	3 月	4 月	5 月	6 月	7 月	8 月	9 月	10 月	11 月	12 月	累计
8	插秧机	出口数量	2014 年	573	703	1242	533	906	270	552	386	127	423	528	413	6656
			2013 年	342	464	737	762	692	145	292	306	299	176	592	623	5430
			同比（%）	67.5	51.5	68.5	−30.1	30.9	86.2	89.0	26.1	−57.5	140.3	−10.8	−33.7	22.6
			环比（%）		22.7	76.7	−57.1	70.0	−70.2	104.4	−30.1	−67.1	233.1	24.8	−21.8	—
		出口金额	2014 年	245.44	249.39	510.27	236.02	157.51	154.57	126.6	30.21	63.05	110.37	278.38	144.6	2306.4
			2013 年	164.7	155.4	368.8	216.4	185.2	38.0	141.4	114.4	120.8	57.4	160.4	226.4	1949.2
			同比（%）	49.0	60.5	38.4	9.1	−15.0	306.5	−10.4	−73.6	−47.8	92.3	73.6	−36.1	18.3
			环比（%）		1.6	104.6	−53.7	−33.3	−1.9	−18.1	−76.1	108.7	75.1	152.2	−48.1	—

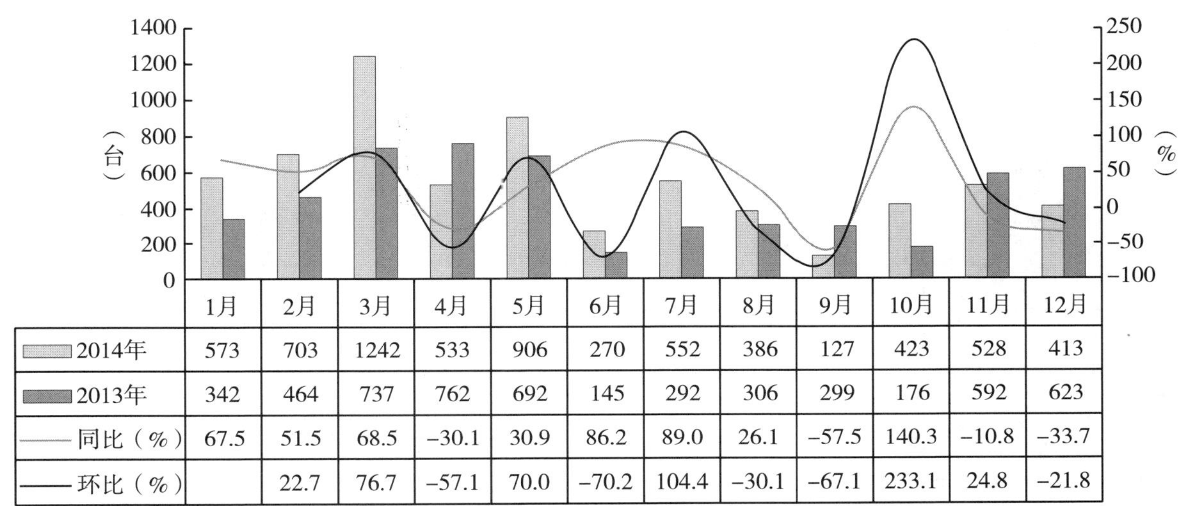

图 15　2014 年插秧机出口量月度走势

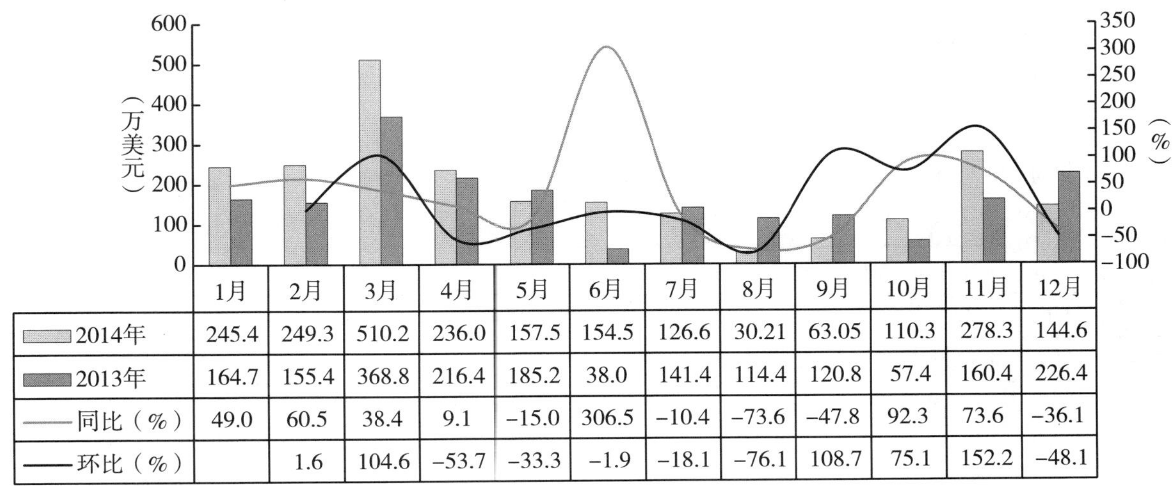

图 16　2014 年插秧机出口金额月度走势

表 9　　2014 年挤奶机月度出口数量一览表　　单位：台/万美元

序号	品类			1 月	2 月	3 月	4 月	5 月	6 月	7 月	8 月	9 月	10 月	11 月	12 月	累计
9	挤奶机	出口数量	2014 年	1100	1049	985	1762	4630	1130	2159	1882	1200	1215	762	1296	19170
			2013 年	1345	1552	1072	798	1348	1861	3399	2091	1038	4237	918	440	20099
			同比（%）	-18.2	-32.4	-8.1	120.8	243.5	-39.3	-36.5	-10.0	15.6	-71.3	-17.0	194.5	-4.6
			环比（%）		-4.6	-6.1	78.9	162.8	-75.6	91.1	-12.8	-36.2	1.3	-37.3	70.1	—
		出口金额	2014 年	46.2	37.4	59.2	70.5	127.3	69.4	84.5	70.0	70.7	43.2	52.7	47.8	778.8
			2013 年	68.9	66.2	71.1	35.7	80.7	92.0	32.4	95.1	33.7	26.3	37.9	28.7	668.5
			同比（%）	-32.9	-43.5	-16.8	97.8	57.8	-24.6	160.7	-26.4	109.9	64.6	39.2	66.7	16.5
			环比（%）		-19.1	58.4	19.2	80.5	-45.5	21.8	-17.2	1.1	-38.9	21.9	-9.4	—

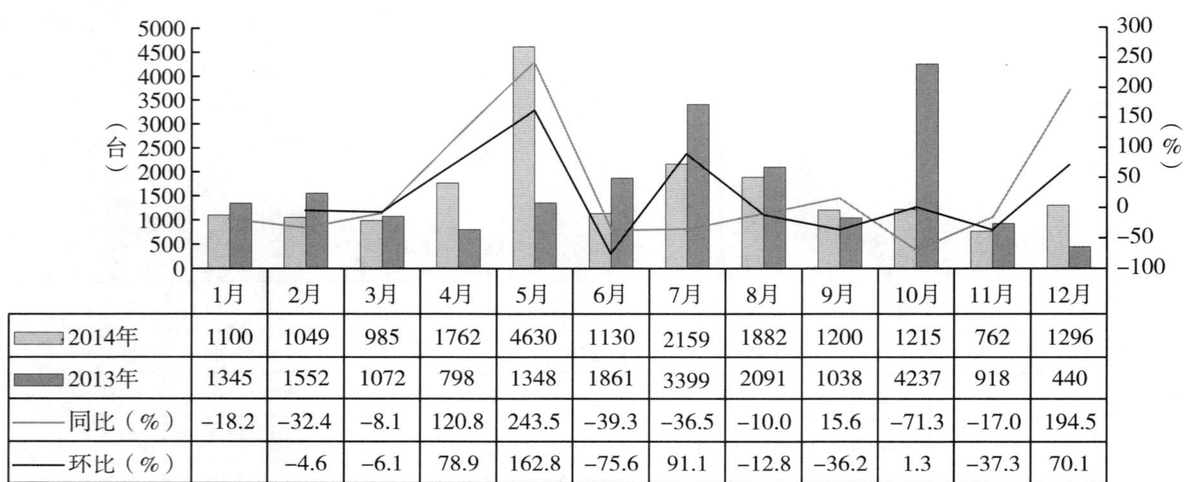

图 17　2014 年挤奶机出口量月度走势

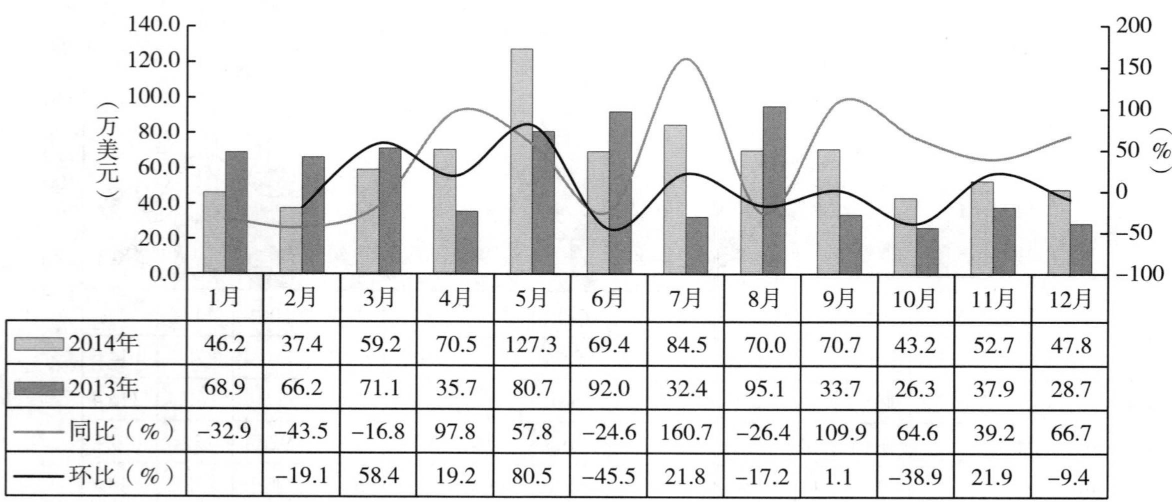

图 18　2014 年挤奶机出口金额月度走势

表 10　　2014 年农用自装或自卸挂车及半挂车月度出口数量一览表　　单位：台/万美元

序号	品类			1 月	2 月	3 月	4 月	5 月	6 月	7 月	8 月	9 月	10 月	11 月	12 月	累计
10	农用自装或自卸挂车及半挂车	出口数量	2014 年	1458	2118	1028	894	1385	960	930	1179	829	488	625	2939	14833
			2013 年	2038	1624	1854	1049	1693	655	1203	675	880	1370	1790	2150	16981
			同比（%）	-28. 5	30. 4	-44. 6	-14. 8	-18. 2	46. 6	-22. 7	74. 7	-5. 8	-64. 4	-65. 1	36. 7	-12. 6
			环比（%）		45. 3	-51. 5	-13. 0	54. 9	-30. 7	-3. 1	26. 8	-29. 7	-41. 1	28. 1	370. 2	—
		出口金额	2014 年	88. 5	43. 5	98. 3	94. 7	160. 4	85. 2	70. 3	73. 4	66. 1	69. 7	84. 8	80. 3	1015. 1
			2013 年	162. 2	116. 2	246. 1	57. 2	373. 5	56. 4	57. 9	276. 8	150. 4	131. 8	117. 8	114. 1	1860. 4
			同比（%）	-45. 4	-62. 6	-60. 1	65. 4	-57. 1	51. 1	21. 3	-73. 5	-56. 0	-47. 2	-28. 0	-29. 7	-45. 4
			环比（%）		-50. 9	126. 0	-3. 7	69. 5	-46. 9	-17. 5	4. 4	-9. 9	5. 4	21. 8	-5. 4	—

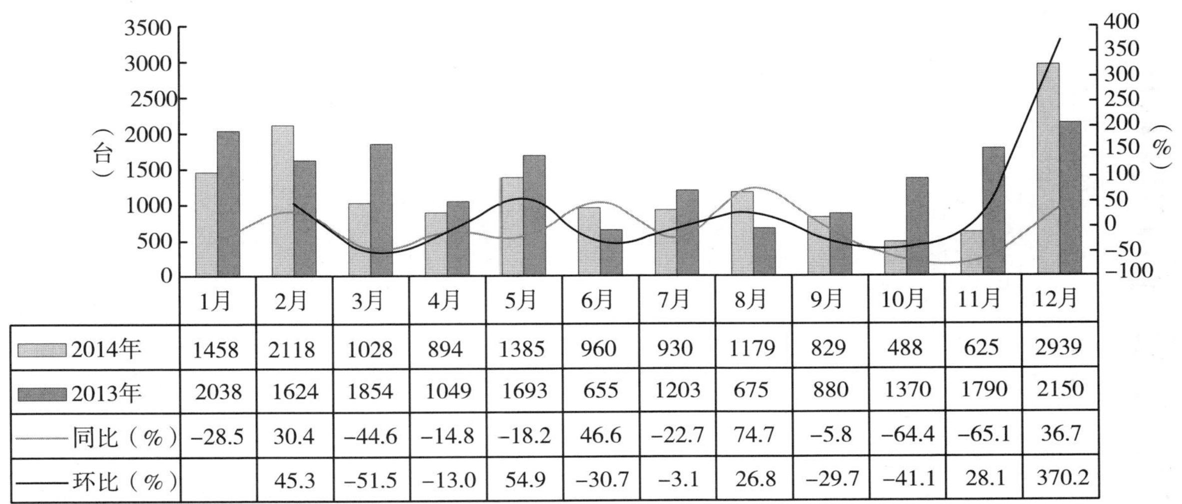

图 19　2014 年农用自装或自卸挂车及半挂车出口量月度走势

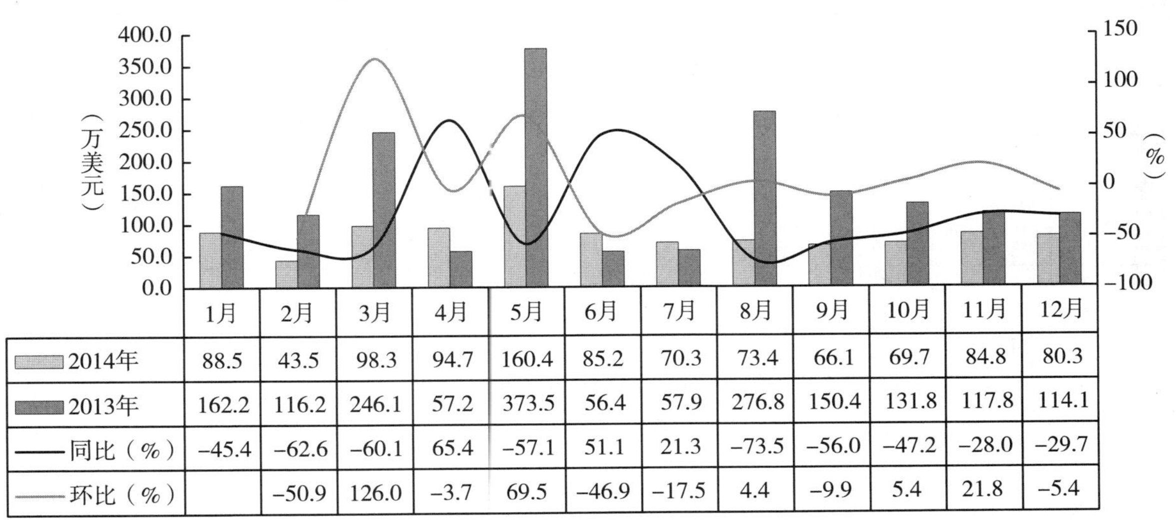

图 20　2014 年农用自装或自卸挂车及半挂车出口金额月度走势

2014 年 10 类农业机械商品出口主要市场一览表

表 1　　2014 年犁（出口量前 25 国）月度出口量一览表（一）　　单位：台

序号	国家（地区）	1 月	2 月	3 月	4 月	5 月	6 月	7 月	8 月	9 月	10 月	11 月	12 月	累计
1	缅甸	3388	1922	2550	3034	3670	6093	4246	3516	2815	4859	1761	1766	39620
2	乌克兰	6410	1390	3703	914	215	160	327	2136	325	408	345	2940	19273
3	美国	2582	2457	2533	310	292	345	6	62	59	1122	2710	3253	15731
4	俄罗斯联邦	906	1826	1128	1849	1152	400	876	275	572	6	388	1075	10453
5	柬埔寨	1300	1200	0	0	1847	294	935	3150	199	30	0	99	9054
6	安哥拉	3860	0	0	0	0	800	0	786	0	0	2575	508	8529
7	法国	1536	65	676	16	471	31	750	482	135	515	679	1808	7164
8	坦桑尼亚	393	108	68	938	3	88	3665	57	15	45	879	526	6785
9	加拿大	79	7	268	5	41	4008	18	25	7	22	513	242	5235
10	西班牙	739	40	1354	10	200	18	46	0	796	10	250	1714	5177
11	罗马尼亚	960	572	140	123	0	262	790	712	1	0	734	515	4809
12	土耳其		555	445	0	1430	0	0	1730	0	0	0	0	4160
13	英国	58	2139	220	0	1335	17	2	0	117	0	0	165	4053
14	日本	57	0	1000	498	482	0	1000	0	0	0	0	800	3837
15	立陶宛	46	200	405	955	710	230	311	0	0	30	105	439	3431
16	阿尔及利亚	385	60	0	210	316	224	282	2	210	529	526	580	3324
17	肯尼亚	56	0	1	8	6	104	1000	301	0	5	582	628	2691
18	吉尔吉斯斯坦	250	0	946	332	100	0	0	0	600	50	170	21	2469
19	孟加拉国		2000	0	0	2	0	3	0	0	0	0	0	2005
20	喀麦隆			10	1800	0	0	2	1	33	0	2	0	1848
21	巴拿马	5	2	0	0	0	1	5	1800	24	0	0	0	1837
22	波兰	404	0	0	0	52	21	529	0	0	0	1	708	1715
23	秘鲁	26	6	42	19	0	0	1273	65	25	24	30	3	1513
24	意大利	1058	0	250	1	120	4	6	36	0	36	0	1	1512
25	墨西哥	544	20	894	0	0	0	20	1	0	0	0	0	1479
其他（107 个国家或地区）		2235	1614	1581	2612	2638	1515	1152	2192	864	1216	1173	1657	20449
合计		27277	16183	18214	13634	15082	14615	17244	17329	6797	8907	13423	19448	188153

表 2　**2014 年犁（出口金额前 25 国）月度出口金额一览表（二）**　单位：万美元

序号	国家（地区）	1月	2月	3月	4月	5月	6月	7月	8月	9月	10月	11月	12月	累计
1	缅甸	66.5	23.2	39.1	49.5	68.3	96.9	72.8	67.3	74.7	59.4	25.9	38.1	681.6
2	美国	56.0	33.2	31.1	5.8	2.6	2.7	0.1	0.4	0.6	25.4	61.9	69.2	288.7
3	俄罗斯联邦	7.4	9.5	95.3	30.3	17.2	6.1	6.7	4.9	4.8	1.0	4.0	5.1	192.3
4	阿尔及利亚	19.9	3.3	0.0	9.9	16.9	12.5	16.1	0.1	10.9	28.0	26.5	32.9	176.8
5	埃塞俄比亚			11.7	91.9	0.0	0.0	0.0	0.0	0.0	0.0	0.0	0.0	103.6
6	法国	9.8	1.7	4.8	0.5	5.5	0.7	5.6	2.2	5.9	2.4	9.1	46.3	94.3
7	塔吉克斯坦		25.8	0.0	1.4	0.8	0.0	1.9	0.0	5.0	0.8	0.0	27.9	63.7
8	乌克兰	18.8	4.6	12.9	3.6	1.4	0.9	1.5	5.1	1.1	1.7	1.4	10.1	63.2
9	坦桑尼亚	3.5	2.0	0.6	4.5	0.1	1.1	15.7	1.3	0.5	2.6	8.6	6.4	46.9
10	柬埔寨	3.4	2.7	0.0	0.0	8.1	2.5	6.6	18.2	0.4	0.0	0.0	1.3	43.3
11	尼日尔	2.2	0.0	10.8	28.9	0.0	0.0	0.0	0.1	0.0	0.0	0.0	0.0	42.0
12	加拿大	2.4	0.2	6.0	0.6	0.4	7.3	1.0	0.4	0.3	0.3	12.5	6.9	38.2
13	安哥拉	15.6	0.0	0.0	0.0	0.0	3.0	0.0	4.5	0.0	0.0	12.0	1.9	37.1
14	西班牙	5.0	0.1	8.4	0.2	1.2	0.1	2.6	0.0	4.2	1.4	0.4	9.8	33.3
15	波兰	4.6	0.0	0.0	0.0	0.8	0.2	10.5	0.0	0.0	0.0	0.0	12.9	29.1
16	菲律宾	1.3	0.0	0.3	5.5	0.0	0.2	0.0	3.8	0.0	4.1	0.5	12.7	28.3
17	秘鲁	2.4	0.3	0.9	2.2	0.0	0.0	7.4	6.9	2.0	2.1	3.0	0.3	27.4
18	日本	0.2	0.0	9.7	4.6	4.9	0.0	4.6	0.0	0.0	0.0	0.0	2.5	26.4
19	尼日利亚	0.4	4.2	0.3	1.9	5.0	3.2	8.5	0.9	0.2	0.0	0.1	0.2	25.0
20	马来西亚	0.5	0.0	0.6	0.9	5.2	2.0	2.7	1.5	0.5	0.0	1.4	4.3	19.6
21	英国	3.1	4.4	4.4	0.0	2.8	1.2	0.0	0.0	1.8	0.0	0.0	0.8	18.5
22	阿富汗										16.4	0.0	0.0	16.4
23	比利时			1.8	0.0	3.4	0.0	1.2	0.1	0.1	0.0	0.0	9.7	16.2
24	罗马尼亚	3.7	0.6	1.8	1.2	0.0	1.7	3.5	1.4	0.0	0.0	0.7	0.5	15.1
25	喀麦隆			0.4	12.9	0.0	0.0	0.3	0.0	1.0	0.0	0.2	0.0	14.7
其他（107 个国家或地区）		42.1	17.2	28.1	20.4	50.4	23.6	22.9	33.9	14.3	22.4	16.3	17.7	309.4
合计		268.7	133.1	269.1	276.6	194.8	165.8	192.1	153.0	128.1	168.0	184.4	317.3	2451.1

表 3　**2014 年圆盘耙（出口量前 21 国）月度出口量一览表（一）**

单位：台

序号	国家（地区）	1 月	2 月	3 月	4 月	5 月	6 月	7 月	8 月	9 月	10 月	11 月	12 月	累计
1	缅甸	296	170	379	803	205	633	282	176	181	0	210	360	3695
2	苏丹				1	2750	0	0	0	0	0	0	0	2751
3	秘鲁	7	0	0	15	9	0	2410	3	6	0	2	0	2452
4	澳大利亚	78	0	541	790	14	15	0	53	52	29	0	20	1592
5	德国	200	0	0	0	0	24	0	0	0	1300	20	0	1544
6	埃塞俄比亚	1	0	199	951	0	0	0	0	0	0	0	0	1151
7	乌克兰	60	0	555	0	15	10	0	0	15	0	0	0	655
8	阿尔及利亚	160	0	0	118	27	44	12	155	0	0	62	32	610
9	尼日尔			164	0	400	0	0	0	0	0	0	0	564
10	南非	8	4	3	2	44	17	37	19	87	71	232	3	527
11	圭亚那			100	17	12	0	44	0	0	119	1	0	293
12	保加利亚	2	0	0	10	5	95	31	0	0	0	0	95	238
13	智利	28	0	0	0	2	19	20	52	0	3	2	2	128
14	俄罗斯联邦	12	3	23	18	18	1	7	10	19	5	1	0	117
15	乌拉圭		30	50	0	1	0	0	6	29	1	0	0	117
16	菲律宾	7	0	0	0	0	6	0	1	1	6	80	9	110
17	美国	1	0	63	4	0	0	0	25	0	0	0	12	105
18	巴西								3	0	0	0	84	87
19	柬埔寨				80	0	0	0	0	0	0	0	0	80
20	尼日利亚	3	0	0	0	0	2	65	2	3	0	0	1	76
21	厄瓜多尔						36	0	0	18	0	10	11	75
其他 67 个国家合计		96	56	66	18	41	54	93	90	54	58	36	41	703
合计		959	263	2143	2827	3543	956	3001	595	465	1592	656	670	17670

表 4　　2014 年圆盘耙（出口金额前 21 国）月度出口金额一览表（二）　　单位：万美元

序号	国家（地区）	1 月	2 月	3 月	4 月	5 月	6 月	7 月	8 月	9 月	10 月	11 月	12 月	累计
1	埃塞俄比亚	0.1	0.0	26.9	190.5	0.0	0.0	0.0	0.0	0.0	0.0	0.0	0.0	217.4
2	南非	0.7	2.1	3.6	4.0	16.7	18.8	11.4	15.2	7.6	6.4	30.8	3.2	120.4
3	缅甸	5.3	0.4	7.1	5.9	1.7	19.5	7.9	3.9	8.8	0.0	2.7	0.9	64.0
4	澳大利亚	11.3	0.0	4.8	8.6	0.9	2.1	0.0	7.0	7.3	3.5	0.0	8.0	53.3
5	阿尔及利亚	10.7	0.0	0.0	13.0	2.9	3.1	2.0	8.7	0.0	0.0	5.1	3.4	48.8
6	尼日尔			10.3	0.0	25.1	0.0	0.0	0.0	0.0	0.0	0.0	0.0	35.4
7	俄罗斯联邦	1.1	0.2	6.2	4.8	3.6	0.0	0.3	0.8	4.1	3.1	0.1	0.0	24.2
8	圭亚那			6.3	3.1	3.2	0.0	2.6	0.0	0.0	7.9	0.1	0.0	23.2
9	乌克兰	1.7	0.0	13.3	0.0	0.4	0.8	0.0	0.0	0.4	0.0	0.0	0.0	16.6
10	厄瓜多尔						10.9	0.0	0.0	1.8	0.0	1.5	1.0	15.3
11	乌拉圭		1.7	5.8	0.0	0.1	0.0	0.0	1.0	3.4	0.3	0.0	0.0	12.1
12	智利	5.9	0.0	0.0	0.0	0.3	0.9	1.3	1.6	0.0	0.3	0.4	0.1	10.7
13	保加利亚	0.4	0.0	0.0	0.4	0.2	3.9	1.1	0.0	0.0	0.0	0.0	3.4	9.3
14	尼日利亚	0.6	0.0	0.0	0.0	0.0	0.1	6.5	1.7	0.4	0.0	0.0	0.1	9.3
15	秘鲁	0.8	0.0	0.0	2.2	2.2	0.0	2.0	0.9	0.9	0.0	0.4	0.0	9.3
16	巴西								0.1	0.0	0.0	0.0	8.7	8.8
17	菲律宾	1.4	0.0	0.0	0.0	0.0	0.3	0.0	0.1	0.2	0.3	3.4	0.5	6.2
18	坦桑尼亚	0.1	3.8	0.4	0.0	0.0	0.0	0.4	0.0	0.1	0.2	0.0	0.4	5.3
19	毛里求斯			1.0	0.0	0.0	3.8	0.0	0.0	0.0	0.0	0.0	0.0	4.9
20	赞比亚			0.5	0.0	0.0	0.0	0.9	3.0	0.0	0.0	0.0	0.0	4.5
21	印度尼西亚			3.0	0.0	0.0	0.0	1.0	0.0	0.0	0.1	0.0	0.0	4.0
其他 67 个国家合计		5.2	2.8	3.1	2.4	7.7	8.3	7.8	9.0	3.1	5.7	5.0	5.2	65.2
合计		45.2	10.9	92.1	234.8	65.0	72.4	45.1	52.9	38.0	27.8	49.3	34.8	768.2

表 5　**2014 年施肥机（出口量前 21 国）月度出口量一览表（一）**　单位：台

序号	国家（地区）	1 月	2 月	3 月	4 月	5 月	6 月	7 月	8 月	9 月	10 月	11 月	12 月	累计
1	德国	3644	2432	0	0	1200	480	1528	1153	0	4	2676	2652	15769
2	法国	10000	0	0	0	0	0	902	0	0	0	0	0	10902
3	意大利	1170	540	540	1080	1270	0	0	0	0	1080	0	540	6220
4	日本	286	187	32	488	432	422	126	0	1	17	309	822	3122
5	丹麦			500	0	620	620	1210	0	0	0	0	0	2950
6	比利时					11	1230	0	0	0	0	590	641	2472
7	美国	1800	0	0	0	0	0	0	0	183	180	120	1	2284
8	波兰			1070	0	0	0	0	0	0	0	0	824	1894
9	荷兰						1200	0	0	500	0	0	0	1700
10	阿根廷				1150	0	0	0	490	0	0	0	0	1640
11	尼日利亚			4	1280	0	0	0	0	0	0	0	0	1284
12	澳大利亚	11	0	492	0	0	8	2	1	0	31	2	614	1161
13	南非			2	0	0	1	1065	1	0	0	2	0	1071
14	瑞典												846	846
15	哈萨克斯坦		702	1	0	0	0	0	0	0	0	0	0	703
16	爱尔兰				600	0	0	0	0	0	0	0	0	600
17	马来西亚			1	0	0	0	0	500	0	0	0	0	501
18	越南			300	0	0	0	0	0	0	0	0	0	300
19	肯尼亚								180	0	0	0	0	180
20	俄罗斯联邦	1	0	1	6	5	0	4	0	100	0	0	0	117
21	韩国	2	0	30	33	50	0	0	0	0	0	1	0	116
其他 38 个国家合计		18	10	4	145	4	13	10	57	35	90	100	41	527
合计		16932	3871	2977	4782	3592	3974	4847	2382	819	1402	3800	6981	56359

表 6　**2014 年施肥机（出口金额前 21 国）月度出口金额一览表（二）**　单位：万美元

序号	国家（地区）	1 月	2 月	3 月	4 月	5 月	6 月	7 月	8 月	9 月	10 月	11 月	12 月	累计
1	日本	17.5	9.7	1.4	1.0	1.5	11.5	15.6	0.0	0.9	0.9	18.1	46.3	124.5
2	韩国	0.6	0.0	10.3	11.1	7.1	0.0	0.0	0.0	0.0	0.0	0.5	0.0	29.5
3	美国	18.1	0.0	0.0	0.0	0.0	0.0	0.0	0.0	3.6	3.7	2.2	0.0	27.6
4	民主刚果										25.7	0.0	0.0	25.7
5	意大利	4.2	2.3	2.4	4.7	1.5	0.0	0.0	0.0	0.0	4.8	0.0	1.7	21.6
6	德国	3.3	2.3	0.0	0.0	1.6	0.9	1.9	2.4	0.0	0.2	2.9	3.8	19.3
7	澳大利亚	1.1	0.0	3.1	0.0	0.0	0.6	0.1	0.1	0.0	1.4	0.4	1.8	8.6
8	比利时					3.5	2.2	0.0	0.0	0.0	0.0	0.8	1.4	7.8
9	南非			0.8	0.0	0.0	1.1	2.1	0.5	0.0	0.0	2.7	0.0	7.2
10	安哥拉								6.2	0.0	0.0	0.0	0.0	6.2
11	塔吉克斯坦		4.2	0.0	0.0	0.0	0.0	0.0	0.0	0.0	0.0	0.0	0.0	4.2
12	丹麦			0.5	0.0	0.8	0.8	1.4	0.0	0.0	0.0	0.0	0.0	3.5
13	新西兰	0.1	0.0	0.0	0.0	0.0	0.6	0.0	0.0	0.8	0.0	0.9	1.1	3.4
14	俄罗斯联邦	0.1	0.0	0.2	0.6	0.5	0.0	0.4	0.0	0.9	0.0	0.0	0.0	2.8
15	波兰			1.4	0.0	0.0	0.0	0.0	0.0	0.0	0.0	0.0	1.1	2.4
16	荷兰						1.6	0.0	0.0	0.7	0.0	0.0	0.0	2.3
17	阿根廷				1.3	0.0	0.0	0.0	0.9	0.0	0.0	0.0	0.0	2.2
18	法国	1.0	0.0	0.0	0.0	0.0	0.0	1.0	0.0	0.0	0.0	0.0	0.0	2.0
19	尼日利亚			0.1	1.6	0.0	0.0	0.0	0.0	0.0	0.0	0.0	0.0	1.7
20	乌拉圭			1.4	0.0	0.0	0.0	0.0	0.0	0.0	0.0	0.0	0.0	1.5
21	贝宁	0.5	0.0	0.0	0.0	0.0	0.0	0.2	0.0	0.0	0.0	0.7	0.0	1.3
其他 38 个国家合计		0.9	3.1	2.1	1.9	0.1	0.0	0.7	1.3	0.9	0.1	0.6	1.0	12.7
合计		47.4	21.5	23.7	22.2	16.7	19.3	23.3	11.4	7.7	36.8	29.7	58.2	317.9

表 7　**2014 年联合收割机（出口量前 32 国）月度出口量一览表（一）**　单位：台

序号	国家（地区）	1 月	2 月	3 月	4 月	5 月	6 月	7 月	8 月	9 月	10 月	11 月	12 月	累计
1	伊朗	219	540	638	342	672	304	263	121	9	0	39	30	3177
2	菲律宾	213	219	144	43	81	215	284	264	146	33	131	429	2202
3	印度尼西亚	154	210	271	120	106	87	71	54	113	123	156	148	1613
4	缅甸	84	55	187	53	139	14	116	122	138	266	190	173	1537
5	越南	107	11	68	200	54	68	61	90	103	63	33	20	878
6	韩国				30	34	81	153	200	1	43	45	93	680
7	斯里兰卡	100	3	0	0	2	20	36	0	0	0	0	51	212
8	厄瓜多尔	6	0	27	24	47	0	3	36	0	12	1	12	168
9	秘鲁	8	0	6	4	17	40	22	0	16	6	1	29	149
10	阿拉伯联合酋长国	9	0	12	38	51	12	0	1	0	0	0	0	123
11	泰国		6	4	2	0	6	11	35	20	8	4	0	96
12	尼日利亚			2	10	10	0	0	52	0	0	3	0	77
13	坦桑尼亚	7	0	15	7	0	2	0	1	0	4	40	1	77
14	印度	3	0	4	0	11	1	1	0	0	35	0	2	57
15	俄罗斯联邦			2	1	0	1	6	8	13	9	0	0	40
16	吉尔吉斯斯坦					2	3	6	10	9	0	1	0	31
17	几内亚						1	30	0	0	0	0	0	31
18	阿尔及利亚				4	0	15	0	0	0	0	0	0	19
19	蒙古								15	2	0	0	0	17
20	日本		1	2	2	2	1	1	1	0	1	0	4	15
21	斐济					8	6	0	0	0	0	0	0	14
22	乌兹别克斯坦					8	2	0	1	2	0	0	0	13
23	美国			10	0	1	1	0	0	1	0	0	0	13
24	朝鲜								3	7	2	0	0	12

续 表

序号	国家（地区）	1月	2月	3月	4月	5月	6月	7月	8月	9月	10月	11月	12月	累计
25	肯尼亚							6	3	0	0	0	2	11
26	哥伦比亚						2	0	0	3	6	0	0	11
27	巴基斯坦								7	0	2	1	0	10
28	土库曼斯坦					10	0	0	0	0	0	0	0	10
29	加纳			8	0	0	0	0	0	0	0	0	1	9
30	马来西亚				7	0	0	0	0	0	1	0	0	8
31	萨尔瓦多				1	0	3	1	0	0	3	0	0	8
32	贝宁							2	0	0	4	0	0	6
	其他41个国家合计	7	6	12	10	24	8	6	6	2	10	4	2	97
	合计	917	1051	1412	898	1279	893	1079	1030	585	631	649	997	11421

表8　**2014年联合收割机（出口金额前32国）月度出口金额一览表（二）**

单位：万美元

序号	国家（地区）	1月	2月	3月	4月	5月	6月	7月	8月	9月	10月	11月	12月	累计
1	伊朗	342.0	675.7	857.1	460.9	866.0	411.7	351.8	157.3	12.9	0.0	49.1	47.0	4231.4
2	菲律宾	398.4	411.0	257.3	63.9	139.0	409.3	452.1	496.7	252.2	45.6	227.2	856.3	4009.0
3	印度尼西亚	227.7	323.8	382.2	161.1	106.9	138.2	88.0	81.5	155.5	175.4	263.9	220.4	2324.4
4	韩国				113.0	125.7	272.5	529.7	700.1	1.4	131.0	138.6	286.4	2298.2
5	缅甸	59.3	51.3	131.9	24.1	90.0	10.3	80.6	118.4	139.8	260.9	148.2	154.1	1268.9
6	越南	204.6	13.6	72.4	235.9	55.2	74.2	71.4	100.3	124.2	69.6	60.2	22.6	1104.2
7	俄罗斯联邦			4.4	2.9	0.0	5.4	20.1	31.6	215.0	206.4	0.0	0.0	485.8
8	斯里兰卡	152.4	2.2	0.0	0.0	3.9	34.8	30.2	0.0	0.0	0.0	0.0	52.5	276.0
9	秘鲁	9.8	0.0	4.8	5.9	21.1	58.9	31.2	0.0	26.0	6.1	1.5	37.3	202.6
10	厄瓜多尔	3.1	0.0	33.2	23.9	41.8	0.0	2.3	19.9	0.0	15.4	2.2	12.4	154.1
11	阿拉伯联合酋长国	10.6	0.0	14.3	49.4	62.8	11.4	0.0	0.5	0.0	0.0	0.0	0.0	148.9

续 表

序号	国家（地区）	1月	2月	3月	4月	5月	6月	7月	8月	9月	10月	11月	12月	累计
12	坦桑尼亚	9.4	0.0	27.9	10.2	0.0	3.8	0.0	1.1	0.0	0.8	89.6	0.7	143.3
13	泰国		7.1	4.5	4.5	0.0	3.9	18.7	57.2	27.8	5.5	5.9	0.0	134.9
14	蒙古								94.7	22.4	0.0	0.0	0.0	117.1
15	吉尔吉斯斯坦					3.8	6.9	15.6	15.9	9.3	0.0	1.5	0.0	52.9
16	尼日利亚			2.7	16.4	4.9	0.0	0.0	15.3	0.0	0.0	0.0	0.0	39.3
17	印度	0.8	0.0	3.1	0.0	3.7	0.3	6.0	0.0	0.0	20.8	0.0	0.4	35.1
18	日本		1.4	5.0	4.2	3.6	2.4	3.4	1.6	0.0	2.6	0.0	8.6	32.8
19	几内亚						1.2	29.0	0.0	0.0	0.0	0.0	0.0	30.2
20	安哥拉		19.8	0.0	0.0	0.0	0.0	0.0	2.0	0.0	0.0	0.0	0.0	21.8
21	哈萨克斯坦						3.7	0.0	0.0	13.3	0.0	0.0	0.0	17.0
22	朝鲜								2.9	10.2	2.6	0.0	0.0	15.6
23	利比亚					15.4	0.0	0.0	0.0	0.0	0.0	0.0	0.0	15.4
24	哥伦比亚						2.0	0.0	0.0	5.3	7.2	0.0	0.0	14.5
25	塔吉克斯坦					12.1	2.0	0.0	0.0	0.0	0.0	0.0	0.0	14.1
26	莫桑比克			12.8	0.0	0.0	0.0	0.0	0.0	0.0	0.0	0.0	0.0	12.8
27	肯尼亚							5.7	2.9	0.0	0.0	0.0	3.9	12.5
28	斐济					10.1	2.1	0.0	0.0	0.0	0.0	0.0	0.0	12.2
29	加纳			9.3	0.0	0.0	0.0	0.0	0.0	0.0	0.0	0.0	2.8	12.1
30	巴基斯坦								9.2	0.0	2.3	0.4	0.0	11.9
31	萨尔瓦多				1.4	0.0	4.7	1.8	0.0	0.0	3.8	0.0	0.0	11.7
32	巴西	4.9	0.0	0.0	0.0	0.0	0.0	0.0	0.0	0.0	0.0	5.0	0.0	9.9
	其他41个国家合计	4.5	7.7	12.1	31.1	13.0	11.2	10.9	9.5	1.1	10.8	6.9	0.8	119.5
	合计	1427.4	1513.5	1834.8	1208.7	1578.9	1470.8	1748.3	1918.2	1016.3	966.9	1000.2	1706.0	17390.0

表 9　**2014 年手扶拖拉机（出口量前 26 国）月度出口量一览表（一）**　单位：台

序号	国家（地区）	1 月	2 月	3 月	4 月	5 月	6 月	7 月	8 月	9 月	10 月	11 月	12 月	累计
1	孟加拉国	1655	854	1988	6271	7507	4760	4049	4578	6024	5546	7310	5026	55568
2	乌克兰	5388	939	2410	1492	1244	314	408	576	415	2192	155	2708	18241
3	印度	601	209	820	1430	1588	2467	953	640	609	263	292	434	10306
4	缅甸	240	0	415	480	587	1240	360	712	453	451	230	50	5218
5	朝鲜	360	59	121	136	245	410	111	162	145	209	369	659	2986
6	土耳其					1395	0	0	0	0	1	0	0	1396
7	秘鲁	90	55	0	269	143	28	0	130	12	267	292	68	1354
8	俄罗斯联邦	188	66	73	167	55	68	80	7	11	282	12	46	1055
9	马达加斯加	115	0	0	168	175	27	44	52	40	0	329	22	972
10	斯里兰卡	4	104	196	0	107	100	48	58	0	180	0	45	842
11	尼泊尔	189	32	60	0	120	54	90	0	114	60	60	0	779
12	厄瓜多尔	19	216	0	59	0	80	80	58	20	88	60	84	764
13	巴西	4	70	50	0	0	160	76	0	40	96	44	40	580
14	立陶宛	70	0	83	85	0	168	80	0	0	0	85	0	571
15	坦桑尼亚	1	45	28	60	8	89	12	48	2	28	1	136	458
16	尼日利亚	2	0	0	3	0	220	220	0	0	4	0	1	450
17	智利	30	34	40	11	68	0	5	0	232	0	0	0	420
18	西班牙	1	0	0	0	0	349	0	0	0	0	1	0	351
19	摩尔多瓦	75	211	0	0	0	50	3	0	0	0	0	0	339
20	白俄罗斯		128	45	0	0	0	0	0	80	0	0	0	253
21	柬埔寨				80	0	0	25	0	0	0	40	100	245
22	墨西哥	178	20	0	0	0	0	20	0	0	0	0	2	220
23	乌干达	78	0	0	0	0	0	0	46	0	50	21	0	195
24	马来西亚	20	0	30	48	15	0	10	0	0	34	0	0	157
25	玻利维亚			30	0	32	0	0	0	0	15	0	80	157
26	肯尼亚	24	0	0	17	8	6	14	12	0	0	48	12	141
	其他 72 个国家合计	276	243	135	187	168	188	188	34	149	152	94	143	1957
	合计	9608	3285	6524	10963	13465	10778	6876	7113	8346	9918	9443	9656	105975

表 10　**2014 年手扶拖拉机（出口金额前 26 国）月度出口金额一览表（二）**

单位：万美元

序号	国家（地区）	1 月	2 月	3 月	4 月	5 月	6 月	7 月	8 月	9 月	10 月	11 月	12 月	累计
1	孟加拉国	195.6	98.9	230.2	760.3	932.0	556.1	472.9	518.0	696.0	644.4	878.9	595.6	6578.7
2	印度	69.1	21.6	93.4	159.1	178.3	278.2	103.9	60.3	64.6	27.0	35.9	47.2	1138.5
3	乌克兰	238.2	47.5	112.3	81.6	56.9	23.6	22.0	44.4	20.0	127.6	7.3	111.1	892.6
4	缅甸	39.7	0.0	63.7	78.5	86.6	176.8	51.7	79.3	53.5	44.3	22.5	5.1	701.8
5	斯里兰卡	0.8	17.2	32.3	0.0	20.3	96.0	4.5	7.8	0.0	28.5	0.0	8.6	215.9
6	朝鲜	20.2	3.2	6.7	10.0	13.5	40.2	5.1	8.9	9.5	12.0	23.4	33.5	186.3
7	马达加斯加	11.4	0.0	0.0	11.8	14.3	2.0	4.8	5.2	2.9	0.0	33.8	1.6	87.8
8	尼泊尔	19.1	3.2	7.2	0.0	14.1	6.2	10.2	0.0	13.4	7.2	6.8	0.0	87.5
9	秘鲁	4.7	3.4	0.0	15.8	7.9	1.6	0.0	6.7	0.8	17.5	16.2	4.0	78.5
10	厄瓜多尔	1.4	20.7	0.0	6.1	0.0	7.4	9.4	4.6	2.0	8.9	5.6	9.8	75.8
11	俄罗斯联邦	12.2	3.7	5.7	12.9	3.1	5.3	4.9	0.5	1.0	16.6	0.6	3.1	69.5
12	巴西	0.3	7.3	4.6	0.0	0.0	20.8	8.7	0.0	3.8	12.0	5.1	4.6	67.1
13	土耳其					61.5	0.0	0.0	0.0	0.0	0.1	0.0	0.0	61.6
14	坦桑尼亚	0.2	5.8	2.7	5.6	1.2	9.0	1.3	5.3	0.2	3.0	0.1	16.7	51.0
15	尼日利亚	0.2	0.0	0.0	0.2	0.0	22.0	22.0	0.0	0.0	0.4	0.0	0.2	45.1
16	智利	4.0	4.6	3.8	1.8	8.7	0.0	0.5	0.0	20.6	0.0	0.0	0.0	44.0
17	立陶宛	4.6	0.0	5.0	4.1	0.0	10.4	3.8	0.0	0.0	0.0	5.6	0.0	33.5
18	马来西亚	2.9	0.0	5.1	5.2	1.9	0.0	0.9	0.0	0.0	6.2	0.0	0.0	22.3
19	柬埔寨				7.1	0.0	0.0	2.6	0.0	0.0	0.0	6.7	5.6	22.0
20	乌干达	6.2	0.0	0.0	0.0	0.0	0.0	0.0	4.6	0.0	4.9	3.7	0.0	19.4
21	摩尔多瓦	3.3	11.2	0.0	0.0	0.0	3.5	0.4	0.0	0.0	0.0	0.0	0.0	18.4
22	玻利维亚			3.5	0.0	3.9	0.0	0.0	0.0	0.0	1.8	0.0	7.7	16.9
23	泰国	7.0	0.0	0.0	0.0	0.0	0.0	0.0	0.0	0.0	7.1	0.0	0.0	14.2
24	肯尼亚	1.0	0.0	0.0	2.1	0.9	2.1	1.1	1.0	0.0	0.0	4.5	1.0	13.6
25	白俄罗斯		7.0	2.5	0.0	0.0	0.0	0.0	0.0	3.4	0.0	0.0	0.0	12.9
26	突尼斯		2.6	2.5	0.0	2.0	0.0	0.0	0.0	0.0	0.0	2.8	2.2	12.1
	其他 72 个国家合计	23.4	26.2	13.9	21.8	17.2	17.3	18.1	4.4	15.0	6.1	7.7	26.4	197.4
	合计	665.5	283.9	595.1	1184.0	1424.2	1278.3	748.7	750.8	906.7	975.8	1067.1	884.1	10764.1

表 11　　**2014 年轮式拖拉机（出口量前 52 国）月度出口量一览表（一）**　　单位：台

序号	国家（地区）	1 月	2 月	3 月	4 月	5 月	6 月	7 月	8 月	9 月	10 月	11 月	12 月	累计
1	乌克兰	1786	1909	2247	948	725	1519	883	945	239	1093	380	1295	13969
2	俄罗斯联邦	911	424	916	1203	1650	810	1356	706	746	500	565	500	10287
3	缅甸	261	284	133	520	706	871	514	957	573	509	528	214	6070
4	埃及	817	103	230	693	353	579	444	374	388	316	649	484	5430
5	阿尔及利亚	51	20	12	11	38	40	400	357	11	354	35	19	1348
6	立陶宛	54	110	175	18	16	244	289	7	31	153	83	162	1342
7	澳大利亚	107	66	127	86	143	69	159	146	79	57	102	99	1240
8	格鲁吉亚	187	45	23	20	42	10	93	136	40	32	31	55	714
9	马来西亚	77	25	67	68	43	41	50	64	63	79	82	19	678
10	伊朗	21	30	42	82	59	59	87	90	15	47	0	119	651
11	德国	44	63	84	39	35	59	77	26	86	103	16	6	638
12	乌兹别克斯坦	39	0	38	118	41	2	42	25	31	40	102	104	582
13	尼日尔			164	0	400	0	6	1	0	0	0	0	571
14	罗马尼亚	34	6	38	47	23	93	108	44	57	12	10	34	506
15	巴基斯坦	92	64	96	0	80	0	64	32	56	0	0	0	484
16	智利	65	6	12	61	41	35	19	74	42	35	68	20	478
17	印度尼西亚	68	4	30	23	32	36	108	50	36	53	16	15	471
18	土耳其	58	0	10	16	0	0	16	97	30	24	32	167	450
19	南非	77	0	14	19	0	20	22	56	101	0	89	48	446
20	巴西	123	0	88	27	55	31	43	7	13	3	9	37	436
21	阿富汗	22	0	0	0	0	95	0	0	0	0	0	310	427
22	泰国	51	18	56	28	38	35	7	21	30	53	42	8	387
23	菲律宾	27	40	17	27	20	49	18	17	42	16	41	72	386

续 表

序号	国家（地区）	1月	2月	3月	4月	5月	6月	7月	8月	9月	10月	11月	12月	累计
24	荷兰	32	0	32	80	21	20	34	45	12	44	31	15	366
25	白俄罗斯	20	52	50	0	0	0	0	4	125	42	0	45	338
26	英国	50	0	0	32	10	67	54	1	28	59	6	0	307
27	莫桑比克	10	16	28	33	34	19	48	31	39	9	19	13	299
28	朝鲜	21	1	16	26	34	17	5	26	69	1	52	9	277
29	美国			47	56	50	15	7	6	8	33	51	0	273
30	哈萨克斯坦	19	2	24	40	37	14	26	21	23	11	19	17	253
31	吉尔吉斯斯坦	15	4	38	85	10	16	35	13	11	4	6	14	251
32	蒙古	16	2	32	54	26	20	8	29	39	1	2	21	250
33	突尼斯	33	26	16	30	19	9	18	3	9	27	26	23	239
34	委内瑞拉								1	16	220	0	0	237
35	塞尔维亚	41	3	36	6	6	20	62	1	43	0	9	0	227
36	乌拉圭	21	0	28	23	3	44	16	13	0	14	0	63	225
37	塔吉克斯坦	4	18	2	8	54	6	26	3	34	22	39	2	218
38	阿根廷	15	0	6	99	0	0	75	0	0	0	6	0	201
39	斯洛文尼亚	17	0	36	16	38	8	36	8	4	16	16	2	197
40	匈牙利	13	0	31	12	29	4	24	14	21	24	0	18	190
41	秘鲁	17	6	31	1	7	14	7	33	15	28	23	5	187
42	芬兰	0	6	51	62	4	8	3	34	7	0	0	2	177
43	西班牙	22	9	6	8	16	12	28	9	33	2	16	13	174
44	斯里兰卡					1	50	0	0	0	13	100	0	164
45	摩尔多瓦	20	62	20	0	20	8	4	10	0	0	20	0	164
46	法国	13	4	1	0	2	32	3	11	0	3	15	78	162

续 表

序号	国家（地区）	1月	2月	3月	4月	5月	6月	7月	8月	9月	10月	11月	12月	累计
47	苏丹	3	0	0	76	0	31	0	0	44	0	0	0	154
48	阿尔巴尼亚				44	2	39	0	66	0	0	0	0	151
49	摩洛哥			6	0	48	1	0	65	16	0	0	1	137
50	尼日利亚	2	15	2	8	0	30	30	3	6	35	1	3	135
51	比利时	8	0	9	0	21	21	9	6	13	13	1	28	129
52	意大利	24	0	26	0	13	16	4	4	19	14	4	1	125
	其他103个国家合计	199	147	207	283	266	243	214	271	198	140	343	180	2691
	合计	5607	3590	5400	5136	5311	5481	5581	4963	3541	4254	3685	4340	56889

表12 **2014年轮式拖拉机（出口金额前52国）月度出口金额一览表（二）** 单位：万美元

序号	国家（地区）	1月	2月	3月	4月	5月	6月	7月	8月	9月	10月	11月	12月	累计
1	俄罗斯联邦	300.2	198.7	545.1	987.5	570.5	351.2	509.4	249.5	295.2	251.9	201.5	148.4	4609.0
2	乌克兰	613.7	347.9	493.2	175.4	196.1	448.7	364.6	303.3	89.0	293.7	55.9	273.1	3654.6
3	缅甸	112.2	90.2	84.2	201.5	287.9	389.0	229.7	459.6	341.8	283.2	239.5	94.7	2813.3
4	埃及	322.3	53.3	85.5	273.7	151.8	240.3	167.0	130.6	163.5	121.6	248.5	169.3	2127.3
5	澳大利亚	98.6	80.4	143.3	80.0	171.0	111.5	147.4	144.1	66.5	77.4	140.9	96.3	1357.3
6	阿尔及利亚	49.8	15.3	16.6	11.2	50.4	40.0	376.1	330.9	17.8	327.3	31.9	20.9	1288.2
7	马来西亚	108.9	23.4	76.1	76.5	67.0	61.1	67.3	76.3	76.0	96.3	134.7	30.4	893.9
8	印度尼西亚	66.3	5.1	72.7	59.1	86.6	94.3	178.0	106.3	32.8	113.7	12.9	22.0	849.7
9	南非	134.8	0.0	11.4	21.6	0.0	12.6	47.1	143.2	191.2	0.0	210.5	48.5	820.8
10	乌兹别克斯坦	70.5	0.0	16.6	164.5	69.2	1.6	35.1	11.1	16.6	47.6	118.8	201.3	752.8
11	尼日尔			230.1	0.0	490.9	0.0	7.4	1.7	0.0	0.0	0.0	0.0	730.1
12	菲律宾	60.0	44.1	27.7	44.6	26.4	85.8	31.7	25.2	105.2	24.3	71.4	164.3	710.6

续 表

序号	国家（地区）	1月	2月	3月	4月	5月	6月	7月	8月	9月	10月	11月	12月	累计
13	伊朗	20.7	15.4	24.2	53.4	41.1	56.5	68.7	98.4	35.8	38.9	0.0	69.2	522.4
14	德国	38.3	37.9	68.4	30.1	24.4	38.0	63.0	24.3	86.9	69.7	13.1	4.4	498.6
15	泰国	59.8	29.6	71.3	31.5	33.5	44.8	6.9	31.9	45.7	44.8	68.1	27.0	494.9
16	智利	64.4	15.7	13.6	58.3	47.7	22.4	12.7	114.0	20.2	22.6	51.2	30.3	473.1
17	莫桑比克	23.0	20.9	38.5	47.3	58.2	31.1	69.9	43.4	41.4	13.4	41.4	25.6	454.0
18	委内瑞拉								0.5	54.4	396.3	0.0	0.0	451.1
19	塔吉克斯坦	1.2	99.5	4.3	6.6	41.8	1.9	43.4	1.5	109.5	51.6	86.7	1.1	449.1
20	土耳其	42.3	0.0	7.4	8.3	0.0	0.0	14.9	61.2	29.6	21.9	26.7	236.7	449.0
21	罗马尼亚	21.1	6.5	26.2	37.4	17.6	95.0	96.7	38.6	32.3	12.1	6.6	20.1	410.1
22	蒙古	1.8	0.4	121.9	51.1	93.8	19.6	10.1	10.6	40.3	1.8	0.3	48.6	400.1
23	阿富汗	4.6	0.0	0.0	0.0	0.0	37.8	0.0	0.0	0.0	0.0	0.0	311.4	353.8
24	巴西	99.0	0.0	63.8	31.2	50.8	20.2	25.6	5.6	9.3	3.6	7.6	30.2	346.8
25	格鲁吉亚	66.8	21.8	13.0	13.8	19.0	5.5	47.0	70.8	14.8	13.4	10.2	36.6	332.5
26	立陶宛	26.8	12.7	31.4	16.9	15.2	86.6	62.1	2.7	13.2	24.5	8.5	24.1	324.7
27	荷兰	20.1	0.0	24.7	55.1	16.2	17.2	32.9	45.6	10.4	30.9	27.7	18.2	299.0
28	法国	13.4	4.9	2.7	0.0	2.3	18.6	7.3	6.8	0.0	2.4	8.2	216.1	282.5
29	突尼斯	36.9	26.8	15.6	32.9	22.6	11.7	18.4	3.9	9.5	22.4	35.6	36.8	273.0
30	吉尔吉斯斯坦	17.4	4.0	38.6	112.6	8.8	14.5	36.6	4.5	17.7	2.6	1.8	8.0	267.1
31	塞尔维亚	46.6	2.9	37.1	13.2	11.7	19.7	66.8	1.2	46.5	0.0	16.5	0.0	262.1
32	斯里兰卡					0.8	53.9	0.0	0.0	0.0	11.0	163.7	0.0	229.4
33	美国			38.5	46.0	46.5	13.1	6.1	8.0	6.2	25.1	28.5	0.0	217.9
34	苏丹	3.1	0.0	0.0	158.0	0.0	41.7	0.0	0.0	6.7	0.0	0.0	0.0	209.5

续 表

序号	国家（地区）	1月	2月	3月	4月	5月	6月	7月	8月	9月	10月	11月	12月	累计
35	柬埔寨			64.0	16.8	0.0	21.1	43.2	15.7	0.0	0.0	11.9	22.1	194.8
36	英国	30.6	0.0	0.0	20.9	7.6	40.3	33.2	0.9	13.6	32.2	5.3	0.0	184.6
37	乌拉圭	18.8	0.0	19.6	27.8	2.4	31.5	11.3	11.2	0.0	13.4	0.0	41.4	177.4
38	斯洛文尼亚	12.2	0.0	34.0	16.0	39.1	8.6	28.2	7.3	2.9	11.6	15.5	0.3	175.5
39	哥伦比亚				3.7	0.5	2.7	2.4	0.0	0.8	1.3	157.7	1.7	170.8
40	朝鲜	15.9	0.4	10.0	21.2	23.5	17.6	2.1	25.2	35.8	0.9	4.9	6.3	163.8
41	哈萨克斯坦	10.4	2.6	16.6	28.9	20.2	6.8	22.1	6.5	16.3	7.1	9.0	9.8	156.3
42	意大利	71.1	0.0	20.2	0.0	11.2	8.3	4.0	2.7	16.8	16.2	4.0	0.9	155.3
43	安哥拉	16.3	3.3	1.5	0.0	0.0	9.0	0.0	0.0	1.8	25.2	51.9	31.8	140.7
44	秘鲁	15.5	2.8	12.2	1.6	6.9	13.8	7.1	30.1	12.6	14.1	17.7	4.9	139.1
45	尼日利亚	2.9	15.1	1.4	6.4	0.0	28.9	27.2	1.7	5.6	44.4	0.8	4.1	138.4
46	摩洛哥			10.1	0.0	47.7	0.5	0.0	61.9	15.0	0.0	0.0	1.6	136.7
47	匈牙利	7.6	0.0	17.2	7.8	18.6	3.4	23.4	17.1	12.6	16.4	0.0	8.1	132.3
48	巴拉圭			0.9	38.7	0.4	21.7	0.0	14.9	4.3	21.9	10.6	11.7	125.1
49	巴基斯坦	25.8	12.2	17.5	0.0	14.2	0.0	12.0	5.5	34.7	0.0	0.0	0.0	121.8
50	西班牙	15.1	6.3	3.4	6.3	13.1	10.6	17.1	4.8	22.1	3.7	10.5	7.1	120.0
51	巴布亚新几内亚	8.6	4.3	7.8	5.0	25.1	19.7	9.8	11.9	5.3	6.0	8.2	0.0	111.6
52	坦桑尼亚	6.5	29.3	0.0	2.7	2.8	17.8	3.9	0.8	4.4	7.8	7.2	21.0	104.2
	其他103个国家合计	301.8	166.0	199.8	262.0	235.4	270.6	191.1	340.1	181.6	99.5	229.6	171.0	2648.6
	合计	3103.4	1399.7	2879.6	3365.1	3188.3	3018.4	3288.1	3113.3	2412.1	2767.0	2613.2	2757.2	33905.4

表 13　2014 年根茎或块茎收获机（出口量前 20 国）月度出口量一览表（一）

单位：台

序号	国家（地区）	1 月	2 月	3 月	4 月	5 月	6 月	7 月	8 月	9 月	10 月	11 月	12 月	累计
1	俄罗斯联邦	97	49	133	165	129	153	161	243	22	40	40	61	1293
2	乌克兰		45	36	0	160	12	0	0	0	0	0	0	253
3	朝鲜						215	0	0	0	0	0	0	215
4	立陶宛			25	0	0	0	40	0	0	5	15	4	89
5	白俄罗斯			9	0	0	0	0	3	65	0	0	0	77
6	阿尔及利亚					25	0	0	0	12	0	0	0	37
7	波兰	9	0	0	0	18	0	0	0	6	0	0	0	33
8	西班牙							9	0	0	18	0	0	27
9	智利	3	0	16	0	1	0	0	0	0	6	0	1	27
10	阿尔巴尼亚		2	5	17	0	0	0	0	0	0	0	0	24
11	比利时												20	20
12	美国	8	0	0	3	1	0	0	2	1	1	0	1	17
13	摩洛哥					4	10	0	0	0	0	0	0	14
14	法国							6	6	0	0	2	0	14
15	希腊				1	1	0	6	0	0	0	5	0	13
16	匈牙利		2	2	3	0	0	0	0	0	6	0	0	13
17	民主刚果				10	0	0	0	0	0	0	0	0	10
18	哈萨克斯坦					3	0	1	0	0	0	0	5	9
19	德国				9	0	0	0	0	0	0	0	0	9
20	意大利										9	0	0	9
	其他 38 个国家合计	5	0	8	17	10	8	15	17	13	2	7	5	107
	合计	122	98	234	225	352	398	238	271	119	87	69	97	2310

表 14　2014 年根茎或块茎收获机（出口金额前 20 国）月度出口金额一览表（二）　单位：万美元

序号	国家（地区）	1 月	2 月	3 月	4 月	5 月	6 月	7 月	8 月	9 月	10 月	11 月	12 月	累计
1	俄罗斯联邦	4.7	1.4	2.9	7.6	8.0	6.7	6.4	10.0	0.8	1.8	1.3	2.7	54.3
2	印度						11.5	0.0	0.0	0.0	0.0	0.0	0.0	11.5
3	朝鲜						11.0	0.0	0.0	0.0	0.0	0.0	0.0	11.0
4	乌克兰		1.1	1.0	0.0	4.0	0.4	0.0	0.0	0.0	0.0	0.0	0.0	6.5
5	韩国								6.1	0.0	0.0	0.0	0.0	6.1
6	立陶宛			0.8	0.0	0.0	0.0	3.4	0.0	0.0	0.2	0.5	0.1	4.9
7	哈萨克斯坦					0.2	0.0	3.7	0.0	0.0	0.0	0.0	0.2	4.1
8	法国							0.2	0.3	0.0	0.0	2.8	0.0	3.3
9	阿尔及利亚					2.1	0.0	0.0	0.0	1.0	0.0	0.0	0.0	3.1
10	日本	0.6	0.0	0.0	2.5	0.0	0.0	0.0	0.0	0.0	0.0	0.0	0.0	3.0
11	智利	1.2	0.0	1.2	0.0	0.0	0.0	0.0	0.0	0.0	0.4	0.0	0.1	2.9
12	台湾省			2.4	0.2	0.0	0.0	0.0	0.0	0.0	0.0	0.0	0.0	2.7
13	白俄罗斯			0.3	0.0	0.0	0.0	0.0	0.1	2.1	0.0	0.0	0.0	2.5
14	西班牙							0.8	0.0	0.0	1.3	0.0	0.0	2.0
15	泰国			0.4	0.0	0.0	0.0	0.1	0.0	0.0	0.0	1.2	0.1	1.8
16	越南					0.3	0.0	0.1	0.0	0.0	0.0	1.3	0.0	1.7
17	阿尔巴尼亚		0.1	0.3	1.2	0.0	0.0	0.0	0.0	0.0	0.0	0.0	0.0	1.6
18	缅甸				1.3	0.0	0.2	0.0	0.0	0.0	0.0	0.0	0.0	1.5
19	美国	0.4	0.0	0.0	0.3	0.3	0.0	0.0	0.2	0.0	0.1	0.0	0.1	1.2
20	民主刚果				1.2	0.0	0.0	0.0	0.0	0.0	0.0	0.0	0.0	1.2
	其他 38 个国家合计	1.1	0.1	1.7	1.1	1.6	1.1	1.0	1.6	1.2	0.7	0.5	0.8	12.4
	合计	7.9	2.7	11.0	15.4	16.4	30.9	15.6	18.2	5.1	4.4	7.6	4.0	139.1

表 15　　**2014 年水稻插秧机（出口量前 15 国）月度出口量一览表（一）**　　单位：台

序号	国家（地区）	1 月	2 月	3 月	4 月	5 月	6 月	7 月	8 月	9 月	10 月	11 月	12 月	累计
1	印度	38	34	467	124	383	123	368	21	20	366	170	18	2132
2	泰国	212	236	176	230	48	44	0	0	40	28	28	202	1244
3	印度尼西亚	8	218	240	0	2	52	3	38	0	0	74	114	749
4	越南	32	33	0	12	142	0	7	0	40	8	133	41	448
5	韩国	74	24	225	54	28	0	0	0	0	4	8	12	429
6	缅甸					118	0	5	270	0	0	0	16	409
7	朝鲜	100	2	67	11	130	2	0	0	0	2	0	4	318
8	日本	40	44	40	78	1	3	2	2	0	0	0	0	210
9	菲律宾	1	32	16	8	21	9	33	32	9	0	0	0	161
10	伊朗	56	66	8	4	17	0	0	0	0	0	2	0	153
11	尼日利亚	1	0	0	0	0	0	115	9	0	0	0	0	125
12	阿富汗											100	0	100
13	马来西亚							8	4	4	11	0	0	27
14	斯里兰卡						20	0	0	0	0	1	0	21
15	厄瓜多尔				2	14	0	0	0	0	0	0	0	16
	其他 23 个国家合计	11	14	3	10	2	17	11	10	14	4	12	6	114
	合计	573	703	1242	533	906	270	552	386	127	423	528	413	6656

表 16　　**2014 年水稻插秧机（出口金额前 15 国）月度出口金额一览表（二）**　　单位：万美元

序号	国家（地区）	1 月	2 月	3 月	4 月	5 月	6 月	7 月	8 月	9 月	10 月	11 月	12 月	累计
1	泰国	73.3	121.3	69.9	88.2	18.6	43.0	0.0	0.0	38.8	27.4	27.1	73.0	580.6
2	印度	30.9	7.2	112.0	44.2	62.4	70.1	97.0	6.6	6.4	65.9	38.9	3.2	544.9
3	韩国	72.8	24.9	243.3	74.4	4.9	0.0	0.0	0.0	0.0	4.2	8.5	12.7	445.8

续 表

序号	国家（地区）	1月	2月	3月	4月	5月	6月	7月	8月	9月	10月	11月	12月	累计
4	印度尼西亚	2.0	53.0	56.9	0.0	2.5	10.3	0.9	4.5	0.0	0.0	19.1	26.6	175.6
5	阿富汗											141.1	0.0	141.1
6	越南	27.4	5.4	0.0	11.3	31.1	0.0	1.4	0.0	8.6	7.6	38.7	8.8	140.4
7	伊朗	12.9	20.7	8.9	4.6	11.0	0.0	0.0	0.0	0.0	0.0	2.2	0.0	60.2
8	朝鲜	13.2	0.3	9.2	1.4	17.2	0.8	0.0	0.0	0.0	2.2	0.0	0.6	44.8
9	日本	6.5	5.8	5.3	9.2	1.2	4.4	3.3	2.6	0.0	0.0	0.0	0.0	38.3
10	菲律宾	0.2	7.4	3.7	2.3	3.8	1.0	7.5	7.3	2.6	0.0	0.0	0.0	35.8
11	缅甸					1.9	0.0	0.1	3.5	0.0	0.0	0.0	18.3	23.8
12	斯里兰卡						19.9	0.0	0.0	0.0	0.0	0.3	0.0	20.2
13	马来西亚							8.3	4.1	4.1	0.2	0.0	0.0	16.7
14	尼日利亚	0.3	0.0	0.0	0.0	0.0	0.0	7.6	1.4	0.0	0.0	0.0	0.0	9.2
15	东帝汶	4.3	0.0	0.0	0.0	0.0	0.0	0.0	0.0	0.0	0.0	0.0	0.0	4.3
	其他23个国家合计	1.8	3.5	1.1	0.5	3.0	5.0	0.6	0.3	2.6	2.8	2.5	1.4	24.8
	合计	245.4	249.4	510.3	236.0	157.5	154.6	126.6	30.2	63.1	110.4	278.4	144.6	2306.4

表17　　2014年挤奶机（出口量前18国）月度出口量一览表（一）

单位：台

序号	国家（地区）	1月	2月	3月	4月	5月	6月	7月	8月	9月	10月	11月	12月	累计
1	俄罗斯联邦	636	640	241	1099	1948	570	1520	1374	508	407	0	809	9752
2	印度	26	0	444	0	493	312	0	155	98	456	44	0	2028
3	荷兰					1600	0	0	0	0	0	0	0	1600
4	德国	31	71	46	211	58	10	12	2	125	67	141	0	774
5	巴西					240	0	240	2	240	0	0	0	722
6	秘鲁	98	0	109	90	0	0	0	68	27	0	0	315	707

续 表

序号	国家（地区）	1月	2月	3月	4月	5月	6月	7月	8月	9月	10月	11月	12月	累计
7	哥伦比亚	102	6	0	102	0	1	174	3	25	1	2	8	424
8	越南	56	0	3	56	20	0	57	1	59	10	12	10	284
9	肯尼亚				10	40	0	0	1	0	0	147	30	228
10	智利	12	0	60	0	0	20	0	0	61	60	5	3	221
11	泰国				81	0	136	0	0	1	0	0	0	218
12	阿尔巴尼亚		140	0	10	0	0	0	0	0	0	0	0	150
13	澳大利亚				2	0	0	30	20	0	12	68	10	142
14	芬兰										140	0	0	140
15	格鲁吉亚								120	0	4	0	0	124
16	亚美尼亚		120	0	0	0	0	0	0	0	0	0	0	120
17	新西兰		3	0	0	20	0	61	4	20	0	1	0	109
18	斯里兰卡		4	2	0	0	0	20	0	5	20	30	25	106
	其他61个国家合计	139	65	80	101	211	81	45	132	31	38	312	86	1321
	合计	1100	1049	985	1762	4630	1130	2159	1882	1200	1215	762	1296	19170

表18 **2014年挤奶机（出口金额前18国）月度出口金额一览表（二）**

单位：万美元

序号	国家（地区）	1月	2月	3月	4月	5月	6月	7月	8月	9月	10月	11月	12月	合计
1	俄罗斯联邦	9.9	10.0	5.8	23.2	33.1	10.8	26.9	29.1	8.3	7.0	0.0	16.2	180.4
2	印度	4.3	0.0	37.2	0.0	34.9	17.5	0.0	12.2	14.2	16.5	1.1	0.0	137.9
3	巴西					24.8	0.0	24.8	0.1	24.8	0.0	0.0	0.0	74.4
4	德国	1.3	3.2	2.4	13.9	3.5	0.7	1.0	0.1	10.0	5.0	11.3	0.0	52.2
5	哥伦比亚	9.5	0.2	0.0	10.1	0.0	0.1	19.4	0.2	0.6	3.8	0.2	0.8	44.8
6	秘鲁	6.4	0.0	6.5	5.9	0.0	0.0	0.0	3.3	1.0	0.0	0.0	20.2	43.3
7	蒙古			0.0	0.0	0.0	23.6	0.0	0.1	0.0	0.0	15.2	0.0	39.0

续 表

序号	国家（地区）	1月	2月	3月	4月	5月	6月	7月	8月	9月	10月	11月	12月	合计
8	越南	4.0	0.0	0.4	3.9	0.5	0.0	4.1	0.1	4.2	0.7	0.6	0.7	19.1
9	乌拉圭		6.2	0.0	0.0	12.4	0.4	0.0	0.0	0.0	0.0	0.0	0.0	18.9
10	泰国				5.8	0.0	10.9	0.0	0.0	0.0	0.0	0.0	0.0	16.6
11	智利	0.9	0.0	4.7	0.0	0.0	0.6	0.0	0.0	4.8	4.7	0.3	0.2	16.2
12	格鲁吉亚								9.6	0.0	0.3	0.0	0.0	9.9
13	亚美尼亚		9.8	0.0	0.0	0.0	0.0	0.0	0.0	0.0	0.0	0.0	0.0	9.8
14	乌兹别克斯坦					1.3	1.5	0.2	6.3	0.0	0.0	0.0	0.0	9.2
15	墨西哥	0.1	0.0	0.1	0.0	5.0	0.0	0.0	0.8	0.0	0.0	0.5	0.0	6.5
16	斯里兰卡		0.1	0.1	0.0	0.0	0.0	2.8	0.0	0.3	0.6	0.9	1.1	5.9
17	巴基斯坦						0.1	0.0	5.6	0.1	0.0	0.0	0.0	5.9
18	黎巴嫩	5.6	0.0	0.0	0.0	0.0	0.0	0.0	0.0	0.0	0.0	0.0	0.0	5.6
	其他61个国家合计	4.1	7.9	2.0	7.6	11.9	3.3	5.2	2.7	2.4	4.6	22.9	8.6	83.3
	合计	46.2	37.4	59.2	70.5	127.3	69.4	84.5	70.0	70.7	43.2	52.7	47.8	778.8

表19　2014年农用自装或自卸挂车及半挂车（出口量前25国）月度出口量一览表（一）

单位：台

序号	国家（地区）	1月	2月	3月	4月	5月	6月	7月	8月	9月	10月	11月	12月	累计
1	墨西哥	160	0	0	0	0	0	0	502	0	0	160	1480	2302
2	美国	1	902	198	0	0	0	0	0	0	0	0	880	1981
3	乌克兰	10	290	190	120	100	70	150	100	118	110	0	0	1258
4	朝鲜	43	2	8	17	74	179	122	73	17	78	78	51	742
5	泰国	136	3	68	66	66	66	0	106	70	70	70	0	721
6	罗马尼亚				150	123	0	227	1	0	17	0	200	718
7	保加利亚	400	0	0	0	90	170	0	0	0	0	0	4	664
8	俄罗斯联邦	71	10	34	99	141	37	26	8	96	5	16	67	610

续 表

序号	国家（地区）	1月	2月	3月	4月	5月	6月	7月	8月	9月	10月	11月	12月	累计
9	尼日尔			164	108	292	0	0	0	0	0	0	0	564
10	丹麦		529	0	4	0	0	0	0	0	0	0	0	533
11	土耳其	350	0	0	0	0	0	0	0	0	0	0	0	350
12	坦桑尼亚	2	0	10	0	18	0	35	58	75	36	49	5	288
13	南非	18	0	1	25	40	0	10	110	0	40	5	28	277
14	巴西		210	17	0	0	0	0	5	0	0	4	4	240
15	菲律宾	10	0	60	0	0	40	0	0	0	11	0	74	195
16	白俄罗斯			20	80	0	0	0	0	90	0	0	0	190
17	缅甸	43	0	0	0	4	22	0	23	65	0	17	13	187
18	意大利	8	0	8	0	82	0	14	10	24	0	10	0	156
19	老挝	60	0	32	0	62	0	0	0	0	1	0	0	155
20	尼日利亚	2	0	0	2	0	4	112	1	6	0	15	1	143
21	莫桑比克	24	17	2	0	0	44	4	0	0	30	6	0	127
22	荷兰				32	8	0	0	20	50	0	4	11	125
23	科特迪瓦共和国	16	0	0	5	42	0	50	0	1	0	10	0	124
24	阿尔巴尼亚				12	73	0	0	30	5	0	0	0	120
25	智利	2	50	0	2	43	6	7	0	10	0	0	0	120
	其他82个国家合计	102	105	216	172	127	322	173	132	202	90	181	121	1943
	合计	1458	2118	1028	894	1385	960	930	1179	829	488	625	2939	14833

表20　2014年农用自装或自卸挂车及半挂车（出口金额前25国）月度出口金额一览表（二）

单位：万美元

序号	国家（地区）	1月	2月	3月	4月	5月	6月	7月	8月	9月	10月	11月	12月	累计
1	尼日尔			52.2	34.4	92.9	0.0	0.0	0.0	0.0	0.0	0.0	0.0	179.5
2	莫桑比克	31.9	9.9	0.7	0.0	0.0	15.2	2.7	0.0	0.0	2.4	1.3	0.0	64.1
3	坦桑尼亚	2.5	0.0	0.6	0.0	19.7	0.0	3.4	3.4	4.6	22.6	3.2	2.5	62.6

续 表

序号	国家（地区）	1月	2月	3月	4月	5月	6月	7月	8月	9月	10月	11月	12月	累计
4	墨西哥	5.6	0.0	0.0	0.0	0.0	0.0	0.0	8.4	0.0	0.0	5.8	32.3	52.0
5	塞内加尔	0.2	0.0	0.0	0.0	0.0	2.0	0.3	0.0	1.2	0.0	38.3	0.9	42.9
6	朝鲜	1.1	0.1	0.4	3.3	1.7	18.4	4.8	6.0	1.0	1.7	1.8	1.2	41.3
7	南非	3.4	0.0	0.2	2.9	6.2	0.0	1.8	14.3	0.0	6.1	0.8	3.4	39.1
8	乌克兰	0.8	6.0	10.2	1.8	3.1	4.1	3.7	1.9	5.8	1.7	0.0	0.0	39.0
9	俄罗斯联邦	1.9	0.9	7.9	6.2	4.9	1.8	3.9	0.9	4.8	0.5	0.6	1.1	35.4
10	罗马尼亚				2.9	4.1	0.0	6.6	0.1	0.0	6.1	0.0	5.4	25.2
11	尼日利亚	0.9	0.0	0.0	0.1	0.0	2.0	20.2	0.0	0.9	0.0	0.3	0.5	25.0
12	泰国	3.6	1.2	1.8	1.8	1.8	1.8	0.0	4.3	1.9	1.9	1.9	0.0	21.8
13	巴布亚新几内亚	1.7	0.0	0.8	0.5	1.4	5.8	0.0	0.0	10.5	1.0	0.0	0.0	21.6
14	美国	0.1	8.8	1.9	0.0	0.0	0.0	0.0	0.0	0.0	0.0	0.0	9.0	19.8
15	缅甸	6.9	0.0	0.0	0.0	0.3	2.6	0.0	3.2	2.2	0.0	1.3	0.8	17.4
16	塔吉克斯坦								9.0	5.6	2.3	0.0	0.0	16.9
17	马里	0.3	0.0	0.0	14.3	0.0	0.0	0.6	0.0	0.0	0.0	0.0	0.3	15.5
18	安哥拉	0.4	0.0	0.0	0.0	1.4	0.0	0.7	0.0	0.0	6.2	6.1	0.0	14.8
19	荷兰				2.5	0.7	0.0	0.0	1.5	7.4	0.0	0.1	0.9	13.0
20	澳大利亚	0.4	0.0	0.3	0.4	0.0	0.4	0.1	0.0	0.3	1.6	7.8	1.6	13.0
21	菲律宾	1.0	0.0	2.8	0.0	0.0	1.8	0.0	0.0	0.0	1.1	0.0	5.6	12.3
22	意大利	0.7	0.0	0.6	0.0	4.8	0.0	1.1	0.8	1.9	0.0	0.5	0.0	10.5
23	保加利亚	6.0	0.0	0.0	0.0	1.7	2.5	0.0	0.0	0.0	0.0	0.0	0.2	10.3
24	老挝	3.6	0.0	1.9	0.0	3.7	0.0	0.0	0.0	0.0	0.0	0.0	0.0	9.3
25	蒙古						5.9	0.0	1.6	1.6	0.0	0.0	0.0	9.2
	其他82个国家合计	15.6	16.6	16.0	23.6	12.0	21.0	20.3	17.9	16.6	14.6	15.1	14.7	204.0
	合计	88.5	43.5	98.3	94.7	160.4	85.2	70.3	73.4	66.1	69.7	84.8	80.3	1015.1

2014 年主要农机产品价格指数走势

序号	品类	1 月	2 月	3 月	4 月	5 月	6 月	7 月	8 月	9 月	10 月	11 月	12 月
1	拖拉机制造	100. 50	100. 30	100. 23	100. 16	99. 92	100. 07	100. 11	100. 32	100. 31	100. 33	100. 29	100. 16
2	大型拖拉机	100. 03	100. 10	100. 10	100. 10	100. 10	100. 10	100. 10	100. 08	100. 08	100. 10	100. 07	100. 07
3	中型拖拉机	100. 27	100. 26	100. 35	100. 22	99. 92	99. 90	99. 86	100. 09	100. 11	100. 15	100. 10	100. 12
4	小型拖拉机	100. 85	100. 45	100. 16	100. 00	99. 75	100. 08	100. 21	100. 53	100. 46	100. 43	100. 35	100. 12
5	农作物收获机械	100. 02	100. 24	100. 28	100. 16	100. 10	100. 04	100. 08	100. 11	99. 56	99. 86	99. 95	99. 99
6	场上作业机械	102. 41	98. 70	96. 84	96. 24	93. 50	87. 07	86. 20	85. 66	85. 60	82. 63	85. 57	85. 71
7	饲料生产专用设备	100. 28	100. 42	97. 77	99. 05	98. 84	102. 19	101. 98	102. 83	103. 09	102. 00	100. 07	99. 66
8	畜牧机械制造	97. 76	97. 87	97. 91	97. 89	97. 79	97. 79	98. 57	98. 53	98. 94	98. 97	100. 20	100. 24
9	渔业机械制造	100. 19	100. 11	99. 94	99. 91	99. 85	99. 87	99. 86	99. 77	99. 79	99. 74	99. 70	99. 79
10	棉花加工机械制造	99. 55	100. 39	100. 59	100. 35	100. 36	100. 02	100. 05	99. 97	100. 04	99. 98	99. 66	99. 58

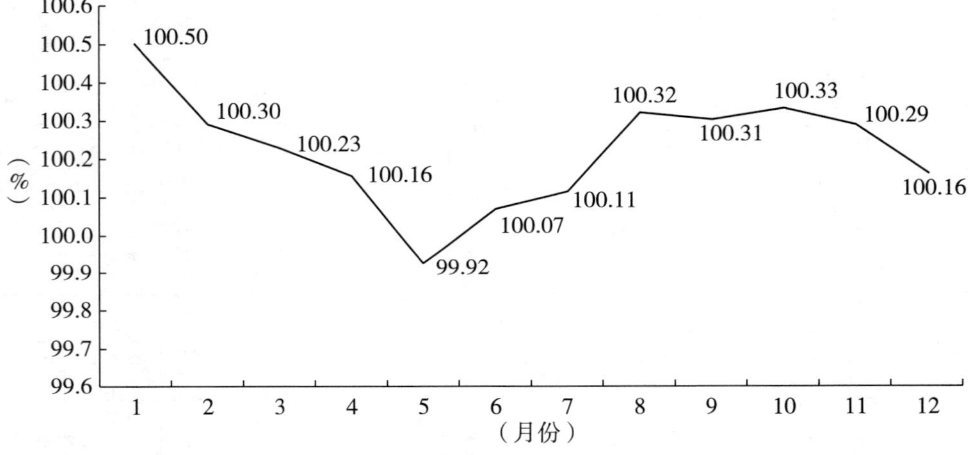

图 1　2014 年拖拉机制造业价格指数月度走势

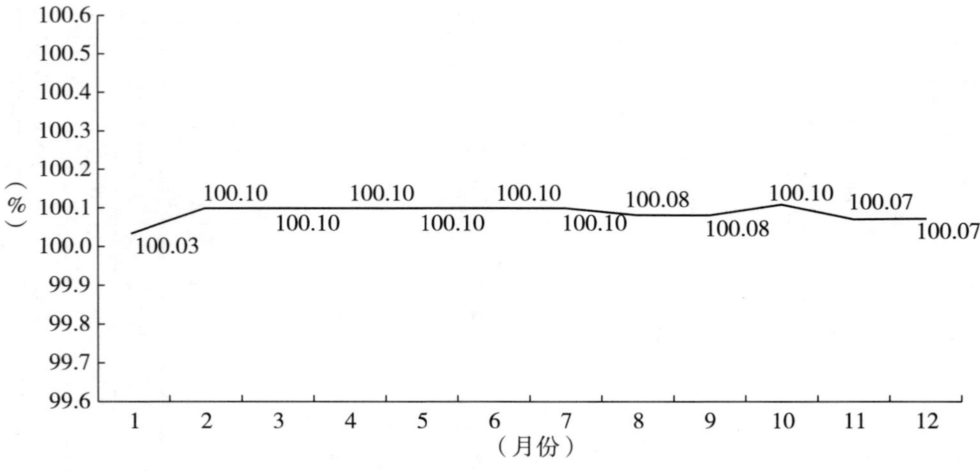

图 2　2014 年大型拖拉机价格指数月度走势

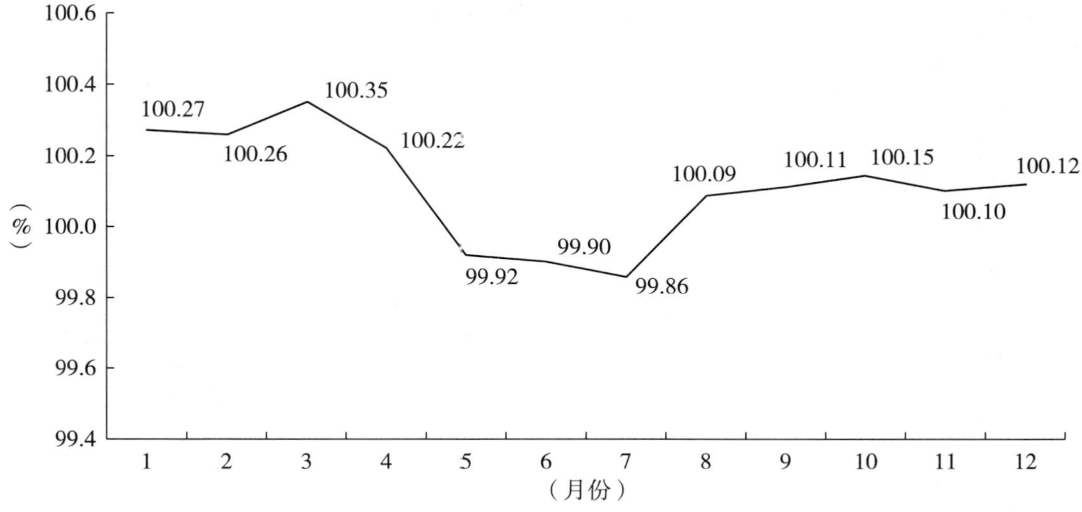

图 3　2014 年中型拖拉机价格指数月度走势

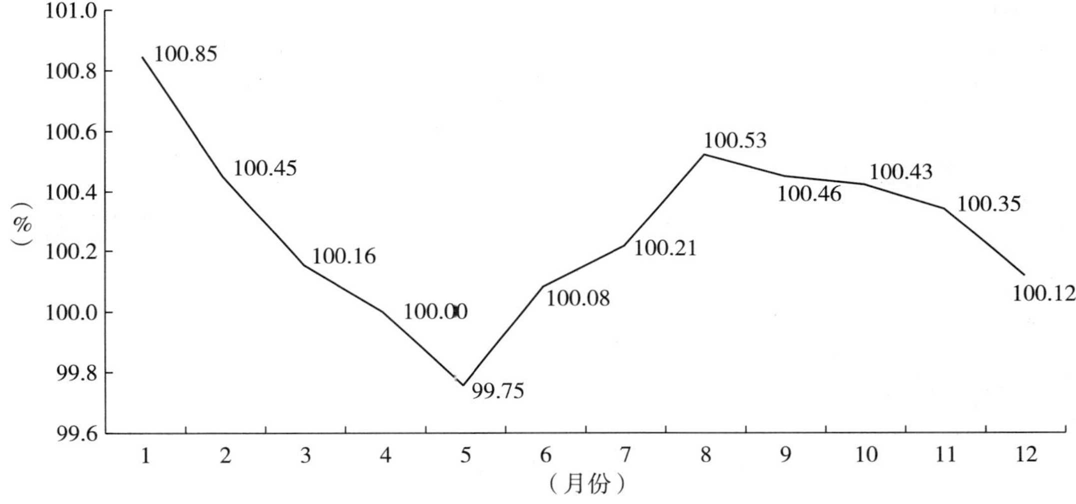

图 4　2014 年小型拖拉机价格指数月度走势

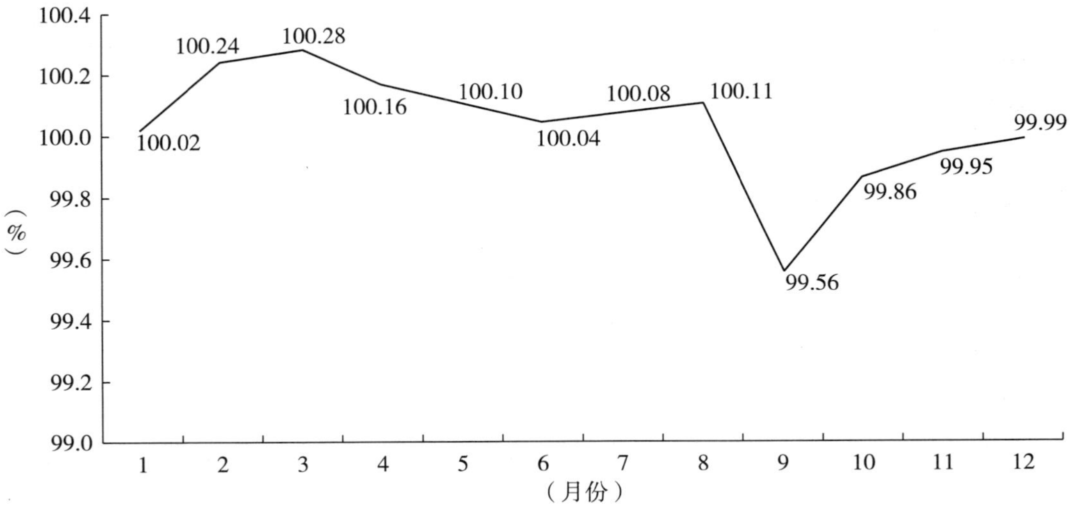

图 5　2014 年收获机械价格指数月度走势

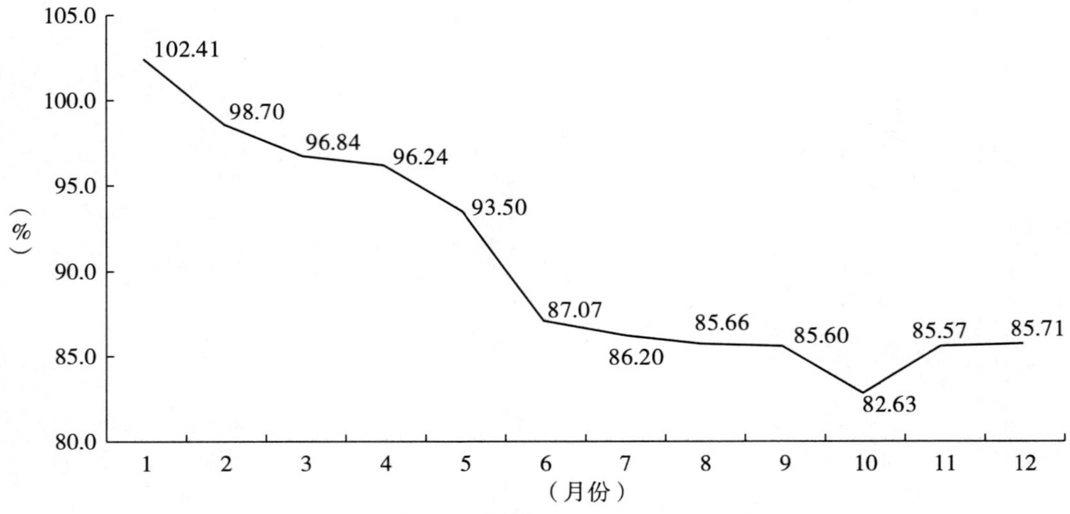

图 6　2014 年场上作业机械价格指数月度走势

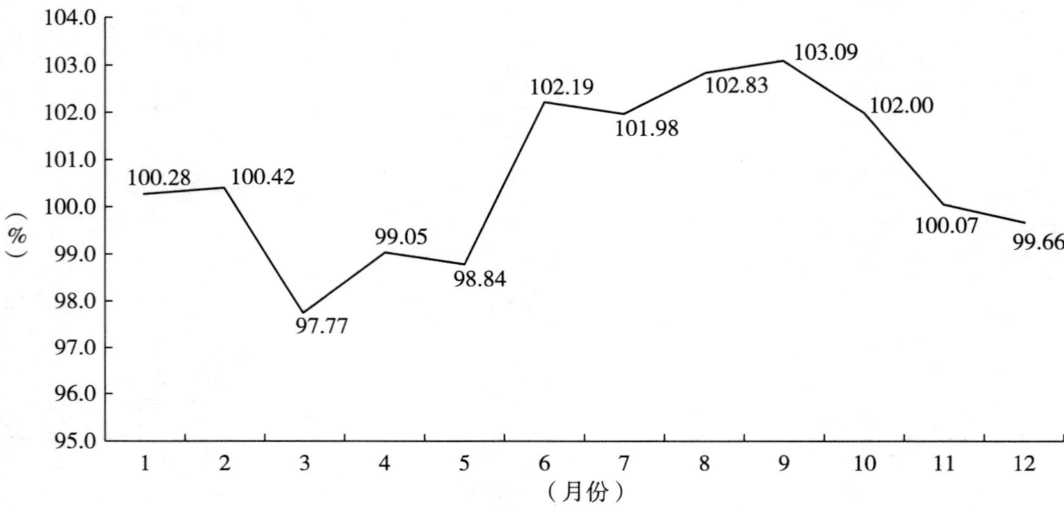

图 7　2014 年饲料生产专用设备价格指数月度走势

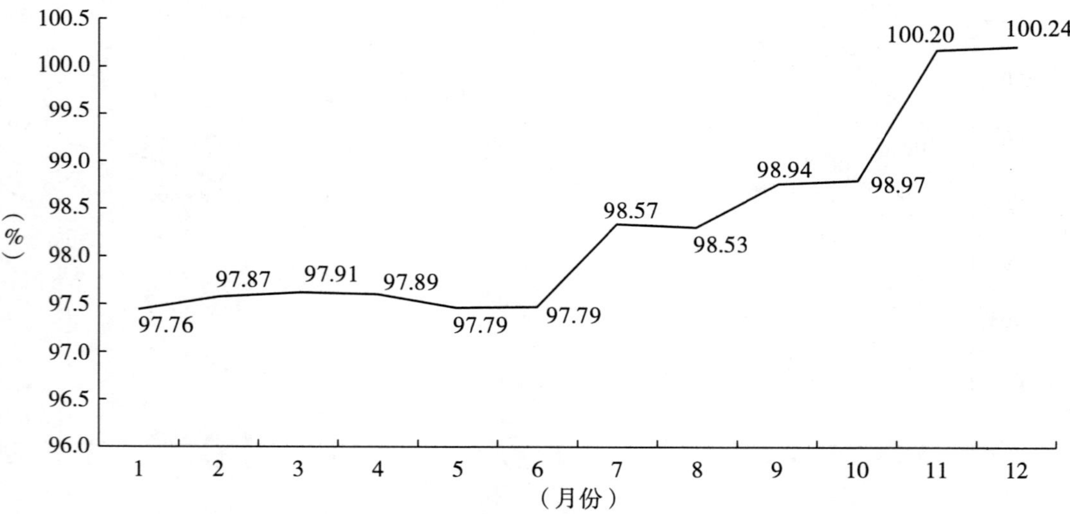

图 8　2014 年畜牧机械制造价格指数月度走势

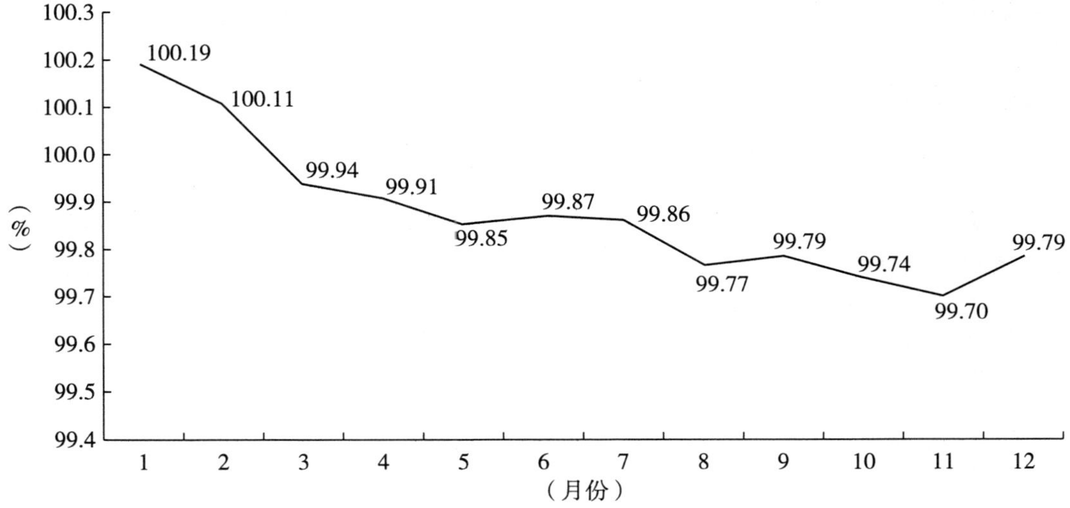

图9　2014年渔业机械制造价格指数月度走势

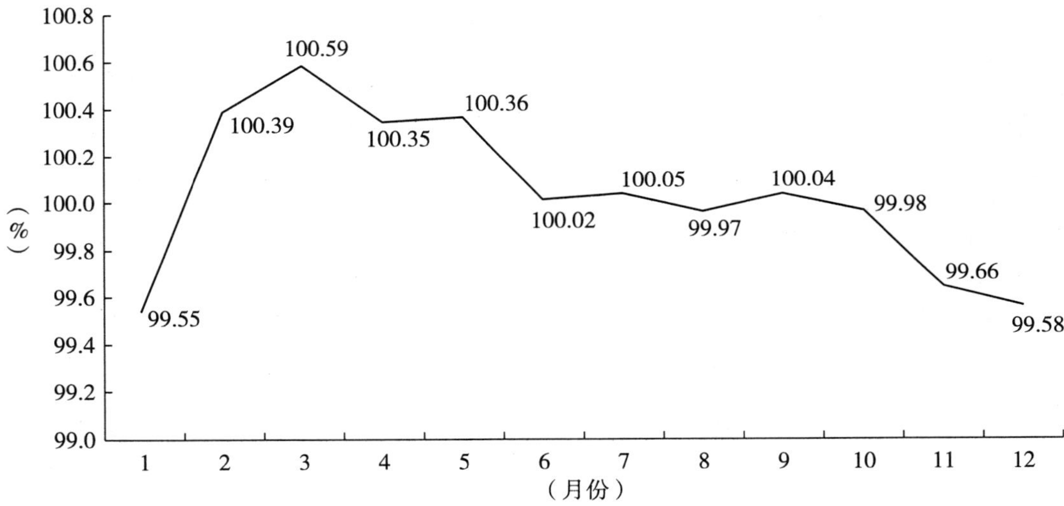

图10　2014年棉花加工制造价格指数月度走势

2005—2014 年 8 大类农业机械保有量走势

一、农业机械总动力

表 1　　**2005—2014 年农业机械总动力**　　单位：万千瓦

序号	地区	2005 年	2006 年	2007 年	2008 年	2009 年	2010 年	2011 年	2012 年	2013 年	2014 年
0	全国	68549. 35	72635. 96	76878. 65	82190. 41	87496. 10	92780. 48	97734. 66	102558. 96	103906. 75	108056. 58
1	山东省	9199. 33	9555. 29	9917. 80	10350. 00	11080. 66	11628. 97	12098. 25	12419. 87	12739. 83	13101. 4
2	河南省	7934. 23	8309. 14	8718. 74	9429. 27	9817. 84	10195. 89	10515. 79	10872. 73	11149. 96	11476. 81
3	河北省	8485. 81	8794. 28	9143. 01	9525. 38	9861. 12	10151. 30	10349. 19	10553. 81	10762. 72	10942. 86
4	安徽省	3963. 83	4239. 93	4535. 30	4807. 46	5108. 85	5409. 78	5657. 08	5902. 77	6140. 28	6365. 83
5	湖南省	3189. 86	3416. 61	3684. 41	4021. 14	4352. 39	4651. 54	4935. 59	5189. 24	5433. 99	5672. 1
6	黑龙江省	2234. 04	2570. 62	2785. 30	3018. 36	3401. 27	3736. 29	4097. 84	4552. 93	4849. 28	5155. 52
7	江苏省	3135. 33	3278. 53	3392. 44	3630. 86	3810. 57	3937. 34	4106. 11	4214. 64	4405. 62	4649. 98
8	湖北省	2057. 36	2263. 15	2551. 09	2796. 99	3057. 24	3371. 00	3571. 23	3842. 16	4081. 05	4292. 9
9	四川省	2181. 70	2344. 87	2523. 05	2687. 55	2952. 66	3155. 13	3426. 10	3694. 03	3953. 09	4160. 12
10	内蒙古	1921. 98	2053. 11	2209. 27	2779. 44	2891. 64	3033. 58	3172. 70	3280. 56	3430. 57	3632. 55
11	广西壮族自治区	1909. 65	2011. 41	2127. 21	2373. 56	2550. 93	2767. 67	3033. 15	3195. 91	3382. 98	3567. 49
12	山西省	2288. 71	2363. 09	2440. 79	2509. 90	2655. 04	2809. 17	2927. 30	3056. 09	3183. 30	3286. 2
13	云南省	1666. 05	1755. 39	1860. 38	2013. 92	2159. 40	2411. 05	2628. 39	2874. 45	3070. 33	3215. 03
14	吉林省	1471. 13	1572. 00	1678. 33	1800. 00	2001. 13	2145. 00	2355. 04	2554. 65	2730. 04	2919. 09
15	辽宁省	1918. 05	1995. 30	2082. 07	2042. 68	2142. 93	2248. 66	2399. 89	2526. 89	2631. 98	2730. 22
16	广东省	1898. 42	1963. 30	2017. 14	2093. 91	2190. 18	2345. 28	2414. 82	2496. 68	2564. 89	2632. 37
17	陕西省	1430. 14	1498. 28	1604. 64	1709. 88	1832. 98	2000. 00	2182. 85	2350. 17	2452. 72	2552. 13
18	甘肃省	1406. 92	1466. 34	1577. 27	1686. 32	1822. 65	1977. 55	2136. 48	2279. 08	2418. 46	2545. 71
19	贵州省	1011. 51	1207. 19	1411. 77	1537. 50	1606. 42	1730. 31	1851. 40	2106. 65	2240. 80	2458. 4
20	浙江省	2111. 27	2293. 00	2331. 63	2343. 45	2384. 03	2427. 46	2461. 25	2489. 40	2462. 20	2420. 13
21	江西省	1781. 26	2137. 13	2506. 34	2946. 43	3358. 93	3805. 00	4200. 03	4599. 68	2014. 13	2118. 39
22	新疆维吾尔自治区	871. 75	919. 38	975. 83	1056. 49	1164. 71	1273. 58	1399. 68	1543. 91	1707. 14	1854. 2
23	福建省	999. 99	1027. 84	1063. 08	1112. 47	1175. 01	1206. 16	1250. 81	1286. 80	1336. 76	1368. 35
24	重庆市	775. 96	820. 01	860. 31	903. 15	967. 41	1071. 09	1140. 30	1162. 00	1198. 88	1243. 34
25	宁夏回族自治区	562. 17	592. 19	629. 77	657. 89	702. 55	729. 12	768. 73	787. 28	801. 98	813. 02
26	西藏自治区	231. 00	245. 00	258. 00	349. 64	358. 44	378. 06	427. 90	464. 95	517. 30	570. 82
27	天津市	611. 94	603. 39	604. 90	596. 60	595. 00	587. 79	583. 87	568. 13	554. 18	552. 33
28	海南省	298. 70	320. 64	348. 01	373. 06	396. 07	425. 24	444. 33	479. 66	502. 10	517. 31
29	新疆兵团	249. 29	270. 59	299. 66	319. 07	338. 60	370. 09	397. 01	425. 02	458. 72	487. 56
30	青海省	317. 80	326. 24	342. 95	355. 68	388. 68	421. 31	430. 69	434. 99	410. 58	440. 9
31	北京市	337. 71	325. 51	300. 48	267. 05	271. 54	276. 00	265. 20	241. 10	207. 72	195. 76
32	上海市	96. 46	97. 23	97. 68	95. 32	99. 23	104. 06	105. 68	112. 73	113. 17	117. 76

表 2　　2005—2014 年农业机械总动力前十名走势分析

序号	地区	类别	2005 年	2006 年	2007 年	2008 年	2009 年	2010 年	2011 年	2012 年	2013 年	2014 年
0	全国	保有量（万千瓦）	68549.35	72635.96	76878.65	82190.41	87496.10	92780.48	97734.66	102558.96	103906.75	108056.58
		同比（%）		6.0	5.8	6.9	6.5	6.0	5.3	4.9	1.3	4.0
1	山东省	保有量（万千瓦）	9199.33	9555.29	9917.80	10350.00	11080.66	11628.97	12098.25	12419.87	12739.83	13101.40
		同比（%）		3.9	3.8	4.4	7.1	4.9	4.0	2.7	2.6	2.8
2	河南省	保有量（万千瓦）	7934.23	8309.14	8718.74	9429.27	9817.84	10195.89	10515.79	10872.73	11149.96	11476.81
		同比（%）		4.7	4.9	8.1	4.1	3.9	3.1	3.4	2.5	2.9
3	河北省	保有量（万千瓦）	8485.81	8794.28	9143.01	9525.38	9861.12	10151.30	10349.19	10553.81	10762.72	10942.86
		同比（%）		3.6	4.0	4.2	3.5	2.9	1.9	2.0	2.0	1.7
4	安徽省	保有量（万千瓦）	3963.83	4239.93	4535.30	4807.46	5108.85	5409.78	5657.08	5902.77	6140.28	6365.83
		同比（%）		7.0	7.0	6.0	6.3	5.9	4.6	4.3	4.0	3.7
5	湖南省	保有量（万千瓦）	3189.86	3416.61	3684.41	4021.14	4352.39	4651.54	4935.59	5189.24	5433.99	5672.10
		同比（%）		7.1	7.8	9.1	8.2	6.9	6.1	5.1	4.7	4.4
6	黑龙江省	保有量（万千瓦）	2234.04	2570.62	2785.30	3018.36	3401.27	3736.29	4097.84	4552.93	4849.28	5155.52
		同比（%）		15.1	8.4	8.4	12.7	9.8	9.7	11.1	6.5	6.3
7	江苏省	保有量（万千瓦）	3135.33	3278.53	3392.44	3630.86	3810.57	3937.34	4106.11	4214.64	4405.62	4649.98
		同比（%）		4.6	3.5	7.0	4.9	3.3	4.3	2.6	4.5	5.5
8	湖北省	保有量（万千瓦）	2057.36	2263.15	2551.09	2796.99	3057.24	3371.00	3571.23	3842.16	4081.05	4292.90
		同比（%）		10.0	12.7	9.6	9.3	10.3	5.9	7.6	6.2	5.2
9	四川省	保有量（万千瓦）	2181.70	2344.87	2523.05	2687.55	2952.66	3155.13	3426.10	3694.03	3953.09	4160.12
		同比（%）		7.5	7.6	6.5	9.9	6.9	8.6	7.8	7.0	5.2
10	内蒙古自治区	保有量（万千瓦）	1921.98	2053.11	2209.27	2779.44	2891.64	3033.58	3172.70	3280.56	3430.57	3632.55
		同比（%）		6.8	7.6	25.8	4.0	4.9	4.6	3.4	4.6	5.9

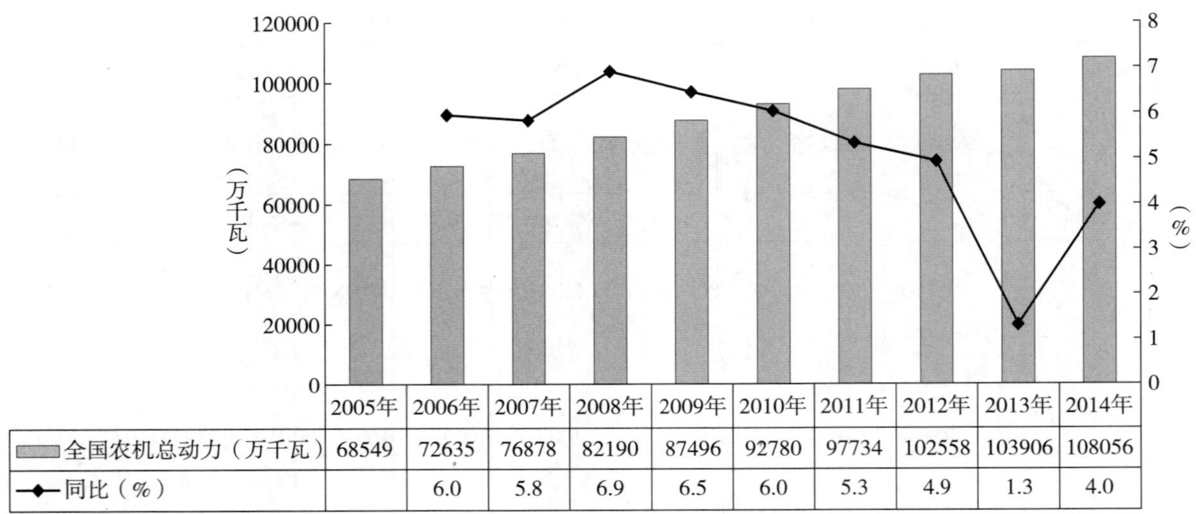

	2005年	2006年	2007年	2008年	2009年	2010年	2011年	2012年	2013年	2014年
全国农机总动力（万千瓦）	68549	72635	76878	82190	87496	92780	97734	102558	103906	108056
同比（%）		6.0	5.8	6.9	6.5	6.0	5.3	4.9	1.3	4.0

图 1　2005—2014 年全国农机总动力趋势

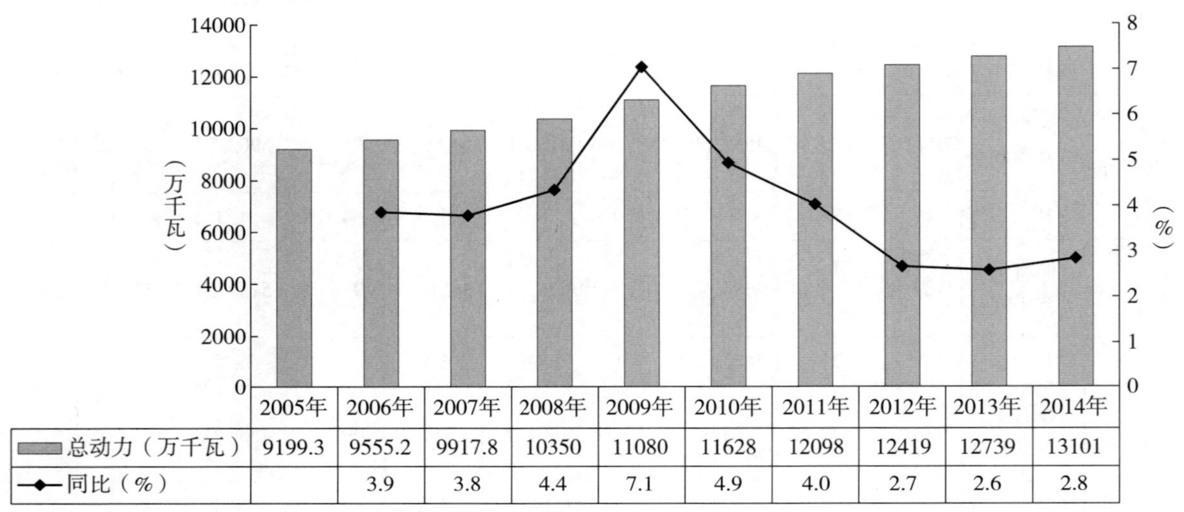

	2005年	2006年	2007年	2008年	2009年	2010年	2011年	2012年	2013年	2014年
总动力（万千瓦）	9199.3	9555.2	9917.8	10350	11080	11628	12098	12419	12739	13101
同比（%）		3.9	3.8	4.4	7.1	4.9	4.0	2.7	2.6	2.8

图 2　2005—2014 年山东省农机总动力趋势

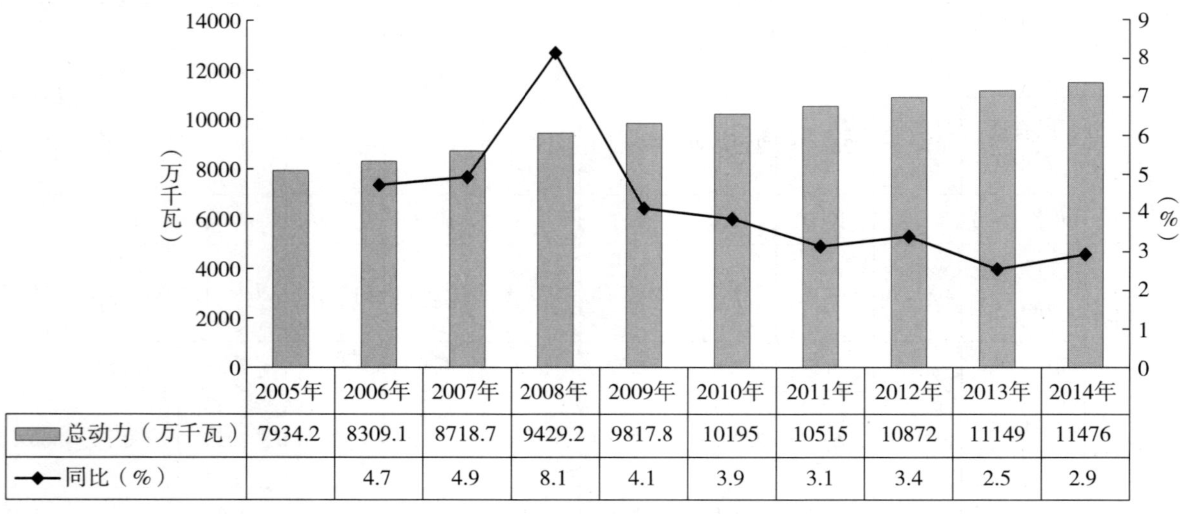

	2005年	2006年	2007年	2008年	2009年	2010年	2011年	2012年	2013年	2014年
总动力（万千瓦）	7934.2	8309.1	8718.7	9429.2	9817.8	10195	10515	10872	11149	11476
同比（%）		4.7	4.9	8.1	4.1	3.9	3.1	3.4	2.5	2.9

图 3　2005—2014 年河南省农机总动力趋势

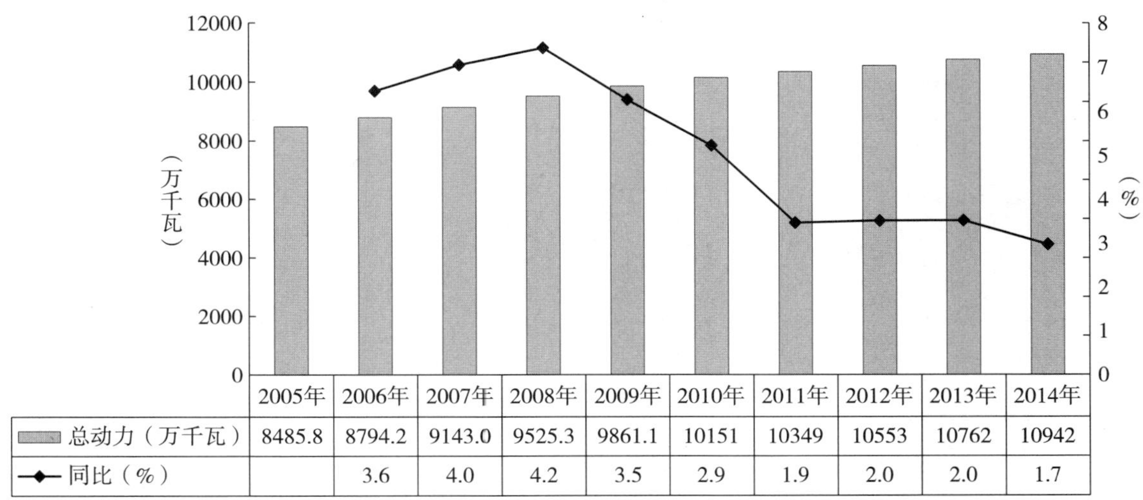

	2005年	2006年	2007年	2008年	2009年	2010年	2011年	2012年	2013年	2014年
总动力（万千瓦）	8485.8	8794.2	9143.0	9525.3	9861.1	10151	10349	10553	10762	10942
同比（%）		3.6	4.0	4.2	3.5	2.9	1.9	2.0	2.0	1.7

图 4　2005—2014 年河北省农机总动力趋势

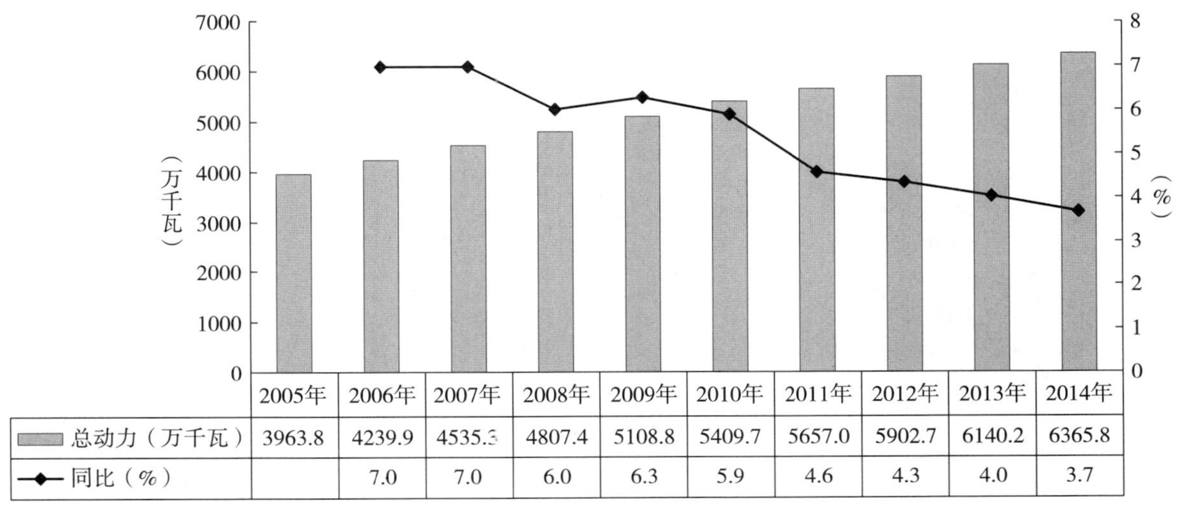

	2005年	2006年	2007年	2008年	2009年	2010年	2011年	2012年	2013年	2014年
总动力（万千瓦）	3963.8	4239.9	4535.3	4807.4	5108.8	5409.7	5657.0	5902.7	6140.2	6365.8
同比（%）		7.0	7.0	6.0	6.3	5.9	4.6	4.3	4.0	3.7

图 5　2005—2014 年安徽省农机总动力趋势

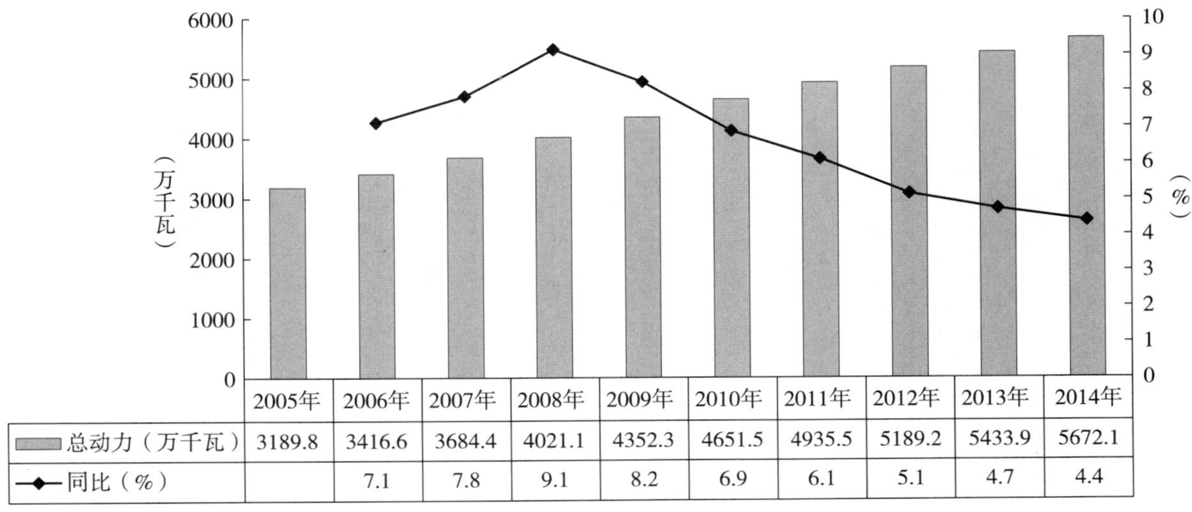

	2005年	2006年	2007年	2008年	2009年	2010年	2011年	2012年	2013年	2014年
总动力（万千瓦）	3189.8	3416.6	3684.4	4021.1	4352.3	4651.5	4935.5	5189.2	5433.9	5672.1
同比（%）		7.1	7.8	9.1	8.2	6.9	6.1	5.1	4.7	4.4

图 6　2005—2014 年湖南省农机总动力趋势

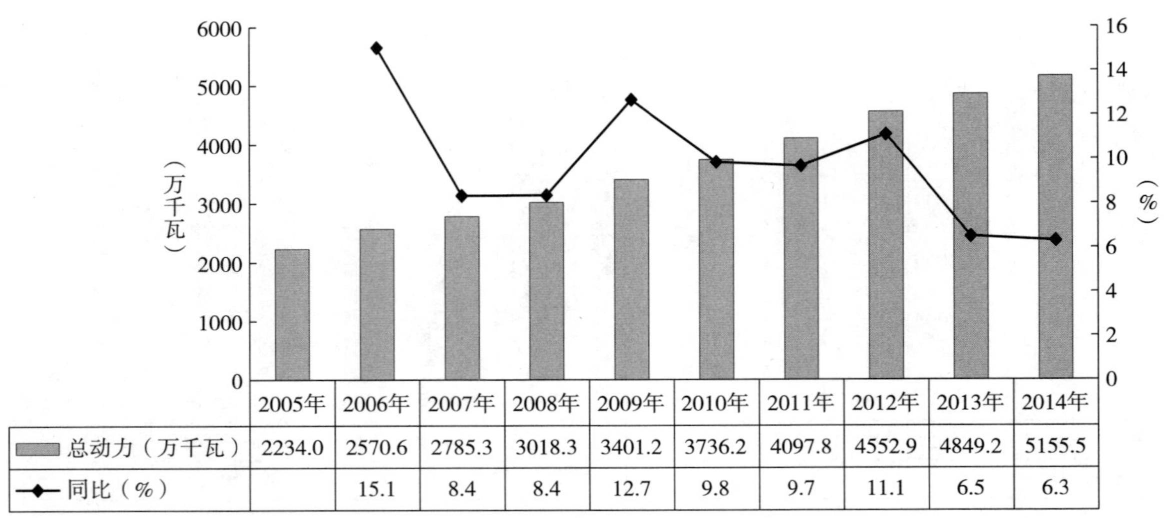

	2005年	2006年	2007年	2008年	2009年	2010年	2011年	2012年	2013年	2014年
总动力（万千瓦）	2234.0	2570.6	2785.3	3018.3	3401.2	3736.2	4097.8	4552.9	4849.2	5155.5
同比（%）		15.1	8.4	8.4	12.7	9.8	9.7	11.1	6.5	6.3

图 7　2005—2014 年黑龙江省农机总动力趋势

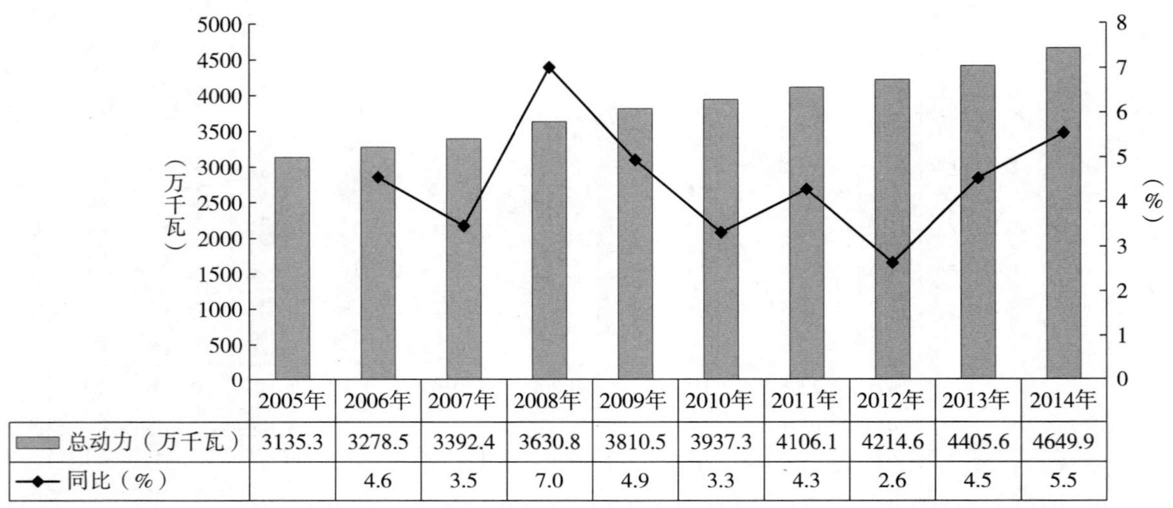

	2005年	2006年	2007年	2008年	2009年	2010年	2011年	2012年	2013年	2014年
总动力（万千瓦）	3135.3	3278.5	3392.4	3630.8	3810.5	3937.3	4106.1	4214.6	4405.6	4649.9
同比（%）		4.6	3.5	7.0	4.9	3.3	4.3	2.6	4.5	5.5

图 8　2005—2014 年江苏省农机总动力趋势

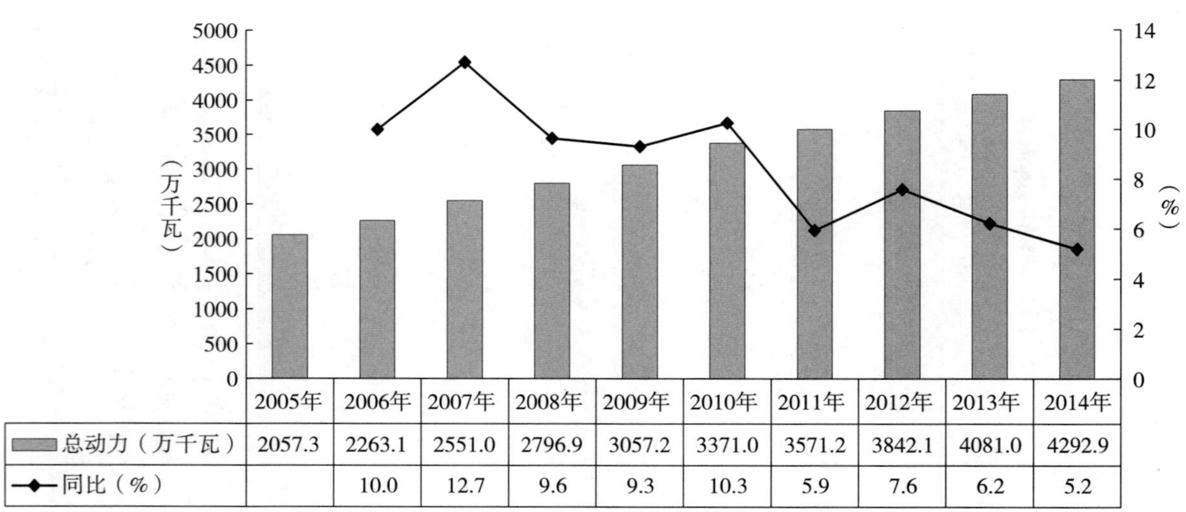

	2005年	2006年	2007年	2008年	2009年	2010年	2011年	2012年	2013年	2014年
总动力（万千瓦）	2057.3	2263.1	2551.0	2796.9	3057.2	3371.0	3571.2	3842.1	4081.0	4292.9
同比（%）		10.0	12.7	9.6	9.3	10.3	5.9	7.6	6.2	5.2

图 9　2005—2014 年湖北省农机总动力趋势

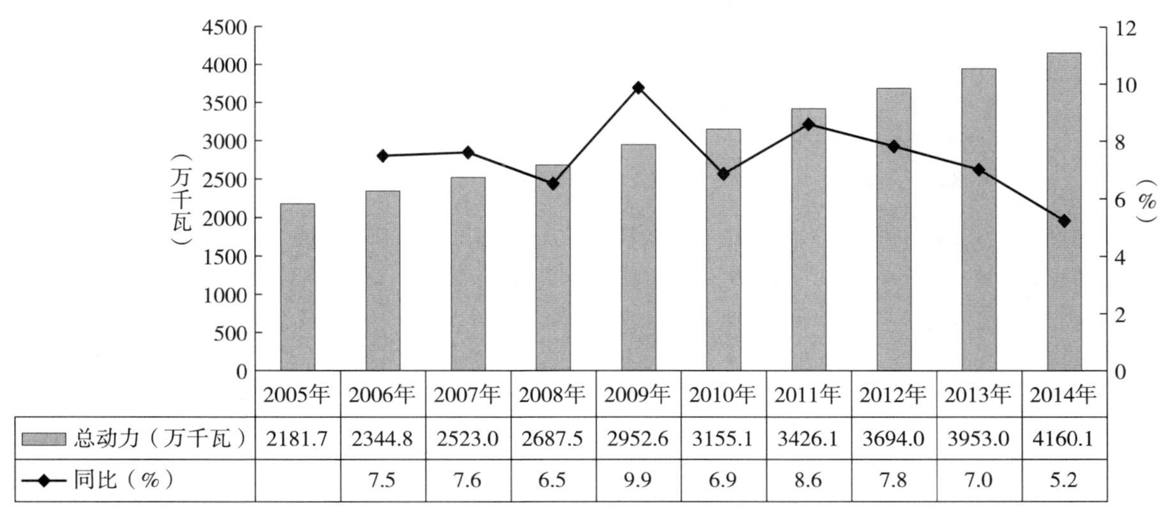

图 10　2005—2014 年四川省农机总动力走势

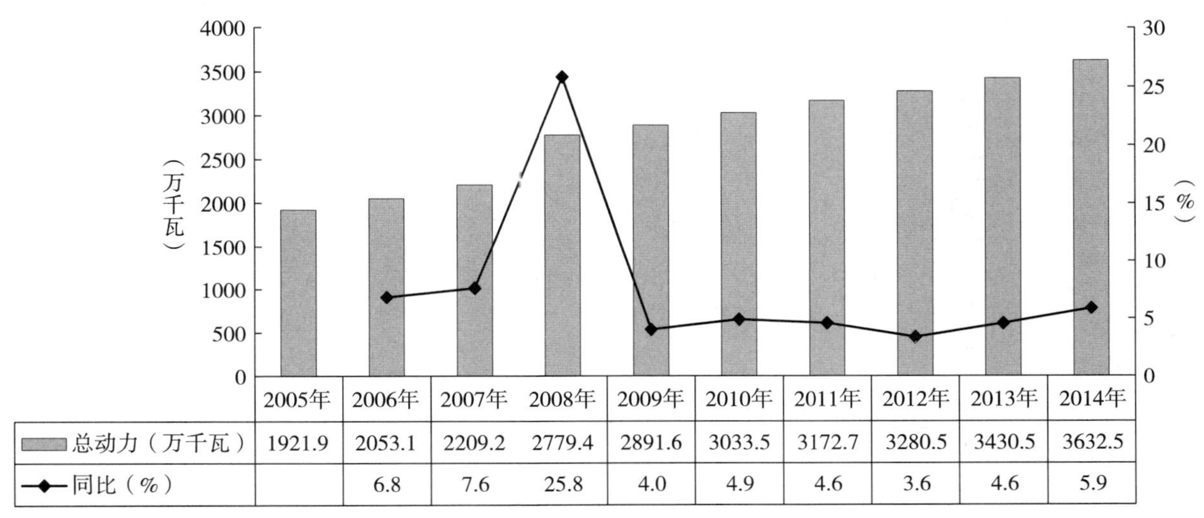

图 11　2005—2014 年内蒙古自治区农机总动力趋势

二、拖拉机保有量

表 3　　**2005—2014 年拖拉机保有量一览表**　　单位：万台

序号	地区	2005 年	2006 年	2007 年	2008 年	2009 年	2010 年	2011 年	2012 年	2013 年	2014 年
0	全国	1679.37	1728.34	1834.32	2021.91	2101.42	2177.96	2255.87	2282.45	2279.28	2297.70
1	河南省	309.54	322.35	338.69	383.93	390.22	386.05	386.83	387.79	387.10	384.07
2	山东省	205.51	209.13	221.90	236.85	236.76	244.24	247.22	250.66	249.77	248.57
3	安徽省	211.59	221.22	230.23	239.55	243.74	248.59	252.59	249.23	242.96	238.83
4	河北省	154.51	156.12	159.77	163.65	164.66	167.76	168.89	167.64	165.85	164.08
5	黑龙江省	96.14	107.79	113.90	119.50	129.40	134.74	142.04	147.34	151.86	154.56
6	湖北省	56.05	64.19	83.41	95.65	102.69	111.81	119.56	125.40	129.06	128.83

续 表

序号	地区	2005 年	2006 年	2007 年	2008 年	2009 年	2010 年	2011 年	2012 年	2013 年	2014 年
7	吉林省	62.88	67.57	72.37	76.81	84.12	90.56	98.84	105.66	111.13	114.16
8	内蒙古自治区	61.83	66.73	70.87	96.27	98.33	101.54	102.68	101.86	105.16	107.93
9	江苏省	94.26	95.79	94.91	127.61	131.82	132.51	134.09	110.30	105.66	103.28
10	甘肃省	39.39	40.83	44.28	46.15	49.54	53.39	58.36	66.47	70.61	74.26
11	云南省	31.97	32.74	35.08	47.08	53.02	56.42	59.85	63.89	66.40	66.96
12	新疆维吾尔自治区	40.65	42.83	45.36	48.24	51.80	54.06	56.95	60.06	63.70	65.92
13	辽宁省	27.86	28.93	30.77	35.45	38.03	41.49	45.68	49.89	53.06	55.59
14	广西壮族自治区	36.13	29.74	30.26	31.41	34.52	37.95	42.41	45.62	49.09	50.77
15	山西省	28.72	29.00	30.09	31.93	34.72	37.27	40.50	43.16	45.46	47.44
16	广东省	35.79	35.66	36.00	36.87	37.31	38.96	36.55	34.98	35.30	36.14
17	湖南省	17.75	19.73	21.27	24.23	26.00	28.34	30.40	31.69	33.41	35.19
18	江西省	15.98	20.00	22.48	29.94	34.36	40.69	51.68	55.38	29.99	32.18
19	陕西省	21.75	21.45	22.20	23.10	24.63	26.34	26.88	27.89	29.80	30.6
20	青海省	21.95	22.83	24.21	25.00	26.41	27.70	28.49	28.73	25.50	27.47
21	四川省	13.76	14.42	15.37	16.98	19.61	21.14	23.22	24.05	24.08	23.97
22	西藏自治区	8.57	8.80	9.42	10.26	9.70	15.58	17.01	18.79	20.47	23.02
23	宁夏回族自治区	18.29	18.51	18.57	19.08	20.10	20.78	21.61	21.96	22.24	21.69
24	浙江省	32.78	25.43	25.91	17.20	17.75	17.75	17.77	17.34	15.10	14.16
25	贵州省	6.22	6.93	7.04	7.17	7.84	8.19	9.76	11.23	12.77	13.73
26	海南省	4.88	5.20	6.04	6.72	7.37	7.95	8.42	9.12	9.72	10.79
27	福建省	10.02	8.42	8.77	9.78	11.10	11.03	11.47	11.10	10.75	10.3
28	新疆兵团	5.66	5.91	6.33	6.99	7.12	6.41	7.61	7.70	7.72	8.09
29	天津市	4.56	4.58	4.51	4.38	4.46	4.42	4.21	3.81	2.48	2.04
30	重庆市	0.40	0.49	0.91	0.95	0.96	1.01	1.13	1.14	1.16	1.17
31	上海市	1.24	1.22	1.15	1.13	1.15	1.16	1.13	1.10	1.03	1.05
32	北京市	2.75	2.61	2.25	2.04	2.18	2.15	2.05	1.47	0.89	0.86

表 4　　2005—2014 年拖拉机保有量前十名走势分析

序号	地区	类别	2005 年	2006 年	2007 年	2008 年	2009 年	2010 年	2011 年	2012 年	2013 年	2014 年
0	全国	保有量（万台）	1679.37	1728.34	1834.32	2021.91	2101.42	2177.96	2255.87	2282.45	2279.28	2297.7
		同比（%）		2.9	6.1	10.2	3.9	3.6	3.6	1.2	−0.1	0.8
1	河南省	保有量（万台）	309.54	322.35	338.69	383.93	390.22	386.05	386.83	387.79	387.10	384.07
		同比（%）		4.1	5.1	13.4	1.6	−1.1	0.2	0.2	−0.2	−0.8

续 表

序号	地区	类别	2005 年	2006 年	2007 年	2008 年	2009 年	2010 年	2011 年	2012 年	2013 年	2014 年
2	山东省	保有量（万台）	205. 51	209. 13	221. 90	236. 85	236. 76	244. 24	247. 22	250. 66	249. 77	248. 57
		同比（%）		1. 8	6. 1	6. 7	0. 0	3. 2	1. 2	1. 4	-0. 4	-0. 5
3	安徽省	保有量（万台）	211. 59	221. 22	230. 23	239. 55	243. 74	248. 59	252. 59	249. 23	242. 96	238. 83
		同比（%）		4. 6	4. 1	4. 0	1. 7	2. 0	1. 6	-1. 3	-2. 5	-1. 7
4	河北省	保有量（万台）	154. 51	156. 12	159. 77	163. 65	164. 66	167. 76	168. 89	167. 64	165. 85	164. 08
		同比（%）		1. 0	2. 3	2. 4	0. 6	1. 9	0. 7	-0. 7	-1. 1	-1. 1
5	黑龙江省	保有量（万台）	96. 14	107. 79	113. 90	119. 50	129. 40	134. 74	142. 04	147. 34	151. 86	154. 56
		同比（%）		12. 1	5. 7	4. 9	8. 3	4. 1	5. 4	3. 7	3. 1	1. 8
6	湖北省	保有量（万台）	56. 05	64. 19	83. 41	95. 65	102. 69	111. 81	119. 56	125. 40	129. 06	128. 83
		同比（%）		14. 5	29. 9	14. 7	7. 4	8. 9	6. 9	4. 9	2. 9	-0. 2
7	吉林省	保有量（万台）	62. 88	67. 57	72. 37	76. 81	84. 12	90. 56	98. 84	105. 66	111. 13	114. 16
		同比（%）		7. 5	7. 1	6. 1	9. 5	7. 7	9. 1	6. 9	5. 2	2. 7
8	内蒙古自治区	保有量（万台）	61. 83	66. 73	70. 87	96. 27	98. 33	101. 54	102. 68	101. 86	105. 16	107. 93
		同比（%）		7. 9	6. 2	35. 8	2. 1	3. 3	1. 1	-0. 8	3. 2	2. 6
9	江苏省	保有量（万台）	94. 26	95. 79	94. 91	127. 61	131. 82	132. 51	134. 09	110. 30	105. 66	103. 28
		同比（%）		1. 6	-0. 9	34. 5	3. 3	0. 5	1. 2	-17. 7	-4. 2	-2. 3
10	甘肃省	保有量（万台）	39. 39	40. 83	44. 28	46. 15	49. 54	53. 39	58. 36	66. 47	70. 61	74. 26
		同比（%）		3. 7	8. 4	4. 2	7. 3	7. 8	9. 3	13. 9	6. 2	5. 2

表 5　　2005—2014 年大中型拖拉机保有量一览表　　单位：万台

序号	地区	2005 年	2006 年	2007 年	2008 年	2009 年	2010 年	2011 年	2012 年	2013 年	2014 年
0	全国	139. 56	167. 63	204. 80	299. 52	350. 52	392. 17	440. 65	485. 24	527. 02	567. 95
1	黑龙江省	21. 73	32. 31	38. 18	48. 20	58. 30	65. 47	73. 21	80. 89	87. 33	92. 16
2	内蒙古自治区	7. 37	10. 39	17. 07	45. 19	48. 26	51. 41	54. 77	57. 94	62. 34	67. 15
3	山东省	22. 78	25. 16	28. 80	36. 55	39. 93	42. 57	45. 43	47. 69	50. 07	51. 84
4	吉林省	9. 08	10. 87	16. 53	20. 13	25. 12	29. 36	35. 07	39. 59	44. 04	48. 08

续 表

序号	地区	2005 年	2006 年	2007 年	2008 年	2009 年	2010 年	2011 年	2012 年	2013 年	2014 年
5	新疆维吾尔自治区	9. 23	10. 61	12. 62	14. 60	18. 45	21. 68	25. 60	29. 99	35. 06	39. 2
6	河南省	11. 08	12. 77	14. 72	20. 26	24. 69	27. 44	31. 07	33. 85	35. 78	37. 81
7	云南省	4. 50	4. 86	6. 40	17. 51	20. 90	22. 50	24. 33	26. 77	28. 70	30. 13
8	河北省	10. 02	11. 08	11. 59	13. 62	15. 52	17. 26	19. 34	21. 37	23. 43	25. 46
9	辽宁省	4. 30	4. 50	6. 76	11. 76	13. 57	15. 16	17. 42	19. 06	20. 80	22. 34
10	安徽省	3. 60	4. 77	6. 67	9. 02	10. 50	12. 47	14. 53	16. 45	17. 99	19. 93
11	湖北省	7. 66	8. 50	9. 29	10. 42	11. 86	12. 71	13. 08	13. 84	14. 94	15. 85
12	江苏省	4. 15	4. 42	4. 96	7. 17	8. 50	9. 67	10. 68	11. 59	13. 13	15. 12
13	甘肃省	1. 83	2. 38	3. 12	3. 83	5. 82	7. 32	9. 29	11. 62	13. 04	14. 43
14	四川省	1. 27	1. 59	2. 02	5. 55	7. 77	9. 11	10. 75	11. 50	12. 18	12. 61
15	山西省	3. 59	4. 00	4. 14	5. 17	6. 26	7. 32	8. 89	9. 78	10. 72	11. 9
16	湖南省	0. 88	1. 97	2. 45	6. 75	7. 53	8. 48	8. 90	9. 73	10. 66	11. 63
17	陕西省	3. 55	3. 82	4. 57	5. 48	7. 07	8. 08	8. 91	9. 41	9. 93	10. 17
18	西藏自治区	0. 67	0. 00	0. 68	1. 21	0. 25	2. 55	3. 65	5. 14	6. 64	8. 88
19	新疆兵团	2. 23	2. 31	2. 70	3. 04	3. 33	2. 68	4. 06	4. 28	4. 66	5. 15
20	宁夏回族自治区	1. 34	1. 52	1. 54	1. 79	2. 21	2. 79	3. 21	3. 75	4. 26	4. 91
21	海南省	0. 58	0. 69	1. 00	1. 76	2. 45	2. 98	3. 46	4. 10	4. 45	4. 49
22	贵州省	1. 39	2. 17	1. 92	2. 36	2. 50	2. 53	3. 12	3. 92	4. 19	4. 21
23	广西壮族自治区	1. 70	1. 72	1. 42	1. 71	1. 96	2. 17	2. 69	3. 05	3. 42	3. 79
24	广东省	0. 59	0. 79	0. 83	1. 36	1. 61	1. 84	1. 96	2. 25	2. 39	2. 81
25	青海省	0. 27	0. 29	0. 36	0. 44	0. 79	0. 82	0. 91	1. 01	1. 11	1. 59
26	天津市	1. 03	1. 07	1. 10	1. 15	1. 28	1. 30	1. 43	1. 50	1. 56	1. 58
27	江西省	1. 28	1. 12	1. 20	1. 31	1. 52	1. 66	1. 80	2. 05	1. 02	1. 42
28	浙江省	0. 45	0. 51	0. 60	0. 58	0. 74	0. 84	0. 96	1. 07	1. 17	1. 2
29	上海市	0. 42	0. 43	0. 46	0. 48	0. 54	0. 58	0. 61	0. 65	0. 67	0. 72
30	北京市	0. 85	0. 81	0. 72	0. 69	0. 78	0. 83	0. 89	0. 74	0. 65	0. 66
31	重庆市	0. 01	0. 06	0. 23	0. 26	0. 28	0. 33	0. 36	0. 37	0. 38	0. 38
32	福建省	0. 14	0. 15	0. 15	0. 16	0. 24	0. 26	0. 29	0. 29	0. 31	0. 35

表 6　　2005—2014 年大中型拖拉机保有量前十名走势分析

序号	地区	类别	2005 年	2006 年	2007 年	2008 年	2009 年	2010 年	2011 年	2012 年	2013 年	2014 年
0	全国	保有量（万台）	139. 56	167. 63	204. 80	299. 52	350. 52	392. 17	440. 65	485. 24	527. 02	567. 95
		同比（%）		20. 1	22. 2	46. 3	17. 0	11. 9	12. 4	10. 1	8. 6	7. 8

续 表

序号	地区	类别	2005 年	2006 年	2007 年	2008 年	2009 年	2010 年	2011 年	2012 年	2013 年	2014 年
1	黑龙江省	保有量（万台）	21.73	32.31	38.18	48.20	58.30	65.47	73.21	80.89	87.33	92.16
		同比（%）		48.7	18.2	26.2	21.0	12.3	11.8	10.5	8.0	5.5
2	内蒙古自治区	保有量（万台）	7.37	10.39	17.07	45.19	48.26	51.41	54.77	57.94	62.34	67.15
		同比（%）		41.0	64.3	164.7	6.8	6.5	6.5	5.8	7.6	7.7
3	山东省	保有量（万台）	22.78	25.16	28.80	36.55	39.93	42.57	45.43	47.69	50.07	51.84
		同比（%）		10.4	14.5	26.9	9.2	6.6	6.7	5.0	5.0	3.5
4	吉林省	保有量（万台）	9.08	10.87	16.53	20.13	25.12	29.36	35.07	39.59	44.04	48.08
		同比（%）		19.7	52.1	21.8	24.8	16.9	19.4	12.9	11.2	9.2
5	新疆维吾尔自治区	保有量（万台）	9.23	10.61	12.62	14.60	18.45	21.68	25.60	29.99	35.06	39.2
		同比（%）		15.0	18.9	15.7	26.4	17.5	18.1	17.1	16.9	11.8
6	河南省	保有量（万台）	11.08	12.77	14.72	20.26	24.69	27.44	31.07	33.85	35.78	37.81
		同比（%）		15.3	15.3	37.6	21.9	11.1	13.2	8.9	5.7	5.7
7	云南省	保有量（万台）	4.50	4.86	6.40	17.51	20.90	22.50	24.33	26.77	28.70	30.13
		同比（%）		8.0	31.7	173.6	19.4	7.7	8.1	10.0	7.2	5.0
8	河北省	保有量（万台）	10.02	11.08	11.59	13.62	15.52	17.26	19.34	21.37	23.43	25.46
		同比（%）		10.6	4.6	17.5	14.0	11.2	12.0	10.5	9.6	8.7
9	辽宁省	保有量（万台）	4.30	4.50	6.76	11.76	13.57	15.16	17.42	19.06	20.80	22.34
		同比（%）		4.7	50.2	74.0	15.4	11.7	14.9	9.4	9.1	7.4
10	安徽省	保有量（万台）	3.60	4.77	6.67	9.02	10.50	12.47	14.53	16.45	17.99	19.93
		同比（%）		32.5	39.8	35.2	16.4	18.8	16.5	13.2	9.4	10.8

表 7　　2005—2014 年小型拖拉机保有量一览表　　单位：万台

序号	地区	2005 年	2006 年	2007 年	2008 年	2009 年	2010 年	2011 年	2012 年	2013 年	2014 年
0	全国	1539. 81	1560. 71	1629. 52	1722. 41	1750. 90	1785. 79	1811. 27	1797. 23	1752. 28	1729. 77
1	河南省	298. 45	309. 58	323. 97	363. 67	365. 53	358. 61	355. 76	353. 94	351. 32	346. 26
2	安徽省	207. 98	216. 45	223. 56	230. 53	233. 24	236. 12	238. 06	232. 78	224. 97	218. 9
3	山东省	182. 73	183. 97	193. 10	200. 30	196. 83	201. 67	201. 79	202. 97	199. 70	196. 72
4	河北省	144. 49	145. 04	148. 18	150. 05	149. 14	150. 50	149. 10	146. 27	142. 42	138. 62
5	湖北省	48. 39	55. 69	74. 12	85. 23	90. 83	99. 10	106. 48	111. 56	114. 12	112. 98
6	江苏省	90. 11	91. 37	89. 95	120. 44	123. 32	122. 84	123. 41	98. 71	92. 54	88. 16
7	吉林省	53. 80	56. 70	55. 84	56. 68	59. 00	61. 20	63. 77	66. 07	67. 08	66. 08
8	黑龙江省	74. 41	75. 48	75. 72	71. 30	71. 10	69. 27	68. 83	66. 45	64. 53	62. 4
9	甘肃省	37. 56	38. 45	41. 16	42. 32	43. 72	46. 07	49. 07	54. 85	57. 56	59. 83
10	广西壮族自治区	34. 44	28. 02	28. 84	29. 70	32. 56	35. 77	39. 72	42. 58	45. 68	46. 98
11	内蒙古自治区	54. 46	56. 34	53. 80	51. 08	50. 07	50. 13	47. 91	43. 93	42. 82	40. 78
12	云南省	27. 48	27. 88	28. 68	29. 57	32. 12	33. 92	35. 52	37. 12	37. 70	36. 83
13	山西省	25. 13	25. 00	25. 95	26. 76	28. 47	29. 95	31. 61	33. 38	34. 74	35. 53
14	广东省	35. 20	34. 87	35. 17	35. 51	35. 70	37. 12	34. 59	32. 73	32. 92	33. 33
15	辽宁省	23. 56	24. 43	24. 01	23. 69	24. 46	26. 33	28. 26	30. 84	32. 25	33. 25
16	江西省	14. 70	18. 88	21. 28	28. 63	32. 84	39. 03	46. 38	53. 32	28. 98	30. 76
17	新疆维吾尔自治区	31. 42	32. 22	32. 74	33. 64	33. 35	32. 38	31. 35	30. 07	28. 63	26. 72
18	青海省	21. 68	22. 54	23. 85	24. 57	25. 62	26. 88	27. 59	27. 71	24. 39	25. 89
19	湖南省	16. 87	17. 76	18. 82	17. 48	18. 47	19. 86	21. 50	21. 96	22. 75	23. 56
20	陕西省	18. 20	17. 63	17. 63	17. 61	17. 56	18. 25	17. 97	18. 48	19. 87	20. 44
21	宁夏回族自治区	16. 95	16. 99	17. 03	17. 29	17. 89	17. 99	18. 40	18. 21	17. 98	16. 78
22	西藏自治区	7. 90	0. 00	8. 74	9. 05	9. 45	13. 03	13. 37	13. 65	13. 83	14. 13
23	浙江省	32. 33	24. 92	25. 31	16. 62	17. 01	16. 91	16. 81	16. 27	13. 93	12. 97
24	四川省	12. 49	12. 83	13. 35	11. 43	11. 84	12. 03	12. 47	12. 55	11. 91	11. 36
25	福建省	9. 88	8. 28	8. 62	9. 62	10. 86	10. 77	11. 18	10. 82	10. 45	9. 96
26	贵州省	4. 83	4. 76	5. 12	4. 82	5. 34	5. 66	6. 64	7. 31	8. 58	9. 52
27	海南省	4. 30	4. 51	5. 04	4. 96	4. 92	4. 97	4. 96	5. 02	5. 27	6. 3
28	新疆兵团	3. 43	3. 60	3. 63	3. 95	3. 79	3. 73	3. 55	3. 42	3. 06	2. 94
29	重庆市	0. 39	0. 43	0. 68	0. 69	0. 68	0. 68	0. 77	0. 77	0. 78	0. 8
30	天津市	3. 54	3. 51	3. 41	3. 23	3. 18	3. 12	2. 78	2. 31	0. 92	0. 46
31	上海市	0. 82	0. 79	0. 69	0. 65	0. 61	0. 58	0. 52	0. 45	0. 36	0. 33
32	北京市	1. 90	1. 80	1. 53	1. 35	1. 40	1. 32	1. 17	0. 73	0. 24	0. 2

表 8　　2005—2014 年小型拖拉机保有量前十名走势分析

序号	地区	类别	2005 年	2006 年	2007 年	2008 年	2009 年	2010 年	2011 年	2012 年	2013 年	2014 年
0	全国	保有量（万台）	1539.81	1560.71	1629.52	1722.41	1750.90	1785.79	1811.3	1797.23	1752.28	1729.77
		同比（%）		1.4	4.4	5.7	1.7	2.0	1.4	-0.8	-2.5	-1.3
1	河南省	保有量（万台）	298.45	309.58	323.97	363.67	365.53	358.61	355.76	353.94	351.32	346.26
		同比（%）		3.7	4.6	12.3	0.5	-1.9	-0.8	-0.5	-0.7	-1.4
2	安徽省	保有量（万台）	207.98	216.45	223.56	230.53	233.24	236.12	238.06	232.78	224.97	218.9
		同比（%）		4.1	3.3	3.1	1.2	1.2	0.8	-2.2	-3.4	-2.7
3	山东省	保有量（万台）	182.73	183.97	193.10	200.30	196.83	201.67	201.79	202.97	199.70	196.72
		同比（%）		0.7	5.0	3.7	-1.7	2.5	0.1	0.6	-1.6	-1.5
4	河北省	保有量（万台）	144.49	145.04	148.18	150.05	149.14	150.50	149.10	146.27	142.42	138.62
		同比（%）		0.4	2.2	1.3	-0.6	0.9	-0.9	-1.9	-2.6	-2.7
5	湖北省	保有量（万台）	48.39	55.69	74.12	85.23	90.83	99.10	106.48	111.56	114.12	112.98
		同比（%）		15.1	33.1	15.0	6.6	9.1	7.5	4.8	2.3	-1.0
6	江苏省	保有量（万台）	90.11	91.37	89.95	120.44	123.32	122.84	123.41	98.71	92.54	88.16
		同比（%）		1.4	-1.6	33.9	2.4	-0.4	0.5	-20.0	-6.3	-4.7
7	吉林省	保有量（万台）	53.80	56.70	55.84	56.68	59.00	61.20	63.77	66.07	67.08	66.08
		同比（%）		5.4	-1.5	1.5	4.1	3.7	4.2	3.6	1.5	-1.5
8	黑龙江省	保有量（万台）	74.41	75.48	75.72	71.30	71.10	69.27	68.83	66.45	64.53	62.4
		同比（%）		1.4	0.3	-5.8	-0.3	-2.6	-0.6	-3.5	-2.9	-3.3
9	甘肃省	保有量（万台）	37.56	38.45	41.16	42.32	43.72	46.07	49.07	54.85	57.56	59.83
		同比（%）		2.4	7.0	2.8	3.3	5.4	6.5	11.8	4.9	3.9
10	广西壮族自治区	保有量（万台）	34.44	28.02	28.84	29.70	32.56	35.77	39.72	42.58	45.68	46.98
		同比（%）		-18.6	2.9	3.0	9.6	9.9	11.0	7.2	7.3	2.8

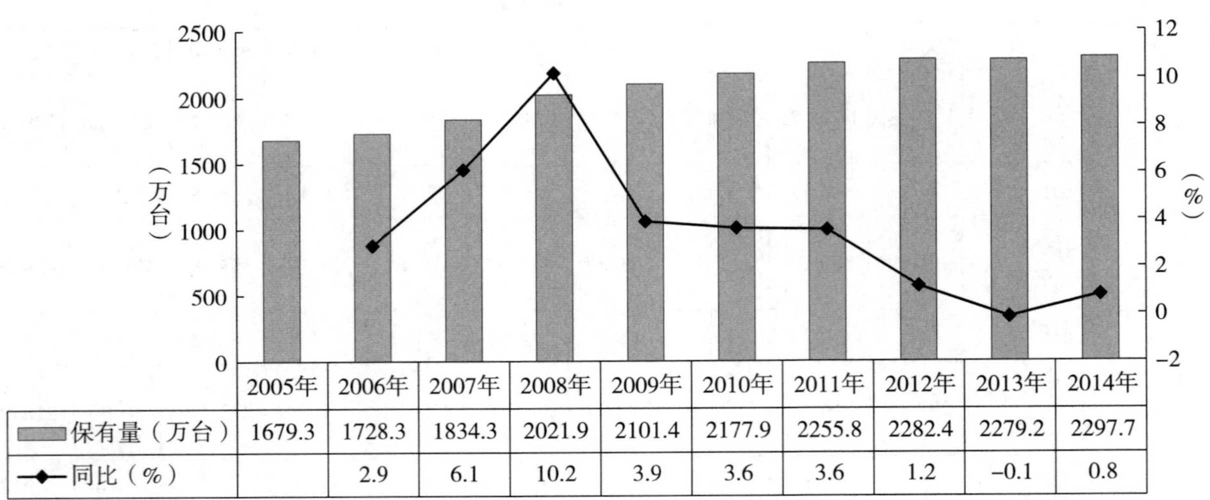

	2005年	2006年	2007年	2008年	2009年	2010年	2011年	2012年	2013年	2014年
保有量（万台）	1679.3	1728.3	1834.3	2021.9	2101.4	2177.9	2255.8	2282.4	2279.2	2297.7
同比（%）		2.9	6.1	10.2	3.9	3.6	3.6	1.2	–0.1	0.8

图 12　2005—2014 年全国拖拉机保有量走势

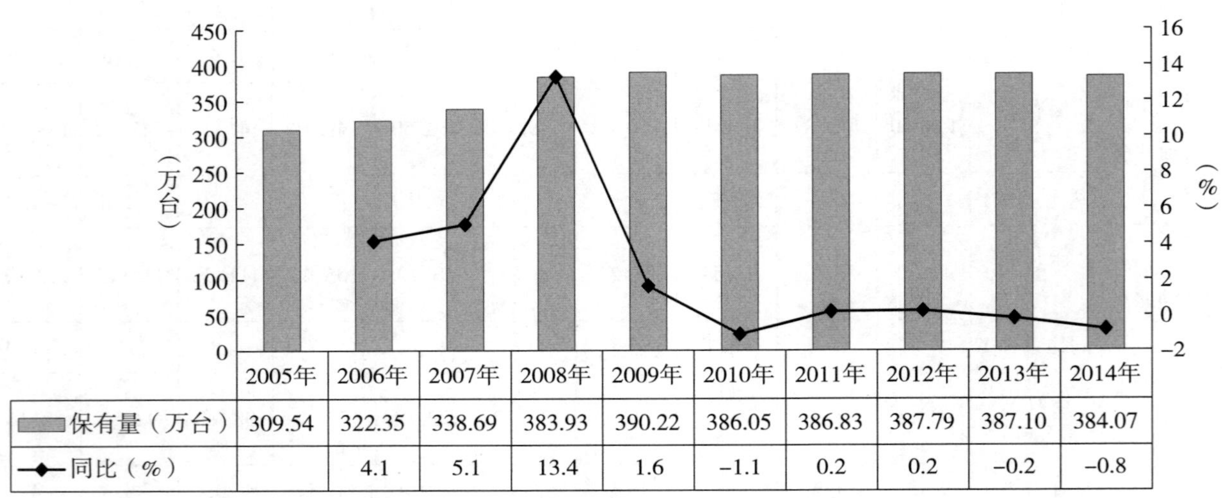

	2005年	2006年	2007年	2008年	2009年	2010年	2011年	2012年	2013年	2014年
保有量（万台）	309.54	322.35	338.69	383.93	390.22	386.05	386.83	387.79	387.10	384.07
同比（%）		4.1	5.1	13.4	1.6	–1.1	0.2	0.2	–0.2	–0.8

图 13　2005—2014 年河南省拖拉机保有量走势

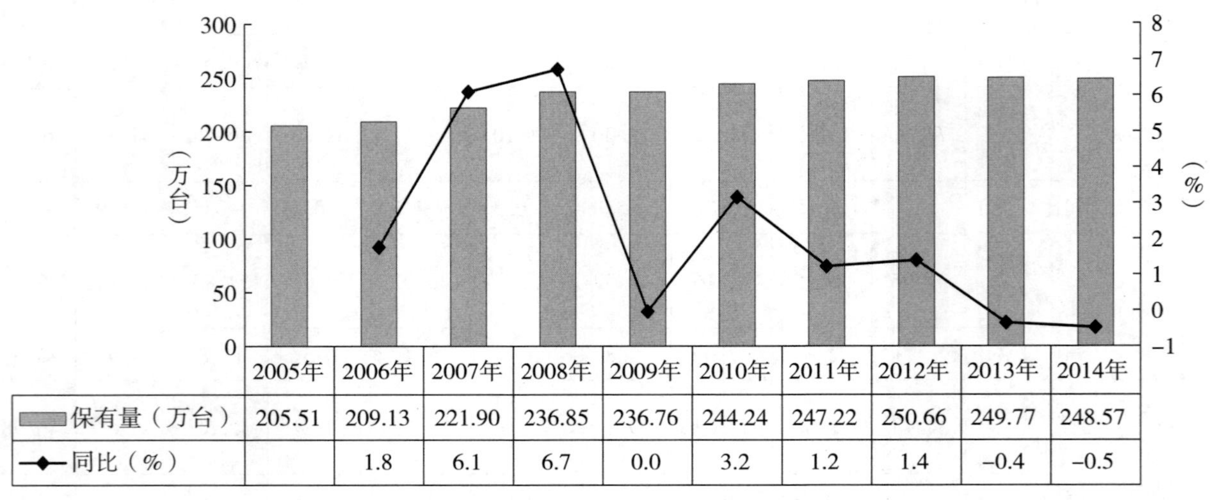

	2005年	2006年	2007年	2008年	2009年	2010年	2011年	2012年	2013年	2014年
保有量（万台）	205.51	209.13	221.90	236.85	236.76	244.24	247.22	250.66	249.77	248.57
同比（%）		1.8	6.1	6.7	0.0	3.2	1.2	1.4	–0.4	–0.5

图 14　2005—2014 年山东省拖拉机保有量走势

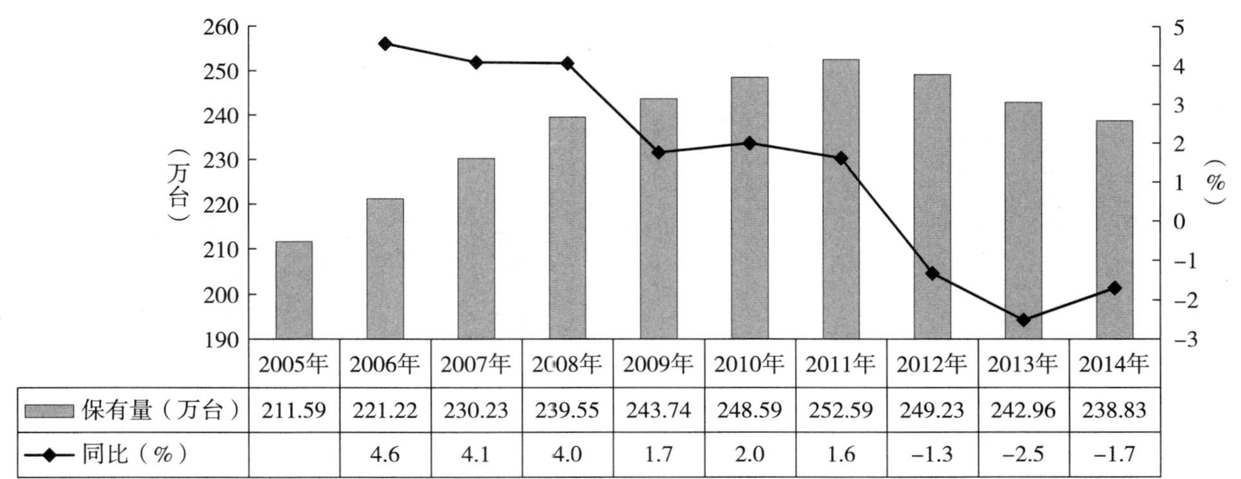

	2005年	2006年	2007年	2008年	2009年	2010年	2011年	2012年	2013年	2014年
保有量（万台）	211.59	221.22	230.23	239.55	243.74	248.59	252.59	249.23	242.96	238.83
同比（%）		4.6	4.1	4.0	1.7	2.0	1.6	−1.3	−2.5	−1.7

图 15　2005—2014 年安徽省拖拉机保有量走势

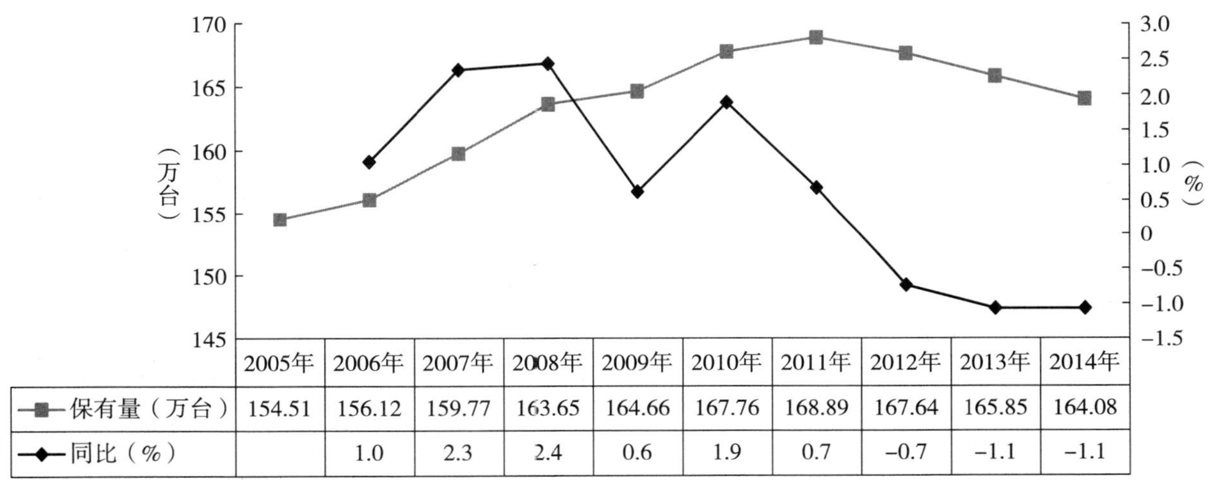

	2005年	2006年	2007年	2008年	2009年	2010年	2011年	2012年	2013年	2014年
保有量（万台）	154.51	156.12	159.77	163.65	164.66	167.76	168.89	167.64	165.85	164.08
同比（%）		1.0	2.3	2.4	0.6	1.9	0.7	−0.7	−1.1	−1.1

图 16　2005—2014 年河北省拖拉机保有量走势

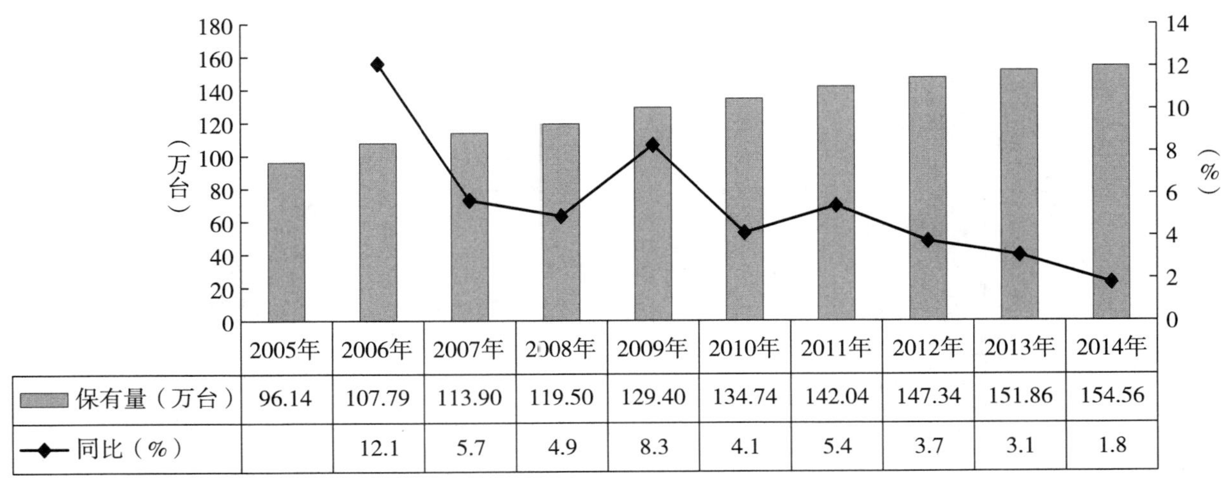

	2005年	2006年	2007年	2008年	2009年	2010年	2011年	2012年	2013年	2014年
保有量（万台）	96.14	107.79	113.90	119.50	129.40	134.74	142.04	147.34	151.86	154.56
同比（%）		12.1	5.7	4.9	8.3	4.1	5.4	3.7	3.1	1.8

图 17　2005—2014 年黑龙江省农机保有量走势

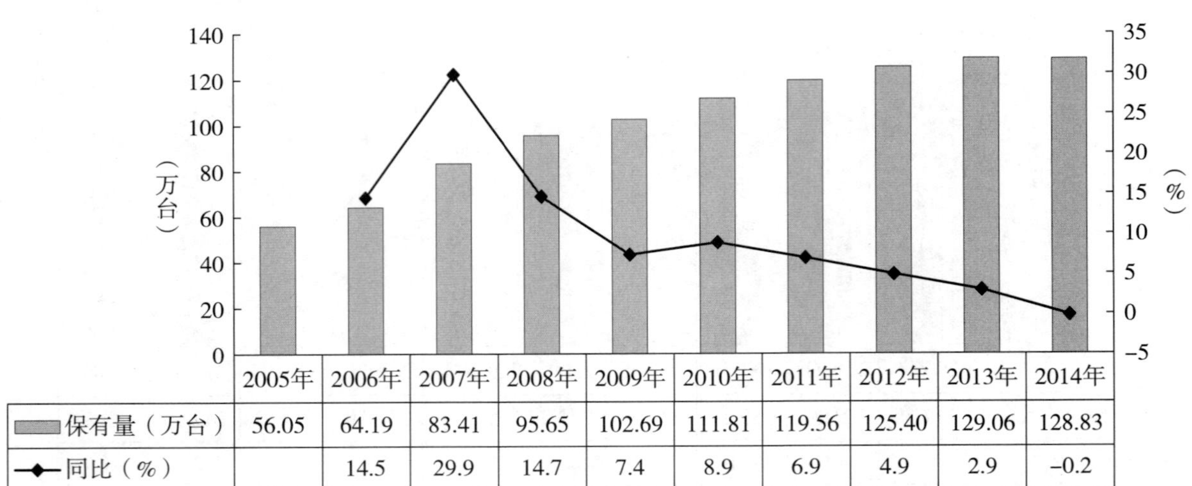

	2005年	2006年	2007年	2008年	2009年	2010年	2011年	2012年	2013年	2014年
保有量（万台）	56.05	64.19	83.41	95.65	102.69	111.81	119.56	125.40	129.06	128.83
同比（%）		14.5	29.9	14.7	7.4	8.9	6.9	4.9	2.9	−0.2

图 18　2005—2014 年湖北省拖拉机保有量走势

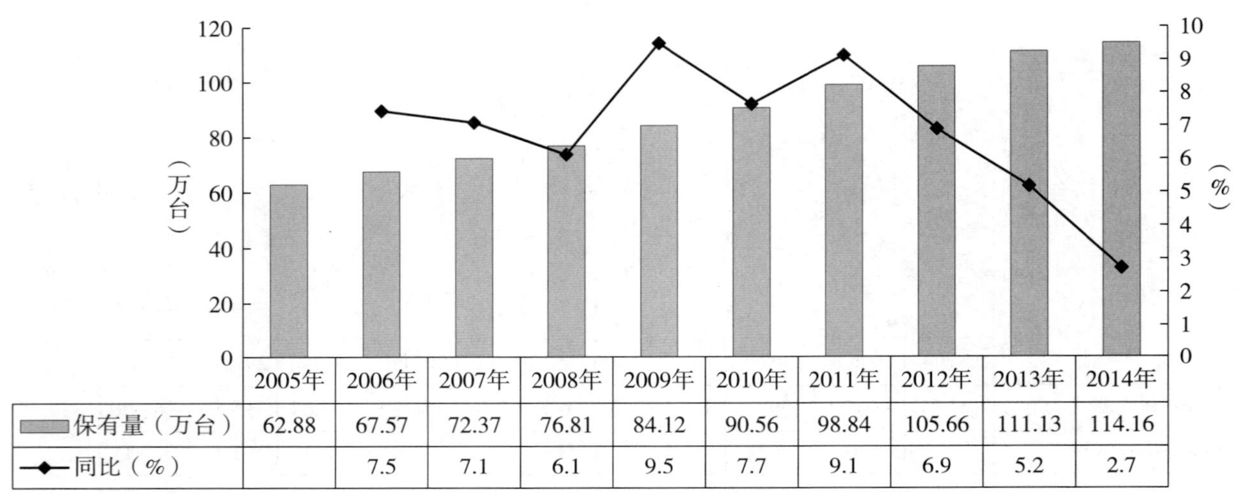

	2005年	2006年	2007年	2008年	2009年	2010年	2011年	2012年	2013年	2014年
保有量（万台）	62.88	67.57	72.37	76.81	84.12	90.56	98.84	105.66	111.13	114.16
同比（%）		7.5	7.1	6.1	9.5	7.7	9.1	6.9	5.2	2.7

图 19　2005—2014 年吉林省拖拉机保有量走势

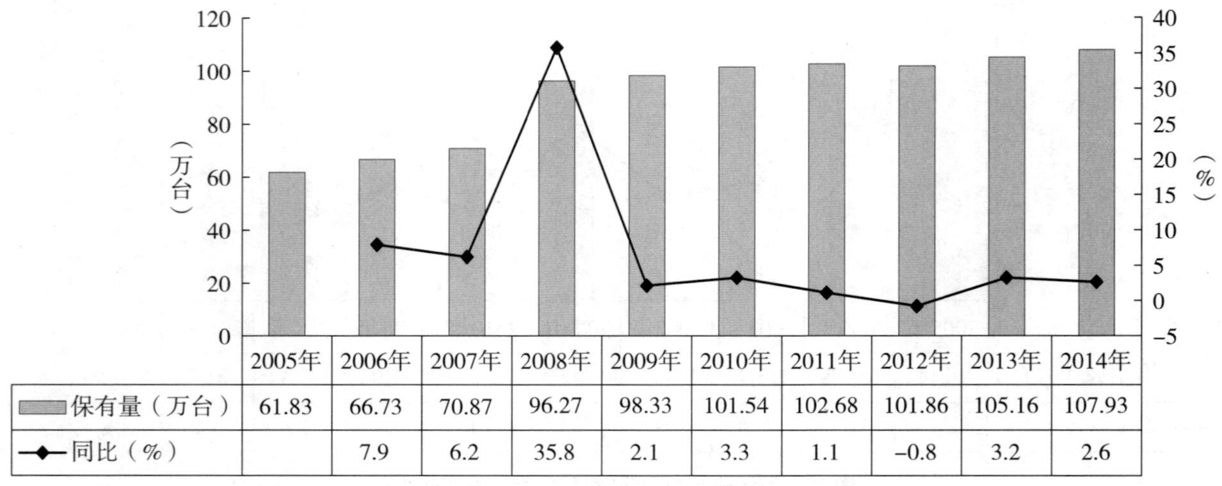

	2005年	2006年	2007年	2008年	2009年	2010年	2011年	2012年	2013年	2014年
保有量（万台）	61.83	66.73	70.87	96.27	98.33	101.54	102.68	101.86	105.16	107.93
同比（%）		7.9	6.2	35.8	2.1	3.3	1.1	−0.8	3.2	2.6

图 20　2005—2014 年内蒙古自治区拖拉机保有量走势

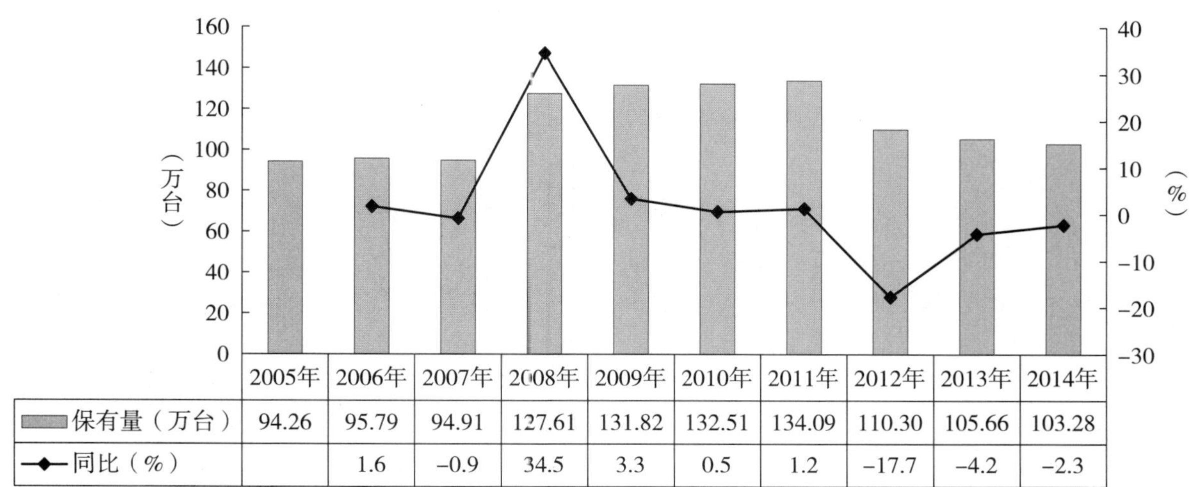

	2005年	2006年	2007年	2008年	2009年	2010年	2011年	2012年	2013年	2014年
保有量（万台）	94.26	95.79	94.91	127.61	131.82	132.51	134.09	110.30	105.66	103.28
同比（%）		1.6	−0.9	34.5	3.3	0.5	1.2	−17.7	−4.2	−2.3

图 21　2005—2014 年江苏省拖拉机保有量走势

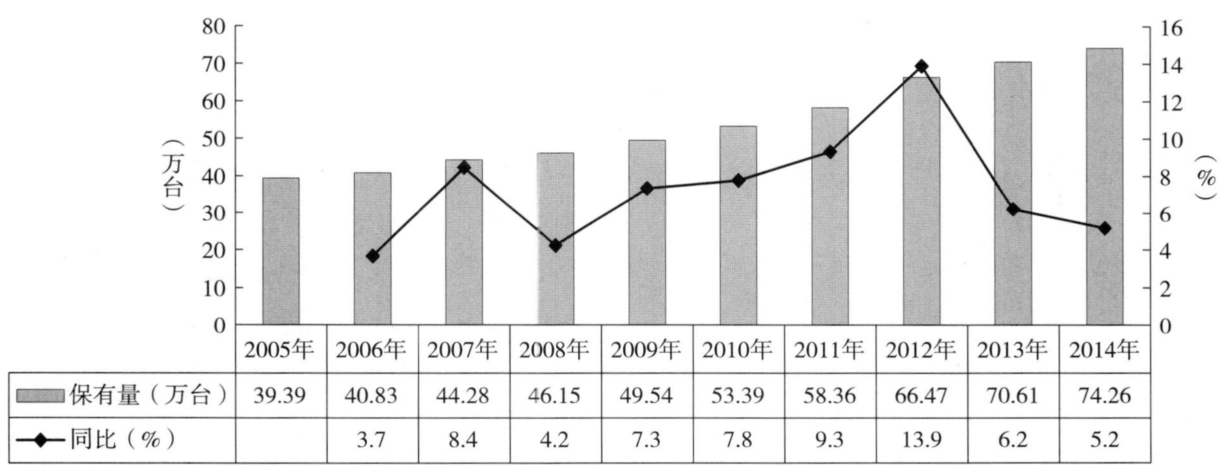

	2005年	2006年	2007年	2008年	2009年	2010年	2011年	2012年	2013年	2014年
保有量（万台）	39.39	40.83	44.28	46.15	49.54	53.39	58.36	66.47	70.61	74.26
同比（%）		3.7	8.4	4.2	7.3	7.8	9.3	13.9	6.2	5.2

图 22　2005—2014 年甘肃省拖拉机保有量走势

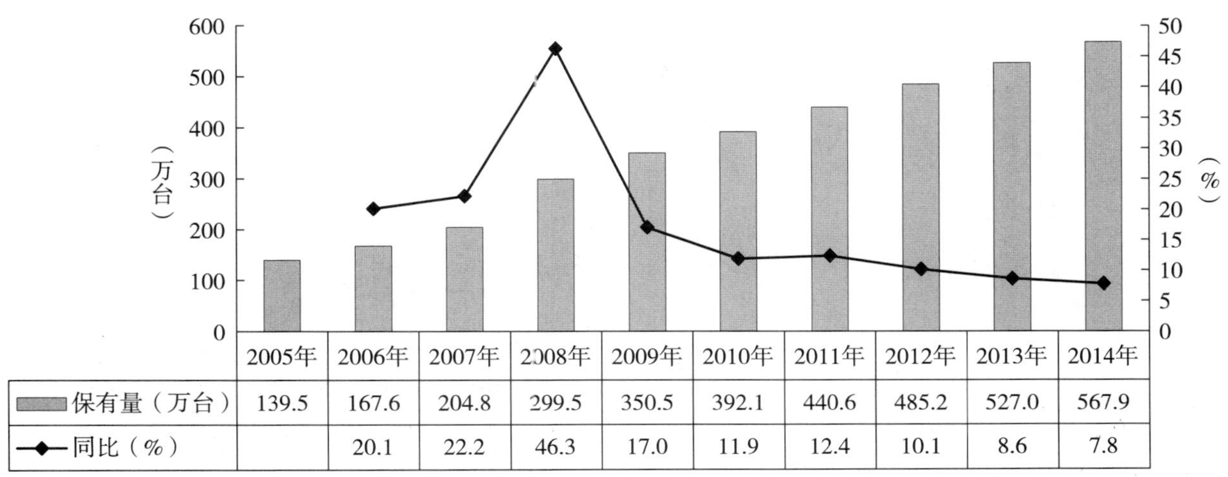

	2005年	2006年	2007年	2008年	2009年	2010年	2011年	2012年	2013年	2014年
保有量（万台）	139.5	167.6	204.8	299.5	350.5	392.1	440.6	485.2	527.0	567.9
同比（%）		20.1	22.2	46.3	17.0	11.9	12.4	10.1	8.6	7.8

图 23　2005—2014 年全国大中型拖拉机保有量走势

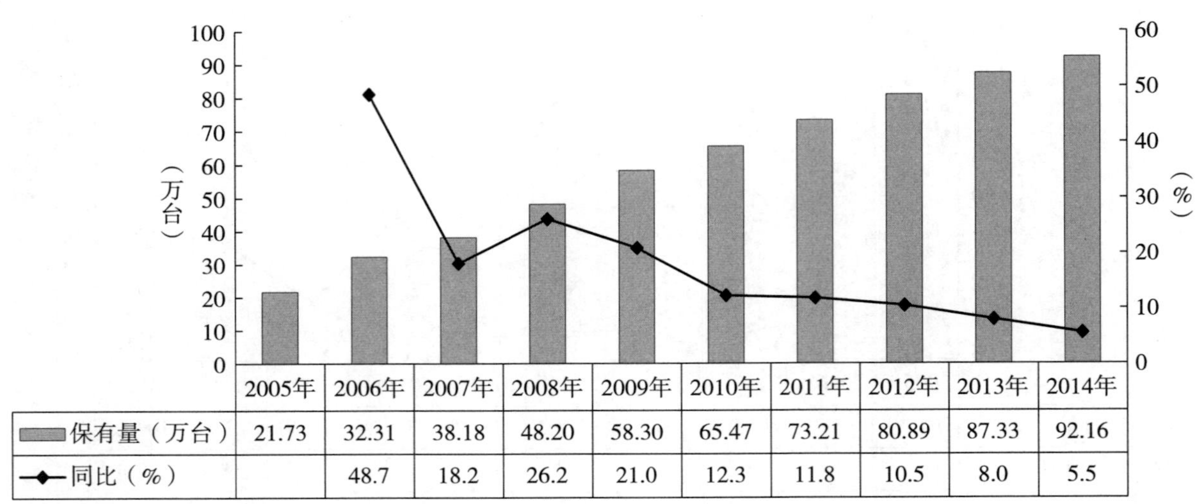

	2005年	2006年	2007年	2008年	2009年	2010年	2011年	2012年	2013年	2014年
保有量（万台）	21.73	32.31	38.18	48.20	58.30	65.47	73.21	80.89	87.33	92.16
同比（%）		48.7	18.2	26.2	21.0	12.3	11.8	10.5	8.0	5.5

图 24　2005—2014 年黑龙江省大中拖保有量走势

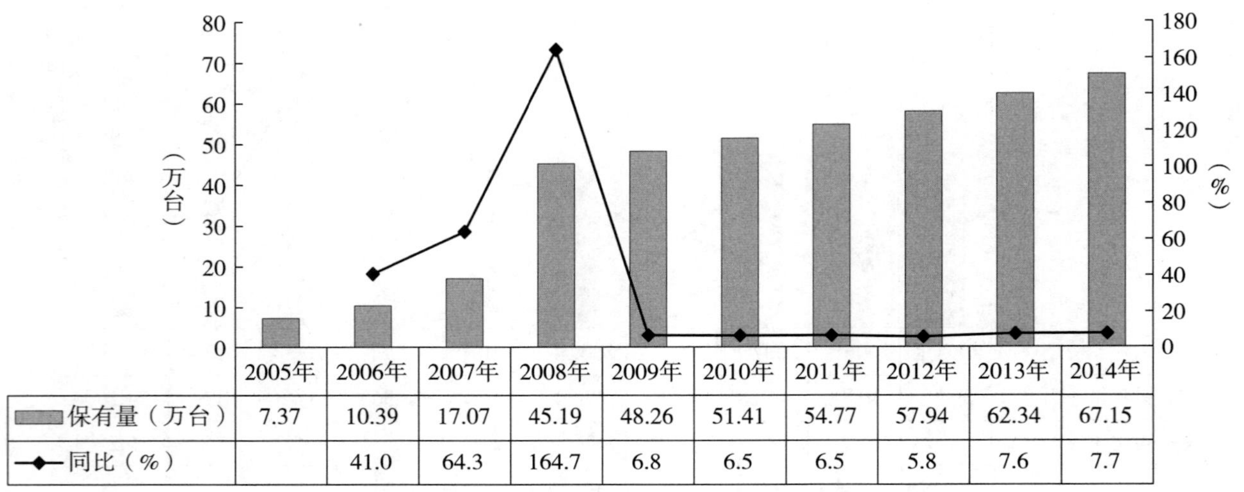

	2005年	2006年	2007年	2008年	2009年	2010年	2011年	2012年	2013年	2014年
保有量（万台）	7.37	10.39	17.07	45.19	48.26	51.41	54.77	57.94	62.34	67.15
同比（%）		41.0	64.3	164.7	6.8	6.5	6.5	5.8	7.6	7.7

图 25　2005—2014 年内蒙古自治区大中拖保有量走势

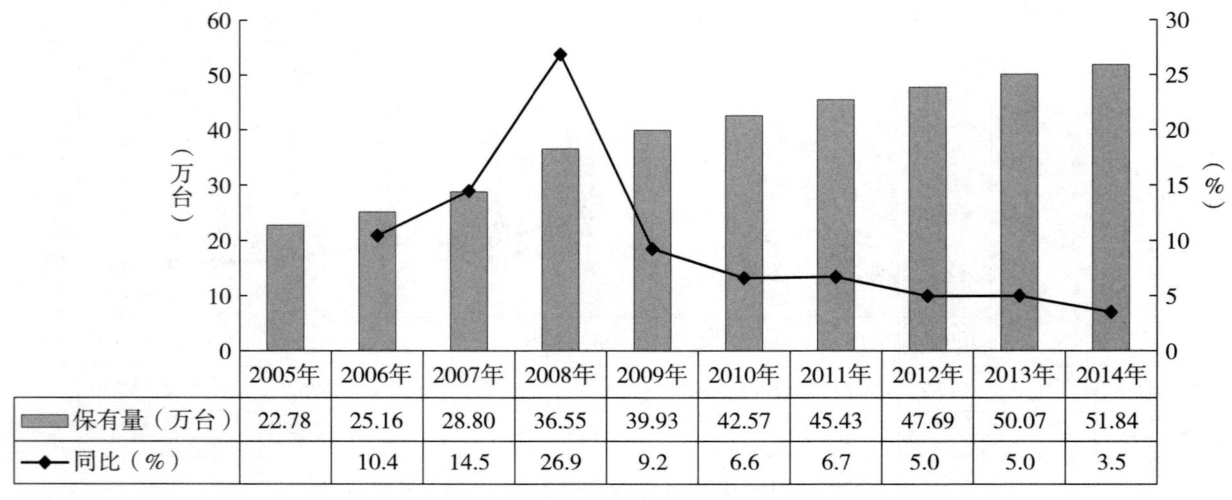

	2005年	2006年	2007年	2008年	2009年	2010年	2011年	2012年	2013年	2014年
保有量（万台）	22.78	25.16	28.80	36.55	39.93	42.57	45.43	47.69	50.07	51.84
同比（%）		10.4	14.5	26.9	9.2	6.6	6.7	5.0	5.0	3.5

图 26　2005—2014 年山东省大中拖保有量走势

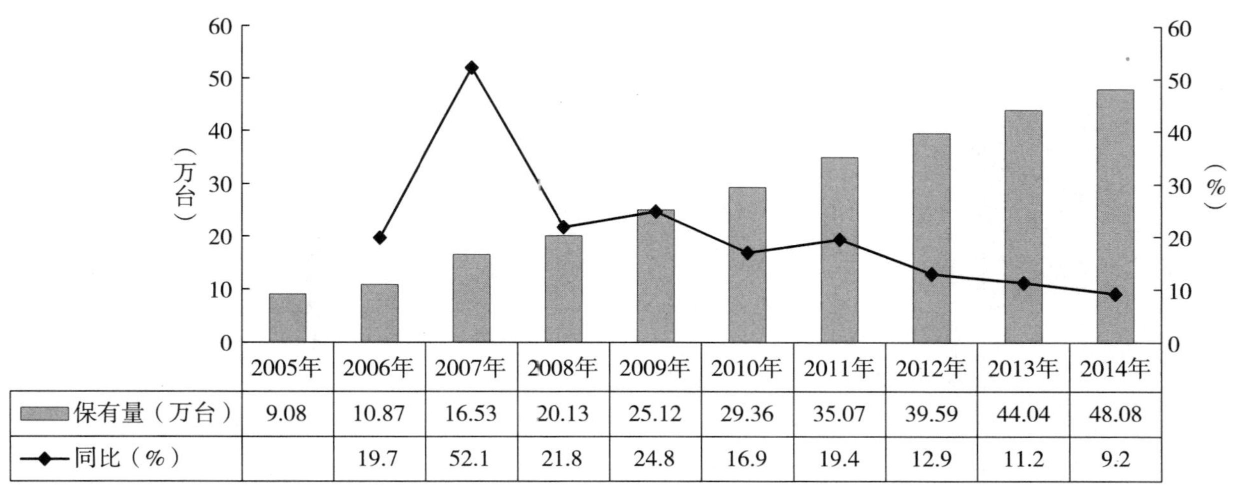

图 27　2005—2014 年吉林省大中拖保有量走势

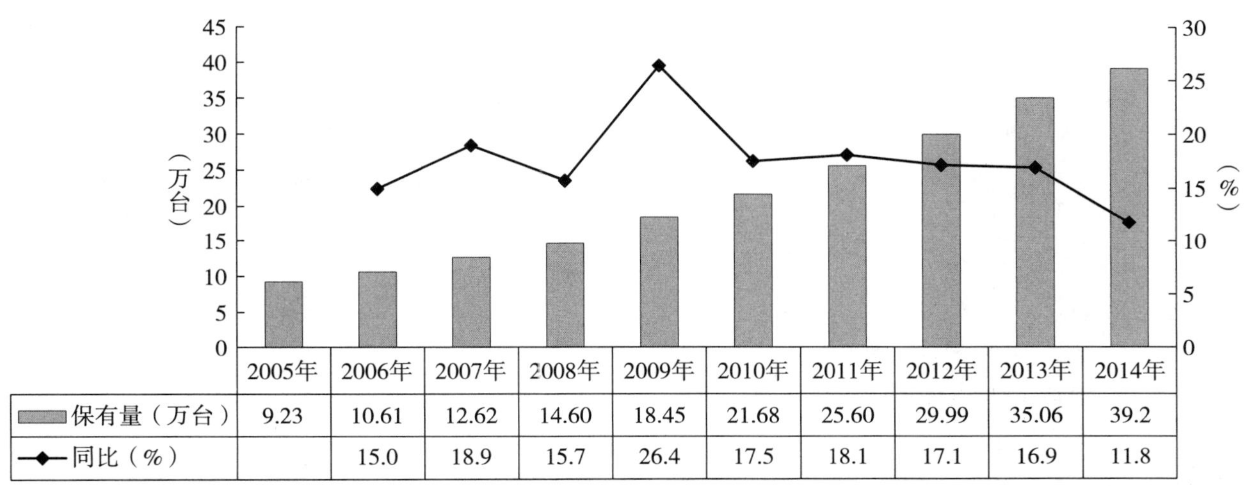

图 28　2005—2014 年新疆维吾尔自治区大中拖保有量走势

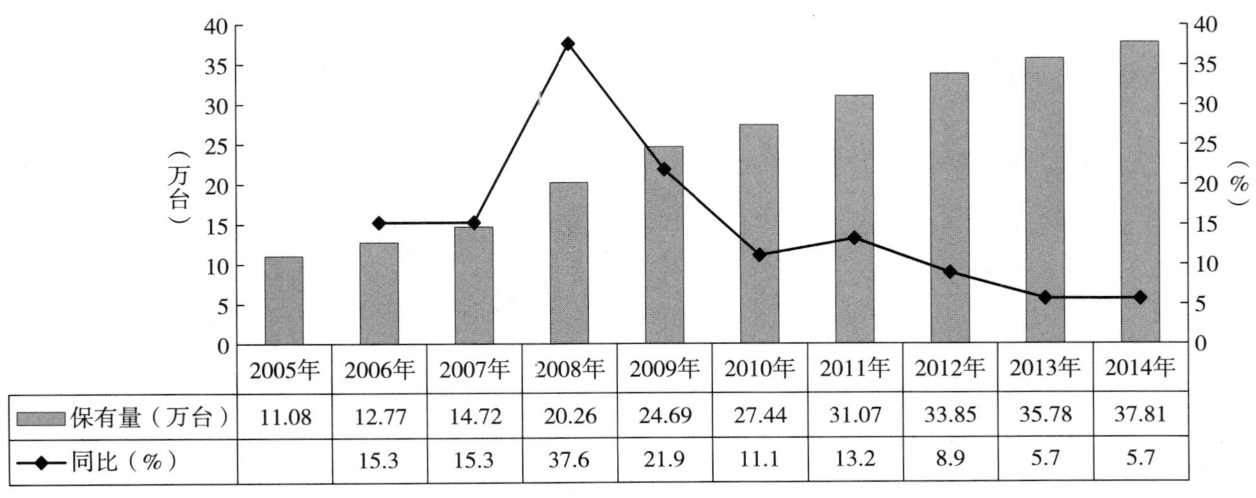

图 29　2005—2014 年河南省大中拖保有量走势

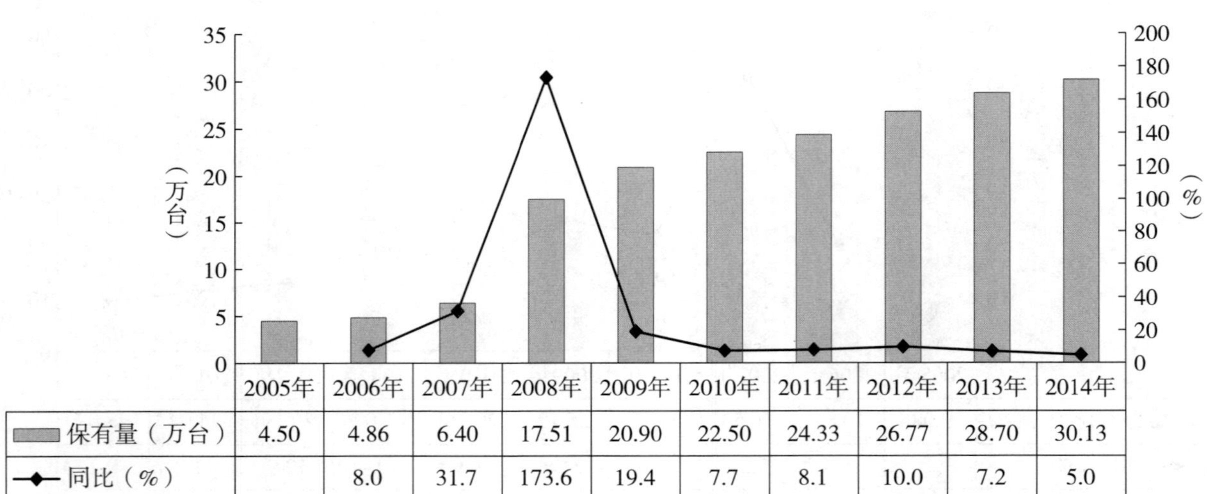

	2005年	2006年	2007年	2008年	2009年	2010年	2011年	2012年	2013年	2014年
保有量（万台）	4.50	4.86	6.40	17.51	20.90	22.50	24.33	26.77	28.70	30.13
同比（%）		8.0	31.7	173.6	19.4	7.7	8.1	10.0	7.2	5.0

图 30　2005—2014 年云南省大中拖保有量走势

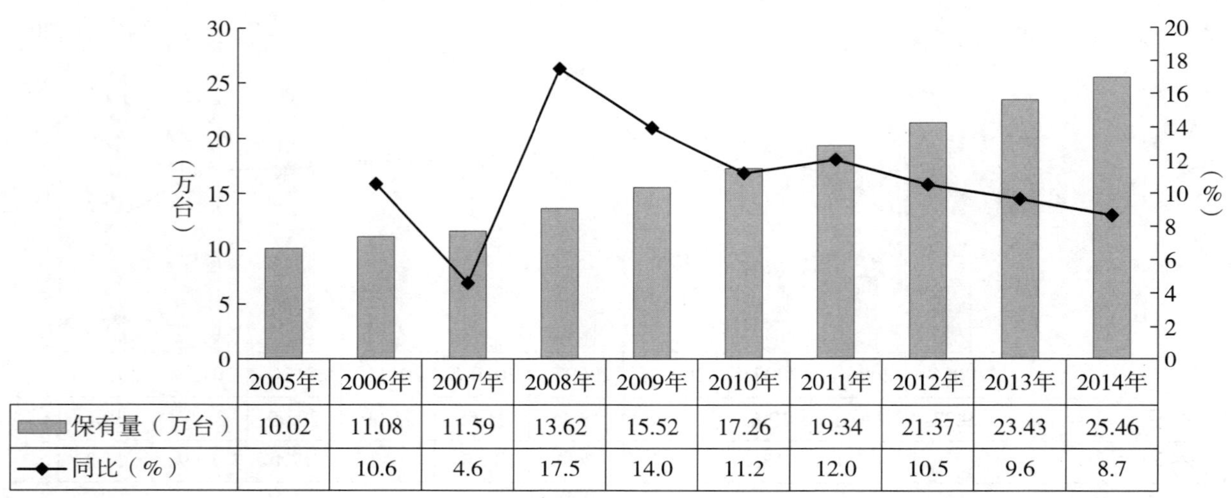

	2005年	2006年	2007年	2008年	2009年	2010年	2011年	2012年	2013年	2014年
保有量（万台）	10.02	11.08	11.59	13.62	15.52	17.26	19.34	21.37	23.43	25.46
同比（%）		10.6	4.6	17.5	14.0	11.2	12.0	10.5	9.6	8.7

图 31　2005—2014 年河北省大中拖保有量走势

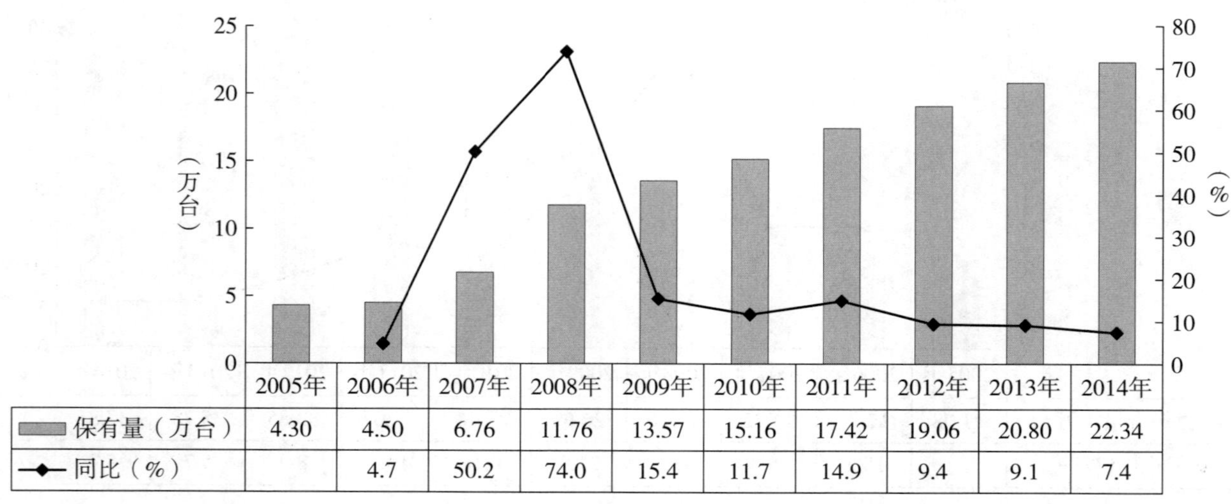

	2005年	2006年	2007年	2008年	2009年	2010年	2011年	2012年	2013年	2014年
保有量（万台）	4.30	4.50	6.76	11.76	13.57	15.16	17.42	19.06	20.80	22.34
同比（%）		4.7	50.2	74.0	15.4	11.7	14.9	9.4	9.1	7.4

图 32　2005—2014 年辽宁省大中拖保有量走势

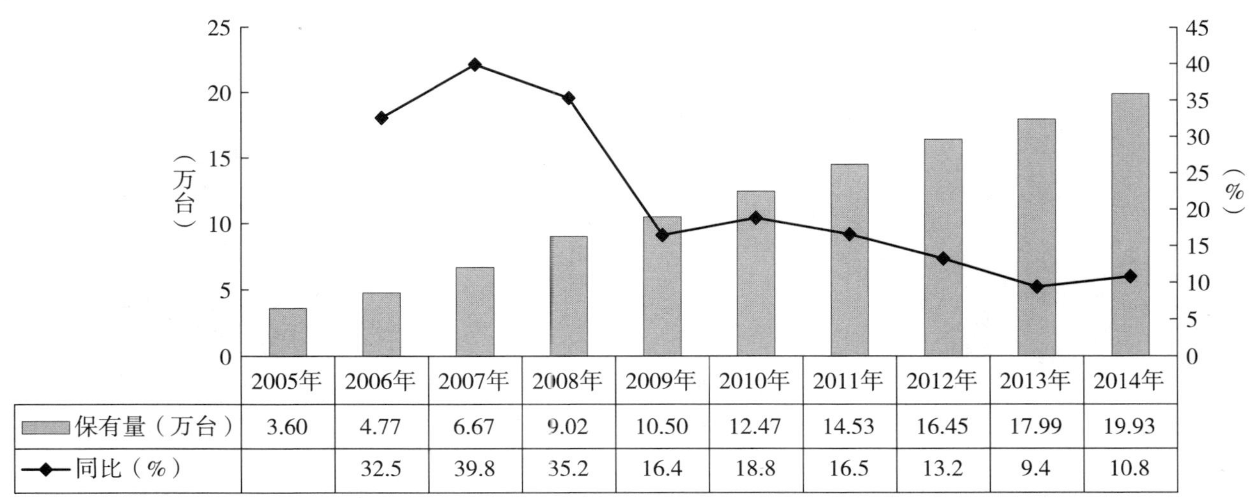

	2005年	2006年	2007年	2008年	2009年	2010年	2011年	2012年	2013年	2014年
保有量（万台）	3.60	4.77	6.67	9.02	10.50	12.47	14.53	16.45	17.99	19.93
同比（%）		32.5	39.8	35.2	16.4	18.8	16.5	13.2	9.4	10.8

图 33　2005—2014 年安徽省大中拖保有量走势

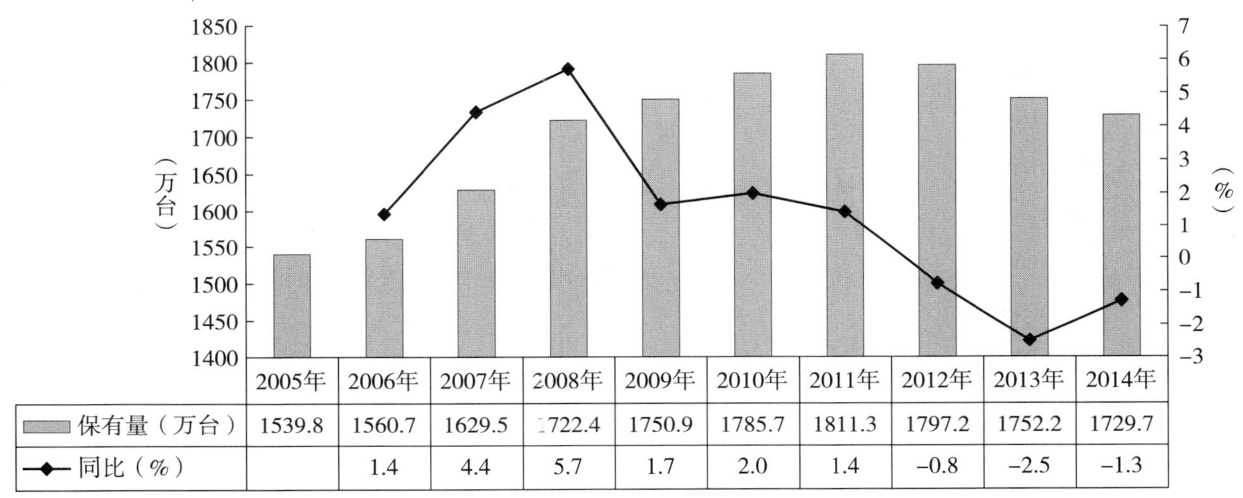

	2005年	2006年	2007年	2008年	2009年	2010年	2011年	2012年	2013年	2014年
保有量（万台）	1539.8	1560.7	1629.5	1722.4	1750.9	1785.7	1811.3	1797.2	1752.2	1729.7
同比（%）		1.4	4.4	5.7	1.7	2.0	1.4	−0.8	−2.5	−1.3

图 34　2005—2014 年全国小拖保有量走势

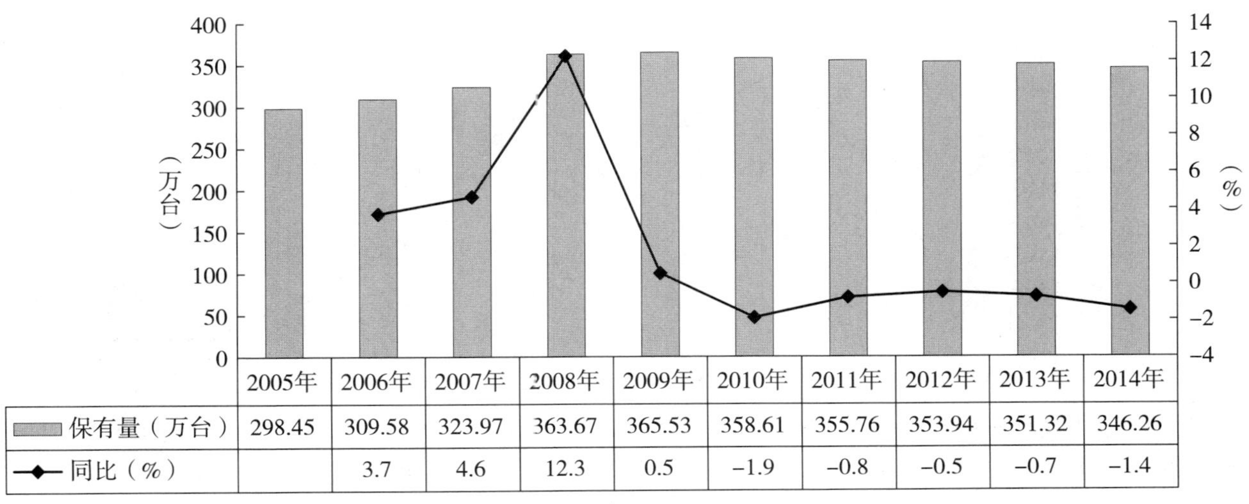

	2005年	2006年	2007年	2008年	2009年	2010年	2011年	2012年	2013年	2014年
保有量（万台）	298.45	309.58	323.97	363.67	365.53	358.61	355.76	353.94	351.32	346.26
同比（%）		3.7	4.6	12.3	0.5	−1.9	−0.8	−0.5	−0.7	−1.4

图 35　2005—2014 年河南省小拖保有量走势

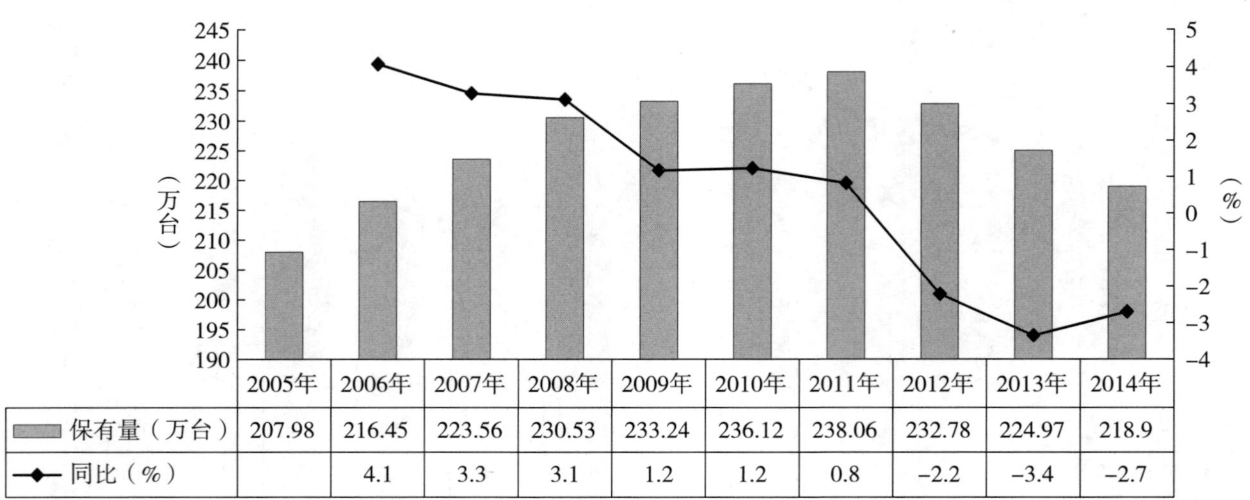

	2005年	2006年	2007年	2008年	2009年	2010年	2011年	2012年	2013年	2014年
保有量（万台）	207.98	216.45	223.56	230.53	233.24	236.12	238.06	232.78	224.97	218.9
同比（%）		4.1	3.3	3.1	1.2	1.2	0.8	−2.2	−3.4	−2.7

图 36　2005—2014 年安徽省小拖保有量走势

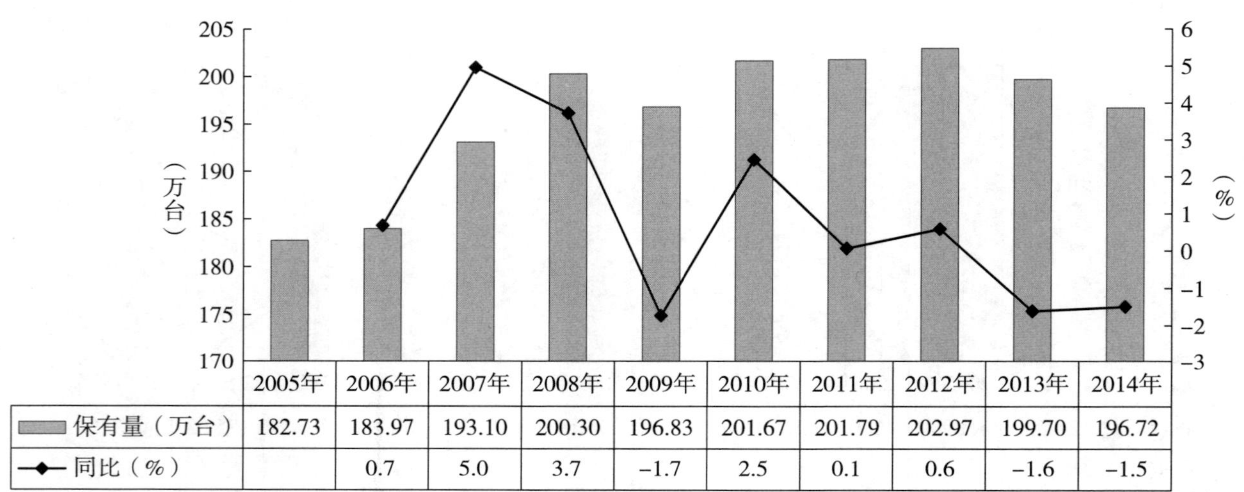

	2005年	2006年	2007年	2008年	2009年	2010年	2011年	2012年	2013年	2014年
保有量（万台）	182.73	183.97	193.10	200.30	196.83	201.67	201.79	202.97	199.70	196.72
同比（%）		0.7	5.0	3.7	−1.7	2.5	0.1	0.6	−1.6	−1.5

图 37　2005—2014 年山东省小拖保有量走势

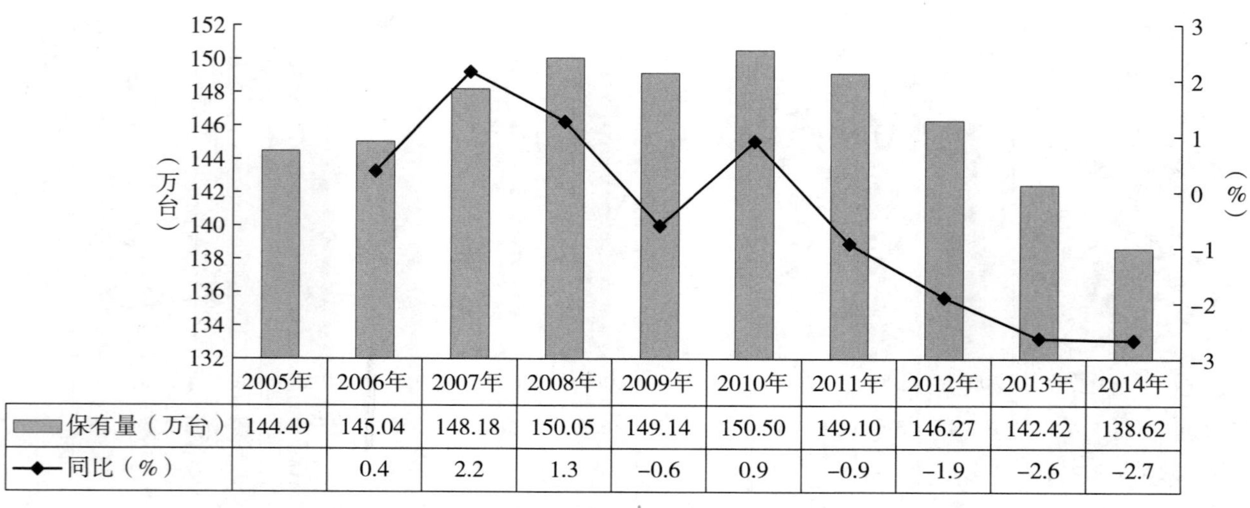

	2005年	2006年	2007年	2008年	2009年	2010年	2011年	2012年	2013年	2014年
保有量（万台）	144.49	145.04	148.18	150.05	149.14	150.50	149.10	146.27	142.42	138.62
同比（%）		0.4	2.2	1.3	−0.6	0.9	−0.9	−1.9	−2.6	−2.7

图 38　2005—2014 年河北省小拖保有量走势

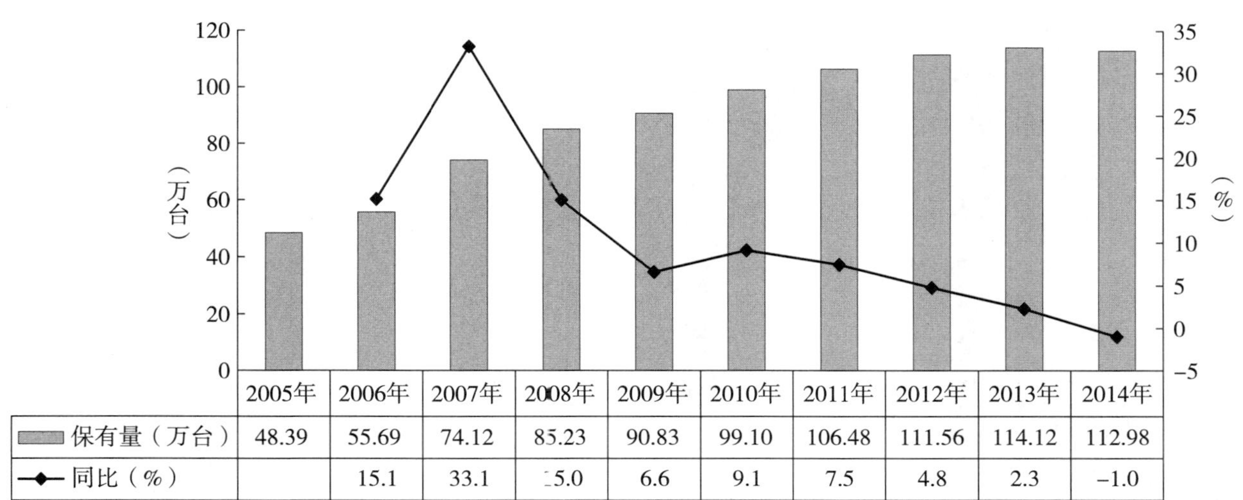

	2005年	2006年	2007年	2008年	2009年	2010年	2011年	2012年	2013年	2014年
保有量（万台）	48.39	55.69	74.12	85.23	90.83	99.10	106.48	111.56	114.12	112.98
同比（%）		15.1	33.1	15.0	6.6	9.1	7.5	4.8	2.3	−1.0

图 39　2005—2014 年湖北省小拖保有量走势

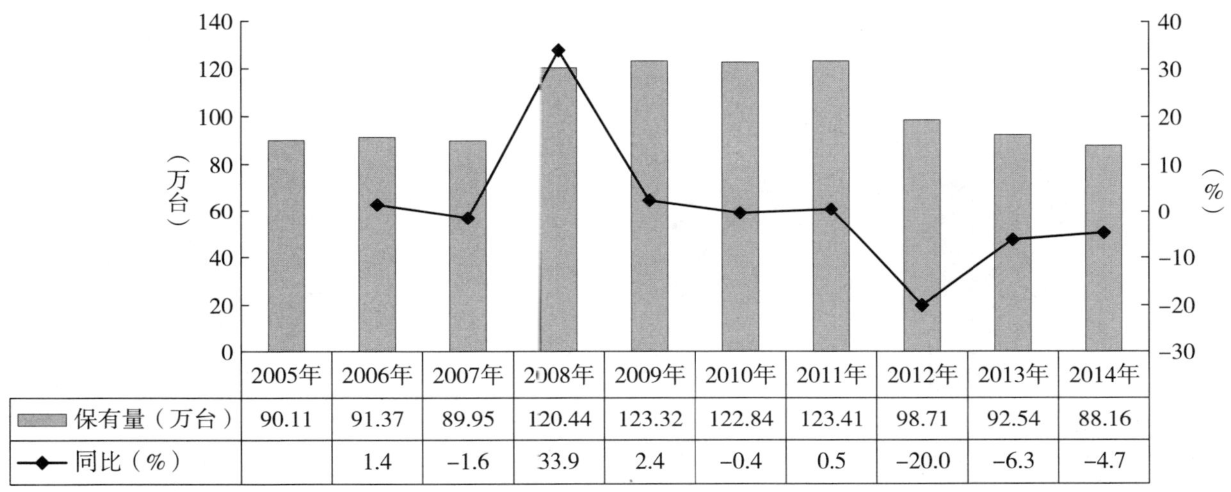

	2005年	2006年	2007年	2008年	2009年	2010年	2011年	2012年	2013年	2014年
保有量（万台）	90.11	91.37	89.95	120.44	123.32	122.84	123.41	98.71	92.54	88.16
同比（%）		1.4	−1.6	33.9	2.4	−0.4	0.5	−20.0	−6.3	−4.7

图 40　2005—2014 年江苏省小拖保有量走势

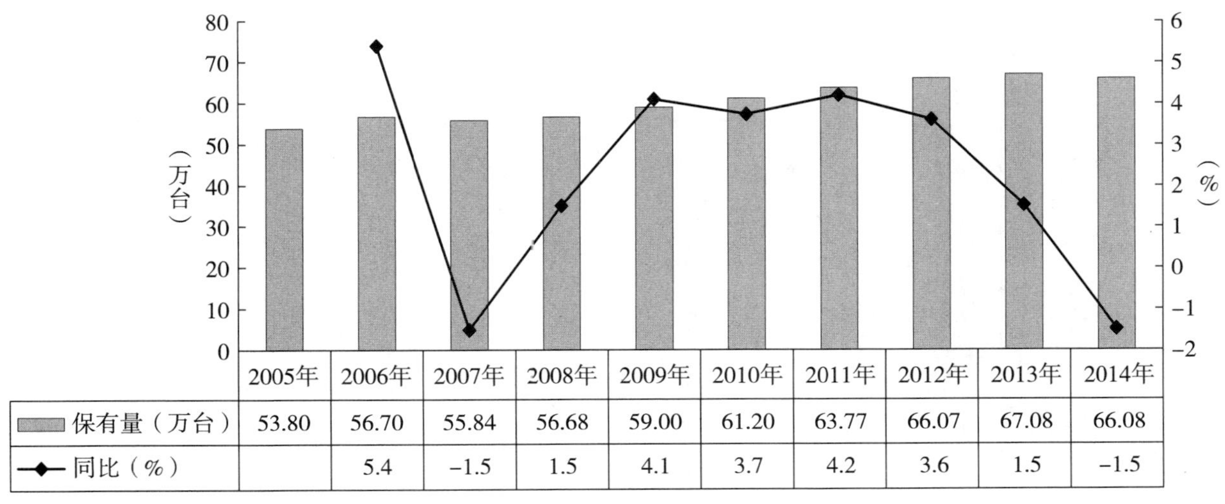

	2005年	2006年	2007年	2008年	2009年	2010年	2011年	2012年	2013年	2014年
保有量（万台）	53.80	56.70	55.84	56.68	59.00	61.20	63.77	66.07	67.08	66.08
同比（%）		5.4	−1.5	1.5	4.1	3.7	4.2	3.6	1.5	−1.5

图 41　2005—2014 年吉林省小拖保有量走势

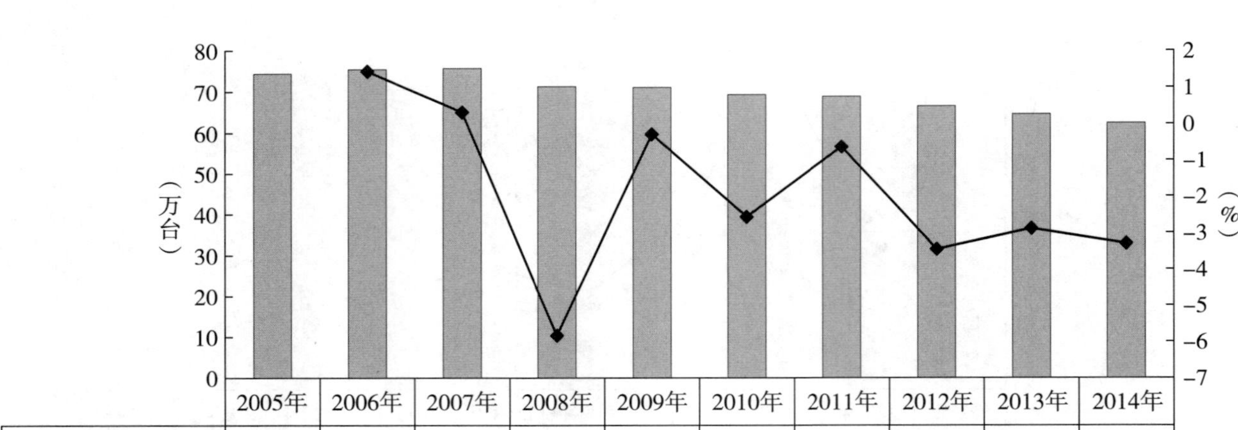

	2005年	2006年	2007年	2008年	2009年	2010年	2011年	2012年	2013年	2014年
保有量（万台）	74.41	75.48	75.72	71.30	71.10	69.27	68.83	66.45	64.53	62.4
同比（%）		1.4	0.3	−5.8	−0.3	−2.6	−0.6	−3.5	−2.9	−3.3

图 42　2005—2014 年黑龙江省小拖保有量走势

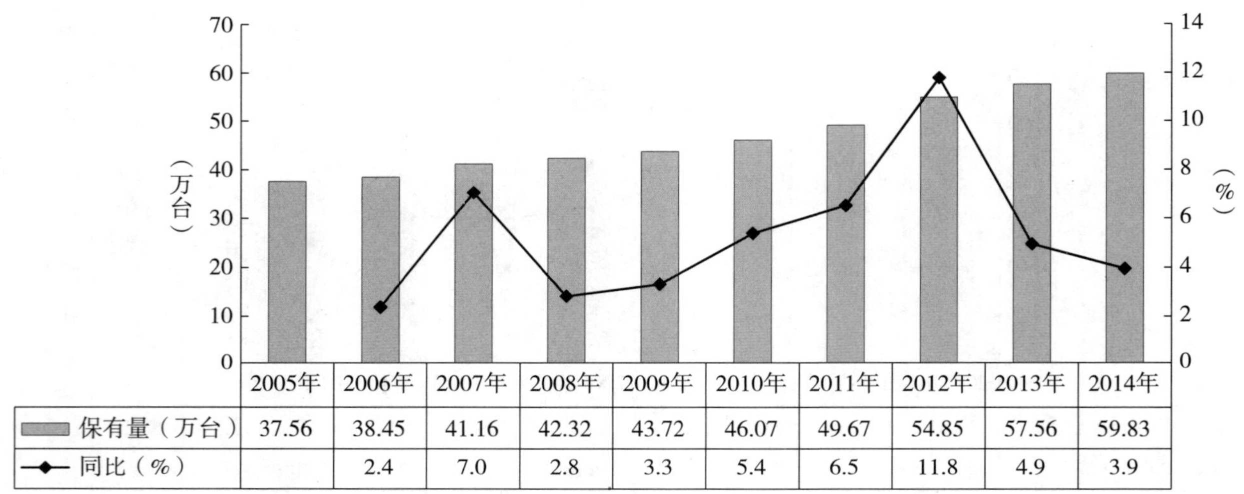

	2005年	2006年	2007年	2008年	2009年	2010年	2011年	2012年	2013年	2014年
保有量（万台）	37.56	38.45	41.16	42.32	43.72	46.07	49.67	54.85	57.56	59.83
同比（%）		2.4	7.0	2.8	3.3	5.4	6.5	11.8	4.9	3.9

图 43　2005—2014 年甘肃省小拖保有量走势

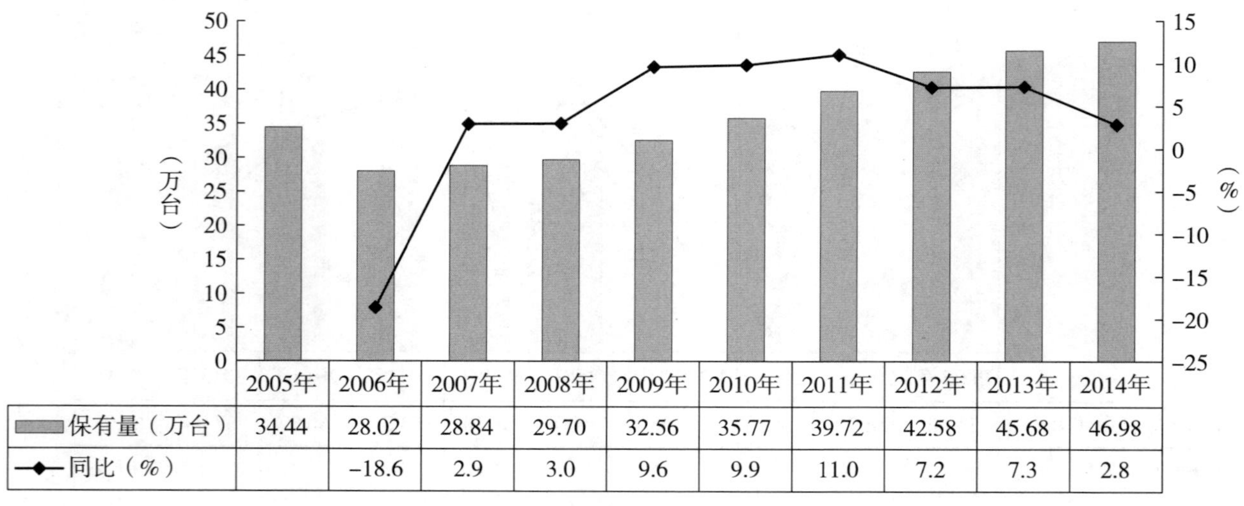

	2005年	2006年	2007年	2008年	2009年	2010年	2011年	2012年	2013年	2014年
保有量（万台）	34.44	28.02	28.84	29.70	32.56	35.77	39.72	42.58	45.68	46.98
同比（%）		−18.6	2.9	3.0	9.6	9.9	11.0	7.2	7.3	2.8

图 44　2005—2014 年广西壮族自治区小拖保有量走势

三、部分耕整、种植、收获机械保有量

（一）耕整及种植机械保有量

表 9　　2005—2014 年旋耕机保有量一览表　　单位：万台

序号	地区	2005 年	2006 年	2007 年	2008 年	2009 年	2010 年	2011 年	2012 年	2013 年	2014 年
0	全国	283.01	306.56	331.86	375.54	409.50	463.34	502.3	530.72	532.45	584.63
1	江苏省	73.00	74.10	74.67	85.33	87.27	88.39	90.9	88.19	89.40	90.46
2	湖北省	14.85	18.06	24.21	33.08	39.40	51.78	53.1	54.26	59.45	61.54
3	安徽省	41.62	43.63	43.87	50.58	54.06	56.48	59.1	61.79	46.41	67.72
4	山东省	21.14	23.29	24.40	27.17	29.24	31.53	32.7	31.77	32.31	32.81
5	河北省	16.71	20.23	19.61	20.10	21.36	22.58	24.9	25.38	26.62	27.94
6	江西省	8.97	9.79	12.05	18.20	19.72	27.30	30.6	35.96	26.34	27.30
7	吉林省	2.79	3.86	4.20	6.70	8.40	14.60	18.4	20.30	25.34	26.18
8	河南省	8.20	10.85	12.91	13.74	15.46	18.38	20.2	21.92	23.41	24.70
9	云南省	7.89	8.70	9.34	9.72	10.88	12.67	14.5	17.19	20.40	21.24
10	黑龙江省	4.40	5.77	10.68	11.37	12.50	14.80	17.0	18.56	19.85	21.36
11	甘肃省	2.84	3.73	4.86	5.47	6.68	7.85	9.0	10.00	10.50	20.82
12	广东省	13.91	13.89	14.20	10.41	11.93	13.47	15.6	16.44	18.60	19.10
13	广西壮族自治区	11.08	11.12	11.12	10.21	11.79	12.66	14.3	16.17	16.63	17.86
14	陕西省	5.83	5.60	6.25	7.11	8.46	9.68	11.5	13.10	14.77	16.99
15	山西省	4.53	4.59	5.05	6.00	6.70	7.48	10.2	12.17	14.14	15.66
16	四川省	7.34	8.82	9.38	9.72	9.85	13.08	14.4	16.85	14.58	15.01
17	湖南省	5.94	7.95	8.46	9.23	10.24	10.56	11.4	11.97	13.43	14.69
18	浙江省	13.12	11.15	11.25	11.83	12.27	12.69	12.5	12.22	11.37	11.07
19	福建省	5.11	6.04	6.66	7.19	8.36	8.74	9.4	10.05	10.61	10.77
20	辽宁省	3.05	3.36	3.82	4.59	5.31	5.43	6.9	8.35	9.20	9.70
21	青海省	4.21	4.74	6.06	6.20	5.61	6.58	6.8	7.05	6.13	7.78
22	内蒙古自治区	1.11	1.29	1.81	3.42	3.78	4.68	5.4	6.19	6.95	7.74
23	新疆维吾尔自治区	0.97	1.14	1.33	1.60	2.19	2.69	3.1	3.62	4.17	4.58
24	贵州省	0.73	0.87	1.40	1.94	2.45	2.65	3.0	3.36	3.68	3.40
25	宁夏回族自治区	0.20	0.26	0.39	0.58	0.78	1.30	1.6	1.88	2.05	2.31
26	天津市	1.79	1.83	1.91	1.96	2.06	2.11	2.2	2.24	2.28	1.94
27	海南省	0.69	0.72	0.82	0.79	0.90	1.14	1.4	1.53	1.65	1.65
28	上海市	0.43	0.63	0.60	0.44	0.61	0.68	0.7	0.72	0.75	0.75
29	重庆市	0.00	0.00	0.00	0.27	0.44	0.44	0.4	0.45	0.48	0.46
30	新疆兵团	0.00	0.00	0.01	0.06	0.09	0.22	0.3	0.32	0.33	0.45
31	北京市	0.57	0.55	0.54	0.53	0.55	0.55	0.5	0.50	0.38	0.36
32	西藏自治区	0.00	0.00	0.00	0.00	0.15	0.17	0.2	0.22	0.24	0.29

表 10　　2005—2014 年旋耕机保有量走势分析

序号	地区	类别	2005 年	2006 年	2007 年	2008 年	2009 年	2010 年	2011 年	2012 年	2013 年	2014 年
0	全国	保有量（万台）	283.01	306.56	331.86	375.54	409.50	463.34	502.3	530.72	532.45	584.63
		同比（%）		8.32	8.25	13.16	9.04	13.15	8.40	5.67	0.33	9.80
1	江苏省	保有量（万台）	73.00	74.10	74.67	85.33	87.27	88.39	90.9	88.19	89.4	90.46
		同比（%）		1.51	0.77	14.28	2.27	1.28	2.88	-3.02	1.37	1.19
2	湖北省	保有量（万台）	14.85	18.06	24.21	33.08	39.40	51.78	53.1	54.26	59.45	61.54
		同比（%）		21.62	34.05	36.64	19.11	31.42	2.62	2.11	9.57	3.52
3	安徽省	保有量（万台）	41.62	43.63	43.87	50.58	54.06	56.48	59.1	61.79	46.41	67.72
		同比（%）		4.83	0.55	15.30	6.88	4.48	4.55	4.64	-24.89	45.92
4	山东省	保有量（万台）	21.14	23.29	24.40	27.17	29.24	31.53	32.7	31.77	32.31	32.81
		同比（%）		10.17	4.77	11.35	7.62	7.83	3.65	-2.78	1.70	1.55
5	河北省	保有量（万台）	16.71	20.23	19.61	20.10	21.36	22.58	24.9	25.38	26.62	27.94
		同比（%）		21.07	-3.06	2.50	6.27	5.71	10.05	2.13	4.89	4.96
6	江西省	保有量（万台）	8.97	9.79	12.05	18.20	19.72	27.30	30.6	35.96	26.34	27.30
		同比（%）		9.14	23.08	51.04	8.35	38.44	12.12	17.48	-26.75	3.64
7	吉林省	保有量（万台）	2.79	3.86	4.20	6.70	8.40	14.60	18.4	20.30	25.34	26.18
		同比（%）		38.35	8.81	59.52	25.37	73.81	25.96	10.39	24.83	3.31
8	河南省	保有量（万台）	8.20	10.85	12.91	13.74	15.46	18.38	20.2	21.92	23.41	24.70
		同比（%）		32.32	18.99	6.43	12.52	18.89	10.07	8.35	6.80	5.51
9	云南省	保有量（万台）	7.89	8.70	9.34	9.72	10.88	12.67	14.5	17.19	20.40	21.24
		同比（%）		10.27	7.36	4.07	11.93	16.45	14.52	18.47	18.67	4.12
10	黑龙江省	保有量（万台）	4.40	5.77	10.68	11.37	12.50	14.80	17.0	18.56	19.85	21.36
		同比（%）		31.14	85.10	6.46	9.94	18.40	14.59	9.43	6.95	7.61

表 11　　**2005—2014 年播种机保有量一览表**　　单位：万台

序号	地区	2005 年	2006 年	2007 年	2008 年	2009 年	2010 年	2011 年	2012 年	2013 年	2014 年
0	全国	364.65	393.59	424.20	482.11	514.80	538.14	553.8	580.20	600.50	623.36
1	河南省	81.80	90.47	97.31	111.09	119.24	121.61	126.5	129.32	132.18	134.27
2	山东省	43.32	44.39	48.20	53.73	61.04	63.81	66.3	66.82	69.84	71.40
3	黑龙江省	34.23	40.13	43.10	49.00	51.80	55.73	55.6	58.62	61.59	63.84
4	内蒙古自治区	23.40	27.38	32.50	45.51	48.03	51.12	54.1	55.57	58.61	57.26
5	河北省	41.06	42.89	45.59	47.98	49.81	51.39	52.4	51.16	51.94	53.04
6	吉林省	31.44	34.35	36.33	43.25	43.28	44.80	42.4	49.74	50.69	53.26
7	安徽省	33.41	34.68	35.58	35.36	38.10	40.00	41.0	41.64	44.12	45.88
8	江苏省	16.87	17.94	20.29	22.80	22.73	23.26	24.6	28.85	29.53	29.85
9	辽宁省	9.16	10.30	11.62	13.22	15.12	16.70	17.7	20.13	20.53	20.87
10	新疆维吾尔自治区	7.14	7.31	7.61	9.51	9.92	11.53	12.3	13.29	14.03	15.09
11	甘肃省	7.68	8.76	9.32	9.94	11.20	12.00	12.5	13.80	14.00	22.88
12	山西省	7.45	7.93	8.38	8.99	9.82	10.35	11.3	12.53	13.37	14.32
13	陕西省	9.99	10.42	10.18	10.47	11.01	11.20	11.3	11.95	12.48	12.75
14	宁夏回族自治区	3.70	3.65	3.73	6.40	7.65	7.81	8.5	8.65	8.77	8.78
15	青海省	4.75	3.48	4.06	4.43	5.39	5.41	4.7	4.76	5.62	5.97
16	湖北省	1.42	1.72	2.20	2.10	2.75	3.36	4.1	4.56	4.55	4.98
17	西藏自治区	1.95	2.00	2.05	1.17	1.71	1.85	2.1	2.21	2.28	2.57
18	四川省	1.55	1.59	1.64	1.71	1.66	1.59	2.0	1.95	1.93	1.92
19	天津市	1.56	1.56	1.69	1.73	1.75	1.82	1.9	1.86	1.87	1.62
20	新疆兵团	1.30	1.30	1.37	1.35	1.41	1.43	1.4	1.54	1.52	1.62
21	北京市	0.97	0.99	0.99	0.92	0.94	0.93	0.9	0.81	0.52	0.47
22	云南省	0.21	0.11	0.11	0.08	0.09	0.09	0.1	0.11	0.15	0.22
23	湖南省	0.04	0.04	0.05	0.05	0.04	0.05	0.1	0.11	0.12	0.15
24	江西省	0.03	0.04	0.12	0.14	0.16	0.16	0.0	0.04	0.07	0.08
25	上海市	0.01	0.01	0.01	0.10	0.03	0.04	0.1	0.06	0.06	0.06
26	重庆市	0.11	0.11	0.11	0.04	0.07	0.04	0.1	0.05	0.05	0.05
27	浙江省	0.05	0.01	0.03	0.02	0.02	0.02	0.0	0.04	0.04	0.05
28	贵州省	0.04	0.02	0.02	0.03	0.02	0.03	0.0	0.03	0.03	0.03
29	福建省	0.00	0.00	0.00	0.00	0.00	0.00	0.0	0.00	0.01	0.02
30	广东省	0.00	0.00	0.00	0.00	0.00	0.00	0.0	0.00	0.00	0.01
31	海南省	0.00	0.00	0.01	0.00	0.00	0.00	0.0	0.00	0.00	0.05
32	广西壮族自治区	0.00	0.00	0.00	0.00	0.00	0.00	0.0	0.00	0.00	0.00

表 12　　2005—2014 年播种机保有量走势分析

序号	地区	类别	2005 年	2006 年	2007 年	2008 年	2009 年	2010 年	2011 年	2012 年	2013 年	2014 年
0	全国	保有量（万台）	364.65	393.59	424.20	482.11	514.80	538.14	553.8	580.20	600.50	623.36
		同比（%）		7.94	7.78	13.65	6.78	4.53	2.91	4.77	3.50	3.81
1	河南省	保有量（万台）	81.80	90.47	97.31	111.09	119.24	121.61	126.5	129.32	132.18	134.27
		同比（%）		10.60	7.56	14.16	7.34	1.99	4.05	2.20	2.21	1.58
2	山东省	保有量（万台）	43.32	44.39	48.20	53.73	61.04	63.81	66.3	66.82	69.84	71.40
		同比（%）		2.47	8.58	11.47	13.61	4.54	3.87	0.82	4.52	2.23
3	黑龙江省	保有量（万台）	34.23	40.13	43.10	49.00	51.80	55.73	55.6	58.62	61.59	63.84
		同比（%）		17.24	7.40	13.69	5.71	7.59	-0.29	5.49	5.07	3.65
4	内蒙古自治区	保有量（万台）	23.40	27.38	32.50	45.51	48.03	51.12	54.1	55.57	58.61	57.26
		同比（%）		17.01	18.70	40.03	5.54	6.43	5.90	2.65	5.47	-2.30
5	河北省	保有量（万台）	41.06	42.89	45.59	47.98	49.81	51.39	52.4	51.16	51.94	53.04
		同比（%）		4.46	6.30	5.24	3.81	3.17	1.87	-2.27	1.52	2.12
6	吉林省	保有量（万台）	31.44	34.35	36.33	43.25	43.28	44.80	42.4	49.74	50.69	53.26
		同比（%）		9.26	5.76	19.05	0.07	3.51	-5.31	17.26	1.91	5.07
7	安徽省	保有量（万台）	33.41	34.68	35.58	36.36	38.10	40.00	41.0	41.64	44.12	45.88
		同比（%）		-3.66	-2.53	-2.15	-4.57	-4.75	-2.42	-1.55	5.96	3.99
8	江苏省	保有量（万台）	16.87	17.94	20.29	22.80	22.73	23.26	24.6	28.85	29.53	29.85
		同比（%）		6.34	13.10	12.37	-0.31	2.33	5.80	17.23	2.36	1.08
9	辽宁省	保有量（万台）	9.16	10.30	11.62	13.22	15.12	16.70	17.7	20.13	20.53	20.87
		同比（%）		12.45	12.82	13.77	14.37	10.45	5.87	13.86	2.01	1.64
10	新疆维吾尔自治区	保有量（万台）	7.14	7.31	7.61	9.51	9.92	11.53	12.3	13.29	14.03	15.09
		同比（%）		2.37	4.12	24.97	4.31	16.23	6.50	8.22	5.57	7.56

表13　　2005—2014年机动插秧机保有量一览表　　单位：万台

序号	地区	2005年	2006年	2007年	2008年	2009年	2010年	2011年	2012年	2013年	2014年
0	全国	7.96	11.19	15.63	19.96	26.09	33.30	42.70	51.30	60.45	67.00
1	黑龙江省	5.79	7.35	9.70	11.17	13.10	15.26	18.63	20.97	23.15	24.86
2	江苏省	1.42	2.36	3.38	4.34	5.32	6.53	8.09	9.89	12.15	13.92
3	湖北省	0.04	0.32	0.50	0.78	1.30	1.65	2.45	3.33	4.51	5.50
4	吉林省	0.26	0.24	0.49	0.80	1.06	1.30	1.97	2.88	3.81	4.37
5	辽宁省	0.14	0.25	0.43	0.73	1.21	1.61	2.16	2.63	3.28	3.40
6	湖南省	0.02	0.01	0.04	0.14	0.21	0.32	0.60	1.12	2.18	2.68
7	安徽省	0.06	0.10	0.19	0.38	0.84	1.13	1.41	1.74	2.10	2.36
8	广西壮族自治区	0.00	0.00	0.06	0.18	0.60	1.24	1.39	1.39	1.45	1.55
9	江西省	0.02	0.03	0.08	0.16	0.32	0.78	1.17	1.55	1.33	1.43
10	重庆市	0.01	0.20	0.12	0.23	0.49	0.91	1.09	1.15	1.16	1.20
11	浙江省	0.01	0.02	0.06	0.15	0.32	0.58	0.76	0.89	0.96	1.05
12	广东省	0.01	0.01	0.02	0.06	0.13	0.31	0.58	0.83	0.94	1.00
13	四川省	0.00	0.04	0.03	0.11	0.20	0.27	0.38	0.53	0.68	0.75
14	福建省	0.01	0.01	0.02	0.04	0.11	0.24	0.47	0.59	0.66	0.67
15	内蒙古自治区	0.09	0.10	0.15	0.21	0.27	0.31	0.37	0.45	0.51	0.56
16	河南省	0.01	0.01	0.02	0.04	0.09	0.13	0.21	0.24	0.26	0.29
17	贵州省	0.01	0.02	0.16	0.17	0.17	0.17	0.18	0.19	0.19	0.19
18	宁夏回族自治区	0.02	0.06	0.07	0.10	0.11	0.14	0.16	0.17	0.18	0.17
19	上海市	0.00	0.01	0.02	0.05	0.08	0.11	0.13	0.14	0.16	0.17
20	新疆维吾尔自治区	0.01	0.01	0.02	0.03	0.04	0.07	0.12	0.14	0.16	0.17
21	云南省	0.00	0.00	0.00	0.01	0.01	0.01	0.04	0.06	0.14	0.19
22	山东省	0.01	0.01	0.01	0.02	0.03	0.06	0.08	0.11	0.13	0.14
23	河北省	0.00	0.00	0.00	0.01	0.02	0.03	0.08	0.11	0.13	0.14
24	海南省	0.00	0.00	0.00	0.01	0.02	0.07	0.08	0.09	0.10	0.10
25	天津市	0.00	0.00	0.00	0.01	0.01	0.03	0.05	0.06	0.07	0.07
26	新疆兵团	0.00	0.01	0.03	0.03	0.04	0.04	0.04	0.04	0.05	0.06
27	陕西省	0.02	0.01	0.03	0.00	0.01	0.01	0.01	0.01	0.01	0.01
28	西藏自治区	0.00	0.00	0.00	0.00	0.00	0.00	0.00	0.00	0.00	0.00
29	山西省	0.00	0.00	0.00	0.00	0.00	0.00	0.00	0.00	0.00	0.00
30	青海省	0.00	0.00	0.00	0.00	0.00	0.00	0.00	0.00	0.00	0.00
31	甘肃省	0.00	0.00	0.00	0.00	0.00	0.00	0.00	0.00	0.00	0.00
32	北京市	0.00	0.00	0.00	0.00	0.00	0.00	0.00	0.00	0.00	0.00

表 14　2005—2014 年机动插秧机保有量走势分析

序号	地区	类别	2005 年	2006 年	2007 年	2008 年	2009 年	2010 年	2011 年	2012 年	2013 年	2014 年
0	全国	保有量（万台）	7.96	11.19	15.63	19.96	26.09	33.30	42.70	51.30	60.45	67
		同比（%）		40.58	39.68	27.70	30.71	27.64	28.22	20.14	17.84	10.84
1	黑龙江省	保有量（万台）	5.79	7.35	9.70	11.17	13.10	15.26	18.63	20.97	23.15	24.86
		同比		26.94	31.97	15.15	17.28	16.49	22.08	12.56	10.40	7.39
2	江苏省	保有量（万台）	1.42	2.36	3.38	4.34	5.32	6.53	8.09	9.89	12.15	13.92
		同比		66.20	43.22	28.40	22.58	22.74	23.89	22.25	22.85	14.57
3	湖北省	保有量（万台）	0.04	0.32	0.50	0.78	1.30	1.65	2.45	3.33	4.51	5.50
		同比		700.00	56.25	56.00	66.67	26.92	48.74	35.69	35.44	21.95
4	吉林省	保有量（万台）	0.26	0.24	0.49	0.80	1.06	1.30	1.97	2.88	3.81	4.37
		同比		-7.69	104.17	63.27	32.50	22.64	51.54	46.19	32.29	14.70
5	辽宁省	保有量（万台）	0.14	0.25	0.43	0.73	1.21	1.61	2.16	2.63	3.28	3.40
		同比		78.57	72.00	69.77	65.75	33.06	34.16	21.76	24.71	3.66
6	湖南省	保有量（万台）	0.02	0.0119	0.04	0.14	0.21	0.32	0.5963	1.12	2.18	2.68
		同比		-40.50	236.13	250.00	50.00	52.38	86.34	87.82	94.64	22.94
7	安徽省	保有量（万台）	0.06	0.10	0.19	0.38	0.84	1.13	1.41	1.74	2.1	2.36
		同比		66.67	90.00	100.00	121.05	34.52	24.64	23.54	20.69	12.38
8	广西壮族自治区	保有量（万台）	0.00	0.00	0.06	0.18	0.60	1.24	1.39	1.39	1.45	1.55
		同比			1718.18	200.00	233.33	106.67	11.82	0.25	4.32	6.90
9	江西省	保有量（万台）	0.02	0.03	0.08	0.16	0.32	0.78	1.17	1.55	1.33	1.43
		同比		61.90	135.29	100.00	100.00	143.75	49.73	32.72	-14.19	7.52
10	重庆市	保有量（万台）	0.01	0.20	0.12	0.23	0.49	0.91	1.09	1.15	1.16	1.20
		同比		1900.00	-40.00	91.67	113.04	85.71	19.49	5.76	0.87	3.45

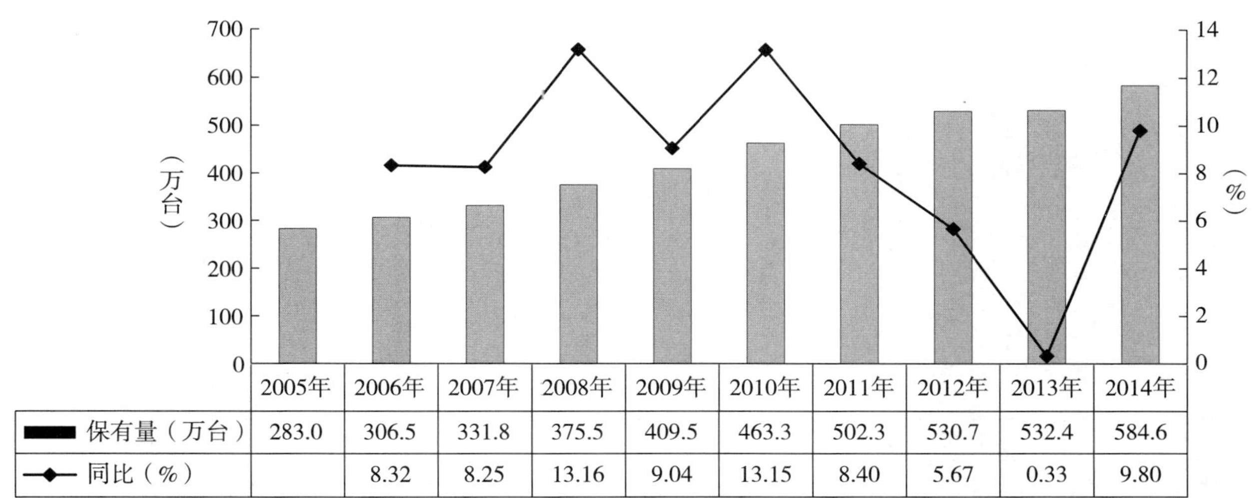

	2005年	2006年	2007年	2008年	2009年	2010年	2011年	2012年	2013年	2014年
保有量（万台）	283.0	306.5	331.8	375.5	409.5	463.3	502.3	530.7	532.4	584.6
同比（%）		8.32	8.25	13.16	9.04	13.15	8.40	5.67	0.33	9.80

图 45 2005—2014 年全国旋耕机保有量走势

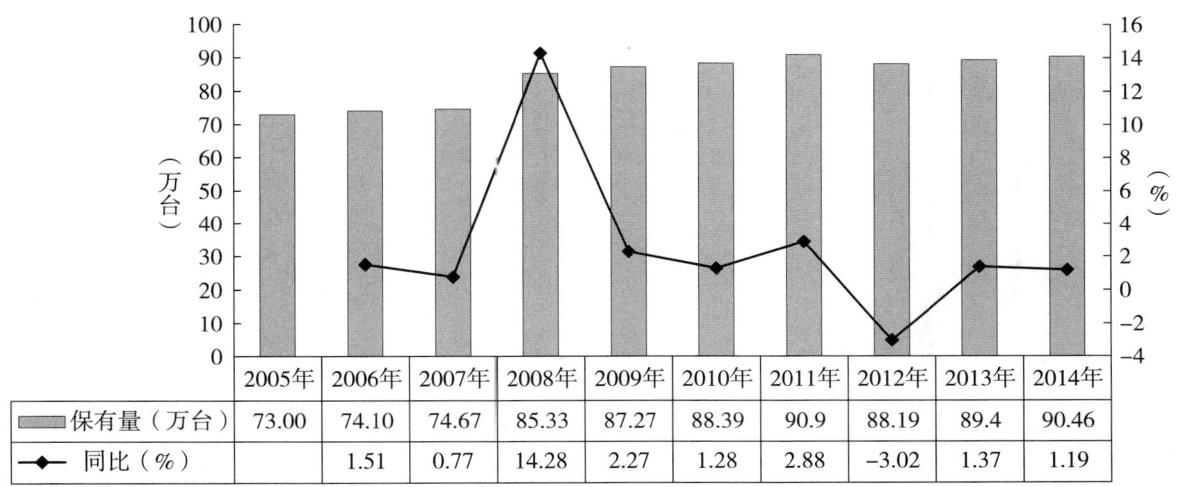

	2005年	2006年	2007年	2008年	2009年	2010年	2011年	2012年	2013年	2014年
保有量（万台）	73.00	74.10	74.67	85.33	87.27	88.39	90.9	88.19	89.4	90.46
同比（%）		1.51	0.77	14.28	2.27	1.28	2.88	–3.02	1.37	1.19

图 46 2005—2014 年江苏省旋耕机保有量走势

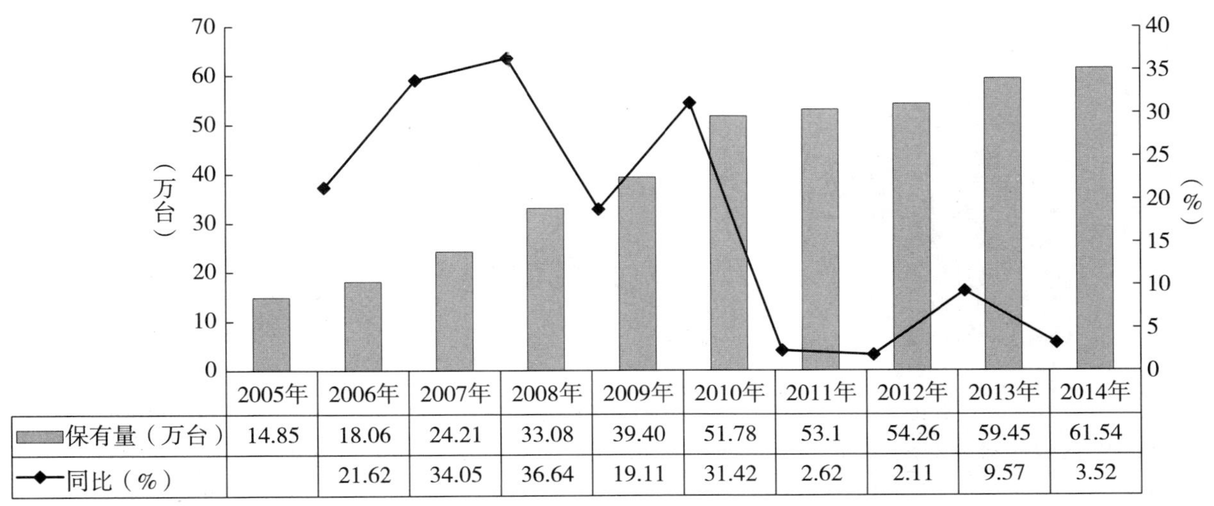

	2005年	2006年	2007年	2008年	2009年	2010年	2011年	2012年	2013年	2014年
保有量（万台）	14.85	18.06	24.21	33.08	39.40	51.78	53.1	54.26	59.45	61.54
同比（%）		21.62	34.05	36.64	19.11	31.42	2.62	2.11	9.57	3.52

图 47 2005—2014 年湖北省旋耕机保有量走势

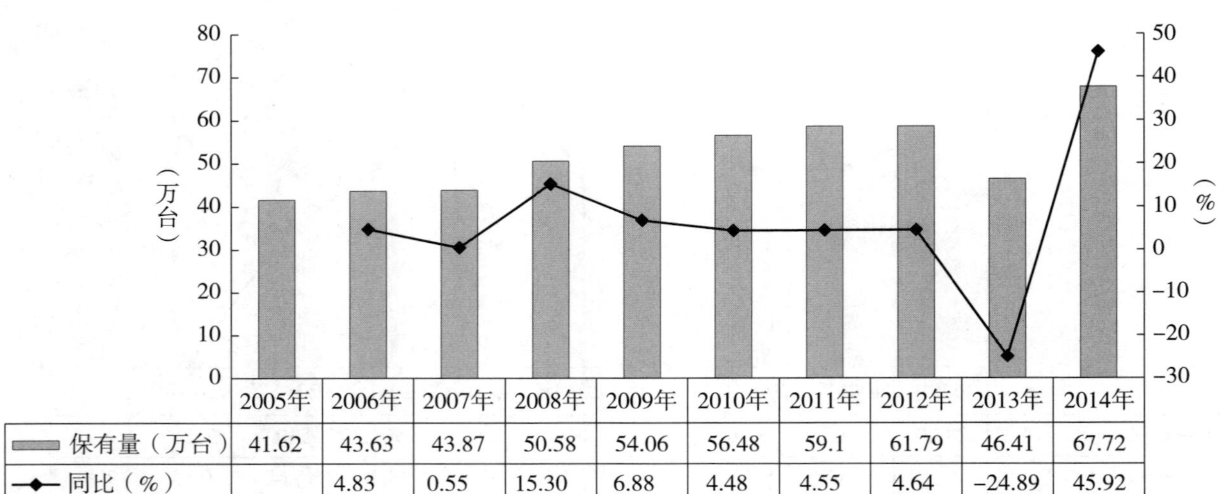

图 48 2005—2014 年安徽省旋耕机保有量走势

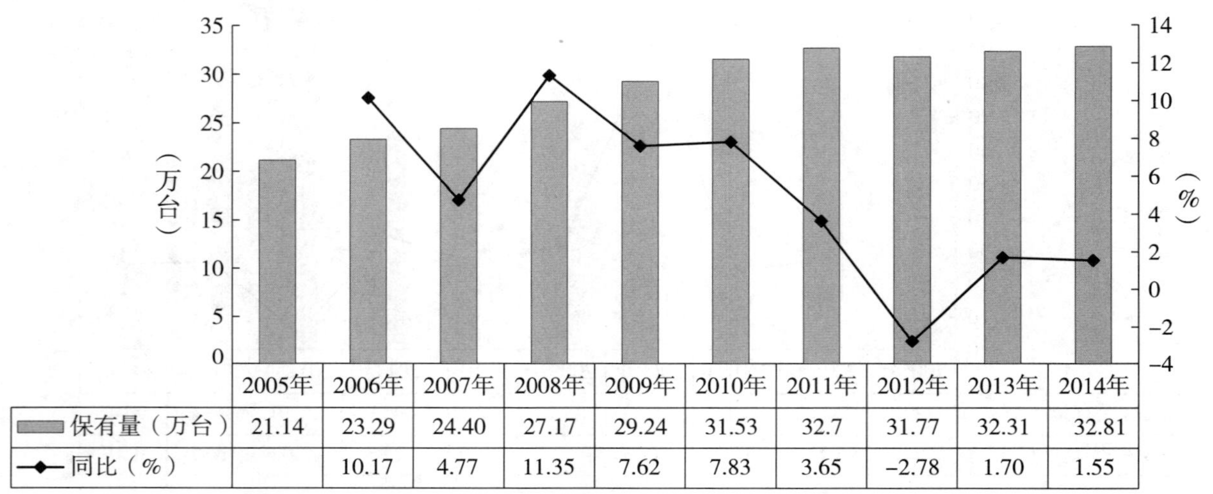

图 49 2005—2014 年山东省旋耕机保有量走势

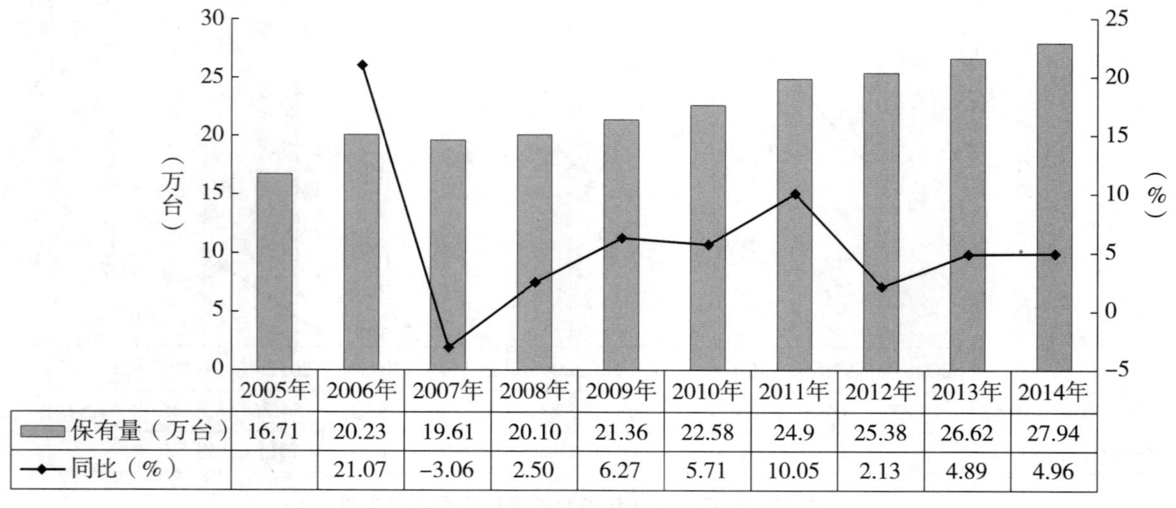

图 50 2005—2014 年河北省旋耕机保有量走势

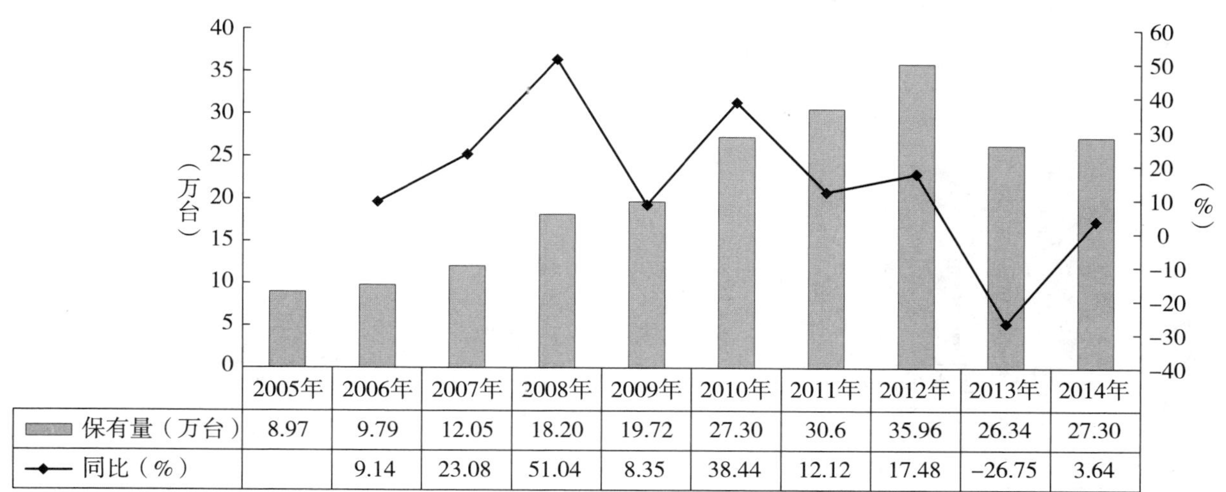

	2005年	2006年	2007年	2008年	2009年	2010年	2011年	2012年	2013年	2014年
保有量（万台）	8.97	9.79	12.05	18.20	19.72	27.30	30.6	35.96	26.34	27.30
同比（%）		9.14	23.08	51.04	8.35	38.44	12.12	17.48	–26.75	3.64

图 51　2005—2014 年江西省旋耕机保有量走势

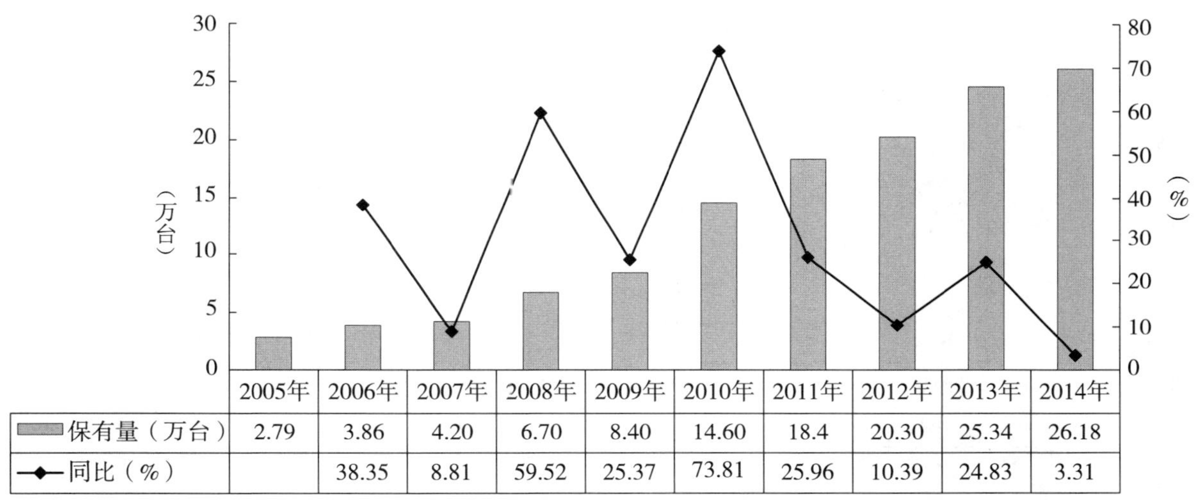

	2005年	2006年	2007年	2008年	2009年	2010年	2011年	2012年	2013年	2014年
保有量（万台）	2.79	3.86	4.20	6.70	8.40	14.60	18.4	20.30	25.34	26.18
同比（%）		38.35	8.81	59.52	25.37	73.81	25.96	10.39	24.83	3.31

图 52　2005—2014 年吉林省旋耕机保有量走势

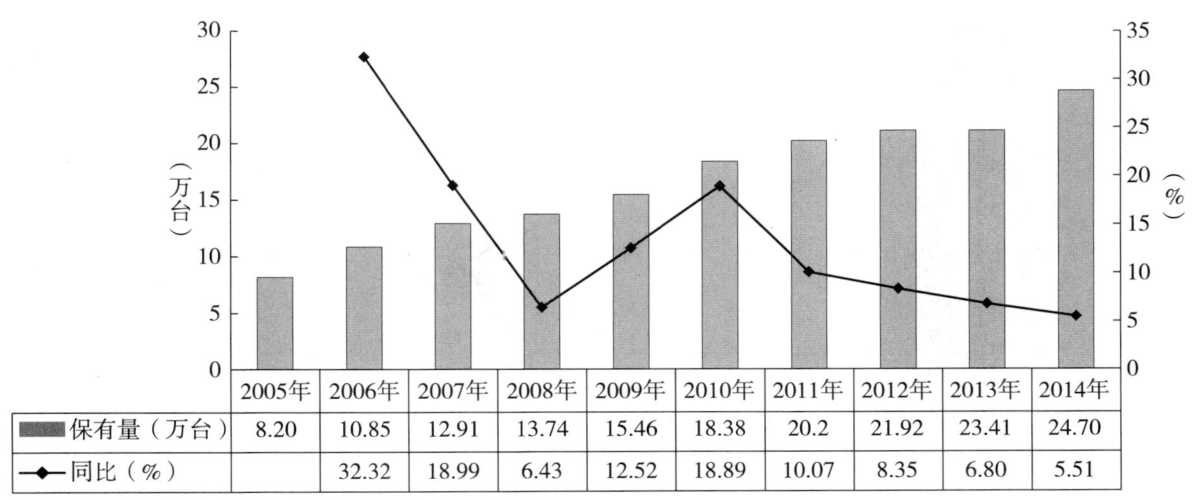

	2005年	2006年	2007年	2008年	2009年	2010年	2011年	2012年	2013年	2014年
保有量（万台）	8.20	10.85	12.91	13.74	15.46	18.38	20.2	21.92	23.41	24.70
同比（%）		32.32	18.99	6.43	12.52	18.89	10.07	8.35	6.80	5.51

图 53　2005—2014 年河南省旋耕机保有量走势

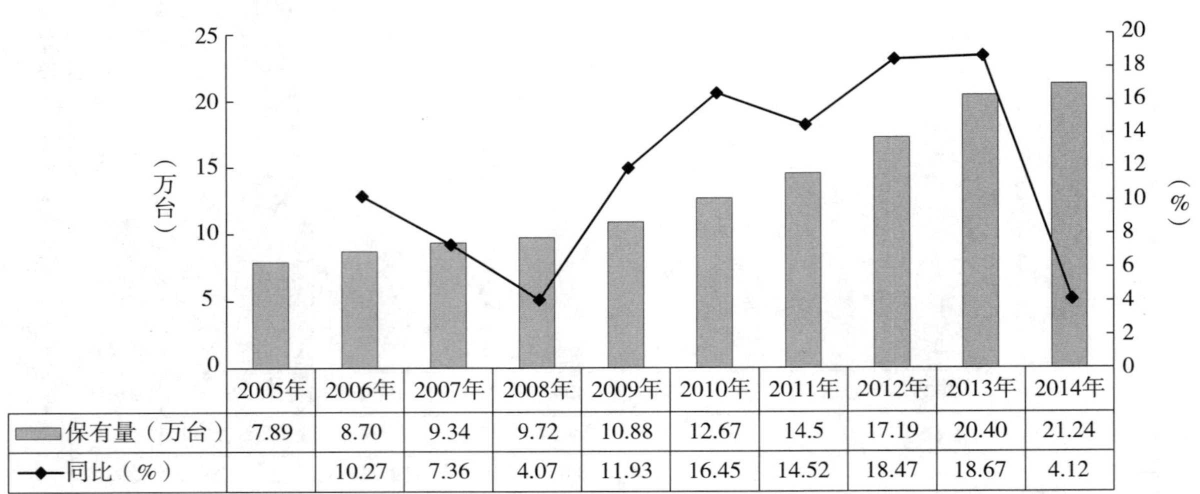

	2005年	2006年	2007年	2008年	2009年	2010年	2011年	2012年	2013年	2014年
保有量（万台）	7.89	8.70	9.34	9.72	10.88	12.67	14.5	17.19	20.40	21.24
同比（%）		10.27	7.36	4.07	11.93	16.45	14.52	18.47	18.67	4.12

图 54　2005—2014 年云南省旋耕机保有量走势

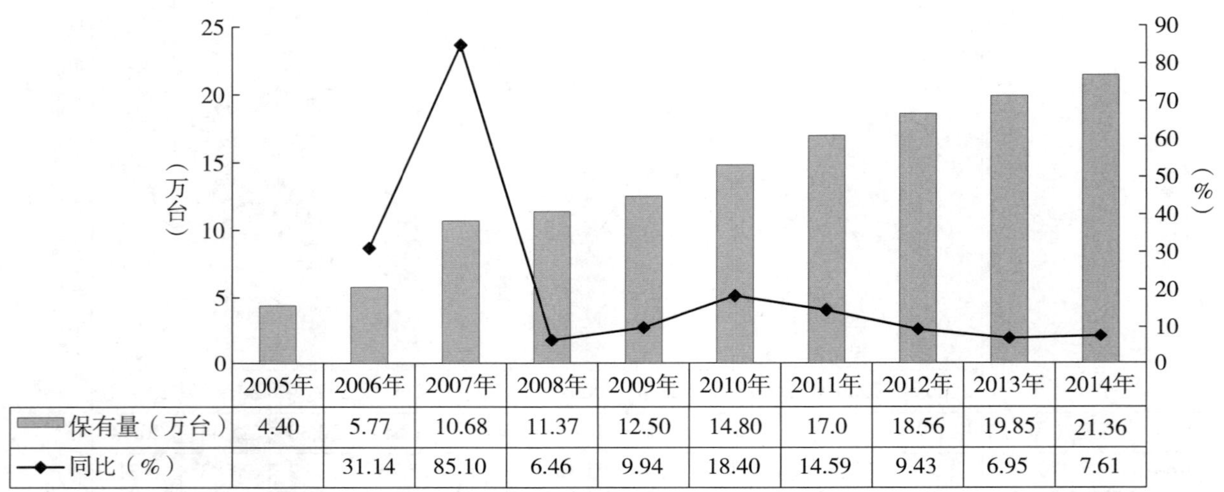

	2005年	2006年	2007年	2008年	2009年	2010年	2011年	2012年	2013年	2014年
保有量（万台）	4.40	5.77	10.68	11.37	12.50	14.80	17.0	18.56	19.85	21.36
同比（%）		31.14	85.10	6.46	9.94	18.40	14.59	9.43	6.95	7.61

图 55　2005—2014 年黑龙江省旋耕机保有量走势

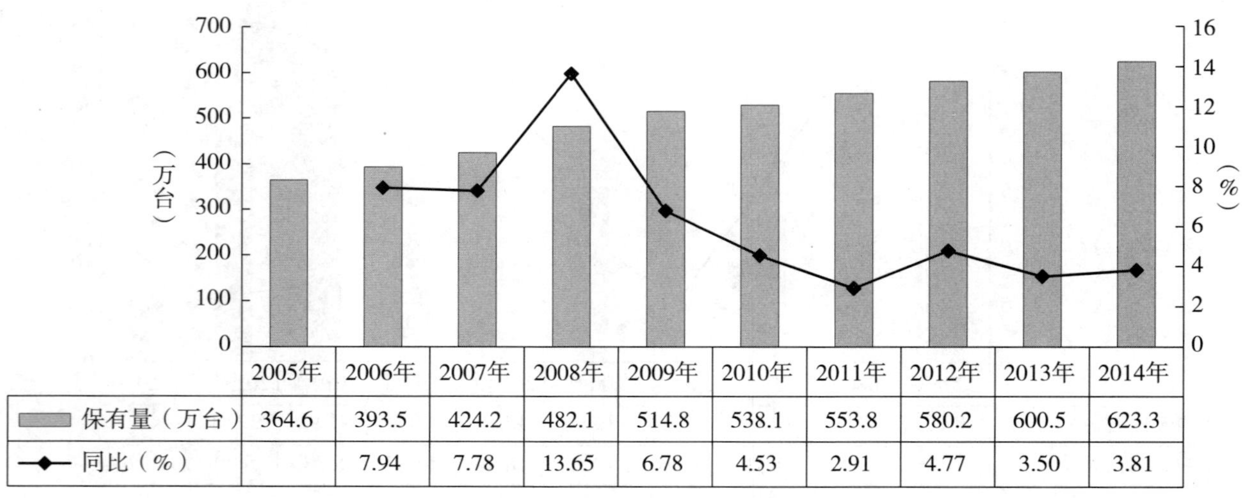

	2005年	2006年	2007年	2008年	2009年	2010年	2011年	2012年	2013年	2014年
保有量（万台）	364.6	393.5	424.2	482.1	514.8	538.1	553.8	580.2	600.5	623.3
同比（%）		7.94	7.78	13.65	6.78	4.53	2.91	4.77	3.50	3.81

图 56　2005—2014 年全国播种机保有量走势

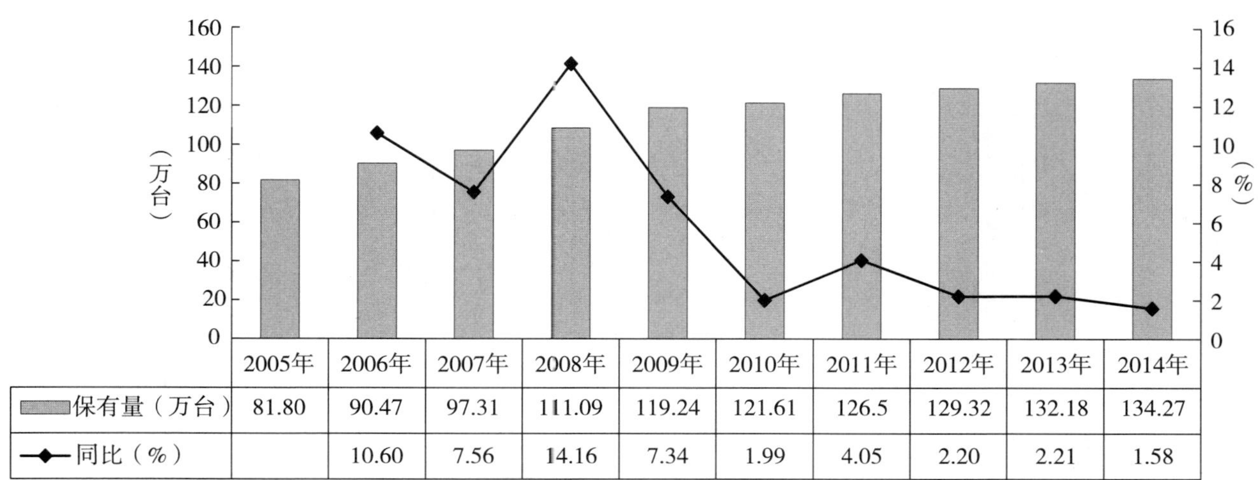

	2005年	2006年	2007年	2008年	2009年	2010年	2011年	2012年	2013年	2014年
保有量（万台）	81.80	90.47	97.31	111.09	119.24	121.61	126.5	129.32	132.18	134.27
同比（%）		10.60	7.56	14.16	7.34	1.99	4.05	2.20	2.21	1.58

图 57　2005—2014 年河南省播种机保有量走势

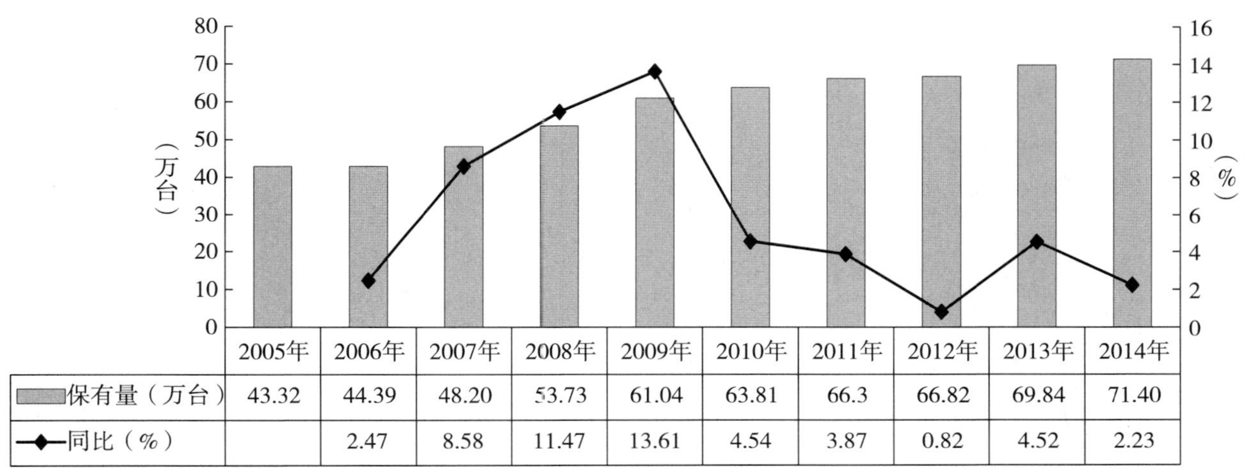

	2005年	2006年	2007年	2008年	2009年	2010年	2011年	2012年	2013年	2014年
保有量（万台）	43.32	44.39	48.20	53.73	61.04	63.81	66.3	66.82	69.84	71.40
同比（%）		2.47	8.58	11.47	13.61	4.54	3.87	0.82	4.52	2.23

图 58　2005—2014 年山东省播种机保有量走势

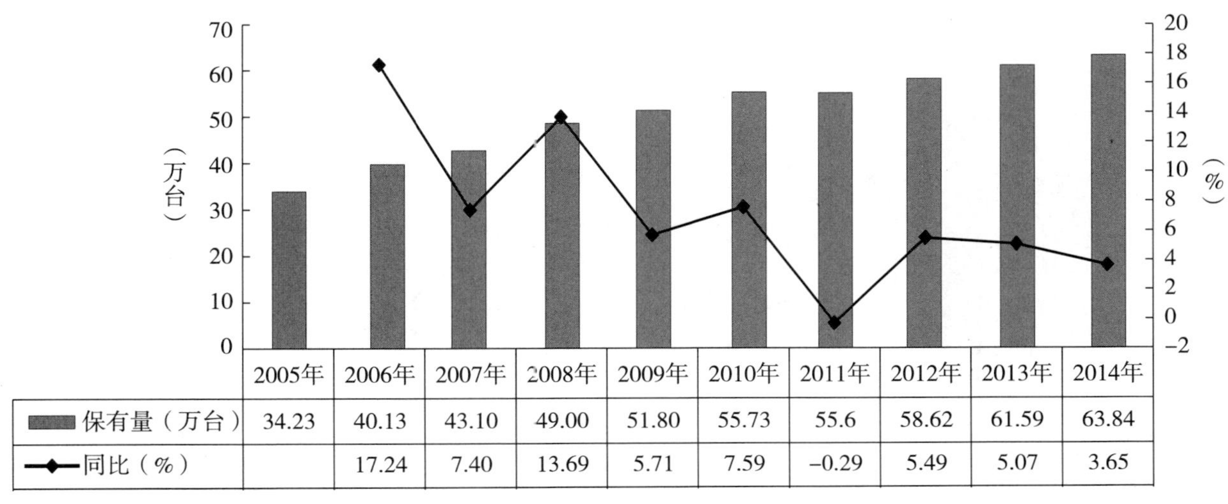

	2005年	2006年	2007年	2008年	2009年	2010年	2011年	2012年	2013年	2014年
保有量（万台）	34.23	40.13	43.10	49.00	51.80	55.73	55.6	58.62	61.59	63.84
同比（%）		17.24	7.40	13.69	5.71	7.59	-0.29	5.49	5.07	3.65

图 59　2005—2014 年黑龙江省播种机保有量走势

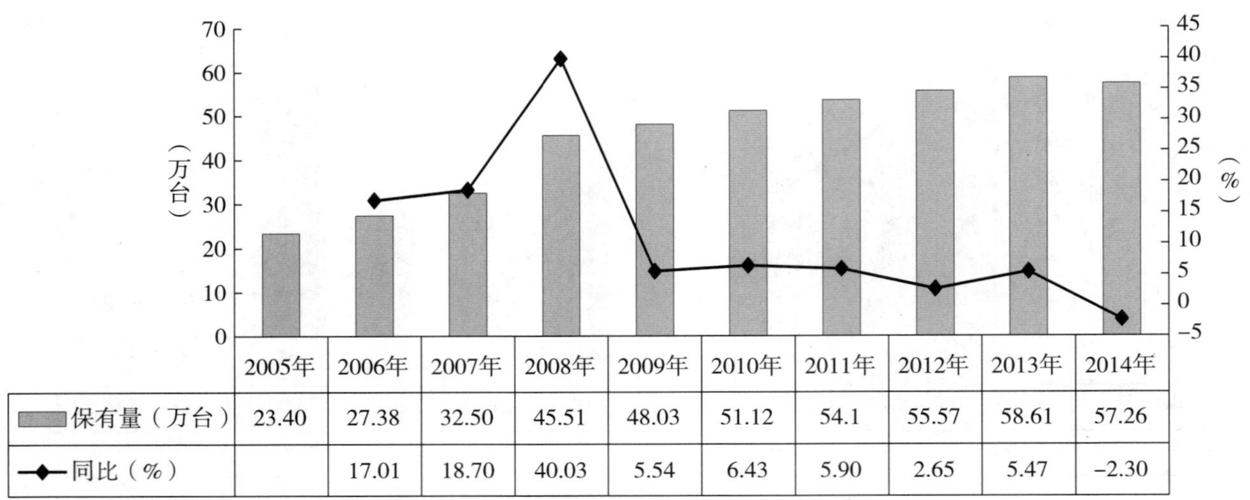

	2005年	2006年	2007年	2008年	2009年	2010年	2011年	2012年	2013年	2014年
保有量（万台）	23.40	27.38	32.50	45.51	48.03	51.12	54.1	55.57	58.61	57.26
同比（%）		17.01	18.70	40.03	5.54	6.43	5.90	2.65	5.47	–2.30

图 60　2005—2014 年内蒙古自治区播种机保有量走势

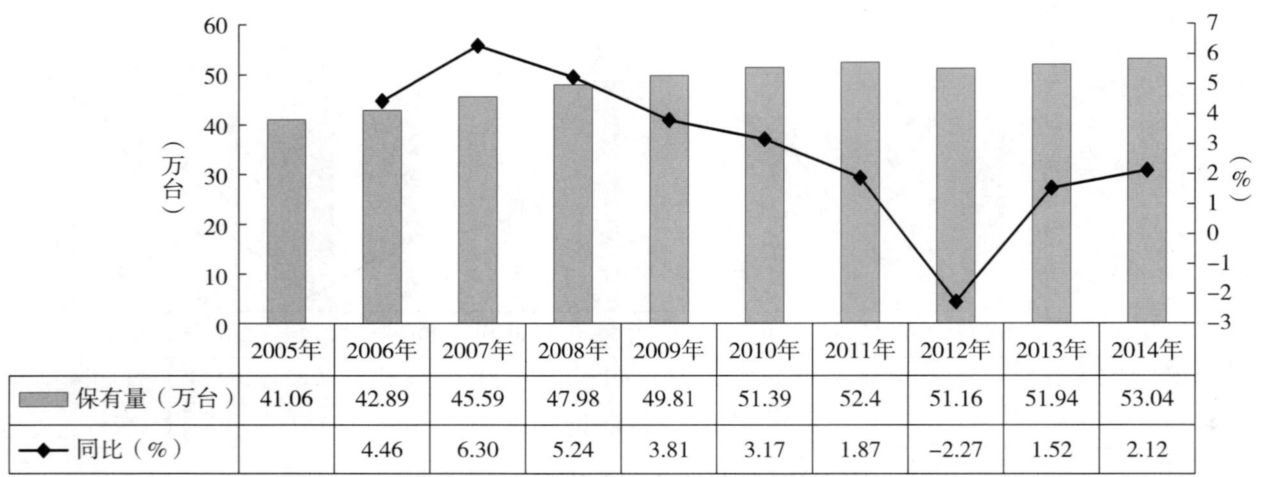

	2005年	2006年	2007年	2008年	2009年	2010年	2011年	2012年	2013年	2014年
保有量（万台）	41.06	42.89	45.59	47.98	49.81	51.39	52.4	51.16	51.94	53.04
同比（%）		4.46	6.30	5.24	3.81	3.17	1.87	–2.27	1.52	2.12

图 61　2005—2014 年河北省播种机保有量走势

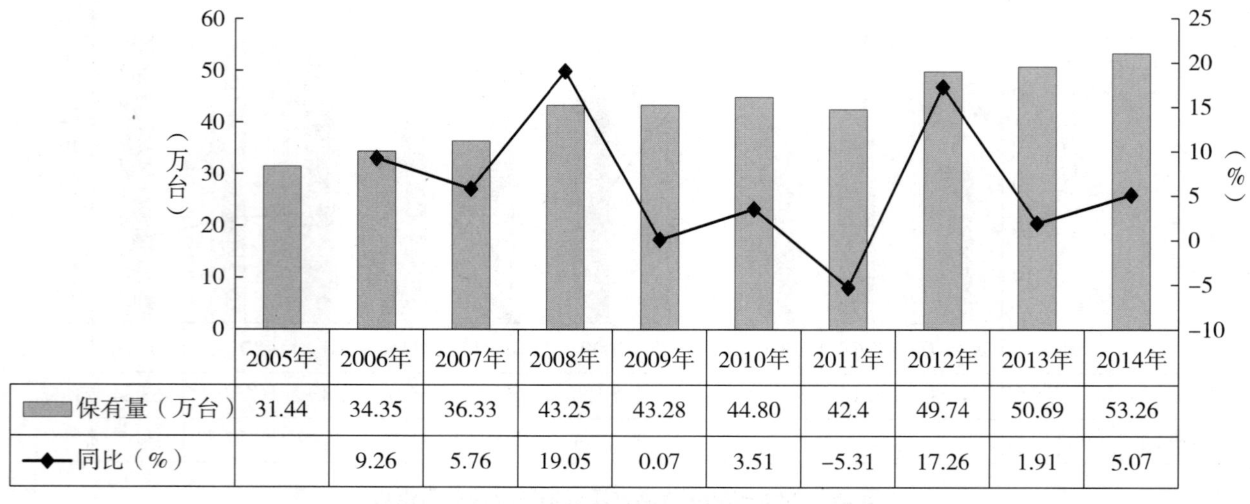

	2005年	2006年	2007年	2008年	2009年	2010年	2011年	2012年	2013年	2014年
保有量（万台）	31.44	34.35	36.33	43.25	43.28	44.80	42.4	49.74	50.69	53.26
同比（%）		9.26	5.76	19.05	0.07	3.51	–5.31	17.26	1.91	5.07

图 62　2005—2014 年吉林省播种机保有量走势

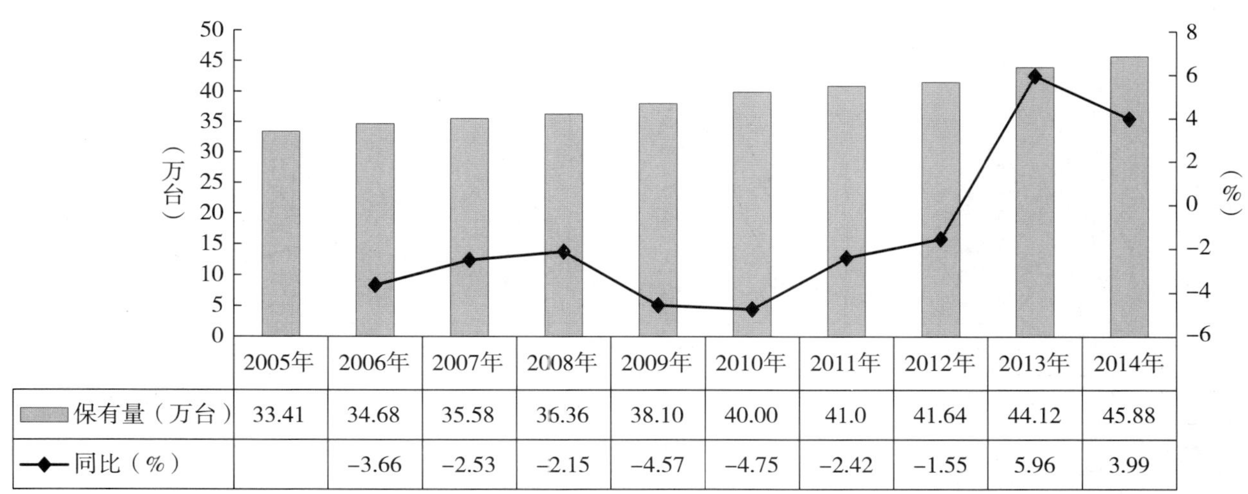

	2005年	2006年	2007年	2008年	2009年	2010年	2011年	2012年	2013年	2014年
保有量（万台）	33.41	34.68	35.58	36.36	38.10	40.00	41.0	41.64	44.12	45.88
同比（%）		−3.66	−2.53	−2.15	−4.57	−4.75	−2.42	−1.55	5.96	3.99

图 63　2005—2014 年安徽省播种机保有量走势

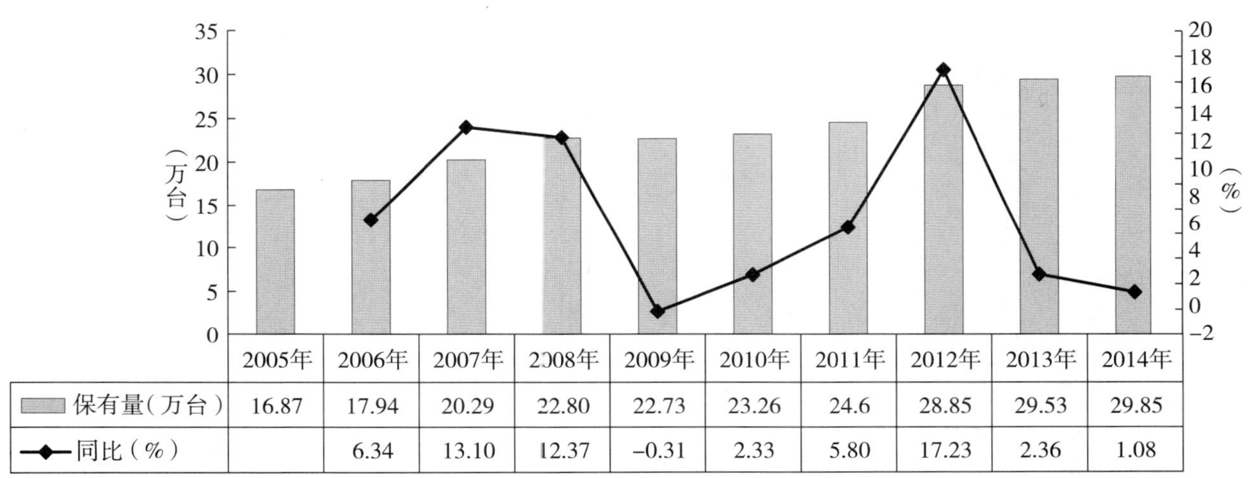

	2005年	2006年	2007年	2008年	2009年	2010年	2011年	2012年	2013年	2014年
保有量（万台）	16.87	17.94	20.29	22.80	22.73	23.26	24.6	28.85	29.53	29.85
同比（%）		6.34	13.10	12.37	−0.31	2.33	5.80	17.23	2.36	1.08

图 64　2005—2014 年江苏省播种机保有量走势

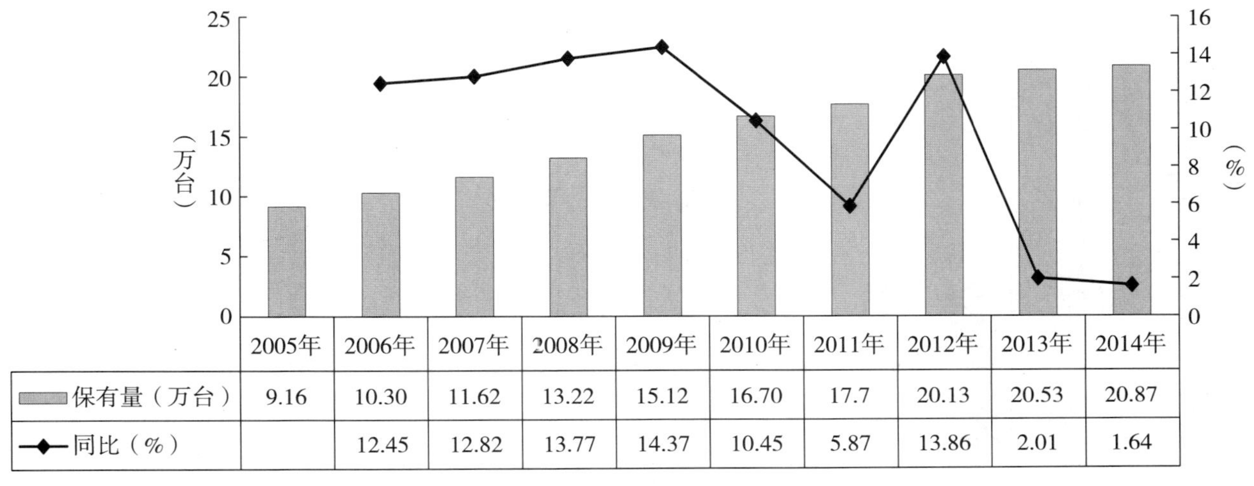

	2005年	2006年	2007年	2008年	2009年	2010年	2011年	2012年	2013年	2014年
保有量（万台）	9.16	10.30	11.62	13.22	15.12	16.70	17.7	20.13	20.53	20.87
同比（%）		12.45	12.82	13.77	14.37	10.45	5.87	13.86	2.01	1.64

图 65　2005—2014 年辽宁省播种机保有量走势

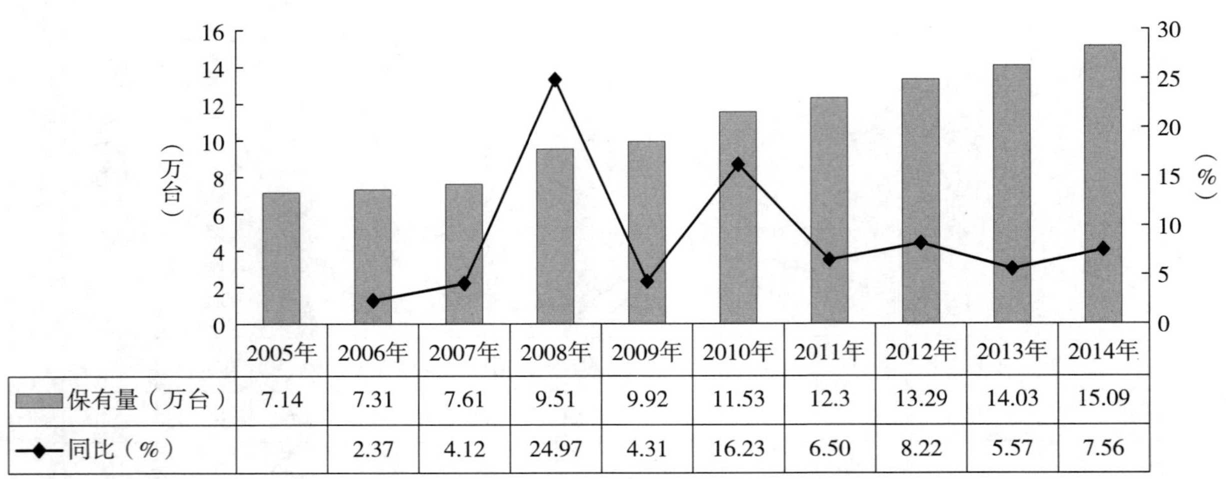

	2005年	2006年	2007年	2008年	2009年	2010年	2011年	2012年	2013年	2014年
保有量（万台）	7.14	7.31	7.61	9.51	9.92	11.53	12.3	13.29	14.03	15.09
同比（%）		2.37	4.12	24.97	4.31	16.23	6.50	8.22	5.57	7.56

图 66　2005—2014 年新疆维吾尔自治区播种机保有量走势

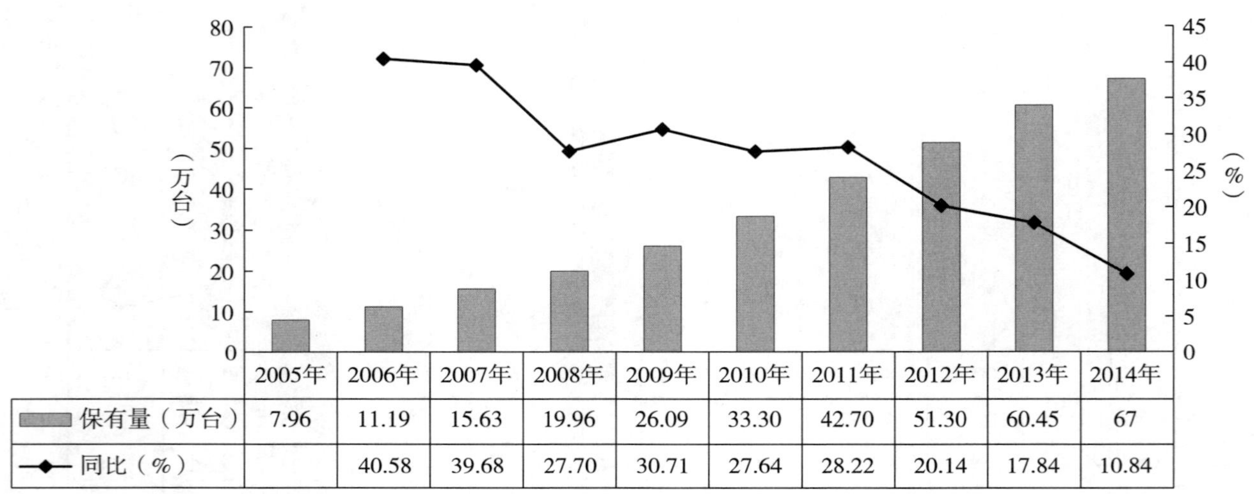

	2005年	2006年	2007年	2008年	2009年	2010年	2011年	2012年	2013年	2014年
保有量（万台）	7.96	11.19	15.63	19.96	26.09	33.30	42.70	51.30	60.45	67
同比（%）		40.58	39.68	27.70	30.71	27.64	28.22	20.14	17.84	10.84

图 67　2005—2014 年全国插秧机保有量走势

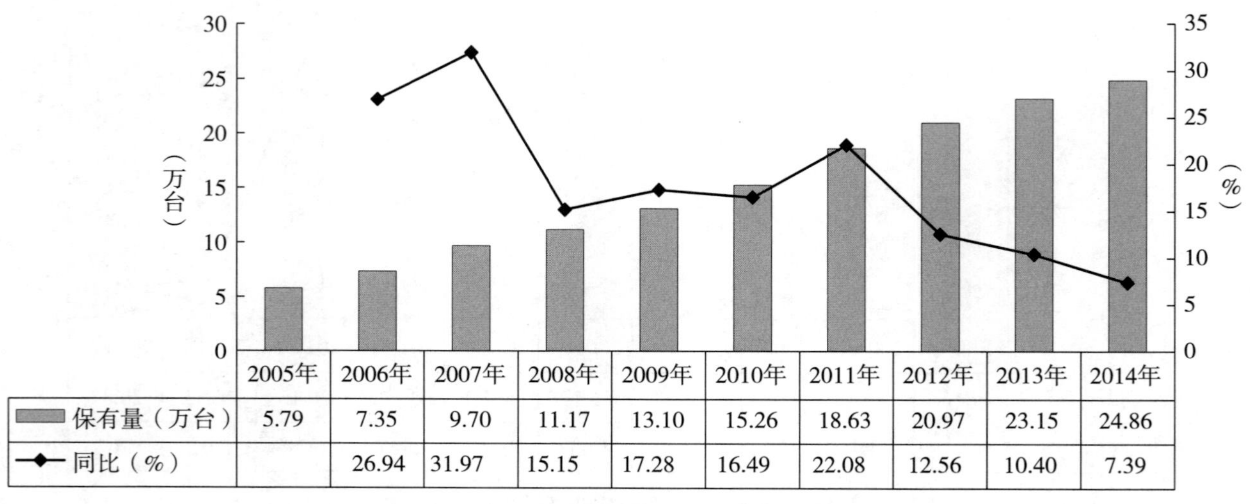

	2005年	2006年	2007年	2008年	2009年	2010年	2011年	2012年	2013年	2014年
保有量（万台）	5.79	7.35	9.70	11.17	13.10	15.26	18.63	20.97	23.15	24.86
同比（%）		26.94	31.97	15.15	17.28	16.49	22.08	12.56	10.40	7.39

图 68　2005—2014 年黑龙江省插秧机保有量走势

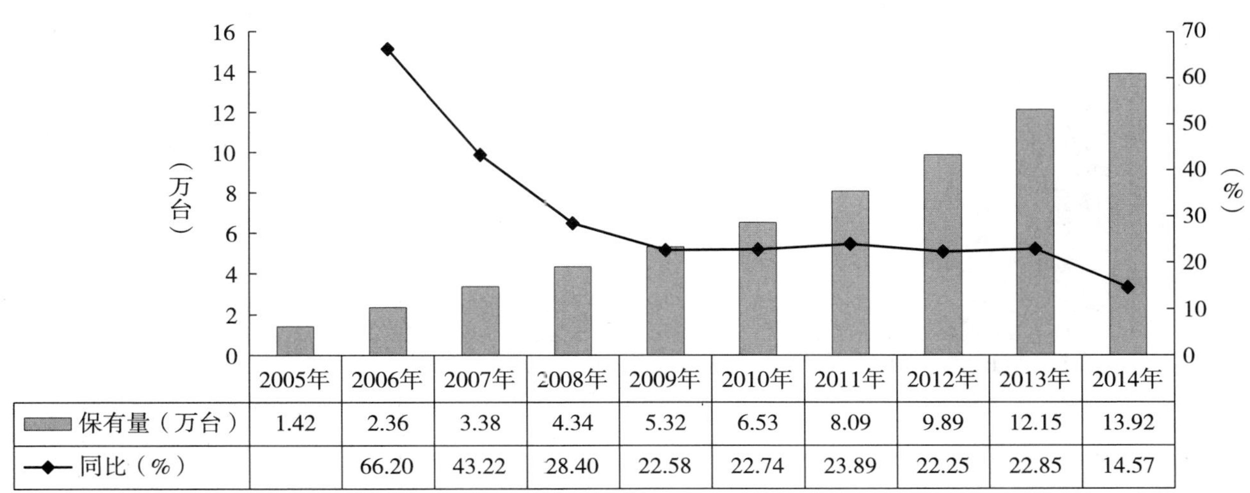

	2005年	2006年	2007年	2008年	2009年	2010年	2011年	2012年	2013年	2014年
保有量（万台）	1.42	2.36	3.38	4.34	5.32	6.53	8.09	9.89	12.15	13.92
同比（%）		66.20	43.22	28.40	22.58	22.74	23.89	22.25	22.85	14.57

图 69　2005—2014 年江苏省插秧机保有量走势

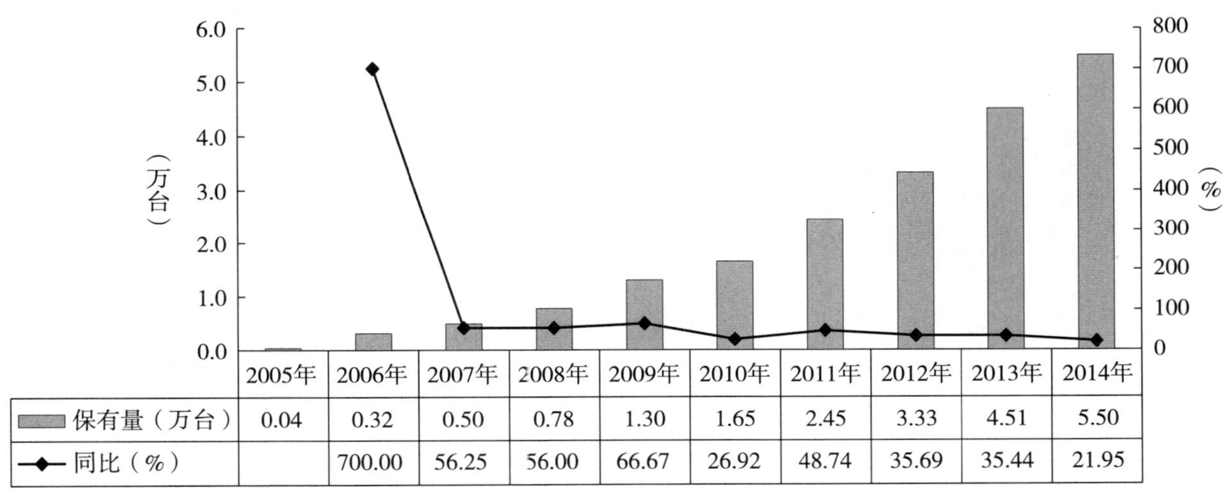

	2005年	2006年	2007年	2008年	2009年	2010年	2011年	2012年	2013年	2014年
保有量（万台）	0.04	0.32	0.50	0.78	1.30	1.65	2.45	3.33	4.51	5.50
同比（%）		700.00	56.25	56.00	66.67	26.92	48.74	35.69	35.44	21.95

图 70　2005—2014 年湖北省插秧机保有量走势

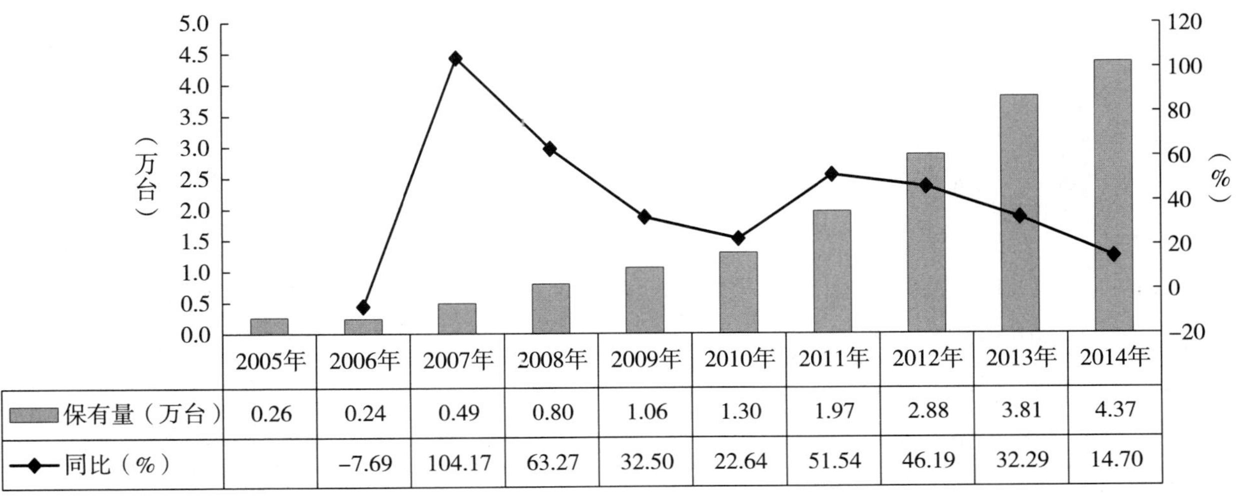

	2005年	2006年	2007年	2008年	2009年	2010年	2011年	2012年	2013年	2014年
保有量（万台）	0.26	0.24	0.49	0.80	1.06	1.30	1.97	2.88	3.81	4.37
同比（%）		−7.69	104.17	63.27	32.50	22.64	51.54	46.19	32.29	14.70

图 71　2005—2014 年吉林省插秧机保有量走势

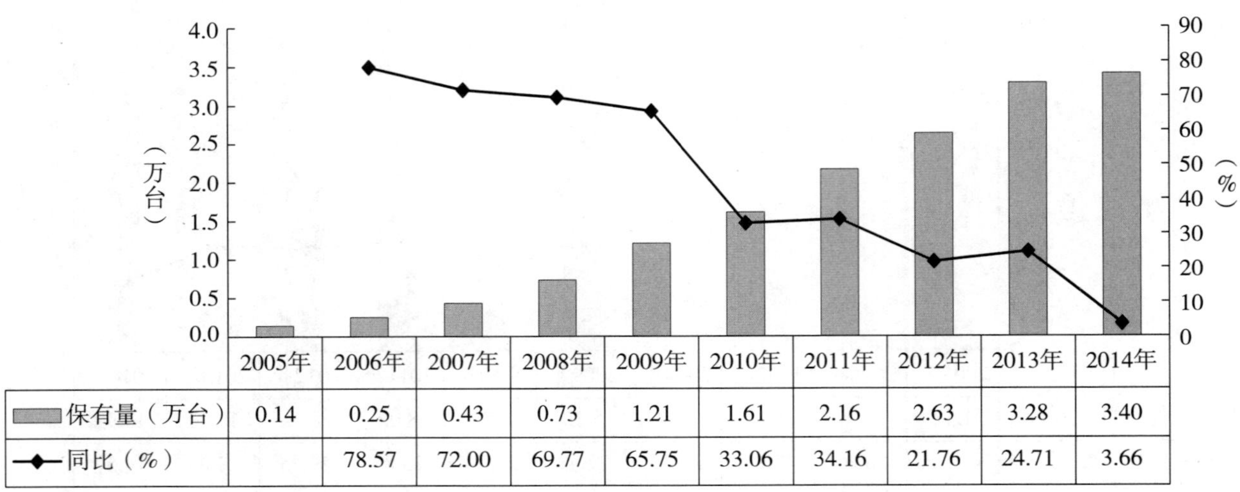

	2005年	2006年	2007年	2008年	2009年	2010年	2011年	2012年	2013年	2014年
保有量（万台）	0.14	0.25	0.43	0.73	1.21	1.61	2.16	2.63	3.28	3.40
同比（%）		78.57	72.00	69.77	65.75	33.06	34.16	21.76	24.71	3.66

图 72　2005—2014 年辽宁省插秧机保有量走势

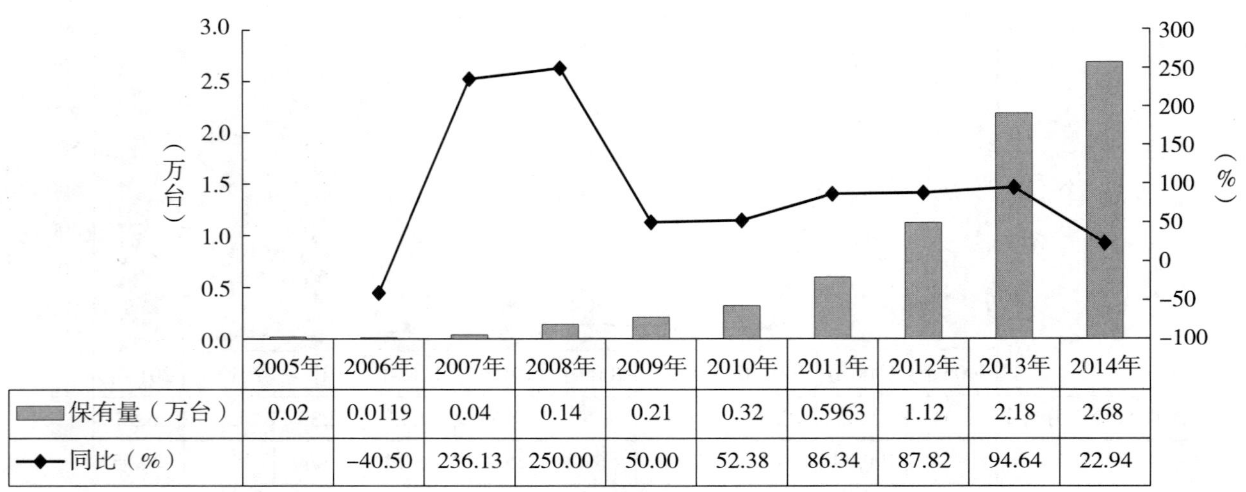

	2005年	2006年	2007年	2008年	2009年	2010年	2011年	2012年	2013年	2014年
保有量（万台）	0.02	0.0119	0.04	0.14	0.21	0.32	0.5963	1.12	2.18	2.68
同比（%）		−40.50	236.13	250.00	50.00	52.38	86.34	87.82	94.64	22.94

图 73　2005—2014 年湖南省插秧机保有量走势

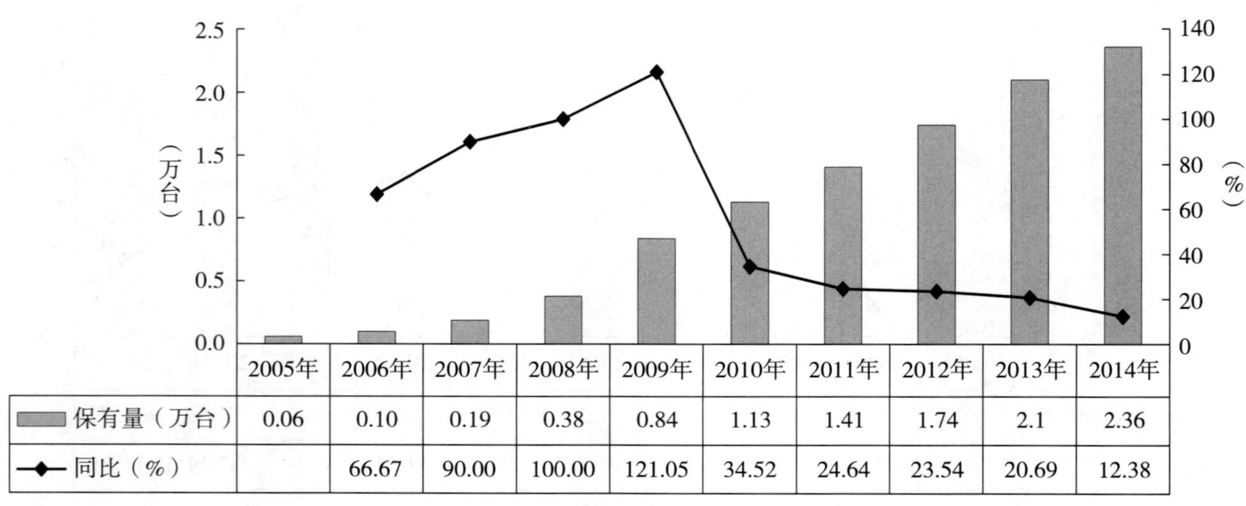

	2005年	2006年	2007年	2008年	2009年	2010年	2011年	2012年	2013年	2014年
保有量（万台）	0.06	0.10	0.19	0.38	0.84	1.13	1.41	1.74	2.1	2.36
同比（%）		66.67	90.00	100.00	121.05	34.52	24.64	23.54	20.69	12.38

图 74　2005—2014 年安徽省插秧机保有量走势

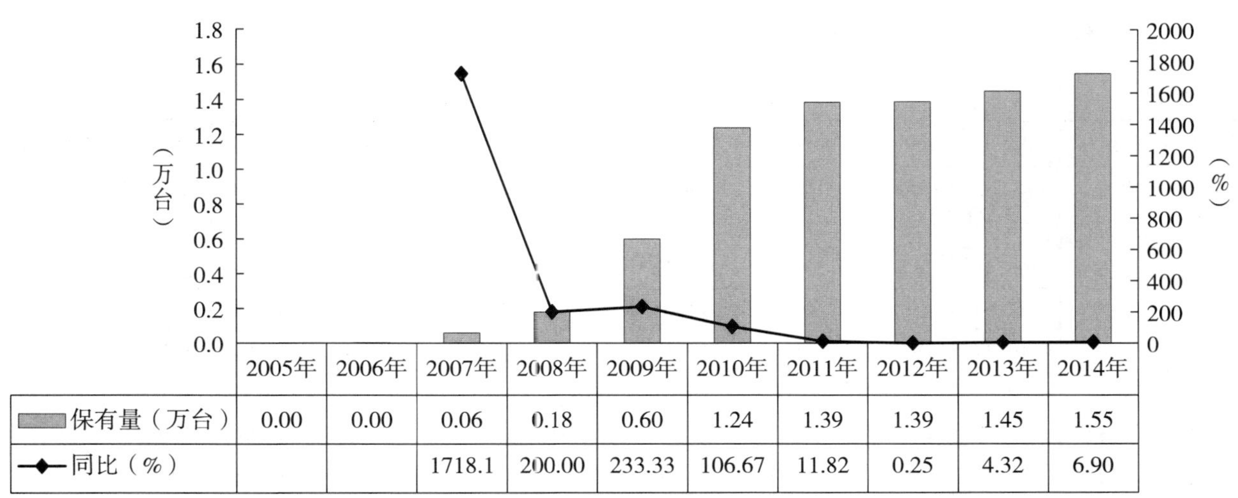

	2005年	2006年	2007年	2008年	2009年	2010年	2011年	2012年	2013年	2014年
保有量（万台）	0.00	0.00	0.06	0.18	0.60	1.24	1.39	1.39	1.45	1.55
同比（%）			1718.1	200.00	233.33	106.67	11.82	0.25	4.32	6.90

图 75　2005—2014 年广西壮族自治区插秧机保有量走势

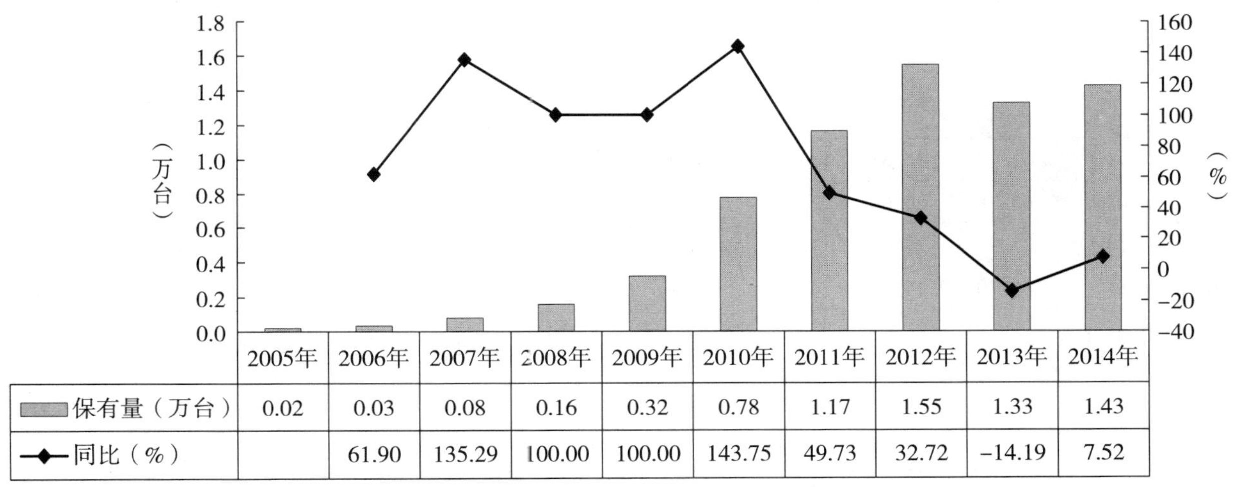

	2005年	2006年	2007年	2008年	2009年	2010年	2011年	2012年	2013年	2014年
保有量（万台）	0.02	0.03	0.08	0.16	0.32	0.78	1.17	1.55	1.33	1.43
同比（%）		61.90	135.29	100.00	100.00	143.75	49.73	32.72	−14.19	7.52

图 76　2005—2014 年江西省插秧机保有量走势

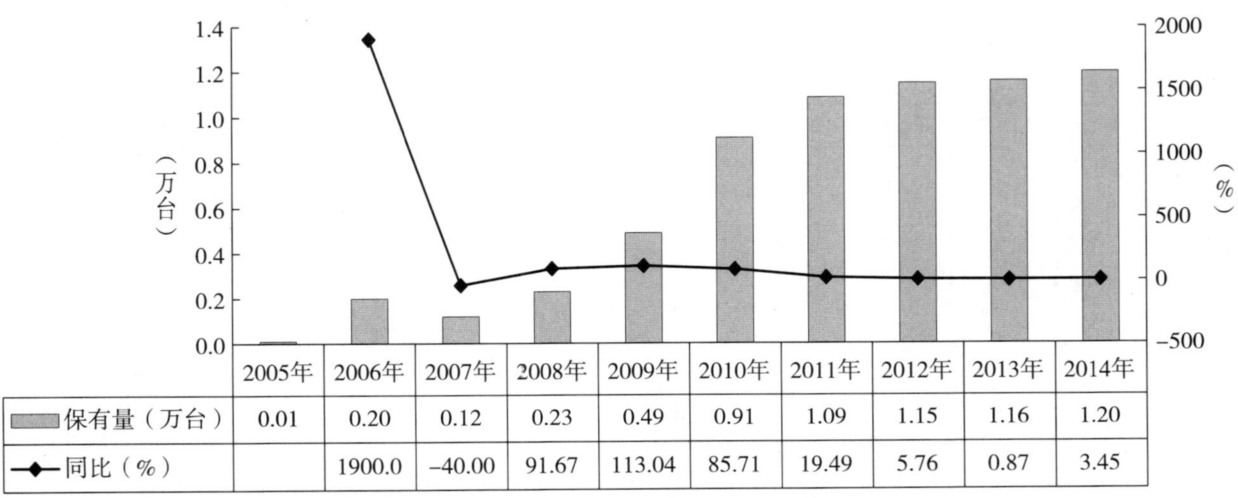

	2005年	2006年	2007年	2008年	2009年	2010年	2011年	2012年	2013年	2014年
保有量（万台）	0.01	0.20	0.12	0.23	0.49	0.91	1.09	1.15	1.16	1.20
同比（%）		1900.0	−40.00	91.67	113.04	85.71	19.49	5.76	0.87	3.45

图 77　2005—2014 年重庆市插秧机保有量走势

（二）农用排灌机械保有量

表 15　　2005—2014 年排灌动力机械保有量一览表　　单位：万台

序号	地区	2005 年	2006 年	2007 年	2008 年	2009 年	2010 年	2011 年	2012 年	2013 年	2014 年
0	全国	1752.68	1866.46	1926.08	2034.85	2085.71	2159.25	2284.1	2280.56	2258.01	2295.69
1	山东省	269.75	272.19	271.50	289.13	300.39	301.64	352.9	306.44	308.94	311.5
2	河北省	265.41	265.20	266.77	263.13	261.93	261.39	259.0	256.08	255.02	252.22
3	湖南省	152.64	158.94	169.36	214.25	200.97	218.69	227.2	230.34	241.48	246.32
4	河南省	149.37	152.96	154.61	153.19	158.21	160.06	163.6	164.89	165.58	168.67
5	安徽省	139.75	143.37	148.25	146.67	148.11	150.47	156.5	156.95	161.00	162.24
6	辽宁省	98.53	100.02	103.56	98.81	103.96	103.83	107.5	106.06	105.47	106.62
7	湖北省	49.91	65.81	67.29	73.29	79.27	85.25	88.4	90.26	98.09	102.64
8	重庆市	51.55	56.43	62.05	76.34	83.31	90.43	92.4	93.24	96.21	100.12
9	四川省	46.04	47.15	50.30	52.00	56.05	57.14	64.3	84.59	89.55	98.15
10	浙江省	51.09	97.74	97.23	98.74	98.19	99.53	100.6	99.72	99.38	96.96
11	广东省	58.20	59.36	61.56	69.85	69.89	73.45	79.3	81.55	83.77	85.73
12	广西壮族自治区	52.02	56.33	60.18	63.91	69.62	74.03	85.9	79.49	80.67	83.86
13	江西省	62.27	74.81	83.90	96.34	103.60	116.40	122.0	130.16	61.42	61.52
14	江苏省	60.78	60.00	57.04	57.03	56.32	58.20	58.9	60.63	62.01	61.18
15	贵州省	27.94	29.03	36.31	36.35	39.11	41.83	40.6	44.59	46.32	50.68
16	吉林省	41.70	44.20	44.60	45.91	46.95	46.73	46.8	46.70	46.29	46.12
17	内蒙古自治区	33.45	35.05	35.53	33.31	35.63	36.14	37.2	38.20	39.13	39.14
18	黑龙江省	25.40	26.50	27.30	28.41	30.08	32.21	36.5	38.33	38.21	39.01
19	云南省	14.67	16.43	17.14	20.11	22.13	26.13	30.7	34.69	37.43	39
20	陕西省	29.98	29.57	31.74	32.64	32.69	34.14	36.5	38.23	39.08	38.96
21	海南省	9.06	11.52	14.22	18.76	19.45	20.31	20.9	21.49	22.40	23.61
22	福建省	13.75	13.89	14.08	14.27	14.84	15.14	15.9	16.61	19.03	19.05
23	山西省	13.40	13.92	14.09	14.49	15.39	15.68	16.4	17.02	17.23	17.29
24	甘肃省	9.33	9.57	10.52	11.34	12.90	13.39	15.8	16.08	16.28	16.74
25	天津市	11.14	11.12	11.20	11.25	10.96	10.80	10.8	10.51	10.13	10.23
26	新疆维吾尔自治区	3.19	3.29	3.41	3.66	4.40	4.78	5.5	5.56	5.57	5.83
27	北京市	5.34	5.22	4.88	4.72	4.50	4.70	4.3	4.12	3.97	4
28	宁夏回族自治区	2.50	2.61	2.74	2.68	2.76	2.77	3.1	3.15	3.18	3.18
29	新疆兵团	2.07	2.22	2.12	1.87	1.92	1.99	2.5	2.55	2.66	2.64
30	上海市	1.83	1.68	1.65	1.61	1.57	1.35	1.3	1.32	1.36	1.37
31	西藏自治区	0.30	0.00	0.65	0.50	0.25	0.29	0.4	0.62	0.75	0.84
32	青海省	0.32	0.32	0.30	0.29	0.36	0.37	0.4	0.39	0.40	0.27

表 16　　2005—2014 年排灌动力机械保有量走势分析

序号	地区	类别	2005 年	2006 年	2007 年	2008 年	2009 年	2010 年	2011 年	2012 年	2013 年	2014 年
0	全国	保有量（万台）	1752. 68	1866. 46	1926. 08	2034. 85	2085. 71	2159. 25	2284. 1	2280. 56	2258. 01	2295. 69
		同比（%）		6. 49	3. 19	5. 65	2. 50	3. 53	5. 78	－0. 15	－0. 99	1. 67
1	山东省	保有量（万台）	269. 75	272. 19	271. 50	289. 13	300. 39	301. 64	352. 9	306. 44	308. 94	311. 5
		同比（%）		0. 90	－0. 25	6. 49	3. 89	0. 42	16. 98	－13. 16	0. 82	0. 83
2	河北省	保有量（万台）	265. 41	265. 20	266. 77	263. 13	261. 93	261. 39	259. 0	256. 08	255. 02	252. 22
		同比（%）		－0. 08	0. 59	－1. 36	－0. 46	－0. 21	－0. 93	－1. 11	－0. 41	－1. 10
3	湖南省	保有量（万台）	152. 64	158. 94	169. 36	214. 25	200. 97	218. 69	227. 2	230. 34	241. 48	246. 32
		同比（%）		4. 13	6. 56	26. 51	－6. 20	8. 82	3. 87	1. 40	4. 84	2. 00
4	河南省	保有量（万台）	149. 37	152. 96	154. 61	153. 19	158. 21	160. 06	163. 6	164. 89	165. 58	168. 67
		同比（%）		2. 40	1. 08	－0. 92	3. 28	1. 17	2. 23	0. 77	0. 42	1. 87
5	安徽省	保有量（万台）	139. 75	143. 37	148. 25	146. 67	148. 11	150. 47	156. 5	156. 95	161. 00	162. 24
		同比（%）		2. 59	3. 40	－1. 07	0. 98	1. 59	3. 99	0. 30	2. 58	0. 77
6	辽宁省	保有量（万台）	98. 53	100. 02	103. 56	98. 81	103. 96	103. 83	107. 5	106. 06	105. 47	106. 62
		同比（%）		1. 51	3. 54	－4. 59	5. 21	－0. 13	3. 54	－1. 35	－0. 56	1. 09
7	湖北省	保有量（万台）	49. 91	65. 81	67. 29	73. 29	79. 27	85. 25	88. 4	90. 26	98. 09	102. 64
		同比（%）		31. 86	2. 25	8. 92	8. 16	7. 54	3. 71	2. 09	8. 67	4. 64
8	重庆市	保有量（万台）	51. 55	56. 43	62. 05	76. 34	83. 31	90. 43	92. 4	93. 24	96. 21	100. 12
		同比（%）		9. 47	9. 96	23. 03	9. 13	8. 55	2. 18	0. 91	3. 19	4. 06
9	四川省	保有量（万台）	46. 04	47. 15	50. 30	52. 00	56. 05	57. 14	64. 3	84. 59	89. 55	98. 15
		同比（%）		2. 41	6. 68	3. 38	7. 79	1. 94	12. 51	31. 58	5. 86	9. 60
10	浙江省	保有量（万台）	51. 09	97. 74	97. 23	98. 74	98. 19	99. 53	100. 6	99. 72	99. 38	96. 96
		同比（%）		91. 31	－0. 52	1. 55	－0. 56	1. 36	1. 03	－0. 83	－0. 34	－2. 44

表 17　　2005—2014 年农用水泵保有量一览表　　单位：万台

序号	地区	2005 年	2006 年	2007 年	2008 年	2009 年	2010 年	2011 年	2012 年	2013 年	2014 年
0	全国	1727. 27	1840. 52	1910. 50	1979. 24	2040. 62	2108. 78	2173. 8	2211. 54	2206. 80	2224. 51
1	山东省	270. 33	274. 67	277. 30	291. 02	293. 82	296. 19	295. 2	296. 71	297. 27	296. 1
2	湖南省	158. 86	164. 99	177. 89	170. 37	183. 89	209. 98	220. 9	222. 14	228. 97	226. 63
3	河南省	203. 10	205. 73	207. 97	207. 34	215. 03	216. 29	223. 8	222. 87	223. 63	223. 44
4	安徽省	154. 68	159. 35	162. 85	167. 35	170. 09	174. 10	174. 2	173. 46	179. 72	180. 58
5	河北省	163. 63	164. 01	171. 36	178. 69	171. 28	172. 09	172. 2	172. 15	172. 02	170. 61
6	辽宁省	123. 91	124. 22	118. 60	121. 81	128. 99	127. 67	129. 7	127. 33	125. 3	121. 92
7	湖北省	55. 92	71. 42	82. 70	87. 73	87. 70	85. 49	89. 5	103. 30	105. 63	110. 6
8	重庆市	52. 34	56. 30	62. 05	76. 34	83. 31	90. 43	95. 4	96. 15	98. 88	100. 23
9	广西壮族自治区	55. 60	59. 11	64. 82	68. 70	73. 98	83. 40	84. 0	84. 52	87. 36	88. 45
10	四川省	50. 43	53. 23	55. 43	56. 38	62. 82	62. 93	64. 1	75. 76	78. 04	87. 41
11	浙江省	47. 20	100. 23	96. 76	96. 62	94. 75	96. 02	93. 7	91. 87	90. 17	86. 94
12	广东省	48. 96	51. 69	51. 97	59. 43	63. 63	68. 51	75. 0	75. 39	77. 41	79. 09
13	江苏省	61. 93	62. 00	59. 09	59. 80	60. 42	60. 00	63. 5	66. 29	66. 53	65. 99
14	贵州省	14. 61	15. 46	19. 48	26. 19	28. 13	28. 92	40. 6	43. 18	44. 75	52. 19
15	吉林省	42. 00	42. 55	44. 20	47. 40	47. 40	47. 80	47. 8	46. 77	47. 13	49. 47
16	黑龙江省	32. 87	33. 73	34. 67	35. 63	40. 70	43. 26	45. 0	46. 46	47. 95	48. 24
17	江西省	50. 39	58. 29	68. 21	68. 98	70. 34	73. 10	79. 7	81. 61	44. 83	43. 96
18	内蒙古自治区	32. 99	36. 78	37. 20	35. 47	36. 60	35. 96	37. 6	38. 67	38. 7	38. 68
19	陕西省	29. 30	28. 15	29. 95	29. 45	29. 99	30. 15	31. 4	32. 19	32. 9	32. 62
20	云南省	11. 77	12. 78	14. 73	17. 09	18. 12	21. 66	25. 6	27. 58	29. 35	30. 21
21	海南省	8. 62	9. 38	13. 93	17. 46	18. 20	19. 19	17. 9	18. 47	18. 58	19. 13
22	福建省	12. 32	12. 30	13. 27	13. 72	14. 15	15. 06	15. 8	16. 64	19. 12	19. 08
23	山西省	13. 39	12. 73	13. 02	12. 80	13. 10	13. 95	14. 7	15. 09	15. 28	15. 29
24	甘肃省	8. 14	8. 22	9. 02	9. 21	10. 43	11. 45	10. 7	11. 14	11. 67	11. 91
25	天津市	10. 09	10. 07	9. 82	9. 68	8. 55	9. 24	9. 0	8. 84	8. 77	8. 73
26	新疆维吾尔自治区	3. 33	3. 46	3. 41	3. 51	4. 04	4. 38	5. 0	5. 30	5. 31	5. 5
27	宁夏回族自治区	2. 87	2. 35	3. 52	3. 48	3. 47	3. 62	3. 7	4. 03	4. 12	4. 13
28	北京市	4. 16	4. 09	4. 09	4. 03	4. 31	4. 23	3. 9	3. 45	3. 4	3. 42
29	新疆兵团	1. 38	1. 23	1. 32	1. 64	1. 51	1. 92	1. 9	1. 99	1. 97	1. 89
30	上海市	1. 83	1. 67	1. 65	1. 60	1. 57	1. 35	1. 3	1. 32	1. 36	1. 37
31	西藏自治区	0. 00	0. 00	0. 00	0. 09	0. 10	0. 10	0. 4	0. 50	0. 5	0. 51
32	青海省	0. 33	0. 33	0. 22	0. 23	0. 20	0. 34	0. 6	0. 37	0. 18	0. 19

表 18　　2005—2014 年农用水泵保有量一览表

序号	地区	类别	2005 年	2006 年	2007 年	2008 年	2009 年	2010 年	2011 年	2012 年	2013 年	2014 年
0	全国	保有量（万台）	1727.27	1840.52	1910.50	1979.24	2040.62	2108.78	2173.8	2211.54	2206.80	2224.51
		同比（%）		6.56	3.80	3.60	3.10	3.34	3.08	1.74	-0.21	0.80
1	山东省	保有量（万台）	270.33	274.67	277.30	291.02	293.82	296.19	295.2	296.71	297.27	296.1
		同比（%）		1.61	0.96	4.95	0.96	0.81	-0.35	0.53	0.19	-0.39
2	湖南省	保有量（万台）	158.86	164.99	177.89	170.37	183.89	209.98	220.9	222.14	228.97	226.63
		同比（%）		3.86	7.82	-4.23	7.94	14.19	5.18	0.58	3.07	-1.02
3	河南省	保有量（万台）	203.10	205.73	207.97	207.34	215.03	216.29	223.8	222.87	223.63	223.44
		同比（%）		1.29	1.09	-0.30	3.71	0.59	3.47	-0.41	0.34	-0.08
4	安徽省	保有量（万台）	154.68	159.35	162.85	167.35	170.09	174.10	174.2	173.46	179.72	180.58
		同比（%）		3.02	2.20	2.76	1.64	2.36	0.06	-0.42	3.61	0.48
5	河北省	保有量（万台）	163.63	164.01	171.36	178.69	171.28	172.09	172.2	172.15	172.02	170.61
		同比（%）		0.23	4.48	4.28	-4.15	0.47	0.08	-0.04	-0.08	-0.82
6	辽宁省	保有量（万台）	123.91	124.22	118.60	121.81	128.99	127.67	129.7	127.33	125.30	121.92
		同比（%）		0.25	-4.52	2.71	5.89	-1.02	1.60	-1.83	-1.59	-2.70
7	湖北省	保有量（万台）	55.92	71.42	82.70	87.73	87.70	85.49	89.5	103.30	105.63	110.6
		同比（%）		27.72	15.79	6.08	-0.03	-2.52	4.66	15.45	2.26	4.71
8	重庆市	保有量（万台）	52.34	56.30	62.05	76.34	83.31	90.43	95.4	96.15	98.88	100.23
		同比（%）		7.57	10.21	23.03	9.13	8.55	5.50	0.79	2.84	1.37
9	广西壮族自治区	保有量（万台）	55.60	59.11	64.82	68.70	73.98	83.40	84.0	84.52	87.36	88.45
		同比（%）		6.31	9.66	5.99	7.69	12.73	0.72	0.62	3.36	1.25
10	四川区	保有量（万台）	50.43	53.23	55.43	56.38	62.82	62.93	64.1	75.76	78.04	87.41
		同比（%）		5.55	4.13	1.71	11.42	0.18	1.91	18.14	3.01	12.01

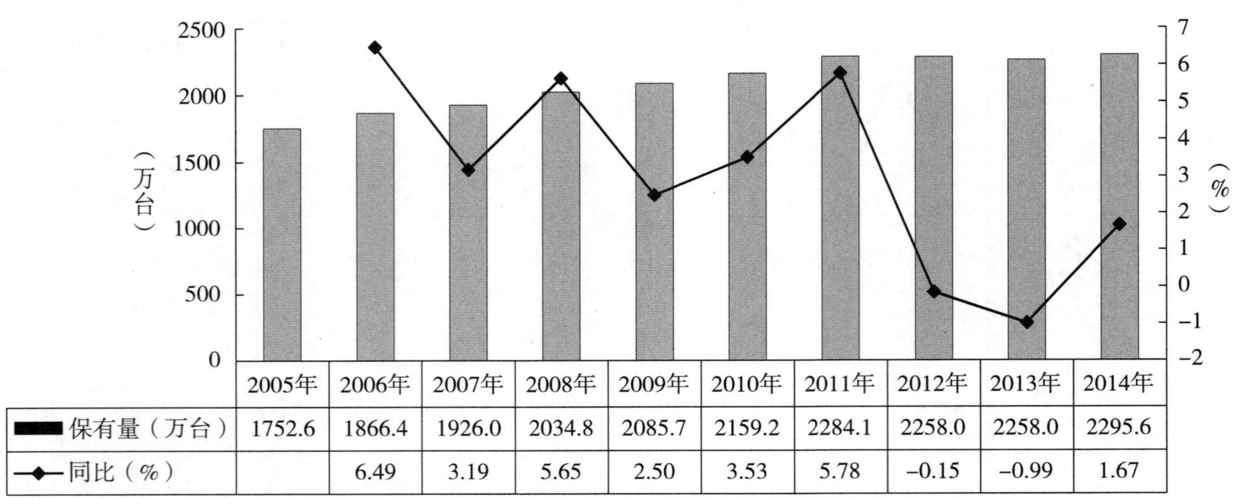

	2005年	2006年	2007年	2008年	2009年	2010年	2011年	2012年	2013年	2014年
保有量（万台）	1752.6	1866.4	1926.0	2034.8	2085.7	2159.2	2284.1	2258.0	2258.0	2295.6
同比（%）		6.49	3.19	5.65	2.50	3.53	5.78	–0.15	–0.99	1.67

图 78　2005—2014 年全国排灌动力机械保有量走势

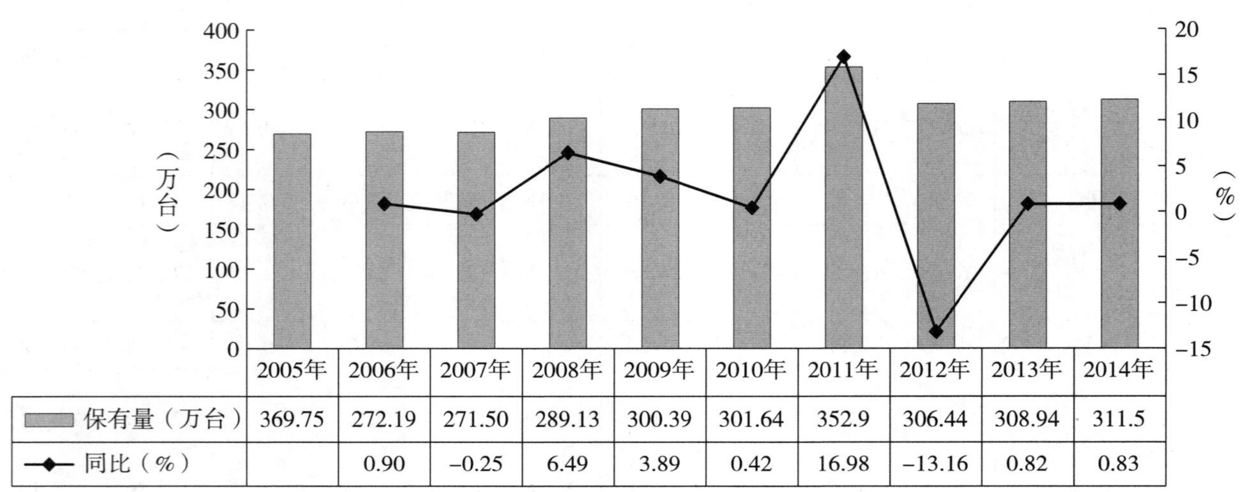

	2005年	2006年	2007年	2008年	2009年	2010年	2011年	2012年	2013年	2014年
保有量（万台）	369.75	272.19	271.50	289.13	300.39	301.64	352.9	306.44	308.94	311.5
同比（%）		0.90	–0.25	6.49	3.89	0.42	16.98	–13.16	0.82	0.83

图 79　2005—2014 年山东省排灌机械保有量走势

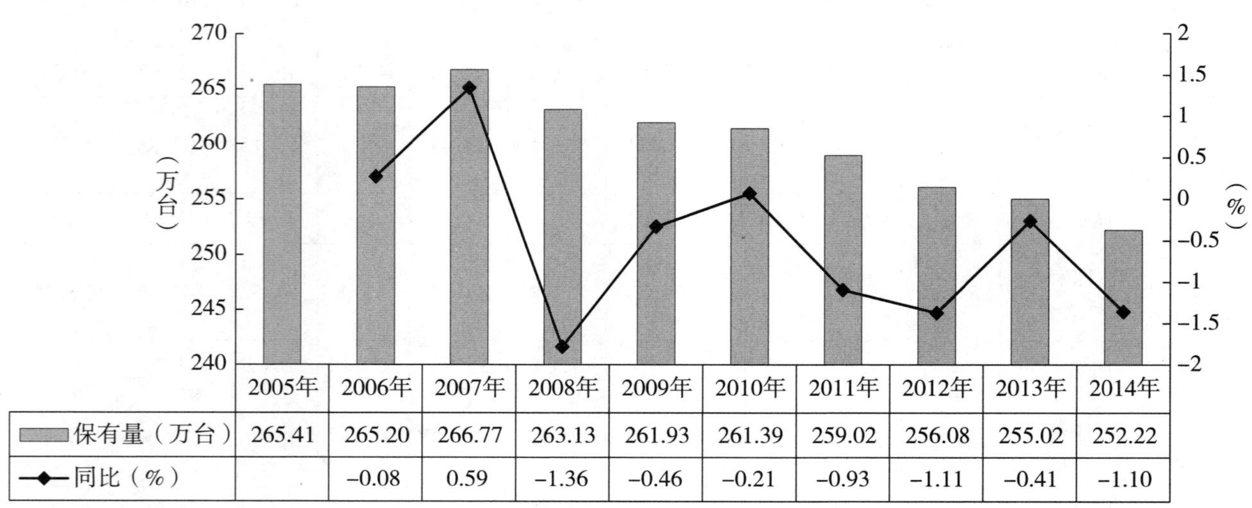

	2005年	2006年	2007年	2008年	2009年	2010年	2011年	2012年	2013年	2014年
保有量（万台）	265.41	265.20	266.77	263.13	261.93	261.39	259.02	256.08	255.02	252.22
同比（%）		–0.08	0.59	–1.36	–0.46	–0.21	–0.93	–1.11	–0.41	–1.10

图 80　2005—2014 年河北省排灌机械保有量走势

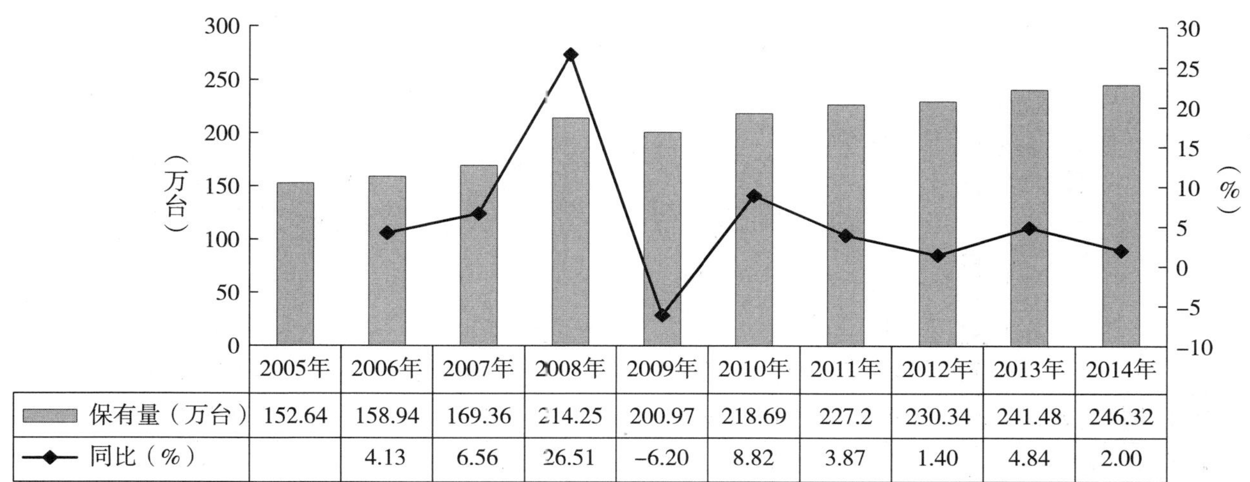

图 81　2005—2014 年湖南省排灌机械保有量走势

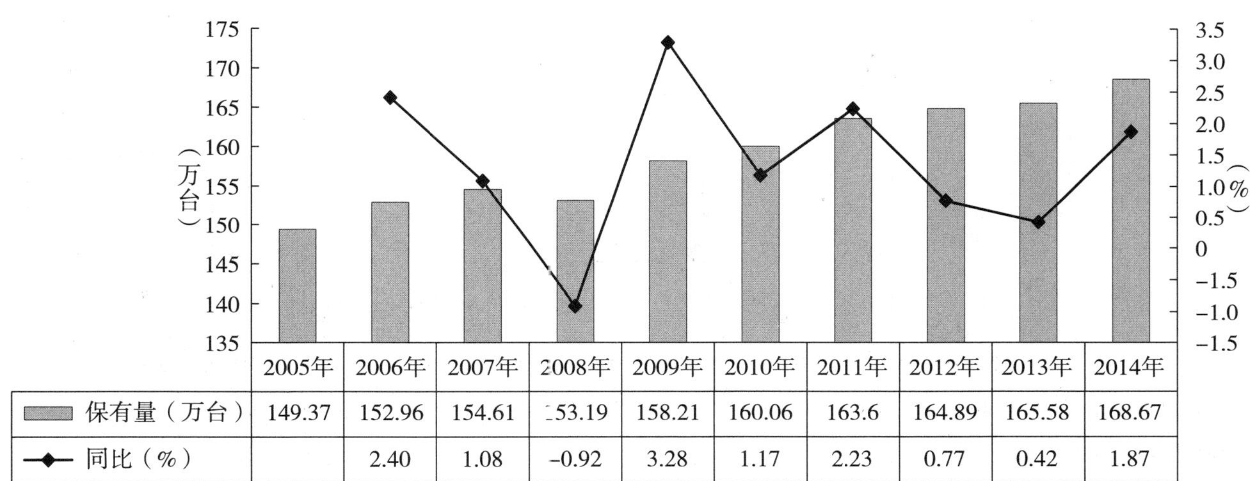

图 82　2005—2014 年河南省排灌机械保有量走势

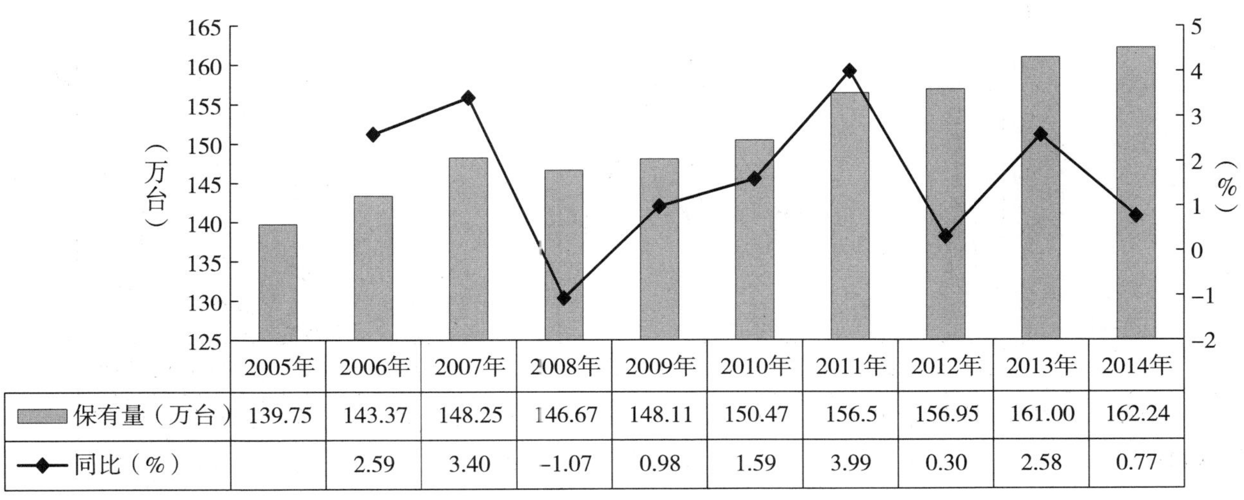

图 83　2005—2014 年安徽省排灌机械保有量走势

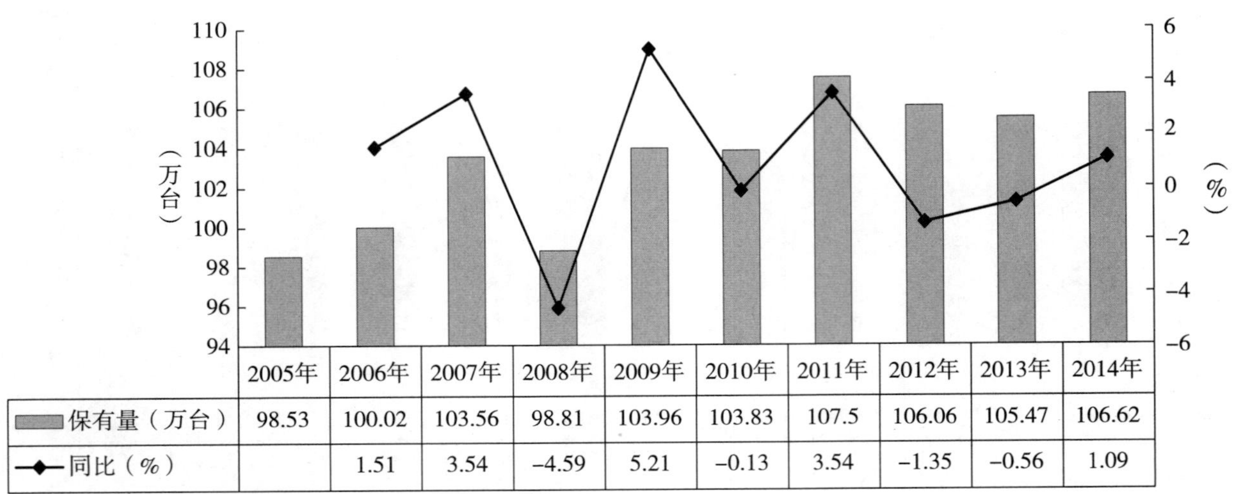

	2005年	2006年	2007年	2008年	2009年	2010年	2011年	2012年	2013年	2014年
保有量（万台）	98.53	100.02	103.56	98.81	103.96	103.83	107.5	106.06	105.47	106.62
同比（%）		1.51	3.54	−4.59	5.21	−0.13	3.54	−1.35	−0.56	1.09

图 84　2005—2014 年辽宁省排灌机械保有量走势

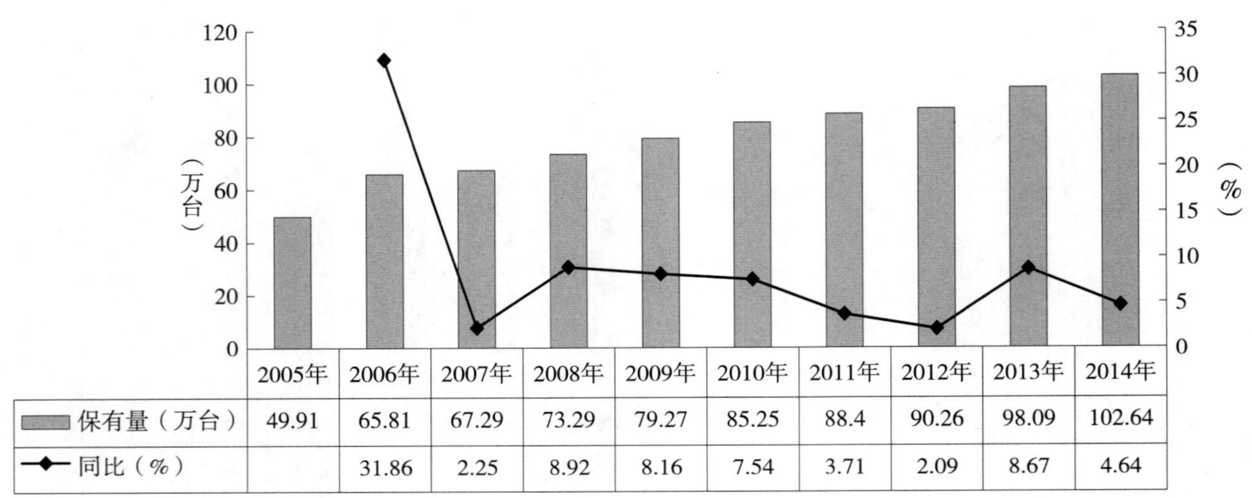

	2005年	2006年	2007年	2008年	2009年	2010年	2011年	2012年	2013年	2014年
保有量（万台）	49.91	65.81	67.29	73.29	79.27	85.25	88.4	90.26	98.09	102.64
同比（%）		31.86	2.25	8.92	8.16	7.54	3.71	2.09	8.67	4.64

图 85　2005—2014 年湖北省排灌机械保有量走势

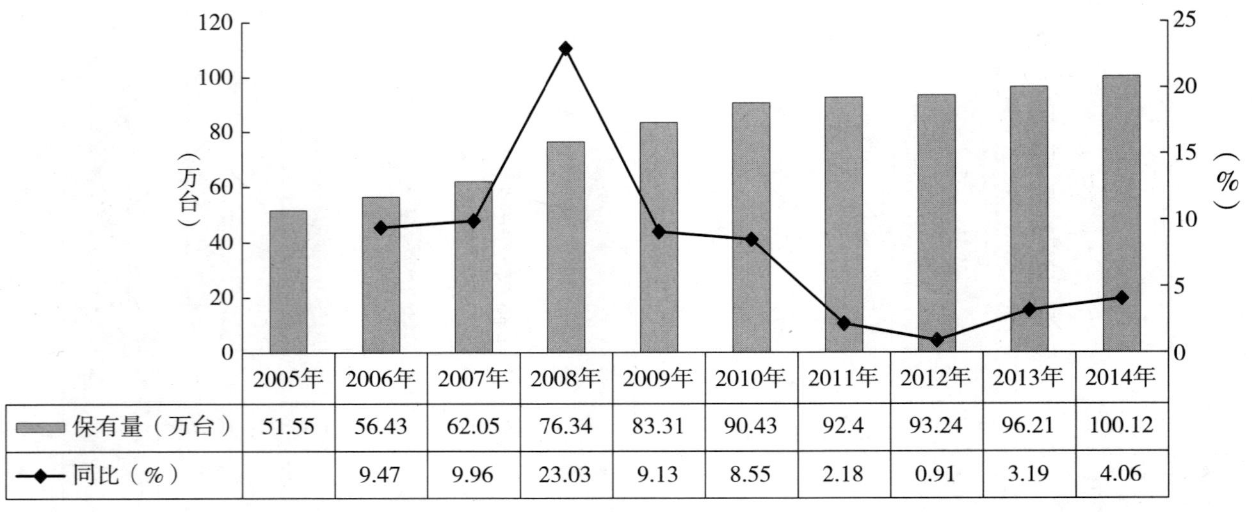

	2005年	2006年	2007年	2008年	2009年	2010年	2011年	2012年	2013年	2014年
保有量（万台）	51.55	56.43	62.05	76.34	83.31	90.43	92.4	93.24	96.21	100.12
同比（%）		9.47	9.96	23.03	9.13	8.55	2.18	0.91	3.19	4.06

图 86　2005—2014 年重庆市排灌机械保有量走势

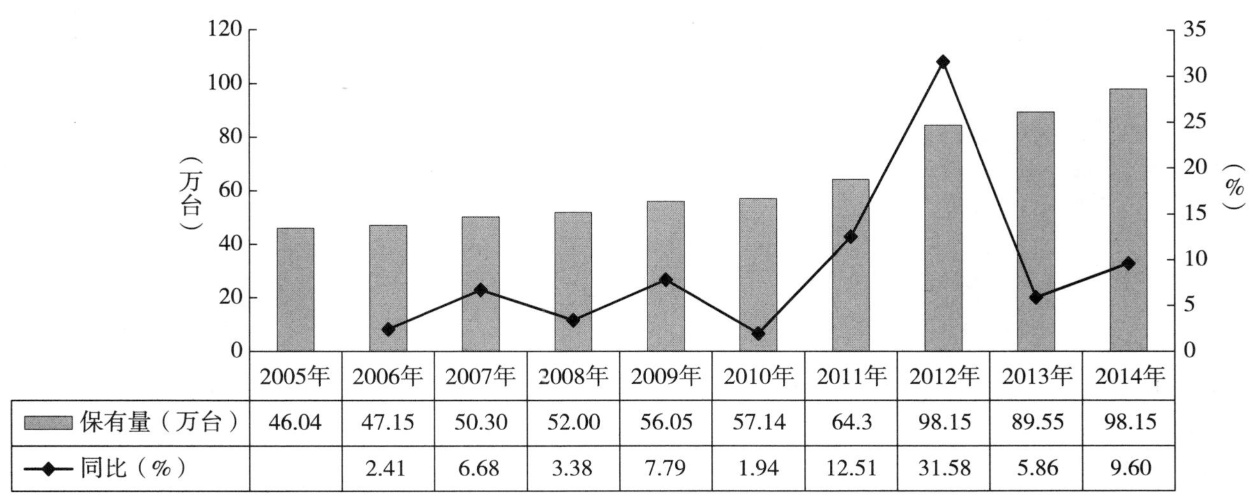

	2005年	2006年	2007年	2008年	2009年	2010年	2011年	2012年	2013年	2014年
保有量（万台）	46.04	47.15	50.30	52.00	56.05	57.14	64.3	98.15	89.55	98.15
同比（%）		2.41	6.68	3.38	7.79	1.94	12.51	31.58	5.86	9.60

图 87　2005—2014 年四川省排灌机械保有量走势

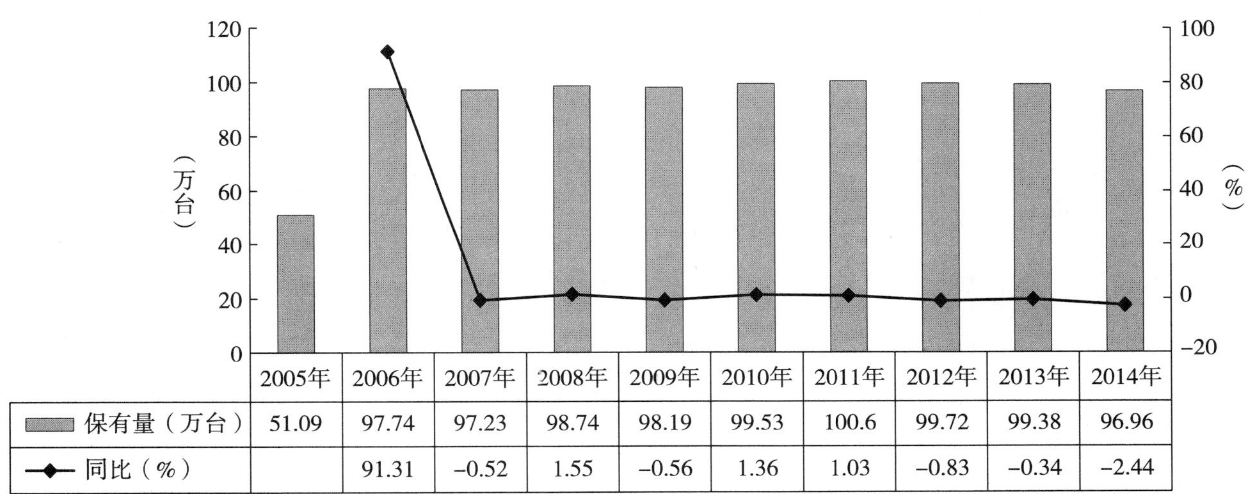

	2005年	2006年	2007年	2008年	2009年	2010年	2011年	2012年	2013年	2014年
保有量（万台）	51.09	97.74	97.23	98.74	98.19	99.53	100.6	99.72	99.38	96.96
同比（%）		91.31	−0.52	1.55	−0.56	1.36	1.03	−0.83	−0.34	−2.44

图 88　2005—2014 年浙江省排灌机械保有量走势

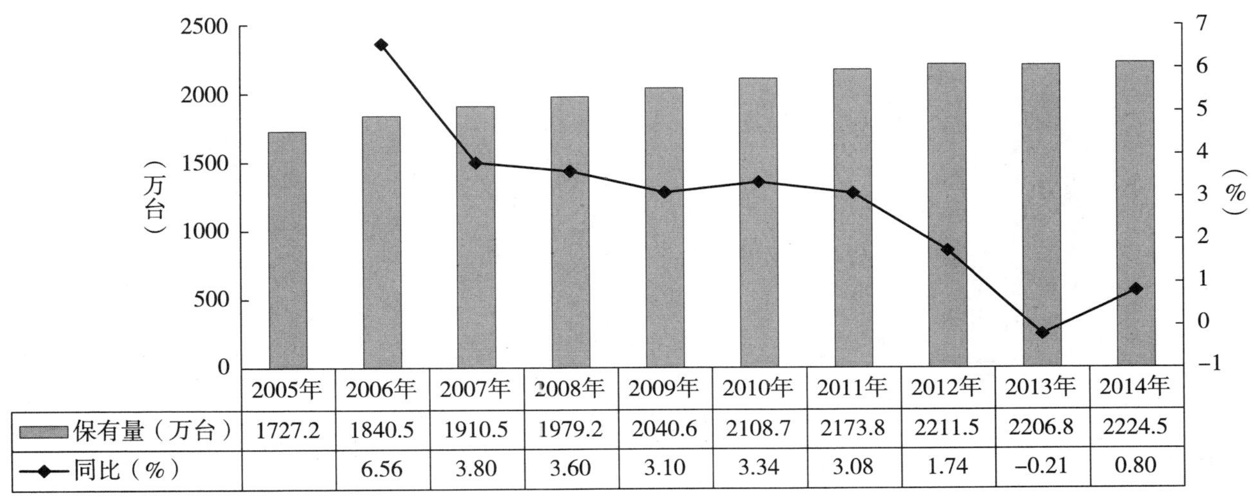

	2005年	2006年	2007年	2008年	2009年	2010年	2011年	2012年	2013年	2014年
保有量（万台）	1727.2	1840.5	1910.5	1979.2	2040.6	2108.7	2173.8	2211.5	2206.8	2224.5
同比（%）		6.56	3.80	3.60	3.10	3.34	3.08	1.74	−0.21	0.80

图 89　2005—2014 年全国农用水泵保有量走势

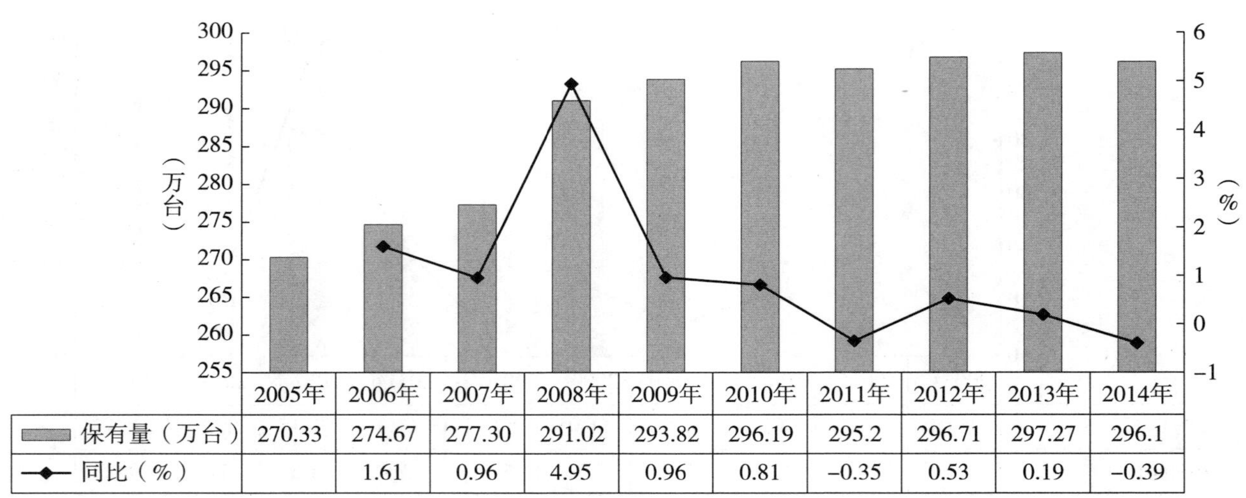

	2005年	2006年	2007年	2008年	2009年	2010年	2011年	2012年	2013年	2014年
保有量（万台）	270.33	274.67	277.30	291.02	293.82	296.19	295.2	296.71	297.27	296.1
同比（%）		1.61	0.96	4.95	0.96	0.81	−0.35	0.53	0.19	−0.39

图 90　2005—2014 年山东省农用水泵保有量走势

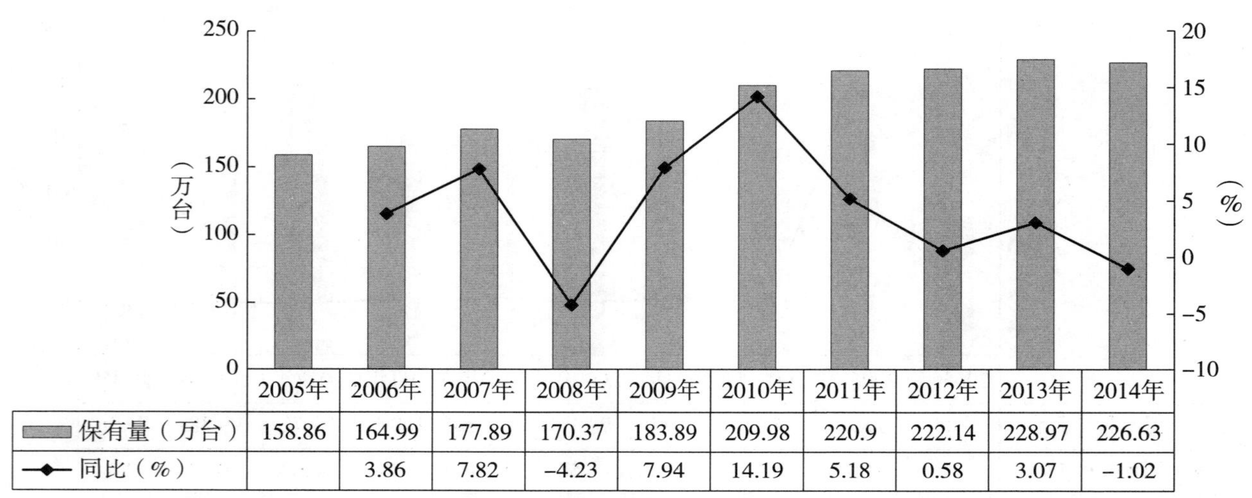

	2005年	2006年	2007年	2008年	2009年	2010年	2011年	2012年	2013年	2014年
保有量（万台）	158.86	164.99	177.89	170.37	183.89	209.98	220.9	222.14	228.97	226.63
同比（%）		3.86	7.82	−4.23	7.94	14.19	5.18	0.58	3.07	−1.02

图 91　2005—2014 年湖南省农用水泵保有量走势

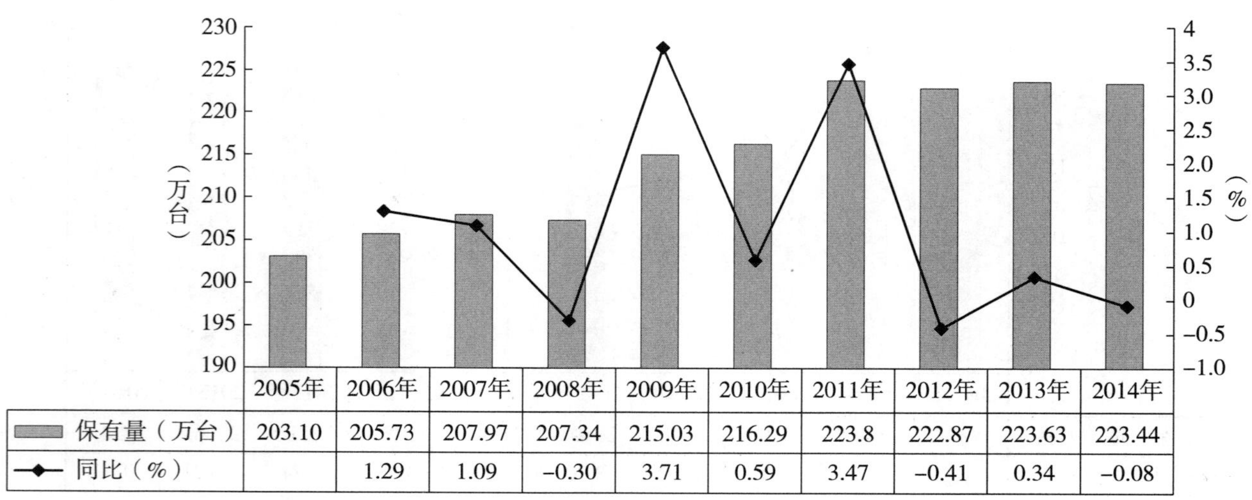

	2005年	2006年	2007年	2008年	2009年	2010年	2011年	2012年	2013年	2014年
保有量（万台）	203.10	205.73	207.97	207.34	215.03	216.29	223.8	222.87	223.63	223.44
同比（%）		1.29	1.09	−0.30	3.71	0.59	3.47	−0.41	0.34	−0.08

图 92　2005—2014 年河南省农用水泵保有量走势

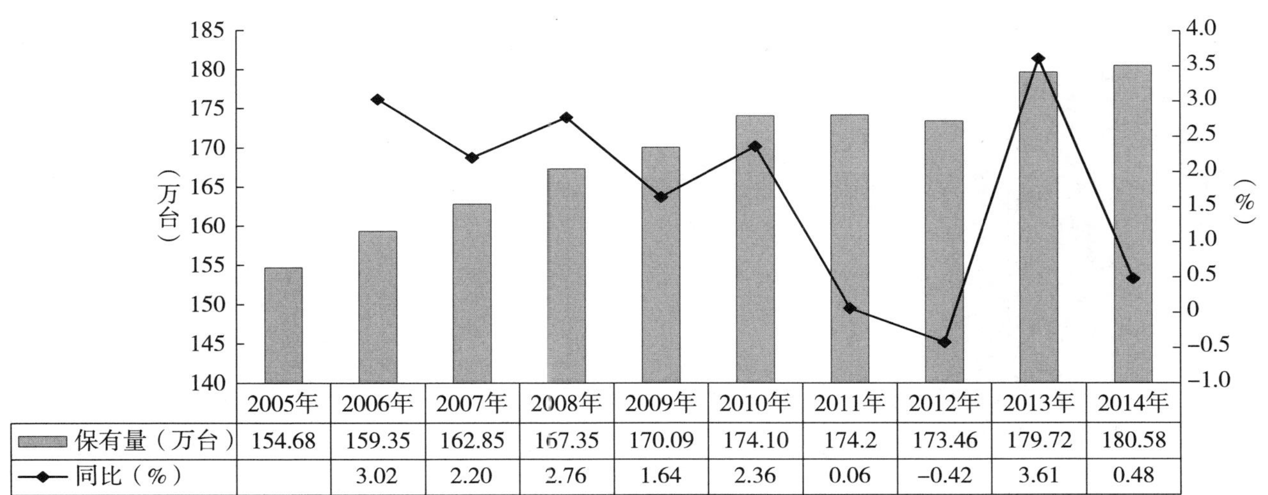

	2005年	2006年	2007年	2008年	2009年	2010年	2011年	2012年	2013年	2014年
保有量（万台）	154.68	159.35	162.85	167.35	170.09	174.10	174.2	173.46	179.72	180.58
同比（%）		3.02	2.20	2.76	1.64	2.36	0.06	−0.42	3.61	0.48

图 93　2005—2014 年安徽省农用水泵保有量走势

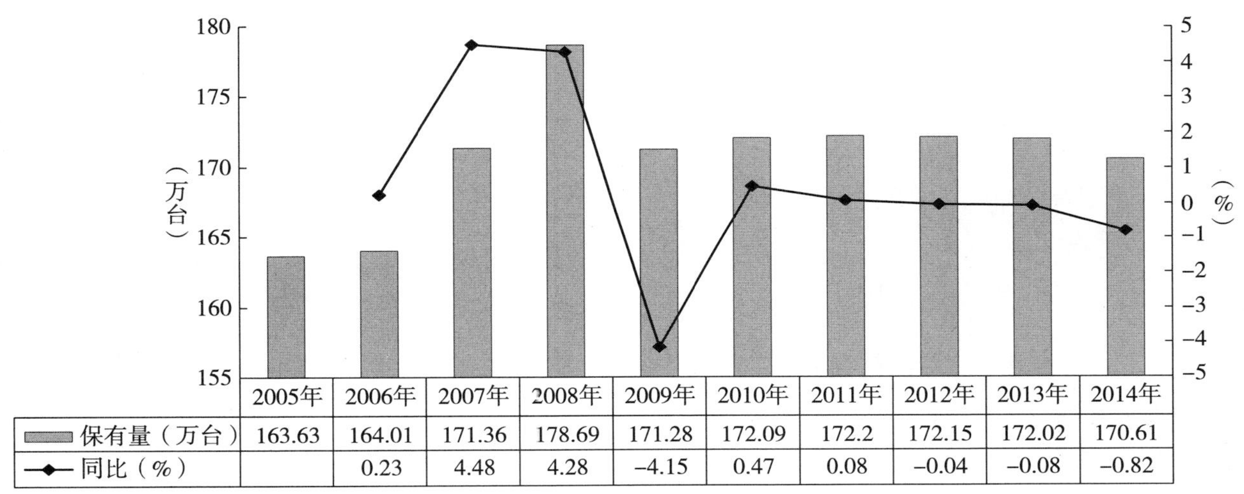

	2005年	2006年	2007年	2008年	2009年	2010年	2011年	2012年	2013年	2014年
保有量（万台）	163.63	164.01	171.36	178.69	171.28	172.09	172.2	172.15	172.02	170.61
同比（%）		0.23	4.48	4.28	−4.15	0.47	0.08	−0.04	−0.08	−0.82

图 94　2005—2014 年河北省农用水泵保有量走势

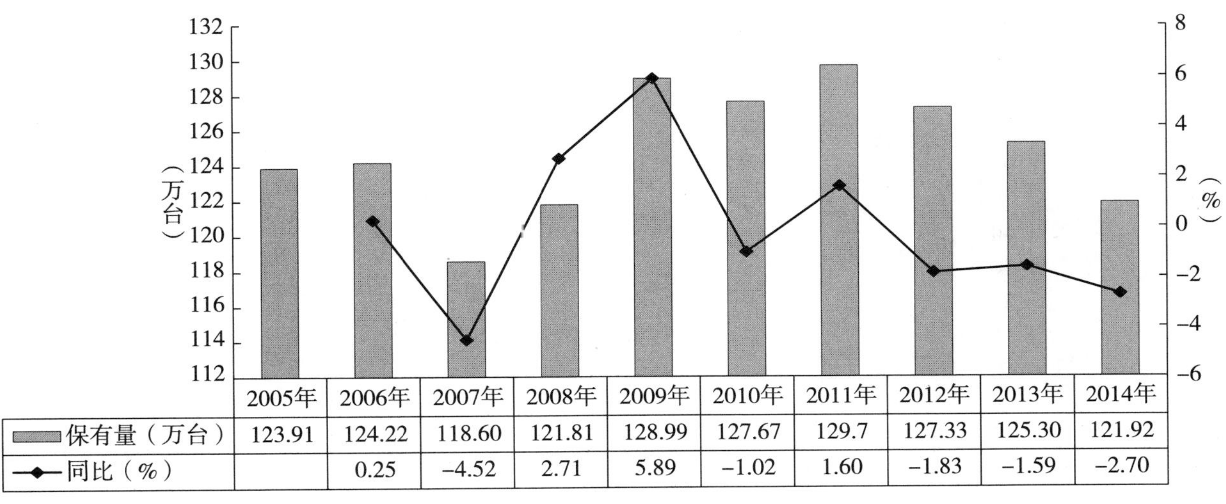

	2005年	2006年	2007年	2008年	2009年	2010年	2011年	2012年	2013年	2014年
保有量（万台）	123.91	124.22	118.60	121.81	128.99	127.67	129.7	127.33	125.30	121.92
同比（%）		0.25	−4.52	2.71	5.89	−1.02	1.60	−1.83	−1.59	−2.70

图 95　2005—2014 年辽宁省农用水泵保有量走势

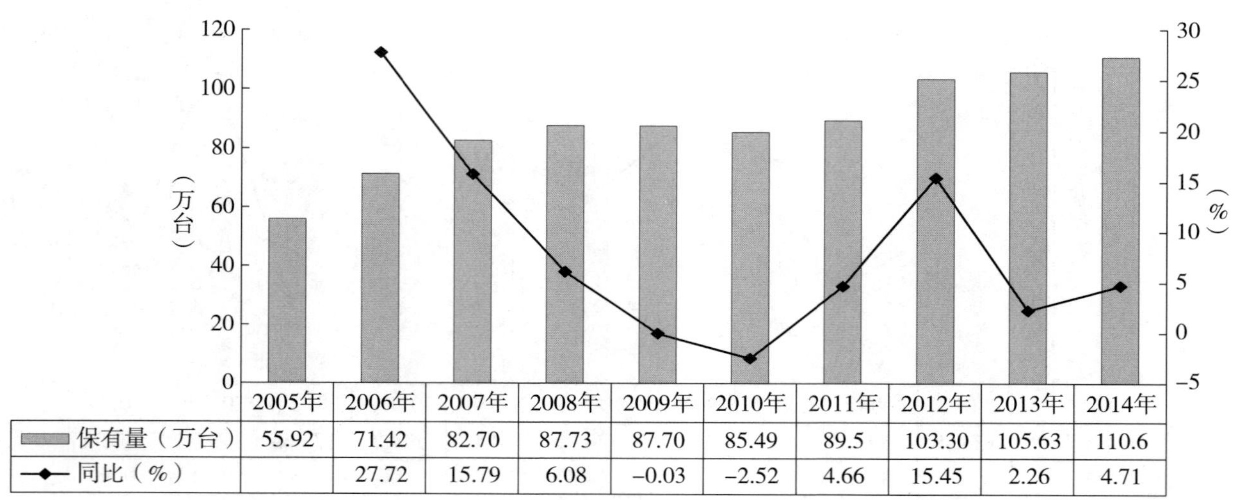

	2005年	2006年	2007年	2008年	2009年	2010年	2011年	2012年	2013年	2014年
保有量（万台）	55.92	71.42	82.70	87.73	87.70	85.49	89.5	103.30	105.63	110.6
同比（%）		27.72	15.79	6.08	−0.03	−2.52	4.66	15.45	2.26	4.71

图 96　2005—2014 年湖北省农用水泵保有量走势

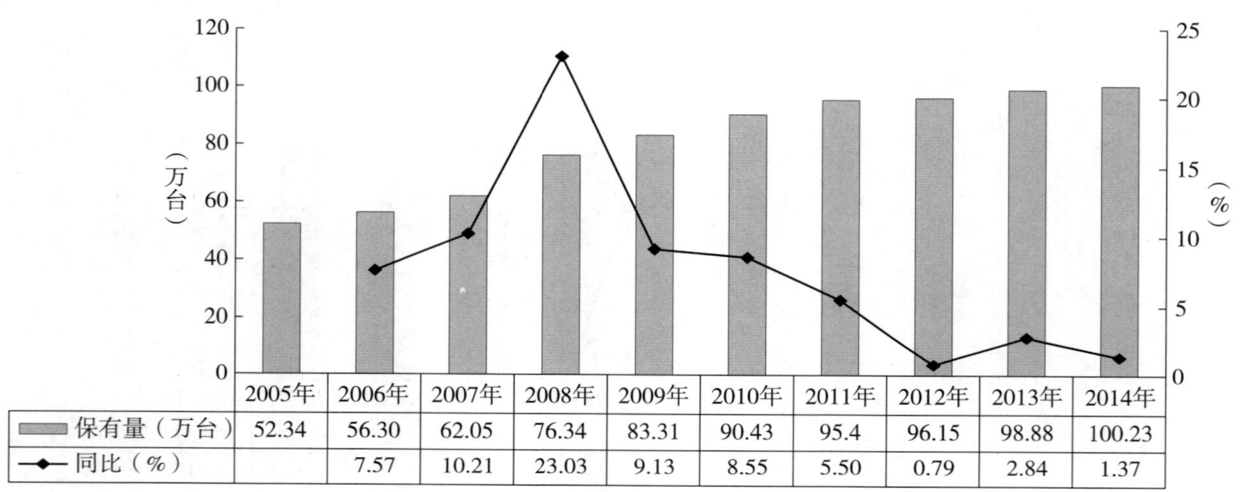

	2005年	2006年	2007年	2008年	2009年	2010年	2011年	2012年	2013年	2014年
保有量（万台）	52.34	56.30	62.05	76.34	83.31	90.43	95.4	96.15	98.88	100.23
同比（%）		7.57	10.21	23.03	9.13	8.55	5.50	0.79	2.84	1.37

图 97　2005—2014 年重庆市农用水泵保有量走势

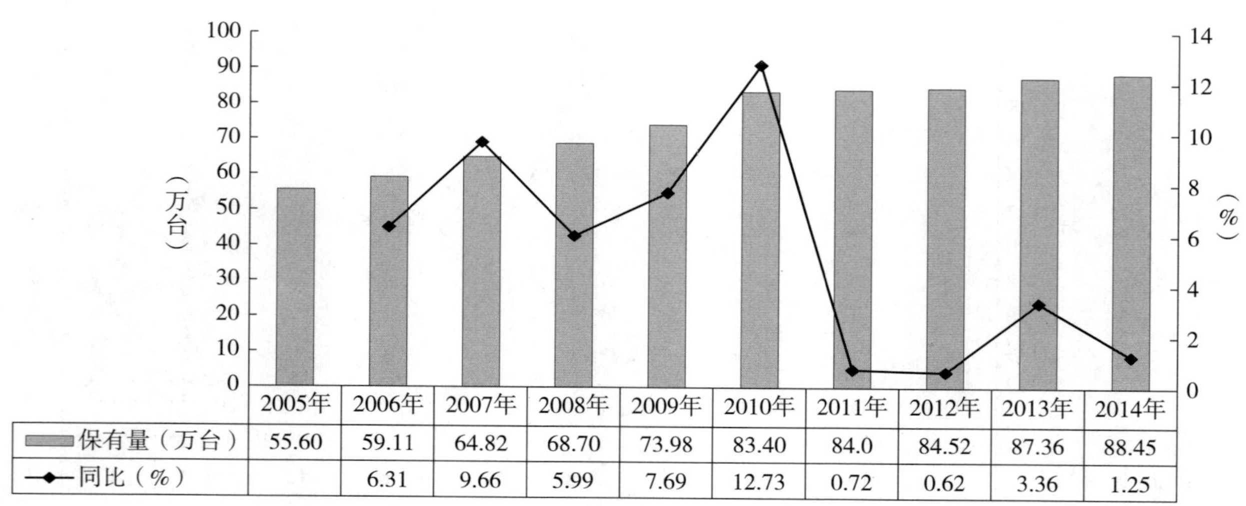

	2005年	2006年	2007年	2008年	2009年	2010年	2011年	2012年	2013年	2014年
保有量（万台）	55.60	59.11	64.82	68.70	73.98	83.40	84.0	84.52	87.36	88.45
同比（%）		6.31	9.66	5.99	7.69	12.73	0.72	0.62	3.36	1.25

图 98　2005—2014 年广西壮族自治区农用水泵保有量走势

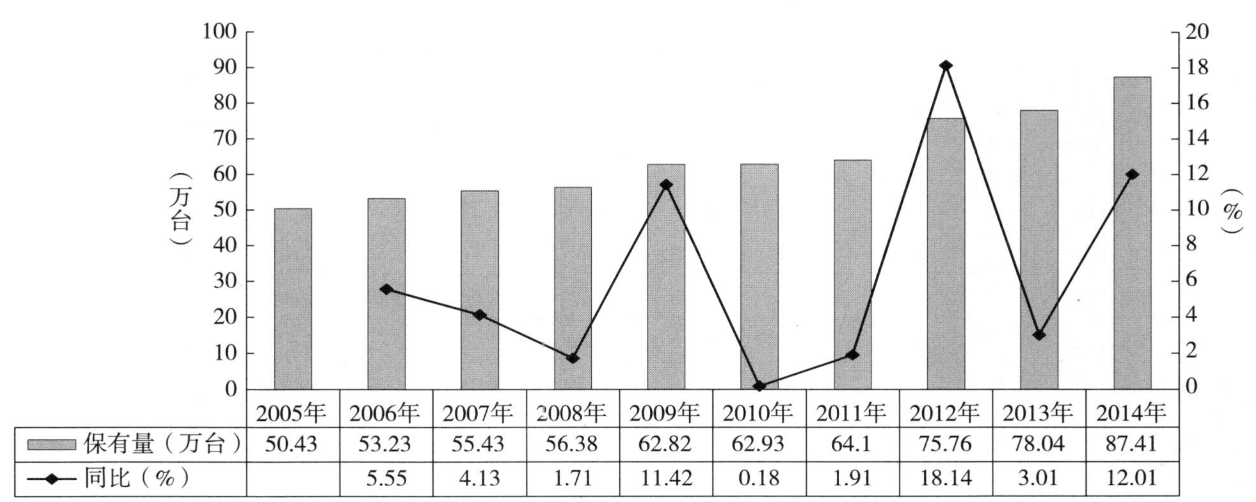

图 99　2005—2014 年四川省农用水泵保有量走势

（三）植保机械保有量

表 19　　2005—2014 年机动喷雾（粉）机保有量一览表　　单位：万台

序号	地区	2005 年	2006 年	2007 年	2008 年	2009 年	2010 年	2011 年	2012 年	2013 年	2014 年
0	全国	239.10	271.04	296.33	356.42	395.91	461.44	518.08	543.72	559.19	614.04
1	湖北省	15.92	25.44	30.57	35.41	38.40	43.56	48.73	55.07	60.41	72.26
2	江苏省	37.41	39.46	41.39	50.27	53.50	57.32	61.92	67.11	68.60	68.85
3	河北省	33.52	34.82	36.75	40.54	45.09	48.03	49.10	50.15	51.05	50.79
4	山东省	28.91	29.74	30.40	39.17	40.35	43.15	47.43	48.85	50.09	49.99
5	安徽省	20.53	22.01	24.52	26.58	29.18	32.78	36.86	42.80	44.90	46.32
6	福建省	9.72	9.80	10.48	11.22	19.02	24.69	28.42	11.20	11.45	43.71
7	湖南省	8.26	9.10	9.01	16.32	20.40	29.02	32.29	37.66	37.61	38.9
8	四川省	8.69	9.67	11.07	12.71	14.57	19.29	26.00	28.38	30.80	33.11
9	河南省	18.97	20.56	21.20	22.52	24.22	26.19	26.36	27.66	28.58	29.42
10	广东省	6.12	8.17	9.59	15.65	14.54	17.21	21.84	23.92	23.91	24.89
11	浙江省	7.68	11.66	12.58	13.27	15.56	18.95	21.18	21.84	21.30	21.46
12	陕西省	7.32	8.02	8.61	9.29	8.67	13.43	17.26	18.03	18.84	19.13
13	江西省	7.30	8.65	9.76	11.53	13.05	15.88	18.56	20.12	13.69	14.65
14	云南省	0.57	0.70	1.18	1.85	4.60	5.99	8.06	10.67	12.19	12.69
15	广西壮族自治区	3.78	4.34	4.91	6.63	7.39	8.66	10.63	11.46	12.06	12.63
16	黑龙江省	2.51	4.42	5.85	7.93	8.50	9.50	10.00	10.25	10.64	10.75
17	辽宁省	4.82	4.94	5.59	7.04	7.60	9.66	9.46	9.55	9.67	9.7
18	海南省	0.70	0.77	0.90	1.37	1.75	2.93	6.48	7.81	9.26	9.27
19	新疆维吾尔自治区	4.31	4.32	4.57	4.99	5.24	6.42	6.93	7.16	8.56	8.53
20	内蒙古自治区	0.76	1.25	1.34	5.43	4.82	5.23	5.38	7.95	7.65	7.6
21	重庆市	1.21	1.21	1.34	1.47	3.37	5.71	5.82	5.87	6.97	7.04

续 表

序号	地区	2005 年	2006 年	2007 年	2008 年	2009 年	2010 年	2011 年	2012 年	2013 年	2014 年
22	贵州省	1. 39	1. 43	2. 15	2. 42	2. 66	2. 90	3. 40	3. 59	3. 91	4. 69
23	甘肃省	1. 22	1. 34	1. 46	1. 65	2. 43	3. 49	4. 01	3. 50	3. 77	4. 34
24	山西省	3. 15	3. 09	3. 18	3. 21	3. 44	3. 72	3. 91	3. 99	4. 12	4. 2
25	上海市	1. 20	1. 39	1. 84	1. 83	1. 83	2. 11	2. 25	2. 29	2. 23	2. 22
26	北京市	1. 11	1. 83	1. 96	2. 08	2. 28	2. 04	2. 02	2. 95	2. 22	2. 09
27	吉林省	0. 71	1. 50	2. 67	1. 95	1. 06	1. 08	1. 16	1. 23	1. 22	1. 27
28	新疆兵团	0. 41	0. 43	0. 55	0. 79	0. 92	0. 93	0. 98	0. 99	0. 95	0. 98
29	天津市	0. 45	0. 50	0. 52	0. 83	0. 85	0. 86	0. 95	0. 96	0. 97	0. 96
30	西藏自治区	0. 00	0. 00	0. 00	0. 00	0. 07	0. 10	0. 11	0. 59	0. 61	0. 68
31	青海省	0. 25	0. 26	0. 25	0. 26	0. 26	0. 27	0. 24	0. 29	0. 53	0. 48
32	宁夏回族自治区	0. 20	0. 22	0. 14	0. 22	0. 30	0. 34	0. 35	0. 42	0. 43	0. 44

表 20　2005—2014 年机动喷雾（粉）机保有量一览表

序号	地区	类别	2005 年	2006 年	2007 年	2008 年	2009 年	2010 年	2011 年	2012 年	2013 年	2014 年
0	全国	保有量（万台）	239. 10	271. 04	296. 33	356. 42	395. 91	461. 44	518. 08	543. 72	559. 19	614. 04
		同比（%）		13. 36	9. 33	20. 28	11. 08	16. 55	12. 27	4. 95	2. 85	9. 81
1	湖北省	保有量（万台）	15. 92	25. 44	30. 57	35. 41	38. 40	43. 56	48. 73	55. 07	60. 41	72. 26
		同比（%）		59. 80	20. 17	15. 83	8. 44	13. 44	11. 87	13. 01	9. 70	19. 62
2	江苏省	保有量（万台）	37. 41	39. 46	41. 39	50. 27	53. 50	57. 32	61. 92	67. 11	68. 60	68. 85
		同比（%）		5. 48	4. 89	21. 45	6. 43	7. 14	8. 03	8. 38	2. 22	0. 36
3	河北省	保有量（万台）	33. 52	34. 82	36. 75	40. 54	45. 09	48. 03	49. 10	50. 15	51. 05	50. 79
		同比（%）		3. 88	5. 54	10. 31	11. 22	6. 52	2. 23	2. 14	1. 79	-0. 51
4	山东省	保有量（万台）	28. 91	29. 74	30. 40	39. 17	40. 35	43. 15	47. 43	48. 85	50. 09	49. 99
		同比（%）		2. 87	2. 22	28. 85	3. 01	6. 94	9. 92	2. 99	2. 54	-0. 20
5	安徽省	保有量（万台）	20. 53	22. 01	24. 52	26. 58	29. 18	32. 78	36. 86	42. 80	44. 90	46. 32
		同比（%）		7. 21	11. 40	8. 40	9. 78	12. 34	12. 44	16. 12	4. 91	3. 16
6	福建省	保有量（万台）	9. 72	9. 80	10. 48	11. 22	19. 02	24. 69	28. 42	11. 20	11. 45	43. 71
		同比（%）		0. 82	6. 94	7. 06	69. 52	29. 81	15. 10	-60. 61	2. 27	281. 75

续 表

序号	地区	类别	2005 年	2006 年	2007 年	2008 年	2009 年	2010 年	2011 年	2012 年	2013 年	2014 年
7	湖南省	保有量（万台）	8.26	9.10	9.01	16.32	20.40	29.02	32.29	37.66	37.61	38.9
		同比（%）		10.17	-0.99	81.13	25.00	42.25	11.25	16.64	-0.13	3.43
8	四川省	保有量（万台）	8.69	9.67	11.07	12.71	14.57	19.29	26.00	28.38	30.80	33.11
		同比（%）		11.28	14.48	14.81	14.63	32.40	34.78	9.15	8.53	7.50
9	河南省	保有量（万台）	18.97	20.56	21.20	22.52	24.22	26.19	26.36	27.66	28.58	29.42
		同比（%）		8.38	3.11	6.23	7.55	8.13	0.65	4.93	3.33	2.94
10	广东省	保有量（万台）	6.12	8.17	9.59	15.65	14.54	17.21	21.84	23.92	23.91	24.89
		同比（%）		33.50	17.38	63.19	-7.09	18.36	26.90	9.52	-0.03	4.08

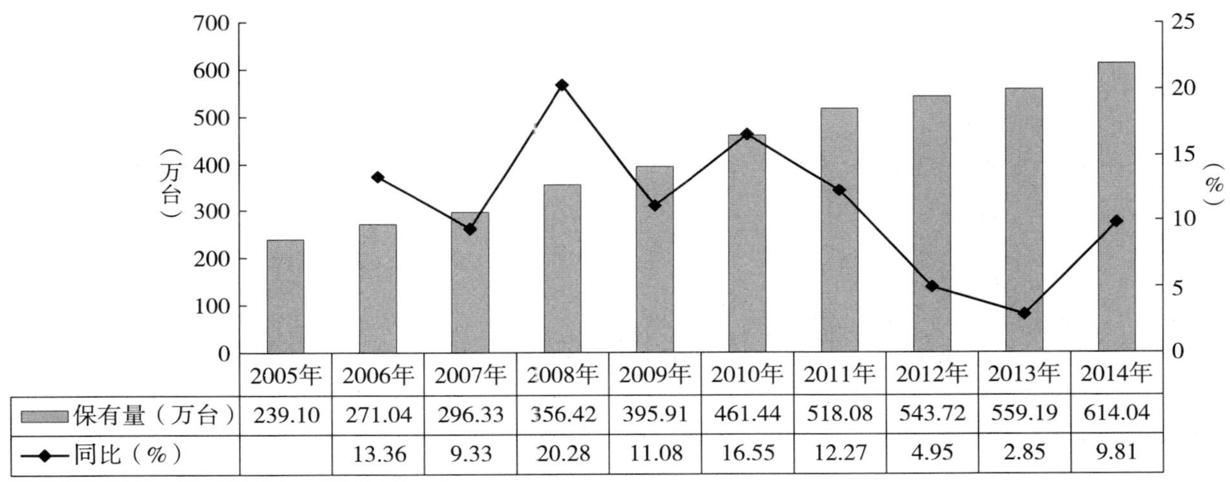

图 100　2005—2014 年全国机动喷雾机保有量走势

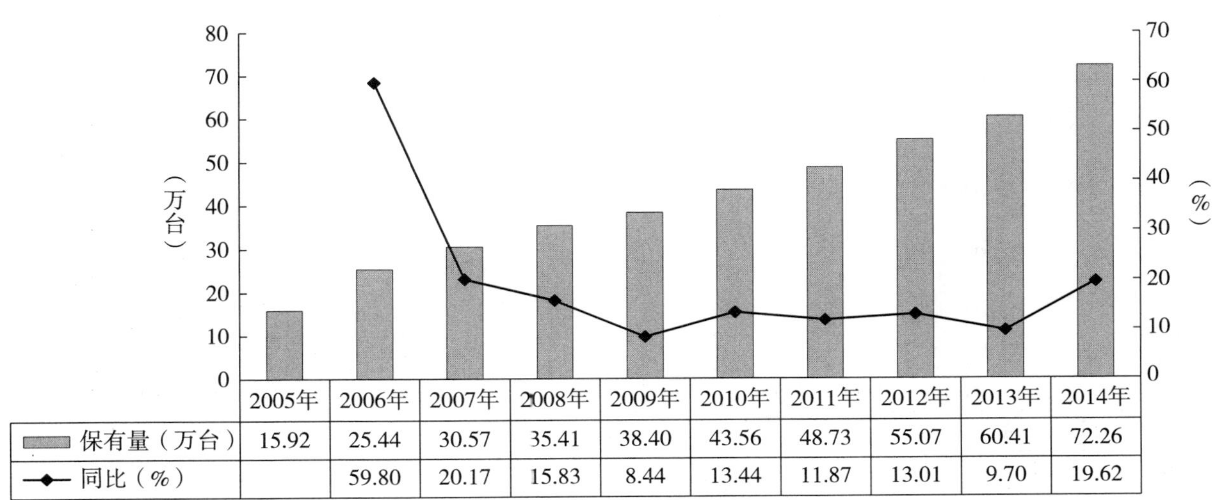

图 101　2005—2014 年湖北省机动喷雾机保有量走势

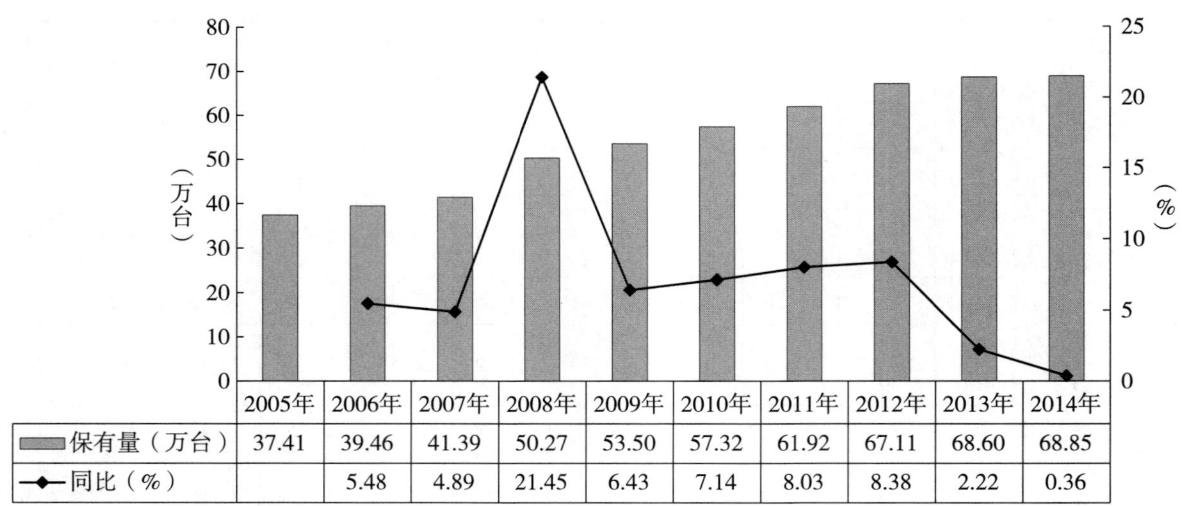

	2005年	2006年	2007年	2008年	2009年	2010年	2011年	2012年	2013年	2014年
保有量（万台）	37.41	39.46	41.39	50.27	53.50	57.32	61.92	67.11	68.60	68.85
同比（%）		5.48	4.89	21.45	6.43	7.14	8.03	8.38	2.22	0.36

图 102　2005—2014 年江苏省机动喷雾机保有量走势

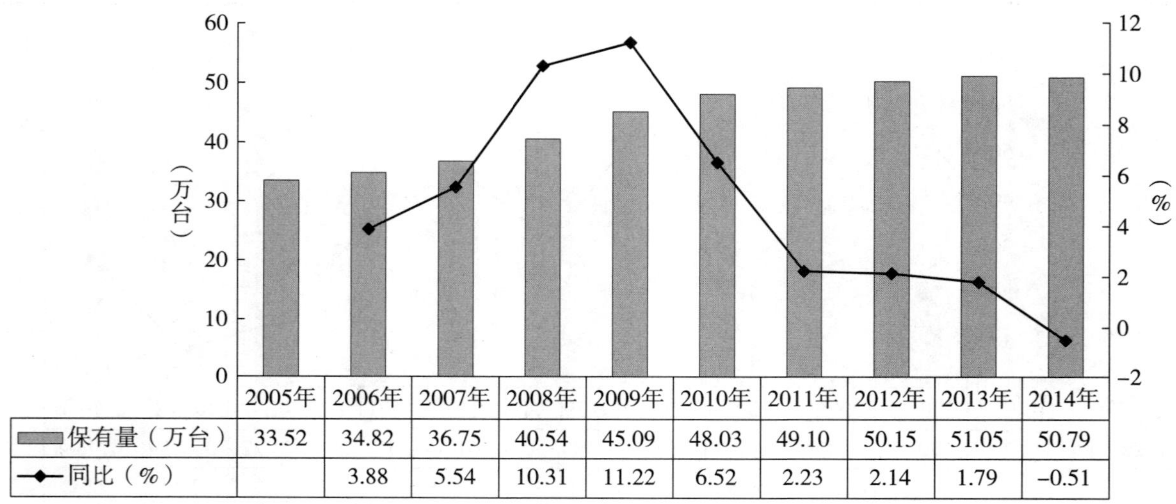

	2005年	2006年	2007年	2008年	2009年	2010年	2011年	2012年	2013年	2014年
保有量（万台）	33.52	34.82	36.75	40.54	45.09	48.03	49.10	50.15	51.05	50.79
同比（%）		3.88	5.54	10.31	11.22	6.52	2.23	2.14	1.79	−0.51

图 103　2005—2014 年河北省机动喷雾机保有量走势

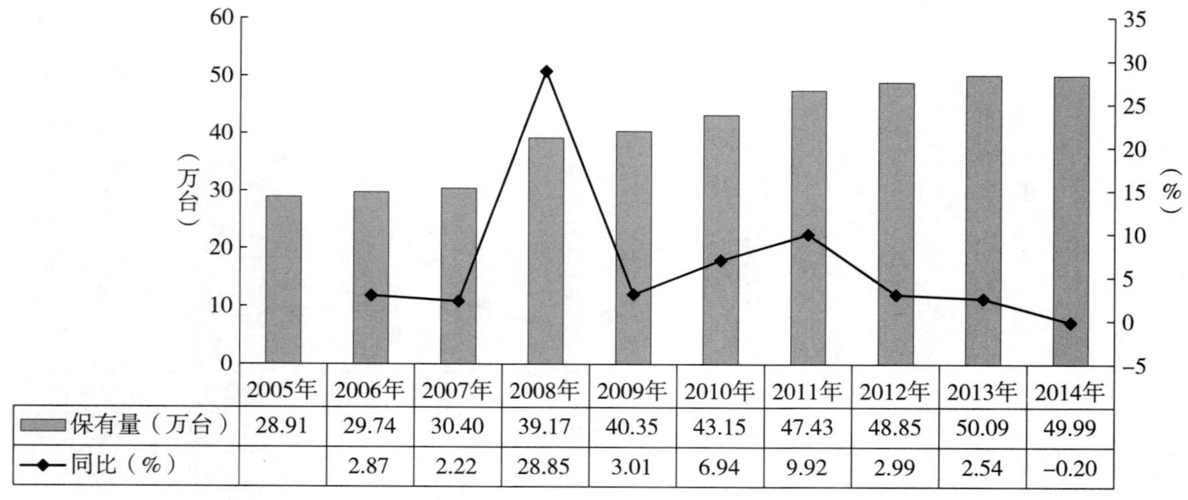

	2005年	2006年	2007年	2008年	2009年	2010年	2011年	2012年	2013年	2014年
保有量（万台）	28.91	29.74	30.40	39.17	40.35	43.15	47.43	48.85	50.09	49.99
同比（%）		2.87	2.22	28.85	3.01	6.94	9.92	2.99	2.54	−0.20

图 104　2005—2014 年山东省机动喷雾机保有量走势

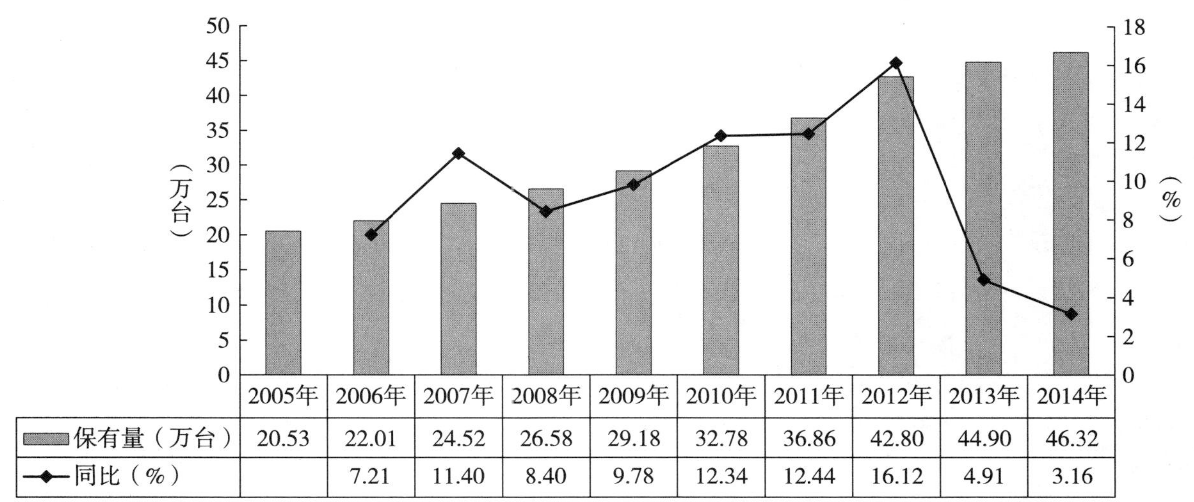

	2005年	2006年	2007年	2008年	2009年	2010年	2011年	2012年	2013年	2014年
保有量（万台）	20.53	22.01	24.52	26.58	29.18	32.78	36.86	42.80	44.90	46.32
同比（%）		7.21	11.40	8.40	9.78	12.34	12.44	16.12	4.91	3.16

图 105　2005—2014 年安徽省机动喷雾机保有量走势

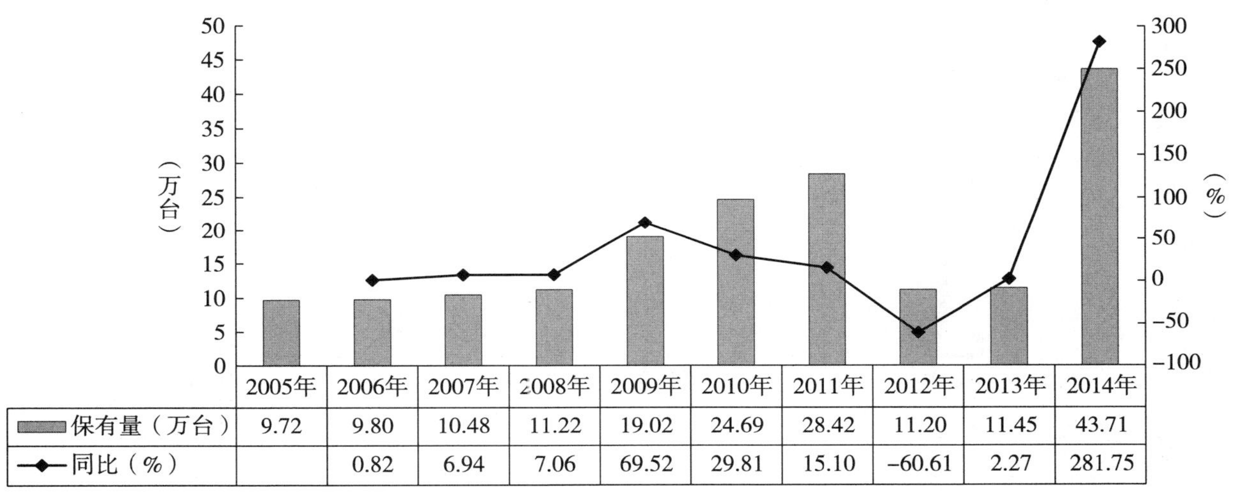

	2005年	2006年	2007年	2008年	2009年	2010年	2011年	2012年	2013年	2014年
保有量（万台）	9.72	9.80	10.48	11.22	19.02	24.69	28.42	11.20	11.45	43.71
同比（%）		0.82	6.94	7.06	69.52	29.81	15.10	−60.61	2.27	281.75

图 106　2005—2014 年福建省机动喷雾机保有量走势

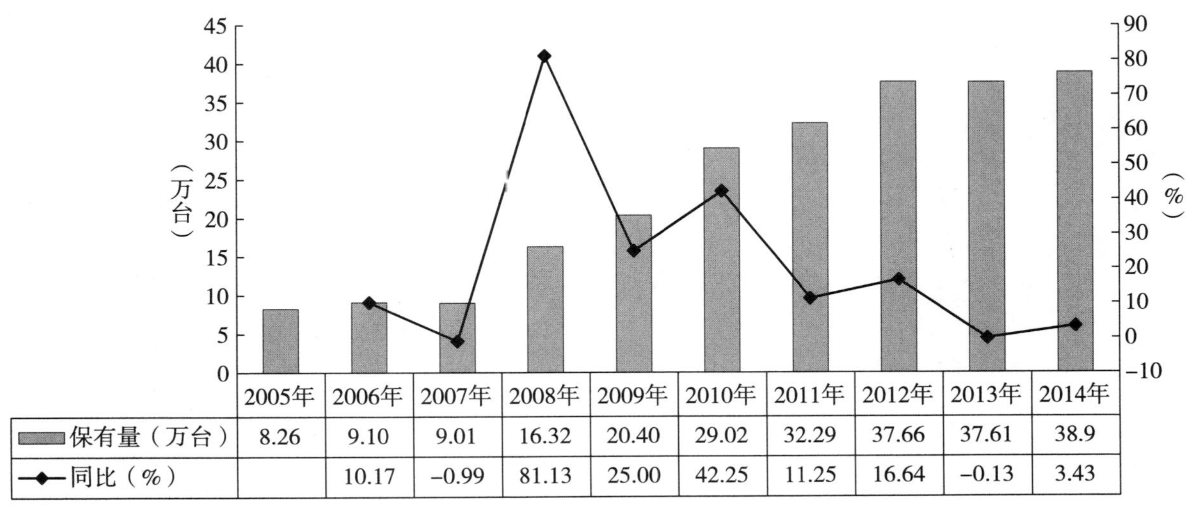

	2005年	2006年	2007年	2008年	2009年	2010年	2011年	2012年	2013年	2014年
保有量（万台）	8.26	9.10	9.01	16.32	20.40	29.02	32.29	37.66	37.61	38.9
同比（%）		10.17	−0.99	81.13	25.00	42.25	11.25	16.64	−0.13	3.43

图 107　2005—2014 年湖南省机动喷雾机保有量走势

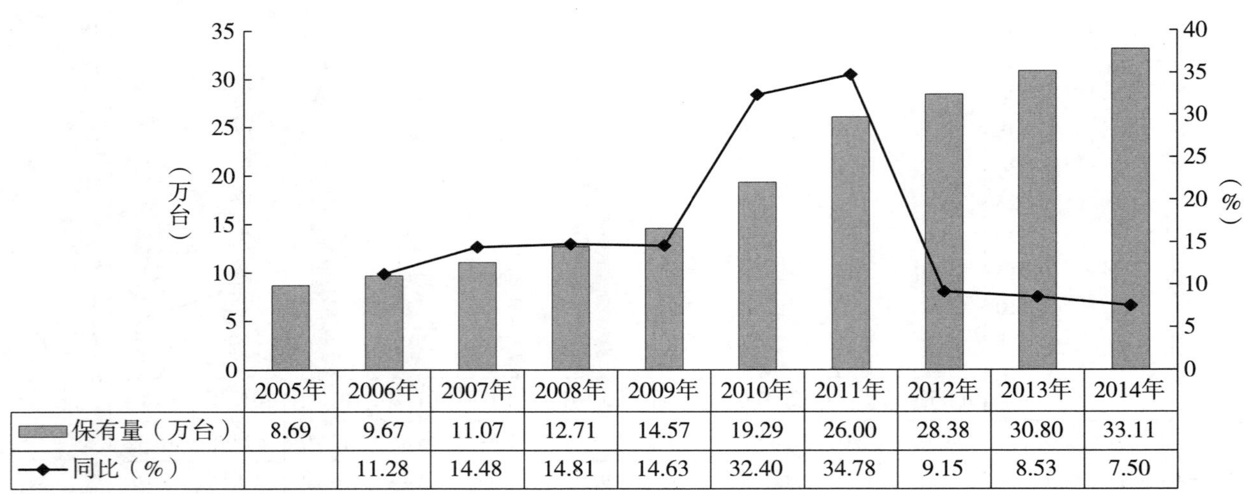

	2005年	2006年	2007年	2008年	2009年	2010年	2011年	2012年	2013年	2014年
保有量（万台）	8.69	9.67	11.07	12.71	14.57	19.29	26.00	28.38	30.80	33.11
同比（%）		11.28	14.48	14.81	14.63	32.40	34.78	9.15	8.53	7.50

图 108　2005—2014 年四川省机动喷雾机拥有量走势

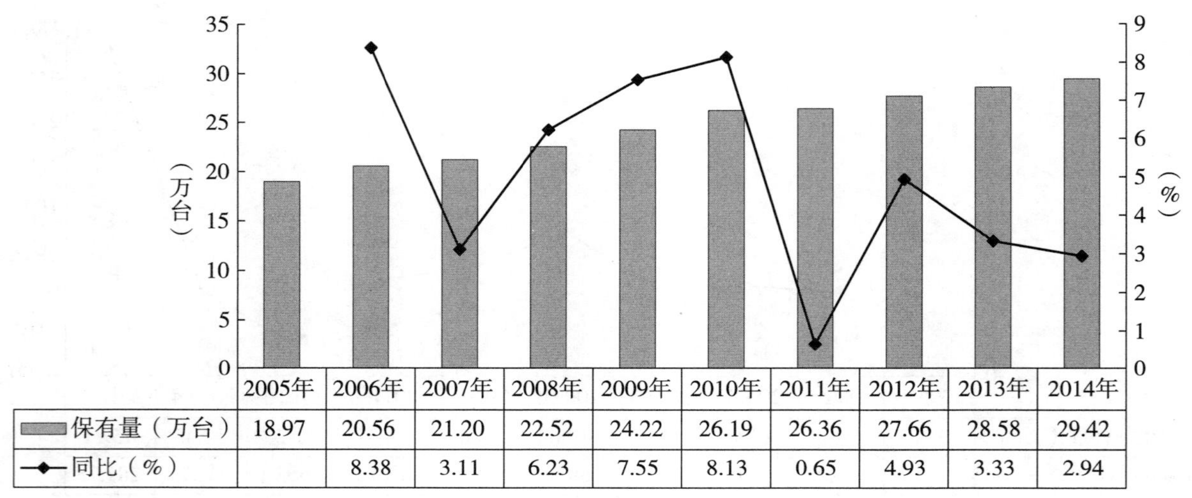

	2005年	2006年	2007年	2008年	2009年	2010年	2011年	2012年	2013年	2014年
保有量（万台）	18.97	20.56	21.20	22.52	24.22	26.19	26.36	27.66	28.58	29.42
同比（%）		8.38	3.11	6.23	7.55	8.13	0.65	4.93	3.33	2.94

图 109　2005—2014 年河南省机动喷雾机保有量走势

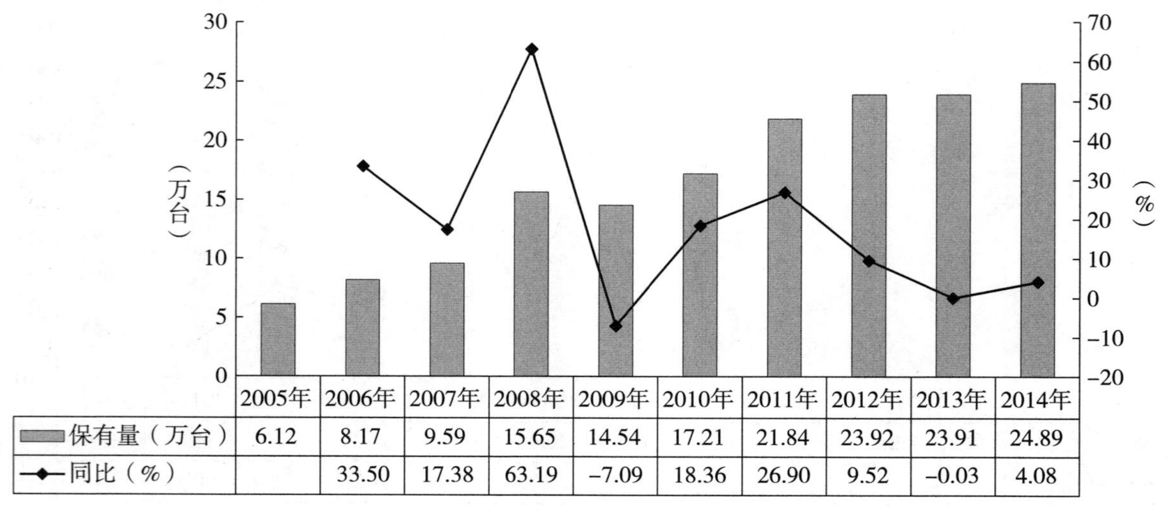

	2005年	2006年	2007年	2008年	2009年	2010年	2011年	2012年	2013年	2014年
保有量（万台）	6.12	8.17	9.59	15.65	14.54	17.21	21.84	23.92	23.91	24.89
同比（%）		33.50	17.38	63.19	−7.09	18.36	26.90	9.52	−0.03	4.08

图 110　2005—2014 年广东省机动喷雾机保有量走势

（四）收获机械保有量

表 21　　2005—2014 年联合收割机保有量一览表　　单位：万台

序号	地区	2005 年	2006 年	2007 年	2008 年	2009 年	2010 年	2011 年	2012 年	2013 年	2014 年
0	全国	47.70	56.78	63.22	74.35	85.84	99.21	111.37	127.88	142.10	158.46
1	山东省	8.16	9.72	11.00	13.14	15.83	18.07	20.10	21.49	23.40	25.60
2	河南省	7.18	8.48	9.32	10.25	12.43	14.38	15.78	17.71	20.02	22.13
3	安徽省	4.87	6.09	6.77	7.77	9.13	10.21	11.80	12.85	14.50	15.93
4	江苏省	6.96	7.71	7.85	8.53	9.10	9.85	10.35	11.81	13.66	14.95
5	河北省	5.60	6.04	6.44	6.86	7.30	7.93	8.59	10.14	11.52	12.77
6	黑龙江省	1.78	2.22	2.82	3.07	3.55	4.38	5.64	7.62	9.17	10.88
7	湖南省	2.14	2.71	3.62	4.40	5.95	6.89	7.65	8.47	9.31	10.18
8	湖北省	1.61	2.24	2.98	3.50	4.19	5.08	5.54	6.69	7.38	8.14
9	江西省	1.22	1.67	2.16	2.58	3.83	4.57	5.02	6.19	4.83	5.66
10	吉林省	0.08	0.16	0.30	0.55	0.90	1.54	2.19	3.07	3.55	4.67
11	陕西省	1.58	1.76	1.82	1.89	2.14	2.60	2.94	3.22	3.52	3.74
12	山西省	0.71	0.73	0.75	0.82	1.04	1.28	1.75	2.21	2.70	3.12
13	广西壮族自治区	0.11	0.22	0.47	0.83	1.31	1.70	1.96	2.22	2.42	2.67
14	四川省	0.58	0.68	0.76	0.85	1.00	1.20	1.41	1.85	2.25	2.61
15	内蒙古自治区	0.47	0.50	0.55	0.56	0.63	0.80	1.10	1.59	1.93	2.47
16	广东省	0.82	0.98	1.12	1.40	1.61	1.82	1.90	2.08	2.28	2.39
17	辽宁省	0.11	0.12	0.15	0.24	0.39	0.54	0.79	1.09	1.45	1.86
18	浙江省	1.42	1.38	1.48	1.52	1.72	1.80	1.84	1.88	1.84	1.81
19	宁夏回族自治区	0.23	0.27	0.31	0.34	0.50	0.63	0.59	0.69	0.78	0.76
20	新疆维吾尔自治区	0.24	0.25	0.28	0.33	0.41	0.48	0.54	0.57	0.64	0.74
21	福建省	0.13	0.18	0.23	0.27	0.39	0.44	0.53	0.63	0.72	0.73
22	重庆市	0.02	0.03	0.05	0.09	0.22	0.31	0.37	0.45	0.58	0.71
23	甘肃省	0.18	0.23	0.23	0.22	0.29	0.36	0.41	0.49	0.58	0.70
24	云南省	0.12	0.16	0.22	0.25	0.30	0.35	0.43	0.51	0.58	0.66
25	天津市	0.27	0.30	0.43	0.33	0.35	0.40	0.47	0.56	0.59	0.58
26	西藏自治区	0.30	1.15	0.30	2.91	0.37	0.51	0.52	0.53	0.54	0.55
27	海南省	0.08	0.12	0.17	0.22	0.27	0.34	0.37	0.42	0.45	0.45
28	上海市	0.23	0.20	0.19	0.19	0.20	0.22	0.24	0.26	0.28	0.28
29	青海省	0.07	0.08	0.08	0.10	0.11	0.12	0.12	0.13	0.14	0.20
30	北京市	0.28	0.26	0.21	0.18	0.18	0.21	0.22	0.22	0.19	0.18
31	贵州省	0.01	0.03	0.04	0.05	0.06	0.06	0.07	0.11	0.16	0.18
32	新疆兵团	0.15	0.12	0.12	0.11	0.13	0.14	0.14	0.13	0.14	0.16

表 22　　2005—2014 年联合收割机保有量走势分析

序号	地区	类别	2005 年	2006 年	2007 年	2008 年	2009 年	2010 年	2011 年	2012 年	2013 年	2014 年
0	全国	保有量（万台）	47.70	56.78	63.22	74.35	85.84	99.21	111.37	127.88	142.10	158.5
		同比（%）		19.0	11.3	17.6	15.5	15.6	12.3	14.8	11.1	11.5
1	山东省	保有量（万台）	8.16	9.72	11.00	13.14	15.83	18.07	20.10	21.49	23.40	25.60
		同比（%）		19.1	13.2	19.5	20.5	14.2	11.2	6.9	8.9	9.4
2	河南省	保有量（万台）	7.18	8.48	9.32	10.25	12.43	14.38	15.78	17.71	20.02	22.13
		同比（%）		18.1	9.9	10.0	21.3	15.7	9.7	12.2	13.0	10.5
3	安徽省	保有量（万台）	4.87	6.09	6.77	7.77	9.13	10.21	11.80	12.85	14.50	15.93
		同比（%）		25.1	11.2	14.7	17.5	11.8	15.6	8.9	12.8	9.9
4	江苏省	保有量（万台）	6.96	7.71	7.85	8.53	9.10	9.85	10.35	11.81	13.66	14.95
		同比（%）		10.8	1.8	8.7	6.7	8.2	5.1	14.1	15.7	9.4
5	河北省	保有量（万台）	5.60	6.04	6.44	6.86	7.30	7.93	8.59	10.14	11.52	12.77
		同比（%）		7.9	6.6	6.5	6.4	8.6	8.3	18.0	13.6	10.9
6	黑龙江省	保有量（万台）	1.78	2.22	2.82	3.07	3.55	4.38	5.64	7.62	9.17	10.88
		同比（%）		24.7	27.0	8.9	15.6	23.4	28.8	35.1	20.3	18.6
7	湖南省	保有量（万台）	2.14	2.71	3.62	4.40	5.95	6.89	7.65	8.47	9.31	10.18
		同比（%）		26.6	33.6	21.5	35.2	15.8	11.0	10.7	9.9	9.3
8	湖北省	保有量（万台）	1.61	2.24	2.98	3.50	4.19	5.08	5.54	6.69	7.38	8.14
		同比（%）		39.1	33.0	17.4	19.7	21.2	9.1	20.7	10.3	10.3
9	江西省	保有量（万台）	1.22	1.67	2.16	2.58	3.83	4.57	5.02	6.19	4.83	5.66
		同比（%）		36.9	29.3	19.4	48.4	19.3	9.8	23.3	-22.0	17.2
10	吉林省	保有量（万台）	0.08	0.16	0.30	0.55	0.90	1.54	2.19	3.07	3.55	4.67
		同比（%）		100.0	87.5	83.3	63.6	71.1	42.2	40.2	15.6	31.5

表 23　　2005—2014 年谷物联合收割机保有量一览表　　单位：万台

序号	地区	2005 年	2006 年	2007 年	2008 年	2009 年	2010 年	2011 年	2012 年	2013 年	2014 年
0	全国	44. 10	50. 46	57. 43	66. 73	77. 66	86. 24	94. 37	104. 55	113. 43	122. 38
1	河南省	5. 82	6. 41	8. 05	9. 79	11. 12	12. 26	13. 03	14. 05	15. 49	16. 55
2	山东省	7. 57	8. 70	9. 40	10. 49	11. 75	12. 44	13. 46	14. 04	15. 14	15. 91
3	安徽省	4. 62	6. 00	6. 66	7. 67	8. 91	9. 87	11. 37	12. 09	13. 30	14. 43
4	江苏省	6. 85	7. 44	7. 83	8. 48	8. 97	9. 25	9. 66	10. 98	12. 69	13. 87
5	湖南省	2. 14	2. 70	3. 62	4. 40	5. 95	6. 89	7. 65	8. 47	9. 31	10. 18
6	河北省	5. 47	5. 84	5. 99	6. 32	6. 53	6. 85	7. 15	7. 50	7. 88	8. 21
7	湖北省	1. 55	1. 68	2. 16	3. 49	4. 17	5. 05	5. 46	6. 56	7. 23	7. 98
8	黑龙江省	1. 73	2. 14	2. 57	2. 82	3. 20	3. 66	4. 46	5. 63	6. 82	7. 59
9	江西省	1. 00	1. 36	2. 08	2. 58	3. 83	4. 57	5. 02	6. 19	4. 83	5. 66
10	广西壮族自治区	0. 11	0. 22	0. 43	0. 83	1. 31	1. 70	1. 96	2. 22	2. 42	2. 67
11	四川省	0. 58	0. 68	0. 76	0. 85	1. 00	1. 20	1. 41	1. 85	2. 25	2. 60
12	陕西省	1. 54	1. 74	1. 78	1. 80	1. 81	1. 92	2. 22	2. 38	2. 48	2. 53
13	广东省	0. 82	0. 98	1. 12	1. 40	1. 61	1. 82	1. 90	2. 08	2. 28	2. 39
14	浙江省	1. 42	1. 38	1. 48	1. 52	1. 72	1. 80	1. 84	1. 88	1. 84	1. 81
15	吉林省	0. 07	0. 15	0. 27	0. 41	0. 69	1. 01	1. 23	1. 48	1. 61	1. 74
16	山西省	0. 70	0. 69	0. 71	0. 73	0. 85	0. 89	1. 10	1. 15	1. 26	1. 30
17	福建省	0. 13	0. 18	0. 23	0. 27	0. 39	0. 44	0. 53	0. 63	0. 72	0. 73
18	重庆市	0. 02	0. 03	0. 05	0. 09	0. 22	0. 31	0. 37	0. 45	0. 58	0. 71
19	云南省	0. 11	0. 14	0. 16	0. 25	0. 30	0. 35	0. 43	0. 50	0. 57	0. 65
20	内蒙古自治区	0. 43	0. 48	0. 50	0. 48	0. 50	0. 58	0. 62	0. 61	0. 62	0. 63
21	辽宁省	0. 04	0. 04	0. 05	0. 15	0. 23	0. 29	0. 38	0. 47	0. 58	0. 61
22	西藏自治区	0. 00	0. 00	0. 00	0. 00	0. 35	0. 49	0. 50	0. 51	0. 51	0. 52
23	新疆维吾尔自治区	0. 23	0. 21	0. 21	0. 26	0. 32	0. 37	0. 41	0. 42	0. 44	0. 52
24	宁夏回族自治区	0. 20	0. 25	0. 29	0. 33	0. 48	0. 59	0. 49	0. 54	0. 58	0. 50
25	甘肃省	0. 11	0. 11	0. 13	0. 22	0. 29	0. 34	0. 37	0. 40	0. 43	0. 46
26	海南省	0. 08	0. 12	0. 17	0. 22	0. 27	0. 34	0. 37	0. 42	0. 45	0. 45
27	天津市	0. 16	0. 24	0. 22	0. 29	0. 28	0. 30	0. 31	0. 34	0. 35	0. 32
28	上海市	0. 23	0. 20	0. 19	0. 19	0. 20	0. 22	0. 24	0. 26	0. 28	0. 28
29	青海省	0. 00	0. 00	0. 00	0. 10	0. 11	0. 12	0. 12	0. 13	0. 13	0. 20
30	贵州省	0. 01	0. 02	0. 03	0. 05	0. 06	0. 06	0. 07	0. 10	0. 16	0. 18
31	新疆兵团	0. 11	0. 11	0. 10	0. 09	0. 11	0. 12	0. 12	0. 11	0. 11	0. 12
32	北京市	0. 24	0. 23	0. 19	0. 16	0. 14	0. 14	0. 13	0. 11	0. 09	0. 08

表 24　　2005—2014 年谷物联合收割机保有量走势分析

序号	地区	类别	2005 年	2006 年	2007 年	2008 年	2009 年	2010 年	2011 年	2012 年	2013 年	2014 年
0	全国	保有量（万台）	44. 10	50. 46	57. 43	66. 73	77. 66	86. 24	94. 37	104. 55	113. 43	122. 4
		同比（%）		14. 4	13. 8	16. 2	16. 4	11. 0	9. 4	10. 8	8. 5	7. 9
1	河南省	保有量（万台）	5. 82	6. 41	8. 05	9. 79	11. 12	12. 26	13. 03	14. 05	15. 49	16. 55
		同比（%）		10. 1	25. 6	21. 6	13. 6	10. 3	6. 3	7. 8	10. 2	6. 8
2	山东省	保有量（万台）	7. 57	8. 70	9. 40	10. 49	11. 75	12. 44	13. 46	14. 04	15. 14	15. 91
		同比（%）		14. 9	8. 0	11. 6	12. 0	5. 9	8. 2	4. 3	7. 8	5. 1
3	安徽省	保有量（万台）	4. 62	6. 00	6. 66	7. 67	8. 91	9. 87	11. 37	12. 09	13. 30	14. 43
		同比（%）		29. 9	11. 0	15. 2	16. 2	10. 8	15. 2	6. 3	10. 0	8. 5
4	江苏省	保有量（万台）	6. 85	7. 44	7. 83	8. 48	8. 97	9. 25	9. 66	10. 98	12. 69	13. 87
		同比（%）		8. 6	5. 2	8. 3	5. 8	3. 1	4. 4	13. 7	15. 6	9. 3
5	湖南省	保有量（万台）	2. 14	2. 70	3. 62	4. 40	5. 95	6. 89	7. 65	8. 47	9. 31	10. 18
		同比（%）		26. 2	34. 1	21. 5	35. 2	15. 8	11. 0	10. 8	9. 9	9. 3
6	河北省	保有量（万台）	5. 47	5. 84	5. 99	6. 32	6. 53	6. 85	7. 15	7. 50	7. 88	8. 21
		同比（%）		6. 8	2. 6	5. 5	3. 3	4. 9	4. 4	4. 9	5. 1	4. 2
7	湖北省	保有量（万台）	1. 55	1. 68	2. 16	3. 49	4. 17	5. 05	5. 46	6. 56	7. 23	7. 98
		同比（%）		8. 4	28. 6	61. 6	19. 5	21. 1	8. 1	20. 2	10. 2	10. 4
8	黑龙江省	保有量（万台）	1. 73	2. 14	2. 57	2. 82	3. 20	3. 66	4. 46	5. 63	6. 82	7. 59
		同比（%）		23. 7	20. 1	9. 7	13. 5	14. 4	21. 9	26. 2	21. 1	11. 3
9	江西省	保有量（万台）	1. 00	1. 36	2. 08	2. 58	3. 83	4. 57	5. 02	6. 19	4. 83	5. 66
		同比（%）		36. 0	52. 9	24. 0	48. 4	19. 3	9. 8	23. 3	－22. 0	17. 2
10	广西壮族自治区	保有量（万台）	0. 11	0. 22	0. 43	0. 83	1. 31	1. 70	1. 96	2. 22	2. 42	2. 67
		同比（%）		100. 0	95. 5	93. 0	57. 8	29. 8	15. 3	13. 2	9. 0	10. 3

表 25　　2005—2014 年玉米联合收割机保有量一览表　　单位：万台

序号	地区	2005 年	2006 年	2007 年	2008 年	2009 年	2010 年	2011 年	2012 年	2013 年	2014 年
0	全国	0.90	1.50	2.66	4.71	8.17	12.97	17.00	23.30	28.68	36.04
1	山东省	0.59	1.02	1.60	2.65	4.08	5.63	6.64	7.45	8.26	9.69
2	河南省	0.04	0.09	0.20	0.46	1.32	2.11	2.75	3.66	4.54	5.57
3	河北省	0.08	0.13	0.34	0.54	0.77	1.08	1.44	2.64	3.64	4.56
4	黑龙江省	0.05	0.08	0.15	0.25	0.35	0.72	1.18	1.98	2.35	3.30
5	吉林省	0.00	0.01	0.03	0.14	0.21	0.53	0.96	1.59	1.94	2.92
6	内蒙古自治区	0.02	0.03	0.05	0.08	0.13	0.22	0.48	0.98	1.32	1.84
7	山西省	0.01	0.02	0.04	0.09	0.19	0.39	0.65	1.05	1.44	1.82
8	安徽省	0.01	0.01	0.04	0.10	0.22	0.34	0.44	0.77	1.20	1.50
9	辽宁省	0.02	0.02	0.03	0.09	0.16	0.25	0.41	0.62	0.87	1.25
10	陕西省	0.01	0.02	0.04	0.09	0.33	0.68	0.72	0.84	1.04	1.21
11	江苏省	0.01	0.01	0.02	0.05	0.13	0.60	0.69	0.83	0.97	1.08
12	天津市	0.00	0.00	0.02	0.04	0.07	0.10	0.16	0.22	0.24	0.26
13	宁夏回族自治区	0.01	0.01	0.01	0.01	0.02	0.05	0.10	0.15	0.20	0.26
14	甘肃省	0.00	0.00	0.00	0.00	0.00	0.02	0.04	0.09	0.15	0.24
15	新疆维吾尔自治区	0.00	0.02	0.04	0.07	0.09	0.11	0.13	0.16	0.20	0.22
16	湖北省	0.00	0.00	0.00	0.01	0.02	0.03	0.08	0.13	0.15	0.16
17	北京市	0.04	0.03	0.03	0.02	0.04	0.07	0.09	0.10	0.11	0.10
18	新疆兵团	0.01	0.01	0.02	0.02	0.02	0.02	0.02	0.02	0.03	0.04
19	云南省	0.00	0.00	0.00	0.00	0.00	0.00	0.00	0.00	0.01	0.01
20	四川省	0.00	0.00	0.00	0.00	0.00	0.00	0.00	0.00	0.00	0.01
21	西藏自治区	0.00	0.00	0.00	0.00	0.02	0.02	0.02	0.02	0.02	0.00
22	湖南省	0.00	0.00	0.00	0.00	0.00	0.00	0.00	0.00	0.00	0.00
23	贵州省	0.00	0.00	0.00	0.00	0.00	0.00	0.00	0.00	0.00	0.00
24	重庆市	0.00	0.00	0.00	0.00	0.00	0.00	0.00	0.00	0.00	0.00
25	浙江省	0.00	0.00	0.00	0.00	0.00	0.00	0.00	0.00	0.00	0.00
26	上海市	0.00	0.00	0.00	0.00	0.00	0.00	0.00	0.00	0.00	0.00
27	青海省	0.00	0.00	0.00	0.00	0.00	0.00	0.00	0.00	0.00	0.00
28	江西省	0.00	0.00	0.00	0.00	0.00	0.00	0.00	0.00	0.00	0.00
29	海南省	0.00	0.00	0.00	0.00	0.00	0.00	0.00	0.00	0.00	0.00
30	广西壮族自治区	0.00	0.00	0.00	0.00	0.00	0.00	0.00	0.00	0.00	0.00
31	广东省	0.00	0.00	0.00	0.00	0.00	0.00	0.00	0.00	0.00	0.00
32	福建省	0.00	0.00	0.00	0.00	0.00	0.00	0.00	0.00	0.00	0.00

表 26　　2005—2014 年玉米联合收割机保有量走势分析

序号	地区	类别	2005 年	2006 年	2007 年	2008 年	2009 年	2010 年	2011 年	2012 年	2013 年	2014 年
0	全国	保有量（万台）	0. 90	1. 50	2. 66	4. 71	8. 17	12. 97	17. 00	23. 30	28. 68	36. 04
		同比（%）		66. 7	77. 3	77. 1	73. 5	58. 8	31. 1	37. 1	23. 1	25. 7
1	山东省	保有量（万台）	0. 59	1. 02	1. 60	2. 65	4. 08	5. 63	6. 64	7. 45	8. 26	9. 69
		同比（%）		72. 9	56. 9	65. 6	54. 0	38. 0	17. 9	12. 2	10. 9	17. 3
2	河南省	保有量（万台）	0. 04	0. 09	0. 20	0. 46	1. 32	2. 11	2. 75	3. 66	4. 54	5. 57
		同比（%）		112. 5	135. 3	130. 0	187. 0	59. 8	30. 3	33. 1	24. 0	22. 7
3	河北省	保有量（万台）	0. 08	0. 13	0. 34	0. 54	0. 77	1. 08	1. 44	2. 64	3. 64	4. 56
		同比（%）		62. 5	161. 5	58. 8	42. 6	40. 3	33. 3	83. 3	37. 9	25. 3
4	黑龙江省	保有量（万台）	0. 05	0. 08	0. 15	0. 25	0. 35	0. 72	1. 18	1. 98	2. 35	3. 30
		同比（%）		60. 0	87. 5	66. 7	40. 0	105. 7	63. 9	67. 8	18. 7	40. 4
5	吉林省	保有量（万台）	0. 00	0. 01	0. 03	0. 14	0. 21	0. 53	0. 96	1. 59	1. 94	2. 92
		同比（%）		100. 0	275. 0	366. 7	50. 0	152. 4	81. 1	65. 6	22. 0	50. 5
6	内蒙古自治区	保有量（万台）	0. 02	0. 03	0. 05	0. 08	0. 13	0. 22	0. 48	0. 98	1. 32	1. 84
		同比（%）		29. 5	93. 1	60. 0	62. 5	69. 2	118. 4	104. 0	34. 7	39. 4
7	山西省	保有量（万台）	0. 01	0. 02	0. 04	0. 09	0. 19	0. 39	0. 65	1. 05	1. 44	1. 82
		同比（%）		113. 0	87. 8	125. 0	111. 1	105. 3	66. 7	61. 5	37. 1	26. 4
8	安徽省	保有量（万台）	0. 01	0. 01	0. 04	0. 10	0. 22	0. 34	0. 44	0. 77	1. 20	1. 50
		同比（%）		38. 0	189. 9	150. 0	120. 0	54. 5	28. 0	77. 0	55. 8	25. 0
9	辽宁省	保有量（万台）	0. 02	0. 02	0. 03	0. 09	0. 16	0. 25	0. 41	0. 62	0. 87	1. 25
		同比（%）		−5. 0	57. 9	200. 0	77. 8	56. 3	64. 0	51. 2	40. 3	43. 7
10	陕西省	保有量（万台）	0. 01	0. 02	0. 04	0. 09	0. 33	0. 68	0. 72	0. 84	1. 04	1. 21
		同比（%）		128. 0	75. 4	125. 0	266. 7	106. 1	5. 9	16. 7	23. 8	16. 3

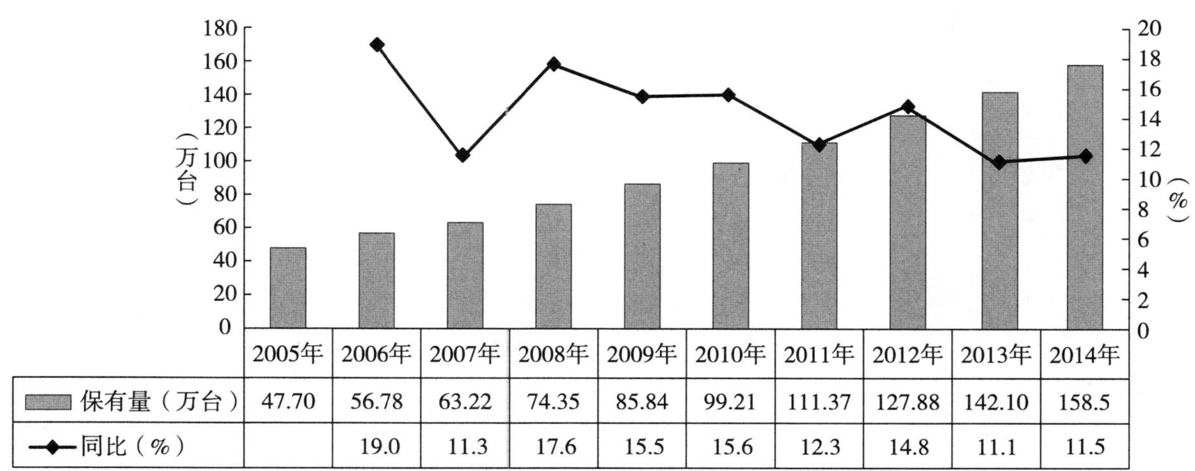

	2005年	2006年	2007年	2008年	2009年	2010年	2011年	2012年	2013年	2014年
保有量（万台）	47.70	56.78	63.22	74.35	85.84	99.21	111.37	127.88	142.10	158.5
同比（%）		19.0	11.3	17.6	15.5	15.6	12.3	14.8	11.1	11.5

图 111　2005—2014 年全国收获机械保有量走势

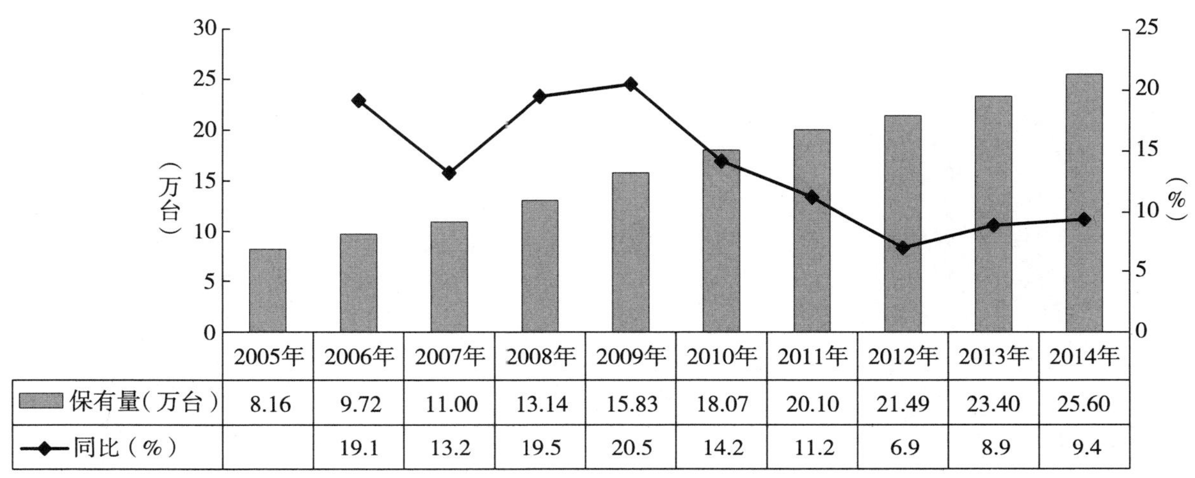

	2005年	2006年	2007年	2008年	2009年	2010年	2011年	2012年	2013年	2014年
保有量(万台)	8.16	9.72	11.00	13.14	15.83	18.07	20.10	21.49	23.40	25.60
同比（%）		19.1	13.2	19.5	20.5	14.2	11.2	6.9	8.9	9.4

图 112　2005—2014 年山东省收获机械保有量走势

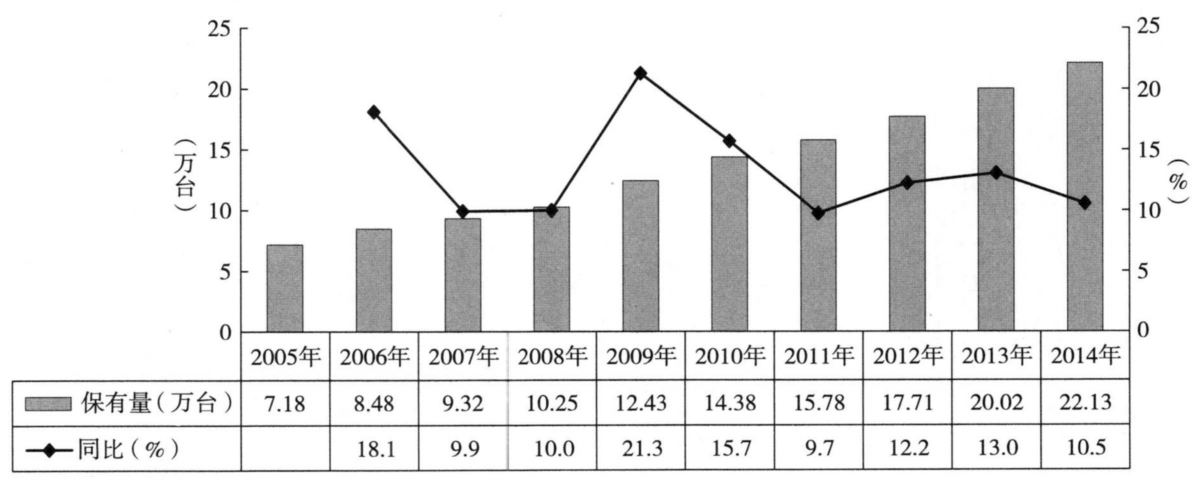

	2005年	2006年	2007年	2008年	2009年	2010年	2011年	2012年	2013年	2014年
保有量(万台)	7.18	8.48	9.32	10.25	12.43	14.38	15.78	17.71	20.02	22.13
同比（%）		18.1	9.9	10.0	21.3	15.7	9.7	12.2	13.0	10.5

图 113　2005—2014 年河南省收获机械保有量走势

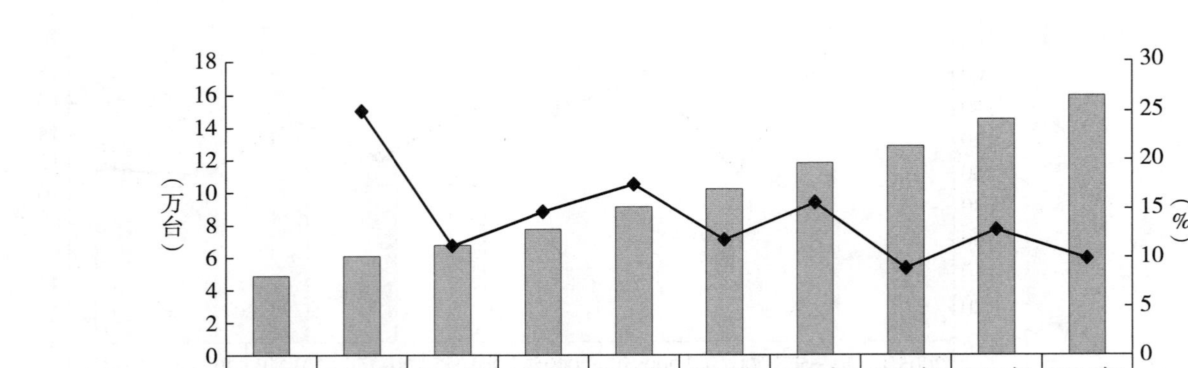

	2005年	2006年	2007年	2008年	2009年	2010年	2011年	2012年	2013年	2014年
保有量（万台）	4.87	6.09	6.77	7.77	9.13	10.21	11.80	12.85	14.50	15.93
同比（%）		25.1	11.2	14.7	17.5	11.8	15.6	8.9	12.8	9.9

图 114　2005—2014 年安徽省收获机械保有量走势

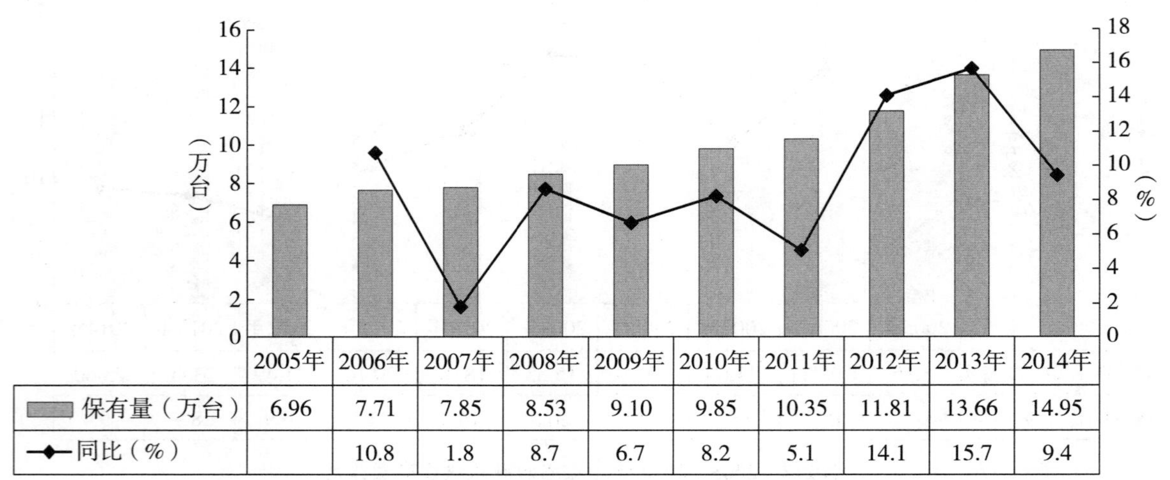

	2005年	2006年	2007年	2008年	2009年	2010年	2011年	2012年	2013年	2014年
保有量（万台）	6.96	7.71	7.85	8.53	9.10	9.85	10.35	11.81	13.66	14.95
同比（%）		10.8	1.8	8.7	6.7	8.2	5.1	14.1	15.7	9.4

图 115　2005—2014 年江苏省收获机械保有量走势

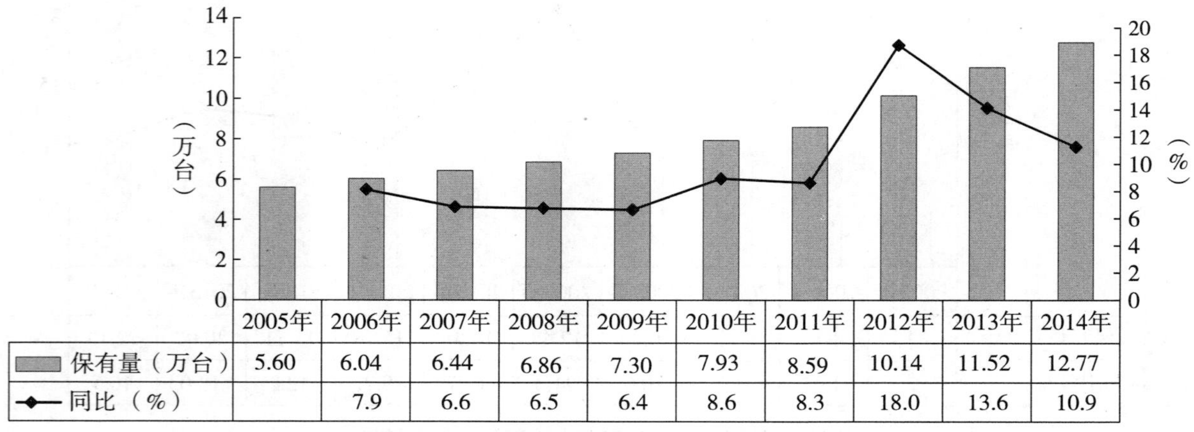

	2005年	2006年	2007年	2008年	2009年	2010年	2011年	2012年	2013年	2014年
保有量（万台）	5.60	6.04	6.44	6.86	7.30	7.93	8.59	10.14	11.52	12.77
同比（%）		7.9	6.6	6.5	6.4	8.6	8.3	18.0	13.6	10.9

图 116　2005—2014 年河北省收获机械保有量走势

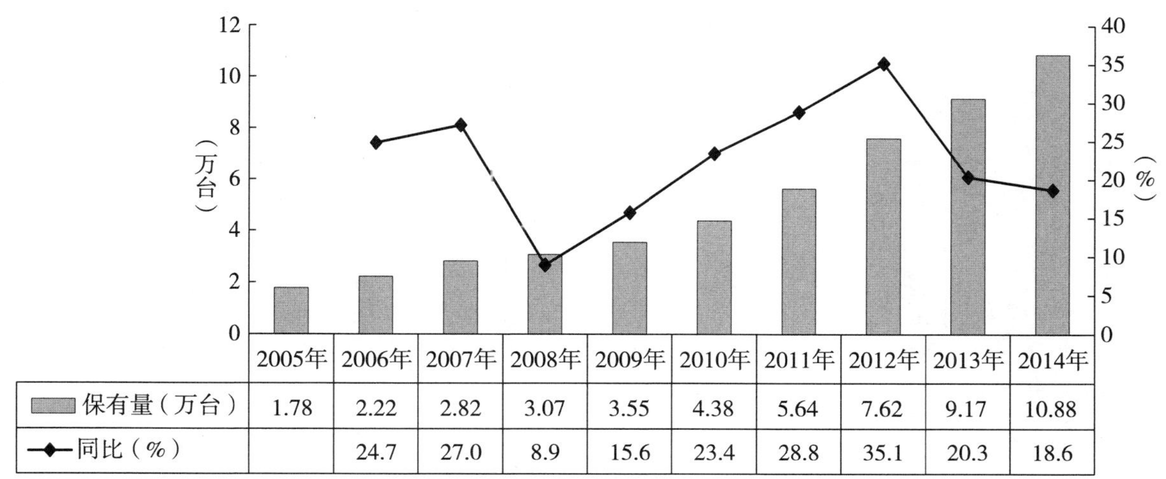

	2005年	2006年	2007年	2008年	2009年	2010年	2011年	2012年	2013年	2014年
保有量（万台）	1.78	2.22	2.82	3.07	3.55	4.38	5.64	7.62	9.17	10.88
同比（%）		24.7	27.0	8.9	15.6	23.4	28.8	35.1	20.3	18.6

图 117　2005—2014 年黑龙江省收获机械保有量走势

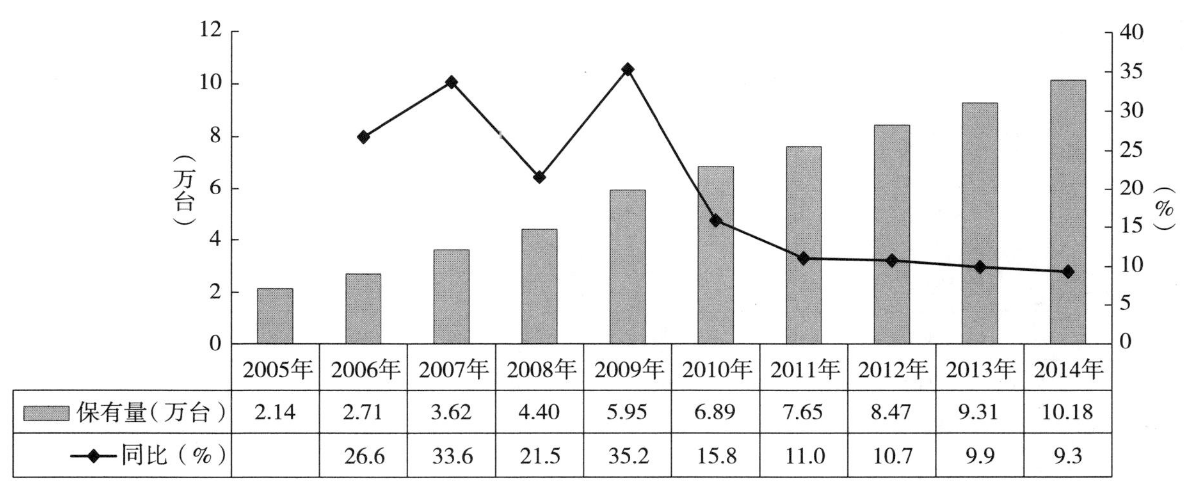

	2005年	2006年	2007年	2008年	2009年	2010年	2011年	2012年	2013年	2014年
保有量（万台）	2.14	2.71	3.62	4.40	5.95	6.89	7.65	8.47	9.31	10.18
同比（%）		26.6	33.6	21.5	35.2	15.8	11.0	10.7	9.9	9.3

图 118　2005—2013 年湖南省收获机械保有量走势

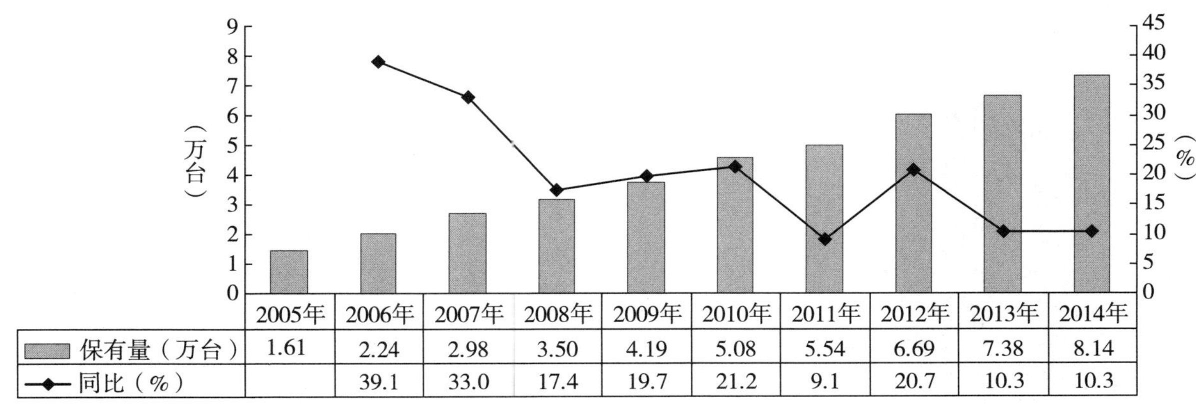

	2005年	2006年	2007年	2008年	2009年	2010年	2011年	2012年	2013年	2014年
保有量（万台）	1.61	2.24	2.98	3.50	4.19	5.08	5.54	6.69	7.38	8.14
同比（%）		39.1	33.0	17.4	19.7	21.2	9.1	20.7	10.3	10.3

图 119　2005—2014 年湖北省收获机械保有量走势

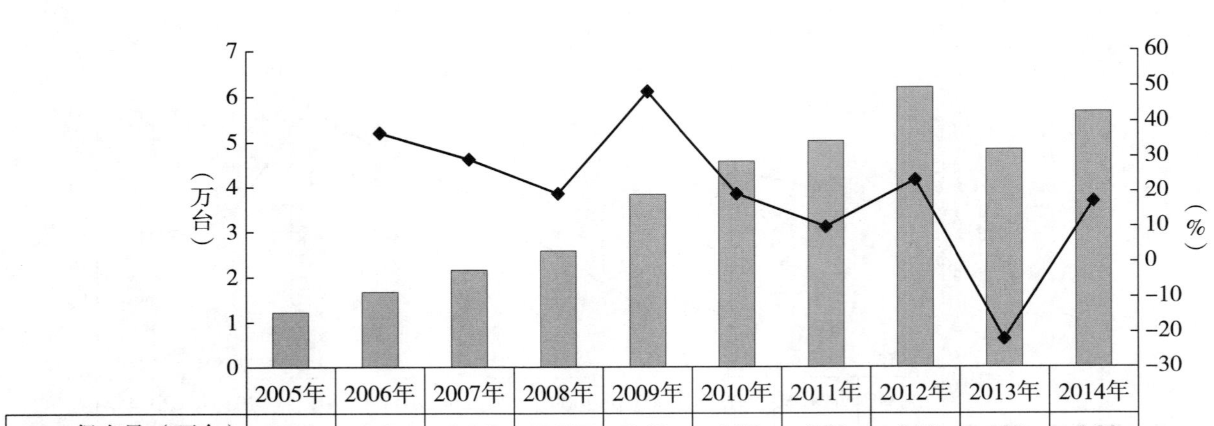

	2005年	2006年	2007年	2008年	2009年	2010年	2011年	2012年	2013年	2014年
保有量（万台）	1.22	1.67	2.16	2.58	3.83	4.57	5.02	6.19	4.83	5.66
同比（%）		36.9	29.3	19.4	48.4	19.3	9.8	23.3	–22.0	17.2

图 120　2005—2014 年江西省收获机械保有量走势

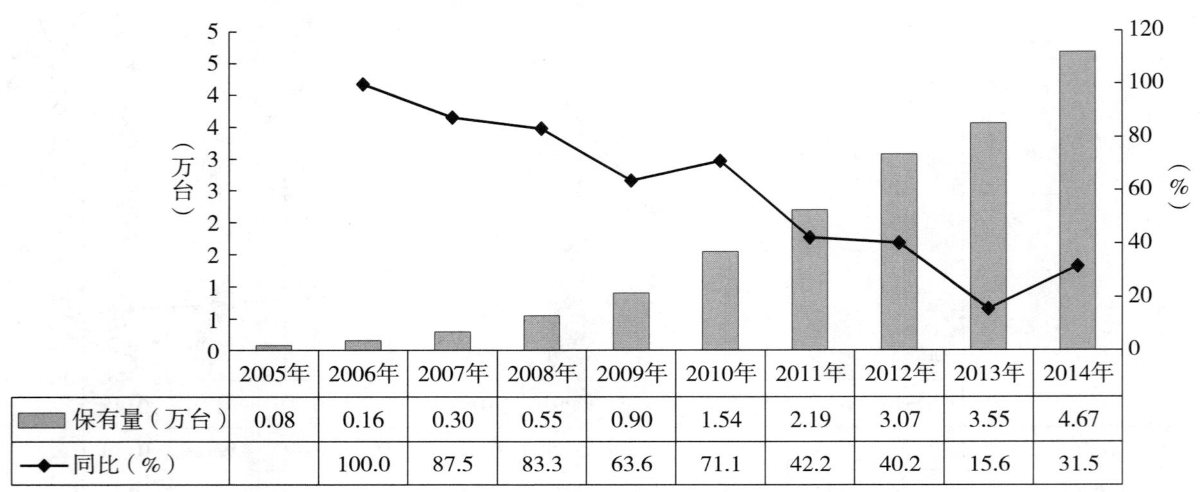

	2005年	2006年	2007年	2008年	2009年	2010年	2011年	2012年	2013年	2014年
保有量（万台）	0.08	0.16	0.30	0.55	0.90	1.54	2.19	3.07	3.55	4.67
同比（%）		100.0	87.5	83.3	63.6	71.1	42.2	40.2	15.6	31.5

图 121　2005—2014 年吉林省收获机械保有量走势

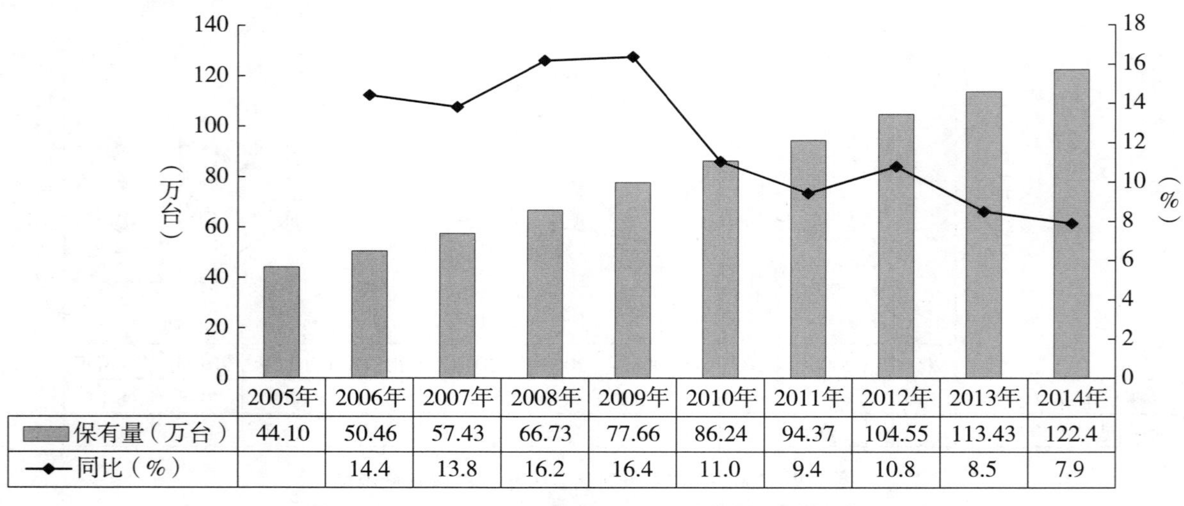

	2005年	2006年	2007年	2008年	2009年	2010年	2011年	2012年	2013年	2014年
保有量（万台）	44.10	50.46	57.43	66.73	77.66	86.24	94.37	104.55	113.43	122.4
同比（%）		14.4	13.8	16.2	16.4	11.0	9.4	10.8	8.5	7.9

图 122　2005—2014 年全国谷物联合收割机保有量走势

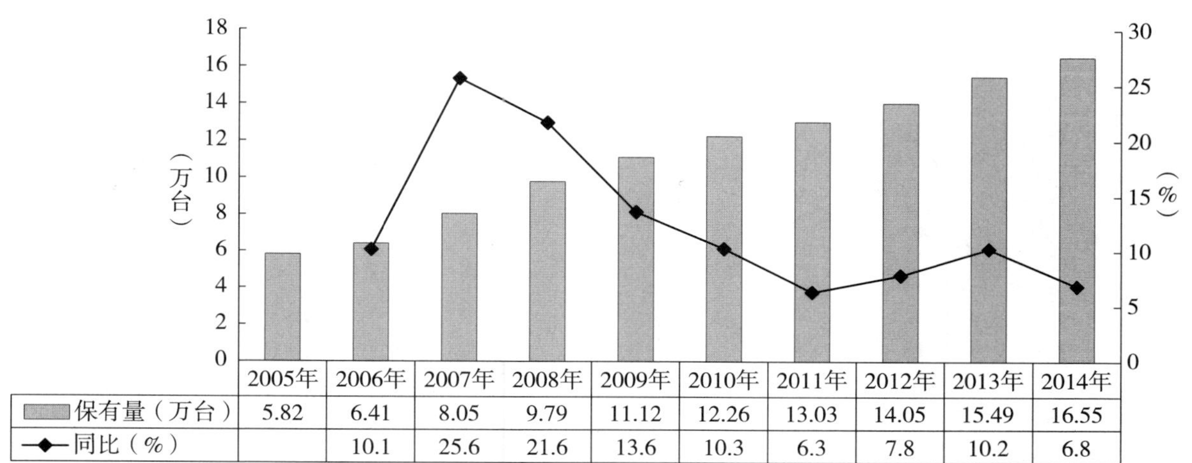

	2005年	2006年	2007年	2008年	2009年	2010年	2011年	2012年	2013年	2014年
保有量（万台）	5.82	6.41	8.05	9.79	11.12	12.26	13.03	14.05	15.49	16.55
同比（%）		10.1	25.6	21.6	13.6	10.3	6.3	7.8	10.2	6.8

图 123　2005—2014 年河南省谷物联合收割机保有量走势

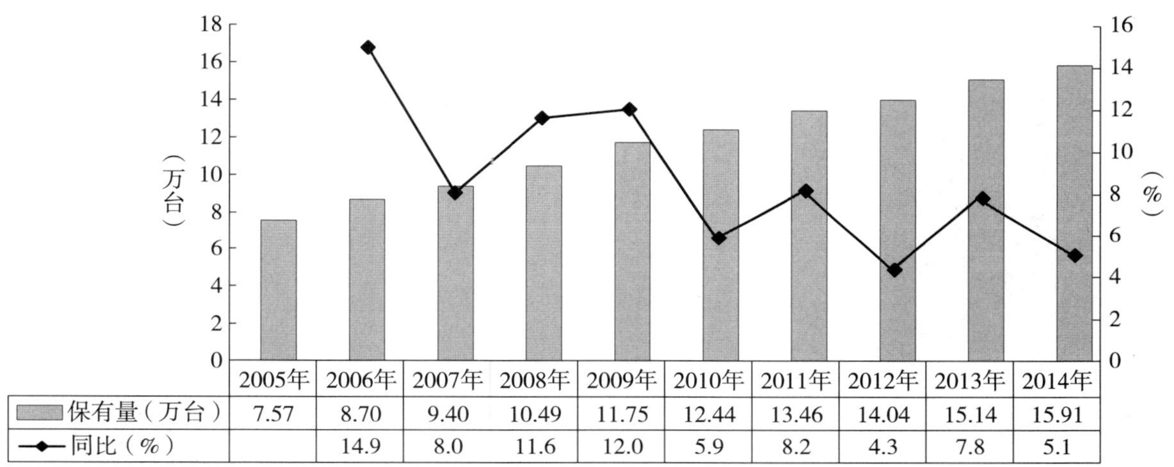

	2005年	2006年	2007年	2008年	2009年	2010年	2011年	2012年	2013年	2014年
保有量（万台）	7.57	8.70	9.40	10.49	11.75	12.44	13.46	14.04	15.14	15.91
同比（%）		14.9	8.0	11.6	12.0	5.9	8.2	4.3	7.8	5.1

图 124　2005—2014 年山东省谷物联合收割机保有量走势

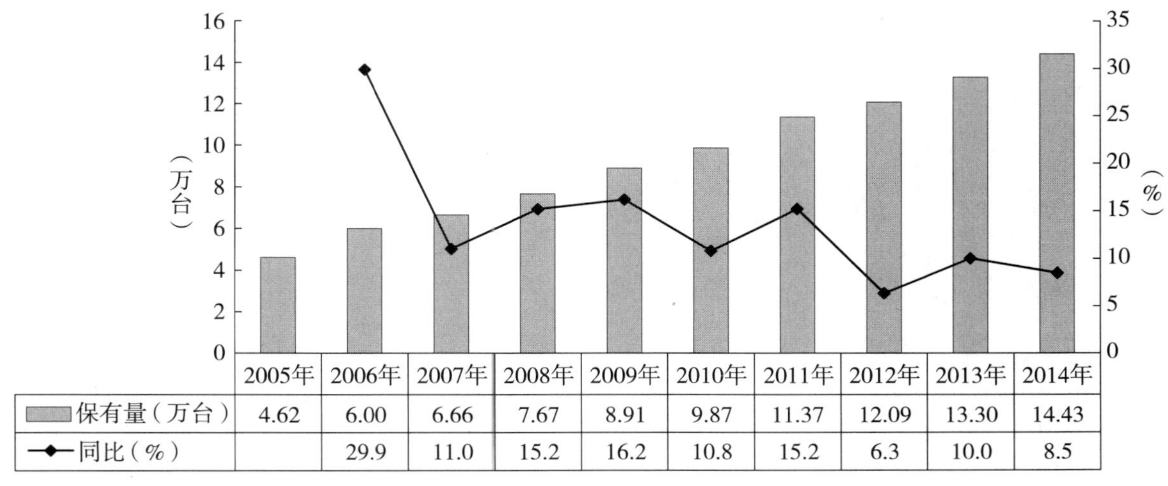

	2005年	2006年	2007年	2008年	2009年	2010年	2011年	2012年	2013年	2014年
保有量（万台）	4.62	6.00	6.66	7.67	8.91	9.87	11.37	12.09	13.30	14.43
同比（%）		29.9	11.0	15.2	16.2	10.8	15.2	6.3	10.0	8.5

图 125　2005—2014 年安徽省谷物联合收割机保有量走势

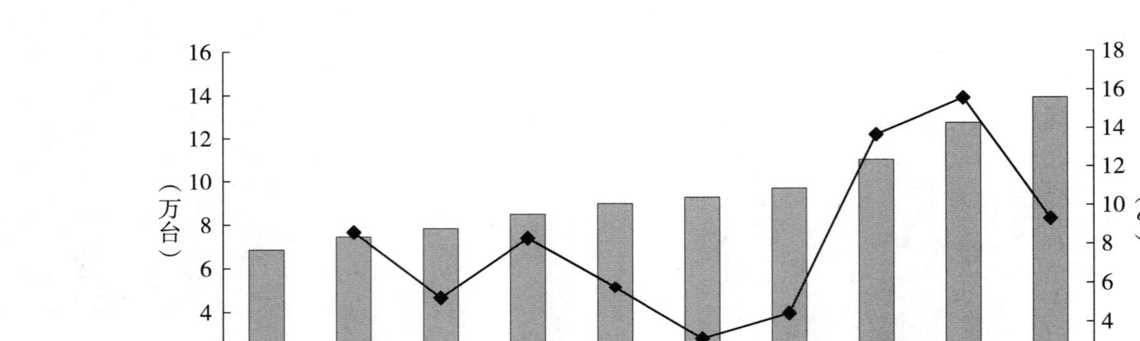

	2005年	2006年	2007年	2008年	2009年	2010年	2011年	2012年	2013年	2014年
保有量（万台）	6.85	7.44	7.83	8.48	8.97	9.25	9.66	10.98	12.69	13.87
同比（%）		8.6	5.2	8.3	5.8	3.1	4.4	13.7	15.6	9.3

图 126　2005—2014 年江苏省谷物联合收割机保有量走势

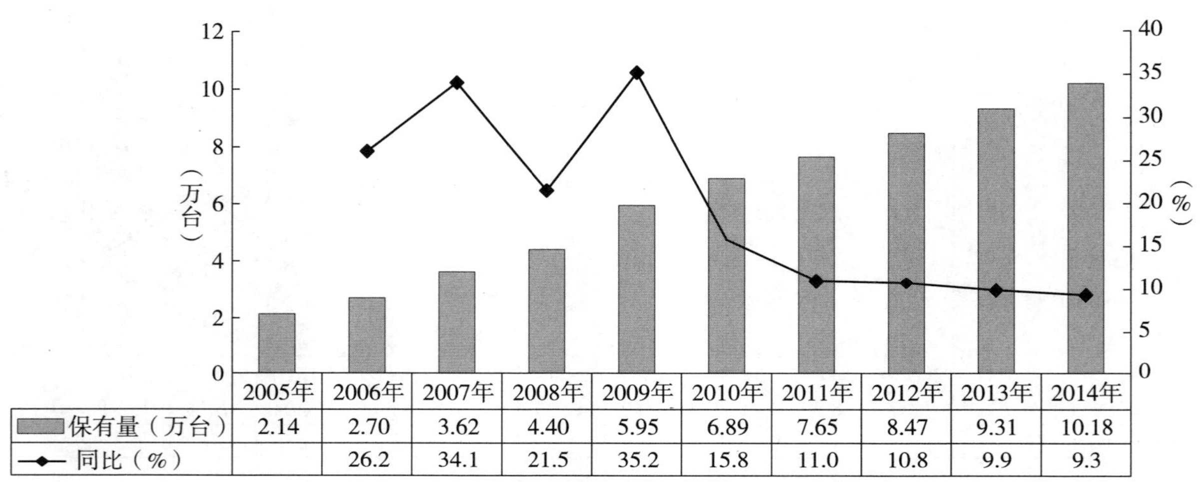

	2005年	2006年	2007年	2008年	2009年	2010年	2011年	2012年	2013年	2014年
保有量（万台）	2.14	2.70	3.62	4.40	5.95	6.89	7.65	8.47	9.31	10.18
同比（%）		26.2	34.1	21.5	35.2	15.8	11.0	10.8	9.9	9.3

图 127　2005—2014 年湖南省谷物联合收割机保有量走势

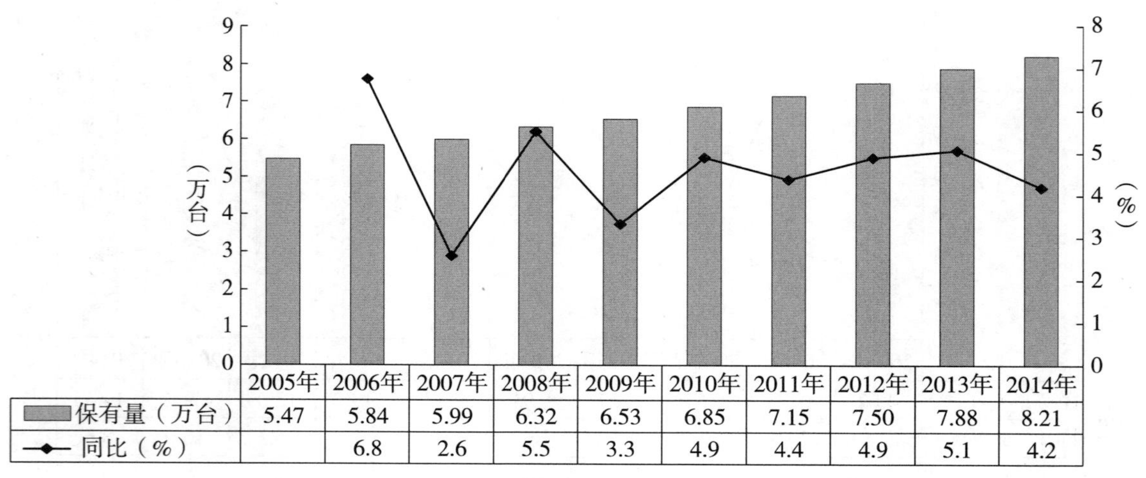

	2005年	2006年	2007年	2008年	2009年	2010年	2011年	2012年	2013年	2014年
保有量（万台）	5.47	5.84	5.99	6.32	6.53	6.85	7.15	7.50	7.88	8.21
同比（%）		6.8	2.6	5.5	3.3	4.9	4.4	4.9	5.1	4.2

图 128　2005—2014 年河北省谷物联合收割机保有量走势

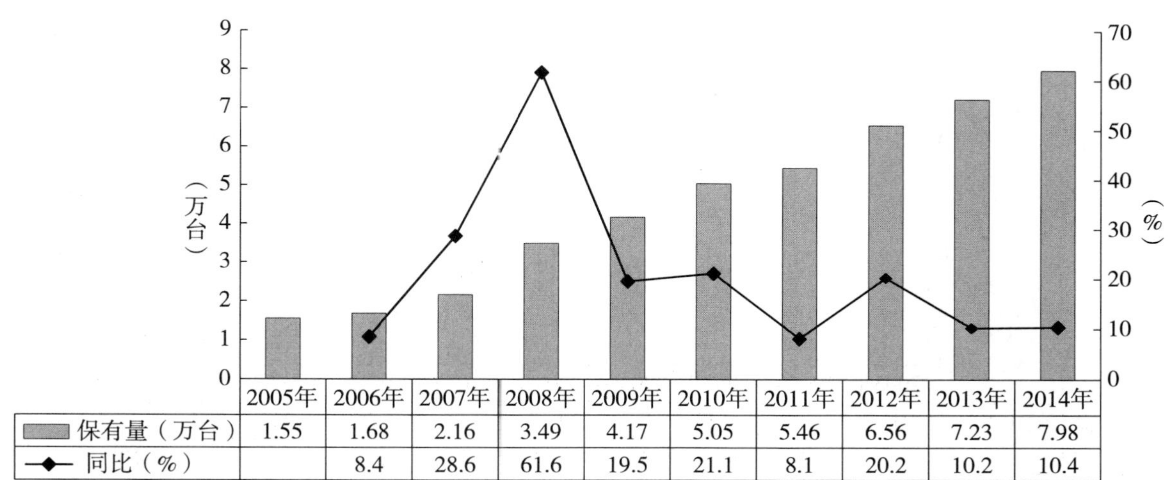

	2005年	2006年	2007年	2008年	2009年	2010年	2011年	2012年	2013年	2014年
保有量（万台）	1.55	1.68	2.16	3.49	4.17	5.05	5.46	6.56	7.23	7.98
同比（%）		8.4	28.6	61.6	19.5	21.1	8.1	20.2	10.2	10.4

图 129　2005—2014 年湖北省谷物联合收割机保有量走势

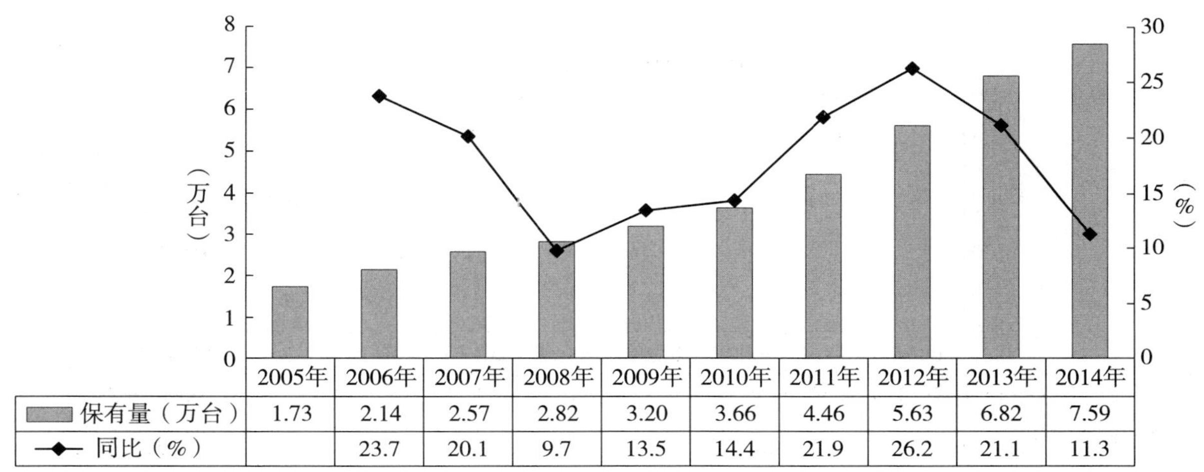

	2005年	2006年	2007年	2008年	2009年	2010年	2011年	2012年	2013年	2014年
保有量（万台）	1.73	2.14	2.57	2.82	3.20	3.66	4.46	5.63	6.82	7.59
同比（%）		23.7	20.1	9.7	13.5	14.4	21.9	26.2	21.1	11.3

图 130　2005—2014 年黑龙江省谷物联合收割机保有量走势

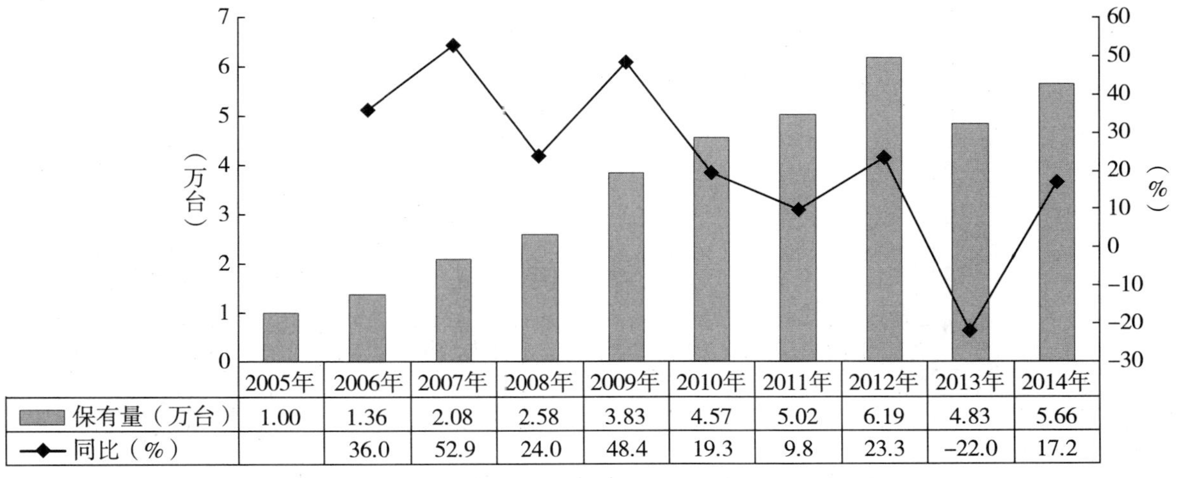

	2005年	2006年	2007年	2008年	2009年	2010年	2011年	2012年	2013年	2014年
保有量（万台）	1.00	1.36	2.08	2.58	3.83	4.57	5.02	6.19	4.83	5.66
同比（%）		36.0	52.9	24.0	48.4	19.3	9.8	23.3	–22.0	17.2

图 131　2005—2014 年江西省谷物联合收割机保有量走势

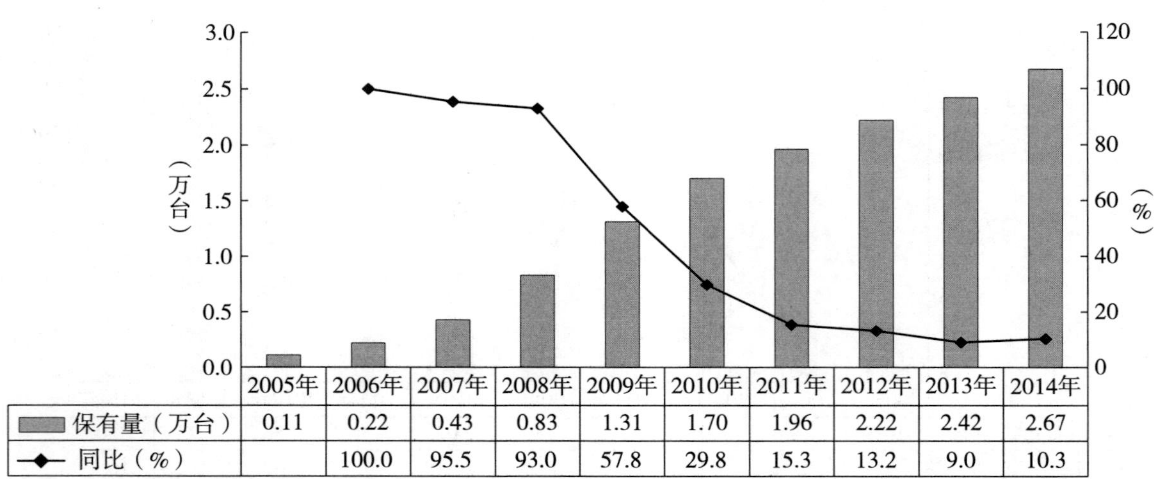

	2005年	2006年	2007年	2008年	2009年	2010年	2011年	2012年	2013年	2014年
保有量（万台）	0.11	0.22	0.43	0.83	1.31	1.70	1.96	2.22	2.42	2.67
同比（%）		100.0	95.5	93.0	57.8	29.8	15.3	13.2	9.0	10.3

图 132　2005—2014 年广西壮族自治区谷物联合收割机保有量走势

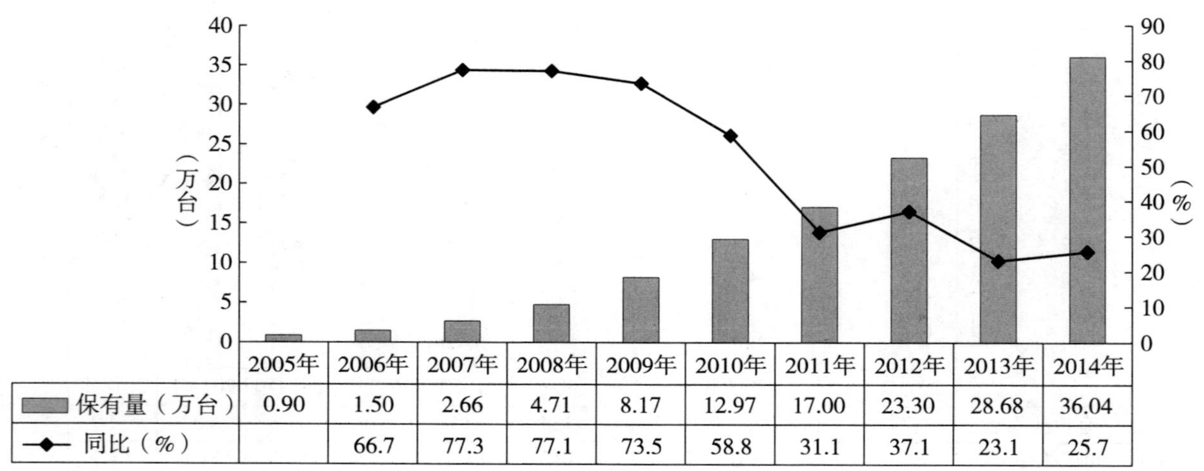

	2005年	2006年	2007年	2008年	2009年	2010年	2011年	2012年	2013年	2014年
保有量（万台）	0.90	1.50	2.66	4.71	8.17	12.97	17.00	23.30	28.68	36.04
同比（%）		66.7	77.3	77.1	73.5	58.8	31.1	37.1	23.1	25.7

图 133　2005—2014 年全国玉米联合收割机保有量走势

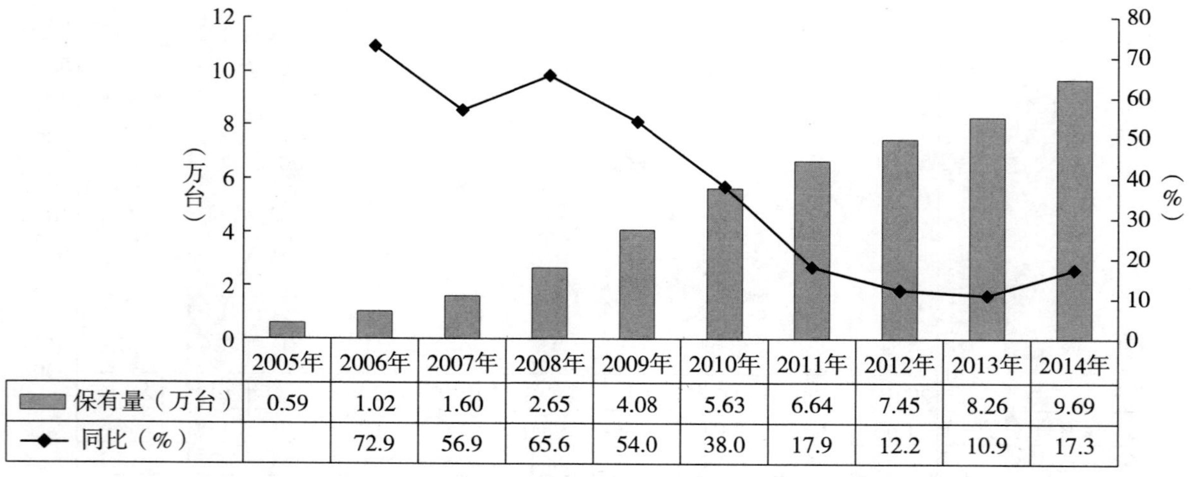

	2005年	2006年	2007年	2008年	2009年	2010年	2011年	2012年	2013年	2014年
保有量（万台）	0.59	1.02	1.60	2.65	4.08	5.63	6.64	7.45	8.26	9.69
同比（%）		72.9	56.9	65.6	54.0	38.0	17.9	12.2	10.9	17.3

图 134　2005—2014 年山东省玉米联合收割机保有量走势

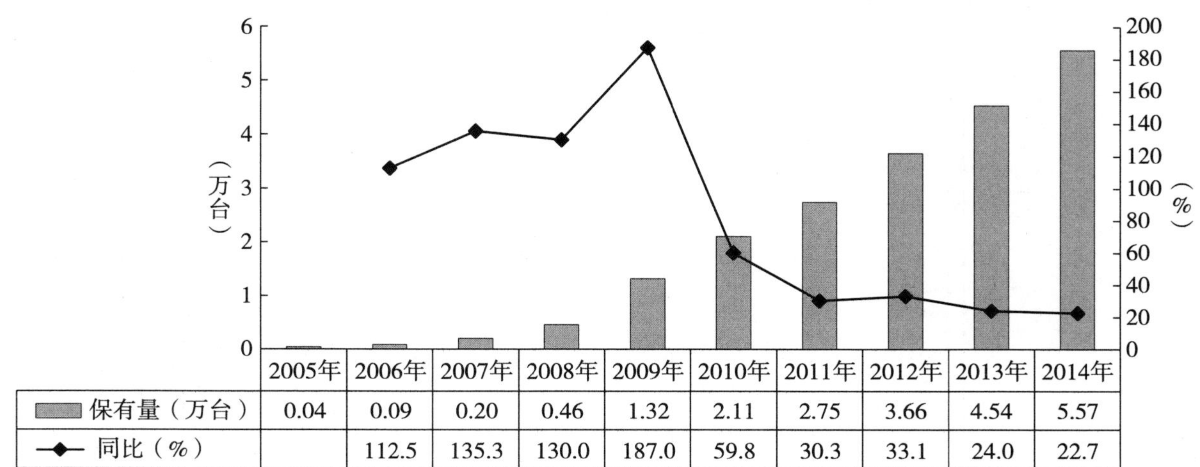

	2005年	2006年	2007年	2008年	2009年	2010年	2011年	2012年	2013年	2014年
保有量（万台）	0.04	0.09	0.20	0.46	1.32	2.11	2.75	3.66	4.54	5.57
同比（%）		112.5	135.3	130.0	187.0	59.8	30.3	33.1	24.0	22.7

图 135　2005—2014 年河南省玉米联合收割机保有量走势

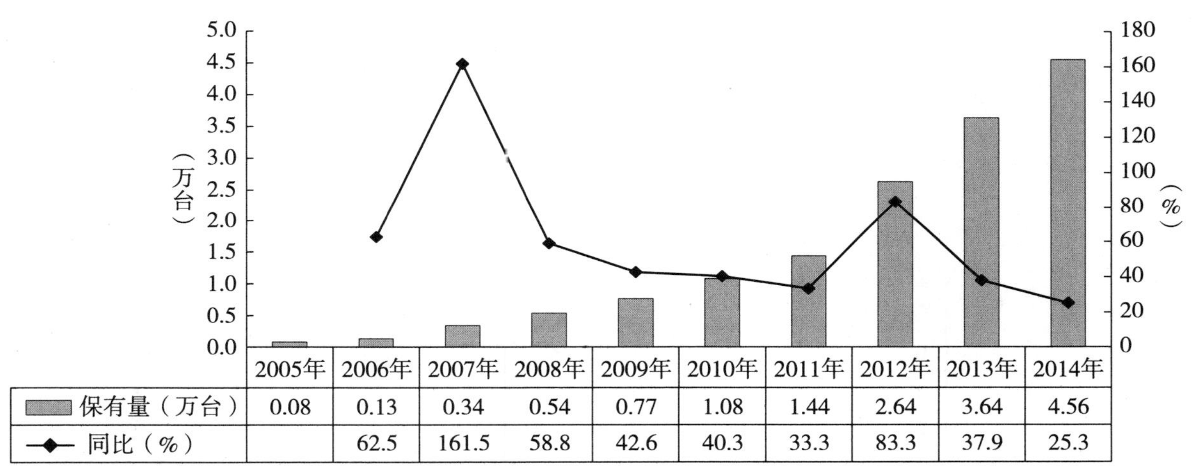

	2005年	2006年	2007年	2008年	2009年	2010年	2011年	2012年	2013年	2014年
保有量（万台）	0.08	0.13	0.34	0.54	0.77	1.08	1.44	2.64	3.64	4.56
同比（%）		62.5	161.5	58.8	42.6	40.3	33.3	83.3	37.9	25.3

图 136　2005—2014 年河北省玉米联合收割机保有量走势

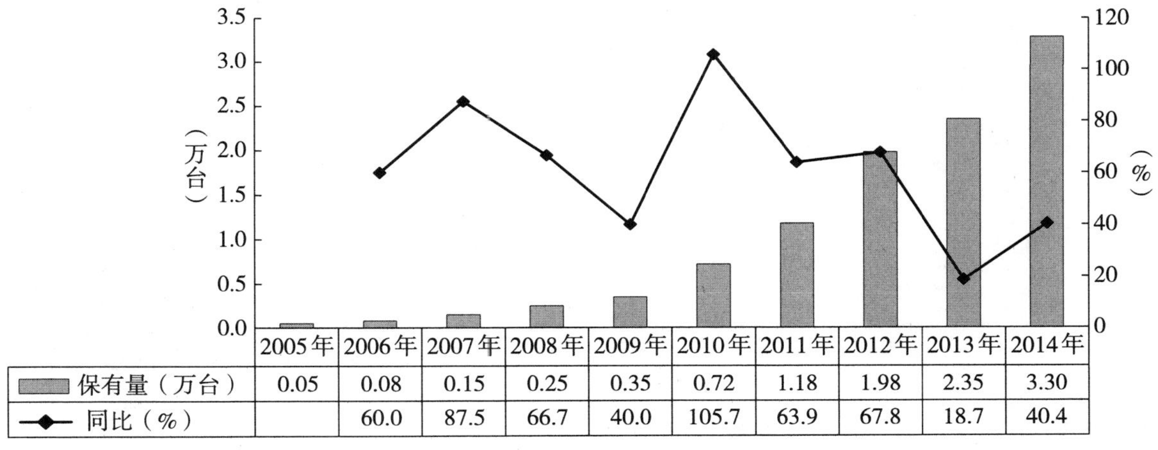

	2005年	2006年	2007年	2008年	2009年	2010年	2011年	2012年	2013年	2014年
保有量（万台）	0.05	0.08	0.15	0.25	0.35	0.72	1.18	1.98	2.35	3.30
同比（%）		60.0	87.5	66.7	40.0	105.7	63.9	67.8	18.7	40.4

图 137　2005—2014 年黑龙江省玉米联合收割机保有量走势

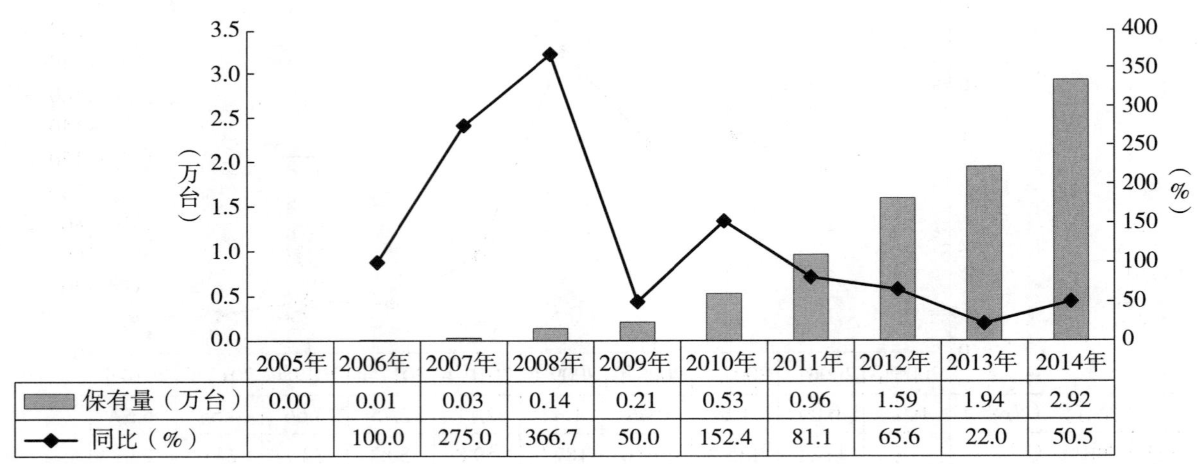

	2005年	2006年	2007年	2008年	2009年	2010年	2011年	2012年	2013年	2014年
保有量（万台）	0.00	0.01	0.03	0.14	0.21	0.53	0.96	1.59	1.94	2.92
同比（%）		100.0	275.0	366.7	50.0	152.4	81.1	65.6	22.0	50.5

图 138　2005—2014 年吉林省玉米联合收割机保有量走势

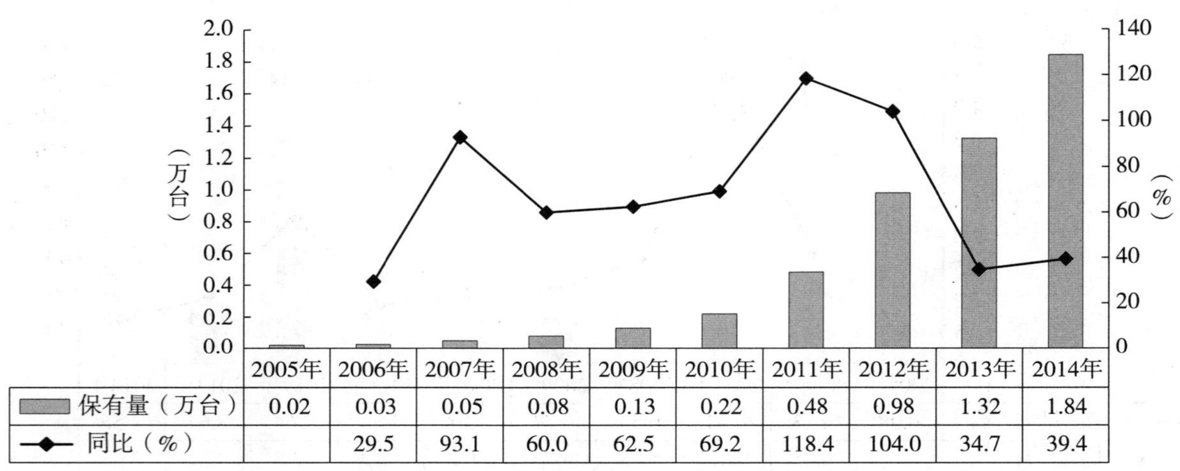

	2005年	2006年	2007年	2008年	2009年	2010年	2011年	2012年	2013年	2014年
保有量（万台）	0.02	0.03	0.05	0.08	0.13	0.22	0.48	0.98	1.32	1.84
同比（%）		29.5	93.1	60.0	62.5	69.2	118.4	104.0	34.7	39.4

图 139　2005—2014 年内蒙古自治区玉米联合收割机保有量走势

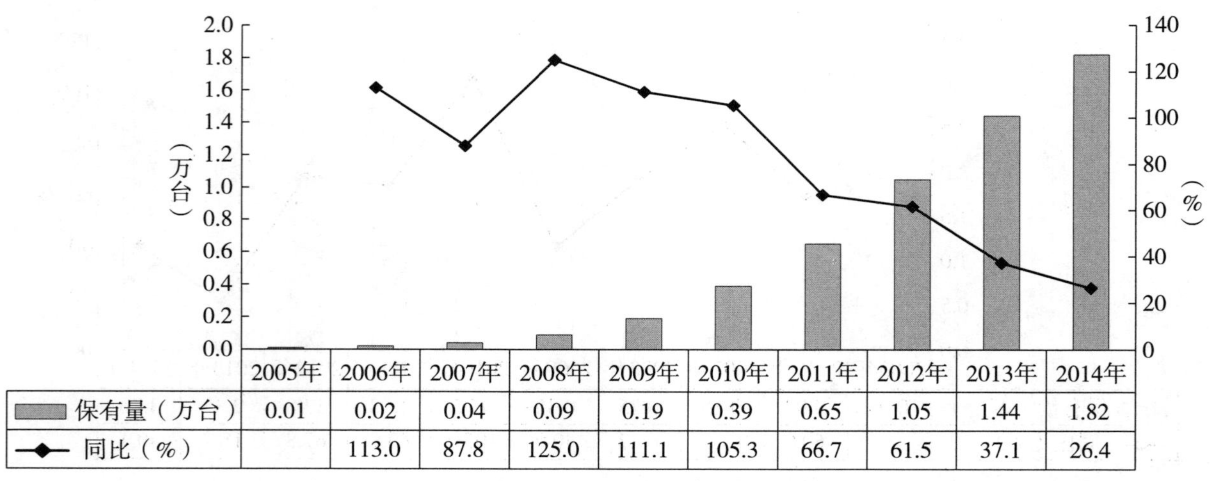

	2005年	2006年	2007年	2008年	2009年	2010年	2011年	2012年	2013年	2014年
保有量（万台）	0.01	0.02	0.04	0.09	0.19	0.39	0.65	1.05	1.44	1.82
同比（%）		113.0	87.8	125.0	111.1	105.3	66.7	61.5	37.1	26.4

图 140　2005—2014 年山西省玉米联合收割机保有量走势

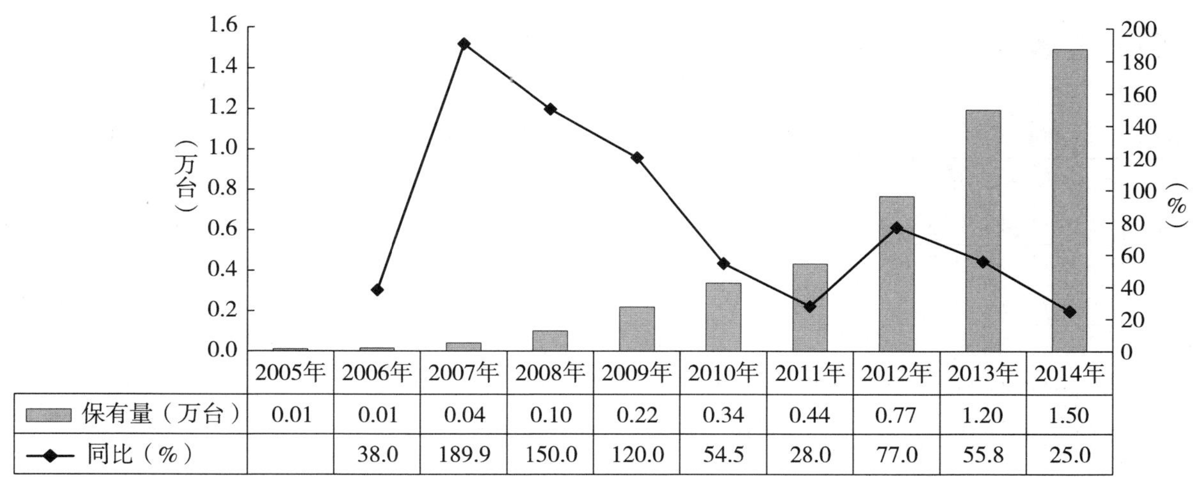

	2005年	2006年	2007年	2008年	2009年	2010年	2011年	2012年	2013年	2014年
保有量（万台）	0.01	0.01	0.04	0.10	0.22	0.34	0.44	0.77	1.20	1.50
同比（%）		38.0	189.9	150.0	120.0	54.5	28.0	77.0	55.8	25.0

图 141　2005—2014 年安徽省玉米联合收割机保有量走势

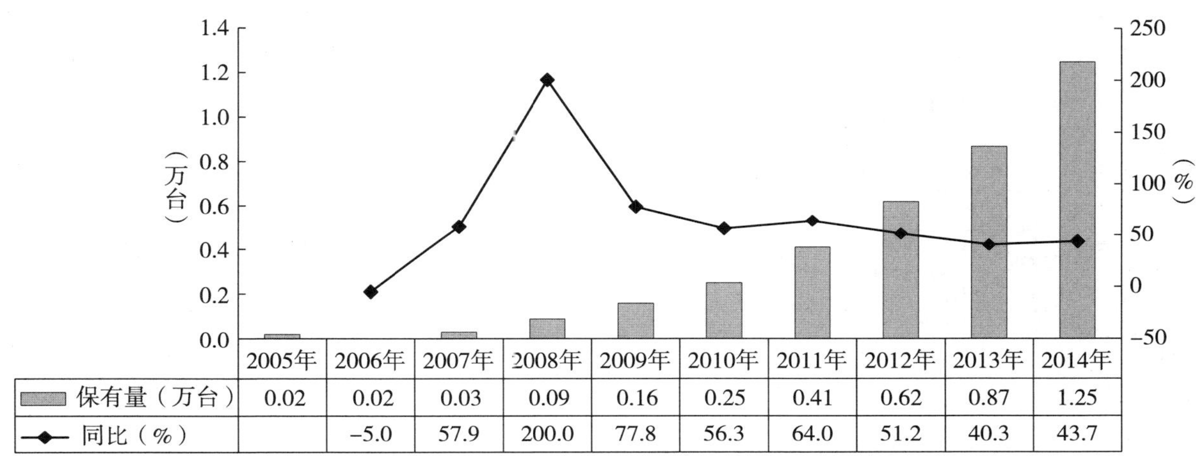

	2005年	2006年	2007年	2008年	2009年	2010年	2011年	2012年	2013年	2014年
保有量（万台）	0.02	0.02	0.03	0.09	0.16	0.25	0.41	0.62	0.87	1.25
同比（%）		−5.0	57.9	200.0	77.8	56.3	64.0	51.2	40.3	43.7

图 142　2005—2014 年辽宁省玉米联合收割机保有量走势

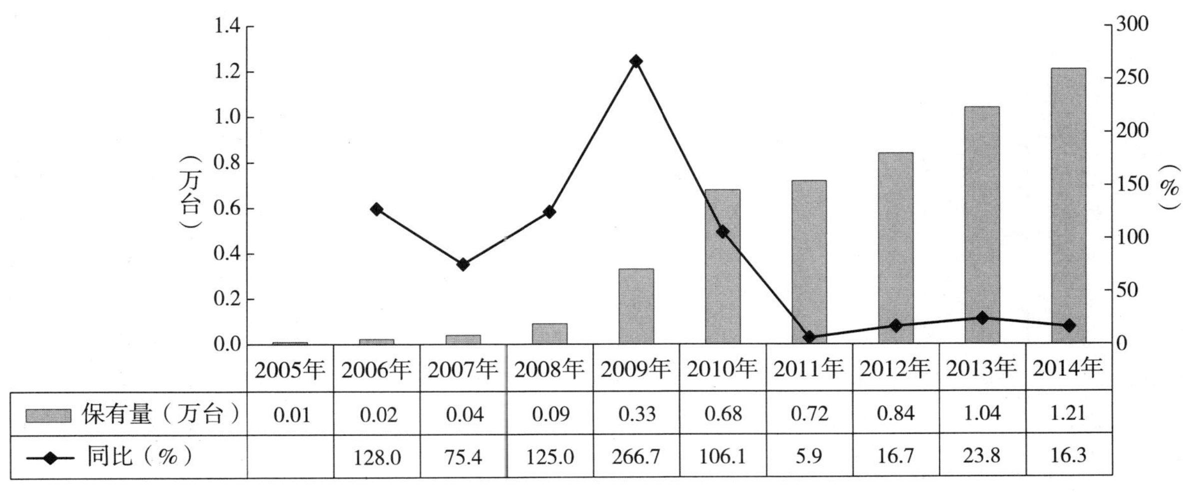

	2005年	2006年	2007年	2008年	2009年	2010年	2011年	2012年	2013年	2014年
保有量（万台）	0.01	0.02	0.04	0.09	0.33	0.68	0.72	0.84	1.04	1.21
同比（%）		128.0	75.4	125.0	266.7	106.1	5.9	16.7	23.8	16.3

图 143　2005—2014 年陕西省玉米联合收割机保有量走势

四、畜牧业机械保有量

表 27　　2005—2014 年畜牧业机械保有量一览表　　单位：万台

序号	地区	2005 年	2006 年	2007 年	2008 年	2009 年	2010 年	2011 年	2012 年	2013 年	2014 年
0	全国	427.45	489.63	528.00	545.30	577.05	607.81	637.70	661.70	686.47	710.82
1	云南省	87.62	105.46	114.45	111.65	122.79	128.03	134.85	133.60	137.08	137.44
2	四川省	38.12	54.51	60.46	53.78	56.27	57.22	60.03	62.58	61.27	69.64
3	重庆市	28.39	37.11	38.33	40.12	41.28	45.39	49.48	50.14	60.28	61.44
4	湖北省	23.88	26.39	27.06	30.07	34.17	35.98	37.62	37.27	41.58	44.54
5	贵州省	31.30	31.71	37.72	40.05	40.47	40.52	37.93	36.79	37.99	41.57
6	广西壮族自治区	29.75	30.70	33.57	34.60	32.01	33.00	34.74	35.20	35.89	35.42
7	陕西省	11.43	12.12	14.59	22.61	25.32	29.79	31.86	33.87	33.88	34.7
8	甘肃省	6.92	10.45	11.00	12.00	13.50	13.93	18.70	27.41	29.09	29.09
9	湖南省	18.09	18.97	19.40	19.17	22.67	23.68	24.67	25.70	26.08	26.71
10	内蒙古自治区	26.75	28.42	31.80	20.60	20.74	22.36	23.04	22.75	24.43	24.85
11	河南省	16.67	16.00	17.72	19.35	20.34	21.88	22.22	22.60	22.98	23.5
12	山东省	19.19	19.23	19.11	16.77	16.26	17.43	18.34	19.11	22.12	22.41
13	辽宁省	14.18	14.18	14.92	17.28	18.02	19.04	18.67	19.65	20.37	20.2
14	吉林省	5.90	5.95	6.70	6.81	8.07	8.70	11.57	13.12	15.99	16.65
15	宁夏回族自治区	4.62	5.54	7.63	9.40	11.55	13.23	14.00	15.03	15.48	16.09
16	江苏省	9.95	10.00	10.72	9.09	9.71	9.39	10.94	13.83	14.21	16.25
17	河北省	10.31	11.76	12.20	11.00	11.49	11.72	12.09	13.37	14.01	15.36
18	广东省	8.89	9.24	9.33	9.25	9.02	9.76	10.52	11.01	13.40	15.09
19	黑龙江省	5.31	6.17	6.36	24.38	24.60	24.70	21.13	21.23	12.65	11.5
20	山西省	4.44	4.56	4.92	5.67	5.80	6.77	7.68	8.33	8.79	9.06
21	新疆维吾尔自治区	7.32	7.79	7.96	6.91	6.81	7.43	7.90	8.23	8.78	8.98
22	安徽省	7.30	7.47	6.41	6.65	6.82	6.91	7.24	7.49	7.60	7.71
23	福建省	3.27	3.18	3.41	3.09	3.35	3.30	3.43	4.19	5.61	5.3
24	浙江省	0.00	2.76	2.71	5.55	5.43	5.32	5.71	5.32	5.45	5.38
25	江西省	4.33	4.94	5.64	5.87	5.88	6.78	7.47	7.87	4.56	4.66
26	北京市	1.02	1.06	1.10	1.15	1.07	1.08	1.01	1.04	1.70	1.68
27	青海省	0.75	0.80	0.80	0.79	1.72	1.73	1.78	1.71	1.51	1.64
28	西藏自治区	0.00	0.80	0.00	0.00	0.18	0.91	1.11	1.16	1.38	1.38
29	海南省	0.46	0.92	0.53	0.48	0.52	0.55	0.62	0.75	0.90	1.11
30	天津市	0.50	0.51	0.53	0.55	0.58	0.59	0.64	0.69	0.72	0.73
31	新疆兵团	0.60	0.73	0.75	0.41	0.43	0.51	0.51	0.48	0.50	0.58
32	上海市	0.19	0.19	0.17	0.18	0.18	0.18	0.20	0.18	0.19	0.16

表 28　　2005—2014 年畜牧业机械保有量走势分析

序号	地区	类别	2005 年	2006 年	2007 年	2008 年	2009 年	2010 年	2011 年	2012 年	2013 年	2014 年
0	全国	保有量（万台）	427.45	489.63	528.00	545.30	577.05	607.81	637.70	661.70	686.47	710.82
		同比（%）		14.55	7.84	3.28	5.82	5.33	4.92	3.76	3.74	3.55
1	云南省	保有量（万台）	87.62	105.46	114.45	111.65	122.79	128.03	134.85	133.60	137.08	137.44
		同比（%）		20.36	8.52	-2.45	9.98	4.27	5.33	-0.93	2.60	0.26
2	四川省	保有量（万台）	38.12	54.51	60.46	53.78	56.27	57.22	60.03	62.58	61.27	69.64
		同比（%）		43.00	10.92	-11.05	4.63	1.69	4.91	4.25	-2.09	13.66
3	重庆市	保有量（万台）	28.39	37.11	38.33	40.12	41.28	45.39	49.48	50.14	60.28	61.44
		同比（%）		30.72	3.29	4.67	2.89	9.96	9.01	1.33	20.22	1.92
4	湖北省	保有量（万台）	23.88	26.39	27.06	30.07	34.17	35.98	37.62	37.27	41.58	44.54
		同比（%）		10.51	2.54	11.12	13.63	5.30	4.55	-0.92	11.56	7.12
5	贵州省	保有量（万台）	31.30	31.71	37.72	40.05	40.47	40.52	37.93	36.79	37.99	41.57
		同比（%）		1.31	18.95	6.18	1.05	0.12	-6.38	-3.02	3.26	9.42
6	广西壮族自治区	保有量（万台）	29.75	30.70	33.57	34.60	32.01	33.00	34.74	35.20	35.89	35.42
		同比（%）		3.19	9.35	3.07	-7.49	3.09	5.27	1.33	1.96	-1.31
7	陕西省	保有量（万台）	11.43	12.12	14.59	22.61	25.32	29.79	31.86	33.87	33.88	34.7
		同比（%）		6.04	20.38	54.97	11.99	17.65	6.95	6.31	0.03	2.42
8	甘肃省	保有量（万台）	6.92	10.45	11.00	12.00	13.50	13.93	18.70	27.41	29.09	29.09
		同比（%）		51.01	5.26	9.09	12.50	3.19	34.24	46.58	6.13	0.00
9	湖南省	保有量（万台）	18.09	18.97	19.40	19.17	22.67	23.68	24.67	25.70	26.08	26.71
		同比（%）		4.86	2.27	-1.19	18.26	4.46	4.18	4.18	1.48	2.42
10	内蒙古自治区	保有量（万台）	26.75	28.42	31.80	20.60	20.74	22.36	23.04	22.75	24.43	24.85
		同比（%）		6.24	11.89	-35.22	0.68	7.81	3.05	-1.27	7.38	1.72

表 29　　2005—2014 年牧草收割机保有量一览表　　单位：万台

序号	地区	2005 年	2006 年	2007 年	2008 年	2009 年	2010 年	2011 年	2012 年	2013 年	2014 年
0	全国	6.40	6.85	7.55	8.04	10.33	11.72	12.88	15.03	16.01	17.14
1	内蒙古自治区	3.78	4.10	4.66	5.08	6.63	7.29	7.61	8.84	9.45	10.16
2	新疆维吾尔自治区	1.06	1.14	1.23	1.26	1.55	1.63	1.71	1.76	1.84	1.87
3	甘肃省	0.28	0.25	0.29	0.25	0.56	0.57	1.06	1.42	1.51	1.74
4	宁夏回族自治区	0.02	0.06	0.05	0.19	0.05	0.31	0.40	0.68	0.77	0.81
5	西藏自治区	0.00	0.00	0.00	0.00	0.41	0.42	0.42	0.42	0.42	0.42
6	陕西省	0.03	0.04	0.04	0.00	0.00	0.04	0.21	0.23	0.36	0.36
7	山西省	0.09	0.10	0.11	0.12	0.13	0.23	0.27	0.28	0.29	0.32
8	贵州省	0.38	0.30	0.30	0.26	0.25	0.26	0.29	0.26	0.28	0.32
9	黑龙江省	0.37	0.33	0.29	0.23	0.23	0.43	0.23	0.29	0.26	0.26
10	河北省	0.06	0.10	0.13	0.11	0.12	0.12	0.13	0.13	0.13	0.14
11	吉林省	0.02	0.02	0.02	0.02	0.02	0.03	0.11	0.12	0.12	0.14
12	青海省	0.00	0.00	0.03	0.07	0.09	0.11	0.12	0.13	0.10	0.11
13	辽宁省	0.03	0.03	0.07	0.10	0.09	0.09	0.10	0.10	0.10	0.07
14	新疆兵团	0.21	0.31	0.25	0.27	0.08	0.07	0.07	0.07	0.07	0.07
15	湖北省	0.00	0.00	0.00	0.00	0.00	0.00	0.00	0.07	0.07	0.08
16	四川省	0.01	0.01	0.01	0.01	0.01	0.01	0.01	0.01	0.05	0.05
17	浙江省	0.00	0.00	0.00	0.01	0.02	0.04	0.04	0.06	0.04	0.04
18	江苏省	0.00	0.00	0.00	0.00	0.00	0.00	0.00	0.02	0.04	0.06
19	山东省	0.03	0.03	0.03	0.02	0.02	0.03	0.02	0.02	0.03	0.03
20	河南省	0.00	0.00	0.00	0.01	0.01	0.01	0.01	0.03	0.03	0.03
21	江西省	0.00	0.00	0.00	0.01	0.01	0.00	0.04	0.04	0.02	0.02
22	北京市	0.01	0.01	0.01	0.02	0.02	0.02	0.02	0.01	0.01	0.01
23	福建省	0.00	0.00	0.01	0.00	0.01	0.01	0.01	0.01	0.01	0.01
24	广东省	0.00	0.00	0.00	0.00	0.00	0.01	0.01	0.01	0.01	0.01
25	云南省	0.00	0.00	0.00	0.00	0.00	0.00	0.00	0.00	0.00	0.00
26	重庆市	0.01	0.01	0.01	0.00	0.00	0.00	0.00	0.00	0.00	0.00
27	湖南省	0.01	0.01	0.01	0.00	0.00	0.00	0.00	0.00	0.00	0.01
28	安徽省	0.00	0.00	0.00	0.00	0.01	0.00	0.00	0.01	0.00	0.00
29	天津市	0.00	0.00	0.00	0.00	0.00	0.00	0.00	0.00	0.00	0.00
30	上海市	0.00	0.00	0.00	0.00	0.00	0.00	0.00	0.00	0.00	0.00
31	海南省	0.00	0.00	0.00	0.00	0.00	0.00	0.00	0.00	0.00	0.00
32	广西壮族自治区	0.00	0.00	0.00	0.00	0.00	0.00	0.00	0.00	0.00	0.00

表 30　　2005—2014 年牧草收割机保有量走势分析

序号	地区	类别	2005 年	2006 年	2007 年	2008 年	2009 年	2010 年	2011 年	2012 年	2013 年	2014 年
0	全国	保有量（万台）	6.40	6.85	7.55	8.04	10.33	11.72	12.88	15.03	16.01	17.14
		同比（%）		7.03	10.22	6.49	28.48	13.46	9.94	16.61	6.55	7.06
1	内蒙古自治区	保有量（万台）	3.78	4.10	4.66	5.08	6.63	7.29	7.61	8.84	9.45	10.16
		同比（%）		8.47	13.66	9.01	30.51	9.95	4.39	16.16	6.90	7.51
2	新疆维吾尔自治区	保有量（万台）	1.06	1.14	1.23	1.26	1.55	1.63	1.71	1.76	1.84	1.87
		同比（%）		7.55	7.89	2.44	23.02	5.16	4.91	2.92	4.55	1.63
3	甘肃省	保有量（万台）	0.28	0.25	0.29	0.25	0.56	0.57	1.06	1.42	1.51	1.74
		同比（%）		-10.71	16.00	-13.79	124.00	1.79	85.96	33.96	6.34	15.23
4	宁夏回族自治区	保有量（万台）	0.02	0.06	0.05	0.19	0.05	0.31	0.40	0.68	0.77	0.81
		同比（%）				280.00	-73.68	520.00	29.03	70.00	13.24	5.19
5	西藏自治区	保有量（万台）	0.00	0.00	0.00	0.00	0.41	0.42	0.42	0.42	0.42	0.42
		同比（%）						2.44	0.00	0.00	0.00	0.00
6	陕西省	保有量（万台）	0.03	0.04	0.04	0.04	0.04	0.04	0.21	0.23	0.36	0.36
		同比（%）		33.33	0.00	0.00	0.00	0.00	425.00	9.52	56.52	0.00
7	山西省	保有量（万台）	0.09	0.10	0.11	0.12	0.13	0.23	0.27	0.28	0.29	0.32
		同比（%）		11.11	10.00	9.09	8.33	76.92	17.57	3.55	3.57	10.34
8	贵州省	保有量（万台）	0.38	0.30	0.30	0.26	0.25	0.26	0.29	0.26	0.28	0.32
		同比（%）		-21.05	0.00	-13.33	-3.85	4.00	12.00	-10.71	7.69	14.29
9	黑龙江省	保有量（万台）	0.37	0.33	0.29	0.23	0.23	0.43	0.23	0.29	0.26	0.26
		同比（%）		-10.81	-12.12	-20.69	0.00	0.00	-46.51	26.09	-10.34	0.00
10	河北省	保有量（万台）	0.06	0.10	0.13	0.11	0.12	0.12	0.13	0.13	0.13	0.14
		同比（%）		66.67	30.00	-15.38	9.09	0.00	8.33	0.00	0.00	7.69

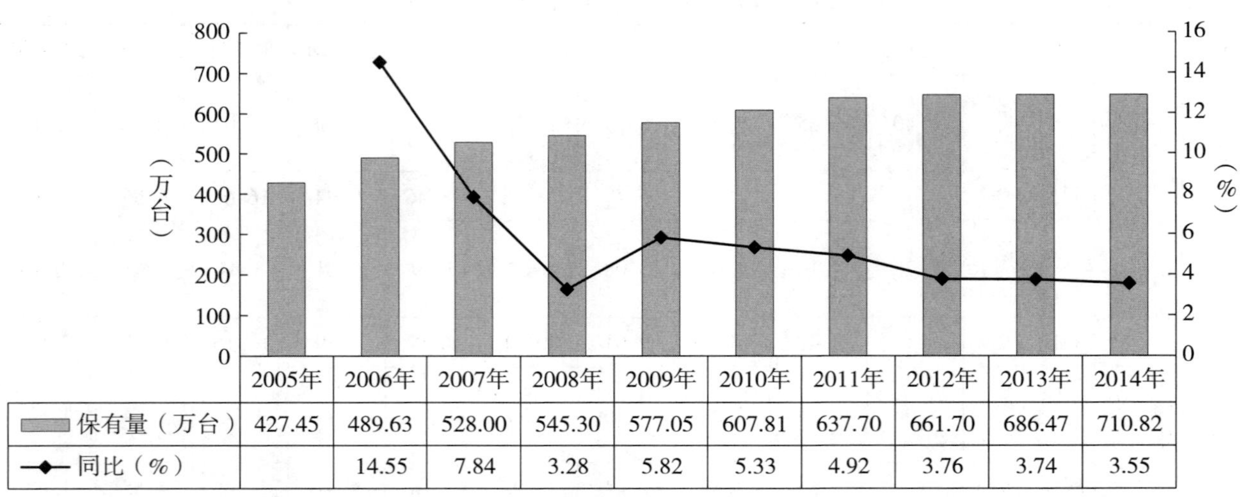

	2005年	2006年	2007年	2008年	2009年	2010年	2011年	2012年	2013年	2014年
保有量（万台）	427.45	489.63	528.00	545.30	577.05	607.81	637.70	661.70	686.47	710.82
同比（%）		14.55	7.84	3.28	5.82	5.33	4.92	3.76	3.74	3.55

图 144　2005—2014 年全国畜牧机械保有量走势

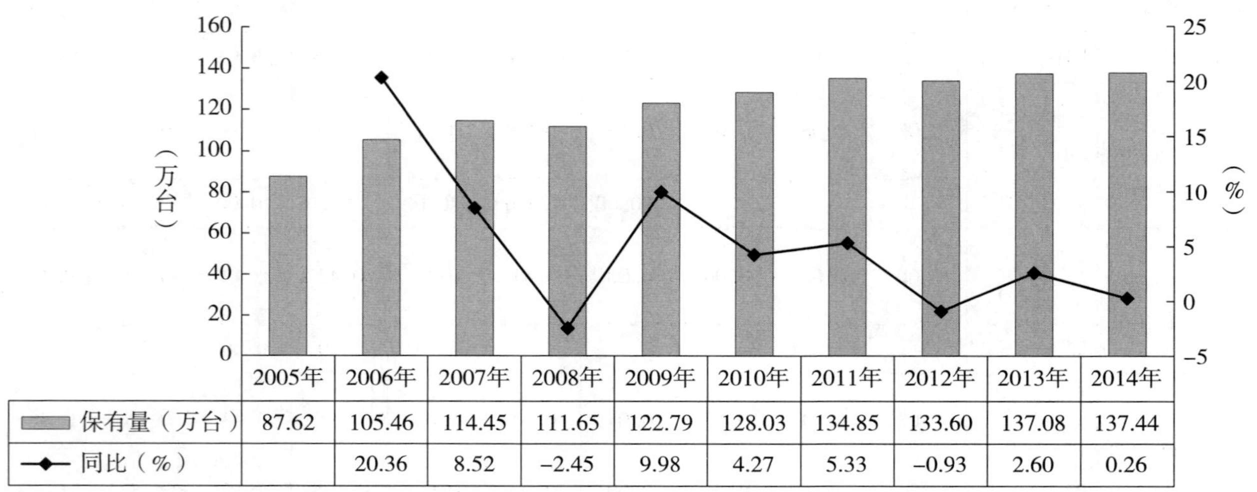

	2005年	2006年	2007年	2008年	2009年	2010年	2011年	2012年	2013年	2014年
保有量（万台）	87.62	105.46	114.45	111.65	122.79	128.03	134.85	133.60	137.08	137.44
同比（%）		20.36	8.52	–2.45	9.98	4.27	5.33	–0.93	2.60	0.26

图 145　2005—2014 年云南省畜牧机械保有量走势

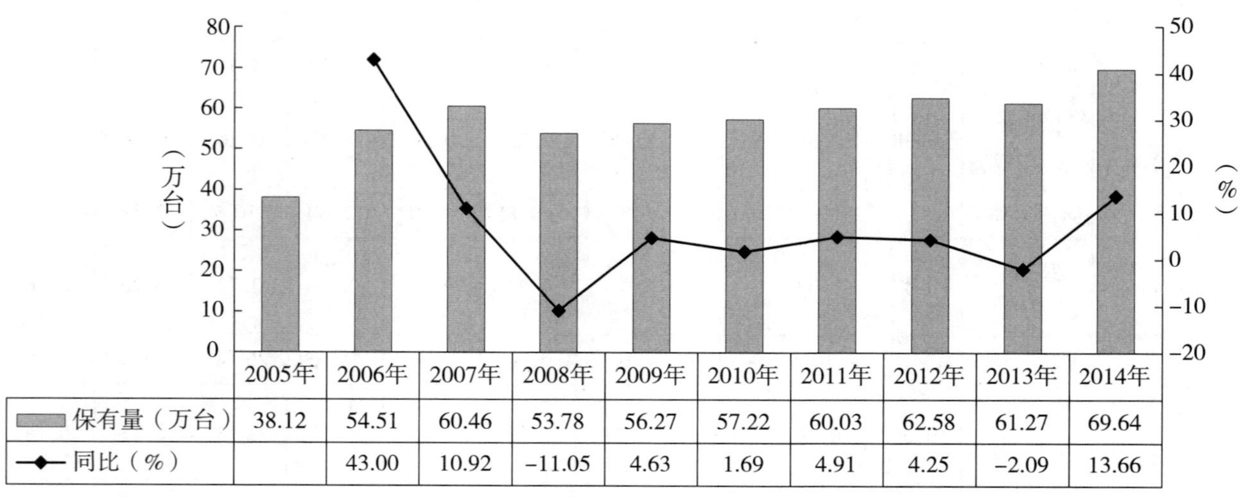

	2005年	2006年	2007年	2008年	2009年	2010年	2011年	2012年	2013年	2014年
保有量（万台）	38.12	54.51	60.46	53.78	56.27	57.22	60.03	62.58	61.27	69.64
同比（%）		43.00	10.92	–11.05	4.63	1.69	4.91	4.25	–2.09	13.66

图 146　2005—2014 年四川省畜牧机械保有量走势

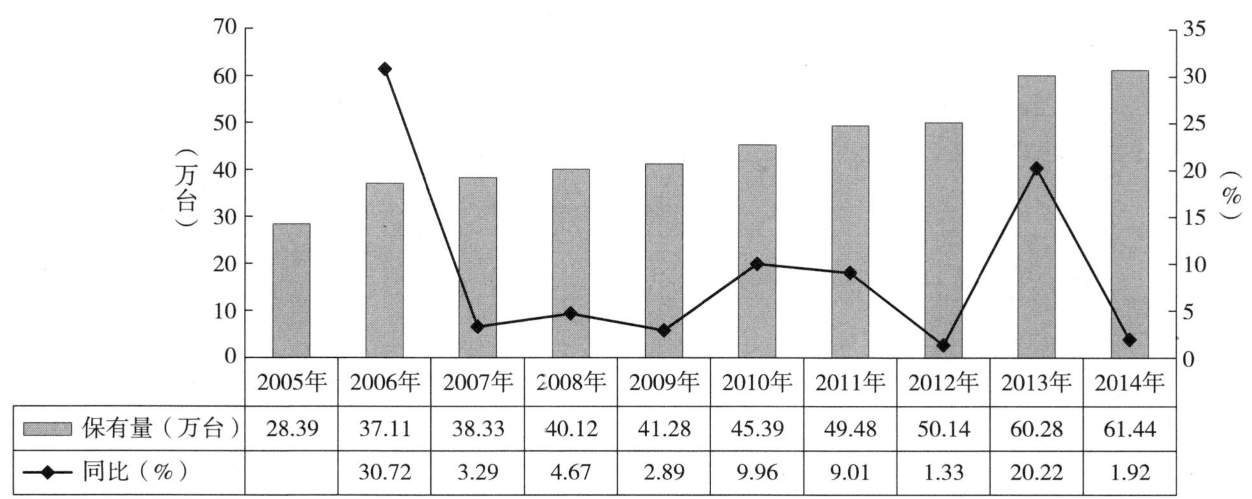

	2005年	2006年	2007年	2008年	2009年	2010年	2011年	2012年	2013年	2014年
保有量（万台）	28.39	37.11	38.33	40.12	41.28	45.39	49.48	50.14	60.28	61.44
同比（%）		30.72	3.29	4.67	2.89	9.96	9.01	1.33	20.22	1.92

图 147 2005—2014 年重庆市畜牧机械保有量走势

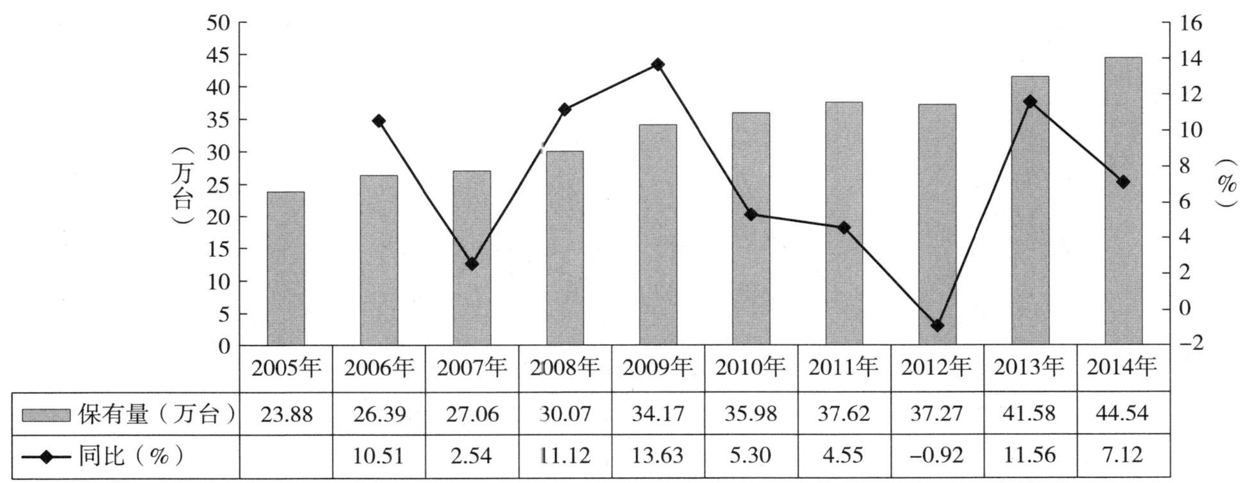

	2005年	2006年	2007年	2008年	2009年	2010年	2011年	2012年	2013年	2014年
保有量（万台）	23.88	26.39	27.06	30.07	34.17	35.98	37.62	37.27	41.58	44.54
同比（%）		10.51	2.54	11.12	13.63	5.30	4.55	–0.92	11.56	7.12

图 148 2005—2014 年湖北省畜牧机械保有量走势

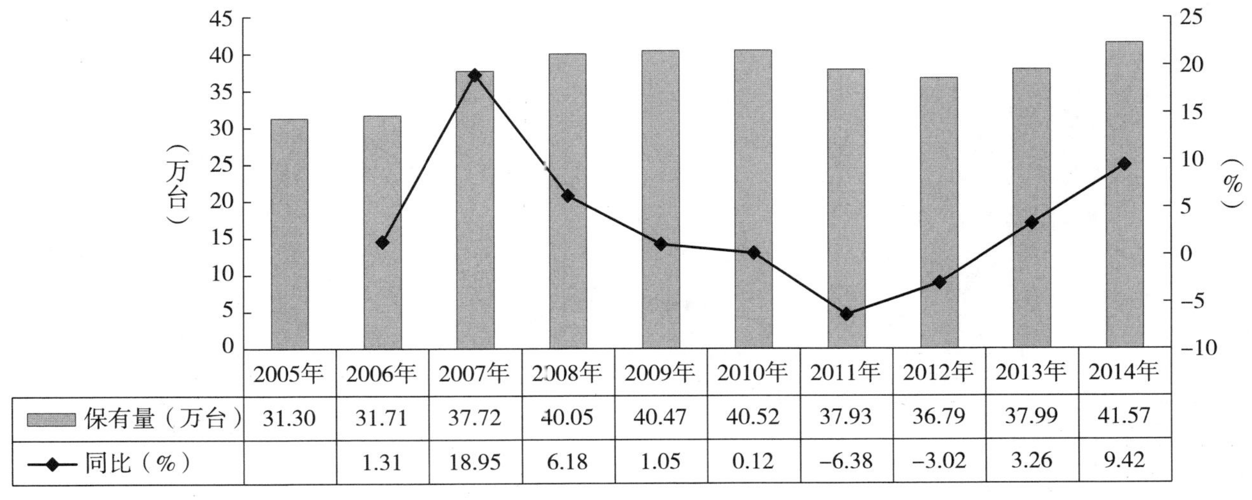

	2005年	2006年	2007年	2008年	2009年	2010年	2011年	2012年	2013年	2014年
保有量（万台）	31.30	31.71	37.72	40.05	40.47	40.52	37.93	36.79	37.99	41.57
同比（%）		1.31	18.95	6.18	1.05	0.12	–6.38	–3.02	3.26	9.42

图 149 2005—2014 年贵州省畜牧机械保有量走势

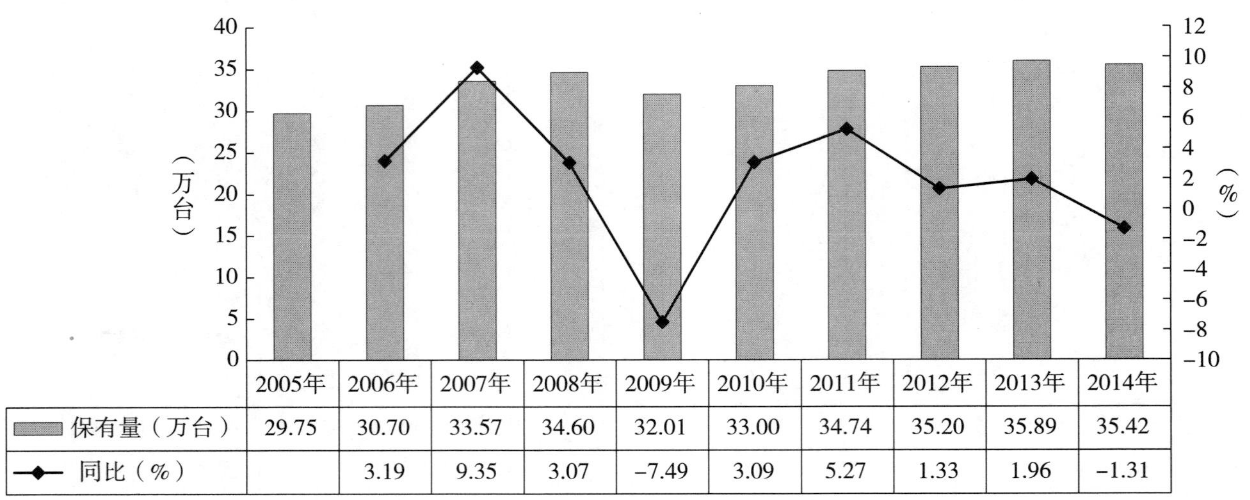

	2005年	2006年	2007年	2008年	2009年	2010年	2011年	2012年	2013年	2014年
保有量（万台）	29.75	30.70	33.57	34.60	32.01	33.00	34.74	35.20	35.89	35.42
同比（%）		3.19	9.35	3.07	−7.49	3.09	5.27	1.33	1.96	−1.31

图 150　2005—2014 年广西壮族自治区畜牧机械保有量走势

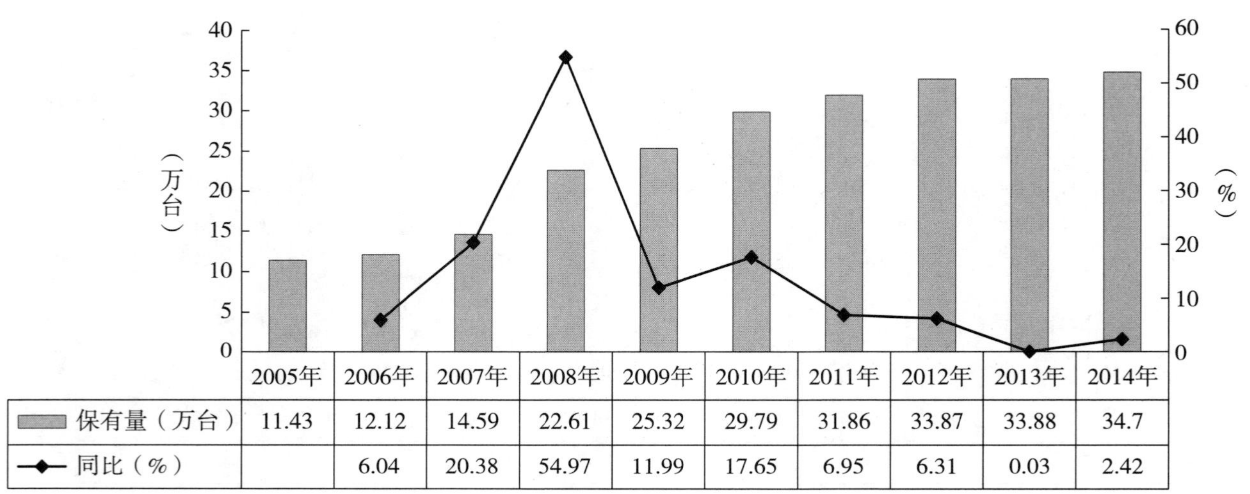

	2005年	2006年	2007年	2008年	2009年	2010年	2011年	2012年	2013年	2014年
保有量（万台）	11.43	12.12	14.59	22.61	25.32	29.79	31.86	33.87	33.88	34.7
同比（%）		6.04	20.38	54.97	11.99	17.65	6.95	6.31	0.03	2.42

图 151　2005—2014 年陕西省畜牧机械保有量走势

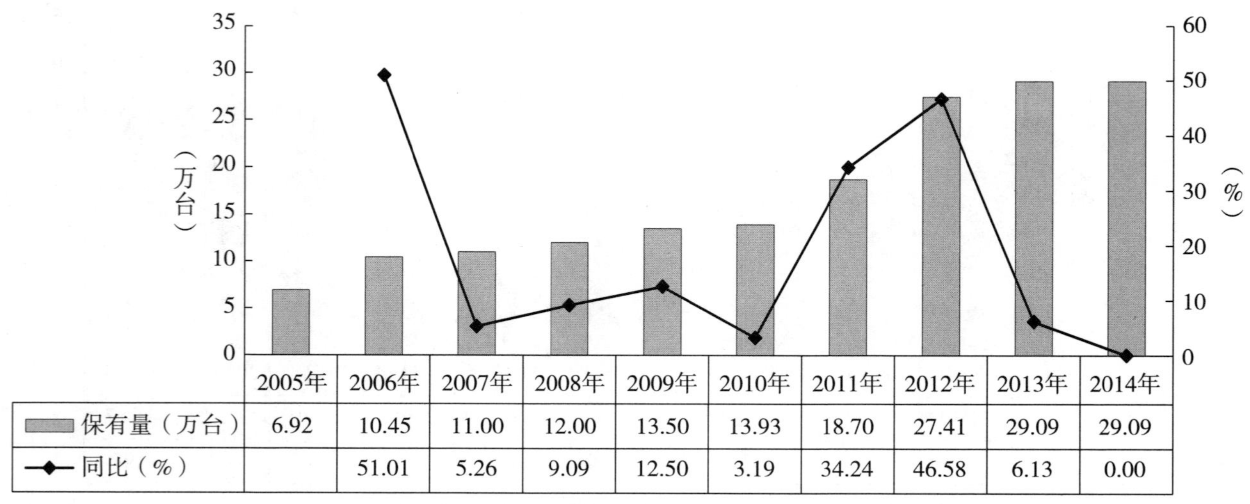

	2005年	2006年	2007年	2008年	2009年	2010年	2011年	2012年	2013年	2014年
保有量（万台）	6.92	10.45	11.00	12.00	13.50	13.93	18.70	27.41	29.09	29.09
同比（%）		51.01	5.26	9.09	12.50	3.19	34.24	46.58	6.13	0.00

图 152　2005—2014 年甘肃省畜牧机械保有量走势

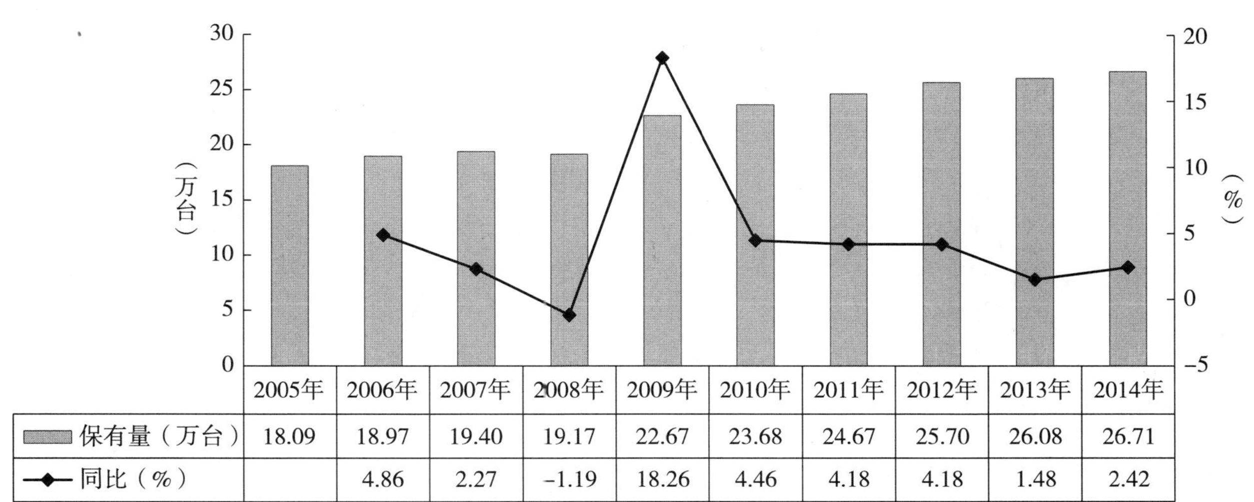

	2005年	2006年	2007年	2008年	2009年	2010年	2011年	2012年	2013年	2014年
保有量（万台）	18.09	18.97	19.40	19.17	22.67	23.68	24.67	25.70	26.08	26.71
同比（%）		4.86	2.27	-1.19	18.26	4.46	4.18	4.18	1.48	2.42

图 153　2005—2014 年湖南省畜牧机械保有量走势

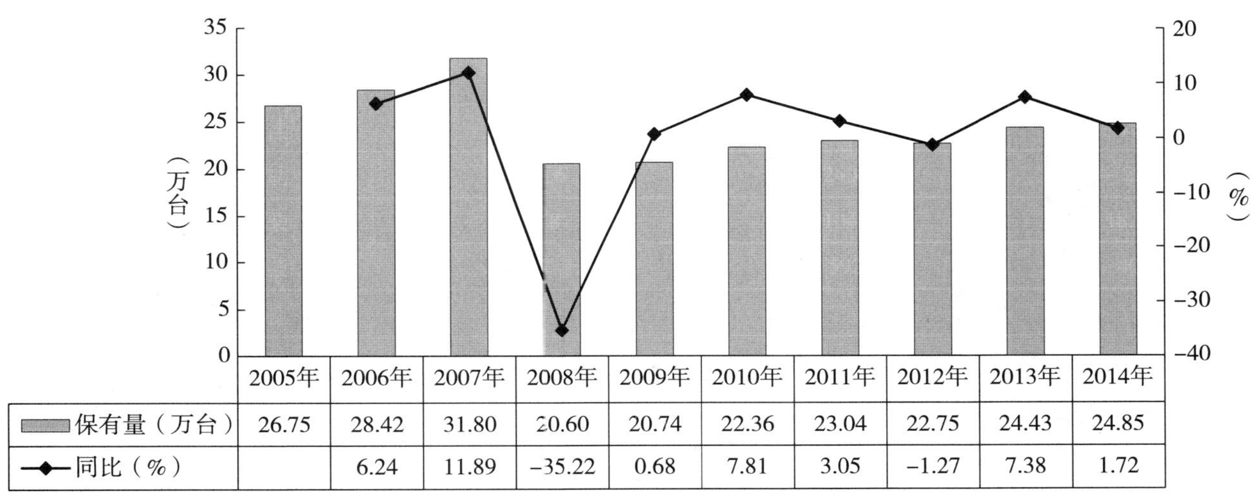

	2005年	2006年	2007年	2008年	2009年	2010年	2011年	2012年	2013年	2014年
保有量（万台）	26.75	28.42	31.80	20.60	20.74	22.36	23.04	22.75	24.43	24.85
同比（%）		6.24	11.89	-35.22	0.68	7.81	3.05	-1.27	7.38	1.72

图 154　2005—2014 年内蒙古自治区畜牧机械保有量走势

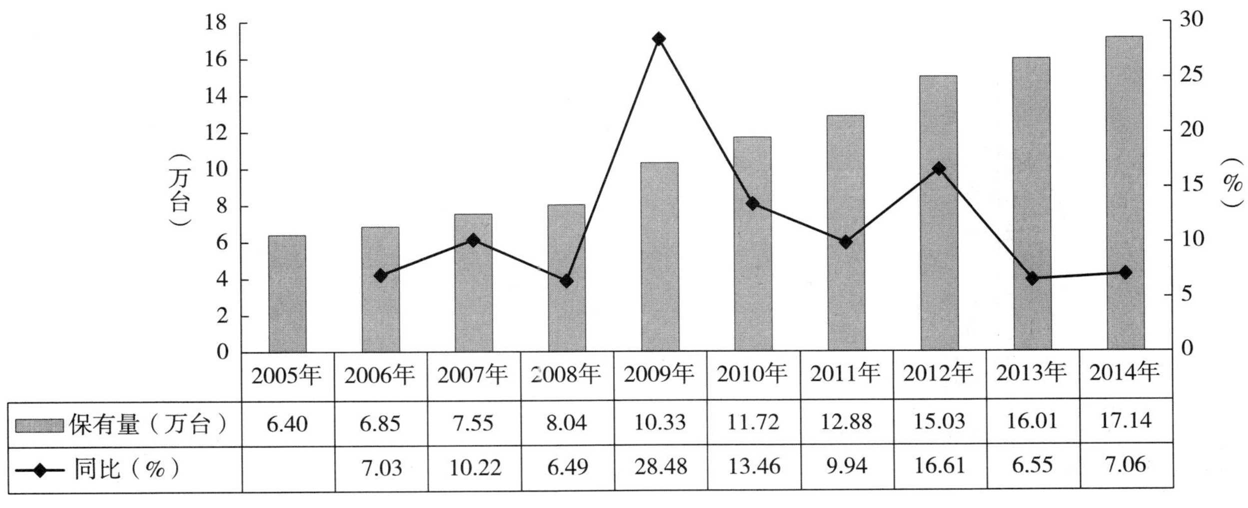

	2005年	2006年	2007年	2008年	2009年	2010年	2011年	2012年	2013年	2014年
保有量（万台）	6.40	6.85	7.55	8.04	10.33	11.72	12.88	15.03	16.01	17.14
同比（%）		7.03	10.22	6.49	28.48	13.46	9.94	16.61	6.55	7.06

图 155　2005—2014 年全国牧草收割机保有量走势

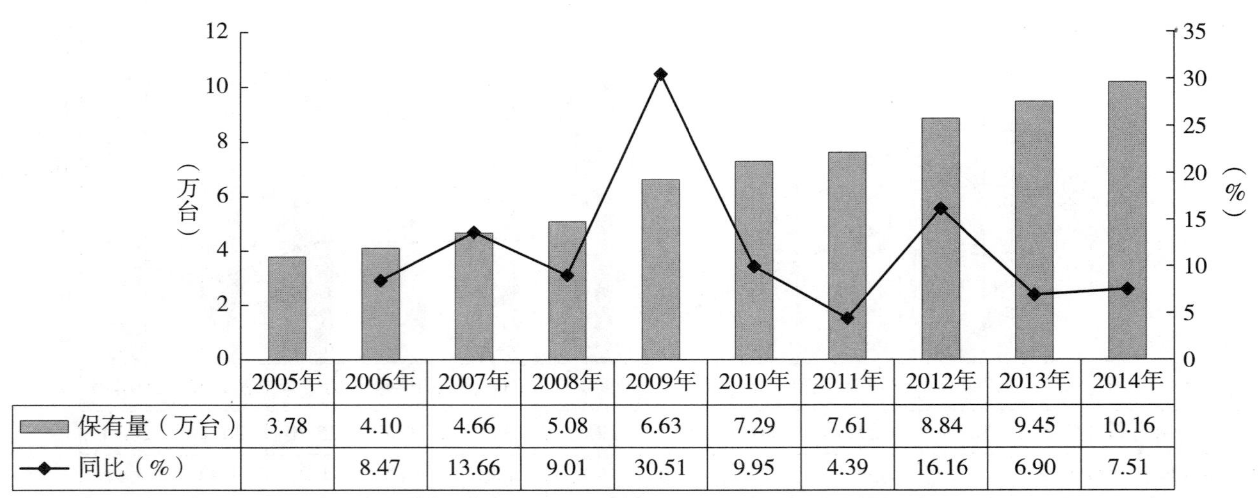

	2005年	2006年	2007年	2008年	2009年	2010年	2011年	2012年	2013年	2014年
保有量（万台）	3.78	4.10	4.66	5.08	6.63	7.29	7.61	8.84	9.45	10.16
同比（%）		8.47	13.66	9.01	30.51	9.95	4.39	16.16	6.90	7.51

图 156　2005—2014 年内蒙古自治区牧草割草机保有量走势

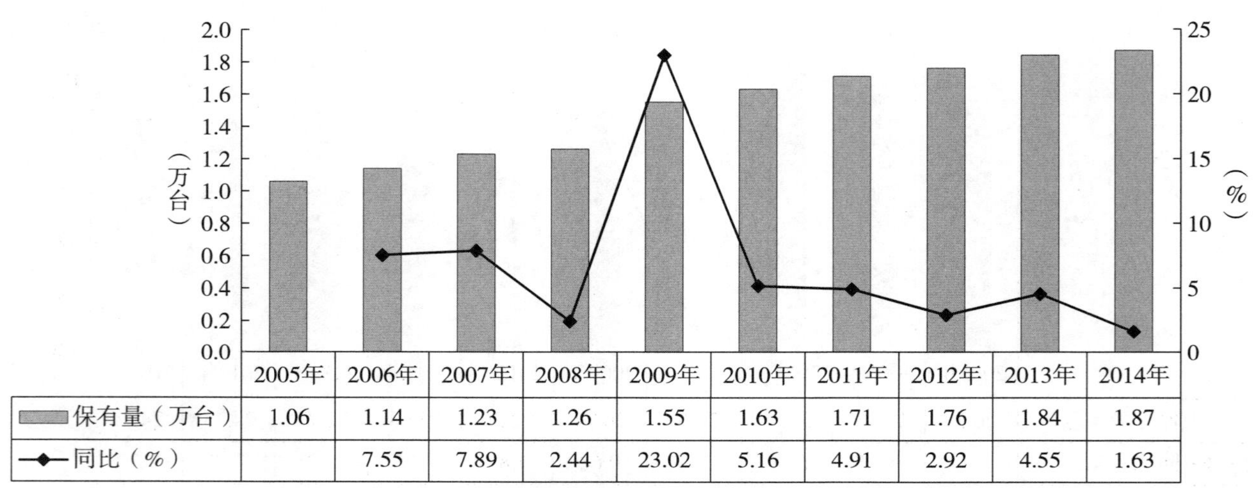

	2005年	2006年	2007年	2008年	2009年	2010年	2011年	2012年	2013年	2014年
保有量（万台）	1.06	1.14	1.23	1.26	1.55	1.63	1.71	1.76	1.84	1.87
同比（%）		7.55	7.89	2.44	23.02	5.16	4.91	2.92	4.55	1.63

图 157　2005—2014 年新疆维吾尔自治区牧草割草机保有量走势

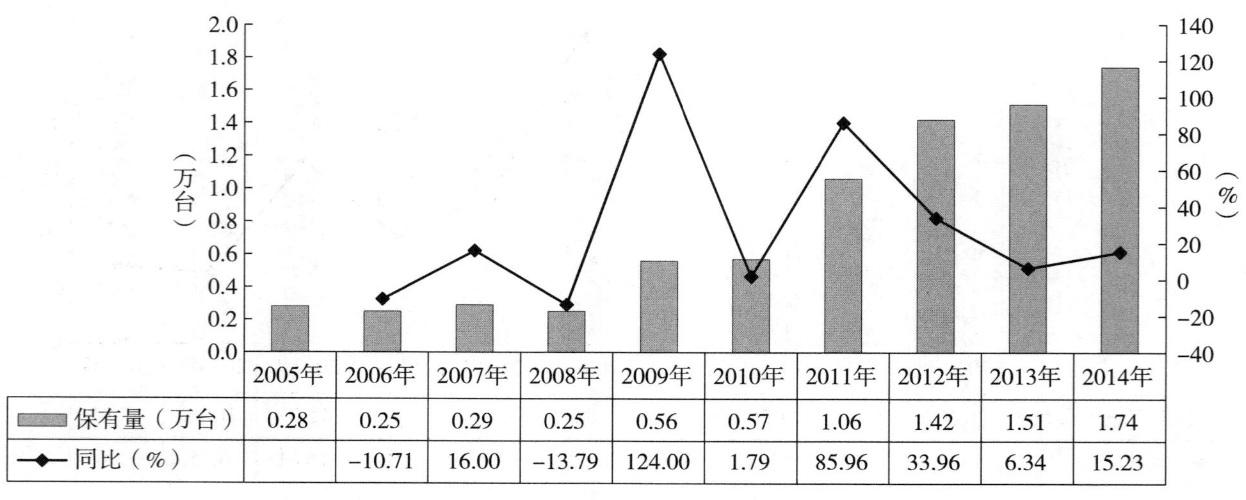

	2005年	2006年	2007年	2008年	2009年	2010年	2011年	2012年	2013年	2014年
保有量（万台）	0.28	0.25	0.29	0.25	0.56	0.57	1.06	1.42	1.51	1.74
同比（%）		−10.71	16.00	−13.79	124.00	1.79	85.96	33.96	6.34	15.23

图 158　2005—2014 年甘肃省牧草割草机保有量走势

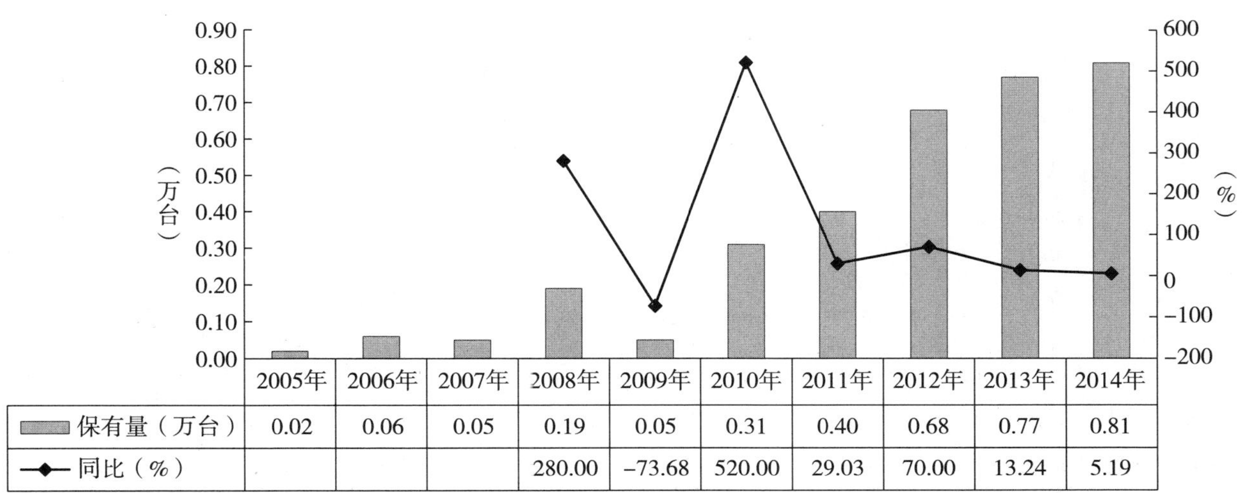

	2005年	2006年	2007年	2008年	2009年	2010年	2011年	2012年	2013年	2014年
保有量（万台）	0.02	0.06	0.05	0.19	0.05	0.31	0.40	0.68	0.77	0.81
同比（%）				280.00	−73.68	520.00	29.03	70.00	13.24	5.19

图 159　2005—2014 年宁夏回族自治区牧草收割机保有量走势

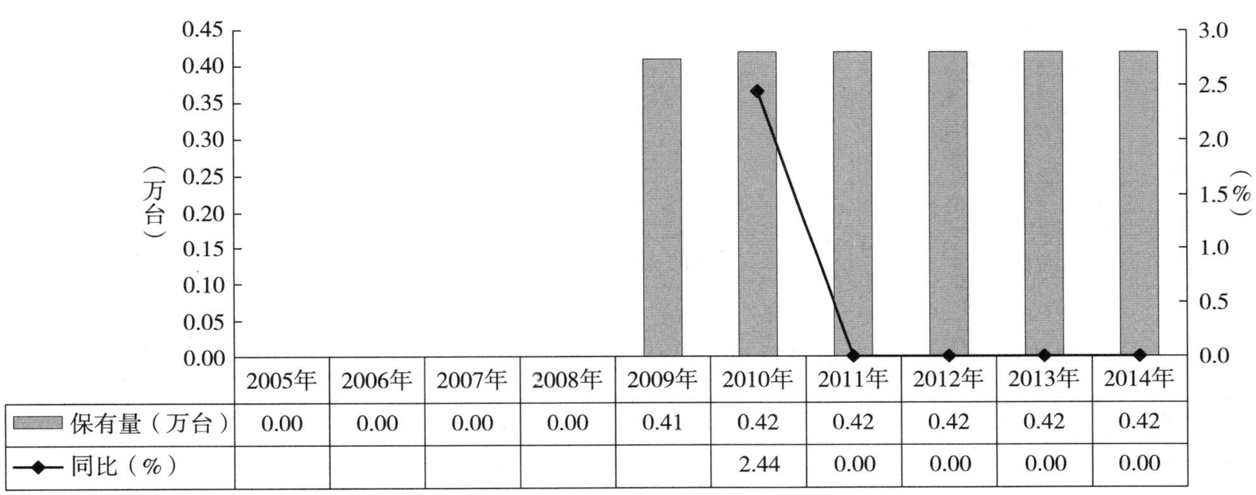

	2005年	2006年	2007年	2008年	2009年	2010年	2011年	2012年	2013年	2014年
保有量（万台）	0.00	0.00	0.00	0.00	0.41	0.42	0.42	0.42	0.42	0.42
同比（%）						2.44	0.00	0.00	0.00	0.00

图 160　2005—2014 年西藏自治区牧草收割机保有量走势

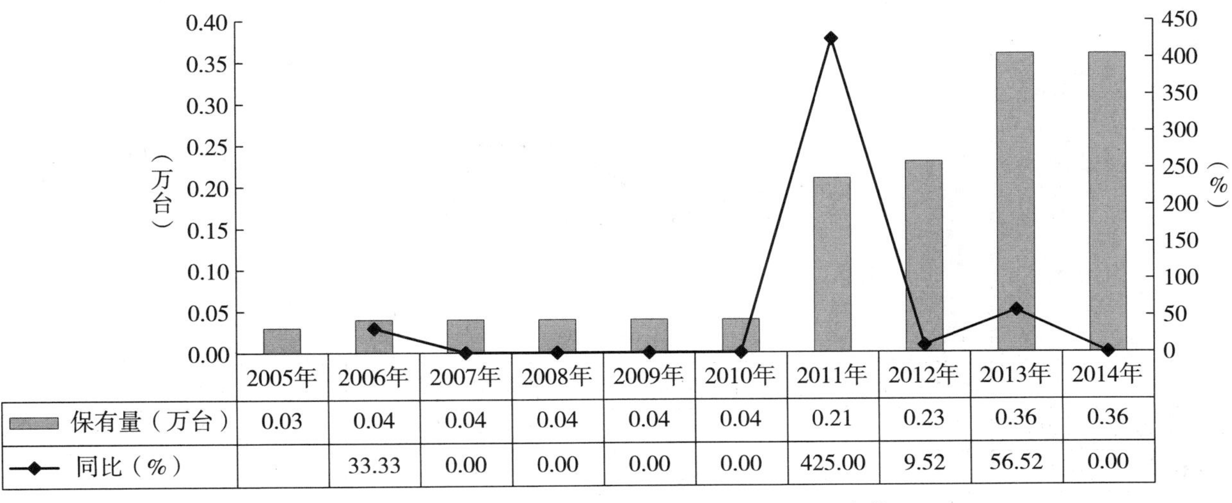

	2005年	2006年	2007年	2008年	2009年	2010年	2011年	2012年	2013年	2014年
保有量（万台）	0.03	0.04	0.04	0.04	0.04	0.04	0.21	0.23	0.36	0.36
同比（%）		33.33	0.00	0.00	0.00	0.00	425.00	9.52	56.52	0.00

图 161　2005—2014 年陕西省牧草收割机保有量走势

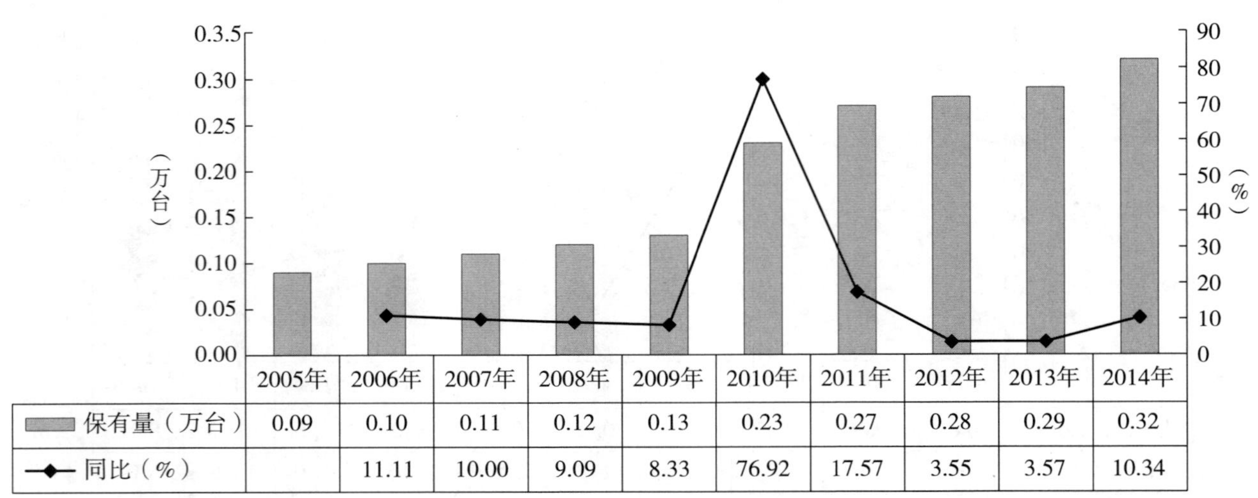

	2005年	2006年	2007年	2008年	2009年	2010年	2011年	2012年	2013年	2014年
保有量（万台）	0.09	0.10	0.11	0.12	0.13	0.23	0.27	0.28	0.29	0.32
同比（%）		11.11	10.00	9.09	8.33	76.92	17.57	3.55	3.57	10.34

图 162　2005—2014 年山西省牧草收割机保有量走势

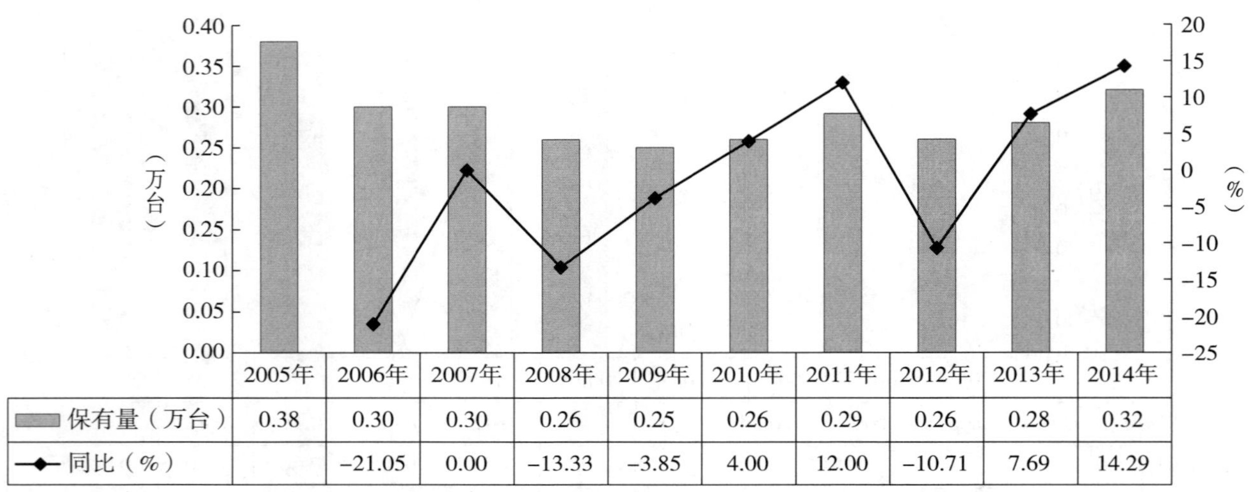

	2005年	2006年	2007年	2008年	2009年	2010年	2011年	2012年	2013年	2014年
保有量（万台）	0.38	0.30	0.30	0.26	0.25	0.26	0.29	0.26	0.28	0.32
同比（%）		−21.05	0.00	−13.33	−3.85	4.00	12.00	−10.71	7.69	14.29

图 163　2005—2014 年贵州省牧草收割机保有量走势

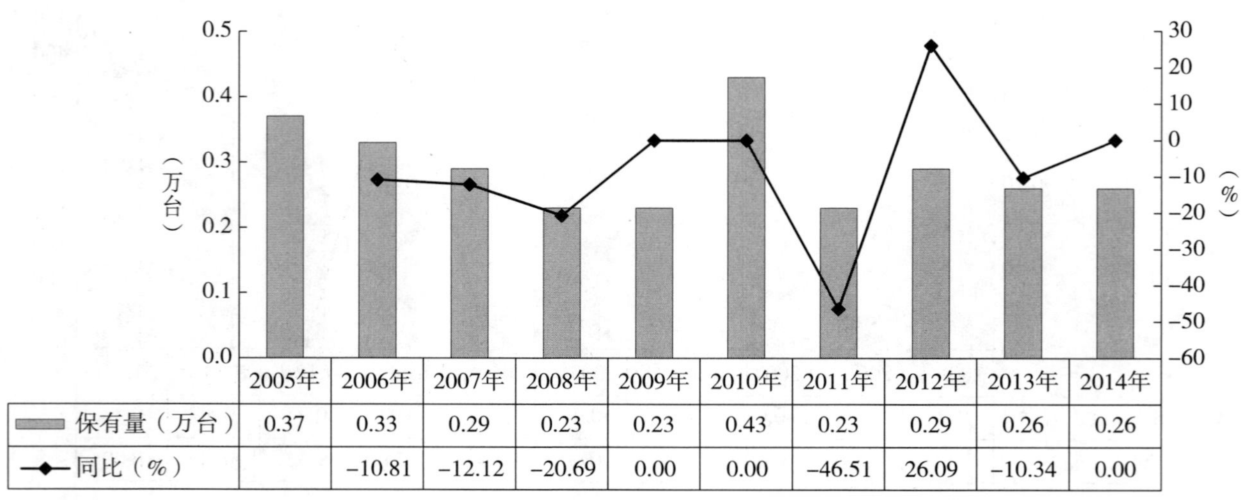

	2005年	2006年	2007年	2008年	2009年	2010年	2011年	2012年	2013年	2014年
保有量（万台）	0.37	0.33	0.29	0.23	0.23	0.43	0.23	0.29	0.26	0.26
同比（%）		−10.81	−12.12	−20.69	0.00	0.00	−46.51	26.09	−10.34	0.00

图 164　2005—2014 年黑龙江省牧草收割机保有量走势

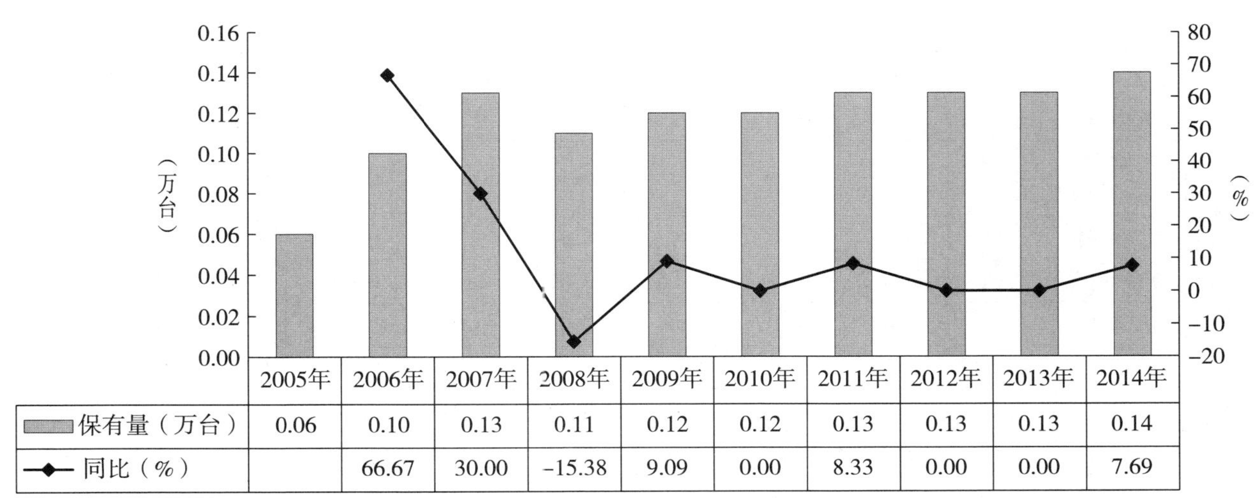

图 165　2005—2014 年河北省牧草机械保有量走势

五、林果业机械保有量

表 31　　2005—2014 年林果业机械保有量一览表　　单位：万台

序号	地区	2005 年	2006 年	2007 年	2008 年	2009 年	2010 年	2011 年	2012 年	2013 年	2014 年
0	全国	5. 73	6. 72	8. 15	9. 47	13. 36	17. 36	21. 15	27. 62	33. 60	42. 72
1	湖北省	0. 04	0. 09	0. 03	0. 13	0. 21	0. 39	1. 32	2. 60	5. 3	11. 19
2	浙江省	0. 00	0. 00	0. 00	0. 29	1. 39	1. 64	2. 07	2. 75	3. 09	3. 44
3	安徽省	0. 48	0. 57	0. 36	0. 81	0. 94	1. 96	2. 24	2. 64	2. 88	3. 31
4	福建省	0. 43	0. 56	0. 62	1. 03	1. 44	1. 21	1. 45	1. 53	3. 14	3. 13
5	新疆维吾尔自治区	0. 11	0. 12	0. 19	0. 51	0. 82	1. 44	1. 68	2. 45	2. 96	2. 98
6	陕西省	0. 02	0. 04	0. 06	0. 24	0. 32	0. 52	0. 61	1. 55	1. 96	2. 74
7	宁夏回族自治区	0. 01	0. 01	0. 01	0. 02	0. 87	1. 98	2. 08	2. 43	2. 22	2. 25
8	江苏省	0. 63	0. 60	0. 65	0. 31	0. 36	0. 49	0. 67	1. 54	1. 65	2. 04
9	广东省	0. 53	0. 59	0. 73	0. 75	0. 86	1. 29	1. 39	1. 56	1. 66	1. 86
10	山东省	1. 35	1. 53	1. 70	1. 08	1. 09	0. 79	0. 92	1. 00	1. 18	1. 36
11	湖南省	0. 13	0. 20	0. 29	0. 43	0. 91	0. 97	0. 95	0. 89	0. 97	1. 11
12	江西省	0. 48	0. 55	0. 81	0. 95	1. 08	1. 14	1. 32	1. 47	0. 83	0. 84
13	四川省	0. 23	0. 24	0. 28	0. 30	0. 32	0. 24	0. 39	0. 45	0. 53	0. 79
14	重庆市	0. 08	0. 08	0. 34	0. 42	0. 46	0. 48	0. 61	0. 64	0. 69	0. 72
15	广西壮族自治区	0. 34	0. 38	0. 56	0. 20	0. 24	0. 48	0. 41	0. 55	0. 68	0. 72
16	辽宁省	0. 04	0. 04	0. 08	0. 62	0. 45	0. 49	0. 65	0. 64	0. 65	0. 67
17	山西省	0. 01	0. 02	0. 03	0. 05	0. 08	0. 16	0. 28	0. 43	0. 56	0. 58
18	贵州省	0. 04	0. 32	0. 44	0. 45	0. 44	0. 40	0. 40	0. 41	0. 45	0. 48
19	北京市	0. 11	0. 15	0. 20	0. 26	0. 37	0. 41	0. 46	0. 46	0. 45	0. 47
20	云南省	0. 09	0. 09	0. 12	0. 03	0. 04	0. 04	0. 09	0. 28	0. 34	0. 4
21	河北省	0. 05	0. 05	0. 05	0. 08	0. 14	0. 17	0. 20	0. 28	0. 35	0. 35

续 表

序号	地区	2005年	2006年	2007年	2008年	2009年	2010年	2011年	2012年	2013年	2014年
22	河南省	0.08	0.08	0.09	0.11	0.14	0.17	0.24	0.29	0.31	0.33
23	内蒙古自治区	0.19	0.20	0.29	0.17	0.16	0.18	0.22	0.22	0.23	0.26
24	黑龙江省	0.08	0.08	0.07	0.07	0.07	0.08	0.21	0.21	0.15	0.14
25	新疆兵团	0.01	0.01	0.03	0.05	0.05	0.07	0.09	0.10	0.11	0.13
26	海南省	0.01	0.01	0.01	0.01	0.02	0.03	0.05	0.06	0.07	0.12
27	上海市	0.06	0.05	0.05	0.07	0.06	0.08	0.08	0.09	0.09	0.1
28	甘肃省	0.00	0.00	0.00	0.00	0.00	0.01	0.01	0.01	0.01	0.09
29	吉林省	0.10	0.07	0.06	0.02	0.02	0.04	0.04	0.07	0.07	0.08
30	天津市	0.00	0.00	0.00	0.02	0.01	0.01	0.02	0.02	0.02	0.03
31	青海省	0.00	0.00	0.00	0.00	0.00	0.00	0.00	0.00	0.00	0.01
32	西藏自治区	0.00	0.00	0.00	0.00	0.00	0.00	0.00	0.00	0.00	0.00

表32　2005—2014年林果业机械保有量走势分析

序号	地区	类别	2005年	2006年	2007年	2008年	2009年	2010年	2011年	2012年	2013年	2014年
0	全国	保有量（万台）	5.73	6.72	8.15	9.47	13.36	17.36	21.15	27.62	33.60	42.72
		同比（%）		17.28	21.28	16.20	41.08	29.94	21.81	30.61	21.65	27.14
1	湖北省	保有量（万台）	0.04	0.09	0.03	0.13	0.21	0.39	1.32	2.60	5.3	11.19
		同比（%）		125.00	-66.67	333.33	61.54	85.71	239.08	96.61	103.85	111.13
2	浙江省	保有量（万台）	0.00	0.00	0.00	0.29	1.39	1.64	2.07	2.75	3.09	3.44
		同比（%）					379.31	17.99	26.40	32.66	12.36	11.33
3	安徽省	保有量（万台）	0.48	0.57	0.36	0.81	0.94	1.96	2.24	2.64	2.88	3.31
		同比（%）		18.75	-36.84	125.00	16.05	108.51	14.07	18.08	9.09	14.93
4	福建省	保有量（万台）	0.43	0.56	0.62	1.03	1.44	1.21	1.45	1.53	3.14	3.13
		同比（%）		30.23	10.71	66.13	39.81	-15.97	19.83	5.52	105.23	-0.32
5	新疆维吾尔自治区	保有量（万台）	0.11	0.12	0.19	0.51	0.82	1.44	1.68	2.45	2.96	2.98
		同比（%）		9.09	58.33	168.42	60.78	75.61	16.67	45.83	20.82	0.68
6	陕西省	保有量（万台）	0.02	0.04	0.06	0.24	0.32	0.52	0.61	1.55	1.96	2.74
		同比（%）		100.00	50.00	300.00	33.33	62.50	17.31	154.10	26.45	39.80

续 表

序号	地区	类别	2005 年	2006 年	2007 年	2008 年	2009 年	2010 年	2011 年	2012 年	2013 年	2014 年
7	宁夏回族自治区	保有量（万台）	0. 01	0. 01	0. 01	0. 02	0. 87	1. 98	2. 08	2. 43	2. 22	2. 25
		同比（%）		0. 00	0. 00	100. 00	4250. 00	127. 59	5. 05	16. 83	－8. 64	1. 35
8	江苏省	保有量（万台）	0. 63	0. 60	0. 65	0. 31	0. 36	0. 49	0. 67	1. 54	1. 65	2. 04
		同比（%）		－4. 76	8. 33	－52. 31	16. 13	36. 11	36. 73	129. 85	7. 14	23. 64
9	广东省	保有量（万台）	0. 53	0. 59	0. 73	0. 75	0. 86	1. 29	1. 39	1. 56	1. 66	1. 86
		同比（%）		11. 32	23. 73	2. 74	14. 67	50. 00	7. 75	12. 23	6. 41	12. 05
10	山东省	保有量（万台）	1. 35	1. 53	1. 70	1. 08	1. 09	0. 79	0. 92	1. 00	1. 18	1. 36
		同比（%）		13. 33	11. 11	－36. 47	0. 93	－27. 52	17. 05	8. 14	18. 00	15. 25

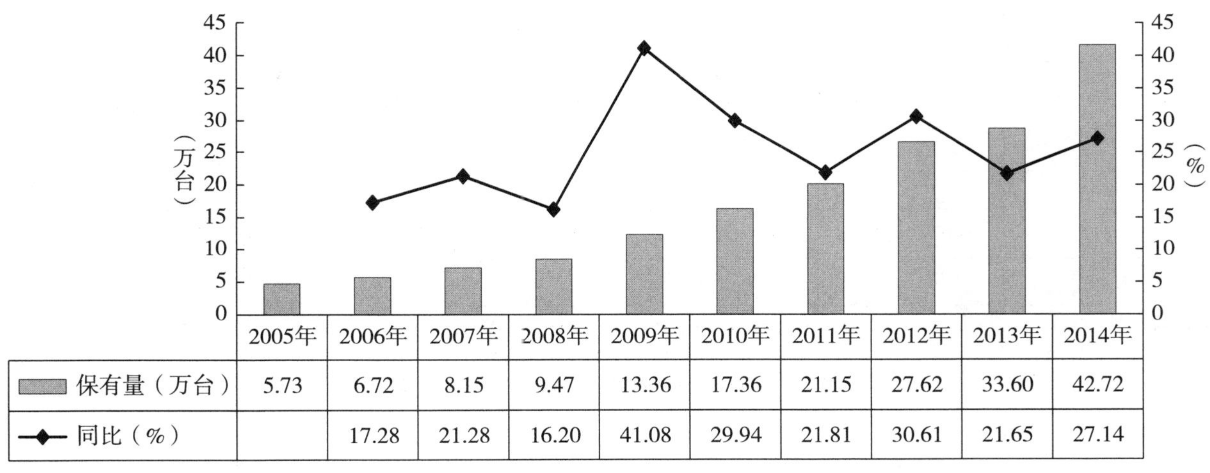

图 166 2005—2014 年全国林业机械保有量走势

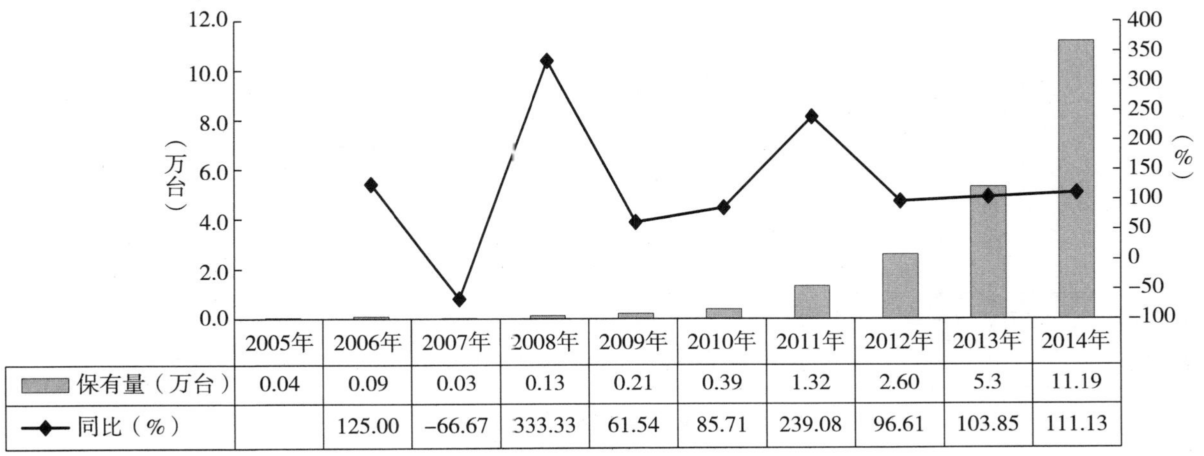

图 167 2005—2014 年湖北省林业机械保有量走势

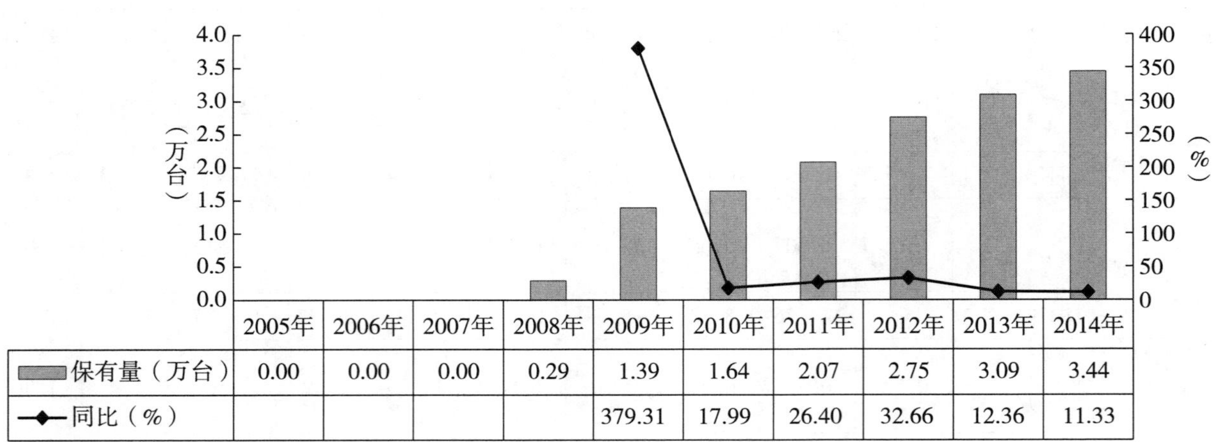

	2005年	2006年	2007年	2008年	2009年	2010年	2011年	2012年	2013年	2014年
保有量（万台）	0.00	0.00	0.00	0.29	1.39	1.64	2.07	2.75	3.09	3.44
同比（%）					379.31	17.99	26.40	32.66	12.36	11.33

图 168　2005—2014 年浙江省林业机械保有量走势

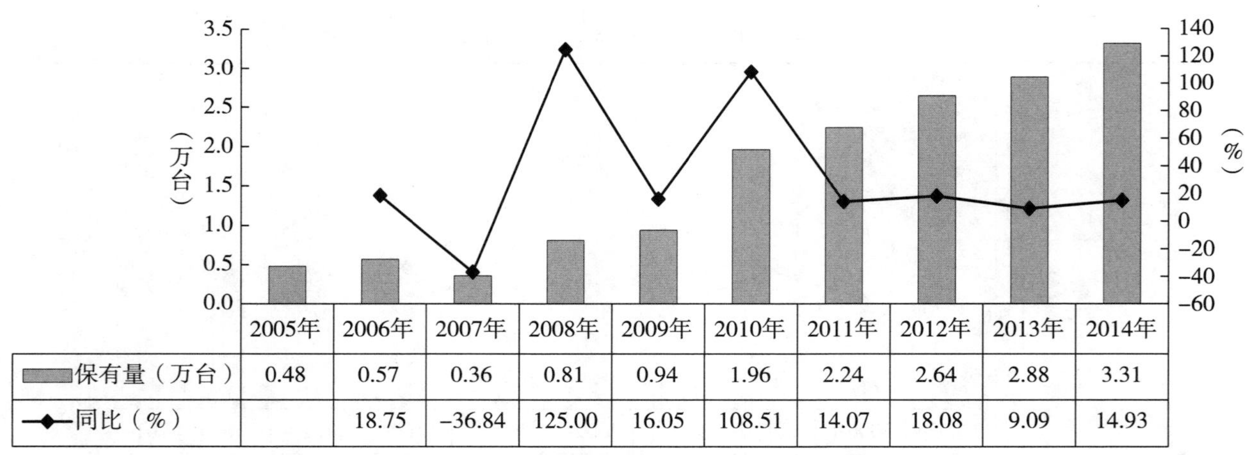

	2005年	2006年	2007年	2008年	2009年	2010年	2011年	2012年	2013年	2014年
保有量（万台）	0.48	0.57	0.36	0.81	0.94	1.96	2.24	2.64	2.88	3.31
同比（%）		18.75	−36.84	125.00	16.05	108.51	14.07	18.08	9.09	14.93

图 169　2005—2014 年安徽省林业保有量走势

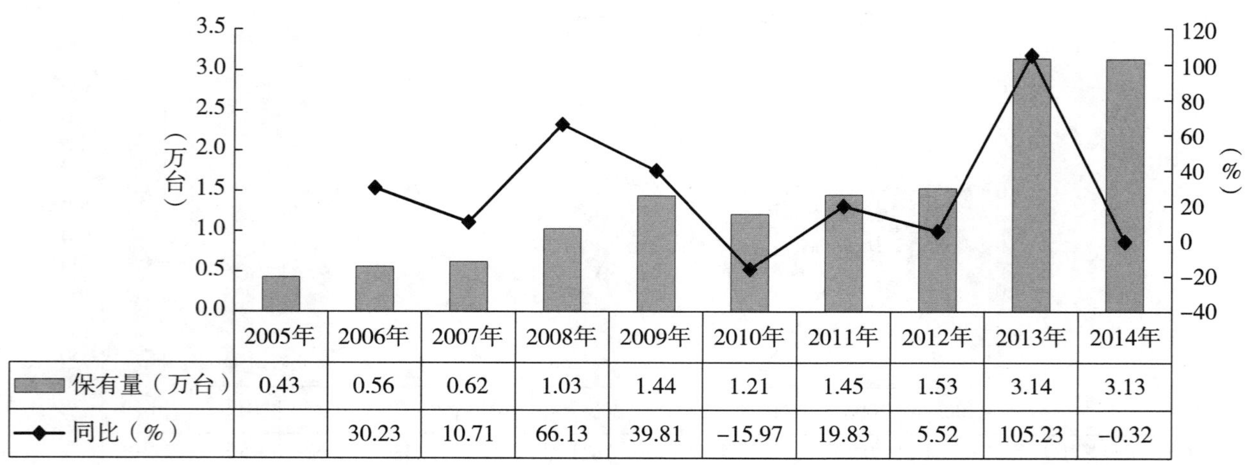

	2005年	2006年	2007年	2008年	2009年	2010年	2011年	2012年	2013年	2014年
保有量（万台）	0.43	0.56	0.62	1.03	1.44	1.21	1.45	1.53	3.14	3.13
同比（%）		30.23	10.71	66.13	39.81	−15.97	19.83	5.52	105.23	−0.32

图 170　2005—2014 年福建省林业机械保有量走势

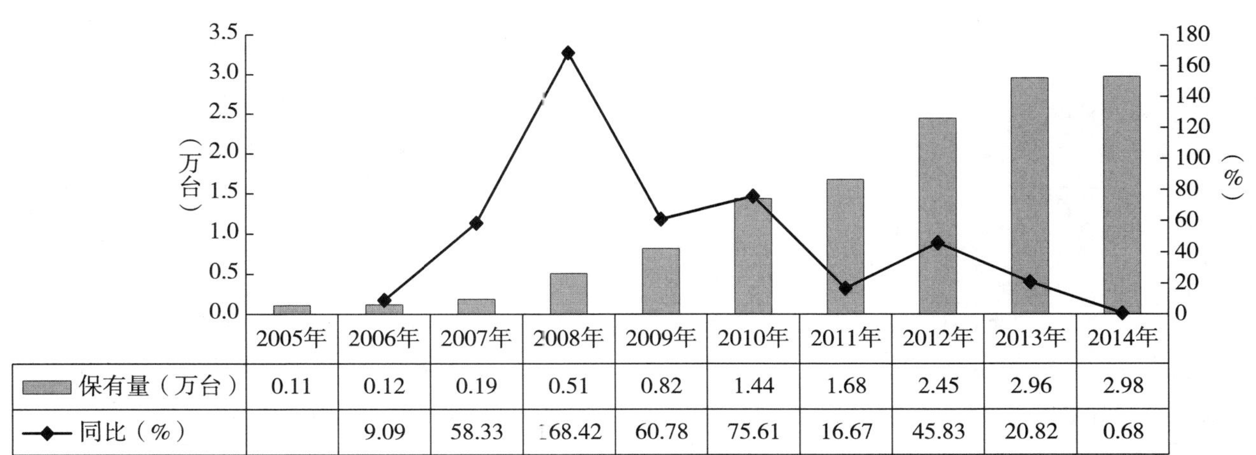

	2005年	2006年	2007年	2008年	2009年	2010年	2011年	2012年	2013年	2014年
保有量（万台）	0.11	0.12	0.19	0.51	0.82	1.44	1.68	2.45	2.96	2.98
同比（%）		9.09	58.33	168.42	60.78	75.61	16.67	45.83	20.82	0.68

图 171 2005—2014 年新疆维吾尔自治区林业机械保有量走势

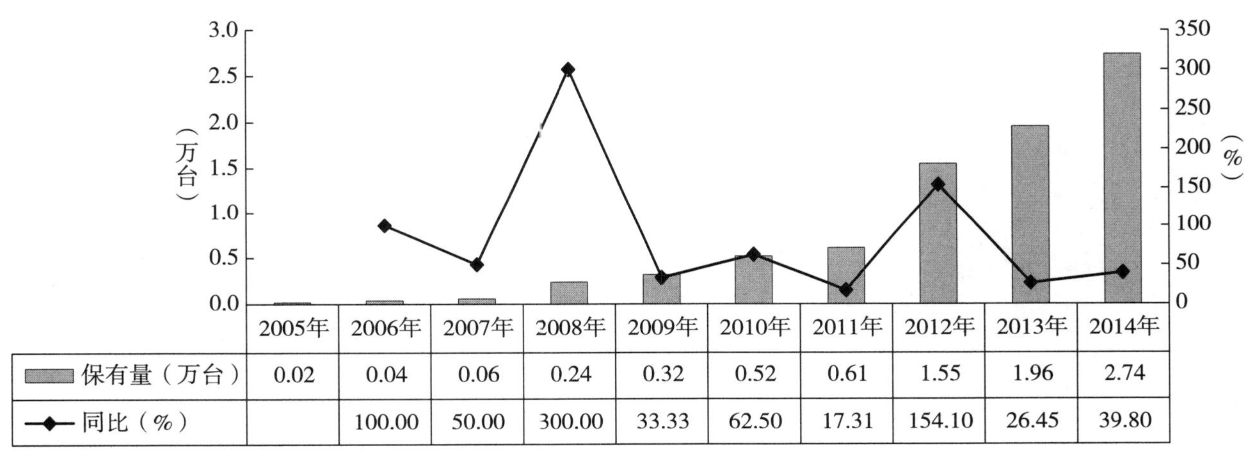

	2005年	2006年	2007年	2008年	2009年	2010年	2011年	2012年	2013年	2014年
保有量（万台）	0.02	0.04	0.06	0.24	0.32	0.52	0.61	1.55	1.96	2.74
同比（%）		100.00	50.00	300.00	33.33	62.50	17.31	154.10	26.45	39.80

图 172 2005—2014 年陕西省林业机械保有量走势

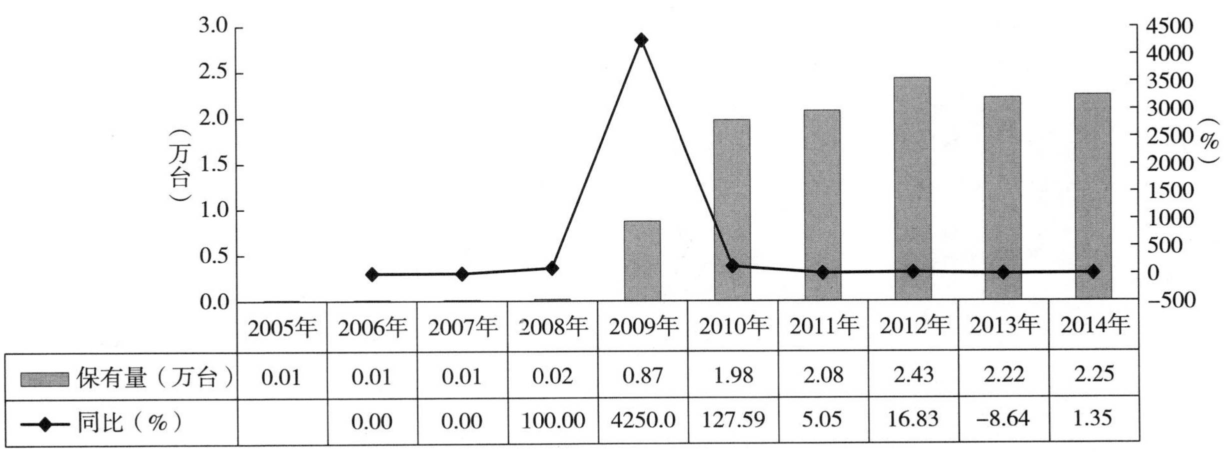

	2005年	2006年	2007年	2008年	2009年	2010年	2011年	2012年	2013年	2014年
保有量（万台）	0.01	0.01	0.01	0.02	0.87	1.98	2.08	2.43	2.22	2.25
同比（%）		0.00	0.00	100.00	4250.0	127.59	5.05	16.83	−8.64	1.35

图 173 2005—2014 年宁夏回族自治区林业机械保有量走势

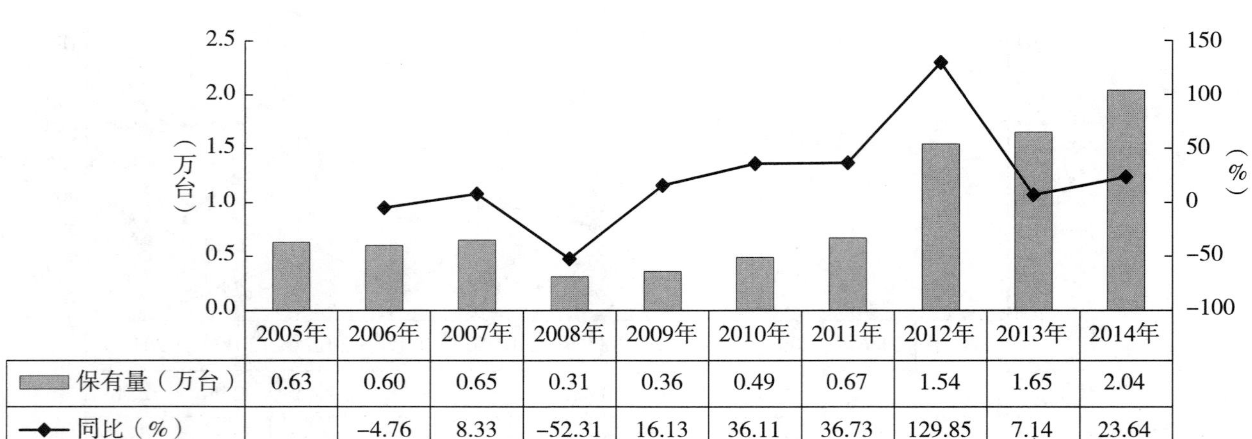

	2005年	2006年	2007年	2008年	2009年	2010年	2011年	2012年	2013年	2014年
保有量（万台）	0.63	0.60	0.65	0.31	0.36	0.49	0.67	1.54	1.65	2.04
同比（%）		−4.76	8.33	−52.31	16.13	36.11	36.73	129.85	7.14	23.64

图 174　2005—2014 年江苏省林业机械保有量走势

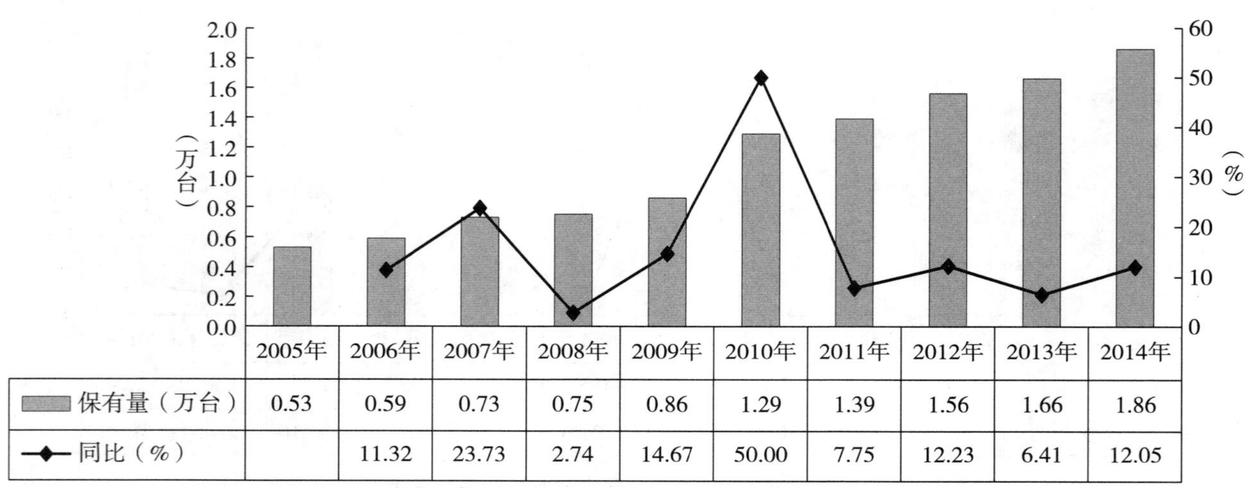

	2005年	2006年	2007年	2008年	2009年	2010年	2011年	2012年	2013年	2014年
保有量（万台）	0.53	0.59	0.73	0.75	0.86	1.29	1.39	1.56	1.66	1.86
同比（%）		11.32	23.73	2.74	14.67	50.00	7.75	12.23	6.41	12.05

图 175　2005—2014 年广东省林业机械保有量走势

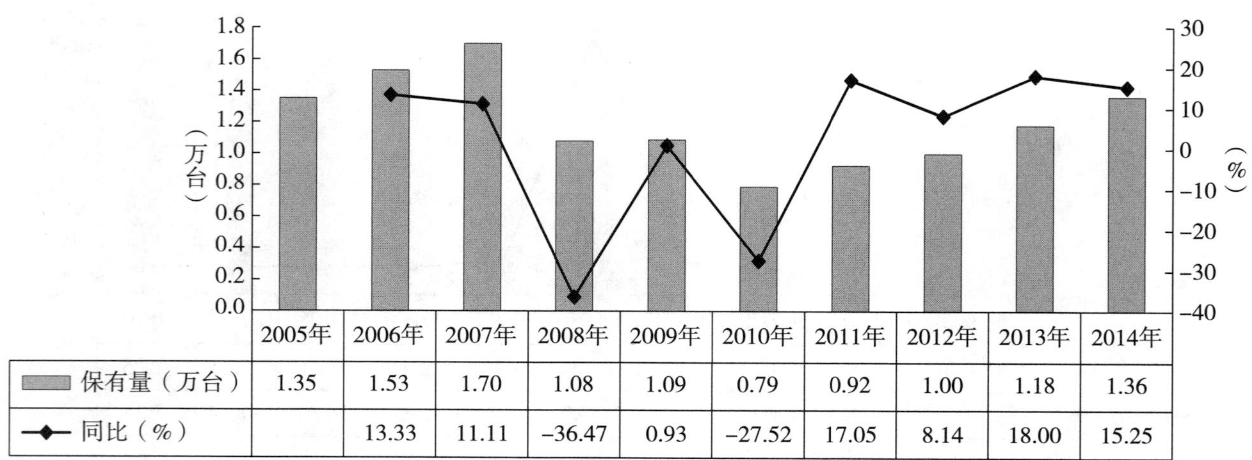

	2005年	2006年	2007年	2008年	2009年	2010年	2011年	2012年	2013年	2014年
保有量（万台）	1.35	1.53	1.70	1.08	1.09	0.79	0.92	1.00	1.18	1.36
同比（%）		13.33	11.11	−36.47	0.93	−27.52	17.05	8.14	18.00	15.25

图 176　2005—2014 年山东省林业机械保有量走势

六、渔业机械保有量

表 33　　**2005—2014 年渔业机械保有量一览表**　　单位：万台

序号	地区	2005 年	2006 年	2007 年	2008 年	2009 年	2010 年	2011 年	2012 年	2013 年	2014 年
0	全国	95.16	115.07	121.81	193.47	216.56	247.56	301.56	348.78	375.39	402.99
1	广东省	29.34	39.94	42.76	54.31	61.27	73.10	87.38	92.26	95.24	99.93
2	江苏省	10.51	11.00	13.02	19.57	22.62	27.54	53.01	73.47	85.90	93.27
3	湖北省	7.64	10.01	11.39	22.35	26.28	28.74	30.64	35.79	38.89	43.42
4	浙江省	4.83	5.05	5.03	14.52	15.64	18.46	20.69	23.54	24.86	27.25
5	福建省	8.23	11.13	11.57	13.74	12.10	13.94	14.73	16.16	19.05	20.13
6	四川省	2.05	2.47	3.15	7.99	9.00	10.81	12.92	14.84	15.60	19.72
7	湖南省	4.45	4.60	4.89	8.95	9.64	10.53	11.32	12.76	13.96	14.27
8	山东省	4.56	4.42	5.70	10.30	10.58	11.23	11.99	12.58	13.31	13.68
9	广西壮族自治区	1.38	1.94	2.08	4.49	5.82	5.49	6.17	7.19	7.51	8.34
10	海南省	1.99	2.20	2.09	5.02	6.08	6.06	6.45	6.95	7.39	7.91
11	辽宁省	6.22	6.22	3.30	3.96	4.57	4.94	6.18	7.27	7.70	7.73
12	安徽省	1.49	1.51	1.59	4.09	4.86	5.05	5.33	6.25	7.88	7.29
13	重庆市	2.03	2.68	3.05	4.84	5.03	5.40	5.54	5.63	6.16	6.49
14	天津市	1.23	1.39	1.42	3.20	3.54	4.84	5.29	5.88	6.39	6.39
15	河北省	1.31	1.55	1.65	3.30	3.79	3.90	4.35	5.56	5.86	6.20
16	江西省	2.01	2.93	3.27	5.05	6.56	7.42	8.25	9.16	5.33	5.53
17	河南省	1.17	1.05	1.07	1.82	2.22	2.54	2.99	3.87	4.00	4.14
18	上海市	2.45	2.48	2.19	2.17	2.11	2.25	2.44	2.57	2.75	3.09
19	云南省	0.28	0.34	0.34	0.76	0.98	1.17	1.26	1.82	1.91	2.19
20	陕西省	0.14	0.18	0.16	0.40	0.56	0.71	0.81	1.22	1.32	1.36
21	北京市	0.92	0.90	1.00	1.08	1.14	1.43	1.35	1.36	1.29	1.30
22	吉林省	0.09	0.10	0.08	0.37	0.45	0.50	0.57	0.65	0.69	0.79
23	新疆维吾尔自治区	0.11	0.12	0.12	0.13	0.20	0.27	0.50	0.44	0.67	0.67
24	宁夏回族自治区	0.11	0.12	0.13	0.38	0.77	0.51	0.58	0.64	0.66	0.66
25	黑龙江省	0.37	0.45	0.46	0.30	0.31	0.32	0.38	0.40	0.34	0.42
26	山西省	0.04	0.04	0.04	0.04	0.07	0.09	0.10	0.13	0.24	0.25
27	内蒙古自治区	0.01	0.01	0.02	0.09	0.10	0.14	0.15	0.17	0.19	0.24
28	贵州省	0.17	0.20	0.20	0.20	0.21	0.07	0.07	0.10	0.16	0.17
29	甘肃省	0.02	0.02	0.02	0.02	0.03	0.08	0.08	0.09	0.10	0.12
30	新疆兵团	0.01	0.01	0.02	0.03	0.03	0.03	0.04	0.03	0.04	0.04
31	西藏自治区	0.00	0.00	0.00	0.00	0.00	0.00	0.00	0.00	0.00	0.00
32	青海省	0.00	0.00	0.00	0.00	0.00	0.00	0.00	0.00	0.00	0.00

表 34　　2005—2014 年渔业机械保有量走势分析

序号	地区	类别	2005 年	2006 年	2007 年	2008 年	2009 年	2010 年	2011 年	2012 年	2013 年	2014 年
0	全国	保有量（万台）	95.16	115.07	121.81	193.47	216.56	247.56	301.56	348.78	375.39	402.99
		同比（%）		20.92	5.86	58.83	11.93	14.31	21.81	15.66	7.63	7.35
1	广东省	保有量（万台）	29.34	39.94	42.76	54.31	61.27	73.10	87.38	92.26	95.24	99.93
		同比（%）		36.13	7.06	27.01	12.82	19.31	19.53	5.58	3.23	4.92
2	江苏省	保有量（万台）	10.51	11.00	13.02	19.57	22.62	27.54	53.01	73.47	85.90	93.27
		同比（%）		4.66	18.36	50.31	15.59	21.75	92.48	38.60	16.92	8.58
3	湖北省	保有量（万台）	7.64	10.01	11.39	22.35	26.28	28.74	30.64	35.79	38.89	43.42
		同比（%）		31.02	13.79	96.22	17.58	9.36	6.62	16.80	8.66	11.65
4	浙江省	保有量（万台）	4.83	5.05	5.03	14.52	15.64	18.46	20.69	23.54	24.86	27.25
		同比（%）		4.55	-0.40	188.67	7.71	18.03	12.09	13.77	5.61	9.61
5	福建省	保有量（万台）	8.23	11.13	11.57	13.74	12.10	13.94	14.73	16.16	19.05	20.13
		同比（%）		35.24	3.95	18.76	-11.94	15.21	5.67	9.71	17.88	5.67
6	四川省	保有量（万台）	2.05	2.47	3.15	7.99	9.00	10.81	12.92	14.84	15.60	19.72
		同比（%）		20.49	27.53	153.65	12.64	20.11	19.52	14.86	5.12	26.41
7	湖南省	保有量（万台）	4.45	4.60	4.89	8.95	9.64	10.53	11.32	12.76	13.96	14.27
		同比（%）		3.37	6.30	83.03	7.71	9.23	7.47	12.76	9.40	2.22
8	山东省	保有量（万台）	4.56	4.42	5.70	10.30	10.58	11.23	11.99	12.58	13.31	13.68
		同比（%）		-3.07	28.96	80.70	2.72	6.14	6.78	4.91	5.80	2.78
9	广西壮族自治区	保有量（万台）	1.38	1.94	2.08	4.49	5.82	5.49	6.17	7.19	7.51	8.34
		同比（%）		40.58	7.22	115.87	29.62	-5.67	12.33	16.56	4.48	11.05
10	海南省	保有量（万台）	1.99	2.20	2.09	5.02	6.08	6.06	6.45	6.95	7.39	7.91
		同比（%）		10.55	-5.00	140.19	21.12	-0.33	6.44	7.75	6.33	7.04

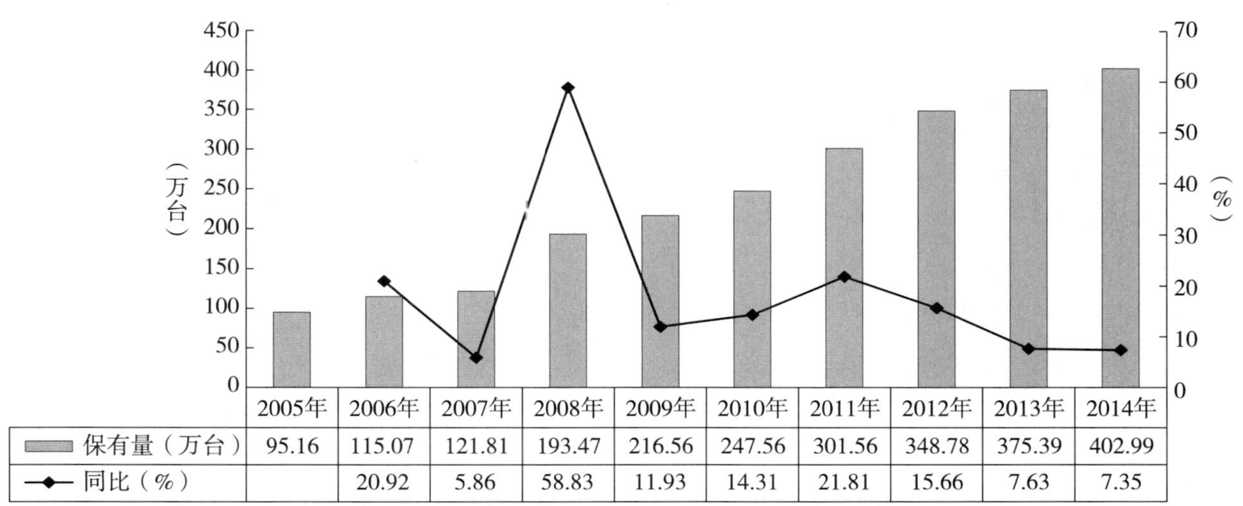

	2005年	2006年	2007年	2008年	2009年	2010年	2011年	2012年	2013年	2014年
保有量（万台）	95.16	115.07	121.81	193.47	216.56	247.56	301.56	348.78	375.39	402.99
同比（%）		20.92	5.86	58.83	11.93	14.31	21.81	15.66	7.63	7.35

图 177　2005—2014 年全国渔业机械保有量走势

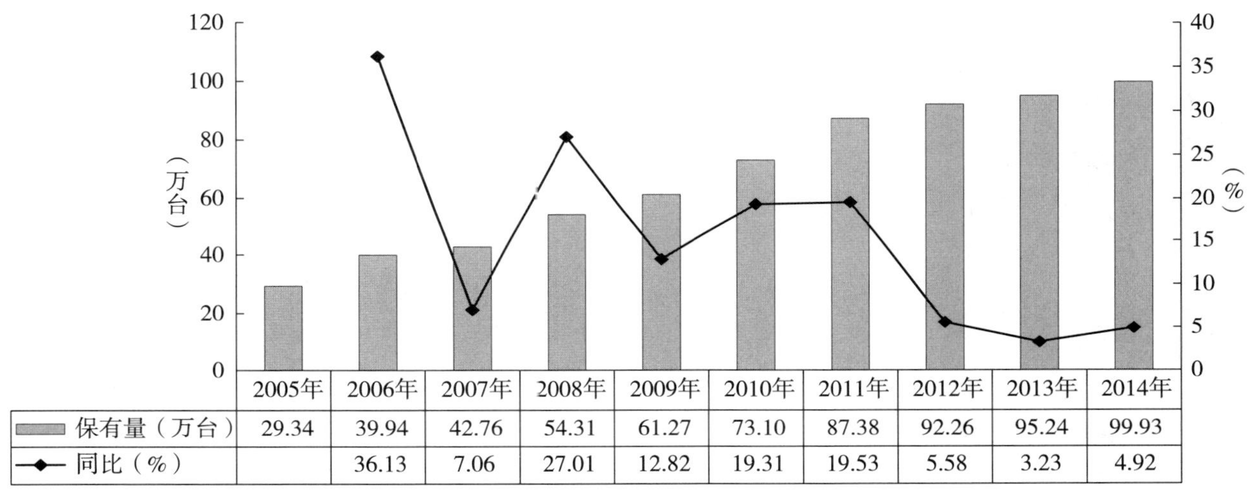

	2005年	2006年	2007年	2008年	2009年	2010年	2011年	2012年	2013年	2014年
保有量（万台）	29.34	39.94	42.76	54.31	61.27	73.10	87.38	92.26	95.24	99.93
同比（%）		36.13	7.06	27.01	12.82	19.31	19.53	5.58	3.23	4.92

图 178　2005—2014 年广东省渔业机械保有量走势

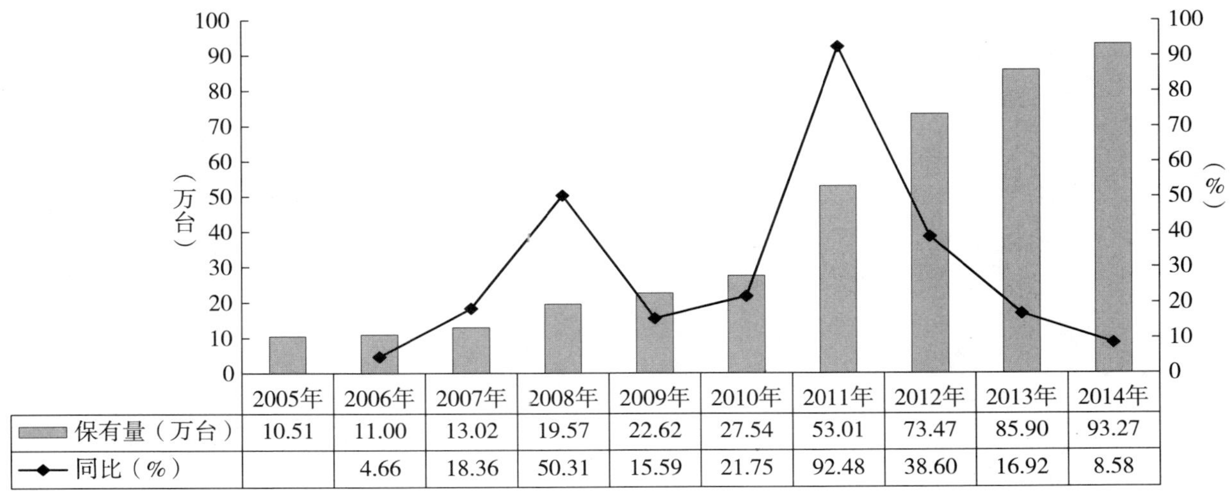

	2005年	2006年	2007年	2008年	2009年	2010年	2011年	2012年	2013年	2014年
保有量（万台）	10.51	11.00	13.02	19.57	22.62	27.54	53.01	73.47	85.90	93.27
同比（%）		4.66	18.36	50.31	15.59	21.75	92.48	38.60	16.92	8.58

图 179　2005—2014 年江苏省渔业机械保有量走势

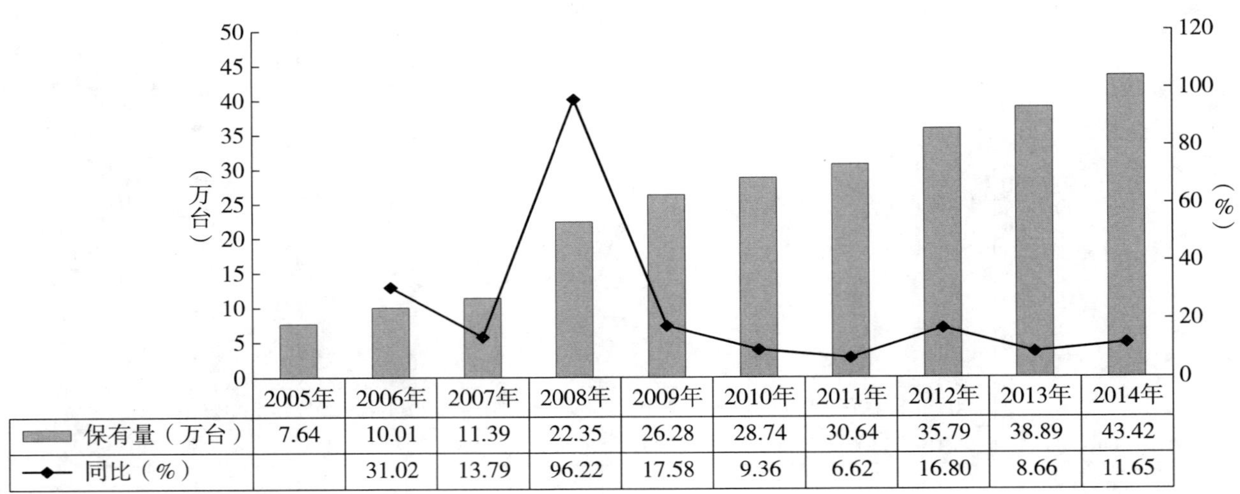

图 180 2005—2014 年湖北省渔业机械保有量走势

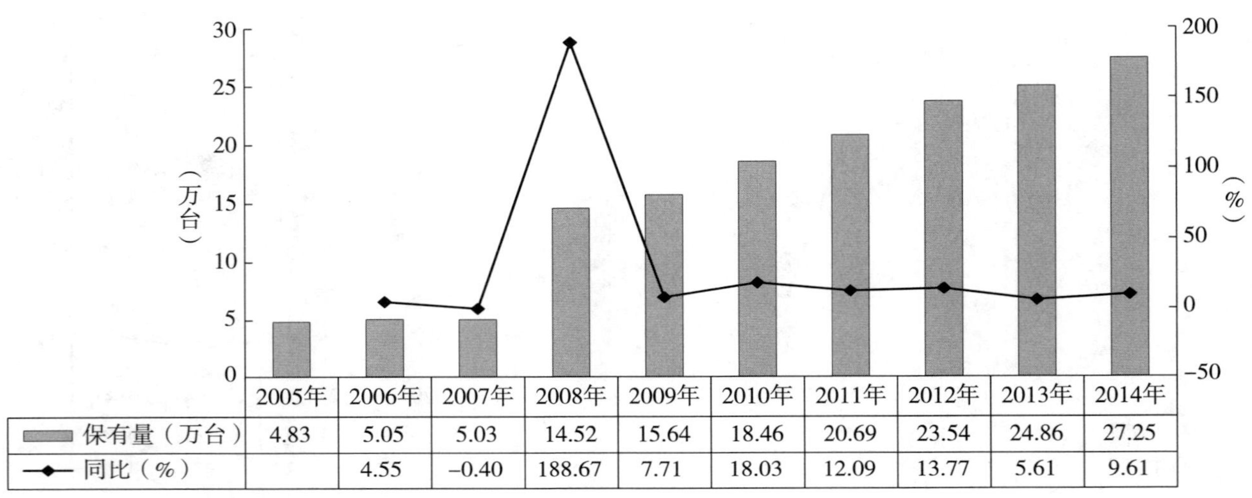

图 181 2005—2014 年浙江省渔业机械保有量走势

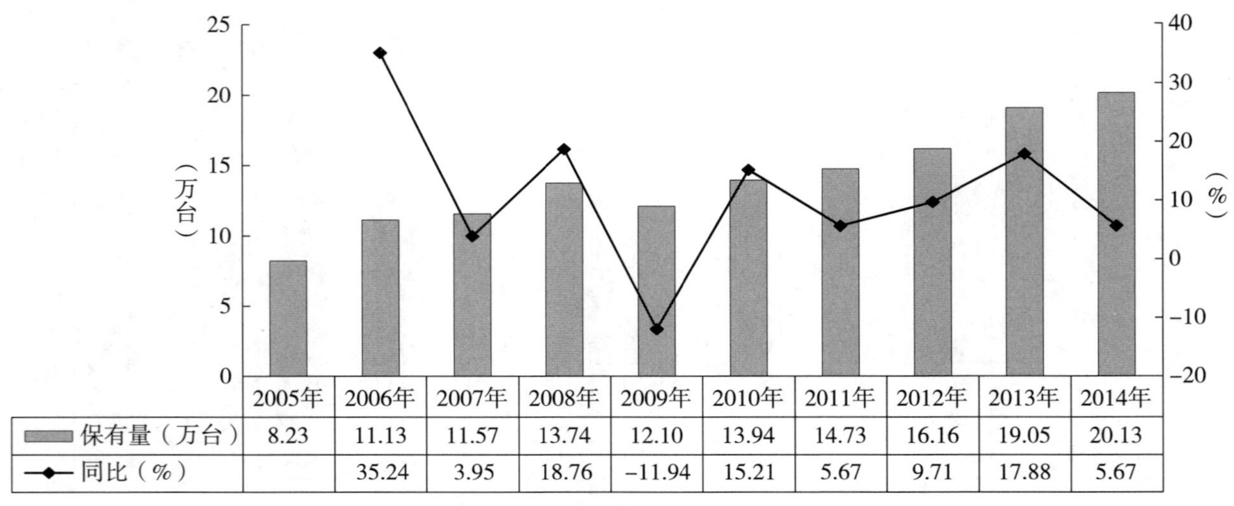

图 182 2005—2014 年福建省渔业机械保有量走势

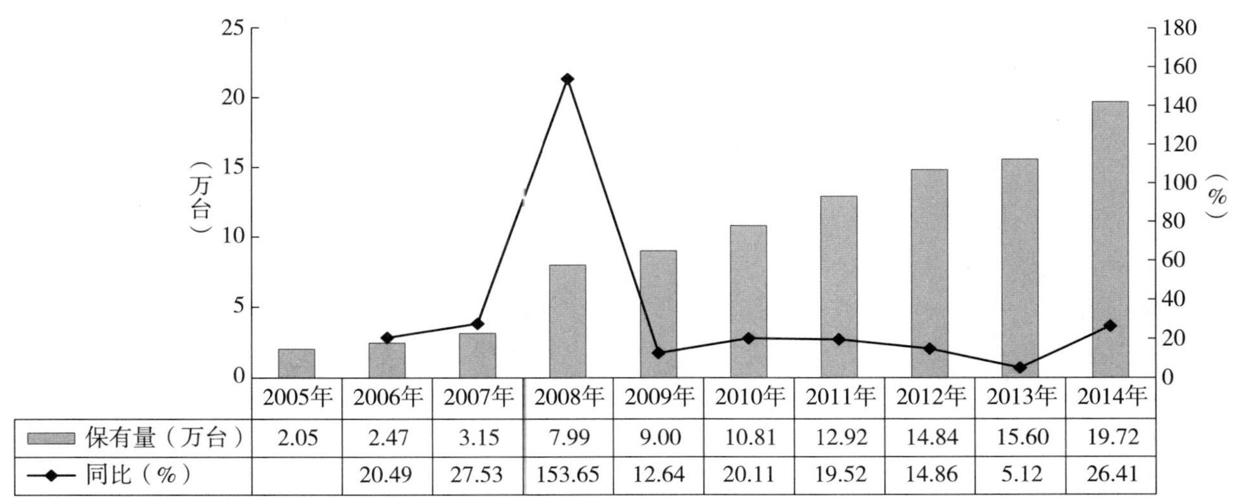

	2005年	2006年	2007年	2008年	2009年	2010年	2011年	2012年	2013年	2014年
保有量（万台）	2.05	2.47	3.15	7.99	9.00	10.81	12.92	14.84	15.60	19.72
同比（%）		20.49	27.53	153.65	12.64	20.11	19.52	14.86	5.12	26.41

图 183　2005—2014 年四川省渔业机械保有量走势

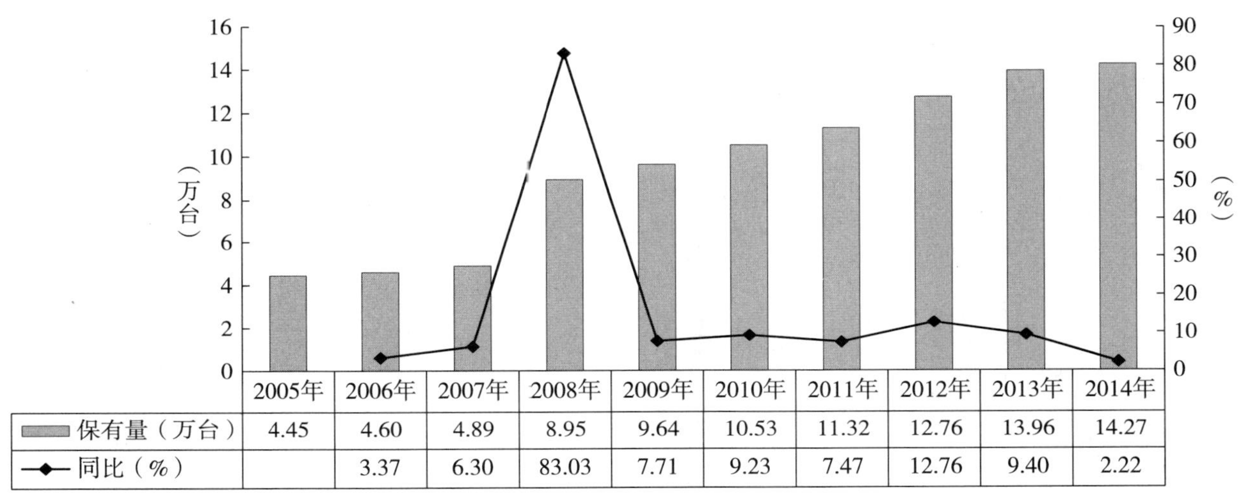

	2005年	2006年	2007年	2008年	2009年	2010年	2011年	2012年	2013年	2014年
保有量（万台）	4.45	4.60	4.89	8.95	9.64	10.53	11.32	12.76	13.96	14.27
同比（%）		3.37	6.30	83.03	7.71	9.23	7.47	12.76	9.40	2.22

图 184　2005—2014 年湖南省渔业机械保有量走势

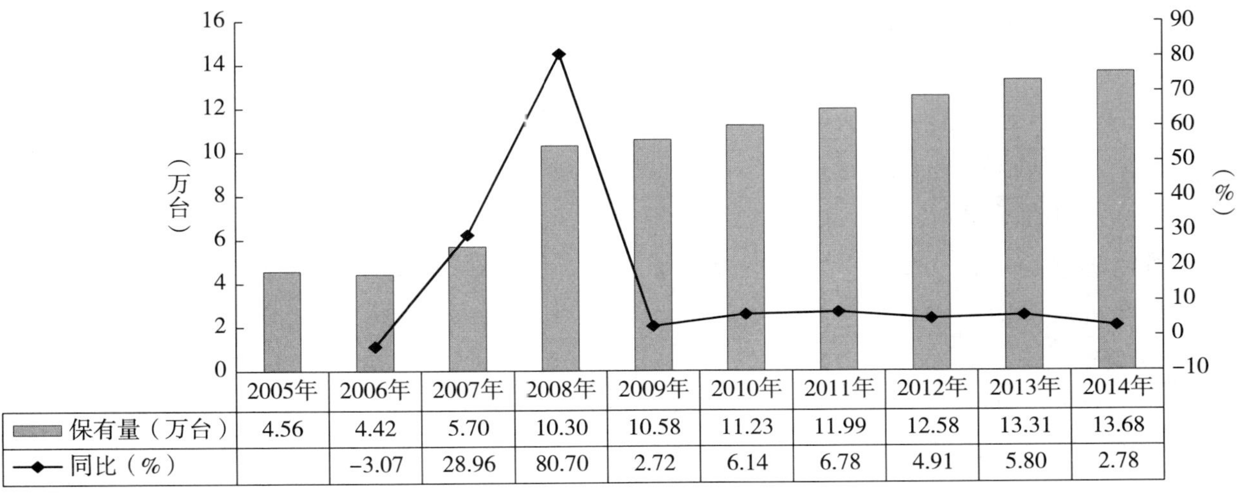

	2005年	2006年	2007年	2008年	2009年	2010年	2011年	2012年	2013年	2014年
保有量（万台）	4.56	4.42	5.70	10.30	10.58	11.23	11.99	12.58	13.31	13.68
同比（%）		−3.07	28.96	80.70	2.72	6.14	6.78	4.91	5.80	2.78

图 185　2005—2014 年山东省渔业机械保有量走势

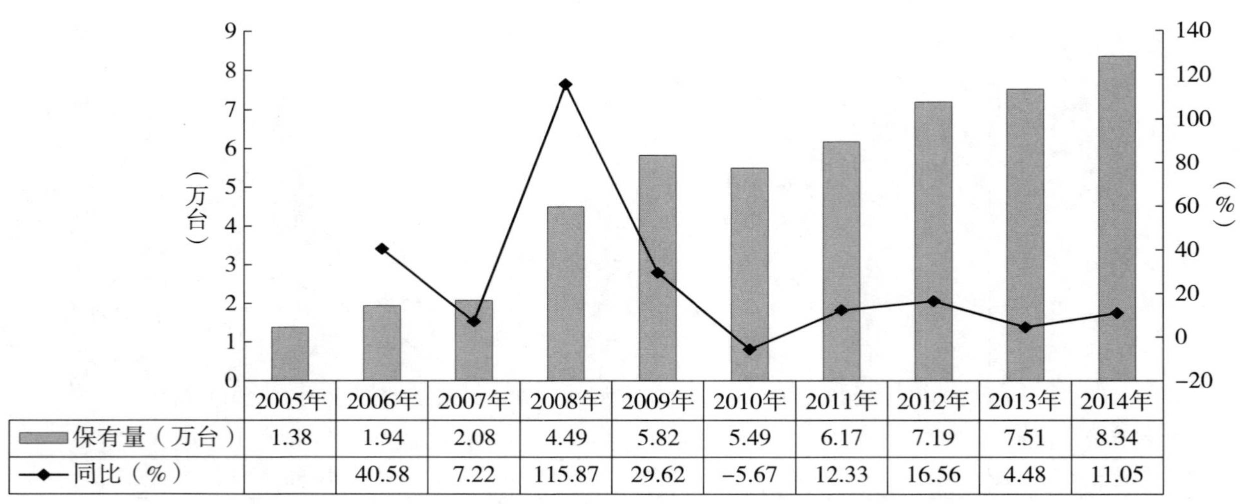

图 186　2005—2014 年广西壮族自治区渔业机械保有量走势

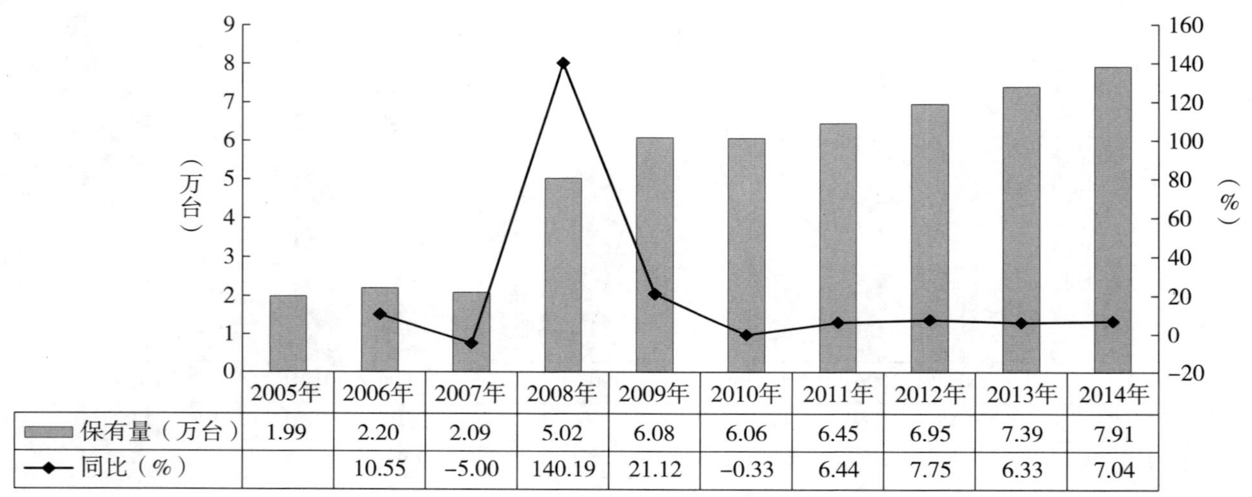

图 187　2005—2014 年海南省渔业机械保有量走势

七、农用运输车保有量

表 35　　　　2005—2014 年农用运输车保有量一览表　　　　单位：万辆

序号	地区	2005 年	2006 年	2007 年	2008 年	2009 年	2010 年	2011 年	2012 年	2013 年	2014 年
0	全国	1199.40	1236.16	1295.70	1320.80	1345.04	1361.40	1381.54	1396.23	1385.55	1377.70
1	山东省	244.96	252.52	259.20	262.36	273.44	276.47	289.88	284.12	284.62	285.45
2	河北省	234.68	242.31	253.17	258.23	263.15	268.19	268.51	269.81	277.56	275.41
3	河南省	202.26	208.96	213.61	215.51	215.73	219.55	219.62	219.32	218.71	218.25
4	山西省	81.99	83.99	85.55	91.38	94.36	96.52	97.95	98.08	98.61	98.52
5	安徽省	60.74	63.91	65.65	67.80	67.08	66.38	66.46	67.60	67.49	66.52
6	甘肃省	46.00	47.59	49.44	52.04	55.64	57.64	60.57	63.29	64.21	63.84

续 表

序号	地区	2005 年	2006 年	2007 年	2008 年	2009 年	2010 年	2011 年	2012 年	2013 年	2014 年
7	陕西省	44. 48	46. 47	47. 64	49. 19	50. 10	50. 67	51. 65	55. 97	53. 22	50. 05
8	辽宁省	48. 47	48. 47	51. 29	49. 10	48. 30	49. 27	49. 19	49. 68	49. 79	49. 11
9	内蒙古自治区	40. 42	42. 61	43. 37	39. 01	39. 81	40. 64	40. 38	45. 14	40. 39	40. 26
10	湖北省	17. 16	17. 82	19. 59	22. 75	23. 02	21. 57	22. 20	23. 34	23. 85	23. 61
11	湖南省	13. 58	15. 20	17. 02	20. 71	20. 46	21. 51	21. 88	21. 97	22. 44	22. 69
12	江苏省	24. 49	23. 00	23. 56	24. 11	24. 20	24. 20	24. 37	24. 09	22. 85	19. 62
13	贵州省	7. 62	7. 17	8. 29	11. 64	11. 16	11. 18	12. 40	13. 31	15. 62	18. 59
14	黑龙江省	17. 84	18. 80	19. 05	18. 67	18. 80	18. 46	16. 21	15. 83	15. 83	16. 67
15	宁夏回族自治区	15. 40	16. 09	16. 69	17. 28	17. 46	17. 63	18. 07	17. 75	16. 91	16. 51
16	吉林省	14. 64	14. 80	14. 77	14. 80	15. 90	16. 15	15. 47	15. 71	15. 62	15. 44
17	四川省	9. 79	9. 76	10. 06	10. 92	10. 41	10. 51	11. 78	12. 58	12. 77	12. 58
18	广东省	6. 11	6. 21	6. 61	12. 63	11. 46	10. 36	9. 97	10. 39	12. 15	12. 48
19	天津市	13. 94	14. 03	14. 29	13. 68	13. 42	13. 53	13. 11	12. 57	12. 28	11. 89
20	江西省	11. 65	13. 87	30. 67	17. 52	20. 15	20. 38	22. 54	25. 95	10. 19	11. 46
21	云南省	4. 74	4. 86	5. 34	9. 74	10. 09	10. 01	10. 15	10. 13	10. 52	10. 47
22	浙江省	6. 70	7. 17	7. 50	8. 08	8. 30	8. 63	8. 76	8. 88	9. 25	8. 65
23	广西壮族自治区	3. 25	3. 32	3. 37	4. 56	4. 44	4. 96	4. 75	4. 88	4. 99	4. 66
24	重庆市	6. 10	6. 11	5. 99	6. 01	5. 30	3. 58	3. 76	3. 82	4. 34	4. 43
25	福建省	4. 77	4. 69	4. 86	4. 55	4. 70	4. 58	4. 43	4. 14	4. 03	4. 03
26	新疆维吾尔自治区	3. 78	3. 75	4. 88	3. 26	3. 19	3. 24	3. 13	3. 13	3. 15	3. 10
27	西藏自治区	1. 45	0. 00	1. 60	1. 72	1. 74	2. 29	1. 88	2. 93	3. 08	3. 08
28	青海省	2. 86	2. 86	2. 86	2. 86	2. 86	2. 86	2. 86	2. 86	2. 71	2. 95
29	北京市	6. 09	6. 08	5. 71	7. 15	6. 84	6. 59	5. 89	5. 04	3. 72	2. 83
30	海南省	2. 56	2. 73	2. 79	2. 11	2. 39	2. 76	2. 54	2. 66	2. 73	2. 78
31	新疆兵团	0. 90	1. 01	1. 28	1. 41	1. 11	1. 08	1. 19	1. 26	1. 92	1. 77
32	上海市	0. 00	0. 00	0. 00	0. 03	0. 03	0. 02	0. 00	0. 00	0. 00	0. 00

表 36　　2005—2014 年农用运输车保有量走势分析

序号	地区	类别	2005 年	2006 年	2007 年	2008 年	2009 年	2010 年	2011 年	2012 年	2013 年	2014 年
0	全国	保有量（万辆）	1199. 40	1236. 16	1295. 70	1320. 80	1345. 04	1361. 40	1381. 54	1396. 23	1385. 55	1170. 91
		同比（%）		3. 06	4. 82	1. 94	1. 84	1. 22	1. 48	1. 06	-0. 76	-15. 49
1	山东省	保有量（万辆）	244. 96	252. 52	259. 20	262. 36	273. 44	276. 47	289. 88	284. 12	284. 62	285. 45
		同比（%）		3. 09	2. 65	1. 22	4. 22	1. 11	4. 85	-1. 99	0. 18	0. 29

续 表

序号	地区	类别	2005 年	2006 年	2007 年	2008 年	2009 年	2010 年	2011 年	2012 年	2013 年	2014 年
2	河北省	保有量（万辆）	234.68	242.31	253.17	258.23	263.15	268.19	268.51	269.81	277.56	275.41
		同比（%）		3.25	4.48	2.00	1.91	1.92	0.12	0.48	2.87	-0.77
3	河南省	保有量（万辆）	202.26	208.96	213.61	215.51	215.73	219.55	219.62	219.32	218.71	218.25
		同比（%）		3.31	2.23	0.89	0.10	1.77	0.03	-0.14	-0.28	-0.21
4	山西省	保有量（万辆）	81.99	83.99	85.55	91.38	94.36	96.52	97.95	98.08	98.61	98.52
		同比（%）		2.44	1.86	6.81	3.26	2.29	1.48	0.13	0.54	-0.09
5	安徽省	保有量（万辆）	60.74	63.91	65.65	67.80	67.08	66.38	66.46	67.60	67.49	66.52
		同比（%）		5.22	2.72	3.27	-1.06	-1.04	0.12	1.72	-0.16	-1.44
6	甘肃省	保有量（万辆）	46.00	47.59	49.44	52.04	55.64	57.64	60.57	63.29	64.21	63.84
		同比（%）		3.46	3.89	5.26	6.92	3.59	5.08	4.49	1.45	-0.58
7	陕西省	保有量（万辆）	44.48	46.47	47.64	49.19	50.10	50.67	51.65	55.97	53.22	50.05
		同比（%）		4.47	2.52	3.25	1.85	1.14	1.93	8.36	-4.91	-5.96
8	辽宁省	保有量（万辆）	48.47	48.47	51.29	49.10	48.30	49.27	49.19	49.68	49.79	49.11
		同比（%）		0.00	5.82	-4.27	-1.63	2.01	-0.16	1.00	0.22	-1.37
9	内蒙古自治区	保有量（万辆）	40.42	42.61	43.37	39.01	39.81	40.64	40.38	45.14	40.39	40.26
		同比（%）		5.42	1.78	-10.05	2.05	2.08	-0.64	11.79	-10.52	-0.32
10	湖北省	保有量（万辆）	17.16	17.82	19.59	22.75	23.02	21.57	22.20	23.34	23.85	23.61
		同比（%）		-6.08	2.43	2.33	0.37	0.00	0.70	5.14	2.18	-1.00

表 37　　2005—2014 年三轮运输车保有量一览表　　单位：万辆

序号	地区	2005 年	2006 年	2007 年	2008 年	2009 年	2010 年	2011 年	2012 年	2013 年	2014 年
0	全国	1002.39	1026.87	1049.29	1065.97	1078.71	1087.09	1087.63	1111.19	1099.76	1087.38
1	山东省	217.63	219.75	222.10	231.05	240.55	240.74	241.92	245.08	245.72	245.07
2	河北省	209.90	215.86	222.99	229.58	233.07	236.71	231.86	236.46	236.82	236.47

续 表

序号	地区	2005 年	2006 年	2007 年	2008 年	2009 年	2010 年	2011 年	2012 年	2013 年	2014 年
3	河南省	185. 41	191. 83	195. 38	195. 35	196. 34	199. 37	196. 63	197. 75	197. 13	196. 72
4	山西省	73. 19	74. 39	75. 11	75. 60	77. 73	78. 60	80. 49	81. 62	82. 28	82. 12
5	安徽省	53. 76	56. 24	57. 43	59. 43	58. 26	57. 04	57. 33	58. 30	58. 14	56. 65
6	甘肃省	42. 00	43. 03	44. 56	46. 85	44. 99	47. 69	52. 58	55. 40	56. 66	55. 31
7	陕西省	39. 36	41. 20	41. 99	43. 06	42. 74	43. 92	44. 62	48. 77	45. 72	42. 33
8	辽宁省	44. 18	44. 18	44. 48	40. 62	40. 59	38. 94	40. 88	41. 16	41. 15	40. 55
9	内蒙古自治区	33. 33	34. 73	34. 59	33. 84	34. 37	34. 49	34. 49	39. 25	34. 46	34. 25
10	宁夏回族自治区	13. 24	13. 74	14. 03	14. 66	14. 70	15. 01	15. 34	15. 08	14. 29	14. 01
11	湖北省	10. 41	10. 95	11. 51	13. 56	13. 11	11. 54	11. 88	11. 94	12. 07	11. 72
12	黑龙江省	13. 58	14. 15	14. 14	13. 80	13. 90	13. 23	11. 63	11. 76	11. 66	11. 65
13	江苏省	17. 56	16. 00	15. 78	13. 55	13. 35	13. 70	13. 94	13. 95	13. 11	10. 51
14	天津市	11. 56	11. 66	11. 77	11. 47	11. 20	11. 34	10. 95	10. 58	10. 47	10. 04
15	吉林省	9. 13	8. 97	11. 44	8. 30	8. 87	8. 85	8. 36	8. 50	8. 34	8. 20
16	湖南省	4. 57	5. 10	5. 71	5. 66	5. 64	5. 78	5. 78	5. 78	5. 79	5. 89
17	贵州省	1. 34	1. 10	1. 72	1. 72	1. 84	1. 98	1. 99	2. 07	2. 92	4. 01
18	浙江省	1. 88	3. 25	3. 42	3. 46	3. 60	3. 70	3. 69	3. 60	3. 83	3. 48
19	四川省	2. 12	2. 33	2. 58	3. 77	3. 06	3. 00	3. 01	3. 04	3. 17	3. 20
20	江西省	2. 86	3. 42	3. 87	4. 48	5. 07	5. 19	4. 69	6. 00	2. 97	2. 95
21	广东省	1. 44	1. 41	1. 51	2. 15	2. 39	2. 83	2. 96	3. 09	2. 86	2. 95
22	北京市	5. 33	5. 30	4. 99	5. 78	5. 51	5. 30	4. 72	4. 11	2. 77	2. 09
23	新疆维吾尔自治区	1. 83	1. 83	1. 77	1. 69	1. 66	1. 70	1. 65	1. 66	1. 56	1. 55
24	海南省	1. 64	1. 62	1. 56	1. 34	1. 40	1. 43	1. 53	1. 48	1. 50	1. 51
25	青海省	1. 40	1. 40	1. 40	1. 40	1. 40	1. 40	1. 40	1. 40	1. 13	1. 15
26	广西壮族自治区	0. 91	0. 98	0. 95	1. 20	1. 13	1. 32	1. 13	1. 13	1. 18	0. 96
27	云南省	0. 62	0. 61	0. 70	0. 80	0. 73	0. 76	0. 83	0. 88	0. 92	0. 87
28	福建省	1. 13	1. 07	0. 90	0. 81	0. 85	0. 79	0. 69	0. 51	0. 41	0. 41
29	重庆市	0. 68	0. 42	0. 42	0. 42	0. 33	0. 32	0. 41	0. 41	0. 33	0. 35
30	新疆兵团	0. 40	0. 35	0. 49	0. 56	0. 33	0. 24	0. 24	0. 24	0. 21	0. 23
31	西藏自治区	0. 00	0. 00	0. 00	0. 00	0. 00	0. 19	0. 00	0. 19	0. 19	0. 18
32	上海市	0. 00	0. 00	0. 00	0. 00	0. 00	0. 00	0. 00	0. 00	0. 00	0. 00

表 38　　2005—2014 年三轮运输车保有量走势分析

序号	地区	类别	2005 年	2006 年	2007 年	2008 年	2009 年	2010 年	2011 年	2012 年	2013 年	2014 年
0	全国	保有量（万辆）	1002. 39	1026. 87	1049. 29	1065. 97	1078. 71	1087. 09	1087. 63	1111. 19	1099. 76	1087. 38
		同比（%）		2. 44	2. 18	1. 59	1. 20	0. 78	0. 05	2. 17	-1. 03	-1. 13
1	山东省	保有量（万辆）	217. 63	219. 75	222. 10	231. 05	240. 55	240. 74	241. 92	245. 08	245. 72	245. 07
		同比（%）		0. 97	1. 07	4. 03	4. 11	0. 08	0. 49	1. 31	0. 26	-0. 26
2	河北省	保有量（万辆）	209. 90	215. 86	222. 99	229. 58	233. 07	236. 71	231. 86	236. 46	236. 82	236. 47
		同比（%）		2. 84	3. 30	2. 96	1. 52	1. 56	-2. 05	1. 98	0. 15	-0. 15
3	河南省	保有量（万辆）	185. 41	191. 83	195. 38	195. 35	196. 34	199. 37	196. 63	197. 75	197. 13	196. 72
		同比（%）		3. 46	1. 85	-0. 02	0. 51	1. 54	-1. 37	0. 57	-0. 31	-0. 21
4	山西省	保有量（万辆）	73. 19	74. 39	75. 11	75. 60	77. 73	78. 60	80. 49	81. 62	82. 28	82. 12
		同比（%）		1. 64	0. 97	0. 65	2. 82	1. 12	2. 40	1. 40	0. 81	-0. 19
5	安徽省	保有量（万辆）	53. 76	56. 24	57. 43	59. 43	58. 26	57. 04	57. 33	58. 30	58. 14	56. 65
		同比（%）		4. 61	2. 12	3. 48	-1. 97	-2. 09	0. 51	1. 69	-0. 27	-2. 56
6	甘肃省	保有量（万辆）	42. 00	43. 03	44. 56	46. 85	44. 99	47. 69	52. 58	55. 40	56. 66	55. 31
		同比（%）		2. 45	3. 56	5. 14	-3. 97	6. 00	10. 25	5. 36	2. 27	-2. 38
7	陕西省	保有量（万辆）	39. 36	41. 20	41. 99	43. 06	42. 74	43. 92	44. 62	48. 77	45. 72	42. 33
		同比（%）		4. 67	1. 92	2. 55	-0. 74	2. 76	1. 59	9. 30	-6. 25	-7. 41
8	辽宁省	保有量（万辆）	44. 18	44. 18	44. 48	40. 62	40. 59	38. 94	40. 88	41. 16	41. 15	40. 55
		同比（%）		0. 00	0. 68	-8. 68	-0. 07	-4. 07	4. 98	0. 68	-0. 02	-1. 46
9	内蒙古自治区	保有量（万辆）	33. 33	34. 73	34. 59	33. 84	34. 37	34. 49	34. 49	39. 25	34. 46	34. 25
		同比（%）		4. 20	-0. 40	-2. 17	1. 57	0. 35	0. 01	13. 79	-12. 20	-0. 61
10	宁夏回族自治区	保有量（万辆）	13. 24	13. 74	14. 03	14. 66	14. 70	15. 01	15. 34	15. 08	14. 29	14. 01
		同比（%）		3. 78	2. 11	4. 49	0. 27	2. 11	2. 20	-1. 69	-5. 24	-1. 96

表 39　　2005—2014 年低速货车保有量一览表　　单位：万辆

序号	地区	2005 年	2006 年	2007 年	2008 年	2009 年	2010 年	2011 年	2012 年	2013 年	2014 年
0	全国	189. 84	202. 85	235. 97	233. 86	239. 27	248. 72	253. 18	256. 55	252. 29	253. 27
1	山东省	27. 33	32. 77	37. 10	31. 31	30. 44	31. 57	32. 81	33. 30	33. 27	33. 34
2	河北省	24. 78	25. 57	29. 34	28. 65	29. 82	30. 79	31. 28	31. 98	32. 36	32. 54
3	河南省	16. 32	16. 94	17. 97	20. 16	19. 39	20. 18	19. 68	20. 35	20. 29	20. 21
4	山西省	8. 80	9. 49	10. 32	14. 38	15. 48	15. 86	15. 24	15. 41	15. 61	15. 72
5	湖南省	9. 01	10. 10	11. 29	13. 29	13. 23	13. 95	14. 25	14. 14	14. 54	14. 67
6	贵州省	6. 01	5. 40	5. 50	9. 92	9. 12	9. 20	10. 41	11. 00	12. 68	14. 40
7	湖北省	6. 74	6. 87	8. 08	9. 19	9. 91	10. 03	10. 32	10. 33	10. 60	10. 50
8	安徽省	6. 98	7. 67	8. 22	8. 37	8. 82	9. 34	9. 13	9. 30	9. 35	9. 09
9	四川省	7. 33	7. 20	7. 14	7. 14	7. 35	7. 51	8. 45	8. 91	9. 12	8. 87
10	江西省	8. 79	10. 16	26. 79	13. 04	15. 08	15. 13	16. 76	19. 03	6. 81	7. 98
11	江苏省	6. 90	7. 00	7. 78	7. 42	8. 04	8. 05	8. 74	8. 98	8. 52	7. 76
12	广东省	4. 37	4. 65	4. 93	7. 95	7. 20	7. 30	7. 01	7. 30	7. 11	7. 62
13	陕西省	5. 01	5. 22	5. 65	5. 85	6. 44	6. 59	6. 90	7. 07	7. 28	7. 40
14	吉林省	5. 50	5. 83	3. 33	6. 50	7. 00	7. 30	7. 11	7. 21	7. 28	7. 23
15	甘肃省	4. 00	4. 56	4. 88	5. 19	4. 14	4. 98	6. 26	6. 48	6. 49	6. 72
16	云南省	3. 87	3. 91	4. 23	5. 67	5. 82	5. 96	6. 41	6. 44	6. 64	6. 61
17	内蒙古自治区	6. 32	7. 17	8. 03	4. 71	4. 77	6. 15	5. 89	5. 89	5. 93	6. 01
18	辽宁省	4. 29	4. 29	4. 33	5. 01	5. 39	5. 88	5. 75	5. 80	5. 91	5. 89
19	黑龙江省	4. 26	4. 65	4. 91	4. 80	4. 90	5. 20	3. 95	0. 07	4. 12	4. 20
20	浙江省	3. 76	3. 37	3. 66	3. 58	3. 63	3. 73	3. 89	3. 93	4. 10	3. 90
21	广西壮族自治区	2. 34	2. 34	2. 42	3. 36	3. 31	3. 64	3. 62	3. 75	3. 81	3. 70
22	福建省	3. 64	3. 62	3. 96	3. 60	3. 71	3. 79	3. 32	3. 23	3. 23	3. 09
23	西藏自治区	0. 00	0. 00	0. 00	0. 00	1. 74	2. 10	1. 88	2. 74	2. 89	2. 90
24	重庆市	4. 09	4. 10	5. 57	3. 92	3. 59	3. 26	3. 35	3. 39	2. 98	2. 89
25	宁夏回族自治区	2. 16	2. 35	2. 66	2. 62	2. 63	2. 58	2. 62	2. 56	2. 52	2. 46
26	天津市	1. 75	1. 85	1. 93	2. 21	2. 22	2. 19	2. 12	1. 94	1. 80	1. 79
27	新疆维吾尔自治区	1. 85	1. 77	1. 75	1. 57	1. 53	1. 54	1. 48	1. 45	1. 59	1. 55
28	新疆兵团	0. 50	0. 66	0. 79	0. 85	0. 78	0. 84	0. 95	1. 01	1. 71	1. 54
29	海南省	0. 92	1. 11	1. 23	0. 77	0. 99	1. 33	0. 98	1. 17	1. 22	1. 25
30	北京市	0. 77	0. 78	0. 72	1. 36	1. 33	1. 29	1. 17	0. 93	0. 95	0. 74
31	青海省	1. 46	1. 46	1. 46	1. 46	1. 46	1. 46	1. 46	1. 46	1. 58	0. 70
32	上海市	0. 00	0. 00	0. 00	0. 00	0. 00	0. 00	0. 00	0. 00	0. 00	0. 00

表 40　　2005—2014 年低速货车保有量走势分析

序号	地区	类别	2005 年	2006 年	2007 年	2008 年	2009 年	2010 年	2011 年	2012 年	2013 年	2014 年
0	全国	保有量（万辆）	189.84	202.85	235.97	233.86	239.27	248.72	253.18	256.55	252.29	253.27
		同比（%）		6.85	16.33	-0.89	2.31	3.95	1.79	1.33	-1.66	0.39
1	山东省	保有量（万辆）	27.33	32.77	37.10	31.31	30.44	31.57	32.81	33.30	33.27	33.34
		同比（%）		19.90	13.21	-15.61	-2.78	3.71	3.92	1.51	-0.09	0.21
2	河北省	保有量（万辆）	24.78	25.57	29.34	28.65	29.82	30.79	31.28	31.98	32.36	32.54
		同比（%）		3.19	14.74	-2.35	4.08	3.25	1.59	2.24	1.19	0.56
3	河南省	保有量（万辆）	16.32	16.94	17.97	20.16	19.39	20.18	19.68	20.35	20.29	20.21
		同比（%）		3.80	6.08	12.19	-3.82	4.07	-2.48	3.40	-0.29	-0.39
4	山西省	保有量（万辆）	8.80	9.49	10.32	14.38	15.48	15.86	15.24	15.41	15.61	15.72
		同比（%）		7.84	8.75	39.34	7.65	2.45	-3.91	1.12	1.30	0.70
5	湖南省	保有量（万辆）	9.01	10.10	11.29	13.29	13.23	13.95	14.25	14.14	14.54	14.67
		同比（%）		12.10	11.78	17.71	-0.45	5.44	2.15	-0.77	2.83	0.89
6	贵州省	保有量（万辆）	6.01	5.40	5.50	9.92	9.12	9.20	10.41	11.00	12.68	14.40
		同比（%）		-10.15	1.85	80.36	-8.06	0.88	13.13	5.68	15.27	13.56
7	湖北省	保有量（万辆）	6.74	6.87	8.08	9.19	9.91	10.03	10.32	10.33	10.60	10.50
		同比（%）		1.93	17.61	13.74	7.83	1.21	2.84	0.14	2.61	-0.94
8	安徽省	保有量（万辆）	6.98	7.67	8.22	8.37	8.82	9.34	9.13	9.30	9.35	9.09
		同比（%）		9.89	7.17	1.82	5.38	5.90	-2.23	1.85	0.54	-2.78
9	四川省	保有量（万辆）	7.33	7.20	7.14	7.14	7.35	7.51	8.45	8.91	9.12	8.87
		同比（%）		-1.77	-0.83	0.00	2.94	2.18	12.52	5.44	2.36	-2.74
10	江西省	保有量（万辆）	8.79	10.16	26.79	13.04	15.08	15.13	16.76	19.03	6.81	7.98
		同比（%）		15.59	163.68	-51.33	15.64	0.33	10.77	13.54	-64.21	17.18

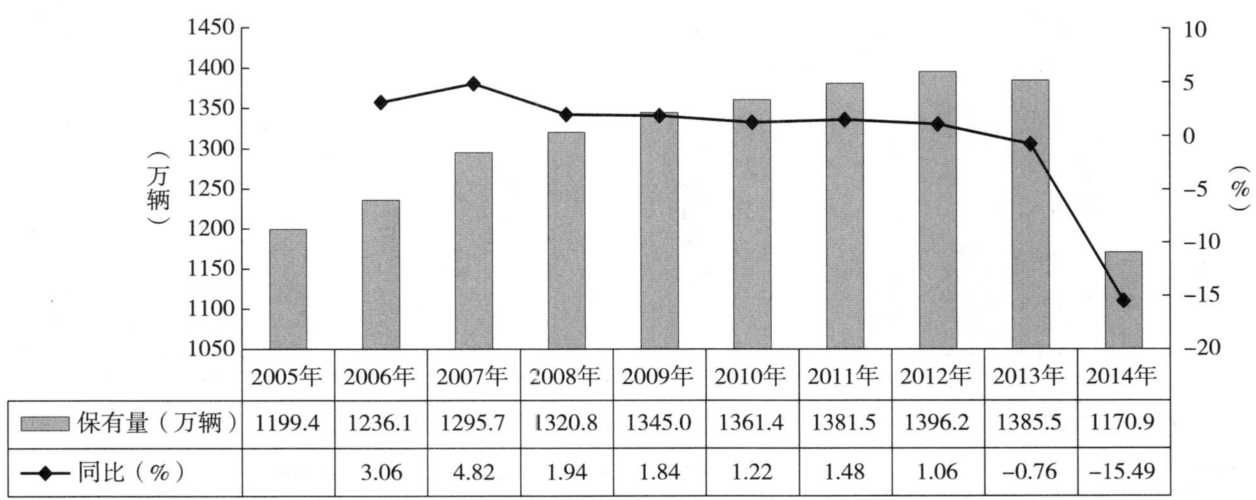

	2005年	2006年	2007年	2008年	2009年	2010年	2011年	2012年	2013年	2014年
保有量（万辆）	1199.4	1236.1	1295.7	1320.8	1345.0	1361.4	1381.5	1396.2	1385.5	1170.9
同比（%）		3.06	4.82	1.94	1.84	1.22	1.48	1.06	–0.76	–15.49

图 188　2005—2014 年全国农用运输车保有量走势

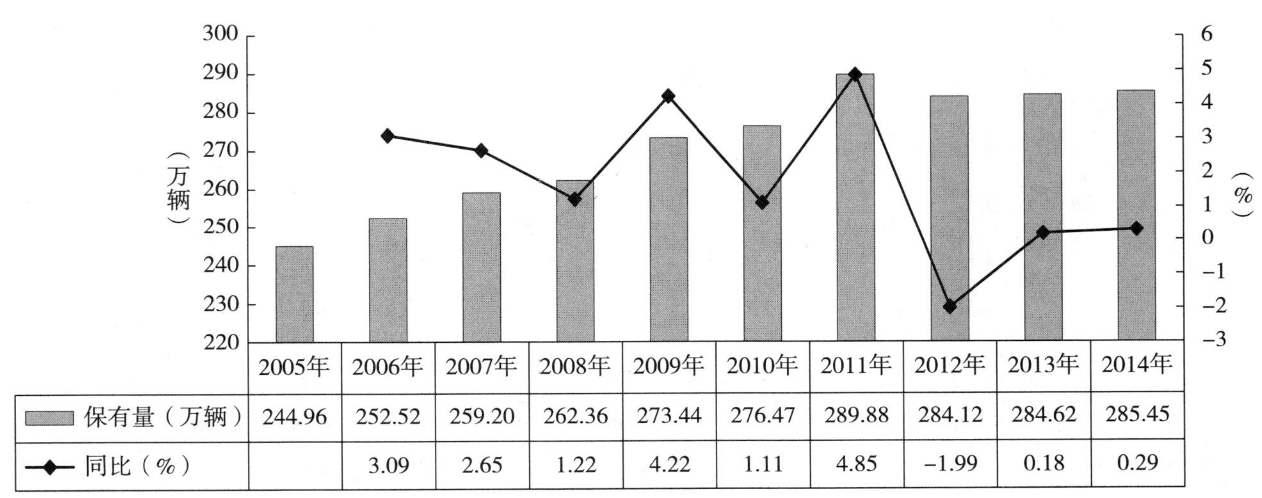

	2005年	2006年	2007年	2008年	2009年	2010年	2011年	2012年	2013年	2014年
保有量（万辆）	244.96	252.52	259.20	262.36	273.44	276.47	289.88	284.12	284.62	285.45
同比（%）		3.09	2.65	1.22	4.22	1.11	4.85	–1.99	0.18	0.29

图 189　2005—2014 年山东省农用运输车保有量走势

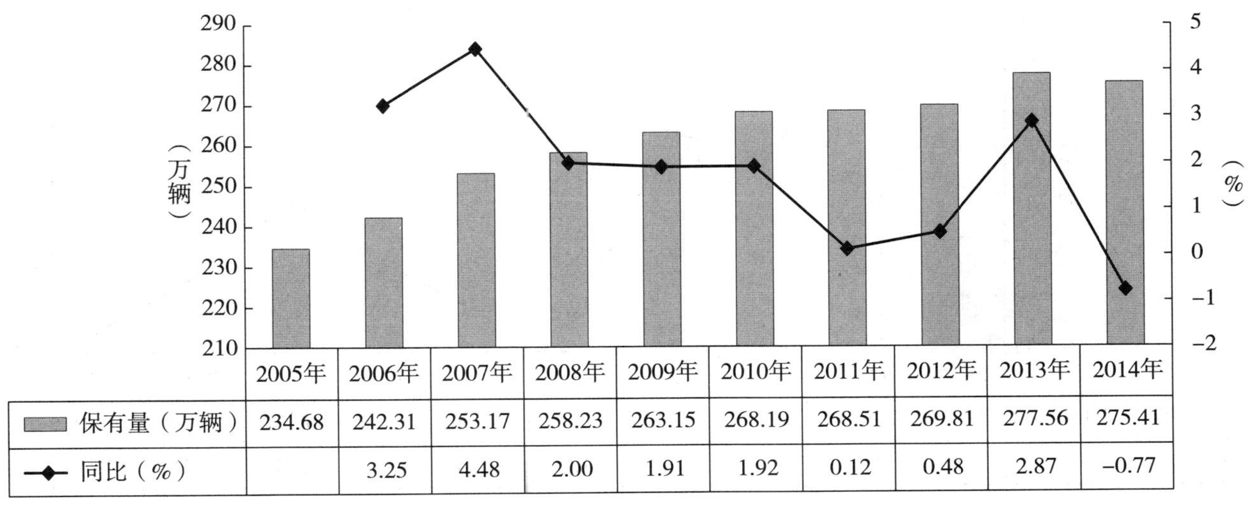

	2005年	2006年	2007年	2008年	2009年	2010年	2011年	2012年	2013年	2014年
保有量（万辆）	234.68	242.31	253.17	258.23	263.15	268.19	268.51	269.81	277.56	275.41
同比（%）		3.25	4.48	2.00	1.91	1.92	0.12	0.48	2.87	–0.77

图 190　2005—2014 年河北省农用运输车保有量走势

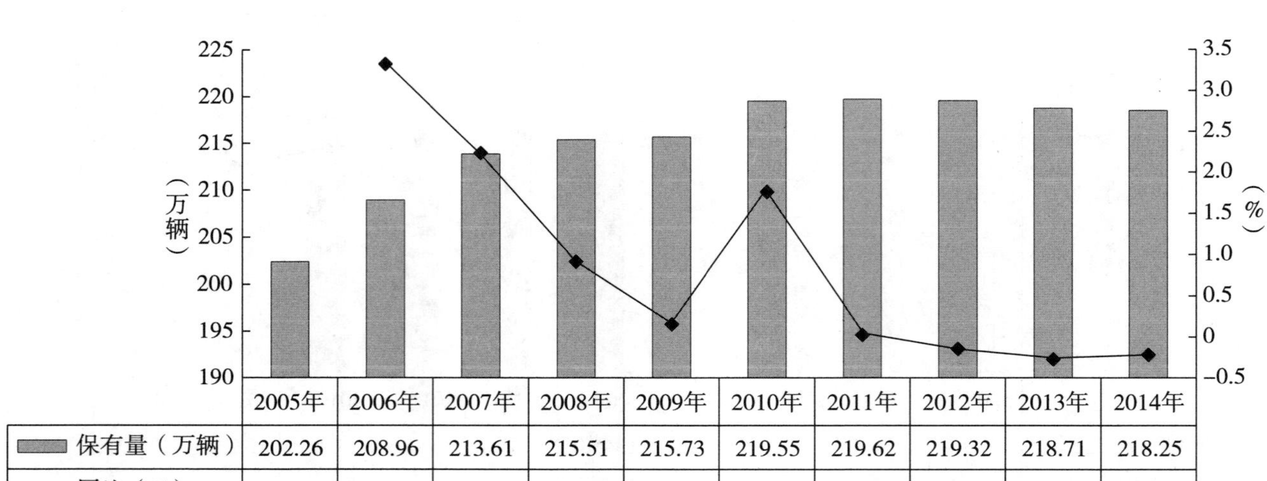

图 191　2005—2014 年河南省农用运输车保有量走势

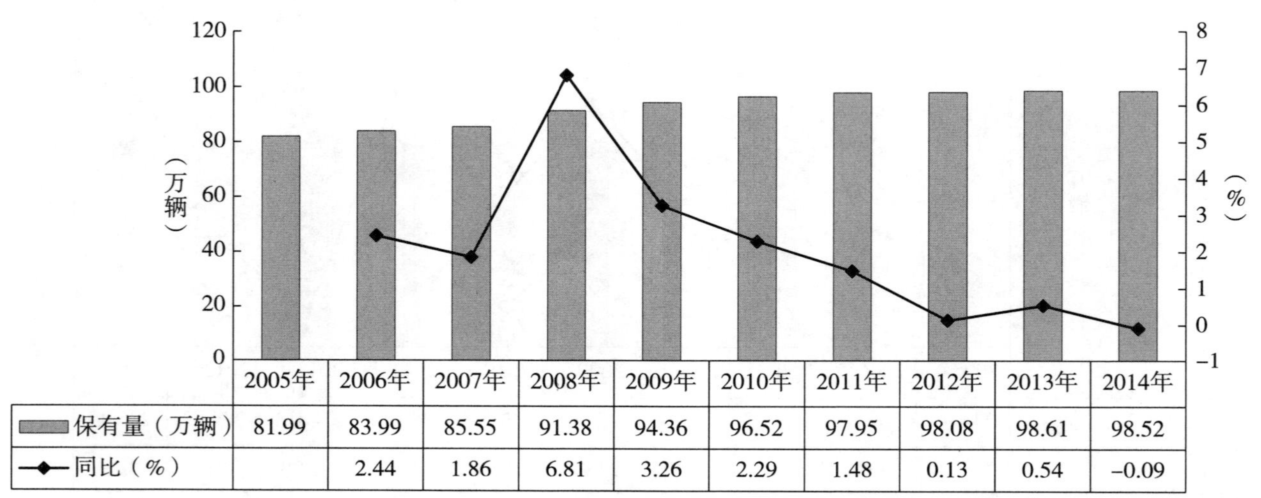

图 192　2005—2014 年山西省农用运输车保有量走势

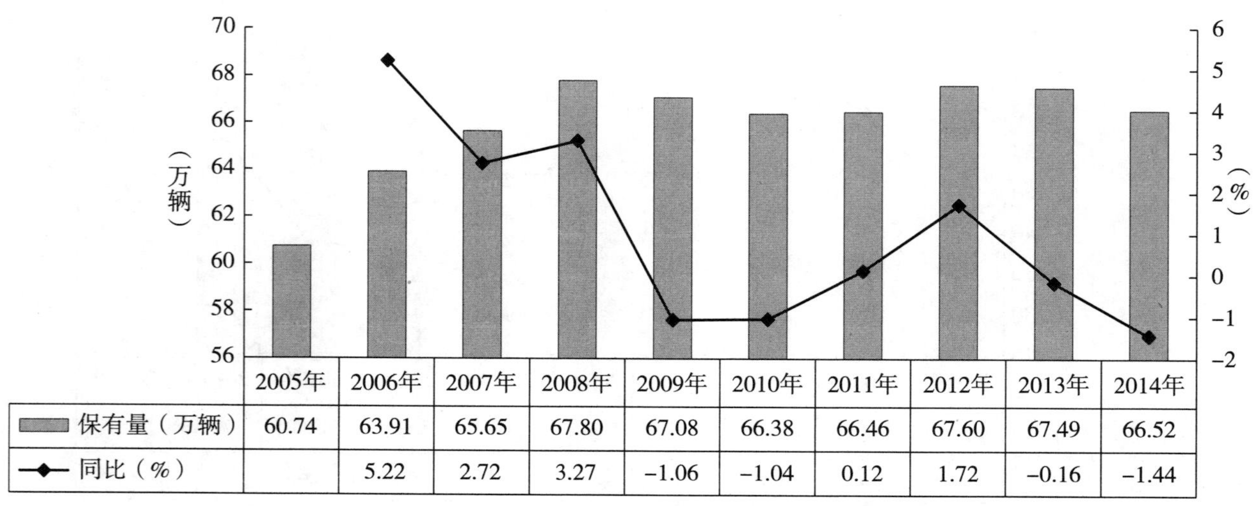

图 193　2005—2014 年安徽省农用运输车保有量走势

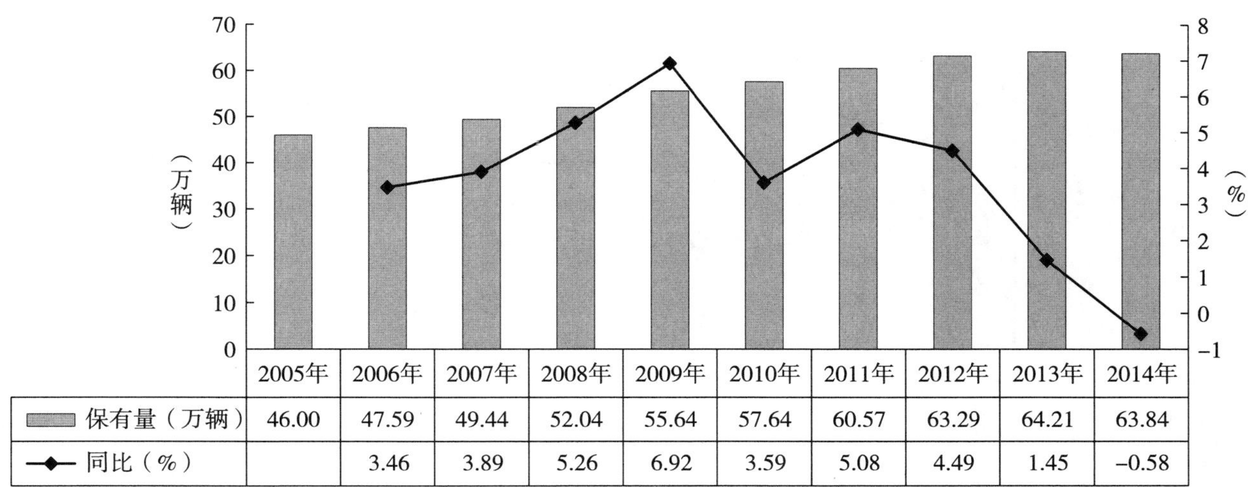

	2005年	2006年	2007年	2008年	2009年	2010年	2011年	2012年	2013年	2014年
保有量（万辆）	46.00	47.59	49.44	52.04	55.64	57.64	60.57	63.29	64.21	63.84
同比（%）		3.46	3.89	5.26	6.92	3.59	5.08	4.49	1.45	−0.58

图 194　2005—2014 年甘肃省农用运输车保有量走势

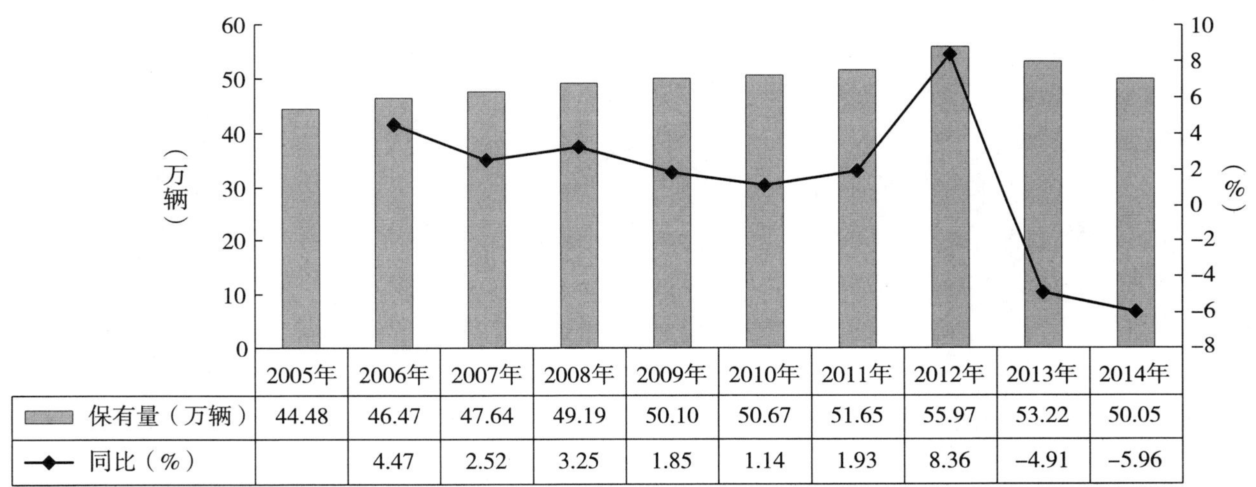

	2005年	2006年	2007年	2008年	2009年	2010年	2011年	2012年	2013年	2014年
保有量（万辆）	44.48	46.47	47.64	49.19	50.10	50.67	51.65	55.97	53.22	50.05
同比（%）		4.47	2.52	3.25	1.85	1.14	1.93	8.36	−4.91	−5.96

图 195　2005—2014 年陕西省农用运输车保有量走势

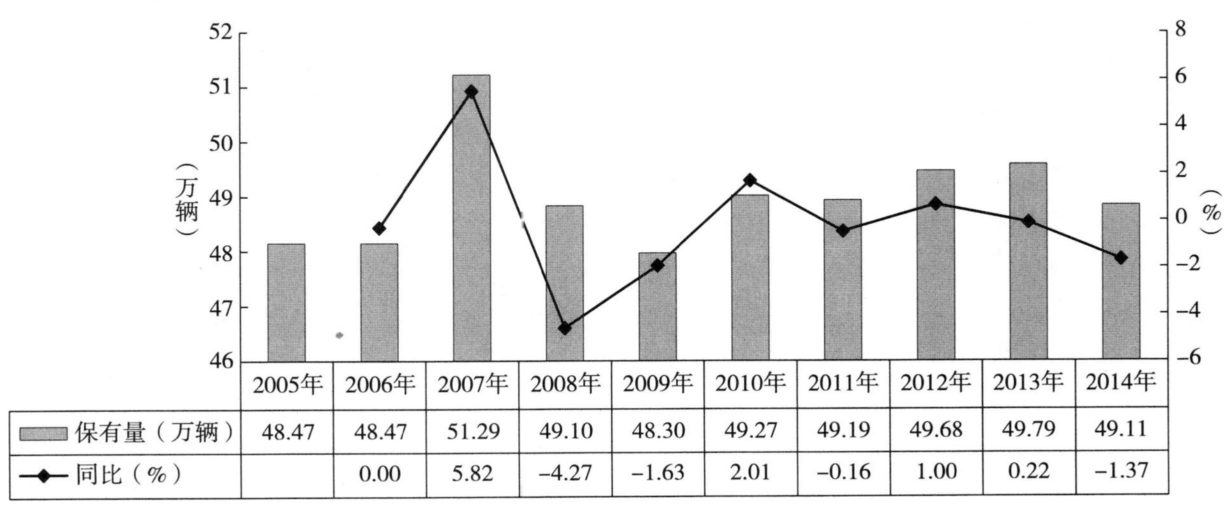

	2005年	2006年	2007年	2008年	2009年	2010年	2011年	2012年	2013年	2014年
保有量（万辆）	48.47	48.47	51.29	49.10	48.30	49.27	49.19	49.68	49.79	49.11
同比（%）		0.00	5.82	−4.27	−1.63	2.01	−0.16	1.00	0.22	−1.37

图 196　2005—2014 年辽宁省农用运输车保有量走势

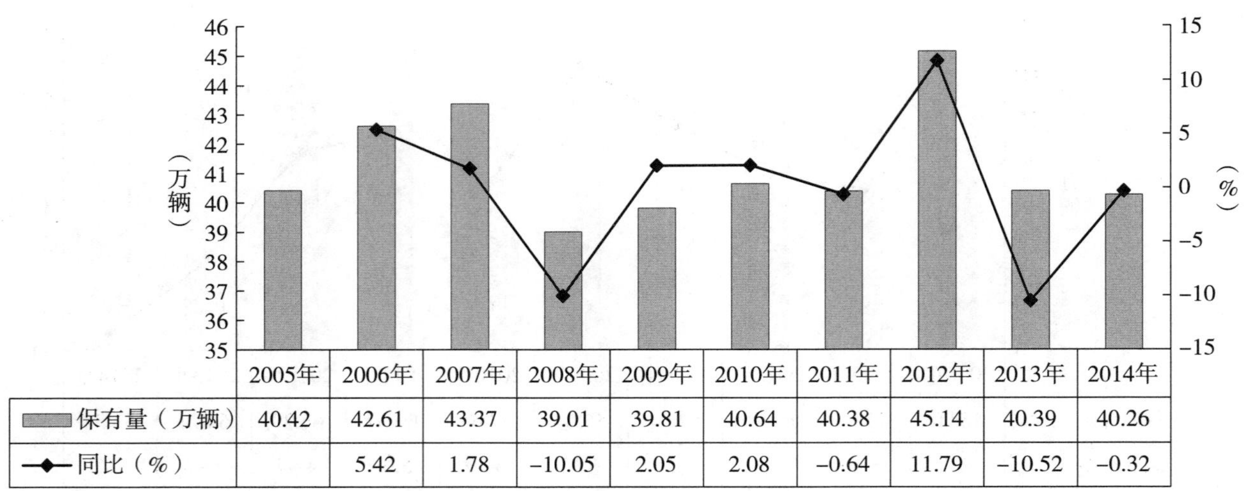

	2005年	2006年	2007年	2008年	2009年	2010年	2011年	2012年	2013年	2014年
保有量（万辆）	40.42	42.61	43.37	39.01	39.81	40.64	40.38	45.14	40.39	40.26
同比（%）		5.42	1.78	−10.05	2.05	2.08	−0.64	11.79	−10.52	−0.32

图 197　2005—2014 年内蒙古自治区农用运输车保有量走势

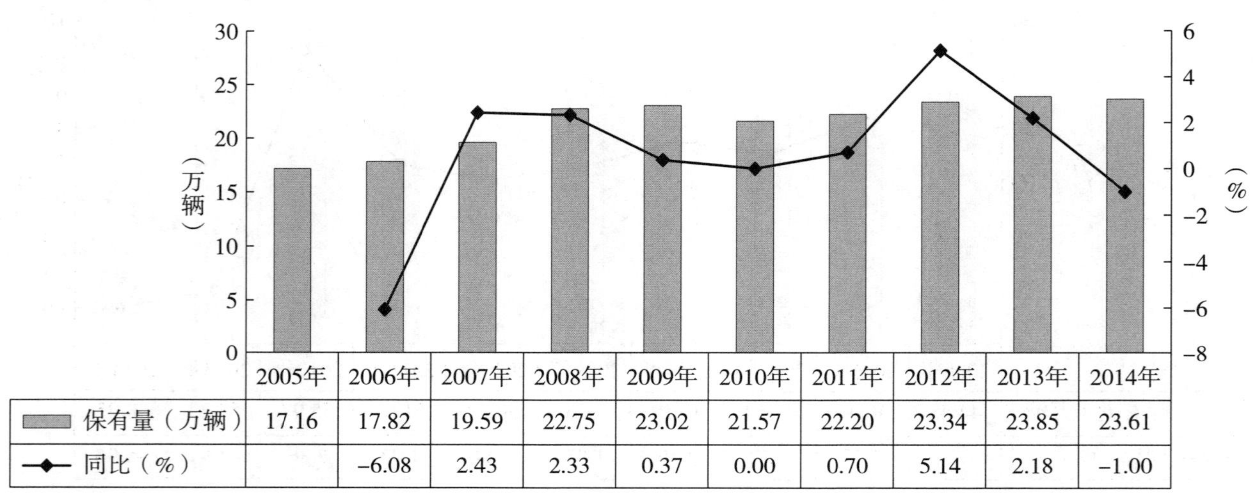

	2005年	2006年	2007年	2008年	2009年	2010年	2011年	2012年	2013年	2014年
保有量（万辆）	17.16	17.82	19.59	22.75	23.02	21.57	22.20	23.34	23.85	23.61
同比（%）		−6.08	2.43	2.33	0.37	0.00	0.70	5.14	2.18	−1.00

图 198　2005—2014 年湖北省农用运输车保有量走势

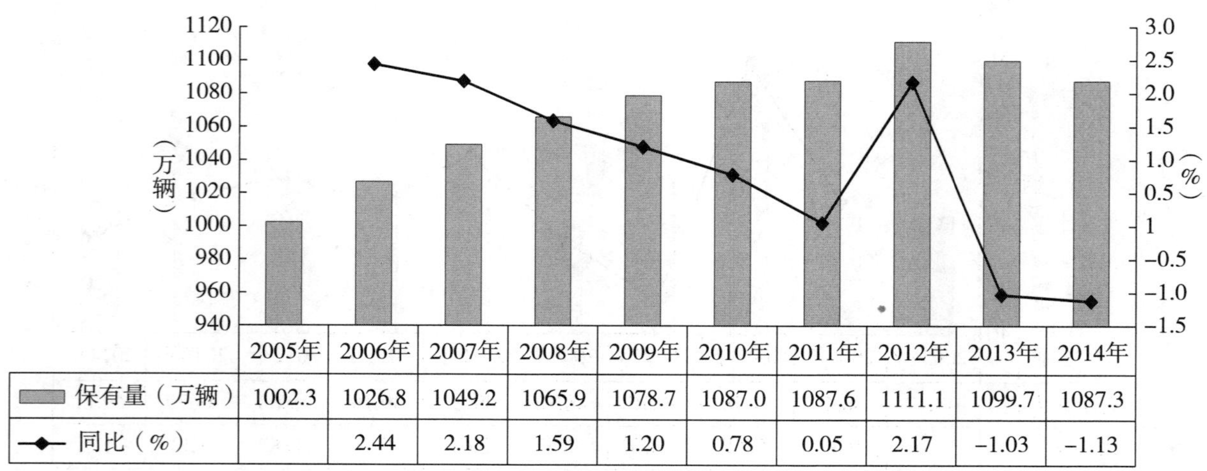

	2005年	2006年	2007年	2008年	2009年	2010年	2011年	2012年	2013年	2014年
保有量（万辆）	1002.3	1026.8	1049.2	1065.9	1078.7	1087.0	1087.6	1111.1	1099.7	1087.3
同比（%）		2.44	2.18	1.59	1.20	0.78	0.05	2.17	−1.03	−1.13

图 199　2005—2014 年全国三轮运输车保有量走势

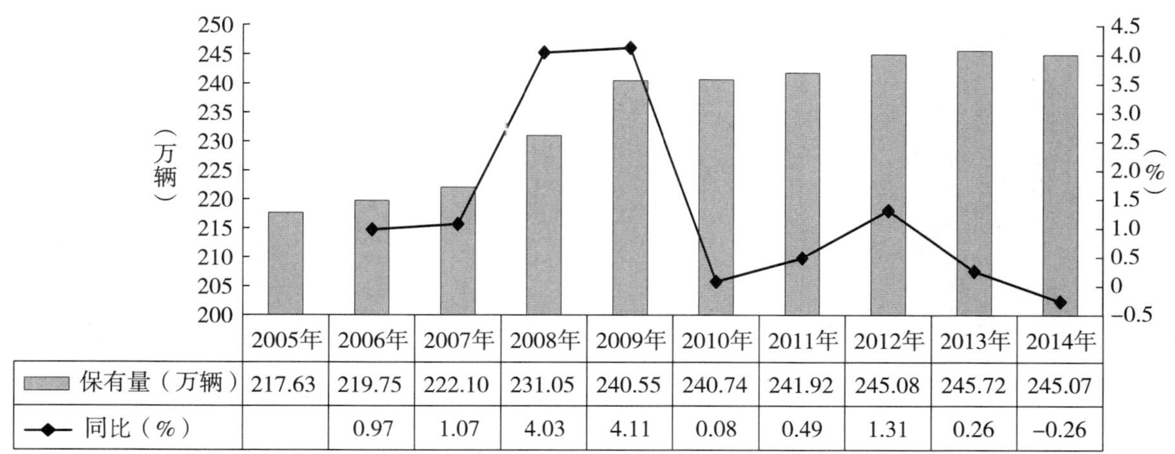

	2005年	2006年	2007年	2008年	2009年	2010年	2011年	2012年	2013年	2014年
保有量（万辆）	217.63	219.75	222.10	231.05	240.55	240.74	241.92	245.08	245.72	245.07
同比（%）		0.97	1.07	4.03	4.11	0.08	0.49	1.31	0.26	-0.26

图 200　2005—2014 年山东省三轮运输车保有量走势

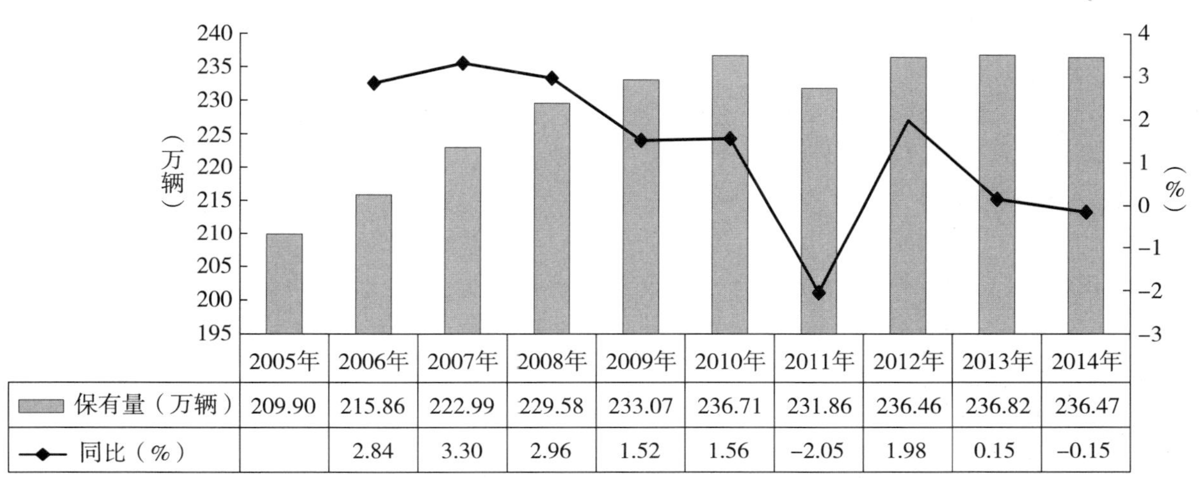

	2005年	2006年	2007年	2008年	2009年	2010年	2011年	2012年	2013年	2014年
保有量（万辆）	209.90	215.86	222.99	229.58	233.07	236.71	231.86	236.46	236.82	236.47
同比（%）		2.84	3.30	2.96	1.52	1.56	-2.05	1.98	0.15	-0.15

图 201　2005—2014 年河北省三轮运输车保有量走势

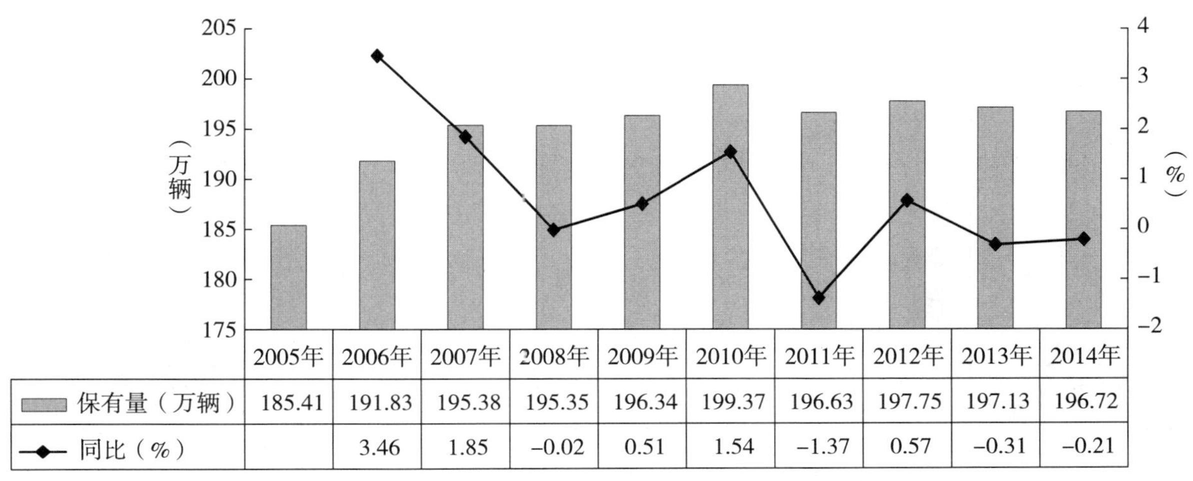

	2005年	2006年	2007年	2008年	2009年	2010年	2011年	2012年	2013年	2014年
保有量（万辆）	185.41	191.83	195.38	195.35	196.34	199.37	196.63	197.75	197.13	196.72
同比（%）		3.46	1.85	-0.02	0.51	1.54	-1.37	0.57	-0.31	-0.21

图 202　2005—2014 年河南省三轮运输车保有量走势

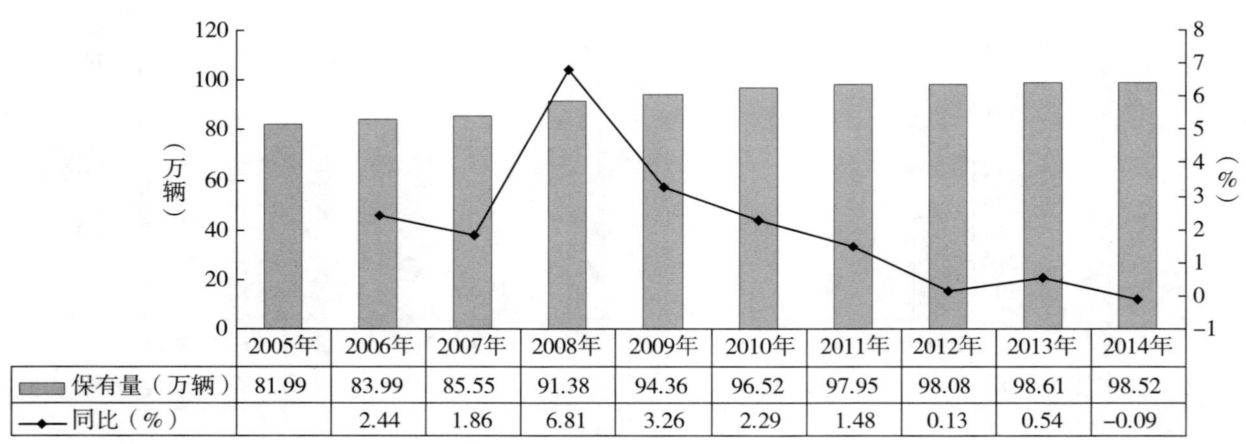

图 203　2005—2014 年山西省农用运输车保有量走势

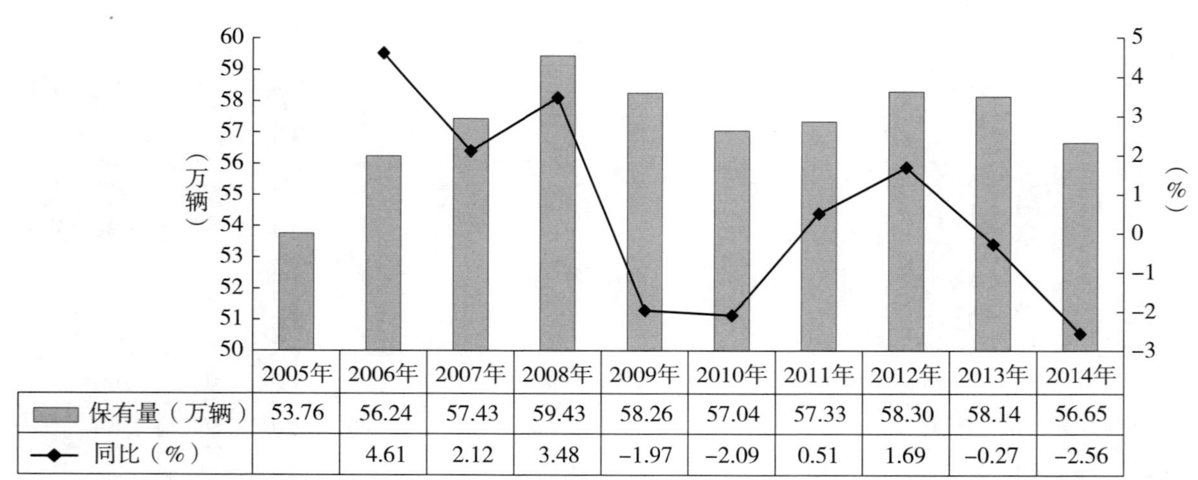

图 204　2005—2014 年安徽省三轮运输车保有量走势

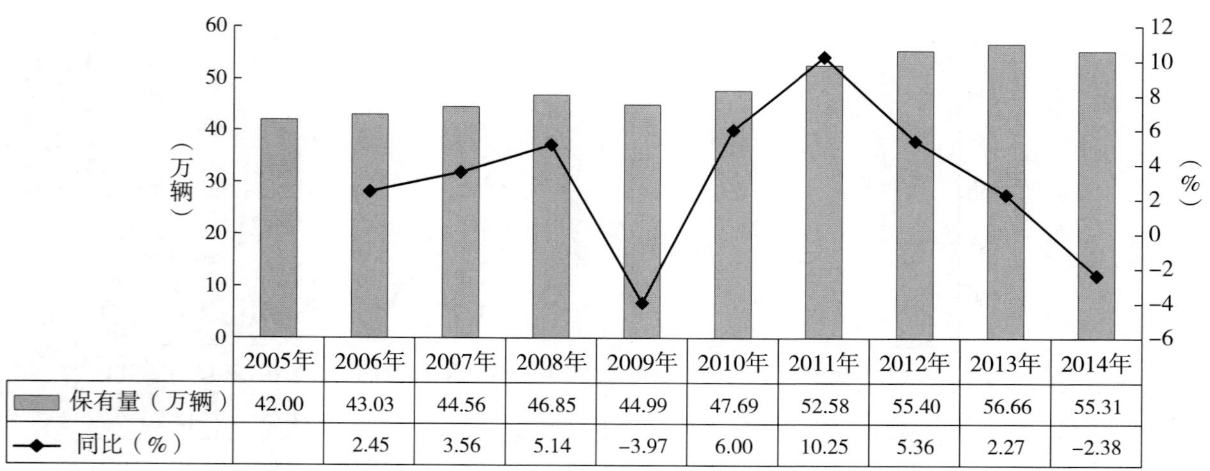

图 205　2005—2014 年甘肃省三轮运输车保有量走势

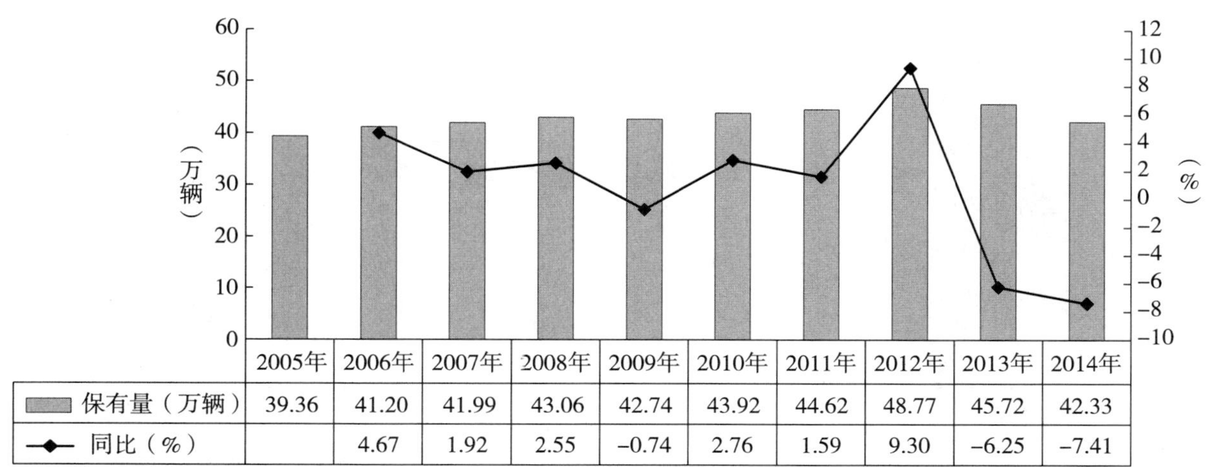

	2005年	2006年	2007年	2008年	2009年	2010年	2011年	2012年	2013年	2014年
保有量（万辆）	39.36	41.20	41.99	43.06	42.74	43.92	44.62	48.77	45.72	42.33
同比（%）		4.67	1.92	2.55	−0.74	2.76	1.59	9.30	−6.25	−7.41

图 206　2005—2014 年陕西省三轮运输车保有量走势

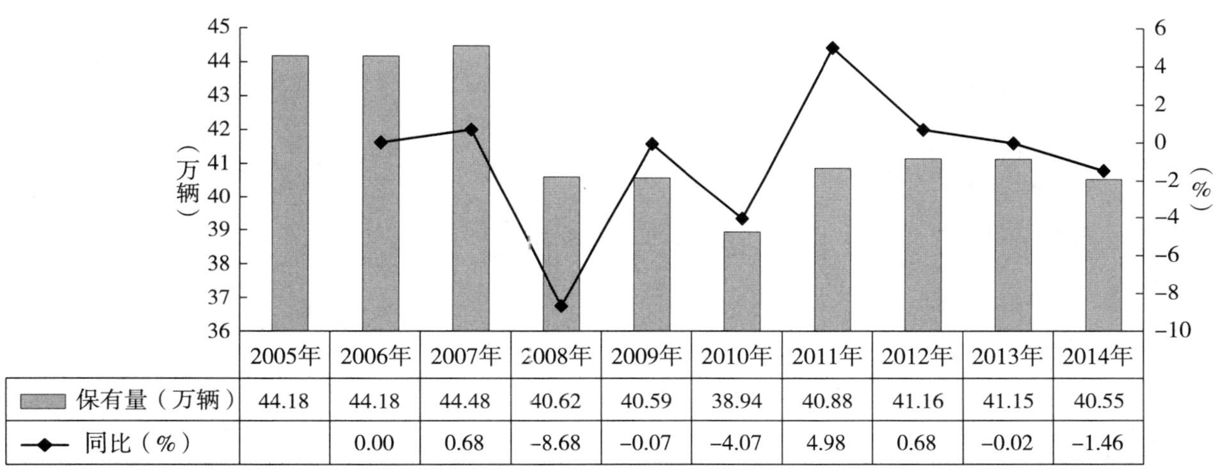

	2005年	2006年	2007年	2008年	2009年	2010年	2011年	2012年	2013年	2014年
保有量（万辆）	44.18	44.18	44.48	40.62	40.59	38.94	40.88	41.16	41.15	40.55
同比（%）		0.00	0.68	−8.68	−0.07	−4.07	4.98	0.68	−0.02	−1.46

图 207　2005—2014 年辽宁省三轮运输车保有量走势

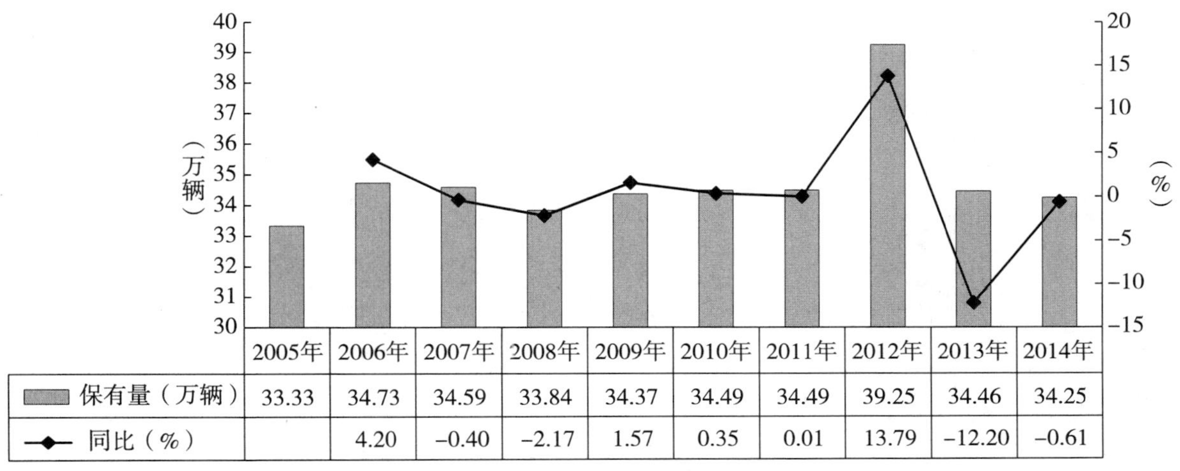

	2005年	2006年	2007年	2008年	2009年	2010年	2011年	2012年	2013年	2014年
保有量（万辆）	33.33	34.73	34.59	33.84	34.37	34.49	34.49	39.25	34.46	34.25
同比（%）		4.20	−0.40	−2.17	1.57	0.35	0.01	13.79	−12.20	−0.61

图 208　2005—2014 年内蒙古自治区三轮运输车保有量走势

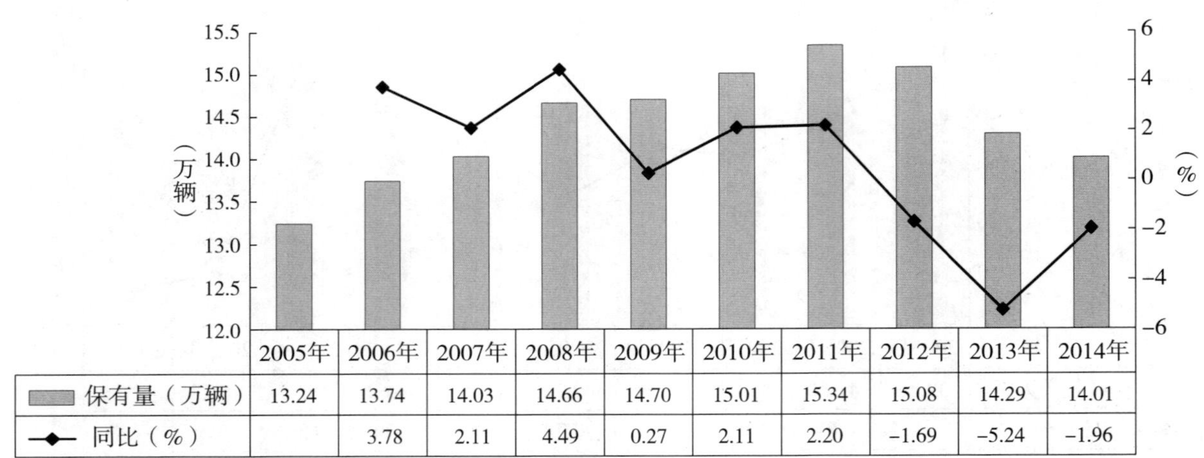

	2005年	2006年	2007年	2008年	2009年	2010年	2011年	2012年	2013年	2014年
保有量（万辆）	13.24	13.74	14.03	14.66	14.70	15.01	15.34	15.08	14.29	14.01
同比（%）		3.78	2.11	4.49	0.27	2.11	2.20	−1.69	−5.24	−1.96

图 209　2005—2014 年宁夏回族自治区三轮运输车保有量走势

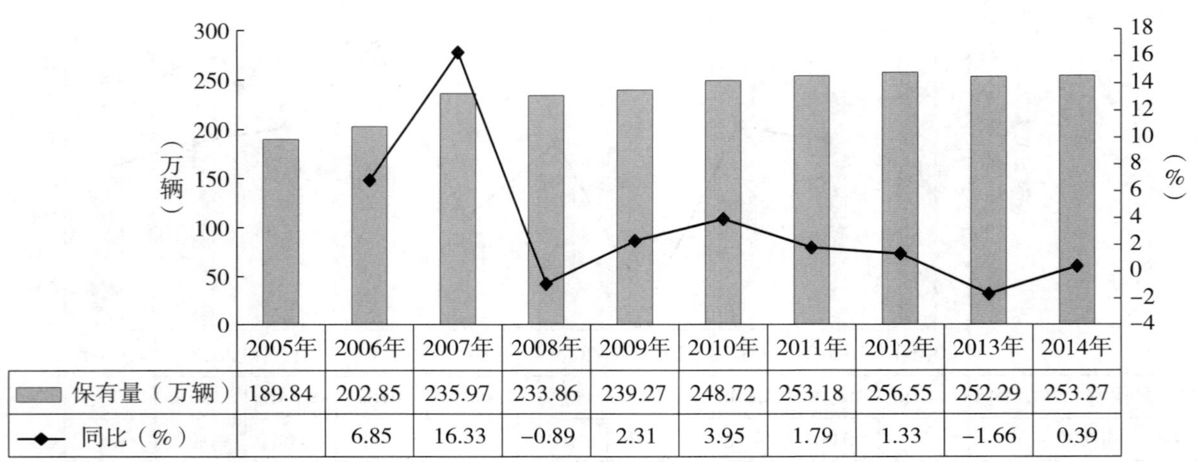

	2005年	2006年	2007年	2008年	2009年	2010年	2011年	2012年	2013年	2014年
保有量（万辆）	189.84	202.85	235.97	233.86	239.27	248.72	253.18	256.55	252.29	253.27
同比（%）		6.85	16.33	−0.89	2.31	3.95	1.79	1.33	−1.66	0.39

图 210　2005—2014 年全国低速货车保有量走势

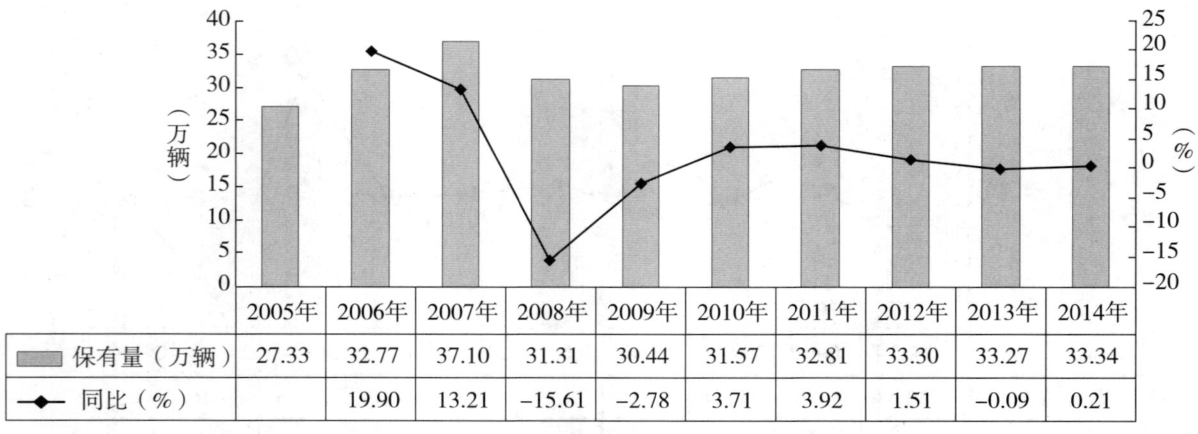

	2005年	2006年	2007年	2008年	2009年	2010年	2011年	2012年	2013年	2014年
保有量（万辆）	27.33	32.77	37.10	31.31	30.44	31.57	32.81	33.30	33.27	33.34
同比（%）		19.90	13.21	−15.61	−2.78	3.71	3.92	1.51	−0.09	0.21

图 211　2005—2014 年山东省低速货车保有量走势

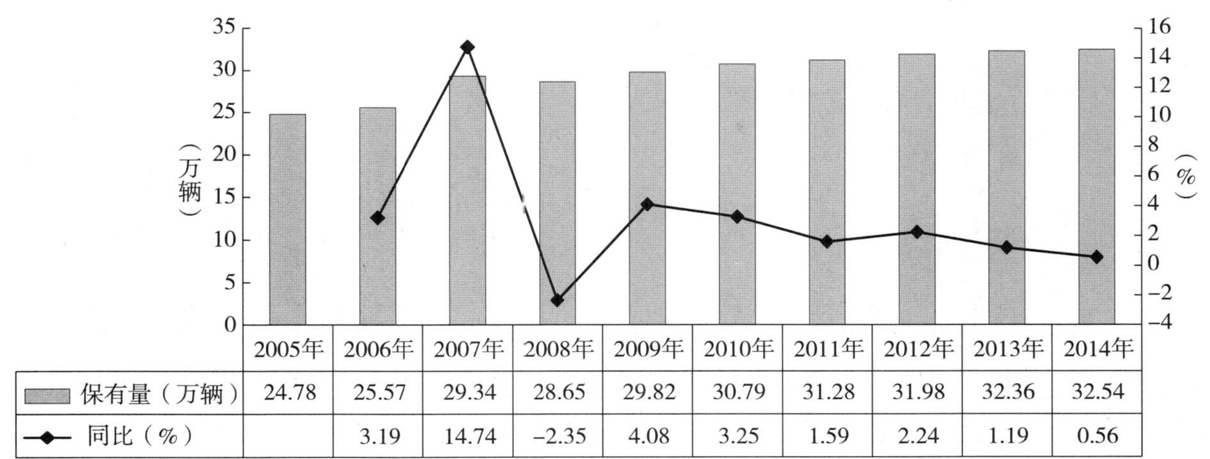

	2005年	2006年	2007年	2008年	2009年	2010年	2011年	2012年	2013年	2014年
保有量（万辆）	24.78	25.57	29.34	28.65	29.82	30.79	31.28	31.98	32.36	32.54
同比（%）		3.19	14.74	−2.35	4.08	3.25	1.59	2.24	1.19	0.56

图 212　2005—2014 年河北省低速货车保有量走势

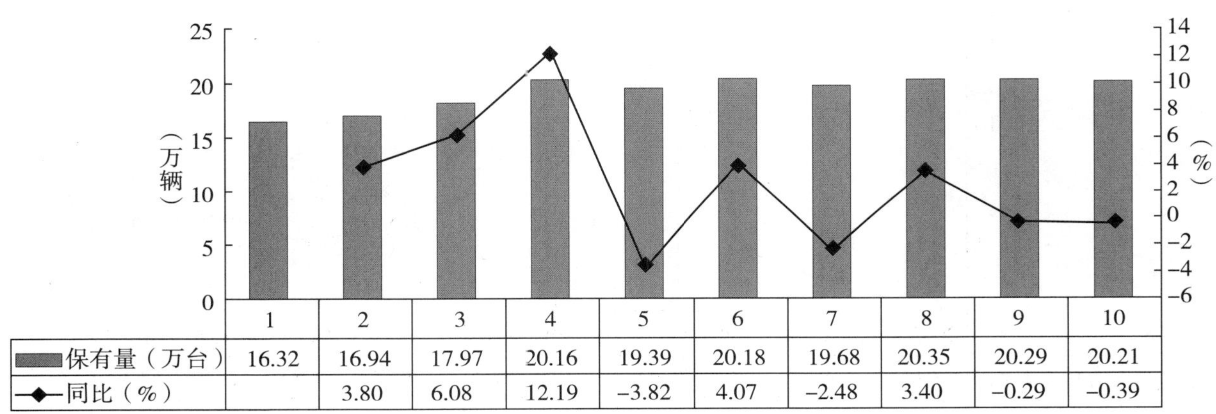

	1	2	3	4	5	6	7	8	9	10
保有量（万台）	16.32	16.94	17.97	20.16	19.39	20.18	19.68	20.35	20.29	20.21
同比（%）		3.80	6.08	12.19	−3.82	4.07	−2.48	3.40	−0.29	−0.39

图 213　2005—2014 年河南省低速货车保有量走势

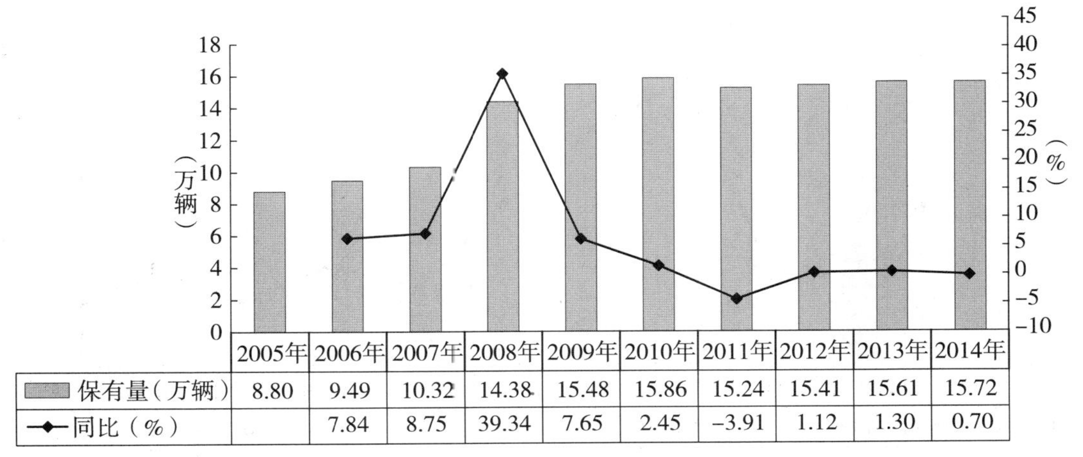

	2005年	2006年	2007年	2008年	2009年	2010年	2011年	2012年	2013年	2014年
保有量（万辆）	8.80	9.49	10.32	14.38	15.48	15.86	15.24	15.41	15.61	15.72
同比（%）		7.84	8.75	39.34	7.65	2.45	−3.91	1.12	1.30	0.70

图 214　2005—2014 年山西省低速货车保有量走势

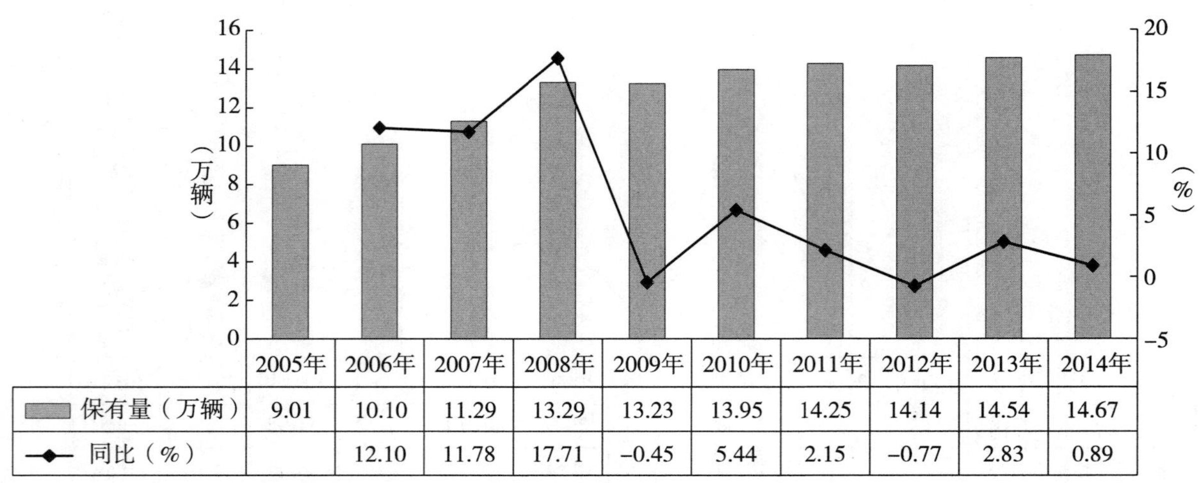

	2005年	2006年	2007年	2008年	2009年	2010年	2011年	2012年	2013年	2014年
保有量（万辆）	9.01	10.10	11.29	13.29	13.23	13.95	14.25	14.14	14.54	14.67
同比（%）		12.10	11.78	17.71	−0.45	5.44	2.15	−0.77	2.83	0.89

图 215　2005—2014 年湖南省低速货车保有量走势

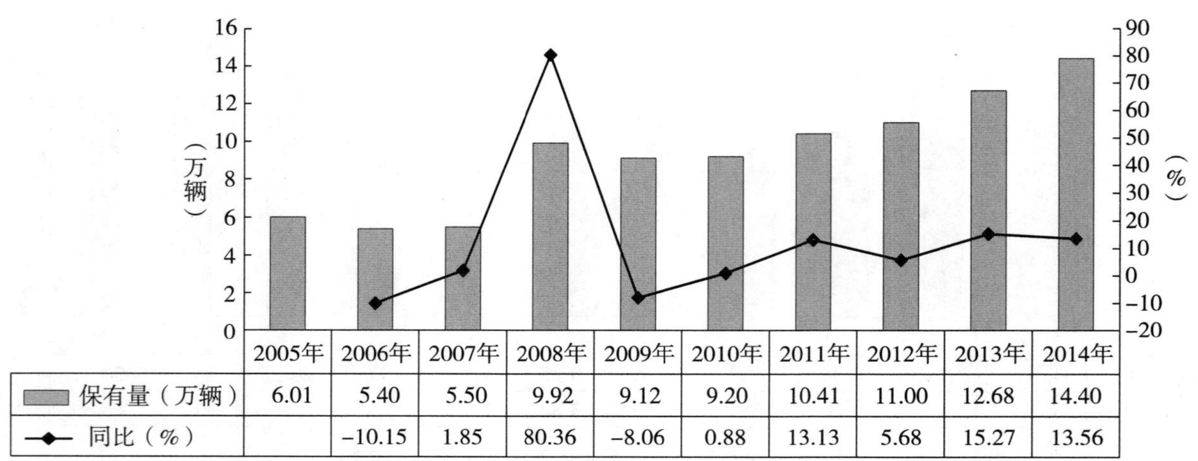

	2005年	2006年	2007年	2008年	2009年	2010年	2011年	2012年	2013年	2014年
保有量（万辆）	6.01	5.40	5.50	9.92	9.12	9.20	10.41	11.00	12.68	14.40
同比（%）		−10.15	1.85	80.36	−8.06	0.88	13.13	5.68	15.27	13.56

图 216　2005—2014 年贵州省低速货车保有量走势

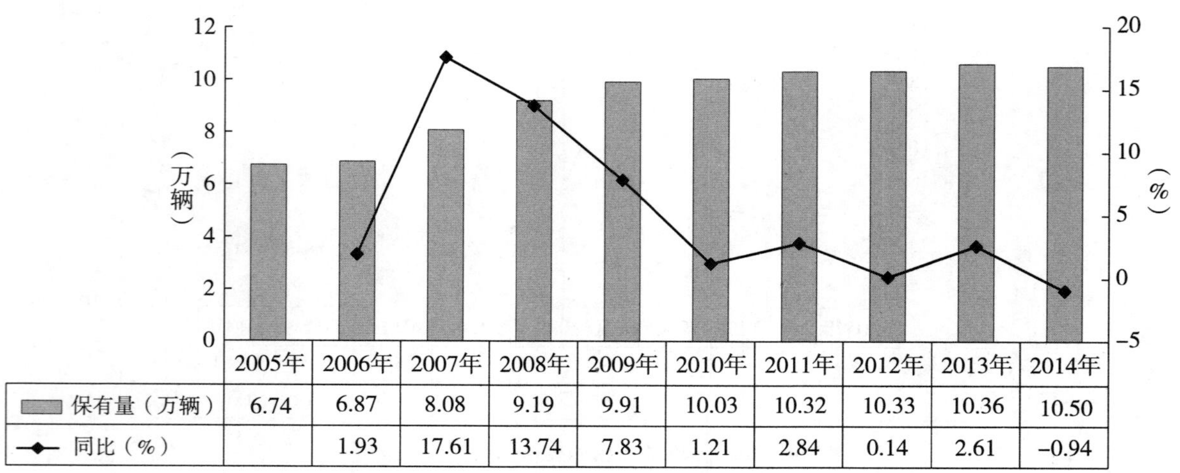

	2005年	2006年	2007年	2008年	2009年	2010年	2011年	2012年	2013年	2014年
保有量（万辆）	6.74	6.87	8.08	9.19	9.91	10.03	10.32	10.33	10.36	10.50
同比（%）		1.93	17.61	13.74	7.83	1.21	2.84	0.14	2.61	−0.94

图 217　2005—2014 年湖北省低速货车保有量走势

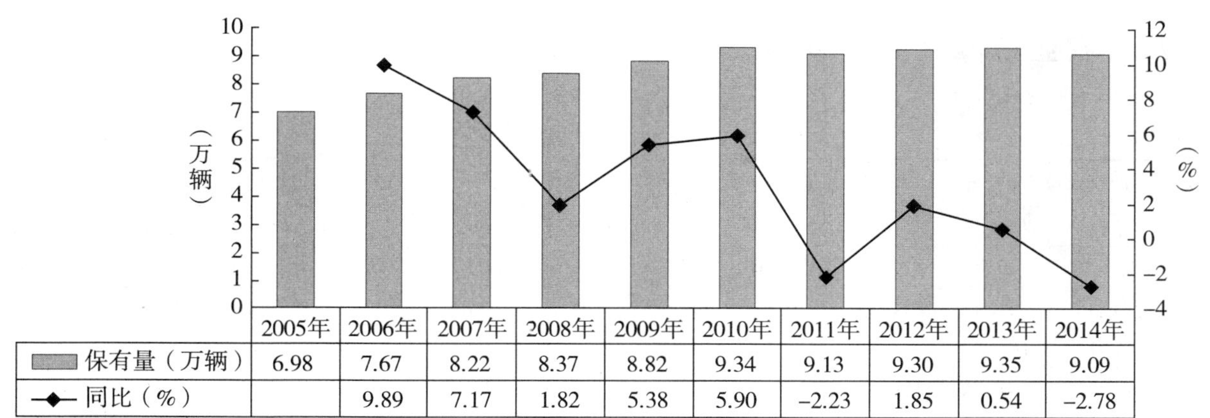

	2005年	2006年	2007年	2008年	2009年	2010年	2011年	2012年	2013年	2014年
保有量（万辆）	6.98	7.67	8.22	8.37	8.82	9.34	9.13	9.30	9.35	9.09
同比（%）		9.89	7.17	1.82	5.38	5.90	−2.23	1.85	0.54	−2.78

图 218　2005—2014 年安徽省低速货车保有量走势

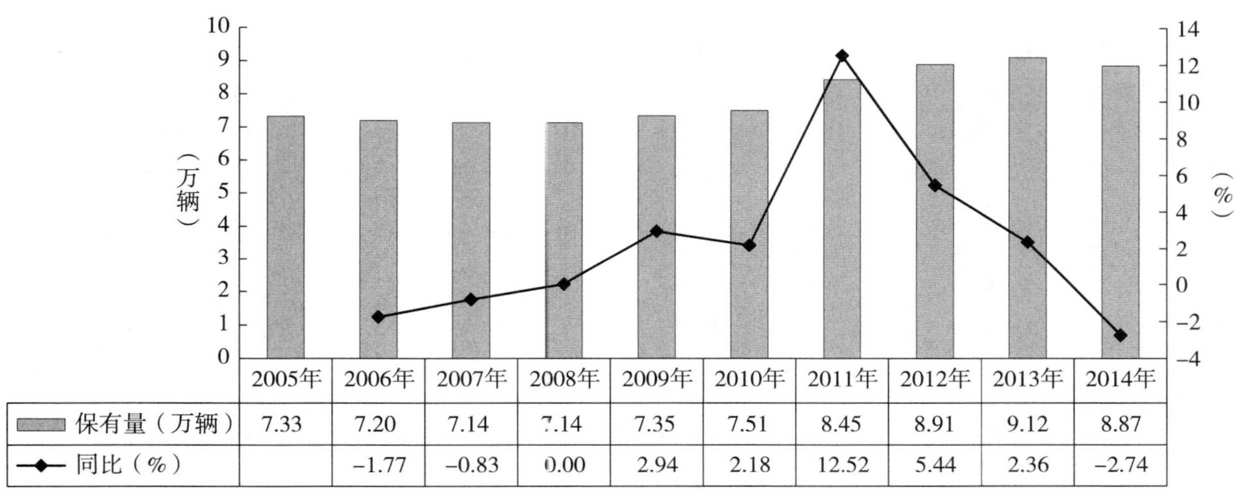

	2005年	2006年	2007年	2008年	2009年	2010年	2011年	2012年	2013年	2014年
保有量（万辆）	7.33	7.20	7.14	7.14	7.35	7.51	8.45	8.91	9.12	8.87
同比（%）		−1.77	−0.83	0.00	2.94	2.18	12.52	5.44	2.36	−2.74

图 219　2005—2014 年四川省低速货车保有量走势

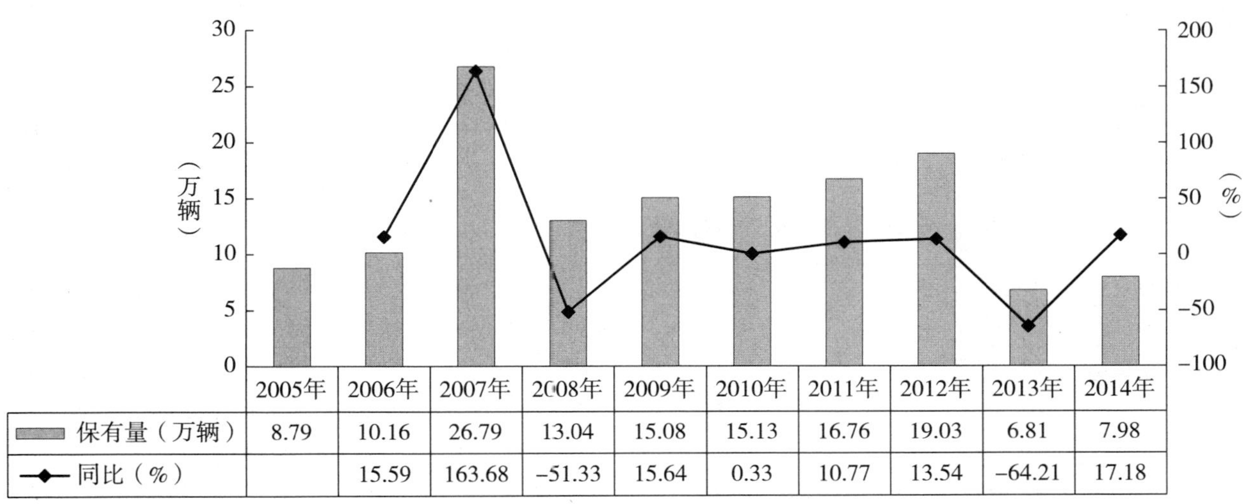

	2005年	2006年	2007年	2008年	2009年	2010年	2011年	2012年	2013年	2014年
保有量（万辆）	8.79	10.16	26.79	13.04	15.08	15.13	16.76	19.03	6.81	7.98
同比（%）		15.59	163.68	−51.33	15.64	0.33	10.77	13.54	−64.21	17.18

图 220　2005—2014 年江西省低速货车保有量走势

八、农业机械原值与净值保有量的走势

表 41　　**2005—2014 年农业机械原值一览表**　　单位：亿元

序号	地区	2005 年	2006 年	2007 年	2008 年	2009 年	2010 年	2011 年	2012 年	2013 年	2014 年
0	全国	3947.70	4279.15	4634.50	5191.86	5819.77	6448.81	7114.64	7805.61	8222.61	8787.46
1	山东省	490.00	520.98	555.00	585.00	641.07	664.84	702.31	748.76	796.65	843.15
2	河南省	454.57	487.25	520.07	566.59	615.24	654.33	697.85	740.44	781.79	826.06
3	黑龙江省	181.84	213.39	244.10	271.55	326.66	406.23	497.76	579.57	647.69	701.86
4	河北省	401.55	418.05	430.17	449.91	486.19	508.44	540.30	576.80	599.45	627.89
5	安徽省	262.94	286.74	309.49	341.51	374.93	417.32	449.45	491.51	533.88	547.35
6	江苏省	176.97	215.00	239.91	270.72	293.49	320.00	353.01	409.43	453.21	492.43
7	内蒙古自治区	119.36	130.99	143.69	223.22	242.79	265.31	290.57	329.35	364.51	402.18
8	湖北省	117.82	133.57	153.48	194.34	235.04	264.69	291.32	324.11	353.69	388.43
9	湖南省	145.04	164.71	166.18	198.45	230.69	259.15	285.26	300.28	316.60	334.38
10	四川省	135.58	148.24	159.30	171.93	191.08	213.90	234.95	265.53	289.37	308.10
11	吉林省	101.16	110.81	111.56	135.48	155.97	190.00	209.54	244.76	273.92	302.15
12	广西壮族自治区	120.90	128.55	140.16	156.54	174.41	200.83	220.98	241.15	263.84	282.87
13	浙江省	140.53	161.47	172.94	187.46	233.44	235.12	247.79	261.10	263.64	268.54
14	辽宁省	89.34	92.85	98.82	109.91	123.00	150.69	183.15	207.29	235.19	257.72
15	山西省	115.00	120.70	128.67	138.21	152.97	172.77	193.93	214.31	236.17	255.51
16	新疆维吾尔自治区	70.84	74.53	83.27	91.65	110.97	130.95	155.41	182.27	209.62	230.65
17	云南省	93.90	97.25	105.12	119.50	132.67	148.45	158.60	180.31	197.95	213.09
18	陕西省	84.74	92.07	100.44	115.96	133.46	156.05	175.06	189.02	200.66	212.76
19	广东省	114.26	116.58	121.48	133.49	140.44	158.27	175.44	187.73	195.43	199.50
20	甘肃省	90.40	95.05	100.59	108.07	116.30	124.15	141.55	156.13	176.30	197.90
21	江西省	118.09	124.46	191.16	225.01	253.02	300.00	330.32	355.29	177.30	188.35
22	福建省	64.23	69.05	72.42	88.61	98.18	101.93	110.17	119.20	125.68	128.49
23	贵州省	51.70	53.20	55.70	59.82	68.37	74.60	92.67	101.41	116.01	125.05
24	重庆市	47.19	49.10	52.66	57.47	66.93	79.12	86.36	93.28	98.90	101.87
25	宁夏回族自治区	37.60	42.38	42.76	47.50	51.09	55.10	65.66	70.95	75.68	81.49
26	西藏自治区	0.00	0.00	0.00	0.00	16.93	29.00	43.48	45.83	50.04	57.04
27	海南省	22.66	24.96	27.43	30.21	33.90	36.66	43.95	47.41	51.75	51.78
28	新疆兵团	24.76	26.94	28.27	31.33	34.87	36.07	39.84	44.41	48.09	50.49
29	北京市	22.93	22.33	21.79	23.10	23.73	31.05	29.21	26.96	23.52	44.15
30	天津市	26.25	31.78	31.79	32.32	33.33	34.18	36.12	38.16	35.33	42.21
31	青海省	25.57	26.17	26.08	27.01	28.61	29.62	32.62	32.86	30.75	24.02
32	上海市	0.00	0.00	0.00	0.00	0.00	0.00	0.00	0.00	0.00	0.00

表 42　　2005—2014 年农业机械原值走势分析

序号	地区	类别	2005 年	2006 年	2007 年	2008 年	2009 年	2010 年	2011 年	2012 年	2013 年	2014 年
0	全国	保有量（亿元）	3947. 70	4279. 15	4634. 50	5191. 86	5819. 77	6448. 81	7114. 64	7805. 61	8222. 61	8787. 46
		同比（%）		8. 40	8. 30	12. 03	12. 09	10. 81	10. 32	9. 71	5. 34	6. 87
1	山东省	保有量（亿元）	490. 00	520. 98	555. 00	585. 00	641. 07	664. 84	702. 31	748. 76	796. 65	843. 15
		同比（%）		6. 32	6. 53	5. 41	9. 58	3. 71	5. 64	6. 61	6. 40	5. 84
2	河南省	保有量（亿元）	454. 57	487. 25	520. 07	566. 59	615. 24	654. 33	697. 85	740. 44	781. 79	826. 06
		同比（%）		7. 19	6. 74	8. 94	8. 59	6. 35	6. 65	6. 10	5. 58	5. 66
3	黑龙江省	保有量（亿元）	181. 84	213. 39	244. 10	271. 55	326. 66	406. 23	497. 76	579. 57	647. 69	701. 86
		同比（%）		4. 11	2. 90	4. 59	8. 06	4. 58	6. 27	16. 44	11. 75	8. 36
4	河北省	保有量（亿元）	401. 55	418. 05	430. 17	449. 91	486. 19	508. 44	540. 30	576. 80	599. 45	627. 89
		同比（%）		17. 35	14. 39	11. 25	20. 29	24. 36	22. 53	6. 76	3. 93	4. 74
5	安徽省	保有量（亿元）	262. 94	286. 74	309. 49	341. 51	374. 93	417. 32	449. 45	491. 51	533. 88	547. 35
		同比（%）		9. 05	7. 93	10. 35	9. 79	11. 31	7. 70	9. 36	8. 62	2. 52
6	江苏省	保有量（亿元）	176. 97	215. 00	239. 91	270. 72	293. 49	320. 00	353. 01	409. 43	453. 21	492. 43
		同比（%）		21. 49	11. 59	12. 84	8. 41	9. 03	10. 32	15. 98	10. 69	8. 65
7	内蒙古自治区	保有量（亿元）	119. 36	130. 99	143. 69	223. 22	242. 79	265. 31	290. 57	329. 35	364. 51	402. 18
		同比（%）		13. 37	14. 91	26. 62	20. 94	12. 61	10. 06	13. 35	10. 68	10. 33
8	湖北省	保有量（亿元）	117. 82	133. 57	153. 48	194. 34	235. 04	264. 69	291. 32	324. 11	353. 69	388. 43
		同比（%）		9. 74	9. 70	55. 35	8. 77	9. 28	9. 52	11. 26	9. 13	9. 82
9	湖南省	保有量（亿元）	145. 04	164. 71	166. 18	198. 45	230. 69	259. 15	285. 26	300. 28	316. 60	334. 38
		同比（%）		13. 56	0. 89	19. 42	16. 25	12. 34	10. 08	5. 26	5. 43	5. 62
10	四川省	保有量（亿元）	135. 58	148. 24	159. 30	171. 93	191. 08	213. 90	234. 95	265. 53	289. 37	308. 10
		同比（%）		13. 56	0. 89	19. 42	16. 25	12. 34	10. 08	13. 02	8. 98	6. 47

表 43　2005—2014 年农业机械净值一览表　单位：亿元

序号	地区	2005 年	2006 年	2007 年	2008 年	2009 年	2010 年	2011 年	2012 年	2013 年	2014 年
0	全国	2860.83	3100.13	3362.70	3764.39	4224.46	4718.16	5198.65	5683.14	5993.12	6402.17
1	山东省	363.14	387.85	415.60	445.71	487.02	517.00	550.49	582.18	607.97	643.30
2	河南省	338.07	364.94	391.01	424.29	454.64	490.55	521.97	554.20	582.28	615.59
3	黑龙江省	133.11	159.10	175.08	205.08	253.98	324.80	393.85	466.17	510.86	543.68
4	河北省	284.64	298.04	306.99	322.44	345.33	362.82	382.29	402.65	417.88	437.83
5	安徽省	186.61	202.00	215.72	240.06	267.80	293.90	311.87	336.49	363.25	380.43
6	江苏省	133.79	153.00	166.26	192.22	210.82	229.00	252.95	292.38	326.64	357.86
7	内蒙古自治区	89.84	99.76	109.22	163.48	178.35	191.99	211.54	242.18	266.65	298.05
8	湖北省	86.46	103.33	136.98	144.84	176.58	198.74	219.14	227.70	251.51	274.71
9	湖南省	115.99	129.17	131.42	144.81	168.08	190.30	209.00	221.21	233.96	248.68
10	吉林省	71.99	77.61	78.00	98.06	115.06	141.70	153.05	178.87	204.34	226.99
11	四川省	94.98	104.60	109.56	120.44	133.39	149.52	164.61	186.03	201.97	215.56
12	辽宁省	61.27	63.91	68.92	79.07	91.00	112.65	137.12	155.41	178.44	194.54
13	新疆维吾尔自治区	57.70	59.15	64.27	76.94	94.23	110.74	132.21	154.11	175.40	194.03
14	广西壮族自治区	85.21	91.35	99.71	113.95	125.86	143.67	154.14	163.09	184.83	187.45
15	山西省	84.86	88.85	94.77	103.04	113.58	128.73	142.02	157.92	173.21	187.45
16	浙江省	97.01	113.22	118.17	130.00	155.81	158.83	168.71	174.45	172.56	175.46
17	云南省	68.64	68.84	76.60	86.71	98.96	108.83	118.32	133.79	147.87	158.03
18	陕西省	64.00	67.44	71.93	80.42	93.71	113.45	123.61	135.22	146.43	154.89
19	甘肃省	63.01	66.17	68.60	75.42	82.30	87.84	99.14	109.83	122.57	138.64
20	江西省	81.30	82.34	132.04	154.40	166.86	198.00	225.71	242.29	125.33	132.83
21	广东省	76.43	80.89	81.61	88.68	93.56	104.17	114.78	122.75	127.47	129.45
22	贵州省	36.07	37.40	38.70	42.33	49.55	54.10	65.80	72.47	82.50	88.81
23	福建省	42.25	45.01	47.27	55.73	61.22	63.35	71.09	78.45	84.02	84.46
24	重庆市	31.45	33.43	36.29	40.15	46.76	59.29	71.13	75.42	81.25	84.09
25	宁夏回族自治区	26.34	27.82	28.20	30.69	33.85	37.31	42.13	49.41	51.57	55.83
26	新疆兵团	20.14	22.57	24.71	27.46	32.66	35.02	35.51	36.94	40.90	42.94
27	海南省	15.51	16.97	19.20	21.15	24.13	26.04	32.30	34.70	38.04	38.06
28	西藏自治区	0.00	0.00	0.00	0.00	11.26	19.43	26.09	27.50	30.02	35.37
29	天津市	18.23	22.08	22.74	23.16	23.85	24.54	26.03	27.21	26.08	31.39
30	北京市	14.23	13.67	13.40	13.67	14.25	20.65	18.77	17.87	15.18	29.86
31	青海省	18.56	19.63	19.73	19.98	20.01	21.21	23.28	24.25	22.14	15.91
32	上海市	0.00	0.00	0.00	0.00	0.00	0.00	0.00	0.00	0.00	0.00

表 44 2005—2014 年农业机械净值走势分析

序号	地区	类别	2005 年	2006 年	2007 年	2008 年	2009 年	2010 年	2011 年	2012 年	2013 年	2014 年
0	全国	保有量（亿元）	2860. 83	3100. 13	3362. 70	3764. 39	4224. 46	4718. 16	5198. 65	5683. 14	5993. 12	6402. 17
		同比（%）		8. 36	8. 47	11. 95	12. 22	11. 69	10. 18	9. 32	5. 45	6. 83
1	山东省	保有量（亿元）	363. 14	387. 85	415. 60	445. 71	487. 02	517. 00	550. 49	582. 18	607. 97	643. 30
		同比（%）		6. 80	7. 15	7. 24	9. 27	6. 16	6. 48	5. 76	4. 43	5. 81
2	河南省	保有量（亿元）	338. 07	364. 94	391. 01	424. 29	454. 64	490. 55	521. 97	554. 20	582. 28	615. 59
		同比（%）		7. 95	7. 14	8. 51	7. 15	7. 90	6. 41	6. 17	5. 07	5. 72
3	黑龙江省	保有量（亿元）	133. 11	159. 10	175. 08	205. 08	253. 98	324. 80	393. 85	466. 17	510. 86	543. 68
		同比（%）		19. 53	10. 04	17. 14	23. 84	27. 88	21. 26	18. 36	9. 59	6. 42
4	河北省	保有量（亿元）	284. 64	298. 04	306. 99	322. 44	345. 33	362. 82	382. 29	402. 65	417. 88	437. 83
		同比（%）		4. 71	3. 00	5. 03	7. 10	5. 06	5. 37	5. 33	3. 78	4. 77
5	安徽省	保有量（亿元）	186. 61	202. 00	215. 72	240. 06	267. 80	293. 90	311. 87	336. 49	363. 25	380. 43
		同比（%）		8. 25	6. 79	11. 28	11. 56	9. 75	6. 11	7. 90	7. 95	4. 73
6	江苏省	保有量（亿元）	133. 79	153. 00	166. 26	192. 22	210. 82	229. 00	252. 95	292. 38	326. 64	357. 86
		同比（%）		14. 36	8. 67	15. 61	9. 68	8. 62	10. 46	15. 59	11. 72	9. 56
7	内蒙古自治区	保有量（亿元）	89. 84	99. 76	109. 22	163. 48	178. 35	191. 99	211. 54	242. 18	266. 65	298. 05
		同比（%）		11. 04	9. 48	49. 68	9. 10	7. 65	10. 18	14. 49	10. 10	11. 78
8	湖北省	保有量（亿元）	86. 46	103. 33	136. 98	144. 84	176. 58	198. 74	219. 14	227. 70	251. 51	274. 71
		同比（%）		19. 51	32. 57	5. 74	21. 91	12. 55	10. 26	3. 91	10. 46	9. 22
9	湖南省	保有量（亿元）	115. 99	129. 17	131. 42	144. 81	168. 08	190. 30	209. 00	221. 21	233. 96	248. 68
		同比（%）		11. 36	1. 74	10. 19	16. 07	13. 22	9. 83	5. 84	5. 76	6. 29
10	吉林省	保有量（亿元）	71. 99	77. 61	78. 00	98. 06	115. 06	141. 70	153. 05	178. 87	204. 34	226. 99
		同比（%）		7. 81	0. 50	25. 72	17. 34	23. 15	8. 01	16. 87	14. 24	11. 08

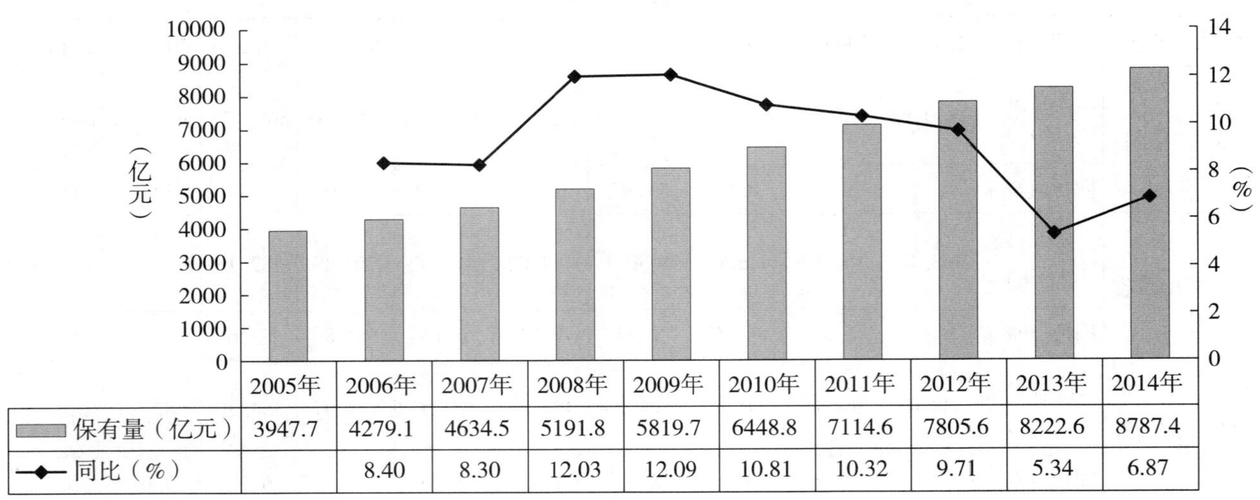

	2005年	2006年	2007年	2008年	2009年	2010年	2011年	2012年	2013年	2014年
保有量（亿元）	3947.7	4279.1	4634.5	5191.8	5819.7	6448.8	7114.6	7805.6	8222.6	8787.4
同比（%）		8.40	8.30	12.03	12.09	10.81	10.32	9.71	5.34	6.87

图 221　2005—2014 年全国农业机械原值走势

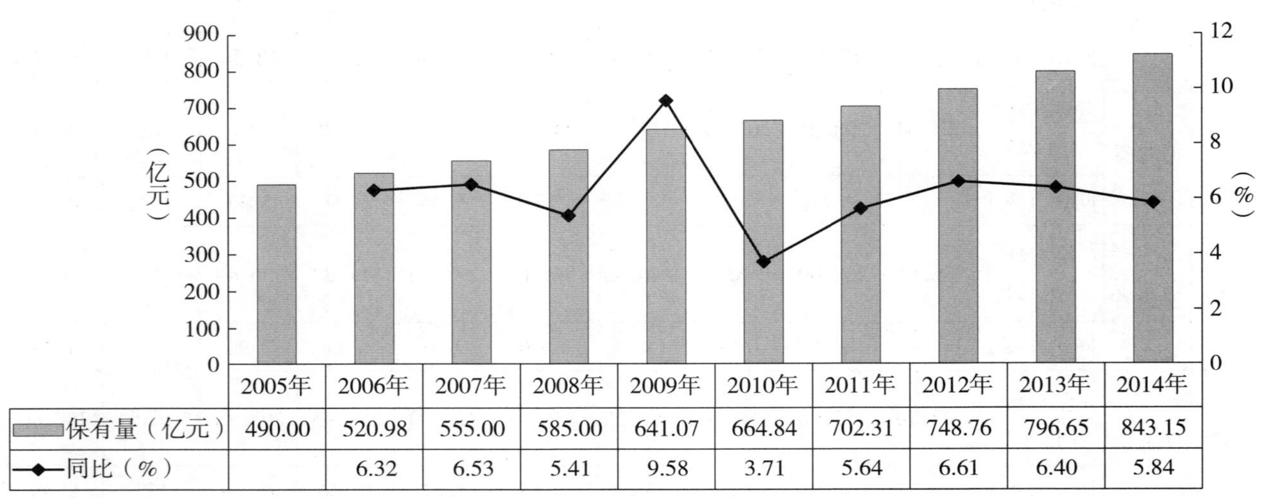

	2005年	2006年	2007年	2008年	2009年	2010年	2011年	2012年	2013年	2014年
保有量（亿元）	490.00	520.98	555.00	585.00	641.07	664.84	702.31	748.76	796.65	843.15
同比（%）		6.32	6.53	5.41	9.58	3.71	5.64	6.61	6.40	5.84

图 222　2005—2014 年山东省农业机械原值走势

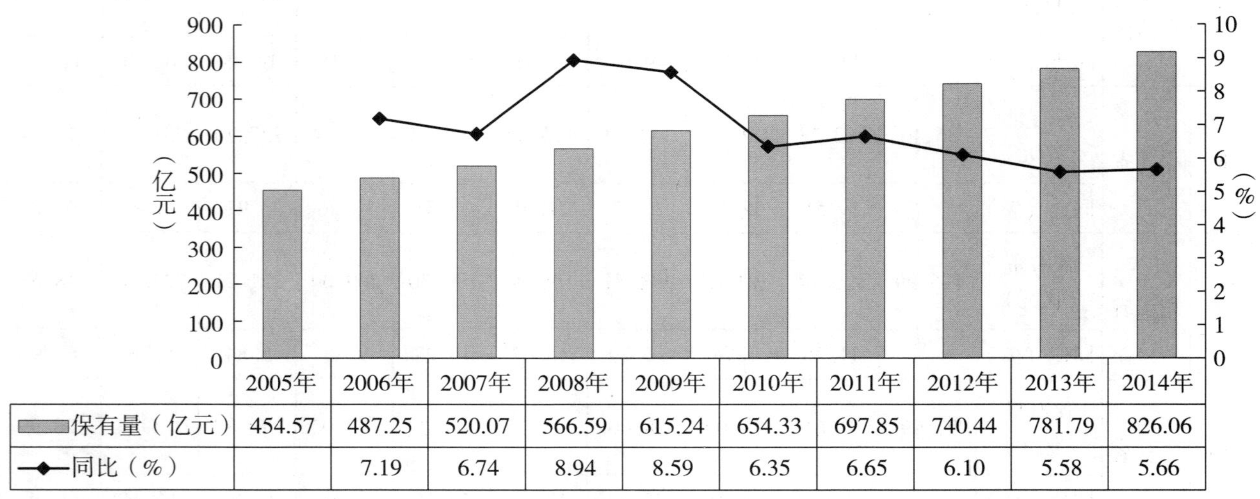

	2005年	2006年	2007年	2008年	2009年	2010年	2011年	2012年	2013年	2014年
保有量（亿元）	454.57	487.25	520.07	566.59	615.24	654.33	697.85	740.44	781.79	826.06
同比（%）		7.19	6.74	8.94	8.59	6.35	6.65	6.10	5.58	5.66

图 223　2005—2014 年河南省农业机械原值走势

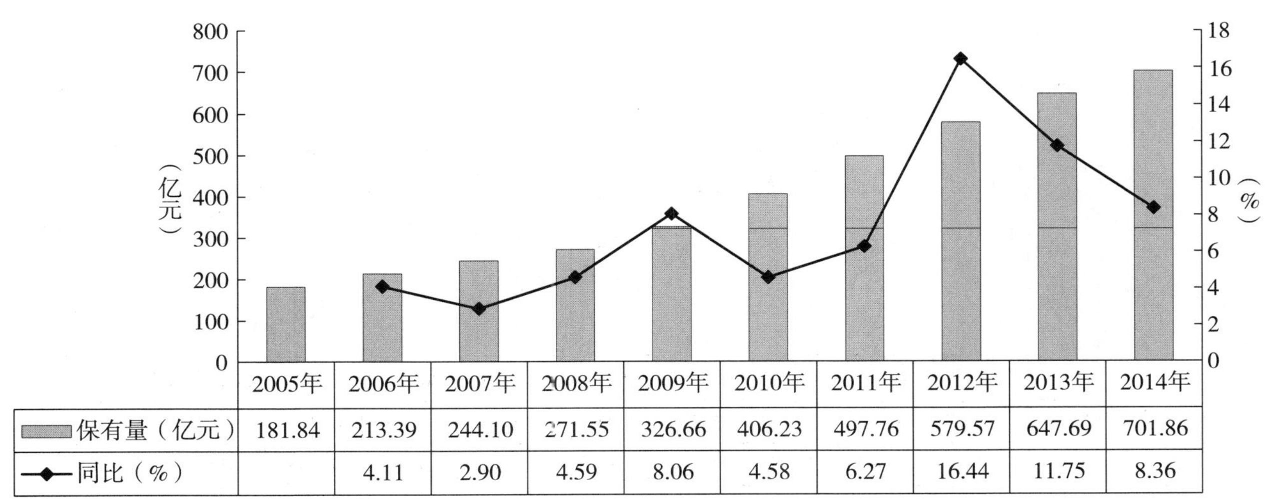

	2005年	2006年	2007年	2008年	2009年	2010年	2011年	2012年	2013年	2014年
保有量（亿元）	181.84	213.39	244.10	271.55	326.66	406.23	497.76	579.57	647.69	701.86
同比（%）		4.11	2.90	4.59	8.06	4.58	6.27	16.44	11.75	8.36

图 224 2005—2014 年黑龙江省农业机械原值走势

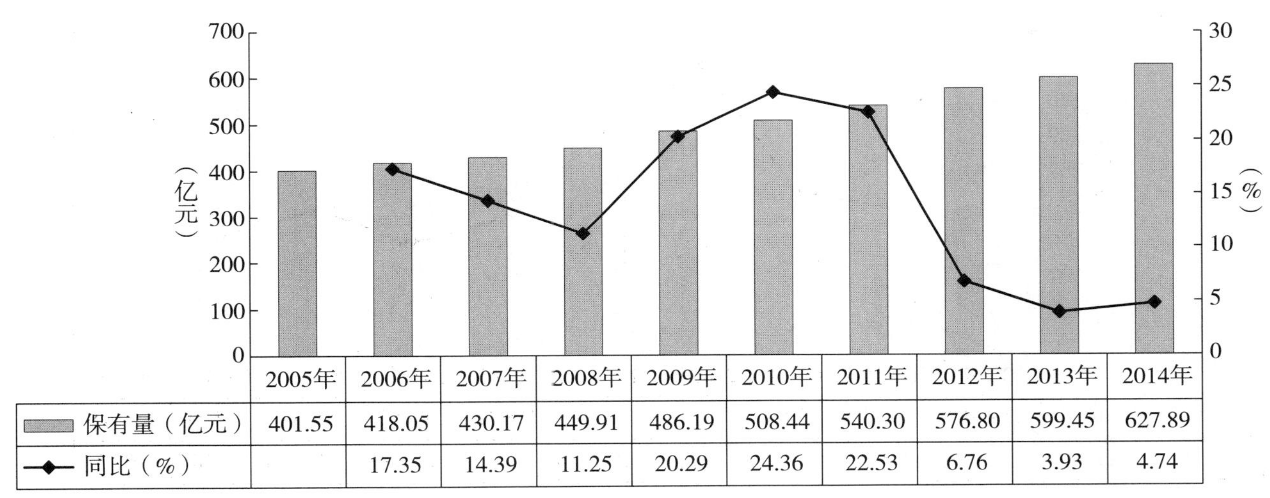

	2005年	2006年	2007年	2008年	2009年	2010年	2011年	2012年	2013年	2014年
保有量（亿元）	401.55	418.05	430.17	449.91	486.19	508.44	540.30	576.80	599.45	627.89
同比（%）		17.35	14.39	11.25	20.29	24.36	22.53	6.76	3.93	4.74

图 225 2005—2014 年河北省农业机械原值走势

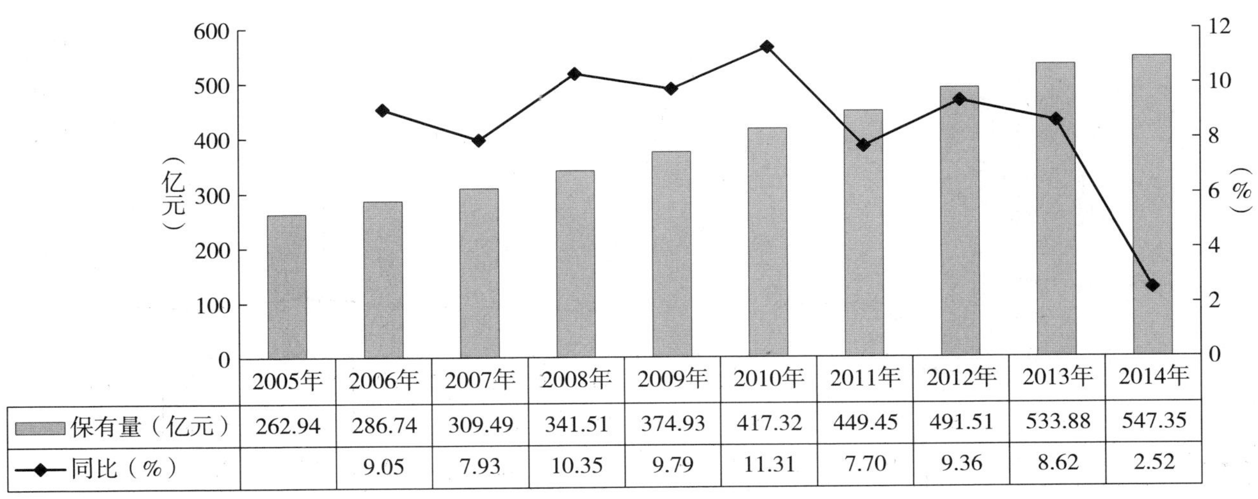

	2005年	2006年	2007年	2008年	2009年	2010年	2011年	2012年	2013年	2014年
保有量（亿元）	262.94	286.74	309.49	341.51	374.93	417.32	449.45	491.51	533.88	547.35
同比（%）		9.05	7.93	10.35	9.79	11.31	7.70	9.36	8.62	2.52

图 226 2005—2014 年安徽省农业机械原值走势

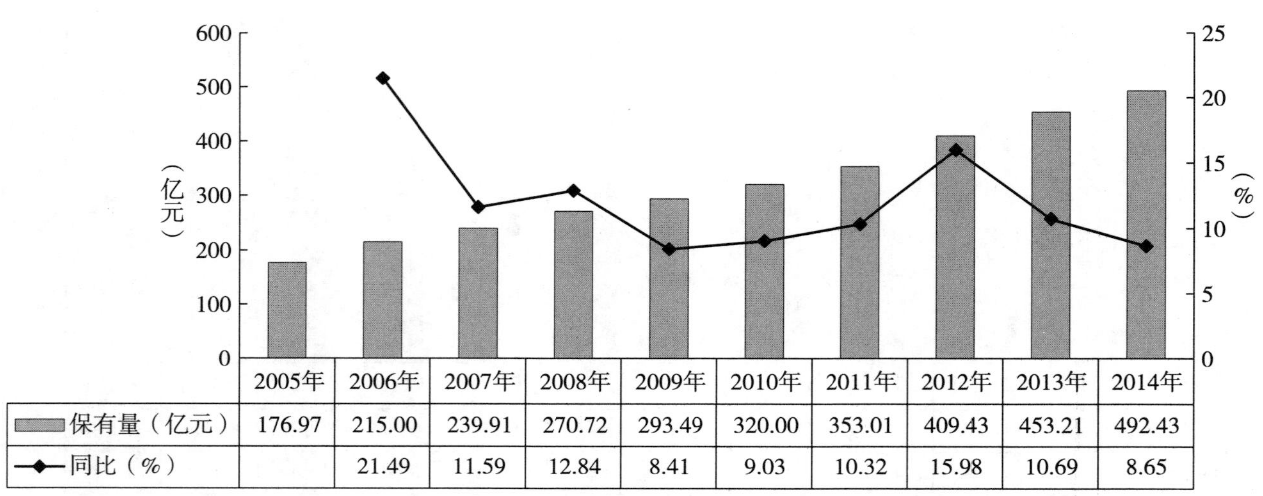

	2005年	2006年	2007年	2008年	2009年	2010年	2011年	2012年	2013年	2014年
保有量（亿元）	176.97	215.00	239.91	270.72	293.49	320.00	353.01	409.43	453.21	492.43
同比（%）		21.49	11.59	12.84	8.41	9.03	10.32	15.98	10.69	8.65

图 227　2005—2014 年江苏省农业机械原值走势

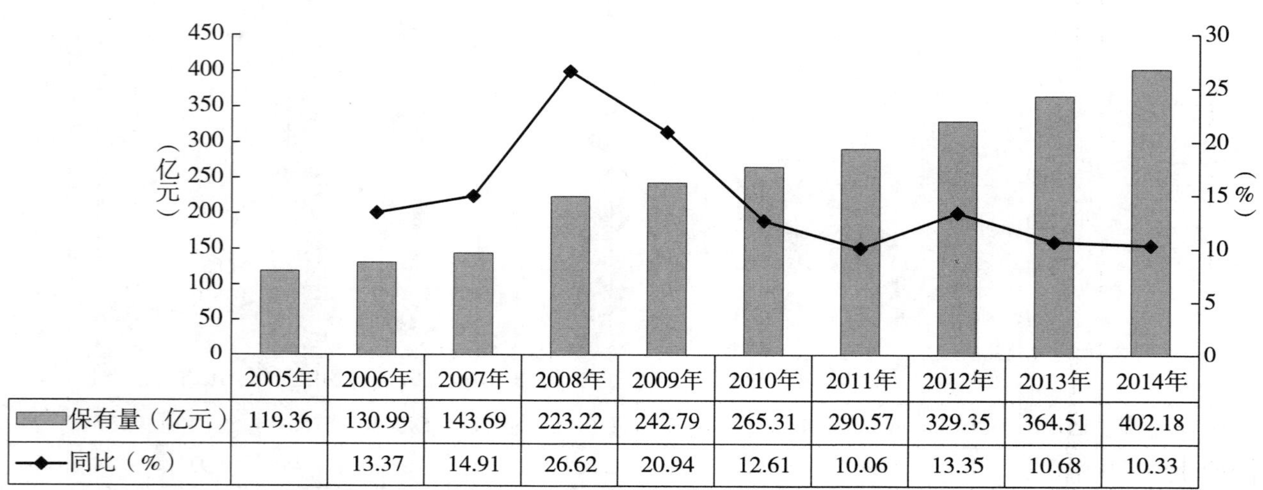

	2005年	2006年	2007年	2008年	2009年	2010年	2011年	2012年	2013年	2014年
保有量（亿元）	119.36	130.99	143.69	223.22	242.79	265.31	290.57	329.35	364.51	402.18
同比（%）		13.37	14.91	26.62	20.94	12.61	10.06	13.35	10.68	10.33

图 228　2005—2014 年内蒙古自治区农业机械原值走势

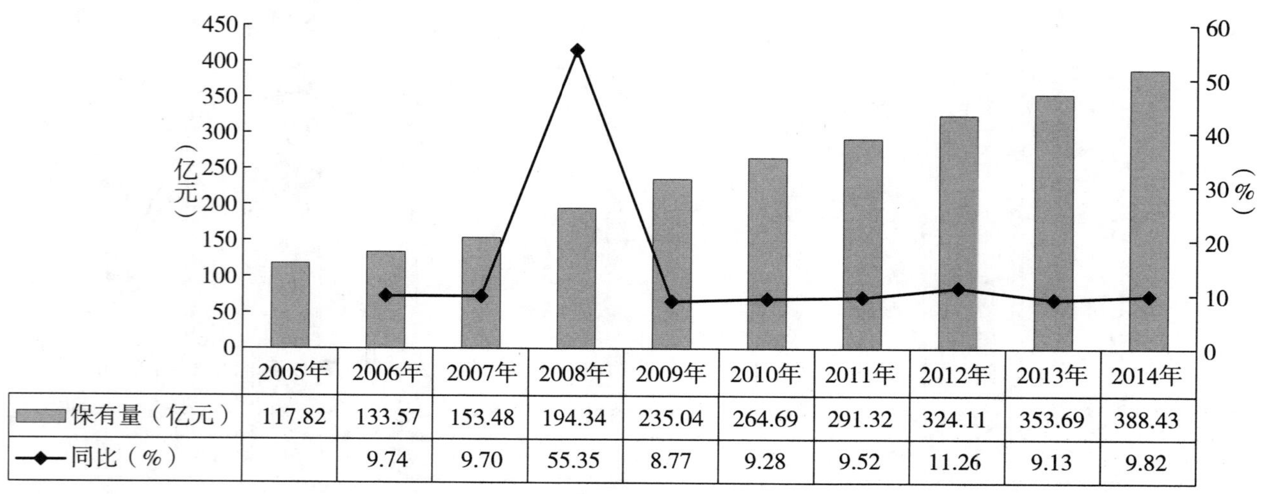

	2005年	2006年	2007年	2008年	2009年	2010年	2011年	2012年	2013年	2014年
保有量（亿元）	117.82	133.57	153.48	194.34	235.04	264.69	291.32	324.11	353.69	388.43
同比（%）		9.74	9.70	55.35	8.77	9.28	9.52	11.26	9.13	9.82

图 229　2005—2014 年湖北省农业机械原值走势

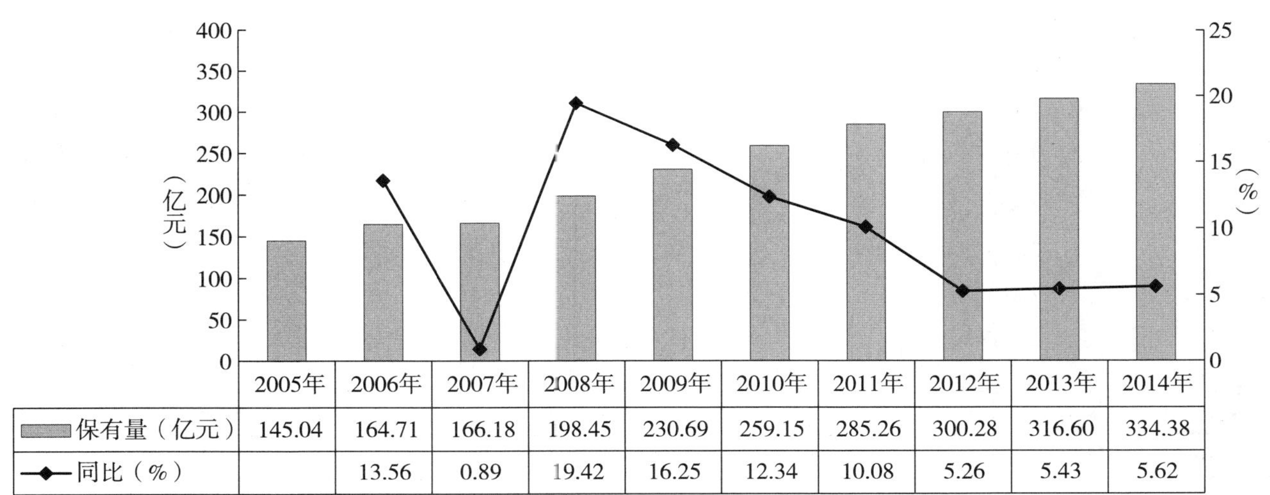

	2005年	2006年	2007年	2008年	2009年	2010年	2011年	2012年	2013年	2014年
保有量（亿元）	145.04	164.71	166.18	198.45	230.69	259.15	285.26	300.28	316.60	334.38
同比（%）		13.56	0.89	19.42	16.25	12.34	10.08	5.26	5.43	5.62

图 230　2005—2014 年湖南省农业机械原值走势

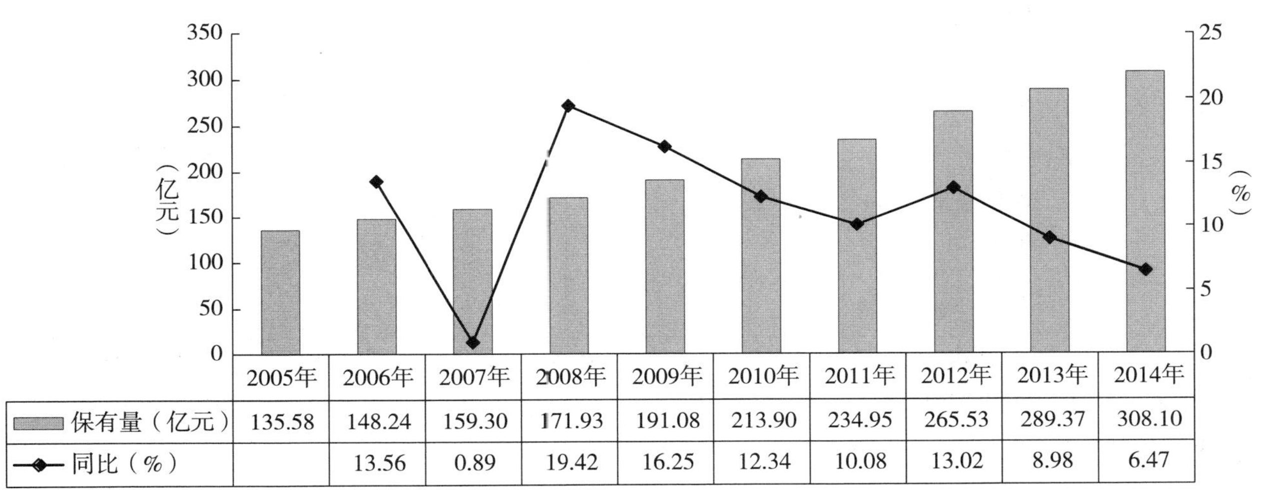

	2005年	2006年	2007年	2008年	2009年	2010年	2011年	2012年	2013年	2014年
保有量（亿元）	135.58	148.24	159.30	171.93	191.08	213.90	234.95	265.53	289.37	308.10
同比（%）		13.56	0.89	19.42	16.25	12.34	10.08	13.02	8.98	6.47

图 231　2005—2014 年四川省农业机械原值走势

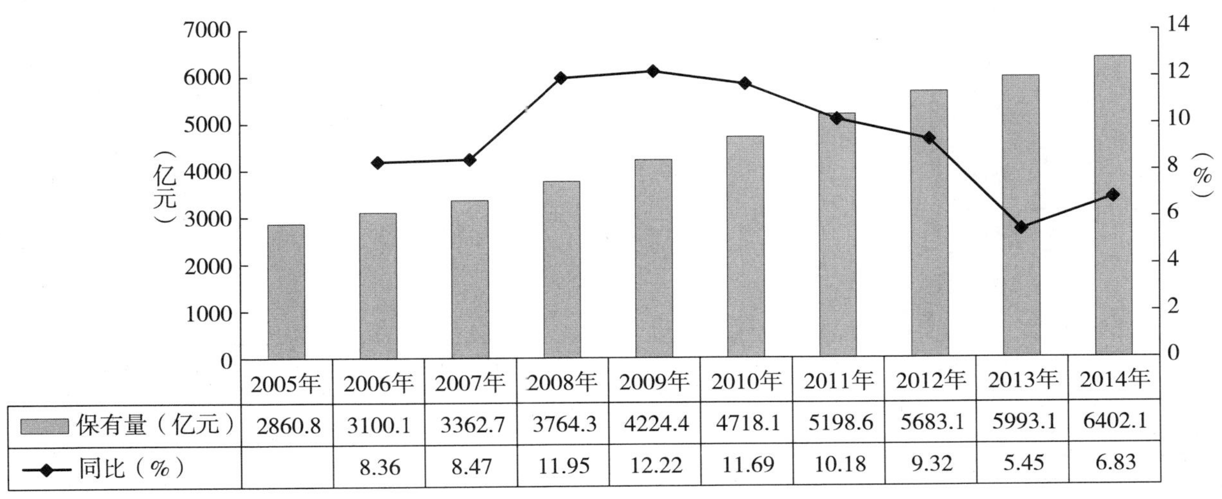

	2005年	2006年	2007年	2008年	2009年	2010年	2011年	2012年	2013年	2014年
保有量（亿元）	2860.8	3100.1	3362.7	3764.3	4224.4	4718.1	5198.6	5683.1	5993.1	6402.1
同比（%）		8.36	8.47	11.95	12.22	11.69	10.18	9.32	5.45	6.83

图 232　2005—2014 年全国农业机械净值走势

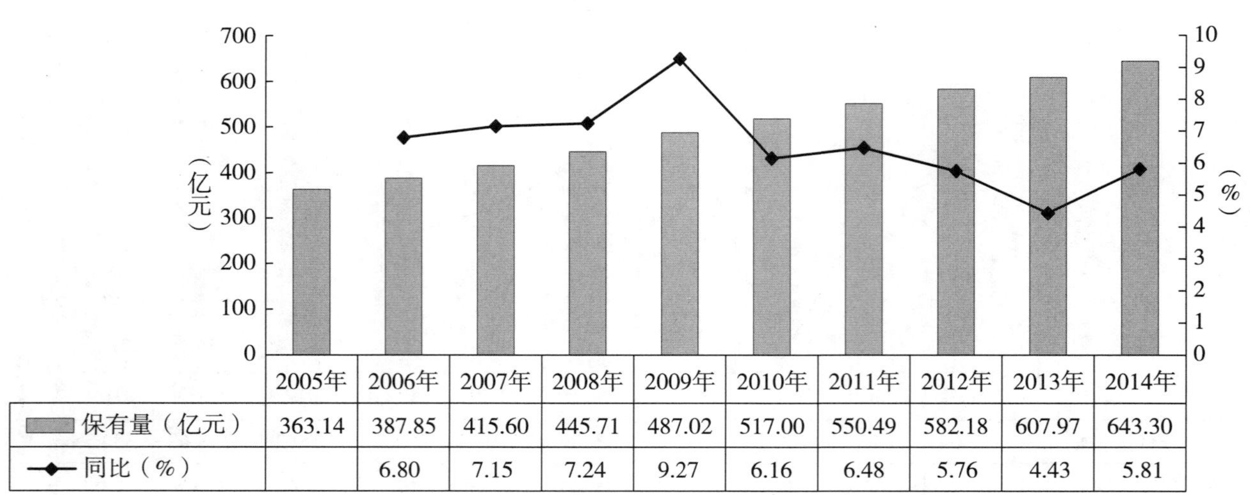

	2005年	2006年	2007年	2008年	2009年	2010年	2011年	2012年	2013年	2014年
保有量（亿元）	363.14	387.85	415.60	445.71	487.02	517.00	550.49	582.18	607.97	643.30
同比（%）		6.80	7.15	7.24	9.27	6.16	6.48	5.76	4.43	5.81

图 233　2005—2014 年山东省农业机械净值走势

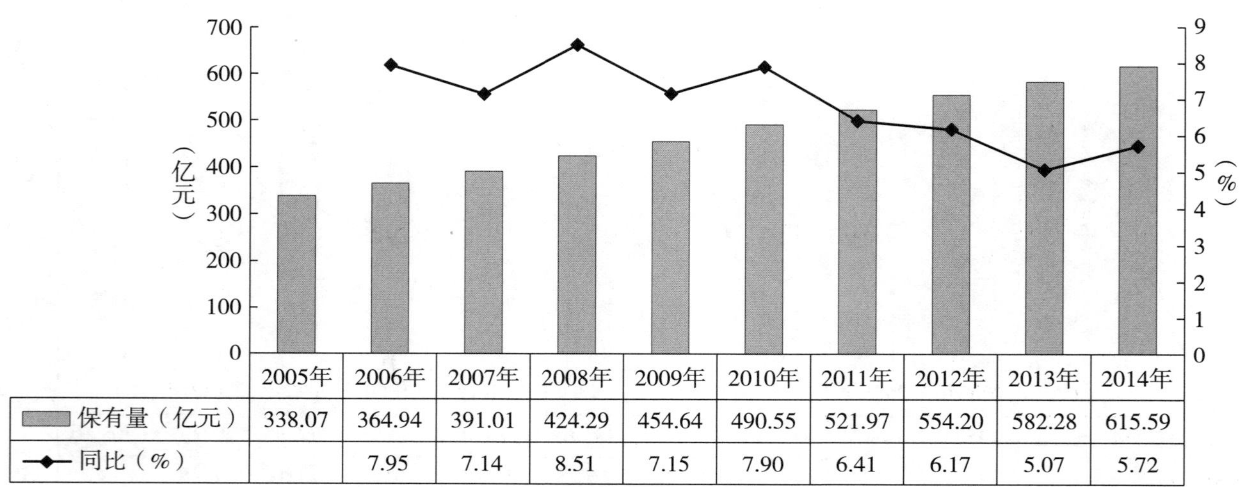

	2005年	2006年	2007年	2008年	2009年	2010年	2011年	2012年	2013年	2014年
保有量（亿元）	338.07	364.94	391.01	424.29	454.64	490.55	521.97	554.20	582.28	615.59
同比（%）		7.95	7.14	8.51	7.15	7.90	6.41	6.17	5.07	5.72

图 234　2005—2014 年河南省农业机械净值走势

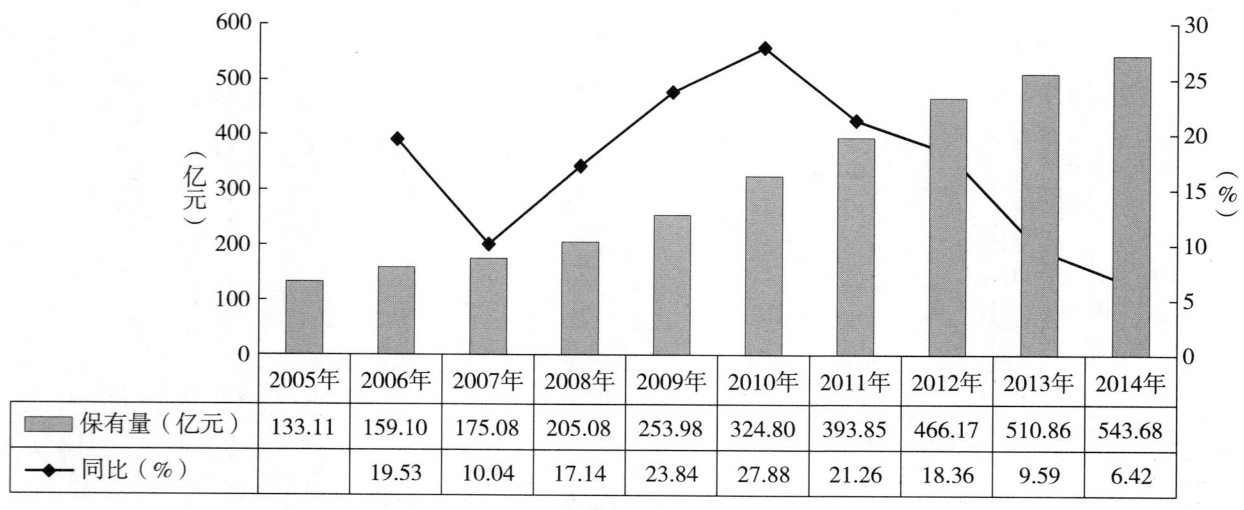

	2005年	2006年	2007年	2008年	2009年	2010年	2011年	2012年	2013年	2014年
保有量（亿元）	133.11	159.10	175.08	205.08	253.98	324.80	393.85	466.17	510.86	543.68
同比（%）		19.53	10.04	17.14	23.84	27.88	21.26	18.36	9.59	6.42

图 235　2005—2014 年黑龙江省农业机械净值走势

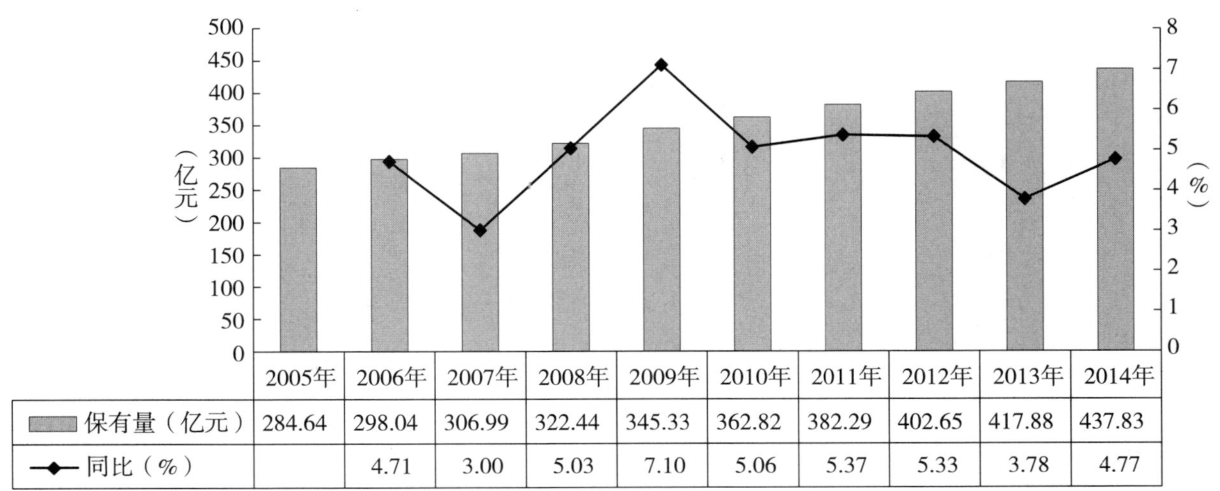

	2005年	2006年	2007年	2008年	2009年	2010年	2011年	2012年	2013年	2014年
保有量（亿元）	284.64	298.04	306.99	322.44	345.33	362.82	382.29	402.65	417.88	437.83
同比（%）		4.71	3.00	5.03	7.10	5.06	5.37	5.33	3.78	4.77

图 236 2005—2014 年河北省农业机械净值走势

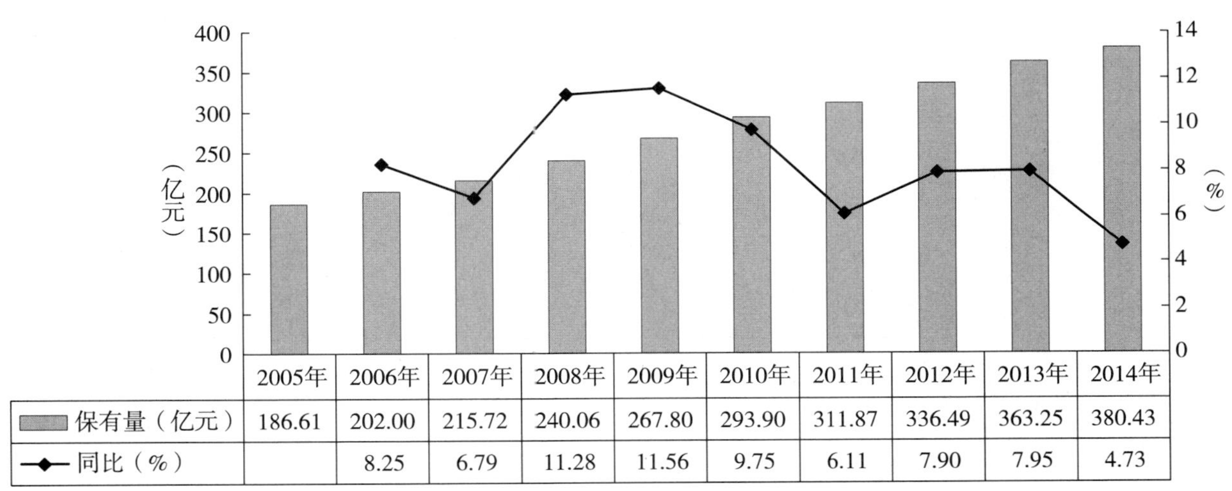

	2005年	2006年	2007年	2008年	2009年	2010年	2011年	2012年	2013年	2014年
保有量（亿元）	186.61	202.00	215.72	240.06	267.80	293.90	311.87	336.49	363.25	380.43
同比（%）		8.25	6.79	11.28	11.56	9.75	6.11	7.90	7.95	4.73

图 237 2005—2014 年安徽省农业机械净值走势

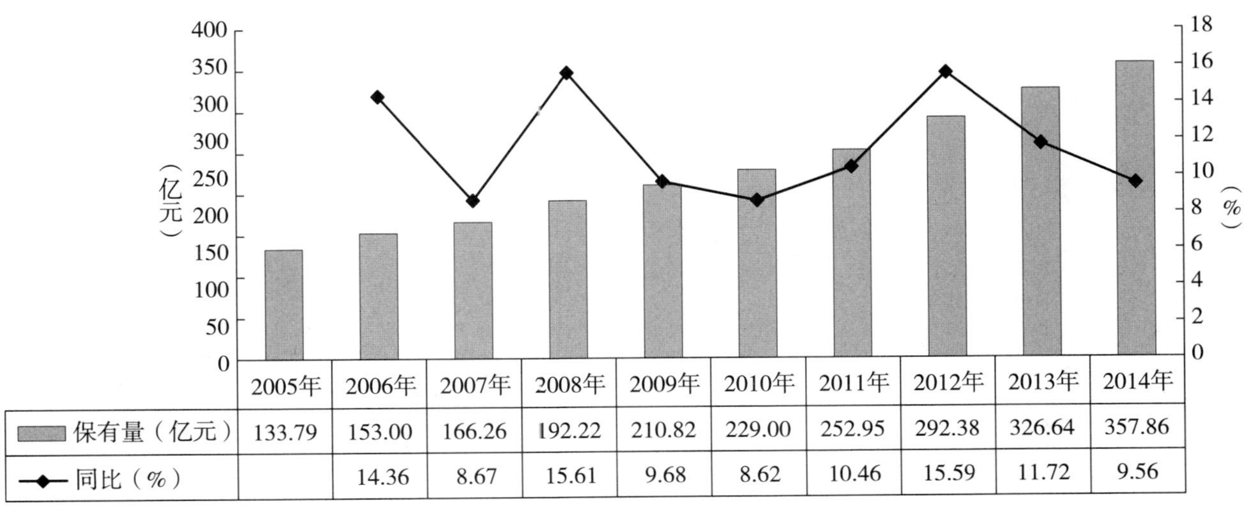

	2005年	2006年	2007年	2008年	2009年	2010年	2011年	2012年	2013年	2014年
保有量（亿元）	133.79	153.00	166.26	192.22	210.82	229.00	252.95	292.38	326.64	357.86
同比（%）		14.36	8.67	15.61	9.68	8.62	10.46	15.59	11.72	9.56

图 238 2005—2014 年江苏省农业机械净值走势

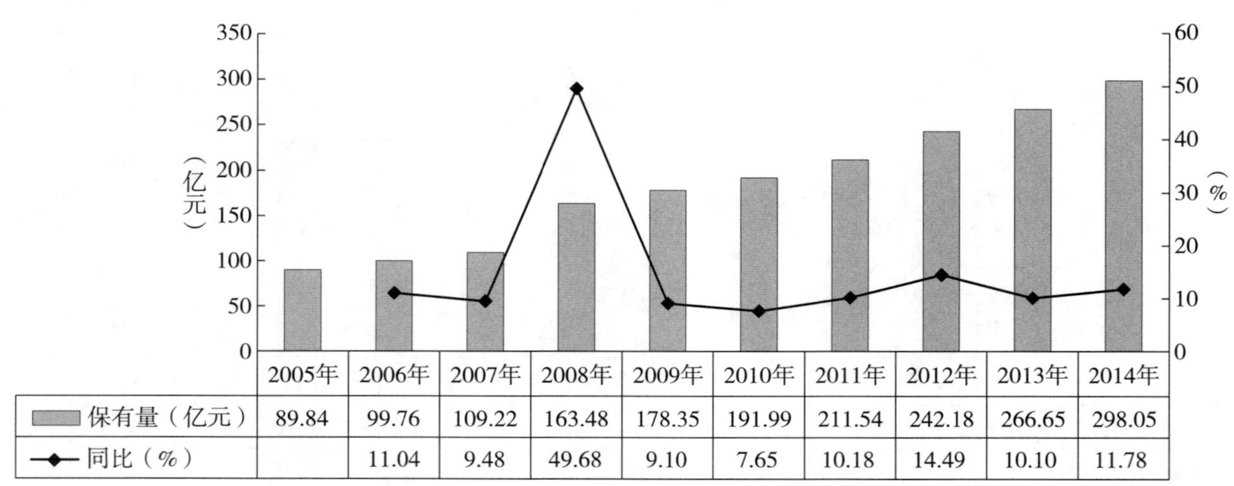

	2005年	2006年	2007年	2008年	2009年	2010年	2011年	2012年	2013年	2014年
保有量（亿元）	89.84	99.76	109.22	163.48	178.35	191.99	211.54	242.18	266.65	298.05
同比（%）		11.04	9.48	49.68	9.10	7.65	10.18	14.49	10.10	11.78

图 239　2005—2014 年内蒙古自治区农业机械净值走势

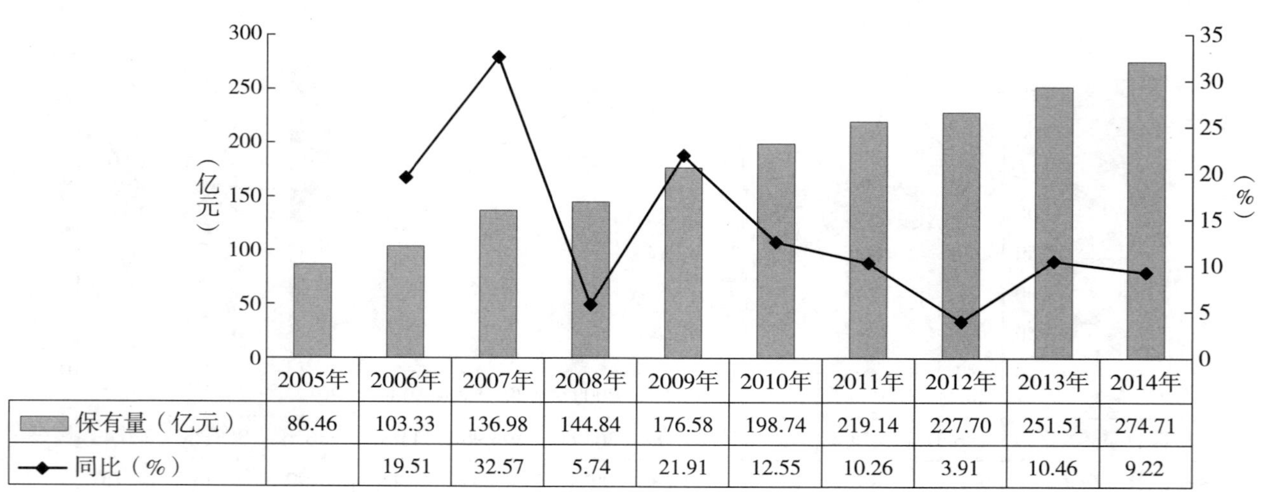

	2005年	2006年	2007年	2008年	2009年	2010年	2011年	2012年	2013年	2014年
保有量（亿元）	86.46	103.33	136.98	144.84	176.58	198.74	219.14	227.70	251.51	274.71
同比（%）		19.51	32.57	5.74	21.91	12.55	10.26	3.91	10.46	9.22

图 240　2005—2014 年湖北省农业机械净值走势

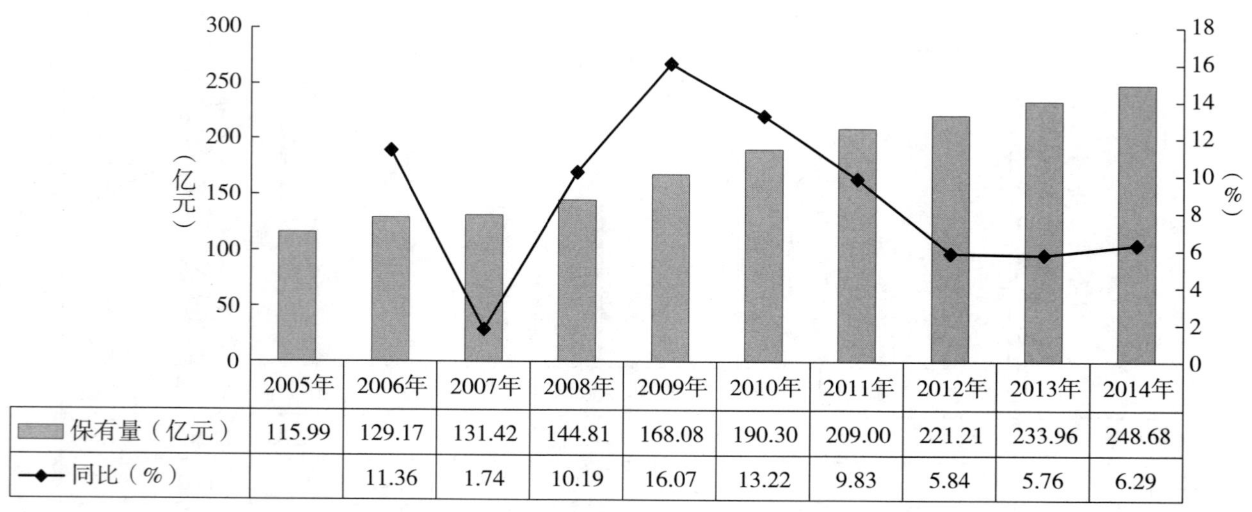

	2005年	2006年	2007年	2008年	2009年	2010年	2011年	2012年	2013年	2014年
保有量（亿元）	115.99	129.17	131.42	144.81	168.08	190.30	209.00	221.21	233.96	248.68
同比（%）		11.36	1.74	10.19	16.07	13.22	9.83	5.84	5.76	6.29

图 241　2005—2014 年湖南省农业机械净值走势

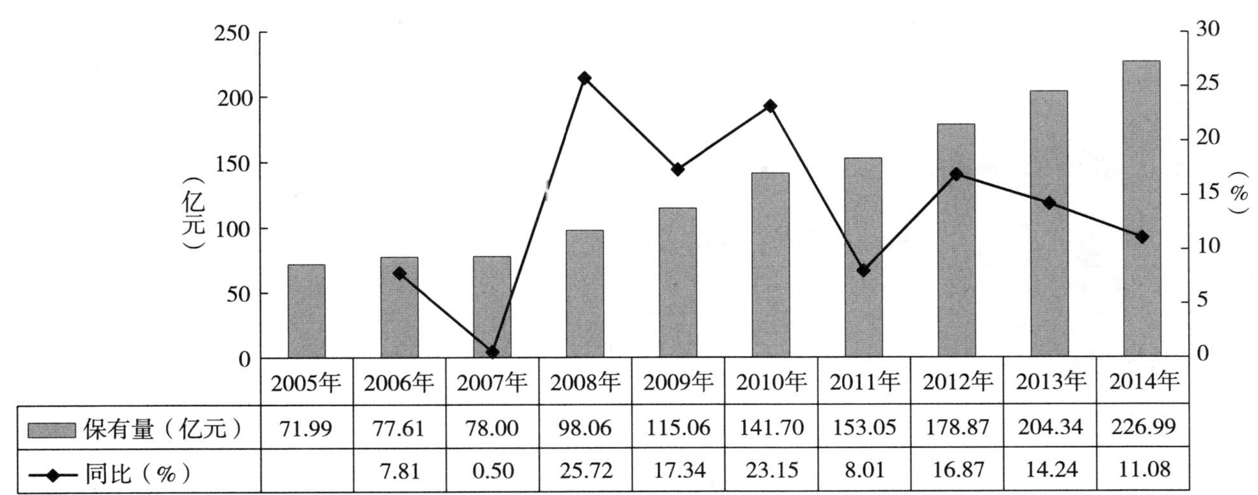

	2005年	2006年	2007年	2008年	2009年	2010年	2011年	2012年	2013年	2014年
保有量（亿元）	71.99	77.61	78.00	98.06	115.06	141.70	153.05	178.87	204.34	226.99
同比（%）		7.81	0.50	25.72	17.34	23.15	8.01	16.87	14.24	11.08

图 242　2005—2014 年吉林省农业机械净值走势

农业机械化水平发展趋势

一、耕种收综合机械化水平

表 1　　2001—2014 年全国综合机械化水平发展趋势一览表　　单位:%

年度	2001 年	2002 年	2003 年	2004 年	2005 年	2006 年	2007 年	2008 年	2009 年	2010 年	2011 年	2012 年	2013 年	2014 年
耕种收综合水平	32. 30	32. 33	32. 46	34. 32	35. 93	39. 29	42. 47	45. 85	49. 13	52. 28	54. 82	57. 17	59. 48	61. 66
机耕水平	47. 71	47. 13	46. 84	48. 90	50. 15	55. 39	58. 89	62. 92	65. 99	69. 61	72. 29	74. 11	76. 00	79. 62
机播水平	26. 06	26. 64	26. 71	28. 84	30. 26	32. 00	34. 43	37. 74	41. 03	43. 04	44. 93	47. 37	48. 78	48. 78
机收水平	17. 99	18. 30	19. 02	20. 36	22. 63	25. 11	28. 62	31. 17	34. 74	38. 41	41. 41	44. 40	48. 15	50. 58

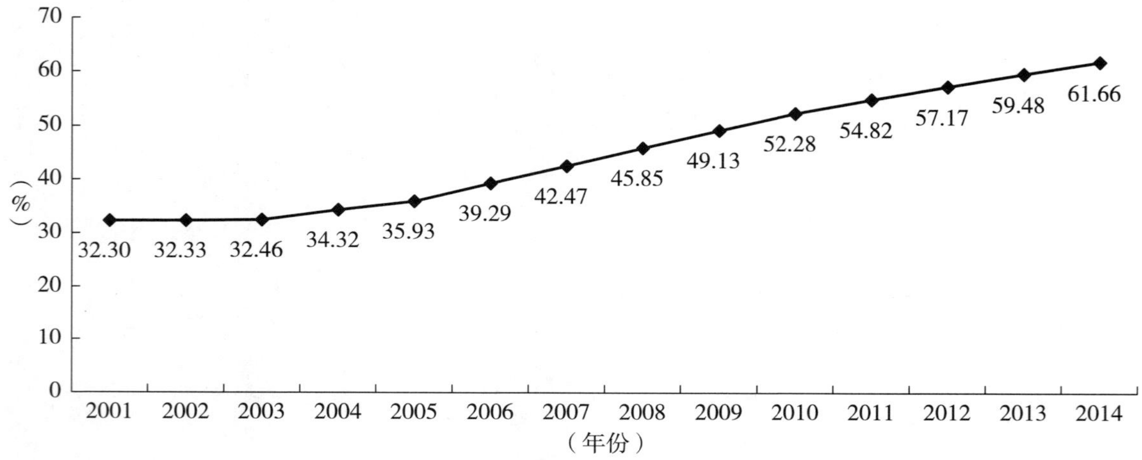

图 1　2001—2014 年全国耕种收综合机械化水平走势

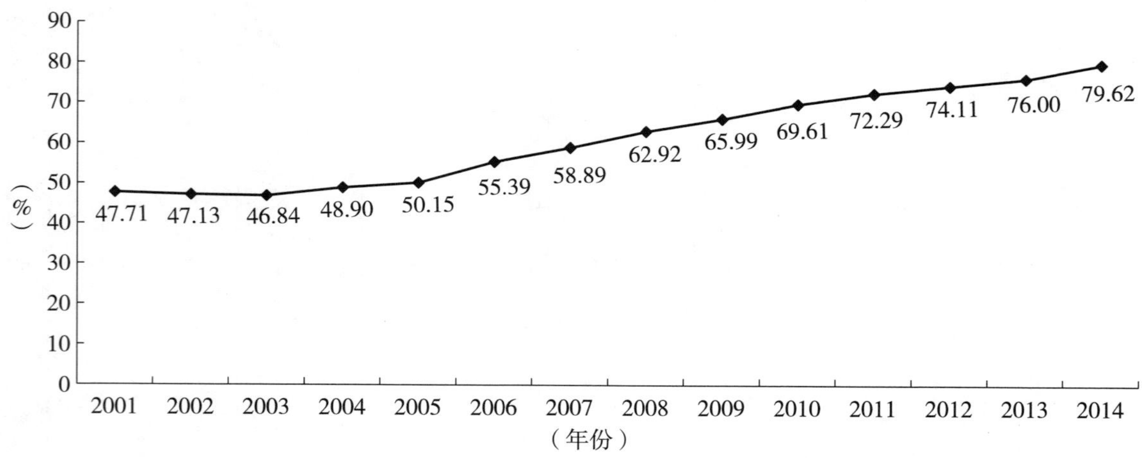

图 2　2001—2014 年全国机耕水平走势

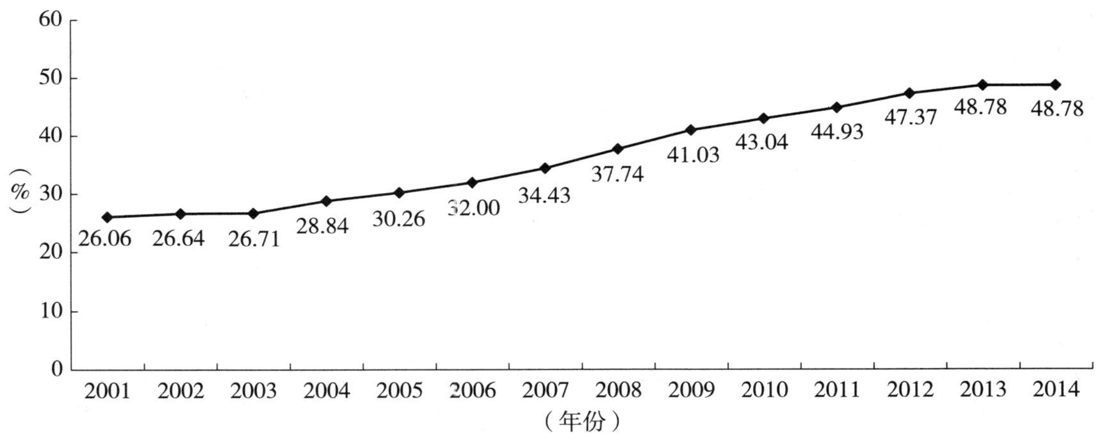

图3 2001—2014 年全国机播水平走势

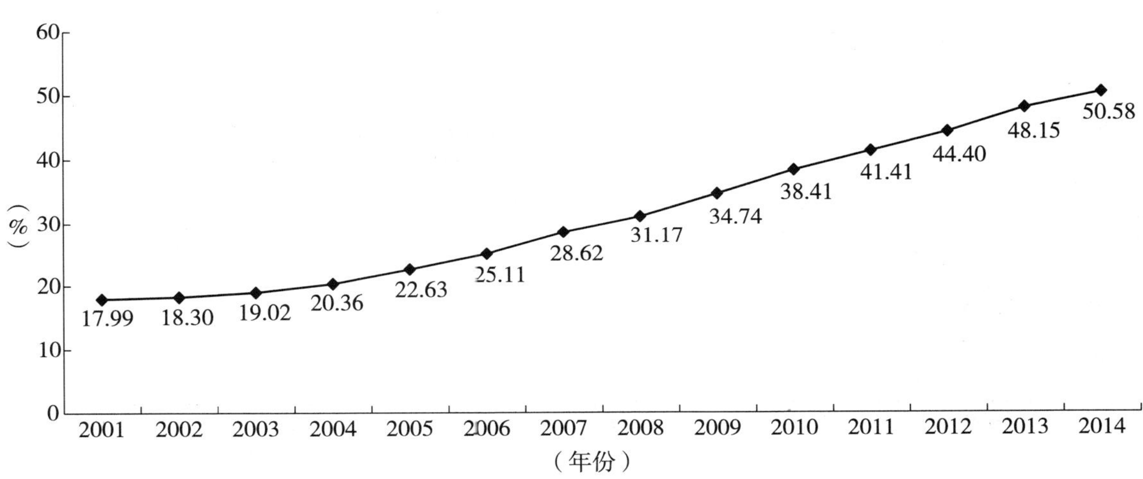

图4 2001—2014 年全国机收水平走势

二、小麦机械化水平

表2 2009—2014 年全国小麦耕种收机械化水平 单位:%

年度	2009 年	2010 年	2011 年	2012 年	2013 年	2014 年
耕种收综合水平	89. 37	91. 26	92. 62	93. 21	93. 71	94. 17
机耕水平	95. 58	97. 28	98. 79	98. 90	98. 90	100. 00
机播水平	84. 37	85. 32	85. 95	86. 52	86. 69	86. 81
机收水平	86. 07	88. 46	91. 05	92. 32	93. 82	93. 12

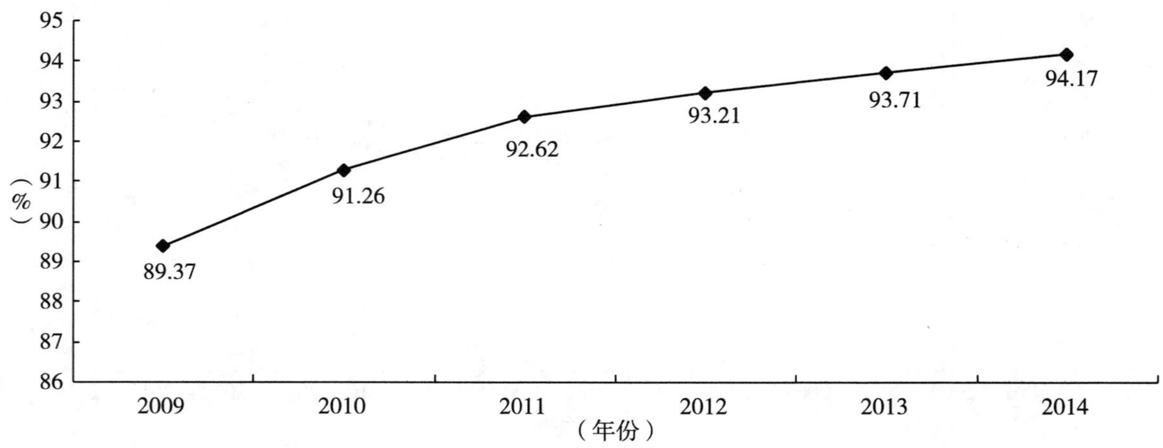

图 5　2009—2014 年全国小麦耕种收综合机械化水平走势

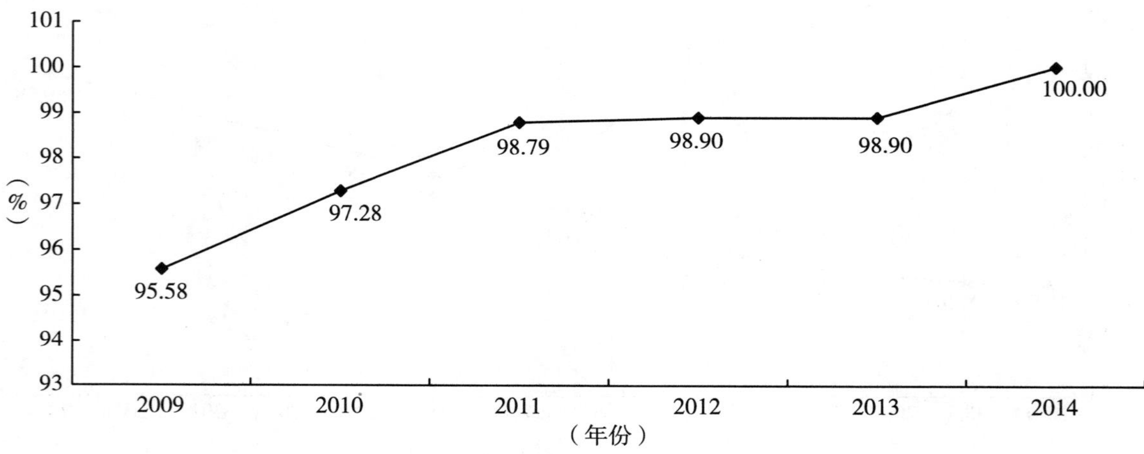

图 6　2009—2014 年全国小麦机耕水平走势

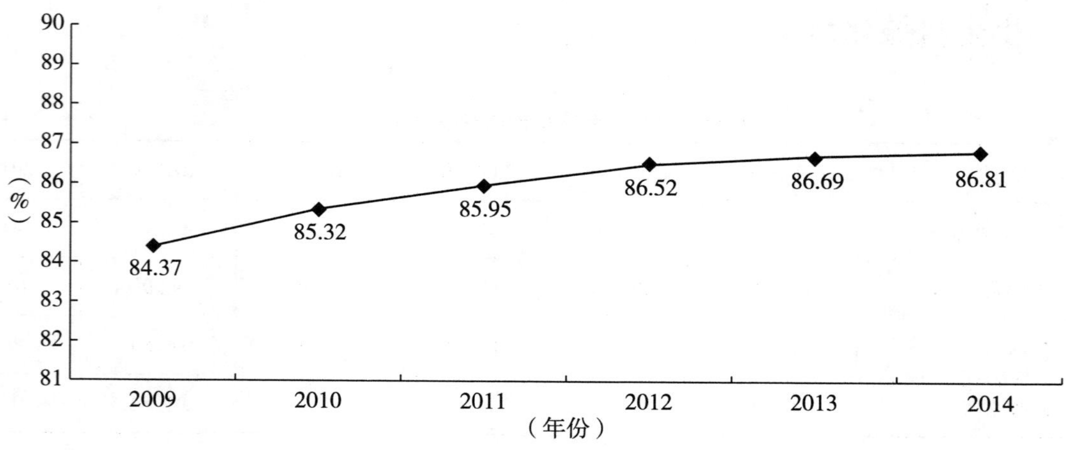

图 7　2009—2014 年全国小麦机播水平走势

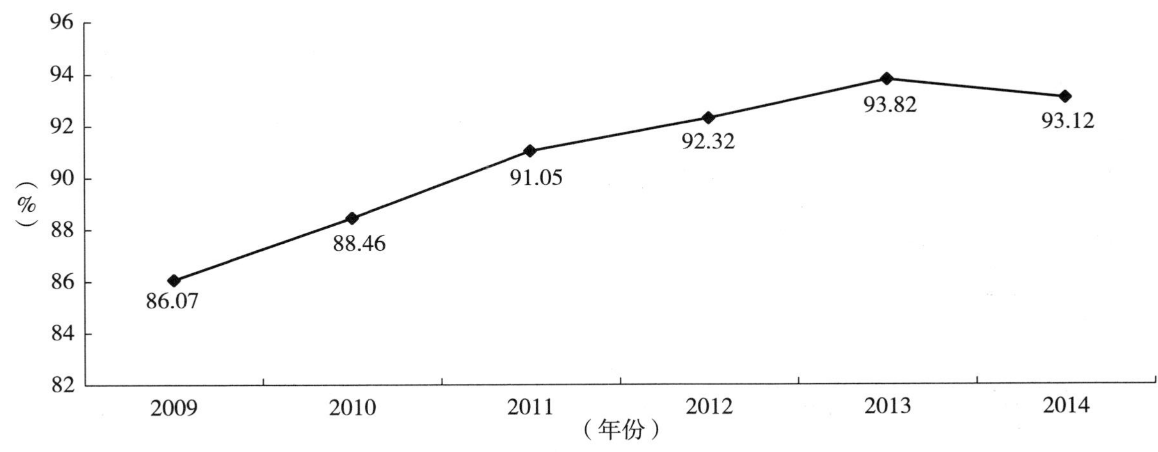

图 8　2009—2014 年全国小麦机收水平走势

三、水稻机械化水平

表 3　　2009—2014 年全国水稻耕种收机械化水平　　单位:%

年度	2009 年	2010 年	2011 年	2012 年	2013 年	2014 年
耕种收综合水平	55. 33	60. 51	65. 07	68. 82	73. 14	76. 00
机耕水平	83. 27	87. 27	91. 00	93. 29	95. 09	98. 04
机播水平	16. 71	20. 86	26. 24	31. 67	36. 10	39. 56
机收水平	56. 69	64. 49	69. 32	73. 35	80. 91	83. 05

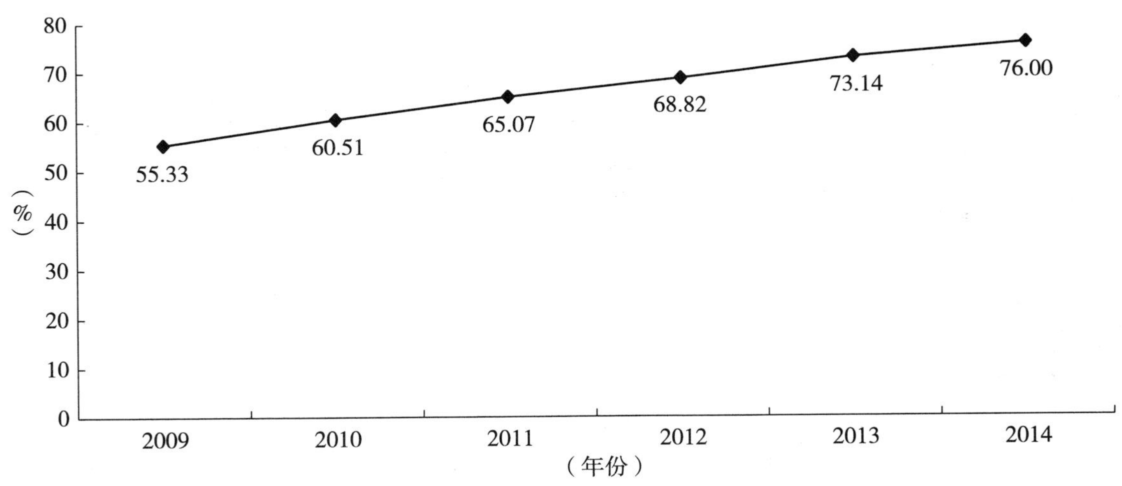

图 9　2009—2014 年全国水稻耕种收综合机械化水平走势

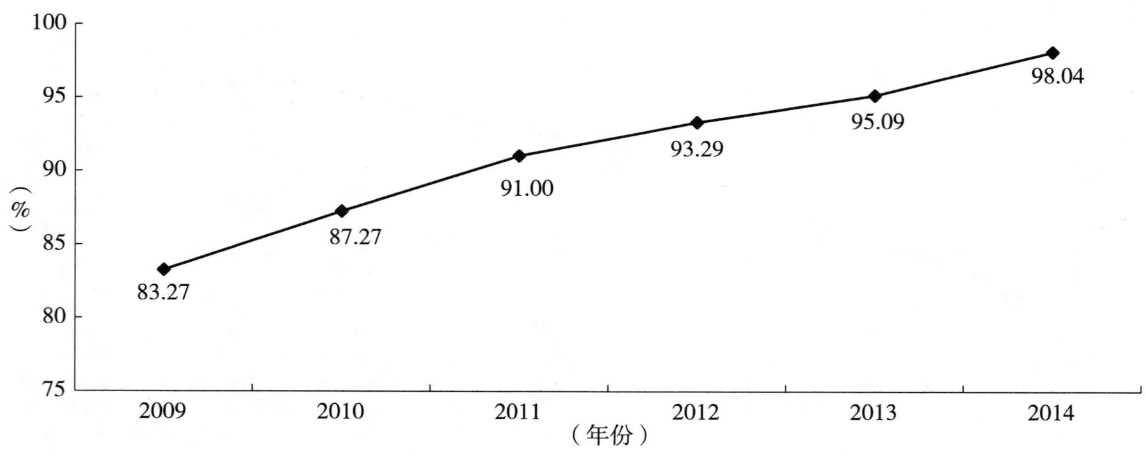

图 10　2009—2014 年全国水稻机耕水平走势

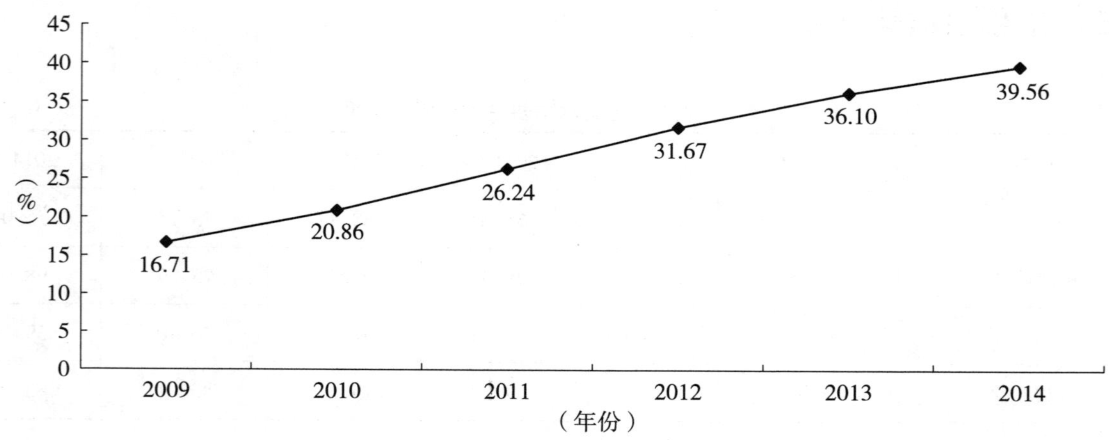

图 11　2009—2014 年全国水稻机播水平走势

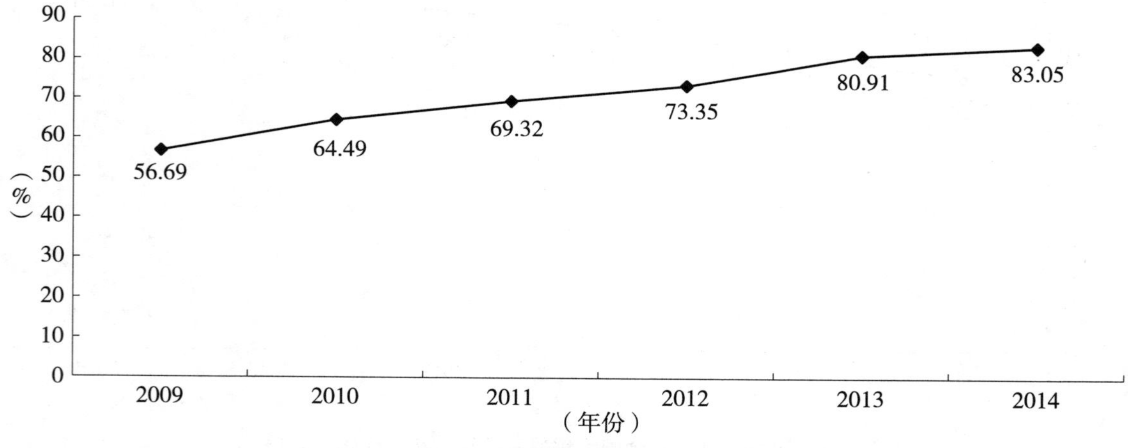

图 12　2009—2014 年全国水稻机收水平走势

四、玉米机械化水平

表 4　　2009—2014 年全国玉米耕种收机械化水平　　单位：%

年度	2009 年	2010 年	2011 年	2012 年	2013 年	2014 年
耕种收综合水平	60. 42	65. 94	71. 56	74. 95	79. 76	83. 28
机耕水平	83. 55	88. 11	93. 77	93. 79	97. 67	100. 00
机播水平	72. 48	76. 52	79. 90	82. 30	84. 08	85. 72
机收水平	16. 91	25. 80	33. 59	42. 47	51. 57	57. 96

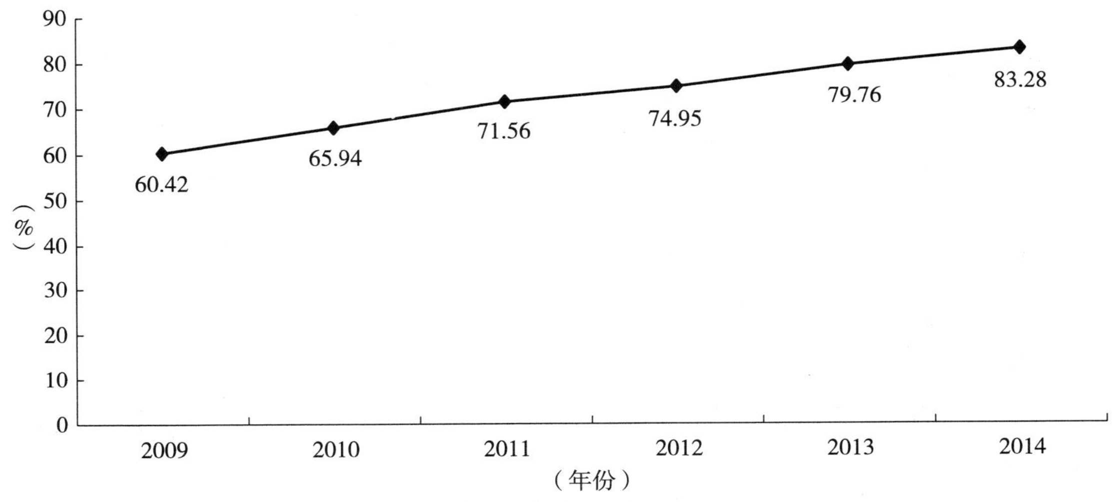

图 13　2009—2014 年全国玉米耕种收综合机械化水平走势

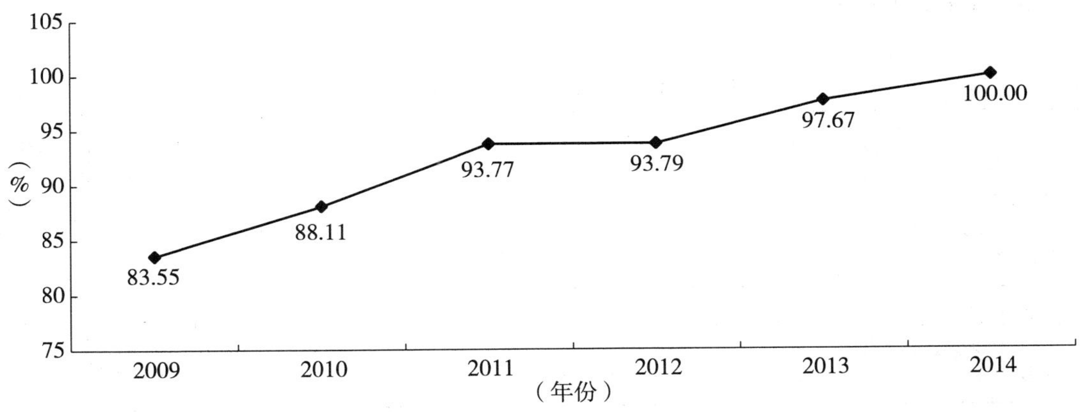

图 14　2009—2014 年全国玉米机耕水平走势

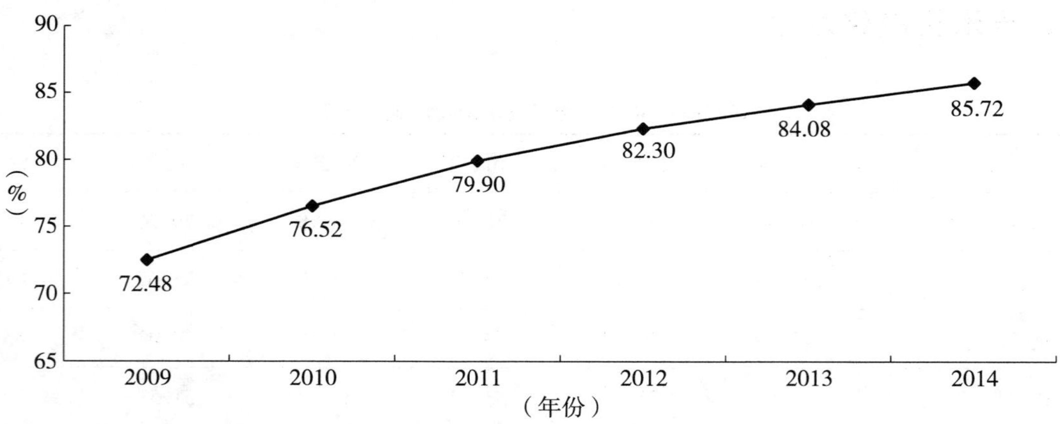

图 15　2009—2014 年全国玉米机播水平走势

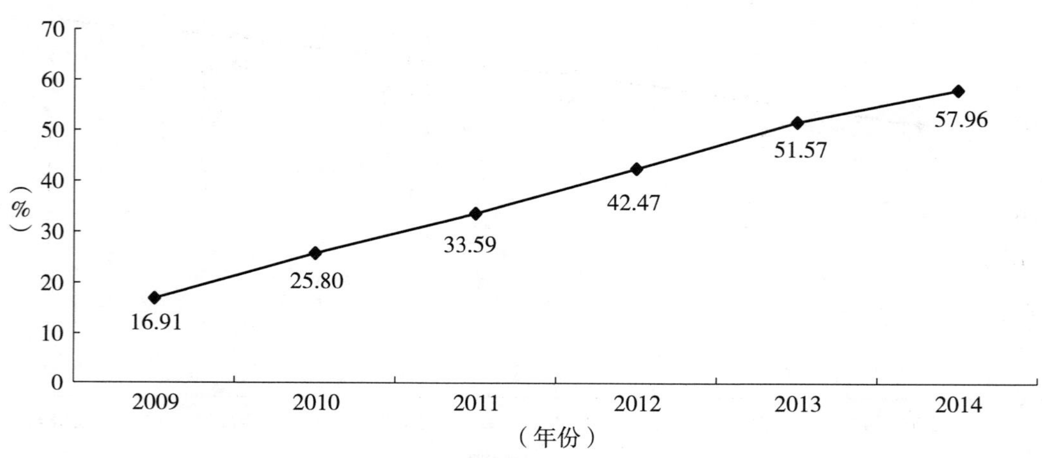

图 16　2009—2014 年全国玉米机收水平走势

五、大豆机械化水平

表 5　2009—2014 年全国大豆耕种收机械化水平　单位:%

年度	2009 年	2010 年	2011 年	2012 年	2013 年	2014 年
耕种收综合水平	68. 68	73. 18	69. 81	60. 77	62. 93	62. 78
机耕水平	72. 95	77. 96	76. 44	62. 93	68. 21	64. 16
机播水平	73. 99	75. 54	71. 21	63. 96	62. 88	64. 84
机收水平	57. 68	64. 45	59. 58	54. 68	55. 94	58. 86

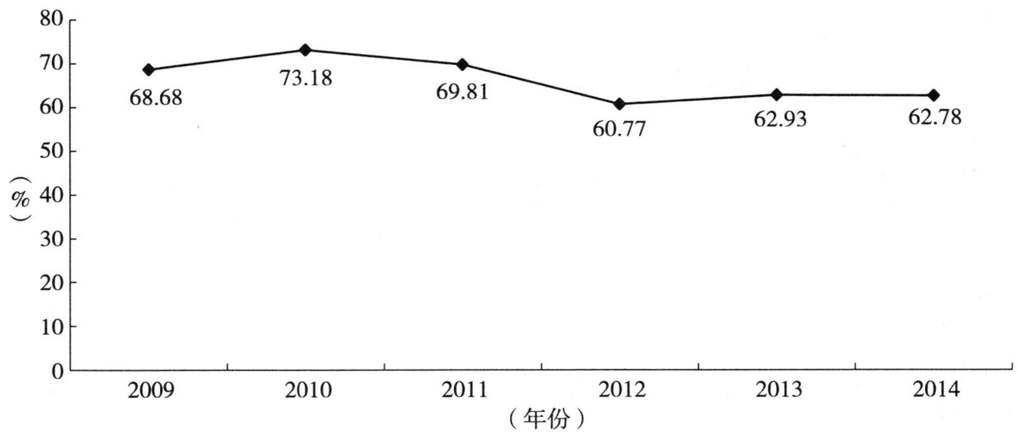

图 17　2009—2014 年全国大豆耕种收综合机械化水平走势

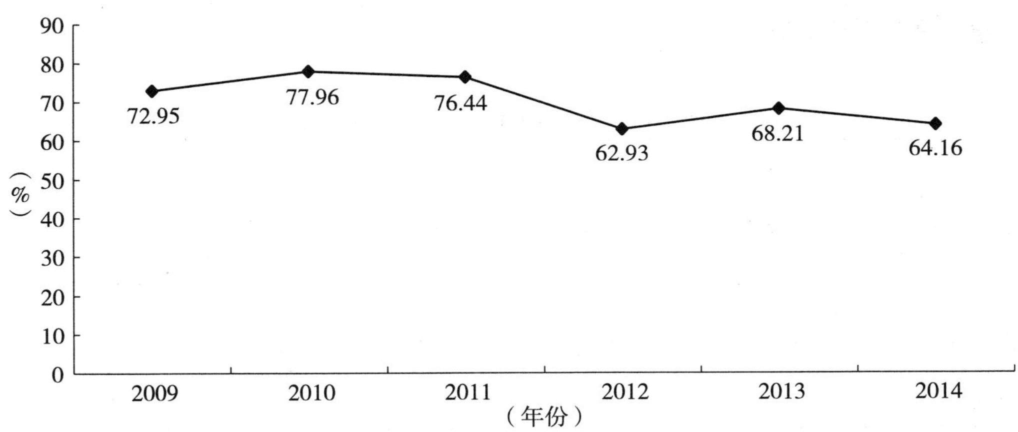

图 18　2009—2014 年全国大豆机耕水平走势

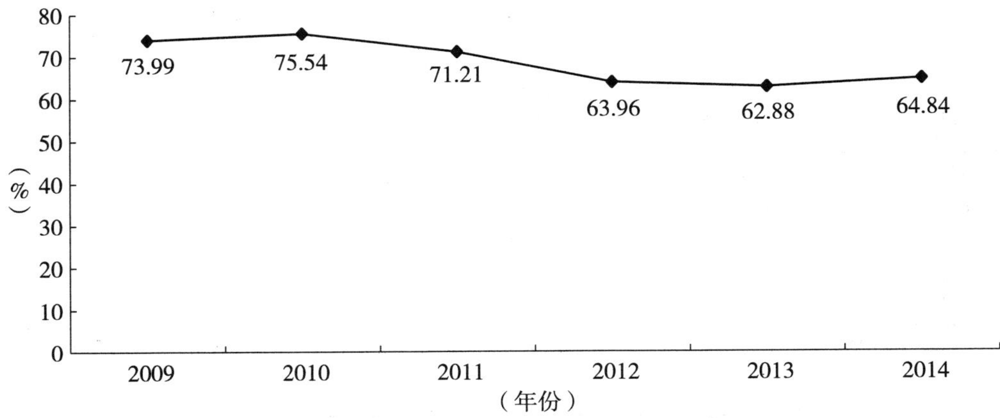

图 19　2009—2014 年全国大豆机播水平走势

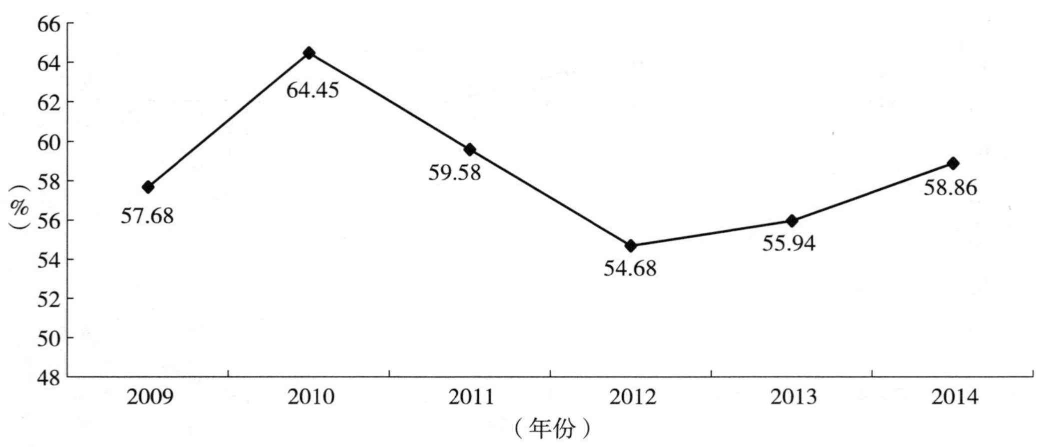

图 20　2009—2014 年全国大豆机收水平走势

六、油菜机械化水平

表 6　　2009—2014 年全国油菜耕种收机械化水平　　单位：%

年度	2009 年	2010 年	2011 年	2012 年	2013 年	2014 年
耕种收综合水平	23. 83	26. 08	29. 05	33. 24	39. 18	40. 78
机耕水平	45. 16	48. 63	53. 44	59. 71	70. 58	68. 47
机播水平	10. 39	11. 39	12. 28	14. 51	16. 20	19. 61
机收水平	8. 84	10. 69	13. 32	16. 69	20. 29	25. 04

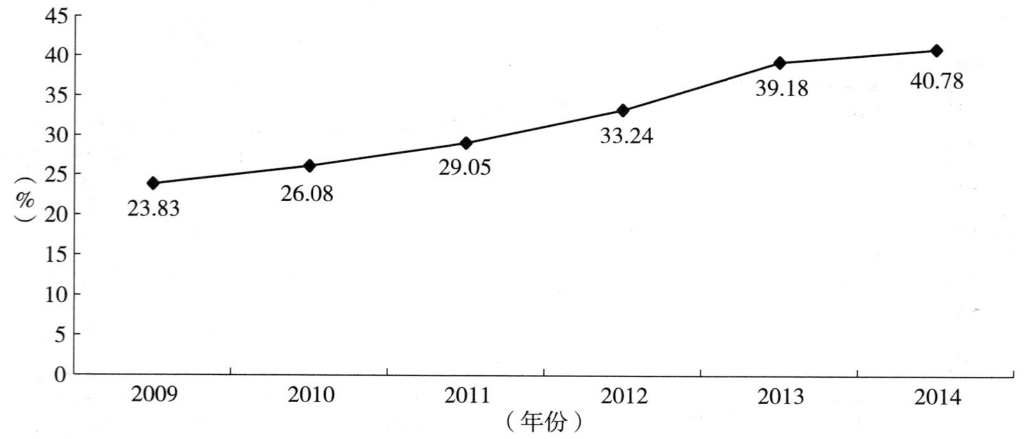

图 21　2009—2014 年全国油菜耕种收综合机械化水平走势

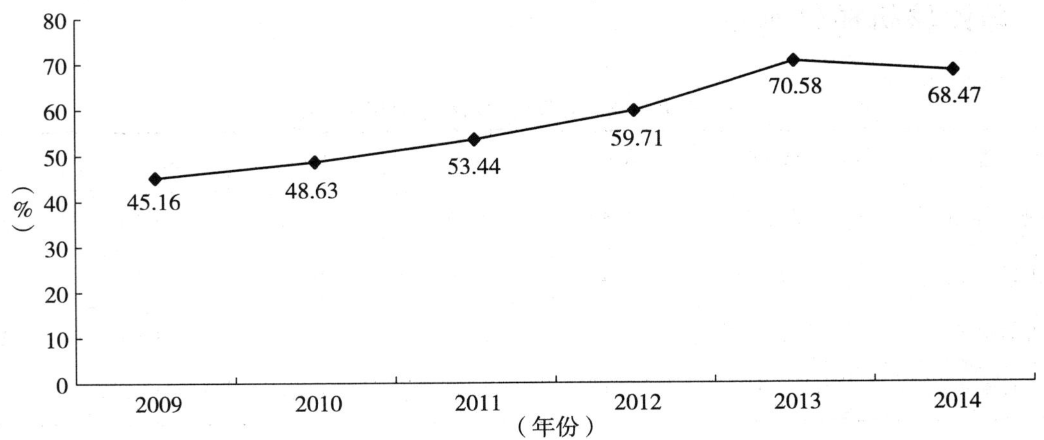

图 22　2009—2014 年全国油菜机耕水平走势

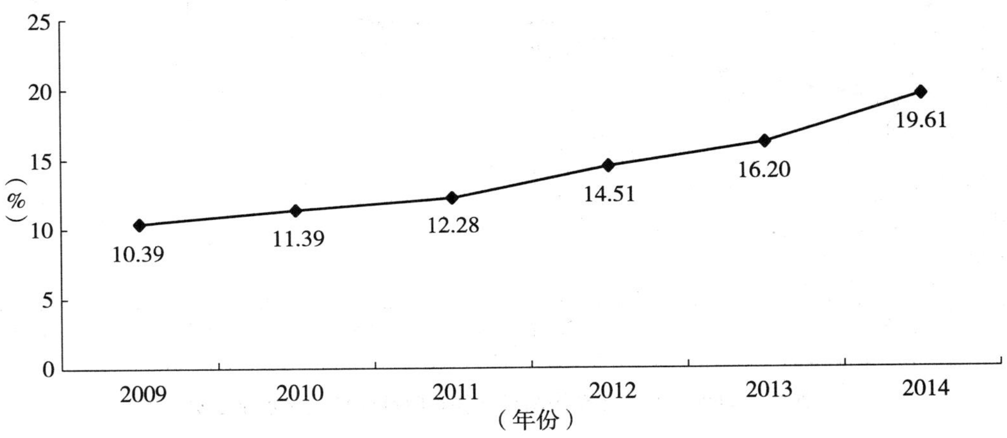

图 23　2009—2014 年全国油菜机播水平走势

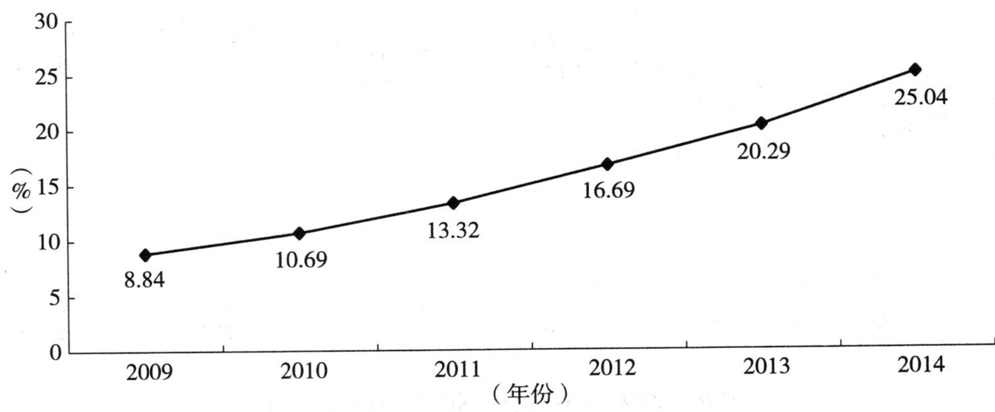

图 24　2009—2014 年全国油菜机收水平走势

七、马铃薯机械化水平

表7　　2009—2014年全国马铃薯耕种收机械化水平　　单位:%

年度	2009年	2010年	2011年	2012年	2013年	2014年
耕种收综合水平	23. 23	26. 59	32. 25	32. 34	37. 34	35. 39
机耕水平	39. 17	44. 42	52. 64	50. 22	58. 76	54. 14
机播水平	12. 94	15. 25	19. 65	21. 42	23. 97	23. 51
机收水平	12. 27	14. 17	17. 67	19. 41	22. 14	22. 26

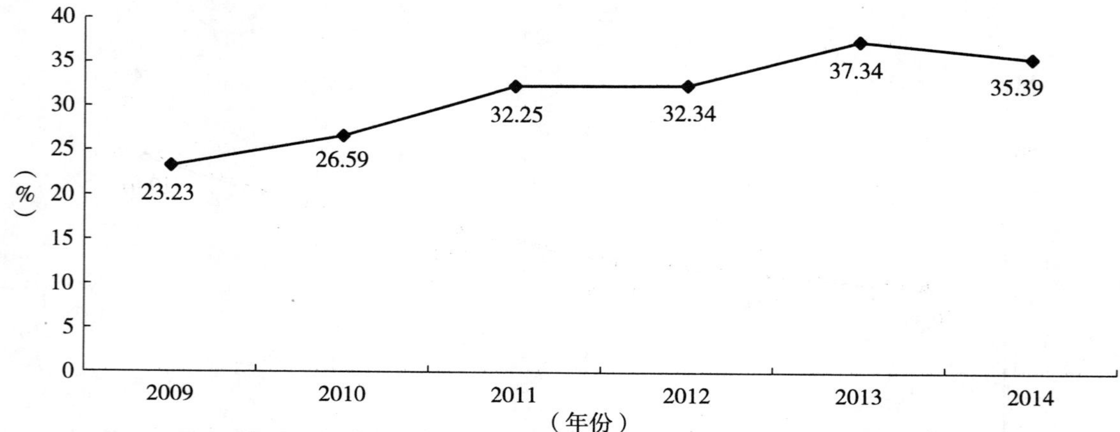

图25　2009—2014年全国马铃薯耕种收综合机械化水平走势

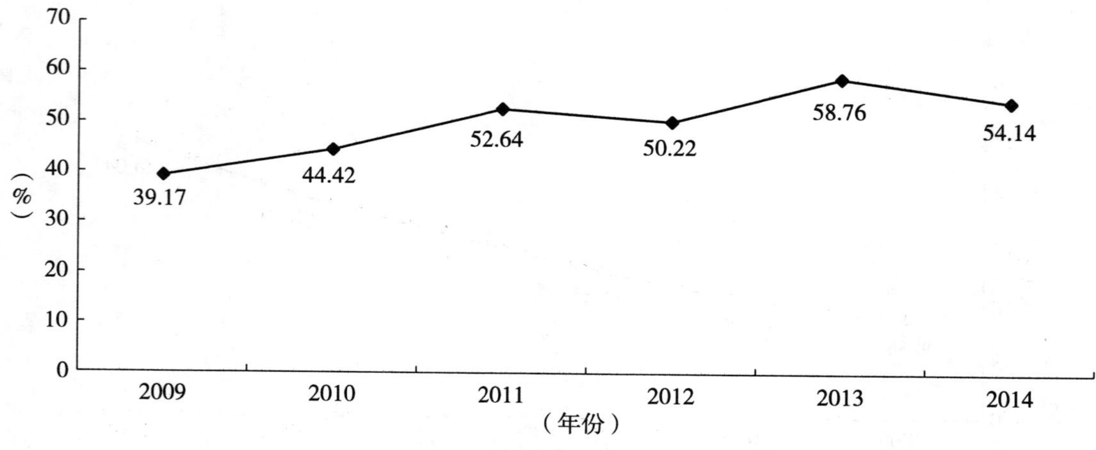

图26　2009—2014年全国马铃薯机耕水平走势

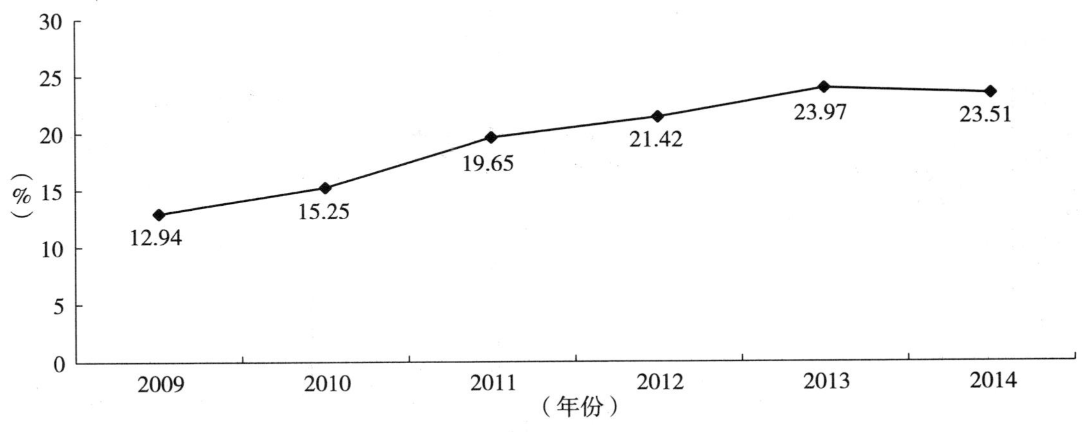

图 27　2009—2014 年全国马铃薯机播水平走势

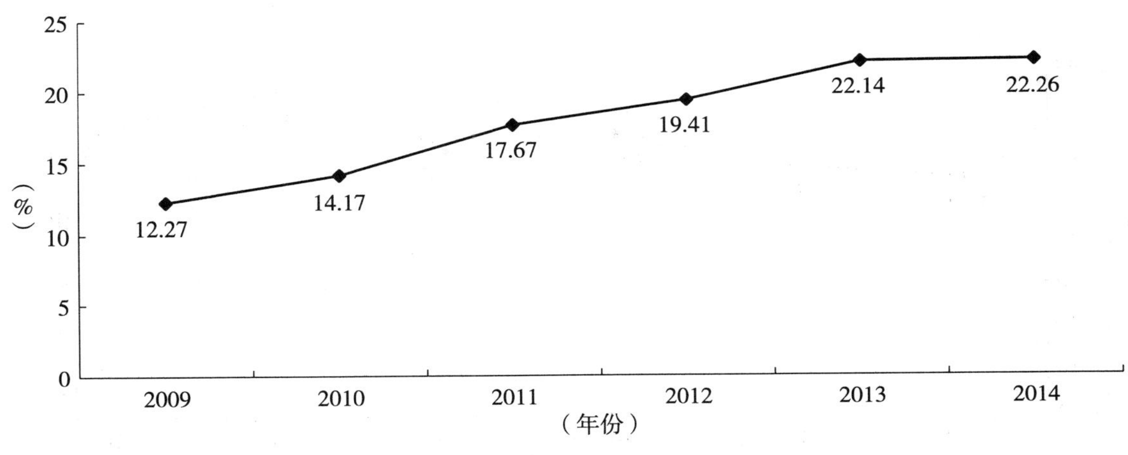

图 28　2009—2014 年全国马铃薯机收水平走势

八、花生机械化水平

表 8　　2009—2014 年全国花生耕种收机械化水平　　单位：%

年度	2009 年	2010 年	2011 年	2012 年	2013 年	2014 年
耕种收综合水平	36. 34	38. 45	42. 96	43. 78	50. 49	47. 09
机耕水平	53. 90	56. 56	63. 96	61. 26	73. 39	65. 45
机播水平	31. 25	32. 86	34. 57	38. 50	40. 06	40. 47
机收水平	18. 02	19. 89	23. 35	25. 75	30. 37	29. 23

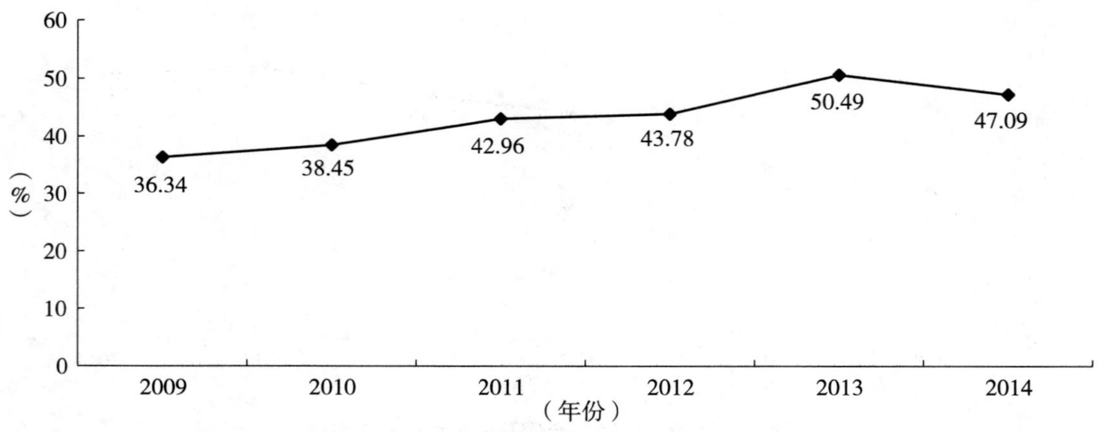

图 29　2009—2014 年全国花生耕种收综合机械化水平走势

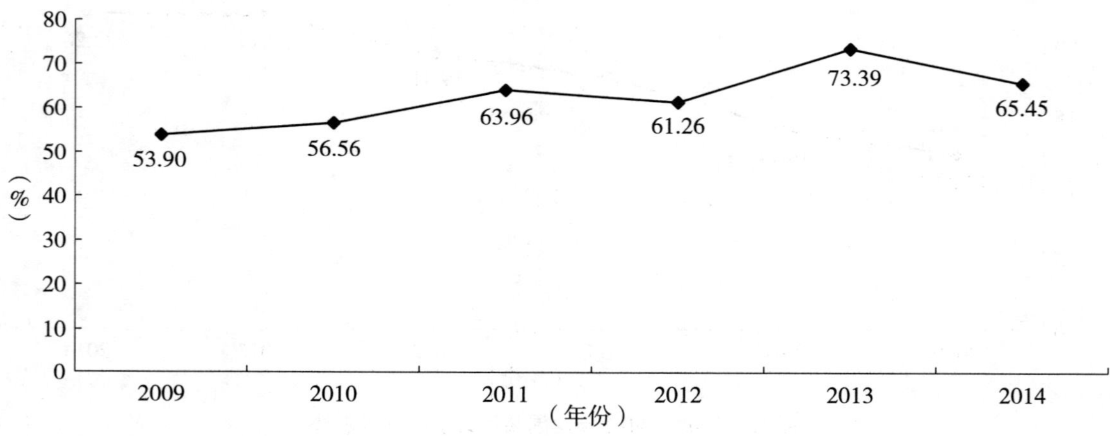

图 30　2009—2014 年全国花生机耕水平走势

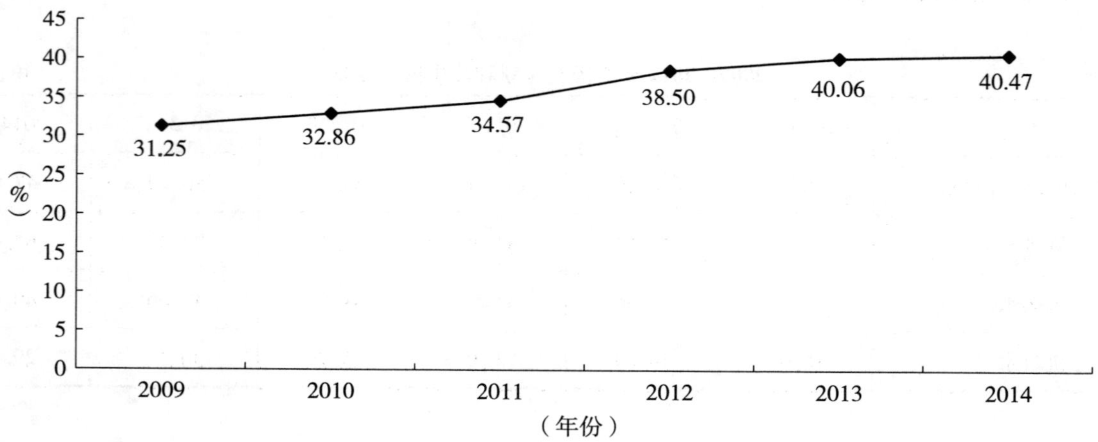

图 31　2009—2014 年全国花生机播水平走势

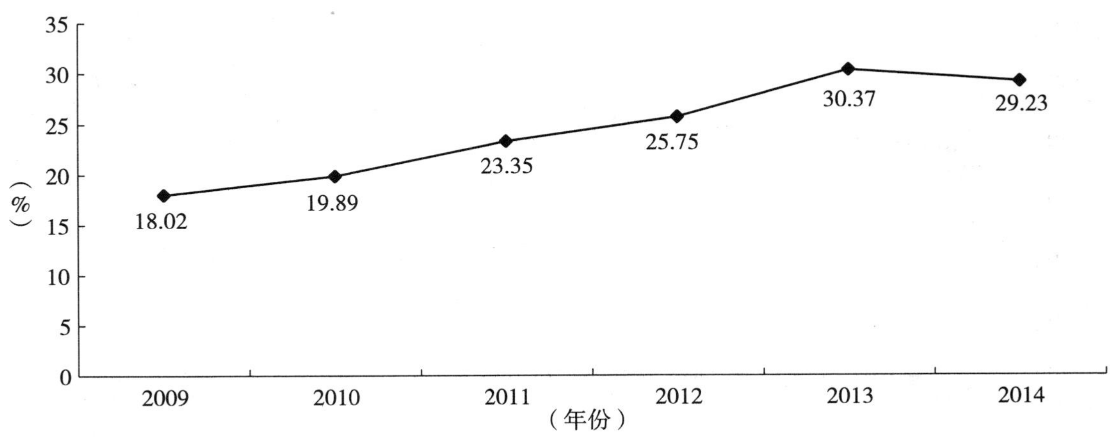

图 32　2009—2014 年全国花生机收水平走势

九、棉花机械化水平

表 9　　2009—2014 年全国棉花耕种收机械化水平　　单位:%

年度	2009 年	2010 年	2011 年	2012 年	2013 年	2014 年
耕种收综合水平	47. 83	51. 03	53. 88	56. 42	61. 06	72. 11
机耕水平	76. 84	83. 11	87. 39	87. 86	94. 88	100. 00
机播水平	54. 18	55. 31	57. 39	62. 75	65. 57	84. 08
机收水平	2. 81	3. 97	5. 68	8. 17	11. 46	15. 21

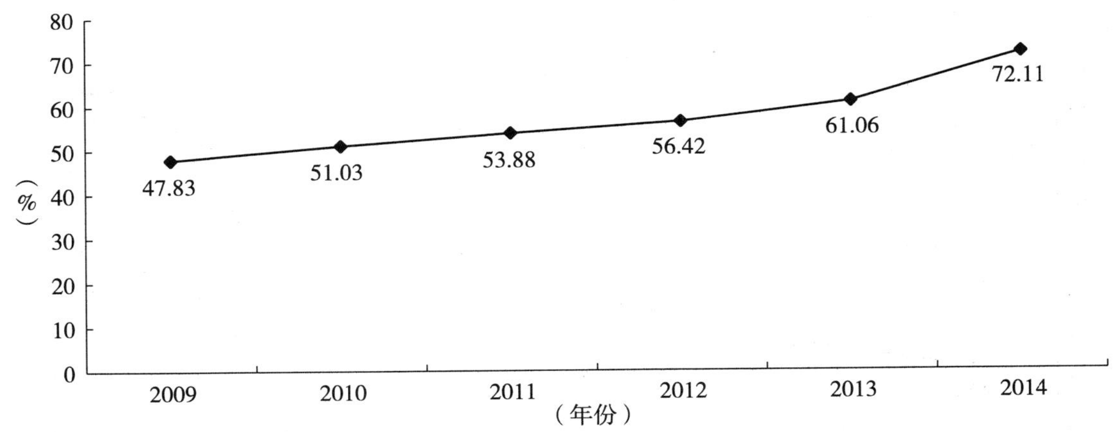

图 33　2009—2014 年全国棉花耕种收综合机械化水平走势

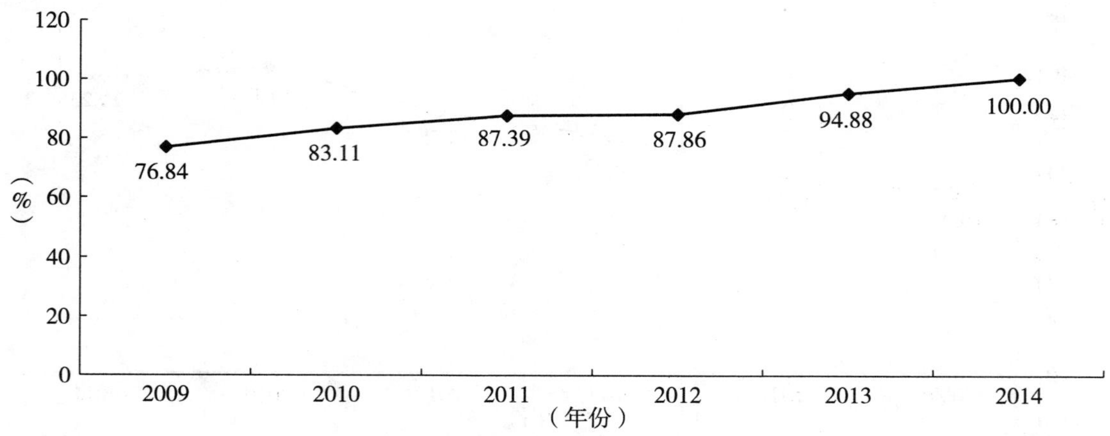

图 34　2009—2014 年全国棉花机耕水平走势

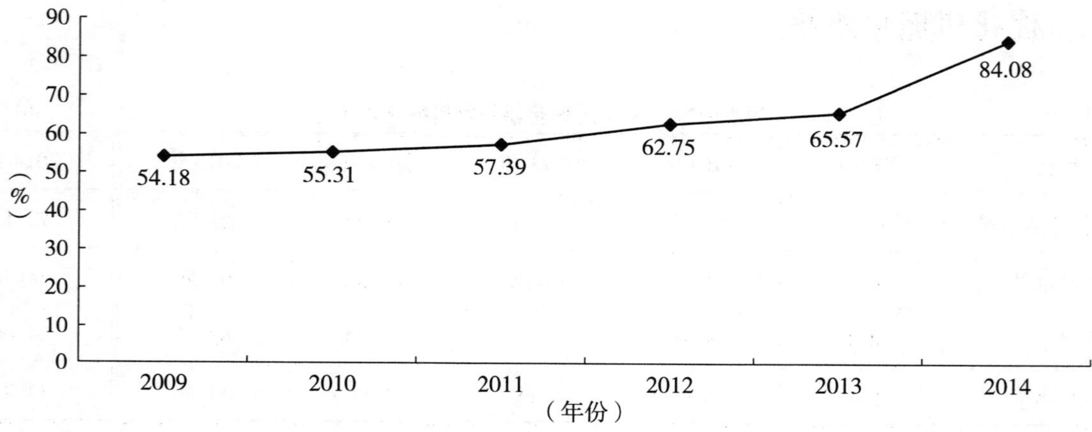

图 35　2009—2014 年全国棉花机播水平走势

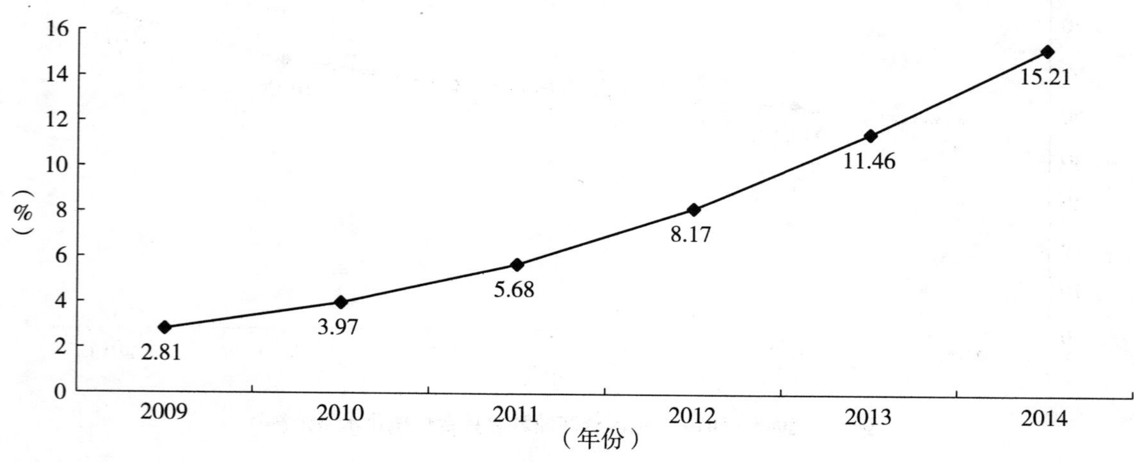

图 36　2009—2014 年全国棉花机收水平走势

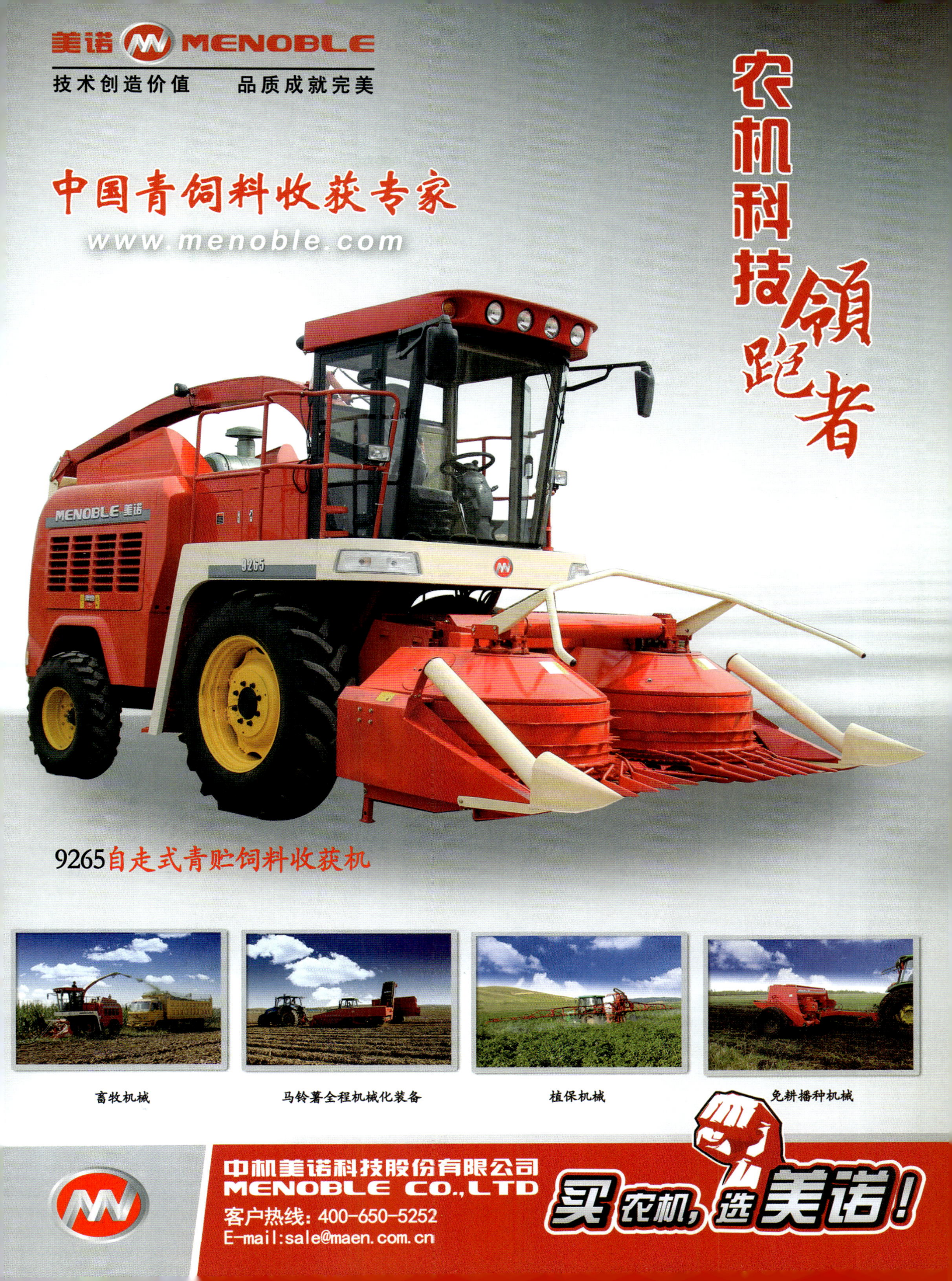
美诺 MENOBLE
技术创造价值　品质成就完美
农机科技领跑者
中国青饲料收获专家
www.menoble.com
MENOBLE 美诺
9265
9265自走式青贮饲料收获机
畜牧机械
马铃薯全程机械化装备
植保机械
免耕播种机械
中机美诺科技股份有限公司
MENOBLE CO.,LTD
客户热线：400-650-5252
E-mail:sale@maen.com.cn
买农机，选美诺！

农机动态
AGRICULTURAL MACHINERY DYNAMIC
2014.01
2014.02
2014.03
TB60小麦收割机
全国热销中
2014.04
2014.05
2014.06
2014.07
2014.08

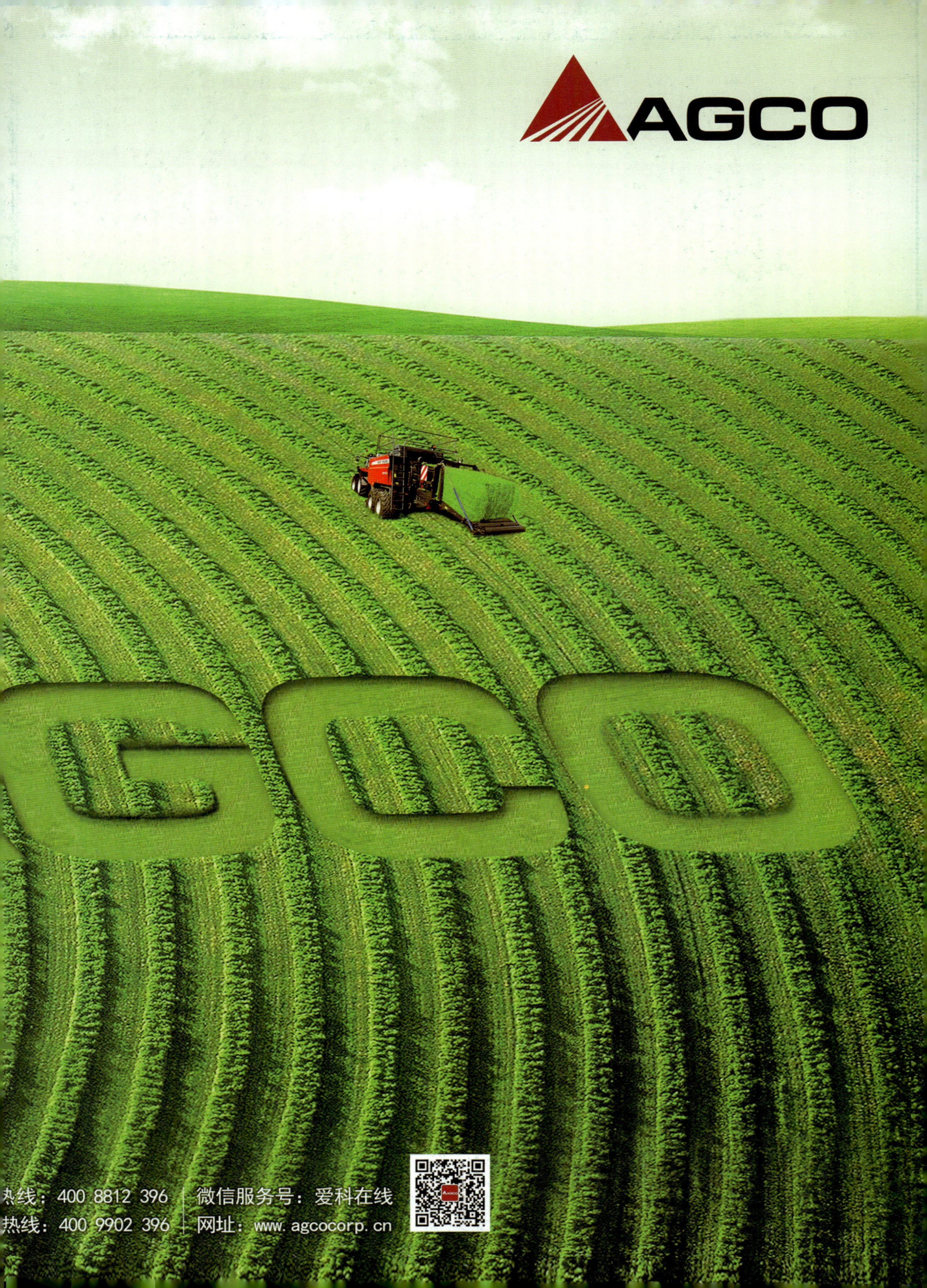
AGCO
GCO
热线：400 8812 396
热线：400 9902 396
微信服务号：爱科在线
网址：www.agcocorp.cn

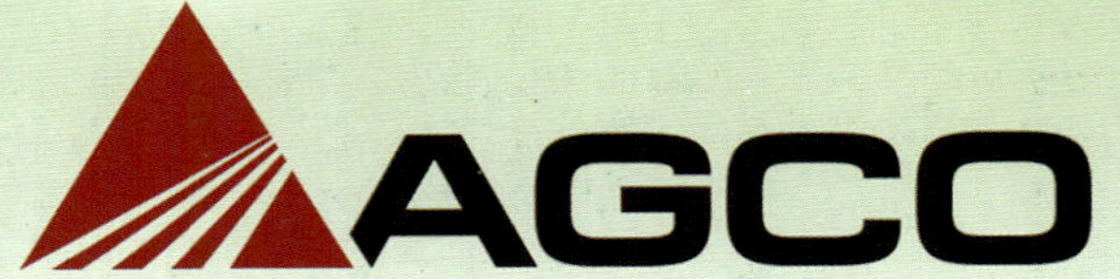